2011

Shanghai Finance Yearbook

上海金融年鉴

上海人民出版社

2010 年 9 月 25 日，《贷款转让交易主协议》签署暨全国银行间市场贷款转让交易启动仪式举行。

2010 年 1 月 26 日，中国人民银行上海总部工作会议召开。

2010 年 3 月 18 日，上海世博金融服务工作誓师大会召开。

2010 年 4 月 19 日，举行 2010 年上海世博会本外币兑换服务新闻发布会。

2010 年 3 月 15 日，中国银监会在沪召开银行业金融机构上海世博会信息科技保障动员大会期间，上海银监局局长阎庆民陪同中国银监会副主席郭利根参观上海世博局。

2010 年 11 月 18 日，上海市基金同业公会成立大会暨第一次全体会员大会召开。

2010 年 1 月 29 日，上海保监局召开 2010 年上海保险情况通报会。

2010 年 9 月 28 日，上海市金融学会成立 30 周年暨《上海金融》创刊 30 周年座谈会召开。

上海市信息安全测评认证中心

Shanghai Information Security Testing Evaluation and Certification Center

一、 机构简介

上海市信息安全测评认证中心（简称上海测评中心或SHTEC）成立于2000年1月，是上海市人民政府批准成立的专门从事信息技术产品、信息系统安全测评的第三方专业机构，也是国内最早开展信息安全测评的机构之一。上海测评中心隶属于上海市经济和信息化委员会，是具有独立法人资格的事业单位。

作为上海市的重要信息安全基础设施，上海测评中心创建了国内独有的“一个测评平台、资源共享、多方授权、服务各方”的上海测评模式，是最早通过中国合格评定国家认可委员会（CNAS）的检测实验室认可及检查机构认可的机构之一，是国家首批信息安全风险评估服务资质机构（一级）。上海测评中心获得的主要业务授权包括：国家信息安全产品强制性认证全国首批指定检测实验室；国家保密局涉密信息系统安全保密测评中心系统测评上海市分中心；中国人民银行认定的全国非金融机构支付服务系统检测机构。同时，上海测评中心是依据上海市人民政府58号令《上海市公共信息系统安全测评管理办法》，由上海市经济和信息化委指定的本地公共信息系统安全测评机构；是经公安部能力评估通过、上海市信息安全等级保护工作协调领导小组办公室（市公安局）指定的本地信息系统等级保护测评机构；是上海市密码管理局指定的本地商用密码系统安全检测机构。

二、 金融领域拓展

上海测评中心高度重视在银行、证券、基金、保险、期货、电子支付等金融领域的信息安全测评业务拓展，协助金融机构建立、完善信息安全管理体系，提高金融机构整体信息安全意识，为金融机构的信息安全建设、运维提供有力保障。近年来SHTEC在金融领域的测评服务工作包括：

信息系统等级保护测评：已为包括交通银行、浦东发展银行、上海银行、上海农村商业银行、上海证交所、期交所、外汇交易所、国泰君安证券、申银万国证券、海通证券、光大证券、东方证券、上投摩根基金、华安基金、太平洋保险、大地保险等在内的近100个三级以上重要系统实施了等保测评。

非金融机构第三方支付服务系统检测：已对全国范围内80多个第三方支付系统实施了检测，检测对象覆盖网络支付、预付卡、银行卡收单等三大类支付形态，检测内容包括功能、风险控制、性能、安全性、文档、外包等方面。

电子银行安全评估：依据中国银监会2006年5号令《电子银行业务管理办法》及《电子银行安全评估指引》，为上海及江浙地区的多家银行实施了电子银行安全评估，评估内容涉及安全现状、内控管理、风险管理控制、系统安全、业务运行安全等方面。

信息安全管理体系（ISMS）咨询：对包括中国工商银行数据中心、浦东发展银行、上海银行、中国农业银行上海分行、申银万国证券在内的多家金融机构实施了ISMS咨询或IT审计业务。

信息安全风险评估：SHTEC作为国标《信息安全风险评估规范》（GB/T 20984-2007）主要起草单位，自主开发了“信息安全风险评估管理软件”，在全国10余个省市、行业成功应用，已完成包括浦发银行、上海银行、中国农业银行上海分行、国泰君安证券、天安保险等金融机构在内的50余个风险评估项目。

用户定制安全服务：根据各金融单位自身信息系统建设、运维需求，提供定制安全服务，定制服务内容包括通用服务和专项服务两大类。通用服务包括漏洞扫描、安全核查、安全巡检、安全通告、安全顾问等内容；专项服务包括渗透测试、性能测试、软件测试、源代码白盒测试、智能卡芯片及COS安全测试、安全控件测试、系统综合性能测试分析、IT产品选型比对测试等内容。

地　址：上海市黄浦区陆家浜路1308号　　邮　编：200011　　网　址：www.shtec.gov.cn
联系人：陈颖杰　　电　话：021-63789038　　传　真：021-63789039　　E-mail：chenyj@shtec.gov.cn

中国人民银行征信中心

中国人民银行征信中心是经中央机构编制委员会办公室批准，于2006年在上海注册成立的中国人民银行直属事业法人单位，主要职责是依据国家的法律法规和人民银行的规章，负责全国统一的企业和个人信用信息基础数据库（简称企业和个人征信系统）和动产融资登记系统（包含应收账款质押登记公示系统和融资租赁登记公示系统）的建设、运行和管理。目前，征信中心在全国31个省（自治区、直辖市）和5个计划单列市均设有征信分中心。

征信中心主要致力于为信用交易和银行信用风险管理等活动提供征信服务，为社会各行业信用信息提供有效的传播渠道，依法保护信息主体权益，推动信用总量增加、信用风险管理行业发展、公众信用管理能力提高和社会信用体系建设。

目前，全国统一的企业和个人征信系统现已连接了所有商业银行、政策性银行、信用合作社以及大量的其他金融机构，服务网络遍及全国几乎所有金融机构的基层营业网点，在全国范围内为每一个有经济活动能力的企业和个人建立了统一的信用档案，涵盖其基本信息、信贷信息以及反映其信用状况的其他类型信息。截至2010年12月底，个人征信系统收录自然人数77670.7万人，其中22460.4万人有信贷记录；企业征信系统收录企业及其他组织共计1691.0万户，其中790.9万户有信贷记录。

作为我国一项重要的金融基础设施，征信系统的建立为建设有中国特色的征信体系奠定了坚实基础，极大地推动了我国征信业的发展。征信系统建设牢牢坚持“立足金融、服务社会”的原则，坚持以客户需求为导向，积极为金融机构和信息主体提供方便、快捷、高效的信用报告查询等征信产品和服务，在防范金融风险、打击违法行为、维护金融稳定、提高社会信用意识方面发挥了重要作用。

同时，为落实《物权法》中关于应收账款质押登记的有关规定，征信中心建立了应收账款质押登记公示系统。该系统是我国首个基于互联网运行的、全国统一的、服务于应收账款融资业务登记、查询的管理信息系统。截至2010年12月底，我国应收账款质押登记量已经超过28万笔，累计查询近36万笔。此外，应租赁业界的要求，征信中心还依托应收账款质押登记系统平台建立了以公示各方当事人交易关系的融资租赁登记公示系统。在促进金融部门发展和改善中小企业融资服务方面，应收账款质押登记公示系统和融资租赁登记公示系统作为支持动产融资发展的重要金融基础设施，对防范交易风险、保障交易安全和当事人权利、预防和解决物权冲突等具有重要意义。

上海办公区

中心前台

上海机房

上海机房

上海黄金交易所
SHANGHAI GOLD EXCHANGE

Shanghai Gold Exchange (SGE thereafter), approved by the State Council, founded by the People's Bank of China (PBC thereafter) and registered in the State Administration for Industry & Commerce, is a not-for-profit and self-disciplined legal entity. SGE organizes transactions of the precious metals including gold, silver and platinum in accordance with the principle of "Open, Fair, Just and Honest". SGE adopts a membership system. Its members consist of qualified commercial banks and corporations registered in the People's Republic of China, ratified by PBC to produce, smelt, process, wholesale, import and export precious metals including gold, silver, platinum, etc. and its derivative products. Up to date, SGE has totally 163 members, which produce 90% of China's total gold production with the consuming and smelting capacity account for 90% and 95% respectively. From 2008, with the approval of PBC, HSBC, Standard Chartered, Nova Scotia, ANZ and Credit Suisse has become SGE's foreign members gradually, a signature of China's gold market's internationalization. With the participation of these foreign banks, SGE enjoys the status as the first and only exchange in China to have the foreign members.

SGE employs normalized trading for gold, silver and platinum which should meet the standard regulated by SGE. At present, SGE conducts both physical and deferred trading for gold, silver and platinum with the following 12 species: Au99.99, Au99.95, Au50g, Au100g, Au(T+5), Au(T+D), Au(T+N1), Au(T+N2), Ag99.9, Ag99.99, Ag(T+D) and Pt99.95.

As a transparent trading platform, SGE follows the principle of "Price Priority and Time Priority" in making deals and adopts an electronic matching system. Currently, SGE assigns 11 clearing banks including Bank of China, Agricultural Bank of China, Industrial & Commercial Bank of China, China Construction Bank, Shenzhen Development Bank, Industrial Bank Co., Ltd. Hua Xia Bank, China Merchants Bank, Guangdong Development Bank, Bank of Shanghai and Bank of Communications and conducts clearing under the principle of "Concentration, Directness and Net Valuation". Following the principle of "members may choose warehouses by themselves", SGE sets up 64 assigned warehouses in 39 cities all around the country to facilitate its members' gold storage and delivery business.

Ever since its opening in 2002, SGE developed rapidly in the past and has become the world's premier and leading physical precious metals market, participated by 163 members, over 6,000 institution clients and 2 million individual investors. The official opening of SGE is a significant breakthrough in China's gold administrative system and a brand-new stage in the construction of the country's financial market. In the future, we have the full confidence to contribute more under the wise supervision of PBC.

w w w . s g e . c o m . c n

No.99 Middle Henan Road, 200001, Shanhai China   Tel: +86 21 33189588   Fax: +86 21 33662058

中国金币上海零售中心

中国金币上海零售中心是中国金币总公司在北京、上海、深圳设立的三家直营店之一，作为中国金币品牌的样板店，地处著名的上海黄埔商圈汉口路696号，主要销售中国人民银行发行的当代贵金属纪念币、流通纪念币、纪念钞以及中国金币总公司发行的贵金属衍生产品和中国金币总公司进口的其他国家贵金属纪念币。根据上海金币投资有限公司业务特点，店内主要设有熊猫金币展区、世博产品展区、生肖贺岁系列展区及贵金属纪念币展区等。

中国金币上海零售中心将积极发挥“窗口”作用。以良好的店面形象、专业化的服务水平，为上海地区的中国金币特许零售商作出示范，携起手来共同推动中国金币品牌建设；同时及时反馈金银币市场信息，为管理层决策提供参考。

中国金币上海零售中心将长期以会员制建设为重点，大力发展终端客户，培育忠诚于中国金币品牌的集藏者队伍，为促进中国金币事业可持续发展作出贡献。

地址：上海市黄浦区汉口路696号　电话：（021）63509989

中银消费金融
BOC CONSUMER FINANCE
新易贷
贷给我

来

联动优势科技有限公司

联动优势科技有限公司由中国移动、中国银联于2003年8月联合发起成立。作为专业的移动电子商务服务提供商，公司业务范围涵盖B2B、B2C、B2B2C等领域。经过8年的成长和努力，已经逐步形成了跨电子支付、金融信息服务和电子商务三大领域经营的综合型企业。

其中以"银信通"、"资金归集"为代表的业务，为行业用户提供了专业的移动电子商务平台及多样化的移动信息化解决方案。以"手机银行卡支付"、"空中充值"、"网银网关支付"、"嗖付"为代表的业务，为普通个人用户提供了安全、便捷、易用的移动电子商务服务。

联动优势本着"诚信、敬业、合作"的企业文化，在业务发展过程中，不断完善移动支付、移动信息，并使其与电子商务相融合，为用户提供卓越的移动电子商务服务，在竞争中形成差异化优势。

截止到2010年12月，年累计处理资金交易额300亿，累计服务用户超过4亿。

银信通业务介绍

“银信通”是中国移动为银行业客户量身打造的金融信息化行业解决方案。该方案基于移动终端，利用中国移动的行业应用网关、银行侧移动代理服务器（BMAS）等网络资源及服务能力，基于各种移动接入手段(短信、彩信、WAP、K-JAVA、IVR)，结合银行提供的各种业务，让银行及银行的个人客户、企业客户能够随时随身、经济快捷地享受金融信息服务。

联动优势作为中国移动授权的“银信通运营支撑单位”，本着“精细服务、追求卓越”的企业精神，为银行客户提供了系统、优质、高效的服务，得到了客户的广泛好评，凭借业内突出的服务品质，曾多次获得“移动互联网应用十佳”、“最佳服务提供商”等殊荣。

截至2011年6月，银信通已经为国家政策性银行、总行级商业银行(包括：工、农、中、建)、外资银行等25家金融机构提供服务，月短信发送总量超过11亿条，用户规模已超过4亿。如“会议通知”、“账户信息服务”、“彩信账单”、“金融秘书”、“金融时空彩信期刊”、“彩信公文”等，均是“银信通”业务提供的产品服务。另外，“银信通”业务还开辟了新的产业链，即设备提供商——集成服务商——运营支撑单位——中国移动——银行的闭环产业链，创造了新的社会效益。

中国移动通信 CHINA MOBILE　UnionPay 银联 中国银联 China Unionpay

资金归集业务介绍

2003年8月，联动优势科技有限公司研发并建立了全国最安全的移动支付平台，并得到政府主管部门的认可和支持，为行业发展作出贡献。资金归集业务是向通信、烟草、直销等行业客户（收款方）及其销售渠道和网点（缴款方）提供的。供缴款方通过联动优势支付平台，方便、及时、安全地向收款方缴款的一项金融服务业务。

2006年7月，联动优势在湖北率先开展该业务。截至2010年年底，已向中国移动的湖北、北京、上海等11个省公司提供该业务，并在9个省移动开始推广覆盖移动代理商15万余名。全年处理资金达230亿元。2011年1月交易108万笔处理资金27亿元。

联动优势资金归集项目优势：

随时随地缴费	• 代理商可以选择任意银联标识的银行卡注册后在任意时间、地点通过随身携带的手机缴款
资金全程监管	• 随时监控所有代理商在途资金状况 • 资金从代理商银行卡扣款后直接进入移动指定银行账户
节省运营成本	• 加快资金回笼速度，减少资金成本 • 代理商远程缴款，减少柜面成本 • 系统自动稽核，减少人员成本

手机银行卡公共事业缴费业务介绍

手机银行卡支付业务是中国移动与各大银行等金融机构、联动优势联合推出的移动电子商务业务，是指客户通过定制将手机号码与支付账户绑定，通过手机短信息、WAP、USSD等方式进行账单支付、商品购买、账户查询等电子商务操作或获取个人金融信息服务的业务。上海地区支持自来水缴费、电费缴费、煤气缴费、固定电话及宽带费缴费、手机费缴费业务。缴费可分为短信和IVR两种方式：

一、短信缴费（以缴电费为例）

1 用户收到电力公司发来的缴费单（缴费单上印有缴费条形码）

缴费单

2 拿出手机，编辑短信“JDF+24位条形码”发送到“10658008”

中国移动
收件人：10658008
JDF+24位条形码

3 用户发送后收到短信：“客户姓名：***；**年**月，应缴电费金额为****元，确认缴费请直接回复支付密码”

中国移动
发件人：10658008
“客户姓名：***；**年**月，应缴电费金额为****元，确认缴费请直接回复支付密码

4 用户直接回复手机银行卡业务支付密码

中国移动
收件人：10658008
XXXXXX

5 缴费成功，用户收到短信通知：“缴费成功！**年**月,缴纳电费****元,谢谢使用手机银行卡支付进行缴费！”

中国移动
收件人：10658008
“缴费成功！**年**月,缴纳电费****元,谢谢使用手机银行卡支付进行缴费！”

二、IVR语音方式缴费：

用户拨打125881自助语音电话，按语音提示进行缴费。

总公司
地址：北京市西城区金融大街23号平安大厦11层　　邮编：100033
电话：8610-58351122　　传真：8610-58502099

上海分公司
地址：上海市长宁区中山西路999号华闻国际大厦1311室　　邮编：200051
电话：8621-52139942　　传真：8621-52139942

www.umpay.com

SAIC MOTOR 上海汽车

上海汽车集团股份有限公司

上海汽车集团股份有限公司的前身是上海汽车股份有限公司，上海汽车股份有限公司于1997年11月在上海证券交易所挂牌上市，股票代码为600104，公司简称“上海汽车”。

2006年经过重组，上海汽车成为目前国内A股市场最大的整车上市公司。截至2010年12月31日，公司总股本为92.42亿股，合并总资产2288.4亿元，归属于母公司的净资产661.7亿元，归属于上市公司股东的净利润137.3亿元，每股收益1.611元。公司目前控股股东为上海汽车工业（集团）总公司。

2010年度公司整车销量达到358.3万辆，成为国内首家年销量突破300万辆的整车大集团，在全球汽车行业的销量排名，也从2009年的第十位上升到第八位。继上汽通用五菱之后，公司下属上海大众、上海通用的整车年产销量也分别突破100万辆，位居全国乘用车企业前两位；公司自主品牌乘用车全年销量超过16万辆，同比增长78%。

地址：上海市威海路489号
邮编：200041
电话：22011888
传真：22011777
邮箱：saicmotor@saicmotor.com

荣威 W5

九龙壁高浮雕彩色银条
999 Ag 500g
500g
壬辰年
龙年生肖金条
彩色银条
中国印钞造币
上海造币有限公司
SHANGHAI MINT CO., LTD.
上海市光复西路17号 邮编: 200061 Add: 17 Guangfu Xi Rd. Shanghai PR CHINA 电话 / Tel: 021-52900000 传真 / Fax: 021-52901922 E-mail: Shmint@online.sh.cn

热烈庆祝中国农业银行成立六十周年
大行德广　伴您成长
60
1951—2011
中国农业银行
AGRICULTURAL BANK OF CHINA

中国银行
BANK OF CHINA
上海市分行
SHANGHAI BRANCH
1刷百应
精彩尽在
中行信用卡
一刷百行，
精彩尽在中行信用卡！

上海国有资产经营有限公司

上海国有资产经营有限公司是1999年10月经市政府批准成立的国有独资有限责任公司（以下简称国资公司），注册资本人民币50亿元。

国资公司自成立以来，根据市政府的部署和要求，充分发挥出“三个平台一个通道”作用，即政府的投融资平台、国有企业改制改组平台、资金资产管理平台和盘活国有资产的通道，创新国有资产保值增值的新思路。

参与金融机构改制重组。国资公司重点参股项目包括国泰君安证券改制重组和增资扩股以及浦发银行、 上海银行、 上海农商行、 太保集团等金融机构改制重组、引进战略投资者和上市。

支持国有企业上市重组。国资公司收购重组B股上市公司上海阳晨投资股份有限公司，还参与了交大南洋、复旦复华、汇通能源、置信电气等多家上市公司股权分置改革。

促进国有资本有序进退。重点项目包括与上港集团换股上市的工作,为上海自来水浦东有限公司股权转让及浦东垃圾焚烧厂股权转让担任财务顾问等，国资公司通过各种业务运作形式历年累计盘活国有资产近百亿元。

贯彻落实节能减排政策。国资公司积极落实上海环境保护三年行动计划，投资污水治理工程。国资公司和旗下上市子公司阳晨公司控股的竹园第一污水处理厂是目前我国污水处理领域最大的BOT项目之一。

执行不实资产处置核销。国资公司协助市国资委逐步建立起一整套不实资产处置业务的运营系统，国资公司累计接收处置73家（次）集团公司不实资产270多亿元。

实施上海市政府战略投资。完成了对上海同盛集团、上海申铁投资公司、上海申康投资有限公司、东郊宾馆、上海天马微电子有限公司等项目投资。

国资公司内设九部室，下设五个全资子公司。公司已连续九年被中国人民银行上海分行评定为资信等级AAA级单位。

2011年2月公司领导与云南省投资控股集团有限公司领导共贺股权转让协议成功签署

2011年5月公司领导与新疆建设兵团国资委领导、兵团国资经营公司领导共同签署战略合作协议

The world measures us
by our growth. We measure
ourselves by yours.

国泰君安证券股份有限公司
GUOTAI JUNAN SECURITIES CO., LTD.

国泰君安证券股份有限公司是由原国泰证券有限公司和原君安证券有限责任公司通过新设合并、增资扩股，于 1999 年 8 月 18 日组建成立，是目前国内规模最大、经营范围最宽、机构分布最广的证券公司之一。公司拥有金融证券服务全业务牌照，下设国泰君安金融控股有限公司（注册地香港）、国泰君安期货有限公司、国泰君安证券资产管理有限公司、国泰君安创新投资有限公司、国联安基金管理有限公司 5 家子公司，在全国 29 个省、自治区、直辖市设有 26 家分公司、193 个营业部（含 35 个直属营业部）。2004-2010 年，公司连年位居世界品牌实验室中国 500 最具价值品牌评比“中国券商品牌价值第一”。2008-2010 年，公司连续三年获评中国证监会券商分类评价 A 类 AA 级。

地　址：上海银城中路 168 号上海银行大厦 29 层
邮　编：200120
电　话：8621-38676666
传　真：8621-38670666
网　址：www.gtja.com

徽商银行 HUISHANG BANK

安徽省省长王三运一行莅临徽商银行视察指导

2010 年，面对复杂多变的经济金融形势，徽商银行坚持以科学发展观为指导，积极应对宏观形势变化，认真贯彻落实国家宏观调控政策，在支持安徽地方经济发展的同时，自身取得良好的经营业绩。截至年末，全行资产总额突破 2000 亿元，达到 2075 亿元，较年初增长 29%；各项存、贷款余额为 1634 亿元、1175 亿元，分别较年初增长 20% 和 22%，在全省银行业机构中，对公存款市场份额仍居第 1 位。不良贷款率 0.59%，资产质量远高于国内银行业平均水平。主要业务指标符合监管要求，达到国内商业银行先进水平。累计实现经营利润 41 亿元，同比增长 48%。

进一步加大信贷投放 认真贯彻国家宏观调控政策，立足安徽省经济发展大局，突出重点，不断加大信贷投放，积极落实银企对接月签约项目，积极支持皖江城市带承接产业转移示范区、合芜蚌自助创新综合配套改革试验区建设、“861”项目建设、县域经济发展和基础设施建设，持续加大中小企业支持力度，努力为全省经济发展提供信贷支持。

积极推进机构网点建设 总行统一制订全行机构发展规划，规范机构管理和建设，2010 年全年共完成设立、迁址、改造工程并开业的共 23 项，优化了网点布局，改善了网点形象。宁国、霍邱两家县域支行如期开业。南京江宁支行正式对外营运，成为我行首家省外支行。无为徽银村镇银行正式开业，促进了综合化经营。

加快电子银行产品渠道建设 一年来，全行网上银行功能不断优化，电子商务工作取得突破，电话银行业务功能得到完善。截至 2010 年年末，全行电子渠道交易占比 67%，电子银行渠道交易金额占比 20%，分别较上年末增加 20 个百分点和 10 个百分点。在省内同业中，离行式自助银行省内占比居第 2 位，企业网银、个人网银新增交易额、电话银行新增交易笔数均居第 3 位，企业网银、个人网银交易笔数均居第 4 位。

加强全面风险管理 提前谋划出台全行风险管理政策，制定全行信用风险、市场风险、操作风险等工作重点和管理措施，及时传导各项风险管理政策，进一步提高全行风险管理水平；修订完善各项风险管理制度规范，对多项风险管理的制度和办法进行了梳理；有序推进声誉风险管理。

积极推进企业文化建设 认真开展企业文化宣传教育，编印下发《徽商银行企业文化学习读本》，明确了徽商银行企业文化要素及表述语，确立“创一流品质，建百年徽银”的企业愿景；积极组织企业文化巡回宣讲、“文化上墙”和征文活动，增进员工对企业文化的了解和情感认同。同时，全面实施企业文化形象工程，通过制定《徽商银行视觉识别形象标准化手册》等，规范全行视觉品牌形象的使用和管理；全面梳理和明晰各类品牌定位，加强品牌形象塑造；开展整体形象广告设计，明确整体形象传播内涵，推动品牌形象传播，进一步扩大品牌知名度。

根据《徽商银行 2010-2012 发展规划》，未来三年，全行业务规模将迈上新的台阶，综合实力将大大增强；发展战略将稳步实施，多元化、区域化、资本化进程将不断加快，徽商银行将逐步成为具有国内同业领先水平的、在泛长三角地区具有较强影响力的区域性银行。

徽商银行2010年度股东大会在合肥召开

徽商银行董事长王晓昕荣膺2010年度安徽“十大新闻人物”

深圳发展银行 上海分行

SHENZHEN DEVELOPMENT BANK SHANGHAI BRANCH

深圳发展银行股份有限公司（简称：深圳发展银行，股票简称：深发展A，股票代码：000001）是中国第一家面向社会公众公开发行股票并上市的商业银行。深发展于1987年5月10日以自由认购形式首次向社会公开发售人民币普通股，并于1987年12月22日正式宣告成立。

经过二十多年的快速发展，深圳发展银行综合实力日益增强，自身规模不断扩大，已在北京、上海、广州、深圳、杭州、武汉等20个经济发达城市设立了300多家分支机构，并在北京、香港设立代表处，与境外众多国家和地区的600多家银行建立了代理行关系。

1998年4月20日，深圳发展银行上海分行正式揭牌营业，目前分行拥有30家支行，网点和自助银行、自助设备遍布商业区域和较为繁华的周边区域，并设有95501客服热线，建立起“立足上海、辐射周边”的多渠道金融服务网络，树立了充满朝气的新型银行形象。

2010年，上海分行业绩不断提升，资产总额达1020亿元；分行实现准备前利润14.71亿元，存贷款规模和资产规模都创出历史新高，各项主要业务保持稳定快速增长。

深圳发展银行上海分行将遵循“诚信、专业、服务、效率”的理念，秉承为股东创造回报、为客户增添价值、为员工带来发展的宗旨，努力提高盈利能力和服务水平，锐意进取，不断创新，进一步打造核心竞争力，为全面建设国际标准的现代商业银行而不懈努力。

中泰信托有限责任公司

公司理念：　值得托付的理财专家

公司文化：　热忱专业、精益求精、勇于开拓、敢于创新

中泰信托有限责任公司前身是中国农业银行厦门信托投资公司，成立于1988年。2002年2月，公司经中国人民银行总行批准进行重新登记，注册资本为51660万元人民币，注册地址由厦门市迁往上海市，为首批获准重新登记的信托公司。2009年4月，公司经中国银监会批准更名并换发新金融许可证，换证后更名为“中泰信托有限责任公司”。

中泰信托为大成基金管理有限公司控股股东，同时公司还参股了华泰证券、太平洋保险等金融机构。多年来，公司一直致力于信托业务、资产管理业务、投资银行业务的发展，努力实现专业化财富管理金融机构的建设目标。2011年8月，中泰信托在《证券时报》主办的第四届中国优秀信托公司评选活动中被评为“中国最具成长性信托公司”。

公司网站：www.zhongtaitrust.com

中国邮政储蓄银行
POSTAL SAVINGS BANK OF CHINA
非洲
邮储银行外汇业务
让视野更远 与世界更近
探索世界的脚步从未停止，因为总有一份贴心支持相随左右。中国邮政储蓄银行为您构建通达境外 200 多个国家和地区的服务网络，提供集国际汇款、结售汇、储蓄理财、退税等功能为一体的外汇服务，让世界触手可及。
服务热线：95580 www.psbc.com

上海银行
Bank of Shanghai
成长无限 伙伴如一

上海金融年鉴编辑委员会

金融机构组稿及编写人员

丁一虹	孔德虎	尤永佳	王　飞	王　喆	王　婷	王　斌	王　瑾
王小玲	王华罡	王欣颖	王柏松	王笑丹	王雯娜	王新春	韦　卫
冯　佳	卢文君	史　源	史美玲	叶　博	叶虞薇	刘　伟	刘　卿
刘　鑫	刘云清	刘伟建	刘宗胡	华奕明	吕　沂	吕庆文	孙　程
孙　巍	孙卫东	孙云鹏	孙冉文	孙玉婷	孙安乐	庄　琦	戎莹丽
朱　双	朱　波	朱　毅	朱立露	朱凯博	朱皑韬	朱逸奇	江雯静
汤晓璇	许　玲	许　斌	许弘弢	许志平	许学群	许燕飞	闫晓梅
严　哲	严怡峰	何向红	何凌怡	余怡琳	吴亚楠	吴凌云	吴晓玮
宋卫平	寿　颖	岑　洁	应　尚	张　健	张　瑛	张　韵	张　颖
张步高	张若斌	张俊器	张冠琼	张勇智	张洪云	张秋龙	张美成
张晓烨	张晓霞	忻文雯	李　凡	李　为	李　旻	李　奕	李　强
李　皓	李　频	李　燕	李丰收	李少林	李胜花	李惠婷	李韵琳
杜　江	杨　力	杨　进	杨　明	杨　彪	杨　谆	杨　清	杨　晴
杨正莉	杨丽玲	杨朝安	汪之筠	沈　希	沈　雯	沈鸣镝	沈艳春
邱　威	邱晨祎	邵宗玮	邵燕敏	陆求实	陆维熠	陆智敏	陆蓉晖
陈　洁	陈　科	陈　敏	陈　戟	陈戈娴	陈长红	陈玉瑾	陈伟华
陈吉媌	陈舟楫	陈佳佳	陈勇俊	陈秋敏	周　菁	周　晰	周　琦
周　懿	周玉钦	周亚玲	周海静	季晓菁	林　文	林　泓	林　晶
林　毅	林婷彦	林越育	欧阳栋梁	欧阳琼	罗　煜	罗秀清	罗苡丹
范雪丹	郑　飞	金佳惠	金碧辉	俞剑辉	姚彦贝	姜天鹰	施蕾蕾
费永建	赵　明	赵丽红	倪丽华	倪蓓琳	唐卫峻	奚尊夏	徐　伟
徐　喆	徐沁惟	徐定成	徐明昌	徐金兵	徐盈盈	柴　非	秦志淮
谈建军	贾勤文	郭　建	顾　萍	顾文硕	顾伟民	顾建文	顾凌娴
顾婷娴	高　鹰	高建华	高金刚	崔　华	崔　新	崔远见	曹　晶
曹义锋	曹凤晶	梁　易	阎　婞	黄　琦	彭　琦	彭含蓉	彭春晖
普　超	曾一村	童逸文	舒　颖	舒芸芸	董　云	董晓峰	董瑞霞
董蓓玲	蒋　晨	蒋　蔚	蒋秋文	蒋菊华	谢　放	谢晞德	韩　丽
韩爱华	简永军	赖丽黎	雷宗怀	鲍玉华	鲍庆群	缪仕国	蔡　春
裴定安	潘　淼	颜永嘉	操基平	薛许娟	薛姗姗	戴旻坤	鞠海龙
魏博文							

编 辑 说 明

一、本卷年鉴为《上海金融年鉴》总第十一卷，作为大型资料性文献，本卷年鉴全方位记录 2010 年上海金融工作的基本情况和重要信息，具有很高的资料价值，供金融界和广大读者参考和使用。

二、本卷年鉴秉承《上海金融年鉴》一贯的方针，内容涵盖银行业、证券业、保险业和其他金融机构一年来的主要业绩，力求真实齐备。

三、本卷年鉴共分十篇，第一篇综合，第二篇银行，第三篇证券，第四篇保险，第五篇市场，第六篇统计，第七篇法规，第八篇文化，第九篇长三角金融，第十篇机构名录。另加附录，内容为长三角金融大事记、上海市贷款企业资信 A 级汇编和上海金融创新成果奖情况。

四、本卷年鉴“长三角金融篇”，客观全面地反映上海、江苏、浙江、安徽三省一市金融合作和发展情况，为上海国际金融中心建设服务。

五、本卷年鉴“统计篇”中，有些项目口径经过调整，如与上年年鉴数据不一致，请以本卷为准。

六、本卷年鉴稿件主要由各金融机构和有关研究部门提供，由本编辑部予以整理与编辑，以期全书在风格上有所统一。

七、为方便读者查阅检索，在卷末设置主题索引，按照首字汉语拼音排列。

八、书稿在编辑过程中，得到了中国银行业监督管理委员会上海监管局、中国证券监督管理委员会上海监管局、中国保险监督管理委员会上海监管局、《上海保险年鉴》编辑部以及各中外金融单位的大力支持，还得到中国人民银行南京分行、杭州和合肥中心支行等具体协助，并由上海人民出版社负责出版工作，在此一并致谢。

《上海金融年鉴》编辑部

2011 年 9 月

目　　录

第三篇　证　　券

第四篇　保　　险

第五篇　市　　场

第六篇　统　　计

第七篇　法　规

第八篇　文　化

第九篇　长三角金融

第十篇 机构名录

附 录

Catalogue

Chapter 3 Securities

Chapter 4 Insurance

Chapter 5 Financial Market

Chapter 6 Statistics

Chapter 7 Laws and Regulations

Chapter 8 Culture

Appendix

第一篇　综　　合

一、贯彻执行稳健的货币政策，推进长三角金融协调发展

——在2011年1月中国人民银行上海总部工作会议上的讲话

中国人民银行副行长　马德伦

（一）关于贯彻执行稳健的货币政策

2011年总行货币政策基调是：实施稳健的货币政策，增强金融调控的针对性、灵活性和有效性，把稳定价格总水平放在更加突出的位置。预期调控目标是：广义货币供应量M2余额增速16%，保持合理的社会融资规模。

1. 今年货币政策的变化

一是货币政策由适度宽松调整为稳健。总的来说，执行稳健的货币政策就是从反危机特殊时期的非常态应对，转向正常年份的常态应对。货币供给总量增长速度要低于适度宽松时期，降至以往稳健货币政策阶段的一般水平。要着力服务经济结构调整和升级。发挥利率、汇率在经济结构调整中的积极作用，引导资金更多投向实体经济和国民经济发展的重点领域和薄弱环节，促进经济增长方式转变、经济结构调整以及经济持续发展。

二是提出了"社会融资总量"新概念。这是货币政策的一个重大转变，意味着我们不能只看信贷总量，而应关注社会融资总量，这也是为什么今年没有提信贷总量目标、淡化信贷总量控制的重要原因。全社会融资总量是金融业向实体经济提供的年度新增融资规模。它包括人民币贷款、外汇贷款、股票融资额、债券融资额、保费收入向实体经济的投资额以及民间借贷等。随着社会主义市场经济的发展、国际化程度提高以及金融改革的深入，全社会融资结构已经并将继续发生变化，直接融资比例不断上升，间接融资比重不断下降，货币信贷在全社会融资总量的比重逐年减少。因此，要考察金融业对实体经济的支持力度，就不能只看新增信贷规模，更要看全社会的融资总量。

三是引入逆周期的宏观审慎政策框架。党的十七届五中全会和中央经济工作会议都提出，要构建逆周期的金融宏观审慎管理制度框架。一个重要创新就是将货币信贷和流动性管理的总量调节与健全宏观审慎管理制度框架结合，实施差别准备金动态调整措施，引导金融机构按照经济增长的实际需要安排信贷投放。实施这一举措可以更有针对性地回收过多流动性，引导金融机构信贷合理、适度、平稳投放。

2. 认真落实好稳健的货币政策

实施稳健的货币政策是我国宏观政策导向的一个重要变化，是我国经济在当前国际国内大环境下的正确选择。今年货币政策的调整非常重要，也有很多新内容。辖区各级行要将思想统一到中央决策和部署上来。深刻理解货币政策回归常态的背景、条件、意义和内涵，增强落实稳健货币政策的自觉性和坚定性，忠实履行好中央银行职责。

一是做好信贷政策的贯彻执行工作。要合理引导金融机构认真执行货币政策，引导辖区各金融机构制订符合宏观调控要求的信贷规划，引导贷款投放向常态回归。在信贷资金受控制的情况下，引导金融机构重点支持在建项目、续建项目以及"三农"、中小企业等经济社会发展关键领域和薄弱环节。

二是加强调查研究。贯彻落实好稳健的货币政策，关键是要根据新形势新情况，提高政策的针对性和灵活性。因此，要重点关注物价、劳动力用工、进出口订单、房地产、国际资本流动等情况，准确把握地方经济发展脉搏，及时发现苗头性、趋势性问题，及时反馈经济运行态势以及政策执行效果。要注意

做好民间资本的监测分析，引导民间资本更多流向实体经济。

三是加强金融生态环境建设。通过将地方政府融资活动与金融生态相结合，不但能鼓励地方政府向科学发展、诚实守信的方向发展，还能将地方金融生态环境竞争与地方政府利益挂钩，推动地方政府更重视维护当地的金融生态。因此，要继续加强地区金融生态环境建设，将组织领导机制、目标责任考核机制与激励惩戒机制相结合，继续引导地方政府积极参与到区域金融生态环境建设中。

(二) 关于推进长三角金融协调发展

长三角金融协调发展是上海总部发起并全力推动的一项重要工作。这项工作启动以来，在沪、苏、浙两省一市政府的大力支持下，长三角金融协调发展取得明显成效，得到了社会的充分肯定。我们先后建立了推进长三角金融协调发展的组织框架；成功举办了三届长三角金融论坛；在完善长三角金融基础设施、推动金融市场融合与创新、加强外汇管理合作、鼓励金融机构发展与合作、促进资金跨区流动、改善金融发展环境等方面取得了一批工作成果。长三角金融协调发展为其他区域金融合作树立了榜样，积累了经验。在新的起点上，推动这项工作取得更大进展是摆在我们面前的重要任务。

(1) 要以一体化为目标。这是长三角金融合作的主旨。长三角金融合作就是要打破区域行政壁垒，实现资金跨区域流动，金融改革创新等跨区域合作，并通过金融要素的自由流动，为区域经济一体化服务。因此，各项工作都要以一体化为目标，围绕如何落实科学发展观、打破区域分割、实现区域经济金融联动、增强上海国际金融中心辐射力等开展。

(2) 要以小题目破题。这是长三角金融合作的重要方法。长三角金融协调发展是篇大文章，包括方方面面的内容。很多工作的难易程度也各不相同。这就要求我们善于从小题目破题，以点带面，推动长三角金融协调向纵深发展。

(3) 要拿出实举措。这是长三角金融合作的落脚点。这几年，我们设立了专题组，针对一些问题开展了研究，也提出了一些政策建议。因此，下一步，我们要进一步弘扬求真务实精神，大兴求真务实之风，不搞面子工程，持之以恒地推动。一方面对那些已经有研究成果的工作，要创造条件推动落实；另一方面，针对"十二五"期间长三角合作新课题抓紧研究，提出切实可行的政策建议。

(4) 要有真成果。长三角金融合作不但要有实举措，还要有真成果。比如，长三角票据市场建设就是比较成功的范例。为推广商业承兑汇票，我们不但发布了长三角首批500家重点推广企业名单和实施细则，对列入名单企业的票据优先给予再贴现支持，而且，率先开展支票授信业务试点，推动商业承兑汇票信用评级一体化。因此，今后，长三角金融协调发展还要以实干促发展、以实干促成效，在贷款转让市场、信息共享以及集团内资金管理等方面做出成绩。

二、回顾2010年总部工作,部署2011年主要任务

——在2011年1月中国人民银行上海总部工作会议上的讲话

中国人民银行上海总部副主任　凌　涛

(一) 2010年总部工作简要回顾

2010年,在总行党委的正确领导下,上海总部积极应对复杂形势挑战,主动拓展全国性服务职能,全力做好世博金融服务,切实加强党建和队伍建设,各项工作有了新的突破。

一是有效落实金融宏观调控政策。认真落实存款准备金率和利率调整政策,强化窗口指导,督促金融机构均衡信贷投放。加强信贷政策与产业政策、环保政策协调,引导金融机构支持重点产业调整振兴、民生、文化产业、服务外包、战略性新兴产业和低碳经济发展,清理、核实和规范地方政府融资平台,严格执行差别化住房信贷政策,严控“两高一剩”行业贷款。灵活运用再贴现工具。加强经济金融监测分析,认真研究人民币产品市场、刘易斯转折点、经济波动性等热点问题,发布《中国金融市场发展报告》、《国际金融市场报告》、《中国区域金融稳定报告》、《上海金融运行报告》、《上海金融稳定报告》,金融研究决策服务功能明显提高。

二是强力聚焦上海“两个中心”建设。上线银行间市场贷款转让交易系统,扩大个人本外币兑换特许业务。严格履行市场管理职能,开展黄金市场管理条例立法调研,制定电子商业汇票转贴现和回购标准合同文本。拓展金融市场监测职能,24小时监测国内外金融市场行情、大宗商品、主要央行货币政策,定期监测境外中国概念股指期货和人民币衍生品交易等。推动国际金融交流与合作,筹办了中国人民银行与国际货币基金组织关于“宏观审慎政策:亚洲视角”的高级研讨会,参与伊斯兰金融服务委员会、东新澳央行组织、亚太经合组织、博鳌论坛等区域性金融组织活动。推动跨境贸易人民币业务试点、建立银行间贷款转让市场、上海票据市场产品业务创新、国际贸易结算中心外汇管理试点等,被评为上海金融创新推进奖。

三是圆满完成世博金融服务保障任务。牵头制订世博金融服务工作的指导意见,履行世博金融服务领导小组办公室职责,做好跨部门协调和现场检查。牵头优化世博支付环境,在长三角范围内开展银行卡受理市场建设,建立多重现金供应保障机制,提高人民币流通监测预警能力和反假货币水平。切实改善世博外汇服务,出台一揽子外汇支持政策,设立外汇服务绿色专用通道,完善外币兑换环境。强化金融信息系统安全,部署金融机构制定安全保障方案和应急预案,开展信息系统安全检查和应急演练,开展客服投诉管理和舆情引导,消除各种风险隐患。金融服务在两次世博窗口服务行业运行情况调查评估中均居满意度首位,上海总部被授予“服务世博”先进集体荣誉称号,多个集体和个人在世博立功竞赛活动中获奖。

四是全面推进跨境人民币业务试点。积极拓展新业务,保持深度业务创新的全国领先地位。强化风险管理,制定风险防范预案,组织开展专项检查。升级人民币跨境收付信息管理系统,加强试点政策指导和业务培训,提升服务全国功能。构建联合工作机制,扩大试点范围,上海、浙江、福建试点企业接近30 000家,累计发生跨境贸易人民币结算金额近1 000亿元。

五是着力深化长三角金融协调发展。成功举办第三届长三角金融论坛,签订了《推进长三角金融服务一体化合作备忘录》。发布了《长三角地区经济金融运行报告》和《长三角金融稳定报告》,推动长三角经济金融数据共享。发布首批500家重点商业承兑汇票推广企业名单和实施细则,开展支票授信试点,拓宽长三角中小企业融资渠道。推广贸易进口付汇

异地备案，深化外汇信息和监管服务跨区共享。推动宁波等长三角次中心城市融入上海“两个中心”建设，加强与内地省份交流合作，扩大长三角金融合作辐射范围。

六是积极探索外汇管理改革新模式。推动贸易核销制度改革。规范和引导外汇资金有序流动，考核银行执行外汇管理规定情况，实施季度国际收支及结售汇统计考核通报，完成外资企业外汇年检和境外投资联合年检，做好贸易信贷、对外担保、货物贸易等日常外汇业务。开展对异常外汇资金流入的专项检查和非现场核查，严厉打击跨境违规资金流动，推进外汇信用体系建设，整顿外汇市场秩序。

七是有效提升金融服务水平。扎实开展金融基础设施建设，完成上海首批非金融机构支付业务许可初审，推广全国电子商业汇票系统、商业银行网银跨行支付清算系统，引导商业银行完善“惠农卡”特色功能，推动7家试点银行加入全国财税库银税收收入电子缴库横向联网系统(TIPS)，完成市级财政综合业务处理系统和预算收支电子对账查询系统开发。重点库二期建设工程进展顺利。完善纪念币兑换的长效机制。

八是金融稳定与改革不断取得新进展。加强金融风险监测和处置，研究制定新设金融机构管理规则。开发了符合区域特点的金融稳定评估模型和评估方法，不断提高区域金融稳定评估质量。参与金融控股公司管理规则研究。

九是持续优化区域金融生态。完善反洗钱合作长效机制，落实反洗钱自评估制度，开展大额交易和可疑报告质量年活动，建设反洗钱监管交互平台。开展中小企业和农村信用体系建设试点，提高征信数据质量，规范评级行业发展。

十是扎实提高内管内控水平。认真落实依法行政要求，加强办文、办会和重大工作事项协调，开展保密检查和信访矛盾排查，做好新闻宣传、政务公开等工作，规范总部办公秩序。大力开展节能减排宣传活动。

(二) 2011年上海总部辖区的主要工作

1. 贯彻落实稳健的货币政策

一是加强形势分析与预测，做好稳健货币政策的宣传解释工作。辖区各级行要把握好定位，给地方政府出好主意，加强与地方政府和金融机构的沟通交流，着力做好稳健货币政策的宣传解释工作，让地方政府理解支持稳健货币政策，促进地方经济科学发展、结构调整。加强对货币政策执行情况的监测分析，及时发现和反映倾向性、苗头性问题，向上级行提出政策建议。总部机关要充分利用贴近市场一线的优势，根据需要开展各项政策和市场调查，完善在沪公开市场一级交易商联席会议机制，为货币政策决策提供参考。

二是加强宏观审慎管理，做好货币信贷和流动性管理的总量调节。辖区各级行要按照总行部署，更多运用市场化手段，完善流动性监测制度，认真贯彻落实存款准备金率和利率政策，灵活运用再贴现、再贷款等工具，促进银行体系流动性合理适度，保持合理的社会融资规模，引导金融机构按照经济增长的实际需要安排信贷投放，督促金融机构均衡把握贷款投放规模和节奏，密切关注实施效果。配合总行推进利率市场化改革，提高上海银行间同业拆放利率(Shibor)的基准性，加强对金融机构利率定价能力的评估，引导其完善利率定价机制，增强风险定价能力。

三是优化信贷结构，加大金融支持经济发展方式转变和结构调整的力度。着眼于经济发展大局，落实好“区别对待、有扶有控”的要求，着力调整优化信贷结构，把信贷资金更多投向实体经济特别是“三农”和中小企业，引导金融机构加大对扩大内需特别是居民消费需求、科技、战略性新兴产业、节能减排和淘汰落后产能、区域协调发展、产业结构优化调整、城镇化建设、民生等重点领域和薄弱环节的支持。进一步创新融资体制机制，支持文化产业、服务外包、旅游业、家庭服务等现代服务业发展。认真执行差别化房贷政策，密切关注房地产市场运行。保证在建重点项目贷款需要，严格控制对高耗能、高排放和产能过剩行业的贷款。推进信贷政策导向评估，全面提高信贷政策导向力。

2. 积极推进上海国际金融中心建设

一是加快完善金融市场体系。加强银行间债券市场基础性建设，规范货币经纪业务。扩大直接融资规模，推动在沪“三资”企业在银行间债券市场发债，推动符合条件的在沪外资法人银行、金融租赁公司、汽车金融公司扩大发债规模。促进黄金市场加快发展。推动公开市场操作平台建设，根据总行授权，继续做好银行间外汇竞价市场的公开市场操作。

二是不断提高金融市场管理水平。强化金融市场监督管理，防范市场风险。做好金融债券发行初审、银行间债券市场准入备案。加强市场透明度建设，开展同业拆借市场信息披露执法检查。加强金融机构和业务体系建设，推动上海金融机构综合经营试点。与监管部门合作，推动商业银行总行级资金营运中心和票据中心入驻上海。继续深化外资股权投资企业试点。推动和规范非金融机构支付服务组织发展。

三是加大金融市场监测分析力度。关注金融市场动向，把握市场利率、商品价格、资金流向等重要指标，加强对国际经济形势与国内金融市场的联动分析。健全风险监测体系，关注市场异常交易和价格波动情况，保证市场平稳运行。健全对港澳人民币清算行、境外人民币衍生品交易、境外中国概念股指期货交易、黄金市场、理财产品等的监测分析体系。加快研究完善金融市场监测管理系统功能，不断提高监测的针对性和有效性。

3. 深入拓展长三角金融协调发展领域

一是积极促进长三角区域经济金融联动升级。中央关于制定国民经济和社会发展第十二个五年规划的建议，提出了促进区域协调发展的总体战略。作为我国经济金融最发达的地区之一，长三角能否率先实现跨越、真正实现经济发展方式转变，区域联动与金融支持是两大助推力量。长三角金融协调发展是我国区域经济金融合作的一项重要创新，在促进长三角率先实现经济发展方式转变中发挥着十分重要的作用。总部和辖区各级行要充分认识这项工作的重大意义，以区域经济一体化为目标，以具体题目为落脚点，以务实举措为抓手，以实际成果为要求，通过更大的热情、更加科学有效的举措，努力推动这项工作取得更大进展。

二是扎实推进长三角金融协调发展具体工作。全面推广授信支票业务，缓解中小企业融资难问题。以电子商业汇票系统建设为契机，推动商业承兑汇票的广泛使用。协调地方政府，共同研究对特定非金融机构管理的措施，发展在农村地区的新兴电子支付服务和手机支付试点。推进金融市场融合创新，完善长三角票据业务联席会议机制，促进金融机构票据业务的协作、交流与融合。发展异地金融服务，促进长三角信贷资金跨区域流动。加大长三角联合打击银行卡犯罪力度。推进长三角信用评级一体化，开展反洗钱区域合作，建立可持续发展的长三角金融环境。

三是切实筹备好第四届长三角金融论坛。长三角金融论坛已成为区域金融合作发展的重要品牌。今年，我们将召开第四届长三角金融论坛，总部有关部门要加强与总行、三省一市政府特别是江苏省政府、南京分行的协调，尽快提出和落实论坛框架方案。辖区有关中支也要积极参与，全力支持、配合总部做好第四届长三角金融论坛的筹办工作，争取办出特色、办出成果。

4. 深化跨境人民币业务试点

一是加大试点业务创新力度。进一步加强与企业和银行的联系，做好政策宣传、沟通和服务，扩大跨境人民币业务的覆盖面和影响力。积极拓展新业务，积极推动人民币境内外直接投资，为制定政策提供典型案例支持。

二是推动在岸人民币业务发展。鼓励开发人民币产品，为境外人民币提供更多保值渠道和工具。以人民币回流带动国内金融市场发展，推动上海成为跨境人民币业务的全国性金融服务中心和人民币国际流出入基地。

三是加强试点业务监测分析。完善跨境人民币业务信息管理系统功能，提高数据报送质量，加强人民币跨境收付监测，定期形成分析报告。加强制度建设，规范业务操作，开展跨境人民币业务检查，对可能的风险点进行分析预警。

四是履行日常操作管理职能。按照业务发展需要，继续开展对商业银行的培训。进一步加大与试点地区中国人民银行分支行的经验交流力度，重点做好系统使用、业务推广等方面的服务和培训工作。

5. 进一步提高外汇管理水平

以“规范化、市场化、便利化、简约化”为方向，坚持先行先试，持续深化外汇管理体制改革，努力实现外汇管理理念和方式“五个转变”。深化国际贸易结算中心外汇管理试点，配合总局推进货物贸易外汇管理改革、个人境外直接投资政策试点，改进服务贸易和保险外汇管理，强化直接投资外汇管理事后监测分析。大力支持金融产品创新，推动外汇市场规范发展。促进跨境资金流出入均衡管理，完善个人外汇业务及账户管理，规范境外上市外汇登记管理，稳步推进人民币跨境资本项目业务。提升外汇服务水平，简化流程，便利企业对外贸易和投资活动。加强日常业务外汇监管，完善跨境资金流动监测和国际收支风险预警机制。严厉打击外汇领域违法违规活动，深入推进外汇信用体系建设，防止“热钱”等违法违规资金流入。

6. 切实做好金融改革和金融稳定工作

一是扎实做好金融体制改革工作。深入开展调查研究，配合总行做好金融发展和改革“十二五”规划编制，积极参与地方“十二五”规划编制，发挥正确的引导作用。密切关注已改制大型商业银行分支机构、政策性金融机构等改革进展，及时反映改革中的新情况新问题，动态评估当地金融业改革进展及实际效果。继续推动中国农业银行“面向三农”和服务县域经济发展的改革。

二是扎实做好金融稳定监测评估工作。密切关注国际经济金融形势发展变化，加强对主要经济体出台重大政策措施的研究，深入分析境外金融风险向境内传导的渠道，注重研究外部冲击的方式，全面掌握本地区金融市场运行情况和可能存在的区域性金融风险隐患。完善金融风险监测制度、分析框架和指标体系，加强对银、证、保机构的日常监测分析，加大对新型农村金融机构、非正规融资活动、金融控股公司和交叉性金融工具的监测力度，密切关注辖内高风险金融机构经营情况。继续做好金融稳定评估工作，加强对定量评估方法的探索和研究。加快区域金融稳定指标体系建设，加强金融稳定预警。

三是扎实做好金融风险处置工作。配合金融监管部门和地方政府，依法妥善处置各类金融突发事件，继续做好高风险金融机构、非法集资的风险处置工作，全力维护地方金融稳定。跟踪关注地方政府融资平台风险。

7. 充分发挥总部对外交往重要窗口的作用

大力开展金融交往与合作，加强与国外央行、政府机构以及国际金融组织等的交流与合作，努力增强参与引导能力。做好国际金融研究，继续加强对“金砖五国”、新兴经济体的比较研究。做好区域货币金融合作。密切跟踪国际金融改革动态，根据总行要求积极参与金融稳定理事会有关工作，评估金融监管改革措施的影响。配合总行继续深化与港澳台的金融合作。做好外事管理和礼宾工作，完善对外交流与合作体系，安排更专业、更系统、更务实的涉外培训、交流与合作项目，优化外国央行来华培训模式和课程体系。借鉴国际经验，助推上海“两个中心”建设。

8. 认真做好金融统计与研究工作

全面加强对经济金融领域重点热点问题的分析预测，建立外向型生产企业经营情况定期监测制度，评估企业对汇率变化的承受力，密切关注人民币汇率形成机制改革的后续效应。继续做好物价走势、企业景气和民间借贷监测分析工作。按照总行统一部署，全力推进金融统计标准化工作，选择部分中小金融机构先行试点。开展统计检查，全面提高统计数据质量。密切关注后危机时期国际经济金融格局的新变化，及时跟踪研究经济金融中出现的新情况、新问题，进一步加强金融基础理论和特色研究。

9. 大力推进金融服务现代化

一是加强后世博支付环境建设。改善银行卡受理环境，扩大银行卡在高速公路、铁路等的应用，推广使用公务卡、中职学生资助卡等专用卡，推进PBOC2.0标准银行IC卡，开展POS机小额取现业务。加强对商业银行网上支付、财务公司和第三方支付组织等的监督管理，开展支付结算执法检查，有效防范支付风险。加强人民币银行结算账户管理。加强农村支付服务环境建设。

二是进一步提高国库经理水平。试点运行国库信息处理系统，实现与海关联网。完善财政综合业务系统功能，推动国库集中支付、公务卡制度改革工作。加大国库业务检查与处罚力度，维护国库资金安全。深化国库统计分析，准备地方国库现金管理，做好国债发行与兑付管理工作。

三是做好货币金银管理工作。完善现金供应机制，增强现金计划调拨的前瞻性、主动性。提高流通人民币整洁度。加快库房现代化建设，完善货币发行业务系统功能。健全反假货币工作长效机制，严厉打击假币犯罪。提高货币发行制度执行力，确保国家金库安全规范运行。

10. 不断改善地方金融生态环境

一是积极推进征信体系建设。配合总行加快征信系统建设，进一步扩大覆盖范围、提升系统服务功能。加强与地方政府的沟通协调，发挥征信系统在社会诚信体系建设中的重要作用。探索开展适合地方实际的中小企业和农村信用体系建设模式。加强对金融机构、征信机构的监督管理，推动信贷企业信用评级业务发展。集中开展征信宣传活动，不断提高社会信用意识。

二是切实加强反洗钱监管。推行风险为本的反洗钱监管方法，进一步加大反洗钱监管力度。继续完善反洗钱自评估工作。研究推动非金融支付机构反洗钱工作。加强反洗钱数据收集分析，提高可疑信息报送质量。完善反洗钱调查网络，提高反洗钱报案线索成效。完善反洗钱协调工作机制，形成打击洗钱犯罪合力。

三是扎实推进金融信息化。按照总行统一安排，完成省级数据中心系统的安装部署和推广应用。推广军人保障卡。完善金融业信息安全协调工作机制，推动信息安全等级保护，建立中国人民银行在沪机构基础设施信息化建设协调机制。

三、金融管理机构

1. 中国人民银行上海总部

2010年，中国人民银行上海总部全面贯彻落实总行工作部署，积极应对复杂形势挑战，主动拓展全国性服务职能，全力做好世博金融服务工作，各项工作开展有新突破。

【落实金融宏观调控政策】 认真落实存款准备金率和利率调整政策，强化窗口指导，督促金融机构均衡信贷投放。加强信贷政策与产业政策、环保政策协调，引导金融机构支持重点产业调整振兴、民生、文化产业、服务外包、战略性新兴产业和低碳经济发展，清理、核实和规范地方政府融资平台，严格执行差别化住房信贷政策，严控“两高一剩”行业贷款。灵活运用再贴现工具，重点支持中小企业和“三农”，首次向村镇银行开启再贴现窗口。严格遵照总行指令开展外汇竞价市场监测与操作，做好代理境外央行投资银行间债券市场操作准备。建立在沪一级交易商综合调研与评价制度。加强经济金融监测分析，认真研究人民币产品市场、刘易斯转折点、经济波动性等热点问题，发布《中国金融市场发展报告》、《国际金融市场报告》、《中国区域金融稳定报告》、《上海金融运行报告》、《上海金融稳定报告》，金融研究决策服务功能明显提高。

【聚焦上海“两个中心”建设】 推动在沪外资法人银行、金融租赁公司、汽车金融公司首发人民币金融债，核准境外银行进入银行间同业拆借市场，上线银行间市场贷款转让交易系统，试点国际贸易结算中心外汇管理，扩大个人本外币兑换特许业务。严格履行市场管理职能，开展黄金市场管理条例立法调研，制定电子商业汇票转贴现和回购标准合同文本。拓展金融市场监测职能，24小时监测国内外金融市场行情、大宗商品、主要央行货币政策，定期监测境外中国概念股指期货和人民币衍生品交易等。推动国际金融交流与合作，筹办了中国人民银行与国际货币基金组织关于“宏观审慎政策：亚洲视角”的高级研讨会，参与伊斯兰金融服务委员会、东新澳央行组织、亚太经合组织、博鳌论坛等区域性金融组织活动，明确我国伊斯兰金融方针政策，提升上海国际金融中心影响力。推动跨境贸易人民币业务试点、建立银行间贷款转让市场、上海票据市场产品业务创新、国际贸易结算中心外汇管理试点等，被评为上海金融创新推进奖。

【完成世博金融服务保障任务】 牵头制订世博金融服务工作的指导意见，履行世博金融服务领导小组办公室职责，做好跨部门协调和现场检查。牵头优化世博支付环境，在长三角范围内开展银行卡受理市场建设，建立多重现金供应保障机制，提高人民币流通监测预警能力和反假货币水平。切实改善世博外汇服务，出台一揽子外汇支持政策，设立外汇服务绿色专用通道，完善外币兑换环境。强化金融信息系统安全，部署金融机构制定安全保障方案和应急预案，开展信息系统安全检查和应急演练，开展客服投诉管理和舆情引导，消除各种风险隐患。金融服务在两次世博窗口服务行业运行情况调查评估中均居满意度首位，上海总部被授予“服务世博”先进集体荣誉称号，多个集体和个人在世博立功竞赛活动中获奖。

【推进跨境人民币业务试点】 拓展人民币外债、外资企业境外投资者以人民币增资、股权转让款人民币支付、境内企业向境外支付人民币股利等新业务，保持了深度业务创新的全国领先地位。强化风险管理，制定风险防范预案，组织开展专项检查。升级人民币跨境收付信息管理系统，加强试点政策指导和业务培训，提升服务全国功能。构建联合工作机制，扩大试点范围，上海、浙江、福建试点企业接近30 000家，累计发生跨境贸易人民币结算金额近1 000亿元。银行跨境人民币清算网络建设取得重要进展，境外银行在总部辖区共开立人民币同业往来账户382个，覆盖全球67个国家和地区。

【深化长三角金融协调发展】 成功举办第三届长三角金融论坛，签订了《推进长三角金融服务一体化合作备忘录》。发布了《长三角地区经济金融运行报告》和《长三角金融稳定报告》，推动长三角经济金融数据共享。发布首批500家重点商业承兑汇票推广企业名单和实施细则，开展支票授信试点，拓宽长三角中小企业融资渠道。推广贸易进口付汇异地备案，深化外汇信息和监管服务跨区共享。推动宁波等长三角次中心城市融入上海"两个中心"建设，加强与内地省份交流合作，扩大长三角金融合作辐射范围。

【探索外汇管理改革新模式】 推动贸易核销制度改革，支持金融租赁公司设立单机单船租赁业务，开展保税项下外汇收支集中收付汇管理。配合开展上海外资股权投资企业试点，积极准备境内居民个人境外投资外汇管理试点。开展人民币出口买方信贷、对外担保、对外直接投资等新业务，推动QFII和QDII发展。规范和引导外汇资金有序流动，考核银行执行外汇管理规定情况，实施季度国际收支及结售汇统计考核通报，完成外资企业外汇年检和境外投资联合年检，做好贸易信贷、对外担保、货物贸易等日常外汇业务。开展对异常外汇资金流入的专项检查和非现场核查，严厉打击跨境违规资金流动，推进外汇信用体系建设，整顿外汇市场秩序。

【提升金融服务水平】 扎实开展金融基础设施建设，完成上海首批非金融机构支付业务许可初审，推广全国电子商业汇票系统、商业银行网银跨行支付清算系统，引导商业银行完善"惠农卡"特色功能，推动7家试点银行加入全国财税库银税收收入电子缴库横向联网系统(TIPS)，完成市级财政综合业务处理系统和预算收支电子对账查询系统开发。重点库二期建设工程进展顺利。完善纪念币兑换的长效机制。

【维护金融稳定】 加强金融风险监测和处置，研究制定新设金融机构管理规则，探索融资性担保机构和小额贷款公司监测机制，开展"POS机信用卡套现"专项整治。开发了符合区域特点的金融稳定评估模型和评估方法，不断提高区域金融稳定评估质量。参与金融控股公司管理规则研究。

【优化区域金融生态】 完善反洗钱合作长效机制，落实反洗钱自评估制度，开展大额交易和可疑报告质量年活动，建设反洗钱监管交互平台，配合破获"5·22"特大网络赌博案。开展中小企业和农村信用体系建设试点，提高征信数据质量，规范评级行业发展。

(上海总部综合管理部)

2. 中国银行业监督管理委员会上海监管局

2010年，上海银监局着眼宏观，立足微观，以"调结构、控风险、促创新、强管理"为主线，持续加强宏观监管、创新监管、科学监管，抓住"九个着力点"，有效推进全年各项工作开展，为促进上海经济金融平稳较好发展发挥了积极的作用。

【宏观监管】 坚持加强宏观监管，力促上海经济结构调整和转型升级。

一是着力监控信贷投放节奏与投向，努力引导信贷资金有效支持实体经济。针对信贷投放监测责重、量大的特点，上海银监局坚持点面结合，严守底线的工作要求，采用分类监测、突出重点、适时纠偏的工作方法，有效督促上海银行业保证合理的信贷投放，四家中资法人银行人民币贷款投放基本符合银监会关于信贷投放节奏和规模以及存贷比的监管要求。整个上海银行业信贷呈现"一减四增"特点，即"两高一剩"行业贷款明显减少，绿色信贷、消费信贷、小企业信贷、涉农信贷等四类信贷明显增加，其中小企业贷款和涉农贷款增长均实现"两个不低于"的监管目标。

二是着力督导世博金融服务，有力促进银行服务水平再上新台阶。在突出"四抓"(抓统筹协调、抓督促落实、抓宣传舆情、抓安保维稳)的同时，上海银监局着力以监管创新促世博金融服务创新，取得突出成效。创新组织发动方式，先后配合银监会、中银协在沪召开多次世博金融服务动员大会及"世博誓师大会"、发起"青春在世博中闪光"活动。创新责任落实机制，对内成立专门工作组，对外与辖内107家中外资银行业机构签订"世博金融服务责任书"，编制《上海银行业世博金融服务与应急联系手册》，成立上海银行业信息系统应急保障专家决策协助组和专家技术支持组，并通过持续跟踪检查、暗访，督促各项责任落到实处。创新客服督导方式，委托第三方机构对20家银行的客服热线服务质量逐月监测并通报，发布《上海市银行业客户投诉处理公约》和《上海银行业投诉处理案例库》，组织为期三个月的理财投资者教育活动，提供一支小语种支持服务志愿者团队。创新舆情引导手段,制定《上海银行业金融机构世博期间涉媒声誉风险应急预案指引》和世博期间热点敏感问题新闻口径,对金融案件舆情实行全过程管理,利用舆情工具推动金融服务。

三是着力提高银行业服务水平,有力助推"两个中心"建设。在上海银监局的指导和支持下,2010年上海银行业继续呈现"三增"趋势。机构集聚日益增显。各类外资银行及代表处持续增加至152家,占全国近半;专业化营运中心(中资)共59家,其中持牌16家;非银行金融机构30家,上海成为国内非银行金融机构门类最为齐全的城市。此外,交行、工行及中行上海市分行还设立了专门的航运金融服务中心。金融创新不断增加。3家台资银行上海分行开业,中银消费金融有限公司落户上海,2家金融租赁公司获批在上海综合保税区设立项目公司并已开办业务,货币经纪公司加入银行同业公会并逐步确立有偿服务模式,多家中外资银行和非银行金融机构成功发行人民币金融债券融资。小企业金融服务水平明显增强。小企业专营组织架构日益壮大,截至目前在沪持牌小企业专营机构有3家、专营小企业业务的城商行2家、村镇银行5家,此外20家异地来沪中小银行分行中大部分设立了小企业专营部门并开设小企业特色支行。

【创新监管】 积极探索创新监管,有效防范化解上海银行业风险。

一是着力推进融资平台贷款清查工作,防止潜在的财政风险向金融风险转化。去年上半年,探索建立了"六项工作机制"(引入名单管理制、建立风险主评审行制、设置常态化监测机制、实行定期案例分析制度、搭建外部协调机制、建立舆情引导机制),完成平台贷款解包还原工作。下半年,重点抓好"四个统一"即:统一平台认定标准;统一风险评审标准;统一协调地方政府;统一规范平台后续管理。

二是着力督促落实房贷新政,防止资产泡沫向银行领域转嫁。严格执行"有保有压"原则,即保民生用房的资金需求,压投资投机住房需求和违法违规房地产开发企业资金需求。严肃查处违规行为,先后开展多项房地产贷款检查,并对未严格执行房地产贷款相关规定的银行业机构施以行政处罚或审慎监管措施。

三是着力推进贷款新规贯彻落实,促进银行信贷管理精细化。重点落实"三个注重":注重宣传推进,积极探索形成了一个全方位、多角度的贷款新规大宣传格局。注重培训推进,实现上海银行业培训覆盖面100%。注重督查推进,建立了辖区银行业贷款新规执行情况季度报告、评估和通报制度。据调查,全年中外资银行新增固定资产贷款、流动资金贷款、个人贷款的受托支付比例分别为83%、44%、86%,贷款新规落实成效初步显现。

四是着力管控案件风险,进一步巩固案防工作成果。按照案防措施"进机构、到岗位、严执行"的工作要求,2010年案防工作归纳为:部署"三个一",执行"三个二",外加"一个五"。部署"三个一",即召开一次上海中资银行案防工作会议、印发一项《2010年上海银行业案防工作的监管意见》、开展一次上海银行业案防工作考评。执行"三个二"包括:组织"银行业内控和案防制度执行年活动"和"银行业金融机构从业人员职业操守指引自查抽查活动"两项活动,印发《银行业金融机构案件防控知识问答》和《银行业金融机构案件防控警示教育读本》两本学习手册,建立与上海市高院的"银行从业人员涉及个人重大经济、商务、投资纠纷民事案件审理信息交流机制"、与上海市公安局的"银行从业人员'涉黄'、'涉赌'、'涉毒'等不良行为信息交流机制"两项信息沟通机制。外加"一个五",即先后5次组织局内处室和银行业共500人旁听金融案件庭审。在大家与银行业金融机构的共同努力下,去年实现大案要案零发生的可喜成绩。

【科学监管】 努力践行科学监管,不断完善自身功能建设。

一是着力推进监管方式方法改进,不断完善监管工作机制。管法人、管高管、管资本的"管源头"监管思路基本形成。非现场监管更加精细化,注重加强"三互动"(监测调研与机构监管互动、监管部门与银行机构互动、常规监测与深度调研互动),统一全局监管标准与监管行动。市场准入监管内涵不断丰富,试行中资法人银行新业务准入"质询会"和非银行金融机构"开业答辩会"制度。稳步推动外资法人银行转制,引导和鼓励外资法人银行中西部和东北地区布点,密切关注外资银行业务整合,并确保平稳过渡。联动监管进一步增强,建立和完善全局性内部联动监管机制,拓展境内外联动监管。

二是着力推进综合部门工作创新,不断优化内部管理。信息集成取得新的进步,全行业联动、各部门联动、信息新闻联动的“三联动”模式运作成熟。学习型党组织建设初见成效，建立了中心组学习师资库和党建工作“三测评”制度，编纂并出版了《银行监管者的思考》一书。党风廉政建设不断深入，积极推进惩防体系五年工作规划和监管人员行为准则的贯彻落实，组织签署全员廉洁从业承诺书，开展“廉政教育学习月”活动，健全履职回避制度按年更新长效机制。

在上海银监局和上海银行业金融机构的共同努力下，上海银行业继续保持稳健良好发展势头，经营规模持续扩大，资产质量创历史最好水平，抗风险能力不断增强。截至2010年末，上海银行业资产总额达6.95万亿元，同比增长11%；各项存款余额5.22万亿元，同比增长17%；各项贷款余额3.42万亿元，同比增长15.1%；不良贷款余额为274.99亿元，比年初减少73.55亿元，不良贷款率0.8%，比年初下降0.38个百分点，再创历史新低；实现利润797.75亿元，同比增长33.9%，盈利增势强劲；拨备覆盖率达213.42%，较年初上升63.69个百分点，贷款损失准备率235.73%，较年初上升24.08个百分点，风险抵御能力进一步增强。

（上海银监局）

3. 中国证券监督管理委员会上海监管局

上海证监局前身为上海市证券管理办公室（隶属于上海市人民政府）。1999年7月中国证监会上海证券监管办公室（简称上海证管办）作为中国证监会派出机构正式挂牌。2000年9月，中国证监会决定成立中国证监会上海稽查局。2004年3月，中国证监会上海证管办更名为中国证券监督管理委员会上海监管局，简称中国证监会上海监管局或上海证监局。目前，上海证监局内设12个处室，分别为：办公室、党务工作办公室（纪检监察室）、信息调研处、法制工作处、上市公司监管一处、上市公司监管二处、机构监管一处、机构监管二处、期货监管处、基金监管处、稽查一处、稽查二处。

2010年，上海证监局认真贯彻落实全国证券期货监管工作会议精神，紧紧围绕“保稳定、抓规范、促发展”的工作主线，坚持依法行政，全力抓好维护市场稳定、稳妥推进融资融券业务试点、确保股指期货平稳推出、推动部分改制上市公司整体上市、严厉打击内幕交易和“老鼠仓”等重点工作，上海资本市场总体平稳运行，各类市场主体集聚态势进一步显现，核心竞争力和创新能力进一步增强，为促进上海经济平稳较快发展和上海国际金融中心建设，发挥了积极作用。

【确保稳定】 全力做好世博维稳。一是加强组织领导，做到“责任分解到位、分工协作到位、工作落实到位”。夯实工作基础，细化维稳方案，排摸风险隐患，组织应急演练。优化信访、安保和督导工作机制。二是强化持续落实，突出矛盾排查、人员劝返、监督检查和信息整理四个重点。稳妥处置突发事件，着重抓好细化预案、强化保障、迅速反应、妥善应对、分析总结五个环节。三是加强舆论引导，推动媒体规范运作。加强资本市场建立20周年等正面宣传，营造舆论氛围。强化舆情监测，准确研判和及时处置有关恶意谣言和虚假信息。

【聚焦重点】 全面落实重点任务。一是确保辖区股指期货业务平稳推出和运行。与中金所多次召开专题会议，督促经营机构落实适当性要求，确保各项准备工作到位。借助新媒体开展专项投资者教育，加强后续交易监测和开户审核，确保平稳运行。股指期货开户数和成交额均位居全国首位。二是稳妥推进融资融券业务试点。通过明确推进计划、抓好试点准备，确保试点稳妥启动。加强现场检查和跟踪分析，促进试点持续平稳开展。试点公司融资融券业务规模在全国保持领先优势。三是积极推动部分改制上市公司整体上市。与地方政府加强沟通，摸清底数，找准原因，坚持“自主决策、整体规划、分步实施”原则，推动辖区公司整体上市。解决同业竞争、减少关联交易专项活动成效明显。

【证券监管】 努力提升监管实效。一是聚焦监管资源，有效开展上市公司监管。深化公司治理专项活动，探索破解上市公司房屋土地权属等难点问题。加强信息披露监管，对媒体质疑和股价异动及时现场核查。推进内幕信息管理综合防控，指导上市公司建立内幕信息知情人登记制度。二是抓基础、建机制，有效开展证券经营机构监管。督导证券公司建立信息隔离墙机制，健全合规问责及合规有效性评估机制，完善敏感性分析和压力测试。督促落实“参一控一”监管要求，完善治理和内控。开展营销规范核查，推动建立经纪业务管理长效机制。三是围绕“三条底线”和合规管理，有效开展基金公司监管。加强现场检查，严厉打击“老鼠仓”、非公平交易和各种形式利益输送等触犯“三条底线”的行为。强化管理层等核心人员的合规责任，推动深化基础管理和风险管理，促进行业自律发展。四是以促规范、防风险为重点，有效开展期货公司监管。深化关键岗位联席会议制度，建立净资本预警案例分析通报机制，督促落实合规要求，重点做好保证金封闭管理。督促防范营销风险，推动ISO标准化管理认证。运用分类监管评价引导合规经营。五是积极探索，加强其他中介机构监管。健全证券投资咨询机构常规监管机制，强化违规处罚力度。认真开展各类检查，督促资信评级和外资代表处规范运作。延伸监管手臂，强化对从事证券期货业务的会计、评估机构及律师事务所的监管。

【发挥服务功能】 一是推动提高直接融资比重。积极推动建立上海市推进中小企业上市工作联席会议机制，加大上市培育力度。支持上市公司通过再融资和并购重组，利用资本市场做优做强。搭建券商和企业沟通平台，为代办股份转让系统扩大试点做好准备。全年，上海上市公司利用资本市场筹资达1 184.2亿元，仅次于2007年。上海直接融资比重和经济证券化率约为全国平均水平的2倍。二是积极支持经营机构创新发展。协调有关部门共同开展募集境外人民币基金投资境内市场的制度研究。支持辖区经营机构“走出去”取得成效。5家证券公司和3家基金公司在港设立分支机构，海通香港发行香港首只人民币基金。两家证券公司率先设立资产管理子公司。建立基金业电子商务推进工作联席会议，推动上海汇付数据成为首家基金公司相关支付服务提供商。

【监管创新】 一是在完善监管手段方面，探索建立上市公司日常监管评价信息数据库、证券公司风控指标集中监控系统、新一代期货监管信息系统和风险指标压力测试系统、基金监管电子文件报送系统。二是在完善监管机制方面，建立证券营业部分类评价机制。率先实施证券公司行政许可T＋1日过程社会公示。指导证券同业公会建立证券营销人员从业信息备案和诚信公示平台。组织开展期货公司合规建设和战略管理专项活动。指导上海基金业率先成立同业公会。推动证券期货经营机构率先发布社会责任报告。

【依法行政】 严厉打击违法违规。一是做好行政处罚权下放试点准备工作，夯实制度基础，加强人员和物质保障。进一步提高行政许可工作效率，提升透明度。组织开展行政执法工作大检查，提高依法行政水平。二是落实打击内幕交易专项行动部署。完善案件线索发现处理机制，创新办案方式方法。共办理内幕交易类案件20件，基金“老鼠仓”案件4件，在辖区和市场形成有效震慑。加强典型案例的宣传和培训，重点加强对国有上市公司及政府职能部门相关人员的教育。三是持续做好打非和反洗钱工作。查办打非案件286起，向公安机关移送和通报线索139件，向工商部门通报线索48件，通过媒体曝光非法网站436家。加强反洗钱研究，对辖区机构开展了反洗钱检查。

【深化投资者教育和诚信建设】 一是制定投资者教育工作规划，创新投资者教育载体和形式。组织开展基金业投资者教育、融资融券业务介绍等系列活动。联手IPTV理财频道，打造国内第一档《走进期货》专题节目。开展投资者教育工作专项检查，督促经营机构将投教工作融入各项业务流程。二是优化辖区诚信发展环境。强化对证券期货市场各类主体信用信息的记录，配合做好证监会统一的证券期货市场诚信档案建设以及与上海地方诚信数据库的对接工作，主动查询和使用诚信档案，促进辖区市场主体规范运作。

（上海证监局）

4. 中国保险监督管理委员会上海监管局

2010年，上海保监局深入贯彻落实科学发展观，按照中国保监会、上海市委、市政府要求，紧紧围绕“转方式、调结构、防风险、促发展”工作方针，认真研究把握上海保险市场发展形势和上海“两个中心”建设有利时机，着力加强监管，切实保护被保险人利益，有效应对国际金融危机冲击，推动行业平稳健康发展。

【整顿规范市场秩序】 一是加强查处力度，坚决治理销售误导和车险理赔难问题，对信访投诉反映集中、业务增长异常、内控管理薄弱的保险公司、保险业务和保险环节进行重点监管。全年共受理调查160件信访案件，对14家保险公司和13家保险中介机构进行现场检查，处罚了8家保险公司、14家保险中介机构和14名相关责任人。二是积极推动行业服务标准化、业务流程的规范化。指导行业建设车险理赔信息服务系统，提高行业整体对车险理赔风险的预警和管控能力；拓展上海机动车辆联合信息平台功能，会同上海市交警总队、市司法局联合建设上海道路交通事故检验鉴定信息系统，提高上海交通事故人伤鉴定规范性和科学性；稳步推进人身险综合信息平台建设。在市金融工会等单位的指导下开展保险服务质量规范地方标准化工作，逐步制定新的保险服务地方标准。三是不断强化保险机构内控管理机制，堵塞保险公司内控管理漏洞，提高公司依法合规经营水平。

【防范化解行业风险】 一是不断加强市场形势调查研究，增强风险识别的前瞻性，将风险防范和化解工作有机融合于日常监管之中。二是不断丰富保险监管手段措施，增强风险评价的科学性，在保险公司月度报表报送、数据分析基础上，以保险公司分支机构偿付能力监管和分类监管制度为核心，形成以风险为导向的非现场监管模式，增强风险评价的科学性，提高差别监管的针对性。三是不断推进制度机制建立健全，增强风险应对的有效性，相继制定《人身保险公司银行保险业务中培训活动内部控制指引》、《上海地区人身保险电话营销服务承诺》和《上海市银保从业人员报备方案》，在引导业务规范发展中渐进消化化解风险。

【促进调整市场结构】 一是研究推动客户需求为导向的销售模式，指导同业公会开发并启用上海保险客户需求分析系统，按照消费者风险承受能力和保险需求情况进行匹配销售，增强保险消费真实性和稳定性。二是不断完善交强险费率浮动机制，更深入思考车险发展内在规律，更为科学和合理地推动产险结构的优化。三是平衡发展个险、团险、银保及新兴销售渠道，深入研究改善保险营销员生存状况和展业能力，规范发展银保渠道，鼓励引导电话、网络等新兴保险直销渠道发展。四是制定出台《上海市保险兼业代理管理办法（试行）》，推动形成规范有序、稳定深入的保险兼业代理关系。五是积极争取在科技保险、船舶污染责任保险和危化责任保险等试点先行。

【服务上海世博会】 一是充分学习借鉴世界各国世博保险共保体经验，结合上海世博会特点和需求，在保障范围、产品设计、服务模式、事务管理等各方面积极创新，为世博前、世博中、世博后各阶段提供全方位高水平风险管理和保障方案。二是全行业狠抓服务质量，打造世博保险品牌，在认真做好世博会规定保险、商业保险组织实施的同时，抓住窗口服务单位、重点业务品种、理赔咨询环节三个方面，建立世博保险快捷理赔程序和世博投诉事件专项管理机制，对 1 336 件保险报案及时处理，做到世博会运行期间世博园区保险服务零投诉。三是在做好世博保险服务的同时，加强行业自身安全管理。全行业建立实施世博期间安全管理机制，建立和完善包括信访维稳、业务保障、安全防范、信息管理和舆论宣传在内的各项风险应急预案，全面落实风险排查和整改，及时消除各类矛盾隐患，确保世博期间保险业安全稳定。

【服务上海“两个中心”建设】 一是推动落实保监会与市政府合作备忘录，与市金融服务办共同研究制定上海保险业改革创新三年行动计划及《2010—2012 年上海保险业改革创新发展计划》，做好 2010 陆家嘴论坛保险相关工作。二是按照上海国际金融中心框架要求和市政府领导交办意见，积极开展再保险市场培育、保单转让市场和保险交易所等多项课题研究。三是配合航运中心建设，大力推进航运保险发展，推动人保、太保在沪建立航运保险营运中心。四是配合保监会和市政府继续推动个人税延型养老保险在沪试点工作。

【《上海地区人身保险公司电话营销服务承诺》正式实施】 5 月 13 日，在上海地区开办电话营销业务的所有人身保险公司主要负责人共同签署了《上海地区人身保险公司电话营销服务承诺》，其内容连同上述公司统一呼出号码以及客户须知等均已通过行业公会网站对外公布实施，接受社会监督。此举标志着上海地区人身险电话营销活动步入了行业统一规范之路，将对人身险电话营销渠道的健康发展产生积极影响。

【上海市机动车辆保险理赔信息服务系统上线】 上海市机动车辆保险理赔信息服务系统于 11 月正式上线运行。上海市机动车辆保险理赔信息服务系统是在现行上海市机动车辆联合信息平台运作模式下，通过整合行业内外数据资源，采用科技化、信息化、制度化的方法实现理赔数据实时对接，确保车险理赔流程中数据真实、定损准确、格式完整、交换及时，为经营车险业务的各保险公司提供全方位的理赔信息服务，并实现对车险理赔的全流程监控。该系统的上线对于促进上海市机动车辆保险业务健康发展，完善上海市机动车辆联合信息平台的服务功能，提高上海车险行业服务能力，降低行业经营风险，都将具有积极意义。

【上海保险客户需求分析系统上线】 上海保险客户需求分析系统于11月正式上线运行。该系统依托上海市保险同业公会网站作为统一平台，针对上海市场客户的实际需求，从家庭经济责任重心期、紧急预备金、子女教育规划、养老规划四个角度量化测算家庭财务中存在的风险缺口，根据个人偏好排序确定风险的"轻重缓急"，帮助客户从自身实际状况出发，找准寿险需求和保障额度，并根据自身经济条件，选择合适的寿险产品。该系统的推出在全国尚属首次，它的推广和运用将有效促进寿险销售的专业化和标准化，为上海市民提供更科学的寿险服务。

（上海保监局）

5. 国家外汇管理局上海市分局

2010年，上海市分局积极落实国家外汇管理局的工作部署，深入学习实践科学发展观，围绕外汇管理中心任务，紧密结合上海实际，加快推动外汇管理理念和方式的"五个转变"，坚持改革创新和先行先试，大力推动上海国际金融中心、国际航运中心和国际贸易中心建设，有力支持上海世博会筹办和举办，不断提升外汇监管和服务水平，各项工作都取得了新进展。

【上海世博会外汇服务】 一是针对2010年上海世博会规模大、会期长、参与者多以及外汇跨境收付、外币兑换等方面服务需求大等特点，制订一揽子世博会外汇支持政策，充分便利世博会相关主体的外汇账户开立、跨境外汇资金收付等行为，有效保障了世博会运行期间外汇业务的平稳开展。二是建立了由外汇局上海市分局、世博局和世博会指定银行交通银行参与的世博会外汇服务协调工作机制，及时协助解决世博会筹备及举办期间的各类外汇政策需求。三是完善世博会外汇服务环境。设立"世博会外汇服务绿色专用通道"，专岗专人为世博会相关主体办理外汇业务；规范个人结售汇和外币兑换网点服务，完善外币兑换环境；通过外币兑换地图、服务指南和宣传海报等宣传手段扩大政策的社会知晓度。

【外汇管理改革】 一是大力支持上海国际贸易中心建设和总部经济发展，开展国际贸易结算中心试点。二是深化个人本外币兑换特许业务试点。在原有1家个人本外币兑换特许业务试点机构的基础上，扩大个人本外币兑换特许业务，新增多家经营机构和经营网点。三是开展新台币现钞双向兑换业务试点，填补上海金融服务空白。四是在全国率先开展保税项下外汇收支集中收付汇管理。针对保税监管区域企业货物流、资金流的特点，会同保税监管区域管理部门、企业和银行进行多次协商和研究，拟订了区内企业集中收付汇方案并得到总局批准。同时，制定了具体业务流程，确保方案顺利实施。

【推进上海"四个中心"建设】 一是积极拓展跨境贸易人民币结算业务。自跨境贸易人民币结算试点率先在上海启动以来，外汇管理部门大力配合支持该试点，不断加大业务创新和拓展力度。在推动出口人民币买方信贷、人民币对外担保、人民币对外直接投资、外商投资企业境外投资者以人民币增资、以人民币对外支付股权转让款、境外机构开立境内人民币银行结算账户等方面均取得突破性进展。二是积极配合上海市相关职能部门开展外资股权投资企业试点，为促进股权投资行业健康发展提供政策支持。三是支持SPV（单机单船）融资租赁试点。批准交银租赁公司设立SPV开展单机租赁业务所涉及的预付款业务，并就招银租赁和交银租赁业务中的其他外汇管理政策突破问题作了认真研究。

【规范和引导外汇资金有序流动】 一是加强对金融机构外汇业务监管，组织完成对2009年度上海地区107家银行执行外汇管理规定情况的考核工作，促进银行合规经营外汇业务。满足多家银行的结售汇综合头寸限额调整需求，便利银行外汇资金营运。二是认真组织落实国家外汇管理局贸易核销制度改革，确保进口付汇核销新制度在年底前落实到位。加大对企业出口逾期未核销数据的催核力度，为出口核销制度改革的稳步推进打好基础。三是加强跨境资金流动监测和风险预警。完善国际收支统计手段，提升账户系统数据质量，建立对外汇形势变化的快速反应机制，提高外汇管理的有效性。四是改进日常外汇监管。保质保量完成外资企业外汇年检和境外投资联合年检，积极支持企业"走出去”,保证贸易信贷、对外担保和短债指标核定等合规有序开展,继续规范境内员工参与境外上市公司股权(期权)激励计划行为,协助总局做好服务贸易外汇管理改革、外汇账户改革等工作,完善捐赠外汇管理,加强个人分拆结售汇管理,严格出口收结汇联网核查管理。五是完善外汇服务。及时掌握企业遇到的疑难问题,针对企业在联网核查等方面遇到的问题,研究应对方案。帮助出口企业调查买方资信与评估风险,保障收汇安全,减少坏账损失。协助国家外汇管理局做好机场综合保税区封关验收工作,大力支持上海综合保税区功能完善。改善外汇服务环境,更新排队管理系统,便利客户办理各项外汇业务,并满足绿色通道企业优先办理业务。

【打击外汇违法违规行为】 一是严厉打击跨境资金违规流动。按照国家外汇管理局部署,对银行的外汇业务合规情况、短期外债与表外业务、集中性的服务贸易和个人异常外汇资金流入等进行了现场和专项检查。二是认真组织开展案件查处工作,做好对2008年以来开展的外汇专项检查延伸案件的查处工作,及时做好定性处罚。三是实现对跨境资金违规流动监测监管的关口前移。联合上海市公安局共同研究推出了《境内居民外汇兑换风险提示单》;向外汇交易的居民个人发放中英文对照的“个人外汇交易风险提示单”;举行《世博链接:警汇外汇服务推介会—暨外汇汇兑风险提示启动仪式》,向各银行发放结售汇风险提示,提高客户风险防范意识。四是积极开展上海市外汇市场“诚信兴商”宣传工作。先后开展了外汇管理实务知识竞赛、印制宣传画、总结会等多项活动,深入推进“外汇信用体系建设”,促进上海外汇市场秩序进一步规范。

【外汇管理政务公开与信息化建设】 一是不断提高依法行政能力,扎实推进外汇管理政务公开,切实提高外汇管理的透明度,帮助市场主体更加清晰地了解外汇管理业务办理要求和依据。二是完善各项内控制度和业务操作流程,加大内控制度执行力度,充分发挥社会各界的监督作用,切实防范和消除各类风险隐患。三是积极探索业务系统整合和数据整合思路,做好信息化建设中长期规划。四是切实履行世博会期间维护安全稳定和监督管理职责,认真落实外汇服务大厅的安保措施和维稳责任。五是加强外汇政策的培训、咨询等工作,认真做好人大、政协提案、信访件、分局咨询邮件、上海市银行同业公会会员单位所提意见等的答复工作,组织好对银行和企业的外汇政策培训工作。

(上海外汇管理局)

6. 上海市金融服务办公室

2010年,上海市金融服务办公室认真贯彻落实国务院2009年19号文件精神,按照2010年市委、市政府重点工作部署要求,以金融市场体系建设为核心,以金融改革开放创新先行先试和营造良好金融发展环境为重点,会同有关方面全力推进上海国际金融中心建设,不断深化上海金融国资国企改革发展,积极促进金融服务经济发展,各项工作取得了良好的成效。

【上海国际金融中心建设取得新进展】 一是金融市场体系继续完善。金融期货市场正式启动,沪深300股指期货合约平稳推出。全国银行间市场贷款转让交易系统正式运行,各主要商业银行签署了《贷款转让交易主协议》。上海股权托管交易中心挂牌成立。全球首家专门以基础设施为标的物的融资交易平台——上海国际基础设施融资交易中心已经揭牌。保险交易市场建设稳步推进,探索在上海设立保险交易所的方案已上报国务院,相关部门正在积极论证并推进。张江高新区企业进入代办股份转让系统试点准备工作顺利推进。期货保税交割业务试点正式启动。信托登记服务体系建设以及在上海建立全国性的信托受益权转让市场等工作也在稳步推进之中。全年,上海主要金融市场(不含外汇市场)交易总额386.24万亿元,比上年增长53.88%,其中:上海证券市场股票交易额位居全球第三位;上海商品期货市场合约交易量位居全球第二位,成为全球三大有色金融定价中心之一;上海黄金交易所黄金现货交易量位居全球第一。二是金融机构体系不断健全。消费金融公司、汽车金融公司等各类消费金融机构加快发展,全国首家消费金融公司——中银消费金融有限公司挂牌运营。农银金融租赁公司在沪开业。澳新银行中国法人子行在沪注册。梅隆西部基金管理公司落户上海。大型金融机构功能中心不断集聚上海,持牌经营的中行贵金属业务部、农行私人银行部、民生银行票据中心落户上海,中国人保、太保获保监会批复在沪设立航运保险运营中心。股权投资企业、小额贷款公司、村镇银行等新型和准金融机构发展迅速。三是金融产品和业务创新不断推进。跨境贸易人民币结算试点企业范围进一步扩大,结算业务量快速增长,截至2010年末,上海地区试点企业由首批92家增加到1.6万家,累计结算额达743亿元。证券公司融资融券业务试点正式启动,上海有5家券商获得试点资格(全国共有11家)。银行间市场信用风险缓释工具、超短期融资券陆续推出。金融租赁公司发债正式启动,交银租赁公司在银行间市场成功发行债券。上汽通用成功发行国内首单汽车金融公司金融债券。个人本外币兑换特许业务试点由1家扩大到4家。中国外汇交易中心启动了人民币对小币种交易,推出人民币对林吉特、卢布的交易。交银金融租赁公司、招银金融租赁公司在上海综合保税区成功设立首批单船、单机项目公司,正式开展船舶、飞机融资租赁试点。四是金融对外开放稳步扩大。外资法人银行发行人民币债券获得进展,三菱东京日联银行(中国)有限公司在银行间债券市场发行金融债券。外商投资股权投资企业试点工作稳步推进,国内首家合伙制外资股权投资企业、首家合伙制外资股权投资管理企业在上海成立。国家外汇管理局批准在上海率先开展外商投资股权投资企业试点、新型国际贸易结算中心试点。境外机构在境内开立人民币结算账户、境外银行参与境内银行间市场获得突破,目前已有境外央行、港澳人民币清算行、跨境贸易人民币结算境外参加银行等三类机构获准运用人民币投资银行间债券市场。境外企业在境内上市、发行债券的相关制度安排正有序推进。劳合社中国再保险公司获得直保业务牌照。沪港金融合作不断加强,市金融服务办公室与香港特区政府财经事务及库务局在香港签署了《关于加强沪港金融合作的备忘录》,在上海召开了沪港金融合作第一次工作会议。沪台金融合作稳步推进,交通银行、浦发银行、上海银行、中行上海市分行、工行上海市分行已获批开展新台币和人民币双向兑换业务;台湾第一商业银行、台湾土地银行、国泰世华银行等3家台资银行在沪开设分行。五是金融发展环境继续优化。会同国家"一行三会"成功举办2010陆家嘴论坛。成功举办上海国际金融中心建设领导小组国际咨询委员会第三次会议。召开金融系统人才工作会议,明确上海国际金融人才高地建设的思路和主要任务,修订《金融领域紧缺人才开发目录》,大力引进高层次和紧缺人才。继续完善落实金融业扶持政策,认真做好国内外金融机构引进的服务工作。进一步加强本市金融稳定机制建设,印发本市《关于贯彻国务院办公厅通知进一步做好打击非法集资工作的通知》,构建了市有关部门、各区县相互协作的打击非法集资活动联动机制。继续加强与本市立法机关、中央在沪金融监管部门的沟通协调,形成金融法制工作合力。

【上海金融国资国企改革发展不断深化】 一是不断完善上海金融国资国企管理体制。与市国资委签订了市属金融国资委托监管协议,明确由市金融办代为行使市属金融企业国有出资人监管责任。研究制定了《上海市属金融企业国有资产监督管理试行办法》、《市属金融企业经营业绩考核评价实施办法(试行)》、《市属金融企业重大事项管理暂行办法》、《市属独资金融企业国有资产监督管理暂行办法》等文件,初步建立了市属金融企业国资管理制度体系。二是推动市属金融企业制定三年行动计划。指导市属金融企业明确发展定位、发展目标和任务措施。完成市属金融企业2009年绩效考核工作,研究并落实市属金融企业2010年和任期考核约定方案。三是进一步推进市属金融国资国企资源优化配置和重组上市。成功推动中移动入股浦发银行。积极推进市属金融企业上市。跟踪协调美国史带公司与上海国际集团开展保险合作、上海农商行增资扩股、浦发银行与硅谷银行发起设立专注服务科技型中小企业银行、爱建股份重组等工作。四是推进市属金融企业领导人员竞争性选拔、市场化选聘、契约化管理。配合市委组织部,成功开展国泰君安证券董事长、申银万国证券总经理岗位体制内竞争性选拔工作。指导推进华安基金、东方证券开展董事会市场化选聘总经理指导推进上海银行、上海农商行等开展董事会选聘经营层副职工作。指导推进海通证券、安信农业保险、长江养老保险、大众保险等企业面向社会公开选拔中高层管理人员。

【金融服务经济社会发展的能力不断提升】 一是召开金融促经济发展转型大会。研究部署金融促进经济发展转型的重点任务和主要措施,出台了《关于加强金融服务促进本市经济转型和结构调整的若干意见》,不断加强对中小企业、"三农"、战略性新兴产业、现代服务业、先进制造业的金融支持。二是加强对文化创意产业和高新技术产业的金融支持。研究出台了《上海市金融支持文化产业发展繁荣的实施意见》、《上海市知识产权质押物交易管理办法》。协调推进知识产权质押融资相关制度建设和知识产权质押融资服务平台建设。推动股权质押融资、订单融资、"投贷联动"等科技型中小企业金融服务创新试点工作。研究推进小企业信贷网络服务平台建设。研究建立本市小企业贷款风险补偿资金，制定试行办法。三是大力推进企业上市融资。建立"本市推进中小企业上市工作联席会议"制度，研究出台了《关于推进本市中小企业上市工作的实施意见》。积极帮助企业通过资本市场融资。2010年上海企业发行股票、债券筹资1 854.7亿元。四是积极推进股权投资企业、小额贷款公司和村镇银行发展。研究制定了《关于本市开展外商投资股权投资企业试点工作的实施办法》、《关于促进本市小额贷款公司发展的若干意见(2010年修订版)》等促进新型金融机构和准金融机构加快发展的政策文件。截至2010年末，全市已有193家内资股权投资企业、227家内资股权投资管理企业、47家外资股权投资管理企业、1家合伙制外资股权投资企业、1家公司制外资股权投资企业；58家小额贷款公司获批筹建，50家小额贷款公司已正式开业；5家村镇银行开业，1家获批筹建。五是稳步发展融资担保。研究制定了《上海市融资性担保公司管理试行办法》和《关于加快本市融资性担保行业发展，进一步支持和服务本市中小企业融资的若干意见》，充分发挥政策性融资担保机构的引导带动作用，进一步促进商业性融资担保机构规范发展。六是继续加强对民生项目的金融支持。研究推动公共租赁房投融资平台建设，研究公共租赁住房开发建设的投融资方案。完成市政府实事项目"在市郊大型居住社区等地新建1 000台银联ATM机"。

【全力做好世博金融服务】 一是抓好金融窗口服务。组织实施《上海金融系统迎世博600天行动计划》，开展"保平安、促运行、重服务、创一流"世博运行金融服务立功竞赛活动、以"世博先锋行动"为主题的创先争优活动，全方位营造"支付便利、服务优质、运转高效、安全有序"的窗口服务环境。制定《银行业窗口服务质量规范》，评选优质服务明星、优质服务网点，狠抓金融服务软、硬件建设，推动创新服务流程，改善支付环境，加强各项运行保障，较好地完成了世博会金融服务运行保障任务，实现了世博金融服务"零障碍刷卡、零有责投诉、零事故发生"的目标。在上海世博会主运行指挥部窗口服务状况两次调查中，金融服务均位列世博园区外窗口服务行业总体满意度第一名。二是全力以赴维护世博安全稳定。围绕"平安世博"主题，以落实安保工作目标责任制为抓手，以加强单位内部安全防范和维护上海社会面稳定为重点，加强领导、健全组织，统筹部署、整体推进，实现了安保维稳"五个不发生"的目标，即"不发生袭击抢劫事件、不发生重大安全事故、不发生严重交易故障、不发生有影响的群体性事件、不发生个人极端暴力事件"，有力维护了本市金融系统的安全稳定。积极争取中央金融监管部门的支持，充分发挥在沪金融机构上级总部的作用，构建了金融系统世博安保"护城河"。密切与市信访、维稳、综治、治安、反恐、国家安全等部门及武警部队、有关地区的联系，与各金融机构协作配合，调动多方资源，凝聚各方力量，形成了安保维稳工作联防联动、联调联处的良好局面。切实做好重点防范，持续开展安保督查，会同市有关部门制定《上海市金融信息服务产业基地安防工作方案》，建立了协调联动的安保工作机制；加强对金融系统重点单位、重要部位、营业场所安保工作的督导检查；深入排查矛盾纠纷，努力解决突出问题，落实世博会期间对重点人员的稳控措施。

(上海金融办)

四、上海市金融报告

1. 2010 年上海市金融运行报告

2010 年，上海市金融业继续稳健发展，为上海市经济发展提供了良好的金融环境。各项存贷款同比少增，市场利率水平有所上升。股票市场融资功能增强，证券期货业稳健运行。保险市场继续快速发展，保险业改革持续推进。金融市场产品日益丰富，社会融资结构逐步改善。上海国际金融中心建设取得新突破，长三角金融协调发展进一步深化。

(一) 各项存贷款同比少增，市场利率水平有所上升

2010 年，全市中外资金融机构各项存款同比少增，各项贷款增长适度。贷款投放重点突出，贷款长期化趋势明显。资产质量继续改善，净利润快速增长。2010 年末，全市金融机构本外币各项存、贷款余额分别为 52 190 亿元和 34 154.2 亿元，同比分别增长 17%和 15.1%，增幅比上年末分别下降 8.4 个百分点和 7.9 个百分点，存贷款增速逐步回归常态。“十一五”期间，各项存、贷款余额年均分别增长 17.5%和 15.2%。

(1) 各项存款同比少增，企业存款增幅回落。2010 年，全市本外币各项存款增加 7 607.7 亿元，同比少增 1 403.2 亿元。其中：人民币存款增加 7 572 亿元，同比少增 1 056 亿元，主要是由于活期存款大幅少增，新增人民币活期存款在各项存款增量中的占比同比下降 13 个百分点；外汇存款增加 15.9 亿美元，同比少增 40.5 亿美元，主要与保险公司 2009 年末境外募股资金在 2010 年划出，以及在人民币升值预期影响下居民外汇储蓄存款下降有关。2010 年末，上海市本外币存款余额在全国中的比重为 7.1%，比上年末下降 0.2 个百分点；存款增速低于全国 2.8 个百分点，增幅差距比上年末有所扩大。

表 1　2005—2010 年全国和上海市本外币存款增速变化情况

单位：%

项　　目	2005 年末	2006 年末	2007 年末	2008 年末	2009 年末	2010 年末
上海存款增速	16.08	13.38	14.59	17.40	25.39	16.96
全国存款增速	18.57	15.92	15.24	19.30	27.92	19.83
上海市存款余额在全国占比	7.77	7.60	7.56	7.44	7.29	7.12

企业存款增幅回落。2010 年，全市本外币企业存款增加 3 344.4 亿元，同比少增 1 634.8 亿元，其中企业活期存款增加 1 450.6 亿元，同比少增 1 109.5 亿元。企业活期存款明显少增，主要与贷款派生存款减少有关。银行监管部门“三办法一指引”全面实施后，商业银行按照“实贷实付”要求，强化了贷款用途管理，企业贷款增长受到一定影响。据中国人民银行上海总部工业企业景气调查显示，2010 年样本企业贷款满足率持续回调，四季度降至 71.8%，同比回落 13.2 个百分点。由于企业派生存款多以活期化方式滞留银行，企业贷款增长放缓直接导致企业活期存款增幅下降。

储蓄存款增速减缓。2010 年，全市本外币储蓄存款增加 1 891.4 亿元，同比少增 377.8 亿元。随着居民消费价格指数不断走高，居民通胀预期明显增强，储蓄意愿持续回落。据中国人民银行上海总部四季度居民储户问卷调查显示，居民储户未来物价预期指数为 77%，比一季度上升 11 个百分点；仅有 32.3%的受调查居民表示“更多地储蓄”，比一季度下降5 个百分点。此外，2010 年深市新股发行节奏加快也在一定程度上导致了上海市储蓄存款的波动。

各银行存款增长差异较大。受贷存比、内部绩效考核和资金面压力等因素影响，银行间存款业务竞争加剧，存款在各银行间的流动加大。与 2009 年中、外资银行存款普遍多增情况不同，2010 年中、外资银行存款增长态势分化明显。外资银行存款业务延续了快速增长势头，全年新增人民币存款 816.1

亿元，占全市金融机构人民币存款增量的10.8%，占比同比上升3.7个百分点。中资银行各项存款大幅少增，其中中小型银行人民币各项存款同比少增944.3亿元，流动性管理难度有所加大。

表2 上海市中外资金融机构人民币各项存款增长情况

单位：亿元

机构类型	2010年		2009年	
	新 增	同比多增	新 增	同比多增
中资金融机构	6 755.87	−1 262.83	8 018.70	3 169.58
外资金融机构	816.10	206.79	609.31	307.51

（2）各项贷款增长适度，外汇贷款增速回落。2010年，全市本外币贷款增加4 493亿元，同比少增880.4亿元。其中：人民币贷款增加4 369亿元，同比少增446亿元。从贷款投放节奏看，受经营理念、项目储备、监管政策和资金约束的多重制约和影响，全年贷款投放呈前高后低态势，其中一季度贷款增加额占全年本外币贷款增量的四成以上。2010年末，上海市本外币贷款余额在全国的比重为6.7%，比上年末下降0.3个百分点。虽然上海市贷款占比持续下降，但从贷款余额与全年GDP的比例看，高于2009年的水平，并明显高于全国平均水平。

表3 2005—2010年全国和上海市本外币贷款增速及贷款余额/GDP变化情况 单位：%

项 目	2005年	2006年	2007年	2008年	2009年	2010年
上海贷款增速	11.60	10.62	16.70	11.31	22.92	15.05
全国贷款增速	9.69	15.20	16.56	15.23	32.98	19.65
上海贷款余额/上海GDP	1.84	1.81	1.81	1.76	1.99	约2.02
全国贷款余额/全国GDP	1.13	1.10	1.04	1.02	1.25	1.28
上海贷款余额在全国占比	8.12	7.81	7.82	7.55	6.97	6.71

外汇贷款增速回落。2010年，全市外汇贷款增加34.4亿美元，同比少增47.8亿美元，其中贸易融资减少10.7亿美元，同比多减74亿美元。外汇贷款增长放缓，一是由于部分银行受资本充足率、贷存比制约，主动收缩利润较低的外汇贷款业务尤其是贸易融资业务，外汇贷款投放意愿减弱；二是与外汇资金头寸趋紧、外汇贷款定价提高及外汇贷款集中到期有关。2010年末，全市金融机构外汇贷款余额为540.7亿美元，同比增长5.8%，增速比上年末下降13.6个百分点；中、外资商业银行外汇余额贷存比分别为107.7%和175.1%，比上年末分别下降2.7个和19.3个百分点。

贷款长期化趋势明显。2010年，全市金融机构本外币中长期贷款增加3 764.2亿元，占各项贷款增量的83.8%，占比同比上升7个百分点；而票据融资减少373.3亿元，同比多减1 278.7亿元。中长期贷款占比继续上升，既有商业银行追求盈利、主动调整资产结构、减少收益较低的票据贴现的原因，也与危机期间新开工项目需要较大后续资金支持有关。随着货币政策逐步回归常态，中长期贷款过快增长势头有所遏制，短期贷款增速开始回升。2010年末，全市本外币中长期贷款同比增长21%，比上年末下降9.9个百分点。

表4 上海市中外资金融机构本外币贷款期限结构变化情况

单位：%

项 目	2005年末	2006年末	2007年末	2008年末	2009年末	2010年末
短期贷款余额占比	36.87	34.23	36.96	36.37	28.67	27.17
中长期贷款余额占比	53.60	56.99	56.05	56.74	60.41	63.52
票据融资余额占比	6.51	5.75	3.30	3.95	6.26	4.35

贷款投放重点突出。一是中小企业信贷支持力度明显加大。2010年末，中型、小型企业人民币贷款同比分别增长21.2%和24.8%，增速比大型企业贷款分别高6个和9.5个百分点。二是政府投融资平台贷款增加较多。据各商业银行上报数据汇总，2010年9月末，全市政府投融资平台人民币贷款余额同比增长15.9%。三是制造业贷款恢复性增长。2010年，制造业贷款增加265.4亿元，同比多增615.1亿元，有力地支持了制造业快速恢复。

表5 2010年上海市中外资银行人民币企业贷款投向变化情况

单位：亿元，%

企业规模	贷款余额	比年初增加	同比增速	余额占比	新增额占比
大型企业	8 968.08	1 188.35	15.28	43.28	35.43
中型企业	7 138.12	1 250.06	21.23	34.45	37.27
小型企业	4 613.92	915.35	24.75	22.27	27.29
合 计	20 720.13	3 353.76	19.31	100.00	100.00

房地产贷款增长放缓。随着国家对房地产调控力度的不断加大，房地产贷款增幅明显回落。2010年，全市中资银行人民币房地产贷款增加1 274.2亿元，同比少增253.4亿元，其中下半年增加368.5亿元，仅占全年房地产贷款增量的28.9%。房地产贷款增幅回落，既有各商业银行严格控制房地产开发贷款投放的原因，也与住房成交量下降导致个人住房贷款增长乏力有关。

中、外资金融机构贷款增长差异明显。中资金融机构各项贷款明显少增，外资银行各项贷款大幅多增，与2009年中、外资金融机构贷款增长情况形成鲜明反差。中资金融机构贷款增长放缓，既有国家严格控制房地产、地方融资平台及高耗能行业贷款投放的原因，也与贷款规模调控、贷存比考核等因素有关。外资银行贷款明显多增，既有国际金融危机影响减弱后企业贷款恢复性增长的原因，也与外资银行主动改变经营策略等因素有关。四季度上海市银行家问卷调查显示，中资银行贷款审批条件收紧的占比为51.7%，远高于外资银行21.4%的水平。值得注意的是，外资银行特别是在沪外资法人银行贷款高速增长，是在贷存比普遍较高、资金来源高度依赖中资银行同业融资的情况下实现的，并不符合其自身稳健的发展要求，过高的贷款增速是难以持续的。2010年末，全市19家外资法人银行人民币贷款同比增长43.9%，其中有13家本外币贷存比高于75%。

表6　上海市中、外资金融机构本外币贷款增长情况

单位：亿元

机构类型	2010年		2009年	
	新　增	同比多增	新　增	同比多增
中资金融机构	3 877.38	－1 767.93	5 645.31	3 272.66
外资金融机构	615.60	887.56	－271.96	－446.66

（3）票据贴现有所萎缩，票据市场利率振荡上行。2010年，上海市商业汇票承兑、转贴现和回购业务保持增长，贴现业务受货币信贷政策调控力度加强的影响有所萎缩，再贴现需求上升。上海市金融机构累计签发银行承兑汇票5 137.8亿元，同比增长37.5%。累计办理企业直接贴现3 333.4亿元，同比减少17%；累计办理买断式转贴现转入8 213.5亿元，同比增长17.7%。2010年末，上海市金融机构银行承兑汇票余额2 308.8亿元，较年初增长64.1%；票据贴现余额1 485.8亿元，同比下降20.1%。受货币市场利率上升、资金面趋紧等因素影响，再贴现需求上升。上海市金融机构共办理再贴现业务46.7亿元，年末再贴现余额为25亿元。

票据市场利率振荡上行。由于存款准备金率连续上调、存贷款基准利率上调以及贷款规模调控等因素影响，票据市场利率年中振荡上行、年末快速拉升。12月份，上海市银票和商票贴现加权平均利率分别升至5.67%和5.34%，同比分别提高3.01个和2.24个百分点；买断式与回购式转贴现加权利率分别升至5.08%和5.52%，同比分别大幅上升2.74个和3.39个百分点。

（4）人民币贷款利率逐步走高，下浮利率贷款占比大幅回落。年初，信贷投放较快，人民币贷款利率延续了上年末的走势，继续低位运行。此后，由于国家严格控制高耗能、房地产和地方融资平台贷款投放，价格型与数量型货币政策工具渐次出台，商业银行信贷放缓，利率逐步走高。12月份，1年期以下、1—3年期、3—5年期贷款加权平均利率分别升至6.03%、6.20%和6.29%，同比分别上涨0.87个、0.96个和0.98个百分点。

二季度开始，商业银行加快信贷资产结构调整，更加重视存贷利差，下浮利率贷款占比大幅回落。四季度，全市商业银行实行下浮利率的贷款占比同比大幅下降10.2个百分点；而实行上浮利率的贷款占比逐季回升，共提高6.1个百分点。

分机构看，不同类型银行贷款定价有所差别。国有银行全年下浮利率贷款占比继续保持较高比例，较其他地方性银行高出34.2个百分点；股份制银行下浮利率贷款占比下降幅度最为明显，比上年下降11.7个百分点。

表7　2010年上海市商业银行各利率浮动区间贷款占比情况

单位：%

机构类别	合计	下浮	基准	上　浮			
		0.9—1	1	1—1.3	1.3—1.5	1.5—2	2以上
国有商业银行	100	73.74	18.36	7.86	0.04	0.00	0.00
股份制商业银行	100	55.47	22.40	21.42	0.69	0.02	0.01
外资银行	100	53.88	24.26	20.59	0.91	0.30	0.06
其他银行	100	39.50	33.03	27.45	0.02	0.00	0.00
全部商业银行	100	58.96	22.73	17.70	0.49	0.09	0.02

注：其他银行为上海银行和上海农村商业银行。

从企业类型看，中小企业融资议价能力相对减弱。考虑到企业实力和违约风险等因素影响，在贷款总增量缩减的情况下，商业银行对中小企业贷款利率的上调幅度高于大型企业，全年中、小型企业上浮利率贷款占比分别较上年上升 5.1 个和 2.9 个百分点。

表 8 分企业类型人民币贷款利率浮动区间分布情况

单位：%

浮动区间	大型企业		中型企业		小型企业	
	2010 年	2009 年	2010 年	2009 年	2010 年	2009 年
下浮	72.81	69.75	48.38	49.51	34.86	37.76
基准	20.59	20.65	25.03	28.95	25.45	25.49
上浮	6.60	9.60	26.59	21.54	39.69	36.75

美元存、贷款利率连续回升。一季度开始，受人民币升值预期与进出口形势好转等因素影响，境内各微观经济主体持有美元资产意愿不断下降，而对美元负债的需求明显增强，导致金融机构外汇资金头寸趋紧，存、贷款利率水平开始攀升。5、6 月份，商业银行外部存款报价高至 libor＋200 bp 以上，外币业务较大的部分机构内部资金价格高企。6 月份，上海市 3 个月以内和 1 年期美元大额存款利率分别为 1.11%和 3.48%，比上年 12 月份分别上升 0.73 个和 1.96 个百分点。10 月份，境外机构的境内外汇账户（NAI）按小额外币存款计息，导致部分机构外币存款增量下降，利率水平继续上行。年末，主要期限的外币存贷款利率已回升至 2008 年末的水平。12 月份，上海市 3 个月以内和 1 年期美元大额存款利率分别为 1.37%和 2.16%，同比分别上升 0.99 个和 0.64 个百分点；3 个月以内和 1 年期美元贷款加权平均利率分别为 2.53%和 2.90%，同比分别上升 1.10 个和 1.43 个百分点。

人民币备付率总体合适。2010 年，虽然银行间市场流动性逐步趋紧，但商业银行在短期资金运用充分的同时，备付金比例总体保持合适水平。各法人银行（含交通银行和上海浦东发展银行）人民币超额准备金率月度均值为 3.72%，标准差为 0.5%，年末为 4.52%；其中法人外资银行年末人民币超额准备金率为 6.68%。受季度考核因素影响，商业银行贷存比呈现季初上升、季末回落的态势；而流动性资产配置比例总体趋势相反。年末，各法人银行贷存比为 72.2%，比上年同期下降 1.8 个百分点；流动性比例为 38.8%，比上年同期提高 0.4 百分点。

（5）外汇收支活动趋于活跃，外汇收支和结售汇"双逆差"进一步扩大。2010 年全年上海市涉外收支总量同比增长 24%，较 2008 年同期增长 8%，涉外收支规模已恢复至金融危机前水平。其中：涉外收入同比增长 17.1%，较 2008 年同期减少 6%；涉外支出同比增长 30.2%，较 2008 年同期增长 24%。涉外收支逆差 464.3 亿美元，同比扩大 238.4%。其中，经常项目逆差 554.7 亿美元，较上年同期扩大 87.4%；资本与金融项目顺差 90.4 亿美元，同比减少 43.1%。全年在沪银行结售汇同比增长 36%，较 2008 年同期增长 23%，上海结售汇总量已超过国际金融危机前水平。结售汇总逆差 61.5 亿美元，较上年同期增加 130%。其中，经常账户结售汇逆差 157.2 亿美元，较上年同期扩大 2.5 倍；资本与金融账户顺差 95.7 亿美元，较上年同期扩大 4.4 倍。

外商直接投资逐步回升。2010 年，随着宏观经济形势好转、全球经济开始复苏，外商直接投资出现明显回升迹象。全年上海市外商直接投资资本金流入 177.8 亿美元，同比增长 29.7%；投资资本金结汇 105.1 亿美元，同比增长 27.3%。但是，全球经济不稳定的因素并未完全消失，欧美实体经济复苏缓慢，国内对外商投资企业的优惠政策逐步取消，因此，外商直接投资资本金流入和结汇仍然没有完全恢复到国际金融危机前的水平。

（6）信贷资产质量继续改善，净利润快速增长。2010 年末，全市中外资金融机构本外币资产总额为 7 万亿元，同比增长 11%。其中，中资金融机构资产总额为 6.1 万亿元，同比增长 10%；外资银行资产总额为 0.9 万亿元，同比增长 18.7%。中外资银行不良贷款率为 0.83%，比年初下降 0.38 个百分点。

净利润快速增长。全年中外资金融机构实现净利润 797.8 亿元，同比增长 33.9%，增速同比上升 48.8 个百分点。金融机构经营效益明显改善，既有生息资产规模扩张、净利差扩大的原因，也与 2009 年受国际金融危机影响基数较低有关。

（二）股票市场融资功能增强，证券期货业稳健运行

2010 年，我国资本市场改革创新举措加快推出，构建内幕交易综合防控体系，强化对违法违规案件的打击力度，证券业保持稳健运行、规范经营和创新发展态势。

证券期货机构稳健运行。2010 年 11 月末，上海市证券公司总资产、净资产、净资本同比分别增长 1.5%、6.4%和 1.9%。上海市已获得中国证监会批准拥有直投资格的证券公司已达 6 家，有 5 家证券公司(全国为 25 家)开展了融资融券业务，有 7 家证券公司获得期货 IB 业务资格，证券、期货市场联动性日益增强。2010 年 11 月末，上海市期货公司总资产和净资产分别为 384.5 亿元、50.2 亿元，同比增长 100.3%、79.2%，实现营业收入同比增长 94.5%，净利润同比增长 104.3%，客户保证金余额同比增长 105.2%。全市基金业稳步发展。全年共新发基金 69 只，同比增长 9.5%；新发基金首次募集金额 1 392 亿元，同比略降 0.7%。2010 年末，上海市 31 家基金公司共管理基金份额 8 032 亿份，占全国的 33%；管理基金总净值 8 128 亿元，占全国的 32%。

证券公司盈利水平有所下降。截至 11 月末，上海市 16 家证券公司实现总营业收入 299.6 亿元，同比下降 19%；实现净利润 134.9 亿元，同比下降 29.4%。11 家具备经纪业务资质的证券公司经纪业务收入为 186.6 亿元，同比下降 26.4%；从业务收入占比看，经纪业务收入在总营业收入中占比达为 62.3%，仍是证券公司最主要的收入来源。13 家具备证券承销资格的证券公司证券承销收入为 35.3 亿元，同比增长 205%；证券承销收入在其总营业收入中占比达到 11.8%，相对于 2009 年的 4.1%大幅上升。11 家具备自营业务资质的证券公司自营业务收入 36.4 亿元，同比下降 45.8%。资产管理业务收入为 3.4 亿元，同比下降 29.8%。

股票市场融资功能增强。2010 年，上海市公司通过股票(包括 A 股及海外上市)融资 1 171.4 亿元，同比增长 33.7%，占全国比重约为 10%。其中，有 14 家企业通过首发上市(IPO)方式进行融资，共筹资 116.8 亿元。通过发行债券(含公司债、企业债、短期融资券、中期票据等)融资 683.3 亿元，同比减少 35.3%。

(三) 保险市场继续快速发展，保险业改革持续推进

2010 年，上海市保险业以加快转变保险业发展方式为主线，围绕“转方式、促规范、防风险、稳增长”，着力于防范化解保险风险、规范保险市场秩序和保护被保险人利益，大力推进保险业改革，实现平稳较快发展。

保险业改革持续推进。2010 年 9 月，保监会出台了《保险资金投资不动产暂行办法》和《保险资金投资股权暂行办法》，对保险资金投资不动产和股权进行了详细规定，保险资金投资渠道逐步放开。继交通银行参股中保康联保险公司后，建设银行成为太平洋安泰的控股股东，商业银行参与投资保险公司股权试点工作进展顺利。中国人民财产保险公司、太平洋财产险公司相继宣布成立航运保险运营中心，我国首批航运保险运营中心在上海正式开业，为上海大力发展国际航运相关保险奠定基础。在保监会的主导下，上海市成立了由上海世博局、上海金融办和上海保监局为成员单位的上海世博会保险工作小组，上海世博会保险由法定保险、规定保险和商业保险三个保障层次构成，为参展者、供应商、服务商提供全方位的保险服务。

保险市场主体平稳增加。截至 2010 年 11 月末，上海市共有分公司以上级保险机构 107 家(其中包括保险资产管理公司 5 家)，比上年末增加 7 家；在沪外资保险机构代表 42 家；保险中介机构 299 家，其中，保险代理机构 143 家，保险公估机构 63 家，保险经纪机构 93 家。法人保险公司经营稳健。总资产规模继续保持增长，盈利状况良好，产险公司实现承保盈利；保费收入大幅增长，寿险退保率有所降低，产险综合成本率继续下降；保险资金运用余额稳步增长，投资收益率略有下降；偿付能力充足率继续维持较高水平。

保险市场规模不断扩大。截至 2010 年 11 月末，上海原保险保费收入同比增长 34.7%，其中，财产险公司和寿险公司原保险保费收入分别增长 25.0%和 37.8%，产、寿险公司原保险保费收入比例为 22∶78。保险公司大力发展保障功能较强的分红险、普通寿险以及责任险、财产险等非车险业务，保险业务结构不断优化。上海市保险业赔付支出累计同比增长 7.5%，其中，财产险赔款和寿险给付同比分别增长 7.6%和 1.7%。

表 9　截至 2010 年 11 月末上海市保险业发展情况

单位:亿元;%

项　目	保费收入		赔款给付	
	绝对额	同比增长	绝对额	同比增长
财产险	179.9	25.0	72.2	7.6
寿　险	633.5	37.8	72.5	1.7

（四）金融市场产品日益丰富，社会融资结构逐步改善

“十一五”期间，我国金融市场的产品和工具品种日益丰富。短期融资券、超短期融资券、中期票据、中小企业集合票据、中小企业集合债、信用风险缓释工具、地方政府债、汇金债、锌期货、黄金期货、螺纹钢期货、线材期货、股指期货、外汇掉期、利率互换、远期利率协议、白银现货、白银延期、融资融券等一系列顺应市场需求的创新产品不断涌现，推动了金融市场规模的迅速扩大，进一步扩展了融资和投资渠道。

2010年，银行间市场成交活跃。同业拆借市场成交量继续快速增加，累计成交27.9万亿元，较上年增长44%，其中上海金融机构拆入拆出合计12.1万亿元。银行间债券回购市场交投积极，质押式回购累计成交84.7万亿元，同比增长25%，买断式回购累计成交2.9万亿元，同比增长13.5%，其中上海金融机构质押式和买断式回购分别成交16.4万亿元和0.4万亿元。银行间债券市场现券交易量持续增加，累计成交64万亿元，同比增长35.5%，其中上海金融机构现券买卖合计24.6万亿元。从货币市场（含拆借和回购）融资结构看，呈现以下两大特点：一是作为主要的资金供给方——股份制银行的净融出资金同比下降32.5%，反映出该类机构在货币政策向常态回归过程中资金充裕度下降。二是以保险、证券、基金为代表的非银行金融机构资金需求有所降低，同比下降39.3%。一方面在宏观经济、政策环境不确定性较大的情况下，该类机构交易谨慎，另一方面证券公司的融资需求由于受到政策性因素的限制而有所减少。

表10　上海市金融机构货币市场交易量变化情况

单位：万亿元；%

项　目	同业拆借		债券回购		债券现券		累　计	
	金额	市场占比	金额	市场占比	金额	市场占比	金额	市场占比
2006年	1.1	25.0	6.8	12.8	4.3	20.9	12.2	15.6
2007年	6.0	28.2	13.5	15.1	7.7	24.9	27.2	19.2
2008年	9.0	29.7	14.8	12.7	19.6	26.4	43.4	19.7
2009年	8.7	22.6	18.4	13.1	19.5	20.6	46.6	17.1
2010年	12.1	21.7	16.8	9.9	24.6	19.2	53.5	15.7

货币市场利率整体走高。受政策调整、期末考核等因素影响，货币市场利率在年中和年末出现了两次飙升。二季度尤其是5月份以后，年内第三次上调准备金率、外汇占款减少、年中贷存比达标时限趋近、农业银行超大型IPO启动等因素相互叠加，资金趋紧状况加剧，拆借利率出现了快速大幅上扬。12月份以后，随着两个月内连续三次上调存款准备金率、两次上调存贷款利率的紧缩预期、年终银行贷存比等指标考核、元旦春节临近的资金备付需求等因素叠加影响，拆借加权平均利率大幅上升至2.92%。回购利率的走势与拆借利率走势基本一致，在年中、年末出现大幅走升态势，并在年末创出近三年新高。

股票市场振荡下行。2010年，上海证券交易所股票交易累计成交30.4万亿元，同比减少12.2%。上证综指年初开盘3 289.75点，年末收于2 808.80点，较年初下跌14.6%。沪市股票融资额增加明显。累计筹资额为5 532.1亿元，较上年同比增长65.5%。其中首发筹资金额为1 891.5亿元，较上年增长51.2%；再融资金额为3 640.6亿元，较上年同比增长74%。

期货交易量大幅增长。股指期货推出以后，成交活跃，2010年共成交9 126.6万手，成交金额81.7万亿元，占全国期货总成交额的26.5%。上海期货交易所全年累计成交123.5万亿元，同比增长67.4%，成交额占全国的40%。各品种成交情况差异明显，其中锌、天然橡胶、螺纹钢和黄金成交额保持增长，较上年分别增加445.7%、184.8%、50%和19.8%，线材、燃料油和铜成交额有所下降，同比分别减少84.4%、69.2%和10.7%，铝则基本持平。

外汇市场汇率弹性增强。人民币兑美元、欧元、港币和英镑升值，人民币兑日元有所下跌，汇率弹性明显增强。其中，美元兑人民币中间价年初为6.828 1，年末收于6.622 7，较年初下跌3.01%，2005年7月21日汇改以来人民币兑美元累计升值24.97%。人民币兑林吉特、卢布交易分别于2010年8月19日和11月22日正式上线，丰富了外汇市场交易品种。

黄金市场成交额大幅增长。2010年，上海黄金交易所黄金累计成交6 046.06吨，合计16 143.26亿元，同比分别增长28.5%和57.1%。主力品种Au99.95年初以241.15元/克开盘，年内最高305元/克创出历史新高，年底收于301.17元/克，较年初上涨24.9%，全年金价创历史新高。

融资结构有所改善。据不完全统计，2010年，上海市非金融机构融资总量 6 347.7 亿元，同比减少 13.1%。其中，通过本外币贷款融资 4 493 亿元，同比下降 16.4%；通过发行股票（包括 A 股及海外上市）融资、债券（含公司债、企业债、短期融资券、中期票据等）融资 1 854.7 亿元，同比减少 4.2%。融资结构中，贷款融资的主导地位较上年有所下降，股票融资占比明显上升，直接融资在资金配置中的作用增强。但若考虑贷款类理财、信托贷款等未纳入表内统计的贷款，则实际贷款占比高于目前的统计。

表 11　2005—2010 年上海市非金融机构融资结构变化情况

	融资量（亿元人民币）	比　重(%)		
		贷款	债券（含可转债）	股票
2005 年	2 410.1	74.1	11.2	14.7
2006 年	2 390.5	77.7	13.9	8.4
2007 年	4 729.0	65.8	11.1	23.1
2008 年	3 411.5	75.1	17.2	7.6
2009 年	7 303.9	73.5	14.5	12.0
2010 年	6 347.7	70.8	10.8	18.5

注：融资量＝贷款增加额＋债券融资额＋股票融资额。

（五）上海国际金融中心建设取得新突破，长三角金融协调发展进一步深化

2010 年，上海市认真贯彻国务院 19 号文件精神，以金融市场体系建设为核心，以金融改革开放先行先试和营造良好金融发展环境为重点，积极推进长三角金融协调发展，上海国际金融中心建设各项工作取得新突破。

金融市场体系和机构体系建设取得进展。我国第一个股票指数期货品种——沪深 300 股指期货于 4 月 16 日在中国金融期货交易所上市交易。全国银行间市场贷款转让交易系统正式上线。上海股权托管交易中心挂牌。保险交易所建设、信托受益权市场建设的论证和推进工作取得积极进展。人保、太保在沪建立航运保险运营中心，上海首家消费金融公司——中银消费金融有限公司正式开业，农银金融租赁公司获批筹建。一批中外金融机构的功能性机构落户上海。

金融改革创新取得新突破。银行间外汇市场推出了人民币对马来西亚林吉特、俄罗斯卢布交易。个人本外币兑换特许业务试点扩大。交银租赁、上汽通用金融服务公司分别在银行间市场发行金融债券。信用风险缓释工具、超短期融资券等创新金融工具推出。证券公司融资融券业务和期货保税交割试点正式开展。跨境贸易人民币业务再上新台阶，试点范围进一步扩大。

金融对外开放进一步深化。境外中央银行或货币当局、港澳人民币清算行、跨境贸易人民币清算境外参加行等境外三类机构获准在银行间市场进行债券投资。三菱东京日联银行作为首家外资法人银行在银行间债券市场成功发行人民币债券。境外机构在境内开立人民币结算账户业务不断扩大。国内首家合伙制外资股权投资企业、首家合伙制外资股权投资管理企业成立。境外企业在境内上市、发行债券的相关制度安排正在有序推进。沪港、沪台金融合作取得成果，《关于加强沪港金融合作的备忘录》签署，新台币与人民币现钞双向兑换业务试点在沪推出。

长三角金融协调发展持续推进。成功举办第三届长三角金融论坛，签订《推进长三角金融服务一体化合作备忘录》。发布《长三角地区经济金融运行报告》和《长三角金融稳定报告》，推动长三角经济金融数据共享。发布首批 500 家重点商业承兑汇票推广企业名单和实施细则，开展支票授信试点，拓宽长三角中小企业融资渠道。推广贸易进口付汇异地备案，深化外汇信息和监管服务跨区共享。推动宁波等长三角次中心城市融入上海“两个中心”建设，加强与内地省份交流合作。资金的跨区域流动更加频繁，上海作为金融中心的积聚和辐射效应持续增强。

（中国人民银行上海总部货币政策分析小组）

2. 2010 年上海市金融市场运行报告

（一）同业拆借市场

（1）同业拆借交易明显活跃，拆出金额较多。2010 年，上海市金融机构在全国银行间同业拆借市场交易活跃，同业拆入量和拆出量显著增加。全年累计拆入 56 364.12 亿元，同比增长 33.15%，累计拆出 64 850.84 亿元，同比增长 44.02%，合计交易量达到 121 214.96 亿元，同比增长 38.75%，净拆出资金额 8 486.72 亿元。累计拆入、拆出量的全国市场占比分别为 20.23%和 23.27%，前者较上年有所下降，后者基本持平。

（2）同业拆借加权利率年中、年末出现了快速大幅上涨。一季度，受两次上调存款准备金率影响，流动性有所收紧，上海市同业拆借市场加权利率有所提高，3月份利率较去年12月份提高了14个基点左右。二季度尤其是5月份以后，年内第三次上调准备金率、国内外市场动荡引致外汇占款减少、年中存贷比达标时限趋近、农业银行超大型IPO启动等因素相互叠加，资金趋紧状况加剧，拆借利率出现了快速大幅上扬，5月份环比提高了30多个基点，6月份环比继续大幅提高65和55个基点。进入三季度，随着影响市场资金面的诸多因素逐步消除或减弱，同业拆借加权利率在季初的7月份出现了大幅回落。7月份，上海市金融机构同业拆借拆入、拆出利率分别为1.713 3%和1.650 9%，较6月份分别下降了60多个基点。9月份，受季末以及中秋、国庆双节因素影响，拆入、拆出利率再次明显上升，分别达到1.958 4%和1.950 3%。四季度之初的10、11月份，拆借利率较9月份有所回落，保持在1.6%—1.7%之间，12月份以后，随着两个月内连续三次上调存款准备金率、两次上调存贷款利率的紧缩预期、年终银行存贷比等指标考核、元旦春节临近的资金备付需求等因素叠加影响，拆入、拆出利率出现了大幅急剧上升，分别上涨了109、142个基点至2.805 2%和3.203 5%的近三年新高。

（3）股份制银行拆入量大增，新型入市机构积极交易。从参与机构看，股份制银行、城商行和外资银行等各类SHIBOR报价行成交活跃。从拆入交易看，外资银行、股份制银行、城商行的交易量分别达到19 202.98亿元、17 134.07亿元和13 316.3亿元，合计份额近88.1%，同比分别增加5.31%、170.83%和2.23%。从拆出交易看，股份制银行、外资银行、城商行的交易量分别为38 869.46亿元、17 807.72亿元和6 035.97亿元，合计份额96.7%，同比分别增长49.05%、27.44%和42.92%。股份制银行拆入量大幅增长并远远超出拆出量增幅，反映出其在货币政策向常态回归过程中对资金需求明显增多。

上海市信托公司于2010年四季度开展首笔拆借交易，方向为拆入，金额为5 000万元。受银监会监管政策的影响，上海市证券公司曾一度无法开展拆借交易，2010年下半年政策调整后再次入市交易，共拆入资金53.03亿元。金融租赁公司和汽车金融公司作为新型入市机构积极开展拆借交易，全年交易量分别为164.8亿元和62.45亿元，同比分别大幅增长359.05%和25倍多，拓展了融资渠道，增加了资金运用方式。

从资金流向看，除国有银行、股份制银行外，其他机构全部为净拆入方。作为主要的资金拆出方，股份制银行和国有银行分别净拆出资金21 735.39亿元和1 885.88亿元，同比增长10.04%和173.54%。城商行、财务公司和外资银行是主要的净拆入方，分别拆入资金7 280.33亿元、5 981.4亿元和1 395.26亿元，同比分别减少17.29%、增长60.37%和减少67.26%。

（二）债券市场

（1）质押式回购交易稳中有降，回购加权利率大幅波动走升。2010年，上海市金融机构债券质押式回购交易稳中有降，正回购额继续增加，逆回购额明显减少。全年正、逆回购累计分别成交79 420.36亿元和84 489.74亿元，分别较2009年增长2.39%和减少19.2%，合计量为163 910.1亿元，同比减少10%，净融出资金5 069.38亿元。质押式正、逆回购累计成交量的全国市场占比分别为9.38%和9.98%，与2009年相比都明显下降。

与拆借利率走势基本一致，上海市质押式回购加权平均利率在2010年年中和年末都出现了快速大幅上涨，整体明显上升。一季度，回购利率有所提高，3月分别为1.397 6%和1.386 2%，较2009年12月上升了12个基点左右。二季度尤其是5月份以后快速大幅上升，5月份正、逆回购加权利率环比均提高了30多个基点，6月环比继续大幅提高了78和68个基点到2.458 5%和2.379 2%。三季度初有所回落，9月再度上扬，加权利率上升到2.000 2%和2.028 1%，环比分别提高了29和37个基点。四季度的10月、11月再度回落，12月份以来大幅上升，正、逆回购加权利率环比分别提高了130和185个基点，达到3.124 7%和3.604 9%的近三年新高。

（2）股份制银行正回购额大增、逆回购额显减，净融出资金大减。从正回购市场看，外资银行、股份制银行、农商行和证券公司交易活跃，成交量分别达到24 139亿元、15 220亿元、12 967.01亿元和8 539.98亿元，合计份额76.63%，同比分别增加39.29%、73.87%，减少31.39%和增加64.25%。

从逆回购市场看，股份制银行仍然是一枝独秀，成交量达到65 775.51亿元，市场份额为77.85%，但同比明显下降30.81%。同拆借交易反映的情况一致，股份制银行正回购额大幅增加、逆回购额明显减少，资金需求明显。上海市2010年逆回购额的减少基本体现在股份制银行的交易情况上。

从资金流向看，股份制银行、国有银行、信托公司、企业年金为净融出方，其他机构为净融入方。其中，股份制银行的净融出金额为50 555.51亿元，较去年大幅下降41.42%。与此同时，由于银行的资金供给减少，信托公司、企业年金等资金富余机构成为替代的供给渠道。在净融入方中，外资银行净融入额达到22 683.1亿元，同比增长35.31%。农商行、城商行、证券公司也是主要的净融入方。

(3) 现券交易量明显增加，各类机构交易活跃度有所分化。2010年，上海市银行间债券市场成员现券交易十分活跃，成交量明显增加。全年累计买入现券123 288.89亿元，累计卖出现券122 198.83亿元，同比分别增长27.21%和25.23%，合计成交量为245 487.72亿元，同比增加26.22%，净融出资金1 090.06亿元。现券买入、卖出累计成交量的全国市场占比分别为19.25%和19.08%，同比略有下降。

从参与机构看，外资银行、股份制银行、证券公司、城商行和农商行成交活跃，合计占94.73%的市场份额。其中，外资银行成交额同比大幅增长65%至96 273.95亿元，继续稳居首位。股份制银行交易量明显增加，同比增长80.59%至75 995.39亿元。证券公司异军突起，交易量大幅增长106.5%至24 185.8亿元。城商行和农商行的交易量分别为21 719.94亿元和14 372.09亿元，同比分别减少22.49%和65.61%。这与中小银行业金融机构的资金面偏紧造成的债券投资运用程度下降有直接关系。

从资金流向看，证券公司、农商行、城商行是净卖出方，其他金融机构为净买入方。中外资证券公司净卖出额1 592亿元，农商行、城商行净卖出额分别为311.2亿元和146亿元。外资银行、股份制银行和国有银行分别净买入债券971亿元、672.8亿元和506.9亿元。

(4) 买断式回购交易量翻倍，债券远期交易十分清淡。2010年，上海市金融机构债券买断式回购交易量倍增，参与者有所增加。全年正、逆回购分别累计成交1 625.64亿元和2 308.44亿元，同比分别增长119.57%和100.35%，在全国的市场占比分别为5.53%和7.85%，较2009年上升较多。股份制银行、农商行和证券公司是主要的市场参与者，成交量分别达到1 452.95亿元、1 211.05亿元和1 222.65亿元。财务公司、信托公司、基金公司、城商行、外资银行也有少量参与。

2010年，受货币政策变动等不确定预期影响，上海市金融机构债券远期交易十分清淡。全年累计远期买入债券2.17亿元，同比大幅下降98.54%，累计远期卖出债券214.03亿元，同比减少51.42%，分别仅占全国总量的0.07%和6.72%。只有城商行、证券公司和外资银行开展交易，其中城商行远期卖出196.34亿元，市场占比90.82%。

(5) 债券结算代理业务大幅增长，记账式国债柜台交易增加明显。截至12月末，上海市获准开办结算代理业务的8家金融机构①托管的户数为2 941家，较年初增加56家，较上季末增加18家，托管的债券余额为1 012.84亿元，较年初增加338.84亿元，较上季末增加114.08亿元。2010年，8家金融机构债券结算代理业务活跃，主要缘于理财产品丙类户的积极交易。通过结算代理方式，总计办理现券交易6 007笔，买卖金额为6 468.24亿元，同比大幅增长248.41%(其中买入3 136笔、3 365.36亿元，卖出2 871笔、3 102.88亿元)；债券回购1 299笔，正、逆回购金额为1 763.67亿元，同比增加114.33%(其中正回购321笔、336.01亿元，逆回购978笔、1 427.66亿元)。从参与机构来看，交通银行、中行交易中心(上海)、兴业银行资金营运中心、上海银行的业务开展情况较好。

2010年，上海市商业银行柜台记账式国债交易较为活跃。工行、农行、中行、建行、招行五家商业银行上海分行全年共完成柜台国债交易9.43亿元，同比增长37.06%，其中：累计买入国债2.52亿元，同比增加70.27%，累计卖出国债6.91亿元，同比增加27.96%。民生银行、南京银行、北京银行上海分行无业务发生。

---

① 2010年10月，新增一家外资金融机构——汇丰银行(中国)有限公司。

2010 年上海市商业银行记账式国债柜台交易统计表

单位:笔、万元

金融机构	买入笔数	买入金额	卖出笔数	卖出金额
工　行	550	2 898	844	48 397
农　行	75	65	47	457
中　行	131	3 660	275	1 767
建　行	N/A	16 975	N/A	13 053
招　行	307	1 573	212	5 464
民　生	0	0	0	0
南　京	0	0	0	0
北　京	0	0	0	0
合　计	/	25 171	/	69 138

(6) 人民币利率互换业务量增长迅速,交易形式日趋多元。2010 年,上海市金融机构人民币利率互换交易名义本金额(固定支付方和浮动支付方双向统计)合计 19 955.99 亿元,月均双边交易额 1 663 亿元。其中,四季度尤其是 11 月、12 月交易十分活跃,合计成交 8 225.46 亿元,占全年的比重为 41.22%。截至 12 月末,支付固定利率未到期合约敞口额 7 681.23 亿元,较 9 月末增加 1 760 亿元,较年初增加 4 583.48 亿元;支付浮动利率未到期合约敞口额 7 696.72 亿元,较 9 月末增加 1 818.17 亿元,较年初增加 4 531.9 亿元。

从期限品种看,1—3 年、6 个月以下以及 6 个月—1 年的合约成交量最大,分别为 5 539.24 亿元、5 416.9 亿元和 5 081.32 亿元,占比 27.76%、27.14% 和 25.46%,合计 80.36%。固定利率中 2%—3%利率支付水平最为普遍,成交量达到 5 718.57 亿元,占比 56.16%,其次为 3%—4%和 1%—2%的,分别为 2 178.75 亿元和 1 734.1 亿元。浮动参考利率中 7 天回购利率的比重仍最大,成交量 5 623.31 亿元,占比 57.58%,其次是隔夜 Shibor 和 3 个月 Shibor,分别为 2 104 亿元和 1 568.4 亿元。

(三) 票据市场

(1) 票据承兑业务保持增长,融资金额明显减少,贴现和买断交易有所萎缩,回购交易十分活跃,再贴现量大幅增加。截至 12 月末,上海市银行承兑汇票余额 8 531.11 亿元,较年初增加 33.15%,增幅较 9 月末扩大 8.55 个百分点;票据融资余额 2 948.81 亿元,较年初减少 34.46%,降幅较 9 月末扩大 1.34 个百分点。其中,企业贴现余额 1 248,65 亿元,较年初减少 6.95%,降幅较 9 月末缩小 20.42 个百分点;买断式转贴现余额 1 700.16 亿元,较年初减少 46.15%,降幅较 9 月末扩大 10.58 个百分点。买入返售票据余额 7 785.55 亿元,较年初大幅增加 5 583.2 亿元;卖出回购票据余额 680.4 亿元,较年初增加 616 亿元。

2010 年,上海市金融机构累计办理银票承兑 18 086.32 亿元,按可比口径①调整为 12 170.1 元,较去年同期增加 21%。累计办理贴现 28 689.1 亿元(含买断式转入),按可比口径调整为 21 953.34 亿元,降幅为 16.86%。其中,累计办理直贴 6 177 亿元,按可比口径调整为 4 753.9 亿元,同比减少 17.68%;累计办理买断式转入 22 512.09 亿元,按可比口径调整为 17 199.43 亿元,降幅为 16.62%;累计办理买断式转出 15 078.31 亿元,按可比口径调整为 10 952.41 亿元,同比持平。累计办理买入返售 25 572.1 亿元,按可比口径调整为 18 750.28 亿元,同比增加 37.05%;累计办理卖出回购 2 026.75 亿元,按可比口径调整为 1 917.78 亿元,同比增加 148.61%。

1—12 月,上海市金融机构累计办理再贴现业务 46.73 亿元,年末再贴现余额为 25.01 亿元,同比都大幅增长。招商银行、民生银行、浦发银行、深圳发展银行、渤海银行等股份制银行有业务发生。

(2) 票据市场利率振荡盘升并于年末创出新高。从贴现利率来看,受货币政策调整、信贷规模管理等因素影响,2010 年呈现一季度明显走高,二、三季度振荡上升,四季度大幅攀升的态势。一季度,银行承兑汇票和商业承兑汇票贴现的月加权平均利率分别从上年 12 月份的 2.661 5%和 3.106 2%上升到 3 月份的 3.450 1%和 3.694 6%,分别提高了 79 个和 59 个基点。二、三季度高位振荡上升,6 月分别为 3.743 2%和 3.998%,9 月分别为 3.768 7%和 4.194 8%,较一季度提高了 32 和 50 个基点。四季度以来,银票和商票的贴现利率都出现了大幅攀升,12 月月加权利率分别提高到 5.618 2%和 5.294 2%,较三季度末上升了 185 和 110 个基点,较去年末则大幅提高了 296 和 220 个基点。

从转贴现利率走势看,与贴现利率基本趋同,回

① 2010 年起统计使用浦发银行总行数据,可比口径调整为原来的浦发银行上海分行数据。

购利率波动更大。一季度末,买断式转贴现和回购式转贴现利率分别为2.918 5%和2.342%,较上年12月份提高了58个基点和32个基点。二、三季度振荡走升,6月分别达到3.452 9%和3.195 1%,9月分别为3.328 6%和3.378 4%,较一季度末上升了41和104个基点。四季度以来大幅攀升,12月分别达到4.818 2%和4.789 4%,较三季度末提高了149和141个基点,较上年同期则大幅上升了248和267个基点,创出年内新高。

(3) 商业汇票转贴现标准合同文本基本全面普及。2010年,上海总部继续推动商业汇票转贴现标准合同文本的推广使用。1—12月份,上海市金融机构使用银行承兑汇票转贴现(回购)标准合同完成交易55 825.34亿元,占交易总量的90.56%,较2009年提高了26.35个百分点,较上半年提高了6.22个百分点;使用商业承兑汇票转贴现(回购)标准合同完成交易5 338.06亿元,占交易总量的88.68%,较2009年提高了32.83个百分点,较上半年提高了4.86个百分点。由于部分金融机构在系统内进行转贴现(回购)交易时不使用合同,如剔除这部分因素影响,实际的使用率已达到96.92%,基本全面普及。

(四) 外汇市场

(1) 外汇即期交易量明显增加,做市商银行占绝大比重。2010年,上海市金融机构人民币外汇即期交易中,询价交易累计买入折合12 954.17亿美元,同比增长36.31%,累计卖出折合12 774.3亿美元,同比增长36.35%;竞价交易累计买入、卖出折合分别为45.92亿美元和117.25亿美元,同比分别增长20.75%和332.34%。询价交易占据绝对主导地位,竞价交易在所有交易中占比仅0.63%。

从成交币种看,美元占据绝对优势,成交额合计25 658.69亿美元,占比高达99.1%。从参与机构看,交通银行、浦发银行、花旗银行、汇丰银行、德意志银行、三井住友银行、东京三菱日联银行等12家做市商银行在询价市场上成交量居前,合计成交22 660.28亿美元,占比87.5%。

(2) 外汇远期交易大幅增长,主要源于外汇管理政策调整。2010年,上海市金融机构人民币外汇远期交易累计买入折合197.67亿美元,同比大幅增加306.9%,累计卖出折合216.78亿美元,同比大幅增长230.41%。其中,四季度累计成交328.65亿美元,占全年交易量的79.3%。据了解,主要是由于外管局自2010年10月20日起对银行的结售汇综合头寸管理政策进行了调整,设置了结售汇头寸下限,增加了银行外汇留存,促使其通过远期交易来避险,由此导致交易量猛增。截至12月末,上海市金融机构外汇远期买卖余额分别为155.18亿美元和152.39亿美元,较9月末都有大幅度增加。

从交易币种看,美元、日元、欧元、港币、英镑/人民币五个品种均有交易发生,其中美元远期交易额为405.25亿元,占比97.78%。从交易期限看,7天以内的短期品种最多,分别占远期买入量的29.35%和远期卖出量的33.91%,9个月—1年、1—3个月和8天—1个月的品种随后,占比都超过10%。从参与机构看,兴业银行、交通银行、花旗银行、汇丰银行等10家做市银行交易活跃,合计成交260.56亿美元,占比62.87%。

(3) 外币对买卖成交量增长明显,外资银行占据主导。2010年,上海市金融机构在银行间外汇市场8个外币对买入累计成交24 133笔、折合542.26亿美元,卖出累计成交24 539笔、折合593.95亿美元,同比分别增加220.35%和200.23%。其中,询价交易累计买卖折合789.4亿美元,竞价交易累计买卖折合346.81亿美元。

从成交品种看,美元对港币、欧元对美元是最主要的交易品种,成交额分别达到490.38亿美元、298.86亿美元,占比分别为43.16%、26.3%,合计近70%。从参与机构看,汇丰银行、花旗银行、渣打银行、东京三菱日联银行等4家外资做市银行成交量居前,合计达到661.53亿美元,占比58.22%。

(4) 外汇掉期交易成交活跃,7天内短期品种占比超过六成。2010年,上海市金融机构人民币外汇掉期交易累计远端买入折合6 981亿美元,累计远端卖出折合7 193.31亿美元,月均买卖合计成交量1 181.2亿美元。截至12月末,上海市金融机构人民币外汇掉期远端买卖余额分别为1 078.59亿美元和1 056.29亿美元,较9月末分别增加111.1亿美元和104.55亿美元。

从交易币种看,美元、日元、欧元、港币/人民币四个品种有交易发生,其中美元掉期交易额为14 168.93亿美元,占比99.96%。从交易期限看,以7天以内的短期品种居多,分别占远端买入量的65.55%和远端卖出量的 67.61%。从参与机构看，交通银行、浦发银行、兴业银行、花旗银行、汇丰银行、渣打银行等 10 家做市银行成交活跃，合计交易 9 991.2 亿美元，占比 70.49%。

（五）黄金市场

（1）金交所交易保持快速增长，延期交易占绝大部分比重。2010 年，上海市金融机构参与金交所自营交易保持快速增长。全年累计买入黄金 774.26 吨，成交金额为 2 070.65 亿元；累计卖出黄金 914.53 吨，成交金额为 2 464.39 亿元。合计成交量 1 688.79 吨，同比增长 52.32%，合计成交金额 4 535.04 亿元，同比增长 90.03%。其中，自营延期交易总成交量为 1 416.69 吨，占比 83.89%，总成交金额 3 804.1 亿元，占比 83.88%。

2010 年，上海市金融机构参与金交所代理业务稳步发展。全年累计买入黄金 519.93 吨，成交金额为 1 387.61 亿元；累计卖出黄金 488.92 吨，成交金额为 1 297.26 亿元。合计成交量 1 008.85 吨，合计成交金额 2 684.87 亿元。其中，代理延期交易总成交量为 918.48 吨，占比 91.04%，总成交金额 2 432.46 亿元，占比 90.6%。

（2）人民币、美元账户金业务和其他黄金业务持续增长。2010 年，上海市金融机构累计买卖美元账户金 513 万盎司，买卖金额达到 65.43 亿美元。累计买卖人民币账户金 837.73 吨，买卖金额为 2 236.57 亿元。上海市金融机构累计买卖品牌金（包括自有品牌和代理品牌）22.63 吨，买卖金额 64.46 亿元。

2010 年，上海市金融机构开展黄金寄售、黄金租赁等黄金业务累计成交量 145.14 吨，涉及金额 400.79 亿元。开展黄金远期、黄金期权、黄金掉期等黄金业务累计成交量 1 476.54 万盎司，涉及金额 182.56 亿美元。

（阎晓梅　颜永嘉）

3. 2010 年上海市支付体系建设报告

以支付清算系统为重要组成部分的支付体系是金融高效、安全运行的基础保障。2010 年，中国人民银行上海总部紧紧围绕国际金融中心建设和世博金融服务为中心工作，在确保支付清算系统安全稳定运行、加强支付结算监督管理、大力推进长三角金融协调发展和国际金融中心建设等方面，组织实施了一系列扎实而有效的工作，取得了显著成效，为进一步提升中央银行在上海以及长三角地区的支付结算服务能力，深化中国人民银行金融服务部门与地方政府相关部门的协调配合，推动地区经济、金融和谐发展作出了积极努力，有效发挥支付体系在促进金融创新、推动经济社会发展、提高人民生活质量等方面的基础服务作用。

（一）上海市主要支付结算业务量指标显著增长

2010 年，上海市 87 家大额支付系统直接（特许）参与者通过系统共办理往、来账业务 0.42 亿笔、293.31 万亿元，同比增长 9.33%和 27.44%，业务处理笔数和金额分别列全国第 4 位和第 2 位。上海市 75 家小额支付系统直接（特许）参与者共发生业务 0.90 亿笔、4.58 万亿元，同比增长 50.64%和减少 38.69%，业务处理笔数和金额均列全国第 3 位。上海市全国支票影像交换系统共发生全国业务 62.69 万笔、410.16 亿元，同比减少 6.47%和增长 6.85%，业务处理笔数和金额均列全国第 7 位。同城清算系统处理业务 5 487.84 万笔，金额 13.74 万亿元，增长 8.32%和 42.53%。上海市银行卡特约商户增长 38.6%，达 10.19 万家，POS 刷卡机具增长 40.9%，达 32.17 万台，ATM 自助取款机增长 14.1%，达 1.3 万台。上海市现代化支付系统、全国支票影像交换系统和同城清算系统的安全、平稳运行有力地促进了地方经济社会各项事业的全面发展。

（二）世博金融服务和支付环境建设工作成绩显著

（1）科学部署，组织有力，为世博金融服务各项工作提供重要保障。作为上海世博金融服务的牵头单位，中国人民银行上海总部在应对世博金融服务这项大规模、高标准的任务上做了大量艰苦细致的工作：一是早启动、早准备、早落实，制定了《关于加强上海世博支付环境建设的指导意见》、《上海世博支付环境建设工作方案》等 10 余个指导性文件，明确了世博会各阶段支付环境建设的任务、目标、计划、要求等，为世博支付环境建设各项工作的高效、有序开展提供制度指引。二是主动协调，加强联系，建立了与上海市金融办、公安局、上海铁路局、市建交委、旅游局等10多个政府部门紧密合作、有效沟通的协作关系，确保领导小组成员单位步调一致、"一条心"作战、"一盘棋"推进，有力推进世博金融服务各项工作的顺利开展。三是认真贯彻落实国务院和中国人民银行总行领导指示精神，协调部门之间、条块之间相互支持、相互配合，全力推进世博金融服务领导小组及办公室筹建，以及金融窗口服务、刷卡便利、金融基础设施安全等各项重点工作。在长达184天时间内，有效确保了世博金融服务安全、平稳、高效运行。

(2) 拓展应用，创新产品，促进银行卡服务方式和产业能级的提升。面对世博会规模大、会期长、参与者多对支付环境建设工作提出的需求量大、差异化程度高的要求，中国人民银行上海总部着眼于推出适合客户需要的新产品、新服务，向世界充分展示了高质量、差异化的金融服务，有力推动了上海国际金融中心建设：一是在中国人民银行总行、铁道部的大力支持下，与上海铁路局合作，4月启动长三角地区铁路售票受理银行卡试点，上海火车站、上海南站、杭州站、苏州站和无锡站5个铁路站点的部分售票窗口成为全国第一批跨省市可受理银行卡购票的试点窗口，为旅客提供便捷的支付渠道。世博期间，已完成交易2.61万笔，金额1 288.95万元。二是与上海市建交委合作，6月在申嘉湖高速公路启动银行卡缴费试点，实现了上海公路交通领域受理银行卡市场零的突破。世博期间，申嘉湖高速公路6个收费站，共布放POS机具58台，完成交易1 226笔，金额2.4万元。三是推动中国人民银行上海总部与上海市旅游局签署了《共同推进上海旅游产业与金融服务合作备忘录》，实现上海市AAA级以上38个旅游景点全部受理银行卡。四是组织中国银联及32家银行在境内外9个国家和地区累计发行上海旅游卡160万张，显著增强了中国银行卡品牌的全球影响力。五是全国首创，在世博园区内一批连锁快餐企业开展银行卡小额免签支付试点，平均缩短银行卡消费时间近30%，加快交易速度，减少顾客排队。六是完成全市所有直联POS终端受理银行IC芯片卡改造工作，组织发行PBOC2.0标准IC卡等，满足了世博期间境内外持卡人小额、快速、离线的特殊支付需求。

(3) 多管齐下，措施有力，金融窗口服务获全市客户满意度调查最高评价。经过中国人民银行上海总部两年多的组织协调和大力推进，金融窗口服务满意度一举跃升至上海市37个窗口行业公众满意度测评的第1位，其中银行卡刷卡和存取款便利更是金融窗口服务中口碑最佳的两项内容。这一飞跃的实现与中国人民银行上海总部着力完善世博银行卡支付环境建设工作的辛勤服务息息相关：一是组织各商业银行和中国银联积极拓展特约商户、升级改造POS机具，增加银行卡自助设备投入，加大ATM维护、商户巡检和培训的力度，加强银行卡受理标识管理，扩大外卡受理范围。世博会期间，全市范围内银行卡支付渠道便捷通畅，基本实现了刷卡无障碍。二是会同上海市公安局，以上海整治办为平台，通过路演宣传、网点宣传、媒体宣传等方式，组织开展"安全用卡"宣传活动，建立安全用卡宣传长效机制，营造良好的用卡环境。三是对世博园区内外重点商圈、重点行业、重点领域的世博支付环境建设工作实施了20余次地毯式检查，每人每次日均徒步行走10余公里。通过及时、深入的检查和督促，上海市支付环境建设稳步优化。四是整合金融资源，组织开展上海市金融系统"保平安、促运行、重服务、创一流"立功竞赛活动和上海世博支付环境建设工作总结表彰活动，在上海市金融系统内营造学习先进、争做先进的氛围，进一步增强广大金融从业人员的凝聚力，从而推动上海市金融服务工作提高到一个新水平。

(4) 服务高效，强化风控，实现金融服务零投诉、零事故、零负面报道。在确保安全合规的前提下，倡导树立服务意识和细节意识，有力促进了世博金融服务工作在优化效率、防范风险等方面不断取得新成绩：一是坚持以人为本，简化审批流程，为240余个参展国和国际组织开立人民币银行结算账户提供"绿色通道"服务，共计开立400余户。二是指导商业银行创新举措，解决窗口服务排长队、投诉处理慢两大短板，取得显著成效。三是推动中国人民银行上海总部与上海市公安局联合印发了《上海市打击银行卡犯罪行动实施方案》，破获了POS机银行卡套现等一批案件，有力震慑了银行卡违法犯罪行为。四是组织建立了一体化、多层次、全方位的世博金融服务应急响应和快速处置机制，应急处理预案完善，演练开展充分，工作责任落实到位，世博会正式运行期间，全市未发生重大金融服务应急突发事件。

(三)支付结算支持区域经济、金融协调发展的能力不断增强

(1)推动中国人民银行和苏浙沪两省一市人民政府签署《"长三角"金融服务一体化发展合作备忘录》。为进一步加强金融政策、财政政策和产业政策之间的配合,推动"长三角"区域经济协调发展,中国人民银行上海总部紧紧围绕"长三角"地区支付结算服务中小企业、服务"三农"、服务区域经济发展三个方面,牵头拟写了《"长三角"金融服务一体化发展合作备忘录》(以下简称《备忘录》),内容涉及"完善长三角地区银行卡受理环境"、"开展商业承兑汇票和授信支票等业务创新"、"加强非金融支付服务机构管理"等11项具体工作。2010年3月28日,中国人民银行和苏浙沪两省一市政府主要领导在第三届"长三角"金融论坛期间正式签署了《备忘录》。《备忘录》的签署为今后一段时期内两省一市中国人民银行和相关政府部门加强协作、共同推进长三角地区金融基础设施建设指明了方向。

(2)以"长三角"支付结算工作协调机制为抓手,形成"长三角"金融基础设施建设的合力。作为促进区域金融协调发展的重要措施之一,"长三角"支付结算工作协调机制为"长三角"地区支付结算工作信息的动态交流、研究成果的充分共享、专业课题的联合调研、业务创新的通力合作提供了协调联动平台和组织机制保证。2010年,依托该机制,中国人民银行上海总部紧紧围绕"长三角"经济金融发展的状况和支付结算工作实际需要,牵头沪苏浙皖四地中国人民银行每季度召开协调工作会议,共同研究、推动了商业承兑汇票联合推广、银行卡违法犯罪活动联合防范、非金融机构支付服务协作联动监管等工作项目,并逐步落实了相关具体方案或措施。

(3)牵头做好"长三角"地区商业承兑汇票推广工作。2010年,中国人民银行上海总部率先启动了商业承兑汇票不良支付信息通报、共享工作,组织召开了"长三角"商业承兑汇票业务推进会,发布了"长三角"地区首批500家商业承兑汇票重点推广企业名单和《长三角地区推广使用商业承兑汇票实施细则》,并于6月底实现了电子商业汇票系统在长三角地区的推广上线。在长三角地区人民银行的积极推动下,长三角地区票据信用环境不断向好,电子商业汇票业务发展迅速,全国业务量占比不断提高,推动了长三角地区票据市场的进一步发展。

(4)建立"长三角"地区银行卡风险联合防范机制。为有效防范和打击银行卡违法犯罪,优化世博支付环境,中国人民银行上海总部牵头沪苏浙皖四地联合整治银行卡违法犯罪活动办公室成员单位以及中国银联,建立了以银行卡突发事件、风险事件、案件案情报送、共享和处置为主要内容的世博期间"长三角"地区银行卡风险联合防范机制,并于4月29日开展了"长三角"地区银行卡重大突发事件应急演练。该机制运行后,在长三角地区形成了共同防范和打击银行卡违法犯罪的合力,有效提高了长三角地区银行卡风险联防的效率和水平。

(四)上海市农村支付服务环境改善工作取得明显成效

(1)以政府为依托,加强组织机制建设和业务调研,统筹协调上海市农村支付服务环境改善工作。一是成立了上海市农村支付服务环境改善工作领导小组,成员单位由人民银行上海总部、上海市金融办、上海市农委及各商业银行、中国银联上海分公司等参加,形成了密切合作、各负其责的工作机制。二是中国人民银行上海总部领导高度重视上海市农村支付服务环境改善工作,多次亲自带队赴农行、农商银行、邮政储蓄银行、中国银联等单位开展业务调研。通过实地调查、了解实情,一方面及时解决了商业银行在改善农村支付服务环境工作中存在的实际问题,另一方面又结合各单位特点提出了优化相关服务的具体要求。

(2)以创新促进步,因地制宜地探索满足农村地区需要的支付服务。一是开展支票授信业务试点工作。为加大"三农"支付服务力度,积极组织农商银行开展支票授信业务试点工作,重点向农村龙头企业、养殖户、种粮大户、个体工商户和个体私营企业推介,使之成为支持农企小额短期融资的途径之一。二是组织中国银联上海分公司、各家收单银行以及各观光农园商户共同开展了世博观光农园"刷卡无障碍"工作,加强农家乐、观光农园、农业主题园区、生态森林公园等生态景点的支付环境建设,实现100组、约200户隶属于世博观光农园的商户全面受理银行卡。三是积极鼓励商业银行开展银行卡产品创新,帮助并督促有关商业银行完善"惠农卡"、

"鑫农卡"特色服务功能，落实营销"惠农卡"、"鑫农卡"的优惠措施。截至2010年底，"惠农卡"发卡量同比增长71.10%。四是为解决当前农业合作社和农民之间收购资金结算量大、笔数多、现金支付繁琐、交易地点分散等问题，上海农商银行充分利用移动POS机具随身携带、随时完成资金转账的特点，大力推广移动POS业务，免除了农业合作社在农产品收购流程中现金管理的后顾之忧。

(3) 以合作谋发展，开创互利互惠、多元化、良性竞争的农村地区支付服务局面。一是协调建成上海西郊国际农产品交易结算平台。为大力支持上海市政府建设"上海西郊国际农产品交易中心"这一重点工程，提高农产品交易效率和流转速度，方便农村个体经营户、农产品经销商开展经济活动，交通银行上海市分行为其开发了统一的资金交易平台，满足了农产品交易的7×24小时实时结算需求，实现了农产品批发交易中物流、信息流、资金流的有效整合和匹配。该项目已于2010年3月上线。二是大力支持农村银行业金融机构直接加入或代理加入了支付系统、人民币银行结算账户管理系统、同城清算系统等核心业务系统，对农村地区银行机构加入同城票据清算系统以及票据交换场次等方面予以适当的政策倾斜，切实加强邮政储蓄银行、村镇银行等转轨或新设银行的支付结算业务指导工作。三是推动邮政储蓄银行与中国银联上海分公司签订《受理市场共建及银联标准卡推广备忘录》，明确了双方在上海市农村地区刷卡无障碍总体规划，共同做好郊县地区银行受理市场拓展工作，并以崇明县作为此项工作的试点区域。

(4) 重宣传抓培训，提高农村地区非现金支付认知水平和服务效率。一是选择农村人口密集度较高的村镇开展"迎世博，支付结算知识进农村"活动。结合上海2010年世博会支付环境宣传工作，通过张贴海报、摆放展板、播放宣传短片、发放宣传手册、专业人员现场答疑等多种形式，重点宣传世博支付环境建设、银行结算账户管理、非现金支付结算工具使用、现代化支付系统应用等相关知识，使广大农民群众掌握了非现金结算工具基本业务流程。二是扩大宣传广度，督促农村地区金融机构利用营业网点优势，发挥服务窗口的宣传作用，于春节前后组织开展了农村支付环境宣传海报张贴、悬挂工作，以及在集市、农贸市场、养殖基地、春节庙会等场所的发放工作，做到了在农民身边宣传支付结算知识。三是扩大宣传深度，从当前快速发展的农村经济和旺盛的支付结算需求出发，鼓励农村金融机构采取免费试用、收费优惠等多种措施，针对不同群体开展专题性的结算产品推介，根据客户的特定需求拟定个性化支付结算服务方案，促进金融机构与客户的供需对接，以进一步提高农村支付结算业务服务水平，更好的改善农村支付服务环境。四是进一步加强对上海农村地区基层银行网点员工支付结算业务培训力度，2010年以来中国人民银行上海总部累计培训"涉农"银行基层员工600余人，有效提高了上海市农村地区银行网点从事支付结算管理和服务的人员专业素质，受到了相关银行的好评和欢迎。

(五) 夯实做好非金融机构支付服务管理工作

(1) 加强组织领导，积极稳妥开展非金融机构支付业务许可。一是结合上海市开展相应工作牵涉面较广、细节问题复杂、监管工作量大、综合协调较难的特点，中国人民银行上海总部成立了非金融机构支付业务行政许可初审工作领导小组，并拟定了领导小组工作机制、行政许可初审程序、现场核查方案等工作制度，形成了领导高度重视、组织协调顺畅、内外积极联动、职责分工明确的工作机制。二是在中国人民银行总部领导的大力支持下，专门设立了清算组织监管科，专职负责非金融机构支付服务管理工作。三是积极开展业务调研，为积极稳妥、全面细致的开展支付机构监督管理工作做好基础准备。

(2) 加大横向联系，初步形成了与地方政府合力，规范推动非金融机构支付服务发展的局面。一是主动加强与市政府相关部门的横向协调，积极寻求上海市政府相关部门在配合做好舆情控制、协调解释、应急保障等工作的大力支持。二是召开"第十一次、十二次长三角支付结算协调工作会议"，会同中国人民银行南京分行、杭州中支、合肥中支专题研究协作开展支付机构监管和制度、信息共享等事项。三是为了支持上海市第三方电子支付产业健康发展，根据上海市委、市政府领导指示，积极会同市金融办牵头建立了上海市第三方电子支付产业联席会议机制，制定并逐步完善了未来对取得《支付业务许可证》的非金融支付服务机构相关政策扶持措施。

(3) 重视行业需求，加强对重点机构的业务指导并组织完成第一批机构的行政许可初审工作。一是《非金融机构支付服务管理办法》(以下简称"2号令")出台伊始，通过实地考察、约见部分机构，并委托上海市电子商务行业协会下设的电子支付专业化委员会召开专题会，广泛了解各种业务类型和规模的特定非金融机构对2号令的反响，并及时将有关意见反馈总行。二是与上海市金融办联合开展了业务摸底调研，初步了解了上海市非金融支付服务机构业务经营和风险管理基本情况。三是2号令实施细则公布后，对条件相对成熟的非金融支付服务机构进行了业务辅导、培训，高效合规地完成了上海市第一批申牌机构的初审工作。

(4) 参与制度拟定，努力搭建和完善支付机构监管工作框架。一是组织力量完成了《支付机构监督检查办法》起草工作，并结合开展非现场监督检查的需要，草拟了一整套支付机构业务报表及监测指标。二是参与讨论了《支付机构网上支付业务管理办法》、《支付机构银行卡收单业务管理办法》、《支付机构预付卡业务管理办法》、《支付机构备付金管理办法》、《支付机构高级管理人员管理办法》以及《支付业务许可证颁发审核委员会办法》等六个2号令的配套制度，为建立健全支付机构监督管理体系献计献策。

(六) 支付结算、清算业务监管力度有效提高

2010年，中国人民银行上海总部强化"寓监管于服务"的工作理念，加大支付结算、清算业务监管力度，营造良好的支付结算生态环境：一是强化上海市人民币银行结算账户管理工作。针对2009年单位银行结算账户管理工作现场专项检查中发现的问题，中国人民银行上海总部于2010年一方面启动了行政处罚程序，一方面对问题特别严重的银行采取停止核发同城票据交换号、拟写检查通报等方式以示惩戒。组织开展2010年单位银行结算账户管理专项检查，在各行自查率100%的基础上，对上海市部分银行机构的人民币银行结算账户情况进行抽查，抽查率为30%。二是为进一步加强上海市支付系统管理，上海总部以行发文印发了《上海市大、小额支付系统参与者管理办法(试行)》、《上海市支付系统直接参与者业务知识考试办法(试行)》，建立了业务考试、约见谈话、通报、惩戒等配套制度，从而进一步规范支付系统参与者的准入、退出及日常监督和考核工作，防范支付系统运行风险、流动性风险和信用风险的发生。三是开展商业汇票承兑和贴现业务专项检查工作。2010年10月—12月在上海市组织开展了商业汇票承兑和贴现业务专项检查工作，以抽查方式对7家银行进行了现场检查，并会同上海市打击发票违法犯罪活动工作协调小组办公室核查了相关增值税发票的真伪情况，并就规范银行票据业务操作、防范票据业务风险提出了指导意见和工作建议。

(杨　彪)

4. 2010年上海市征信体系建设报告

2010年，中国人民银行上海总部深入推进企业和个人征信系统建设，稳步推进中小企业和农村信用体系建设，拓展征信系统服务范围，深化评级市场的培育与管理，营造良好的世博信用环境，不断完善上海征信体系建设，优化上海金融生态环境，积极促进上海"四个中心"的建设进程。

(一) 深入推动企业和个人征信系统建设

(1) 进一步加强中国人民银行征信系统数据质量管理。2010年中国人民银行上海总部采取多种措施完善上海市地方性金融机构数据质量管理体系，进一步提高地方性金融机构数据质量。中国人民银行上海总部按月通报上海市82家地方性金融机构数据报送通过率情况，确保每月全市总体通过率保持在99%以上；对上海市3家接口行按季开展两端数据核对并进行数据纠错，核对后的综合一致率均达到90%以上；按季开展上海市79家地方性非接口金融机构余额核对；组织上海市82家金融机构开展数据质量量化评分，从制度上确保了上海市地方性金融机构数据质量的不断提高。

同时中国人民银行上海总部加强对于在沪6家信用卡中心的个人征信系统数据质量监测管理，并对14家金融机构开展征信系统运行情况的现场检查，加强对于金融机构使用征信系统的管理，促进金融机构完善征信系统管理制度，进一步提高征信系统的数据质量。

(2) 大力推广应收账款质押登记和融资租赁登记系统应用。2010年中国人民银行上海总部大力推广应收账款质押登记和融资租赁登记系统在上海的应用，积极促进上海征信体系建设的不断完善。截至2010年底，应收账款质押登记系统在上海市开设常用户154个，累计登记18 150笔，累计查询30 221笔，提供查询证明9 347笔，应收账款质押融资已逐步成为中小企业融资的重要渠道。2010年8月，我部广泛利用各种传媒方式开展融资租赁登记公示系统上线一周年的宣传活动，提高社会对于融资租赁登记系统的认识度，积极推广融资租赁登记系统的应用，取得了良好的效果。

（3）稳步推进中小企业和农村信用体系建设。2010年上海总部继续稳步推进中小企业信用体系建设，截至2010年底，建立信用档案的中小企业数量及获得融资的中小企业数量稳步增加，已纳入中小企业信用档案系统的户数为36 709家，其中获得银行贷款的中小企业为16 015家。中国人民银行上海总部还与市经信委、市金融办、上海资信有限公司等单位共同开展小企业融资信用服务平台建设试点工作，充分发挥征信体系的作用，积极促进中小企业融资。

结合上海的实际情况，中国人民银行上海总部积极推动征信系统服务新农村建设，加大对农村征信的培训和宣传工作，向有关农户及农村经济合作社代表赠送《农户征信宣传画册》，开展"征信知识下乡进农户"活动，探索建设符合上海实际的新农村征信体系。

（二）进一步提升中国人民银行征信系统服务功能

（1）做好股指期货开户查询，拓展征信系统服务范围。2010年中国人民银行上海总部根据股指期货开户客户查询个人信用报告的需求，与上海证监局加强合作，开展为股指期货开户提供个人信用报告查询服务，根据经济发展需求全面提供金融服务。制定了股指期货开户个人信用报告的查询制度，对股指期货开户个人信用报告的查询流程进行规范，切实做好征信系统的查询服务，积极扩大征信系统服务广度，进一步提升征信系统的服务功能。

（2）建立世博征信服务绿色通道，营造良好的世博金融服务环境。2010年中国人民银行上海总部进一步强化金融服务意识，建立了世博征信服务绿色通道，设置专门的征信服务柜台并指定专人专岗接受个人征信异议咨询，做好征信知识的解释和服务工作，妥善处理个人异议申请，营造良好的世博金融服务环境。加强对商业银行征信系统应用的业务指导，有效地确保了世博期间上海各金融机构个人征信对外查询、异议处理等服务工作的高效有序进行。截至2010年底，累计受理各类查询70 305笔，其中个人查询57 317笔、法院查询12 903笔，受理个人异议申请85笔，异议回复率和解决率均为100%。

（三）深化评级市场的培育与管理，促进评级市场健康发展

（1）深化评级市场的培育，稳步开展信贷市场借款企业、担保机构和集团企业评级。2010年中国人民银行上海总部紧紧抓住防范信贷风险和支持经济发展两个重点，稳步组织开展借款企业、担保机构和集团企业评级。2010年指导评级机构共完成4 997户借款企业、37家担保机构和52家集团企业评级工作，信用评级报告在政府相关部门、商业银行得到广泛使用，特别是担保机构评级和集团企业评级贴近使用者的需求，得到商业银行的广泛好评。稳步开展的信用评级工作深化了上海评级市场的培育，同时在服务于金融监管、防范信用风险及优化金融生态环境等方面发挥了重要的作用。

（2）加大对信用评级市场、评级机构和从业人员的监督管理。2010年中国人民银行上海总部组织评级机构成立评级指标体系修订小组，进一步完善了评级指标体系，增强评级结果的准确性和科学性。进一步健全评级从业人员资格考试制度、评级报告质量评审制度、评级监管考核制度等监管措施，组织完成2010年评级从业人员资质考试和认定工作，2010年共有9家评级机构的75名在职从业人员参加了考试，42名从业人员通过考试。通过市场筛选加快推进评级机构的优胜劣汰，促进评级行业的健康有序发展。

（3）深化长三角评级市场一体化进程，推动长三角金融协调发展。2010年11月沪苏浙三地中国人民银行共同组织召开了"第三届信用评级一体化商业承兑汇票信用评级联合评审会"，探索构建长三角联合评审工作的长效机制，建立区域性信用体系交流合作机制和探索推动商业承兑汇票信用评级一体化的有效措施，不断扩大评级结果的互认共享范围，进一步推动了长三角评级市场的协调发展，为全国征信管理工作的创新进行了有益探索。

(4) 完善企业信用评级信息查询系统，有效扩大评级结果的应用。2010 年中国人民银行上海总部进一步完善上海市企业信用评级信息查询系统，依据评级信息查询系统对上海市信用评级工作 10 多年来的参评企业信息数据和评级报告进行整理、加工和发布。截至 2010 年底，该系统收录了可供查询的 28 949 篇借款企业评级报告、228 篇集团企业评级报告和 113 篇担保机构评级报告。企业信用评级信息查询系统的推广应用，实现了信用评级信息和银企业务合作信息的充分披露和共享，有效扩大了评级结果的应用范围，促进了商业银行加强内外部评级结合应用，确保信贷资产安全，有效防范信贷风险。

(上海总部金融服务二部　征信管理处)

第二篇　银　　行

一、中 资 银 行

（一）中资法人银行

1. 交通银行股份有限公司

作为国有大型上市银行，2010年交通银行取得了良好业绩。按照国际财务报告准则，截至年末，集团总资产3.95万亿元，同比增长19.41%；平均资产回报率（ROAA）和平均股东权益报酬率（ROAE）为1.08%和20.20%，分别提高0.07和0.71个百分点；净利润390.42亿元，同比增长29.63%；资产质量持续改善，减值贷款占比为1.12%。

2010年，存款增量创新高，年末客户存款余额2.87万亿元，比年初增长20.90%。信贷业务增长稳健，年末客户贷款余额2.24万亿元（拨备前），比年初增长21.62%。中间业务发展质效提高，全年手续费及佣金净收入144.79亿元，同比增幅27.02%。市场占比继续提升，年末人民币各项存款、贷款市场占比为5.93%、6.62%，较年初提高0.18和0.07个百分点，实现了“跑赢大市、争先进位”目标。

截至2010年末，交行境内机构共128家（含总部），其中省分行30家，直属分行7家，省辖行90家，在全国220多个城市设立了2 643个营业网点。另设有11家境外机构，包括香港、纽约、东京、新加坡、首尔、法兰克福、澳门、胡志明市分行，以及伦敦、悉尼和台北代表处。

【金融服务】 （1）国际化和综合化取得新突破，财富管理特色更加鲜明。首先，综合经营平台继续拓展。国内首家银行系保险公司交银康联正式挂牌，浙江安吉交银村镇银行顺利运营，新疆石河子交银村镇银行获批设立。2010年末子公司总资产429.63亿元。其次，全球服务网络布局加快。作为首批入台大陆银行在台北设立代表处，胡志明市分行获批成立，“以亚太为中心、欧美为两翼”国际化网络日益完备，截至年末，7家境外分行总资产2 398.70亿元。境内外服务协同加速，境内外联动贷款、联动贸易融资额为44亿美元和185亿美元，同比增长201%和503%。第三，“交通银行，您的财富管理银行”品牌服务形象得到市场广泛认同。客户分层服务体系不断完善，与其他机构合作发布交银中国财富景气指数，深化汇丰战略合作，努力为全球客户提供优质金融服务。

（2）认真贯彻落实国家各项政策，发挥金融服务保障作用。交行加大对国家重点建设、重点领域改革和战略性新兴产业等项目信贷投放，大力支持“三农”、小企业、保障性住房、个人消费以及中西部、东北地区发展。2010年个贷及小企业贷款增量在全行贷款增量中占比42.4%，个贷余额4 179.25亿元，占比提高至18.68%。继续推行“绿色信贷”，践行“绿色金融”理念，为社会提供低碳节能金融服务，促进“两型”社会建设，贯彻落实了节能减排与环境保护政策。

（3）全力服务上海世博会，彰显优质金融服务形象。2010年，作为上海世博会商业银行全球合作伙伴，交行坚决按照胡锦涛总书记“六个确保”总体要求，全力以赴做好世博金融服务工作，实现“业务零差错、服务零投诉、安全零事故”目标，在世博窗口满意度调查中排名第一，并荣获了“世博金融服务突出贡献奖”。

（4）以“三位一体”模式为依托，服务能力不断提升。拓展客户服务渠道，构建人工网点、电子银行、客户经理“三位一体”新型服务网络。完善机构布局，加快建设优质高效人工网点，设立青海省分行和14家省辖分行，新增离行式自助银行186个、离行单机点622个。创新电子银行业务处理模式，电子商务交易量248.7亿元，同比增长78.3%，年末电子银行业务分流率57.17%，较年初提高7.47个百分点。优化人员结构，专业素质进一步提高。通过开展服务提升，交行荣获年度中国银行业文明规范服务千佳示范单位评选活动突出贡献奖。

【制度建设】 (1) 公司治理建设。交行严格遵守法律法规及监管规则，致力于建立遵循国际标准及符合实际的公司治理体系，不断完善公司治理规章制度、授权体系。依法合规完成董事会和监事会换届，优化公司治理架构。推进公司治理制度建设，巩固公司治理专项活动成效。强化全面风险管理和内部控制。加强投资者关系管理，信息透明度保持同业领先。完成A＋H配股，募集资金净额为人民币323.56亿元。荣获上海证券交易所"2010年度上市公司信息披露奖"、南开大学公司治理研究中心"金融机构最佳公司治理奖"等重要奖项。

(2) 合规建设。高度重视合规建设和诚信经营，多管齐下取得了积极成效。在"2010年首届中国上市公司法律风险管理优秀企业20强评选活动"中，交行荣获"金盾奖"。认真开展"五五普法"和合规经营、廉洁从业、内控案防等主题教育宣传工作，制定和修订《员工行为规范》等14项规章制度。实行案件防控工作"双挂钩"和考核一票否决制度，以反欺诈系统平台二期挖掘线索，惩防工作水平持续提高。

【业务创新】 (1) 继续秉承"责任立业、创新超越"核心价值观。围绕客户体验持续优化流程，创新金融产品、拓展业务范围，不断构建便捷强大的全渠道电子交易平台，探索家庭银行、企业银行、随身银行等新模式，努力提供优质便利服务。

(2) 完善创新推动的组织架构。设立产品创新与推进委员会及产品创新办公室。首批征得创意提案437项，其中295项产品创意经评估确认采纳或进一步研究。

(3) 积极推出新型产品服务。首创无卡金融服务新理念，推出手机银行无卡取现和无卡消费，手机银行新增签约客户数突破100万。推出ipad版手机银行、世博主题银行预付卡、太平洋智能芯片借记卡、个人精英教育贷款、"e贷在线"等新产品。推动完成首单私募股权投资财务顾问暨境内外联动直投、在上海综合保税区设立机船项目子公司开展融资租赁试点、新一代海关税费电子支付系统担保支付、"蕴通电子供应链"电子化商品融资等业务。其中，"新一代手机银行"、"世博会POS间直联混用"分获"2010年度上海金融创新成果奖"一等奖和三等奖。

【银行管理】 (1) 风险管控。加强风控机制建设，制定风险管理和内部评级等制度，建立"1＋3＋2"全面风险管理新架构。强化各类风险管理，应用新的信贷资产风险分类体系，落实"三个办法、一个指引"新规，启用市场风险管理系统和新的操作风险管理系统。推动新资本协议达标，建立起新资本协议第二支柱体系。贯彻企业内部控制基本规范和内控监管指引，对境内外分支机构和子公司内控情况进行评价评级。开展反欺诈专项行动，强化案件防控。交行年末减值贷款率较年初下降0.24个百分点；拨备覆盖率185.84%，较年初提高34.79个百分点。

(2) 内部管理。积极开展"管理提升年"活动。推广全额资金预算管理模式。优化组织架构，成立北京管理部、营运管理部和南宁服务中心，设立公司与机构、零售与私人、产品创新等推进委员会，加快单证中心建设，多中心互为备份、相互支撑的集中式后台布局初步形成。推进省辖行矩阵式管理模式改革试点。全面启动"531工程"，打造新的集团IT架构。继续实施"降本增效"，全年集团业务成本增幅低于净营业收入增幅3.97个百分点；成本收入比32.11%，较上年下降0.52个百分点。

【社会活动】 (1) 社会公益事业。2010年，交行对外公益性捐赠及赞助费用总额1.46亿元，重点开展了救灾、扶贫、助残、支教，以及赞助上海世博会等项目，每股社会贡献值2.34元，较上年增加0.14元，并在全国金融系统率先成立"交通银行青年志愿者协会"。

(2) 获奖成果。2010年，交行荣获《财资》、《欧洲货币》、《银行家》等各类机构颁发的"中国最佳财富管理银行"、"中国最佳现金管理银行"、"最佳企业社会责任奖"等107项荣誉。在英国《银行家》全球1 000家银行排名中，交行一级资本排名第49位，总资产排名第46位，并再度跻身《财富》世界500强，市场美誉度和品牌形象继续提升。

(3) 培训工作。加快教育培训体系建设，制定《2010—2014年干部教育培训改革规划》，完善核心培训课程和E-HR培训管理子系统，推进E-HR系统与e校园对接。年末，全行76 114人次通过总行培训获得行内岗位资格证书，AFP、CFP和EFP的持证员工数达6 701人。

【企业文化建设】 (1) 坚持把责任文化融入经

营管理全过程。将责任文化纳入员工考核教育工作，加强企业文化工作队伍建设，建立规范的信贷、风险和服务子文化体系，推进责任文化与产品服务、流程银行深度融合，并发挥《交银》、《交通银行》等刊物的平台作用，将责任文化内化于心、固化于制、外化于形，使企业核心理念有机融入"两化一行"发展战略。

(2) 以职业化建设推动责任文化的深植落地。以主题教育、研讨会等多种形式，积极培育职业人精神，全面提升职业化建设水平，调动员工积极性和创造性，树立"责任交行、责任员工"企业形象，不断提升企业文化软管理作用。

(3) 向子公司导入责任文化理念。在交银国信开展责任文化理念导入试点，以集团统一企业核心价值观、经营理念和企业标识，规范子公司企业文化，保持集团文化统一性。指导子公司培育创造特色文化，展示个性文化的空间。

（彭　琦）

交通银行总行大楼

2. 上海浦东发展银行股份有限公司

2010 年，浦发银行以"新思维，心服务"为引领，资产规模持续扩大，经营实力不断增强。截至 2010 年末，公司的总资产达到 21 914 亿元，各项贷款余额为 11 465 亿元，本外币一般存款余额为 16 387 亿元，税后利润达到 192 亿元。全行总资产、存款总额、贷款总额分别比年初增长 35.05%、26.51%、23.43%，税后利润比 2009 年同比增长 45.10%，全年营业收入 498.56 亿元，同比增长 35.39%，存款余额在股份制银行中位居上游水平。浦发银行经营规模实现历史性的跨越，盈利能力不断增强，不良贷款比例低至 0.51%以下，不良贷款拨备覆盖率达 380.56%，在国内上市银行中名列前茅。

当年新增机构网点 90 家，其中，一级分行 1 家、二级分行 29 家，异地支行 3 家。目前除宁夏、西藏、青海、海南四个省份以外，已在全国 27 个省、直辖市、自治区，开设了 34 家一级分行，655 家营业机构。

2010 年，浦发银行获得各方积极赞誉。在 BrandFinance 公司发布的最新世界银行品牌 500 强排名中跻身百强行列，位居第 76 位，同比提高 38 位，品牌价值增幅 113%，总价值达 19.6 亿美元，成为国内银行品牌价值升幅最高的银行，位居国内银行第六位。荣膺《亚洲银行家》"2010 年度中国最强银行"、"2010 中国区银行领袖成就奖"；获评英国《金融时报》2010 中国银行业"最具股东价值的银行"；荣膺《福布斯》全球公司 2 000 强第 224 位，居上榜中国企业排名第 11 位；在英国《银行家》公布的世界 1 000 强银行排名中，按核心资本排名 108 位，居国内银行第 10 位，按总资产规模排名 81 位，居国内银行第 8 位；在《福布斯》杂志公布的中国品牌价值榜 50 强榜单中列第 15 位，居上榜银行第 6 位；在"2010 年亚洲银行综合竞争力排行榜"中，跻身亚洲银行综合竞争力十强，名列第 7 位，并摘得"亚洲最佳公司业务银行"大奖。与此同时，作为中国银行业第一家发布企业社会责任报告的公司，获评 2010 年全球契约中国企业社会责任典范报告——优秀创新奖。

【公司金融服务】 2010 年，浦发银行加快转型步伐，加大创新力度，提高管理能力，提升客户服务品质，推动公司金融服务再上新台阶。公司客户总数突破 62 万户，同比增加 10 万户；对公存款年末余额达 13 626 亿元，增幅超过 26%；实现对公中间业务收入超 44 亿元，增幅 62%；国际结算首次突破 1 000 亿美元，达 1 342 亿美元；资产质量进一步优化，不良率下降 0.31%。在 9 家同类型股份制商业银行中，浦发银行持续领跑，位居对公存款第一、对公贷款第二的行业领先地位。

（1）深化合作。浦发银行启动战略客户服务体系建设，推出《战略客户管理暂行办法》，先后与中国华电、中煤能源等11家央企建立了战略合作关系，在与客户开展现金管理、投行、公司理财、供应链金融、托管、养老金等业务合作方面实现了新的突破。浦发银行继续为近700家集团客户提供集团账户服务，108家集团客户使用了浦发银行最先进的“新一代现金管理平台”，为55家集团客户铺设多银行集团资金管理服务网络，同时，为社保资金、公积金等十余个领域近2 000亿财政及公共资金提供收缴、支付、资金监管及增值等全程服务。

2010年，浦发银行加大了对中小企业的支持力度，完善制度，提高授信，资产质量保持良好，经营效益快速提升，授信客户数量稳步增长。截至年末，全行中小企业表内外授信总额7 462.44亿元，授信客户数27 697户，表内贷款总额4 770.45亿元，分别比上年增长32%、29.48%和26.89%。

浦发银行公司网银功能日益完善，新增公司网银理财销售功能、电子银行跨行互联功能、外币资金池功能、黄金清算业务功能、银商转账功能、证券、商品市场存管联动转账功能等。年末公司网银客户数突破14万户，柜面替代率22.6%。

（2）推动创新。创新股权基金全业务链条服务。与金浦金融产业基金、上海航运产业基金、国盛里昂人民币基金等百亿以上大型产业基金实现了业务合作，直接股权基金托管业务突破100家，签约规模超过500亿元，市场份额40%，连续两年位列同业第一。创新绿色金融服务。正式签约法国开署绿色中间信贷二期项目并开始首批提款；当年完成9单IFC能效项目，预计年减排二氧化碳50万吨。成功中标亚洲开发银行（ADB）建筑节能融资唯一合作银行。在业内首推合同能源管理融资方案、国内碳交易市场金融服务方案以及建筑节能融资方案，创新推出化学需氧量（COD）和二氧化硫排污权抵押贷款，成为中国银行业低碳银行先行者和标杆企业。创新投行服务。首批获得信用风险缓释工具（CRM）核心交易商和凭证创设机构资格，成功推出CRM创设试点项目。创新企业上市金融服务。6月，正式推出《企业上市金融服务方案》，成为首个国内商业银行打造的企业上市金融服务方案。创新贸易金融服务。一是跨境人民币收付服务。推出跨境人民币远期信用证境外外币融资、资本项下跨境人民币结算业务、人民币涉外融资性担保业务等跨境业务新品种。跨境人民币结算业务共发生627笔，总金额达57.55亿元人民币。二是贸易融资服务。推出国内信用证打包贷款服务产品，实现国内信用证项下包买让渡，国内信用证卖方付息等服务的突破；牵头国内中、外资银行编撰了《中国银行业保理业务规范》，成为FCI高级会员，为引领中国保理业务健康发展贡献了力量。创新托管与养老金服务。正式获得QFII托管业务资格，成为国内全牌照托管银行。

（3）提升服务。浦发银行不断完善客户服务网络，全年新增国内授信合作23家，境外银行授信机构11家，境外代理行141家，代理行总计达1 480多家。新增三方存管合作券商16家、全面合作保险机构3家、信托贷款型理财业务合作机构8家。浦发银行上线国内首个股权基金托管系统、股权投资信息系统，上线了理财销售系统、影像工作流系统，实现了离岸客户电子化受理等流程，提升了效率。实现了贸易单证处理、托管运营、年金账户的安全运作，以及2010年世博会和亚运会期间系统零故障目标。

浦发银行全面升级“浦发创富”品牌定位、视觉形象和品牌体系。发布了《公司银行品牌视觉手册（2.0版）》，优化与规范了品牌视觉形象系统。获得“2010年亚洲最佳公司银行业务奖”、“2010年度中国CFO最信赖的银行评选大奖”、“2010年卓越竞争力对公业务银行”、“2010最佳绿色银行创新奖”等26项奖项。

【个人金融服务】 2010年，浦发银行个人金融服务以客户为中心，实现规模、质量和效益的协调发展，个人金融服务迈上新台阶。个人存款余额突破2 700亿元，稳居同类型股份制银行第2位；个人贷款余额突破2 100亿元；个人金融资产突破3 300亿元；个人业务总收入突破100亿元。全行个人客户数突破1 700万户；个人电子银行有效客户突破250万户。获评《亚洲银行家》“中国零售金融服务卓越大奖——卓越品牌与业务建设奖”、《理财周报》“2010年中国十大最佳零售银行”和“2010最佳网上银行”以及“2010年度最佳投资与管理团队”、《证券时报》“2010年度最佳电子银行服务”以及单项奖

“最佳手机银行”、中国金融认证中心“最佳客户体验奖”、《卓越理财》“十佳银行卡奖”等荣誉。

(1) 创新个人服务产品。首次推出针对车主和准车主客户、集多种增值服务于一身的轻松理财汽车卡；首次推出浦发银行年金卡；优化存款证明业务，推出涵盖储蓄国债在内的财产证明业务；抓住消费热点，推出旅游保证金业务；完善出国金融业务，推出海外开户见证业务；丰富电话和 POS 渠道的汇款、转账功能，推出本行/跨行、定向/不定向等多种汇款模式及理财 POS 服务。

(2) 完善个贷金融服务。“住房贷、经营贷、消费贷”，个贷业务三驾马车初步形成。推出浦发银行第一套集存、贷、汇为一体的“融资易”个人经营业主金融服务方案；推出个人消费信用贷款业务；推出“无忧月供”和“存贷易”等功能，从财富管理的角度完善个贷服务产品。此外，通过适度调整经营性贷款担保方式、鼓励发展区域性创新业务(如杭州、上海分行的建筑工程项目经理贷款等服务)，提升浦发银行个人经营性贷款产品的市场影响力和品牌效应。

(3) 提升个人理财服务。丰富理财产品种类，为客户创造价值。首度推出“基金精品屋・基金诊断”业务，引领专业服务；推出代理上海黄金交易所个人贵金属延期业务，提供客户专属行情软件、行情分析、交易策略；推出“浦发中海华安债券盈计划”，仅运作半年便实现高达 4.29%的年化收益率；推出“国庆假日理财系列”、“春节假日理财计划”、“年终奖理财方案”等新品，受到客户热烈追捧。截至 2010 年末，代理销售基金产品数超过 500 只。

(4) 提供综合性服务方案。在浦发银行 PCRM 系统中建立了产品库，PCRM 用户可在线学习个人银行产品内容；编写了建行以来第一部全面、系统介绍个人银行金融服务的《个人银行产品大全》，涵盖了 7 个产品大类，75 个产品线，2 900 余项个人银行产品和功能；推出《产品营销手册》，深化“以客户为中心”的经营理念，根据家庭生命周期和行业分类原理，推出包括职场新人套餐、单身贵族套餐、贤内助套餐、育儿达人套餐、空中飞人套餐、创业先锋套餐、美满家庭套餐、安逸晚年套餐等八大类的“轻松理财产品套餐”。

(5) 拓展个人服务渠道。推出电视银行，标志着继网点、自助银行、网上银行、电话银行、手机银行等五大渠道之后再辟新渠道，形成“六位一体”的渠道格局。在为客户提供便利的同时，高度重视电子银行的安全性，如在电子商务支付平台启动“防钓鱼”防范措施——域名校验功能，有效提升了客户网上支付的安全性。个人网银业务拓展迅速，网银有效客户达到 12.6 万户，电子银行服务能力进一步增强，电子渠道交易占比达 75.72%。

(6) 信用卡持续创新。全年新增账户 98.2 万，同比增长 25%；年末应收账款总额 65.9 亿元，同比增加 19%；全年交易额 377.8 亿元，同比增加 12%；全年中间业务收入超过 4 亿元，同比增长 45%；继续保持单卡活跃度较高的优势，卡均透支额及活卡率等均高于行业平均水平；不良贷款率、欺诈损失率均低于行业水平，广受市场赞誉。2010 年，浦发银行信用卡荣获《银行家》中国金融营销奖“最佳金融品牌营销活动奖”；《中国经营报》“2010 卓越竞争力信用卡”称号和网易 2010 金钻奖信用卡“创新奖”荣誉。

【信息化建设】 浦发银行秉承以“科技是第一生产力”理念，将信息化作为有效推动银行战略发展的驱动力，全力实施金融电子化、信息化建设，为银行持续发展、为客户优质服务保驾护航。

2010 年，浦发银行核心业务系统成功承受 772 万笔日交易处理峰值的考验，其中成功交易 723 万笔，系统可用率达 99.95%，为银行业务发展和管理提升保驾护航；世博期间，通过实行 7×24 小时现场值守等一系列措施，实现了零异常次数、零异常时间的“双零”目标，全面满足业务发展的需要；推动建设全新、全覆盖、多层次的新一代管理信息系统，有效支撑规划期内客户服务、风险管理、经营决策等管理要求。浦发银行“流程银行基础服务平台”、“数据质量监控体系建设项目”荣获 2010 年度银行科技发展奖二等奖、“新一代研发数据中心虚拟化建设项目”、“智慧销售平台”荣获 2010 年度银行科技发展奖三等奖。

加快科技创新步伐。2010 年，浦发银行值与中国移动全面战略合作契机，在基础金融、移动支付、前端整合等领域不断推出创新产品，推动浦发银行业务创新。

客服系统转型升级。2010 年浦发银行 95528 客服系统从以被动服务支援为主的传统客服模式，向服务与营销并重、提供服务与客户关系维护并行的现代服务模式转型。8月，营销信息分配系统上线，加强了对网点产品销售的远程支持，促进了95528虚拟渠道与有形渠道的有机整合，属于同业首创的营销模式。同时，开展部分业务推广、客户回访、个人客户贷款逾期催收等主动外呼服务项目，实现呼入、呼出双管齐下。2010年，浦发银行荣获中国银行业协会“中国银行业优秀客服中心评选最佳创新奖”。

拓展远程服务空间。一是推出电话银行小额不定向汇款服务，客户只需一次签约，即可向非事先指定的任意收款人汇划资金，从而满足了客户随时随地办理5万元以下日常资金快速调拨的需求。二是对电话银行(含人工服务)自助语音菜单、第三方存管、基金、网上/手机银行、储蓄国债、约定定期、通知存款等功能作出了优化和扩展。三是完善“对公新兴业务综合服务平台”，全面承接了各类对公新兴业务咨询职能，特别在离岸服务咨询方面发挥了突出作用。

(浦发银行)

3. 上海银行股份有限公司

2010年，上海银行围绕三年发展战略规划，紧密把握宏观经济形势和调控政策的变化，认真做好世博金融服务，齐心协力、奋力开拓，盈利水平持续提高，各项业务稳健发展，取得了良好成绩。截至2010年12月31日，上海银行总资产为5 667.75亿元，存款总额为4 095.22亿元、贷款总额为2 984.36亿元；总负债为5 372.88亿元；全年实现利润总额57.39亿元；资产收益率为0.97%；资本充足率10.70%；核心资本充足率8.92%；拨备覆盖率达248.85%；不良贷款率1.12%。在江苏省苏州市设立了苏州分行，在南京、天津、杭州、上海、宁波、成都、深圳等地分别设立了22家支行。全行共有253家营业网点，149家自助银行，员工8 344人。

2010年，上海银行实施了定向增资扩股3亿股和资本公积金转增股本，股份总数由26亿股增加为42.34亿股；全行注册资金由29亿元变更为42.34亿元。设立小企业金融服务专营机构——“小企业金融服务中心”；发起组建“上海闵行上银村镇银行”；获准开办银行小额储值卡业务；成为国家试点跨境贸易人民币结算业务上海地区第一批试点银行；成为上海世博会期间5家试点新台币现钞兑换业务的银行之一；获得创新型黄金业务资格：成为银行间市场清算所普通清算会员；获得银行间外汇市场即期尝试做市资格。

在经营业绩取得进步、市场准入得到推进的同时，上海银行的品牌形象和市场地位获得进一步提升：在英国《银行家》公布的2010年“全球前1 000家银行”中，按一级资本排序，位列全球银行业第226位，较2009年提高30位。在《亚洲银行家》公布的“2010年亚洲银行家500强”规模排行榜中，位列第61位。在2010年上海世博会金融服务中，上海银行以良好的企业形象和优质的金融服务获得“上海世博会金融服务工作先进集体”、“中国银行业世博金融服务组织奖”、“中国银行业世博金融服务创新奖”等荣誉。

【公司金融业务】 从培育核心竞争力出发，突出重点产业，培育特色客户，发展优势业务，进一步加强产品营销、技术营销和团队营销，带动了对公存贷款和对公中间业务收入实现较大幅度增长。

企业存款重点市场营销成效显著。以公务卡、非税系统、国库单一账户等产品组合营销为抓手，巩固发展政府财政类存款市场。持续深化整体营销，积极推广银医通专业化清算方案，推进医保社保存款增长。进一步加强维修资金专业化服务力度，2010年末上海地区维修资金业务市场份额达31%。依托科技创新，加大企业结算服务力度大通关EDI及银关通年交易额突破200亿元人民币，市场份额居上海市前三。银税联网客户超过5万余户，月均扣税21万笔，业务量居上海市第一。

支持地方经济建设，深化跨区域联动营销。聚焦上海浦东建设和迪斯尼项目、天津滨海新区、宁波港口开发、杭州南京地区基础设施建设和改善民生等重大项目，积极创新产品和服务模式，推进跨区域集团客户资源整合，深入开展营销信息共享。坚持以现代服务业和先进制造业为发展重点，优化信贷结构。围绕国务院出台的十大产业调整振兴规划，积极开展商业零售、医疗卫生、汽车生产与服务等重点行业专业化营销推进，以培育特色为契机，提升专业化营销水平。2010年支持类产业新增授信户数173户。加快贸易融资业务产品开发和推广；创新推出了汽车经销商融资产品，年内累计授信超过7亿元。银信合作业务取得新进展。在天津地区成功发行首只高新技术中小企业集合信托计划。发行杭州涌金池计划，支持杭州地区中小企业融资渠道多元化。

全力打造港台业务特色。年内与上海台办签署第三轮合作协议，启动上海地区“2 年 100 亿”台资企业专项授信。持续推进深圳和天津地区“2 年 10 亿”的专项授信。

债务融资工具承销业务发展良好。2010 年完成债务融资工具主承销项目 15 只，债券发行规模达 136 亿元，并首次推出中小企业短期融资券、担保债券、集合票据等创新品种。银团贷款业务迅速发展，年末银团贷款余额 160 亿元。在中国银行业协会银团贷款与交易专业委员会三届一次全体会议上，上海银行再次当选为常委单位。

【个人金融业务】 全行储蓄存款突破千亿元大关，年末余额达到 1 043 亿元。个人资产业务合规、稳健发展。2010 年房贷投放与房地产市场发展吻合，中高端客户定位清晰，资产质量持续优化。

财富管理业务持续推进，分层服务体系不断完善，客户结构持续优化。“慧财”系列理财产品日趋多元，形成 9 大类 14 款理财产品线。全年累计发售本外币理财产品 388 期，累计认申购额同比增长 268%；“慧财”易精灵开放式贵宾专属理财产品实现交易渠道全覆盖，运作领先市场，交易活跃，成为家庭财富流动性管理的拳头产品。此外，适时推出代理个人实物黄金买卖业务。拥有一支由 400 余名具有国际金融理财师（CFP）、金融理财师（AFP）和注册财务策划师（RFP）等专业理财资格的客户经理组成的理财师团队，个金专业化队伍充实壮大，专业化水平提升。

网点转型持续推进，销售渠道价值明显提升，个人中间业务大幅增长，实现多元化，展现新亮点。多渠道拓展中间业务收入来源，启动借记卡年费收取工作，发行安享旅游/RIP 电子借记卡、品牌企业专属卡、养老金客户专属“美好生活卡”等。2010 年保险销售收入同比增长 105%，借记卡业务收入同比增长 36%。

【信用卡业务】 坚持以跨区域发展和销售转型为重点，在全面落实监管要求、切实做好世博服务的基础上，优化内部资源，整合各方优势，加强渠道管理和拓展力度，有力带动各项经营指标稳步增长。2010 年累计交易额逾 150 亿元，较上年同期增长 17.5%；期末贷款总量突破 26 亿元，较上年末增长约 28%；期内实现本外币收入合计超 4 亿元，同比增幅 24%。

坚持产品开发导向，以热点主题为开发重点，结合世博契机，细分客户群体，不断丰富产品序列，形成旅游和车主两大产品系列，共推广上市 6 个产品。同时加强重点产品维护，挖掘现有产品潜力，对现有白金卡、女士系列卡、青春系列卡等重点系列产品加大用卡和发卡维护力度，年度推出产品活动 15 次，提高产品知名度，拉动交易量增长，助推中间业务收入迅速攀升。

积极拓展营销渠道，销售模式平稳转型，营销体系日趋丰富。依托行内客户资源优势，以筹建直销渠道为抓手，结合公私联动和自主营销，着力丰富和扩充营销手段。期内累计发卡超过 190 万张，累计客户超过 126 万户。同时秉承“巩固和开拓”并进的理念，以优质商户为拓展重点，大力提高收单业务交易量。期内实现收单交易量逾 360 亿元，同比增长 16%。

【电子银行业务】 以客户需求为导向，全面丰富业务功能。注重产品创新与功能优化，推出易精灵、黄金买卖、电子工资单服务等 20 余项新业务，优化了近 50 项产品功能，不断改善客户体验，提升了市场竞争能力。

以市场营销活动为抓手，陆续开展“虎年省钱网上行，转账汇款全免费”、“网银转账提速，开户礼遇多多”等 10 余项市场推广活动，配合分类交叉营销、公私联动等营销策略，全面提升客户认知度和行业知名度。全年各类自助机具新增布放 488 台，达到 1 666 台，自助机具交易笔数 4 562 万笔，同比增长 31%，交易金额 353 亿元，同比增长 42%。同时不断规范业务流程规避操作风险，持续完善业务管理体系防范制度风险，通过加大业务培训、风险排查力度等措施，风险防控能力得以持续增强，业务开展有条不紊。

【资金业务】 2010 年，在面临流动性约束加强的条件下，上海银行加强市场研究、灵活安排资金期限配比与业务品种配置，并择时增配中长期限品种债券，在管理好流动性风险的同时，优化了投资组合结构。日均营运资产 1 644 亿元，较上年增长 9%，在稳健经营的基础上，实现了资金业务平稳发展。

资金业务品牌地位得到进一步稳固和提升。继续保持公开市场一级交易商、SHIBOR 报价团成员、债券做市商等重要资格，积极开拓货币市场、债券市场、票据市场、黄金市场、外汇市场和理财产品等业务领域。并获得自营黄金进口业务资格以及银行间外汇市场即期尝试做市资格。

【信息科技建设】 上海银行深入提升科技管理，积极推进项目建设，扎实做好系统运行维护，科技工作取得全面进步。一是以世博保障为契机，全面提升科技综合服务水平，圆满完成世博金融信息科技保障重任，被各级部门授予“上海世博支付环境建设优秀集体”、“上海市银行业世博科技工作竞赛二等奖”等荣誉。二是启动实施信息科技工作三年发展计划，并全面深化信息科技管理体系标准化建设。三是进一步完善信息安全管理措施，源代码安全审核平台建成投产，核心业务系统柜员终端实时监控改造完毕。四是上线运行新一代电子银行业务系统世博版，持续丰富电子银行产品功能并提升客户体验。五是数据仓库项目(二期)完成所有主题应用上线，启动数据仓库平台扩容及数据存储优化项目。六是计算机辅助审计系统一期投产，加快企业审计电子化建设步伐。七是加强对各地分行的科技管理与支持，明确二级分行科技架构模式。八是全面夯实系统平稳运行基础，逐步推广大运行维护流程管理，提升IT服务质量；健全运行维护管理技术体系，提高运行维护质量；加强系统资源管理，提高系统可靠性和稳定性。

（上海银行）

4. 上海农村商业银行股份有限公司

2010年，上海农商银行坚持以科学发展观为统领，坚决贯彻宏观调控政策，加快业务转型与发展，全面完成各项经营管理任务，取得了实施新三年发展战略的阶段性成果。本外币资产总额2 513.29亿元，各项存款余额2 109.94亿元，各项贷款余额1 412.13亿元，拨备前利润35.73亿元，净利润22.13亿元，不良贷款率1.36%。据英国《银行家》杂志统计，按一级资本排序，在2010年度全球1 000家大银行中，上海农商银行排名第339名，跻身全球银行500强；在境内所有入围银行中，排名第19名。

【业务发展】 一是负债业务增势良好。获得崇明农保基金、迪斯尼动拆迁、“支付宝”等批量存款；全年累计代发工资186亿元，纯公积金贷款、二手房交易资金监管业务继续保持全市第一；同业客户和同业存款增幅较大。二是信贷业务稳中求进。积极参与郊区小城镇建设试点、宅基地置换和大型社区项目；开展“送金融服务进园区”、首届诚信中小企业授牌等活动，国标小企业授信余额达到790亿元，“鑫通融”小企业房地产抵押贷款余额达到277亿元；与杨浦区政府等单位共同发起成立杨浦投贷联盟，与多家私募股权投资企业建立了战略合作关系；推进“二手房贷款直通车”、公积金贷款“一站式”服务试点；优先安排“三农”信贷投放，涉农贷款增幅超出各项贷款增幅0.7个百分点。三是资金业务高效运行。货币市场日均自有资金营运规模达到686亿元，较2009年增长73亿元；资金业务税前收益率达到3.63%，比2009年提高0.65个百分点；人民币资金业务交易量达到3.46万亿元，外汇资金业务交易量达到14亿美元；加大国债与企业信用类债券投资力度，进一步优化债券投资结构，提高投资收益。四是中间业务大幅增长。咨询服务类中间业务、代理保险业务、电子银行业务、国际结算业务等均取得较快发展；发行各类理财产品173款，募集资金329亿元；新增ATM机具91台、POS机具1 542台、多媒体自助终端53台。五是市场准入和产品创新进展明显。取得黄金自营资格，推出个人实物黄金代理业务，签署全国贷款转让平台主协议，加入上海清算所，与工商银行建立第三方存管业务合作关系；完善“鑫通融”、“鑫通保”、“鑫透易”系列产品，首次发行公司理财产品；开展科技型中小企业股权质押贷款、订单融资等业务试点，开发了知识产权质押贷款；推出“鑫连鑫”通知存款、个人澳洲账户预开户、信用卡分期付款等业务；完成了银企直联、跨行支付清算系统建设；与阿里巴巴等多家第三方支付机构签署战略合作协议。

【机构布局】 积极推进机构布局工作。上半年成功组建卢湾支行，在原五角场支行的基础上组建虹口、闸北、杨浦支行，实现“一区一行”；成立嘉善支行、湘潭支行筹备组，各项筹备工作有序开展。金融便利店初显亮点。全年共开设金融便利店30家，各项业务稳步发展，运营情况良好。

【金融服务】 实现“支付系统零故障、窗口服务零有责投诉、安全稳定零事故、接待满意百分百”的目标，涌现了一批世博金融服务先进集体和个人；营业网点配套设施进一步完善；加强员工服务技能培训和窗口服务质量检查，员工参加各类服务培训累计超过 1.3 万人次，开展营业网点服务质量检查 1 970 次。

【营运管理】 集中化的营运管理体系建设取得积极进展，总行现金中心建成并投入运营；启动代理发行基金库业务；推进张江业务处理中心项目设计；完成中后台集中营运体系框架设计、中间业务收入差异化分析、全面风险管理体系差异化分析；加强信息系统日常管理和安全检查，优化综合业务系统功能，提高了系统运行的稳定性；加强消防、安全生产和安全保卫责任制，全年未发生重大安全责任事故；加强声誉风险管理，建立舆情监测机制。

【风控与案防管理】 完成总行风险管理组织架构的调整，重组风险管理部、授信审批部、资产监控部，基本实现了风险管理政策制度制定、执行与监督职责相分离；启动了巴塞尔新资本协议的系统性研究和实施；严格执行房地产市场调控政策，及时加强房地产开发贷款、经营性物业贷款、土地储备贷款和个人住房贷款风险管理措施；全面开展政府融资平台贷款"解包还原"工作；全面推进"三个办法、一个指引"的贯彻实施；完善案件防控组织体系，将案件防控目标责任书的签订纳入常态化管理，深入推进内控与案防制度执行年活动；全面推行风险主管委派制、会计主管委派制，进一步完善检查监督机制；推进市区支行审计垂直管理，加强对郊区支行审计工作的管理；会计临柜业务风险预警监测系统上线运行。

【信息科技建设】 正式启动新一代银行系统项目建设，开展核心账务系统产品梳理培训、需求差异化分析、外围系统梳理及数据迁移选型；企业服务总线、影像流平台、个人贷款处理系统等项目上线运行。

【重大活动】 举办全国农信系统业务合作交流会。2010 年 9 月 13 日，上海农商银行举办全国农信系统业务合作交流活动，来自 19 个省(直辖市、自治区)省级农村合作金融机构的领导和相关业务部门负责人参加活动。在欢迎晚宴上，上海农商银行党委书记、董事长胡平西致欢迎辞，并介绍了上海农商银行改制成立以来经营管理取得的成绩和新一届董事会制定并积极推进新三年发展战略的情况。9 月 14 日至 15 日，参会嘉宾参观了上海世博会、上海生态农业及小城镇建设情况。9 月 16 日，全国农信系统业务合作交流会召开，全国各省联社领导及资金部门负责人 40 余人参加会议。上海农商银行行长侯福宁回顾了改制成立五年来的经营管理情况，介绍了上海农商银行在参与上海经济社会发展和"两个中心"建设中面临的挑战、机遇，以及如何抓住机遇、应对挑战、加快转型、加强全国农信系统业务合作的措施与建议。中国人民银行上海总部金融市场管理部王欣欣副主任介绍了上海国际金融中心建设情况及上海金融要素市场发展概况与远景规划。上海农商银行资金营运部、电子银行部相关负责同志分别作有关业务介绍，部分参会单位作交流发言。

全国农信系统业务合作交流点

(二) 中资银行分行

1. 国家开发银行上海市分行

截至 2010 年 12 月末，国家开发银行上海市分行表内外信贷资产总额 2 109 亿元，其中表内人民币贷款余额 1 316 亿元，较年初增长 129 亿元；外汇贷款余额 47.71 亿美元，较年初增加 11.03 亿美元；表外受托业务余额 477 亿元，比年初增加 28 亿元。2010 年累计开发项目 2 654 亿元，评审承诺贷款 1 208 亿元(人民币 780 亿元，外汇 64.52 亿美元)，发放各类贷款 991 亿元(人民币 500 亿元，外汇 41.37 亿美元，受托 217 亿元)。日均存款 110 亿元。表内不良贷款率 0.46%，实现利润 25.51 亿元。

【以规划促进业务发展】 坚持“规划”先行，紧跟政府热点，与上海市发改委签订规划合作协议，建立规划合作机制，积极参与市“十二五”规划、主体功能区规划、能源规划、战略性新兴产业规划等研究，推动政府重大战略的实现；与西藏日喀则行署、新疆喀什发改委签订规划合作协议，推进援藏援疆工作扎实开展。

【境外人民币业务试点】 积极开展境外人民币贷款业务，承诺振华重工俄罗斯铺管船出口项目贷款人民币6.9亿元、印度莎圣电力项目贷款0.1亿元，其中振华重工项目实现贷款发放，年底余额为6.84亿元。

【创新资金业务】 积极参与资金业务模式创新，开辟新的资金合作渠道，在信贷规模普遍紧张的背景下，以资金业务促进表外业务发展，拓展了资金运作空间，丰富了资金业务内涵。

【推进中小企业基层业务】 开创性地将开发银行、地方商业银行、地方商会以及小额贷款公司“四位一体”结合，整合各方优势，以批发方式解决微小企业实际融资难问题，批量化支持上海小额贷款客户，从12月1日正式启动至年底，分行审批备案项目180个，项目金额约6 800万元，贷款发放20批次，发放金额约4 600万元，在短短的一个月支持了约200户微小企业及个体工商户。

【工作思路】 (1)始终坚持规划先行，全面提升分行核心竞争力。(2)充分发挥开发银行中长期批发银行的优势，把握业务发展先机。(3)努力开拓国际业务，打造外汇市场主力行，坚持“以客户为中心，提高综合效益”，拓展外汇业务领域，着力形成上海分行特有的竞争优势。(4)不断推进金融创新，提升服务水平，打出品牌。(5)进一步加强风险控制，强化经营稳健性，完善现有的风险管理体系建设。

（国开发）

2. 中国进出口银行上海分行

2010年，中国进出口银行上海分行认真积极贯彻落实全行工作会议精神，围绕发展创新主题，努力实践科学发展观，克服发展过程中遇到的困难和问题，大力拓展各项业务，开拓创新，培育新的业务增长点，加大对创新贷款品种的开拓力度，进一步创新金融服务手段，加大对地方经济建设和发展的支持力度。突出效益观念，严格内部管理，着力压缩不良贷款，认真组织开展创先争优活动，各项工作取得了长足的发展。截至2010年12月31日，上海分行本外币贷款余额536.64亿元，贷款余额首次突破500亿元，较年初增加123.62亿元，增长29.93%。

【政策性金融】 2010年，上海分行充分发挥政策性金融的优势，依托出口卖信和买信两种手段，积极支持服务区内有比较优势的企业参与国际经济合作与国际竞争，支持辖区内企业到境外投资和境外承包工程。一是为配合温家宝总理访问印度，中国进出口银行在印度新德里与上海电气集团、印度信诚电力公司共同签署了印度莎圣项目3.55亿美元(包括1 000万元人民币)的贷款承诺函，支持中国电站设备“走出去”，在印金融市场产生了较大影响，二是在上海市副市长艾宝俊、印度驻华大使见证下，与上海电气集团、印度信诚就36台超临界燃煤电站设备出口合同共计82.91亿美元的项目签订了融资谅解备忘录。三是分别向本间高尔夫(上海)有限公司、中融置业、上海国际港务集团、上海鹏欣矿业等多家企业发放境外投资贷款。截至2010年12月31日，上海分行“走出去”贷款余额98.05亿元，占贷款余额的19.02%。

【支持上海“两个中心”建设】 上海分行认真落实与上海市人民政府签署的关于推进上海“两个中心”建设金融发展合作备忘录，先行先试，积极拓展人民币国际化业务。一是在2009年完成全行首笔跨境人民币买方信贷项目审批，与香港皇冠船舶有限公司签订4.83亿元人民币船舶出口买方信贷项目贷款协议的基础上，今年累计放款1.2亿元人民币，实质性启动了该项目。二是分别向上海东展船运有限公司、洋山深水港项目发放了沿海及沿江船舶贷款业务及国际物流基础设施建设贷款和国际物流基础设施建设贷款，进一步加大了支持上海国际航运中心建设的力度。三是为进一步发挥中国进出口银行在船舶行业信贷分析的优势，2010年，上海分行作为上海银监局选中的船舶行业信贷分析牵头好，圆满完成了2010年船舶行业信贷监测分析工作，并获得了上海银监局的表扬。四是积极拓展跨境人民币贷款及结算业务，为推动人民币国际化和上海建设国际金融中心添砖加瓦。

【世博服务】 面对百年一遇的世博盛会，上海分行干部员工以高昂热情和无私奉献精神，积极服务世博,累计接待各类中外世博观摩团组达 437 人次,整个接待服务工作做到了内外部各环节无缝对接,井井有条,没有发生任何差错或失误。上海分行工会被全国金融工会评为金融系统宣传服务世博优秀工会。分行办公室被上海市金融工委和市金融服务办公室评为世博接待服务先进集体。同时,上海分行抓住世博契机,先后 20 多次派员参与由上海市政府组织,外国政府和企业代表团参加的世博商务推介活动,积极利用世博平台宣传政策性金融业务,使更多中外机构和人员增进了对进出口银行性质和作用的了解,进一步扩大了品牌影响,得到了上海市政府有关机构的好评。

【银行管理】 强化内控合规,加强贷后管理,确保稳健合规经营。2010 年是全国银行系统内控和案件制度执行年。上海分行认真组织开展各项工作。一是结合分行实际,制订了《中国进出口银行上海分行 2010 年风险监控工作实施方案》、《中国进出口银行上海分行 2010 年案件防控工作规划和工作要点》;二是在分行集中开展了"内控和案件制度执行年"主题教育和规章制度专题学习活动;三是从完善制度规范入手,全面梳理了业务操作流程;四是"以提高内控管理水平及防范操作风险和案件风险为核心",组织开展了"切实查找在内部控制和案防制度执行力方面存在的薄弱环节"的自查自纠工作;五是组织开展对每笔贷款贷后管理工作进行检查的工作;六是建立了贷后管理例会报告机制。

(沈艳春)

3. 中国农业发展银行上海市分行

2010 年,中国农业发展银行上海市分行积极贯彻落实中央经济工作会议和全国分行行长会议精神,全面落实金融宏观调控政策,继续加强对"三农"的支持,依照"大力支农、规范管理、防范风险、积极稳健"的工作思路,坚持加大信贷支农力度、不断优化贷款投放结构,审慎灵活、区别对待,强化风险防控,夯实基础管理,始终将加快业务有效发展作为第一要务,各项工作取得了一定成效,较好履行了农业政策性金融职能。

2010 年,贷款期末余额 4 768 132 万元,比年初增加 1 229 247 万元;各项存款余额 395 212 万元,比年初增加 53 839 万元;不良贷款余额 30 249 万元,比年初减少 536 万元,不良贷款比例 0.63%,比年初下降 0.26 个百分点;全年实现考核利润 53 353 万元,人均考核利润 179.08 万元。

【政策性金融】 一是做好政策性信贷业务管理工作。针对粮油市场复杂的供需状况和价格走势,分行全面加强了对中央和地方储备贷款的供应和管理。在努力改进服务手段的基础上,实时监测储备库存、积极督促计划执行,确保及时足额发放贷款,切实做好支持储备粮轮换、增储和跨省移库工作,并结合政府有关部门实施的"藏粮于企"要求及时做好相应的资金收放工作,确保了粮油储备贷款和企业实际库存准确挂钩,资金供应及时、足额。同时,继续做好市级粮油调控贷款的发放和管理工作,为稳定上海市粮油价格提供了资金保障。此外,为稳定我国生猪价格和物价总水平,上半年分行还配合国家宏观调控政策及时投放了中央储备肉贷款,并以此为契机拓展了业务,成功营销了新客户。二是确保准政策性信贷业务顺利开展。分行继续坚持"保收购、保优质企业、不保劣质企业"的原则,积极支持多渠道、多主体入市收购粮食,确保不出现农民卖粮难问题。对中央和地方储备企业、接受储备企业委托参与收购的地方粮食企业以及国有粮食购销企业的粮油收购给予重点支持;对长期合作且资信良好的非国有粮食购销企业收购粮食,在严格落实各项风险防范措施的基础上予以优先支持。全年累计发放准政策性粮食收购贷款 34 910 万元,支持收购稻谷 10 410 万公斤,收购小麦 4 916 万公斤;累计发放准政策性油脂收购贷款 1 140 万元,支持收购油菜籽 226 万公斤;累计发放省级化肥储备贷款 8 000 万元,支持企业采购储备化肥 5 万吨。

【聚焦三农】 立足区域经济特点,切实加大支持"三农"力度。分行紧密结合市政府新农村建设举措,有的放矢地开展了重点项目营销并加大了信贷投放的力度,尤其是加大了对区级项目的营销力度。年内,结合本市新农村建设特点,抓住本市县域城镇建设中基础设施、文化教育卫生和环境设施、农民集中住房改造工程较多,资金需求旺盛的特点,积极营销和投放农村基础设施建设、农业综合开发、县域城镇建设等方面的中长期贷款。及时贯彻落实总行印发的新农村建设贷款办法精神,第一时间营销和投放了首批用于农村土地整治和农民集中住房建设的新农村建设中长期贷款。通过中长期贷款新业务的发展,不但改善了分行资产结构,提高了经营效益,而且形成了政府满意、企业发展、农民受益的良好社会效应,使分行在支持本市现代农业和新农村建设中的骨干作用得到了进一步的提升。

【组织存款】 加大存款组织力度,积极拓展同业业务。为了不断拓宽资金来源渠道,提高资金效益,鼓励基层行(部)大力吸收低成本存款,2010 年分行将存款纳入了对基层行(部)的经营绩效考核,制定相关激励方案,认真开展存款营销工作。全年日均存款达到 317 689 万元(不含同业存款),比上年增加 61 651 万元,增长幅度为 24.1%,超过分行年初预设 11%目标。同时分行还加强对本地金融市场的研究,在总行严格控制同业存款额度、压低同业存款利率上限的情况下,时时关注同业市场,与同业保持持续联系,寻找可能存在的交易机会,低成本组织同业存款 3 笔,共计 57 亿元,全年同业存款的日均存款为 48 932 万元。以系统内借款利率为标准计算,组织存款共节省利息 7 341.46 万元(其中同业存款 416.73 万元),较大幅度的增加了分行利润。今年共办理同业存款存出业务 24 笔,共计 713 亿元,实现考核利润 2 583.9 万元。

【银行管理】 一是着力夯实信贷基础管理工作。加强对银监会"两个办法、一个指引"等制度办法的学习和贯彻执行;制定了《上海市分行关于贷款资金支付管理办法的贯彻落实意见(试行)》。各行(部)能够严格执行贷款新规,严格审查支付条件,并在贷后管理中重点检查资金用途,保证了贷款资金支付管理办法的顺利实施,起到了防控信贷操作风险、保障信贷资金合规使用的作用。二是进一步加大了风险管控力度。对准政策性贷款、商业性贷款动态开展风险排查,一旦发现风险隐患,及时采取措施,化解风险。截至 11 月底,审查完成客户信用评级 117 户,核定最高综合授信额度客户 99 户,同时严格按照总行评级工作的有关规定和要求,对全辖所有客户的上报资料进行逐户审查,严格把握每项判分指标的测算,确保了信用评级和授信工作的合规性、准确性,从源头上加大了防控信贷风险的力度,确保评级授信工作按总行规定有序顺利执行。

(季晓菁)

4. 中国工商银行股份有限公司上海市分行

2010 年度,中国工商银行上海市分行紧紧围绕"同业领军、系统最优、世界一流"的三年发展目标,全行上下秉承竞争发展理念,敢于亮剑,勇于拼搏,实现了竞争力的大提升、业务的大发展。

【经营概况】 突出三大经营重点,全面提高竞争发展水平。(1) 强势营销信贷市场。中国工商银行上海市分行进一步巩固在上海同业的领先优势,各贷款品种全部实现增长,贷款结构进一步优化。2010 年度获总行公司业务优秀奖和最具市场竞争力奖。为通用汽车组织安排 90 亿元备用银团贷款,成功争取到上海市头号重点项目上海大型保障型居住社区 400 亿元银团贷款的主牵头行地位,充分体现市场主力行地位。商品融资业务规模达到系统领先,同业第一水平,获总行"2010 年度商品融资业务综合贡献奖"。

(2) 大力争揽存款业务。中国工商银行上海市分行积极实施以抓客户为核心的储蓄存款营销策略,人民币储蓄存款实现存量增量同业双第一。加强对公存款营销推动工作,狠抓重点板块,实现市场份额和效益贡献并举。扩大同业存款日均贡献,大力营销个人及机构第三方存管业务,积极营销同业机构自有资金存款。

(3) 积极推进中间业务。2010 年,中国工商银行上海市分行中间业务收入保持同业第一,领先优势继续扩大。15 项主要中间业务产品中,有 13 项产品位居同业前两位,其中 8 项位居同业第一位,产品、市场竞争力持续增强。

【金融服务】 圆满完成世博服务,品牌影响日益彰显。(1) 打造服务新标杆。2010 年,中国工商银行上海市分行以"追求卓越服务,彰显工行风采"为行动纲领,以"感恩行动、大堂制胜"为世博服务理念,将世博服务作为重中之重,齐心协力,努力拼搏,获得市级以上奖项 79 项,提升了工商银行的品牌形象。增配 100 名电话银行坐席,优化流程,实现电话银行接听率突破 98%的目标。电话银行中心被评为上海市级世博服务先进,并荣获国家工信部颁发的"中国最佳呼叫中心"称号。加强自助机具监控和快速反应,建立夜间服务绿色通道,自助机具可用率突破 98%。严守排队时间 20 分钟底线,服务效率和水平全面提升。

(2) 创建服务新机制。中国工商银行上海市分行成立迎世博服务领导小组，打造"三三制"服务管理体系，层层签订世博服务责任书。出台系列服务规章制度，推出"窗口服务十大指导"及部室服务十大要求，对服务管理工作进行规范。实施网点柜面综合化改造工程，加强自助机具分流，有效缓解网点服务资源紧张等问题。

(3) 展示服务新面貌。中国工商银行上海市分行积极充实一线服务力量，投放300名服务引导外包人员，建立小语种服务志愿者队伍。践行"以人为本，以客为尊"的服务理念，倡导"新三声"服务要求。开设上海首家地铁银行，打造立体化服务网络。加强支付环境建设，成功成为上海铁路局售票窗口唯一收单行。加强媒体沟通和品牌宣传，组织开展"文明观博，礼仪服务"、"警银携手，共创卓越世博服务"等宣传活动，使工行品牌形象深入人心。

【业务创新】 着力开拓创新突破，打造转型发展新亮点。(1) 积极拓展新兴市场。2010年度，中国工商银行上海市分行重点突破总部经济市场，全面开展存贷款、现金管理、账户结算、电子银行、个人金融等各项业务，积极参与大型企业集团境外收购等"走出去"业务。牢牢把握上海现代服务业发展的有利契机，制定三年发展规划，重点拓展航运服务、现代物流、现代商贸、文化传媒、旅游会展和租赁金融等重点行业业务。

(2) 大力开拓新兴业务。在公司业务领域，中国工商银行上海市分行成功发放首笔外币境外并购贷款。作为主承销商，成功发行上海闵行中小企业集合中期票据，是上海地区、工行系统内首单中小企业集合发债项目，获上海市金融创新奖。个人业务领域，开辟全国系统内首家、金融行业首家的银行网点贵金属客户专属服务区。首家客户体验中心盛大揭幕，打造总行旗下第一家集财富中心、留学贷款中心和客户体验中心为一体的超大规模旗舰店。投产个人账户白银交易业务，成为上海首家推出此项业务的商业银行。

(3) 加快国际化拓展步伐。中国工商银行上海市分行全面推进跨境人民币业务结算，各行部业务开办率达100%。办理上海地区首笔采用人民币借用外债的资本项目人民币结算业务，实现了跨境人民币业务经常项目和资本项目的全覆盖。全球现金管理客户快速增长，获总行全球现金管理业务推进奖。

【银行管理】 推进强基固本工程，精细管理不断深化。(1) 强化信贷管理基础。2010年度，中国工商银行上海市分行全面开展政府融资平台贷款清理检查，按照总行和银监会的工作要求，按期完成了解包还原、政府约谈等工作，贷款风险得到有效控制。切实贯彻执行"三个办法，一个指引"，做好信贷非现场监督监测工作，不断完善贷款资金实贷实付与受托支付流程，有力提升贷后管理质量。持续提升授信审批效率，实施信贷业务专职审议制度，加快推进审批垂直集中管理，完善电子化审批流程。

(2) 强化全面风险管理。深入开展零售内部评级法和非零售业务内部评级法的推广与应用，积极开展信用风险压力测试，有效提升风险量化管理水平。加强不良资产清收处置，不良贷款占比和金额连续十三年实现双下降。

(3) 深化内控管理和案件防范。针对新产品、新业务，及时完善内控管理的重点和检查的方式，有针对性地加大对重点部位、重要业务、重要环节的控制。加强制度建设和人员管理，严格执行重要岗位准入制，及时遏制风险事件，切实防范经济案件发生。

【企业文化】 中国工商银行上海市分行积极开展"建设一流企业文化，培育服务价值理念"主题教育活动。以浦东分行成立二十周年系列庆祝活动为载体，传播"工于至诚，行以致远"的核心价值观。推进网点文化建设工程，组织盛大金盘、心驰神往等系列高端客户文化沙龙活动，以文化力促进营销力。组织开展第四届"感动工行—上海分行十大好人好事"评选，树立先进典型。加强民主管理，推行行务公开。加强员工关爱，组织开展节日帮困慰问和"一日捐"活动。

【重大活动】 与浦东新区政府签署全面战略合作协议。2010年11月25日，中国工商银行上海市分行与浦东新区政府签订全面战略合作协议，提供总额100亿元人民币的授信额度，支持浦东新区的经济社会发展及重大项目建设。中共上海市委常委、浦东新区区委书记徐麟，浦东新区区长姜樑，工行上海市分行行长沈立强，副行长李玉强、顾国明、成善栋、徐力等出席了签约仪式。此次浦东新区政府与中国工商银行上海市分行的牵手，标志着双方二十年来的战略合作伙伴关系进入了崭新的发展阶段，授信资金将主要用于支持后世博时期的各项发展规划建设。中国工商银行上海市分行以此次签约为契机，进一步深化与浦东新区政府的长期友好合作关系，为成功实现浦东新区的“二次创业”和上海的“四个中心”建设作出更大的贡献。

（陈秋敏）

5. 中国农业银行股份有限公司上海市分行

2010年，中国农业银行上海市分行围绕建设“系统排头兵、地区主流银行”的经营定位和“横向进位、纵向提升”的发展要求，顽强拼搏，取得了“世博金融服务工作做得好、各项业务经营业绩好、员工精神面貌好”的“三好”成绩。年末，全行人民币各项存款余额比年初增加962亿元，增长25.6％，其中：人民币储蓄存款余额比年初增加379亿元，同比多增126亿元；人民币对公存款余额比年初增加583亿元，同比多增336亿元。全行人民币各项贷款比年初增加380亿元，增长17.94％，其中：人民币法人实体贷款比年初增加248亿元，同比多增192亿元；人民币个人贷款余额467亿元，比年初增加106亿元。全行外币各项存款余额比年初增加2.43亿美元，同比多增2.03亿美元；外币各项贷款余额比年初增加3.41亿美元。全年完成中间业务收入(含托管)24.93亿元，比上年增收7.98亿元；实现拨备前利润81.25亿元，同比增长23％；实现拨备后利润75.39亿元，同比增长77％，完成总行下达计划的121％。实现经济增加值25.72亿元；经经营资本回报率27.27％。全年无经济案件和重大责任事故。

【优化经营结构】 加强个人中高端客户维护，全年新增总行口径个人贵宾客户28.95万户、金融资产5 000万元以上个人客户11户。推进网点转型和布局优化，启动网点个人业务销售竞争力提升项目，全年完成网点改造项目96个、调迁网点31家。加大自助设备投放力度，全年新投放现金类自助设备330台、更新108台，电子银行渠道金融性交易占比达到62.9％，比年初提高5.85个百分点。有效推进全行重点客户(项目)拓展，拜访中船集团、宝钢集团、上海铁路局等国家级、市级重点企业和跨国公司地区总部，成功与百联集团、申迪集团等优质大客户建立了合作关系。全行AA级以上法人优良客户贷款占比达到88.92％，比年初提高3.1个百分点，对公存款营销年度增幅达到136％，占全行存款总增量的60.6％。通过考核引导、强化督导等各种方式强势推进中间业务发展，超额完成总行中间业务收入计划，中间业务收入占比达到19.25％，比年初提高4.6个百分点。

【优化经营机制】 充分利用总行授权调整的改革机遇，深入完善对基层行的授权管理。进一步确立效益型的考核激励和资源配置导向，调整优化绩效考核办法，改进费用配置机制，对年末经营行超费用预算部分实行用工资换费用政策。切实抓好对公营销体系调整的跟踪和后续工作，经营行(部)对公营销团队全面落地。高效完成了浦东分行与陆家嘴支行、金桥支行与外高桥支行的机构合并和卢湾支行的筹建挂牌。完善分行本部机构设置，理顺了相应的管理职能和权责关系。积极推进综合创新体系建设，制定产品创新奖励办法，开展产品创意大赛，在全行大力营造全员创新、主动创新的良好氛围。加大业务制度和流程梳理完善力度，多次召开行长办公会对15个条线共计156个问题进行专题审议，有效解决了业务制度和流程中的一些突出问题。

【夯实基础管理】 落实2010年运营管理体系建设工作安排，大力优化临柜业务操作流程和业务制度，稳步推进开户集中审批、银企集中对账、远程集中授权等工作，持续做好ABIS、ARMS系统的优化改造。加强信贷政策体系建设，深入解读和分析宏观经济金融政策、总行及监管部门政策，积极推进差异化政策、流程研究和客户名单制管理、行业限额管理工作。深化信贷审批体制改革，加快建立以分行信贷审查审批中心为平台、集中审查审批信贷业务的垂直化管理模式，成立了分行个贷中心。强化授信执行，重点抓好合同管理等六大关键环节和分支行贷后管理例会制度的落实。启动三年信贷精细化管理达标创优活动，信贷管理系统群(CMS三期)如期上线。以服务和保障世博为契机，扎实推进信息科技精细化管理，信息科技系统安全稳定运行水平有效提升。

【资产质量】 明确三年风险管理工作目标，在全行实施风险合规经理派驻制。深刻领会中国人民银行、银监会和农总行关于信贷均衡投放的要求，自觉维护信贷计划的严肃性。认真开展专项风险检查、案件风险排查、房地产贷款压力测试等工作，积极配合国家审计署、银监会和农总行开展各类集中审计和专项检查，及时落实问题整改。切实加强对政府融资平台、房地产和“两高一剩”行业贷款风险的防控管理，建立和落实“贷后管理巡检”制度，严格执行“三个办法、一个指引”。扎实开展合规文化建设教育、内控和案防制度执行年等活动，促进全行合规意识和执行力的提高。加快不良资产清收处置，全年共清收自营不良贷款31.4亿元、委托不良贷款8.47亿元，分别完成农总行下达任务的277.3%和132.3%。截至12月末，全行不良贷款余额39.07亿元，比年初减少25.03亿元；不良贷款余额占比1.49%，比年初下降1.39个百分点，贷款分类偏离度为0。拨备覆盖率为162.41%，若包括落账总行的减值准备，拨备覆盖率达222.92%，同口径比年初提高125.62个百分点。贷款现金收回率达到99.51%，比上年末提高1.47个百分点，高出总行下达目标3.61个百分点。全行风险水平评价得分为92.56分，达到A类行标准。

【世博服务】 以高度的政治责任感和为国争光、为行争誉的使命感，召开了迎世博动员大会和世博金融服务工作会议，制订了世博金融文明规范服务、安保维稳、信息系统保障等五个工作方案，建立了分行迄今为止覆盖范围最广的应急处理机制。举轻若重，用心服务，确保了各渠道窗口服务的文明、规范、优质、高效。切实抓好安全保卫、舆情应对、信访维稳、投诉处理等工作，维护了一方平安。积极细化世博会期间的信息系统保障要求，稳固信息系统基础支持环境，规范运行保障过程管理，健全信息科技风险管理基本架构，全行信息系统安全平稳运行。充分利用世博会带来的良好机遇，加大内外部营销宣传力度，树立了农业银行的良好形象。全行共有22家(次)集体(部门)分获各级颁发的世博先进集体称号，70人次分获各级世博先进个人称号。其中分行城隍庙分理处荣获中共中央、国务院授予“上海世博会先进集体”称号，这是全国商业银行系统中唯一获得此项殊荣的先进集体；分行荣获中国银行业协会颁发的“中国银行业世博金融服务创新奖”。世博金融服务工作取得显著的成效，得到了农总行、上海市委市政府、监管部门和社会各界的高度评价。

【企业文化】 积极推进学习型银行建设，相关工作经验在总行学习型银行建设工作推进会上作了交流。加快调整优化经营行(部)领导班子结构，组织开展了行部级领导干部缺岗副职任职资格竞聘、后备干部选拔和本部经理、副经理及副经理级干部双向选择和公开竞聘工作。加大人员招聘和培训力度，加强员工管理，切实改善人力资源配置结构，提高员工综合素质。全面启动企业文化建设，召开了全行企业文化建设推进动员大会，制定了《中国农业银行上海市分行企业文化建设推进方案》，围绕“造气氛、聚人心、提士气、上境界、树品牌”的目标，将企业文化建设各项任务全面落到实处，荣获了“全国企业文化建设优秀单位”的称号。

（陈伟华）

6. 中国银行股份有限公司上海市分行

2010年，中国银行上海市分行继续深入贯彻科学发展观，认真执行总行发展战略，扎实落实“调结构、扩规模、防风险、上水平”的工作方针，积极开拓创新，努力转变发展方式，经营效益稳步提升，存款规模不断扩大，优势业务继续领先，资产质量持续改善。截至2010年末，分行税后净利润和本外币中间业务净收入同比分别增长了24.54%和18.37%；人民币公司存款和储蓄存款分别较上年末新增160.77亿元和217.93亿元；人民币消费贷款、外币储蓄存款、外币公司存款和外币贷款市场份额分别为13.80%、33.38%、9.70%和18.21%，继续领跑同业；不良资产余额和不良率分别较上年末下降12.25亿元和0.48个百分点。

【世博服务】 分行高度重视世博金融服务工作，进一步完善和细化组织管理、安全保卫、支持保障、服务运营和营销宣传等方面的措施。设立了34家世博服务特色网点，推出“长时间、多语种、多币种”服务；在全市200多家营业网点实现17种外币兑换人民币以及12种外币购汇业务；增设7家“中银汇兑出入境金融服务中心”、20家有效代兑点，推出5大货币免预约“随到随换”特色服务；设置16个区域供钞中心，提供11个币种的“世博外币专用封包”，全辖累计清分钞券近190亿元；设立21家“世博金融服务示范网点”和234个“世博文明优质服务示范岗”，形成相互促进、相互提高的良好氛围；成立70人的世博应急支援队伍，确保服务高效畅通。通过全行上下不懈努力，分行取得系统运行平稳、支付环境通畅、安保维稳有力、客户满意度持续提升的良好成效，赢得广大客户的一致认可和赞誉，全行有

20多家单位和个人分别荣获市政府相关部门和外部监管机构的表彰。

【金融创新】 分行不断加强创新力度,全力支持上海“两个中心”建设。进一步巩固和扩大跨境贸易人民币结算业务先发优势,通过持续加强清算渠道拓展,加大资源投入和市场开拓力度,完善配套产品和服务等措施,累计业务量突破150亿元大关,位居市场首位。在国际航运金融服务中心成立一周年之际,根据航运行业资金运作特点,推出航运金融新品“委付通”,为航运企业提高资金运作效率、加快业务处理速度提供新的解决方案。加大中小企业支持力度,创新推出全国首笔中小企业播映权质押融资业务,成为沪上金融支持文化产业发展的鲜活实例。先后为三菱东京日联银行和上汽通用主承销全国首笔外资法人银行以及汽车金融公司金融债券。与市社保中心合作推出“长城常青树卡”,便利离退休人员领取养老金。积极贯彻总行“海内外一体化发展”战略,针对上海优质中资企业拓展国际市场需求,加强创新联动,为上海电气、宝钢集团、振华港机等上海知名大型企业的“走出去”项目提供专业化服务。

全国首笔播映权质押融资贷款。为贯彻落实国家9部委《关于金融支持文化产业振兴和发展繁荣的指导意见》,帮助文化类中小企业破解融资难题,中国银行上海市分行积极联合中投保上海分公司、上海市徐汇区财政局等单位,共同开展针对文化类中小企业的专题调研。在充分了解文化企业经营模式、资金运作规律的基础上,最终在没有任何实物资产抵押的情况下,于2010年6月接受上影英皇投拍的电视剧《神话》播映权质押,给予企业450万元的贷款支持,一举帮助公司解决新片投拍的资金问题。该笔贷款不仅是全国首笔中小企业播映权质押融资,也成为《意见》出台以来,上海市文化类中小企业获得的最具实际意义的金融支持措施。

【风险防控】 分行将“调结构”作为风险管理工作的指导思想,不断提高风险管理的整体性、集约性、针对性和有效性。严格落实“三个办法一个指引”监管新规,成立“资产管控”小组,开展全面自查和专项检查;加强对政府融资平台清理和房地产贷款专项管控,对不符合国家政策导向、存在风险隐患的授信,坚决压缩退出;实施主动、全面、全程监控,改进监控方法,提升精细化监控管理水平;加快新资本协议落地实施与运用推广工作,完善风险管理技术和流程。分行把案件防控工作贯穿到整个经营管理过程中,通过全面自查、延伸排查、突击检查,结合稽核检查,加大对重点环节和薄弱环节的检查力度,建立起排查、整改、提高的良性循环机制,并通过专题培训、知识测试等方式,增强全员案件防范意识,在全行逐步形成良好的合规文化。

【创先争优】 分行深入开展创先争优活动。明确“抓住上海‘两个中心’建设和世博会机遇,改革创新,实现竞争发展水平新提升,可持续盈利能力新突破”的总体要求;召开创先争优表彰大会,积极营造学习先进、崇尚先进、争当先进的良好氛围;坚持联系实际,引导基层党组织创新活动载体、深化活动内涵,加大宣传报道力度,开展专题辅导、经验分享活动,形成基层定期反馈、分行定点走访、领导重点指导的全面有效的监督指导机制。

(沪中行)

7. 中国建设银行股份有限公司上海市分行

中国建设银行上海市分行认真贯彻落实宏观调控政策,大力推进业务转型和结构调整,创新金融服务,支持经济发展,存款、贷款和中间业务保持健康持续发展良好势头。经营效益稳定增长,人均利润连续多年超百万元。中间业务收入增长29.24%,占主营业务收入之比达26.88%,提高4.38个百分点,市场份额稳步提高。规模以上公司机构类客户、个人大众富裕客户、财富与私人银行客户数量均实现快速增长。重点支持重大基础设施项目、战略性新型产业、大型居住社区及旧区改造,保障性住房贷款新增占房地产贷款新增的60%以上,信贷结构进一步优化。不良贷款实现“双降”,资产质量持续向好。新增理财中心21个,财富管理中心2家,零售网点转型成效显著。

【金融服务】 分行高度重视、全力以赴做好世博金融服务。世博开幕前,加强员工培训,细化各类窗口服务标准,做好应急预案和演练,签订《世博金融服务责任书》,设立“世博优质服务奖励基金”。在184天的世博会举办期间,开展“世博优质服务竞赛”、“我为服务献良策”等活动,充实柜面服务力量,加大财务资源投入,优化业务流程。网点客户平均等候时间下降29.32%,自助设备开机率和全功能服务率、95533电话接通率均达到历史最好水平,信访化解率达到100%,实现了“零障碍、零事故、零有责投诉、高愉悦客户体验”的目标,分行整体金融服务水平上了一个新台阶。

【业务转型】 分行以零售业务、投行业务、国际业务、机构业务和小企业业务为重点,大力推进业务转型,优化盈利模式。加快新型理财产品创新,加强产品营销的过程管理,提高网点销售能力,个人中间业务实现快速增长。投行业务持续发展,新型业务收入占比得到显著提升。加快小企业专业化经营,创新小企业贷款“信贷工厂”发展模式,成立了浦东、浦西小企业经营中心,搭建“助保金”银政合作平台,小企业贷款、网络银行贷款增速是全部贷款增速的3倍。拓展与民生领域和金融市场等机构类客户的合作,市场份额稳步提高。在上海市率先独家推出个人经济适用住房商业性贷款,全年投放个人经济适用房贷款790笔。

【风险管理】 分行以“贷后管理年”、“内控和案防制度执行年”等活动为抓手,不断提高业务遵循性和规范性,有效防范信用风险、操作风险和市场风险。实施对公信贷岗位分离,初步建立了大中型公司及机构客户信贷业务全流程管理模式。制定差别化的贷后管理流程和风险防范措施,落实预警客户跟踪管理要求,强化关键风险点控制,实现问题客户常态化管理。贯彻监管要求,认真执行“三个办法、一个指引”和“实贷实付”等要求,做好政府融资平台贷款清理和相关行业贷款风险排查。梳理形成了分行内控和案防制度体系并分解到岗位,编制岗位制度目录和操作手册,针对制度上的空白点和模糊点,新增或修订了85项制度,全行制度水平、执行意识进一步提高。

【案防内控】 分行实施“长治久安工程”,以“打基础、布天网、严打击”为主线,完成了涵盖教育、制度、排查检查、惩处和整改等五个方面82项细化任务,形成“责任明确、教育有效、制度完善、监督到位、惩处有方、整改及时”的惩防体系。开展法律合规宣传教育、从业禁止行为宣传教育,员工职业道德和合规意识进一步增强。完善案防排查方式,加强纪检监察组织建设,进一步提高全行的案防能力。

【金融文化】 分行积极开展职工文艺和体育健身活动,举办了“健身迎世博、学练办公操”活动和职工办公操比赛,整合职工文化团队,打造职工艺术品牌。创新职工心理健康活动,《“心得乐”员工辅助成长计划》工作项目荣获上海金融系统工会特色工作奖。建行青年金融服务志愿队积极投身世博会、红十字会玉树地震款物管理、F1大奖赛、上海ATP网球大师赛等金融志愿服务,展现了建行青年形象。经市委宣传部批准,分行成为上海市首批企业文化建设示范基地。

【重大活动】 2010年6月18日,建设银行上海市分行浦西、浦东小企业经营中心揭牌成立。其中,浦西小企业经营中心是建设银行系统内首个跨十几家二级分行而组建成立的小企业信贷专营机构。小企业经营中心集中体现了“流程银行”经营理念,采用“专业化经营、标准化操作”的业务模式,有利于提高业务运作效率,降低操作风险,它的成立是建设银行上海市分行小企业业务的重大进展。

(沪建行)

建行小企业经营中心

8. 交通银行股份有限公司上海市分行

截至2010年末,交通银行上海市分行本外币资产时点余额4 192.54亿元,较上年末增加177.79亿元,增幅4.43%。本外币存款余额2 679.45亿元,较上年末增加251.87亿元,增幅10.38%。本外币贷款余额1 901.42亿元,较上年末增加256.57亿元,增幅15.6%。扣除资产减值损失后,累计实现税前账面利润37.14亿元,同比增加3.96亿元,同比增幅11.93%,共有网点120个,比年初增加5个。

2010年,全行干部员工坚持以科学发展观为统领,紧紧围绕“一条主线”(即提速业务发展),全力提高“四个能力”(即提高市场竞争能力、业务创新能力、风险管理能力、高效执行能力),强化“五项支撑”

(即内部体制机制改造、业务结构调整、完善资源配置、树立服务品牌、营造和谐环境),规模与质量效益同步提高,主体业务市场份额全面提升,内部管理进一步强化,客户基础进一步夯实,改革创新成效显著,世博服务广受好评。

【存贷款业务】 主体业务平稳运行,年末,分行人民币各项存款余额市场份额较年初提升0.03个百分点,其中,对公存款市场份额较年初提高0.13个百分点,对公存款、储蓄存款市场排名均上升一位至第六,同业存款余额跃升至同业首位;人民币贷款余额市场占比较年初上升0.98个百分点,其中,实质性贷款增量排名同业第二,市场占比较年初上升0.54个百分点;中间业务收入在五大行中占比较年初上升0.07个百分点。不良贷款保持"双降"。

【金融创新】 各项业务创新取得新突破。债券融资工具承销量市场排名稳居第二。准确把握信贷投向重点,支持上海市重大建设项目35个,并发放了交行首笔棚户区改造贷款。强化零售业务创新,与上海市经信委签署"专精特新"中小企业战略合作协议,推出"融贷通"、"携手通"、"世博小伙伴"等多项新型产品方案,小企业贷款累计新增量为上年余额的4.47倍。成功推出物流通、二次清算及IC卡多应用等系统,率先开发"太平洋保险见费出单"项目,创新推出小额交易免签单、POS间直联混用、移动手机钱包支付等创新业务品种。至年末,卡收单业务市场份额位列同业第二,同比增幅在五大行中排名第一。成功办理全国首单SPV租赁公司飞机融资租赁交易的对外预付款支付,创新推出EPA保函反担保、代理外汇保险、代理境外银行开户见证等业务。期货结算类资金市场份额保持上海地区首位,承销租赁行业首单金融债券。办理首笔电子银行承兑汇票业务,率先上线跨行资金管理平台,推出无卡充值、手机取现等服务。

【风险管理】 严格贯彻执行"三个办法,一个指引",使贷款新规成为分行科学合理地配置信贷资源、加强贷款全流程管理、提高风险管理精细化水平的有力支撑和重要抓手;不断完善对信用风险的电子化管理,加强案件防控及操作风险管理,建立滚动式常态化的检查机制,成功防范了冒充法院人员划转巨额资金的风险案件,得到了人行、银监局多方的充分肯定和表扬。

【世博服务】 交行圆满完成了世博主办城市窗口分行的各项世博金融服务工作,实现了"服务零投诉、安全零事故、工作零差错"的目标,赢得了各上级单位、世博局、参展方、参观者、媒体及公众的一致好评,全行累计共有70个集体和359人次获得省部级以上各类世博服务荣誉称号。

交通银行作为上海世博会商业银行全球合作伙伴,为世博局提供授信支持,为上海世博会日常营运资金提供有力的金融保障。上海分行因圆满出色地完成世博金融服务工作,被授予"上海金融系统世博服务工作突出贡献奖"。截至2010年10月31日,交行世博园区5家网点共办理业务35万笔。园区内自助设备共发生交易66万笔,取款金额5.4亿元。银行卡交易352万笔,交易金额14亿元;收取园区商户封包7.2万只,金额36.2亿元;强化统筹管理,建立由"六大模块"组成的世博服务指挥体系,形成了以"四心服务法"、"八种服务方式"、"三圈服务网络"等先进理念为核心的特色服务体系,完善服务管理三道防线。世博会后,根据园区撤展拆馆工作的统一安排和服务需求实际,认真、细致做好世博网点迁址、自助机具撤离、POS机拆除、人员调整等工作,仅用19天就完成了世博园内91台自助设备的拆除工作,提前一周完成了任务,确保世博服务圆满收官。

(沪交行)

9. 上海浦东发展银行股份有限公司上海分行

浦发银行上海分行前身为成立于1998年10月的原浦发银行上海地区总部,2006年4月19日正式更名设立为浦发银行上海分行,进一步完善了上市股份制商业银行的公司治理结构,满足了"一级法人、授权经营"的经营管理要求,也充分体现了"植根上海发展、服务区域经济"的初衷,依托总行所在地的强大地缘优势以及多年来的发展积累,上海分行始终在本地股份制商业银行中保持领先地位。

结合上海区域经济特点和远期发展规划,浦发银行上海分行全辖现为"分行、区域支行、二级支行"的三级组织架构体系,各级组织机构职能分工清晰,经营单位定位明确,市场与客户目标各有侧重。截至2010年底,浦发银行上海分行共有124家经营机构,其中按照区域支行标准配置的经营机构26家,按照二级支行标准配置的经营机构98家。同时，浦发银行上海分行在全市建立百余家自助银行，布设800余台自助设备，并且在推广外币自助兑换设备方面具有领先优势。

近年来，浦发银行上海分行紧密围绕总行科学发展规划，切实加快业务发展与战略转型，经营效益不断增长，存贷款规模迅速扩大，不良贷款持续实现"双降"，实现效益、规模、质量的均衡发展。截至2010年末，浦发银行上海分行总资产规模近3 179亿元，存款余额达到2 528亿元，贷款余额达到1 385亿元。

作为上海地区主要银行金融服务机构，浦发银行上海分行始终坚持将企业发展与区域社会发展、经济建设、结构转型保持紧密联动，积极适应和把握上海总部经济特征，发挥自身公司银行业务的传统强项，着力支持和参与上海地区重大基础建设和环保项目。2010年，浦发银行上海分行在上海清算所、大飞机配套等项目中进一步提高了上海主流银行的地位，及在上海滩上的地位和品牌知名度。

【中小企业金融】 浦发银行上海分行在2009年成立中小企业专营机构，构建辐射全辖的中小业务发展高地，上海分行在科技型中小企业融资方面已开展了一系列具有市场前瞻性的体制机制创新、产品创新、业务模式创新和风控手段创新，得到了政府和市场的认可，取得了良好的社会和经济效益。浦发银行上海分行"科技型中小企业领先服务品牌"已初步形成。

【个人金融】 浦发银行上海分行密切把握国内居民个人财富快速累积的有利时机，大力推动战略转型步伐，积极转变经营模式，努力促进经营结构、收入结构和客户结构的全面优化。目前，在上海地区个人客户总量超过360万户，其中优质客户超过26万户，贵宾客户5.2万户，并以每年近1万户的速度迅速增加。截至2010年底，浦发银行上海分行个人储蓄存款规模突破600亿元，个人信贷余额超过300亿元。初步实现了公司和个人业务均衡发展。

【企业文化】 截至2010年，浦发银行上海分行已经连续三年在全行范围内开展"争先创优"综合劳动竞赛活动，在全行范围内营造比拼赶超、奋发向上的良好氛围。同时，分行注重员工身体素质的锻炼及人文素质培养，连续四年举办职工运动会并全力支持上海交响乐团建设，为更好更快发展打下了坚实的精神文明基础。

浦发银行上海分行积极履行企业社会责任，参与社会公益事业，援建西藏希望小学，并形成了一系列较为完整的制度、办法及项目。此外，在汶川大地震、玉树地震等自然灾害袭击我国时，该行在全行范围内发动了爱心捐款活动，全体员工纷纷慷慨解囊，为灾区人民奉献爱心，树立了勇担社会责任、乐于奉献爱心的企业公民形象。分行还主动与村镇建立帮扶结对关系，积极支持新农村建设，每年重大节日里，向结对村镇的特困户、低保户和高龄老人等困难群众送去关怀和温暖。

世博期间，分行做好金融服务工作，并向辖内26个"迎世博金融服务重点区域及营业网点"派出员工参加志愿者服务。分支行之间紧密联系、团结协作。志愿者还在提供服务的过程中总结经验，分享心得，提出了不少金点子、好建议，为世博金融服务作出了一份贡献。

2010年，浦发银行实行了有特色的"员工个人教育培训基金制度"，为每个员工建立了教育培训基金账户，上海分行还为每位员工制作了《培训手册》，把"人人都有接受培训的权利"及培训与员工职业发展相结合等管理理念逐步落到实处，为推进学习型组织的建设注入了新的动力。依托较为先进的网络信息系统，浦发银行在教育培训手段上建立了基于视频培训、网络课程学习和网上考试功能为一体的员工网络培训系统和管理系统，初步实现了全行任何人在任何时间、任何地点都可进行网上个性化学习的目标。为更好地发挥教育培训基金制度的引导作用，推动岗位培训的开展与深化，浦发银行试行了以"员工持证上岗率"为考核目标，围绕"业务推出新产品，人员走上新岗位"两大重点，开展全员培训，提升岗位的胜任能力。并开发了新员工培训、管理培训生培训、支行行长培训和各业务条线岗位任职资格的考前培训及业务专家型人才出国培训等不同层次的培训项目，为员工的发展开辟了新路。

10. 中信银行股份有限公司上海分行

2010年，中信银行上海分行紧紧围绕总行"调结构、强管理、促发展"的工作思路，和分行"控风险、调结构、增规模、强管理、促发展"的年度工作任务，进一步发挥集中管控、集约经营模式的优势，着眼于结构调整和提高收入，始终坚持在全面防控风险的前提下谋求快速发展。目前，上海分行集中、条线、扁平的架构体系更为合理，集中集约模式渐趋完善，继续实现了快速、稳健发展，存款规模跨越千亿元台阶，综合竞争力和经营管理水平进一步提升。

截至2010年年末，中信银行上海分行总资产达到1 237亿元，本外币各项存款余额达到1 205.75亿元。本外币一般性存款余额1 043.97亿元，比年初增加273.34亿元，增幅35.47%；其中人民币一般性存款日均余额787.50亿元，比2009年增加190.79亿元，增幅31.98%。本外币贷款余额604.81亿元，比年初增加83.77亿元，增幅16.08%；其中本外币一般贷款余额580.42亿元，比年初增加98.85亿元，增幅20.53%。

在规模快速发展的同时，中信银行上海分行资产质量始终保持同业领先水平。不良贷款余额1.90亿元，比年初下降0.21亿元；不良率0.31%，比年初下降了0.10个百分点，实现了不良贷款双下降。信贷拨备7.64亿元，拨备覆盖率达到401.46%。

2010年，中信银行上海分行通过业务结构调整和提高议价水平，促进盈利能力持续提升，人均创利超过170万元。截至2010年年末，实现税前利润15.07亿元，比2009年增加5.91亿元，增幅64.51%，实现经济利润6亿元；实现中间业务收入2.85亿元，中间业务收入占比达到11.26%。

【公司银行业务】 2010年全年，中信银行上海分行上下有效联动，在加强精细化管理措施的基础上，传统公司业务持续快速发展。通过加大负债业务营销和结构调整力度，加快信贷资产结构调整，加强专业化营销与系统推动，大力推进供应链业务发展等一系列措施，积极推进公司业务稳健发展。

【零售银行业务】 2010年，中信银行上海分行强化零售主线的组织推动职能，积极加强贵宾理财和理财经理队伍体系建设，根据贵宾客户的不同需求，举办了多场次、多内容的客户活动；稳步发展电子银行业务，努力做到量质并举；积极推进个贷业务快速发展，在稳健发展个人住房贷款基础上，积极推动其他种类个人贷款业务的全面开展，个人经营贷款合作模式进一步拓展，增加了第三方全额保证金质押、上市公司个人股权质押等；努力提高全行服务品质，在小长假及世博期间的重要节假日中，网点管理及自助设备均实现零投诉。

【国际业务和资金资本市场业务】 中信银行上海分行积极面对形势变化、主动捕捉市场信息并制定有效对策，国际业务实现了新的发展，占用表外风险资产同比下降50%，表内风险资产同比下降15%；大、中型客户得到进一步充实，客户结构得到充实和改善，出口收付汇量和外汇存款总量继续位居前列；资金资本市场业务紧随市场变化，踏准节奏、及时调整产品策略，实现了在积极应变中谋求发展，有效客户总数比2009年增长近60%。

【投行、托管业务和金融同业业务】 投行和托管业务一方面进一步细分了结构融资、直接融资、资产管理及托管业务等业务线，加强了对支行的业务推动和指导帮助，另一方面通过项目合作、论坛等多种方式，与多家信托、证券、私募基金、评级公司、租赁公司等建立较紧密的合作关系，基本建立了一套信息沟通、产品开发、客户营销的有效机制，业务继续取得长足的发展。

金融同业业务充分发挥同业资产业务较为灵活的优势，在优化负债结构、控制同业负债成本的同时，以资产业务发展为核心，大力拓展资金运用渠道，迅速提高同业资产规模，提高盈利能力。同业业务的平台建设更加完善，同业业务合作渠道继续拓宽。

【小企业业务】 2010年，分行小企业专营机构正式获批并顺利通过总行验收，并确立了集市场营销、授信审查审批、信贷管理、综合管理于一体的一站式服务模式，已初步形成地方政府、专业市场、商会协会、产业园区、担保公司和小额贷款公司等六大合作平台，专业经营能力明显提升。

【票据业务】 以利润为核心，提高票据业务的盈利贡献。中信银行上海分行全面推进票据直贴业务、票据转贴现业务和电子票据业务的发展，直贴业务量达到145亿元；转贴现累计交易量首次突破1 000亿元，达到1 210亿元；成为上海地区电票业务开展种类最多的银行机构。

【世博服务】 2010年是世博年，中信银行上海分行的世博金融服务保障工作取得较多成果，荣获了"2010中国上海世博金融服务工作先进集体"称号、"上海金融世博工作优秀集体"称号、"上海世博支付环境建设优秀集体"和"上海金融系统世博接待工作先进集体"等诸多殊荣。

面对世博金融服务的各项高要求、高标准，上海分行下发了应急预案，成立了世博安保工作领导小组和工作小组，细化了世博期间安保工作的安排和部署，并认真组织开展突发事件应急预案演练；通过全方位培训积极提高保安队伍的综合素质和业务能力，提高安全防范意识和能力；并进一步加大安保工作的监督检查力度，督促相关问题的及时整改，确保各项要求有效落实，实现了世博期间的安全维稳。

为了更好的做好世博金融服务相关工作，进一步提高金融服务水平和风险管控能力，中信银行上海分行未雨绸缪，在世博会召开前期就开始了大量的准备工作，构建了全方位的世博金融保障组织体系。分行成立了世博金融服务领导小组及工作小组，负责全行世博相关工作的组织推动，制定印发了《中信银行上海分行世博应急预案》手册，发放到全行所有机构，并组织员工进行学习演练。

上海分行大力推进营业网点建设，近年来共新建15家网点，全行服务网络不但覆盖了市区重要区域，还涵盖了多个郊区。同时，分行进一步完善以自助设备为网点有效补充的服务网络，全行自助设备从115台增加到152台；更新自助设备87台；改造20个离行式自助银行。

分行团委有效动员全行青年团员开展了一系列与世博有关的特色活动，参加了活动领导小组组织的5项主题活动；自行组织了10项主题活动；组织送金融知识进社区351人次，影响人数约10 000人次；组织开展有关服务技能知识竞赛活动40多次，参与员工300多人。

为保障世博期间网点服务质量，上海分行分期对大堂经理、柜员、理财经理开展完整的服务品质、信用卡、柜面业务、反洗钱等方面的专项培训。

（中信银行）

11. 中国光大银行股份有限公司上海分行

2010年，中国光大银行上海分行围绕总行"保证质量，重在效益，适当较快发展"的总体要求，以服务世博和强势发展为主线，团结奋进，争先创优，取得了经营业绩名列系统内前茅、利润水平显著提升的良好成绩。截至年末，一般存款余额820.71亿元，增幅27.53%；各项贷款余额579.80亿元，增幅14.15%；账面税前利润11.38亿元，增幅67.94%；不良贷款率为0.42%，继续实现"双下降"。

【业务发展】 2010年，分行一手抓大客户集中营销、高资质客户信托理财、跨境人民币结算等业务，一手抓中小客户和零售业务增长，推动存、贷款及中间业务不断实现新突破。年末，对公存款690.80亿元，新增149.11亿元；对私存款129.91亿元，新增25.06亿元。全年理财产品销售492.5亿元，信用卡发卡10.03万户，呈现了公私业务齐头并进、均衡发展的态势。根据监管要求有效控制存贷比，年末余额存贷比70.44%，很好地控制在总行要求的范围内。

【金融创新】 大力开展业务创新，发掘新的业务增长点。分行建立了"阳光融易通"中小企业融资产品体系，汇集"资产融"、"担保易"、"供需通"3大系列产品模式及项下14种具体产品，并成功通过2010年度上海市金融创新成果奖专家组答辩。公司业务项下现金管理、财政代理、中小企业模式化授信、货押业务、人民币跨境贸易结算业全面推进，零售业务项下储值卡、三方存管业务、代理贵金属交易、支付易、存惠贷等业务或创新产品深受客户欢迎。全年累计发行阳光储值卡32.39万张；代理贵金属交易量超过21.6亿元；股权投资基金托管11.69亿元。

【中间业务】 2010年，分行中间业务发展迅速，全年实现中间业务净收入4.58亿元，增幅达74.47%。其中，公司业务项下中小企业业务、贸易金融、货押业务、同业票据、投行、托管、高资质理财等中间业务均超额完成总行下达的任务指标；零售业务项下代理业务、信用卡业务继续保持稳步增长。中间业务的显著增长，进一步优化了该行的收入结构。

【风险管理】 分行高度重视全流程化管理和操作过程管理，全面落实"三个办法一个指引"的政策疏导和流程再造，落实政府融资平台贷款整改。2010年，通过清理、解包还原、全面排查等方式，梳理政府融资平台企业51户，压缩退出企业23户，余额占比下降8.66个百分点，有效防范了风险。同时，加强审查审批管理，强化贷后检查，严格风险预警提示和跟踪。全年召开预警会12次，完成700余户企业的信贷平行作业，真正从源头把控风险。加大合规检查力度，狠抓整改落实，全年完成11家经营机构常规检查、11个专项检查，及时发现问题，提前揭示并有效防范合规及操作风险。

【基础管理】 管理水平进一步提升。在考核导向方面，积极引导客户经理发展收益高、资本占用低的业务；在组织架构方面，组建零售营销精英团队，成立渠道中心、分行财富中心和公司业务大客户中心等，推动业务和管理整合；在财务管理方面，进一步健全和完善财务管理制度，规范财务开支，强化财务合规理念；在科技建设方面，完成人行财政综合业务系统开发配置，大力开展信息安全检查及演练，确保系统安全运行；在安全保卫方面，狠抓制度落实，加强演练，强化责任，提高防范能力，平稳完成世博安保任务，荣获上海市“治安保卫先进集体”、“上海市金融系统安全保卫先进集体”；在网点建设方面，新开网点5家，搬迁4家，全面改造3家。年末，分行网点达45家。

【世博服务】 分行将世博金融服务作为2010年经营管理工作的重中之重，多次召开会议研究部署世博服务工作，按照“四个一流”、“四个无障碍”的要求，构建服务的全方位体系，实行“一票否决”管理，制定28套应急预案，保证了世博服务的万无一失。分行“阳光便民伞、机具编号、阳光服务信息联系表、电子海报”等做法得到总行肯定并在系统内推广。

鉴于出色的世博服务工作，分行荣获中国2010年上海世博会金融服务领导小组、中国银行业协会等颁发的“世博金融服务先进集体”等29项集体奖项和40项个人奖项。同时，分行有2家支行入选中国银行业文明服务“千佳”示范网点，2家支行入选上海银行业“百佳”示范网点。

【人才工程】 2010年，分行持续推进人才队伍建设，打造“人才工程”，全年组织中层干部竞聘3次，实施管理序列聘任和业务序列晋级办法，拓宽员工发展通道；重视员工培养和职业生涯规划，全年组织各类培训228次，参训15 527人次；提高员工基本薪酬，让员工享受“发展成果”；完善家访制度，做到“五必访”，全年各层面共家访1 106人，覆盖率达到81.7%。举办“新人新语”座谈会、“青年男女时尚派对”联谊、第五届员工运动会、“建功立业”劳动竞赛、征文摄影比赛等活动，丰富员工的文体生活。同时，召开职工代表大会，推行民主管理，建立员工阳光关爱基金，开展了百余次“送温暖”活动，营造了快乐、和谐的工作氛围。 （光大银行）

12. 华夏银行股份有限公司上海分行

2010年，华夏银行上海分行以机制创新为突破提高市场竞争力，以结构调整为导向加快经营转型，以效能提升为目的实施“大服务战略”，以风险管理为保证加强内控和案件防范，以改革突破为动力发挥资源整合，经营效益大幅提升，资产质量持续向好，为上海分行可持续健康发展奠定了坚实的基础。

【经营概况】 (1)效益类：截至12月末，实现营业利润6.15亿元，同比增长58.59%；中间业务收入14 053万元，同比增长33.97%。(2)质量类：五级分类不良贷款率0.24%；利息回收率为100.54%，同比提高1.68个百分点；拨备充足率和拨备覆盖率分别达到121.74%和566.58%。(3)规模类：一般性存款余额498.29亿元，同比增长20.03%；一般性存款日均408.48亿元，同比增长19.10%。本外币纯贷款余额326.78亿元，增幅16.72%。

【市场开发】 捕捉市场机会和客户需求，加大市场开发力度。一是积极切入主流市场，做好源头客户的开发工作。分行坚持以优质的金融服务和产品作为切入主流市场的有力抓手，积极营销国家规划的重点项目，为虹桥交通枢纽项目和虹桥商务区建设项目提供了大量信贷支持；对于确定的宝钢集团、建工集团、青浦区财政局、上体产业等分行级重点目标客户，逐户制订有针对性的金融服务方案，对集团关联客户的链式开发效果受到总行通报表扬。二是不断加大业务创新力度，做好新产品推广工作。分行深入市场做好产品需求调研，紧密依托电子银行产品和技术，推出科技含量高的金融产品，切实做好超级网银、电子商业票据、应收账款质押融资业务等新产品的推广工作，进口增利赢、进口票证通、出口双保理、出口订单融资、国内信用证、人民币跨境贸易结算等新产品全部实现零的突破。三是定位中小企业客户群，全力支持中小企业发展。分行以中小企业信贷部上海分部成立为契机，加快中小企业特色金融产品的改革和创新，组建专业化的中小企业营销队伍，不断加大目标客户的营销力度，共建合作平台，客户群体得到有效拓展，综合收益显著。四是针对贵宾客户，致力于打造增值服务品牌，广泛开展贵宾增值服务升级工作，持续通过贵宾沙龙活动这一与客户沟通的桥梁，充分挖掘客户资源。五是将托管、投行业务作为切入新客户领域、维护重要客户的有力手段，促进业务全面合作。2010年完成信托融资金额11亿元，联合主承销短期融资券15亿元，实现托管规模226.25亿元。

【风险管理】 一是明确信贷投向政策，梳理授信目标客户名单，从市场定位、信贷投向、行业政策、营销策略、目标客户、差别管理等方面明确信贷政策，加强信贷营销管理，从授信准入源头管理信用风险。二是实施新的风险评级，加强贷款定价管理，对利率水平、业务品种、行业分布、综合回报等情况进行摸底和分析，切实提高贷款议价能力和定价水平，灵活运用贷款定价筛选信贷客户，提高资源使用效益。三是积极防范政府融资平台和各类房地产贷款风险，认真开展风险排查，逐户逐笔落实了政府融资平台的解包还原工作，对房地产贷款进行了压力测试，做到风险基本可控。四是强化贷后检查，对公司信贷和中小企业信贷业务贷后管理职能进行整合，设立上海分行贷后管理中心，定期深入客户风险排查，定期收集潜在授信客户预警信息，认真开展风险评估分析，落实风险提示，切实提升贷后管理工作水平和信贷资产动态风险预警工作质量。

【世博服务】 分行坚持以规范服务行为、创新服务手段、提高服务水平为目标，以世博金融服务为契机，不仅打攻坚战，而且打持久战，力求形成长效机制，全面提升金融服务水准，全方位展示华夏银行的品牌价值和企业形象。在前期准备工作期间，不断增强全行员工服务世博的责任感，细化措施，落实责任，进一步提升服务世博的执行力，扎实做到组织保障、规范服务、硬件配置、实战演练、考核奖惩、舆情监控、营造氛围七个"到位"，为做好世博金融服务奠定了基础；世博会开幕后，进一步提出世博服务"标准不降低、干劲不松懈、检查不弱化、服务不走样"的要求，不断改善营业环境和服务措施，新开设奉贤、青浦、张江等3家支行，提升营业网点的业务受理能力，强化营业窗口服务能级，确保自助机具运行正常，全力保障世博金融服务安全，推动分行世博金融服务上新台阶。在历时184天的世博会举办期间，分行金融服务整体运行平稳，窗口服务质量和服务效能得到有效提升，获得了监管部门和社会各界的充分肯定，4家支行获上海银行业文明服务示范单位，2家支行入选全国"千佳"优质服务网点，入选比例在上海各商业银行中排名居首。

【案件防控】 2010年，分行以银监会、总行开展的"内控和案防制度执行年"活动为有利契机，明确思路，梳理制度，完善流程，开展检查，落实案防措施，不断完善各环节的内控基础，确保"零案件"，为分行的业务健康发展提供有力支持。一是认真落实银监会"三个办法、一个指引"等新的信贷监管政策，进一步制定和完善案件防控各项制度，明确案件防控岗位责任，强化案件防控的力度。二是强化检查监督，有计划地对基层经营单位开展"飞行检查"和"滚动式"检查，对排查出的问题，深挖问题产生的根源，持续完善内控制度，消除案件隐患，健全了案件风险排查和整改长效机制。全年开展专业检查57次，内外部检查发现问题已全部落实了整改，整改率达到100%。三是严格实行重要岗位准入制和高压线管理，坚决杜绝虚假授权、虚假查库、虚假对账。

【企业文化建设】 以"创先争优"活动为有效载体，进一步加强企业文化建设。2010年，分行以开展劳动竞赛为抓手，以创新工作方式为重要举措，广泛开展创先争优活动，树身边典型，学先进事迹，提升了员工队伍的专业素质。同时，扎实推进"职工之家"建设，既狠抓有形建设，又注重内在建设，按照先易后难、分步建设的原则，有5家支行年内率先建成了"职工之家"。通过全面营造建家氛围，切实增强了团队协作精神和凝聚力。

【重大活动】 2010年11月28日，华夏银行上海分行全面开展公众教育服务日活动，全面落实公众教育服务日活动方案，坚持履行公众教育的社会责任和义务，努力提升服务质量和水平。

华夏银行上海分行坚持宣教活动与产品营销等商业活动区分开来，重点对商业银行、借记卡、信用卡、银行理财、自助设备、电子银行、代理基金保险、个人贷款的性质、功能和服务等知识进行宣教，并对非法集资的性质、特征和风险予以有效揭示，还对宣教人员进行统一培训，着重突出宣教活动的公益性、普及性和针对性的要求。

在活动当日，上海分行辖内24家营业网点紧密围绕本次活动主题，精心组织，多渠道开展公众教育服务日活动，正面宣传银行金融机构在社会经济生活中发挥的作用和功能，消除公众的误解，取得了良好的社会反响。

（华夏银行）

13. 中国民生银行股份有限公司上海分行

2010年是宏观形势和经济环境极其复杂的一年，中国民生银行上海分行根据总行"二次腾飞"的发展战略，认真贯彻落实“稳增长、调结构、促改革、增效益”的发展思路，紧紧抓住世博商机，实施调整战略，以调整资产结构全面提升收益。各项经营指标良好，在经营管理上呈现了“规模适度、结构合理、效益显著、特色鲜明”的特点。

【优化结构】 优化资产负债结构，实现“规模适度”发展。为贯彻落实“特色＋效益”银行的战略定位，主动应对“信贷窗口”指导带来的严峻挑战，民生银行上海分行提出了大、中、小、微业务之间额度动态配置的经营方针，通过加大信贷资产转让力度腾挪出额度用于中小和“商贷通”贷款的发放，实现了信贷结构调整和优化，有效降低了中长期贷款比例。2010年，中小、“商贷通”业务占比较上年提高 18.3 个百分点，资产业务在规模适度的背景下获得了调整。

【金融服务】 提高专业服务水平，实现“结构合理”目标。民生银行将自己的定位明确在“做民营企业的银行、小微企业的银行、高端客户的银行”上，旨在通过差异化经营来实现效益的最大化，实现盈利的可持续增长和资本的低消耗。民生银行上海分行业务发展重点定位于中小、小微和零售业务，通过开展“春雨润民生”系列营销活动加大对中小、小微业务市场的拓展力度，通过开展“周周有活动”将零售金融服务送入社区，通过完善“支行行长—销售总监—销售团队”的团队营销布局充分发挥业务团队的整体作战优势。在木材、石材等行业细分市场，分行实施了行业协会、商会的中、小、微企业联动开发模式，使市场拓展能力得到系统化、专业化的提升，

上海市委常委、宣传部长杨振武(左)与中国民生银行董事长董文标共同启动《中国 2010 年上海世博会传播手册》首发

通过与社区、楼宇党组织的合作，走出一条服务中、小、微企业的创新之路。2010 年，民生银行上海分行为近万户中、小、微企业和个人提供了 200 亿元贷款的支持，而中小和“商贷通”业务的新增贷款也使该行的贷款收益得到了提高。在做大做强中小企业贷款业务的同时该行还积极推进零售业务改革，通过推行团队考核模式，提高金融服务的专业化水平。2010 年，民生银行上海分行非储蓄金融资产增幅达 100％，理财销售额增幅超过 200％。

【提升收益】 拓展利润新增空间，取得“效益显著”成效。民生银行上海分行围绕效益银行目标通过资源配置引导各行、部由粗放型经营向资本节约型转变，鼓励发展低资本消耗和创新类业务，在发展中要效益，在创新中求发展，通过有效降低存款成本和做大中小和“商贷通”业务，进一步拓展利润空间。民生银行上海分行积极开拓新的利润增长点，在通过积极转型更加主动的服务中小企业，发展零售业务的基础上，对中间业务、非利息收入大力进行拓展，将盈利模式从单一向多元化发展，在完善创新业务风险管理的同时，实现了盈利水平的稳步提升。2010 年，民生银行上海分行的利润水平较去年大幅增加，中间业务收入较上年上升了 80％。

【金融创新】 提高产品创新能力，营造“特色鲜明”氛围。大力拓展中小企业客户，创新中小企业金融服务模式是当前各家商业银行为适应同业竞争日趋激烈的外部环境、在更高层次上谋求可持续发展的内在要求。民生银行充分发挥新体制、新机制的优势，潜心研发适合中小商户的信贷产品，推出了为中小企业、个体工商户量身定制的、能够实现快速融资的创新产品——“商贷通”，在全国各地引起了广泛的关注。民生银行上海分行通过不断更新服务观念，更新信贷理念，努力为中小企业搭建快捷、方便的融资平台，力争做中、小、微企业的“主办行”，为企业提供了包括信贷支持、资金结算、财务顾问等多方面的金融服务，探索出一条“商贷通”业务发展的成功之路。2010 年，民生银行上海分行还针对上海的经济以及产业分布特点，对符合产业政策、有持续创新能力、有发展前景的中、小、微企业采取批量开发、持续支持政策，对不同片区不同产业集群所伴生的大量中、小、微企业提供最贴切的金融产品，最大限度地支持其发展，同时，针对这些产业链上的中、小、微型企业，打造专门供应链金融服务方案，将“商贷

通”品牌持续推向市场。2010 年，民生银行上海分行“商贷通”客户数较去年增长了 50%，中小企业贷款客户数较上年增长了 35%。

【重大活动】 2010 年 4 月 23 日，新华社与中国民生银行在上海携手推出《中国 2010 年上海世博会传播手册》。

手册全景式地介绍了上海世博会的核心内容如世博展馆、世博活动、世博论坛；同时提供上海与长三角地区最新的、实用的生活服务资讯，为人们提供一个了解世博、参与世博、共享世博的信息之窗和行动指南。

手册设计为中英文合订本，陆续在世博会新闻中心、长三角地区各大旅行社及旅游集散中心、中国民生银行营业网点以及机场、火车站、四星级以上酒店等免费派送，同时赠送给沪苏浙政府机关、媒体机构、大型企业、学校等。上海市委常委、宣传部长杨振武、中国民生银行董事长董文标等在首发仪式上共同为上海世博志愿者、世博会媒体代表赠送了该书。由世纪出版集团上海人民出版社出版的《中国 2010 年上海世博会传播手册》第一版发行量为 50 万册。

14. 招商银行股份有限公司上海分行

2010 年，招商银行上海分行认真贯彻总行和监管部门的各项政策要求，坚持以“强化管理，完善服务，加快转型，提升效益”为工作指导思想，深入开展“管理服务年”活动，全力推进二次转型，各项工作动手早、抓得准，开局良好，推进有力，全年经营管理情况呈现出“盈利改善、结构优化、调控得力、风险可控”的特点。世博金融服务安保工作圆满完成，获得市委、市政府及总行的高度肯定。

【经营概况】 截至 2010 年末，全行折人民币资产总额 2 599.77 亿元，新增 65.64 亿元，增幅 2.59%。折人民币自营存款余额 1 846.91 亿元，新增 143.07 亿元，增幅 8.4%。其中：对公存款新增 91.03 亿元，增幅 9.03%；储蓄存款新增 52.04 亿元，增幅 7.48%。折人民币自营贷款余额 1 089.14 亿元，新增 83.05 亿元，增幅 8.25%。其中，对公一般贷款新增 46.64 亿元，增幅 7.44%；个人贷款新增 60.09 亿元，增幅 18.23%。

“七级分类”口径不良贷款余额 4.85 亿元，比年初增加 0.04 亿元；不良贷款率 0.45%，比年初下降 0.03 个百分点。不良贷款率远远低于上海银行业的平均水平。

【业务特色】 大力发展中间业务，着力降低资本消耗。(1)批发中间业务全面突破，尤其是新兴中间业务发展迅猛。全年批发中间业务共实现收入 6.2 亿元，同比增长 56%。其中对公理财业务全年累计销售各类理财产品 627 亿元，同比增长近 40%，实现的中间业务收益超 5 000 万元大关，蝉联系统内三连冠。

债券承销业务出现跨越式发展，成功运作东方明珠、光明集团、同盛集团、上港集团、百联股份、宝钢金属等多项债券承销业务，并中标了上海浦东张江中小企业集合票据的联合主承销资格，存续期债券余额首次突破百亿大关，不仅超额完成总行指标，而且在上海地区的市场份额已从 2009 年不足 5%提高到近 30%。

电子银行业务大力发展网上支付、网上供应链、银企直联和现金集中管理等中间业务收入高的产品，全年实现现金管理中间业务收入 3 700.67 万元。

年金业务加大了对重点客户的营销力度，成功签约渣打银行、日立电器、陆家嘴集团、上海贝尔等近 29 家沪上知名中外资企业，涉及账管人数超过 31 074 人，年金基金规模逾 37 040 万元，提前 3 个月完成全年任务。

同业理财销售 52.24 亿元，实现收入 243.25 万元，均超额完成全年计划。

融资融券业务与五家试点券商成功合作，实现了试点券商全覆盖。托管业务成功取得上投摩根行业轮动股票基金和中银价值精选基金的托管资格，叙做了系统内首笔应付款对接信托理财产品，至 12 月末托管费收入达 5 874.5 万元，同比增幅 30.5%。

(2) 零售中间业务增势喜人。全年实现零售中间业务收入 8.18 亿元，比去年同期增收 2.42 亿元。

通过抓市场节点，选择合适的基金、保险以及电子商务产品，加大公私联动力度等措施，实现中间收入的快速提升。推行资产配置理念，积极拓展黄金业务、POS 商户、电子商务机票等新兴业务。全年销售理财产品 142.56 亿元，同比增长 30%，实现收入 5 991.42 万元；销售保险 25.25 亿元，实现收入 6 705 万元；销售基金 179.73 亿元，实现收入 15 730.26 万元，同比增长 11%；信用卡新开户 130 908 户，代理银联 POS 收入 5 141.54 万元，同比增长 65.53%。

(招商银行)

15. 兴业银行股份有限公司上海分行

2010年是经济金融形势十分复杂的一年，兴业银行上海分行以总行战略为指引，深入贯彻科学发展观，进一步深化业务经营模式与盈利模式的转变，顺势而为，积极创新，稳健进取，各项业务保持健康发展，特别是经营效益取得历史性突破，再创历史新高，也为今后的可持续发展打下坚实的基础。截至2010年末，分行总资产1 902亿元，同比增幅22%；本外币各项存款余额(含同业)1 609亿元，同比增幅10.7%；本外币各项贷款余额629亿元，同比增幅14.5%；后三类不良贷款6.09亿元，不良率0.97%，同比下降0.32个百分点；实现利润29.4亿元，同比增长33.61%。

【业务发展】 2010年，分行三大业务持续稳健发展。一是同业业务坚持以创新谋发展，取得良好经济效益。分行坚持"大同业"经营原则，积极探索多元化业务模式和盈利模式，同业存款日均规模同比增幅16%，负债稳定性大幅提升。同业资产贯彻多元化配置方针，在债券投资波段操作、购入低风险信托资产、保险基础设施债权、票据投资等领域取得进展。理财业务分别完成10支面向零售、机构和月月盈客户的资产管理类理财产品设计，实现理财中间业务收入超5亿元。托管业务大幅增长，全年实收托管中间业务收入同比增长超过一倍。二是企业金融业务多管齐下，强化发展后劲。2010年分行进一步规范利率浮动管理，年末人民币公司贷款余额同比增加68亿元，人民币公司存款余额同比增加58亿元。大力拓展节能减排贷款业务，年末该项贷款余额比年初新增10亿元。三是零售业务完善考核体系，强化专业队伍建设。2010年分行加大零售专业人员引进力度，加强储蓄产品创新，年末本外币储蓄存款余额同比增幅12.96%，日均增幅9.68%。个人资产业务以"保规模，调结构，提高零售信贷资产收益"为原则，抓住"兴业通"产品推广契机，大力推进个人经营贷款，年末个人贷款余额比年初新增10.62亿元。从个人理财、贵金属交易、保险基金代理销售等多方面继续扩大零售中间业务规模，全年累计实现中间业务收入上亿元。

精彩世博·双S行动

【银行管理】 深化风险内控管理，强化合规经营，优化资产结构。一是切实加强风险管理，实现合规稳健经营。2010年分行切实加强政府融资平台贷款管理，严格贯彻落实"三个办法一个指引"，强化贷款全流程管理；认真开展"内控和案防制度执行年"活动，加强双线贷后检查和信贷资金流向监控，贷后管理水平进一步提升，有效控制业务风险；完善会计管理制度，切实强化会计检查监督，严控操作风险；通过完善内外部及纵横向信息交流与反馈机制，合规管理精细化、专业化水平不断提升，保障分行全面协调可持续发展。二是优化信贷结构和客户结构，促进资产业务稳健发展。分行以上海"都市经济"特征为着力点，重点支持新能源、民用航空制造业、先进重大装备、新材料、生物医药等行业领域的优质企业，有选择地支持国有大中型企业集团授信业务，稳健推进小企业授信业务和个人经营贷款业务，资产业务和客户结构得到优化。

【世博服务】 2010年是上海世博年，分行上下以高度的使命感圆满完成世博任务。涌现出一大批市级、行业领域的世博先进集体和个人，赢得上级单位和社会各界好评。其中，在中共上海市金融工作委员会、上海市金融服务办公室组织的上海金融系统世博工作先进集体评选中，分行会计结算部获得"世博服务工作优秀组织奖"，信息科技部获得"世博服务工作先进集体"称号，综合部秘书处获得"世博宣传工作先进集体"称号；分行、静安支行获得上海世博会金融服务领导小组颁发的"2010年上海世博会金融服务工作先进集体"称号；分行信息科技部、零售事业部分别荣获人行上海分行颁发的"上海市银行业世博科技工作竞赛一等奖"、"世博支付环境建设工作优秀集体"；分行被上海银监局评为上海银行业世博金融服务工作信息报送先进集体；分行、分行营业部、静安支行荣获“中国银行业世博金融服务先进集体”称号，分行营业部、静安支行同时获得“2010年度中国银行业文明规范服务千佳示范单位”荣誉。

【企业文化】 一是深入实践科学发展观，及时传达总行关于领导干部廉洁自律的若干规定，开展中层、基层干部和员工的民主互评等活动，提高领导干部队伍思想水平，增强队伍凝聚力和战斗力。二是强化人才队伍建设，弘扬兴业家园文化。2010年分行人力资源工作围绕人才引进、干部任免、考核培训有序开展，全年组织境内外各类培训74班次，有4 450人次参加，队伍建设进一步强化。

【重大活动】 2010年5月1日，兴业银行上海分行启动以“真诚的微笑(Smile)”和“良好的沟通(Say)”真情演绎“城市，让生活更美好”世博主题的“精彩世博·双S行动”，用文明规范的优质服务为平安和谐世博助力添彩。上午，由“服务明星”、“礼仪明星”、“技能明星”组成的明星团队齐聚一堂，“精彩世博·双S行动”启动仪式简约而隆重地举行。明星团队代表分行员工发出了活动倡议，庄严承诺用自己“真诚的微笑(Smile)”和“良好的沟通(Say)”打造兴业文明规范服务的“风景线”，全力以赴为客户提供便捷、周到、优质的金融服务，争当世博理念的传播者、世博主题的践行者和世博服务的示范者。随后明星团队进行了优质服务展示、服务礼仪示范和世博活动宣传。自此，“精彩世博·双S行动”在分行下辖32个网点同步展开。世博期间，分行以优异的表现获得社会各界的广泛认可。

16. 广东发展银行股份有限公司上海分行

2010年，广东发展银行上海分行紧紧围绕总行整体部署，扎实工作，全力推进分行业务发展，不断强化各项管理。经过不懈努力，各项业务得到了较快的发展，管理基础得到切实加强，世博服务工作取得明显成效。截至2010年底，分行本外币资产总额折合人民币为640.20亿元，比上年末增加18.41亿元，增幅为2.96%。本外币存款余额为486.82亿元，比年初增长67.58亿元，增幅为16.12%。其中，各项人民币存款余额达到480.24亿元，比年初增加69.59亿元，增幅为16.95%。储蓄存款余额为35.09亿元，比年初增加9.08亿元，增幅为34.91%。本外币各项贷款308.06亿元，比年初增加33.07亿元，增幅为12.03%。其中，人民币贷款余额296.87亿元，比年初增加27.62亿元，增幅为10.26%，外币贷款余额1.69亿美元，比上年初增加8 487.8万美元，增幅为100.91%。个贷余额74.49亿元，比年初增加13.85亿元，增幅为22.84%。分行不良贷款余额折合人民币0.82亿元，不良贷款率0.27%，较上年末下降2.52个百分点。

信用卡方面，全年实现信用卡业务收入3.74亿元，同比增幅达46.08%；业务利润2.84亿元，同比增幅达71.82%。上海地区信用卡新增不良率为1.13%。

2010年实现税前利润8.7亿元，比2009年增加了2.73亿元，增幅为45.74%，实现净利润为6.53亿元。

【制度建设】 分行主动适应上海政府主导型经济的特征和世博建设、大型项目建设的要求，牢牢把握地方经济的热点，把政府、财政关联企业和项目作为工作的重点和营销的主体，以此作为客户策略的出发点和抓手；坚持做大做强，为打造“千亿分行”打下扎实的基础；分行致力于打造专业化的个人银行业务、信用卡业务的管理体系和营销体系；强化风险管理，加强内控建设。年初出台了系列劳动竞赛方案，按月评比，按季考核。各业务条线按照分行的方案和部署，积极行动，全年分行各项业务呈现平稳发展的基本态势。该行采取多种有效措施，切实推动全行特别是管理部门转变意识，全面加大业务营销力度。分行班子坚持以身作则，下基层解决实际问题，责任到人。管理部门的绩效与相关经营单位的规模和效益挂钩。

【银行管理】 分行坚持依法合规经营，努力提高管理水平。分行的管理进一步加强，风险防控效果明显。在激励机制和组织保障上，管理部门深入一线，把管理嵌入现场调查之中，加强与一线的合作、协调。在发展业务的同时，进一步强化自身风险管理，全面提高风险识别和判断能力，增强风险防控的预见性、敏锐性和风险处置的及时性、有效性，严格控制新增不良贷款，积极化解存量不良资产。

【世博服务】 分行以世博服务为抓手，规范服务工作取得显著成效。举办一届成功、精彩、难忘的世博盛会，是上海市民共同肩负的历史责任。分行充分认清肩负的重要责任，自觉以强烈的光荣感使命感，积极投入到迎接世博、参与世博、服务世博中去，为办好世博会作出新的更大贡献。一是服务组织领导工作进一步加强；二是世博支付环境不断完善，服务环境建设得到有效提升；三是员工素质及精神面貌得到良好体现；四是信息保障系统稳定运行，安全保卫工作进一步完善。在推进世博金融服务工作的一年多时间里，尤其是世博成功举办的184天，分行经受了考验，规范服务工作又跃上了一个层次。2010年，分行南汇支行荣获“2010年度中国银行业文明规范服务千佳示范单位”称号，南汇、松江、普陀支行荣获“上海市银行业文明服务示范单位”称号。

【网点建设】 分行网点扩张的速度进一步加快。2010年实现大柏树支行成功开业，奉贤支行完成所有开业准备工作，完成黄浦支行的搬迁，及桃浦支行装修装饰工作；完成五角场、长寿、大宁支行选址工作，五角场、长寿支行筹建已经总行核准，大宁支行也已获总行批复。常熟路支行已完成搬迁选址工作，并已经总行核准。

（广发展）

17. 深圳发展银行股份有限公司上海分行

2010年，深圳发展银行上海分行按照“明确方向、突出重点、坚持不懈、面向未来”的发展方针，围绕“以零售业务为重点，抓客户基础建设、抓服务水平、促进结构转型”的四项重点，各条线工作均取得了相当不错的业绩，圆满完成了总行下达的各项预算指标。

截至2010年12月末，上海分行账面资产总额1 020亿元，较年初增加206.3亿元，增长25.4%；负债总额936.8亿元，较年初增加198.0亿元，增长26.8%。实现准备前利润14.71亿元，较2009年增加3.31亿元，增长29.0%。各项存款余额718.5亿元，较年初增加173.1亿元，增长31.7%；一般性贷款余额547.9亿元，较年初增加136.8亿元，增长33.3%；贴现余额11.1亿元，较年初减少60.4亿元，降低84.5%。不含贴现存贷比76.3%，较年初增加0.9个百分点；含贴现存贷比77.8%，较年初减少10.7个百分点。各项存款年日均余额621.64亿元，平均利率1.39%；各项贷款（不含贴现）年日均余额481.81亿元，平均利率5.18%。

【业务发展】 2010年，上海分行紧紧围绕贸融、小企业金融、同业金融、汽车金融及零售等几大增长引擎，主要业务全面超额完成总行各项预算指标，存贷款业务规模、公司授信客户和零售价值客户数均呈快速增长态势，实现了规模、质量与效益均衡、稳健发展。

（1）零售条线坚持“做大做强基础客户群”战略，以“飞跃计划”、“平安特训营”为契机，大幅提升一线销售能力和服务水平，客户总资产比2009年增长了4倍，翻番完成总行计划。客户数、客户总资产、三方存管、黄金业务等方面增速系统内领先。

（2）公司银行、贸易融资和汽车金融业务继续保持系统和行业内领先地位。2010年，公司银行业务的主要指标全面超额完成总行预算，全年新增公司授信客户1 466户，增幅达86.18%；贸易融资业务的授信规模与客户数双双高攀，保理业务获得长足发展，新的订单融资业务深入推广，贸易融资业务品种结构均得到有效改善；面对强大的竞争压力，汽融条线大力拓展市场，市场份额稳步提升，建立了以整车厂为核心、为上游零部件供应商提供订单融资服务、为下游经销商提供库存融资服务、为终端消费客户提供个人汽车消费贷款服务的全产业链汽车金融服务。公司存款余额和零售贷款余额实现双“百亿”的突破。

（3）同业金融和投资银行不断丰富内涵，对分行利润和中间业务收入提供强劲支持。同业业务克服调控趋严、资金面动荡、市场利率波动剧烈等不利因素，妥善安排资产负债期限结构，保持流动性安全和较好的利润空间，在信用和操作风险双零的情况下，实现利润2.05亿元，系统内排名第一；投行业务狠抓渠道拓展与建设，注重产品创新，在政策面收紧、银信合作受限等不利局面下，完成各项业务收入3 365.32万元，系统内排名第一。

（4）中小企业业务实现跨越式发展，客户总量持续提升。中小企业业务突飞猛进，各项指标均保持快速健康增长。截至12月底，中小企业贷款户数达644户，贷款余额为30.82亿元，占全系统贷款额的50%以上，贷款不良率为零。

（5）完善并提升信贷风险防范体系，在保障业务稳健发展的同时，不良资产持续下降。分行对授信风险的防控工作常抓不懈，有力地保证了分行各项工作的稳健运行。截至2010年底，分行五级分类口径不良贷款余额合计1.91亿元,较年初减少1.52亿元,降低44.4%;不良率0.35%,较年初减少0.37个百分点。

【企业文化建设】 2010年,深发展上海分行围绕"服务年"主题,细化管理,创新工作,全面提升管理工作效率,经营单位人才培养和团队建设获得较大提升。强化流程管理,前台、一线工作人员服务水平和意识明显进步。全面深化企业文化建设,在社会公众中树立良好的企业形象。

(1) 强化人才队伍建设,员工培训活动丰富多彩,学习意愿不断增强。2010年,上海分行加强了对人才培养和员工发展的关注,为员工开设"周末大讲堂",聘请知名学者、专家开展专题讲座,内涵丰富,拓宽了员工视野,丰富了员工的业余生活,体现人文关怀。"513公司业务骨干"培训模式经过一年多的实践,已成为分行一个专业化团队培养品牌,成为分行"公司条线技术型人才"的摇篮,"513"一期至三期培训至今已为分行各经营单位和部门输送了40余名业务骨干。分行在专业化产品经理队伍建设方面也实现了新的突破。截至年底,分行已培养专职产品经理15人,同时积极推进兼职产品经理队伍发展,现兼职产品经理已达150人,占全行市场人员总数45%。此外,分行又制定运营条线《兼职产品经理管理办法》,运营条线共有97人取得了兼职产品经理资格。兼职产品经理辐射范围的逐步扩大,为分行打造专业化银行奠定了更加坚实的基础。

(2) 以建设"积极进取、荣誉至上"的企业文化核心价值理念为抓手,开展形式多样的企业文化活动。创建纵横网,系统内首家实现信息宣传网络化,为分行信息发布、员工交流、业务沟通搭建了全新的平台;组织开展形式多样的群众性文体活动;行内开展关于"合规案防"、"回味世博,品味精彩"、"飞跃计划"、"飞龙计划"等主题鲜明的征文比赛、摄影比赛,展现员工风采,营造良好的企业文化氛围。

(3) 围绕"服务年"主题,统筹兼顾,积极做好迎世博、服务世博工作。分行认真组织迎接世博、服务世博各项工作,对安保、舆情、运营等方面的工作统一部署,全力以赴做好世博会前和世博会期间的各项金融服务工作。世博期间,分行实现柜面运营工作无结算事故、无有责投诉。在上海市金融系统和监管部门开展的世博服务竞赛活动中,分行共有三个集体和十六名个人荣获世博优秀集体和世博优秀工作者的称号。

(4) 全面深化企业文化建设,积极履行企业社会责任,树立良好的社会公益形象

2010年,分行积极投身2010上海银行业公众教育日活动,策划发起"金融讲座进社区"等活动,吸引大批市民和媒体的关注,赢得监管机构的表彰认可;广泛调动行内外资源,全力参与"捐书赠节能灯"计划,共筹集各界爱心人士捐书1万多册,深发展爱心图书室于年底在浦东杨园中心小学揭牌;世博期间配合总行"深爱助学行"活动,将公益之路越走越宽;打造高效健全的客户投诉处理体系,全年客户投诉量下降41%;参加上海金融工委第二轮城乡结对帮扶工作,与崇明溆东村结对子,为村中经济发展提供必要的物力、财力支持,分行全体党员、员工累计为当地村民捐款206 840元,用以资助村中的孤寡老人、残病人士及困难家庭学生,年底前首批爱心助学金62 200元已下发至村中贫困学生手中。

【银行管理】 合规文化深入人心,内控管理质量进一步提升。上海分行从合规风险管理、案件风险排查、反洗钱、合规宣传、协调监管关系等几方面,多途径、多角度地积极推进合规管理工作。全年保持安全稳健运行,未发生案件和重大内控合规风险事项。分行积极开展"内控案防制度执行年"和"案防·合规月"活动,对全行员工进行职业操守、反洗钱、警示教育等培训,大大增强全体员工的案防合规意识,以及案防能力,确保2010年依旧是一个"平安年"。上海银监局给予分行内控评级二级,在上海同业排名前列。总行对分行内控考评给予高分、合规管理A级、反洗钱A级,在系统内位居前列。合理构建信贷管理组织框架,明确信贷政策指引,加强授信管理工作,严格政府融资平台清理,将贷款调查各环节责任落实到位,加强监测预警,严防贷款资金违规违约使用,提前介入和化解风险资产。2010年,分行贷款质量优良,无新增不良。

(深发展)

18. 宁波银行股份有限公司上海分行

2010年,宁波银行成功应对后危机时代复杂多变的局面,基本完成了在长三角地区的分行布局,深圳、北京南北呼应,"一体两翼"的发展格局初显雏

形。在总行发展的大背景下，上海分行也较好地完成了既定经营目标，各项业务得到有效发展。截至2010年末，分行资产总额突破220亿元，比年初新增86亿元，各项存款达到196亿元，比年初新增83亿元，其中：储蓄存款达到14.7亿元，比年初增加3.67亿元，各项贷款达到99.7亿元，比年初增加22.7亿元，不良贷款率0.05%，继续保持较好的资产质量，实现经济利润1.26亿元。实现国际业务结算量15.5亿美元，个人网银交易量285亿元。全年柜员会计业务量904万笔，现金业务收付量59亿元。

【机构建设】 稳步扩充机构，分行的组织架构日趋完善。2010年内，宁波银行上海分行成功开设浦东支行和嘉定支行，长宁支行获银监局同意筹建批复。同时，分行职能部门设置更加合理，增设了人力资源部和公司银行管理部，新组建了公司银行二部和五部团队，增设了松江支行业务管理部和静安支行公司银行二部及三部。风险管理部和运营部完成了二级部门的设置，进一步顺应了业务发展需要。

【世博服务】 围绕世博主题，完善服务功能，全面提升服务品质，客户满意度明显提升。宁波银行上海分行通过举行“迎世博金融服务和安保维稳工作誓师大会”，签订世博金融服务与安保维稳工作目标责任书，制订了包括世博金融文明规范服务、安保维稳、信息系统保障等内容的工作方案，建立了相应应急处理机制，分行各部门与支行捆绑结对活动，运营条线开展世博服务系列提升活动，开展世博安保维稳防抢劫战演练等工作，员工的服务效率、服务技能和安全意识得到进一步提高，确保了各渠道窗口服务的文明、规范、优质、高效，切实抓好安全保卫、舆情应对、信访维稳、投诉处理等工作，维护了一方平安。

2010年11月2日开业的宁波银行嘉定支行办公大楼

【金融创新】 顺应市场需要，拓展并丰富产品线。2010年对既有“金色池塘”小企业产品系列进行了补充和全面的更新。截至2010年年底，共有便捷融、诚信融、贷易融、透易融、押余融、友保融、专保融、定期融、业链融、联保融十款标准化的授信产品。新增和更新产品：一是新增联保融产品。2010年2月，新推出联保融产品。该产品是指多家(4到8家)企业自愿组成项目组，项目组内单个企业为受信人联合向银行申请授信额度，每个授信客户均按各自授信额度的一定比例交存保证金，并为项目组其他所有受信人以多户联保形式向行申请授信而产生的全部债务提供连带责任保证，行发放一定额度授信的人民币流动资金贷款业务。截至年末，该产品贡献了全年新增贷款的42.3%。二是更新诚信融、透易融和便捷融产品。(1)诚信融。授信额度：最高金额不超过100万元，原来最高不超过50万元；授信期限：最长不超过12个月，首次授信不超过6个月，原来最长不超过6个月；单笔业务期限最长不得超过6个月且到期日不得迟于授信终止日，本条为新增；新的诚信融额度可循环使用，原来为单笔单批。(2)透易融。额度期限最长为1年，原来最长为6个月；额度最高不超过100万元，原来最高为50万元；利率按不低于人行同期同档次基准利率上浮30%，原来利率原则上按同期同档次人行基准利率至少上浮45%执行。(3)便捷融。授信额度：最高金额不超过1 000万元，原来最高不超过800万元；授信期限：最长不超过3年，原来最长不超过2年；便捷融业务的支付方式增加受托支付方式，原来只有自主支付方式；若提款方式为网上银行提款，单笔提款金额500万元(不含)以上人民币及等值外币或当日累计提款总额500万元(不含)以上人民币及等值外币的，需采取受托支付柜面提款方式；利率：贷款结付利息方式由按季结息调整为按月结息。

【企业文化建设】 通过组织相关特色活动，包括响应市政府号召，组织员工无偿献血；围绕行庆三周年、世博专题、合规、安防等主题，组织开展了“迎行庆”系列活动、征文比赛、摄影比赛、卡拉OK比赛，举办了分行第一届员工运动会、员工技能比武等员工喜闻乐见的企业文化活动，进一步增强了员工的向心力和凝聚力。

（宁波银行）

19. 北京银行股份有限公司上海分行

2010年，北京银行上海分行扎实推进各项经营管理工作，以早谋划、早启动、早落实的赶早意识调整经营方式，在创新发展中提高市场竞争能力，在转型升级中优化盈利水平，全面实现各项业务持续稳健发展。截至2010年底，北京银行上海分行总资产达到362亿元，比年初增长62%；各项存款余额达到273亿元，增长66%；各项贷款余额达到264亿元，增长32%；实现中间业务收入5 900万元，增长141%；实现账面利润3.15亿元，增长120%；实现考核利润2.8亿元。伴随着业务的持续增长，分行市场地位稳步提升，人民币各项存款增量在上海29家中资银行中的排名从年初的19位提升到12月底的14位。人民币各项贷款的增量从年初的17位提升到15位，在上海市场逐步确立了北京银行的良好品牌形象。

【金融运行】 (1)发扬特色创优势。分行国际业务继续走在全行和地区同业前列，率先推进“代付盈”、“内保外贷”等新产品的推广运用，全年国际结算量历史性突破70亿美元，是去年的近8倍。公司业务亮点频现，增加对先进制造业、节能减排类企业的信贷投入，12月底制造业贷款余额为25.54亿元，占比为12%；航运金融发展迅猛，与中国远洋、中国海运、东方航空等航运巨头的业务合作日益深化；在并购贷款、银团贷款、托管业务、理财产品、非银行机构授信、债券承销、资产转让等方面均取得了积极进展，为中海港联航运有限公司发放首笔联合贷款、为新太阳房地产有限公司提供首笔牵头行银团贷款，为东方资产管理公司转让首笔信贷资产。

(2)战略转型显成效。分行狠抓中小企业业务，年初成立中小企业部，依托总行中小企业品牌优势，加大特色产品推广力度，在原有文化创意贷款、节能减排贷款、小额担保贷款等拳头产品基础上，重点开展中小企业供应链金融服务，首次为上海市重点扶持文化创意园区项目提供金融支持，办理总分行首笔著作权质押贷款。狠抓投行同业业务，正式成立投行同业部，利用区域金融市场发达的优势，在银团贷款、同业授信、资产转让、机构理财、票据业务等方面取得了积极进展，成功办理首笔过桥同业存款、首笔买入返售票据贴现，开立首个信托资金托管账户、首个资产管理计划账户，为提升全行盈利能力作出贡献。狠抓个人业务，推动散客式营销向渠道式营销模式转型，与市公积金管理中心合作发放个人住房公积金贷款370笔，1.4亿元，较上年增长182%，加强营销推动，举办“超越财富杯”零售客户经理明星大赛、百盘大战、百场理财讲座等一系列活动，实现团队、服务、产品、渠道、客户的有效互动与对接。

【银行管理】 稳健经营，加强风险控制。分行严格贯彻“三个办法、一个指引”贷款新规，切实加强信贷的全流程管理。全面清理政府融资平台贷款，落实监管部门整改要求。截至2010年末，政府融资平台贷款占比降低了19.3个百分点；信用贷款占比下降13.6个百分点；下浮利率贷款占比下降12.5个百分点。分行强化内控保安全，按照“银行业内控和案防制度执行年”活动整体部署，对内控相对薄弱、案件风险比较突出的重点业务环节开展全方位自查自纠工作，有效增强分行员工内控与案防制度执行意识和制度执行力，组织开展第三届合规知识竞赛，增强员工合规意识，倡导合规文化。

【队伍建设】 以人为本增活力。分行坚持“以人为本”，努力传承京行文化内涵，营造健康向上的文化氛围，不断提升分行凝聚力和战斗力。分行始终把吸纳优秀人才、激发员工热情作为推动业务持续发展的根本动力，开展人才引进专项活动，全年新录用各类人员114人。注重提升员工职业技能与素质，满足分行与员工自身发展的需要，采取了“集中和分散”、“读书与讲座”、“竞赛与答题”相结合的学习方式推进全员素质的提高。建立奖优罚劣、能上能下的用人机制，全年共表彰优秀员工近百人次。开展创先争优活动，凝聚力得到充分发挥。

【世博服务】 服务世博展风采。以世博会召开为契机，围绕窗口服务、运营保障、咨询投诉、品牌宣传、后勤保障等重点工作广泛动员、狠抓落实，查漏补缺，着力提升服务水平，确保了世博期间分行各项服务保障工作万无一失，赢得了政府及社会各界的认可和赞誉。分行营业部、运营部等多个单位和人员荣获国家级和市级世博金融服务工作先进单位和个人称号。有针对性地开发多种特色金融产品，以便利、高效、优质的服务产品夯实分行品牌实力，在世博期间形成多笔业务经营亮点。不断提高分行窗口服务能力，加强各类突发事件应急处置能力，以良好的营业环境欢迎八方来客，以优质的窗口服务展现全行风采。大力推进品牌提升战略，以总行成立十五周年、分行成立三周年为契机，成功冠名世博6号游轮，投放公交移动电视，有力地弘扬北京银行国际化品牌形象。

【重大活动】 2010年5月18日，北京银行上海分行中小企业服务中心正式成立。此次仪式有中国人民银行上海总部、上海市金融服务办公室、上海银监局股份制监管处、黄浦区政府、政协黄浦区常委、上海市再担保有限公司中国投资担保有限公司上海分公司、上海小额贷款公司、福建省周宁上海商会等相关部门领导参加，北京银行严晓燕行长、张东宁副行长、许宁跃副行长及11家媒体参加了签约仪式。

北京银行上海分行中小企业服务中心的成立是分行落实《国务院关于进一步促进中小企业发展的若干意见》的切实措施，也是分行发挥自身优势融入上海地方建设、支持长三角经济发展的又一重大举措。此外，上海分行与上海市浦东新区中小企业推进服务中心、中国投资担保有限公司上海分公司、上海小额贷款公司协会以及周宁商会等合作单位签署了合作协议，并与上海市张江高科技园区热力有限

北京银行上海分行中小企业服务中心成立仪式

公司、上海极视文化传播有限公司和上海市亚晨科技有限公司三家中小企业签署了合作协议。根据协议，中国投资担保有限公司上海分公司将与分行开展合作，完善中小企业融资服务链，解决中小企业融资担保难的问题；上海市浦东新区中小企业推进服务中心将与分行就中小企业金融服务进行充分协作，共同发掘优质中小企业，将金融服务融入到对企业的引导和培训中，力争为浦东新区乃至上海市培养更多经营稳健、成长健康的中小企业。

（北京银行）

20. 天津银行股份有限公司上海分行

天津银行上海分行于2009年11月15日正式开业，2010年是上海分行第一个完整经营年度，在总行的大力支持下，分行员工坚持科学发展观，积极开拓进取，不断超越自我，分行的各项工作取得了长足发展，实现了“一年打基础”的工作目标，全面完成了总行下达的各项任务，为2011年的“两年上台阶”的工作目标的实现奠定了扎实的基础。

【金融服务】 分行在坚持业务持续发展的同时始终将文明规范服务视为立行的基本职责，这直接关系到打造天津银行上海分行优质品牌，也是培育和提高核心竞争力的关键。2010年正值世博会在上海召开，根据中国人民银行“加强支付环境建设”和上海金融系统“加强金融窗口文明建设”的要求，结合总行“优质服务年”活动安排，分行全方位地提升服务水平：加强网点服务管理，进一步提高了客户满意度；加强“优质服务网点”和“优质服务标兵”的创建评比活动，发挥引领了示范作用；加强对员工的服务能力培训，提升了业务技能和综合素质；完善了投诉处理机制，做好客户投诉、信访处理等工作。

上海分行在自行制定的“十个礼貌用字”和总行相关服务要求的基础上，柜面服务条例化，并通过案例形式对柜员在每一个场景对话的服务用语均作出了规范。分行自行编制了服务手册，开展了服务规范、服务技能、服务礼仪的培训，编制了“微笑操”，通过严肃的检查奖惩手段和活泼多样的培训方式结合的方式，将服务意识灌输到每一位柜员的日常工作中。

经过全行上下共同努力，上海分行的综合服务水平有了较大的提高，通过世博展示了天津银行的

风采。一年来分行在总行“我心目中的银行服务”征文活动中获一等奖；在总行团委组织的“服务从细节开始”演讲比赛中获第一名，分行团委获最佳组织奖；在黄浦区迎世博志愿者活动中，分行被评为世博志愿者之星；在“青春在世博中闪光”——上海银行业青年精彩世博活动中，分行团委获积极参与奖，分行的世博宣传口号“真诚微笑迎世博，精心服务展风采”被选为“精彩世博”活动宣传口号；在上海市金融服务工作委员会和上海市金融服务办公室联合举办的“服务世博、奉献世博”立功竞赛活动中，分行团委书记被授予上海金融系统世博服务工作先进个人；在人行上海总部举行的“上海市银行业世博科技工作竞赛”活动中，分行荣获集体三等奖。

【金融创新】 上海分行公司部积极发挥主观能动性，办理了许多创新性业务，开创了天津银行外汇业务方面的许多第一：协助总行第一次申请了“内保外贷”指标，完成了全系统第一笔跨境人民币结算业务，完成了全系统第一笔为他行办理代理开证业务，完成了天津银行的第一笔大型船舶保函业务，在天津银行第一个形成了完善的 NRA 账户操作制度并第一批办理了 NRA 账户，第一次分行为总行解决了 1 500 万美元的同业代付额度，在业务过程中，上报总行分行的各项外汇业务操作的操作规程草案并成为总行的制度样本，为总行提供了许多同业的外汇业务产品制度。

（天津银行）

21. 浙商银行股份有限公司上海分行

浙商银行是经中国银监会批准设立的全国性股份制商业银行，全称为“浙商银行股份有限公司”。浙商银行于 2004 年 8 月 18 日正式开业，总行设在杭州，现有股东 22 家，注册资本 100 亿元，监管资本 207 亿元。浙商银行上海分行于 2007 年 12 月 18 日正式开业。作为系统内标志性分行，上海分行在细分市场的基础上，以中小企业为基本客户群，并结合上海市场总部经济、外向经济集聚的特点，借助产品创新及优良服务，积极开展与优质大企业、优势行业的合作。2010 年，上海分行遵循“一体两翼”的市场和业务定位，实现了规模、特色、质量、效益的协调较快发展，连续三个年度被上海银监局评定为 2B 级监管评级且评分优良。

【信贷业务】 经营业绩稳步增长。2010 年末各项存款余额达到 149.06 亿元，较年初增长 24.04 亿元、增幅 19.23%。年日均各项存款 128.6 亿，较上年增长 39.6 亿元、增幅 44.49%。全年实现营业增加值 3.82 亿元，较上年增长 40.04%，全年实现拨备后税前净利润 2.44 亿元，较上年增长 152.03%，且资产质量优良，年末继续保持零不良率。信贷工作顺势调整，成效明显，贷款结构进一步优化。分行成立三年来，各项存款、各项贷款复合增长率分别达到 107%和 166%，累计实现营业增加值 6.9 亿元，拨备后净利润 3.7 亿元，为该行的后续发展创造了较好的业务规模基础和财务资源基础。

【运营保障】 借世博金融服务之机，全行会计运营、后勤保障、安全保卫等工作质量持续提升。成功上线人力资源管理系统，为提高人力资源管理的科学化、精细化、标准化、专业化水平提供了信息支持和服务。借助办公管理系统的推广和完善，包括办公文秘在内的办公管理规范化程度进一步提高，全年运行正常。

内设机构进一步完善。根据业务发展需要，陆续新设小企业银行部（零售银行部）、投资银行部，分设会计部和信息科技部，培养和锻炼了具备较好综合管理素质的中层管理队伍且保持稳定，为业务发展和管理提升打下了基础。

【基础建设】 至 2010 年末，已开业的 5 家支行存款余额 84.38 亿元，较年初增长 36.4 亿元，存款余额占比 56.6%，较年初上升 18.6 个百分点，点均存款 16.8 亿元，业绩贡献度显著提升，实现了“准备充分、开业大吉”，为新支行筹建积累了经验，也为后续成长期添加了增长空间，同时也在同业中赢得了良好反响。截至 2010 年末，浙商银行上海分行员工总数 333 人，其中，本级从业人员 192 人，辖内支行从业人员 141 人，全行平均年龄约 31 岁，年龄结构进一步呈现年轻化且保持了较好的人员稳定性。2010 年 7 月首次设立文秘宣传、人力资源等 7 个业务中心，提拔了一批基层干部。

【金融创新】 作为浙商银行特色业务之一，小企业业务发展迅速。至 2010 年末，已设立闵行支行、嘉定支行 2 家小企业特色支行和专营部门 1 个，全辖小企业客户经理 31 人，年末单户 500 万元及以下小企业贷款余额 18.02 亿元，较年初增长 11.52 亿元，余额占比由年初的 8.09%提高到年末的

18.5%，提高10.41个百分点，当年新增额占全部贷款增量的比重达到68.98%。个人经营者贷款新增名列上海同业第3位，在上海市场初步建立了小企业业务品牌。

投行同业业务起步良好，业务取得多品种突破。2010年6月正式设立投资银行部后，银团贷款、并购贷款、资产管理、同业资金业务等投行同业业务得到较快发展，2010年成功开展世茂、越商等并购贷款项目，首次牵头全行最大规模的10亿元神州租车银团贷款；完成4.7亿元信贷资产卖断，为业务发展释放了信贷额度。

【银行管理】　2010年风险管理和处置取得成效。全年处置预警贷款5笔，共计收回特别预警贷款9 535万元，并据以强化了对风险资产的管理能力，锻炼了队伍。落实监管要求，完成政府融资平台及房地产开发贷款清查工作。2010年末政府融资平台贷款较年初减少5户计8亿元，贷款余额占比下降13.19个百分点；房地产开发贷款余额较年初减少4户计4.61亿元，贷款余额占比下降7.31个百分点。积极参加“建设防风险信息体系，促进银行业稳健发展”竞赛活动，取得客户数据质量报送工作全行系统内排名第三、客户风险信息运用工作考核排名第二的好成绩。授信业务后续管理工作质量明显提高。2010年浙商银行上海分行全年首贷跟踪及日常后续检查平均完成率超过95%，在全行系统中位列前茅。

内控合规建设上，该行以新设分支机构内控基础平台建设、总行两次全面内审及行长任期经济责任审计整改为抓手，努力提高内控合规水平。按年制订和实施年度内控工作措施，按季实施辖内经营机构操作风险考核，挂钩绩效，体现操作风险防控价值。2010年全年未发生重大操作风险事件。

浙商银行上海分行与新华社上海分社签订全面合作协议

【金融服务】　浙商银行上海分行圆满完成了世博金融服务工作任务，为创建“精彩、平安、难忘”的世博会贡献了一份力量，其间涌现出一批先进个人及优秀集体，并有部分受到外部表彰。在中国人民银行上海总部组织的评选中，荣获上海市银行业世博科技工作竞赛集体二等奖，在参评的11家中小型商业银行中位列第一。为进一步提升服务水平，上海分行组织了分行第三届专业技能大比武。共有153人次参加了点钞、翻打传票、汉字输入单项比赛，有21人次代表7个团队参加了团体赛。通过业务竞赛调动了全体员工夯实基本功、提高服务水平的积极性。

【重大活动】　2010年12月18日，浙商银行上海分行在三周年行庆当日，与新华社上海分社正式签订合面合作协议暨合作备忘录。新华社上海分社党组成员、新闻信息中心叶国标主任与浙商银行上海分行王佑常副行长分别代表双方签约。新华社上海分社社长慎海雄、上海银监局纪委书记张荣芳、中国人民银行上海总部纪委娄荣民副书记、浙商银行总行公司银行部颜怀彬总经理等出席。

浙商银行上海分行开业三年来，“一体两翼”即“以公司业务为主体，投资银行业务和小企业业务为两翼”发展策略稳步推进，网点机构不断壮大，创新能力和业务拓展能力持续提高，贴近市场、体制灵活的后发优势逐步体现；而新华社在政治、品牌、内容、人才、网络、渠道等方面具有独特优势，今后双方将在金融服务、智库服务、金融信息服务、品牌推广、文化传媒产业合作、舆情监测等方面资源共享，优势互补，加强合作，实现共赢。

（浙商银行）

22. 江苏银行股份有限公司上海分行

2010年，江苏银行上海分行坚持贯彻“科学发展，有效经营，以人为本，和谐共赢”的发展思路，面对复杂多变的经济金融形势，一手抓基础建设，一手抓业务发展，坚持两手抓、两手硬。在内部管理上，以世博金融服务为契机，以防范各类风险为保障，以服务效率为杠杆夯实各项工作基础；在业务发展上，以服务地方经济为己任，抢抓市场机遇、加快业务发展，做实做大负债业务、做优做好资产业务，积极平稳地推进各项业务的健康发展。

【金融运行】 （1）负债业务稳步发展。坚持以流量带动存量，通过引导流量较大的企业做开证、保函和银行承兑汇票等有资金留存的表内外授信业务、根据不同客户的需求定制个性化服务方案、大力推广网上银行等手段，实现负债业务内涵式发展。

（2）资产业务优化发展。按季度、月度调控信贷计划，提升信贷投放精细化管理水平，并通过授信准入手段引导发展符合该行各阶段行业偏好的客户，优化信贷资产结构，降低行业系统性风险和客户集中度风险。2010年，分行资产质量持续良好，各项贷款不良余额及不良率保持“双零”。

（3）国际结算创新发展。将创新作为打造国际业务核心竞争力的主要手段，紧抓跨境贸易人民币结算政策机遇，在较短的时间内完成了授权、制度、系统等各项准备工作，成功实现系统内首笔跨境贸易人民币结算信用证，辖内首笔贸易项下NRA账户美元收付汇业务，全国首个NRA人民币账户一般户等多个“第一”，在人民币跨境结算业务上走在系统前列。

【银行管理】 （1）强化审查审批，完善授信管理基础。分行于2010年正式启动小企业授信审查审批差异化工作机制，成立小企业授信评审委员会，提高小企业项目审批效率；积极开展政府融资平台解包还原、房地产贷款深度压力测试等工作，严格把控风险；认真贯彻“三个办法、一个指引”，对贷前调查、风险评价和审批、贷款发放、受托支付的实施与管理等职能进行梳理，将实贷实付和全流程信贷管理理念落到实处。

（2）落实培训检查，扎实内控防案基础。以“内控防案执行年”活动为抓手，结合近年来外部案发情况制定《案件防控滚动式检查方案》，对账户管理、对账管理、大额存款、票据业务等开展全覆盖的滚动检查；组织全员学习《银行业金融机构案件防控知识问答》手册，开展在线考试与“案件防控”专题知识竞赛，有效提高员工合规意识与案防能力。

（3）多项措施联动，强化安全保卫工作。着力强化基层安保工作，结合实际制定下发《营业网点突发事件应急预案模板》，组织营业网点开展反抢劫、消防模拟演练，提高应急处置能力。加强支行物防和技防建设，加强安保力量配备、建立兼职安全员队伍，定期组织培训提高安保人员素质，设置24小时行政值班电话及远程监控室，定期开展安保检查通报，排查安全隐患，确保全年无重大安全事故发生。

【队伍建设】 2010年，分行在强化队伍素质上下工夫，依据现有岗位、人员情况，以抓客户经理队伍培训与柜面人员培训为重点，以案例教学为抓手，组织开展营销技巧、信贷风险防范、人民币结算账户管理、反假币等各类培训120余次，参训人员1 300余人次，着力打造一支知识化、专业化的高素质员工队伍。

【世博服务】 2010年是世博年，分行着力将文明优质服务水平提上新台阶。在世博开幕前的冲刺阶段，强化支付环境建设，增强安全保卫力度，提高窗口服务能力，抓执行，抓落实，确保世博金融服务各项准备到位，有序开展；世博举办阶段，重点组织开展世博运行金融服务立功竞赛活动，对沪上同业优秀营业网点总行级文明优质服务示范网点组织参观学习，抓评比、抓交流、抓检查，确保世博金融服务有始有终；世博会闭幕后，持续开展世博金融服务后评价，总结先进经验，推广良好做法，永葆世博金融服务精神。

（江苏银行）

浦东富城路江苏银行上海分行

23. 南京银行股份有限公司上海分行

2010年，南京银行上海分行始终以负债业务为工作重心，通过各种营销手段扩大负债规模，同时，对信贷投放进行合理规划，优化资产质量，经营业绩大幅提升。截至12月末，各项存款余额144.71亿元；各项贷款余额89.81亿元；累计办理票据直贴业务15.14亿元，转贴业务472.94亿元；累计实现国际业务结算量6.2亿美元；累计销售理财产品金额8.75亿元。

【业务创新】 以新产品和新业务的不断突破抢占更大的业务发展空间，业务创新亮点纷呈，在上海当地的市场竞争力不断增强。积极开展贸易融资产品创新，在国内无追索权保理等多项业务上取得进展，成功办理分行首单有色金属质押业务，成功办理持票人贴现业务，成功参与银团贷款业务。分行多项外汇业务产品实现重大突破，成功开办了南京银行系统内首笔跨境人民币信用证业务和内保外贷业务；分行大力拓展同业业务，成功开发了票据理财、票据管家、票据置换等多个新业务类型；成功办理了第一笔票据管家业务和电子商业汇票贴现业务；成功发行了山东商业集团、江西正邦集团、上海东方希望动物营养食品有限公司等三支短期融资券。

【银行管理】 在全行系统内率先实施信贷风险经理制度，建立信贷风险经理与客户经理平行作业机制，将风险管理工作前移；组织各类专题检查，加大贷后检查力度，严格排查授信风险，提高风险监测的质量、水平和效率；制定和实施了员工违规事项积分管理办法，强化全行的操作风险控制；扎实开展了“内控及案防制度执行年”和“廉洁从业专题教育月”活动，开展员工诚信自测评价、道德风险排查及案防制度、案例专题培训活动，全行风险防范意识加强。

【机构建设】 先后成立了国际业务部、同业业务部，充实了小企业金融部，建立了公司业务管理专业团队，加强对各业务条线的业务管理和支撑，有效推动了分行公司业务产品的创新和业务发展。同时，不断加快支行网点建设，分行营业部分设为独立的经营机构，徐汇、杨浦、淮海、长宁支行相继正式开业，进一步扩大了分行的服务半径，增强了营销力量。

【队伍建设】 2010年，重点加强了对客户经理、核心管理岗位及熟练会计岗位人员的引进，不断完善各条线客户经理、经营机构及中后台部门考核办法，采取多种方式组织相关培训和考试，员工素质得到进一步提高。以世博会为契机，有条不紊地开展了优化服务环境、改善支付渠道、加强专业培训、开展岗位练兵等一系列活动，员工服务能力得到全面提升。同时，加强企业文化建设，员工的归属感和凝聚力进一步增强。

（南京银行）

24. 平安银行股份有限公司上海分行

2010年，平安银行股份有限公司上海分行，努力贯彻总行的战略部署，严格执行监管部门下发的文件要求及会议精神，全面实施“保增长、防风险、创效益”发展战略，坚持合规经营，平稳、健康发展各项业务，稳步提升内部管理水平和经营效益，积极创新业务发展模式，主动应对经济金融环境变化带来的挑战，并克服基础薄弱、人手新的不利因素，使存、贷款规模稳中有升，盈利水平逐步提高，业务经营呈现积极向上态势。

截至2010年末，分行资产总额折计人民币359.90亿元，一般性存款余额折计人民币290.15亿元，各项贷款余额折计人民币296.38亿元，累计实现账面税前利润65 565万元，不良贷款余额8 913.98万元，不良贷款率为0.30%，不良贷款率保持在同业较低水平。

【零售业务】 2010年，通过积极开发零售业务销售新渠道，平安银行实现存款快速增长，贷款质量不断提高，贷款规模逐渐扩张，盈利水平逐渐提高，并不断加大零售风险管理工作：对较大金额经营贷及其他需要风控实地调查的案件，由风控指定人员进行贷前调查；对正常案件进行严格的贷后管理；根据个人贷款风险控制的需要和监管要求，适时调整授信政策。

【公司业务】 公司业务强化业务的全过程督导，加快信贷资产结构调整，从源头上严把营销准入和防控风险，实现全行公司业务的可持续发展。牢固树立“存款立行”思想，明确市场目标、完善营销手段，通过深化销售流程管理、优化劳动竞赛方案、狠抓客户经理产能等措施，加强优质客户培育和开拓，新增了一大批优质授信客户，实现负债业务稳步增长，资产业务成效卓著；通过加强信贷计划管理，积极提高授信综合收益。

【中小企业业务】 中小企业业务紧紧围绕“业务专业化、营销专业化、管理专业化”三个专业化的发展目标，逐步形成高效、专业的核心竞争力。与平安集团其他子公司，如资产管理、证券、信托等公司建立起业务联系，充分利用平安集团综合金融集团优势，拓宽交叉销售新渠道，为上海地区的中小企业提供更全面、更优质的金融服务。

【金融服务】 通过对支行及分行各业务部门进行高频率、全覆盖的操作风险检查和业务指导，完善各支行、部门现有运营操作模式，做到操作风险、违规案件早发现、早控制。通过加强培训，提出服务承诺，开展多管齐下的日常检查，不断提高网点人员业务办理效率，提升网点的服务质量和服务形象。

【银行管理】 内部管理进一步规范，紧密围绕“抓管理、促发展”这个主题，以加强全面风险管理为主线，着力提高风险管理能力和专业水平。通过加强组织领导，落实责任，强化考核，加大激励，取得明显效果：运营内控得到增强，信贷风险得到有效防范，资产质量得到有效控制。

2010年，分行的财务管理与各项财务核算工作均做到依法、合规，严格按照监管部门相关要求及总行相关规章制度执行；每月两次对主要业务指标进行滚动预测，总体预测准确率较高；及时、准确完成分行营业税、所得税、印花税等的申报、缴纳和核算工作，并主动开展自查工作，得到税务部门的好评。

【企业文化建设】 2010年，分行员工人数已增至600余人。分行严把招人关，不断引进优秀的市场人员和高素质的管理人员，同时不断组织员工进行业务技能培训、职业操守教育、综合教育，推进绩效文化建设，员工的综合素质得到显著提升。持续推广平安礼仪文化，通过每日晨会的方式进行企业文化熏陶，有效培养和提升全行员工职业形象，打造平安独特的企业文化。

（平安银行）

2010年10月平安银行上海分行一贷通上市首战发布会

25. 浙江泰隆商业银行股份有限公司上海分行

浙江泰隆商业银行成立于1993年，2006年8月改制为股份制商业银行，总部位于浙江台州。2010年是浙江泰隆商业银行上海分行成立之年，也是上海分行“夯实基础、探索发展”的立足之年，基本实现了“政府满意，监管放心，同业认可、客户信赖”的四个目标，经营业绩呈良好态势，首年实现盈利。截至12月30日，上海分行存款余额21.8亿元，日均存款余额17.1亿元；贷款账面余额9.4亿元，账面有余额的贷款户数共1 634户，贷款户均71万元。已授信客户数达到1 670笔，全年累计发放贷款总额29.7亿元。上海分行税前账面净利润达到248.7万，提前实现了首年盈利的规划目标。无不良贷款，未发生任何经营风险。

【业务发展】 多角度、多层面、多渠道拓展市场。一是坚持社区化经营主线不动摇。2010年，分行贯彻总行“社区化经营”理念，首先依托网点抢占周边市场。将经营范围逐步延伸，辐射到网点周边的目标市场，利用地理和人脉优势实施市场“渗透战略”，开展社区化经营；其次扩展商会合作平台，在维护和巩固原有商会客户的基础上，寻求与更多地方性商会的合作机会。二是拓宽同业合作渠道。上海分行在2010年11月份与国家开发银行上海分行顺利签订了3亿元的小额贷款代理业务。三是加大贷款管理工作。督促员工密切关注贷款客户的经营状况，不断强化贷后管理，增强市场条线的风险把控能力。杜绝正常贷款中预期、欠息现象的发生。四是大力发展中间业务。2010年，上海分行在坚持社区化经营的同时，在网上银行、POS、理财业务等中间业务营销方面取得了良好业绩。

【队伍建设】 搭建人才培养双向平台。一是加强分行班子建设。本着"坚持求真务实，提高执行落实的能力"和"坚持团结协作，提高和谐共事的能力"的原则，营造团结统一、和谐融洽、干事创业、共促发展的氛围。同时加强对领导层的考核、监督，打造学习型、民主型的高素质领导队伍。二是加强分行员工队伍建设。首先，分行班子牵头推动"规范员工日常行为规范，加强企业文化及队伍建设"工作，积极树立泰隆人奋发向上的精神面貌。其次，分行建立企业与员工间的良好沟通渠道，做好员工动态信息管理，通过员工家访和员工沟通等方式，真正关心员工，实时关注员工。

【银行管理】 扎实风控管理，改善内控环境。一是加强员工的风险管理力度。在近距离接触市场和客户的过程中，员工的风险管理工作显得尤为重要。分行风险合规部计划加大对新进员工的风险意识、合规意识和规范业务操作的培训，联合市场管理部加强信贷管理，有效防范和控制信贷风险。建立起奖罚考核机制，任务指标分解到人、责任到位，将防控关口前移，加强信息管理，严防出现不良贷款，防患于未然。二是加强对各类业务操作风险点的梳理，增加风险监测的项目和频率。通过对所监测项目的分析，为经营决策和风险防范提供有效参考，及时开展风险预警工作，提高风险监测工作的针对性和风险预警工作的有效性。

2010年2月3日浙江泰隆商业银行上海分行开业

【金融服务】 提升服务质量，发展标杆网点。2010年上海分行顺利通过了总行标杆网点的验收，成为柜面服务三星级标杆网点。一是强化员工"客户第一，服务前线"的服务理念。培养员工服务客户、服务前线的服务意识，加强对员工的职业道德教育，增强责任感和奉献观念。二是进一步扎实柜面服务水平。组织分行柜面开展定期、不定期地"回头看"，每月对柜员业务技能，每周对柜面服务进行现场检查和非现场抽查，确保营业网点业务知识水平不下降、基础技能成绩不倒退。三是强调个性化、差异化服务。分行提倡柜员在练就过硬的知识技能、坚持标准化服务规范的基础上，尝试为客户提供个性化、差异化服务。鼓励员工从思想上认识到只有"用心，用情，用智"，才能提供优质的服务。实行差异化服务还能为高端客户提供高附加值的客户体验，打造星级的服务品牌。

【重大活动】 2010年2月3日早上8点30分，浙江泰隆商业银行上海分行盛大开业。这是浙江泰隆商业银行继丽水、杭州、宁波、金华之后开设的第五家分行，也是浙江泰隆商业银行在省外设立的第一家分行。至此，泰隆银行迈出了跨出浙江、抢滩上海的关键一步。庆典仪式上，王钧董事长表示浙江泰隆商业银行在进入上海之后，将坚持"小企业成长伙伴"的市场定位不动摇，摸索出一套以"三品、三表"为核心技术的金融服务模式，实现了"低成本获取信息、低成本监控管理、低成本违约惩罚"，成功破解了小企业融资难题。

（李 皓）

26. 杭州银行股份有限公司上海分行

杭州银行上海分行作为杭州银行首家跨省分行，于2007年12月28日开业。作为总行首家异地分行，上海分行开业三年多来，已开设杨浦、浦东、闵行、徐汇、虹口、嘉定、长宁、青浦8家支行，各项业务均取得了良好的发展。2010年共实现存款余额123.4亿元；日均存款102.46亿元；贷款余额（表内）约62.18亿元；表外业务余额36.73亿元，实现拨备后净利润1.97亿元。上海分行始终坚持"中小企业主办银行"的市场定位，针对不同的目标客户群体，度身定做针对性的金融服务策略，目前已与天山茶城、铜川路水产市场、舒友海鲜、望湘园等一批中小企业开展了全面的项目合作，为众多企业解决了“融资难”问题，在上海地区打响了品牌知名度。

（杭州银行）

27. 温州银行股份有限公司上海分行

2010年年初，温州银行上海分行获批筹建，面临的首要任务是在世博会开幕前对外营业。在政府、监管部门、总行和社会各界大力支持下，4月22日对外试营业，5月17日举行了隆重的开业庆典。并在较短的时间内，先后加入城市金融网、全国现代化支付系统、开通基于小额支付系统兑付本票业务；支票影像系统也获批开通，票据业务顺利开办；顺利通过国家外汇管理局上海市分局结售汇业务现场验收，外汇业务全面启动；分别与衫德等公司合作接入了相关服务器和系统。具备了为客户提供全面、优质金融服务的能力。

温州作为温州银行第一家跨省经营的异地分行，在上海成功立足，初步实现了温州银行“立足温州、布局浙江、进军长三角”的战略目标。截至2010年末，分行各项存款余额达31.43亿元，其中对公存款24.37亿元、储蓄6.27亿元；各项贷款余额8.8亿元；全年外汇结算量达1 122万美元、外汇存款余额335万美元、外汇贷款2 378万美元，为温州银行在上海的可持续发展奠定了良好的基础。

【世博服务】 分行把世博会作为提升服务、提升温州银行品牌形象的一个契机。牢记“细节决定成败”的服务理念，通过加强技能培训、规范服务标准、加大技术投入、增设外语服务窗口、加强过程管理等手段，致力为世博顺利召开提供优质服务。先后获得上海市银行业世博科技工作竞赛三等奖、“精彩世博活动”积极参与奖、“2010年上海世博会支付环境建设工作优秀集体”等荣誉。该行营业部黄晓益获得中国银行业协会“世博金融服务先进个人”表彰。

【业务发展】 根据总行的指导意见，分行在认真分析和研究上海金融业竞争格局的基础上，确立了“立足中小、贴近市民、服务温商”的市场定位，把中小企业作为核心客户，把在沪温商作为基础客户，利用温州人、温商、温州商会在上海的知名度、美誉度来扩大温州银行的影响力。一是在信贷投向上以制造业和商贸为主；在客户结构上，该行中小企业贷款占比达100%，有力支持了中小企业的发展，充分体现了服务中小的市场定位。二是成立三个温商金融服务部，大力推进浙商、温商企业营销工作，结合上海同业实际，贴近市场发展，服务温商成效明显。三是“抓中小不放微小”，集中一定资源开拓专业市场，对资产500万元以下的微小企业和个体工商户简化业务流程，采用公私联动，为企业和企业家提供综合服务。

分行对个金客户开展交叉销售，重点推介个人网银业务，增加中间业务收入。还根据上海地区市民及世博会的金融需求，开通了ATM外卡查询及取现、POS外卡收单等特色业务，成为客户重要的结算手段。

针对信贷规模紧张的经营形势，分行大力发展票据业务，带动负债业务的增长。初步搭建了同业合作网络，促进了公司业务发展，提高了资金收益。12月初，分行与国开行、上海温州商会成功签约，达成50亿元额度的战略合作协议，意在以创新思路和资源整合手段解决在沪温商中小企业“融资难”问题，引起良好社会反响，进一步巩固扩大了基础客户群。

【队伍建设】 在正式营业的第一年，分行坚持以人为本的办行思想，抓主要矛盾，抓基础建设：一是积极引进人才，搭建组织架构，奠定分行发展基础。在总行大力支持下，通过公开招聘、业内人士推荐、设立伯乐奖鼓励员工引荐人才等多种途径大力引进各类人才。建立和完善招聘、面试、录用流程，严格把关，选聘一批品质好、能力强、适应温州银行企业文化和发展的人才。二是建立考核机制，优化资源配置，促进业务发展。三是统一思想认识，加快沟通融合，重视企业文化建设。四是积极开展多种形式的党团活动和群众文体活动，凝聚全行员工，达到了促进发展、锻炼队伍、融合团队、发现人才的目的。五是高度重视员工培训工作。对内勤员工、客户经理和柜面人员开展入职培训、实务操作、拓展训练、团队协作等形式多样的培训，提高员工技能和服务理念。

【制度建设】 分行从成立伊始就牢固树立稳健经营理念，倡导合规文化建设。一是牢固树立合规创造价值的理念，建立健全规章制度。建立法律法规库和分行规章制度库。二是建立专业委员会制度。先后成立资产负债管理委员会、财务管理委员会、内部控制管理委员会、信用风险控制委员会和信贷审查管理委员会等五个专业委员会,制定了各专业委员会议事规则和工作流程,建立涵盖市场风险、流动性风险、合规风险、信用风险和操作风险等全面风险管控体系。三是致力于搭建内控管理框架,初步形成了一线自控、二线互控和三线监控的内控体系。四是以案件防控为重点,加强合规教育,编辑《合规之窗》系列专刊,组织多期制度培训,从高管抓起,从新员工入职培训抓起,在全行员工中普及合规教育。

分行同时重视制度执行,加大监督检查力度,狠抓基础管理。加强运营制度建设,完善操作流程,规范操作平台。强化制度执行力,加强内部监督检查和信贷专项检查。先后组织了内部管理、信贷业务、信用卡业务、信息科技、安全保卫等多项检查工作,接受了上海银监局、上海人行和总行内审部门检查。从检查情况看,总体运作规范。

【重大活动】 温州银行上海分行开业庆典。2010 年 5 月 17 日下午 4 点 28 分,上海香格里拉酒店盛事堂内,上海温州商会高级顾问龚学平;上海市金融服务办公室主任方星海,中国人民银行上海总部副主任凌涛,上海银监局副局长张光平;温州市人民政府市长赵一德;新华社上海分社社长慎海雄;闵行区人民政府区长陈靖,上海市委统战部副部长兼市工商联党组书记季晓东,上海市卫生局局长徐建光,浙江省人民政府驻上海办事处副主任傅元安,黄浦区人民政府副区长吴成,上海市国资委副主任顾俊福;温州市国资委主任蔡永进,温州市金融办主任张震宇,温州市人民政府驻上海联络处主任林加新,温州银行董事长邢增福、党委书记殷乐人、行长吴华、监事长陈系文以及各兄弟分行的领导、总行有关部室负责人也一同出席温州银行上海分行庆典仪式。首先,主持人邀请上海银监局领导宣读了同意温州银行上海分行开业的批复,紧接着,上海、浙江、温州三地领导上台共同完成寓意深远的"汇聚财富"仪式,将印有温州银行 LOGO 的钱币一同插入聚宝盆内,以期借助各位领导和嘉宾之手为温州银行上海分行带来幸运吉祥和滚滚财源。随后,方星海、赵一德两位领导共同为温州银行上海分行隆重揭牌,随着红绸布的缓缓揭开,"温州银行上海分行"的金字招牌闪亮展现,从此温州银行上海分行正式落户黄浦江畔。

温州银行上海分行开业庆典仪式

(宋卫平)

28. 中国邮政储蓄银行有限责任公司上海分行

2010 年是邮储银行上海分行加快向现代商业银行转型、经营管理进入新的历史阶段的一年。全行着眼于加快银行转型、推动可持续发展,强化基础管理,加强风险防控,巩固邮银和谐,各项工作取得了可喜的成绩,在向现代商业银行转型发展的道路上迈出了坚实的步伐。至年末,个人存款规模突破 800 亿元,公司存款规模突破 100 亿元;绿卡结存数达 814.86 万张,年度新增卡户 121.78 万户;个人零售贷款结余 1.09 万笔,金额 37.89 亿元;批发类贷款结余 12 个项目,金额 67.70 亿元。

【传统业务】 调整结构,注重效益,努力实现传统业务又好又快发展。存款规模稳步增长,业务结构进一步优化。将发展代发类业务作为调整存款结构,提高活期比例的一个重要抓手,通过市场调研和积极探索,逐步摸索出代发类业务全新的营销模式。至年底,全市银行网点代发工资单位 2 337 家,代发账户 68.35 万个,沉淀资金达到 15.16 亿元。理财类业务平稳发展。保险业务加大了对期交产品销售力度,至年底,完成代收期交保费 1.85 亿元,同比增幅 92.71%。在资本市场整体不利的情况下,通过内部激励和基金销售竞赛活动来促进基金业务发展。人民币理财业务积极争取激励政策来调动基层业务与管理人员销售积极性,全年销售突破20亿元。

【网点转型】 深入指导,加快转型,探索邮储银行可持续盈利模式。网点销售转型取得阶段性成果。上海分行"示范网点"项目在14个试点分行中脱颖而出,顺利通过了总行验收。"示范网点"项目的实施,不仅快速推动了网点销售业绩的增长、员工经营意识大幅提升,而且逐步摸索出城市邮储银行持续发展的唯一出路。从"漠不关心业务"到"主动开口挽留",从"关注单项销售"到"重视交叉引见",诸如此类可喜的变化在网点打造出一支具有市场竞争力的专业销售团队,加速网点从"传统交易中心"向"银行营销中心"的转变。

【新兴业务】 深入市场,积极营销,新业务发展创造新的利润增长点。成立消贷中心提高业务流程效率。3月底,分行个人消费类贷款中心成立,通过与大型中介机构合作,统一接单、集中受理二手房贷款业务。目前,消贷中心已与上海排名前10的多家中介机构建立起了良好的合作关系,受理金额累计超过2亿元。小企业贷款业务试点开办。1月,分行试点开办小企业贷款业务,小企业信贷中心作为内设经营部门,专门负责小企业授信业务营销、受理、调查、贷后检查、客户关系维护等日常经营工作。票据中心成立以来,已先后与工行票营、中行、招行、交行等30余家同业机构建立了合作关系。与工商银行票据营业部签订票据业务全面合作协议,正式成为上海地区票据联席会议成员单位和中国票据网会员单位,开发了票据交易管理系统。

【信息化建设】 整合资源,加快建设,大力增强市场核心竞争力。年内,对自营网点进行了改造、装修、扩建、迁址等形式的调整,完成了凤凰街支行新增开业、分行营业部迁址开业、6家二类支行或代理网点迁址开业、118家代理网点更名换证工作。推进邮政金融信息化建设。年内先后完成了邮政储蓄统版改造工程、邮政金融数据下载系统、公司业务会计稽核系统、个人网银系统、商业票据系统、公司信贷系统等十多个业务系统、管理系统的上线工作;完成了信贷集中审批系统的全行上线,建立起信贷影像资料的集中审批流程,实现信贷审批无纸化,极大地提高信贷审批效率。分行九江路机房已基本建成,并开始试运行。电子服务渠道建设取得新进展。加快电话银行、网上银行等工程建设,积极探索新电子支付渠道,培育新的盈利模式。电子银行业务开办以来,为客户开辟了一条方便快捷的电子化交易渠道,也成功分流了客户,减轻了营业网点的服务压力,进一步提升了全行的服务水平。

【银行管理】 完善制度,加强内控,逐步深化精细管理和科学管理。不断加强资金管理和内控建设,积极做好职工思想稳定工作,年内邮政金融资金案件案发数为0,保证了上海邮政金融资金安全。初步建立了风险管理架构,分支行两级均建立了风险管理委员会会议制度。在此基础上,组建了风险联络员队伍,在网点组建了风险经理(营业主管)队伍,并在全市一类网点实施了派驻制工作。加强案件防控和人员排查。6月至12月,在全行范围内组织开展了"银行业内控和案防制度执行年"活动,认真查找在制度执行力方面存在的突出问题和薄弱环节,进一步推进了全行内控和风险防范机制的建设,树立了全员内控和全面风险管理理念。

【世博服务】 2010年,根据总行和监管部门金融服务世博总体要求,将地处世博园周边、主要商业街和旅游景点等重点区域的56个网点确定为世博服务重点网点。全行开展了迎世博主题教育活动,组建了世博服务志愿者队伍,结合世博服务要求开展业务技能培训,窗口规范服务培训等活动,在全行营造了齐抓共管、喜迎世博的良好氛围。为确保世博金融服务的万无一失,制定了细致、全面的服务方案和应急预案,尤其在网点安全保卫、银行信息系统安全、ATM安全运营、外币金融服务等方面进行重点压力测试,加强系统、网络建设及其安全检查和防范。

【重大活动】 2010年3月13日上午,"庆世博 游崇明 刷卡更轻松"暨崇明县受理市场共建活动启动仪式在宝岛崇明拉开帷幕。此次活动由邮储银行上海分行和中国银联上海分公司联合举办,杨文新行长代表邮储银行上海分行致辞。这次活动既是推进上海"两个中心"建设、完善世博支付环境的示范性项目,也是努力满足多层次、多元化"三农"支付需求、支持崇明"生态岛"建设的具体举措。上海分行秉承"根植城乡、服务大众"的宗旨,充分利用邮储银行"点多面广"的优势,通过组织刷卡抽奖、收单业务竞赛、ATM机具布放等活动,将崇明打造成为"银行卡受理示范区域”，为上海郊县地区银行卡受理服务网络的建设做出应有的贡献。启动仪式上，人行上海总部金融服务一部林兆荣副主任、市商务委员会顾军副主任、市迎世博窗口服务指挥部办公室姚海副主任以及崇明县政府王菁副县长等领导为共建活动剪彩并合影留念。

（邮储银行）

受理市场共建活动启动仪式

（三）村 镇 银 行

1. 上海崇明长江村镇银行股份有限公司

上海崇明长江村镇银行股份有限公司是经上海银监局批准设立的上海第一家村镇银行，于2009年2月18日正式开业，注册资本10 000万元。2010年为优化股本结构，完善公司治理，注册资本由人民币10 000万元变更为10 526万元。

截至2010年底，各项存款余额84 066万元，较年初增加47 537万元，增幅为130%，完成全年增量指标的203%。其中：企业存款79 698万元，占比95%，较年初增加45 390万元，增幅为132%；储蓄存款4 368万元，占比5%，较年初增加2 147万元，增幅为103%。各项贷款余额47 299万元，较年初增加23 409万元，增幅为98%，完成全年增量指标的166%，存贷比为56%。其中：企业贷款35 966万元，占比76%，较年初增加16 071万元，增幅为81%；个人贷款11 333万元，占比24%，较年初增加7 138万元，增幅为179%。扭亏为盈，全年实现拨备前利润1 503万元（含各级政府补贴370万元）；利润总额1 269万元；资产利润率为1.79%，资本利润率为12.45%。

【风险管理】 风险管控能力逐步提升，全年信贷资产质量优良。在信贷风险防范上逐步压缩信用贷款、控制保证担保贷款比例，大力发展抵押贷款业务，提高信贷资产质量；严格执行“三个办法、一个指引”，确保贷款实贷实付；对政府平台公司融资贷款、房地产贷款进行了全面的排查，并及时收回了所有500万元政府融资平台贷款。至年底，按照五级分类评定，正常类贷款余额为47 288万元，关注类贷款余额为近11万元，后三类不良贷款余额为0。严格执行上级监管部门的案件防控要求，未发生任何案件。

【法人治理】 不断完善公司治理机制，为经营发展提供科学决策。2010年，经股东大会讨论通过，决定对64名自然人增发股份526万股，募集资金526万元。股权比例也相应有所变化：农商银行股权比例从51%降至48.45%；崇明五家股东分别从9.8%降至9.31%，合计股权从49%降至46.55%；自然人股份5%。由此增强了资本实力，优化了股权结构，提高了各类目标市场参与者的支持力度，同时引入了激励机制，提高了全体干部员工的工作积极性。

【案件防控】 巩固案防成果，持续强化案防工作。根据案防三年规划，结合上海银监局下发的《关于印发〈2010年上海银行业案件防控工作的监管意见〉的通知》和《关于转发银监会办公厅有关印发银行业内控和案防制度执行年活动指导方案的通知》的文件精神，以全面强化基础工作为重点，主要开展了以下几方面工作：

一是定期召开案防会议。每季一次召开案件防控领导小组会议，对上一季度案防工作简要总结，并部署下一季度的案防工作，确保案防工作客观总结、妥善部署，不断提升案防能力。

二是签订岗位责任书。分别对18名干部员工层层签订了案防岗位责任书和安全保卫责任书，并将这一制度纳入常态化管理，确保案防责任全覆盖。

三是制订工作方案。制订了《崇明长江村镇银行2010年案件防控治理工作方案》，明确案防工作目标和主要任务及采取的措施，进一步完善案防工作机制。

四是开展风险排查。制定了《崇明长江村镇银行2010年案件防控风险排查实施方案》，排查范围包括会计临柜业务、信贷业务、内控五项制度、计财业务、安全保卫、行政管理等，平时经常对员工的不良行为进行排查，注重关口前移，加强源头预防，不断完善检查监督机制。

五是开展了案件防控知识学习。组织全体员工利用业余时间对银监会《案件防控知识问答》加以学习，并采取书面答题考试，将结果作为年终考核的依据。

六是成立了世博平安志愿者服务队，进行了一次世博安保专项演练工作，确保在世博期间和日常的安全运营。

七是制订和完善内部各项制度办法，全年共制订了《剩余价值抵押担保实施细则》、《干部员工年度考评实施办法》、《从业人员职业操守实施细则》、《车辆管理办法》、《流动性风险管理办法》、《个人贷款管理办法》、《流动资金贷款管理办法》、《固定资产贷款管理办法》、《2010年案件防控治理工作方案》、《2010年案件防控风险排查实施方案》等多个规章制度，并修订了5个规章制度，为业务经营保驾护航。

【工作亮点】 一是年初开通了与农商银行之间的储蓄存款通存通兑业务，为客户提供更加便捷的服务。

二是针对世博安全大检查中发现的，火警喷淋系统与大楼值班报警系统不联网的情况，及时与公安、消防联系、沟通，通过比较，最后决定与“110”联网，实时进行监控，消除了安全隐患。同时，严格执行上海银监局和县公安局的各项文件精神，顺利通过了2010年度的安保评估工作。

三是在7月份完成了电子验印系统的上线工作，在9月份正式加入了农商行的集中提回业务，业务系统不断完善。

四是完成上海银监局、人行、金融办、县统计局等部门的各类报表报送工作，并连续二年获得人行评定的报表报送质量评比二等奖。

（长江村镇银行）

2. 上海奉贤浦发村镇银行股份有限公司

2010年是上海奉贤浦发村镇银行第一个完整的财务年度，在这一年中，经过全行员工共同努力，确保了“规模、质量、效益”三位一体，各项业务得到了有力地发展，各项经营数据屡创新高，全面完成工作计划，实现了稳健发展。2010年度期末存款余额73 108.77万元，其中：对公存款年末余额66 577.56万元；储蓄存款年末余额6 531.21万元。对公存款占总存款的比率为91.7%，储蓄存款占比为8.3%。全行贷款余额40 271.87万元，其中：对公贷款28 885万元，占比为71.73%，个人贷款10 111.87万元，占比25.11%，贴现贷款1 275万元，占比3.16%。其中：涉农贷款26 795.77万元，占比66.54%。全年无贷款逾期，无展期贷款，收息率100%，资产质量良好。

【基础建设】 加强队伍建设，注重从两方面培养队伍，一是具备熟练的银行业务技能，二是要有艰苦创业、勇于拓展、敢于创新、勤于奉献、不屈不挠的精神。在组织架构方面，注重简洁高效，提高整个组织的运转效能，既要划清不同部门不同岗位的工作界面，又要达到部门与部门之间、岗位与岗位之间的协作共进。

完善经营组织架构，坚持培训、业务带教是提高员工业务技能的必经之路。员工业务技能大幅度提高，体现在业绩方面的成效显现。难能可贵的是干部在艰苦的环境中提高了组织管理水平，营销人员在实践中磨炼了意志，独立承担业务的能力增强，业务方面取得较大突破，即便是去除市场部总经理维护的近4亿元大客户的存款，客户经理人均拓展维护的存款数字在年底也达到了4 115万元。对公开户数300户，贷款客户数170多户。

【聚焦三农】 深入田间地头，村镇银行以服务农村、农民、农业为宗旨，通过广泛的调研、深入的分析，提供优质的金融服务。针对服务“三农”，年初即拟定了有针对性的服务方案，同农委、农联社等涉农单位建立了密切的共建关系，年末，全行涉农贷款余额2.68亿元，占全部贷款的比重为66.5%。对农民专业合作社的贷款增量，在奉贤区域名列第一。金融服务水准，得到农委、农联会、农户以及农村企业的认可。

基于奉贤农民专业合作社发展的情况和对区域农村群体所起的作用，浦发村镇银行主动同奉贤农联社建立了业务关系。针对奉贤农民专业合作社的类别和经营模式，有针对性地制定了服务农民专业合作社的方案。(1)确定了全力服务农民专业合作社的方针，安排专人服务农民专业合作社；(2)保持同农民专业合作社的娘家——“农联会”即时联络，确保在第一时间掌握农民专业合作金融服务的需求，在第一时间上门了解农民专业合作社的需求；(3)实行差别化定价机制，减轻农民专业合作社的融资成本；(4)在有效坚持贷款“三查”的基础上，简化工作流程，以“双人四眼”的方式，优化村镇银行服务流程，制定了简单、便捷、高效的工作程序，对农民专业合作社的融资需求，公开承诺“当天受理、当天答复”；(5)针对农民专业合作社的经营模式和资产分布特点，创新担保方式；(6)严格纪律，要求村镇银行的员工，不得以任何方式接受农民专业合作社的农产品馈赠，不得接受农民专业合作社的宴请。

【银行管理】 在2010年中浦发村镇银行采取多种措施推进案件防控工作的落实，一是加强合规文化建设，增强全行员工案件防控意识，进一步加强对员工、要害岗位人员的教育和管理，关心员工思想动态，加强员工思想行为排查，重视对员工的动态管理，做好对员工全方位的了解，了解员工的思想、爱好、交友、家庭，特别要了解员工8小时外的喜好情况，做到对员工管理“心中有数”。二是进一步完善绩效考核和激励约束，考核指标全面、合理，避免造成对标准和制度的冲击。三是完善各项规章制度，强调制度执行力，加强对规章制度的梳理和修订，提高内部控制的有效性。四是建立滚动式、常态化的检查机制。真正做到在思想上高度重视风险防范工作和案件防控工作，对风险防范工作和案件防控工作常抓不懈。在2010年做到了全年无案件和重大责任事故发生。

【世博服务】 浦发村镇银行为世博服务提出的要求是：“把微笑留在每个窗口，让美好记在宾客心中”。为进一步做好世博服务工作，全行就“服务规范”、“服务效力”、“服务能力”、“服务设施”、“日常管理”等工作进行检查，责任明确，检查分工，落实到人。做到村镇银行也能在世博服务中做出自己的贡献，达到“青春在世博中闪光”的目标。在世博服务中，通过发放“世博大礼包”的机会，印制宣传银行业务的小名片，向奉贤全区30多万户家庭派送温馨小贴士，借此，提高银行的社会认知度，使更多的小企业和农户知道有上海奉贤浦发村镇银行可以给予他们信贷支持。

（浦发村镇银行）

（四）营 运 中 心

1. 中国工商银行股份有限公司票据营业部

2010年是工行票据营业部成立十周年暨各分部成立八周年的具有历史纪念意义的一年，同时也是总行将票据营业部列为利润中心改革试点的第一年。全年实现账面利润10.37亿元，人均创利近400万元。中间代理业务收入775万元，较上年增加723万元，增幅1 390%。全年假票收进率、不良资产率、资金损失率和经济发案率继续保持为零。

【优化资源】 2010年，工行票据营业部围绕总行利润中心试点建设和全额资金集中管理改革的要求，初步建立了以价值创造为导向的利润中心考核机制。试行了规模分类管理和内部交易定价方案，根据总行各阶段票据业务政策调整要求，控制规模总量和票据期限结构，增强了规模精细化运作能力，着力提高了规模配置效率和整体收益水平。探索了分类区别的差异化定价机制，实时发布了《相关市场利率走势联动分析》和《业务相关政策最新提示》，为系统内外业务报价和有效防范市场风险提供了参考依据。加强了经济资本的占用监测，加大了资本占用低的票据资产优化配置，重点发展了低风险、高回报的业务品种。适时支持了各分行买卖需求的撮合，促进了系统内存管融资交易综合服务能力提升，系统内外业务并重的市场化运作程度明显提高。

【联动营销】 2010年，工行票据营业部着力从市场、产品、客户三方面推进构建职责清晰、管理有序的一体化营销体系，加强了总分部高层营销和联动营销，完善了系统外营销区域管理、贴现业务拓展管理、重点客户分类管理，加大了重大节日和重要活动统筹营销，促进了客户数量和交易机会的提升。年末客户总量达到567户，为历年之最。一是充分利用“票据池”资源，有效传导票据业务政策，采取多种措施，积极地完成了关键时点的票据规模调控任务。二是建立了系统内存管交易和返售交易的结合机制，引导系统内分行加快票据存管进度，提升票据业务运营效率，优先支持了分行票据业务的发展需求，巩固发挥了系统内票据主渠道作用。加强有限规模的调度安排，持续开展内部经济资本动态模拟监测，提高资金与规模资源的配置效率和机会收益，有效提升了资金盈利水平。

【金融创新】 2010年，工行票据营业部在上海和“长三角”票据联席会议基础上，牵头组织召开了全国性商业银行票据业务联席会议，推出了旨在降低交易成本的《回购业务总协议》，分别协助中国银行业协会和上海银监局制定了《中国银行业票据业务规范》和《票据专营机构商业汇票业务风险管理指引》,参与完成了上海银监局组织的"在沪持牌营运中心运营机制比较及改革建议"课题报告,促进了票据市场规范化建设。对"票赢家"综合服务产品和短期票据包买业务进行了应用性开发,对总行授权的融资型存放同业业务、低风险承兑业务进行了制度和技术的先期准备,推进了年度产品创新项目招标工作。优化和改进了系统外存管业务系统,试行了工行首笔通过存管系统代理系统外客户实现网上融资交易的业务,为进一步提供存管服务作了前期探索。

【银行管理】 2010 年,工行票据营业部进一步健全业务管理制度,及时转发了银监会和总行防范风险的相关文件和要求,制定或修订了有关业务办理标准、风险审查抽查规定、资产质量分类方法等制度办法,切实加强了票据风险制度建设。积极组织了多层面票据资产监测和检查工作,及时发布风险预警、工作提示、公示控制及公示催告信息,及时做好逾期票据催收和风险票据化解工作,有效防控了业务风险。开展了内控和案防制度执行年活动,有效遏制了各类案件事故发生。配合中国人民银行上海总部、上海银监局、总行内审直属分局等内外审机构开展了现场检查、评价调研工作,进行了运行管理监督体系评估评价,编印了关键岗位操作手册,并及时查找隐患,加强整改,进一步提高合规风险和操作风险管理水平。深入开展了 ISO 文件评审和制度梳理,启动了流程电子化项目(二期)的开发运用。开展了"小金库"自查,强化了财务支出规范管理,坚持重要财务指标每日监测,促进了经营有效开展。

【金融服务】 2010 年,面对世博会的召开,工行票据营业部认真做好了各项安全和服务预案,完善了应急处理机制,确保了业务系统安全运行。成立了服务质量推进委员会,实行了部门"服务承诺"制,确保了各项服务工作到位。世博安保、宣传和接待工作得到了上海金融工委充分肯定和表彰,展现了"工银票据"的良好形象。建立健全了适应利润中心建设的财务核算与考核机制,积极推动了中间业务发展,中间业务发展机制进一步完善,扩大了联机记账业务范围,提高了后台业务集中处理效能,进一步优化了存管服务和托收流程。依托 ISO 流程自定义平台完成了"制度和流程文件控制系统"、"门禁考勤管理系统"、"公示控制信息审查系统(二期)"等系统的自主开发,促进了管理效率的提高。

【企业文化建设】 2010 年,工行票据营业部进一步加强了企业文化建设,通过考核引导、培训培养、知识竞赛、主题活动等方式,激发了员工工作热情,提升了专业素质能力,并以总部成立十周年暨各分部成立八周年为契机,举办了企业文化展示、新闻发布和新产品推介、《营业部史》和展示厅专题发布等系列活动,进一步总结了成就,扩大了影响,提升了形象,鼓舞了士气,团队的凝聚力、员工的自豪感、抢抓机遇加快发展的紧迫感和责任感进一步增强。

(工行票据营业部)

2. 中国工商银行股份有限公司私人银行部

私人银行业务是面向位于财富金字塔顶端的高净值客户(即拥有金融资产 100 万美元以上的客户),提供以资产管理为核心的个性化、专业化的财富管理服务,涉及管理、投资、信托、税务及遗产安排、收藏、拍卖等广泛领域。这项业务以瑞士的私人银行为代表,已有数百年的历史。由于私人银行业务占用经济资本少、业务附加值高、品牌影响力强、市场潜力大,是体现商业银行综合竞争力的顶级业务,故被誉为"皇冠上的明珠"。随着国内高净值客户市场加速成长,私人银行业务已经成为国内商业银行新增长点。

【管理模式】 自 2008 年 3 月获得国内首张由中国银监会颁发的私人银行业务经营牌照以来,中国工商银行私人银行业务围绕"生财、理财、传财、护财"基本职能,为金融资产在 800 万元人民币以上的高净值个人客户提供以资产管理为核心、顾问咨询服务为重点的差异化金融服务,服务内容包括财务管理服务、资产管理服务、顾问咨询服务、私人增值服务与跨境金融服务等五大系列,为私人银行客户提供更贴合需求的增值服务。目前已经在北京、上海、广州、深圳、太原、南京、杭州、济南、郑州、成都等十个城市成立了分部,全面覆盖三大经济圈的核心城市以及中西部重点地区。

【经营业绩】 成立三年来,工行私人银行业务市场份额快速提高、服务能力持续增强,品牌影响不断扩大。截至 2010 年末,全行金融资产 800 万元以上高净值客户达到 1.8 万户,管理资产 3 543 亿元。

荣获《欧洲货币》——“中国最佳私人银行”、《21世纪经济报道》——“中资优秀私人银行品牌”、《金融理财》——“最佳私人银行”等重要奖项。

【服务创新】 工行私人银行部充分依托工商银行整体优势，秉承工行稳健、进取的一贯风格，坚持“诚信相守、稳健相传”的经营理念和“想所未想、创所未创”的服务理念，充分整合服务资源，积极创建具有中国特色、工行特征的经营模式和服务体系，实现了快速健康发展。

工行私人银行部发挥持有国内首张私人银行牌照优势，实施“核心—卫星”战略，核心投资以全权资产委托为代表，卫星投资以专享理财产品服务为特征，不断加大专享产品的投放规模，集中社会最优质资源搭建第三方服务平台，逐步形成资产管理类、代理业务类与顾问咨询类三大业务。在服务过程中以客户需求为导向，坚持“先了解、后建议，先策略、后投资”的原则，实现从“销售产品”向“提供方案”转变，已成为客户财富管理与投融资一体化的“解决方案提供者”，提供跨机构、跨市场、跨产品的整合性、专业性、创新性金融服务。同时积极拓展健康医疗、税务咨询、艺术品收藏、慈善公益等非金融服务领域，为私人银行客户提供更贴合需求的增值服务。

（工行私人银行部）

3. 中国农业银行股份有限公司票据营业部

2010年，在金融机构普遍通过压降票据资产以保证实体贷款投放的背景下，农业银行票据营业部树立大局观念和全局意识，坚决完成规模调控任务。在此基础上，通过对市场形势的深入分析，及时调整业务结构：一是大力拓展不占用信贷规模的同业逆回购业务，该项业务量比上一年增长了3.9倍，成为交易量最大的一项业务品种；二是逐步增加收益率较高的商业承兑汇票的买入量，年末库存买断票据中商业承兑汇票所占比重比年初上升了19个百分点。通过以上措施，保持了经营业绩的相对稳定。全年累计完成交易量2 398.86亿元，实现利息收入25.31亿元，拨备后利润12.51亿元，超额完成年度经营计划。截至年末，票据资产余额为684.57亿元，其中转贴现买断余额195.02亿元，回购余额489.55亿元。同时，继续保持了不良资产率、资金损失率、案件发生率为零的安全运行记录。

农行票据营业部新一届领导班子成立后召开的首次年度工作会议

【客户营销】 农业银行票据营业部积极组织、参与多种形式同业营销活动，加强和同业机构的交流合作。4月组织了重点客户参加的营销交流活动，9月联合承办了商业银行票据业务联席会第一次会议，市场影响力进一步扩大。截至2010年末，累计已和37家金融机构的313个分支机构建立了业务关系，业务范围基本覆盖全国。

【产品创新】 为顺应票据市场出现的新变化，不断保持市场竞争力，农业银行票据营业部稳步推进业务产品创新，对票据组合式交易产品的研究开发工作已经取得阶段性成果，对票据理财产品也进行了较为深入的研究。通过产品体系储备，为长远发展打好基础。

【银行管理】 农业银行票据营业部通过制定年度风险管理政策、强化授用信管理、完善内部风险报告流程以及拟定业务审查标准等多项举措，有效地提升了风险管理水平。同时，认真落实银监和审计的整改意见，并通过编写合规手册，将合规意识落实到每一员工、每一业务环节。此外，年内实现了信贷管理系统三期的成功上线，优化了商业汇票交易系统的部分功能模块，从科技上为业务开展提供更强有力的保障。

【机构调整】 农业银行票据营业部根据总行金融市场业务发展规划的相关部署，在2010年7月完成了组织架构调整优化工作：新设了主要负责票据和资料审查的中台部门，撤并调整了后台部门，并对各部门的职责进行了优化调整。通过此次内设机构的调整，建立了前中后台严格分离又彼此制约的内部控制体系，在提高效率的同时强化了风险管控能力，也顺应了以客户为中心的流程化银行发展趋势，使得核心竞争力得到进一步提升。

2010年农业银行票据营业部的领导班子成员进行了调整。调整后的领导班子更加注重本部门的业务经营发展，更加注重人才队伍建设和业务产品创新，从而更加有助于实现长期发展。

（农行票据营业部）

4. 中国农业银行股份有限公司私人银行部

中国农业银行以建设国内一流零售银行为目标，持续深入推进零售业务经营转型。截至2010年末，农行拥有个人客户3.5亿个，居大型商业银行首位，个人贵宾客户达972.7万户，境内个人存款余额50 651.95亿元，较上年末增加6 998.08亿元，增量市场份额同业第一。随着我国个人财富的迅速增长，上海国际金融中心的地位日益显著，农行积极完善客户分层服务体系建设，经过近2年的精心筹备，农行私人银行部经中国银行业监督管理委员会批复于2010年9月29日在上海成立。私人银行部在农行股改上市之际成立，是农行完善自身功能的需要，凸显出农行全力打造优秀大型上市银行的愿景，以及建立具有农行特色、国内一流的私人银行平台的决心。

【专业经营】 农行私人银行部作为持牌经营机构，提供涵盖财务管理服务、资产管理服务、顾问咨询服务、私人增值服务、跨境金融服务等五大专业化服务。农行私人银行部以高端财富管理为核心，推动产品服务的创新，全面提高客户服务水平，努力成为“解决客户问题”的银行。

【金融创新】 农行私人银行部采用顾问服务模式，整合行内外优质资源，加强顾问服务团队建设，全力打造满足私人银行客户个性化、多元化需求的高端客户经营服务平台，创新完善私人银行服务体系，推出私人银行客户大额融资需求专享信贷服务、高端专属产品与定制投资服务、法律顾问咨询服务和公务包机高端尊享增值服务等，首期发布私人银行客户财富配置策略报告，开通4008895599私人银行客服专线，积极推出全球跨境金融服务，特别在北美地区与BMO深度合作，提供留学、移民、投资全程跨境金融服务。

【金融服务】 农行私人银行部始终以“恒业行远，至诚相伴”的服务理念为客户提供全面专业服务。“恒业行远”是指私人银行部的核心目标是为客户成就恒久家业并使其世代相传，与农行“诚信立业，稳健行远”的企业核心价值观一脉相承。“至诚相伴”突出私人银行部以专业的高度为客户提供卓越服务，以真诚的态度与客户携手相伴，同时也是对农行“大行德广，伴您成长”中“伴您成长”的进一步诠释和延伸。“恒业行远，至诚相伴”寓意着农行私人银行部以客户“恒久家业，世代相传；诚心诚意，相携相伴”为己任的责任感与使命感，在充分体现出“信赖、贴心、成就、传承”的品牌内涵的同时，更展现出与客户一同相伴、共进发展的愿望。

（农行私人银行部）

5. 上海银行股份有限公司信用卡中心

2010年，上海银行信用卡中心坚持以跨区域发展和销售转型为重点，优化内部资源，整合各方优势，精耕细作，攻坚克难，带动各项经营指标稳步增长；同时加强渠道管理和拓展力度，全面落实监管要求，进一步健全风险管理体系；以世博服务为契机，提高服务质量，信用卡品牌形象和市场竞争能力得到稳固和提升。

【销售转型】 注重渠道建设，加快销售转型，构建多元化营销体系。做好营销合规管理和集中业务培训，并以完善营销激励机制为抓手，充分调动各方积极性，深挖业务潜力，积极开展交叉营销。公私联动和自主营销相结合，通过形式多样的新户拓展活动，不断推动业务发展，优化客户结构。全年实现新发卡逾30万张，累计发卡量已超过190万张。

销售模式实现平稳转型，营销体系日趋丰富。作为对原有销售渠道的有力延伸和扩充，信用卡直销渠道在年初正式启动筹建工作，年内在上海和宁波先后推出，进一步拓宽业务覆盖面，扩大市场份额。

【产品创新】 坚持新产品创新和重点产品维护，提升品牌和效益。以热点主题为开发重点，进一步细分目标客户，把握世博契机，围绕旅游热点，同时加强对车主和准车主群体的细分和提取，年内共推广上市6款新产品，形成了旅游和车主两个新的产品系列，进一步树立品牌形象。

通过对重点产品的重点维护，加大对现有产品序列的潜力挖掘。对现有白金卡、女士系列卡、青春系列卡等重点系列产品加大用卡和发卡维护力度，年度推出产品维护活动15次，助力产品营销和推广。

【拓展商户】 以优质商户为拓展重点，大力提高收单业务交易量。坚持"巩固和开拓"并进的理念，一方面妥善维护和存量商户的业务合作关系，稳固现有市场份额；一方面继续以大型优质收单商户为目标，不断开拓新收单业务领域和新商户。

同时，密切关注经济走向，灵活调整业务拓展方向，以商户结构和交易结构优化为抓手，拉动收单交易量稳步上升。截至年底，收单交易量较上年同期增长16%。

【银行管理】 注重合规经营，全面强化风险管理。从全行信用卡风险管理的角度出发，根据跨区域发展状况和业务发展需要，制订指导性规章制度，修订各项风险政策，实现风险条线系统性规章制度规范化管理。同时定期组织培训落实归档，更好地发挥风险政策的促进和保障作用，不断提升合规风险管理水平。

以行内审计和案件治理为落脚点，以案件防控为抓手，定期开展信用卡业务内部常规检查，根据排查情况对风险点逐一梳理汇总，形成更完善的内控检查方案，并结合人民银行的银行卡犯罪专项自查，积极开展专项整治工作，切实完善内控管理，加强风险防控力度。

【金融服务】 2010年上海世博会举办前期，信用卡中心以"迎世博、全面提升窗口服务水平、提高咨询和投诉受理能力"为重点，积极开展业务培训，提高员工整体业务素质和窗口服务水平，确保落实世博前后的窗口规范服务工作。同时组织POS收单商户开展全面培训，强化商户受理银行卡相关知识和操作技能，改善银行卡受理环境。世博期间，信用卡中心从抓渠道、建环境、保安全入手，营造安全高效的银行卡支付环境，并荣获人行上海总部颁发的"上海世博支付环境建设工作优秀集体"称号。

积极响应监管号召，组织开展安全用卡宣传活动，多方式多角度地向市民普及银行卡安全用卡知识，提升持卡人安全用卡技巧，预防和打击银行卡犯罪，构建和谐金融秩序。

（朱逸奇）

6. 兴业银行股份有限公司资金营运中心

兴业银行股份有限公司资金营运中心于2003年11月在上海成立，2004年11月经中国银监会批准，领取专营机构金融许可证并办理工商登记，2005年1月开始受中国银监会上海监管局的直接监管，成为持牌专营机构，首创中国银行业金融市场投资交易专业化经营运作新模式。

资金营运中心业务范围涵盖本外币同业拆借、同业存放、债券回购、票据贴现与转贴现、信贷资产转让、债券发行、本外币承销与买卖、外汇买卖、本外币衍生产品交易、人民币债券结算代理、本外币理财、代客境外理财QDII及贵金属交易业务等中国银监会批准经营的各类资金业务。资金营运中心下设投资管理、做市交易、代客财富管理、市场营销、营运管理、市场研究等管理板块，实行专业化分工与运作；按照商业银行内部控制指引的要求，并借鉴国际先进经验，资金营运中心在国内同业中率先实行前中后台相分离的业务处理流程，使各项业务在风险可控的前提下健康快速发展。

作为兴业银行参与境内外金融市场的核心经营主体，自成立以来，兴业银行资金营运中心积极把握我国金融市场化、国际化和综合化发展的各项机遇，立足流动性管理、投资管理、交易做市、代客理财、市场研究等五个基本职能，逐步实现从以经营资金头寸为主的经营模式向经营资金头寸和提供汇率、利率和理财等各类产品服务并重的经营模式转变，做大做强资金业务，成为交易市场有影响力的外汇市场做市商、黄金市场做市商、人民币债券市场做市商、人民币债券主要承销商、Shibor报价团成员、公开市场业务一级交易商、人民币利率互换主要交易商，是国内货币市场、债券市场、商业票据市场、外汇市场、黄金市场等各资金市场中最积极活跃机构之一。获2009、2010年度全国银行间本币市场最具市场影响力奖；中国外汇交易中心银行间外汇市场2009年度交易优秀会员，2010年度最佳技术做市商、最佳会员、即期交易优秀会员；中国银行间市场交易商协会2009年度债券市场优秀做市商；上海黄金交易所连续六年优秀会员；2010年度上海金融创新成果奖三等奖等荣誉。

2010年面对国际金融市场及国内的政策变化，兴业银行资金营运中心积极应对，紧紧抓住业务机会，着力提高交易水平，不断加快创新步伐，投资、代客、交易齐头并进，高速增长，业务的盈利能力和竞争实力同步增强。作为目前国内代理上海黄金交易所挂牌品种最齐全、交易量最大、客户数量最多的机构，2010年代理贵金属交易量和客户数继续保持市场全面领先。积极履行做市商职责，做市交易业务继续在黄金交易、人民币汇率、利率产品等方面在国内市场保持市场主流地位，并于年末获得了银行间外汇市场远期掉期做市商资格，成为市场首批远期掉期业务做市商银行之一。

（兴业银行资金营运中心）

链接:2010年英国《银行家》杂志全球银行排名

2010年6月30日，英国《银行家》杂志(The Banker)全球前1 000家银行排名揭晓。美国银行(Bank of America)成为全球资本实力最强银行。花旗(Citigroup)排名第三，苏格兰皇家银行(Royal Bank of Scotland)和汇丰银行(HSBC)分列第四和第五。资本排名第七的中国工商银行(ICBC)成为世界上最赢利的银行。中国共有84家银行跻身全球前1 000家银行之列，它们的总资本占到这千家银行总资本的9%，而税前利润则高达这千家银行的25%。《银行家》该项排名基于资本实力，这是衡量银行大规模借贷和承受冲击能力的重要指标。下表列举了中国84家上榜银行中的前25位。

名　称	2010年排名	2009年排名	一级资本(百万亿美元)	总资产(百万亿美元)
中国工商银行	7	8	91 111	1 725 938
中国银行	14	11	73 667	1 281 183
中国建设银行	15	12	71 974	1 409 355
中国农业银行	28	24	39 786	1 026 021
交通银行	49	49	22 625	484 628
中信银行	67	67	14 526	259 956
中国民生银行	80	107	12 998	208 897
招商银行	81	87	12 928	302 853
中国兴业银行	97	117	11 279	195 097
上海浦东发展银行	108	137	9 546	237 649
中国光大银行	136	166	6 799	175 397
北京银行	155	158	5 372	78 127
华夏银行	178	177	4 328	123 818
广东发展银行	218	241	3 147	97 608
上海银行	226	256	3 000	68 252
深圳发展银行	231	280	2 955	86 086
江苏银行	292	360	2 196	48 425
平安银行	299	430	2 096	32 319
上海农村商业银行	339	340	1 810	31 035
南京银行	349	366	1 754	21 838
徽商银行	356	351	1 719	23 784
广州农村商业银行	377		1 574	27 195
恒丰银行	391	663	1 483	31 306
杭州银行	395	634	1 465	21 966
宁波银行	419	432	1 362	23 923

二、外 资 银 行

(一) 外资法人银行

1. 瑞穗实业银行(中国)有限公司

瑞穗实业银行(中国)有限公司是一家由日本瑞穗实业银行股份有限公司设立的外资法人银行。总行设在上海,目前已经下设大连、深圳、北京、无锡、天津、青岛、广州、武汉、苏州9家分行以及大连经济技术开发区支行。2010年瑞穗(中国)的各项业务均保持稳定发展。同时,在各分行以改善存贷比为目标积极展开营销活动的努力之下,瑞穗(中国)的本外币存款均有所增长。

【发展方略】 瑞穗实业银行正将经营上的重要业务即国际业务的重点逐步转向经济恢复相对较快的中国市场。由此,瑞穗实业银行(中国)有限公司制定以下发展策略:(1)扩大业务领域范围。进一步加强人民币业务,尽早在新设的分行开办人民币业务,为客户提供更全面的服务;强化外汇买卖营销体制。(2)推进银团贷款等业务。携手中外资银行,为中国国内银团贷款市场的稳健发展而努力;推进贸易融资业务。(3)强化市场性业务。开发新的金融衍生产品服务客户;加强联行间资金的集约化管理,提高资金的运作效益;推进人民币跨境结算业务。(4)加强行内专业部门的职能,提供客户所需要的"解决方案"。强化商品企划/营销体制,开展结构性融资等企业金融业务;开发大额出口信用证业务(保兑,福费庭)、外汇买卖、衍生产品等新商品,提高盈利能力;向客户在中国经营的全过程提供广泛的、具有前瞻性的咨询服务。(5)加强与中资金融机构的业务合作。以瑞穗全球CMS、业务受托等高需求业务的开发、服务为重点,通过银团贷款、保理业务、贸易融资和结算服务等各类产品的业务合作,推进合作融资、扩大市场交易、人才与技术的交流等,进一步加强与中资银行的协作关系,为广大客户提供更优质的金融服务。

【组织架构】 2010年度,瑞穗实业银行(中国)有限公司在营业网点的布局进展顺利。2010年11月1日,苏州分行正式开业。同时,以客户集中度和今后长远发展为出发点,继续实施营业网点的增设计划。另一方面,伴随业务的拓展和网点的扩充,瑞穗实业银行(中国)有限公司的人员也有了相应增加,截至2010年12月底,员工人数达到了1 260名。

【合规管理】 瑞穗实业银行(中国)有限公司一如既往极为重视合规管理工作。专设合规管理委员会,对子行的合规管理活动予以监督。上海总行内设有法律合规部,负责实施与合规管理整体相关的计划与推进工作,以及法律事务工作。上海总行及各分行均设有合规经理,以此完善银行合规统一管理的体制,以及更好地贯彻中国人民银行、国家外汇管理局、中国银行业监督管理委员会等各监管机构的要求。瑞穗实业银行(中国)有限公司继续以"品质最佳的外资银行"为目标,在公司治理、内部控制、风险管理、产品开发、市场营销等各个领域以高质量、高标准的要求,力争成为客户心目中首选的外资银行。

(瑞穗实业银行)

2. 三菱东京日联银行(中国)有限公司

三菱东京日联银行(中国)有限公司[以下简称"BTMU(中国)"]自2007年7月顺利完成法人银行转制开业以来,无论是资产规模,还是人员规模都实现了稳步增长,截至2010年12月末,资产总额超过1 000亿元,拥有员工近2 000人,拥有8家分行、3家支行,业务辐射全国,其规模不仅在日资银行中名列榜首,在中国国内外资银行中也处于领先地位。

【金融服务】 BTMU(中国)在不断扩大服务网络的同时,更注重细节服务,在营业窗口特别设置客户服务小组，为客户提供如账户信息查询、业务咨询、协助办理个人业务等服务，并负责接待客户投诉。客服小组也是连接客户和相关业务担当的桥梁，负责及时将客户的疑问和意见传递给相关部门，加强业务担当和客户之间的关系。此外，因 BTMU(中国)以公司业务为主，个人业务主要以法人企业客户派驻中国的外籍员工为对象，为更好地为外籍客户提供优质服务，安排了外语熟练、精通业务的行员在窗口服务以提供各种金融服务方面的帮助和指导。以上种种举措皆提高和改善了银行整体服务水平，树立了良好的品牌形象。

【制度建设】 2010 年，BTMU(中国)新增一名董事。此外，董事长常驻中国使得董事会作为最高权力机构的公司治理得到进一步加强，通过定期召开董事会以及专门委员会，及时把握业务运营状况，采取必要措施解决出现的问题。在总行层面上，通过定期召开涵盖内部管理重要事项的各类会议、确认检查全行范围的措施实施落实情况，完善了由董事以下经营管理层汇总信息、及时发现问题、商讨对策并实施解决的有效机制；针对分行管理，定期召开分行长会议，听取各分行经营状况汇报，建立完善了及时准确把握全体银行经营情况的管理体制。

2010 年 BTMU(中国)将合规工作的重点放到进一步提升合规队伍水平、满足监管要求及加强"反洗钱"应对体制上，为此合规部在 2010 年中，增加合规业务条线人员配备，在整体人员增加的情况下，有效保证了合规岗位人数；严格按照监管当局规章和规范性文件等落实工作，确保执行到位；针对监管当局规章和规范性文件等新规定，根据对业务操作的影响，制定适当的控制措施，确保业务操作符合监管要求；2010 年初合规管理部门新设反洗钱班作为负责反洗钱专项职能的业务条线，配合反洗钱系统 Searchspace 上线，从软件、硬件两方面加强了反洗钱力度。

【业务创新】 在业务创新方面，为满足客户多样的资金需求，同时也为提高自身市场竞争力，2010 年 BTMU(中国)在传统银行业务上进行服务拓展，开发了银行承兑汇票无追索转贴现业务、财务公司贷款债权有追索转让业务、保险总分公司间外币资金自动划拨业务、海外代付业务、集中收付汇业务等多种新业务，为帮助客户实现资金有效分配及提高资金运作效率，提供了更全面多样的选择。

在金融衍生产品业务方面，BTMU(中国)一直以成为中国资金市场业务的先锋为目标，在积极推进银行间市场业务的同时，充分发挥在金融衍生产品业务方面的优势，不断致力于金融衍生产品业务的创新。2009 年推出"人民币浮动—固定混合贷款"获得了广大客户的好评，2010 年在进一步推广该产品的同时，也加大了对更多商品类、期权类金融衍生产品的开发。

伴随着人民币国际化进程，自《跨境贸易人民币结算试点管理办法》公布实施以来，BTMU(中国)于 2009 年 9 月作为首批获得"境内代理银行"和"境内结算银行"业务资格的外资银行，于当年 11 月便顺利完成了第一笔人民币跨境贸易结算业务，之后不断加大对境内试点企业客户的推行力度，人民币跨境贸易业务显著增长，为客户提供结算便利的同时，为推动人民币国际化进程也做出了应有贡献。另外，BTMU(中国)还作为首家获批在中国境内发行人民币债券的外资法人银行，于 2010 年 5 月成功发行 10 亿元债券，获得了良好的市场反响并积累了宝贵经验。

【银行管理】 为进一步加强风险管理，BTMU(中国)在 2010 年将原有"风险管理会议"改制成为由副行长担任委员长，且直属董事会的"风险管理委员会"，该委员会通过定期召开会议，并向董事会进行报告的运行制度加强各项风险管理。与"审计委员会"、"关联交易控制委员会"共同发挥各自职能，提高了银行公司治理内部控制水平，保证高质、平稳的公司运营。

【社会责任】 作为一家力图扎根中国的外资银行，BTMU(中国)一直以来秉承"积少成多"，"来源社会，回馈社会"的理念，通过多种形式履行企业的社会责任。自 2005 年起为复旦大学开设"复旦·三菱东京日联银行(中国)地方财政与金融"讲座，已连续 5 年为该讲座提供资金，为广大复旦学子在研究地方财政与金融方面提供了平台。

BTMU(中国)上海分行在 2010 年上、下半年分别举办了一次捐赠衣物和书籍给上海市慈善基金会和海外中国教育救援基金会的慈善活动，这已经成为上海分行每年的惯例。除上海分行以外，其他的各家分行也通过骑自行车倡导低碳节能、参加植树造林等活动提倡环保等活动为所在地区的节能环保事业尽一份力量。在 2010 年青海玉树发生地震，甘肃省舟曲县发生特大泥石流灾害后,为表达对遇难者的深切哀悼以及对受灾民众的人道支援,BTMU(中国)组织员工在第一时间向灾区捐款,积极支援灾后重建。

【金融文化】 2010年,人事总务部为加强人才管理、完善人事政策基础将统一人事等级制度作为重大课题,进行研究探讨并初步完成了框架。同时在培训项目上加大开发和投资力度,为各类行员提供了更多更有针对性的培训课程,发展了企业文化,也增加了企业凝聚力。

(三联东京日联银行)

3. 三井住友银行(中国)有限公司

三井住友银行(中国)有限公司于2009年4月27日成立,由原日本三井住友银行股份有限公司的在华营业性分支机构(不包括上海分行)改制而成,资本金规模为70亿元人民币,目前共有员工逾千人。总行设于上海,目前拥有天津、广州、苏州、杭州、北京、沈阳6家分行以及天津滨海、苏州工业园区、江苏常熟、上海浦西4家支行,共11个网点的分支机构网络。

2010年,三井住友银行(中国)有限公司继续秉承"迈上新台阶:创造价值、挑战、变革"的口号,在金融服务、信贷风险管理、合规建设、企业社会责任等方面都取得了较大进展。

【金融服务】 三井住友银行(中国)有限公司凭借专业的咨询队伍,为日本在华企业提供包括在华战略的制定、业务重组、资金筹措、营销能力的增强、市场调查等各方面的咨询业务,同时为客户提供应收账款风险控制方面的建议。近来在外资企业不断开拓中国市场的大背景下,三井住友银行(中国)有限公司于2010年根据客户资金运用需求开发出参考银行间拆借利率的保本型人民币理财产品,并针对有套期保值需求的客户推出外币利率掉期等金融衍生产品。另一方面,还拓展了代理销售保险业务、代理主动收款服务等业务,以满足客户的各种需求。值得一提的是,三井住友银行(中国)有限公司是在华日资法人银行中首家提供上述两项金融服务的银行。同时,三井住友银行(中国)有限公司继续保持2009年在银团贷款方面的优势,在路透社旗下权威媒体Basis Point(《基点》)发表的中国银团贷款2010年簿记行(Book Runner)年度排名中,三井住友银行(中国)有限公司在所有银行中名列第6位(外资银行中名列第3位)。

【风险管理】 2010年度,三井住友银行(中国)有限公司按照监管部门颁布的"三个办法、一个指引"的贷款新规,完善了行内相关管理制度,制定了针对固定资产贷款和流动资金贷款的专项规则及操作流程,严格贯彻执行了"三个办法、一个指引"的要求,特别是针对受托支付,制定了行内的流动资金贷款受托支付基准,明确了贷前审核资金用途、放款与支付瞬间完成等操作要点,强化了对"受托支付"的管理。

【合规建设】 改制为法人银行后,三井住友银行(中国)有限公司的合规风险管理体系运行平稳,总行法务合规部在高级管理层的直接领导下,与派驻各分行的合规经理和反洗钱官以及总行各部门的合规联络员密切配合,对三井住友银行(中国)有限公司的合规风险实施了有效的管理和控制。通过定期或不定期召开的合规委员会,及时向高级管理层报告合规管理的重要事项,落实高级管理层提出的合规管理要求。合规风险评估、合规培训与合规检查等各项合规管理工作也均按计划顺利开展。

【社会责任】 2010年度三井住友银行(中国)有限公司分别在上海外国语大学、华东师范大学、苏州大学、浙江大学、中山大学及天津外国语大学6所高等院校设置了"三井住友银行(中国)有限公司奖学金",该奖学金项目自2008年起已成功持续了三届,得到了各方良好的反响,并且在为银行吸引更多优秀大学生人才的同时,也体现了作为一家外资企业在中国本土的企业社会责任与价值。

(三井住友银行)

4. 盘谷银行(中国)有限公司

盘谷银行(中国)有限公司由泰国盘谷银行(大众有限公司)在中国境内的分支机构改制而成,于2009年12月28日正式成为法人银行,由泰国最大的商业银行盘谷银行全资所有。其总行设在上海,目前设有四家分行,分别位于上海、北京、厦门和深圳,四家分行均可开展外币和人民币业务。截至2010年12月31日,共有员工244人,注册资金约为等值人民币40亿元。盘谷银行(中国)凭借其在亚洲和中国市场的悠久历史和专业服务，向境内外客户提供各种银行服务，具体包括本外币银行存款，流动资金和中长期贷款，外汇兑换及买卖，贸易融资，全球支付以及资金业务等。

【业务发展】 盘谷(中国)贷款业务稳定增长，2010年底各项贷款较2009年底增长8%，在业务发展的同时，严格落实贷款新规的要求，保持严谨谨慎的态度进行业务操作。目前贷款的客户群集中为海外集团公司或者上市公司在大陆的子公司，客户类型多为制造型企业，转制之后该行也积极开发客户，旨在为中国大陆的企业提供更好的金融服务。盘谷(中国)的存款业务有了长足的进步，2010年较2009年同期增长192%，在监管当局货币信贷政策的引导下，采取措施大力吸收存款，以寻求存贷款业务稳定、健康的发展。盘谷(中国)的资金业务主要包括货币市场(信用拆借、同业借款、存放同业)和即期外汇业务。法人转制后，所有资金业务均实行总行集中管理，此举不仅提高了银行资金管理的效能，也在一定程度上增强了银行在同业市场的竞争力。货币市场操作逐步加强了资金双向操作，期限也更加灵活，交易规模也有较大幅度的增长，在兼顾风险的基础上加大资金收益，资金配置也更多元化。

【制度建设】 盘谷(中国)一直致力于完善法人治理机制，根据法规和规章及其母行的公司治理准则，已确立股东、高级管理层、其他管理人员的职责，并制订了公司法人治理的规则和程序。为了政策的制订、执行和监督，建立了一套合理有效的构架，以确保董事会、监事和高级管理层的权力适当分离，确保在监督层面有独立有效的制衡。现董事会下设责任分离，分工明确的委员会，包括风险管理委员会、审计委员会、信贷委员会、信息科技管理委员会、人力资源委员会和关联交易委员会等。

盘谷(中国)一贯致力于营造合规文化，要求银行所有员工从合规做起，人人合规，倡导合规创造价值这一价值观，将合规理念融入日常经营过程中，形成长效风险管理机制，树立"合规从高层做起"的理念，带头推进合规文化建设。在合规风险的管理流程上，严格落实各项监管要求，在全行范围内开展充分的合规培训、合规宣传工作及其他一系列培育银行良好合规文化的活动。通过这些活动提高银行全体员工的合规意识，使所有员工能够明确了解银行在经营范围中必须遵循的法律、法规和准则的对象范围，充分系统地了解和掌握银行的合规政策以及相关合规管理制度等具体内容和各自岗位的合规流程，从而确保银行合规风险管理目标的有效实现。另一方面，重视对新业务和新产品合规性审核，从合规的角度系统地提出相关的意见、建议和必要的合规风险提示，为银行各个层面提供合规支持，并且为银行业务活动的合规性把关，努力做到"事前合规"，为银行的审慎经营提供可靠保障。

【银行管理】 在法人银行的转制后的第一个运营年度中，盘谷(中国)围绕满足银监会关于外资法人银行风险管理的相关要求，努力完善本行风险管理架构，完善各项规章制度，提升风险管控水平，准确把握、有效应对外资法人银行的独特风险走向，加强主动风险管理，提高风险管理的前瞻性和全局化程度，加快提高风险管理水平以应对业务发展需要，进一步提高风险管理实力。定期梳理各项业务操作流程，完善内控制度，从而有效加强包括信贷风险，市场风险，流动性风险，操作性风险及合规风险等全面的风险管理。目前，业务发展处于法人银行的起步阶段，按照稳健、审慎原则开展风险管理控制活动。

(盘谷银行)

5. 东亚银行(中国)有限公司

东亚银行(中国)有限公司于2007年4月2日正式对外营业，是东亚银行有限公司在内地注册成立的全资子公司，致力于在中国内地为客户提供个人、企业及其他银行服务。作为首批在华注册成立的外资法人银行之一，东亚(中国)在内地拥有庞大的分支机构网络。2010年5月，坐落于上海陆家嘴金融区的东亚中国新总部"东亚银行金融大厦"隆重揭幕。年内，东亚中国开设了2间分行，分别位于苏州和郑州，同时也增设了16间支行。截至2010年12月31日，东亚中国在内地25个城市共设有21间分行以及包括4间异地支行在内的68间支行，员工总数超过3 500人。

【账户管理】 东亚(中国)在国内率先推出了"两地一本通账户"，允许客户通过一个账户便捷、灵活地调度和管理中、港、澳两岸三地资金，并在"两地一本通账户"的基础上，配以包括"两地通网上银行"、"两地通跨境代扣代缴服务"、"两地通快速汇款"、"两地通手机信使服务"在内的多种创新产品和服务功能,打造业内独具一格的"两地通跨境综合金融服务"品牌,以更加畅快的资金通路,进一步推动内地和港澳地区之间金融业务的互动互通。"两地通网上银行"荣获2010年度上海市金融创新成果奖。显卓理财是东亚(中国)面向中高端个人客户的账户服务品牌,目前东亚(中国)已在内地21个城市设立了88家显卓理财中心,旨在为广大客户提供快捷、尊贵的一站式理财服务。

【财富管理】 东亚(中国)为客户提供包括结构性产品、人民币信托产品、代客境外计划及银保产品等全方位的财富管理金融服务,并推出理财产品定期售后回访服务,以进一步提升客户服务的满意度和银行服务品质。

2010年,东亚(中国)推出了10个系列共计401款个人理财投资产品。2010年8月,新推出非汇率挂钩结构性产品定制套餐服务,以其多样化的策略选择、灵活的期限及挂钩标的等量身定制优势,受到中高端客户的青睐。银保业务方面全新推出了家庭综合理财保险规划服务,以逐步建立东亚(中国)"未来盈"综合保险理财规划服务品牌,为客户提供风险保障整体解决方案。

【私人银行业务】 东亚(中国)自2008年4月正式开展私人银行业务以来,已在北京、上海、广州、深圳和西安五地设立私人银行部,致力于为高端财富拥有者提供个性化、专业化的财富规划方案,满足其投资及金融服务需求。

【企业银行业务】 2010年,东亚(中国)积极推动人民币跨境贸易人民币业务,跨境贸易人民币结算业务量在外资银行中名列前茅。2010年9月,东亚(中国)开立了本地注册外资银行首张电子银行承兑汇票。

【社会责任】 2010年,东亚(中国)继续将积极履行企业社会责任融入到东亚中国的经营理念之中,通过各类社会责任计划,努力为中国内地社会的和谐发展做出积极贡献,并荣获了《第一财经》"中国企业社会责任榜之优秀实践奖"、搜狐网"2010年最佳履行社会责任银行奖"。

2009年11月,东亚银行(中国)有限公司与上海宋庆龄基金会联合成立"上海宋庆龄基金会——东亚银行公益基金"。2010年,东亚(中国)通过该基金成功募款约人民币1 200万元,通过基金的主要项目——"萤火虫计划"捐建了9所含书库、电脑及其他先进设施的"萤火虫乐园",并向逾万名贫困学生捐助了含学习用品及书籍的"萤火虫60包裹"。

东亚(中国)积极参与抗灾赈灾等公益活动。2010年4月,为支持青海地震灾区的灾后重建工作,东亚(中国)向中国红十字会捐赠人民币100万元(含公益基金捐赠的30万元)。

在教育及文化艺术方面,2010年10月,"东亚银行大学生助学金计划"正式启动。该助学金计划用于资助复旦大学、中山大学以及深圳职业技术学院的优秀贫困学生完成学业;2010年8月,由东亚(中国)赞助的"王健与亚洲青年管弦乐团音乐会"在天津音乐厅隆重上演,来自亚洲的100多名经过层层甄选的优秀青年演奏家共同上演了一场音乐盛宴。这是东亚(中国)二度将"亚洲青年管弦乐团"的音乐带给内地听众。

【获奖情况】 东亚(中国)的财富管理业务获得了业界的广泛认可。2010年,东亚(中国)荣获搜狐金融理财网络盛典颁发的"2010年网友最信赖银行理财品牌奖",荣获《理财周报》"2010年中国最受尊敬外资银行"。

东亚(中国)的原创理财产品"牛熊双盈"系列荣获《理财周刊》和第一理财网联合颁发的"2010年度最具创新精神产品"奖。

东亚(中国)荣获由《21世纪经济报道》颁发的"金融理财金贝奖——2010年度外资优秀私人银行品牌"奖项。

东亚(中国)的"网上银行"(企业网银和个人网银)服务成功斩获中国互联网经济论坛"2010中国互联网最具潜质产品/服务奖",成为"2010中国互联网大会"中唯一一家获此殊荣的金融机构。

【重大活动】 (1)东亚(中国)数据中心揭幕。作为内地首家自主建造大型数据中心的外资银行,东亚(中国)于2010年1月11日在上海市金融信息服务产业基地(暨上海市银行卡产业园)举行了东亚中国数据中心的揭牌庆典仪式。东亚(中国)数据中心揭牌庆典由东亚(中国)副董事长陈棋昌主持,出席嘉宾包括中国人民银行、中国银行业监督管理委员会、上海张江(集团)有限公司和知名业界厂商的众位代表,以及东亚中国执行董事兼行长关达昌、东亚中国常务副行长孙敏杰先生等。

东亚(中国)数据中心的设计建造结合了国内外

先进的标准和业界最佳实践，包括 UPS 间、主机房、网络机房、总控中心等多个功能区域，部分功能区域达到了国际行业领先的 Tier-4 标准。

(2) 东亚银行金融大厦开幕。2010 年 5 月 31 日东亚(中国)举行盛大庆典，庆祝其位于上海浦东新区陆家嘴的新总部大楼正式开幕，该大楼冠名为东亚银行金融大厦。开幕典礼由东亚银行主席兼行政总裁，及东亚(中国)董事长李国宝博士主持。出席典礼的嘉宾包括东亚银行及东亚中国之董事及高级管理层以及约 400 位来自上海及内地其他地区的政府官员、商界及财经界领袖。东亚银行金融大厦矗立于上海陆家嘴金融区核心地段，楼高 45 层，高达 198 米，总建筑面积约 91 700 平方米，其中 19 600 平方米由东亚(中国)总部及上海分行使用。东亚银行金融大厦位置优越，外滩、黄浦江及东方明珠电视塔等景观尽收眼底。目前，东亚(中国)总部及上海分行逾 600 名员工已进驻新大楼工作。

2010 年 5 月 31 日东亚银行金融大厦开幕典礼

6. 恒生银行(中国)有限公司

恒生银行(中国)有限公司(恒生中国)于 2007 年 5 月成立，是香港恒生银行在内地的全资附属公司。

恒生中国以长三角、珠三角和环渤海区域为业务拓展重点。秉承母行审慎经营原则，恒生中国稳健发展内地业务。2010 年，恒生中国以人民币 5.1 亿元购入上海陆家嘴的一项物业作为本行总部之用，并将该物业冠名为"恒生银行大厦"，体现了恒生在内地长远发展的决心。2010 年，恒生中国新增佛山与中山两家异地支行。目前恒生中国在内地 13 个城市设有分支网点，包括北京、上海、广州、深圳、东莞、福州、南京、杭州、宁波、天津、昆明、佛山与中山。恒生中国在设有分支网点的城市均有"优越"理财中心，为客户提供个人理财和财富管理服务。

【业务发展】 2010 年恒生中国整体业务继续扩大发展，客户总数较去年同期亦有明显增加。其中"优越理财"客户数同比增加 17.2%；个人客户数同比增加 15.3%；商业客户数同比增加 14.4%。2010 年底，恒生中国存款数量同比增加 76.1%，贷款总额同比增加 28.4%。

恒生中国的业务发展受到社会的认可。在《每日经济新闻》"2010 第一届金鼎奖高端私人理财评选"中，恒生中国荣获"最佳外资银行奖"。在银率网"2010 年度第二届消费者 360°银行评测"中，恒生中国获评"2010 贵宾理财消费者满意度第二名"和"外资法人银行消费者综合满意度第三名"。

财富管理方面，恒生中国不断创新，于年内推出三款新型结构性理财产品，分别为股票挂钩部分保本投资产品"连连盈"、交易所交易基金挂钩部分保本投资产品"跃跃丰"和商品挂钩保本投资产品"节节胜"。2010 年恒生中国理财产品取得了良好的收益率，"普益标准—银行理财能力排名报告(2010 年度)"显示，恒生中国理财产品在收益能力方面年度排名第一。理财产品"连连盈"还在《理财周报》"2010 第三届中国最受尊敬银行暨最佳零售银行评选"中，当选"中国十大最佳银行理财产品"。

对公业务方面，2010 年恒生中国抓住跨境贸易人民币结算试点地区扩大的契机，将人民币跨境贸易结算业务推广到设有网点的 13 个城市。截止 2010 年底，恒生银行连同恒生中国跨境人民币业务金额累计超过 350 亿元人民币。《首席财务官》杂志"2010 年度中国 CFO 最信赖的银行评选"中，恒生中国亦凭借优质服务，摘得"最佳中小企业服务奖"。

【社会责任】 在专注于稳健经营的同时，恒生中国亦积极向大众普及金融和理财知识，在北京、上海、广州、天津、昆明等多个城市举办投资理财巡回论坛和财富管理讲座，邀请业内专家结合经济时势为客户提供最新资讯，引导客户树立投资理念。2010 年，恒生中国积极响应中国银行业监督管理委员会号召,参与为期一个月的“2010 年公众教育服务日”活动。

2010 年,恒生中国持续努力实践企业社会责任。恒生中国与员工分别向云南特大旱灾地区和青海玉树地震灾区受灾群众捐助善款。同时,配合2010 年两场国家盛会——上海世界博览会和第十六届广州亚洲运动会,恒生中国参与组织了两项公益活动:与上海市慈善基金会牵头主办“圆梦世博1+1”活动,组织 201 名员工与志愿者带领 201 位外来务工者子女畅游世博会;以及“丈量广州 低碳绿行”公益活动,招募志愿者以步行和自行车骑行方式“丈量”广州,响应亚运会“绿色环保、低碳亚运”理念。在环保方面,恒生中国参加“地球一小时”活动,积极倡导环保理念,提高大众环保意识。

【员工培养】 2010 年恒生中国继续积极推进人才本地化策略,本地员工比率达 95%以上。同时,恒生中国亦开展更广泛范围的校园宣讲,吸引优秀大学毕业生加入恒生“管理培训生”,2010 年校园宣讲的数量比上一年增加十个大学院校,银行高管也亲自去校园参加宣讲。恒生中国还推行“伙伴同行计划”,鼓励老员工与新加入的员工结成伙伴,帮助新员工更快地融入恒生大家庭。

同时,恒生中国亦开展众多的员工康乐活动,如鼓励员工参加上海国际马拉松赛事等,增强团队凝聚力。

(恒生银行)

7. 汇丰银行(中国)有限公司

2010 年,汇丰银行(中国)有限公司保持稳步发展的态势,继续在中国内地拓展网络和业务。至2010 年底,汇丰(中国)共在内地 23 个城市设有网点 106 家,继续在外资银行中保持在华网点数量和地域范围的领先地位,有员工逾 5 000 人,其中约98%为本地人才。作为首批本地注册的外资法人银行之一,汇丰(中国)向本地居民、外籍人士及港澳台人士提供广泛的人民币和外币服务,同时为本地企业、外商投资企业提供广泛的银行和金融服务。汇丰(中国)的私人银行业务为内地高资产人士及其家人提供个性化的财富管理服务。

【业务发展】 2010 年汇丰在内地业务发展主要事件包括:2 月 4 日,汇丰(中国)佛山支行举行开业典礼,成为依据 CEPA 补充协议六汇丰(中国)在广东省内开设的第一家异地支行。6 月 9 日,汇丰(中国)新总部大楼正式启用,同日,汇丰(中国)的第100 家网点亦在上海开业。8 月 19 日,汇丰(中国)宣布,已获准成为首批三家人民币兑林吉特做市商之一,同时也是唯一的外资银行做市商。8 月 31日,汇丰(中国)宣布已在内地所有 17 个可参与跨境贸易人民币结算的分行完成了首笔业务,成为跨境贸易人民币结算服务地域最广的外资银行。10 月19 日,汇丰(中国)南京分行正式开业。12 月 23 日,汇丰(中国)昆山支行开业,成为全国首家由外资银行开设的县域支行。12 月 24 日,汇丰(中国)创设其首个“信用风险缓释凭证”,成为国内首家创设此类凭证的外资银行。

2010 年,汇丰(中国)获得的奖项包括:《金融亚洲》杂志“中国最佳外资银行”、《亚洲银行家》杂志“中国最佳外资零售银行”、《国际财资管理》杂志“中国最佳风险管理银行”、《国际财资管理》杂志“中国最佳现金管理银行”。

【社会责任】 在发展业务的同时,汇丰(中国)积极履行企业社会责任,广泛支持中国的教育、环保和社会发展。截至 2010 年底,汇丰(中国)对内地的捐款已累计超过 4 亿元人民币。

在环境与可持续发展方面,2010 年 11 月,亚太区“汇丰与气候伙伴同行”可持续发展领导人项目在位于浙江省古田山国家自然保护区的中国区域性气候研究中心正式启动。此外,自 2010 年起,汇丰(中国)开始资助联合国环境规划署—同济大学环境与可持续发展学院开展为期两年的“上海市低碳城市发展战略研究”。

在教育方面,2010 年汇丰(中国)和复旦大学经济学院联手,共同启动了首届“汇丰青年企业家奖”大学生商业计划比赛上海地区选拔赛,为青年人提供了一个发挥商业创意,学习实用商业知识和技巧的平台。汇丰(中国)继续资助中国发展研究基金会开展为期三年的“贫困地区儿童早期发展”项目,以期确保贫困地区儿童获得早期发展机会。2010 年,汇丰(中国)消费者教育计划得到进一步发展,除继续出版消费者教育系列丛书外,汇丰(中国)还通过面向公众的消费者教育网站为公众提供不含商业信息的金融知识。

(汇丰银行)

2010年6月9日，汇丰(中国)新总部大楼正式启用

8. 大华银行(中国)有限公司

大华银行(中国)作为大华银行的全资子公司和在中国境内注册的本地法人银行，于2007年12月18日注册成立，并于2008年1月2日正式对外开业。大华银行(中国)有限公司的总部设在上海。注册资金为30亿元人民币，是一家已获得对各类客户的全面外汇业务和全面人民币业务执照的外资本地法人银行。银行向机构客户和个人客户提供存款、贷款、贸易及项目融资、汇款、担保及贴现、外币兑换、理财服务和资金服务。

目前，大华银行(中国)拥有八家分行和两家支行的银行网络，包括北京分行、上海分行、广州分行、深圳分行、厦门分行、成都分行、沈阳分行、天津分行和上海静安支行、北京东城支行。截至2010年底，大华银行(中国)总资产为人民币227.6亿元，所有者权益为人民币34.5亿元。吸收存款136.9亿元人民币，发放贷款及垫款95.3亿元人民币。

2010年，大华银行(中国)的员工总数由上年的459人发展到614人。2010年2月，经中国人民银行批准，大华银行(中国)取得了人民币跨境贸易境内结算银行的资格，并且作为相关行的人民币清算行；同时在包括个人储蓄、普通存款、结构性存款及银行保险业务在内的资产管理规模上也得到了大幅提升。

大华银行(中国)一直相信企业社会责任，除了与中国红十字会在各项救灾及重建项目的密切合作外，大华银行(中国)还通过赞助当地社区的基层活动以支持社会文化事业，继续在社会中扮演积极和有意义的角色。

(大华银行)

9. 星展银行(中国)有限公司

星展银行(中国)有限公司是在中国设立独资法人银行的首家新加坡银行和少数外资银行之一。2007年5月24日，星展(中国)经中国银行业监督管理委员会批准正式成立，注册成本为人民币40亿元，注册地在上海。星展(中国)的股东为总部位于新加坡的星展银行有限公司。星展(中国)在2010年加大了在中国的投资力度，如扩大员工队伍、完善科技平台，目的是为未来更长远的业务发展打下基础。

2010年2月，星展(中国)正式入驻位于陆家嘴的星展银行大厦。截至2010年12月31日，星展(中国)在中国大陆地区，除了设在上海的总部外，还在上海、北京、深圳、广州、苏州、天津、南宁、东莞共拥有16家分行和支行。

2010年12月15日，星展银行和苏格兰皇家银行签署协议，将苏格兰皇家银行在上海，北京和深圳三地的零售及中小企业金融业务的客户群、业务组合和相关员工转移至星展(中国)。这标志着星展银行在中国市场拓展业务，提升客户数量的一个重要里程碑。自从在中国正式注册为独资法人银行至今，星展(中国)的客户群已经增加六倍。2010年，星展(中国)的客户总数增长了40%。

此外，星展(中国)于2010年在上海分行率先设立了台湾组和新加坡组，以更好地支持中国跨国企业在亚洲的发展以及亚洲客户在中国的发展。星展银行的人民币业务发展一直引领行业。星展(中国)继续利用区域的网络优势建立领先的跨外汇，债券，结构性产品及对冲解决方案的人民币业务。

为了满足中国中产和富裕阶层不断增长的财富管理需求，星展(中国)加强了财富管理业务，旨在为领先的首选亚洲银行和亚洲财富管理机构。

2010 年，星展(中国)取得了全面进展：贷存比显著进步；资产质量明显改善；加大对人才和系统投资的同时，实现了税后利润的大幅提升。2010 年税后净利润年比增长了超过一倍，这主要受益于营业收入的增长以及拨备的减少。

星展(中国)也一直积极履行企业社会责任。2010 年 4 月玉树地震，星展(中国)捐款 50 万人民币给红十字会帮助玉树地区重建。此外，星展(中国)与上海市慈善基金会共同成立星展银行专项基金会，捐献善款新币 25 万元，约合人民币 122 万余元，专项资助民工子弟学校的教学设施以及民工子弟接受更好教育，舒缓民工及世博建设者对子弟教育的忧虑，为和谐世博添砖加瓦。2010 年 10 月，星展(中国)组织了 100 名农民工子女参观世博园。

(星展银行)

星展银行窗口服务

10. 南洋商业银行(中国)有限公司

2010 年是南商(中国)完成中银香港集团内地分行整合后的第一年，各项业务取得突破性发展，经营水平明显提高，企业形象迅速提升。年末，南商(中国)资产总数为折人民币 492.8 亿元；贷款总数为折人民币 339.42 亿元(含贴现及贸易融资)；存款总数为折人民币 299 亿元；资本金为折人民币 41 亿元；本年度纯损益为折人民币 1.61 亿元；不良贷款率为 0.25%。截至 2010 年底，南商(中国)网点数量增加至 12 家分行 9 家支行，遍及深圳、海口、汕头、广州、大连、青岛、北京、上海、杭州、南宁、成都及无锡等地。

【业务创新】 2010 年，南商(中国)与多家保险公司建立战略合作联盟，积极拓展内地保险代理业务，推出多款产险、寿险产品。理财产品开发方面，南商(中国)相继推出“益安”、“灵活期限”及“汇益达”汇率挂钩保本结构性理财产品等多款产品，市场反应良好，理财业务取得突破性发展。理财产品已成为南商(中国)内地分行发展负债业务的一项重要工具。另外，2010 年主推的置理想楼宇贷款、借记卡及跨境个人人民币业务等零售产品也取得良好业绩。跨境贸易人民币业务方面，就 2010 年年中人民银行等六部委宣布扩大跨境人民币结算试点地区的政策，南商(中国)利用重中银香港集团配套的跨境金融工具及服务，取得有效成果，尤其是珠三角地区和长三角区域成效显著。

【制度建设】 2010 年，根据《加强外资转制法人银行公司治理指导意见》、《商业银行稳健薪酬指引》、上海银监局审慎监管会谈及现场检查意见等要求，南商(中国)结合自身发展情况，进一步健全、完善公司治理机制，包括董事会下增设薪酬管理委员会、修订及完善董事会及专业委员会职责约章及工作规则、重检及明确总行各部门职责等。2010 年股东、董事会、监事及高级管理层各司其责、各尽其职，整体运作顺畅、有效。合规制度建设方面，南商(中国)在强化全行员工意识的前提下，注重发挥全行整体合力，主要采取包括明确合规管理职责、强化合规及操作风险管理第一道防线职能，细化分行合规工作人员的工作职责和考核机制、最大限度发挥其监控分行合规和操作风险的功能，落实问责制度等措施，基本保证了合规管理工作的有效性。

【风险管理】 2010 年，南商(中国)高度重视“三个办法、一个指引”贷款新规，在制度建设、流程改造、岗位设置、合同文本修订、IT 系统调整、业务培训、客户宣传等方面基本落实到位，保障了贷款新规在本行的贯彻落实；落实国家产业政策和宏观调控要求，加强主动风险管理，防范因经济结构调整引发的信贷风险；加强授信风险预警，并积极压缩不良贷款，保证授信资产质量；引入新的市场风险管理系统，增加风险价值限额管理，完善市场风险管理系统；加强对分支行的业务检查、完善案件防控长效机制、加强规章制度建设、完善关键风险点的识别工作、加强对员工业务技能和风险防范意识的培训，促进合规及操作风险文化的形成，为业务的稳健发展奠定良好基础。

【世博服务】 2010上海世博年，南商(中国)以“保平安、促运行、重服务、创一流”为目标，全力做好世博金融各项服务工作，切实向客户提供“舒心、称心、放心、用心、贴心”的服务。具体包括：组织开展了多次安全保卫和防火应急演练；组织建立了行内小语种人才库，以为有特殊语种客户提供更完善的服务；进一步完善硬件设备；开展“行长大堂值班/接待来访日”活动；开展多项活动，如全行座右铭征集活动、第一届全行服务技能大赛、“相约世博、零距盛会”客户互动活动、“送水消酷暑”贴心服务行动等，以进一步提升服务形象，创建服务品牌。通过上述种种举措，南商(中国)上海分行交出了一张三个“零”、一个“100%”，即支付环境零故障、窗口服务零有责投诉、安全保卫零事故发生、客户满意百分百的圆满答卷。

【社会责任】 南商(中国)素来热心公益，2010年为西南旱灾、玉树地震、舟曲泥石流灾区捐款共计近37万元人民币；继续向2009年捐建的云南羊坪学校捐助学习、生活必需品，并派员前往学校了解学生和老师的困难；启动“爱心存单”项目，通过中国红十字会“红十字书库”项目将客户一年定期存款利息捐出，用于帮助灾区及贫困山区的孩子建立书库。2010年，南商(中国)被铁道部主管的《旅伴》杂志评选为“2010最受商旅精英欢迎的外资银行”奖；在《理财周报》举办的“2010中国最受尊敬银行暨最佳零售银行评选”中获得“最具成长性借记卡”奖；在《首席财务官》杂志“2010年度中国CFO最信赖的银行评选”活动中获得“最佳社会责任奖”。

【企业文化建设】 南商(中国)高度重视企业文化建设，坚持以“建立和谐员工关系、增强员工队伍凝聚力、推进雇主品牌建设”为目标，调动员工的积极性、建立和谐员工关系、增强员工队伍凝聚力。2010年工作重点从树立“以客为先”的服务理念、关爱员工、深化合规以及奉献爱心等方面入手，举办形式多样的员工康乐活动、多场管理层与员工的沟通会、座谈会，组织开展了全行范围内的规章制度集中学习、“百日安全无事故”、“我为规章制度提建议”等活动，努力培育员工“行兴我荣、行衰我耻”的主人翁意识。

【重大活动】 2010年6月22日，南商(中国)和凤凰网共同举办的“相约大使　零距盛会——世博浪漫之旅”主题活动，法国驻华大使苏和亲切会见了南商(中国)执行董事兼行政总裁曾小平先生，并亲自带领40名南商(中国)的重要客户和幸运网友游历世博法国国家馆，体验弥漫法兰西风情的感性城市水韵之美。苏和大使表示，上海世博会是一届促进文化交流的盛会，他热切期望世博会法国馆能够成为连接中法人民之间友谊和彼此尊重的纽带。

(南商银行)

部分参加活动的客户/网友与南商(中国)执行董事兼行政总裁曾小平先生合影

11. 东方汇理银行(中国)有限公司

转制为本地注册的法人银行是东方汇理银行在华各项业务本地化的战略措施之一，继2009年8月3日东方汇理银行(中国)有限公司正式开业以来，2010年的业务发展显示了这个战略的全面和顺利实施。东方汇理(中国)的企业客户数量有了显著增长。东方汇理(中国)亦活跃于本集团的各项核心业务领域，为境内跨国企业以及中国集团客户的海外投资提供各项支持。

【主要业务】 东方汇理银行(中国)有限公司充分利用本地和全球专业知识以及协同网络，为客户在中国及海外的投资提供咨询和融资。(1)企业银行。特别侧重中国企业和金融机构以及跨国公司，结合国际银行或当地银行的优势，以双边或银团贷款形式提供短期和中期人民币或外币融资，担保、信用证、存款以及现金管理服务(包括完整的电子银行业务)。

(2) 固定收益。全系列对冲产品(外汇、利率衍生工具、货币市场)和投资产品,在中国客户的国内外市场占据领先地位。

(3) 结构性融资。在结构和项目融资方面拥有丰富的专业知识:自然资源、基础设施和电力。普通及结构性国际贸易融资:保函、信用证、应收账款贴现、福费廷。进口和出口交易的出口融资。大宗商品融资在国际和国内贸易公司中占据领先地位。资产融资基于资产和现金流的融资的强劲实力和结构能力。

(4) 银团贷款市场。东方汇理银行(中国)有限公司过去几年中一直是中国领先的美元或人民币银团贷款安排和分销的外资银行。东方汇理(中国)于2010年7月推出大宗商品融资业务,随着该业务在中国市场的全面开展,银行的本地专长得到了进一步的加强。在普通及结构性贷款银团交易方面,东方汇理(中国)继续在各簿记管理行中处于领先地位,与2009年相比,交易数量继续上升。2010年,东方汇理(中国)的固定收入业务在销售和交易两方面均得到了进一步增长。

【风险管理】 东方汇理银行(中国)有限公司本着谨慎、规范、适度、可持续的风险管理政策,严格按照母行及董事会的要求,并根据当地监管机构的各项规定,在2010年度的工作中,有效并稳定地控制着各类风险情况,包括信用风险、市场风险、操作风险、声誉风险、合规风险等;资产或信贷质量保持在很高的水平,市场风险始终在母行规定的可控范围内,操作风险,随着相关制度和流程的日益健全及完善,得到了最大限度的控制。经风险调整的资产盈利能力继续保持良好,无减值贷款。

(东方汇理银行)

12. 苏格兰皇家银行(中国)有限公司

苏格兰皇家银行(中国)有限公司前身为荷兰银行(中国)有限公司,2010年5月18日获中国银行业监督管理委员会批准更名。苏皇(中国)承继了原荷银(中国)业务条线结构,分设环球银行与市场部、环球现金管理及贸易融资部、工商金融服务部、零售金融服务部四大业务部门。根据苏格兰皇家银行有限公司中国区发展战略,2010年12月,苏皇(中国)与星展银行达成协议,转让其在中国的零售银行与中小企业金融业务,从而实现在亚太区集中全力发展其核心业务——批发银行业务。苏皇(中国)环球银行与市场部提供对公业务融资、套期保值等产品和服务,致力于帮助企业解决各种融资难题,也为企业金融风险的有效管理提供了诸多良略。环球现金管理及贸易融资部向批发业务客户等提供各类资金管理、支付、贸易等解决方案。截至2010年底,苏皇(中国)注册资本金为40亿元人民币,且在中国境内共设立5家分行10家支行,即上海分行、北京分行、深圳分行、重庆分行和成都分行。

【金融服务】 苏皇(中国)一直力求为客户提供高质量的金融服务,业务品种覆盖以下范围:流动资金业务:苏皇(中国)凭借全球先进的网络优势,依托与主要中资银行的战略合作关系,为客户提供各类银行账户服务、国内外收付款、委托贷款、现金管理产品等。本外币贷款:包括流动资金贷款、中长期贷款、银团贷款、履约/投标保函、项目融资等。贸易融资服务:包括各类进出口结算业务、保函、人民币票据贴现、国内保理业务等。资金交易:即期、远期外汇交易,金融衍生产品(货币期权合约/货币调期/利率调期等),结构性存款(可转换存款/外汇汇率联动存款/LIBOR联动存款)等。

2010年,以上海世博会为契机,苏皇(中国)本着"保平安、促运行、重服务、创一流"的原则,进一步强化金融服务意识,提高窗口服务水平,在行内成立世博工作组,由行领导亲自负责,力求为每位客户提供优质高效的外汇金融服务,提升自身金融品牌形象。

【制度建设】 苏皇(中国)一贯强调公司治理工作的重要性,组织架构得到进一步改进和完善。董事会下设专业委员会:关联交易控制委员会、内部审计委员会及风险管理委员会,各委员会向董事会汇报。法人银行高级管理层向董事会及其下设委员会和中国区执行总裁汇报。分行直接向总行报告。分行业务部门在垂直报告的同时向分行行长报告。2010年度,苏皇(中国)对现有的内部控制制度和流程进行全面梳理,并根据监管机构的要求进行审议和更新,明确各制度流程的负责人,以进一步加强内部管控。

合规建设方面,苏皇(中国)合规管理涉及各业务条线和各管理部门，合规管理职责边界较为清晰，合规管理体系运作较为顺畅。合规部门与法务部门、内部审计部门、风险管理部门、操作部门等均有着紧密的协作，共同构建起层次分明，纵横交错的合规风险管理体系。

【银行管理】 苏皇（中国）实施全面风险管理，构筑符合自身特点的有效风险管理框架，对于各分支行、各业务条线的信用风险、操作风险及市场风险等，均采取总行风险管理部各相关职能集中管理的方式。苏皇（中国）的风险管理体系由三道防线组成。业务和职能部门为第一道防线，在日常经营活动合规操作，降低风险；风险管理部门（包括信贷风险、市场风险、操作风险等）组成第二道防线，运用各种风险管理的工具和方法对各种不同类型的风险加以识别和控制；内部审计部门形成第三道防线，通过独立的风险评估等方式提高风险管理有效性。2010年，通过培训与实践相结合的方式，苏皇（中国）员工风险意识显著提高，银行风险管理职能得以进一步加强。

【社会责任】 苏皇（中国）一直注重将业务发展与社会责任两者有机结合，在各项重大决策时均会将公益作为一项重要考量，并积极参与社会活动。2010年，苏皇（中国）出资，由美慈国际组织与北京市蒲公英中学合作开展 School to work 项目，旨在为青少年，尤其是农民工子女，提供技能培训和实习机会。由苏皇（中国）援建，2009年9月投入使用的四川省苏河乡中心小学，被命名为“苏皇博爱小学”。2010年5月，苏皇（中国）部门员工代表赴川看望师生并帮助其建立起学校图书馆，8月，该学校10名优秀学生及2位老师赴京沪两地参观学习，苏皇（中国）志愿者全程陪同，形成良好互动。此外，苏皇（中国）在玉树地震募捐，世界环境保护日义卖募款，以及希望工程职业教育助学计划捐助等活动中积极出资出力，收到十分良好的社会反响。

（苏格兰皇家银行）

13. 渣打银行（中国）有限公司

渣打银行在中国于1858年在上海开设首家分行，150多年在华经营从未间断。2007年4月，渣打银行（中国）有限公司成为第一批本地法人银行。这充分显示了渣打对中国市场的承诺。

2010年，渣打（中国）录得了双位数的业务增长——收入增加23%至人民币45.1亿元；营业利润增长25%至人民币5.01亿元。增长来自包括个人及企业银行的客户群。渣打在经济周期内持续投资，在中国各地建立业务。2010年内，渣打新增了9个网点。截止到2010年年底，在中国17个城市拥有61个经营网点。

2010年，渣打继续利用广泛的国际网络以及贸易融资的专长来提供贸易融资，风险管理和国际支付等解决方案，协助企业拓展非洲、中东和亚洲其他地区的市场。渣打银行在促进跨境贸易人民币结算业务中也起了非常关键的作用。在国内，渣打被公认为是一家领先的中小企业金融服务机构，同时在现金管理服务、债务及资本市场解决方案和金融市场风险管理产品的优势也是有目共睹的。

渣打（中国）还于2010年推出了新的品牌承诺——一心做好，始终如一，这展现了对市场、社会、客户和顾客的承诺。渣打的诸多成绩获得了社会各界的认可，例如，荣获中国人民银行上海总部授予的“2010年度银行家调查问卷评比一等奖”，《第一财经》授予的“中国企业社会责任榜杰出企业奖”，《财资》授予的“2010中国最佳债券银行”，《首席财务官》授予的“2010中国首席财务官最信赖的银行”，《21世纪经济报道》授予的“金融理财金贝奖”，和《前程无忧》授予的“最佳人力资源管理公司”。

（渣打银行）

14. 华美银行（中国）有限公司

华美银行（中国）有限公司（以下简称“华美银行”）注册资本为14亿元人民币，总部设在上海，在汕头设有一家分行，广州设有一家代表处。同时美国华美银行在深圳，北京设有两家代表处。华美银行的前身是德富泰银行，于1992年在广东汕头创立，是经中国人民银行批准在中国设立的首家外商独资银行。2007年12月11日，德富泰银行成为美国联合银行的全资子公司并更名为联合银行（中国）有限公司。之后于2009年美国华美银行成功收购美国联合银行，银行名称也变更为华美银行（中国）有限公司。

银行原来一直专注于中小企业融资，随着银行业务规模上升，目前银行已涉足大中型企业融资，融资产品种类也不断丰富。随着美国华美银行对华美(中国)支持力度的不断增强,华美银行在华融资领域的现有业务也大幅扩展。各项授信指标均显示华美银行在对大型企业和中小企业的信贷支持方面取得了很大进展。

2010年末,华美银行各项资产总计人民币27.56亿元,存款余额人民币7.1亿元,贷款余额人民币7.8亿元,存贷比为110%。截至2011年4月31日,华美银行各项资产总计人民币31.01亿元,较2010年末增长人民币3.45亿元;存款余额人民币13.1亿元,较2010年末增幅84.51%;贷款余额人民币8.2亿元,较2010年末增幅5.13%;存贷比为62.2%,提前8个月实现中国银行业监督管理委员会关于外商独资银行应当于2011年12月31日前达到"贷款余额与存款余额的比例不得超过75%"的目标。

【金融服务】 在改革和发展的进程中,华美银行资产规模日益扩大,经营实力持续增强,业务水平不断发展,在市场的大舞台中已占据了一席之地。华美银行在扩大信贷授信规模、拓展未来利润空间的同时,不断加强管理和持续完善内控,是华美银行取得"银企双赢"的重要原因。

华美银行作为连接东西方的金融桥梁,深化国际联系,扩大服务范围,为客户带来更大的商机,这也正是我们比其他同业银行更具竞争力所在。随着华美银行在中国市场的业务不断扩展,金融品牌不断加深,逐步将华美银行的一流服务理念辐射到更多地区。

【风险管理】 华美银行的董事会和银行管理层认识到,从根本上来说,银行在获取收益时会承受各种风险。因此,为使银行保持盈利性、安全性和稳固性,银行恰当地管理和控制了各种风险水平。银行在董事会下设风险管理委员会对银行整体风险进行专项监督,负责处理与银行业务发展涉及之信用风险、市场风险、流动性风险、操作风险等所有风险管理有关事宜。同时,在行长下设各专门委员会和工作组,对各项风险进行具体监控。银行通过坚持严格的风险管理政策,不断完善和发展风险管理水平,推动银行经营有序、合规和高效地增长。

【业务创新】 面对激烈的市场竞争,华美银行积极主动出击,抓住市场机遇,积极落实董事会制定的发展战略和经营方针,在实现业务的快速增长和结构的不断优化的同时,不断加强在产品开发和经营地域两方面的开拓。

一方面,华美银行一直不断的改善和推出一系列新产品,除了如供应链融资、银行承兑汇票开立等传统信贷业务外,还有并购贷款、保理、项目融资贷款等多种产品。所有新产品都是在华美银行传统信贷业务基础上的拓展和延伸,同时丰富了银行的产品线,使得众多企业客户在普通贷款、供应链融资以外与华美银行有多方面的合作,为企业发展提供后劲,同时,也改善了银行的融资结构,使银行的融资更符合企业生产经营周期,使企业的资金安排更合理。

另一方面,华美银行进一步拓展中国东部沿海地区的业务;积极拓展海外代理行网络以确保国际结算业务的效率;采取多项措施提高内部的风险评估和风险管理系统,选择合适的代理行与交易对象;与包括城市商业银行在内的不少国内外金融机构建立了新的融资合作伙伴关系,保证了华美银行的资金来源。

同时,华美银行积极响应中国银监会的"三个办法、一个指引",向企业大力宣传,并按要求完善了华美银行的信贷制度,在具体操作中做到有章可循,严格遵守。这也进一步提升了银行的效率及诚信,巩固了与优质客户的长期良好合作关系。

2010年9月30日,华美银行获得中国银行业监督管理委员会批准增资人民币4亿元。增资完成后,华美银行注册资本跃升至人民币14亿元,更加凸显华美银行看好中国市场的发展前景。

(华美银行)

15. 澳大利亚和新西兰银行(中国)有限公司

2010年对于澳大利亚和新西兰银行集团有限公司在华分支机构是具有里程碑纪念意义的一年,经中国银行业监督管理委员会批准顺利转制成为中国境内本地注册法人银行,并于10月1日正式挂牌成立澳新银行的全资子公司—澳大利亚和新西兰银行(中国)有限公司,由独立本地董事会进行公司治理。澳新集团首批投入澳新(中国)的注册资本为人民币25亿元(约4亿澳元)。

澳新(中国)目前在北京、上海、广州和重庆已经开设了分支机构，并将继续在中国西部主要地区和三个经济高增长区域(长江三角洲地区、珠江三角洲地区、渤海湾地区)发展银行业务。2010年澳新在中国的分支机构得到了进一步的发展，包括上海新天地支行和北京中关村支行。

在发展分支机构的同时，澳新(中国)也致力于开发创新及多元化的产品，更好地满足零售和公司客户个性化的需求。2010年2月，正式推出第一款个人房屋贷款产品“好房贷”，为身处中国的境外个人客户提供住房抵押贷款和转按揭贷款；7月，向高端零售客户推出澳新 Signature 优先理财服务理念，以客户位服务核心，深入了解客户需求，为其提供专属的理财规划及建议；同年8月，又在上海黄金交易所进行了人民币黄金远期交易，成为在中国发行这项新的黄金远期产品首家外资银行。12月，澳新(中国)成功地获得中国人民银行的批复，开始为客户提供人民币跨境结算服务。

2010年对于澳新来说也是品牌拓展的关键一年，作为上海世博会澳大利亚馆白金赞助商和新西兰馆主要赞助商，澳新集团举办了各项世博活动，得到了客户、政府监管机构和业务伙伴广泛的认可及高度的评价，被誉为是“行业领先”的高质量世博之旅。

借各项世博会活动展开的东风，2010年6月，澳新银行集团高级管理层委员会集体抵达上海，展开了为期四天的访问，召开了董事会议、经济研讨会，并参观了世博园区；9月，澳新银行集团董事会也到访上海，并会见了重要客户、政府官员、员工及合作伙伴。董事会一行参观并访问了上海世博会，参加了董事会会议及澳新银行在华法人银行转制答谢晚宴。

2010年也是澳新(中国)加强内部建设培训的一年，随着专业培训团队的组建和发展，担负起了澳新(中国)400位员工的培训任务，以应对澳新银行在2010年快速的发展包括本地注册，业务和分支行服务网络的发展，共有8 000人次参与培训，相当于中国区员工总数的20倍，人均培训小时比2009年提高了26%。

澳新(中国)秉承澳新集团的企业社会责任的宗旨和导向，将帮助个人发展、促进社区繁荣和协助环境改善三者有机结合，在实现银行自身的业务增长的同时不忘推动社会和谐发展。澳新在中国第一家村镇银行的所在地梁平，投入专项资金，与当地政府合作，计划并实施了“小康之路，澳新相助”的梁平柚扶助项目，促进梁平柚子产业的发展，使当地果农收入得到增长。该项目不但得到了当地政府和群众的一致好评，同时也得到了由宋庆龄基金会下属环球慈善社颁发的“2010 环球慈善项目奖”。2010年澳新(中国)各分支行的志愿者活动小时数也达到了1 031个小时（人均2.5小时）。

（澳新银行）

16. 华 一 银 行

华一银行于1997年1月获批准成立，同年6月正式对外营业，位于上海浦东陆家嘴金融中心，是中国第一家由海峡两岸合资的华人银行。华一银行现有注册资本为人民币11亿元，合资方分别为莲花国际有限公司、上海浦东发展银行和永亨银行有限公司。莲花国际有限公司在香港注册，主要股东是在大陆拥有长期、大规模投资事业的台湾投资者；永亨银行为香港上市公司，具有强大的财务及国际银行业基础；上海浦东发展银行为A股上市公司，是中国大陆最具活力的商业银行之一。

华一银行以“华人精粹，一流服务”为服务宗旨。一直以来，积极拓展市场，开发新业务品种，增设营业网点，并与美国、中国台湾、中国香港等地的金融机构建立了策略联盟合作关系，形成“环太平洋”业务架构，以充分投资中国大陆的台资、港资及其他外资企业以及政府基础设施提供高品质、国际化的银行金融服务。

华一银行网点发展战略目标以台商聚集的东南沿海为基，响应国家开发中西部/东北部号召为辅，形成东西南北、四足鼎立、辐射全国的网络服务格局。近年来，华一银行营业网点的战略分布已日趋完善。长江三角洲地区，华一银行除在上海浦东陆家嘴设立总行外，在上海地区还设有虹桥支行、徐汇支行、嘉定支行、松江支行、闵行支行、青浦支行、新天地支行；为完善上海繁华地区网点分布，上海的第8家同城支行—静安支行于2010年8月正式对外营业。随着深圳分行、天津分行的成立，华一银行华南、华北、华东的全国架构基本形成，2010年8月，深圳宝安支行的成立为华一银行异地分支行的开设开启了新的契机，11月，天津滨海支行正式对外营业，为华一进一步开拓华北地区业务奠定了网点基础；为满足苏州昆山一带台商密集地区的客户需求，华一银行苏州分行已获准筹建，苏州分行的成立对全行在长三角的品牌形象提升起到举足轻重的作用。

华一银行营业大厅

17. 正信银行有限公司

正信银行作为一家在中国的法人商业银行，设立于2010年1月。正信银行是在正大国际财务有限公司十九年的发展经营基础上改制设立的。正信银行锐意创新、稳健经营，在设立的第一年取得了令人可喜的业绩，全面完成了董事会批准的各项经营指标要求。截至2010年末，正信银行资产总额较年初增加31%；资本充足率为92%。五级清分后三项不良贷款比例继续保持为零。流动性比例为99%，大于25%的下限。全行各项存款余额较年初增长11.4倍；贷款余额较年初增长6.68倍；同业存款及拆入资金余额比年初增长167%；拆出同业款余额比年初增长80%。2010年全年实现收入总额比上年增长100%；净利润比上年增长5.1倍；全行资产收益率为0.9%，资本收益率为1.09%。风险拨备余额比年初增加了38%；贷款损失准备充足率为131%。2010年正信银行各项工作开展情况如下：

【公司治理】 深化推进公司治理，积极申办本币业务。自2010年1月6日，正信银行正式获得银监会颁发的开业批文以来，为深化推进公司治理，积极申办本币业务着手做了三方面工作：一是在最短时间内顺利完成了正信银行在法律意义上主体资格的转换。二是完成公司组织构架和公司治理框架，设立了五个董事会辖管的专业委员会。三是积极推进股权优化工作，参照银监会关于人民币业务准入要求及验收标准，全面启动了人民币业务申请和相关准备工作。

【合规管理】 继续深化合规管理，深入贯彻案件防控。一是继续秉承"全面合规、全员合规"的理念，进一步做好制度建立与完善。2010年，共计修订和制定了规章制度34项。二是着力健全独立的、风险导向的内部审计机制，全年完成了预定的各项专项内部审计任务，内审项目覆盖全行关键业务、关键部门、关键岗位，内部审计也由事后审计延伸到对事前控制、事中监督、整改落实等全方面、多层次的动态监控，为正信银行稳健经营提供了有力支撑。三是根据银监会的统一部署，开展了内控和案防制度执行年活动，使风险防控、自我约束的要求深入人心。

【业务发展】 紧紧围绕经营目标，切切实实抓好营销。2010年，正信银行坚持以利润为中心、以市场为导向、以合规为前提、以服务为根本的原则，牢固树立存款立行、公司业务和中间业务并举的经营理念，开拓创新、积极探索，制定了适应市场经济条件的业务和产品营销策略。

在负债业务方面，通过产品宣传、业务创新、定制服务方案等手段积极吸收无贷户存款、离岸存款、开证保证金存款等，为优化负债结构和促进资产业务发展奠定了坚实的基础。

在资产业务方面，根据年初制定的信贷投放指导意见，正信银行针对业务特点和优势，结合中小企业的客户定位，以差异化营销为手段，积极拓展信贷资产业务。探索高风险高收益、低风险低回报的信贷资源配比的模式，以达到有效控制风险、提高业务综合回报的目的。

在业务创新方面，充分调动营销人员创新动力，正确引导和发挥营销人员在实际工作中的创新作用，以创新思路为基础、以创新服务为抓手，通过业务品种创新，为适应市场需求和业务发展作出了贡献。

合理有效运作资金，积极提高资金收益。2010年，根据全行资金计划和资金调度要求，积极从拓宽资金来源入手，着力做好资金拆放和清算、同业授信额度争取、代客结售汇、代理行关系建立等工作，获得了若干中外资商业银行给予正信银行的相关授信额度。同时，2010 年，正信银行在平衡期限和收益、提高资金运作收益方面也取得了较为理想的业绩，为全行利润目标的实现作出了贡献。

【信贷管理】 注重加强信贷管理，保证业务健康发展。一是制定了《正信银行 2010 年信贷投向指导意见》，明确了 2010 年信贷投向的指导思想：即围绕目标、按“促发展、调结构、防风险”的要求，做到“六个注重”。二是进一步严格流程、规范信贷审查与审批，加快信贷审查进度和细化审查要求，注重审查工作既兼顾风险与效益的平衡，又推动全行各项业务发展。

【业务创新】 全面搭建操作平台，有力提供运营支撑。一是以合规经营为先，根据监管要求在较短时间内完成了 16 个外围系统的正式运行、岗位设置、操作流程确立等工作，同时，正信银行根据业务发展趋势，启动了综合业务系统二期项目（包括人民币业务）的需求准备工作。二是业务品种的丰富极大地提高了正信银行综合竞争力，为其业务更快更好发展提供了坚实的基础，2010 年以来，正信银行开办了结售汇业务，开展了国际结算品种涵盖的各类业务。

【系统建设】 重视完善系统建设，全力保障业务运营。一是继续重视并大力发挥信息科技的积极作用，根据银监会的要求，编制了全行“十二五”信息化建设规划，使信息科技管理工作做到早规划、有目标、促发展的目的。二是 2010 年共计开发、优化各类系统共计 20 余个，积极发挥信息系统对银行业务的全面支撑作用。三是通过开展信息科技风险自查和落实整改、加强重要基础设施运行维护保障、完善应急预案、实施应急演练、规范日常操作等措施，有力保障了全行信息系统的安全运行。

【人力资源】 加快引进培育人才，建立完善员工管理。一是结合新银行的组织架构、业务发展规模和人员配备规划，按德、才、绩、能的标准选聘人才，2010 年正信银行员工总人数比 2009 年净增 31%。二是全年共计组织内外部培训 18 次，参加人员共计 720 人次，除做好常规培训学习外，正信银行还开展了较为系统的新员工入职培训项目，使新员工在较短时间内了解银行文化、政策法规、岗位职责，并适应岗位要求。三是根据银监会颁布的《商业银行稳健薪酬监管指引》要求，制订并下发了《行员职级体系管理办法》、修订并下发了《市场营销人员绩效考核暂行办法》，从而明确了全行岗位类别、职务层级、行员等级的界定，明确了岗位任职资格和员工晋升发展的条件，确立了薪酬激励与银行竞争能力及持续能力建设相兼顾，与风险成本调整后的经营业绩相适应的绩效考核机制。

（正信银行）

正信银行营业大厅

（二）外资银行分行

1. 日本住友信托银行股份有限公司上海分行

日本住友信托银行股份有限公司上海分行于 2005 年 5 月成立，其母公司为“住友信托银行股份有限公司”，是日本最大的经营信托业务、银行业务以及房地产业务的综合性银行之一。开业以来，上海分行资产业务发展迅速，截至 2010 年 12 月 31 日，日本住友信托银行股份有限公司上海分行的营运资金为相当于 7 亿元人民币的等值外汇，拥有总资产 107.67 亿元人民币，同比 2009 年增长 86.93%；其中信贷资产 80.70 亿元人民币，同比 2009 年增长 93.90%。

日本住友信托银行股份有限公司上海分行在 2009 年 9 月得到中国银行业监督委员会的批准，获准开展除个人业务外（不包含 100 万元人民币以上的存款)的各项人民币业务,并于 2009 年 12 月正式对外经营人民币业务。截至 2010 年 12 月 31 日,日本住友信托银行股份有限公司上海分行的人民币贷款业务余额达到 21.21 亿元人民币,人民币存款余额也达到 4.40 亿元人民币。

日本住友信托银行股份有限公司上海分行目前面向的客户都是日本在华的中小型外商投资企业,以机械制造,电子产品制造企业为主。日本住友信托银行股份有限公司上海分行提供的业务品种主要是贷款业务,并辅以贷款项下的贸易结算和外汇兑换。由于日本住友信托银行股份有限公司上海分行贷款企业的母公司都属于总行 8 500 余家庞大的客户群,一般都能得母公司的资金担保支持,因此日本住友信托银行股份有限公司上海分行的信贷风险得到了有效的控制。

日本住友信托银行股份有限公司上海分行将社会责任融入日常的工作环节中,建立了企业社会责任评价、报告、披露机制,如在贷款发放中考虑客户的产业分类,对于节能环保行业的授信予以鼓励等;对于每年一度的社会贡献活动,日本住友信托银行股份有限公司上海分行都能够予以支持用来加强企业与社会的关系。

(住友信托银行)

2. 永亨银行(中国)有限公司上海分行

2010 年,永亨(中国)上海分行公司业务发展状况良好。截至 2010 年 12 月 31 日,对公人民币存款增长率为 65.80%;各项对公贷款余额折人民币增长率为 28.73%。在业务发展的同时,通过有效的信贷风险管理,继续保持了零不良贷款率的良好记录。

2010 年是分行零售业务有长足发展的一年。4 月,正式发行本行第一款银联标准人民币借记卡——永亨卡(普卡),9 月又推出了第二款银联标准人民币借机卡——尊贵理财金卡(金卡)。同时为配合分行借记卡业务,虹桥支行设置了一台穿墙式 ATM 机。截至 2010 年 12 月 31 日,零售储蓄存款总额折人民币增幅约为 18%。

为满足个人和公司优质客户的理财需求,在总行的统一部署下,2010 年分行推出"尊贵"理财稳健型 1 号人民币结构性存款产品。该产品属于保本浮动收益型产品,总行对其评级为"极低风险产品"。截至 2010 年 12 月 31 日,分行共发售 3 期"尊贵"理财稳健型 1 号人民币结构性存款产品,成为吸引存款的一大重要来源。

(永亨银行)

3. 韩国产业银行上海分行

韩国产业银行成立于 1954 年,系由韩国政府 100%出资的国内唯一一家政策性金融机构,总部位于韩国首都首尔。目前在中国大陆共有三家分行、一家代表处。其中,设立于 1996 年的韩国产业银行上海分行是历史最悠久的一家分支机构,同时也是中国境内分行的管理行。2010 年,韩国产业银行上海分行在调整和优化资产结构的同时,继续致力于提高资产质量、发掘优质的潜在客户,并根据客户的需求调整自己的金融服务。韩国产业银行上海分行通过挖掘新的利润增长点、降低筹资成本等措施,着力提高盈利能力。韩国产业银行上海分行的 2010 年盈利水平大大超出原定的预计数。

【业务发展】 韩国产业银行上海分行的各项业务在 2010 年得到持续发展。在传统重点领域——从事批发性融资业务方面,韩国产业银行上海分行继续发挥优势,对韩国在华投资企业的中、长期融资提供帮助,并积极参加中国政府和金融机构的海外筹资等。同时,认真筹备开展人民币跨境支付结算等工作,拓展业务品种,满足客户需求。

【金融服务】 韩国产业银行上海分行一直以为客户提供全面、优质的金融服务为己任。对公业务方面,上海分行将传统的信贷业务与企业咨询业务结合起来,为客户提供更加全面和完善的金融服务;对私业务方面,借助上海举办世博会的大好时机,韩国产业银行上海分行在提高服务水平上下功夫,并制定了《服务突发事件应急处理预案》等相关内部文件,指导一线员工工作,从制度上确保客户的满意度得到进一步提升。

【制度建设】 韩国产业银行上海分行在 2010 年继续秉持着合规经营、稳健经营的原则,重点完善内部控制制度和提高成员的合规意识。根据业务发展和自身风险防控的需要,该行对行内的相关规范和操作手册等进行更新,并制定了一批新的内控制度,如《案件防控及风险排查制度》等。

【银行管理】 韩国产业银行上海分行一贯重视

银行各类风险的识别、评估和监控，每月定期举行风险管理会议，并成立由行长担任委员长的风险管理委员会，对信用风险、流动性风险、利率风险、汇率风险、操作风险等进行管控。此外，还建立了一整套内部监查制度，定期和不定期地对容易产生风险的业务环节和领域进行检查。

【员工培训】 韩国产业银行上海分行非常重视对员工的各类培训工作。上海分行于每月定期举行业务研讨会，由各业务部门轮流主持，全体职员一同参加，内容涉及银行工作的各个方面，尤其侧重于银行当前开展的新业务等。举办内部培训的同时，韩国产业银行上海分行还积极组织员工参加监管部门和同业公会举办的各类外部培训，努力提高职员的政策水平和业务能力。

（韩国产业银行）

4. 韩亚银行（中国）有限公司上海分行

韩亚银行股份有限公司是韩国韩亚金融集团的全资子公司，是韩国第四大商业银行。1992 年中韩建交后，韩亚银行就开始了对中国及中国金融市场的关注和研究，早在 1996 年就在上海设立了代表处，是第一个在中国设立代表处的韩国民间金融机构。

韩亚银行上海代表处于 1996 年 7 月 16 日设立，2000 年 11 月 23 日正式升格为上海分行，是韩亚银行在中国境内设立的首家分行。2007 年 12 月 14 日随着韩亚银行（中国）有限公司在北京的设立，原韩亚银行股份有限公司上海分行改制为韩亚银行（中国）有限公司上海分行。目前，在沪设有上海分行和上海古北支行两家营业网点，经营对中资企业、外资企业、境内个人和境外个人的各类人民币和外汇交易。业务品种包括各类存款业务、贷款业务、贸易融资、中间业务、保管箱业务，代理保险业务等。韩亚银行继 2008 年正式运行网上银行业务后，2009 年又发行了集多币种、多账户、多功能于一体的借记卡，即韩亚卡，可在中华人民共和国境内及其他指定的国家和地区使用。

韩亚银行（中国）有限公司奉行自主、自律、进取、正直的韩亚精神，不单纯追求利润，始终把社会责任考虑在内，上海分行积极参与各种文化、社会及环境保护活动，为社会及大众提供经济、有效的服务。

（韩亚银行）

5. 友利银行（中国）有限公司上海分行

2010 年，作为一家快速成长的外资银行，友利银行（中国）有限公司（以下简称“友利中国”）成立已满三周年。友利中国秉承稳健经营的理念，积极推进本土化经营，各项业务均取得良好成果。截止 2010 年底，友利中国在上海、北京、苏州、深圳、天津和大连共设有 13 家分支机构。

友利中国在经营战略方面，一贯坚持管理健全、经营稳定、业绩增效的原则。截至 2010 年末，友利银行（中国）有限公司上海分行（以下简称“友利上海”）总资产规模已接近 40 亿元。目前，友利上海可经营对各类客户的外汇业务和全面的人民币业务。

2010 年，为便利友利银行客户在上海的旅游，吸引客户更多的关注和支持上海世博会，友利中国与中国银联、上海旅游局合作，2010 年 3 月 1 日，正式对外发行上海旅游借记卡，成为首家以借记卡形式发行上海旅游卡的银行。该项服务为客户提供了更加多样化的选择，同时也为到上海旅游的客户提供了更加便捷的金融服务。上海旅游卡的推出对友利上海银行卡业务的发展发挥了良好的促进作用。

在上海世博会期间，友利银行上海分行作为一家外资金融机构，积极参与支持世博、服务世博的活动。友利银行为来沪游客提供热情周到的金融服务，并设立世博服务专席，可提供中、英、韩三种语言服务，接受有关世博金融服务的咨询，极大地提高了世博期间金融服务的质量，得到客户的广泛好评。

友利银行（中国）上海分行营业大厅

2010年，友利上海积极响应人民币跨境交易的最新政策，正式开办了人民币跨境结算业务，进一步促进了国际结算业务的发展。人民币跨境业务的正式启动为友利银行企业客户提供了更为高效、便捷的国际结算服务，有利于企业规避汇率风险，切实促进了中韩双方国际贸易的发展。

（友利银行）

6. 外换银行（中国）有限公司上海分行

2010年是对外换（中国）来说极其重要的一年。2010年5月17日外换银行（中国）有限公司在天津成立，注册资本22亿元人民币。随着法人机构的成立，外换上海分行业务发展战略也发生了较大的变化，分行业务客户对象从过去韩资企业的业务改为韩资、中资以及非韩外资客户业务并存。2010年外换（上海）以增加存款、降低存贷比为目标。截止2010年末，上海分行吸收存款较2009年同期增长66%。目前，外换（上海）的主营业务包含对各类客户的外汇业务和除中国境内公民以外客户的人民币业务。

【存款业务】 (1)外币存款：美元的活期、定期、通知存款，2010年新增美元13个月存款。(2)人民币存款：人民币的活期、定期及通知存款。

【国际结算】 2010年度，国际业务中的信用证和托收进口结算量于2009年基本持平，出口业务增长较大，同期增长362.84%，主要得益于上海分行的客户拓展。

【信贷业务】 由于法人的成立、上海分行向保留分行转移分行一部分贷款资产，致使贷款有较大幅度的减少。分行业务重心也是由资产业务转向负债业务，已符合监管当局一系列的合规指标。2010年分行信贷业务以韩资客户群为主，同时拓展中资企业的票据承兑贴现等小规模信贷业务。在大力发展业务的同时，外换（上海）继续按照各类监管当局的要求加强内控建设，不断规范业务操作流程，加强合规风险管理，保证内控水平与业务发展水平相一致。

（戎莹丽）

7. 新韩银行（中国）有限公司上海分行

2010年对于新韩银行上海分行来说是不平凡的一年，更是具备战略意义的一年。2010年上半年，新韩银行上海分行取得2B的外资银行中最优秀的监管等级。同时，全面实施本土化经营战略，树立了“努力开拓人民币零售业务市场，调整收益结构，奠定持续发展的坚实基础”的战略目标，在此目标的指引下，一年中，新韩银行上海分行的各项业务都取得了长足的进步，圆满完成了各项计划指标，团队的素质，专业的精神，管理的层次都有了较大提升。

2010年，在成功取得境内人民币对私业务资格后，3月新韩银行上海分行正式面向中国居民开展人民币零售业务，同年4月，网上银行业务相继获批开通，有效弥补了该行营业网点不足的现状。在全体员工齐心协力下，截至2010年末，上海分行已吸收存款19.30亿元人民币，较之2009年末的13.38亿元有了大规模的增长，同时，资产总额达到22.31亿元人民币。新韩银行上海分行继续致力于提高存贷比，开展一系列的活动为手段进一步推进存款业务，努力发掘新客户。

在大力发展业务的同时，上海分行继续按照监管当局的要求，加强内控制度建设，不断规范业务操作流程、加强合规风险管理，严格执行各项合规性指标，确保银行合规经营。

（新韩银行）

8. 印度国家银行上海分行

作为首家印度在华成立的外资银行分行，印度国家银行上海分行自2006年4月正式对外营业以来已完成了五年的成功运作。上海分行在短暂的经营年限内积累了良好的客户基础，资产规模稳步增长，信贷资产质量良好，不良贷款率为零，经营利润达到预期水平，建立了较为完善的组织架构、内部控制体系和风险管理机制。2010年，上海分行各项业务迅猛发展。截至2010年12月31日，保函签发金额较上年同比增长125.59%，境内外存款余额较上年增加50.15%，贷款余额较上年同比增长455.08%，结售汇金额较上年增加42.92%，同时税后利润较上年增加18.85%，实现了连续五年稳步增长。

【人民币业务】 上海分行于2010年3月15日正式对外经营人民币业务。短短几个月的经营，上海分行人民币业务取得了快速增长，客户人民币需求量不断增加。除存贷款业务外，上海分行还加入了人民银行同城票据清算系统，向客户提供支票业务等票据业务服务。

【贸易融资和普通贷款】 上海分行贸易融资主要客户为来华投资企业及中印贸易相关企业。此外,我分行还为企业进口原材料及境外用汇提供资金支持。

【中间业务】 与国际贸易结算相关的中间业务,如托收业务、信用证通知、信用证修改、信用证转让、信用证开证和出具银行保函等业务是上海分行中间业务收入的重要来源;随着中印两国交流合作日趋紧密,为外商投资企业、离岸企业的招标投标项目提供外币银行保函业务已成为上海分行中间业务收入的另一主要来源,2010 年度保函签发金额较上年同比增长 125.59%。

【汇款业务】 截至 2010 年 3 月 31 日,印度国家银行在全球 32 个国家设立 151 家分支机构;拥有超过 13 000 家国内分支机构;与 523 家覆盖所有时区的银行建立业务往来关系,并建立约 1 100 个 SWIFT BKE 互换协议,这些优势为便利贸易、快速汇款提供了坚实的保证。

【资金业务】 2010 年上海分行继续扩大与国内各银行的资金拆借业务,资金拆借业务总量持续增加,并与各大银行建立了良好的合作关系,为印度国家银行在华快速发展奠定了基础;上海分行的另一项资金业务是为个人和居民企业提供外汇资金结汇、人民币资金购汇、以及外汇买卖业务,便利企业和个人境内外的资金需求。

(印度国家银行)

9. 首都银行(中国)有限公司上海分行

首都银行(中国)有限公司是首家在江苏省成立的外资法人银行,总行设在南京。2010 年 4 月 22 日,首都银行(中国)正式对外营业。目前,首都银行(中国)管辖的分支机构有上海分行、南京分行、上海浦东支行。

首都银行(中国)有限公司上海分行的前身为首都银行及信托有限公司(以下简称为“首都银行集团”)上海分行。首都银行集团是东南亚最具规模的银行财团之一,成立于 1962 年,总部设在马尼拉金融中心 MAKATI 市首都银行大厦,是一个以商业银行为主,包括多家储蓄银行、投资银行、财务公司、证券公司、信用卡公司、汇兑公司、保险公司、租赁公司等在内的大型银行集团。

【经营范围】 首都银行(中国)上海分行目前经营各种外汇业务以及对除中国境内公民以外客户的人民币业务:吸收公众存款;发放短期、中期和长期贷款;办理票据承兑与贴现;提供信用证服务及担保;办理国内外结算;买卖、代理买卖外汇;提供资信调查和咨询服务;经中国银行业监督管理委员会批准的其他业务。

【业务创新】 上海分行自首都银行(中国)正式开业以来,致力于一系列的经营创新,借助首都银行集团近 50 年对中小企业信贷业务经验以及其国际客户资源,上海分行将所有中小企业客户纳入快速服务通道——即客户一个电话,就能实现客户经理上门提供一对一金融服务;简化审批流程,加速中小企业信贷投放;建立科学、合理的定性定量中小企业评价体系,对新增的中小企业信用客户给予政策倾斜,加大对科技型、贸易型以及生产型中小企业扶持力度;在中国的细分市场中,不断推行强有力的本地化竞争策略。作为首家将业务专注于中小企业服务的外资法人银行,坚持以“特色产品、优惠价格、卓越服务”为经营方针,开发了“保理”、“智能存”等根据中小企业特点研发的特色产品,以“黄金汇率”、“优美存”等费率优惠产品,加上“南京 CBD 企业一站式服务”优质服务,吸引大量中小企业客户,并赢得了信赖,使首都银行(中国)的外资银行本土化竞争策略进一步落地。

首都银行(中国)是一家真正意义上服务中小企业的银行。母行首都银行集团的中小企业贷款平均金额在 800 万元至 1 500 万元,而在中国市场,首都银行(中国)针对中小企业的目标贷款需求,提供约为 300 万元至 1 000 万元企业贷款。

【金融服务】 首都银行(中国)秉承母行“以客为本”的卓越服务宗旨,将自身定位于“服务中小企业最专业的银行”,对客户服务“至信至诚,共进共赢”,经营团队通过专业服务来演绎“正直诚信,团队合作,追求卓越”的核心价值。

(首都银行)

10. 马来西亚马来亚银行有限公司上海分行

马来西亚马来亚银行上海分行系根据《中华人民共和国外资银行管理条例》经中国人民银行于 2000

年5月8日批准成立的外国银行分行。2009年，经银监会批准增资后，注册资本金为等值人民币4亿元。

目前，马来亚银行上海分行共有员工31人，其中5位是外籍人员。

马来亚银行上海分行主要设立部门包括：营运部、业务发展部、信贷管理部、环球金融市场部、合规部、风险管理部、科技部及人事部，以上各部门紧密合作共同负责中国区的各类业务。

【业务发展】 2010年，马来亚银行上海分行在经批准的经营范围内，积极向境内外客户开展贷款、存款、汇款、办理票据的承兑与贴现、提供信用证服务及担保、办理国内外结算、代理买卖外汇及从事同业拆借等各项业务。在实际业务中，全行以“用心服务”为出发点，了解客户的需求，最大程度地整合行内资源，努力为客户提供个性化的服务，较好地诠释了“以客户为中心”的理念，培养客户的忠诚度。

马来亚银行上海分行继续秉承稳健发展的作风，业务实现了稳定的增长。截至2010年底，分行资产总额达到逾25亿元人民币。

【贸易融资】 在全球贸易量迅速反弹的趋势下，中国的进出口企业已逐渐摆脱全球金融危机的负面影响，加上中国政府出台相关刺激出口的政策，截至2010年底，分行的进出口押汇余额由前两年逐步减少的趋势转变为上升，相比2009年末上升了145.8%。

马来亚银行上海分行所在地

【银行管理】 分行积极顺应内外形势和政策调整要求，主动采取各类措施确保银行可持续发展目标的实现。贯彻监管部门风险防控的精神，切实加强风险文化建设，结合各部门、各岗位实际情况来落实案件防控职责，深化员工行为管理。进一步明确合规信息的传达和执行机制，完善合规管理的纵向和横向协调等。在信贷资产质量管理方面，保持信贷适度、均衡增长。同时，密切跟踪经济金融形势、政策调控变化情况，加强对房地产、热点行业的风险监测，将有限的信贷资源投向符合国家宏观经济政策且经营规范、具有良好市场前景的客户。执行贷款管理精细化、专业化指导原则，及时掌握企业资金流、物流等生产经营和财务的动态情况，适时调整风险应对措施，不断提高贷款“三查”水平，确保信贷资产质量稳定；继续开展案件风险排查和预警工作，将案防工作和银行操作风险条线管理有效结合，排除各类隐患，科学审慎地进行后评估，努力把持之以恒地构筑内控防线作为年度工作的重点来抓。

11. 比利时联合银行股份有限公司上海分行

比利时联合银行股份有限公司（KBC Bank N. V.）是一家国际性金融机构，其所在的比利时联合集团（KBC Group）下辖银行、保险等多家金融机构，在欧洲地区处于较好的排名，在2010年《财富》最新世界500强排名中列第361名。比利时联合银行股份有限公司上海分行成立于1997年，是比利时联行银行在中国区的管理行。客户地域主要分布在除广东、江苏、安徽以外的中国东部和华北地区。主要产品有：本外币短期、中长期贷款；贸易融资—进出口信用证结算、人民币票据贴现，保函；资金交易—即期、远期外汇交易、结售汇；银行账户服务—本地货币收付；国内外收付款；银团贷款。在2010年，上海分行的业务取得了较大的发展，各项业务发展均有了显著增长。

比利时联合银行股份有限公司上海分行目前具有全面外汇业务资格和除中国境内居民外的人民币业务资格，并可以办理中国境内居民每笔不少于100万元人民币的定期存款的资格。同时，比利时联合银行在华各分行也取得了开办衍生产品交易业务的资格。随着中国金融开放和金融深化程度的不断提高，众多的中国客户对提供衍生产品交易服务的需求也与日俱增。比利时联合银行股份有限公司上海分行作好了充分准备,有能力、有信心为所有中外资企业客户提供衍生产品交易业务的高品质金融服务。

比利时联合银行作为一家国际性银行将认真贯彻最新巴塞尔协议的各项内容,并按照其相关的要求,制定了一系列的风险控制标准,以此有效规避各类风险。上海分行的经营方针是向客户提供的结构性产品,实际的解决方案,优秀的服务质量。此外,在日常业务操作中,遵循以下规则及理念:注重保持良好的客户关系,以客为主;实现跨界限共享资源;高效、创新的银行文化和营运风格。比利时联合银行股份有限公司上海分行长期目标保持不变,即为中型中外资企业提供贸易融资和营运资本融资服务,重点拓展人民币业务,同时大力发展以下方面:支付结算和存款服务,交易中心(外汇买卖、货币和资本市场),基金管理和衍生交易,同中资金融机构开展卓有成效的合作。

(比联银行)

12. 德意志银行(中国)有限公司上海分行

德意志银行最早于1872年来到中国,在上海设立了其第一家海外办事处。2008年1月在北京注册成立德意志银行(中国)有限公司,并设立上海分行。现在德意志银行(中国)有限公司已经是中国本地注册法人银行,在北京、上海、广州和天津有500多名员工。德意志银行在香港特别行政区设有地区中心,员工达到1 400多名。德意志银行还在北京和上海设立了证券业务代表处。

通过迅速的自身发展和战略投资,德意志银行全球核心业务均在中国开展,其中包括公司金融咨询、资本市场、金融交易业务、私人和零售银行以及资产管理。德意志银行的跨国投资银行业务实力强大。

德意志银行在中国也进入了零售银行领域。2006年5月,德意志银行收购了华夏银行股份并且于2007年6月双方推出了合作的信用卡业务。华夏银行在上海证券交易所上市,在全国开展业务。完成监管机构各项审批后,德意志银行持有华夏银行股份将增加到19.99%。在资产管理方面,德意志银行在中国领先的投资管理机构嘉实基金管理公司拥有30%的战略投资。

德意志银行和山西证券的合资证券公司中德证券于2009年7月获得中国证券监督管理委员会(证监会)颁发的《经营证券业务许可证》。在德意志银行在中国现有的产品和服务基础上,中德证券获批开展股票(包括人民币普通股、外资股)和债券(包括政府债券、公司债券)的承销与保荐,以及国内资本市场公司金融咨询服务。德意志银行持有中德证券33.3%的股份。

(德意志银行)

13. 德国北德意志州银行上海分行

北德意志州银行是德国十大银行之一,总部位于德国北部城市汉诺威。银行在全世界各主要的金融和贸易中心都设有机构,在伦敦、纽约、新加坡及上海设有分行,在北京、巴黎、莫斯科和孟买设有代表处。德国北德意志州银行上海分行于2004年3月由中国银行业监督管理委员会批准成立,目前营运资金为3亿元人民币等值欧元。在下列范围内经营对各类客户的外汇业务以及对除中国境内公民以外客户的人民币业务:吸收公众存款;发放短期、中期和长期贷款;办理票据承兑与贴现;买卖政府债券、金融债券,买卖股票以外的其他外币有价证券;提供信用证服务及担保;办理国内外结算;买卖、代理买卖外汇;从事同业拆借;提供保险箱服务;提供资信调查和咨询服务;经中国银行业监督管理委员会批准的其他业务。吸收中国境内公民每笔不少于100万元人民币的定期存款(涉及行政许可的凭许可证经营)。2010年底,上海分行总资产12.61亿欧元,实现税前利润936万欧元。

【贷款业务】 2010年度,上海分行的贷款业务平稳发展。贷款客户对象包括国有企业、上市公司及其子公司、具有德国背景的中小型外商投资企业等。上海分行有关贷款人和担保人的资信及项目的可行性均经上海分行、新加坡地区总部及德国总行有关部门详细分析后才给予授信承诺。

【贸易融资】 2010年度,贸易融资业务继续为上海分行的一项核心业务。北德意志州银行专业、高效的服务深受客户好评。上海分行已经在国内贸易融资市场上名列前茅。

【同业往来】 2010年度,伴随国内国际经济形势的进一步好转,依托分行在前几个年度已建立的良好业务基础，与中外资银行开展了涉及信用证项下代付、托收项下代付、汇款项下代付、福费廷等内容的业务合作。

【资金业务】 上海分行已于2004年取得金融衍生产品交易资格，2005年取得远期结售汇业务许可，目前可以为各类客户提供全面资金业务。为了能够规避汇率风险和满足流动性要求，最大限度地开展银行业务，分行在2010年度中有较大规模的人民币外币掉期交易。

（北德意州银行）

德国北德意志州银行上海分行

14. 德国商业银行股份有限公司上海分行

德国商业银行股份有限公司成立于1870年，总部位于德国法兰克福市，为德国第二大商业银行。德国商业银行股份有限公司于1993年在上海建立了其在中国的第二个代表处。1994年7月，德国商业银行股份有限公司上海代表处升格为上海分行，2000年8月开始经营人民币业务。2009年1月德国商业银行股份有限公司收购了原德国德累斯登银行股份公司，并于2009年5月11日完成了与原德国德累斯登银行股份公司的合并，上海为亚洲总部所在地。目前上海分行与约80家中国银行保持业务往来。截至2010年12月31日，德国商业银行股份有限公司上海分行的营运资金为8.59亿元人民币，包括外汇业务营运资金4 100万欧元（折合人民币4.09亿元）和人民币业务营运资金人民币4.5亿元。上海分行可以开展各类客户的外汇业务，以及对除中国境内公民以外客户的人民币业务。此外，德国商业银行股份有限公司上海分行已获准吸收中国境内公民每笔不少于100万元人民币的定期存款。

2010年，上海分行的各项业务稳步开展。至2010年底，上海分行共有员工97人，本外币总资产9.36亿欧元。德国商业银行股份有限公司上海分行现共有企业客户部、贸易融资及结算服务部、财务控制与会计部、资金部、信贷部、运营部等12个部门。上海分行充分把握了国家对外资银行不断开放的政策，积极地扩展各项业务。经过十多年的发展，上海分行拥有了一支专业的、高效率的营销团队，建立了有效的风险信贷管理机制，培养了一批富有极强责任心得后台操作人员，为客户提供了满意的商业银行服务。上海分行提供的服务主要包括：企业/项目融资（包括流动资金贷款、中长期贷款、银团贷款、项目融资等）、贸易融资（各类进出口结算业务、保函、福费庭等）、外汇交易（即期和远期外汇交易、即期和远期结售汇交易）、人民币跨境交易、本外币账户结算以及金融咨询。

上海分行一贯的业务发展策略是：坚持和发展所擅长的对中小企业客户的服务，持续稳定地增长信贷及国际结算业务，进一步加快国际化脚步，致力于成为公司客户合作伙伴中最佳银行。

（阎 婵）

15. 法国外贸银行股份有限公司上海分行

法国外贸银行总部设在巴黎，在全球68个国家设有31家分行或其他分支机构，员工总数22 000人。法国外贸银行在巴黎证券交易所上市。法国外贸银行股份有限公司上海分行成立于1999年，其前身是成立于1994年的法国外贸银行股份有限公司上海代表处，是目前法国外贸银行在中国开立的唯一一家分行。

上海分行在2010年抓住国内市场融资需求旺盛的特点，在严格控制信贷规模增长的情况下，实现了营业收入和净利润的大幅攀升。

法国外贸银行上海分行的客户对象以企业为主，主要产品和服务包括：(1)公司金融服务及项目融资，包括各类本外币贷款、履约/投标保函及涉及核电站、电站、航空、船舶、石油化工、钢铁、电信、地铁等诸多领域的项目融资。(2)大宗商品融资,为各类原材料、能源资源等商品贸易提供个性化的融资方案。(3)贸易融资,各类进出口结算、融资买断、保函、保理等。(4)资金业务,外汇及金融衍生产品、固定收益和利率产品等。

(法国外贸银行)

16. 荷兰合作银行有限公司上海分行

2010年,荷兰合作银行资本状况良好,一级资本从2009年的322亿欧元,提高到2010年的345亿欧元,即15.7%(09年为13.8%),总资产6 525亿欧元,净利润为28亿欧元。提高一级资本的比率本身即加强了信贷风险的抵御能力。荷兰合作银行一直荣获标普和穆迪的AAA级信贷评级,2010年亦不例外,保持稳定3A评级。此外,2010年8月30日的Global Finance杂志公布其评选的2010年度"全球最安全银行"名单中,荷兰合作银行排名全球第五。

【主要业绩】 2010年,荷兰合作银行上海分行在华主要客户群体源于中国的农业食品行业。荷兰合作银行有限公司上海分行2010年各类业务开展良好,特别是对华的农业食品业融资,大众产品结构性融资等方面卓有成效。与此同时,2010年是荷兰合作银行有限公司上海分行的关键一年,荷兰合作银行有限公司上海分行实现了业务发展的转型,在专注于核心客户、核心业务发展的同时,对于信贷风险进行了积极主动的监控与管理,从而实现了风险与收益的平衡。

【重大活动】 荷兰合作银行充分重视及认识到自身的企业社会责任,2010年荷兰合作银行作为上海世博会荷兰馆农业日的主要赞助商,积极推动中荷两国农业食品行业的交流。2010年6月,荷兰合作银行与荷兰大使馆合作,在世博会荷兰乳业,食品及添加剂活动日主办了"荷兰合作银行—荷兰农业,自然及食品质量部CEO论坛"。8月,荷兰合作银行与荷兰大使馆再次联手在世博会荷兰肉类及饲料活动日主办了"荷兰合作银行—荷兰农业,自然及食品质量部CEO论坛"。每次论坛活动大约都有三十多家中外食品类公司的高管和专业人士,以及行业专家和行业协会的负责人参加。

【社会责任】 继2008年云龙县荷兰合作银行小学成立后,荷兰合作银行有限公司上海分行捐资25万元援建的第二所希望小学,云南省云龙县漕涧镇铁厂村荷兰合作银行希望小学于2010年9月正式启用。

一年一度的植树活动已成为荷兰合作银行有限公司上海分行的传统活动,员工及家属都踊跃参加。12月,荷兰合作银行有限公司上海分行还组织员工及家属带领智障儿童参观上海昆虫馆。通过一系列的活动,大大地增强了员工在环保和儿童教育等方面的企业社会责任感。

此外,荷兰合作银行有限公司上海分行还是欧盟商会和比荷卢商会的会员,积极参与商会的各项活动,是2010年比荷卢商会年会的主要赞助商,为促进中荷之间的商务贸易交流尽微薄之力。

(荷兰合作银行)

17. 荷兰安智银行股份有限公司上海分行

荷兰安智银行上海分行成立于1996年,注册资本为人民币6亿元,可以经营所有的外汇业务和除中国境内公民以外其他客户的人民币业务,是ING集团在中国的银行业务的主要运作机构。荷兰安智银行股份有限公司上海分行是荷兰安智银行在中国银行业务的中心。2006年12月由荷兰商业银行股份有限公司上海分行更名。目前荷兰安智银行股份有限公司在中国只有上海分行一个营业性分支机构,在北京为代表处。

荷兰安智银行上海分行一直积极地为客户提供金融顾问服务,包括存贷款业务,信用证服务,担保,国内外结算,买卖外汇,买卖债券,同业拆借等。在贷款和贸易结算方面,提供包括各种短中长期贷款、信用证开证、信托收据融资、出口押汇和汇款业务,并擅长提供结构性的专门融资安排,如项目融资、银团联贷、大宗商品融资和福费廷等业务。在资金业务方面,提供包括同业拆借、外汇交易、外汇远期和期权、利率远期、期权和结构性存款在内的全面金融产品服务。

在2010年度,荷兰安智银行上海分行各项业务均取得了较大的发展,各项资产总值折合人民币148.73亿元。贷款业务积极开展,贷款仍为资产中的主要组成部分和银行主要收入来源。贷款业务主要包括短期融资,中长期项目融资和银团贷款。同时,金融市场同业业务得到进一步加强,大宗商品贸易融资业务进一步扩大,投资业务发展迅速。随着人民币业务的自由度的扩大,分行着力发展为国际大企业、大型欧洲企业、本地蓝筹公司、良好的中资客户提供优质的人民币业务。基于严格的信贷政策和风险控制体系，2010年上海分行授信业务的总体质量均显良好。

18. 挪威银行公共有限公司上海分行

2006年8月，挪威银行公共有限公司获中国银监会批准在上海成立分行，在中国大陆全面展开金融业务。挪威银行公共有限公司上海分行的目标客户群主要为公司客户，与集团中其他分支机构一样，上海分行将重点服务北欧客户以及中国和国际船运客户，提供目标客户日常的银行业务以及涉及外汇、利率等的金融产品。

2008年4月，经中国银监会批准，上海分行获得了开办衍生产品交易业务的许可；同年8月，经国家外汇管理局批准，上海分行获得了远期结售汇业务的经营资格，使得上海分行可以为目标客户提供更广泛的金融服务。

2010年3月，经中国银监会批准，上海分行获得了经营人民币业务的许可，4月份正式开始经营人民币业务，目前的人民业务资本金为1亿元人民币。人民币业务的建立是挪威银行为客户提供产品和系统，实现挪威银行成为客户最佳合作伙伴，满足其金融服务需求这一目标的自然而不可或缺的延续。挪威银行上海分行的人民币业务尚处在起步阶段，但业务发展势头良好。

（挪威银行）

19. 瑞典北欧斯安银行有限公司上海分行

Skandinaviska Enskilda Banken（简称SEB）是一家久负盛名的北欧金融集团，中文名称为瑞典北欧斯安银行，是瑞典首都斯德哥尔摩的第一家私人银行。

北欧斯安银行共有丰富的国际银行业经验

在中国，瑞典北欧斯安银行有限公司于1983年在北京设立了代表处，2005年在上海设立了分行。

瑞典北欧斯安银行有限公司上海分行是SEB在中国各项银行业务服务中心，为超过百余家公司客户提供包括本外币在内的全方位的银行服务。

上海分行的业务范围包括账户开立和支付、企业贷款、保函开立、贸易融资等。分行交易室还为客户提供即期货币兑换，以及外汇敞口的远期套期保值。

2009年，上海分行经中国银监会上海监管局批准，开办电子银行业务，为其现金管理业务添加了辅助性的服务，使其客户可以通过网上银行的平台进行账户余额的查询和在线贸易融资业务的操作。同年，上海分行经中国银监会批准，经营除中国境内公民以外客户的人民币业务。上海分行的人民币业务正稳步发展，为越来越多的客户提供方便可靠的企业信贷产品。目前，上海分行已获得全面外汇业务的经营资格、即期结售汇业务资格、衍生产品交易业务资格、对客户远期结售汇业务资格以及对客户人民币与外币掉期业务资格。

为了更好的支持SEB在华业务的发展，上海分行于2010年底获得了中国银监会批准增加了1亿元人民币作为人民币业务的营运资金，至此，上海分行的资本金达到了2亿元人民币以及等值2亿元人民币的外汇。

（北欧斯安银行）

20. 瑞典银行有限公司上海分行

瑞典银行于2001年1月在上海设立了代表处，是第一家在上海设立代表处的北欧银行。代表处于2007年4月经中国银行业监督管理委员会批准升格为分行。2010年8月瑞典银行有限公司上海分行获得了中国银行业监督管理委员会的批准，正式开展人民币业务。

瑞典银行有限公司上海分行的战略目标是通过支持北欧和中国两国的企业，提供优质完善的金融服务，使瑞典银行上海分行成为联系、促进中国和北欧两国经济文化交流的桥梁。同时，通过积极有效的市场营销和严格的内控制度，达到安全性、流动性、稳定性的要求指标的管理经营模式。

瑞典银行有限公司上海分行为中国、北欧及波罗的海国家的公司客户提供全面外汇及人民币服务，包括且不限于存贷款服务、支付服务、贸易融资服务、外汇交易产品和与银行业务相关的咨询服务。双边贷款和贸易融资是上海分行的主要业务之一。客户主要为北欧、波罗的海和俄罗斯企业在中国的子公司。贸易融资包括提供信用证，备用信用证，托收，保函，贸易融资，打包贷款等各种各样的贸易融资服务来支持客户在国际和国内的业务运作。

2010年世博会在上海举办，上海分行参加了瑞典馆的建馆仪式、开幕典礼和世博会期间的各项活动，并在世博会期间组织瑞典企业家代表团来华访问。

上海分行严格要求员工遵守当地的法律、法规和监管机构的规定及银行的内部条例，严格按照监管当局的要求，加强分险控制，建立了业务操作前台和后台结合的管理模式，严格执行各项合规性操作。

（瑞典银行）

21. 瑞典商业银行公共有限公司上海分行

2005年瑞典商业银行上海代表处升格为上海分行，成为第一家在中国取得营业资格的北欧银行。2008年末，瑞典商业银行上海分行成为第一家获得人民币营业资格的北欧银行，这对于瑞典商业银行在华发展具有深远的意义与影响。2010年上海分行各项业务发展势头良好，人民币业务有了较大规模的拓展，发展了一批新客户，较好地完成了既定的盈利目标。

在大力发展业务的同时，上海分行管理层秉承一贯的稳健的原则，不断加强风险管理体系的建设，及时更新业务操作规程，组织员工学习最新的监管法律法规。

随着中国经济的高速发展，上海分行把握发展机遇，继续为客户提供高效及优质服务，并与中、外资金融机构开展更为广泛的合作，同时积极地向监管机构要求的风险管理为核心，合规经营为基调的方向努力。

（瑞典商业银行）

22. 瑞士信贷银行股份有限公司上海分行

瑞士信贷银行股份有限公司上海分行成立于1994年7月，是瑞士籍银行在华的首家外国银行分行。经中国银监会批准，上海分行可经营对各类客户的外汇业务及对除中国境内公民以外客户的人民币业务，可以吸收中国境内公民每笔不少于100万元人民币的定期存款；上海分行于2004年获准开展衍生产品业务资格。此外，经监管部门备案，上海分行可开展银行间及对客人民币外汇即期和远期、外汇掉期、货币掉期等业务，并可在银行间市场进行债券交易、人民币利率互换、远期利率协议等业务。2010年，上海分行经上海黄金交易所批准成为上海黄金交易所外资金融类会员。

2010年上海分行的主要业务为本外币贷款、衍生产品自营及对客交易、私人银行等业务。截至2010年末的信贷资产质量良好；2010年上海分行银行间衍生品交易活跃，其中在外汇市场的全年交易量排名从年初的88位上升至29位。此外，私人银行业务为在中国生活、工作、学习和经营的高端外籍个人、港澳台同胞和海外华侨、中国本地高端居民个人及其设立的公司提供服务。

（瑞士信贷银行）

23. 西班牙桑坦德银行有限公司上海分行

桑坦德银行是一家多元化的全球金融服务集团，是欧元区最大的银行。1857年3月21日，桑坦德银行在西班牙北部小镇桑坦德城成立。至今，桑坦德银行已分别在四家西班牙证券交易所及米兰、纽约、里斯本、布宜诺斯艾利斯、伦敦和墨西哥证券交易所上市。桑坦德银行寻求发达国家市场和新兴市场的平衡发展，它的9个核心市场为西班牙、葡萄牙、德国、英国、巴西、墨西哥、智利、阿根廷和美国市场。截至2010年12月底，桑坦德银行的总资产为1.22万亿欧元，利润为81.81亿欧元。

西班牙桑坦德银行有限公司上海分行于2008年8月25日由中国银行业监督管理委员会批准成立，注册及营业地址为上海市浦东新区世纪大道88号金茂大厦2001室。目前营运资金为4亿元人民币等值美元，在下列范围内经营对各类客户的外汇业务：吸收公众存款；发放短期、中期和长期贷款；办理票据承兑与贴现；买卖政府债券、金融债券，买卖股票以外的其他外币有价证券；提供信用证服务及担保；办理国内外结算；买卖、代理买卖外汇；从事同业拆借；提供保险箱服务；提供资信调查和咨询服务；经中国银行业监督管理委员会批准的其他业务（涉及行政许可的凭许可证经营）。

桑坦德银行把中国看作是它亚洲战略成功的关键市场，致力于发展国际贸易融资业务。受益于全球经济复苏，特别是中国进出口贸易的强劲增长，上海分行从2009年度至今连续盈利，截至2010年12月底，分行总资产为2.22亿美元，比上年增长29%。

（桑坦德银行）

桑德斯银行上海分行

24. 意大利联合圣保罗银行股份有限公司上海分行

意大利联合圣保罗银行集团是欧洲区最好的银行集团之一，集团在零售、公司和财富管理方面在意大利处于行业领头人的地位，集团为通过其遍布在意大利的5 500个分行为1 100万国内客户提供服务，在意大利地区占有15%的市场份额。同时，集团在29个国家提供公司业务服务，例如美国、俄罗斯、中国、印度等意大利公司比较活跃的地区。

意大利联合圣保罗银行股份有限公司上海分行1997年9月9日注册成立，1997年11月18日正式开业开始从事外汇银行业务，并于2002年取得了人民币业务经营许可。至今上海分行业务的发展过程十分顺利，盈利情况良好。

上海分行目前的业务范围主要为典型的商业银行服务，例如贷款、同业拆放、存款、担保、进出口结算业务（含贸易结算和汇款）、人民币清算和结售汇业务。上海分行主要为意大利在中国的投资企业（绝大多数为生产型的中小企业），以及与意大利有业务联系的非意大利公司和著名的中国公司提供上述的银行服务。2011年底，经中国人民银行批准，上海分行取得“跨境人民币业务”代理行和清算行资格，为集团客户提供跨境人民服务。

（顾婷娴）

25. 意大利裕信银行股份有限公司上海分行

2009年11月，中国银监会批准意大利联合信贷罗马银行股份有限公司上海分行名称变更为意大利裕信银行股份有限公司上海分行。根据总行指示，分行继续侧重于公司业务。这也体现分行现时尽管规模不大，但也足以承担现有的业务量。

上海分行的主要任务在于为意大利裕信银行集团重点发展的市场（意大利、德国和其他中、东欧国家）的企业来中国投资提供帮助，同时也为中国经济的和谐及长期可持续发展做出贡献。2010年，上海分行整体业务综合分析如下：

外币存款主要来源于与分行有业务往来的、有意大利背景的三资企业的资本金和结算账户，以及来自于私人或外商代表处开立的用于接受国外汇款以支付当地费用的外汇往来账户中的小额存款。人民币存款主要来源于与分行有业务往来的、有意大利背景的三资企业的基本和一般账户。

就目前而言，分行的外币信贷组合除以贷款的形式投向在本地注册的外商投资企业，还包括意大利金融机构发行的债券。人民币信贷组合主要是贷款。

分行所有的借款人都经过严格挑选，反映了银行仔细评估贷款风险质量的政策。为此，分行每年都会定期对仍在贷款有效期内的借款人的经营状况进行审查，以此来合理监控信贷风险。根据通常的做法，分行采用中国银行业监督管理委员会的贷款风险分类指引对所有贷款进行了评级。2010年12月末分行所有的客户贷款均为正常贷款。

除了信贷业务之外，分行还从事汇款、结算、支付和外汇买卖等其他业务，以此产生分行另外的收费收入。另外，分行也为当地的企业做一些出口结算业务。尽管从此项业务中获得的收益有限，但我们仍将此作为扩大客户基础的良好机会和更全面的服务客户。

（裕信银行）

26. 英国巴克莱银行有限公司上海分行

巴克莱银行是一家在英国成立并在英格兰和威尔士登记的公司，注册地址为伦敦，受英国金融服务监管局(FSA)的监管。作为一家国际性的金融业务集团，英国巴克莱银行有限公司主要为客户提供零售银行、信用卡、企业银行、投资银行、财富管理和投资管理等业务，业务遍及欧洲、美洲、非洲和亚洲。就市场资本值而言，巴克莱是英国最大的金融业务集团之一，同时在世界上其他许多国家开展业务，向跨国中心提供全球协调业务服务。

英国巴克莱银行有限公司于 2005 年 12 月 6 日经工商登记在上海设立了分行，营业地址为上海市浦东新区陆家嘴环路 1233 号汇亚大厦。自成立以来，上海分行本着为中国境内客户提供优质金融服务的宗旨，不断提高分行营运能力，扩大产品和服务范围，主要为机构客户提供信贷、衍生产品、外汇买卖等服务。

2009 年 7 月 10 日，获中国银行业监督管理委员会批准，上海分行取得了对除中国境内公民以外客户的人民币业务资格。至此，上海分行的经营范围扩大至对各类客户的外汇业务以及对除中国境内公民以外客户的人民币业务。2010 年 11 月，上海分行经批准成为中国银行间市场交易商协会首批信用风险缓释工具交易商。

（巴克莱银行）

27. 加拿大丰业银行有限公司上海分行

加拿大丰业银行于 1832 年始创于加拿大哈利法克斯，是北美主要金融机构之一，被誉为加拿大最国际化且最安全的银行。丰业银行在中国的历史源于 1982 年在北京开设首家代表处，在华经营已有 28 年的历史。目前，丰业银行在中国境内设有上海、广州、重庆 3 家分行和北京代表处，并对西安市商业银行参股投资。丰业银行于 2004 年 11 月在上海成立上海代表处，并于 2006 年 9 月升格为上海分行。上海分行在 2007 年至 2010 年间分别获得结售汇业务经营许可、中国外汇交易中心会员资格、衍生产品经营许可及人民币业务经营资格。

加拿大丰业银行有限公司上海分行 2010 年度的主要业务包括对公普通贷款、同业拆借、贸易融资（含进口代付、福费廷等）和结售汇业务等。2010 年上海分行各项业务稳步发展并取得了较好的成绩，完成了总行既定的业务盈利目标。

上海分行的管理层秉承总行一贯的安全稳健逐步发展的作风及原则，对各项经营风险予以充分考量与评估，以期达到风险和收益相统一的经营结果。本着谨慎严紧的工作风格，上海分行稳步发展和巩固传统银行产品，并努力寻找和关注与优质的跨国合资企业和主要/龙头的中资企业建立各类业务往来。

（丰业银行）

28. 美国银行有限公司上海分行

美国银行有限公司在中国大陆地区共设有上海、北京和广州三家分行。成立于 1991 年的上海分行为美国银行中国区分行的主报告行及管理行。美国银行有限公司上海分行下设环球财资产品部、企业及投资银行部、环球金融市场部、客户发展服务部、运营部、人事部、财务部及合规部等主要部门，截至 2010 年 12 月 31 日，上海分行共有正式员工 142 人，较 2009 年增长 27%。美国银行有限公司上海分行业务经营范围为《中华人民共和国外资银行管理条例》第三十一条规定业务范围内的全部外汇业务以及除中国境内居民以外的人民币业务。

【主要业绩】 美国银行有限公司上海分行一贯秉承以客户为中心的服务方针，在中国银监会批准的业务范围内，利用美国银行全球产品和网络优势，加强同中资金融机构进行合作，为银行的全球跨国公司客户以及优秀的中资企业提供优质的产品和服务。目前分行在中国主要服务于欧美和亚洲的大型跨国公司，为其在中国的发展提供金融服务，此外银行也继续积极开展与优质的中资企业的业务与合作，特别是为有计划向海外拓展、进行国际化经营的优秀中资企业提供更为专业和便利的服务。2010年，美国银行有限公司上海分行各项业务继续稳步发展，均达到或超过预期目标。截至2010年末，上海分行资产总值较去年同期增加57%，各项存款余额较去年同期增加36%，贷款余额较去年同期增加20%。分行的贷款客户群相对集中在制造业，对大多数跨国公司客户实行母公司分配额度贷款，贷款由其母公司全额担保，总行根据母公司的财务状况进行贷款审批评级和后续风险管理；对极少数跨国公司客户的信用贷款，是建立在严格筛选，严格审查和有相应的财务制约或财产抵押的基础上。对中资企业贷款主要通过银团贷款，并结合出口信贷等方式进行，每笔贷款必须经过银行内部严格审批并要求通过所有政府部门的合法审批手续。总体而言，上海分行的信贷资产质量较好且风险较小。

【金融服务】 2010年4月起，美国银行有限公司上海分行引入自动验印系统，提高识别欺诈案件的能力。所有人民币付款纸质指令上的授权印鉴均要通过自动验印系统进行比对，保证客户资金的安全性。2010年，美国银行有限公司实现了中国区分行在统一平台上与中国现代化支付系统的直联，包括大额实时清算系统及小额批量清算系统，确保了为客户提供全面优质的人民币结算服务，并在此基础上开发了本票和定期借记功能。12月，美国银行有限公司中国区分行实施上线了人民币跨境结算服务。

（美国银行）

29. 美国纽约梅隆银行有限公司上海分行

美国纽约银行有限公司上海分行于2000年3月1日起正式对外营业。2008年7月1日，银行更名为“美国纽约梅隆银行有限公司”。上海分行经批准经营范围为吸收公共存款；发放短期、中期和长期贷款；办理票据承兑与贴现；买卖政府债券、金融债券、买卖股票以外的其他外币有价证券；提供信用证及担保；办理国内外结算；买卖、代理买卖外汇；代理保险；从事同业拆借；提供保险箱服务；提供资信调查和咨询服务；以及经中国银行业监督管理委员会批准的其他业务。

2010年上海分行开展的主要业务是出口贸易信用证项下结算：

（1）进出口结算。上海分行主要业务是出口信用证业务，为客户提供出口信用证的通知、保兑、结算等服务，并且为纽约梅隆银行的代理行提供有关进出口信用证的服务。

（2）资金管理咨询。纽约梅隆银行总行在中国的美元清算客户几乎涵盖了中国所有的主要银行，上海分行对所有使用纽约梅隆银行服务的中国客户提供完全的支持，主要体现在美元收付汇，账户往来的查询，以及账户管理等方面。

（3）贸易融资。纽约梅隆银行总行及其上海分行与中国各大银行保持着良好的代理行关系，就信用证项下的贸易融资进行广泛而深入的合作，进一步推动中国对外贸易的发展。

2010年全年，上海分行税后利润稳步增长，全年预算执行状况良好。

纽约梅隆银行一如既往地大力拓展海外代理行信用证业务市场，上海分行也积极地与广大中国信用证受益人联络接触，为其提供关于风险控制及融资的解决方案。

全球互联网代理托收业务由于具有收款速度快、价格低、追踪自动化以及对账简便等诸多优势，业务取得了长足的发展。上海分行不断提高服务质量，增加客户满意度，以保证此项业务的快速成长。

2010年，纽约梅隆银行的信用证外包业务稳步发展。在香港分行、东京分行、新加坡分行及首尔分行所有的贸易业务操作全数转入上海分行单证中心处理之后，业务进展十分顺利，操作流程也日臻完善，通过对员工的业务培训和合理的人员配置，操作风险得到了有效的控制。

（纽约梅隆银行）

30. 宁波国际银行上海分行

2010年金融运行情况

宁波国际银行是一家注册在中国的法人外资银行，成立于1993年3月19日。上海分行秉着“顾客至上，正直可靠，讲求效益，团结合作，关心员工，不断进取”的经营理念，形成了独有的经营特色：

（1）灵活性。本着为客户着想的理念，宁波国际银行上海分行在业务操作上的灵活性得到了国内外客户的一致好评。

（2）合理的费率。目前，银行已经拥有了完善的利率报价体系。银行根据市场供求和资金成本状况，通过自身有效的成本控制体系，可以用最少的成本获取客户最大的收益。

(3) 个性化服务。银行不仅出售金融产品和提供金融服务，更重要的是与客户分享经验财富，携手共进。“与客户共同成长”是银行的服务理念。

(4) 网络机构。强大的全球化网络机构为客户提供了方便、快捷的金融服务。至今，宁波国际银行与在64个国家的152个城市中有400多个银行建立了合作关系。上海分行在激烈的竞争中，把传统与创新相结合，积极进取，不断提高。

2010年上海分行在稳健经营的基础上，税后净利润较上一年增长了45%，其他各项指标也有所增长：

(1) 2010年宁波国际银行上海分行客户数净增量较上一年有所增长，客户结构仍然以贸易类中小企业和个人为主。“守法、规范、务实、互信”的办事风格也成为连接宁波国际银行上海分行与企业的桥梁。

(2) 银行继续巩固贸易地位，为中小企业提供实实在在的金融服务。上海分行在强手如林的上海国际金融中心，其对公外币结算业务达到了较好的水平。充分显示了宁波国际银行上海分行服务长三角地区中小贸易企业的强大作用。

(3) 风险控制求真务实，全年无风险事故发生，无不良资产发生。宁波国际银行一直致力于内控制度的建设，2010年分行共制定和修改了15条内控制度和操作规程。从政策规定的出台到制度的执行和完善，充分发挥内审、合规及风险管理部的职责作用。在经营策略上，继续遵循总行实行“低杠杆、高流动、资产负债相匹配”的原则。同时，还加强反洗钱、案件防控工作。

(赖丽黎)

31. 厦门国际银行上海分行

厦门国际银行上海分行于2005年成立，位于浦东陆家嘴。2008年以来，分行按照立足上海、辐射长三角的区域市场定位，相继开设了徐汇、静安、长宁、黄浦四家支行。2010年，分行认真贯彻“调整结构、提高质量、提升文化、强化管理”的工作方针和营销政策，制度建设、组织建设和文化建设等工作取得积极成效。截至2010年12月31日，总资产折合人民币123.44亿元，实现税后利润超亿元，人均创利逾80万元。

【业务发展】 优化业务结构，提高服务水平。2010年，分行实施了旨在提高中小企业和工商企业客户数量和结算往来的“蒲公英奖”活动，全年有效公司客户数较年初增长了53%。同时，通过加强对信贷业务的指导、筛选及风险控制，实现了对“两高一剩”行业、房地产行业等高风险业务的有效控制。将拓展中、小工商企业授信作为贷款目标，推动低资本耗用业务，大力推动贸易授信业务，积极开展海外代付等同业资产业务。分行着力于拾遗补缺、差异化、抢占先机、深度开发的营销战略，通过制定落实基础客户管理和服务管理制度，积极服务优质基础客户，推动结算业务规模增长，各类中间业务收入占比稳步提高。

2010年，分行以上海世博会的举办为契机，落实柜员轮岗、柜员培训、支行现场管理等工作制度，加强对支行业务、操作流程、工作要求的了解和跟踪，不断协调、帮助支行发展业务，促进支行业务水平、服务水平的提升。

【银行管理】 坚持合规管理，保证银行资产质量。2010年以来，厦门国际银行上海分行注重强化风险防范意识，加强合规管理与自查，及时发现、及时解决，杜绝各类风险的产生。在资金往来业务量较往年出现大幅增长的前提下，资金划拨操作错误控制为零；对账单回收率和印鉴核符率双双逐季稳

厦门国际银行第八届董事会特别会议于2010年9月30日在上海西郊宾馆举行

步提高;深化分行营业部对支行营业部的垂直管理、分行计划财务部对分行营业部的检查监督;强化各业务岗位、各业务环节的规范化操作。根据上海银监局要求,强化“三个办法、一个指引”的落实,通过下发书籍、集中学习、书面考试等形式,加强对贷款新规的宣传和教育以及贷款业务合规性自查。完善信贷审查制度,明确各部门落实全面风险管理的分工与职责,推进工作流程特别是信贷调查报告、贷后检查、集体审议制度的操作标准化,摸索并开始建立操作风险和合规风险预警报告制度,贷前、贷中、贷后风险管理体系进一步强化。对贷后检查工作按正常类贷后检查、交叉检查和“一户一策”风险监控三种层次的检查管理方式,贷后检查覆盖率 100%。

【人力资源建设】 分行高度重视人力资源发展战略和企业文化建设,给员工提供良好的工作环境和氛围。2010 年,实施了分行市场营销组织架构的调整,在优化团队结构和人员配置的基础上,营销的组织管理得到了明显加强;实施具有竞争力的人才招聘与梯队建设、培训及职业生涯规划、薪酬福利和劳动关系政策。坚持以员工素质为导向,引进文化融入好、职业素质高、业务能力强的管理人员和业务骨干;多次组织经典案例交流和集中宣导推介活动,实现了业务知识与经验共享,开展培训积分制的试点,为年资较浅的市场人员知识、技能体系的完善提供一个“拾遗补缺”、“各取所需”的学习机会;对业务和管理骨干通过测评分析和多维访谈,进行职业生涯规划,积极选拔优秀员工走上管理岗位,为员工开辟发展空间。开办网上文化论坛等,展现了员工积极向上的精神面貌,树立银行在同业中的良好形象。

(厦门国际银行)

三、其他金融机构

1. 中国银联上海分公司

2010年,中国银联上海分公司在总公司的领导下,携手产业各方,践行"聚焦世博、服务世博、建功世博"的庄严承诺,为世博会提供了优质、安全、高效的银行卡支付服务,圆满完成了"系统零事故、服务零投诉、业务零差错、产业零风险"的任务。在做好世博服务的同时,业务发展再上新台阶,跨行交易稳步增长,银行卡受理难点领域借势突破,创新业务加速推广,境内外市场联动步伐明显加快,服务水平显著提升,产业协同更加高效有序,自主银联品牌形象更加深入人心,有力地推进了上海国际金融中心建设。

【发卡业务】 (1) 62银联卡发卡呈现良好势头。2010年,上海分公司采取综合措施,推动62银联卡发行,发卡规模持续扩大,发卡质量继续提升。截至年末,全市累计发行62银联卡达7 570万张,较2009年末增加1 789万张;62银联卡在总发卡量中的比重有较大幅度上升。从全国各地的人均发卡水平看,上海人均持卡量仍位于全国前列;从发卡银行发卡集中度来看,上海市场银联卡发卡银行集中度有所下降;从发卡量结构看,借记卡仍占绝对优势地位,2010年,上海地区各发卡银行新增62银联借记卡1 442万张,累计发行62银联借记卡6 350万张;新增62银联贷记卡347万张,累计发行62银联贷记卡1 220万张(含189万张借贷合一卡)。贷记卡在整个银行卡发卡市场的比重进一步提高,以借记卡为绝对主导的产品结构正在逐步优化。

(2) 发卡质量稳步提升。2010年,全市62银联卡交易金额3 453.4亿元,同比增长20.72%,占全部卡交易总额的比例达到53.9%,份额比上年同期提高3.9个百分点,表明"银联"品牌认知度日益提高,竞争优势不断扩大。其中62银联贷记卡交易金额320.7亿元,卡均金额2 749元。62银联借记卡交易金额2 992亿元,卡均金额4 404元;62银联借贷合一卡140.8亿元,卡均金额5 655元。

(3) 银联卡产品结构进一步优化。围绕世博,以发展优质特惠商户,丰富持卡人服务为手段,上海分公司积极推动各银行从产品功能、增值服务、卡面设计等方面创新,推出差异化、个性化的产品,银联卡发行呈现出以"上海旅游卡"等世博主题卡为特色,规模扩大、份额提高、质量提升、结构优化的良好势头。世博会期间"半价游景点"联合营销活动有利促动上海旅游卡发卡,全球发卡量累计超过170万张。同时,上海分公司大力推动银联标准世博信用卡、"金"彩世博卡、世博场馆主题卡等世博产品的营销发行,累计发卡超过100万张。截止2010年年末,全市发行62银联卡的银行达36家,推出多系列,覆盖各方需求、不同行业的主题卡、认同卡、联名卡等。为推动银行卡产业的升级换代,PBOC标准IC卡发卡和受理环境的改造工作抓紧推进并取得成效,推动交行、工行、中银通等三家机构发行了非接触IC卡,目前上海IC卡发卡量达70万张;截至年末,上海市场超过5万台POS终端可受理非接IC卡,上海业已成为全国IC卡受理环境最为成熟的地区之一。

(4) 银行卡支付方式推陈出新。上海分公司抓住世博支付环境建设契机,世博支付创新成果卓著。根据世博支付的需求和特点,在上海地区推出了受理银行卡的自动售货机、自动售票机、非接触IC卡、小额快速支付等多项创新产品,有效满足了人们日益丰富的支付需求。目前,上海地区共有受理银联卡自动售货机350台;世博期间,推出了45台世博自动售票机,累计实现交易11.3万笔、交易金额3 058万元;在银联总公司的支持下,在世博期间推出了"服务世博银联磁条卡小额快速消费业务",共开通小额免签支付POS、自动售货、售票终端1 284台,实现交易33万笔、交易金额4 848万元。智能手机支付、IC卡支付、互联网支付等重点创新业务实现突破，进一步完善代收、代付、理财等互联网支付产品，通过移动支付、远程商圈和空中下载等智能卡手机支付应用平台推广试点SD和NFC两种模式的手机支付业务。

【受理业务】 (1)受理市场持续快速发展。2010年，全年新增直联POS终端8.32万台，累计达32.2万台；新增直联商户2.31万家，累计达10.2万户；新增ATM联网机具1518台，累计达1.2万台。增量市场业态分布日趋优化，宾馆、餐饮、娱乐、百货等商户占本年新增商户总量的比例达到79.2%。全域覆盖的受理环境在世博攻坚中逐步形成。行业合作取得重要进展，实现铁路、高速公路、长途客运、旅游、农村旅游受理市场等重点、难点行业银行卡受理的整体突破；实现世博园内商户受理全覆盖、机具刷卡无障碍、所有卡种全兼容的局面，为世博金融支付服务呈现一大亮点；在上海各个小区完成1 000台具有取现、转账功能的自助终端布放的市政十大实事工程之一的“金融便民服务进社区工程”顺利完成。

(2)受理市场持续规范成效显著。为保持上海地区银行卡受理市场的健康快速持续发展，上海分公司坚持以维护世博稳定为前提，坚持规范促发展、保发展的原则，推进受理市场规范工作，取得较好效果。完善了商户联网注册登记制度，敦促各收单机构完成间联商户入网注册登记工作；完成房地产、汽车、车险见费出单、工艺美术品、钟表等15个行业5 415家存量商户的手续费率调整，商户整改率达100%。有效解决中石化MCC规范问题。正式启动“一柜多机”认定与专项清理工作。

【跨行业务】 (1)跨行交易持续迅猛增长。2010年，上海地区银行卡跨行交易借服务世博之时机蓬勃发展，全年共实现跨行成功交易6.6亿笔，比上年增长14.0%；交易金额突破6 400亿元，比上年增长11.1%。其中，实现POS消费交易3.2亿笔，比上年增长22.0%，消费交易金额突破4 775亿元，同比上涨18.0%。上海地区“新华—银联”银行卡消费信心指数BCCI接近90，为近三年来最高点。随着上海市场受理环境的日臻完善和城市刷卡消费的便利升级，人们刷卡消费的意识逐步增强，取现消费习惯趋弱，ATM跨行取现交易呈平稳发展态势，共实现ATM跨行成功交易2.7亿笔，交易金额1 390亿元，比上年增长13.5%和1.0%。九年来，全市银行卡跨行交易景气兴旺、高速扩张、长足发展。交易笔数从2002年1.02亿笔疾速提升至2010年6.60亿笔，累计增长546%。交易金额从2002年474亿元强劲攀升至2010年6 400亿元，累计增长1 249%。

(2)银联卡跨行新业务快速增长。2010年，全市各项热点业务刷卡交易共1281.3万笔，交易金额411.5亿元，同比增长14.7%和71.4%。从金额贡献来看，排名前五位依次是理财产品147.0亿元、见费出单102.0亿元、个体批发30.7亿元、银联支付47.6亿元和自助终端缴费27.0亿元。

(3)跨行系统运行效率不断提升。2010年，上海市跨行交易成功率为99.97%，达到历史同期和全国最好水平，有效满足了世博会大幅增长的银行卡跨行交易处理要求，保障世博用卡通畅。

（沪银联）

2. 城市商业银行资金清算中心

2010年，城市商业银行资金清算中心（以下简称资金清算中心）坚持开拓创新、科学发展，围绕建设“立足城商行，面向市场，开放式多功能的具有综合竞争力”支付清算组织的目标，积极行动、全力以赴推进落实各项工作，年内工作成效明显，经营情况总体呈现四个特点：一是业务拓展呈现全新局面，年内实现多个新平台上线；二是新系统和原有银行汇票清算业务实现安全稳健运行，各项监管指标保持合规；三是各项业务取得稳步推进，截至2010年12月31日，新增成员行17家(其中村镇银行9家)，资金清算中心参与行共计146家，其中会员行94家、成员行52家；新增银行汇票业务开通行4家(其中村镇银行3家)，完成银行汇票签发总量614亿元，自主兑付金额比率达到67.73%；新建支付清算系统等多个平台第一年接入行达64家，占资金清算中心参与行总数的43.8%，新开业务发生总额307亿元；全年业务发生金额921亿元，资金清算金额782亿元。四是增收节支确保系统建设资金，以开发项目支出为重点，克服资金有限的困难，严格执行预算，全年各项收入3 542万元，实现税前利润111万元，同比增幅148%，总资产达63亿元。

【业务创新】 资金清算中心坚持打破单一业务的局限，积极规划新业务新平台开发，稳步推进多个新系统的建设、测试、验证、上线、运维工作，年内各项业务新品陆续开通，逐步丰富面向会员行、成员行的服务种类、手段，从而使资金清算中心未来发展基础进一步夯实。

(1) 支付清算系统年初成功上线。在2009年积极建设的基础上，支付清算系统于2010年1月18日顺利投入运行，年内业务量稳步上升，开办汇兑、通存通兑、密码汇款3项新增服务品种，接入行35家业务通汇网点达1 112个，共发生业务66 065笔、金额达307.14亿元，其中柜面通业务深受广大接入行和其客户的欢迎，累计占业务总笔数的82.59%，清算总金额的75.28%。至年末支付清算系统业务辐射新疆、贵州、四川、重庆、湖北、河南、山东、江西、福建、浙江、江苏、黑龙江、辽宁、山西、河北、北京、安徽、上海和陕西等十九个省区市。

(2) 网银业务门户网站有序开通。网银平台于1月6日正式上线，为接入行提供网银业务和门户网站的建设、托管服务。在网银服务方面，资金清算中心根据接入行网银业务需求和其客户体验要求，不断提供个性化服务，新增12项功能，提升了网银平台客户使用满意度，年内有26家会员行、成员行接入使用网银服务，年末有4家银行接入进入联调测试阶段。在门户网站方面，作为网银平台的配套服务，解决了部分网银平台接入行没有门户网站以及网银入口问题，同时它也是资金清算中心今年新增的一项延伸服务，受到了各行的支持；此外，资金清算中心基于接入行的需求，于12月22日完成了门户网站从北京到上海的迁移，并顺利实现了应用集群部署，设置了备机排除了风险隐患；全年共有7家银行接入了该平台。

(3) 电票平台业务实现全面上线。在电票平台一对多点接入的建设中，资金清算中心较好地处理了与51套各不相同的银行核心处理系统的对接工作，逐一研究各接入行业务处理流程，在遵循人行电票业务处理规则和系统标准统一的前提下，提出了SAAS化系统建设方案，使51家接入行可根据各行不同业务处理模式进行流程控制和各种业务参数可配置化。6月28日，电票平台按原计划接入人行电子商业汇票系统，确保纸票登记与查询功能的上线运行；12月4日，电票平台全面上线，51家接入行通过资金清算中心全面实现人行规定的纸票登记、电子商业汇票处理以及资金清算中心的票据管理功能。

(4) 成功接入人行网银互联系统。资金清算中心牢牢把握人行推进网上支付跨行清算系统建设的契机，完成了网银互联的开发建设，并扩大了网银互联功能一点接入的范围，不仅包括了原定的资金清算中心网银平台接入行，还把自建网银平台而需要一点接入服务的会员行、成员行纳入了提供服务的对象。12月6日资金清算中心相关系统顺利接入人行网上支付跨行清算系统，并组织各接入行圆满完成网银互联上线的各项工作，实现了通过资金清算中心为会员行、成员行提供一点接入人行网上支付跨行清算系统的服务，至年底有2家银行成功发起网银互联业务，系统持续运行情况良好。

【清算网络】 根据业务和市场联动、营销与服务结合的经营策略，资金清算中心紧紧围绕新业务建设进程，积极、同步、有序地开拓市场，做到提前推广、抓紧培训、协助接入，条件成熟立即吸收，从而缩短了网络布局的耗时，在系统开办初期就争取到了一定数量的接入行，并在年内充分利用各种渠道进行点面结合全方位营销推介，至年末各系统清算业务量初具规模，整个清算网络覆盖范围稳步扩大。1—9月在上海、泉州、郑州、北京、丹东五地举办了7期培训班，共有243行次648人次参加，内容包括系统上线业务和技术培训、前置和仿真培训、联调测试培训、票据业务操作培训、网银互联、手机银行等。在强有力的推介策略下，支付清算业务在近一年的时间内，从上线当月的7家接入行、479笔交易和2.25亿元资金清算量，迅速发展到12月的35家接入行、17 849笔交易和73.11亿元清算资金，其他各项业务也已具备相当规模，资金清算中心新系统得到覆盖率稳步提升。

【金融服务】 提高服务水平，确保平安支付。

2010年适逢上海世博会召开，为了确保各系统安全稳健高效运行，资金清算中心紧抓服务世博的契机积极推动支付清算工作的稳步发展，围绕工作目标，进一步建立和完善各项制度，促进了各项工作的有序推进和业务的稳健发展。一是做好应急演练，提高了全国会员行、成员行相互间的应急处置及协调能力；二是建立运维服务，包括业务的7×8小时咨询和科技的7×24小时咨询服务；三是落实制度管理，随着新系统的不断升级，制定和颁布了一系列制度，同时强调了制度的落实和责任到人；四是完善合同管理，做好托管服务的各项工作，维护好双方的合法权益。至年末，各新系统上线以来连续运行情况良好，未发生一起生产事故。

【重大活动】 资金清算中心于2010年9月9日至12日参加了由中国人民银行中国金融电子化公司主办的一年一度的中国国际金融展，该展览是目前亚太地区规模最大、水平最高的金融展会。资金清算中心在“支付清算专区”里与中国人民银行、银监会等单位共同展示我国支付清算体系建设的格局和成果。展台重点对新近推出的支付清算系统以及网银、电票、门户网站等服务平台进行了介绍。中共中央政治局委员、中央组织部部长李源潮，中国工程院常务副院长潘云鹤，中国人民银行行长助理李东荣等领导同志莅临展区，对资金清算中心的工作给予了肯定，并鼓励资金清算中心应更好地发挥作用，更多地为中小金融机构提供服务。同时，资金清算中心网银平台凭藉共享的基础设施、集中的安全建设、高水准的技术架构，以及专业的网银系统运营、业务开发和咨询服务，在本届展会上获得了金融服务类“优秀解决方案奖”的殊荣。

（城高银行资金清算中心）

中共中央政治局委员、中央组织部部长李源潮（中）参观“2010中国国际金融展”

3. 中国华融资产管理公司上海办事处

2010年是中国华融资产管理公司全面实施商业化转型的第一年，上海办事处坚持以科学发展观为指导，认真贯彻落实公司年初、年中工作会议精神，围绕做强主业、做大利润、做响品牌和不断增强可持续发展能力的总体要求，坚持“求创新、谋转型、抓利润、促发展”。通过“创先争优”活动和学习传承上海世博精神，弘扬正气、追求卓越，商业化业务再创新高，实现了新的跨跃。全年完成公司下达的商业化业务指标分别为确保计划的157.6%，力争计划的137 %。全年实现公司下达的考核指标分别为确保计划的189.8%，力争计划的165 %。各项业务管理工作走在公司系统前列。

【业务发展】 “大客户”战略初见成效，项目开发良性发展。上海办事处坚持以公司五年三步走的发展战略为指导，结合上海区位经济的特点，探索办事处可持续发展的市场化道路。一年来，办事处全力推进大客户战略，围绕建设上海国际金融中心和航运中心的历史机遇，以平台公司为依托，成功开发了一批有持续发展后劲的大客户，先后与一批大集团、大公司签订战略合作协议。在营销方式上，重点依托银行业务渠道，通过差异化服务营销客户，拓宽业务来源，建立和发展了自身的客户资源；在业务策略上，从上海金融市场机构林立、资金充裕、平均利润低的现状出发，务实、合理、积极地看待和把握项目规模，培育一批能够见效的短平快项目，实现项目循环、滚动实施的有机统一；在选项标准上，在“风险可控”的前提下实现与其他金融机构“功能互补，政策互补，周期互补”，使“组合拳”优势得以充分发挥，形成了与华证、华信、华租、融德的合作全面开发商业化项目的格局。

【风险管理】 按照公司总部关于要强化“风险是硬约束，是第一责任”的意识，上海办事处在经营活动中努力把“风险可控，成本可算，利润可获”落实到每个项目，通过不断提高项目审查质量，积极推行审计信息披露制度，建立了风险分类管理制度，实现对商业化转型中信用、市场、决策、法律、操作等主要风险的全过程监控。一年来，办事处根据公司“依法合规科学发展、风险管控责任到人、争创利润绩效优先”的经营方针，制定了《2010年风险管理和内部控制工作意见》、《关于商业化项目开拓实施的风险提示》、《商业化项目风险管理细则》、《商业化项目审计操作细则》、《商业化业务档案管理细则》等一系列规章制度，确保了上海办事处全年没发生一笔业务损失风险和违法违规案件，继续保持建办以来违规违纪案件的零纪录。

【宣传品牌】 2010年世界博览会在上海举行。上海办事处敏锐地意识到，利用世博平台，宣传中国华融将会在全国乃至国际上扩大华融的社会影响。一年来，办事处抓住世博机遇，宣传中国华融品牌，在完成自身商业化收入任务的同时，累计接待公司主要客户和关系单位上千人，通过世博接待宣传中国华融，密切与各方客户的感情联系，让中国华融品牌随着参观世博深入人心，为树立中国华融市场形象作出了应有贡献。

【企业文化建设】 上海办事处以“创先争优”活动为契机，引导和营造积极向上的工作氛围，形成了“稳健、创新、和谐、发展”的企业文化，凝聚力明显增强。通过广泛开展各项学习教育活动、开展各类业务培训，不断提高员工的政治、业务素质，营造了人人爱学习、个个比业绩的氛围，树立了终身学习的理念，边干边学，学中进步，干中提高，员工的工作能力、专业技能在工作实践中明显提高；通过宣传板报、组织观看专题录像进行社会主义荣辱观、科学发展观教育活动，使广大员工的思想觉悟得到大幅度提高。更重要的是通过重大项目运作和大客户战略，向地方政府、监管部门、客户和社会各界全方位展示了中国华融的新风采。

2010年办事处先后荣获第四届全国金融系统职工职业道德建设先进单位、公司业绩贡献先进集体、公司系统“先进职工之家”、中国金融工会“金融职工宣传世博服务世博”优秀工会等荣誉称号；获得公司创新成果奖中的产品创新奖、管理创新奖、优秀合理化建议等奖项；被授予“心系社区、奉献世博”锦旗；涌现出银监会系统“青年岗位能手”、公司业绩贡献先进个人、上海金融系统世博安保工作先进个人、金融系统世博接待先进个人等一批优秀员工。

（华融资产）

4. 中国长城资产管理公司上海办事处

2010年，中国长城资产管理公司上海办事处商业化发展经受住了转型过渡期后的各种挑战和考验，取得了骄人的成绩。利润总额和预算完成率双双位列公司系统12家办事处第一，整体业绩再创历史新高。办事处连续第十年被授予公司系统“先进单位”，有12位员工分别被评为总公司、市金融工委、办事处先进个人。

【金融服务】 一是不良资产项目收购连续取得重大突破。2010年，办事处实施全员拓展战略，组织力量深入市场前沿，主动对上海地区商业银行及地方商业银行进行走访，并对这些银行不良资产存量规模、出售意愿进行了全面调查摸底；同时，以掌握到的第一手市场信息，努力开发客户潜在的市场需求和合作意向。二是金融服务新业务拓展规模不断扩大。加强新金融产品的探索与拓展，加强与系统内各金融专业平台的交流合作，争取优势互补，共同发展。对内细化落实经营目标、理顺规范业务流程，开展业务培训；对外依托合作伙伴的已有业务平台，发展潜在客户，充分发挥法律等中介机构的媒介和协助作用，为进一步拓展商机打好铺垫。三是商业化经营处置效益进一步提升。通过积极创新处置手段，充分发掘资产处置价值。通过加强对重点项目的执行管理，确保处置方案的规范落实和办事处资金计划的正常执行。通过借助第三方中介机构或代理律师的专业优势，力促商业化项目经营处置有效落实。通过抓住机遇实施债权重组，加快投资成本收回以及整体效益提升。四是政策性债转股和剩余不良资产管理进一步加强。按照总公司规范和授权，认真审核三会议案，履行股东权利和义务，促进完善公司法人治理机制。以支持国有企业改革发展、维护公司权益为出发点，抓住机遇积极推进剩余政策性资产处置。积极与市国资委等沟通协调，切实做好维护股东权益。五是项目审核和风险管控水平进一步强化。积极落实总公司体系文件，完善内控机制、确保业务经营和内部管理合规合法开展。通过加强资产处置审核和商业化收购审核，探索创新业务操作。通过认真开展质量/风险管理体系内部执行情况审核工作，不断提高内部管理水平。通过评估审核管理，为资产收购和经营处置提供科学的参考依据和技术保障。通过积极推进“银行业内控和案防制度执行年”活动，确保了经营运作的规范性与效率性。

【内部管理】 一是人力资源管理改革不断完善深化。精心组织、科学实施了班子评议和全员绩效考评工作，提高了绩效考评工作在提升内部管理、完善激励机制方面的指导意义和应用范围。认真开展了薪酬系统、人员信息管理系统的日常维护和管理。重点开展了人事档案的规范化管理。通过笔试、面试等层层筛选、严格把关，完成了新员工公开招聘工作。认真制定并实施年度员工培训计划，有效提升了员工队伍专业知识和业务技能。二是资金财务管理水平进一步提高。认真研究分析经营、费用预算，考核、考评等有关内容和总公司具体要求，实现了预算与目标均衡发展。坚持财务规章制度，保障资产处置、财务活动的准确性、合规性、有序性。严格执行资金管理办法，加强资金营运管理。严格成本控制，及时、正确反映办事处的财务状况、经营成果，考核依据等，促进合理收支。三是内部审计监督保障作用不断强化。认真落实公司纪检监察会议精神，加强审计监督和案件排查。在上海银监局组织的高管动态考核中被评定为优秀等级。认真制定并组织实施全年审计计划和具体审计方案，年内完成应审计项目和档案卷宗数的 100%，并按季度对财务收支进行了审计。开展了专项审计、自查自纠和项目后评价等工作。

【企业文化建设】 立功竞赛活动和民主管理有序推进。组织开展以“同舟共济保增长、建功立业促发展”为主题的建功立业劳动竞赛活动，积极营造“比、学、赶、帮、超”的良好氛围。大力推进民主管理，切实加强企业文化建设。建立健全职工大会制度，组织完成了新一届工会委员会的换届选举，发动广大员工立足岗位，积极参与企业经营与发展。

（长城资产）

5. 中国东方资产管理公司上海办事处

2010 年是中国东方资产管理公司上海办事处实施商业化利润考核的第一年。在这一年里，办事处领导班子带领全体员工，锐意进取、迎难而上，坚持以利润为中心，以“集中精神，突出重点、抓住成效、做出水平”为工作指针，以探索办事处可持续发展之路为最终目标，开展全年的工作。在新业务开拓方面，成效尤为显著，创造利润 2 000 多万元，新商业化利润考核试点工作取得初步成功。

【主要业绩】 不良资产的经营处置作为上海办事处的主营业务，已具备了较高的不良资产收购定价能力和处置能力。上海办事处经过几年来对可疑类资产的处置，至 2010 年剩余可疑类资产规模小，质量差，回收率极低。办事处的员工在处置过程中，抱着掘地三尺的信念，对这些资产进行反复排查，时时刻刻问自己“资产线索有没有穷尽，价值提升有没有空间，处置方式是不是最佳，项目增值有没有达到预期”，力求深度挖掘资产线索，最大化提升资产价值。办事处员工通过不断寻找突破口，不放过任何一个细节，尝试各种可能的推进方法，攻克了看似攻不可破的难关，最终使可疑类资产收现超过了预期目标。

【业务创新】 （1）找准定位、发挥优势、形成特色。上海办事处探索改变目前单一的不良资产处置业务模式，进一步拓展思路，寻找自己在金融服务业内的角色定位，既要做好银行的“助手”，又要做好企业的“帮手”，还要做好公司集团内各平台公司的“二传手”，从市场中发掘可供上海办事处转型的金融服务新产品。为此，上海办事处组织力量，对开展商业化业务的整个过程研究对策、成立开展商业化业务的专项小组，通过市场调研，走访相关单位和部门，了解客户需求，找准业务定位，设计新业务品种。整个业务设计变为现实的过程，倾注了办事处员工的心血，真实反映了“痛并快乐着”的心路历程，“痛”的是新业务开展的艰难；“快乐”的是项目成功后的喜悦，而成功后的成就感和自信心，又激励着员工们为下一个新业务的探索而努力奋斗。

（2）广泛营销、拓宽渠道、挖掘市场。上海办事处的市场营销策略主要有三个方面。第一，老冤家变新伙伴。在转型之前上海办事处扮演的大多是不受欢迎的“讨债人”角色，如今为了打开新业务开拓渠道，进行全面市场营销，不仅要向新客户推荐上海办事处的新业务，同时也要向曾经的“冤家”进行业务营销，依靠诚心打动客户、靠诚信博得客户的信任，靠业务水平和服务质量赢得客户。通过不断尝试和努力，成功将曾经作为债务人的公司，变为了商业化新业务的客户。第二，与银行建立紧密的业务关系，共同商讨建立业务联系渠道，探索获得新业务的来源，从而争取到了业务机会。第三，为企业客户提供综合性的金融服务。业务人员在为客户提供贷后资金监管服务业务的同时，了解到客户对金融租赁等方面服务的需求，充分发挥公司集团整体优势，将此类业务推荐给相关平台公司承做，从而为客户提供综合性金融服务。

【制度建设】 办事处在合规管理、风险控制方面主要抓了以下两项工作：第一，牢固树立合规经营和风险管理是各项工作的重中之重，是经营管理

“生命线”的基本理念，通过开展“银行业内控和案防制度执行年”活动、组织参观“金融系统反腐倡廉建设展”等活动，强化员工的合规和风险意识。第二，积极寻求各种化解风险、管理风险的生存之道。所有的新商业化业务都遵循“先立规矩，后行动”的原则，先制订一套符合业务操作规范的程序，然后严格按照程序进行实施。

【队伍建设】 上海办事处提前完成商业化利润指标后，工作重心放在员工和骨干培训上，强化员工“不进则退”的危机意识，鼓励员工多学习多充电。为了进一步提高办事处所有员工的道德素养、业务能力，为上海办事处的发展储备人才，上海办事处建立了“星期五学习日”制度，并以“认清自我、提升自我、追求完美”为主题，每两周开展一次培训活动，将培训作为长效机制踏踏实实地贯彻落实。通过培训，对提高办事处员工的整体素质起到了积极的作用，全体员工平均每人全年的培训时间达到约 50 小时，超过了公司总部每人每年完成 40 小时培训的考核要求。

与此同时，为鼓励员工挖掘业务资源，积极开拓新商业化业务，逐步建立以利润为中心的激励约束机制，促进办事处新商业化业务的发展，制订了《上海办事处 2010 年度商业化考核绩效奖励办法》和《上海办事处 2010 年管理费用与新商业化业务挂钩的实施意见》，激励员工在新商业化业务上寻找更多的项目，开拓更广的业务渠道。

【重大活动】 值 2010 年上海世博会的召开之际，中国东方资产管理公司上海办事处于 2010 年 5 月 28 日，在上海瑞丰国际大厦，举办了具有历史意义的成立十周年庆祝活动，并举行了以“城市让生活更美好，东方为城市添风采”为主题的摄影展开幕仪式。上海市卢湾区委常委赵祝平副区长、上海银监局张光平副局长、中国东方资产管理公司陈建雄总裁助理出席了庆典活动，并分别作了讲话，东方系统各兄弟公司、合作伙伴、客户代表等八十多位来宾出席了庆典。本次活动收集到摄影作品共计 1 500 余幅。摄影展展出了东方公司系统内部员工、入驻瑞金、瑞丰大厦的相关企业及社会相关机构的获奖摄影作品共计 200 多幅，这些作品从不同的视角，宣传了世博主题，展示了举世瞩目的世博盛会在上海隆重举行的盛况，也反映了上海这座大都市美好的城市形象。同时，宣传了东方资产管理

东方资产管理公司上海办事处成立十周年

公司的公司形象，增进了与客户的沟通，取得了较好的社会影响。

（刘云清）

6. 中国信达资产管理公司上海办事处

2010 年，中国信达上海分公司在总公司的领导下，紧紧围绕公司改革发展大局和分公司中心工作，转变观念，扎实工作，锐意进取，开拓创新，取得了较好的成绩。分公司全年实现现金收入 5.95 亿元，完成总部下达利润计划的 161.42%。

【经营业绩】 分公司从实际出发，突出重点，统筹兼顾。一方面对债权资产进行筛选、实行分类处置，确保年度利润计划的完成。另一方面转变股权管理理念，调整管理目标和管理方式，主动介入企业经营管理，依法行使股东的权利、维护公司权益，以实现股权资产经营处置效益的最大化。通过近几年工作的努力和积累，各批次债权资产的处置与回收均已覆盖成本，股权资产经营取得了显著成效。

【开拓市场】 2010 年，分公司全力以赴，全员参与，新业务开拓取得了全面进展。一是密切关注不良资产市场。先后参与了多家金融机构资产收购工作，组织开展了非金融不良资产市场调研工作；二是大力发展受托代理、财务顾问等无负债业务。千方百计开拓新业务渠道，使无负债业务规模逐步提高；三是加强与重要客户的合作。由上海分公司牵头促成了公司与有关大型金融机构的战略合作。

【整合资源】 自 2010 年公司实行地区业务总监试点方案以来，分公司在对信达在沪平台公司分

支机构调研的基础上，一是牵头召开了信达公司驻沪机构第一次业务联席会议，讨论通过了《信达公司驻沪机构业务联动暂行办法》，建立了集团联动的长效机制；二是整合利用各家单位的资源优势，为分公司以及保险、证券等平台公司分支机构在业务合作方面创造条件并取得了突破进展；三是与平台公司分支机构在教育培训、企业文化建设等方面进行资源共享和互动，进一步扩大集团协同的内涵。

【风险控制】 2010 年，分公司在推进业务发展的同时，继续坚持以防范风险为中心，加强内部管理和风险控制。一是理顺业务关系，完善组织架构；二是加强制度建设，规范业务运作；三是修订完善 ISO 制度文件日常管理考核内容，进一步强化考核力度；四是开展“小金库”专项治理、银行业从业人员行为准则执行情况检查等工作，不断提高合规经营意识和自查自纠能力。

【财务管理】 一是适应商业化转型的需要，认真做好改制建账、调账工作；二是强化预算管理职能，加大增收节支力度，完善成本管理措施，提高预算管理能力，实现成本与效益增长双重目标；三是保质保量地完成了 2009 年度财务会计决算工作；四是加强对会计制度的学习，开展年度自查工作，提高会计工作水平。

【人才规划】 2010 年，分公司进一步加强干部队伍和人才队伍建设，提高教育培训工作质量，积极推动学习型组织的建立。一方面加大人才培养力度，更加关心和重视员工的职业发展，制定教育培训计划，结合近年来推出的金融衍生产品业务，开展一些普及性的讲座，提高大家的认知程度，2010 年分公司自行组织和派员参加培训共 25 次。另一方面继续落实人才成长规划，督促员工自我激励、自我加压、按时完成学习计划，分公司职称申报取得了零的突破。

【企业文化建设】 2010 年，分公司继续按照“建设一个以人为本、和谐的、充满生机与活力的团队”的目标，适时完善和建立各种有效的机制，努力推进企业文化建设。一是圆满完成了世博接待任务，提升分公司管理水平，总结和发扬优秀经验，树立和学习先进典型；二是召开三届一次职工大会，广泛征集职工提案，倾听群众意见，关心员工疾苦，尽可能帮助其排忧解难，努力为员工办实事；三是举办分公司更名暨揭牌仪式、“我们的生活”摄影作品展，发挥工会、青年团组织的作用，丰富职工业余文化生活，鼓舞士气，凝聚人心，营造积极向上、和谐进取的良好氛围。

（信达资产）

7. 上海国际信托有限公司

2010 年，上海国际信托有限公司以科学发展观为统领，以“扩大信托资产规模、提高信托业务收入”为发展重点，准确把握投资热点切换，深入挖掘业务拓展机遇，努力培育主动管理能力，积极促进业务转型，继续深化机制改革，取得了优异成绩。各项经营指标均实现大幅攀升，信托业务收入较上年同期增长 50%，年末存续信托规模较上年末增长 10.37%，公司利润总额也同比增长了 36.22%，呈现出又好又快的发展态势。

【金融创新】 培育主动管理能力，自主创新推动信托业务。公司紧紧围绕做大做强信托业务，遵循监管部门出台的各类政策，作了三方面的调整和创新：(1)压缩信贷融资类银信合作业务，大力推进固定收益类资金池业务，信托受托规模显著上升；(2)积极培育主动管理能力，做大“红宝石”安心进取伞形配置信托计划、“钻石一号”股权投资基金、“上信优利”系列股权受益权信托、“现金丰利”产品等主动管理类产品；(3)顺应市场需求导向，不断推进创新业务：公司在业内率先推出首个 QDII 产品，存续规模持续扩大，抢占了 QDII 业务发展先机。在企业年金业务方面，公司推出员工激励信托，与银行在企业年金和员工福利计划业务方面建立了战略合作关系。在另类投资方面，公司成立了“香花石”系列艺术品投资信托，实现了经济效益与社会效益的双赢。

【品牌形象】 提升营销客服水平，重塑公司品牌形象。(1)大力拓展直销业务，坚持以直销为主、渠道代理收付为辅的销售策略，2010 年公司直销规模达 85 亿元，占集合信托产品总销量近 80%；(2)成立市场营销部进行品牌推广工作，聘请国际知名品牌咨询公司对公司品牌进行全新塑造，采用“信利正·睿见远”的全新口号，体现公司“诚信合规、彰显正气”的服务品质和“睿智通明、目光高远”的企业精神，深获社会各界和广大客户的认同和赞许；(3)在银监会的年度监管评级中再获最高监管评级；在人民银行会计报表评比中荣获综合优胜奖;《上海证券报》、《21世纪经济报道》、《证券时报》分别颁予最佳信托公司、最优秀信托公司、卓越信托公司等三项综合大奖,以及最具影响力产品、最佳信托计划、最佳信托经理、最佳风险控制四项单项奖;公司"红宝石"安心进取伞形配置信托计划荣获上海市政府首次颁发的2010年上海金融创新奖二等奖;(4)公司成功承办了首届中国信托业峰会,会议规格之高、规模之大、范围之广、成果之多,获得参会监管机构、信托公司和社会各界的一致好评。

【业务转型】 强调主动管理意识,优化自营业务结构。公司强调培养主动管理能力,积极推动固有业务向固定收益和权益投资方向转型:(1)加大交易所国债质押式逆回购业务,积极参与可转债及公司债的一级市场申购,扩大可转债二级市场交易规模,优选重点债券基金进行投资,实现良好的投资收益;(2)在权益投资中坚持价值投资与成长性并重的原则,一方面增强投研能力对持股结构进行动态调整,另一方面加强交易性证券的日常波段操作,股票投资实现了内涵式增长和较好的投资回报。此外,公司继续深化固有资金与信托业务之间的联动,注重发挥固有资金的种子资金作用,全力支持信托主业特别是主动管理类信托业务做大做强,培育公司在股票、债券、股权等信托业务方面的主动管理能力。

【风险管理】 加强内控体系建设,切实提高运营保障能力。公司以"适应监管、防范风险、落实战略"为出发点,落实内控建设规划,完善风控制度建设:(1)推进业务标准化和风险控制数量化,对具体操作进行了详细的规定,对不动产、股权融资业务试行风险分类量化评分;(2)优化授权审批流程,加强业务授权管理,通过制定合理可行的审批授权管理制度,使评审程序标准化,实现了风险控制水平和评审效率的提高;(3)加强信托项目运行中的风险监控,对银信合作、信政合作、房地产等业务进行定期排查,对结构化证券投资信托业务、可交换债权类信托业务、开放式信托业务进行专项检查,并准备风险应对措施预案;(4)以规划信息系统整体建设为引导,以开发实施重点业务系统为抓手,完善信息系统建设,提高技术保障水平,使业务支撑能力进一步提高。

【体制改革】 深化体制机制改革,全面激发公司经营活力。公司进一步深化体制机制改革,完善

2010年中国信托业峰会在上海隆重召开

公司治理结构并激发经营活力:(1)调整部门设置,使部门定位更清晰,更好地发挥部门职能,公司首次尝试异地布局,在北京设立代表处,为公司获取行业信息及业务拓展发挥了积极的促进作用,也为日后继续推进异地业务布局进行了有益尝试;(2)优化人力资源管理,启动薪酬改革。公司继续深化人力资源机制的市场化和专业化改革,深化了业务导向、绩效导向的薪酬分配理念,形成薪酬切换方案和人岗匹配方案,打开了员工纵向职务晋升的通道,同时,进一步加大团队建设力度,为公司发展储备了优秀的人才。

(简永军)

8. 华宝信托有限责任公司

华宝信托有限责任公司是宝钢集团有限公司旗下的金融板块成员公司,宝钢集团有限公司持股98%,浙江省舟山市财政局持股2%。2010年全年,公司共实现收入总额超15亿元(合并口径,下同),利润总额超8亿元,总资产利润率约15.5%,资本利润率约19.7%,主营业务收益率约39.5%,年末管理的信托资产规模超900亿元(含年金),稳居行业前列。

自1998年成立以来,公司连续13年盈利,所兑付的信托计划从未低于预期收益率,累计为各类客户实现信托收益181亿元。2006年起公司进入快速发展阶段,2006—2010年累计清算信托项目478

个，成功兑付率100%。

【品牌形象】 公司凭借优异业绩、鲜明业务特色、持续规模化发展和广泛社会影响力，不断赢得社会和客户的认可，在各项评比中屡获佳绩：在《上海证券报》主办的“第四届诚信托评选”中荣获“诚信托·卓越公司奖”；在《证券时报》主办的“第三届中国优秀信托公司评选活动”中获得“中国优秀信托公司”、“中国优秀信托经理”等五项大奖，为所有信托公司中获奖最多的公司。2010年5月份，历时多年的调研与设计，公司全新的司标、英文名称、平面广告等视觉识别系统正式启用，进一步提升公司的品牌形象。

【资产抵质押融资业务】 公司继续拓展资产抵质押融资业务，取得跨越式进展，并培育和储备了一定规模的优质客户和项目。同时，公司持续加强和完善风险控制措施及防范手段，明确各部门职责，梳理业务流程及操作细则，并引入专业机构专业判断，在风险可控的前提下推动此类业务的顺利开展。并进行夹层融资、真实股权投资的探索实践，为公司其他投融资业务奠定了坚实的基础。

【理财服务】 板块协同深化，产融结合效果明显。公司充分发挥金融行业及信托制度的优势，多次为宝钢集团及其下属企业提供理财服务，产融结合推进效果十分明显。公司将持续挖掘集团企业内部合作机会，拓宽产融结合方式，在协助集团盘活账面资产，扩大融资渠道，解决资金不足问题的同时，提升壮大自身金融产业品牌。

【金融创新】 公司领先推动股指期货和公益信托等创新产品的开展，受银监会、民政部等机关委托起草了《信托公司参与股指期货交易试点办法》、《信托公司开展公益信托业务试点办法》。同时，公司积极推进“爱世界”和“捡回珍珠”等公益信托项目。2010年，私募基金规模稳步提升。公司调整了私募业务的展业思路，在证券账户应对措施基本确定、账户资源有所保障的前提下，迅速增加发行规模提升市场份额、扩大影响力。

【金融服务】 企业薪酬福利管理综合金融服务业务稳步发展。2010年，公司坚持“开拓渠道、开发产品、扩大规模、增加收入”的总体工作方针，将业务范围从养老金及员工福利扩展至企业薪酬福利管理综合金融服务，充分利用多年积累的先进理念及丰富经验，为企业度身定制薪酬福利管理方面的金融服务方案，帮助企业实现吸引、激励和保留核心人才的管理目标。2010年公司薪酬福利管理信托计划共新增规模约8亿元，形成了公司在企业薪酬福利管理综合金融服务领域的品牌及垄断优势。

【提升整体运营效率及工作质量】 为实现内部控制“融入到流程、落实到岗位、固化于系统”及业务运营集中的双重目标，公司成立操作风险地图项目组，启动了操作风险地图梳理工作。公司还研发运用管理会计模型对现有信托业务进行了成本收益分析和建立业绩评价体系。在IT建设方面，公司一直致力于建立一套涵盖基本业务流程和控制环节的信息系统，2010年完成了诸如业务系统三年规划、呼叫中心、统一消息门户、电子印章等多项IT系统程序升级及管理细化工作，涵盖公司各主要业务管理系统，对于协助公司进行业务拓展、风险控制、资源整合、运营集中等各方面打下了坚实的基础。

（华宝信托）

9. 上海爱建信托投资有限责任公司

2010年，上海爱建信托投资有限责任公司面对复杂多变的经济金融形势，成功克服各种不利因素，在业务经营、资产清理、风险控制、内部管理等各方面取得了一定成绩，监管评级等级得到提升，整体发展水平进一步提高。

2010年公司经营情况表

项目名称	数值(万元)	同比增长(%)
营业收入	9 666.30	55.58
信托业务收入	8 353.41	59.16
净利润	6 369.48	39.23
经营性利润	5 492.99	112.85

【业务发展】 面对国家对房地产行业调控逐渐趋紧，公司着力于发挥自身优势，努力挖掘业务渠道，立足“实字”，稳扎稳打，将每个项目落到实处。同时，积极开拓非房地产业务领域，在水务、旅游等行业取得突破。2010年，公司累计发行集合资金信托计划7个，共募集信托资金近18亿元，获得信托业务收入6 719万元。为降低公司房地产项目集中度高的风险，减少受国家房产政策调控的影响，优化业务结构，公司积极研究创新业务，向监管部门申报了“结构化证券融资方案”，并最终获准开展结构化

证券投资业务。

2010年,公司把提高自有资金使用效率和收益作为开展自营业务的首要任务。通过发放贷款、开展新股认购以及稳健投资债券业务等运作方式,当年实现收益1 365万元。同时严格按照风控要求,认真做好贷后管理,及时跟踪项目情况,定期回访,按期收回了到期贷款。公司利用闲置资金,精心选择品种,规范开展新股投资业务和债券业务,并投资公司推介的信托计划,均获得了较好收益,确保公司自有资金保值升值。

【风险管理】 公司上下始终高度重视风险控制,牢牢把握业务拓展的每一道关,全面控制好项目成立—存续—清算整个流程的各个风险节点,形成了更为有效的风险管控体系。

2010年,为应对房地产行业政策收紧的变化,公司明确风控重点,及时调整项目的风控政策,同时还专门出台了一些制度指引,规范业务行为。公司注重项目事前、事中、事后每个环节的风险管理,根据项目特点,采取多种风控手段。风控部门在项目前期审查中,及时提出意见和建议;项目存续期间,及时跟踪项目风险状况,提示存在的问题,不定期进行压力测试和项目检查;对于检查中发现的问题,及时报告经营层,同时提出整改要求和期限,并跟踪落实。

公司托管部门进一步强化托管职责,更新了符合监管要求的信托业务会计核算系统,并制定托管管理办法,以合同管理为切入点,严格按照合同条款的约定进行控制和管理,监督和控制信托经理在日常工作中的操作风险。

【营销拓展】 公司加快建立营销团队,出台了劳务派遣用工办法,制订了切实可行的营销团队绩效考核方案。另一方面,积极拓宽营销渠道,加强渠道销售建设,结合公司信托产品特点和银行特色,与数家商业银行、第三方理财机构建立起了良好合作关系。

公司还利用多种手段维护和扩大客户资源。积极寻找高净值客户,对现有客户进行细分和筛选,确定重点维护和发展的目标客户,同时以多种方式与客户保持联系,了解需求和产品偏好,收集建议意见,对客户满意度进行定期分析。

【内部管理】 公司在积极拓展业务的同时,也狠抓内部管理,通过制度建设实现人性化管理、科学管理,逐渐建立起了严谨、务实、高效的现代管理体系,为公司快速发展保驾护航,夯实基础。

公司致力于完善法人治理结构。董事会修改通过了下属各专业委员会工作细则,以充分发挥专委会作用,并设立了董事会办公室,加强经营层与董事会沟通。同时董事会、监事会和经营层进行了人员调整,为公司进一步拓展业务做好准备。另一方面,公司健全分级授权体系,根据控股股东的授权,制定了内部分级授权方案,逐步建立起控股股东、董事会、经营层一整套分级授权体系。

公司进一步完善内部控制体系,着力加强制度建设,对现行所有规章制度进行了全面梳理,着手修订或新制定多项制度。同时,强化内部审计,发挥事后监督功能,加大整改落实的监督力度,促使公司经营活动中风险管理能力和控制能力不断提高,各项制度不断完善,制度执行力不断加强。

(金佳惠)

10. 中海信托股份有限公司

2010年,中海信托公司继续保持稳健发展态势,各项经营指标稳步增长,公司资产管理能力、创新能力以及风控水平不断提升。中海信托管理资产规模再创新高,达到1 645亿元,较年初增长20.02%,为投资者实现信托业务收入114.99亿元,创造信托利润87.48亿元;实现营业收入81 312万元(其中信托手续费收入62 176万元),同比增长23.39%(信托手续费同比增长29.64%);实现利润总额67 422万元,同比增长20.16%;实现净利润52 165万元,同比增长20.27%。公司资本利润率达22.73%,比行业平均值高88.94%;人均净利润达656.16万元,是行业平均值的2.7倍,公司资产运作水平和盈利能力在行业中处于较高水平。

2010年,中海信托在确保传统信托业务平稳过渡的同时,加快结构调整,紧跟监管政策调整步伐,探索业务转型方向,以增强公司主动管理能力来提升公司核心竞争力,成果初现。中海信托不断巩固既有的信托投行业务优势,主动为能源、交通和基础设施等行业的大型企业客户和大型项目设计组合融资方案。同时,在严格控制风险的前提下,通过创新手段,不断丰富完善资产管理产品线,中海信托推出了首款世博概念理财产品——“泸州老窖特曲绝版老酒信托理财产品”，将实物消费与投资理财结合，丰富了客户的投资渠道；以结构化优先级证券投资产品为核心产品的主动管理型固定收益组合投资信托系列产品获得较好市场反响，“浦江”、“海洋”系列证券投资产品的市场品牌知名度进一步提升；公司是首批获得中国银监会 QDII 业务资格及外管局 QDII 外汇额度的信托公司，具备了打通境内外通道、实现全球资产组合配置的能力。2010 年，公司在金融产业链布局上也取得突破，通过输出团队和管理参股四川信托，开创信托公司入股信托公司的先河。

在实现高效高速发展的同时，中海信托坚持“诚信稳健、忠人所托”的理念，把维护委托人的利益放在首位，不断优化风险控制体系。几年来，公司累计管理信托资产超过 9 000 亿元，一直保持着“两个没有”，即没有出现任何信托项目不能按期兑付或损害委托人利益的情况，没有产生新增的不良资产，成为委托人信得过的信托理财平台。在中国银监会的监管评级中，经公司治理、内部控制、合规管理、资产管理、盈利能力五个方面 130 项指标的综合测评，中海信托连续两年获得较高评级。在《上海证券报》主办的“第四届诚信托”评奖中荣膺“卓越公司”奖；在《证券时报》主办的第三届“中国优秀信托公司”评选中荣获“优秀信托公司”奖。

（叶 博）

11. 中泰信托有限责任公司

2010 年，中泰信托公司管理层深入分析公司面临的形势和存在问题，审时度势，明确了公司市场化金融企业的基本定位，以加强信托主业发展为核心，带领公司开展市场化机制建设、风险控制体系建设，促进了业务能力提升，圆满完成了公司年度经营任务。截至 2010 年 12 月末，公司固有资产总额为 173 937.69 万元，较年初的 124 283.22 万元增加 49 654.47 万元，增长 39.95%；净资产 156 902.09 万元，比年初 114 422.99 万元增加 42 479.1 万元，增长 37.12%。公司管理的信托资产规模 168.24 亿元，比上年的 124.39 亿元增长 35.25%；实现信托业务收入 8 268.66 万元，比上年的 3 940 万元增长 119%；全年共实现净利润 17 319.99 万元，净资产收益率 12.77%。

【固有业务】 除长期金融股权投资外，主要业务是活期存款、固定收益类产品投资、新股申购等。利息收入 724.15 万元，实现投资收益 16 574.61 万元。

自营资产运用与分布表

资产运用	金 额(万元)	占比(%)	资产分布	金 额(万元)	占比(%)
货币资产	37 627.81	21.63	基础产业		
贷款及应收款	13 029.81	7.49	房地产业		
交易性金融资产投资	19 568.04	11.25	证券市场	90 452.09	52.00
可供出售金融资产投资	70 884.05	40.75	实业		
持有至到期投资			金融机构	21 306.14	12.25
长期股权投资	21 306.14	12.25	其他	62 179.46	35.75
其他	11 521.84	6.63			
资产总计	173 937.69	100	资产总计	173 937.69	100

【信托业务】 2010 年新增信托项目 72 个，新增资产规模 1 974 341 万元。

截至 2010 年 12 月 31 日，信托项目共取得营业收入 90 758 万元，比上年 48 209 万元增长 42 549 万元，增长 88.26%；扣除信托管理费用和税金后，实现信托利润 73 790 万元，比上年 41 442 万元增长 32 348 万元，增长 78.06%。年内清算项目 48 个，累计清算本金 1 535 882 万元，给付信托收益 25 754 万元，在以银信合作业务为主的业务格局下，加权信托收益率达到 4.96%。随着信托业务能力提高，公司为客户创造价值也得到明显增长。

【风险控制】 适应公司业务市场化的需要，提升公司风险管控能力，在重新规划风险管理架构和部门定位后，重点围绕项目风险审核、风险管理制度建设、风险监控与排查等方面逐步加强风险管理。

信托资产运用与分布表

资产运用	金　额(万元)	占比(%)	资产分布	金　额(万元)	占比(%)
货币资产	15 768	0.94	基础产业	276 297	16.42
贷款	1 142 578	67.91	房地产	932 695	55.44
交易性金融资产投资	8 089	0.48	证券市场	8 089	0.48
可供出售金融资产投资			实业	406 946	24.19
持有至到期投资			金融机构	0	0
长期股权投资	471 228	28.01			
其他	44 704	2.66	其他	58 340	3.47
信托资产总计	1 682 367	100	信托资产总计	1 682 367	100

（中泰信托）

12. 安信信托投资股份有限公司

2010年度，安信信托投资股份有限公司实现了销售模式及业务模式战略“转型”，单笔委托资金和单体集合型信托计划发行规模已经向更大规模发展。业务模式在已经实现了由原来以银信合作模式为主向以信托投行（项目融资型）业务为主的基础上，再次开始了向信托产业投资基金型、私人信托业务、中长期信托业务的第二次战略转型，进一步丰富和完善了公司短、中、长期信托产品业务结构。与此同时，在公司治理、团队建设、内控体系完善、制度建设、客户管理与维护方面也取得了较为明显的成果，公司在建设具有自己特色、良好品质和较强竞争力的非银行金融机构方面取得了长足进步，在可持续发展模式的探索方面迈出了新的坚实步伐。

【主要业绩】 2010年度，安信信托实现营业总收入30 992.93万元，归属于母公司的净利润9 266.38万元，累计净利润较上年同期增长96.07%。信托业务方面，截至2010年12月31日末，公司存续信托项目为49个，受托信托资产规模122.70亿元；已完成清算的信托项目（含部分清算）40个，清算信托规模98.62亿元；新增设立信托项目31个，新增信托资产规模89.61亿元；本报告期内公司实现手续费收入净额23 958.50万元，比2009年同期比增长120.16%。

【金融创新】 2010年度，安信信托加大研发力度，“创新”业务得到发展。(1)开发了类公益型、类基金型的资产管理信托业务。研发了在交易结构、创新性、投资策略、资产配置等方面都处于行业领先地位的类公益型的安信·关爱系列“阳光1号”集合资金信托计划，大大地提高了公司的影响力和社会公信力。(2)积极研究并开拓私人信托业务。2010年年初，公司设立了“私人信托部”，经过一年来的探讨、研发，已经取得了一定的成绩并积累了相当的客户资源和业务经验。(3)开拓矿产资源类信托业务。2010年，公司在涉及矿产资源类的信托业务方面取得了突破，为公司发展多元化的信托业务起到了积极的促进作用。

【风险管理】 2010年度，安信信托在业务拓展和经营过程中，继续倡导并坚持“控制风险、合规先行”的理念，严格管好项目风险和经营风险。在2010年已清算完成的40个项目中，全部实现正常、足额清算，未发生影响受益人和公司利益的风险事件，公司的项目风险和经营风险得到了有效控制。同时，公司还采用集中培训和自我学习等多种形式，对各类人员进行了专门的培训和考核，内容涉及各

2010第八届上海理财博览会
公司董事长张春景和特邀嘉宾

种法律法规、业务指引和财务等方面的知识，对于加强员工的风险识别、风险防范和风险管控能力起到了积极的作用。

（安信信托）

13. 宝钢集团财务有限责任公司

2010 年，宝钢集团财务公司紧密围绕产融结合切入点，不断进行业务创新，努力提高服务水平，重视并加强企业文化建设，取得一定成效。全年实现税前利润 1.59 亿元，净资产收益率 7.76%，管理资产规模达到 144 亿元，各项监管指标符合银监会规定，整体风险水平较低。

【电子商业汇票系统】 于 2010 年 6 月 28 日成功上线，客户可通过电子票据处理平台办理商业汇票的出票、收票、提示付款、背书转让、贴现、质押等业务。电票系统安全高效、方便快捷，截至年底已有 22 家集团成员单位开通电票业务，电票交易量达到 177 亿。因电票业务拓展成效显著，2010 年 12 月 28 日荣获央行表彰并颁发“电子商业汇票业务拓展奖”，全国获此殊荣的金融机构共 13 家，其中财务公司 3 家。

【供应链融资】 财务公司与宝钢国际、宝发展新事业等单位紧密协作，构建专业动态风控体系，设计闭环操作流程，建立了风险可控的供应链融资业务模式。2010 年业务取得突破性进展，供应链融资放款金额超过 1 000 万元。

【电子化结算】 与工、建、交、中行合作，建立“万向节”式电子化结算网络，为集团成员单位提供高效、快捷、低成本的结算服务，提高成员单位的电子化结算程度。2010 年结算流量 2.9 万亿元，业务量 33 万笔，其中票据结算流量 1 008 亿元。累计办理外汇结算流量 3.16 亿美元，业务量 247 笔；办理结售汇等值 9 449 万美元，打通异地结汇通道，新增日元、欧元结售汇币种。

【信贷业务】 定期走访集团企业，深入了解需求，定制个性化服务方案，探索产融结合路径和方式。2010 年累计发放自营贷款 432 笔，金额 212 亿元；累计办理委托贷款 135 笔，金额 40 亿元。对成员单位给予基准利率下浮 10%的优惠，协助降低财务费用。截至年末，自营信贷规模 72 亿元，委托贷款规模 33 亿元。

【投资业务】 注重投研团队建设，力争形成特有的投资理念和投资方法。秉承稳健原则，优化投资结构，培养固定收益类投资能力。将债券投资与流动性管理有机结合，在保障结算流动性的同时提高资金运作收益。

【资金集中管理】 截至年末，开户成员单位共 211 家，开立账户 452 个。资金平台归集资金日均规模达 161 亿元，融通资金日均规模达 56 亿元，协助集团加强资金集中管理，提高了资金使用效率，节约了大量的财务费用。

【财务顾问】 为宝钢金属、宁波钢铁、湛江龙腾筹集和安排信托贷款，从集团外部引入 15.5 亿元低成本资金。宝钢金属发行短期融资券，财务公司担任发行财务顾问，每周提供货币、债券市场分析简报，就发行最佳窗口提出建议方案，咨询服务能力得到认可。

【金融电子化服务】 集团内已有 188 家客户开通网银，22 家客户开通电票业务，21 家客户开通财企直连。网银提供“一页式”账户查询、转账操作；电票系统提供商票开立、背书、转让、提示承兑等全流程业务处理；财企直连将金融功能无缝嵌入企业 ERP，实现资金流、信息流的实时交互，有助于企业提高财务管理效率。

【风险管理】 通过制度修订、专项诊断、流程再造、归因分析、增设风控中台岗等多项措施，加大在线风险监控力度，使风险管理水平上台阶。2010 年全面梳理管理制度，共修订制度 131 项，新增制度 21 项；增设风控中台岗位，加大在线风险管理力度；邀请银行上门诊断，明确结算业务的关键风险点，逐条排查，细致梳理，制定整改计划；重点业务操作流程增加审批环节，将流程固化在系统中，实现流程化、规范化、电子化和透明化；采用归因分析法对债券、票据、股票等投资业务进行后评价。

【企业文化建设】 建立绩效评价制度和推进学习型组织建设是 2010 年企业文化建设的两大亮点。绩效评价制度突出业绩导向和激励作用，鼓励员工立足岗位多做贡献，形成良好的绩效文化氛围。学习型组织建设以岗位交流、师徒结对、集中授课、青年技能交流等多种形式推进。全年安排约 40%的员工岗位调整，员工在 3 个月交接期内快速上岗，同时做好传帮带，实现了岗位知识的总结和传承。两项管理措施实施后，队伍建设成效明显，员工精神面貌改观，团队协同能力增强。

（宝钢财务）

14. 上海汽车集团财务有限责任公司

2010年是"十一五"规划的收官之年。上汽财务公司全体员工秉承"创新引领发展"的企业精神，通过金融创新开创了各项工作的新局面，全年实现净利润8.46亿元，同比增长86%，第三次被上汽集团授予"业绩优异奖"。

全年存款业务获得突破性发展，吸收存款规模最高达到640亿元，创下了公司成立以来的历史最好水平。汽车金融业务实现跨越式增长，12月末批发及零售贷款的总余额达到70.3亿元，同比增长超过130%，实现了财务公司主业与集团主业的高度结合，使公司的核心价值观——"在为集团企业提供优质服务中体现自身价值，在为客户创造最大价值的同时求得自身最大发展空间"成为现实。与此同时，2010年11月公司争取多年的衍生产品经营资格获得监管部门的批准，成为全国非银行金融机构中第一家获准经营限定衍生产品的金融机构。

【结算业务】 2010年，公司网银——现金管理系统已覆盖业内158家企业，日均支付金额近23.6亿元，同比增长277%。新推出的支付"天地通"、报销"快捷通"等结算增值产品为客户提供了极大便捷，受到了广泛欢迎。此外，继2009年获准成为上海首家参与电子商业汇票系统的财务公司后，公司积极推进电票业务发展，目前已推广到包括上海三大整车厂和零部件龙头企业在内的27家上汽集团主要企业。

【汽车金融业务】 汽车金融业务在经历前两年以批发为主的第一阶段发展后，自2010年起进入了零售、批发并重与互动的第二发展阶段，业务呈现爆发性增长态势。截至12月末，批发业务已覆盖全国187个城市432家经销商，贷款余额32.2亿元，当年累计拷车455 657台，同比增长80%；零售业务覆盖全国199个城市494家经销商，贷款余额38.1亿元，当年累计合同量41 439单，同比增长167%。

【公司金融业务】 2010年，公司金融业务延续了存贷两旺的良好局面。吸收存款总额继2009年见证了200亿元、300亿元的突破后，在2010年又连续跨越400亿元、500亿元和600亿元大关，于12月下旬攀上640亿元的历史性高峰。与此同时，贷款业务也得到了较快发展，自营贷款余额同比上升64.85%，各主要企业在公司的月末平均贷款占比同比增长20.14%。年内，公司第四次受托作为牵头行，成功组建了90亿元上海通用银团贷款。同期，还开办了公司创立以来的首笔日元贷款，并签署了公司迄今金额最大的一笔项目贷款。

【国际业务】 2010年，公司国际业务获得重大政策突破，在全国非银行金融机构中首家取得金融衍生产品经营资格，为国际业务的后续发展创造了广阔的政策空间。全年，国际业务继续保持了大幅增长的态势，1—12月累计办理国际结算业务23.27亿美元，结售汇交易量113亿元人民币，结售汇利润达1 799万元人民币，比2009年同期增长74%。

【固定收益业务】 2010年，固定收益业务实现收益6.76亿元，同比增长超过200%。公司通过加大优质理财产品配置额度，积极寻找股票市场带来的固定收益类投资机会，利用同业拆借和同业存款利差进行套利操作，抓住时机增加债券基金配置力度等四项措施，准确把握市场投资机遇，获取了高额收益。

【股权投资】 公司投资企业——上汽通用汽车金融公司成立于2004年，是中国第一家专营汽车消费信贷的金融企业。2010年是上汽通用汽车金融公司业务高速增长的一年，至12月末信贷资产总余额超过人民币252.95亿元，全年实现净利润8.02亿元，利润同比增长139%。10月，上汽通用汽车金融公司在全国银行间债券市场上成功发行三年期15亿元金融债券，开创了我国汽车金融公司发行金融债的先例。

【内控管理】 2010年，公司通过创新风控手段，加强稽核审计，进一步提升风险管理水平。一方面，在做好日常合规风险管理和案件防控工作的同时，配合汽车金融业务的拓展，开发了新的风险控制工具，为业务的快速发展保驾护航。另一方面，在对买方信贷、个人消费贷款等业务进行常规审计的同时，针对《内控手册》出台后的执行情况，对结算业务、固定收益和证券投资业务进行内控手册运行符合性测评，取得良好的效果。

【人本管理】 2010年，公司在加快引进投资类、汽车金融管理类人才的同时，不断完善内外训相结合的培训体系，加强培训的力度及广度。目前，公司内部已建立一支43人的员工讲师队伍，开发了31门内部培训课程。其中，"汽车金融高级培训班"是在借鉴知名跨国公司人才培养经验的基础上，结合实际状况，创新式地设计并开发的全新人才培养模

银团贷款协议签约仪式

式，由总经理亲自执教开讲。与此同时，外训资源库也已初具规模，年内开展了两场精英主管培训，收到良好成效。

【重大活动】 2010年9月25日，在和平饭店举行了隆重的银团签约仪式，上汽财务公司第四次作为牵头行与其余12家银行共同与上海通用汽车有限公司成功签订了90亿元人民币流动资金循环贷款协议。此次银团是上海通用成立以来组建的第四次银团。在历次银团谈判过程中，财务公司充分发挥了作为上汽集团专业金融服务机构的特殊作用，一方面帮助上海通用取得最理想的融资条件，为集团整车厂的腾飞助推，另一方面帮助各参与行更全面、客观、深入地了解上海通用，并按照国际惯例，在最短的时间内协调银企双方，达成各方均能接受的条件和共识，真正实现了银企双赢。

（孙玉婷）

15. 上海电气集团财务有限责任公司

2010年，上海电气集团财务有限责任公司积极应对复杂经济形势，稳健经营，坚持创新，努力提高服务能力，紧密围绕上海电气集团战略，积极发挥金融平台服务功能。年末资产规模达到255亿元，不良资产率继续保持为零。

2010年，上海电气集团财务有限责任公司在原先“5＋1”银行账户直联的基础上，新增3家银行，实现“8＋1”直联模式，在全集团范围内进一步提高了资金集中度。同时，公司进一步完善资金集中管理平台建设，加强了上海电气集团对于资金账户的实时监控、管理和分析。

经过近一年的努力攻关，上海电气集团财务有限责任公司分别于6月30日、9月30日完成了“央行电子票据系统上线”一期和二期工作，使得财务公司在票据市场内的地位获得承认，为成员单位构架起一条“融资快车道”。在建立电子票据系统的基础上，将结算系统、电子票据系统、账户管理系统实现整合，使得成员企业在业务流程操作中更流畅，业务处理效率得到提高。

【外汇业务】 上海电气集团财务有限责任公司作为集团企业外汇资金管理和操作的平台，2010年拓展了T＋1、T＋2的业务模式，通过促进与商业银行的合作为集团企业提供更完善、更全面的外汇服务。此外，公司每周定期分析外汇市场、人民币市场趋势，结合各家合作银行的远期报价，为集团企业套期保值提供有效的参考依据。同时，公司还走访有外汇需求的成员企业，根据企业已生效合同的具体外汇收付安排，量身定做汇率风险管理方案，帮助成员企业有效规避汇率风险。

【投行业务】 2010年，上海电气集团财务有限责任公司推进投资并购及资本运作两条业务主线，加快建设“项目操作＋研究支持”的业主投行服务平台，在相应的功能发挥上取得了显著效果。同时，投资银行团队着力构建项目操作与研究支持相结合的知识型服务平台，及时为总部和产业集团提供宏观经济、产业研究、资本市场的重大信息和研究解读。

公司在投资策略上坚持贯彻审慎投资原则，面对复杂多变的资本市场，适时调整大类资产配置，积极应对市场变化。通过加强投资业务计划管理，根据当月的市场变化制定月度投资计划，保持灵活的投资节奏。在风险控制方面，严格贯彻执行公司投资制度，确保投资工作的合规性。在业务上实行“双人双岗”、“专人负责”的现场管理，安排专人跟踪重大投资品种等一系列管理措施，防范业务差错，避免投资损失。在二季度市场下跌中及时止损，有效控制了投资风险。

【战略执行体系建设】 2010年是上海电气集团财务有限责任公司重视和强调战略执行力的一年，公司以“财务公司执行力提升”咨询项目开展和落地实施为契机，确立了公司战略管理的完整组织架构，将战略、计划、预算和绩效相结合，通过开展相关调研和数据分析，形成《公司年度战略目标》，在深入了解管理层对公司的发展方向、重点措施的意见和建议的基础上形成《公司年度战略计划》和《公司年度经营计划制定方案》，将公司年度战略目标落实到业务部门计划和公司年度预算中。保证计划、预算和绩效的落实紧紧围绕公司战略进行，逐步推进公司战略执行体系建设。

【企业文化建设】 2010年，以加强宣传和教育核心价值观为重点，结合公司成立十五周年的契机，开展一系列员工活动，通过编辑出版《企业文化手册》，引导员工践行核心价值观；举办以"同行十五年，携手再创业"为主题的十五周年庆系列活动，通过核心价值观成果展、"我为电气金融献一计"员工合理化建议征集等系列活动，为员工提供自我展现的舞台，在总结十五年发展历程的基础上宣传公司理念和企业文化、发展战略，增强员工的责任感和使命感，内增合力、外塑形象，提高员工服务"再次创业"的精神动力。

（应　尚）

庆祝上海电气财务公司成立十五周年

16. 东航集团财务有限责任公司

2010年，东航集团财务有限责任公司拓宽发展思路，及时调整经营策略及资产配置结构，认真落实东航集团下达的经营目标，紧紧把握宏观政策变化趋势和集团成员单位需求，强化服务意识，不断完善内部管理制度，推进业务创新，探索崭新的盈利渠道，防范风险、稳健经营。截至2010年末，东航集团财务有限责任公司资产规模达到45亿元，营业收入1.1亿元，实现利润总额1.2亿元。

【信贷业务】 根据年度经营计划及资金的安排，东航集团财务有限责任公司合理调整信贷政策，力求以更合理的资金结构发放各类贷款，并且严格按照信贷管理制度和业务操作规程办理各类信贷业务，做好贷款三查工作，加强贷后管理，及时了解成员单位经营、财务状况，切实防范信贷风险。全年累计发放人民币贷款35.81亿元，美元贷款1.16亿美元。

【外汇业务】 在2009年获得国家外汇管理局关于批准开展即期结售汇业务的资格批复后，2010年年初立即着手按照国家外汇交易中心的入市要求，进行了会员资格的申报技术工作，7月中旬顺利获得了外汇交易中心的交易会员资格，使结售汇交易平盘得以实现，并获得国家外汇管理局500万美元的结售汇综合头寸额度。为规范结售汇业务操作，理顺相关业务流程，做到制度先行，对内部结售汇业务操作流程进行梳理，先后制订了一整套制度，为外汇业务的顺利开展奠定了基础。全年累计办理售付汇业务2 334万美元，现付汇业务4 758万美元，人民币跨境支付11万元。

【资金业务】 加强银行间市场资金融通，灵活调整资金盈缺。2010年在市场资金价格水平下降和存放同业利率上升的情况下，一方面积极与银行协商，争取到较高的存放同业利率，使存放同业利率在市场上处于较高水平；另一方面，抓住市场资金价格与存放同业之间的利差机会进行操作，提高了资金收益率。

【风险管理和内部控制】 为强化公司管理和经营，东航集团财务有限责任公司以防范合规性、操作性和市场性等各类风险为宗旨，不断完善风险管理模式，构建切合实际的风险管理体系。为防范证券投资风险，风险管理部门每日动态跟踪持仓情况、证券投资决策落实情况及每日盈亏状况，加强风险监督。同时强化内部稽核和监督，通过全面的内控稽核、业务专项稽核和日常监测等工作，进一步加大对内部控制、经营和风险管理的监督检查力度。

【法人治理】 为进一步完善法人治理结构，促进东航集团财务有限责任公司健康有序地发展，提高决策的科学性，董事会审议通过《战略发展委员会议事规则》、《风险管理委员会议事规则》及《预算与审计委员会议事规则》，并选举董事会三个专业委员会委员。同时为拓展业务，丰富业务品种，更好地为东航集团成员单位提供专业、高效、低成本的金融服务，东航集团财务有限责任公司将注册资本金由4亿元增至5亿元。

【企业文化建设】 东航集团财务有限责任公司始终把抓好企业文化建设、全面提升企业形象的工作，放到企业发展过程中重中之重的位置上。2010年，东航集团财务有限责任公司不断增强凝聚力，营造良好和谐的工作氛围，初步建立了财务公司核心价值观，努力打造一支富有激情、富有创造力、团结和谐的优秀团队。

（东航财务）

17. 上海浦东发展集团财务有限责任公司

2010年，上海浦东发展集团财务有限责任公司以集团公司下达的年度经营目标为抓手，继续强化服务意识，提升主营业务；转变投资观念，提高资金收益率；保障集团重大项目融资，确保资金流动性；加紧推进金融创新，积极开拓投行业务；加强风险管理力度，积极完善法人治理结构。一年来，公司各项业务保持了健康稳定发展，各项监管指标和重要经营资产质量指标符合监管机构的监管要求，全年实现净利润16 289.68万元，日均存款50.40亿元，日均贷款(不包括贴现)29.63亿元。

【信贷业务】 存贷款业务方面坚持从细节入手，对主要客户财务状况进行调研，对重点客户企业资金信用进行评价，强化个性化需求服务，着力提高服务质量和水平；加强业务风险把控，对相关业务制度风险点的梳理，并对部分制度和操作规程进行了增补修订。在银团贷款方面，公司主要对集团中环线浦东段、机场北通道、东西通道、内环线浦东段等重大基础设施建设项目提供银团贷款，累计发放15 398万元。

【资金、投资业务】 2010年，浦发财务公司以成员单位贷款作为资金配置的主要方向，并加强对成员单位资金动向的监测。同时，在合法合规，确保集团成员资金支付需求的前提下，公司根据资金市场的价格波动，逐步进行同业定期存款尝试，提高了公司综合收益率水平。

2010年，公司在资本市场持续弱势的情况下，实现了较好的投资收益。从全年的投资机会来看，主要包括新股IPO、货币基金投资、理财产品投资和债券基金等开放式基金投资，为公司全年利润指标的完成奠定了坚实的基础。

【业务创新】 2010年，浦发财务公司结合集团企业的特性，给予集团代建企业开设了项目预支清算专户；公司还与商业银行开展了成员企业的票据转贴现业务，满足了成员企业扩大票据融资适用范围的需求。

【风险管理和内部控制】 对公司进行了风险测评，撰写了全面风险评估报告，并聘请第三方咨询公司开展全面风险管理咨询项目，不断完善公司风险管理的方法和提高公司的风险管理水平。不断强化合规管理工作，针对各项业务进行更细致的合规性审核；不断加强制度建设、执行力度以及全员的合规培训和学习，增强全员合规意识，提高业务能力；对发生的业务逐项进行风险评价，确保风险可控。2010年根据业务实际情况，共新增15项制度，重新修订1项制度；针对创新业务、重点业务开展了多项业务抽查和专项稽核，并对检查中发现的问题落实整改，全程跟踪，有效的落实公司各项管理制度，有效降低经营风险。

【人力资源管理】 2010年，公司结合实际制定了经营层薪酬方案并提交董事会审议通过，该方案突破了原有薪酬体制界限，实行经营层薪酬与年度考核情况直接挂钩，上不封顶，提升了公司经营层的工作积极性，起到了很好的激励作用。公司还通过开展中层干部内部的竞聘工作，全面落实了岗位责任制，转变了公司干部管理体制，有效落实了岗位责任制，也对现在职人员起到激励鞭策作用。

【信息化建设】 2010年，公司进一步推进了信息系统建设，完成了业务网带宽升级及双线路备份的改造，进一步提高了业务信息系统的访问速度、可用性和稳定性；完成了供电系统的改造，实现了双路供电，提升了信息系统的整体稳定性；完善了公司办公自动化系统，提高了公司的办公效率，规范了流程；优化了业务系统，增加了预支账户功能，满足客户的业务需求。

（浦发财务）

18. 锦江国际集团财务有限责任公司

2010年，锦江国际集团财务有限责任公司紧紧围绕集团的发展战略和公司“稳健发展、重点突破”的工作思路，抓机遇求发展，公司的经营活动持续稳定发展，各项工作都上了一个新的台阶。公司在2010年4月底完成了注册资本由3亿元人民币增资至5亿元人民币，并进行了工商变更登记。增资不仅有利于公司提高抵御风险的能力，有利于申办融资租赁和有价证券投资业务，可以充分发挥公司作为金融企业为整个集团及其成员企业服务的能力。

截至2010年末，公司注册资本为5亿元，公司实现营业收入0.9亿元，同比减少6.82%。利润总额0.5亿元，同比增长12.85%。净利润0.37亿元，同比增长13.52%。资产总额为47.72亿元，同比增长42.49%；负债总额41.83亿元，同比增长30.64%。不良资产率继续保持零纪录。

【公司金融】 2010年，公司仍以服务集团成员企业为宗旨，发挥信贷服务功能，为客户提供优惠的贷款支持和优质的贷款服务，支持集团主业的发展。1. 公司金融部积极开展存贷款业务，截至2010年末，自营本外币贷款余额为14.61亿元，与去年基本持平；委托贷款余额为22.48亿元，同比增长66.77%；吸收存款19.20亿元，同比增长32.14%。2. 公司积极配合集团做好二期50亿元的中期票据资金安排，做到规范合理，二期中期票据的资金得到了妥善安排落实，提高了资金的使用效率和效益，公司的总资产、净利润等得到较大增长，整个集团贷款融资发生了从需要大量依赖银行到可以逐步优先寻找财务公司的转变。

【资金业务】 2010年，公司与中信、交行、光大、兴业、浦发、招商等多家银行建立了授信关系，开展为期七天的拆借业务，成功解决公司资金头寸问题，同时，公司还与商业银行发生信贷资产转让业务，进一步拓宽了的融资渠道，管理效益得到明显提升。公司还根据资金情况，在资金富足的情况下，通过全国银行之间同业拆借中心网上交易系统公开报价，参加交易。

2010年，公司根据集团加强资金集中管理的要求，结合公司提出的信息系统运行后提高资金集中度的目标，公司积极做好搭建现金池平台等各项准备工作，分别与工行、交行、招行、建行签订了集中资金管理合作协议，同时，积极配合酒店区域管理职能的改革，做好账户整合、归并和后续的监管，为进一步提高成员企业的资金集中度打好基础。

【业务创新】 一是关联交易的豁免，突破了原来因为关联交易的原因与集团不能有存贷款往来的瓶颈。近年来，由于财务公司受H股上市关联交易的限制，无法将金融资源的集聚作用发挥到最大。2010年4月底，在集团相关方面共同努力下完成打开关联交易豁免等的一切审批工作，公司正式启动关联交易业务的操作，公司从2010年6月至2010年底，关联交易业务发生额最高已达29亿元，对公司的业绩增长尤其是利润增长具有十分重要的影响，更为可贵的是打通了集团和公司两个资金池的渠道，资金使用效益得到更为充分的发挥。二是公司上门收款业务实行外包，既规避日常操作风险，又加强了资金的集中。公司自成立以来，一直保留着为各酒店等集团成员企业提供收取现金、票据、信用卡、调换零币等的上门收款、收单服务，但收款业务是高风险、专业化程度高的服务，为了给成员企业提供更安全、更专业、更便捷的上门收款服务，公司于2010年5月起，将此项收款业务通过外包（委托银行收款）的方式交于商业银行，既规避了许多日常操作风险，又提高了资金集中度。为了弥补由于外包带来的亲和力不够、延伸服务欠缺等问题，公司也通过加强公司金融部的客户经理对成员企业的服务，以及经常通过电话、上门服务等渠道为成员企业排忧解难的方法，使成员企业能够继续享受到公司更好的服务。

【风险管理和内部控制】 一是业务管理架构和管理有所改进。随着公司业务发展和管理要求的提高，2010年，公司对部门设置和一系列的规章制度进行梳理和修订，强化了风险控制的内容，使公司各项业务的操作更规范，将事前、事中、事后控制贯穿于每笔业务中，从而能够有效地控制风险。二是实行外汇结汇，规避汇率风险。自2005年国家实行浮动汇率以来，美元对人民币不断贬值，公司因此累计汇兑损失达几百万元人民币。为了规避汇率风险，公司得到了外汇管理局的批准，将美元资本金超出部分以及人民币垫付的历年产生的美元已分配利润、应付税费等款项予以结汇，一方面将美元资本金调到最低限额，另一方面清理人民币与美元的内部往来款项，以此将汇率风险降到最低程度。

【人力资源管理】 2010年，公司通过内部员工轮岗、组织员工参加各种业务培训来提高员工的业务素质。公司在正常情况下每周安排一次培训，内容包括银监会文件学习、财务公司协会与其他方面安排的各类培训班内容的内部消化、邀请商业银行上门的业务培训和新产品培训等，例如邀请工商银行客户经理上门培训《如何做好客户经理》，邀请中信银行有关专家两次上门培训《电子汇票业务的操作》等。2010 年 9 月，随着公司信息系统升级工作的展开，公司在各级领导的支持下，引进 IT 方面的专业人才，为更好地完成信息系统的建设和日后维护工作创造了条件。

【信息化建设】 2010 年，公司的信息系统升级项目取得重大进展。在集团、相关事业部等各方的大力支持下，成立了软件升级评审委员会，通过一系列招投标手续，确定了九恒星公司为实施锦江财务公司信息系统升级项目的软件开发公司，第一期项目已在实施过程中。

【企业文化建设】 公司在为集团和成员企业服务中始终秉承“诚信经营、诚心服务”的理念，公司内部以构建和谐企业为中心，关心员工，努力营造奋进、进取的工作环境：公司每年组织员工进行体检；“三八”节慰问；为员工购买医疗保险；组织员工进行春节联谊会，部门员工自排文艺节目，展现员工积极活跃的风采。

（韩 丽）

19. 中国石化财务有限责任公司上海分公司

中国石化财务有限责任公司上海分公司是中国石化财务有限责任公司下属分支机构，1992 年 11 月 11 日经中国人民银行批准成立上海代表处；1994 年 11 月 29 日经中国人民银行批准成立上海办事处；2007 年 4 月经中国银监会批准，7 月 19 日正式挂牌更名为上海分公司，注册营运资金 1 亿元。

上海分公司业务范围：吸收成员单位的存款；对成员单位办理贷款及融资租赁；办理成员单位之间的内部转账结算；对成员单位办理票据承兑与贴现；办理成员单位之间的委托贷款及委托投资；协助成员单位实现交易款项的收付；对成员单位办理财务和融资顾问、信用鉴证及相关的咨询、代理业务；经批准的保险代理业务；经公司批准的属于财务公司经营范围内的其他业务。

目前，分公司根据当地银监局的核准和总部的授权，主要从事的业务包括内部转账结算、吸收存款、发放贷款、票据贴现及转贴现等。按财务公司业务区域划分，为上海、浙江、福建三地中石化集团持股 20%以上的各石化企业提供金融服务，共有开户企业 113 家，业务涵盖石油化工行业上、中、下游各类企业。各项业务的开展接受人民银行上海分行及上海银监局的领导、监督、检查、管理及指导。

2010 年，举世瞩目的世博会在上海召开，上海分公司充分发扬“实事求是、精益求精、勇于奉献”的世博会精神，一方面围绕“创建一流财务公司”和深入开展“比学赶帮超”活动的工作目标，树立“严细管理学炼化，精神作风学油田，优质服务学银行，开拓市场学销售，努力创建一流财务公司”的奋斗目标；同时克服人员少，接待任务繁重的困难，圆满完成了富有历史意义的世博各项接待任务。

2010 年，上海分公司资金流量高达 35 611 亿元；累计实现营业收入 18 618 万元；累计实现利润 15 230 万元；全年累计发放贷款 83.57 亿元，日均贷款 48.26 亿元；累计办理票据贴现 46.17 亿元，日均存款 21.43 亿元。以上各项指标在 2011 年均实现历史突破，排在九家分公司之首，创造了上海分公司业务发展的一个新高峰。

上海分公司内设 4 个部门，分别为综合部、信贷部、财会部、结算部。共有员工 27 人，平均年龄 33 岁。

（中石化）

20. 上海国利货币经纪有限公司

上海国利货币经纪有限公司由上海国际信托有限公司和英国德利万邦(欧洲)有限公司共同发起设立，是国内首家获中国银监会批准成立的货币经纪公司。

国利货币主要是通过声讯和电子手段，从事以促进金融机构间的资金融通、外汇交易、债券交易、衍生品交易等为目的的专业经纪服务。国利货币作为交易双方的中间人，撮合双方完成交易，在任何情况下货币经纪公司不会作为交易主体与市场内任何对手进行交易，保持客观中立性。

经中国人民银行批准，2006 年 9 月国利货币进入银行间市场开展人民币相关产品经纪业务。经国家外汇管理总局批准，2009 年 4 月国利货币进入银行间外汇市场开展外汇相关产品经纪业务。

【业务发展】 国利货币自 2005 年 12 月起，依托外方股东遍布全球的经纪网络，率先开展了境内机构与境外机构间非人民币同业拆借、远期交易等的经纪服务，迄今累计撮合交易将近 6 000 亿美元。其后，国利货币相继开展了质押式回购、利率互换、现券买卖、人民币同业拆借、外汇掉期和远期等经纪业务。截至 2010 年底，国利货币共计撮合成交各类交易约 6 万笔，累计撮合交易规模超过 10 万亿元人民币。特别是在利率互换产品方面，经国利货币撮合完成的利率掉期产品交易量保持稳定高速的增长，市场占有率始终保持在 50%以上。

【市场范围】 随着撮合成交规模的迅速增长，国利货币的市场覆盖范围也在日益扩大。至 2010 年底，国利货币累计已与超过 600 家国内金融机构发生过交易往来，机构类型覆盖了银行、保险、券商、基金、信托、财务公司等各类金融机构，从客户规模上目前市场最活跃的交易主体如国有商业银行、股份制银行、主要外资银行等都在使用国利货币的货币经纪服务，从地域范围上已遍及全国 33 个省、自治区、直辖市和特别行政区。

（国利货币）

四、金融服务公司

1. 上海远东资信评估有限公司

上海远东资信评估有限公司成立于1988年3月，由上海社会科学院投资组建，是中国第一家社会化专业资信评级机构。目前，远东资信为财政部独资国有的中国东方资产管理公司全资子公司邦信资产管理公司控股、上海社会科学院参股的国有评级机构。

2010年以来，东方资产对远东资信持股比例已增至83.333%，剩余16.667%由上海社会科学院和上海社会科学院世界经济研究所共同持有。东方资产作为涉足证券期货、金融租赁、人寿保险、基金和信托等业务领域的金融控股集团，进入评级行业打破了中国评级市场由外资和民营资本把持的局面，开创了国有评级公司先河。股权变更后的远东资信充分集合了东方资产国有金融控股集团的金融专业化优势、强大的业务资源网络、金融资产信息库和资金实力，有力提升了远东资信的市场竞争力。

2010年，远东资信荣获“2010年度上海名牌”称号，全年在业务收入与新业务拓展方面继续加快发展，在传统业务信贷企业评级、集团企业评级和担保机构评级实现稳步增长的同时，金融机构风险咨询、财务顾问咨询和信贷项目贷后监管等业务均呈现出了较好的增长态势。

【评级业务】 2010年远东资信全年信贷企业评级业务量继续保持稳定，全年承担信贷企业评级业务1 000多家；全年承担中国人民银行上海分行的集团企业评级、商业银行委托集团企业评级和担保机构评级业务项目共计40多家。此外，2010年远东资信贷后监管业务发展势头良好，业务收入实现了较大幅度增长，并根据各家银行对贷后监管要求的不同，及时调整了操作流程和报告内容，增加了和银行合作的默契度。2010年远东资信在业务总体规模与质量上均较上年实现了稳步增长，为今后业务发展打下了良好基础。

2010年，远东资信在各地评级市场上继续保持稳步发展。配合东方资产的入主，远东资信进一步强化了全国各分支机构的业务开拓与工作管理。其中，2010年远东资信获准参与江西省信贷企业和担保机构评级，取得了较好成效，并获得了中国人民银行南昌中心支行和江西省中小企业局的好评。

【专题研究】 2010年，远东资信在专题研究方面不断加强投入，结合我国推进经济结构调整，推进创新型城市建设的最新形势，远东资信完成了《中国创新型城市评价体系研究》课题，课题对深圳市及首批16个创新型试点城市进行了创新综合评价，相关研究结果已呈报监管机构和相关投资者。此外，2010年，远东资信先后为监管机构、行业联席会等单位完成《小额贷款公司评级方法》、《WTO协议与各国征信市场对外开放研究》、《地方政府融资平台信用评级研究》和《不良资产形成机制》等多个课题研究，并取得了良好反响。

【咨询服务】 2010年，远东资信在金融机构风险咨询和财务顾问咨询服务方面继续开拓。远东资信承接某国有银行上海分行《2010年度上海市各区县财政信用风险评估》项目，项目成果内容得到客户相关领导的一致认可；完成实施某旅游园区项目的财务顾问服务，协助客户完成资产重组，获得了用户良好反馈。此外，2010年远东资信基于风险计量与数据库资源整合方面的优势，先后参与了多家金融机构的内部评级模型项目的招标工作。

【人力资源管理】 2010年，远东资信继续提高内部管理水平，进行人才储备，提高员工素质，持续打造以技术创新和评级报告质量取胜的核心竞争力；进一步改进完善质量监督机制，建立报告质量跟踪档案，制定《评级报告质量检查与评比操作方案》、《2010年贷款企业评级工作要求》等多项质量控制制度。公司各项评级报告质量有了明显提高，在监管机构组织的两次2010年度贷款证报告质量抽查中，远东资信都取得了名列前茅的成绩。

为提升公司员工的综合素质和业务能力，公司对员工开展内外部结合的业务培训与专题研讨，有效地提高了员工的专业素质。其中，2010 年公司举办宏观经济知识讲座，由公司总裁徐明棋就"国内外经济形势分析"主题进行深入的分析讲解；此外，光大银行上海分行风险管理部总经理应邀来远东资信，就银行风险管理、巴塞尔新资本协议等方面给公司员工进行主题报告并开展了详细的研讨。

（远东资信）

2. 上海新世纪资信评估投资服务有限公司

2010 年，新世纪公司抓住行业发展的大好机遇，在业务拓展、信用研究、对外宣传和国际交流等方面均取得了较大的进步，为公司的进一步发展奠定了基础。

【业务拓展】 2010 年公司在债券市场拓展上取得了较大成绩，市场占有率进一步提高。在新业务品种方面，公司承做了中国第一单外资银行人民币债券评级；从地域方面看，公司在大幅拓展外地业务的同时，在上海地区债券评级市场份额继续高于 60%，显现出较强的区域竞争优势。

在信贷评级方面，公司 2010 年完成 1 000 多家企事业单位的信贷评级，评级数量进一步增加，参加了新疆、贵州、上海等地近 70 家中小企业和担保企业评级，新增特定债务人评级 3 家。公司积极参与信用评级市场的服务工作。2010 年 6 月 24 日，公司技术副总监叶盛、副总裁胡小波应邀成为交易商协会第一期中小企业集合票据培训讲师。7 月 15 日，公司技术副总监叶盛应邀参加为民生银行融资发债培训会培训。11 月，公司总裁朱荣恩应邀为保险行业协会保险公司内部控制基本准则培训班培训。

【信用研究】 为更好地服务于中国信用评级业，2010 年，公司对国际和国内评级进行理论研究，并初步形成了理论研究体系。研究成果包括《国际评级业和评级监管的发展与演变》、《IOSCO 三大监管支柱对我国评级监管的启示》、《我国资信评级行业的发展历史、问题及建议》及其他关于国际、国内评级行业的文章等。公司在原有的研究基础上，加大了行业分析的力度。2010 年，公司通过召开行业信用分析报告发布会，公开了电力、银行、房地产、港口、医药五个行业的信用研究报告，并继续加大力度进行研究和对外公开，公司正逐步形成以行业分析为基础的分析师团队和评级技术体系。

【刊物制作】 目前公司的刊物制作分为以下几大系列：(1)专刊、研究报告、双月刊和年刊四大基础刊物；(2)行业研究报告，目前已有五个行业的研究报告；(3)业务介绍刊物，包括主体评级概览、债项评级概览、企业集团信用风险评估概览和商业银行信用风险咨询等；(4)特定需求刊物，包括公司的中英文介绍、系统阐述公司理论研究的特刊、普及信用评级知识的英汉信用评级词汇手册和信用评级基础知识等。通过这些系列刊物，公司致力于向读者传递公司对中国经济、资本市场、信用评级等领域的最新观点，同时也利用这些宣传平台，展示与标准普尔的合作进展成果，与各方共享国际评级机构的最新观点。与此同时，公司与社会各界保持了良好的联系，积极将自己的研究成果发表于权威媒体，从而更好地服务于监管部门、投资者、发行人和社会各界人士。

【国际交流】 2010 年，公司与标准普尔的交流合作进一步巩固，双方在互访、培训及研讨会等领域的合作进一步加深。7 月 26 日，公司总裁朱荣恩在上海会见了标准普尔总裁 Deven Sharma。9 月 23 日，朱荣恩又在纽约标准普尔总部拜访了 Deven Sharma。6 月 7 日，标准普尔的控股子公司——台湾地区的中华信用评等股份有限公司执行长张华平先生与公司总裁朱荣恩会面。为更好地参与国际评级事务，2010 年 3 月，公司正式加入亚洲资信评估协会（ACRAA）。6 月 29 日，公司参加了 ACRAA 在马尼拉举行的会议，积极为国际评级事务作出自己的贡献。

【重大活动】 新世纪于 2010 年 6 月 2 日在上海召开了 2010 年行业信用分析报告发布会。中国人民银行、中国证监会和上海市金融办有关领导出席了此次会议。会上，总裁朱荣恩教授指出信用评级的行业研究有其自身的特点，新世纪愿意将自己的行业研究报告、行业评级方法、行业风险展望等向社会充分披露和展示，以进一步推动我国行业研究的发展，提高社会把握行业信用分析的能力。新世纪将以上海国际金融中心建设为契机，立足本土，为国内外投资者提供服务，推动中国信用评级的国际化，为中国信用评级机构在国际信用评级中赢得话语权作出应有的贡献。

会上，公司发布了《2010 中国房地产行业信用分析报告》、《2010 中国银行业信用分析报告》、《2010 中国港口行业信用分析报告》、《2010 中国电力行业信用分析报告》和《2010 中国医药行业信用分析报告》。

（鞠海龙）

2010 年行业信用分析报告发布会

3. 中诚信证券评估有限公司

2010 年中诚信证券评估有限公司发展平稳，公司秉承“独立、公正、客观”的评级理念及多年的评级技术，在业务拓展、经营效益、团队建设方面均取得了较大的发展。

【信贷评级业务】 (1) 努力提高承做率，保证业务收入的稳定增长。2010 年全年计划内受评企业较上一年增长了 9.76%，整个借款企业评级市场业务总量呈现一定增长。在计划业务份额和市场占比都较上年有所增长的情况下，公司积极协调与人民银行、商业银行及客户的关系，努力提高计划客户承做率，使得公司实际承做家数超出计划分配家数。同时，公司继续加大计划外客户的拓展力度，全年实现计划外客户与上年相比略有上升。通过努力提高计划内市场的承做率以及积极拓展计划外市场客户，信贷评级业务收入和利润都实现一定增长。

(2) 加强内部管理，业务质量明显提高。2010 年，公司完善评级部门的内控制度，强化关键环节内控制度的落实。除此之外，公司还积极加强数据库和信息系统的建设，2010 年公司自行开发的企业评级管理系统正式上线，成为上海地区第一家自行开发评级管理系统的评级企业，并受到了监管部门的好评。通过对内部管理的不断完善，公司在 2010 年度人民银行上海分行对上海市九家评级机构的考核中，获得 2010 年度上海市借款企业资信评估工作评级机构先进集体的称号。

2010 年，公司进一步完善内部质量控制体系和管理流程，严格执行三审程序。通过严格的业务质量管理和流程管理提升质量控制水平，全年报告质量水平较上年有较大进步，在 2010 年中国人民银行组织第三届“长三角联合评审会”中，公司送评的报告获得综合评比第二名的优良成绩。

(3) 强化团队建设，人员稳定性有所提升。2010 年，公司继续加强分析师队伍建设，完善年度培训制度，提升分析师业务素质，强化分析师团队建设。截至 2010 年末，公司工作三年以上的分析师达到了 12 人，占全部分析师的 60%，分析师队伍的稳定性有所提升。

(4) 出色完成总经理联席会相关工作。2010 年，公司作为本年度上海市贷款企业资信评级机构总经理联席会主席单位，在相关部门的支持和配合下，较为出色地完成了总经理联席会的相关工作。一是进一步完善了评级指标的修订工作；二是继续拓展新业务、新产品的创新；三是组织进行专项课题研究；四是协作中国人民银行举办第三届“长三角地区信用评级一体化”联合专家评审会暨研讨会。

【证券评级业务】 (1) 创新业务。证监会《集合资产管理办法》在 2010 年进入实际运作阶段，多只资产支持证券进入市场运作。证券评级部市场部门和业务部门密切配合，积极与发行人和计划管理人进行沟通，从现有的市场信息分析，目前公司在资产支持证券评级市场居于领先地位。

(2) 研究工作。2010 年证券评级部的研究工作主要集中在三个方面：一是指定和完善公司债行业评级方法；二是结合新产品评级创新、完善相关评级技术；三是发布特别评论。

【投行业务】 投行部门在 2010 年紧紧围绕年初设定的“巩固成果、持续创新、完善结构、稳步发展”的总体工作目标，取得了显著的成效，突出表现在以下四个方面：(1)巩固成果，加大政府融资顾问业务的承做力度，促进业务收入迅猛增长。(2)持续创新，业务范围和品种得到初步突破，为投行业务的持续健康发展提高了保障。(3)完善结构，公司投行业务的综合实力得到进一步增强。(4)稳步发展，中诚信投行的品牌影响力得到增强。

（中诚信）

4. 华杰资信评级有限责任公司

华杰资信评级有限责任公司成立于1999年4月，现注册资本金人民币6 235万元，是一家综合性、全国性的经济咨询、服务机构。华杰公司管理总部于2008年由北京市迁至上海市浦东新区。经营范围涵盖企业信用评级(包括贷款企业评级、招投标企业评级、集团企业评级等)、金融产品评级、企业(地区)综合评价、财务顾问、投融资咨询、信息咨询、资金监理、商业调查、商账催收等。2010年，华杰公司共完成500余家企业评级，在人民银行上海分行对全上海9家评级公司2010年度的综合考评中取得第一名，被人行授予“上海市贷款企业资信等级评估工作先进集体”的荣誉称号。

【人才管理】 截至2010年末，华杰公司拥有员工63名，大学本科以上学历占全部专业人员的85%以上，全部员工均持有相应的业务上岗证书，有多名员工持有注册会计师等国家级证书。主要管理人员和大部分员工有银行信贷、投资、资金监理、行业研究、证券等工作经验。

华杰公司还聘请了28位具有丰富经济、金融工作经验，造诣深厚的专家，对公司的各项业务进行流程设计、过程检测、结果评审，并对公司内部控制进行监管，以保证业务流程的合理、课题研究的深度、报告数据的正确、报告内容的清晰完整、企业风险的明确披露，以及重大事项的特别揭示等内容勤勉尽职地进行质量控制等。年内华杰公司多次聘请外部专家开展内部培训，丰富评级人员金融、财会、证券、评估、风险管理等各相关领域的知识，以提高评级人员专业知识和资质。

【信息化建设】 华杰公司重视信息技术运用，经过历年持之以恒的不懈努力，已建立了华杰公司业务管理电子平台，多项业务流程均在此平台流转，基本做到业务流程无纸化、信息化、电脑化，做到可查阅、可评价。在业务管理电子平台基础上，华杰公司还积累了大量数据、信息，建立了历年评级企业数据库、产业数据库、信贷投量投向数据库、企业信息数据库、上市公司数据库等等，为公司的发展奠定了深厚的信息基础。

【数据库】 2010年，华杰公司在历年评级企业数据库、产业数据库、信贷投量投向数据库、企业信息数据库、上市公司数据库的基础上完成了上市公司近5年的自主评级和违约率验证测算。华杰公司又与东方网进行合作，共享房地产行业即时信息和行业研究成果。新建立了房产数据库，该数据库包含公寓、别墅、办公楼、商铺、工业厂房、土地、特殊类型房产7类房地产价格及房源数据库，拥有一手房交易信息11 138条，二手房交易个案信息750 000条，二手房挂牌信息107 788条，全市约13 000个楼盘信息，为研究整个上海市房产行业的动态，提供了充足的数据依据。

【研究中心】 2010年，华杰公司积极向国内外的权威研究机构、先进的评级机构及行业外的相关金融机构学习先进的知识和理念，开展多个课题研究，提高评级水平，拓宽评级视角。2010年公司完成了5个人行课题：地方政府融资平台评级体系研究、信用评级质量检验与评价研究、中小企业信用评级研究、融资租赁行业信用评级研究、WTO协议与征信市场对外开发研究；5个内部课题：商票评级指标体系研究、互助型担保指标体系研究、国际债项评级研究、国内债项评级研究、华杰债项评级指标体系研究。以提高评级方法的科学性，及拓展评级的应用范围。

另外，华杰公司针对不同的行业和不同的客户需求，利用公司宏观数据库、行业数据库、政策信息库以及企业抽样调查数据库等资源。挑选出能够代表上海产业发展趋势的10多个行业，按旬出具各行业综述，及时披露各行业整体运行状况和风险状况。2010年共出具各行业综述120篇，并撰写20多个年度行业研究报告，对行业环境、行业经营特征、竞争优势、投资风险给出专业而全面的分析，并在此基础上给出相应行业的投融资建议。这样既提高评级队伍与行业发展的贴合度，又为评级客户提供了一份增值服务。

【拓宽业务】 2010年，国家收紧了房产企业的贷款政策，华杰公司适时把握时机，开拓银行信贷资金监管业务，积极配合银行严把房产开发贷款的资金使用关，确保银行信贷资产的安全，同时在各大商业银行的合作中积累了大量的信贷项目资金监理业务的经验，取得了商业银行的普遍好评。目前华杰公司已是工商银行、农业银行、中国银行、上海银行、上海农商银行、宁波银行等多家金融机构指定的资金监理公司，并接受信托投资公司、私募基金等非银行金融机构的委托，进行了各类项目的专项资金监管。截至 2010 年末，华杰公司累计承接监理业务 600 余笔，监理项目金额达 7 000 亿元。

（陈玉瑾）

5. 上海资信有限公司

【个人信用联合征信】 2010 年中上海资信有限公司在个人征信业务中一方面维持原有业务的稳定运行，另一方面在非银行非金融机构的合作中取得了一定进展。

（1）系统建设。截至 2010 年底，个人信用联合征信系统数据库共纳入 1 138 万人；个人信用报告累计查询 1 460 万份，累计提供 928 万份。另一方面，个人联合征信数据采集已由原先的银行信贷信息逐步向电信、电力、交通违章等其他社会相关环节拓展，个人联合征信业务范围也由较为单一的银行及移动通信业务逐步向保险、担保、典当、租赁等非银行金融机构辐射延伸。此外，随着 2009 年 10 月中国人民银行征信中心正式入股上海资信有限公司 70%的股份后，上海资信作为唯一一家央行入股的征信机构，在原有先试先行的基础上，为今后取得市场化资源共享、增值变量研发、服务区域拓展等方面提供了一定的优势条件。

（2）业务开展。目前，上海有限公司个人征信业务的服务群体主要有个人客户、银行客户及非银行金融机构，在全市活跃的查询点共计 207 个，其中在 2010 年中增设查询点 11 个。

为了配合基础服务的转型，上海资信于 2010 年中进行了广泛的业务调研与多层次信用产品领域的开拓。通过对各大信用卡中心及有一定规模的汽车租赁公司进行了需求调研及产品分析后，按资产能力、账户价值、风险控制的不同要求进行分析，成功研发出市场业务分析报告及账户管理群体区分等增值产品，为进一步拓开业务范围，贴近机构实际需求，并最终与机构业务衔接奠定了良好的基础。

另一方面，与上海市电力公司、上海市食药监局、上海市交警大队、上海市电信公司、上海市高院、上海移动、上海联通继续深化合作，对于非银行非金融领域的数据采集、产品服务、合作模式等各个环节进入了稳步推进阶段，为今后非银行非金融领域的业务发展奠定了基础。

此外，上海资信在全市设有三个可不经预约，直接至现场进行报告查询的服务网点，具体如下：

上海资信有限公司（北京东路 280 号）

电话：62077206；

中信实业银行上海分行淮海中路支行（淮海中路 1355 号）

电话：64318545；

上海银行浦东分行（张杨路 648 号）

电话：58361455。

【企业信用征信】 随着央行入股，上海资信有限公司的企业征信业务在原有多元化格局的基础上，重新梳理与整合，继续重点推进借款企业资信等级评估、海关监管企业评估和上海市航运交易所会员单位信用评估。

（1）系统建设。数据库方面，截至 2010 年底，累计采集了来自 27 个来源的 57 类媒体披露信息，累计采集了 32 万余条数据。

另外，上海资信承建的小企业信贷网络服务平台通过引入第三方征信理念，为中小企业融资申请提供便捷通道，建立起企业信用信息比对机制，有效地弥合中小企业和商业银行双方在信息上的不对称，降低银行的审贷及贷后管理成本，提高中小企业融资的成功率。

（2）业务开拓。对于借款企业资信等级评估项目而言，2010 年上海资信在资信评级产品多元化上也取得了新的突破，参与了商业票据评级试点项目、担保机构评级项目、投融资平台风险预警评估试点等。2010 年上海资信对 3 家担保机构、4 家集团、79 家票据余额在 2 000—3 000 万元之间的企业以及 580 家借款余额在 3 000 万元以上的企业进行了评级。此外，上海资信研究制定了区县政府投融资平台风险预警评估指标体系，并组织对金山、徐汇等试点区县的政府投融资平台风险的评估。

在上海市航运交易所航运诚信体系的建设中，受其委托对其下属会员单位进行信用评估，全年共计评估 65 家国际航运企业，包括 19 家内贸企业和 46 家外贸企业。

而对于海关业务来说，在2010年上海海关和基层海关组织开展的监管企业升级、验证式核查项目中，上海资信分别在上海海关稽查处业务、地方海关加贸科业务及加工贸易企业电子账册核销业务三个领域嵌入了信用审核流程，凭着扎实的业务功底与稳定的审核质量，以旧带新，不断丰富业务层次，全年共计核查36家企业。

市劳动局“见习基地”评估项目是上海资信的传统优势项目，受市劳动局委托，2010年中上海资信共计评估231家“见习基地”项目。

可见，企业征信业务力求在多层次业务中求稳求精，在深化业务中做实做强，形成稳中求新，由新到专的良性推进循环。

（上海资信）

6. 上海天诚企业征信有限公司

上海天诚企业征信有限公司成立于2002年3月28日。公司成立以来，先后开展了中国人民银行的贷款企业评级、上海市科委高新技术企业评估和企业信用报告等三项主营业务。

上海天诚于2004年获得中国人民银行上海分行的批准，成为上海市资信评级机构总经理联席会成员，开展贷款企业资信等级评级业务以来，把《上海市贷款企业资信等级评估执业指南》作为工作指引，始终秉持严谨的态度，力求保证评估的客观、公正性，并致力于揭示贷款企业在经营中存在的风险，从而提高评估报告的质量。通过资信评级业务的开展，上海天诚已经累计了丰富的评估经验，评估报告的质量也不断提高。

高新技术企业信用等级评估业务是由上海市科委发起，由上海市高新技术评定办公室和上海天诚合作的一项企业资信评级项目。经过多年的实际操作，目前已实现了市场化运作。

企业信用报告是基于上海市企业联合征信系统所采集的企业信息，经过整合、提炼、分析后，形成信用报告，为企业的交易、授信、赊销、投资等活动提供决策支持。信用报告依照披露信息程度和分析深度的不同，分为基本信用报告、商业信用报告和深度信用报告。

基本信用报告简单扼要地展现了企业的辨识信息、关联方信息、公众记录等方面的情况。据以核实企业的基本信息，描述企业的经营状态、披露企业是否在政府部门留有不良信用历史记录等。

商业信用报告是在基本信用报告的基础上，增加了关于企业主要经营者、经营状况、财务状况以及外部评价的概要信息。

深度信用报告是在商业信用报告的基础上，通过资深调查员的实地调查、访谈、函证，并结合行业分析、专家预测等，对企业的整体情况包括发展前景加以分析。

公司在2010年积极拓展与商业银行的业务合作，开展了个人消费贷款资金监管业务。另外，上海天诚还积极参与了政府采购招投标企业信用评级工作，取得了新业务拓展的初步成果。

（上海天诚）

7. 上海金国咨询服务有限公司

2010年是“上海世博年”，也是上海金融服务业迅猛发展、朝着国际金融中心这一国家战略目标积极迈进的一年。上海金国咨询服务有限公司作为上海乃至长三角地区知名的金融中介服务机构，也步入一个全新的业务经营拓展期和企业管理提高期。

2010年，上海金国咨询服务有限公司继续秉承客户需求至上的市场服务理念，在金融人才服务、金融咨询服务及中国金币特许零售等业务上继续保持了良好发展势头，全年业务总收入同比增幅41%，上缴国家税收同比增幅93%，税后净利润总额同比增幅174%。

上海金国咨询服务有限公司经上海市人事局批准开展金融人才中介服务和金融人才派遣业务。公司汇集了一批金融服务行业资深人士和人力资源服务专家，服务项目深广，经营资质齐备，长期为金融机构提供包括金融从业资质培训、招聘、派遣、人事代理以及高级金融人才的搜寻、选配和猎头等专业服务。公司秉承“以诚为本、以信立业”的服务理念，先后为数十家中外资金融机构（银行、证券、）、金融行业组织、会计师事务所、高等教育机构等提供服务解决方案，广受客户赞誉。

作为上海市人才服务行业协会的会员单位，上海金国公司自2003年以来已连续八年被上海人才服务行业协会评为“信得过服务企业”。公司人才服务团队中现有注册人才中介师、中介员共有13人，团队素质及服务水平较高。同时，作为定向服务于金融机构和金融人才的中介机构，上海金国公司的服务团队还具有“双栖”从业背景及经验，多数业务骨干既是金融服务专家，又是人力资源服务专家，包括曾就职于国内部分商业银行总行及分行的金融家、人力资源专家和咨询师。

2010 年上海金国公司借助本市金融机构为迎接上海世博会大力进行服务升级的市场商机，适时扩大金融培训业务。公司先后组织或承办了本市银行柜员国家职业资格鉴定培训、银行外汇业务培训、金融创新业务培训、“3＋1”信贷政策培训以及上海世博金融研修班等项目，全年累计培训对象近10 000人次。此外，公司还承接了国家注册税务师的考试报名现场审核及培训项目，为 4 000 多名考生提供相关服务。

2010 年国际金价屡创新高，黄金投资热情高涨，直接带动了国内贵金属纪念币投资及收藏市场的蓬勃兴旺。作为中国金币总公司的特许零售商，上海金国公司金银业务团队在服务理念上积极倡导“增长知识、陶冶情操、积累财富”；在日常管理中严格执行中国金币总公司的特许服务协议及管理制度，规范销售流程；在业务上紧随市场脉搏，科学决策，顺势经营，贵金属纪念币及衍生投资品销售规模同比增加 38%。作为上海世博会贵金属纪念品的授权销售网点，公司超额完成了全部销售任务。

在积极拓展销售业务的同时，上海金国公司还大力参与中国金币的品牌共建活动。世博会期间，公司员工利用参访世博场馆之际，与场内“中国金币”品牌店切磋市场推广技艺；在 2010 年北京国际钱币博览会上，上海金国公司开辟了“反假货币”专柜，旗帜鲜明地开展维权反假宣传，赢得了国内外消费者、参展同行以及中国金币总公司各级领导的高度重视和肯定。

2010 年上海金国公司旗下的零售业务门店——中国金币上海金国店（五角场黄金珠宝城内）再次被中国金币总公司授予全国十佳“特许零售示范店”称号。至此，上海金国公司已成为本市唯一一家连续三年获此殊荣的中国金币特许零售商。

（上海金国）

五、银行自律组织

上海市银行同业公会

2010年世博会的成功举办为上海银行业带来了机遇和挑战，也全面检验了金融服务的质量和水平。上海市银行同业公会围绕世博抓服务，强化调研传诉求，突出重点促自律，增加交流求共识，统筹兼顾多培训，心系社会履责任，适时改进强能力，开创了公会工作新局面。

1. 围绕世博抓服务

全面提升上海市银行业金融服务能力与水平是会员单位的共同利益。公会紧紧抓住世博服务这一机遇，全面推进上海市银行业"迎世博"文明规范服务系列活动方案的各项工作的落实，促进了上海市银行业文明规范服务的软硬件全面改善，提升了上海银行业的金融服务水准，形成了世博金融服务的良好氛围，为"成功、精彩、难忘"的世博会作出了突出贡献，赢得了社会各方的赞可。主要体现在以下五个方面：

一是充分动员、鼓舞士气，迎接世博挑战。为了进一步推动上海银行业的迎世博文明服务工作，年初，公会会同上海银监局召开了"上海银行业迎世博文明服务誓师大会"。大会共有100余家会员单位近600人参加，并组成了银行业的员工方队进行了世博服务的宣誓，激发了上海银行业全体员工的做好世博金融服务的工作热情。同时，为加深各会员单位及兄弟省市银行同仁对世博会相关知识的了解，公会连续三次分别在上海、江苏两地组织以"走近世博"为题的知识讲座，为银行业深入了解世博金融服务的重要性打下基础。

二是以检查监督测评和服务交流的方式，促进会员单位提高服务管理水平。公会组织文明服务小组会同理事行代表对世博周边和重点区域36家网点进行检查，按照《上海银行业网点文明规范服务质量现场监测标准》，逐项打分，各会员行针对在检查中存在的问题积极采取整改措施，使上海银行业的整体服务水平上了一个台阶。

公会积极参与中银协开展的2010年"千佳网点"评比活动，开展了2010年上海银行业文明服务示范网点的检查评比。通过文明服务小组成员和部分理事行代表的检查打分和上海银监局的合规性检查，经公会理事会审议通过，公会向中银协上报了上海地区全国2010年"千佳网点"49家，同时评选出2010年上海银行业文明服务示范网点97家。

为了解世博期间上海银行业"客服热线"的服务状况，发现问题及时整改，进一步提升上海世博会期间银行的客服热线服务质量，公会在自行组织电话抽查测评的基础上，还与上海质协用户评价中心合作在世博期间对上海银行业的"客服热线"进行测拨检查。由质协用户评价中心每月对20家"客服热线"每户拨打20个电话进行抽查，从6月份到11月份，每月形成监测报告报上海银监局。通过客服热线监测的方式，全方位地提升了窗口规范服务水平。

三是印制多语种服务册子，搭建多语种志愿者服务语言平台。公会牵头组织整理柜面常用服务语句，翻译成8国文字，并将这8国文字与中文、英语相对照编纂成小册子，由成员行分发到其各所有营业网点。依托各会员行力量，公会组织了60多位多语种志愿者在世博期间提供多语种服务，较好地支持了银行一线柜面对外国游客服务需求。

四是加强舆论宣传，组织金融服务专题报道。公会与上海金融报社合作，举办四期《上海金融报》的世博银行服务专刊。每期两个专版刊登银行业的世博服务报道，会员单位踊跃供稿，每次有近20家会员单位在世博服务中有具体措施和事迹的报道。通过专版报道，进一步宣传了上海银行业服务世博的经验与做法，展现上海银行业世博金融服务的事迹和风貌。

五是利用世博契机，加强与国内外银行业的沟通交流。世博期间,各省市银行业纷纷组织人员来访学习,公会进一步加强与各地银行业协会之间的学习和交流,通过举行座谈会、实地考察参观等形式,共接待来自全国各地银行业协会 19 家,逾 300 多人。公会还承办了多次国外银行业世博期间的交流访问活动,邀请相关会员单位出席了波兰、埃及、沙特、澳大利亚、瑞典等国的金融访问团交流活动,为各国与中国经贸、金融往来搭起了桥梁。

上海世博会期间,会员单位做到了"零责任投诉"、"零重大事故、零操作风险",在上海服务行业窗口服务满意度测评中,上海银行业首次两度名列第一,展示了上海市银行业良好的社会形象。公会也获得中银协世博金融服务优秀组织奖,公会文明小组获得世博金融服务先进集体称号。

2. 强化调研传诉求

反映会员单位的诉求是公会桥梁枢纽作用的体现。公会主要通过开通征求会员单位意见专用电子信箱,拜访会员单位负责人,按季召开会员小组会议,举办相关部门政策法规座谈会四种方式征求会员行意见,收集会员单位对银行政策法规和公会建设等方面的诉求和意见,并汇总研究解决或者向相关部门反馈,完善了与会员单位沟通机制。公会秘书处正副秘书长带队共登门拜访了会员单位 69 家,向相关负责人介绍了公会年度工作的进展情况,认真听取会员单位对公会的意见和建议,为改进工作,更好地为会员行服务奠定了基础。

公会秘书处在积极开展调查研究的同时,努力推进专委会开展专业调研,探寻上海银行业科学发展的思路与途径。全年主要开展了 8 个专题调研,形成了 8 份调研报告,即:《上海银行业领导力建设现状调研报告》、《上海银行业人才培养模式调研报告》、《上海市银行业差异化竞争调研报告》、《上海市银行业业务外包调查报告》、《浅析银团贷款业务与上海"两个中心"建设之互利调研》、《关于落实三个办法和一个指引—如何明确和落实银团贷款中牵头行与代理行的职责调研报告》、《上海市银行卡受理状况研究报告》和《上海市中外资银行合规管理现状的调研报告》。这些调研报告有的是专委主导,按年发布,已初步形成了品牌效应,例如人力资源专委会连续两年发布的 4 份调研报告受到了有关政府部门的重视,成为银行业专业领域内具有一定指导意义的重要资料;有些报告则是根据市场实际情况和决策需求,由秘书处执笔完成的,例如《差异化竞争调研报告》共征集了 78 家会员单位的反馈意见,并建立数学模型对发展趋势进行分析,形成了 2 万字的定量定性分析资料,对当前上海银行业的发展和金融中心建设提供了重要的参考依据。

3. 突出重点促自律

自律是市场良性竞争的基础,也是公会主要工作。2010 年公会主要从八个方面进一步推进银行业自律,维护银行业良好的竞争秩序。

一是开展对上海银行业业务竞争情况调查,每季度形成专题的银行业竞争态势报告,专项专题反映目前银行业业务竞争中存在的问题,为上级部门提供决策参考。

二是规范银行业存款行为和竞争秩序。一方面针对上半年存款市场出现的不规范竞争行为,召开了多次专题讨论会,制定推出《上海市银行业存款自律公约》,另一方面针对存款业务电子化存款与汇款合一,出现存款操作流程和凭证内容告知不严密,容易造成误解,公会根据市二中院关于个人存款业务的司法建议书要求,及时研究推介工商银行存款凭证给会员行,推进各行进一步规范个人存款、汇款业务的操作流程。

三是持续推进《上海市银行业个人房地产按揭贷款业务自律公约》的落实,开展会员行自查、个别访谈等工作,切实保障公约施行;根据宏观调控的政策要求,配合监管部门召开多次专委会议,研究解决银行在落实国务院和银监会有关房贷政策遇到的新情况新问题。

四是出台《上海市银行业投诉处理自律公约》,做好日常特别是世博期间的信访咨询投诉的处理工作。

五是根据上海市金融服务办和人民银行上海分行的要求,进一步规范和放开银行卡 POS 专业化服务市场,银行卡专委会几易其稿修改完成《上海市银行卡 POS 专业化服务办法》正式下发实施,并成立了联合评审小组着手评审 POS 公司。

六是落实规范上海地区银行卡结算手续费费率,要求在上海地区全面实行全国统一的银行卡结算手续费费率,对钟表、珠宝等行业逐步调整到位。

七是完善银团贷款信息平台,制定上海市银团贷款年度评比方案，开展银团贷款工作交流。

八是配合完成政府融资平台贷款清理和加强债权管理工作。融资平台债权管理工作既是行业自律的要求，也是主动维权的重要工作内容之一，公会依托风险管理专委会创新成立专家评审组，组织对全市政府融资平台进行逐个重新评审定性，参与19个市和区县政府与银行集体约谈工作。公会在中银协举办的政府融资平台集体约谈培训班上作经验交流，获得与会人员一致好评。通过创新专家集体评审和集体约谈，有效地统一了政府融资平台的风险评审标准，促进政府全面审视融资平台潜在风险，提出了94条整改措施，增加了资本金和有效资产投入及土地抵押的规范操作，有效降低了融资平台信贷风险，加强了银行与政府的沟通力度，维护了银行业的共同利益。

4. 增加交流求共识

公会主要通过四个渠道增加行业交流与沟通。

一是通过主办和协办各类行业会议的方式，搭建会员单位沟通的信息平台。2010年召开的合规年会、人力资源年会、沪港银行卡风险管理研讨会、2010年第一届中国反洗钱技术应用年会、第三届信用管理年会、第三届金融信息化发展论坛、第六届上海国际金融论坛、欧盟经济金融讲座、世博知识讲座等大型会议论坛为上海银行业专业领域内的交流提供了条件。

二是完善专委会季度例会制度，不断提高例会质量，并开展多种形式的交流和研讨活动。例如：风险管理专委召开专题例会学习和讨论贷款新规在实践中的理论意义与执行问题；银行卡为研究POS专业化服务及费率调整问题多次召开研讨会议；人力资源专委以培训会的方式分享培训体系建设问题以及薪酬管理制度落实事宜。

三是组织外资会员单位到兄弟省市学习考察，通过不同金融市场间的比对探寻发展商机，2010年公会组织了外资银行重庆、青岛、芜湖等地的考察活动。

四是做好国内外银行业来沪考察访问的交流与接待工作，并积极参加中国银行业协会的各项会议，学习兄弟省市协会的工作经验。

5. 统筹兼顾多培训

年初公会开展了会员单位培训需求调查，根据反馈，公会统筹兼顾从三个方面推进培训工作。

一是根据中银协有关组织从业人员资格考试的要求（一年2次），做好教材发行、考前培训、督考、资格复审等相关工作，对20多个考点加强走访与联系。

二是组织开展了2期的创新业务知识培训，4期外汇业务培训，4期银行柜员四级鉴定培训与考试。其中，外汇业务培训参训人数达到1 615人次，考试人数达到1 778人次，创历年之最，为银行网点外汇业务规范合规操作创造了条件。2010年四级柜员鉴定分教学点与集中培训人数总量超过7 000人，课程安排连鉴定考试时间自2月末起至年底几乎达到每个周末不停歇。

三是配合中心工作，开展了上海市银行业“三个办法一个指引”贷款新规滚动培训和知识竞赛，牵头组织华东区贷款新规知识竞赛，上海代表队获第一，并代表华东区参加中银协举办的全国贷款新规知识竞赛，勇夺金奖，摘取全国桂冠，为上海银行业赢得良好声誉。公会也获得了中银协贷款新规培训优秀组织奖。

6. 心系社会履责任

公会一如既往地开展各项公益活动，主动履行行业的社会责任。主要开展的活动或承担的工作有：

一是继续开展公众投资理财教育系列活动。公会理财小组制订了《2010年上海银行业公众理财投资教育系列活动方案》，经理事会审议通过。根据中国银监会11月28日作为全国公众教育服务日的决定，为期1个月的“2010年上海银行业公众教育服务日活动”暨“2010年上海银行业公众理财投资教育系列活动”正式启动。活动的顺利举办，为市民普及理财知识，提升公会和银行业社会形象发挥了巨大的作用。

二是开展2010年上海市庆世博银联卡有奖用卡活动。为了更好地优化上海银行卡市场的环境，引导持卡人用卡消费结算。公会银行卡专委会会同银联上海分公司于2010年3月至2011年2月开展了为期一年的“银联卡，让生活更轻松”——2010年上海市庆世博银联卡有奖用卡活动。活动共举办两次大型路演宣传活动，并在年终以银行卡专委会名义捐赠50万元给上海市慈善捐赠委员会，用于福利慈善事业。

三是配合政府“11.15”火灾的善后处理，做好银行服务工作。“11.15”火灾发生之后，公会及时与市金融办、静安区金融办及公证处等联系，召开在沪部分主要银行工作会议，研究相关法律问题、操作规范，商定受理流程、派驻现场设立咨询服务点和免费查询等措施服务受灾人员。根据依法合规，特事特办原则，及时为受灾人员提供相关银行信息查询服务，受到好评。

7. 适时改进强能力

公会适时改进公会专委会和秘书处管理工作，增强秘书处人员履职能力。

一是启动专委会组织架构的调整工作，在上海银监局的指导下，经充分调研和论证，完成《关于完善专业委员会组织架构的方案》和《上海市银行同业公会专业委员会工作条例》，并经理事会第六次会议审议通过，将按相关方案逐步开展专委换届和筹建的工作。在年内按照相关规定和工作需要，先行调整了合规专委会主任单位，增补改选了银团贷款小组成员单位。

二是开展秘书处 8 名专职人员的招聘工作，充实秘书处人员力量。对新进员工加强培训和实践指导，平稳完成新老员工工作交接。

三是进一步优化和落实专职副会长、正副秘书长以及秘书处员工的职责分工和考核。

四是加强公会信息平台建设和管理。根据会员单位反馈的意见和建议，公会网站的改版工作已经完成并进入测试阶段，同时公会秘书处开展了对公会周报、月刊流程的优化工作及英文稿的校对工作，对提高周报、月刊的时效及质量起到一定作用。

五是研究推出“敬业、亲和、专业、高效”银行同业公会职场文化，形成良好的公会文化氛围，引导员工发扬尽职、尽责、敬业的精神，不断提高综合素质，树立良好的公会形象。

（上海市银行公会）

第三篇　证　　券

一、证券期货公司

1. 海通证券股份有限公司

2010年，海通证券公司坚持以科学发展观为指导，深化改革，开拓创新，团结奋进，努力克服不利因素，抓住市场机遇，取得了较好的经营业绩。2010年末，公司总资产1 160.7亿元，净资产444.5亿元，净资本324.6亿元，全年实现总收入98.4亿元，净利润36.8亿元(除净资本外均为合并口径)，经营稳健合规，各项财务指标优良，连续三年获得证监会分类监管AA评级。

1. 主要业务经营情况

(1) 经纪业务平稳发展，市场份额逐步回升。年初，公司及时采取措施，将市场份额与分支机构年终考核直接挂钩；各分支机构积极采取组建营销团队，强化渠道建设，优化中台服务等多种措施。全年共实现总交易量5.4万亿元，市场份额4.31%，排名第5位；股票基金交易量4.48万亿元，市场份额4.06%，排名第5位。

营业网点优化是2010年经纪业务的重点工作之一。公司充分调动各方资源，对营业网点进行了大规模的调整和优化，共搬迁、新设37家营业部。至此，公司营业部总数已达188家，为进一步提升经纪业务核心竞争力奠定了基础。全年新增股东账户56.1万户，市场占比3.75%。2010年年末公司客户资产总额逾8 600亿元。

加强制度建设，确保运营管理高效安全。公司加强后台运营基础制度建设，出台《经纪业务客户账户管理办法》、《营业部柜台业务操作指引》等规章制度，进一步规范后台管理。认真贯彻落实《关于加强证券经纪业务管理的规定》，对分支机构自查整改落实情况进行现场检查。同时，公司加大运营培训力度，通过标准化、专业化培训，不断提高员工的业务水平和服务能力。

机构客户不断增加，服务水平不断提高。公司加大机构业务拓展力度，全年新增机构客户及高净值个人客户411个，机构客户资产净增1 739亿元，社保转持托管市值494亿元。共完成权益类证券大宗交易251笔，总计成交金额125亿元，市场份额大幅提升，达到7.03%；成功拓展私募信托23个，发行规模32亿元，累计实现佣金收入3 305万元。累计销售各类产品66亿元。

(2) 投资银行业务快速发展，再创佳绩。公司投资银行抓住有利市场时机，在业务收入、金融项目、债券承销、团队建设等方面取得历史最好业绩。公司继续严把投行项目质量关，保持了较高的过会率，全年共获得了主流媒体评选的“2010中国十大最佳投行”、“最佳再融资投行”和“最佳并购团队”等多项荣誉称号。

业务收入创新高。全年共完成主承销项目36个，承销金额650亿元，排名第8位，其中IPO项目12个，承销金额254亿元，再融资项目14个，承销金额249亿元，股权承销金额排名第5位；债券融资项目10个，承销金额147亿元；完成了棱光实业、上海建工等重大资产重组项目。大投行全年业务收入突破10亿元大关，再创历史新高。

金融项目树品牌。公司全年主承销(保荐)了华泰证券IPO项目、浦发银行非公开发行项目、交通银行和建设银行A股配股项目、民生银行和兴业银行次级债项目，担任了农业银行IPO财务顾问和中国银行可转债副主承销商，并储备了汉口银行IPO和温州商行次级债等项目，提升了公司在金融行业的品牌形象。

债券承销有突破。公司狠抓债券承销团队建设和项目承揽，通过创新发行方案，全年成功完成了武汉中小企业集合债、无锡城投债等7家企业债的发行，上报了武开中小企业集合债、常州中小企业集合债等8家项目，并储备了近80家企业债券项目。

团队建设有成效。公司通过内部培养和外部引进等方式，打造了一支高素质、高水准的投行团队。目前大投行共有保荐代表人和准保荐代表人近100人，投行团队规模稳居行业前列。

投行改革有进展。公司成立了投资银行委员会，实施了MD专业职称序列体系，初步完成了投资银行组织架构的搭建。同时，新的考核激励方案也已正式施行。

（3）资产管理业务蓄势待发。资产管理业务狠抓团队建设，提升投研水平，产品业绩取得进步。公司加大产品研发力度，6号产品正在发行，7号产品准备申报，股指期货套利相关产品已向监管部门报备，小集合理财产品正在积极开发。截至12月31日，公司集合理财规模11.2亿元，定向理财规模85.4亿元，资产管理总规模96.6亿元。

（4）自营业务把握市场机会，取得较好收益。公司权益类投资较好地把握了市场节奏，在上证指数下跌14.3%的情况下实现盈利4.6亿元，其中定向增发项目已结利润3.8亿元。固定收益类投资采取积极灵活的操作，全年获利2.3亿元，完成既定目标。股指期货套期保值业务实现盈利5 100万元，ETF套利业务实现交易量129亿元。

（5）融资融券业务获首批试点，发展势头良好。公司精心准备，获得首批融资融券试点资格，并充分利用先发优势，取得较快发展。目前，公司已有149家营业部开展融资融券业务，信用账户开户3 629户，累计授信额度逾73亿元，融资融券余额逾15亿元，融资买入交易金额等多项指标位居行业第一。全年共实现佣金和利息收入6 300万元，成为公司新的利润增长点。

（6）国际业务加大多元业务拓展，实现良好盈利。公司新增3家QFII客户，总数已达13家，托管QFII市值275亿元，同比增加了116%。在巩固好传统业务的基础上，公司不断开拓国际业务新的盈利渠道，优化收入结构，在财务顾问、海外基金销售咨询等方面取得一定突破。

2. 子公司业绩显著提升

公司正式颁布实施《子公司管理办法》，子公司管理体系进一步完善；各子公司开拓进取，经营业绩显著提升。

海通期货抓住股指期货上市的机遇，快速抢占市场，股指期货市场份额排名前三，综合指标跃居行业前十；客户保证金规模达到52亿元，同比增长近两倍；实现净利润5 000万元，同比增长275%。期货公司合规管理和内控建设成效显著，服务能力和服务功能进一步强化，自主开发的股指期货套利交易系统得到客户好评。

海通国际顺利完成对大福证券的整合和更名工作，海通品牌的国际知名度进一步提升；成功入选社保基金境外转持股票财务顾问，顺利完成香港首只人民币基金的发行和募集；担任金风科技H股上市的联席账簿管理人、保荐人和承销商，实现了境内外投行业务的良好联动。

海通开元年内完成11个新项目投资，投资金额5.52亿元，累计投资项目19个，投资总额8.53亿元，已上市项目2个，全年实现盈利6 000万元。

海富产业管理的中比基金进入收获期，目前共投资26家企业，已上市项目11个，退出金额12.7亿元，投资增值近8倍。中比基金二期正在积极筹备之中，预计新增投资资金10亿元。海富产业进一步完善了治理结构和激励机制，为直投公司的管理树立了榜样。海富产业实现净利润2 000多万元。

海富通基金和富国基金成功获得社保基金管理人资格，市场影响力进一步提升。海富通基金全年新发4只开放式基金，发行规模57亿元，目前共管理13只境内开放式基金和1只QDII基金，公募基金、专户、年金及投资咨询业务资产规模总计近900亿元，实现净利润1.9亿元。

3. 管理水平进一步提升

（1）圆满完成世博安保维稳及接待工作。2010年，公司世博安保维稳和世博接待工作取得圆满成功。公司以安全责任制为抓手，逐级分解落实，确保了世博安保维稳万无一失，荣获“上海金融系统世博安保工作先进集体”称号。公司精心组织、热情接待，共组织7 635名员工及家属参观了世博会。

（2）五年发展规划方案制定完成，实施工作稳步推进。2010年，公司五年发展规划方案经董事会审议通过并正式实施。目前，研究和机构业务、资产管理、投资银行、衍生产品业务的改革工作已基本完成，绩效考核工作得到全面加强。

（3）加强引进与考核力度，切实贯彻人才强司战略。公司制定了《绩效管理办法》，为构建科学的绩效管理体系奠定基础；围绕新设营业部建设和研究、机构、资产管理等业务改革发展需要，加大人才引进力度，全年共引进全日制员工1 046人；加强干部考核力度，先后对黑龙江、上海和江苏分公司辖属营业部班子进行了考核；加大培训力度，全年共举办11期面授培训班，培训人数达612人次，选派57名员工参加了外部各专业机构组织的培训，选送5批14人次学员赴海外培训。

（4）新业务系统平稳上线，信息系统安全稳定。公司完成了融资融券业务和IB业务系统的上线，对交易系统、清算系统及公司网站进行了升级，完善了经纪人营销工作平台，加大了对各个信息系统的安全检查力度，保证了信息系统在世博会期间的安全稳定运行。

（5）完善制度建设，合规、风控管理水平再上新台阶。公司继续加强合规制度建设，出台《员工行为合规监测管理暂行办法》、《合规问责管理办法》等一系列规章制度，进一步夯实制度基础；研发合规考核管理系统，加强对分支机构合规考核；加强融资融券等创新业务的合规审核力度，确保业务合规发展；加强反洗钱监控，提升公司反洗钱工作水平。

公司全面完善以净资本为核心的动态风险监控系统，从制度建设、风险识别、风险评估、监督与检查等环节加强风险控制，确保各类风险可测、可控、可承受。公司加大对创新业务风险管理的研究力度，完善相应的风险防范措施，积极支持创新活动。同时，公司加强对分支机构和职能部门的稽核，全年共稽核116次，发现问题及时督导整改，不断提高风险管理水平。

（6）加强财务分析和资金管理，提高资产收益水平。公司加强财务分析，为重大决策提供依据；加强预算费用及资本性支出的审核与管理；强化分支机构的财务督导与财务人员的培训工作。公司精心运作间隙闲置资金，通过财务管理积极创造效益。

（海通证券）

2. 上海证券有限责任公司

2010年，上海证券有限责任公司以“提升业绩”为全年工作主线，坚持“以市场为导向、以客户为导向、以业务为导向”的工作原则，积极探索发展新思路、工作新方法，不断推进公司改革、发展和稳定新局面，有效提升了公司核心竞争力。

经纪业务方面，积极探索经纪业务由通道服务向增值服务的转变；进一步完善了经纪业务服务体系，基本完成了投顾服务的体系建设；服务功能日益丰富，完成了新版网站的上线运行、全国统一客户服务热线项目建设和新版手机证券理财项目开发建设等一系列项目建设，推动了经纪业务服务功能的立体化、多元化和多层次化的发展，以满足客户的不同需求；网点布局不断优化，完成温州地区6家服务部升级工作和2家营业部新设工作，完成2家新设营业部申报和4家营业部的迁址工作。

投资业务方面，通过对市场行情运行态势的正确判断和准确把握，及时调整了投资规模和投资方向，有效规避了风险，提高了投资收益，实现投资收益率20%。

创新业务方面，公司首批获得基金评价机构资格，成为获得该项业务资格的仅有的四家券商之一。目前，公司基金评价业务在基础研究和品牌推广方面均取得了显著成果，在行业内保持了领先地位，树立起了上海证券的品牌形象。

其他业务方面，并购业务推荐新三板市场挂牌企业1家，新签约新三板类项目及财务顾问类项目15个；固定收益业务1家企业债主承销项目已上报，新签署1家企业债主承销项目，固定收益类投资运作实现收益率超过5%；国际业务加强了QFII机构的开发力度，在港股配售等新业务拓展方面进行了有益的尝试；资产管理业务理财1号成功实现展期，产品自10月13日开始新三年运作至12月底的净值增长率为4.31%（业绩基准增长率－1.37%）；理财2号（混合债券型）的净值增长率为10.4%（业绩基准水平3.33%/年），在23只可比产品中排名第2位，产品份额较年初增加了34.3%；子公司海际大和完成了1家IPO上市和1个定向增发项目。

在研究服务方面，研究质量不断提高，覆盖面不断扩大，客户服务力度不断加大。公司研究所获得了“2010年第八届新财富最具潜力研究机构奖”第五名；在上证报对国内主流券商2010年金股组合综合表现年度评比中，研究所推荐的2010年金股组合排名第五。

2010年，公司坚持“以业务为导向”的原则不断完善各项基础建设。在信息技术方面，加强安全运行和应急保障，完善信息系统基础建设，积极推进业务系统建设；在财务管理方面，进一步加强预算、成本、日常会计核算和自有资金管理；在合规风控建设方面，完善制度梳理、强化过程管理，加强审计评估、严格考核问责；在机制改革和人才培养方面，稳妥推进人力资源管理项目，完善市场化绩效考核方式，加强人力资源规划，提升专业人才素质；在世博期间，公司积极做好安全维稳工作，全力确保世博期间安全稳定，公司也连续9年被市公安局评为“治安防范先进集体”。

（上海证券）

3. 国泰君安证券股份有限公司

2010年中国证券业取得了新的突破，随着融资融券、股指期货业务的推出，国泰君安证券股份有限公司大力推动经纪业务转型，不遗余力地开展创新业务，实现了香港公司成功上市，成立了资产管理公司，各项经营管理工作合规、有序，取得了较好业绩。

1. 年度预算执行良好

2010年，国泰君安证券公司较好地完成了董事会下达的主要财务收支年度预算指标。合并子公司收益并按预算口径调整后，公司营业收入基本完成年度预算，税后利润为预算的128%。根据现有资料，以母公司数据计算，2010年公司营业收入暂列第四，净利润暂列第三，总资产列第三；净资产和净资本列第五。2010年度公司净资产收益率超过行业内上市AA类券商ROE平均水平。

2. 创新业务快速发展

公司经纪业务市场份额保持相对稳定。2010年，公司股票基金市场份额保持行业内单体排名第二水平。

公司零售业务线初步建立三级管理体制，完善奖惩机制，落实交叉销售激励政策。发挥公司全牌照优势，积极推动公司全面业务特别是融资融券等创新业务的快速发展。持续推进营销队伍建设和客户分类分级。着力打造“君弘财富俱乐部”，强化大中台对零售业务拓展和管理支持力度。机构客户业务方面，公司获得“管理全国社保基金转持一户”的管理资格，加强与保险、阳光私募等机构的广泛合作，加大对基金公司的服务深度和频次，取得良好成效，公司基金分仓份额排名上升至第三。

2010年公司投资银行股权融资和债券融资额，行业排名均完成年度“保五争三”目标。累计实现净收入为年度预算的179%。

股权融资业务筹资593.88亿元，市场排名第四。其间，公司作为联席主承销商之一，参与农业银行和工商银行等超大型项目的主承销，提升了公司在承销大中型项目和金融行业方面的市场地位。债券融资业务全年平均主承销金额248.33亿元，列行业第三。

2010年，公司投资部门在股指期货套期保值等创新业务领域积极实践，取得了业内领先的良好声誉，并获得了中金所等监管机构的高度评价。债券类自营投资回报率，超越市场基准。

2010年3月19日，公司以专业评价总分第一的成绩取得首批融资融券业务试点资格。公司积极推进融资融券业务，取得一定的先发优势。截至年底，公司融资余额市场占比12.02%，列行业第三；融资买入交易量市场占比12.43%，居行业第二。

期货业务也是2010年公司业务的一大亮点。期货公司抓住了市场重要转折机遇，业务和收入快速增长。股指期货的开户数、交易量、市场份额、代理结算交易会员数等多项指标在业内排名第一。

2010年资产管理业务完成7个集合理财产品发行。截至年底，资产管理总规模位居行业前三。2010年10月18日，公司资产管理（子）公司正式成立。直投业务进入发展初期阶段，已完成或签约多个项目，由直投公司主导设立的上海航运产业基金已进入筹备阶段。

2010年7月8日香港（子）公司在联交所实现上市，对提升公司品牌价值及海外业务竞争力有着重要意义。公司QFII、QDII业务取得重要进展。QFII客户数增加，成功推出公司第1只QDII产品。

3. 管理工作有条不紊

2010年年初，公司提出了“迎接二次创业，奋战2010”号召，确定了业务发展十个方面的保证保障措施。一年来，各项管理工作富有成效。

开展人力资源结构性调整，进一步优化人力资源配置。加大人才引进与开发力度，加强人才梯队建设。绩效管理体系建设得以加强，绩效管理流程逐步理顺。稳步推进薪酬结构调整，提高薪酬激励对业务拓展的推动与支持作用。

适度、有序，加大了基础和战略性投入，为各项业务发展提供了较为充足的资源。建立费用弹性预算管理机制，分类、分步、分期推进全成本核算，开展资金管理与资金营运，实现了预期收益目标。完成公司债发行申请工作，获得发行批文。完善净资本动态监控系统。

公司信息技术在行业内首家通过了运维ISO 20000认证，世博维稳工作获得证监局最高的A级评分，公司还是行业内唯一荣获一行三会“上海世博会金融服务先进单位”称号的券商。

在“大合规、大风控”的管理理念和基本战略下，已形成全员、全方位、全过程、立体化的合规与风险管理体系。科学高效的合规与风险管理，有力提升了公司管控水平，已构成与公司业务发展相互并行、不可或缺的核心竞争力。

2010年，公司连续第三年获得A类AA级评级，成为本年度12家获得AA级证券公司之一。公司还荣膺“2010年中国证券公司最佳资产管理公司”等多项荣誉和称号。

（国泰君安）

4. 东方证券股份有限公司

1. 业绩与荣誉

东方证券股份有限公司2010年深入推进二次创业、加快市场化改革和大力加强创新，全面实施2010—2014年战略规划，继续保持健康稳定的发展态势，获得证监会分类监管AA评级，进入行业第一梯队。2010年全年实现营业收入30.79亿元，完成利润总额16.45亿元，取得净利润13.05亿元。年末总资产416.48亿元，同比增长24%；净资产102.03亿元，同比增长14%；净资本95.28亿元，同比增长31%。每股收益0.39元，每股净资产3.09元。在世博会期间，东方证券确保网络信息、安全保卫、信访投诉、舆情管理等各方面平安稳定，荣获“上海金融系统世博工作优秀组织奖”和“治安防范先进集体”称号，上海真如营业部财务主管金奕荣获“世博平安卫士”称号以及“上海市五一劳动奖章”、“上海市三八红旗手”、“上海市青年五四奖章”等多项市级荣誉，另有6个部门集体和9名个人在上海世博会金融服务工作总结表彰中获奖。此外，东方证券工会荣获“上海金融系统工会特色工作奖”。

2. 经营概况

东方证券各项主要业务2010年均取得了优良业绩。证券投资业务加强策略和基础研究，有效控制风险，全年实现投资收益6.7亿元，收益率名列行业前茅。资产管理业务规模达到91.76亿元，形成了“东方红”、“东方红基金宝”等大集合，“东方红先锋”、“东方红开源”等小集合以及定向理财等三大类产品体系；“东方红先锋1号”以24.94%的年收益率位居同类产品榜首，共有3只产品年收益率跻身行业前10位。经纪业务全力抓好营销和咨询两支队伍建设，优化营业网点布局，获准实施证券经纪人制度，“东方赢家”产品体系和咨询品牌初步建立，坚持开展“中国红—东方红”投资者教育系列活动，机构业务增长迅速，股票基金交易总量同比增长6%，市场占有率为1.51%，同比增长0.07个百分点；首次完成公开上市要求的成长性指标，净收入15.23亿元，成长性超过行业中位数。研究所在各大基金公司的打分排名已全面进入前10位，公募基金分仓交易佣金市场占有率达到3.7%，同比大幅上升1.5个百分点，佣金收入同比增长53%。投资银行业务团队建设取得突破，保荐与主承销9家企业，主承销金额达119亿元，担任2家企业重大资产重组项目和2家企业股权收购的财务顾问，在新疆等区域的业务优势地位得到增强，后续项目储备充足。固定收益业务投资与承销全面发展，债券自营业务投资回报率达16%，国债、金融债承销市场份额和行业排名创历史新高，完成企业债“云城投债”和“云铁投债”主承销项目，新签2个企业债主承销项目。创新业务不断推进，成为第二批融资融券业务试点券商，全年开户数达662户，年末融资融券余额为3.28亿元；已有23家营业部获准开展IB业务，占东证期货有限公司股指期货合约交易总量的42%；金融衍生品业务完成团队组建，取得股指期货套期保值交易资格，从公司层面建设和完善统一的数量化研究平台。

3. 集团化发展

东方证券集团化发展框架基本确立，各子公司呈现加速发展态势。东证期货公司实现主营业务收入1.19亿元，同比增长152%，在中金所综合排名第6位。东证资本公司业务体系初步建立，主发起设立上海市诚毅新能源创业投资基金，已完成首个投资项目。2010年7月28日成立东方证券资产管理公司，成为首家券商系资产管理子公司，进一步确立了行业领先者的市场地位。东方(香港)公司正式开业，并已取得证券交易和资产管理业务牌照。汇添富基金公司发行了包括亚澳精选QDII基金在内的3只公募基金和20只专户理财产品，投资业绩优良，“一对多”产品数量位居行业第一，年末管理资产总规模近570亿元，在全行业62家基金公司中排名第12位，同比上升2位，获得“社保基金境内委托管理人资格”，旗下全资子公司——汇添富资产管理(香港)有限公司获准在香港开展投资顾问和资产管理业务，成功发行首只海外对冲基金。

4. 管理与技术

东方证券综合管理进一步加强。继续推进人才强司战略，多渠道招募和培养专业化人才，优化绩效管理方案，强化了绩效管理在公司管理中的核心作用。资金财务管理正式启用集团财务系统，已达到集团化管控的基础核算要求；做好专项资金投入产出分析和财务评价，强化净资本和资产负债配置管理。制定信息技术子战略规划，明确规划要点实施路径，重点建设手机证券、随身交易等移动证券系统和综合办公平台、移动办公平台、新一代资产管理交易平台、合规风控平台、清算平台等管理信息系统，网上营业厅和智能交易系统建设顺利推进。不断完善经纪业务集中营运管理，提高开户效率，全面推行营业部客户开户全打印业务模式，第三方存管银行达到17家。完善信息隔离墙制度，健全反洗钱工作机制，加强员工执业行为管理，合规管理有效性进一步提升。建立健全与融资融券、股指期货等各项创新业务相对应的风险管理体系，进一步加强各类风险管理。推进风险导向审计工作方法，强化稽核咨询和整改工作力度，保障公司健康发展。东方证券参与制作《世博辞典》、《世博传播手册》，赞助支持“年轻的世博之世界名校大联欢”活动，在服务世博的同时展示和宣传公司品牌形象。

(东方证券)

5. 中银国际证券有限责任公司

2010年，中银国际证券公司开拓进取，规范发展，取得了良好的经营业绩。公司实现审计后营业收入23.65亿元，利润总额11.44亿元，税后利润8.58亿元，净资产收益率(ROE)为22.28%。2010年，根据证券业协会的数据统计，中银国际证券股票及债券承销金额行业排名第三，债券主承销金额行业排名第一。

在投行业务方面，公司于2010年完成了5个首发项目，包括3个主板IPO项目：中国一重、宁波港、中南传媒，一个中小板IPO项目欧菲光，以及第一个创业板IPO龙源技术；中南出版IPO是2010年A股市场文化传媒行业融资规模最大的IPO项目。此外，中银国际证券完成了A股市场有史以来规模最大的中国银行400亿元可转债项目，以及中国银行418亿元A股配股的承销工作。其中中行配股的认配率达到99.57%，创当时银行配股认购率历史新高，获得了包括发行人、监管部门和市场的赞赏。在定息收益业务方面，中银国际证券作为主承销商先后完成了2010年中国中铁股份有限公司(第一期、第二期)、2010年中国石油化工股份有限公司公司债、云南冶金集团、中国广东核电集团、中国石油天然气集团公司、2010年第一期铁道部、中国中钢股份等企业债和公司债的承销工作。在复杂的市场环境下，这些项目的成功发行，强化了中银国际证券在市场中的专业形象，进一步提升了市场声誉和影响力。在零售经纪业务方面，中银国际证券积极应对市场竞争，加快推进网点布局。2010年，中银国际证券在南宁、西安、北京北四环西路、上海真金路、长沙、吉林长春等新设的营业部相继正式开业。至此，网点数量增至29家，覆盖全国24个主要城市；安徽合肥、河北唐山、广东佛山、江苏常州等营业部筹建有序推进。2010年，中银国际证券零售经纪业务部均股票基金交易量列全行业第8位。在资产管理方面，2010年，中银国际证券资产管理业务规模进一步增长，产品发行加速，产品线更加丰富，在原有股票类、FOF类集合资产管理计划的基础上，成功发行了中国红货币宝、中国红稳定价值等集合资产管理计划。

2010年，公司在各类评比中多次获奖：在《证券时报》“中国区优秀投行”评选活动中，获《证券时报》“最佳合资投行”、“最具定价能力投行”、“最佳债券承销投行”、“最佳再融资项目(2010年中国银行A+H配股/可转债)”、“最佳债券承销项目(2010年第一期中国铁路建设债券)”奖。

在《21世纪经济报道》“中国券商奖”评选活动中，获“2010年度中国最佳投行证券公司”奖。

在《证券市场周刊》“第四届卖方分析师‘水晶球奖’评选活动”中，获“进步最快研究机构”、“最具创新能力研究机构”、“金牌销售服务团队”、“进步最快销售服务团队”、“金牌路演和客户访问人”等多项评比第一，并获得“电力设备”第一、“宏观经济”第二、“房地产”第二等二十项行业研究奖。

在《理财周报》2010中国券商“金方向”奖评选活动中，中银国际证券中国红1号集合资产管理计划获“2010年中国证券公司最佳理财产品”奖。

在朝阳永续2010年度中国私募基金风云榜评选中，中银国际证券中国红1号集合资产管理计划获“最受欢迎理财产品”冠军。

（中银国际）

6. 光大证券股份有限公司

光大证券股份有限公司创建于1996年，是由中国光大(集团)总公司投资控股的全国性综合类大型证券公司。公司于2009年8月18日在上海证券交易所成功挂牌上市交易(股票简称“光大证券”，股票代码“601788”)，公司注册资本34.18亿元。公司是全国三家首批创新试点类券商之一，拥有齐备的证券业务牌照和资质。

公司坚持以建设资本充足、内控严密、运营安全、服务优质、效益良好、创新能力和市场竞争能力突出的优秀证券公司为目标，积极转变经营理念和经营模式，不断加大改革创新力度，各项业务持续健康协调发展，业务规模与主要财务指标居国内证券公司前列，综合实力排名位居业内前十，在2010年证监会券商分类监管评比中公司获得A类AA级(目前最高评级)。

上市之后，公司始终严格按照证监会和交易所相关要求，不断完善公司法人治理机制，逐步建立健全各项规章制度。凭借规范的公司治理、稳健的经营业绩、活跃的市场参与度和良好的投资者关系，在信息披露、投资者关系、市值管理等方面取得显著成绩。公司2010年荣获“中国证券市场20年最具影响力证券公司”、“中国证券市场20年最具社会责任感上市公司”、“2010年度最令投资者满意证券公司”和“最佳信息披露上市公司提名奖”，成功入选上证180、上证50、沪深300、中证100和恒生神州50指数样本股，彰显了公司在券商行业的代表性和在资本市场的影响力，也表现了投资者对公司的高度认可和对公司发展前景的信心。

公司目前全资拥有光大期货有限公司、光大资本投资有限公司和香港子公司光大证券金融控股有限公司，控股光大保德信基金管理有限公司，参股大成基金管理有限公司，证券控股集团公司的雏形正在逐步呈现。截至2010年末，公司拥有107家证券营业部，全资子公司光大期货拥有15家期货营业部。

2010年，按合并口径全年实现营业收入50.54亿元，归属于上市公司股东的净利润22亿元，年末资产总额596亿元，母公司年末净资本176.47亿元，居行业前列。

2010年，公司经纪业务完成股基交易额超3万亿元，股票基金交易总金额继续保持行业第10名，市场地位得到进一步稳固。投资银行业务全年完成9个主承销项目，公司目前共有保荐代表人55人，较上年末增加41%；公司资产管理业务保持“阳光”品牌的良好业绩，旗下管理的9支集合理财产品规模合计99.51亿元，行业排名第三。

2010年，公司证券投资业务风险可控，操作稳健；固定收益业务大力推进债券承销业务，全年完成7个债券主承销项目；机构销售业务对基金公司实现全覆盖，收入可持续性增强，公司为58家基金管理公司代销基金产品633支，丰富了产品线，搭建出基金超市的基本格局，公司向60家基金公司出租交易单元180个，同比新增40个，基金席位交易总量同比增长26%，市场份额为0.28%。

公司进一步优化研究咨询服务流程，完善管理架构，深入优化规范内部各项制度，荣获第八届新财富最佳分析师通信行业第一名、基础化工行业第一名、电力设备与新能源行业第四名、宏观经济第五名、钢铁行业第五名等多项大奖。

直投业务完成5个股权投资项目；融资融券业务作为第一批试点券商，抢抓市场先机，年末融资余额的市场份额达到10.4%。

公司旗下基金业务、期货业务继续保持稳健发展。公司分别持有光大保德信基金管理有限公司和大成基金管理有限公司67%和25%股权。上述两家基金管理公司2010年末管理基金规模分别为

317.28 亿元和 1 039.68 亿元，公司按持股比例享有的基金管理规模合计 472.50 亿元，占公募基金市场份额的 1.92%，在持有基金股权的证券公司中位居第五。

在拓展资本市场追求自身发展的同时，公司注重自身社会责任，积极参与推动经济社会的健康可持续发展，在国家建设、区域发展、环保和公益等事业方面倾注力量，为构建和谐社会贡献自身力量，与股东、客户、员工和社会共同进步、和谐成长。

（光大证券）

7. 海通期货有限公司

海通期货是海通证券的控股子公司，注册地为上海市浦东新区，注册资本 5 亿元。公司稳步实施“扩大市场份额，夯实管理基础，构建核心竞争力”三步走战略，业务发展迅速，目前公司综合实力在行业内名列前茅，在券商控股期货公司中占据领先地位，在金融期货领域各项业绩排名市场前二，在业内具有强大的市场影响力和感召力。海通期货 5 年来的发展路径被业内称为“海通奇迹”；公司一系列创新措施被各家期货公司研究、学习和模仿，业内称为“海通现象”。

2010 年，海通期货在监管部门的领导和股东单位的大力支持下，在社会各界的热心帮助和全体员工的共同努力下，紧紧抓住股指期货上市的历史性机遇，坚持一切以战略为引领、以市场为中心、以创新为手段、以业绩论英雄，全面、快速、创造性地开展工作，实现了超常规、跨越式发展。公司成交金额突破 10 万亿元，股指期货成交量市场排名稳居前三，取得了优秀的业绩和市场表现。公司以股指期货为抓手，在市场中练兵，在开拓中创新，经营模式实现了三大转变：业务模式基本实现从依靠单一的商品期货向商品期货与金融期货齐头并进、齐步发展的二元格局转变；合规风控水平有了质的提升，基本实现从事后被动处理向事前主动防范转变；营销模式从单打独斗向团队作战转变，产业客户权益较 2009 年增长超过 186%。公司以研发和 IT 为两翼，提高服务能力，夯实基础管理，加强人力资源建设，涌现出一批想做事、能做事、责任心强的员工，培养了一支能吃苦、能战斗、适应公司发展战略需要的人才队伍。公司以五周年庆为契机，对五年来的创业历程作了全面回顾，对“勇担责任、矢志创新、追求卓越”的企业文化作了深刻诠释，进一步提升了凝聚力和向心力，企业文化建设更形象、更生动、更有效。公司当选为第三届中国期货业协会理事单位，获得中国金融期货交易所“2010 年度优秀会员金奖”、“2010 年度客户管理奖”、“2010 年度投资者教育奖”、“2010 年度功能发挥奖”、上海期货交易所“优胜会员奖”、大连商品交易所“市场服务成就奖”、郑州商品交易所“市场服务奖”、“产业服务奖”、“企业服务奖”和“中国 2010 年上海世博会金融服务工作先进集体”、“2010 年中国优秀企业公民”、“上海市诚信企业”、“2010 中国期货业最佳品牌奖”等一系列荣誉，品牌建设再上新台阶。

（陆 强）

二、基金管理公司

1. 汇添富基金管理有限公司

汇添富基金管理有限公司成立于2004年10月，目前资产管理总额近700亿元。汇添富基金是中国最早一批获得QDII业务资格、专户业务资格并设立海外子公司的基金公司，同时是全国社会保障基金投资管理人。汇添富目前旗下有14只基金，涵盖股票、指数、QDII、债券、货币市场基金等不同风险收益特征的产品。汇添富基金获得100多项行业奖项，包括连续三届获得中国证券报"中国基金业金牛奖"，以及"最受尊敬基金公司奖"，"最佳管理团队"等等。

汇添富基金由东方证券股份有限公司、文汇新民联合报业集团、东航集团三家实力雄厚、声誉卓著的集团联合发起设立，注册资金1亿元。公司注册地在上海，总部设在上海陆家嘴金融贸易区，在北京、广州、上海、成都设有分公司，并于2010年2月在香港成立汇添富资产管理(香港)有限公司。公司经营范围包括：基金管理业务，发起设立基金，经中国证监会批准的其他业务(涉及许可的凭许可证经营)。

汇添富基金在中国基金行业率先获得特定客户资产管理业务资格和QDII(合格境内机构投资者)业务管理资格。2010年12月，汇添富基金正式获得社保基金境内委托管理人资格，成为行业内为数不多的，实现公募、专户、国际和社保四大业务全面发展的基金公司。此外，公司与全球顶尖投资管理公司资金集团(Capital Group)下属企业资金国际(Capital International)缔结了QDII合作关系，并成为加入亚洲公司治理协会(ACGA)的首家中国企业。

2010年，汇添富基金积极推进产品线建设，成功发行中国第一只重点投资民营企业的基金——汇添富民营活力股票型基金，第一只重点投资澳洲市场的基金——汇添富亚洲澳洲成熟市场(除日本外)优势精选股票型基金和第一只医药行业基金——汇添富医药保健股票型基金。目前公司已拥有各类基金产品14只，形成了覆盖高、中、低各类风险收益特征，较为完善、有效的产品线。基金份额持有人户数超过300万，资产管理规模位居全行业60家基金公司中第12位，公司竞争实力和竞争地位稳步提升。

公司秉承"以企业基本面分析为立足点，挑选高质量的证券，把握市场脉络，作中长期投资布局，以获得持续稳定增长的较高的长期投资收益"的投资理念，遵循严密、科学的投研流程及全程嵌入式的投资风险管理流程，为投资者提供持续领先的长期投资收益，同时保持旗下基金较低换手率。2010年，汇添富基金进一步大力加强投资研究团队建设，投研团队总人数近60人，形成了公募基金经理、专户投资经理、研究员以及国际业务投研团队良好的分工协作机制。

2010年，汇添富基金专户业务实现跨越发展，专户规模、业绩、团队和品牌均稳步进入行业前列。全年，公司进一步加强专户投资团队建设，投资经理均有至少八年以上的投资经验。大力加强产品创新，紧紧围绕客户需求进行新产品的开发设计，满足客户投资理财需要。积极推动专户品牌建设，2010年，汇添富基金在行业内第一家推出"添富牛"专户品牌，进一步提升汇添富专户业务在市场中的影响力。同时，投资业绩保持优秀，为投资者创造了良好的业绩回报。

在公司各项业务全面发展的同时，汇添富基金高度重视投资者服务和教育工作，充分利用电视、网络、广播、刊物等媒体渠道开展多样化的投资者服务和教育活动。2010年，公司继续积极开展"添富之约"投资者巡讲系列活动，成功举办了数百场大型投资者教育宣讲会以及数百场的小型交流会，直接受众达到数万人之多。2010年公司接连荣获"中国最受尊敬基金公司"、"最佳品牌建设基金公司"、"最佳专户基金公司”、“优秀风险控制力基金公司”、“最佳基金电子商务服务平台”、“最有影响力客户服务奖”等大奖。

汇添富基金努力践行企业公民社会责任。2010年2月，公司积极探索企业慈善公益事业新模式，设立上海汇添富公益基金会，成为上海金融业第一家公益基金会。在汇添富公益基金会的整体平台下，持续推进“河流·孩子”公益项目，宁夏地区作为2010年助学项目的主要实施地，积极推动“‘天使在行动’活动，支持‘天使之家’孤残儿童寄养点项目”，“情暖2011，汇添富新年公益阳光洒向癌症患者”，推动使用电子对账单支持环保等具有影响力的公益活动。2010年，公司在业内首批发布社会责任报告，积极与同业分享社会责任事业经验，向公众传播汇添富的社会责任理念，树立基金行业的良好社会形象。

（汇添富）

2. 华宝兴业基金管理有限公司

华宝兴业基金管理公司是国内首家由信托公司和外方资产管理公司发起设立的中外合资基金管理公司，于2003年2月12日获准开业。中方股东华宝信托是宝钢集团金融发展的战略核心，注册资本10亿元，投资业绩、资产质量在国内同业名列前茅。外方股东领先资产管理有限公司是法国兴业银行集团的全资子公司，为全球创新性资产管理解决方案的主要提供者之一，其业务主要集中于指数跟踪(ETF)投资、量化和结构性投资和另类投资等三大类快速发展的资产管理业务领域，目前管理的资产规模已超过911亿欧元。华宝兴业基金已经成功推出多种类型的基金产品，截至2010年12月31日，该公司共管理16只开放式基金，涵盖各主要产品线，管理基金资产总规模约493.50亿元人民币。

经中国证监会核准，华宝兴业上证180价值交易型开放式指数证券投资基金及联接基金自2010年3月22日起正式公开发行、华宝兴业上证180价值交易型开放式指数基金2010年4月16日顺利结束募集工作，募集基金份额21.09亿份；华宝兴业上证180价值交易型开放式指数基金联接基金2010年4月20日结束募集工作，募集基金份额5.87亿份。2010年4月23日，华宝兴业上证180价值交易型开放式指数证券投资基金及联接基金的基金合同正式生效。经中国证监会证监许可[2010]1241号文核准，华宝兴业新兴产业股票型证券投资基金自2010年11月10日起向全社会公开募集，截至2010年12月3日募集工作顺利结束，募集基金份额36.32亿份，基金合同自2010年12月7日起生效。

截至2010年12月31日的中国银河证券基金研究中心数据显示，华宝兴业基金旗下有三只基金获得银河证券三年期四星以上的评级，分别是华宝兴业宝康消费品基金、华宝兴业多策略增长股票型基金、华宝兴业动力组合股票型基金。其中，宝康消费品基金过去三年的净值增长率在全部29只偏股型混合基金(股票上限80%)中排名第3。

2010年5月23日，在《中国证券报》主办的“第七届中国基金业金牛奖”评选中，华宝兴业基金管理公司获评“十大金牛基金管理公司”，华宝兴业多策略增长基金获评“五年期开放式股票型持续优胜金牛基金”，华宝兴业收益增长基金、华宝兴业宝康消费品基金双双获评“2009年度开放式混合型金牛基金”。

华宝兴业基金管理公司是业内唯一实行“核心员工持基激励计划”的基金公司：公司副总经理以下副总监以上的全部核心管理人员全部等额申购了公司管理的全部国内投资方向的非货币市场基金，基金经理申购其所管理的基金，核心研究员等额申购公司管理的全部国内投资方向偏股型基金产品，华宝兴业根据以上核心员工申购金额按1∶1比例以公司固有资金申购旗下基金，其投资收益则归“持基”员工所有。员工持基份额锁定期为18个月。

（林婷彦）

3. 天治基金管理有限公司

天治基金管理有限公司成立于2003年5月，注册资本1.3亿元人民币，注册地为上海。公司经营范围为：基金募集、基金销售、资产管理业务以及中国证监会许可的其他业务。

天治基金目前设有权益投资部、固定收益部、研究发展部、机构理财部、交易部、产品创新及量化投资部、市场营销部、机构直销部、基金结算部、信息技术部、监察稽核部、人力资源部、财务部、综合管理部等14个职能部门以及北京分公司。公司董事会下设合规与风险控制委员会，在经营层面设有业务管理委员会、投资决策委员会、内部控制委员会和IT治理委员会，并建立了督察长制度，从制度建设和公司治理上确保公司高效规范运作和客户资产的保值增值。

天治基金秉承以诚感人，以信立业，顺天而治，顺势而为，以智慧发现规律，依规律共享财富增长的经营理念，为投资者提供优质的基金理财服务，与投资者共同分享中国经济发展的成果，回报投资者的信任。

截至2011年4月30日，天治基金管理有限公司旗下共有七只开放式基金，分别是天治核心成长股票型证券投资基金（LOF）、天治创新先锋股票型证券投资基金、天治品质优选混合型证券投资基金、天治趋势精选灵活配置混合型证券投资基金、天治财富增长证券投资基金、天治稳健双盈债券型证券投资基金和天治天得利货币市场基金，构建了较为完善的主流产品线，覆盖股票型、偏股混合型、偏债混合型、配置型、债券型以及货币型基金产品，可帮助投资者进行不同时期切合需要的投资组合。基金管理业绩整体良好，并涌现出一批优秀的基金经理。

公司在投研方面推行卓有成效的“投资研究无缝对接”，实现投资团队和研究团队之间的相互正向激励，从而大大提高了投研的协作效率，将研究成果及时有效地转化为投资业绩。2010年公司的研究实力和基金管理业绩延续了前一年下半年以来的提升态势，按照基金专业评估机构银河证券的权威发布，天治基金旗下“天治创新先锋基金”全年业绩在166只标准股票基金中名列第4，公司旗下其他基金也均表现不俗。

结合公司的根本理念以及司情，公司近年来积极履行企业的社会责任，热心社会公益事业和社区责任、帮扶弱势群体。2010年4月甘肃玉树发生地震，公司迅速捐赠10万元人民币，公司员工自发捐助20 450元人民币；2010年10月，公司与北京理工大学签订了助学协议，捐资20万元人民币用于助学，同时出资30万元人民币设立了“天治基金奖学金”用于奖掖品学兼优的学子。在日常工作中，天治基金公司还积极倡导绿色办公和资源的再利用，包括较长时间离开办公室时必须随手关灯和关闭电源；除对外正式公函外一律双面打印、复印；办公室空调设定温度冬季不高于22度，夏季不低于26度；加强差旅管理，推广电话会议、视频会议，以减少员工出行等。目前公司逢重要节日向员工或客户、持有人寄送贺卡全都使用电子贺卡，切实减少了碳排放量。

（陆求实）

4. 泰信基金管理有限公司

泰信基金管理有限公司成立于2003年5月23日，系首家以信托投资公司为主发起人而发起设立的基金管理公司，三家股东实力雄厚，分别是山东省国际信托有限公司、江苏省投资管理有限责任公司、青岛国信实业有限公司。公司注册资本为2亿元人民币，总部设于上海陆家嘴金融中心，并于2009年分别在北京、深圳设立了全资子公司。公司现任上海市基金同业公会理事成员。

秉承“先行一步创造优质生活”的企业理念，公司采用“信用、严格、专业、迅速”的管理理念，倾力打造“优秀的投资团队、优化的投资流程、优良的投资品种”。公司贯彻价值投资理念，逆势投资的思想，使用周期及历史的研究方法，发掘投资机会，先行一步为客户创造“不为财富所困，也不要为追求财富的过程所累”的优质生活。

公司具备完善的投资流程控制、投资权限管理及风险内控管理，通过研究员、基金经理团队、投委会不同的分工职责，进行规范化的基金管理。公司倡导基金差异化投资策略，坚持销售适用性，针对客户不同的风险承受能力和不同的收益需求，提供专业的资金管理服务。

（1）较完备的产品线布局。截至2010年末，公司旗下管理有3只股票型、2只混合型、2只债券型及1只货币型等8只开放式基金，基金产品线较为完备，不同风险—收益特性的产品能够更好地满足市场投资需求。

（2）稳定的基金规模与业绩。截至2010年末，公司管理基金份额134.21亿份，总资产净值111.96亿元。公司旗下基金产品整体业绩近年来保持在行业中上游水平。截至2010年末，根据晨星及银河的分类排名，公司旗下7只可参与排名的基金产品中共有4只基金排名进入行业前二分之一，其中蓝筹精选股票基金排名位于230只股票基金第11位，优势增长债券基金排名位于同类基金的前20位，优秀的投资业绩为客户提供了满意的回报。

（3）新兴的非公募业务。公司目前为高端企业提供全面的投资顾问服务，同时公司正积极筹备专户理财业务及海外业务的各项准备工作，进一步拓宽非公募业务领域，全方位满足高端客户的理财需求。

（4）高端的泰信“泰友会”。为进一步向高端理财客户提供更全面的财富管理服务，为客户搭建交流分享的平台，公司成立了泰信“泰友会”，通过举办多元化的客户交流活动，提升客户服务品质，及时与客户分享市场信息。

（5）积极履行社会责任。公司始终将诚信投资作为公司履行社会责任的体现：不投资缺乏诚信的公司，严格风控投资，按照公司2007年制定并不断完善的上市公司尽职调查四十问，从资信调查、诚信调查、竞争力调查、风险调查等方向认真进行投资。

2010年公司先后组织投资者、银行客户经理、媒体等举办交流活动，深入探讨和理解旗下基金作为投资人实现财富增值工具的特色，表明了公司坚定不移地走差异化投资、适用性销售的决心和态度，同时也邀请社会各界参与到基金的“共同治理”中，监督管理人尽职尽责地把路走好。2010年公司积极参与各种社会公益活动，倡导绿色生活环境，关注儿童教育，充分履行企业的社会责任，用自身实际行动为中国基金业的良性发展贡献了力量。

（泰信基金）

三、证券自律组织

1. 上海市证券同业公会

上海市证券同业公会2010年末共有单位会员544家。公会接受中国证券业协会、上海市社团局、上海证监局的指导和管理，依靠广大会员，认真贯彻全国证券期货监管工作会议精神，加强自律工作，深化服务职能、发挥沟通机制，年内主要做了以下几项工作。

(1) 加强公会自身建设。经过精心筹备，2月初公会召开了四届一次会员大会，选举产生了新一届理、监事会成员，同日召开了四届一次理事会、监事会，分别选举产生了会长、副会长、秘书长、常务理事以及监事长、副监事长。新一届公会领导班子代表面更广，结构更趋合理。

(2) 强化对证券营销人员的自律管理，在会员大会正式通过《上海地区证券经纪人执业自律规则》后，公会加大了对自律规则的执行力度。除发通知要求单位会员严格执行外，还不断完善信息平台建设，于7月22日向社会开放这一信息平台。同时，颁布了信息平台管理办法，并举办了专题培训。还配合中证协检查团来沪检查从业人员执业行为，共检查了2家证券公司、1家基金公司、1家投资咨询公司和2家证券营业部。为确保检查顺利公会领导带队对被检查单位作了预检，检查表明，上海单位执行情况良好，得到中证协领导的肯定。

(3) 根据中证协文件的要求，公会制定《上海地区证券营业部客户服务和证券交易佣金管理检查工作方案》，在证券营业部自查的基础上，组成两个检查组，对上海地区23家证券营业部进行了现场检查。现场检查情况表明，没有发现文件中特别指出的四个方面的问题，除发现一个单位没有认真执行标准外，其余情况正常。对证券经纪营销业务的有序竞争起到了积极推动作用。

(4) 积极推进行业"企业诚信创建"工作，根据上海市"企业诚信创建"活动组委会的有关通知，组织并推荐24家单位参加这一活动，经评审及社会公示，24家单位中8家荣获"星级诚信企业"，8家荣获"诚信企业"，8家加入"创建诚信企业"的行列。

(5) 认真开展迎世博活动，做好维稳工作。百年一遇的世博盛会在沪举行，公会发文积极倡导广大会员投身世博、服务世博、奉献世博。为此，召开了迎世博工作会议，交流了迎世博工作情况，进一步提出工作要求。全体理、监事单位向全市证券业发出倡议：要以迎世博为契机，以高度责任心和使命感投入世博金融服务中去。为了解上海地区各证券营业网点认真开展迎世博活动，切实提高服务满意度的情况，公会人员于世博会前后走访了22家证券营业部，现场了解情况。走访表明，绝大多数证券营业部都认真开展了迎世博活动，一些会员单位获得各种迎世博活动的先进称号。

(6) 努力当好行业代言人，维护好行业和会员利益。就会员的热点和共性问题进行调查研究，开展上海地区证券网点应急保电调研、上海地区证券营业部网点调研，以及上海地区证券从业人员普查。应急保电调研已经取得成果，公会与第三方就应急保电签署合同，会员参与数达73%。上海地区证券营业部网点调研报告已上报主管单位，为网点新设、迁址等工作提供了参考依据。证券从业人员普查为今后做好从业人员的服务有积极意义。

(7) 开展各类培训，提高从业人员素质。主要开展了证券公司培训主管专题培训、营销人员信息平台专题培训、财富管理赴台培训、证券经纪人在线岗前培训。配合上海证监局开展证券公司董事、监事、高管人员培训；异地证券公司在沪营业部负责人培训、上海地区证券投资咨询机构专题培训等。

(8) 制定行业标准，选拔领导人才。在上海市金融工会的指导下，与上海质量协会共同商议、研究制订上海地区证券行业窗口服务标准，争取早日纳入国家劳动部核准的国家职业标准；配合上海市金融办开展了2010年上海领导人才选拔工作。

(9) 召集了华东地区证券业协会联席会议,公会主办的“会员自律管理与服务”华东地区证券业协会联席会议,公会以及江苏、宁波、江西、浙江、安徽、福建、青岛协会分别介绍交流了各自会员自律管理与服务的经验,中证协副秘书长专程来沪出席会议并作了重要讲话。

(10) 继续发挥公会网站的作用,全年浏览量为74.8万人次,日均达2千多人次。全年刊发文章5 869篇。

(上海市证券公会)

2. 上海市期货同业公会

2010年,中国经济发展加快转型,资本市场推陈出新、发生重大结构性变化。4月16日股指期货正式上市以来,各大交易所的交易额屡创新高,中国金融期货交易所交易额达到80万亿元,上海期货交易所达到130万亿元,而全国的交易总额也达到了300万亿元之多。这是在我国资本市场创立20周年,改革开放政策贯彻落实以来,期货市场乃至整个金融市场取得的重大成果。上海市期货同业公会一直致力于为会员单位服务,为上海地区期货行业服务的理念,开展投资者教育活动,组织行业内部学习培训与交流活动,在广大会员中树立了良好口碑,推动了辖区期货行业向专业化、规范化和职业化方向发展,截至2010年年末公会共有120家会员单位。

1. 以期货行业服务创新为核心,深化服务职能,服务行业、服务民生

(1) 新形势下为机构投资者树立正确的投资理念。股指期货在国内首次推出,引来了各方关注,新形势下必然有新问题、新机遇。为此上海市期货同业公会于2010年11月举办“2010期货机构投资者峰会”,来自期货、证券、基金、银行、保险等金融机构、相关产业投资者及高校学术机构近400人参加了本次峰会。会议以“转轨时期机构投资者的角色和作用”为主题,旨在解读国际国内经济金融发展趋势,深入普及股指期货、商品期货的投资知识和套保理念,指导机构投资者正确运用期货投资工具,为机构投资者树立正确的投资理念起到较大帮助。

此外,在上海证监局支持下,由上海市期货同业公会、上海期货交易所主办,上海市浦东新区人民政府协办的“2010低碳经济与期货市场论坛”在上海举行。为上海金融中心的各类投资者、金融机构研发人员剖析了以低碳经济为广泛社会性的前沿经济理念,同时解读了国家相关政策、分析了各类新兴经济和最新的发展趋势。

(2) 全面普及投资者教育,期货走进普通投资者。在上海证监局、上海期货交易所、上海金融交易所大力支持下,上海市期货同业公会、上海证券同业公会联合东方财富网等媒体举办“走进期货——2010期货投资者教育系列活动”,通过“股指期货投资者调查问卷”、“股指期货仿真交易”和“期货知识冲关”等环节,帮助广大投资者深入了解股指期货和商品期货的功能与风险,普及“股指期货投资者适当性制度”,全面提升上海期货业在我国金融期货市场中的影响力。

(3) 利用新媒体,扩大投资者教育工作的受众面和影响力。为了推广及加深投资者对于期货的认识与了解,上海市期货同业公会与上海文广旗下IPTV理财频道联手打造、齐力推广国内第一档专业视频期货教程《走进期货》专题节目,借助媒体力量扩大期货投资者教育的影响范围,也能使投资者教育工作得到普及。

(4) 服务民生、积极公益、担负社会责任。2010年发生的玉树地震使得全国人民在5.12汶川地震后再一次沉浸在地震灾害的悲痛之中。公会在收到中国期货业协会的通知后积极组织动员会员及公会工作人员踊跃捐款。2010年11月公会又响应上海市委市政府援疆号召,在上海证监局统一领导下,以实际行动做好对口支援新疆的工作。公会向广大会员单位发出倡议,得到会员单位的积极响应,为民族同胞捐献爱心的同时也履行了应尽的社会责任,树立了公会在期货行业的公信力。

(5) 建立行业岗位服务标准,提升行业服务质量。公会召集上海地区期货经营机构的客服、交易岗主要负责人和具有丰富从业经验的公司总经理、副总经理等业内专家组成“金融客户服务专员(期货)工作规范标准”制定小组,制定《金融客户服务专员(期货)工作规范标准》、编写了《金融客户服务专员教材》。该教材成为行业内客服岗和交易岗的职业标准,为期货客服专员和期货交易专员的标准化服务提供了理论依据,为提升期货公司总体专业化水平找到了有效途径。

(6) 提升开放力度,引入全球化战略,促进金融行业国际化接轨。为了向上海地区各金融经营机构介绍全球金融危机背景下世界先进企业如何思考和审视战略管理对企业发展的重要性,拓展企业高层对金融全球化战略的认识,2010 年 11 月上海市期货公会联合上海基金公会举办战略管理专题讲座,特邀《战略管理:竞争与全球化(概念)》译者、上海交通大学安泰经济与管理学院副院长、教授、博士生导师吕巍介绍现代企业最新的战略管理理念,上海辖区期货公司和基金公司共 110 名高管参加本次讲座。

2. 促进行业纵向交流,发展横向行业沟通

(1) 加强业内会员交流沟通、对外联络宣传工作,维护会员合法权益。增强国内期货行业协会以及国际同业组织交流是同业公会的重点工作之一。2010 年上海期货行业接待了黑龙江期货协会和香港交易所的来访。通过交流,了解了异地期货交易所构架、交易运作方式,探讨了市场发展方向,研究了机构设立要求及程序。有效地吸取了全国乃至世界期货行业优秀的经验,学习了异地协会的制度和实施做法,从而促使上海地区期货行业的健康发展。

(2) 激活区域经济,长三角地区期货公司共议行业发展。为进一步了解期货行业客户要求,更好地发挥期货市场服务产业客户的功能,加强同业交流、促进区域期货市场协同发展,上海市期货同业公会与江苏省期货业协会共同组织两地期货公司高管赴江苏省江阴市开展考察和交流,实地考察华西村、扬子江造船厂并召开"沪苏两地期货公司交流座谈会"。就中国期货市场发展、期货人才培养流通、沪苏两地期货行业交流合作方式,手续费竞争、防范交易流动性风险等问题进行了座谈讨论。为期货公司的战略转型、技术开发与服务创新、区域经济合作等方面起到了引导作用。

(3) 安全维稳,信息技术是基础保障。公会建立了"上海期货公司 IT 负责人联席会"制度,定期为期货公司技术主管与监管层面架起沟通的桥梁。2010 年,为增强期货经营机构对 IT 维稳工作,进一步维护上海地区市场稳定、保障运营安全,公会召集了上海期货经营机构 IT 岗负责人举行"上海辖区期货经营机构 IT 维稳工作交流会"。主要就维稳防范工作进行交流,为各期货公司在信息系统方面交流了经验。

(4) 3G 宽带网络日益提速,期货行业更需技术革新。为了将与行业发展有关的先进技术适时引入,2010 年 7 月 29 日公会邀请了中国联合网络通信有限公司上海市分公司行业应用与系统集成中心的代表向上海地区各会员公司介绍了以 3G 功能为代表的各项助力期货行业发展的新技术,涵盖移动办公、集团短信息、视频监控、3G 数据组网、呼叫中心、Iphone 应用与软件商城以及期货风控、银期转账功能,可以使投资者得到更贴心的服务,满足各类投资需求。此次交流会是公会在期货界内开展不同行业之间的交叉合作的尝试,为今后开展跨行业合作起到示范借鉴作用。

3. 规范行业发展,树立行业新风

(1) 建设国际金融中心,多层次多方位发展期货市场。上海市期货同业公会举办了"上海期货市场发展研究座谈会",旨在探索在新形势下上海期货市场的发展前景,就推进上海国际金融中心建设,上海地区期货经营机构所处地位、作用以及各期货经营机构提升自身经营水平等问题进行了交流。同时探索了期货行业与其他金融行业开展高效合作的途径,有效培养期货行业人才的方法,既强调了期货行业自身发展也指明了期货业在上海国际金融中心建设进程中的方向。

(2) 以诚为先,以信为本,完善企业诚信机制,促进行业整体诚信建设。为全面落实科学发展观、构建社会主义和谐社会,进一步深入推进上海社会诚信体系建设,规范期货经营机构经营行为,提升期货经营机构运行质量,上海市期货同业公会在市政府、上海证监局的大力支持下,通过树立行业典范、创建优秀品牌的方式,积极参与上海诚信创建活动,为每一家参加"诚信企业创建"活动的企业搭建了一个权威的、多角度、全方位展示形象的平台,目前,20 家会员已单位获得"诚信企业"、"诚信创建企业"和"星级诚信企业"称号。

(3) 展现企业文化,创建优秀品牌。2010 年下半年以来,在上海证监局的指导下,公会组织全体会员共同开展"重自律、创品牌、树新风"企业文化建设活动,以合规文化为核心,逐步优化上海期货业的行业风气,对上海期货市场的长远发展起到了积极作用。

4. 人才为本,教育先行

(1) 教育先行,规范居间人行为,加强居间人管理。对期货行业内居间人的管理培训一直是公会关注的重点工作。公会积极推行辖区内居间人的自律管理,提倡会员单位取得居间人自主培训资格。2010 年 8 月,公会对辖区内没有自主培训资格机构的居间人开展集中培训,也取得了一致好评。此外,居间人在公会网站上的公示机制更加有利于规范上海辖区内期货行业居间人的管理。

(2) 打造人才工程,培养紧缺人才。随着近年来国内期货市场的规范发展和期货业务向相关行业不断渗透,期货新品种陆续推出,期货人才的培养和需求正在进入新的阶段。2010 年,在上海市金融工委和上海市职业能力考试院的组织下,期货公会积极协助下,将期货师项目列入了专业水平认证考试项目,成为继金融理财师后第二个上海金融领域的专业水平认证项目。

(3) 编写套保操作手册,指导业务规范。在上海证监局期货处支持帮助下,公会在 2010 年年初专门组织专家编写了《商品期货套期保值业务会计处理操作手册》,手册案例详实具有很强的指导性,同时也增加了会员单位对套期保值业务的操作性。期货公司及相关企业从业人员则有章可循,提高了企业客户和期货公司业务人员套期保值业务、会计处理及合规投资、合规经营的水平。

(期货公会)

3. 上海市基金同业公会

上海市基金同业公会成立于 2010 年 11 月 18 日,是由上海基金行业相关业务单位发起并自愿组成的行业性的非营利性社会团体法人。

公会的宗旨是贯彻国家的法律法规和政策,服务会员,规范行业,维护会员合法权益,发挥上海基金业与政府间的桥梁作用,促进和推动上海基金业的规范健康发展。

公会的登记机关为上海市社会团体管理局,业务主管单位为中国证监会上海监管局,本会接受上海市社会团体管理局和上海证监局的监督管理和业务指导。

公会的业务范围是:上海市基金行业自律管理、协调调解、研究咨询、考察培训、学术交流及法律法规允许的其他业务。

公会职责主要包括:

(1) 共同遵守国家的法律、法规和有关政策,以及基金业的自律规则、行业标准和业务规范,实施上海基金业自律管理;

(2) 代表会员的共同利益,争取和维护会员的合法权益,反映会员的意见和建议,积极为会员的业务开拓创造条件;

(3) 接受中国证券业协会的业务指导和监督,并接受其委托开展有关业务;

(4) 收集、整理行业和市场有关信息,组织会员就上海基金业的发展开展工作研讨和学术交流;

(5) 组织实施上海基金业从业人员开展必要的持续教育和业务培训,提高从业人员的职业道德、业务技能和职业水平;

(6) 协调会员与会员之间的关系,协调会员之间的争议;

(7) 就上海基金业有关情况与政府有关部门进行沟通;

(8) 加强上海基金业的国际交流与合作;

(9) 根据公会章程或有关规范,表彰、奖励为行业或本会工作作出特殊贡献的会员及从业人员,处理违反公会章程或有关规范的会员及从业人员;

(10) 法律、法规和有关政策以及政府有关部门赋予的其他职责。

公会成立以来,在上海证监局的指导下,在理事会的领导和全体会员单位的积极参与和支持下,紧紧围绕“自律规范、促进发展”的宗旨,以“合规、人才、创新、业绩”作为具体工作抓手,以“创造行业一流水平”作为工作目标,充分发挥了公会在引领上海基金业健康发展中的重要作用。

(李 频)

第四篇　保　　险

一、人寿保险公司

1. 中国人寿保险股份有限公司上海市分公司

2010年，中国人寿连续第八年入选《财富》全球500强，排名由2003年的290位跃升至目前的118位，7年累计上升了172位。2010年公司连续第三年荣获“最受信赖人寿保险品牌”奖，连续第五次荣获“最佳企业公众形象奖”，连续第四次获得“最受喜爱的保险品牌”奖。2010年3月14日，在由中国质量万里行主办的“3·15中国质量消费维权论坛”上，公司荣获“中国企业质量万里行优秀会员单位（企业）”奖。

2010年，中国人寿上海市分公司认真贯彻落实总公司“转变方式、加快发展、深化改革、夯实基础、合规经营”总体工作方针，圆满完成了年初制定的各项目标和任务，全年实现总保费（含集团）收入100亿元，其中，期缴保费10亿元。在保持业务规模快速增长的同时，公司还着力加大经营结构调整力度，转型增效工作卓有成效。提高公司精细化管理水平，提升经营效益，完善风险防范，为今后发展夯实了基础。

2010年，中国人寿上海市分公司继续深入贯彻中国保监会提出的“保险三进入”号召，学生保险、社区保险和农村保险业务成绩显著，服务质量不断提升，品牌效应逐渐深入人心。公司积极参与举世瞩目的上海2010年世博会，通过项目制运作，成功举办了世博游船首航仪式、汶川孤儿爱心夏令营等各项活动。公司应对突发事件的反应能力更加迅捷，上海“11·15”特大火灾发生后，公司立即启动应急机制，成立专项小组，一把手亲自指挥，以最快的速度处理理赔事宜，把理赔款第一时间送到受灾客户手中。年底，公司举办了“爱的传递，感恩”新年音乐会，传达了公司对社会各界支持公司发展的感恩之心。

2. 中国太平洋人寿保险股份有限公司上海分公司

2010年，太平洋寿险上海分公司实现保费收入52.1亿元，同比增长42.1%。个险渠道以核心期缴为重点，全年实现新保保费2.3亿元，同比增长49.6%；其中，核心期缴2.0亿元，同比增长62.5%。团险全年保费规模稳中有升，实现新保保费收入21.7亿元，同比增长0.2%，市场排名居第二。短期意外险保费收入4 518万元，同比上升35%。银保系列走势强劲，业务规模和价值大幅提升，全年保费收入21.8亿元，同比增长143.8%；其中，期缴保费3.2亿元，同比增长180.5%。续期系列强化管理，成绩喜人。实现13个月、25个月继续率分别为90.8%和85.1%，保费收入6.3亿元，同比增长38.7%。

在服务品质上，公司秉承“诚信天下”的服务宗旨，推出了各种服务措施，让客户感受到服务的便捷、快速、专业和亲切。在世博会期间，上海参与世博安保工作的公安民警获得太平洋保险提供的总保额为230多亿元的意外伤害综合保险。这款意外险，结合世博会安保特点，在保障范围和保险责任方面都进行了特约扩展，将一般意外保险通常的除外责任都纳入了保障范围和保险责任内。太平洋寿险上海分公司专门开通“世博绿色通道”，在分公司柜面营业大厅内专设“世博服务专柜”，为世博会工作人员、媒体记者、志愿者等提供优质快捷的保险服务。2010年11月8日，在上海世博盛会圆满落幕之后，太平洋寿险上海分公司将80万元保险金交给在世博安保岗位上光荣牺牲的二位公安民警家属手中。除了给付的80万元保险金，公司还为世博期间因公遭受意外伤害的安保人员提供理赔服务，总金额超过200万元。公司还连续17年为上海“两会”代表免费提供人身意外保险。

3. 中国平安人寿保险股份有限公司上海分公司

中国平安保险(集团)股份有限公司于1988年诞生于深圳蛇口,是中国第一家股份制保险企业,至今已发展成为融保险、银行、投资等金融业务为一体的整合、紧密、多元的综合金融服务集团。

2010年,中国平安凭借对股东、客户、员工及社会的良好责任担当,成为唯一一家荣获"中国最受尊敬企业·十年成就奖"称号的综合金融保险集团,并且成为"最受尊敬企业"奖项创办十年来连续获奖的两家企业之一。同年,中国平安第六次当选"中国最佳企业公民",连续第四年获得亚洲著名公司治理杂志《Corporate Governance Asia》颁发的年度"亚洲公司治理杰出表现奖",五度蝉联"最具责任感企业",三度蝉联"亚洲最佳管理公司"。在这一年里,中国平安凭借在公司治理和企业社会责任等方面的突出表现,荣获了"中国十大最佳保险公司"、"中国最佳管理公司"、"中国企业社会责任榜杰出企业奖"、"中国最佳低碳企业"等一系列奖项。

2010年,中国平安人寿保险股份有限公司上海分公司紧紧围绕"转方式、调结构、防风险、促发展"的方针政策,继续做大做强,进一步保持在上海寿险市场的领头羊地位。平安人寿偿付能力充足率一直处于行业领先水平,在经济补偿方面发挥了积极作用,充分体现了保险的"社会稳定器"作用,为保障上海的社会民生、促进社会和谐、扩大保险业社会影响作出了突出贡献。

平安人寿为援藏干部保驾护航

2010年,中国平安推出"绿色承诺 平安中国——中国平安低碳100行动",将低碳举措贯彻和落实到企业管理、业务发展、员工日常办公等环节中,从业务、运营和公益等多维度、全方位开展绿色行动,建设低碳企业,推动绿色金融。平安人寿紧紧围绕"绿色承诺",2010年大力推动业务队伍全面使用E化平台各项功能,综合运用E化平台开展前线销售、客户服务、团队管理相关工作。平安人寿首创的移动展业销售模式,是现代科技和保险销售的完美结合,将无纸化、电子化的低碳环保理念付诸实践,成功搭建了一条高速、快捷的绿色生产线,开创保险业无纸化投保的先河,为客户带来更为方便、安全、快捷的无纸化服务。

2010年,平安人寿延续对理赔质量的关注,继续为客户寻找理赔的理由,推出"标准案件,资料齐全,三天赔付"服务承诺,致力于提升理赔时效,为客户提供更为简易、便捷的理赔服务,让客户切实感受到理赔不难、理赔不慢,真正实现财富人生,平安相伴!

(平安人寿)

4. 泰康人寿保险股份有限公司上海分公司

泰康人寿保险股份有限公司上海分公司成立于2000年4月26日。始终秉承总公司"专业化、规范化、国际化"的发展战略,奉行"快速发展不失稳健,稳健经营不乏创新"的经营方略。2010年,上海分公司在"防风险、调结构、稳增长"的方针指导下,实现总规模保费72.9亿元。系统排名第3位,计划达成率系统排名第1,新契约保费上海市场排名第3位。各业务系列均保持正增长,实现了跨越式发展目标。

泰康人寿保险股份有限公司上海分公司的客户服务,彰显了以人为本、亲和诚信的理念,其中包括:小额理赔客户立等可取、网上报案、95522理赔服务专席、"将逾期理赔支付利息写入合同"、理赔服务前置的康乃馨理赔服务升级计划等服务,而近期推出的小额理赔推出自动审核更是将服务品质进一步升级。2006～2010年,分公司连续5年被评为上海市优秀服务保险公司。

5. 新华人寿保险股份有限公司上海分公司

新华人寿保险股份有限公司上海分公司成立于2001年3月,以稳健的姿态高速发展。2008至2010年,上海分公司保费收入连续四年稳居上海寿险市场第三。2010年,上海分公司保费收入77.3亿元,同比增长20%,市场占比11.6%。目前,公司已经形成覆盖全市的网络布局,有静安、普陀、徐汇、崇明、宝山等5家支公司、虹口、闵行、金山和嘉定等4家营销服务部。

上海分公司始终不忘企业公民的社会责任,通过一系列的产品创新和服务创新,充分发挥保险经济补偿和社会管理功能,积极参与和谐社会建设。2010年,因在上海世博会志愿服务工作中的突出表现,被上海世博执行委员会授予"中国2010年上海世博会志愿者工作贡献奖"称号。秉承"客户至上"的服务理念,上海分公司着力打造五星级的客户服务,构建多层级、多方位的客户服务体系,提供独具特色的延伸性和高附加值服务。

新华保险首创性地建立标准化、规范化、制度化的理赔星级评定管理机制,提升理赔服务客户满意度。通过服务项目、服务质量、服务工具、服务环境和影响评价等五大类中17小项内容的测评,对理赔进行规范,简易小额理赔业务确保在半小时内结案。上海分公司严格要求,积极提升理赔效率和满意度,在一系列重大社会事件和理赔中,积极参与,快速反应,完成了众多标志性的理赔案例,如在"11·15"上海特大火灾等重大灾难理赔中,专业高效的理赔获得了客户的交口称赞。

6. 太平人寿保险有限公司上海分公司

太平人寿上海分公司于2002年4月正式营业,是太平人寿建立最早的分支机构之一。2010年以"深化辅导训练,提高组织能力,持续专业经营,实现突破发展"为年度经营主题,在业务发展、专业经营、服务提升等方面取得了长足进步。2010年上海分公司共实现总规模保费收入10亿元,业务结构不断优化。其中,个险标准保费三年复合增长33%,全年共产生9位"百万标保精英",高端业务人员占比全系统第一;银保趸交业务同比增长82.8%,银保期交标保三年复合增长率达100%;多元行销(电话销售)标保三年复合增长率达241.9%。

专业经营、夯实根基。在中国太平保险集团"诚信、专业、价值"核心价值观指引下,太平人寿上海分公司2010年在专业化、系统化经营上取得一系列突破:个险持续运作"八大体系",银保熟练运用"周单元经营",多元行销落实基础管理,续收系列将客户服务工作前置,运营服务推动"一岗通",都取得了良好的效果。

"三高"战略探索创新。太平人寿上海分公司坚持"三高"(高素质、高品质、高绩效)发展战略,高端业务人员队伍快速成长,高端客户服务体系也渐成体系,例如公司长期举办"百家讲坛",邀请各行专家与客户面对面交流教育、医疗、养老、理财等话题,拉近客户与公司的关系。

立足本职、高效理赔。太平人寿上海分公司的客户服务人员始终秉持"主动、迅速、公平、准确"的原则,2010年5月,公司受理了"卓越人生"产品高额理赔,一次性赔付100万余元。11月15日,上海静安区胶州路大厦发生特大火灾。公司立即启动紧急重大事件预案,开通绿色理赔通道,帮助1名遇难客户家属完成全部理赔手续,还对该事故所涉客户一一登门慰问,主动办理了保单补发手续。

勇担企业公民责任。上海分公司持续投入各项公益活动,在2010世博会期间,携手上海市癌症康复俱乐部,开展大型公益活动"爱在太平",圆了400多位因癌致贫患者的世博梦。同时,还为"河流与孩子"助学项目提供保险赞助。

7. 合众人寿保险股份有限公司上海分公司

2010年,合众人寿保险股份有限公司连续五年荣获由中国保护消费者基金会授予的"维护消费者权益诚信服务满意单位"称号,连续四年荣获由国家劳动和社会保障部、国际人力资源管理协会等联合授予的年度"中国最佳雇主企业"称号,凭借在客户服务和企业社会责任等多方面的突出表现,合众人寿还荣获"十大最佳保险公司"、"最具社会责任感特别公益奖"、"最佳服务品牌"等多项大奖。

2010年,合众人寿上海分公司秉承"合众保险,理赔不难"的服务理念,坚持科学发展观,按照"创新变革,内涵发展"的指导方针开展公司各项经营活动,2010年共实现保费收入4.76亿元,同比增长

13%。其中，个险保费收入2.85亿元，同比增长32%，团险保费收入0.37亿元，银保保费收入1.54亿元。在保持业务规模稳步发展的同时，积极调整公司业务结构，传统险占比97.7%，期缴业务和短期险业务得到快速增长，公司内涵价值持续提高。

在经营管理方面，公司进一步完善考核机制，构建立体的指标考核体系，顺利上线ATS财务资金管理系统和人力资源管理系统，稳步推进零现金项目和计划管理项目，进一步提高资金安全和工作效率，完善后台支持体系的运营方式，充分发挥集中管理的高效和优势。坚持合规经营，进一步完善内部管理制度，健全销售督导机制，不断加强对销售环节风险管控。成立品质管理委员会，对业务质量进行持续监控，并组织诚信合规主题教育活动，营造良好的合规经营文化。

在客户服务方面，不断强化服务意识，提高工作效率，不断提升服务水平，积极开展各类诚信服务活动，成功举办了第四届“合众5.15你体验，我承诺”客户服务节，第五届“合众助学行”活动，有效提升公司品牌形象和知名度，努力塑造“合众保险、理赔不难”的良好服务品牌和社会保险形象。同时为满足客户多元化、多层次的保险需求，开发出多款创新型产品：兼具理财和养老功能的分红型年金产品喜洋洋，满足客户医疗保障的医疗型安心宝和重疾型爱心宝，以及养老年金型保险至尊宝，使客户老有所养，尊享晚年生活。受到市场和广大客户的欢迎。

（合众人寿）

2010年11月10日，合众人寿上海分公司为浦东昌林小学捐赠“合众爱心图书室”

8. 美国友邦保险有限公司上海分公司

美国友邦保险有限公司上海分公司成立于1992年9月，截至2010年年底，公司共有员工847名，保险营销员3 824名，营销服务部达16个，基本遍及上海各区县。

推动业务发展，获得多项荣誉。2010年，公司开展了“LES老客户回馈活动”特别竞赛等一系列活动，积极地推动与加速了业务发展。2010年，公司获得多项荣誉。1月，公司在由上海市保险学会、上海市保险同业公会和甲骨文(中国)软件系统有限公司联合举办的2009—2010年度“上海保险业信息技术技能(数据库技术)大奖赛”上获得优异成绩。8月，经“企业诚信创建”活动组委会和上海市保险同业公会审核、确认，公司荣获上海市“诚信企业”称号。12月，在上海市保险同业公会举办的“上海市人身险窗口服务行业竞赛”中，公司客户服务部获得“2010年客户服务集体优胜奖”，客户服务部一站式服务中心的两名员工，分获“2010年优秀客服工作者”奖项和“入围鼓励奖”。

适应市场需求，不断开发新产品。2010年，公司先后推出了《友邦附加添馨女性疾病保险》、《友邦康悦重大疾病保险计划》、《友邦金喜多多两全保险计划》、《友邦附加添益少儿综合住院医疗保险》、《友邦全佑一生“五合一”疾病保险》、《友邦金色年华Ⅱ年金保险计划》和《友邦附加添益少儿综合住院Ⅱ医疗保险》等新产品，产品结构进一步丰富、合理。

注重客户服务，提升服务质量。2010年，公司进一步提升客户服务质量。1月，公司为营销员开通核保业务短信查询功能，5月，公司新增短信服务内容；7月，公司提升快速理赔限额至3 000元，并扩大了快速理赔范围；同月在客户服务热线的自助语音服务基础上推出新的升级功能。

2010年，公司成立18周年，不忘积极回馈社会。4月，公司举办“每人捐出一箱水，友邦甘露送旱区”捐助活动。6—9月，公司开展“牵千爱心，凝聚真情”活动，客户每投保一份《友邦康悦重大疾病保险计划》，公司将以客户名义向“友邦爱心基金”捐款10元人民币，全部用来救助上海本地的弱势儿童群体。8月，公司向友邦春蕾小学捐款，用于学校食堂和厕所的修缮工程。12月，公司举办友邦上海18

周年慈善音乐会。

9. 中宏人寿保险有限公司上海分公司

中宏人寿保险有限公司是国内首家中外合资人寿保险公司，由加拿大宏利金融旗下的宏利人寿保险（国际）有限公司和中国中化集团公司核心成员——中国对外经济贸易信托有限公司合资组建，成立于1996年11月。中宏保险上海分公司于2007年5月14日经中国保监会批准成立，并于2007年6月8日正式开业。

2010年，顺应中国金融保险市场快速发展的市场环境，中宏保险进一步夯实业务基础，追求优质增长；运用百年经营的理念，不单纯追逐短期的保费规模，注重持续、健康和有质量的增长；同时积极承担社会责任的基础，努力提高管理水平，为股东、客户、雇员等创造价值，开展“持续公益”奉献社会。

2010年正值中加建交40周年，宏利金融董事会首次在中国召开。这不仅全面回顾和展示了中宏在中国市场的成功发展情况，更表明股东对公司业务发展的充分重视及未来更多令人振奋的发展机遇。

中宏保险积极履行“企业公民”责任，2010年，继续积极开展社会公益活动，捐资500多万元人民币捐建的6所特殊教育学校已全部竣工并投入使用，并于2010年在上海世博会加拿大馆举行落成仪式。

10. 长生人寿保险有限公司

长生人寿保险有限公司成立于2003年9月，是中国首家获准开业的中日合资寿险公司。公司由中国长城资产管理公司和日本生命保险相互会社共同合资经营，注册资本金13亿元人民币（中外双方各占股50%）。公司总部（注册地）在上海市，目前已在长三角及北京地区开展各类个人和团体保险业务。

2010年年末，公司总资产165 015.06万元，2010年度合计实现保费收入18 126.60万元，公司偿付能力充足率为2 639%，达到偿付能力充足率Ⅱ类标准（按照“企业会计准则解释第2号”的会计准则核算）。随着业务的发展和营业区域扩大，公司正由区域性公司向全国性寿险公司迈进。

作为中日合资的人寿保险企业，长生人寿时刻以“成为市场上最受客户信赖的寿险公司”为发展目标，始终本着“合作、互补、嫁接、共赢”的八字原则，发展和壮大公司的人寿保险业务。在日常经营中，长生人寿秉持“以人为本、专业经营、诚信服务、回报社会”的经营理念，为实现“成为中国市场上最受客户信赖的寿险公司”这一发展目标，时刻以“一切为了客户”作为每位员工的行为准则。针对顾客在人生中有可能遭遇到的风险，向顾客充分说明本公司所提供的保险产品及相关服务，并为顾客提供量体裁衣式的最佳保险解决方案和服务。为了确保能向每一位顾客就我公司提供的保险产品进行充分的解释和说明，从而提高顾客的满意度，长生人寿建立了一套完善而独特的营销员教育体系。同时，公司高度尊重顾客隐私，在提供各类保险服务的过程中将严格管理顾客信息，确保顾客信息的安全。

长生人寿热心公益事业，积极回馈社会。长生人寿为关注中学教育一线教师，支持基础数学教育工作，向苏步青数学教育奖捐助人民币20万元，成为该教育奖的合作伙伴之一。长生人寿与上海国际马拉松赛组委会签订合作协议，作为2010年上海国际马拉松官方保险赞助商为运动员提供了18亿元的人身保障。上海市体育局向公司颁发了合作纪念奖章，表彰公司为大赛做出的贡献和支持。长生人寿还始终关注中国儿童的成长和教育，已举办了四届奥林匹克少儿数学夏令营活动，赞助“世博夏令营”活动。

（长生人寿）

11. 中国人民人寿保险股份有限公司上海市分公司

2010年，中国人民人寿保险股份有限公司上海市分公司围绕中国人保新时期发展战略和“促发展，增效益，防风险”的工作要求，全面贯彻落实总公司超常规跨越式发展的指导思想，以业务发展为中心，推进公司健康快速发展。2010年，公司实现保费收入9.65亿元，同比增长40.05%，完成了遍及全市的网络布局，拥有支公司4家，营销服务部6家。

一是全面加快渠道发展。按照总公司“4＋N”渠道发展策略，公司坚持主打银保，团互驱动，推进个险，业务拓展能力不断提升，形成了各渠道协同共进的发展格局。

二是深入推进队伍建设。继续保持精干高效的员工队伍，在全体员工中弘扬和谐奋进企业文化，不断增强员工的归属感，增强公司的凝聚力和向心力。完善教育培训体系，加强队伍的训练和育成，大力推进销售队伍的核心竞争力。

三是不断提升管理和服务水平。坚持艰苦奋斗、勤俭办司，强化预算管理，严格成本管控。在服务窗口，开展“世博服务与保险服务双争优”、“携手中国人保，共享世博盛会”等客户联谊活动，让每一位保户感受到人保寿险提供的周到、贴心的服务。

四是深入推进内控合规和风险管理。强化全面风险管理，建立风险状况定期评估和重大风险应急处理机制。健全和完善内部管理制度，开展各类合规检查，优化管控手段，不断提高合规经营的能力和水平。

12. 国华人寿保险股份有限公司上海分公司

国华人寿保险股份有限公司上海分公司于2008年10月正式成立，2010年是公司第三个经营之年。截至2010年12月31日，国华人寿上海分公司实现总保费收入140 228.86万元。其中，个险业务保费收入为1 079.72万元，占总保费收入的0.77%；银行代理业务保费收入138 611.35万元，占比98.85%，团体保险保费业务收入537.79万元，占比0.38%。按照传统险与非传统险划分，传统业务保费收入572.42万元，占比0.41%，分红险保费收入139 617.34万元，占比99.56%，万能险保费收入39.10万元，占比0.03%，累计赔款和给付金额为521.42万元。

公司注重服务，举办了第一届客服节，这是成长中的国华人寿对广大客户的一次倾心回馈，更是国华人寿进一步优化客户服务品质新里程的开始。首届客户服务节以“相知相守　关爱永久”为主题，旨在用行动展示国华人寿正大力弘扬的“关爱零距离，服务无止境”的客户服务宗旨。通过对服务的不断优化与创新，力求对每一位客户提供亲和、便捷、专业的服务。国华人寿在本次客户服务节，特向广大客户隆重推出透明化保单服务、保险消费如实告知、短信提醒新功能、贴心柜面服务、理赔绿色通道、理赔温馨慰问、体检陪检服务、理赔预付承诺、健康增值服务等十项服务承诺。

13. 华泰人寿保险股份有限公司上海分公司

2010年，华泰人寿保险股份有限公司上海分公司遵循“规范管理、稳健经营、创新发展”的宗旨，依据“以正合，以奇胜”的战略指引，实现了健康、平稳和较快的发展。全年，华泰人寿上海分公司保费收入20.18亿元，保费规模位列上海寿险市场第六名。

2010年，华泰人寿上海分公司紧紧围绕监管机构“转方式、调结构、防风险、促发展”的指导方针，在业务结构调整上积极探索，取得了初步成效。2010年二季度个险渠道顺利开业，公司形成了个险、团险、银保等多元行销体系；团险渠道注重长期缴费年限产品的销售，大力发展中介业务和兼业代理业务；银保渠道秉承“切实实现产品转型”的经营策略，大力发展期交业务，加大长缴费年限产品的销售力度，致力于银保业务结构的深度优化和内涵价值的逐步提升。华泰人寿上海分公司形成了较为完善的产品体系，为客户提供全面和个性化的保障。2010年，公司“安心稳健产品”荣获《新闻晨报》评选的“最佳投资回报奖”。

华泰人寿以全面满足客户需求为导向，提供网络、柜面、电话传真、信函、短消息以及上门服务等多渠道服务方式，率先在业内推出“差一补二”、“延迟补偿”、“履约推定”等理赔服务承诺，将“理赔快，找华泰”的口碑落实为一次次实际行动。2010年，公司获得搜狐金融理财网络盛典评选的“理赔最迅速的保险公司”奖，并荣获《中国经营报》第八届中国企业竞争力年会评选的“2010卓越竞争力成长型保险公司”奖。

14. 幸福人寿保险股份有限公司上海分公司

2010年，幸福人寿上海分公司努力优化业务结构，积极推进工作创新，不断夯实管理基础，进一步加强风险防范，实现了快速、稳健的发展，超额达成了各项业务指标，为公司新一轮的发展奠定了坚实的基础。2010年，公司实现规模保费收入50 696万元，其中银行保险业务实现规模保费47 231万元，团体及中介业务实现保费收入2 235万元，个险业务实现规模保费收入1 230万元。

幸福人寿上海分公司根据总公司的要求，对

ISO质量管理体系严格执行，并于2010年10月顺利通过了英标管理体系认证有限公司（BSI）的现场审核，获得了BSI颁发的认证证书。

幸福人寿以服务社会为己任，履行好自己的社会责任和义务。为提高服务品质，增加客户满意度，2010年11月幸福人寿正式启动了以“幸福和您在一起”为主题的第三届客户服务节活动，上海分公司陆续举办了“幸福落你家”送关怀抽奖活动、“老客户健康沙龙”等系列活动，再次拉近了与客户之间的距离，传播了“幸福人寿将用她的金融智慧、雄厚实力和品牌承诺，为人们带来一份最温暖、最放心的幸福保障”的理念。

2010年，幸福人寿保险股份有限公司在《中国经营报》主办的企业幸福指数评选活动中获得2010年最具幸福感金融企业荣誉称号，并成为唯一获此殊荣的保险公司；在上海《理财周刊》举办的2010年上海保险行业（寿险）年度大奖评比中，幸福人寿保险股份有限公司上海分公司获2010上海保险行业最具发展潜力保险公司年度大奖，“幸福人生两全保险”获上海保险行业健康养老类保险计划年度大奖；“幸福人生健康养老保障计划”荣获《新闻晚报》第六届保险产品博览会年度最佳投资养老保险产品。

二、财产保险公司

1. 中国人民财产保险股份有限公司上海市分公司

2010年，在“促发展、保效益、防风险”的工作主基调下，中国人保财险上海市分公司积极整合营销渠道，整治车险业务，改善理赔服务，加强风险管控，做好世博服务，全年实现保费收入38.57亿元，“打基础”工作取得一定成效。2010年，分公司主要做了以下工作：

一是认清形势，确定“三步走”发展目标。认真制定了经营整改方案，完善总经理室成员对基层公司的挂钩督导制度，切实加强了对基层公司的检查督导力度。

二是整合资源，加强销售能力建设。积极开展渠道清分，加大直销渠道和电销渠道的建设力度；大力推进专业化销售团队建设，组建分公司级专业团队；加强业务人员、中介渠道管理，重视电销、网销等新型渠道建设。

三是突出重点，大力整治车险业务质量。调整车险业务结构，实行差异化的费用配置，通过提高A类、B类业务的费用配置水平促进优质业务发展；坚持选择性承保，发展优质业务；提高零次出险、低赔付率业务以及A类、B类业务的续保率，加强管控高赔付率业务；加大车险渠道的拓展力度。

四是加强监督，强化合规风险管控。扎实开展审计检查问题整改，切实加强合规管理和内控监督，把《依法合规经营承诺书》的执行情况作为内控合规和监察审计的重点；认真分析评估核保、理赔等，努力推进“五大集中”管控平台的建设。

五是全力以赴，完成世博服务保障工作。积极开展世博保险理赔服务，成立世博服务保障指挥中心，实现世博理赔服务和世博专线零投诉；全面覆盖世博会风险保障领域，高效完成中国人保馆的建设、布展和运营工作，耐心细致做好世博接待工作。2010年，公司获得上海世博工作优秀集体、世博会三项规定保险优质服务奖和上海金融系统世博服务工作突出贡献奖等称号。

2. 中国太平洋财产保险股份有限公司上海分公司

2010年，中国太平洋财产保险股份有限公司上海分公司实现保费收入41.07亿元，创造了自上海分公司成立以来的发展奇迹。在业务快速发展的同时，公司积极履行保险保障职能，着力维护消费者合法权益，加快理赔服务速度，提高服务水平。2010年，全年累计接到客户索赔案件521 317件，结案453 364件，注销73 250件，累计赔款支出175 264.78万元，为保障上海的经济社会持续、稳定、健康发展作出了不懈努力。

2010年，太保产险上海分公司积极应对竞争激烈的市场环境，克服了世博期间工程停工、工期延后等不利因素，勇于拓展市场，大力发展非车险业务，成功承保了上海市轨道交通11、12、13线及其延伸项目，以及一批室内外重点工程项目，非水险同比增长超过40%。在车险业务经营上，公司积极开拓新渠道业务，努力实现车商代理、电话销售、网络销售、交叉销售以及银保合作相结合的销售方式，车险同比增长超过60%，实现了车险业务的超常规发展。在业务快速发展的同时，公司认真执行上海保监局、市同业公会以及上级公司的各项合规管理规定，严格控制不合理的费用支出，努力降低经营成本，提高业务财务的数据真实性，确保了分公司业务的健康发展。

在业务快速发展的同时，太保产险上海分公司在2010年圆满完成服务世博的各项工作。一年来，公司没有发生一起客户集体上访事件，客户满意度不断提高，大大提升了公司的品牌形象。2010年，公司客户服务中心被评为上海世博会金融服务工作先进集体，被太保集团授予“太平洋保险世博服务卓越奖”。在《解放日报·保险周刊》主办的“第五届上海优秀服务保险公司评选”中，太保产险上海分公司再次荣获“上海优秀保险服务公司”称号。

3. 中国平安财产保险股份有限公司上海分公司

2010年，中国平安财产保险股份有限公司上海分公司紧紧把握市场繁荣发展契机，不断深化渠道发展，实现了跨越性增长，保费规模全年突破45.3亿元，跃居市场第一，保费同比增长67%，成为上海市场上最大的财产保险公司。

主要经营业绩如下表：

项目名称	保费收入（亿元）	同比增长（%）	市场份额（%）
车　险	31.6	90.6%	27.4%
财产险	12.1	25.9%	13.0%
意健险	1.6	16.3%	20.0%
合　计	45.3	67.0%	21.7%

开展的主要工作是：

(1) 用心服务，承诺升级。车险赔付由“万元以下，三天赔付”升级为“一天赔付”，服务承诺达成率高达99.91%。同时，公司率先推出“代步车”服务、酒后代驾、VIP等增值服务，并实行“网格化查勘”、“平安家财险万元以下，一天赔付”等新型服务举措，力求以高技能、高质量的服务带给客户更专业、更快捷的服务体验。2010年，公司打破“一家保险公司只有一个理赔门店”的行业传统概念，新开设了浦东综合服务门店及大柏树、闵行理赔服务点，形成了两家综合服务门店及两家理赔服务点的全市布局格局，为客户提供了全新的服务升级与承诺体验。

(2) 参与世博，服务世博。2010年，作为上海世博会三项规定保险共保体之一，公司全力为世博会提供优质保险服务，开通了世博理赔绿色服务通道，在世博园区附近新开设了综合服务门店，向世博会地铁志愿者赠送了慰问物资，并积极组织员工报名参与“世博平安志愿者”工作，受到上海世博会事务协调局、公司所在街道党委的多次表彰。

(3) 专业经营，再获突破。2010年，公司进一步推行团体业务专业化、个人业务渠道化发展，个人客户已形成渠道化经营，综合开拓渠道、车行渠道、电销渠道并驾齐驱。在团体客户传统渠道发展上，公司主动调整业务结构，不断转型发展，直销升级转型工作初获成功。

(4) 大项目承保再创辉煌。2010年，公司相继承保了地铁11号线、地铁9号线、中国石油天然气西气东输管道、APP纸业、黄金交易所等重大项目和著名标的，在上海保险界产生了深远的社会影响。

(5) 注重管理、以人为本。2010年，公司在员工培养方面不断推陈出新，先后实施了1＋X辅导计划、员工跨系列轮岗、内部招聘等一系列队伍建设活动，有效促进了员工成长；同时，在干部选拔方面进行改革创新，实行干部公开竞聘上岗，加强了干部队伍的基础力量。公司积极响应行业自律公约及监管要求，严控手续费，积极开展打击“三假”的工作，遵守公司内外部规范经营的各项要求，带头抵制市场上不规范的行为，努力维护上海保险市场的良好局面。

4. 大众保险股份有限公司上海分公司

2010年，大众保险股份有限公司上海分公司始终坚持和牢牢把握“效益为先、稳健经营、协调发展”这一中心思想，以实现全年各项经营指标为目标，以服务世博树立公司形象为重心，以创先争优为指导，以重点领域为突破，坚持创新驱动转型发展，全面整肃各项管理，大力拓宽业务渠道，积极延伸发展触角，进一步加强合规经营，走出了一条规模和效益相协调的发展道路。全年实现保费收入34 205.83万元，同比增长8.35%，其中车险保费收入25 284.98万元，非车险保费收入8 920.85万元，全年赔款支出12 757.81万元(不包括间接理赔费用775.42万元)，承保利润1 934.07万元。

(1) 服务世博，提升企业形象。围绕2010上海世博年，上海分公司推出一系列创新服务举措，以“新大众、新形象、新发展”的新型姿态，积极把握市场机遇，树立良好公司品牌形象，以推动分公司的新一轮长足发展。作为世博保险服务供应商之一，上海分公司积极参与与世博有关的各项保险工作。成功签发了一批世博园区专用新能源汽车的机动车保险单，开辟了分公司世博保险服务新领域。同时，分公司还积极组织筹备，派遣专员全程参加由世博保险共保体组织的“世博园区现场服务团”，亲临园区提供一线服务。

在总公司的大力支持下，分公司立足于保险公司传统服务框架之外，开通了面向全国的以95507客服热线为平台的集医、食、住、行、游等与世博密切相关的“世博服务专线”并编制了公开发送的《世博游览指南》，把社会公众高度关注的“世博”和大众的保险服务、社会服务紧密地联系在一起，实现全方位服务世博目标，在社会上和行业内得到了一致的好评。

世博期间，本着方便快捷、切实有效的原则，分公司客服中心对整个理赔过程与时间节点进行了逐个调研、分析，挖潜，在行业整体要求框架下，重组流程，缩短时效，简便手续，同时还增加了增值项目和深度咨询项目。为应对可能出险的大车流事故多发以及大量外地车来沪等情况，充分准备和精心部署了观博服务与理赔救助服务预案，并向社会与客户公开承诺提供优质、优先的服务。

(2) 全力发展业务。2010年上海分公司通过资源整合、深挖潜力、提升服务、创新产品等一系列有效措施大力发展业务，做到市场开拓有突破、渠道管理有成效、客户服务有亮点。在银保业务、中介业务等方面，分公司通过与总行分行、与优质中介等建立关系，制定针对性服务方案，不断提高销售能力。目前，分公司已与农行、建行、工行等8家银行签订了合作协议，为分公司银保业务的多方面发展奠定了扎实基础。

分公司始终坚持走集约型发展道路，严肃执行全面预算，严密监控经营管理，严格控制综合成本，严厉打击虚假赔案。同时，分公司还通过评选先进、开展业务竞赛等激发员工斗志，通过引进新鲜血液焕发员工活力，通过绩效考核增强良性竞争，通过各种培训夯实技能基础，以全面提升全员效益意识，促进公司又快又好的发展。

(3) 严格规范经营。2010年，分公司对照现代金融企业“资本充足、内控严密、运营安全、服务和效益良好”要求，审时度势，从各条线认真彻底地对公司合规管理状况进行了全面梳理和清查。

根据上海保监局、上海保险同业公会等外部监管部门以及总公司等有关要求，分公司积极部署落实案件责任追究，彻查“小金库”隐患，严查“三率”真实性，从实际出发制定、修订和完善了各项规章制度和工作流程，进一步加强合规考评工作，促进基础管理工作迈上新台阶。同时，为了适应行业监管变化、市场秩序转化及公司内控建设完善化的要求，围绕“完善作业规范，落实问责制度”，分公司多次就合规经营、反洗钱等内容进行宣导与培训，并就培训内容与实际要求相结合进行年度考评，提升全员合规意识，力求做到防患于未然。

(4) 收获丰硕成果。在全国金融系统联合举办的“中国2010年上海世博金融服务工作先进集体、先进个人”评选活动中，上海分公司荣获“中国2010年上海世博会金融服务工作先进集体”称号；客服中心员工徐雷明同志荣获此奖项的“先进个人”称号。分公司市场部宁张琦同志荣获由上海市金融办评选的“上海金融系统世博服务工作先进个人”称号。同时，在由《解放日报·保险周刊》举办的“2009年度上海优秀服务保险公司”评选活动中，上海分公司荣获“最佳窗口服务奖”，这是上海分公司连续第三年荣获此项殊荣。

(大众保险)

5. 华泰财产保险股份有限公司上海分公司

2010年，在华泰财产保险总公司“调结构、保效益、抓转变、促发展”经营战略的指导下，上海分公司保费收入28 453万元、承保利润3 660万元，分别较上年增长了21%和112%，在保费收入稳步增长的同时，实现了承保利润的大幅度提升，保险业务质量的显著提高成为分公司开业11年来的最大亮点，标志着分公司在质量效益型发展的道路上跨上了新台阶。从业务结构上看，作为分公司业务优势所在和重点发展的非车险业务，年度预算完成率120%，保费收入较上年增长47%，承保利润较上年增长273%，发展速度及赢利能力均领跑上海保险市场及行业平均水平；车险业务则在持续巩固扭亏成果、大力发展团车及优质车险客户业务的基础上，赔付率大幅降低，虽保费规模与上年持平，但业绩提升显著。

2010年，华泰财险上海分公司在业务承保方面，非车核保与销售密切协作，使非车险业务续保率达到了83%的历史最佳；全力开拓海外工程、产品质量保证、货代责任等保险新业务，形成了相当的保费新来源；车险核保根据市场不同阶段的变化适时调整核保政策，及时跟进市场；集中管理推动渠道业务，促进了经纪、代理、直销渠道业务的快速发展；开展多层次、多形式的销售竞赛，最大限度调动了销售人员展业的能动性。在业务理赔方面，车险出台了窗口理赔人员挂牌接受客户监督、全年无休受理及上门收取索赔材料、开通理赔短信即时提示、车险现场查勘率提高到98%、协助销售签约大团车及4S店售后服务、出台团车及4S店服务承诺、严格清理控制未决等积极措施；非车险则通过调增理赔人手、规范理赔流程、积极开展追偿等，确保理赔管理不断跟上业务发展要求及客户服务的期望。

为致力于建设科学合理、高效透明的营销组织管理体系，2010年华泰财险上海分公司拉开了以销售渠道化建设为特征的营销组织管理体系改革帷幕。

根据总公司及行业监管的要求，分公司2010年制定下发了《分公司反洗钱内控管理办法》等九项反洗钱基本制度，全面明确了反洗钱管理工作的内容与要求，完善了反洗钱工作内部管理机制，规范了反洗钱工作程序，明确了各职能管理部门及重点岗位的反洗钱职责，保障反洗钱工作协调有序地开展。分公司2010年还对下设的徐汇支公司和闵行营销部办公职场进行了搬迁，使网点布局区位更合理、职场硬件环境更完善。

（华泰财险）

6. 中华联合财产保险股份有限公司上海分公司

2010年，中华联合财产保险股份有限公司上海分公司坚持以科学发展观为指引，围绕“二次创业，全面振兴，积极推进发展转型和集中管理，促进公司可持续健康发展”的主题，立足“防风险、调结构，增效能”经营主线，各项工作取得了平稳健康的长效发展。截至2010年12月31日，公司共计实现保费收入5.03亿元，其中车险保费收入4.08亿元；1—12月累计赔款支出3.87亿元，同比减少17%，其中车险赔款支出3.32亿元；应收保费率为0.48%，综合赔付率63.22%，综合成本率96.55%，实现利润2 204万元。

（1）坚持效益为先，不断转变经营理念。公司坚持从效益发展的理念出发，不断强化绩效考核力度，制度上进一步细化了基层费用考核办法和基层负责人薪酬考核制度，强化了费用审批授权、赔款审批授权和中介手续费控制，考核权重向提升效益降低综合成本率倾斜；通过科学、合理、及时地完善、调整核保政策，保证公司业务质量的有效可控。

（2）加强风险内控，不断优化运营效率。为完善各项内控制度，健全基础框架，公司制定了一系列由粗到细的风控管理制度，集中归纳为核保政策制度、管理制度和考核培训制度；通过业务集中管理，在理赔流程环节控制上得到了加强和优化。2010年以来，报案率、结案率、偏差率取得了明显改善，有效地防范了公司的经营风险。

（3）努力创新建设，不断增强市场能力。2010年，公司通过多种途径、多种形式，在销售体制创新方面集思广益，开拓创新，不断强化渠道建设，提高人均产能；通过深入推行VIP私家车客户增值服务力度和流程监督，扩大私家车优质服务在车险业务中的占比，提升车险业务服务水平、竞争实力，使VIP客户享受到了中华财险更加方便、快捷、周到的服务。

（4）依法合规经营，不断提高自律水平。2010年，公司积极将中介业务管理列为合规管理重点，出台了“双合”管理细则，同时加强稽核审计力度，与所有管理人员和普通员工签订了“双合”承诺，形成了“双合”经营的自我约束和长效机制，维护了中华财险的公司形象。

7. 中国大地财产保险股份有限公司上海分公司

2010年，中国大地财产保险股份有限公司上海分公司按照年初制订的“效益引导、能力先行、合规保障、稳健成长”的十六字工作路线，较好地实现了全年经营目标，经营发展初步走上了规模与效益协调发展的轨道。截至2010年12月31日，分公司保费收入5.36亿元（不含电销），自留满期赔付率为55.5%，取得了1 191万元的报表利润。

（1）努力加快发展，完成了任务目标。2010年，公司始终以“有效益、快发展”引领全年工作，在坚持效益优先的前提下，不断加快发展速度，调动一切积极因素，奋力拼抢业务资源，超额完成了全年保费目标。

中国大地保险上海分公司服务世博动员大会

在经营管理中，车险业务以渠道建设为突破口，保费规模实现了较快发展。非车险业务积极开拓信用险、船舶险等业务，业务占比稳步提升，全年保费规模保持了增长势头。人身险业务继续以建意险、团意险和中高端健康险为业务发展主攻方向。

（2）加强经营管控，取得了经营效益。理赔环节重点抓好降赔付各项工作举措的落实，不断完善改进实名制等行之有效的降赔付手段，全力推进“打三假”工作的开展。业务承保环节注重把牢效益关口，以提高优质业务和效益业务占比确保实现经营效益。全年分险种对销售费用实行全程监管，严控外部成本，使有限的费用发挥最大的效用，各经营机构按照工作部署，把握经营导向，积极拓展优质业务，不断提升经营效益。

（3）注重能力建设，夯实了发展基础。首先是注重机构经营班子的能力提高，加强经营管理和引领发展能力的提升。二是提升业务管理水平，全力推进首席核保人制度，提高核保工作独立性。三是加强理赔队伍专业化建设。车险理赔队伍专业化建设通过了总公司的专项验收，非车险理赔队伍专业化建设正按照总公司工作任务要求稳步推进。四是突出销售能力建设。组建了分公司销售管理部和重点客服部，健全了组织架构，理顺了条线管理工作。

（4）坚持合规经营，促进了协调发展。认真贯彻集团公司和总公司要求，研究制订了上海分公司依法合规经营考核办法，引导全年合规管理工作推向深入。8月份开始，根据上海保监局的统一部署，全面开展了“三率”真实性检查工作和“小金库”专项治理工作。

在日常经营中，注重落实行业自律各项要求，严格各项管理措施，认真执行纯风险损失率、大型商业风险标准等制度规定，健全了费用使用台账。严格执行保监会关于财务业务数据真实性的要求，加强费用管控，落实审核审计要求，配合总公司实施工资集中支付等进展顺利。

（5）抓好重点工作，提升了公司影响。全面落实保监局、同业公会和总公司有关做好世博会保险保障服务要求，在硬件配置、服务标准、应急预案等各方面全面落实服务窗口达标要求，同时积极参与做好保险入园工作，提升了公司服务保障能力。公司被评为中国2010上海世界博览会金融服务先进单位，提升了在业内外的影响力。

按照保监局和同业公会的要求，积极参与做好上海市静安区“11.15”特大火灾事故善后理赔服务工作，制订了保障计划，安排人员24小时值班，提升了应急问题处理能力。

努力加强公司企业文化建设，在参加上海市企业联合会开展的2010年度企业文化评比中，以“构建和谐氛围，助推经营发展”为主题的案例，荣获了上海市企业文化优秀案例奖。

（施蕾蕾）

8. 安信农业保险股份有限公司

2010年，安信农业保险股份有限公司在全行业“转方式、调结构、防风险、促发展”的指导思想下，紧紧围绕“效益、合规、服务”三个中心，着力加快业务结构调整和发展方式转变，着力增强合规经营管理能力，着力服务经济社会全局，不断夯实公司可持续健康科学发展的基础。2010年，公司共实现原保险保费收入63 563.15万元（不含新农合托管业务收入），其中车险业务完成保费收入20 090.64万元，农险和涉农险业务完成保费收入24 508.21万元和7 670.32万元，同比分别增加10.79%和62.69%，业务占比从2009年的42%上升至50.63%。

在产品创新方面，安信农业保险股份有限公司从市场需求较集中、社会民生较贴近的重要层面入手，通过调整运作模式、创新产品研发、拓展销售渠道等方式，提高新产品研发和高风险业务控制能力。

如2010年,针对南美白对虾养殖高风险业务,探索试点了互助制运作模式,不仅扩大了投保数量,更将险种赔付率降到了56%;针对蔬菜价格波动频繁的市场特点,开发设计了保淡蔬菜价格成本保险;结合世博会召开的社会热点,探索和开发了世博观光农园责任险、世博农产品食用安全责任保险等涉农产品;研发家政综合保险,推进保险卡式业务发展。在客户服务方面,公司加大加强理赔服务力度,优化理赔服务流程,狠抓客户服务细节,打造便捷、透明、细致、周到的客户服务体验。如2010年逐步推广车险损失金额1 000元以下案件的小额快赔试点,推行农险"五公开、三到户"和承保理赔信息客户自主查询的信息公开工作,结合世博开展窗口服务评比等活动,从不同侧面强化了服务的品牌化建设。

同时,公司通过整合资源,形成系统规范的合规体系,提高内部控制和风险管理的能力和水平。2010年,公司建立了集审计、合规、法律、纪检以及监察的事前防范、事中发现、事后检查、监督、处罚于一体的立体架构,通过制订完善《合规风险管理办法》、《法律审核制度》、《内部审计共建工作基础规范》、《责任追究管理办法》、《集中采购监察条例》等制度,对关键环节进行制度规范,疏堵结合,防范化解风险,营造合规发展的氛围。

9. 永诚财产保险股份有限公司上海分公司

永诚财产保险股份有限公司上海分公司是永诚财产保险股份有限公司在上海经营财产保险业务的专业分公司,于2005年11月23日获中国保险监督管理委员会上海监管局批准开业。

上海分公司秉承"用心做事"核心价值观,以开拓创新、立足市场为首任,在激烈的市场竞争中勇于探索,不断进取。2010年,保费规模突破4亿元人民币,市场占有率进一步提升,已成为中国专注于服务电力和能源领域的保险公司之一。电力能源和大型风险是公司重点开发和服务的两大支柱产业。在电力能源领域,公司凭借强有力的股东背景、先进的技术和信息支持、专业的承保技术和服务能力,奠定了在电力能源的市场地位。公司曾独家或参与承保了数百家煤电、燃机、风电、水电、太阳能、生物发电等国内外电厂及能源企业。在大型商业风险领域,公司对卫星发射、煤炭、石化、地铁、船舶、世界性体育赛事等亦有丰富的承保经验,与多家银行及大型企业等建立了互相合作关系。同样,公司在意健险方面也取得了长足的发展,团队以领先的技术和个性化的服务赢得了众多知名企业的青睐,在员工福利、健康险、意外险等险种上的创新思维,研发新品,扩展服务,实现了产品与服务的领先,并与国内外众多知名经纪公司和代理公司建立了紧密的合作与服务关系。

公司车险部主要负责承保、理赔等所有涉及车险服务的各个环节,独创五大服务举措,并与国内知名车行建立了合作关系,在高档车承保方面更是独具特色。

10. 美亚财产保险有限公司上海分公司

2010年,美亚财产保险有限公司上海分公司经营稳健,赔付率及综合成本率指标良好,偿付能力充足,全年实现总保费收入5.6亿元,净赔款支出0.63亿元,综合赔付率27.7%。根据统计,公司的保费收入在上海外资产险中居第一位。当年,公司业务发展均衡,责任险仍为第一险种,总保费收入1.98亿元,同比增长17.45%;货运险居第二,总保费为1.16亿元,同比增长10.29%;短期健康意外险位居第三,总保费为1.04亿元,同比增长23.21%。

(1) 创新产品。针对目前中国市场的需求,公司积极开发、升级相关保险产品,如"物流经营人综合责任保险"、"雇员忠诚及现金保险(升级版)"、"董监事及高级管理人员责任保险条款—2010尊荣防护版"、"董监事及高级管理人员责任保险条款—2010美国有价证券尊荣防护版"、"国内短期贸易信用保险"、"国内贸易装运前融资信用保险"等,以满足客户的不同需求。

(2) 客户服务。自2010年2月起,美亚财产保险有限公司将全国客户热线全部集中,统一——人员培训、统一软硬件配置、合理座席的忙闲分配,上海分公司也从中受益,服务热线的接通率和整体服务水平进一步提高。自2009年年底起,公司根据总公司的部署,推出了企业内容管理系统(ECM),借助电子作业平台的优势,继续优化现有无纸化作业模式,将理赔作业植入到该平台,力争全面形成保单服务、理赔服务的整体无纸化,进而提升服务水平,提高客户满意度和忠诚度。

(3) 公司内部合规建设。美亚财产保险有限公司上海分公司加强风险管理,不断完善内控制度,除在产品创新、提高服务质量等方面加大投入外,还落实保险监管规章制度,开展合规风险管理,执行全面内部控制体系及建立案件责任追究机制等,从而为公司的业务发展提供重要保障。

11. 东京海上日动火灾保险(中国)有限公司上海分公司

东京海上日动火灾保险(中国)有限公司上海分公司在2008年总公司法人改建的同时,由原长宁支公司改建而成。2009年1月19日正式开业。公司主要经营除法定保险以外的各类财产保险及其再保险业务。截至2010年年末,员工总数为70人。2010年是东京海上日动(中国)上海分公司开业以来的第一个经营整年度,业务规模发展顺利,保费收入达32 403万元,同比增长118.25%;实现利润总额15 104万元。

东京海上日动(中国)上海分公司极为重视客户服务质量和客户满意度,以客户的信任为企业经营之己任,时刻牢记诚实、亲切、公平地对待客户。东京海上日动(中国)上海分公司自2009年4月开展机动车商业保险业务以来,努力完善客户理赔体制,不断提升理赔服务质量和人员技能水平。在上海市保险同业公会组织实施的"2010年度车险理赔服务测评"中,以电话报案接通率、社会满意度、投诉信访接待、查勘定损技能得分、客户电话回访5项测评指标综合总评分90分以上的成绩获得最佳测评成绩。

东京海上日动(中国)上海分公司作为12家上海世博会三项规定保险共保体成员之一,竭尽全力承担起应尽的保险保障责任,积极配合首席承保公司开展风险管理活动,为完善保险服务献计献策,努力扮演好世博保险共保体成员的角色。2010年11月,中国人民银行、中国银监会、中国证监会、中国保监会和国家外汇管理局联合发文,授予东京海上日动(中国)上海分公司"中国2010年上海世博会金融服务工作先进集体"荣誉称号。在此次授予先进集体荣誉称号的59家金融机构中,东京海上日动(中国)上海分公司是唯一一家获表彰的外资保险机构。

东京海上日动(中国)上海分公司销售的险种已达20余种,包括财产险、财产一切险、营业中断险、电脑保险、现金保险、房屋综合保险、机器险、机损利损险、公众责任险、雇主责任险、产品责任险、产品召回责任险、业余高尔夫球手保险、安装工程一切险、建筑工程一切险、进出口货物运输保险、承运人责任险、国内货物运输保险、人身伤害险、雇员忠诚保险、海外旅行保险及机动车商业保险等。

12. 三星财产保险(中国)有限公司

三星财产保险(中国)有限公司是韩国三星火灾海上保险公司在中国设立的具有法人资格的独资财产保险公司,前身为三星火灾海上保险公司上海分公司,2010年为进一步配合公司战略发展,强化三星保险品牌,公司正式更名为"三星财产保险(中国)有限公司"。公司在中国境内已拥有北京、深圳、苏州、青岛等四家分公司,为建立全国性的服务网络打下了良好的基础。2010年,公司连续第三年荣获美国标准普尔财务实力[A]评级,该评级是目前中国财险市场外资及民营保险公司所获得的最高评级,业界信誉继续稳固并得到进一步提升。

三星财产保险(中国)有限公司始终严格执行保监会各项规定,依法合规经营。公司坚持服务为先、质量第一的经营思路,致力于提高公司服务水平。2010年,三星财产保险(中国)有限公司仍然以韩资企业为重点客户,全年实现保费收入共计4.06亿元人民币,较上年增长28.9%,其中上海总部保费收入共计8 037.14万元,业务范围涵盖货运险、企业财产险、机动车辆商业保险、责任险、保证保险和其他经营范围内许可的险种,保费收入主要集中于企财险和货运险。2010年该公司赔款支出金额累计2.34亿元,其中上海总部赔款支出金额计1.70亿元,偿付能力充足率达到2 520%,为公司的持续稳定经营提供了充足的保证。

2010年6月,经中国保险监督管理委员会批准,三星财产保险(中国)有限公司根据多年累积的经验和服务精神,正式开始销售机动车辆商业保险,力求成为高信誉、高品质的一流保险公司。为提高保险服务质量,更好地为三星财产保险的广大客户和潜在客户服务,公司同时开通了客服中心400电话,全年365天24小时进行事故受理,发扬"以客户为中心,挑战世界,创造未来"的三星精神,更好地贯彻本地化经营方针。

三星财产保险(中国)有限公司设立了风险管理部门,致力于研究开发企业防灾防损技术,为客户提供有关风险管理的咨询服务。

在业务发展的同时,三星财产保险始终致力于社会活动和公益事业,积极履行企业公民应尽的职责。坚持每季度开展一次"一心一村"活动,支援中国农村发展,贯彻公司"共存经营"的社会贡献理念。2010年三星财产保险赞助举行了"三星财产杯"围棋大师赛活动,促进各国棋手交流切磋。2010年9月三星财产保险(中国)有限公司在中国残疾人福利基金会举行捐赠签约仪式,每年向中国残疾人基金会捐赠20万元人民币,并承诺每销售一份三星车险即向中国残疾人福利基金会捐赠5元人民币,累计募集款项用于改善因车祸致残的贫困残疾人家庭生活环境,并资助他们的子女接受教育。

(王　喆)

13. 三井住友海上火灾保险(中国)有限公司

三井住友海上火灾保险(中国)有限公司,是于2007年9月6日经中国保险监督管理委员会批准改建而成的外商独资财产保险公司,其前身为三井住友海上火灾保险公司上海分公司。三井住友保险(中国)注册资本5亿元人民币,主要经营业务有:财产损失保险、责任保险、信用保险等财产保险业务;短期健康保险、意外伤害保险及以上业务的再保险业务。

三井住友保险(中国)成立后,于2008年9月开设了广东分公司,2010年1月开设了北京分公司,2010年12月设立了江苏分公司。目前,已形成以上海、广东、北京、江苏为中心,辐射华东、华南、华北三大区域的外资财产保险公司网络格局。2010年,三井住友保险(中国)凭借优质的保险服务、稳健的经营方针、丰富的承保和理赔经验,确保年度保费收入持续增长和盈利。2010年,保费收入达到6.75亿元人民币,税后利润1 622万元,偿付能力充足率达到658%。公司凭借自身的实力于2010年6月第三次获得标准普尔的A(stable)财务信用评级。

三井住友保险(中国)致力于企业在中国发展的同时,还积极倡导并履行企业社会责任。公司积极组织志愿者参加上海市政府举办的"蓝天下的至爱·爱心大放送"——浦东新区"万人上街捐"活动,为上海贫困人群募捐奉献爱心。4月14日,青海玉树发生了强烈地震,公司一直援助的"青海慈行喜愿孤儿院"受灾严重,公司号召员工将善款30 860.5元和物资送到孤儿院手中。希望工程作为2006年以来的长期援助项目,2010年10月公司再次将员工的爱心捐款12 000元捐赠给中国青少年发展基金会,持续捐助贫困学生。公司还积极关注文化事业,赞助了文化部以及上海国际艺术节组委会主办的"庆世博中日戏剧大师汇演",为弘扬中日传统文化贡献了微薄之力。2010年,三井住友保险(中国)和员工分别获得荣获"上海世博会三项规定保险优质服务奖"、"2010年上海世博会金融服务工作先进个人"、"上海世博会三项规定保险共保体优秀个人"等称号。

14. 中国出口信用保险公司上海分公司

2010年,面对广大企业开拓海外市场、规避收汇风险和获得贸易融资的需求,中国出口信用保险公司上海分公司按照总公司统一部署,开拓创新,继续全力推动出口信用保险政策在上海市的落实,积极帮助上海出口企业解决"有单不敢接"、"有单没钱接"的难题,促进了上海市外经贸的稳步发展和结构优化。在大型成套设备出口融资专项安排方面,2010年落实承保了上海外经里海高速公路等两个项目,中长期出口信用保险支持上海市"走出去"金额为8.8亿美元;短期出口信用保险共支持上海市出口90.8亿美元,完成年度计划的106.6%。全年出口信用保险对上海市外经贸的支持规模达到99.6亿美元,同比增长42.2%。全年累计实现保费收入32 975万元人民币,人均保费收入达到550万元人民币。

2010年,中国信保上海分公司通过进一步密切与市政府有关部门的联系,进一步加强服务,进一步加大宣传、扩大出口信用保险的社会影响,进一步加强内部管理等举措,使得出口信用保险的政策作用得到了较好的发挥。

一是拉动出口作用突出。在国际贸易中,"出口到新兴市场国家"、"长账期赊销出口"以及"远期信用证出口"三类业务,风险较高,2010年,出口信用保险支持上海市企业上述三类业务分别为38.7亿美元、3.2亿美元和3.4亿美元,共计拉动全市出口45.3亿美元。

二是支持出口结构调整初见成效。2010年,出口信用保险共支持上海市对外工程承包业务33.9亿美元，同比增长15%；支持高新技术产品出口15.8亿美元，同比增长139.8%；支持国有企业出口36.4亿美元，同比增长73%；支持纺织、轻工等上海市传统优势产品出口33.6亿美元，同比增长71%。

三是服务出口多元化战略取得积极进展。买方信用限额是企业开拓市场、扩大出口、实施市场多元化策略的软资源。2010年，出口信用保险共为上海市出口企业新批复买方限额9 215个，共计60亿美元，同比分别增长25%和55%，其中新兴市场国家买方限额4 595个，计27亿美元，同比分别增长36%和53%，占比为50%和45%。

四是支持保障作用充分发挥。利用信用风险管理和资信服务等方面的专业优势，出口信用保险服务较好地熔入了企业出口所需的资信调查、合同签订、生产管理、出口申报、收汇跟踪、商账追收等环节，协助出口企业进行全程风险控制。全年共接受177家企业8 311万美元报损，协助企业追回海外欠款3 335万美元，累计向44家企业支付赔款548万美元，为企业提供买家资信分析报告近万份，充分发挥了出口信用保险的支持保障作用。

15. 中国人寿财产保险股份有限公司上海市分公司

2010年是中国人寿财险上海市分公司的“稳行之年”，也是实现“盈亏平衡”的关键之年。公司提出了“围绕一个核心、突出两个抓手、明确三个重点、提升四个能力”的发展思路，以“稳增长、优结构、增效益”为工作重心，勇于突破、创新思维，不断提升自身综合能力，不断增强自身竞争实力，开创了公司可持续盈利的新局面。2010年，公司完成保费收入51 280.92万元，其中非车险保费收入11 317.61万元，占比为22.07%。业务发展呈现出以下几个特点：一是保费收入稳步增长。分公司整体保费呈现稳中有升的良好态势，全年保费规模同比增长23.50%，市场份额继续保持在上海财险市场中资主体的第5位，市场话语权和影响力稳步提升。二是业务结构逐步优化。公司进一步加大结构调整力度，促进发展方式转变。非车险业务进一步增长，保费规模同比增长33.02%，占比同比增长了1.58个百分点。三是盈利能力明显提升。2010年，公司在2009年强化全员效益意识的基础上，正式对所辖各经营单位进行综合成本的严格考核并取得了初步成效。

2010年以来，公司从提升机构的可持续发展能力、做大做强本部渠道业务两方面出发，着力推进渠道建设并取得一定成绩。

公司各业管部门努力推进业务精细化管理，进一步加强与业务一线的沟通联系，积极做好业务调研、培训辅导等工作。结合各家单位的实际情况，引导各机构加大团体法人业务的展业公关力度，努力在效益型险种的拓展上形成展业特色。在车险业务管理方面，进一步优化车险内部险种结构，推动车险结构深化调整，着力提高优质车险客户的续保率和留存率。在非车险业务支持方面，根据经营单位非车险拓展需求，将全年的业务宣导重点转移到经验分享、实例分析、主要渠道介绍、合作要点等方面。在信息技术支持方面，着力加强IT技术对管理工作的支持力度。

公司坚持人力资源管理与公司战略结合的原则，加强员工的培养、转型与淘汰，为公司发展提供持续发展能力。

三、保险(集团)公司

中国太平洋保险(集团)股份有限公司

2010年,中国太平洋保险专注保险主业,坚持价值导向,着力转变保险发展方式,坚持发展保障型和长期储蓄型业务,注重承保盈利,优化业务结构,强化风险防范与合规经营,推动和实现公司价值的持续增长和市场份额的稳步提升。

1. 集团整体保持良好发展,规模与价值稳步提升

中国太平洋保险坚持专注保险主业、追求可持续价值增长的经营策略,保费收入强劲增长,市场份额稳步增加,资产规模不断扩大。2010年,集团保险业务收入1 395.55亿元,同比增长44.9%;整体市场占比9.9%,较2009年提高0.8个百分点;总资产规模达到4 757.11亿元,较2009年年末增加19.8%。2010年,归属于母公司股东净利润85.57亿元,同比增长16.3%;内含价值跃上1 000亿元的平台,达到1 100.89亿元,较上年末增长11.9%。公司资本实力强劲,集团偿付能力充足率达到357%。

2. 太平洋寿险坚持发展保障型和长期储蓄型业务,新业务价值持续增长

太平洋寿险加快发展方式的转变,优先发展保障型和长期储蓄型寿险产品,聚焦期缴业务,保险业务收入实现快速增长,达到878.73亿元,同比增长41.7%;市场占比8.8%,较上年提高0.5个百分点;保险业务收入占规模保费的比例为95.5%。寿险新业务价值和有效业务价值持续提升,一年新业务价值61亿元,同比增长22.0%;有效业务价值347.78亿元,同比增长31.5%。从收入结构看,首年期缴保险业务收入168.69亿元,同比增长32.5%,其中,营销渠道首年期缴同比增长21.9%,银行渠道首年期缴同比增长46.5%;续期保险业务收入336.9亿元,同比增长41.3%。

在营销渠道方面,太平洋寿险着力提升整体销售能力,实施产品细分策略,推广产品组合销售模式;持续提升基础管理水平,促进人力持续、健康增长;加快区域拓展业务发展,提升城区市场竞争力。在银行渠道方面,太平洋寿险优化银保渠道业务结构,大力销售期缴业务,创新销售模式,有效提升销售网点的产能。2010年,太平洋寿险营销员人数达到28.0万名,同比增长10.2%;营销员月人均首年保险业务收入为2 863元,同比增长10.2%。

太平洋寿险加强业务品质绩效导向管理,优化续期作业模式,提升客户服务水平,业务品质持续改善。2010年,个人寿险客户13个月保单继续率92.0%,较上年提高4.9个百分点;25个月保单继续率84.0%,较上年提高2.0个百分点。

3. 太平洋产险把握市场发展规律,实现业务快速增长和利润大幅提升

太平洋产险抓住市场发展机遇,坚持承保盈利发展策略,业务增速明显加快,市场份额持续提升,成本管控能力增强,利润贡献大幅增加。2010年财产保险业务收入516.22亿元,同比增长50.5%,高于行业平均增幅16个百分点;市场占比12.8%,较上年末提高1.4个百分点;综合成本率93.7%,较上年末下降3.8个百分点;净利润35.11亿元,同比增长146.9%。

在车险业务方面,公司进一步提升精细化管理水平,实施车险理赔省级集中管理,加强车商渠道专业化团队建设,开展"诚信(Sincere)、专业(Specialized)、快速(Speedy)、安心(Secure)、满意(Satisfactory)的5S车险理赔服务",提高优质客户续保率,车险整体盈利能力明显提升,保持行业领先。在非车险业务方面,公司加大市场拓展力度,加快产品创新和服务创新,实施500强客户战略,实现非车险业务同比增长35.6%,高于行业平均增速,国内500强客户覆盖率超过 50%。

在新渠道拓展方面,公司进一步加快交叉销售、电话及网络销售业务发展,完善组织架构和运营系统,实现保险业务收入 22.5 亿元,同比增长 234.4%。

4. 太平洋资产管理公司坚持稳健进取的投资策略,实现了持续稳定的投资收益

2010 年,面对资本市场震荡加剧的格局,太平洋资产管理公司坚持稳健进取的投资策略,强化资产负债管理,完善资产负债互动机制,持续优化资产配置,努力实现投资收益持续稳定地超越负债成本。2010 年年末,投资资产规模达到 4 333.85 亿元,同比增长 18.4%;累计实现投资收益 209.02 亿元,总投资收益率 5.3%;实现净投资收益 169.52 亿元,净投资收益率 4.3%。

固定收益类投资加大对超长期国债和协议存款的配置力度,有效拉长资产久期,定息收入同比增长 19.6%;权益类投资密切跟踪市场走势,积极进行主题投资,加强对封闭式基金和大型商业银行可转债的投资,努力提高权益类资产投资收益的稳定性;巩固和加强另类投资业务,设立和发行多项基础设施类债权投资计划,产品设立数量和投资金额占投资资产比例继续保持行业领先。

5. 完善后援集中管理平台,发挥集约化管理优势

2010 年,公司继续大力推进后援集中管理平台建设,取得了长足的进步。公司正式启用技术领先的新一代数据中心,全面推广集中式客户服务系统,为提升营运效率,强化风险管控,改善服务质量和提供一站式服务提供有力的支持。太平洋产险核心业务系统全面上线保持顺畅运行,提升了业务处理能力和精细化管理水平。太平洋寿险新的核心业务系统已在大部分机构成功上线,完成渠道数据全国集中管理,搭建了专业化 IT 技术平台,按照“管理集中、服务延伸”的思路实现集约化管理水平的不断提升。

6. 积极参与和谐社会建设,品牌影响力持续提升

中国太平洋保险秉承“诚信天下、稳健一生、追求卓越”的企业核心价值观,努力实现企业社会责任与公司业务运营的有机融合。2010 年,公司向青海玉树震区和甘肃舟曲泥石流灾区合计捐赠 600 万元,支持当地受灾群众抗灾抢险,重建家园;开展社区综合保险,为街道及社区居民提供财产安全保障和生活风险保障,为创建和谐文明社区提供切实的服务;持续开展“责任照亮未来”支教活动、上海儿童福利院关爱行动等慈善公益实践;积极提倡低碳环保,追求绿色发展,试点推广环境责任险等环境友好型产品;在基础设施债权投资计划项目上,重点聚焦新能源、水电、风电等节能减排绿色环保领域。公司在综合实力、公司治理、业务运营等方面获得众多的荣誉,公司品牌价值显著提升。

(中国太保)

四、保险自律组织

上海市保险同业公会

2010年，上海市保险同业公会以上海世博会召开为契机，紧抓巩固深化市场自律成果和打造业内一流信息平台两个工作重点，在积极维护行业利益的同时，努力探索维护消费者的利益，为促进行业发展与行业规范，尽心尽力地开展各项协调服务。

(1) 行业自律。2010年，上海市保险同业公会立足实际，通过广泛调研和组织专项调查，形成了许多自律方面的标准，并采取各项措施来保证实施，提升行业整体服务水平。一是制定并推动落实保险窗口服务标准，规范保险服务；二是坚持开展行业自律检查，维护市场平稳健康发展；三是推行保险事故车辆维修协作单位挂牌服务；四是顺利完成2009年上海市保险专业中介机构信用评级工作；五是切实加强从业人员教育，为市场自律规范运行提供保障；六是推行保险理赔员(车损定损)资质认证机制。

(2) 宣传维权。上海市保险同业公会既注重反映会员单位的呼声和诉求，又当好政府监管的参谋和助手，也坚决维护广大保险消费者、会员单位的合法权益。一是充分发挥保险纠纷解决机制，切实维护保险消费者的合法权益。据统计，上海市保险同业公会全年共受理投诉1 657余件。其中，通过电话受理投诉1 384件，通过来访、来函受理273件。共受理调解案67例，全部调解成功，成功率达100%。二是建立与巩固沟通联络制度，加强行业与政府相关部门的沟通协调。2010年，与上海市第二中级人民法院签署合作备忘录，构建了联合化解保险纠纷新机制。三是全方位、多角度、多层次地推动保险消费者教育宣传工作。

(3) 技术创新。在上海保监局的领导和大力推动下，上海市保险同业公会充分发扬解放思想、积极探索的精神，通过广泛调研，在科学论证和充分协商的基础上，积极探索、勇于创新、加大投入，不断研发成功并投入使用新的应用系统，为业内提升经营管理和服务水平，提高风险管控能力提供了强有力的技术支撑，开创了行业间全新的保险服务模式。一是保险“理赔信息服务系统”于12月顺利开发上线，创新性地通过使用该系统来加强管控车险业务风险。同时，在以此核心系统为主系统的架构下，加强了扩展系统功能的研发，创新开展了“路名查询系统”、“辅助定损系统”、“事故登记系统”、“人伤鉴定系统”、“理赔数据分析系统”共5个辅助系统的建设工作。二是人身险综合信息平台建设前期工作取得阶段性成果，作为人身险信息共享的重要工作，此项工作也将开创寿险行业信息共享的先河。三是顺利完成“上海市保险兼业代理管理信息系统”的开发工作。

(4) 自身建设。2010年，上海市保险同业公会根据实际需要，整章建制，规范岗位设置，进一步健全落实内部各项规章制度，同时建立、健全了专业委员会制度及各项工作制度，完成了产、寿专业委员会、经费审查委员会及行业自律违约处分委员会主任委员的调整和充实，首次制定了寿险专业委员主任会议议事规则，提高了主任会议的效率。且先后吸收紫金等4家产险公司、中融等4家寿险公司、深圳大同兴业公估等15家保险中介公司为公会会员单位。2010年，公会会员单位已发展到了144家。

(余怡琳)

第五篇　市　　场

一、交易所(中心)

1. 中国外汇交易中心暨全国银行间同业拆借中心

1. 银行间市场概况

2010年,银行间货币、债券、外汇市场及衍生品市场总交易量达到211.29万亿元,比上年同期增长28.8%。其中,货币市场共成交115.5万亿元,同比增长28.8%。现券市场共成交64.0万亿元,同比增长35.4%。利率衍生品市场共成交1.8万亿元,同比增长62.2%。汇率衍生品市场共成交13 327亿美元,同比增长63.0%。截至12月底,银行间市场会员共3 356家。其中,本币市场成员3 063家,同比增加617家,外汇市场会员293家,同比增加18家。

2010年货币市场运行平稳,共成交115.5万亿元,同比增长28.8%。各子市场交易量同比均大幅增加。其中,信用拆借累计成交27.9万亿元,同比增加44.0%;质押式回购84.7万亿元,同比增加25.0%;买断式回购2.9万亿元,同比增加13.6%。货币市场利率持续攀升,隔夜拆借利率全年上涨340个基点,7天Shibor上涨496个基点。

2010年,银行间债券市场共成交超30万笔,累计成交约64.0万亿元,同比显著增长35.4%。共有包括国债、地方政府债、央行票据、政策性金融债、商业银行债、非银行金融机构债、证券公司债、企业债、短期融资券、资产支持证券、国际开发机构债、中期票据、集合票据、超短期融资券等超过2 000只债券在银行间债券市场交易。其中政策性金融债交易最大,占比约三分之一,其他依次是央行票据和中期票据。2010年银行间国债指数整体呈震荡上行走势,年底报收于1 239.5点,较上年末上涨47.6点,涨幅为4.0%。

2010年,人民币外汇即期市场交易量微幅增长,较上年增长3.46%。其中,美元交易同比微增3.18%,港币、日元、欧元和英镑交易量同比均有明显增长,增长幅度分别为100%、77%、38%和11%。外币对即期市场成交金额折合502亿美元,同比增长44.4%,交易趋于活跃。2010年上半年,人民币对美元中间价保持基本稳定,6月19日人民银行宣布重启汇改后,交易价格波幅扩大,并总体呈升值态势。年底人民币对美元中间价报收6.622 7,比年初(6.828 1)下跌2 054个基点,人民币升值3.1%。2010年人民币对美元中间价最高6.828 4(6月8日),最低6.622 7(12月31日)。

2. 产品创新

(1) 人民币外汇期权产品研发。为更好推进外汇市场产品创新,帮助市场成员更好地规避汇率风险,2010年中国外汇交易中心开展了期权产品和波动率相关研究。完成《银行间外汇市场开办人民币外汇期权交易方案》和期权业务需求说明书,并启动系统开发。

(2) 新货币对上线。6月7日中国外汇交易中心在银行间外币对市场引入美元兑新加坡元交易,使外币对市场的货币对数量增至9个。

(3) 小币种挂牌。8月19日中国外汇交易中心在人民币外汇即期市场正式开办人民币对马来西亚林吉特交易,首度在银行间外汇市场引入新兴市场货币交易,11月22日又推出人民币对俄罗斯卢布交易。小币种的挂牌使得人民币对小币种货币汇率的自主性增强,参考一篮子货币的汇率形成机制有更直接的定价基础,有利于完善人民币汇率形成机制,同时为进一步推动人民币与新兴市场和周边国家货币直接交易积累了必要的经验,有助于跨境贸易人民币结算业务的开展。

(4) 贷款转让平台运行。2010年中国外汇交易中心组织开展贷款转让平台的研发,按计划完成贷款转让平台需求分析、开发支持和功能测试等工作。9月25日贷款转让平台平稳上线。贷款转让交易的推出，对于规范发展我国贷款转让市场，完善货币政策传导机制，加强金融宏观调控，优化银行信贷结构，防范和化解潜在金融风险等，具有重要的现实意义。贷款转让平台项目获得上海市金融创新成果二等奖。截至12月底，接入贷款转让平台机构共有41家。

银行间市场贷款转让交易启动仪式

（5）信用风险缓释凭证交易推出。2010年中国外汇交易中心完成信用风险缓释凭证报价和交易功能的需求分析、开发支持、功能测试等工作，形成本币交易系统与清算所数据交换接口方案。11月29日在本币交易系统上线该信用衍生品报价和交易，此业务的推出对有效管理银行间市场信用风险起到积极的作用。

（6）增值服务系统上线运行。为更好地服务市场，为市场成员提供前中后一体的资金管理平台，帮助机构进行资产、风险和损益管理，从而达到全面提高交易效率、控制交易风险的目的，中国外汇交易中心开发建设了增值服务系统ComStar已于12月1日上线使用。

（7）超短期融资券挂牌交易。2010年中国外汇交易中心进行超短期融资券（SCP）交易需求分析、开发支持和联调测试等工作，形成本币交易系统与清算所数据交换接口方案。12月28日超短期融资券首次在银行间市场挂牌交易。

3. 制度建设

（1）银行间实时收益率曲线发布。为更好地为市场提供基准指标服务，中国外汇交易中心于2月1日通过“中国货币网”正式对外发布实时收益率曲线。方便金融机构债券池选券、盘中债券估值和实时中后台风险控制，为构建个性化实时曲线提供样本基础。

（2）人民币汇率形成机制改革进一步推进。2010年6月19日，中国人民银行决定进一步推进人民币汇率形成机制改革，增强人民币汇率弹性。强调人民币汇率不进行一次性重估调整，重在坚持以市场供求为基础，参考一篮子货币调节。国际社会对此积极肯定。

（3）银行市场基础建设。2010年中国外汇交易中心加强银行间市场基础设施建设，不断优化本外币交易系统和信息发布系统。一是顺利完成外汇交易系统升级。包括12项核心系统功能升级，6个项目开发。二是升级完善本币交易系统。3月19日和11月29日对本币交易系统进行了两次重大升级。

（4）中国货币网全面升级。为加强银行间市场信息服务，中国外汇交易中心升级“中国货币网”。新版货币网一期中文版于9月19日顺利切换上线。12月9日上线英文版。新版货币网对原有货币网栏目结构及信息展现方式进行了全新重构，增加了长三角票据贴现指数、实时收益率曲线、媒体专区、英文版，剥离了利率监测、电子备案等内容，信息披露上传更为简化，会员获取信息的方式更为便捷与直观。

（郭　建）

2. 中 国 银 联

2010年是中国银联发展有特殊意义的一年。胡锦涛总书记亲临银联视察，殷切希望把“银联”打造成为国际主要银行卡品牌。国务院领导同志两次召集专题会议，研究银联有关工作，明确提出银联要迅速提升市场竞争能力。中国银联在中国人民银行的指导下，认真落实胡锦涛总书记的指示精神和国务院领导同志的要求，以科学发展观为指引，努力做到一盘棋、一条心、一股劲，抓住机遇、加快发展，各方面都取得显著的成绩。全年银行卡跨行交易成功率达到99%；全年实现银行卡跨行交易11.2万亿元、84.5亿笔，同比分别增长46.4%和21.8%。

1. 受理市场在规范中稳步发展

2010年，银联继续加强与各商业银行及相关各方的交流合作，加快完善境内银行卡受理网络，强化中心城市受理市场建设，加快二级地市和县乡拓展力度，推动银行卡进行业、进社区、进家庭、进农村。截至2010年年底，境内联网商户累计达到218万户、POS机333万台、ATM机26万台，同比分别增长63.4%、56.8%和31.2%。便民支付服务网点6.4万个。

表1　联网商户、POS、ATM增长情况

年份	联网商户(万户)		联网POS(万台)		联网ATM(万台)	
	新增	年末	新增	年末	新增	年末
2002年	3.5	18.5	5.2	27	1	4.9
2003年	5.3	23.8	7.9	35	1.07	5.97
2004年	6.8	30.6	10	45	0.86	6.83
2005年	8.8	39.4	15.76	60.76	1.38	8.21
2006年	12.7	52	21	81.8	1.57	9.78
2007年	21.8	73.9	36.3	118	2.52	12.3
2008年	35.3	118	52.5	185	3.5	15.8
2009年	39	156.7	58	240.8	3.9	19.7
2010年	62	218	91	333	6.2	26

2010年，银联积极联合各商业银行以及相关监管机构，进一步大力规范受理市场秩序。一是违规现象基本得到遏制。确认违规的商户整改率保持100%，基本消除了恶性竞争现象。二是机制更加完善。商户信息注册机制、违规监测机制、违规约束机制、手续费标准化分配模式全面推广，20个地区启用追偿性清算措施。三是成效显著。整改违规使用编码商户18.8万户。完成2.7万户商户“一柜多机”清理。

2. 圆满完成上海世博会和广州亚运会支付服务保障工作

2010年，银联将上海世博会、广州亚运会支付服务保障工作作为头等重要的政治任务，高度重视，精心组织，圆满完成了支付服务保障工作。一是确保用卡安全。建立银行卡安全保障和应急处置机制。银行卡核心生产系统零故障，交易成功率创历史新高，没有发生重大银行卡风险事件。二是受理环境全面达标。长三角地区新增联网商户10.4万户、POS机19.7万台，世博会场馆周边重点区域、标志性旅游景点全部可以受理银行卡，银联标识进入世博会场馆。亚运会场馆及周边地区中等规模商户全部可以受理银行卡。三是发行世博会、亚运会主题银联标准卡2 200万张。四是推动支付创新。布放小额免签支付POS、自动售货和售票终端1 300台。开通了“银联闪付通道”。五是实现了世博会、亚运会期间银行卡支付服务“零差错”、“零投诉”、“零负面报道”。银联荣获“上海世博会金融服务突出贡献奖”。

3. 系统运营水平稳步提升

2010年，银联以“六西格玛”为基础，初步建成一体化运营机制，明确运营服务标准，持续强化运营质量监控，实现了系统安全稳定运行。系统运行计划外“零中断”，交易成功率达到99.1%。银联跨行系统接入了中国人民银行小额支付系统。全面完成第二代银行卡跨行交易清算系统计划上线推广任务。

4. 银联标准卡发卡势头良好

2010年，银联标准卡卡量持续攀升。新增银联标准卡5亿张，累计18亿张。其中，新增信用卡4 210万张，累计1.2亿张。银联标准借记卡占国内借记卡发卡总量78.4%。银联标准信用卡占国内信用卡发卡总量的46%。银联标准卡活动卡占比接近70%。

表2　银联标准卡发卡量

年份	银联标准卡(万张)		银联标准借记卡(万张)		银联标准信用卡(万张)	
	新增	年末	新增	年末	新增	年末
2004年		1 027		1 027		
2005年	7 523	8 550	7 494	8 521		29
2006年	14 668	23 218	14 354	22 875	314	343
2007年	30 563	53 781	29 346	52 221	1 307	1 650
2008年	35 579	91 000	32 777	86 550	2 802	4 450
2009年	40 000	130 000	36 400	126 400	3 600	8 060
2010年	50 000	180 000	44 000	165 000	4 210	12 000

5. 国际业务有新突破

2010年，银联继续巩固和扩大境外受理网络及发卡规模，国际业务取得新突破。新增境外商户29.8万户、ATM机10.3万台，累计分别达到85.4

万户、82.2万台。境内外ATM机超过100万台。实现交易1 889亿元，同比增长75%。17个国家和地区65个机构发行银联卡，新增发卡290万张，累计近1 000万张。发卡对象向当地主流人群转移，业务本地化和不同市场联动趋势进一步显现。加强与中国香港、新加坡、日本、韩国、墨西哥等国家和地区旅游部门合作，借助当地政府拓展市场。借助上海世博会、广州亚运会，整合境内外资源，开展针对境外持卡人的主题营销活动。

表3　中国银联境外市场拓展情况

年　份	境外联网商户（万户）	境外联网POS（万台）	境外联网ATM（万台）
2004年	1.2	1.7	0.1
2005年	2.9	4.5	6.2
2006年	5.5	8.1	29.8
2007年	12.5	17.4	36.6
2008年	43	54	58
2009年	55.7	69.8	71.9
2010年	85.4	88.3	80

6. 创新业务有新进展

2010年，银联内部成立了互联网业务部，外部协调银行成立互联网市场专家委员会。接入银联互联网支付平台的银行累计达到100家，用户数累计达到322万户。发挥移动支付产业联盟的作用，初步确立了金融标准和银行卡账户为主导的手机支付发展模式，正在逐步形成银联、银行、通信运营商合作共赢的良好格局。新增用户35.4万户。进一步加强PBOC标准IC卡受理环境建设，累计发行PBOC标准IC卡900万张。开通了火车刷卡购票、智能电视支付。与南方航空、东方航空公司开展合作，建立航空领域首家支付实验室。同时加大与保险企业的合作。

7. 服务能力有所增强

2010年，银联坚持服务第一的理念，进一步加强对银行、商户和持卡人的服务，市场满意度进一步提高。一是从战略层面把握不同银行的需求，以“一站式”服务整合服务资源，构建差异化服务优势。二是联合收单机构和商户，开展丰富多彩的营销活动，促进了商户销售增长。组织收银员培训40多万人次，举办全国收银员职业技能竞赛，表彰了一批优秀收银员。三是发挥95516服务电话、服务网站、短信平台作用，成立高尔夫和网球俱乐部，推出商旅平台，提供酒店预订、机票预订、高尔夫和网球预订、精选商户等多种服务。

8. 银行卡风险得到有效遏制

2010年，银联协同有关各方，加强银行卡风险防控，出现了风险稳中有降的良好态势。一是会同有关方面深入开展打击银行卡违法犯罪专项行动，向公安机关移送银行卡犯罪线索近1.8万条，协助查处案件5 226起，涉案金额92亿元，挽回经济损失5.8亿元。二是完善包括信息共享、欺诈侦测、分析报告、业务培训在内的风险服务体系。三是境外风险管理得到强化。建立了两岸四地的风险合作交流平台。协助查处跨境风险案件778起，涉及金额2 778万元。

（李　凡）

3. 上海证券交易所

2010年，上海证券交易所在迎来开业二十周年之际，坚持以市场发展为主线，全面落实党中央、国务院和中国证监会的部署和要求，直面竞争，迎接挑战，在安全运行、蓝筹股市场建设、债券市场发展、市场监管、产品创新、基础管理与基础建设等许多重要领域又取得了新的进展。截至12月31日，全年上海证券市场股票总成交额达30.4万亿元，列全球第3，日均成交额超过1 257亿元，股票筹资总额达5 532亿元，列全球第4，市价总值18万亿元，列全球第6。

1. 全力保障新系统安全运行，继续提升安全管理水平

（1）全力做好新交易系统磨合期工作，新系统转入常态运行。成立磨合期领导小组，统一部署新交易系统运行保障。通过为期4个月的磨合期，上交所实现了各类新业务和新产品的顺利推出，全面验证并实施了交易系统各项业务，包括ETF多日发行的新业务，进一步磨合了业务和技术运行团队的衔接配合，梳理解决了新交易系统和周边系统的遗留问题，新交易系统顺利转入常态运行，服务市场的能力大大增强。

(2) 成立安全运行委员会,强化全所安全运行工作。新交易系统进入常态运行后,由上交所安全运行委员会统一协调交易系统的整体安全运行,持续进行首单业务特别保障,重点关注新产品、新业务的推出过程,进一步对业务流程进行全面梳理、简化和整合,全面提升全所安全运行管理水平。全年通信系统平均无故障率达 99.99%,交易系统停复牌操作 4 304 次,交易参数维护 4 035 次,交易单元操作 7 247 次,业务运行操作基本无差错。

(3) 完善上交所技术发展规划,不断提升应急处置能力。组织召开大型专题研讨会,深入研究技术系统发展趋势,科学有序开展技术论证与业务评估工作。组织开展跨市场综合应急演练,督促市场参与者建立配套快速反应处置机制;加强网络和应用监控,设立完整而有效的预警指标及报警机制;继续优化系统架构,不断提升技术管理水平。

(4) 加强信访维稳,实现"平安世博"。成立世博维稳领导小组,排摸重点,完善制度,制订世博维稳预案;收集信息,加强监控,提前做好维稳预判;多方联合,协同应对,共同做好世博维稳;加强协调,妥善应对,确保处置到位;强化涉密计算机和移动存储介质管理,坚决杜绝失泄密事件发生,确保上交所信息安全。世博期间,梳理并排查出重点稳控对象 50 人,接待上访 48 人次,处理涉稳信息 50 条,新收权证诉讼近 11 件,均得到了平稳处置,有效化解了矛盾。

2. 不断加强市场服务,持续推动蓝筹股市场建设

(1) 以实践锻炼计划为抓手,加大市场服务力度。在各地政府金融主管部门、证券监管部门或证券经营单位等合作机构的支持下,分三批先后向 16 个省市的 34 家机构派出 36 名实践锻炼人员到市场一线主动提供发行上市、并购重组、债券发行等市场服务,120 名员工参加了相关专业培训;定期和不定期召开实践锻炼人员交流座谈会,摸清市场信息,及时沟通情况;设立市场发展专项奖,鼓励全所员工为推动市场发展贡献智慧和力量。

(2) 多方联合,培育上市资源。组织召开券商新股发行上市工作讨论会、新股发行体制改革研讨会、重点企业改制上市工作会议、文化企业改制上市工作会议,联合各地证监局、地方政府联合组织区域资本市场论坛,积极扩大主板影响力;加大企业走访力度,不断完善重点跟踪企业名单。做好新股发行舆论宣传及舆论引导工作。配合证监会推动新股发行体制改革。全年所领导 65 人次带队走访了 28 个省市区的 180 家企业,员工走访的企业达 490 家。全年在上交所完成 IPO 发行上市的企业 26 家,募集资金 1 919.56 亿元。另有 3 家正在安排发行。

(3) 推进并购重组工作,支持企业做大做强。持续做好上市公司并购重组意向的摸底工作,召开并购重组暨整体上市座谈会,传递监管政策信息,搭建上市公司并购重组信息和经验交流平台;积极参与证监会关于"推进完善并购重组工作安排"的政策研究,坚持从法规建设等技术角度,做好上市公司并购重组的服务和信息披露审核。全年累计受理 61 家公司重大资产重组申请,67 家公司实施了并购重组,其中 43 家公司完成了重大资产重组,24 家公司变更了控股股东或实际控制人。

3. 多种措施并举,大力推动债券市场发展

(1) 改进债券交易机制,稳步扩大债券市场交易规模。多方协调,破解难点,完成固定收益平台整合分三步推进的第一步,实现了国债双边挂牌。在发挥交易所债券市场的特色与优势的同时,完成了一对一现券交易机制的建设,实质性推动了后台非担保交收模式的建立,充分兼顾了债券特有运行模式。债券市场吸引力逐步恢复,交易金额稳步上升,全年债券总成交 7.08 万亿元,同比上升 50%以上,超过了 2003 年市场下滑前的水平。

(2) 大力培育公司债市场,公司债券存量显著增长。积极跟踪公司债、企业债发行进展,加大走访、调研和营销力度,为债券市场参与者提供全方位咨询服务;按照公司债券分类管理办法,协调解决已发行未上市的非达标公司债券在上交所固定收益平台上市流通。2010 年上交所新挂牌公司债与企业债新增托管量 1 375 亿元,新增挂牌数量达到 100 只,已发行或已来上交所办理相关手续拟来上交所挂牌的债券达到 14 只。

(3) 加大协调力度,推动上市商业银行回归交易所债市。积极争取,妥善安排,继续做好上市商业银行回归交易所的各项准备;研究制定商业银行回归后在机制、产品、风险控制、后台结算等方面的创新及后续发展事宜。12 月 6 日，交通银行在上交所达成 3 笔债券交易，标志着上市商业银行进入交易所债券市场试点实质性启动。

(4) 根据债券特点，研究创新债市格局，实现新品种的挂牌、完成新产品的创新研究。思考市场发展大局，重新研究交易所债市发展的路径与突破口。按照“四个独立”的思路，研究符合债券特点的新产品与新规则：完成一对一回购创新方案与远期交易创新研究；完成并向市场主管部门提交多篇政策建议性研究报告；起草符合市场最新发展趋势的《债券市场交易细则》。首只保险公司债券泰康债与首只证券公司债券国泰君安证券公司债券已经或将于上交所挂牌，取得金融类债券在上交所债券市场挂牌零的突破。

(5) 主动出击，探寻境外公司境内发行人民币债券需求。加强对境外高信用级别的公司境内发行人民币债券的可行性的研究论证，初步建立与知名证券中介机构合作沟通机制；通过各种渠道了解境外知名企业来华发行人民币债券的意愿，积累潜在发债企业名单，初步掌握相关企业基本情况，与重点企业直接进行接触或建立初步联系。

4. 强化全方位监管职能，依托监管促发展

(1) 充分发挥市场监管委员会统筹职能，优化自律管理机制。定期召开市场监管工作例会，动态关注市情变化，围绕重点热点，有效推进监管措施和制度建设。进一步发挥纪律处分对日常监管的支持作用。完成年度业务规则清理评估，清理数量达 15%。打造《证券法苑》、“上证法治论坛”等上交所法制研究品牌。

(2) 及时把握违法违规新动向，积极探索市场监管新方法。配合股指期货推出打击跨市操纵，跟踪并购重组打击内幕交易，关注融资融券业务打击过度投机交易。充分发挥第三代监察系统和数据仓库技术资源优势，全年协、核查数量明显增多，完成各类分析、协查工作及报告 473 件(次)，累计调查处理异常交易 802 起(较 2009 年增加 40%)，对 1 801 家次营业部给予电话提醒(较 2009 年增加 120%)，突显上交所一线监管实力。

(3) 结合日常监管热点，促进上市公司规范运作。发布《控股股东和实际控制人行为指引》、《独立董事备案及培训工作指引》等，依托监管促发展，推动上市公司治理结构完善和规范发展。配合证监会“解决同业竞争、减少关联交易”专项工作。探索按上市公司市值分类管理制度。

(4) 积极开展技术服务和业务培训，提升会员客户管理水平。开展会员客户管理工作和保险机构持有交易单元情况等专题分析，形成报告并提出解决方案和相关建议。启动会员培训工作，推动会员熟练掌握上交所会籍业务等办理流程，降低业务操作风险。结合新交易系统功能释放，有效提供上交所技术专场服务平台。

(5) 稳妥处置公司债暂停上市问题，规范债券和基金市场发展。妥善处理连续两年亏损公司债暂停上市问题。编制格式指引、《ETF 业务手册》、《交易所基金监管框架》及《基金监管工作指引》，加强公司债定期报告事后审核力度，督促发行人、基金公司及时履行信息披露义务。开展安全运行座谈会，研讨基金运行及风险控制，做好基金安全运行风险防范警示。

5. 以交易所交易基金开发为重点，稳妥推进创新产品开发

(1) 加大开发力度和节奏，交易所交易基金(ETF)取得跨越式发展。全年新上市上证超大盘 ETF 等 8 只 ETF，另有 4 只已获证监会批准，10 余只报证监会待批。产品品种向杠杆、反向、主动和抽样、优化复制型延伸。配合跨市场、跨境 ETF 产品的推出，抓紧修改业务规则，开发技术系统，加强市场推广和投资者教育工作。与港交所联合举办“ETF 产品发展与风险控制”研讨会，反面透视产品风险，提出防范和应对措施。

(2) 编制并发布上证 380 指数，强化蓝筹概念指数宣传。指导细化市场表征指标，编制各类新指数 21 条。编制发布新兴蓝筹上证 380 指数，多渠道推介上证 50、180、380 和上证综指等重点指数体系，紧密服务上交所市场发展和指数产品开发，广泛宣传上交所大盘蓝筹为主、大中小企业共同发展的多层次蓝筹股市场新特征。进一步完成与标普、富时等 9 家国际指数公司和纽约泛欧、东交所等 5 家境外交易所指数签约工作。

(3) 全力以赴推进融资融券试点，为稳妥推出保驾护航。以防范风险为先，悉心指导、积极总结，扎实做好 3 批试点会员融资融券业务和技术准备。

实施交易首日特别保障制度，专门开发融资融券客户投票意见代征集系统及会员投票系统，确保试点在交易结算、数据报送、专项监控等各环节平稳开展。目前开展融资融券交易会员已达25家，投资者开立信用账户超过2万户，全年融资融券交易金额589.5亿元，融资融券余额84.3亿元。

(4) 积极配合股指期货推出，紧密推进市场创新研究。全面梳理沪深300指数编制、计算、发布、交易等各项业务流程，保障股指期货如期交易。协调沪深两所、中金所、指数公司开展300指数及指数期货应急演练。紧密跟踪股指期货与现货市场联动等问题，积极研究其为新产品开发带来的机遇和挑战。

(5) 着手提升上证基金通功能，积极开展多项业务创新。启动上证基金通升版项目，推进开放式基金场内交易试点工作。稳步推进报价回购业务规模扩大，研究制订股票买断式回购试点方案和证券借贷平台；逐步推进制订法院股份拍卖方案，系统研究大宗交易市场发展方案。

(6) 开拓研究各项产品创新，推动研究成果价值转化。重点推进黄金ETF和130/30ETF研究设计。以上证综指ETF为切入口，推进优化复制、抽样复制ETF研究、开发。递交《远东二期专项资产管理计划》等资产证券化产品方案。完成REITs业务规则起草。

6. 紧跟业务发展步伐，塑造投资者教育品牌

(1) 继续强化"六个一"建设，形成教育品牌效应。升级优化投资者教育网站，月点击量过千万次；筹拍投资者教育专题片《蓝色梦想》，有效结合教育、通俗和专业性于一体。面向合作高校开展"证券模拟交易开发日"活动。出版投资者教育丛书第二辑，完成2009年投资者现状调查报告。

(2) 围绕业务创新重点，产品宣传与风险提示两不误。探索建立合格投资者认证制度，开发网上测试平台，充分调动电视、网站等各类媒体资源和会员力量，大力推进融资融券业务试点投资者教育工作。针对ETF新产品推出、权证到期、内幕交易防控等业务活动，全方位做好产品推广、知识普及和风险警示工作。

(3) 推动投资者教育关口前移，提高一线教育服务积极性。面向会员开展投资者教育能手专题评选颁奖和座谈会活动，增进业内经验交流与沟通。加强投资者教育工作管理，规范会员投教信息填报流程。开展会员投资者教育工作自查和走访调研。

(4) 加大基础培训力度，提升培训和市场服务专业化水平。更新董秘培训法律法规资料题库，提高试题标准化水平。将市场发展与投资者教育相结合，结合高管培训、走访等活动，进一步引导和推动上市公司提高投资者关系管理水平。

(陈　戟)

4. 上海黄金交易所

2010年，在中国人民银行的领导下，上海黄金交易所(以下简称"交易所")认真落实总行、上海总部、交易所理事会、会员大会确定的各项工作任务，坚持加快发展和风险防范并举，市场发展势头良好。面对日益激烈的市场竞争，交易所始终把落实周小川行长提出的"三个转变"目标作为工作重心，解放思想，求真务实，为进一步提升交易所的综合实力奠定了坚实的基础。

1. 积极落实相关政策，维护市场良性发展

我国黄金市场是一个新生市场，发展非常迅速，其间出现了一些新情况和新问题，亟待引导和规范。为此，交易所积极协助和配合总行，不断完善《条例》，以对各种新的市场关系进行界定和规范，对各种新产品、新工具和新的交易主体进行引导和约束，为市场的未来发展创造健康良好的环境。

2. 加强市场培育力度，个人业务快速发展，新增白银现货品种，市场影响力日益增强

2010年，交易所积极配合商业银行开展市场培育工作，与多家商业银行进行市场推介活动，赴全国多个主要城市介绍国内黄金市场的发展情况和交易产品，取得了较好的市场效果。

交易所在挖掘白银交易品种潜力方面做了大量工作，在充分调研的基础上，优化系统需求。4月26日新增了白银Ag99.99现货品种，满足了会员和客户的用银需求。随着多家商业银行相继开通白银个人业务，凭借门槛低的优势，吸引了大量投资者，白银交投非常活跃，保持了上年以来的快速增长势头。

白银市场发展迅速，成为新的投资热点。

3. 加强信息安全工作，努力保障系统稳定运行

2010年，交易所认真落实总行关于加强重要时期金融信息安全保障工作的各项任务，及时进行自查整改，加强系统实时监测与日志分析，强化值班制度，定期召开日志分析会，分析查找风险隐患，并对风险隐患及时采取有效措施，化解风险。不断完善现有的应急预案，组织交易所内部的应急演练，逐一解决与改进演练中发现的问题。全年管理、仓库、保证金、会员服务等周边系统运行稳定，基本满足业务需求。

4. 积极开展新产品研发工作，加强统计分析理论研究

为贯彻落实总行精神，交易所进一步推进创新产品的研究和开发工作，设计了交易型黄金凭证和黄金现货期权等创新产品。完成了交易型黄金凭证的设计方案，黄金现货期权的交易规则和细则，并为交易所开发新一代交易系统提供了需求准备。

加强理论研究，与总行上海总部金融市场管理部、中国黄金协会、上海期货交易所合作撰写《2009年中国黄金市场报告》，在对宏观经济形势和国际金融市场进行概览的基础上，从黄金现货市场、黄金期货市场、商业银行黄金业务、中国黄金行业等方面对全年我国黄金市场的发展情况进行了介绍。

5. 降低会员交易成本，创新交易员培训模式

自2010年1月1日起，交易所大幅降低交易手续费和运保费，按各品种交易额及实际手续费加权平均计算的交易手续费费率下降至万分之三点三五，比上年下降18.29%。对代收代付的运保费，采取先收后减免的执行方式，2010年按市场实际运输保险成本，免收7月、8月和12月三个月的运保费，对市场收取的运保费费率仅为42.40元/公斤，比上年下降39.43%。交易手续费和运保费的大幅降低，进一步让利于会员和投资者，有助于活跃市场，提升市场竞争力，提高市场流动性，在保证交易所和市场的共同利益的前提下，体现了交易所以会员为本的服务理念。

面对社会对于交易员人才需求的不断增加，交易所分别与三家社会培训机构开展合作。全年在全国各地举办了31期交易员培训班，向社会输送约2 780位黄金交易员，目前交易员总数达6 100人。

6. 交易、清算、交割平台运行平稳顺畅，各项工作稳步开展

2010年以来，市场价格波动剧烈，交易所加强日常风险管理力度，保障市场的平稳运行。随着几年来金价的连续走高，持仓和交易放量，风险逐渐累积，交易所未雨绸缪，认真做好风险防控预案，分析风控措施中的薄弱环节并加以改进。

交易所采取多样方式，与清算银行加强沟通和交流，确保与各清算银行间的业务往来平稳顺畅。全年，共清算资金6 088亿元，日平均清算量达25.16亿元，会员保证金存量日均100亿元，最高达159亿元。

交易所通过积极与各指定仓库协调联络，及时解决实际问题，确保交割环节的顺畅运行，满足会员需要。同时，交易所协调运输公司的运输地点及运输数量，顺利完成调拨运输工作。

（金交所）

5. 上海期货交易所

2010年上海期货交易所“强化监管，深化服务，优化管理”成效显著。各品种在运行平稳、风险可控的基础上，实现了规模的稳步增长。全年成交12.44亿手，累计成交额为123.48万亿元，同比分别增长43.01%和67.41%，期货市场发现价格、套期保值的风险管理功能得到有效发挥。

1. 市场运行平稳，守住风险底线

强势监管，主动出击，加大查处力度，提升风险管理系统效能，确保市场持续平稳运行。制定《上海期货交易所异常交易监控暂行规定》、《上海期货交易所异常交易行为和市场异常波动的认定及处理办法》，坚决打击市场异常交易行为。尽管宏观经济变化快、世博维稳任务重、股指期货增加风险跨市场传导可能性，市场风险仍处于完全可控范围。一是灵活应对市场变化，牢固掌控监管主动。二是加强应急能力建设，全力护航世博维稳。三是强化监控重点账户，查防并举消除隐患。四是强化系统协同合力，优化完善监管机制。

2. 基础得到巩固，创新不断深入

2010年12月24日，期货保税交割业务顺利启动，推动了期货市场国际化、助力上海“两个中心”建设；实施规则制度创新，全面推进章程、规则及实施细则的完善工作，使业务规则更加贴近市场需求。加大研究创新，“期货与衍生品研究院”筹建工作有序推进，自主研发的“上期有色金属指数”已完成了方案设计。技术创新保持领先，“张江中心”项目正式启用，北京异地灾备建成，“两地三中心”的行业领先优势初步形成。积极推进铅、白银、期权、有色金属指数等新品种的研究，铅期货上市工作取得突破性进展，已完成铅期货合约及相关规则的设计与上报，在方便铅套期保值者进入等诸多方面进行了规则创新。

3. 深化产业服务，加快开放步伐

认真评估已上市品种市场运行质量和功能发挥情况，总结服务产业经济的成功案例，探索建立套期保值管理机制。针对有色金属开展市场功能调研，完成《期货品种功能发挥情况评估研究报告》和《上海铜期货市场功能发挥情况评估报告》。分解落实，梳理各项业务运作和操作流程，为提升监督机制打好基础。“千厂万企”和“期货大讲堂”活动深入开展，不断拓展投资者教育的渠道和载体。2010年，共举办产品相关的产业培训近百场，“期货大讲堂”28场，会员座谈会5次。稳步推进国际化进程，实现了上期所第一批境外品牌注册的全流程操作，为“中国标准”的输出开了头，目前已注册境外品牌铜27个，境外品牌铝1个。成功举办第七届年会。为树立中国衍生品行业规则的英译标准，上期所英文规则的修订工作全面展开。

4. 优化内部管理，全面提升素质

按照五年战略规划，有步骤、有重点地推进交易所自身建设，继续深化人事制度改革，提升执行力建设水平，进一步完善内部运作系统及机制；以内部管理制度全面修订工作为抓手，加大对制度和流程执行情况的检查力度，进一步完善内部运作系统及机制；优化人力资源，加快人才队伍建设，努力形成行业竞争相对优势；加大教育监督检查力度，提炼交易所核心价值观，促进了整体素质和竞争能力的不断提高。

（王柏松）

期货保税交割业务启动仪式

6. 中国金融期货交易所

在中国证监会的领导和统一部署下，历经4年艰苦扎实筹备，沪深300股指期货终于在2010年4月16日顺利推出。股指期货上市后，中国金融期货交易所切实按照中国证监会确定的“以平稳推出和安全运行为首要目标，严格控制风险，引导投资者有序参与，不追求交易量和活跃程度，逐步发挥市场功能”的上市指导思想和“高标准、稳起步、强监管、防风险、重功能、促发展”的十八字方针，牢牢守住不发生系统性风险的底线，扎实做好股指期货上市运行的各项工作。一年来，市场总体运行比较平稳、规范，投资者参与理性，交投比较活跃，持仓量稳步增长，期现价格充分拟合，合约到期交割切换顺畅，市场监管严格、秩序良好，市场功能初步发挥，实现了“平稳起步、安全运行”的预期目标，股指期货成功嵌入资本市场运行与发展之中。截至2010年12月31日，共174个交易日，成交金额41万亿元(以买卖双方交易总额折半计)，日均成交26万手；累计参与会员131家，参与客户5.6万。

1. 稳妥推进市场创新，严格防范风险，确保平稳运行

中国金融期货交易所始终将风险防范作为首要目标，稳步推进市场创新发展。股指期货市场采取了现金结算、分级结算、投资者适当性制度等一系列新的制度安排。上市以来的市场平稳运行，检验并验证了这些制度的良好效果。一是采取一系列严格的风险管理措施，减小产品杠杆率，降低资金使用水平，确保股指期货市场平稳运行。其中包括：设置较高保证金标准，将沪深 300 指数期货近月与远月合约保证金标准分别设置为 15%和 18%，缩小交易杠杆；加强对盘中资金的实时监控，及时引导会员化解潜在的资金风险；实施每日盘后资金压力测试，综合评估结算会员的风险承受能力，提前做好风险防范准备。二是加强对代理结算会员的业务辅导和管理，促进代理结算业务的平稳运行。截至目前，市场风险控制较好，分级结算平稳顺利，市场资金占用率基本维持在 60%以内，资金量比较充裕，未发生一起结算会员资金不足的风险事件。三是建立并严格执行投资者适当性制度。境外市场也有类似制度，但均为告诫、警示性内容，仅起到友情提示作用。而现行股指期货投资者适当性制度是一套较为完善、标准严格、可操作性强、具有强制性的制度约束。按照要求，投资者必须具备“三有”条件，才能参与股指期货交易，即：“有资金”，保证金账户可用资金余额不低于人民币 50 万元；“有知识”，必须通过股指期货仿真交易测试；“有经验”，具有至少 10 个交易日、20 笔以上的股指期货仿真交易成交记录，或者最近三年内具有 10 笔以上商品期货交易成交记录。上述制度对于保障股指期货市场安全平稳运行起到了积极作用。

2. 严格一线自律监管，全力维护市场“三公”

中国金融期货交易所始终强化一线监管职责，全力维护市场“三公”，努力从一开始就建立一个健康、规范、透明的股指期货市场。一是完善制度，细化标准，认真贯彻中国证监会各项监管指引，制定并实施《异常交易行为监控指引》及相关配套制度，对各类违规行为做出明确界定。二是深入分析市场形势，及时采取坚决措施，通过召开会员座谈会、开展窗口指导、向会员拨打提醒电话、发送警示函等措施，遏制过度投机倾向。三是加强风险实时监控，对价、量、仓变化较大的客户进行重点跟踪、排查、分析，设置专岗对可能的信息型操纵进行监测防范，及早防范风险隐患和违规苗头。四是及时制止和查处异常交易行为，对涉嫌违规的案例报请中国证监会立案调查，对多次出现异常交易行为的客户，采取限制开仓的处置措施，并及时通过会员服务系统进行全会员公告。五是在中国证监会的统一部署下，与沪深证券交易所、中证登、期货保证金监控中心积极开展跨市场监管协作，探索构建防范跨市场风险的长效机制。六是按照“标准不降、程序不减、拓宽渠道、平稳有序”的思想，采取“突出重点、以点带面”的检查策略和检查方法，持续开展投资者适当性制度的督导检查，集中检查重点公司、重点客户和重点问题，严格督促期货经营机构认真整改。2010 年共对 9.1 万名客户进行了开户情况现场检查，客户覆盖全部会员公司，占开户总数的 16%。

3. 夯实基础设施建设，推进信息技术创新发展

2010 年 7 月，中国金融期货交易所启动新一代基础设施建设。新一代基础设施在网络上采用了万兆骨干网络，在主机及设备上选择了性能、容量和可靠性比现有生产系统更高的型号。为推进开放化和标准化技术的应用，降低系统之间的关联风险，将业务系统迁移至更加灵活的 LINUX 操作系统。为落实节能减排，贯彻绿色 IT 的方针，采用了虚拟化技术。中国金融期货交易所还建立了基础设施资源池的概念，采用统一采购、按需分配的方式对硬件设备进行管理；在综合布线、监控等方面，采用国际通用标准；加强了网络结构的总体性和安全规划；在项目管理、施工工艺、系统规范、验收标准等方面建立了完整的文档体系，为今后大型基础设施建设项目打下了基础。

4. 认真规范会员管理工作，全面提升市场服务水平

中国金融期货交易所高度重视会员服务，规范会员管理，积极开展合作培训。一是全力推进并完成会员入会和客户开户，稳步推进会员发展，用较少的时间完成会员入会手续办理。积极推进开户人员培训，就统一开户、适当性制度、开户流程等，开展多场开户人员以及营业部经理为对象的专场培训，接待机构来访和回答业务办理咨询，客户开户工作平稳有序。二是精心组织做好会员培训工作。举办期货公司和证券公司高管人员培训班，开设了 5 个类别 14 个培训班，有来自 130 家期货公司和 56 家相关证券公司的高管 2 883 人接受培训。三是加强对会员公司技术服务和支持，确保市场信息系统安全稳定。

5. 持续开展投资者教育，正确引导社会舆论和认识

在中国证监会统一部署下，中国金融期货交易所根据工作特点和市场形势，不断调整工作方式，有针对性地开展了投资者教育和舆论宣传工作。一是成立“股指期货投资者教育媒体研究会”和“股指期货投资者教育研究会”，定期就市场和媒体关心的热点问题进行交流，营造良好舆论氛围。二是持续开展股指期货套期保值研修班，培训证券、基金、私募、期货等各类机构人员，传播套保知识，弘扬套期保值文化。三是充分发挥中介机构主体作用，指导和支持会员单位大规模开展投资者教育与培训活动。每周，由中国金融期货交易所指导支持举办的培训活动近8—10场，覆盖全国主要城市和主要会员公司。四是加强媒体沟通，做好舆论宣传工作，为股指期货上市营造良好的市场氛围。五是修订和丰富了各类投资者教育产品，不断充实产品库，充分发挥网络媒体的传播作用。

6. 优化交易所内部管理，着重打造高素质人才队伍

中国金融期货交易所一直按照现代企业制度要求，提高科学管理水平，狠抓队伍建设，努力建成一个运作规范、管理科学、竞争力强的交易所。一是把加强党建和组织文化建设摆在重要位置，围绕股指期货上市平稳运行，积极开展创新争优活动。二是不断完善交易所法人治理结构，加强内控建设，充分发扬民主，保障决策的科学性和规范性。三是健全监督制衡机制，强化内审合规稽查，完善内部管理。四是进一步加强队伍建设，努力建设一支特别能战斗、充满生机活力的金融团队。交易所“以人为本、健康和谐、竞争向上、团结奋进”的企业文化得到进一步升华。

截至2010年年底，中国金融期货交易所共有会员133家，其中：全面结算会员15家，交易结算会员61家，交易会员57家。

同时，中金所投资者数量保持稳步增长。截至2010年年底，客户开户总数共6万余个，其中自然人开户5.9万个，占比98.2%；一般法人开户1 030个，占比1.7%；特殊法人开户68个，占比0.1%。IB营业部累计开户1.5万个，占总开户数的25%；期货营业部累计开户4.5万个，占比75%。

（中金所）

7. 上海清算所

经中国人民银行批准、国家工商管理总局登记核准，银行间市场清算所股份有限公司（以下简称上海清算所）于2009年11月28日在上海成立。中国人民银行行长周小川、上海市长韩正出席上海清算所的开业仪式，共同为上海清算所揭牌，并发表了重要讲话。

作为新成立的银行间市场中介服务机构，上海清算所是中国人民银行直属股份制企业，公司治理和经营管理按照《公司法》和现代企业制度的要求进行，业务上接受中国人民银行的严格监管。根据中国人民银行的要求，上海清算所应以建设成为一个规范化、市场化和国际化的市场中介服务机构为目标，业务经营范围主要是为金融市场现货和衍生品交易，为经中国人民银行批准的人民币跨境交易等，提供登记、托管、清算、结算、交割、保证金管理、抵押品管理、信息咨询等服务。

成立上海清算所，是中国人民银行主动应对国际金融危机、深化金融市场改革、支持上海国际金融中心建设的一项重要举措，是我国银行间市场的一项重大制度创新。2010年，上海清算所务实高效开展系统和网络建设，全面开展集中清算业务研发，顺利推出创新产品的登记结算服务。

开展基础建设和市场网络建设。机房、网络等基础设施建设，是上海清算所业务开展的基础。上海清算所从1月20日开始进行机房建设，搭建业务网络平台，在不到半年时间内建成机房并通过验收，形成能够为市场机构提供1 008路专线、480路拨号接入的网络连接容量。2010年4月4日，接入SWIFT系统。2010年10月18日，经中国人民银行批准，上海清算所作为特许参与者顺利接入大额支付系统并实现业务联通，为安全、高效开展集中清算业务奠定基础。

开发创新产品登记结算业务，并上线运行。经中国人民银行批准，上海清算所分别从2010年11月8日和12月21日开始，向市场提供信用风险缓释凭证（CRMW）、超短期融资券（SCP）的登记托管和清算结算服务，先后向市场发布了《信用风险缓释凭证登记结算业务规则（试行）》、《超短期融资券登记结算业务规则（试行）》以及相关的操作指南。

信用风险缓释凭证，是信用风险缓释工具的一种，指由标的实体以外的机构创设的、为凭证持有人就标的债务提供信用风险保护的、可交易流通的有价凭证，其核心功能在于缓释信用风险，为市场参与者提供有效的信用风险管理手段。

超短期融资券，是指具有法人资格、信用评级较高的非金融企业在银行间债券市场发行的，期限在270天以内的短期融资券，对改善企业的融资方式、丰富机构投资者的投资品种、加强中国货币市场及金融市场的多层次建设等方面具有重要意义。

2010年11月23日至12月31日，信用风险缓释凭证在上海清算所登记托管共8只、名义本金6.9亿元，清算结算共6笔、名义本金2.4亿元；2010年12月27日至12月31日，超短期融资券在上海清算所登记托管共2只、面值150亿元，清算结算共2笔、面值1亿元。截至2010年12月31日，国家开发银行等67家机构在上海清算所开立投资者账户，已开户金融机构资产规模就占我国金融机构资产总规模的70%以上。

研究开发集中清算业务。为银行间市场提供本外币现货和衍生品交易的集中清算，是上海清算所的主要职责。2010年，上海清算所进行了一系列针对利率、汇率、信用等现货交易和衍生产品交易集中清算业务的研究，部分产品还形成了清算业务方案。在吸收借鉴国际同业机构做法的基础上，深入研究了我国银行间市场引入中央集中清算模式的思路和途径，设计了包括清算会员、风险限额、保证金、实时监测、损失分摊等在内的风险管理体系，并对多产品、跨市场集中清算的重点和难点问题进行了探讨。

对外交往。建设成为一个规范化、市场化和国际化的清算服务机构是上海清算所的目标。成立以来，上海清算所积极开拓、发展对外合作与交流，先后与德意志交易所、伦敦清算所、欧清银行集团等签署了合作谅解备忘录，在促进信息互享和员工培训、深化业务交流、探索合作模式等方面达成了初步的共识。

2010年，上海清算所先后接待了全美托管清算公司、亚洲债券协会、波罗的海交易所、芝加哥商业交易所、国际掉期与衍生工具协会、日本银行、香港金管局、香港交易所集团等机构高层来访，涉及7个国家和地区的13家业内官方和商业机构、22个来访团组、80余人次，就相互关心的业务发展问题进行了友好的交流。同时，上海清算所还参加了亚洲中央结算系统联盟专责小组会议、东亚及太平洋地区中央银行行长会议组织（EMEAP）支付结算体系工作组会议，就促进金融市场基础设施建设、推进中国和亚洲金融市场发展发表了意见。

（上海清算所）

上海清算所超短期融资券(SCP)
登记清算结算业务启动

二、金融市场

1. 上海市信贷市场

2010年，受外部经济金融环境的影响，中国经济发展面临诸多挑战，货币政策始终面临通胀显现、热钱流入"两难"抉择，面临人民币对外升值、对内贬值的"双重"困扰，信贷政策充分发挥促结构调整、扶弱势群体的特殊作用，为经济和金融宏观调控大局做出了重要贡献，信贷运行在总量、结构和创新方面均呈现良好局面。

(1) 信贷投放总量增长较快，投放节奏更加均衡，对经济发展的支持力度加大。2010年末，全市中外资金融机构本外币各项贷款余额34 154.2亿元，同比增长15.1%，增幅同比下降7.8个百分点；全年新增本外币贷款4 493亿元，同比少增880.4亿元。在贷款增速回落的同时，贷款总量继续稳步增长，已经突破3万亿元，迈上一个新台阶。从各季末贷款余额来看，人民币贷款投放节奏逐季趋缓，全年贷款投放均衡性好于上年。2010年，全市新增人民币贷款4 369.2亿元，1—4季度分别增加1 639.2亿元、1 062.2亿元、876.1亿元和791.7亿元，其中12月份贷款增加91.5亿元，同比少增160亿元。

(2) 围绕上海世博会的召开，探索"一个统一、四个抓手"为基础的信贷运行机制，提高重大活动的信贷服务水平。"一个统一"就是统一金融机构对于世博信贷服务的重视和认识，强调"抓关键、抓细节，重联动、重引导"，强调做好世博会前、会中、会后三个阶段的信贷服务，营造更加和谐的金融服务环境和氛围。四个抓手是指全市金融机构以"消费信贷、绿色信贷、基建信贷和科技信贷"为切入点，探索和完善专项信贷政策。具体而言：一是努力把握业务发展契机，大力支持住宿餐饮、批发零售等商贸业态发展，支持航运物流、邮轮经济、旅游消费等产业发展，支持周边商业设施开发和衍生产品生产。同时，注意满足消费者个性化的咨询服务需求，及时化解消费者投诉。二是跟踪世博新能源汽车、太阳能发电、智能电网等示范项目进展，关注节能环保产业发展和技术升级，加大对节能服务企业、合同能源管理的信贷支持力度。三是为世博会各项重点场馆建设提供信贷绿色通道，为外方展馆建设提供外汇信贷支持。四是跟踪通过世博会展示平台得到认可的中小科技企业，为它们的长远发展提供信贷支持。

(3) 重视信贷政策窗口指导，加强"有保有压"的投向引导。一是继续制定年度信贷投向指引，加强信贷政策宏观引导，面向公众开展政策宣传。2010年3月，出台了《2010年上海市信贷投向指引》，将信贷投向细分为三类：倾斜类、支持类、审慎和禁止类。倾斜类为经济社会薄弱环节和战略产业，包括三农金融、民生金融和绿色金融等方面。支持类包括重点产业和新兴产业、中小企业、消费金融和文化金融、重大项目和"两个中心"建设等四个方面。审慎和禁止类为需要加强贷款风险管理、加以限制和禁止的若干行业或领域。二是根据《关于进一步做好金融服务支持重点产业调整振兴和抑制部分行业产能过剩的指导意见》(银发[2009]386号)、《关于进一步做好支持节能减排和淘汰落后产能金融服务工作的意见》(银发[2010]170号)、《关于贯彻国务院〈关于加强地方政府融资平台公司管理有关问题的通知〉相关事项的通知》(财预[2010]412号)等文件精神，通过行业黑名单和市场准入限制等措施，有效控制对水泥、平板玻璃、煤化工、电力、焦炭等行业中落后和过剩产能的贷款投放。三是落实《关于支持循环经济发展的投融资政策措施意见的通知》(发改环资[2010]801号)、《关于进一步促进贸易融资发展的通知》(银发[2010]354号)等文件要求，积极满足节能降耗项目的融资需求。

截至2010年末，上海市中资银行"两高一剩"行业表内授信余额为177亿元，比年初减少5.59亿元，同比多减12.35亿元。其中，贷款余额为126.33亿元，占银行贷款总额的0.91%，比年初增加24亿元。2010 年末,商业银行六大新兴产能过剩行业贷款余额 277.85 亿元,比 6 月末减少 16.33 亿元,降幅为 5.56%。

(4) 支持产业结构调整,大力发展文化金融和科技金融。根据《关于金融支持文化产业振兴和发展繁荣的指导意见》(银发[2010]94 号)、《关于印发科技和金融结合试点实施方案的通知》(国科发财[2010]720 号)等文件精神,各金融机构大力推动产业和金融的融合,信贷支持产业结构调整工作取得新进展。2010 年末,全市中外资金融机构本外币文化、体育和娱乐业贷款余额达 89.61 亿元,同比大幅增长 105%。浦东发展银行、上海农商银行先后成立服务科技企业融资的专营支行、事业部或服务中心。据统计,从 2009 年下半年成立至 2010 年末,上述两家机构累计向 152 家科技型中小企业提供约 76.45 亿元贷款。交行上海分行、工行上海分行等机构纷纷开设科技园区支行,通过差别化的管理政策和产品设计为科技企业提供"贴身"金融服务。

(5) 贯彻落实国家房地产宏观调控部署,推动房地产市场稳定健康发展。一是结合上海实际,贯彻落实《关于做好城市和国有工矿棚户区改造金融服务工作的通知》(银发[2010]37 号)、《关于印发〈利用住房公积金支持保障性住房建设试点项目贷款管理办法〉的通知》(建金[2010]101 号)等文件精神,加大保障性安居工程建设的融资支持力度。二是落实《关于贯彻落实〈国务院办公厅关于促进房地产市场平稳健康发展的通知〉的通知》(银发[2010]58 号)、《关于完善差别化住房信贷政策有关问题的通知》(银发[2010]275 号)、《关于规范商业性个人住房贷款中第二套住房认定标准的通知》(建房[2010]83 号)等文件要求,推动房地产金融业务有序调整。

2010 年,全市中资银行人民币房地产贷款增加 1 274.2 亿元,同比少增 253.4 亿元,其中下半年新增仅占全年房地产贷款增量的 28.9%,房地产贷款增长逐步放缓。房地产贷款增幅的回落,既有住房成交量下降导致个人住房贷款增长乏力的原因,也与各金融机构主动严格控制房地产开发贷款投放有关。

(6) 发挥信贷资源扶持作用,切实做好信贷支持中小企业、"三农"发展、大学生"村官"创业富民、创业促就业等民生金融工程。一是贯彻落实《关于进一步做好中小企业金融服务工作的若干意见》(银发[2010]193 号)精神,推动中小企业金融产品创新,加大信贷投放力度。二是落实《关于全面推进农村金融产品和服务方式创新的指导意见》(银发[2010]198 号)、《关于鼓励县域法人金融机构将新增存款一定比例用于当地贷款的考核办法(试行)》(银发[2010]262 号文件印发)等文件要求,改进和提升农村金融服务,满足"三农"多层次、多元化的金融服务需求。三是做好《关于进一步做好大学生"村官"创业富民金融服务工作的通知》(银办发[2010]5 号)等文件的宣传解释工作,引导金融机构为青年创业者提供融资知识培训。四是落实《上海市鼓励创业带动就业三年行动计划(2009—2011 年)》、《关于进一步做好本市促进创业带动就业工作的若干意见》(沪府发[2009]1 号)以及《关于完善小额贷款利息补贴工作的实施意见的通知》(沪人社就发[2010]67 号)等文件精神,通过扶持创业后三年以内创业组织、10 万元以下项目免予个人担保等举措,扩大贷款受益面和优惠度,继续加大小额担保贷款工作的推动力度。

截至 2010 年末,上海中型、小型企业人民币贷款余额占比超过 57%;小企业贷款余额为 4 613.92 亿元,同比增长 25.07%,分别高于大、中型企业 9.73 个和 3.7 个百分点。在信贷调控的大背景下,2010 年末的上海小型企业贷款比年初增加 915.35 亿元,同比多增 201.74 亿元,实现了"两个不低于"的支持目标。2010 年末,全市农林牧渔业贷款余额为 119.59 亿元,同比大幅增长 45.5%,涉农信贷投放力度明显增强。2010 年,全市下岗失业人员小额贷款累计发放 854 笔,共计 9 156 万元,较好地发挥了"以创业促就业"的作用。

(7) 完善政策扶持体系,大力发展小额贷款公司和村镇银行等新型金融机构。2010 年 8 月,上海市修订出台了《关于促进本市小额贷款公司发展的若干意见(2010 年修订版)》,为小额贷款公司发展松绑:单一主发起人持股上限放宽至 30%,小贷公司可以在区内增设营业网点,具备条件的可以开展跨区经营试点,主发起人由区内企业拓展至有小额信贷从业经验的境内外机构。据统计,上海市已有 58 家小额贷款公司获批设立,当年新增 13 家;已有 52 家小贷公司正式开业,当年新增 17 家;注册资本总额达人民币 52.6 亿元,当年新增 23.3 亿元。2010 年,上海小贷公司累计发放贷款 10 043 笔 173 亿元,分别比上年同期增加 183.5%和 219.3%;存量贷款达到 3 550 笔共计 65 亿元,其中"三农"和小企业贷款占比接近六成。截至2010年末，上海已有崇明长江、奉贤浦发、浦东江南、松江民生、浦东建信等五家村镇银行正式开业。

(8) 推动国家助学贷款的“二次创新”。针对国家助学贷款服务水平有待提升、贷款质量不佳、欠贷催收难和激励机制缺失等问题，上海在全国率先启动助学信贷运作机制的“二次创新”，紧扣“催收、评估和激励”等环节，不断完善助学贷款运作机制。一是推动学生、银行、征信管理部门和学校的四方协作，加强助学贷款放款和还款知识宣讲，加强学生毕业去向信息登记，为贷款管理和后续催收奠定基础。二是选择和推动部分商业银行对各界关注的“贷款名额、审核速度和放款时间”三项服务进行公开承诺。三是改进助学贷款政策执行情况评估机制，引入高校代表对商业银行经办支行的服务情况进行评价。四是向那些对银行电话和信函催收置之不理的贷款对象发出兼具威慑和教育功能的“法官告知书”，让毕业学生、学生家长、就业单位和担保人都能及时获知学生的欠款信息。

由于上述举措的推出，国家助学贷款的运作效果明显提升。截至2010年末，上海国家助学贷款余额达8.5亿元，当年累计发放贷款20 288笔，共计6.06亿元；到期末清偿助学贷款比上年减少1 598万元，不良率分别较上年同期下降约1个百分点，助学贷款质量得到改善。

（林春山）

2. 全国银行间市场

1. 货币市场

(1) 市场资金面逐渐收紧，短期利率明显上扬。2010年，货币市场资金面多有反复，整体表现为前松后紧，主要货币市场利率较年初明显上升。5月中旬前，央行三次提高存款准备金率，并重启三年期央票发行，短期货币市场利率较年初小幅上升。随后，外汇占款增速下降导致基础货币投放力度减弱，同时央行连续提高存款准备金率效果开始显现，主要货币市场利率持续攀升，直至央行通过公开市场操作连续注资才恢复正常。下半年，由于月度CPI屡创新高，央行进一步加强了流动性管理，加息两次、提高存款准备金率三次，并对主要商业银行实行差额存款准备金率管理，短期货币市场利率自11月起持续攀升。临近年底，受财政存款推迟投放、存款准备金缴款、央行2年来首次提高再贷款和再贴现利率以及跨年效应等多重因素的影响，短期货币市场利率屡创新高。年末，隔夜拆借利率收于4.52%，较年初大幅上升340个基点；7天回购利率收于5.17%，较年初上升377个基点。

(2) Shibor各期限品种普遍上升，短端Shibor升幅较大；与同期限信用拆借和质押式回购的利差保持稳定。2010年，Shibor各期限品种普遍上升，短端Shibor走势与短期货币市场利率相似，中长端Shibor持续上升。短端Shibor中，7天Shibor上升496个基点，升幅最大；隔夜Shibor上升340个基点，升幅最小。除Shibor_3M上升279个基点外，中长端Shibor升幅在150个基点左右。2010年，7天Shibor比7天信用拆借利率平均低3.6个基点，与7天质押式回购利率基本持平。

(3) 货币市场成交量大幅增长，短期交易超八成。2010年，银行间货币市场运行平稳，各子市场交易量同比均大幅增加（详见表1）。其中，信用拆借累计成交27.9万亿元，同比增加44.0%；质押式回购成交84.7万亿元，同比增加25.0%；买断式回购成交2.9万亿元，同比增加13.6%。2010年，隔夜交易依然在信用拆借和质押式回购市场上占主导地位，分别占总交易量的87.9%和80.0%。

表1 2010年银行间货币市场交易情况

品种	隔夜加权利率%	同比%	7天加权利率(%)	同比%	成交量	同比%	占比%
信用拆借	1.69	60.3	2.31	79.4	27.9	44.0	24.1
回购市场	—	—	—	—	87.6	24.6	75.9
其中：质押式回购	1.69	67.2	2.29	79.5	84.7	25.0	73.3
买断式回购	1.57	60.0	2.34	76.8	2.9	13.6	2.5
合计	—	—	—	—	115.5	28.8	100.0

注：笔数与成交量同比、环比均为日均之比；成交量单位：万亿元。

从货币市场融资结构及资金流向来看，2010年，国有商业银行、政策性银行和股份制商业银行是资金净融出的主力，净融出金额分别为26.1万亿元、14.0万亿元和11.2万亿元；城市商业银行是最大的资金净融入方，净融入金额为20.4万亿元。

2. 债券市场

(1) 银行间国债指数整体呈震荡上行走势。2010年上半年，受银行间债市资金面整体宽松、股市大幅回调等因素的刺激，银行间国债指数出现了较为明显的上涨行情，上半年涨幅达3.01%。但在下半年，受通胀预期、加息及上调存款准备金率等因素的影响，指数增速明显放缓，并在11月份出现了较为明显的下跌。2010年，银行间国债指数报收于1 239.5点，较上年末上涨47.6点，涨幅为4.0%。

(2) 银行间国债收益率曲线整体上移。2010年，受CPI上行及央行紧缩措施等因素影响，银行间国债收益率曲线整体上移。但国债不同期限点收益率的上涨幅度有所不同，其中待偿期在2年以下的短期国债收益率上涨最为明显。例如，1年期国债到期收益率年底比年初上涨158个基点，而10年期国债的涨幅只有24个基点。

(3) 现券市场成交量显著增长，集中于0～5年期品种，政策性金融债最受欢迎，城商行等机构交易活跃。2010年，银行间现券市场共成交30.4万笔，累计成交64.0万亿元，同比显著增长35.4%。银行间本币交易系统用户数也稳步增长。截至2010年末，银行间本币交易系统用户达3 063家。与2009年末相比，新增系统用户617家。

从期限结构看，现券交易主要集中于0～5年期品种。2010年，0～5年期债券品种累计成交50.7万亿元，同比增长26.9%，占现券市场总成交量的79.2%，其中，1～3年期债券品种的成交量涨幅最为明显，累计成交21.1%万亿元，同比增长53.2%，占现券市场总成交量的33.0%。

从交易券种看，政策性金融债仍最受欢迎，成交量最大，央行票据和中期票据分列其后。2010年，市场成交排名前三位的券种仍为政策性金融债、央行票据和中期票据，其中政策性金融债成交21.3万亿元，同比增长20.8%，占总成交量的33.3%，居于首位。与2009年比，2010年政策性金融债、央行票据和中期票据市场成交占比变化不大。

从现券投资者结构看，城市商业银行、股份制银行和证券公司的交易最为活跃，基金和保险公司由净卖出债券转为净买入债券。以现券的买入量和卖出量衡量，城市商业银行、股份制银行和证券公司是现券市场上交易最活跃的三类机构。从现券买入方看，这三类机构交易量分别占市场总交易量的25.0%、23.3%和12.1%，合计占比为60.4%。从现券卖出方看，这三类机构交易量分别占市场总交易量的26.2%、23.7%和12.7%，合计占比为62.5%。

与2009年比，2010年国有商业银行退出了交易活跃机构前三名行列。但就现券的净买入量而言，2010年国有商业银行仍为现券市场最大的净买入方，累计净买入现券9 955.9亿元；城市商业银行仍为现券市场最大的净卖出方，累计净卖出现券7 727.7亿元。

2010年股市整体走弱，基金公司在资产配置上趋于保守；保险公司则因本年度保费收入明显增加而对债券有较强的配置需求。这两类机构均由2009年现券市场的净卖出方转为本年度的净买入方。

3. 外汇市场

(1) 人民币外汇即期市场交易量微幅增长。2010年，人民币外汇即期市场交易量较上年增长3.46%。其中，美元交易同比微增3.18%，港币、日元、欧元和英镑交易量同比均有明显增长，增长幅度分别为100%、77%、38%和11%。8月19日，银行间人民币外汇市场引入首个新兴市场货币，人民币对马来西亚林吉特挂牌交易，11月22日，又推出了人民币对俄罗斯卢布交易，至此，该市场货币对增至7个。即期市场会员队伍继续壮大，截至2010年底，银行间人民币外汇市场会员为293家，较上年底新增18家，新增机构主要为财务公司和中小银行。

(2) 外币对即期市场交易趋于活跃。2010年，银行间外币对即期市场成交金额折合502亿美元，同比增长44.4%，交易趋于活跃。6月7日，银行间外币对市场引入USD/SGD交易，该市场货币对增至9个。USD/HKD和EUR/USD是主要的交易货币对，占9个货币对即期交易总量的80.6%，二者同比分别增长66.5%和24.8%。截至2010年底，银行间外币对市场共有会员79家(不包含做市商)，比去年底新增10家；做市商16家，与上年底一致。

(3) 人民币兑美元汇率从平稳转向大幅升值。

2010年6月19日前，央行延续国际金融危机时期采取的非常规汇率政策，人民币对美元汇率中间价保持平稳，报收6.827 5，较年初基本持平，成交价日均波幅17.5个基点，较去年同期缩减25个基点。6月19日，央行宣布进一步推动汇率形成机制改革，人民币兑美元汇率中间价开始大幅波动，加快升值，年底报收6.622 7，较年初下降2 054个基点，全年累计升值3.10%，成交价日均波幅70个基点，较上年扩大40个基点。

(4) 港币中间价逐波下行，日元中间价振荡上扬，欧元、英镑中间价下行后宽幅振荡。2010年，欧债危机的深化以及美联储第二轮量化宽松政策等造成国际金融市场动荡加剧，国际外汇市场呈现剧烈波动，银行间外汇即期市场非美货币的价格也随着国际外汇市场的起落一波三折。2010年末，港币中间价报收在1港元兑0.850 93元人民币，比2009年末下跌296个基点，人民币兑港币升值3.47%；日元中间价报收在100日元兑8.126 0元人民币，比2009年末上涨7 478个基点，人民币兑日元贬值9.20%；欧元中间价报收在1欧元兑8.806 5元人民币，比2009年末下跌9 906个基点，人民币兑欧元升值11.25%；英镑中间价报收在1英镑兑10.218 2元人民币，比2009年末下跌7 598个基点，人民币兑英镑升值7.44%。

重启汇改对人民币外汇市场形成明显影响，主要表现在：

人民币汇率升值速度明显加快。重启汇改以来，美元兑人民币汇率中间价升值速度明显加快。中间价在重启汇改后当周就升值0.56%；进入7月份后，逐渐趋于稳定并小幅贬值；9月份再次快速升值并接连突破6.75、6.70等整数关口；进入10月份后，升值步伐有所放缓，双向大幅波动。按照季末数计算，中间价在第三季度和第四季度分别升值1.34%和1.18%，大大快于第二季度的0.52%和第一季度的0.03%。

人民币汇率波动幅度明显扩大。重启汇改以来，人民币汇率波动幅度明显扩大。以美元兑人民币汇率成交价日内波动为例，第三季度日均波幅为80个基点，第四季度日均波幅扩大至139个基点，创2005年汇改以来单季最大日均波幅纪录，与第二季度日均41个基点和第一季度日均14个基点相比大幅放大，其中，单日最大波幅(11月9日)达492个基点，也是2005年汇改以来单日最大波幅。

普通会员交易规模和占比大幅增长。2010年，人民币外汇即期市场上做市商依然占据主导地位，但是普通会员市场地位迅速提高。与重启汇改后做市商交易量同比、环比均呈负增长形成对比的是，普通会员交易风格更加主动积极，2010年下半年交易量同比增长62.4%，环比增长55.4%。从2010年全年看，普通会员交易量同比增幅也高达60.5%，而做市商交易量与2009年基本持平，这也导致普通会员市场份额大幅增长，从2009年的6.7%提高至10.3%。

美元兑人民币即期交易趋于小额化。2010年上半年，在中国进出口贸易维持高速增长以及人民币汇率基本稳定的背景下，人民币外汇市场交易呈现平稳快速增长，美元兑人民币即期成交12.5万笔，同比上升14.7%，成交金额同比上涨29.7%。2010年下半年，随着中国进出口贸易增速逐月放缓，加之重启汇改后人民币汇率双向大幅波动，做市商交易风格趋向保守，市场交易整体趋于小额化，即期成交14.2万笔，同比上升10.9%，但成交金额同比下降14.8%，这也是近年来交易规模首次同比下降。

4. 利率衍生品市场

(1) 利率互换交易量大幅增长，后四月成交量连创新高。2010年，人民币利率互换累计成交1.5万亿元，同比大幅增长225.0%。特别是在四季度CPI不断超出预期、加息氛围浓厚的背景下，利率互换市场表现出空前繁荣，交易量接连刷新历史纪录。截至2010年末，利率互换交易的制度备案机构数量为79家，较2009年末增加8家。

(2) 利率互换短期品种交易活跃依旧。利率互换市场的期限结构一直比较稳定，按照活跃程度排序依次为:1年及1年期以下(2010年成交量占57.2%)、1～5年期(29.2%)和5～10年期(13.6%)。与2009年相比，1～5年期占比有所下降，5～10年期则出现了明显上升。

(3) 基于Shibor的互换交易占比明显上升，Shibor的定价基准作用加强。2010年，人民币利率互换交易的浮动端参考利率主要有Shibor、7天回购定盘利率和1年期定存利率，与其挂钩的交易量分别占40.3%、54.5%和5.0%。与2009年相比，以 Shibor 为浮动端参考利率的互换交易占比由 28.3%上升至 40.3%，Shibor 在利率互换交易定价中的基准性进一步增强。

互换利率于第四季度迅速大幅走高。受央行自 10 月份开始密集调整存款准备金率以及 CPI 连创新高引发浓厚加息预期的影响，利率互换价格在第四季度明显迅速上升。以 1 年期 FR007-IRS 品种为例，年末较年初上涨约 107 个基点。以 FR007 为参考利率的利率互换成交曲线也出现明显上移，且短端升幅大于长端，曲线出现平坦化趋势，12 月 24 日，5 年期 FR007-IRS 品种与 1 年期 FR007-IRS 品种之间的利差为 65 个基点，较年初缩小了 96 个基点。

(4) 债券远期成交量减半，短期化特征明显。2010 年，债券远期累计成交 3 183.4 亿元，同比下降 51.5%。交易量自 4 月份以来大幅萎缩，主要是由于债券远期通常用于与现券交易共同构造买断式回购、而 4 月份之后这种构造模式被其他方式替代所致。从交易期限来看，7 天品种仍然最为活跃，占市场总成交量的 74%。交易短期化特征较为明显，30 天以下品种占了总成交量的 98%。债券远期标的券种集中在政策性金融债(成交量占 54.5%)、中期票据 (21.3%)和企业债(15.3%)。

(5) 远期利率协议交易清淡。2010 年，远期利率协议累计成交同比下降 44.2%。截至 2010 年末，交易备案机构数 53 家，较 2009 年末增加 4 家。

5. 汇率衍生品市场

(1) 人民币汇率衍生品市场交易平稳较快增长。2010 年，银行间人民币汇率衍生品市场成交 13 163 亿美元，同比增长 62.2%。其中，人民币外汇掉期成交 12 835 亿美元，同比增长 60.1%；人民币外汇远期成交 327 亿美元，同比增长 234.5%；人民币外汇货币掉期成交 1.6 亿美元。人民币外汇远期、掉期交易中，绝大部分均为人民币对美元交易，非美货币有少量成交。截至 2010 年底，人民币外汇远期、掉期市场会员数分别为 75 家和 73 家，均较上年底增加 2 家；人民币外汇货币掉期市场会员数为 24 家，较上年底增加 4 家。

(2) 外币对衍生品市场交易持续快速增长。2010 年，银行间外币对衍生品成交折合 164 亿美元，同比增长 179.5%，连续两年保持快速增长势头。其中，外币对远期市场成交 37.5 亿美元，同比增长 91.1%；外币对掉期市场成交 126.5 亿美元，同比增长 224.0%，交易逐季放大。外币对远期、掉期市场中，EUR/USD、USD/JPY 和 USD/HKD 都是主要的交易货币对。

(3) 重启汇改后，人民币外汇掉期交易增速明显放缓。重启汇改后，美元对人民币即期价格大幅波动，在后期走势不明朗的情况下，银行为规避风险减少头寸，人民币外汇掉期市场交易增势明显放缓。2010 年下半年，外汇掉期共成交 6 528 亿美元，尽管保持了 27.2%的较快同比增长，但远低于上半年 118.4%的同比增长。中长期掉期品种交易增势放缓幅度更大，以 1 年期品种为例，2010 年下半年成交 333 亿美元，同比增幅仅 11.8%。

(4) 头寸新规后，人民币外汇衍生品市场发生结构性变化。2010 年 11 月 9 日，外汇局发布《关于加强外汇业务管理有关问题的通知》，指出在现有银行结售汇综合头寸限额管理基础上，对银行按照收付实现制原则计算的头寸余额实行下限管理。头寸新规的发布带来了人民币外汇衍生品市场的结构性变化。原有权责发生制头寸下，银行在零售市场上对客户远期结售汇交易后，往往将该笔远期拆分为掉期和即期交易的组合在银行间市场平盘。头寸新规下，为避免突破收付实现制头寸下限，头寸空间较小的银行会选择直接在银行间远期市场平盘。而实际上收付实现制头寸下限的效应更为复杂，会随各银行头寸状况和价格预期而变化，银行个体操作差异也比较大。

(5) 市场交易行为变化带来人民币外汇远期市场复苏。外汇远期 11 月成交 73 亿美元，环比大幅增长1 192%，12 月成交 175 亿美元，环比再度增长 139%。参与远期交易的做市商数量从新规前 15 家增至 26 家；市场流动性方面，新规前以中资银行为主，新规后外资银行积极参与；交易方式上，新规后货币经纪公司中介作用凸显。市场交易行为变化还导致外汇远期、掉期市场功能分化。由于银行开始通过外汇远期市场平补客盘交易，远期、掉期交易定价机制逐渐分化，掉期产品更多成为流动性管理工具，套期保值功能逐渐由远期产品取代。

(外汇交易中心)

3. 上海证券期货市场

2010 年，上海证券交易所各类证券成交总额

39.8万亿元，比上年减少9.8%。其中，股票成交总额30.4万亿元，债券成交总额7.5万亿元，基金成交总额0.5亿元，权证成交总额1.4万亿元。上证综指开盘3 289.75点，最高3 306.75点，年底收于2 808.08点。截止年底，上证所股票账户总数7 800万户，占全国的50.5%。上市公司894家，上市股票数938只。股票市价总值17.9万亿元。2010年，上海期货交易所总成交额为1 234 795亿元，较上年增长67.4%，在全国商品期货市场总额中占54.4%；总成交量为124 380万手，较上年增长43%，在全国市场总额中占40.9%。中国金融期货交易所沪深300股指期货自4月16日上市以来，累计成交额821 398亿元，成交量9 175万手。2010年上海辖区期货公司实现代理交易额58万亿元，较上年增长214%，代理交易额占全国期货市场份额的28.3%。

2010年，上海资本市场直接融资保持良好势头，上市公司队伍不断发展壮大。全年，上海上市公司利用资本市场直接融资1 184.2亿元(其中现金筹资1 052.7亿元、资产注入131.5亿元)，为历史第二(仅次于2007年)，比上年增长20.7%，约占全国的9.4%。全年共有15家企业在A股市场首发上市(其中中小板7家、创业板8家)，是2009年的2倍多。截至年底，辖区上市公司数量到185家，总市值24 286亿元；经济证券化率143.9%，直接融资比重约为20.9%，继续高于全国平均水平。

2010年，上海证券期货经营机构经营状况保持平稳，总体实力有所增强。至年底，上海证券公司净资产、净资本分别达到1 294.5亿元和1 010.2亿元，同比分别增长5.8%和2.2%。4家证券公司在分类评价中被评为AA级，占全国的33%。上海期货公司总资产378.8亿元，客户保证金余额320.4亿元，同比分别增加84%和88.2%。2家期货公司在分类评价中被评为A级，占全国11%。上海基金公司共发行新基金69只，创历史之最。截至年底，上海基金公司共管理基金314只(占全国44%)，管理基金总份额7 975亿份(占全国33%)，总净值8 022亿元(占全国32.3%)。

同时，上海证券期货经营机构创新发展不断取得新的进展。组织机构集聚方面，2010年上海共新增基金公司1家、证券投资咨询公司2家、证券公司分公司10家、外资证券代表处2家、证券期货营业部24家。2家证券公司(东方证券、国泰君安)在全国率先设立资产管理专业子公司。此外，华鑫证券与摩根士丹利设立合资公司事项已获证监会批准。产品业务创新方面，辖区6家券商直投公司已参与27个项目，其中2个项目已成功上市，2家产业投资基金获批；5家券商获得融资融券业务试点资格，截至年底，融资融券余额60.5亿元，占全国的47.3%。15家基金公司获得专户理财业务资格，占全国的43%。截至年底，基金专户产品为176只，规模247.6亿元。上海汇付数据服务有限公司获批成为全国首家基金网上销售服务提供商25家期货公司获得金融期货业务资格，占全国的18%。截至年底，上海期货公司共开立股指期货账户1.47万户，约占市场总开户数的24%，交易规模约占市场总量的30%。机构“走出去”方面，辖区5家证券公司已建立香港分支机构，其中国泰君安香港子公司成为首家在港IPO上市的中资券商，海通香港还发行了首只人民币基金产品。3家基金公司在香港设立子公司，其中，汇添富香港子公司已获得了在香港从事投资咨询与资产管理业务资格。

(上海证监局)

4. 上海黄金市场

2010年，上海黄金市场运行健康平稳，风险控制水平不断提高，市场影响力进一步扩大。全年，市场呈现出以下特点：

1. 交易规模创历史新高，白银市场呈暴发性增长，黄金仍然是市场的主导产品

2010年，上海黄金交易所总成交金额突破2万亿元大关，达20 219.51亿元，同比增长83.30%。黄金共成交6 051.50吨，同比增长28.46%；成交金额16 157.81亿元，同比增长57.04%。白银共成交73 614.96吨，同比增长353.08%，接近上年白银交易量的5倍；成交金额3 863.28亿元，同比增长558.61%。铂金共成交54.69吨，与上年基本持平。铂金价格比上年增长很多，均价比上年上涨了88.77元/克，使铂金在交易量没有增长的情况下，成交金额较快增长。成交金额198.42亿元，同比增长27.78%。

与上年相比，黄金市场份额有所下降，但依然达到79.91%，市场主导地位稳固。在黄金市场稳步发展的基础上，白银市场发展迅速，占整个市场的比重增至19.11%，同比增长13.79个百分点。

2. 黄金现货供需旺盛，市场主导地位进一步显现

2010年，黄金现货成交1 626.12吨，比上年增加354.06吨，增长27.83%。黄金延期成交4 422.58吨，比上年增加1 163.41吨，增长35.70%。日均成交量为25.01吨，同比增加5.70吨，增长29.52%。黄金延期的交易规模已经连续三年占黄金市场总量的60%以上，2010年更是达到73.08%，其在市场中的主导地位日渐巩固。

黄金期货全年交易量为6 794.09吨，比上年略有下降。黄金期货交易与现货交易的比例关系从上年的1.45∶1降至1.12∶1。这表明期货交易量同比下降，现货市场交易量同比增加。黄金现货市场地位和作用进一步显现。

2010年金价上涨迅速，连创历史新高，国内实金需求猛增，投资需求旺盛，交易所黄金实物出库量大幅度增加，全年出库量首次突破800吨大关，达837.21吨，比上年增加237.72吨，增长39.65%，再创历史新高。2010年国内产金企业入库量为532.27吨，比上年略有下降，减少3.88吨。

3. 国内价格追随国际金价连创新高，金价国内外差价水平有所扩大

2010年金融危机虽已过去，但各国经济复苏的进程并不令人满意，欧元区各国相继爆发债务危机，美国积极实行量化宽松的货币政策，新兴国家通货膨胀日益严重。在这样的宏观背景下，投资者对货币贬值和通货膨胀的预期显著增强，黄金、白银和铂的价格全年都呈上涨态势。

国内金价从年初的241.15元/克，年底达到301.17元/克，年底比年初上涨24.89%，与国际金价涨幅相近。期间最高价306元/克，创交易所历史新高，最低价233.10元/克，加权平均价265.84元/克，高出2009年50.49元/克。

2010年，国际金价波动较大，国内黄金投资热的兴起使得实物需求猛增，推高国内现货价格，国内外差价幅度有所扩大。在全年242个交易日中，有206个交易日国内金价高于国际金价，平均幅度为0.94元/克，36个交易日国内金价低于国际金价，平均幅度为0.29元/克。不计差价方向，平均差价幅度为0.84元/克，比上年增加0.48元/克，增长133.33%。

同时，国内外差价呈现出较为明显的季节性规律。在1月、11月、12月份临近春节的用金旺季，国内外差价明显拉大，最高达到3.55元/克，并且从10月26日至年底，连续49个交易日出现国内金价高于国际金价的现象。而4—7月份，差价幅度则较小，一般不会超过1元/克。此外，旺盛的实物需求导致，国内外差价的进一步扩大，也在一定程度上影响了黄金延期的交收功能，全年共有70个交易日，收货需求没能得到满足，交收不平的情况较为严重。

国内白银价格从年初的3 950元/千克，年底达到6 646元/千克，比年初上涨68.25%，略低于国际银价的涨幅。其间最高价6 735元/千克，最低价3 680元/千克，加权平均价5 248元/千克，比上年高1 638元/千克。

2010年，白银交易非常活跃，个人投资者的广泛参与推高了国内银价，导致国内银价持续高于国际银价，国内外白银价差大幅度扩大。在全年242个交易日中，有238个交易日国内银价高于国际银价，平均幅度为185.42元/千克，4个交易日国内银价低于国际银价，平均幅度为36.89元/千克。不计差价方向，平均差价幅度为182.97元/千克，比上年增加110.94元/千克，增长154.02%。

国内铂金价格从年初的337元/克，年底达到386元/克，年底比年初上涨14.54%，与国际铂金涨幅相近，期间最高价398元/克，最低价336元/克，加权平均价362.81元/克，比2009年高88.77元/克。2010年，国内外铂金差价幅度基本与上年持平。国内铂金价高于国际铂金价格的平均幅度为12.48元/克，比上年增加0.65元/克，增长5.49%。

4. 机构为市场主导力量，市场参与者进一步增加，个人投资业务取得重大进展

交易所一直以会员和法人客户等机构为市场主体。2010年，新增会员1家，新增法人客户1 317家，截至年底，交易所共有会员163家，法人客户6 751家。会员的自营业务和代理法人客户的业务始终是交易的主要组成部分。2010年，会员自营黄金业务为3 264.36吨，法人代理业务1 633.34吨，二者合计共4 897.77吨，比上年增加625.42吨，增长

14.64%，占黄金交易总量的80.93%，机构在市场中仍占主导地位。

2010年，商业银行积极推广黄金业务，取得了明显成效。开展个人延期业务的商业银行从上年的7家增加至目前的15家，增长了1倍多。个人客户数量也大幅增长，从上年的91.85万户增加至年底的177.85万户，增长93.63%，但积极参与交易的客户数量较少。

2010年，个人黄金业务首次突破1 000吨大关，全年个人黄金交易量1 153.80吨，比上年增加715.26吨，增长163.10%。个人黄金业务占黄金交易总量的比重从上年的9.31%增至19.07%，增长了9.76个百分点。全年个人白银业务首次突破万吨大关，达49 738.21吨，是上年的10倍多，超过上年白银市场交易总量的3倍多。个人业务最为活跃的是兴业银行、民生银行和工商银行，三家银行合计占个人黄金交易量的84.54%，白银交易量的71.44%。

5. 商业银行黄金业务发展较快，参与银行日益多元化，以商业银行为主导的市场结构进一步形成

(1) 商业银行业务增长迅速，是交易量增加的主要来源。2010年黄金交易量比2009年新增了1 340.68吨，从对增量的分析中可以看到，增长主要来自商业银行的个人代理业务和自营业务，分别增长了468.12吨和715.26吨，二者合计达到1 183.38吨，共占全部增量的88.27%。商业银行日益成为市场的中坚力量。综合类会员的自营业务虽也有所增加，但增长幅度非常小，增加了123.56吨，其增量只占全部增量的9.22%。

(2) 商业银行业务份额显著扩大，市场结构进一步向以商业银行为主转变。2010年，商业银行黄金业务取得了显著增长，其自营业务2 093.71吨，比上年增加468.12吨，增长28.80%。银行企业代理业务276.94吨，比上年增加99吨，增长55.64%。

商业银行自营业务、企业代理业务和个人代理业务合计占交易所黄金交易总量的58.25%，比上年增加了10.65个百分点，所占市场份额为交易所成立以来最高，而且还呈现逐渐增加态势，从第一季度的53.88%增加至第四季度的59.86%，并于第三季度首次突破60%，达到61.72%，虽然第四季度略有减少，但依然处于高位，市场结构进一步向以商业银行为主导转变，商业银行在交易所市场的地位和作用进一步加强。

商业银行个人白银业务的推出也极大地改变了白银市场的结构。2010年商业银行个人白银业务占白银交易总量的67.57%，比上年增加了40.21个百分点。银行自营和企业代理业务也取得了较大发展，银行自营业务从无到有，全年交易量达到1 682.96吨，银行在白银市场中的作用开始发挥。银行企业代理业务为755.41吨，比上年增加578.22吨，增长了近5倍，占白银交易总量的1.03%。

(3) 参与的商业银行日益多元化，国有商业银行、股份制和城市商业银行以及外资银行交易日渐活跃。商业银行业务全面增加的同时，参与的商业银行日益多元化。在银行自营业务中，国有商业银行占主导地位，2010年工、农、中、建四大国有商业银行的自营业务量达1 236.31吨，占银行全部自营业务的59.05%。

各股份制和城市商业银行个人业务表现活跃积极，通过开拓个人代理业务，已经成为代理个人黄金和白银业务的主力，占个人黄金业务的82.22%，个人白银业务的78.35%；其自营和代理机构业务增加明显，2010年股份制和城市商业银行共交易黄金1 747.72吨，比上年增加697.84吨，增长66.47%，占银行全部业务的比例从上年的46.83%增加至49.59%，增长了2.76个百分点，对黄金市场的影响力日益凸显。

从2010年9月份开始，外资银行自营业务呈现出快速增长态势。2010年，外资银行会员自营业务量167.53吨，比上年增加131.50吨，接近上年的5倍，占银行自营业务的8.05%，比上年增加了5.83个百分点，增长速度较快，外资银行自营业务已经成为银行自营业务增长的重要动力。

(4) 综合类会员自营和代理业务增长缓慢，市场份额大幅度下降。2010年，综合类会员黄金业务发展不快，综合类会员黄金自营业务1 170.65吨，比上年增加123.56吨，增长11.80%。随着对综合类会员代理业务平移工作的完成，综合类会员黄金代理业务明显下降。2010年，综合类会员代理业务为1 356.40吨，比上年减少65.26吨，下降4.59%。综合类会员代理业务连续第二年呈现净减少趋势，占黄金市场的比例从上年的30.18%降至2010年的22.41%，减少了7.77个百分点，且按季度下滑态势在加快，从第一季度的25.73%逐季下降，第四季度降至21.46%。

综合类会员白银业务虽然也在增长，但与银行相比，增长速度不如银行快，导致其白银业务占比下滑严重。2010年，综合类会员自营业务1 562.49吨，比上年增加797.67吨，增长104.30%，占白银交易总量的2.12%，比上年减少了2.59个百分点。综合类会员代理业务19 875.89吨，比上年增加9 016.21吨，增长83.02%，占白银交易总量的27%，比上年减少了39.84个百分点。

6. 实物租借质押、大宗交易业务成倍增长，夜市交易进一步活跃，市场功能更加完善

2010年，黄金实物质押租借和大宗交易业务取得很大发展，参与的市场主体日益多元化，外资银行、商业银行和企业都积极参与，拆借和大宗交易市场进一步活跃，很好地满足了会员的多方面需求。2010年，商业银行累计借出黄金111.95吨，比上年增加45.44吨，增长68.32%。大宗交易共成交黄金97.63吨，比上年增加56.55吨，增长137.66%，市场服务功能不断拓展。

由于夜市交易时段能和欧美主要交易时段重合，为投资者创造了更多的交易机会，夜市交易进一步活跃。2010年，夜市共成交黄金1 943.46吨，同比增加375.29吨，增长23.93%，占黄金总交易量的32.12%。夜市共成交白银37 552.75吨，同比增加29 241.95吨，增长351.85%，占白银总交易量的51.01%。

2010年，资金和实物清算量均大幅增加，全年共清算资金6 088亿元，比上年增加1 908亿元，增长45.65%。全年实物清算量为黄金2 913.73吨，白银343.98吨，铂金54.69吨，交易所作为全国贵金属实物和资金清算的中心地位进一步巩固。

（上海金交所）

5. 上海市保险市场

2010年，上海保险业按照中国保监会“转方式、调结构、防风险、促发展”的工作方针，围绕服务于上海“两个中心”建设，以保障民生为出发点，不断扩大保险覆盖面，切实保护被保险人利益。保险市场规模继续扩大，保费收入迅速增长，赔付支出略有增加，盈利状况良好。上海保险市场运作稳健，促进了保险业的健康发展。

2010年，上海保险行业实现保险保费收入883.86亿元，同比增长32.89%。其中财产保险公司原保险保费收入197.18亿元，同比增长24.09%；人身保险公司原保险保费收入686.68亿元，同比增长35.67%。全年上海保险业赔付支出194.54亿元，同比增长10.07%。2010年，上海保险深度为5.2%，保险密度为6 310元/人。

截至2010年底，上海共有110家保险公司和5家保险资产管理公司。其中财产保险公司49家，人寿保险公司42家，养老险保险公司7家，健康保险公司6家，再保险公司5家，保险集团公司1家。法人注册地在上海的保险公司（不含保险中介机构）共有48家。

截至2010年底，上海市共有保险中介机构302家，其中保险代理机构145家（其中分支机构33家），保险经纪机构94家（其中分支机构41家），保险公估机构63家（其中分支机构24家）。保险兼业代理机构6 107家，较2009年增加836家。

2010年，上海保险业全力提升保险服务经济社会发展的能力。一是着力发挥保险风险保障、防灾防损作用，全力做好伊春“8·24”空难、上海“11·15”特大火灾等重大灾害理赔服务工作。截至2010年末，上海保险业已为“11·15”特大火灾累计赔付939.94万元。二是着力发挥保险助推经济作用，大力发展新型农业、信用和责任保险；启动“上海市科技型中小企业履约保证保险贷款”项目。三是配合上海医药卫生体制改革和社会保障体系建设，积极推动上海商业健康险和养老险发展，参与上海罕见遗传病基本医疗保障机制建设。四是完善上海市出租车交强险费率浮动制度，配合制定《上海市道路交通事故救助基金筹措办法（试行）》和《上海市道路交通事故社会救助基金管理实施细则（试行）》，在全国首先制定实施交强险费率与酒驾因子挂钩制度，从各个环节入手提高车险理赔服务质量。五是汇聚行业智慧编制上海保险业“十二五”发展规划。

（上海保监局）

6. 上海产权市场

2010年，上海产权市场积极服务于国资国企改革，服务于发展方式转变，服务于产业结构优化，服务于各类企业兼并重组，服务于中小企业融资，“制度化、程序化、规范化、信息化、市场化、国际化”建设深入推进，“多元化、多板块、多层次”发展格局不断完善。2010 年上海产权市场交投活跃，全年累计成交金额达 2 453.93 亿元，同比增长 75.74%。交易内在结构进一步呈现多头并进的良好发展态势，在全国继续处于领先地位。总体上，2011 年上海产权市场主要呈现以下四个特点：

1. 市场重组功能明显，配合国资国企开放性市场化调整服务迈上新台阶

2010 年，企业国有产权出让金额同比增长 77.01%。其中，完成央企出让成交金额同比增加 1.16 倍，完成本市国有企业出让交易金额同比增长 73.58%。交易涉及国有集团数 137 家，其中本市 27 家，央企和异地国有集团 110 家。上海产权市场为国企集团战略调整的市场推动作用明显。主要表现为：一是配合国有集团主辅分离，优化投资层级。据统计，转让标的主要是集中在三层级以下企业产权，宗数权重占比 82.41%。通过收缩调整提升了产权化融资功能。如本市 2010 年国退民进项目达 110 亿，约占本市国资年直接股权融资总量的 1/6。二是配合国资通过产权并购提升国资证券化率。2010 年本市国有资产通过产权交易注入到国资控股的上市公司达 234.27 亿元。三是配合国资集团做强做优。2010 年在上海产权市场上，国有收购金额达 796.27 亿元，同比增加 62.7%。其中以纵向并购为主流，同比增长 164.17%。

2. 中心市场作用明显，跨区域跨所有制兼并重组取得新进展

随着市场服务范围的进一步扩大，上海产权市场已经成为全国产权交易的中心市场，2010 年度成交标的所在地涉及 28 个省份和 14 个国家及地区，已累计在全国 31 个省市和 31 个国家、地区实现成功交易。2010 年，各类入市交易主体持续活跃，兼并重组涉及的各类企业达 1.4 万多家，其中非国有资本成交项目占 50.64%。股权类交易的活跃带动了物权、债权、广告经营权交易的快速增长，此类成交金额合计同比增长 3.42 倍。

2010 年 7 月 6 日至 8 日，上海联合产权交易所主办“相约世博·中国产权市场发展高层论坛暨第五届中国产权市场创新论坛”

3. 信息辐射创新明显，市场服务能力实现新突破

一是创新信息辐射渠道。以产权手机报为标志的网络信息手段的应用，产权交易的信息集合能力明显增强，市场发现买主发现价格功能明显提升。举牌率、成交率、竞价率、增值率明显增长，市场运行质量不断提升。2010 年各类企业产权竞价率达到 18.9%，同比增加 5.93%，竞价增值率达到 36%。尤为可喜的是依托上海金融中心优势，上海联合产权交易所金融产权成交金额同比增长 2.48 倍，在全国处于领先地位。二是创新科技金融产品，积极为中小企业服务。2010 年，累计为科技型中小企业融资 165 宗，涉及金额 76.13 亿元，加快了科技与资本、产权与资本的对接，加快了技术资本化、产权金融化的进程，加快了实现科技成果商品化和产业化的步伐。2010 年技术交易同比保持上升趋势，成交金额达 86.05 亿元。上海联交所被评为“上海市技术合同认定登记处”2010 年度先进集体。

4. 专业市场的兴起，多板块市场体系建设开创新局面

2010 年，上海产权市场坚持创新发展，成为集环境能源、技术、文化、知识、农村等权益交易为一体的综合性市场。上海环境能源交易所新增挂牌金额月均增幅 26.48%，成交项目月均增幅 119.83%。建立了世博会历史上首个自愿减排平台，个人自愿减排参与主体急剧增长，达2 600人次，获得了国家发改委和联合国的高度评价。南南全球技术产权交易所积极拓展国际技术和资本合作空间，新增项目挂牌759宗，交易总额同比上年翻一番，已在26个国家建立28个工作站。上海股权托管交易中心在上海市委市政府的直接领导和积极推进下，相关工作有序展开。上海文化产权交易所自成立以来，已有2 900个项目挂牌。其中，版权项目500个，涉及全国25个省、自治区、直辖市。随着各专业平台有序推进，上海产权市场已经集聚了近600家各类投资咨询和中介结构，为上海现代服务业的发展奠定了人才基础。

（上海联交所）

链接："新华—道琼斯国际金融中心发展指数"

2010年7月8日，新华社旗下中经社控股联手芝加哥商业交易所集团(CME)指数服务公司(道琼斯指数公司)在上海共同推出"新华-道琼斯国际金融中心发展指数"(简称IFCD INDEX)。这是在全球范围内首次突出发展能力、运用全新指标体系科学评价全球国际金融中心的排行榜单。排在前10位分别是纽约、伦敦、东京、香港、巴黎、新加坡、法兰克福、上海、华盛顿和悉尼。

新华-道琼斯国际金融中心发展指数五大洲国际金融中心发展指数得分与排名(前25名)

			国际金融中心发展指数	排名	金融市场	成长发展	产业支撑	服务水平	综合环境
美洲	美国	纽约	88.43	1	89.72	82.90	94.58	87.99	87.19
		芝加哥	56.85	12	55.53	49.00	58.92	58.40	62.54
		波士顿	45.18	19	44.44	41.55	42.19	47.40	50.23
		旧金山	49.61	17	41.89	45.34	45.93	56.68	58.33
		华盛顿	61.11	9	60.81	50.15	55.88	66.14	72.47
	加拿大	多伦多	46.46	18	42.15	39.36	43.16	51.23	56.44
		温哥华	40.04	24	33.52	32.78	36.38	47.98	49.67
欧洲	英国	伦敦	87.66	2	91.53	77.17	93.59	90.59	85.66
	瑞士	苏黎世	59.37	11	63.26	44.43	53.39	67.90	67.73
		日内瓦	52.30	16	48.07	38.91	43.15	66.10	65.24
	瑞典	斯德哥尔摩	39.33	25	34.81	31.92	36.07	47.22	46.72
	德国	法兰克福	64.37	7	67.58	54.17	69.15	63.43	67.65
		慕尼黑	40.92	21	38.22	37.51	41.96	42.61	44.44
	法国	巴黎	72.77	5	68.27	66.15	73.54	80.62	75.57
	荷兰	阿姆斯特丹	53.00	15	41.48	46.62	51.71	58.23	67.25
	比利时	布鲁塞尔	40.53	23	41.35	34.47	36.93	42.53	47.20
	丹麦	哥本哈根	41.04	20	34.38	33.21	35.01	51.28	51.40
亚洲	新加坡	新加坡	70.06	6	63.52	71.46	75.34	69.04	71.29
	中国	香港	81.01	4	81.50	84.25	86.23	76.87	76.35
		上海	63.75	8	64.93	87.43	72.11	47.84	46.45
		深圳	40.53	22	44.9	57.31	30.61	25.84	43.09
		北京	55.91	13	57.67	83.00	61.60	38.21	38.92
	阿联酋	迪拜	53.59	14	47.66	67.88	60.01	48.45	44.26
	日本	东京	85.55	3	86.52	81.77	93.64	86.72	79.50
大洋洲	澳大利亚	悉尼	59.47	10	52.36	53.97	55.62	65.99	69.54

第六篇　统　　计

一、金融综合统计

2010 年上海市中资金融机构统计口径

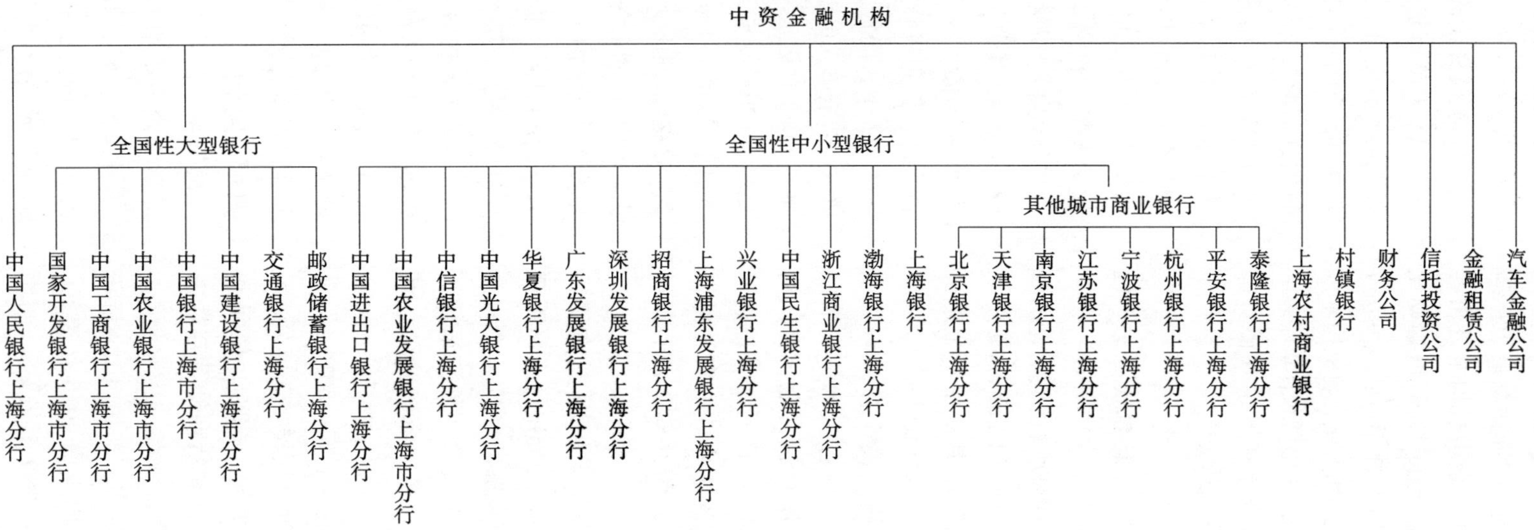

注：全国性大型银行是指本外币资产总量超过 2 万亿的银行；全国性中小型银行是指本外币资产总量小于 2 万亿且跨省经营的银行。首次分组以 2008 年末各金融机构本外币资产总额作为参考标准。

数字提要

2010年,上海市货币信贷运行总体平稳,各项存贷款继续较快增长,年末全市本外币存贷款总量分别突破5万亿元和3万亿元,存贷款总量迈上新台阶。2010年末,上海市中外资金融机构本外币各项存款余额52 190亿元,同比增长17%,增幅同比下降8.4个百分点。全年新增本外币存款7 607.7亿元,同比少增1 403.2亿元。中外资金融机构本外币各项贷款余额34 154.2亿元,同比增长15.1%,增幅同比下降7.8个百分点。全年新增本外币贷款4 493亿元,同比少增880.4亿元。

(一)各项存款增加较多,活期存款占比小幅下降

(1) 中资金融机构人民币存款增长呈明显的季节性特征。2010年,全市新增人民币各项存款7 572亿元,同比少增1 056亿元,其中中资金融机构新增人民币存款6 755.9亿元,同比少增1 262.8亿元。2010年,中资金融机构人民币存款增长呈明显的季节性特征。一是下半年存款增长明显减缓。下半年中资金融机构新增存款占全年存款增量不到40%,较上半年少增1 539亿元。二是季末及长假前一个月存款增加较为集中。中资金融机构3月、4月、6月、9月和12月份共5个月的新增存款占全年存款增量近3/4。

(2) 外资银行人民币存款增长较快,外资银行法人存款增加明显。2010年末,外资银行人民币存款增长34.5%,增幅高出中资金融机构17.6个百分点,且新增存款呈前低后高态势。全年外资银行新增人民币存款816.1亿元,同比多增206.8亿元,其中19家外资银行法人占8成。

(3) 活期存款增量占比小幅下降。2010年,全市人民币企业存款和储蓄存款分别增加3 151亿元和1 942.7亿元,同比分别少增1 768.9亿元和279.8亿元;其中企业活期存款和活期储蓄存款占比为41.7%,同比下降7.9个百分点。

(4) 企业外汇存款增加较多。2010年,全市新增外汇存款15.9亿美元,同比少增40.5亿美元。其中中资金融机构外汇存款减少9.7亿美元,同比多减67.5亿美元;外资银行外汇存款增加25.6亿美元,同比多增27亿美元。从存款种类看,2010年全市企业外汇存款增加34.4亿美元,同比多增25.5亿美元,其中中资企业外汇存款增加19亿美元,同比多增10.7亿美元;外商投资企业外汇存款增加10.2亿美元,同比多增7.6亿美元。

(二)信贷投放节奏趋缓,贷款结构有所优化。

(1) 人民币贷款投放节奏逐季趋缓,全年贷款投放均衡性好于上年。2010年全市新增人民币贷款4 369.2亿元,同比少增446亿元;全年1—4季度贷款分别增加1 639.2亿元、1 062.2亿元、876.1亿元和791.7亿元,贷款投放节奏逐季趋缓,均衡性好于上年,其中12月份贷款增加91.5亿元,同比少增160亿元。按机构分,全年中资金融机构新增人民币贷款3 855.2亿元,同比少增1 119.6亿元(其中12月份贷款仅增24.7亿元,同比少增191.4亿元)。全年外资银行新增人民币贷款514亿元,同比多增673.7亿元(其中12月份贷款增加66.8亿元,同比多增31.3亿元),其中19家外资银行法人新增贷款占全部外资银行贷款增量近2/3。

(2) 中长期贷款增加较多,票据融资明显减少。2010年,全市人民币短期贷款增加665.8亿元,同比多增1 042.9亿元,其中第4季度增加233.4亿元,同比多增529.9亿元。全年中长期贷款增加3 651.9亿元,同比少增371.6亿元;其中第4季度新增中长期贷款453亿元,同比少增447.8亿元。从中长期贷款用途分,全年单位固定资产贷款、个人中长期消费贷款和银团贷款分别增加1 390.2亿元、830.3亿元和763.1亿元,三项合计新增贷款占全部贷款增量近7成。全年票据融资减少372.3亿元,同比多减1 281亿元。

(3) 个人住房贷款增量高位回落。2010年全市新增人民币个人消费贷款823.1亿元,同比少增424亿元,占全市各项贷款增量的18.8%,占比同比下降7.1个百分点;其中下半年新增人民币个人消费贷款220.6亿元,较上半年少增381.9亿元,同比少增679.6亿元。受房地产宏观调控和住房成交量变化的影响,下半年个人住房贷款增量明显萎缩。2010年全市新增人民币个人住房贷款543.8亿元(其中新建房贷款和二手房贷款分别增加227.7亿元和316.1亿元);其中下半年个人住房贷款仅增加34.9亿元,为上半年增量的6.8%(其中12月份增加11.1亿元,同比少增120.9亿元)。

(4) 新增人民币企业贷款主要投向第三产业和中小企业。2010年全市新增的人民币企业贷款(不含票据融资）中，投向房地产业、租赁商务业、批发零售业和交通运输仓储邮政业的贷款分别增加 850.7 亿元、844.7 亿元、711.7 亿元和 404.6 亿元；投向大、中、小型企业人民币贷款分别增加 1 188.4 亿元、1 250.1 亿元和 915.4 亿元。

（5）外汇贷款先增后降。2010 年全市新增外汇贷款 34.4 亿美元，同比少增 47.7 亿美元，其中下半年外汇贷款减少 20.2 亿美元，较上半年多减 74.8 亿美元，同比多减 85.2 亿美元。按贷款种类分，全年全市外汇短期贷款和中长期贷款分别增加 26.4 亿美元和 11.2 亿美元，同比分别多增 24.1 亿美元和 7.6 亿美元；进出口贸易融资减少 10.7 亿美元，同比多减 74 亿美元，是全市外汇贷款同比少增的主要原因。（2010 年 12 月汇率 6.622 7）

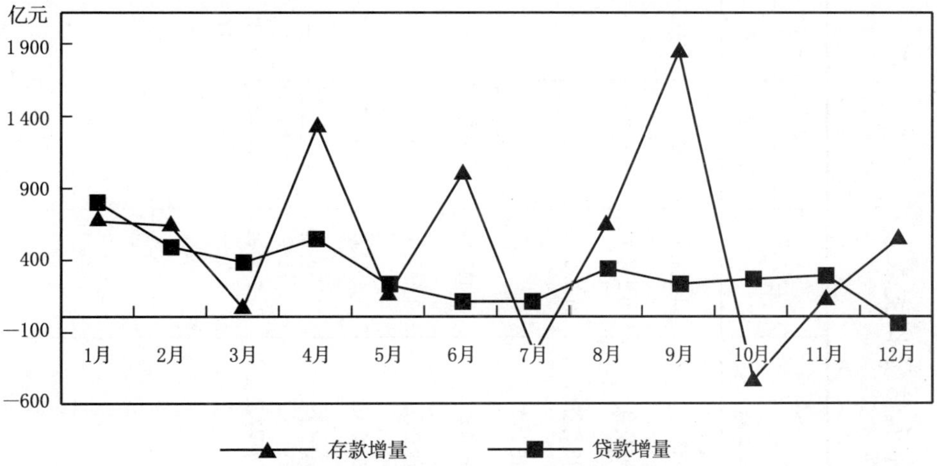

上海市中资金融机构本外币存贷款增量变动图

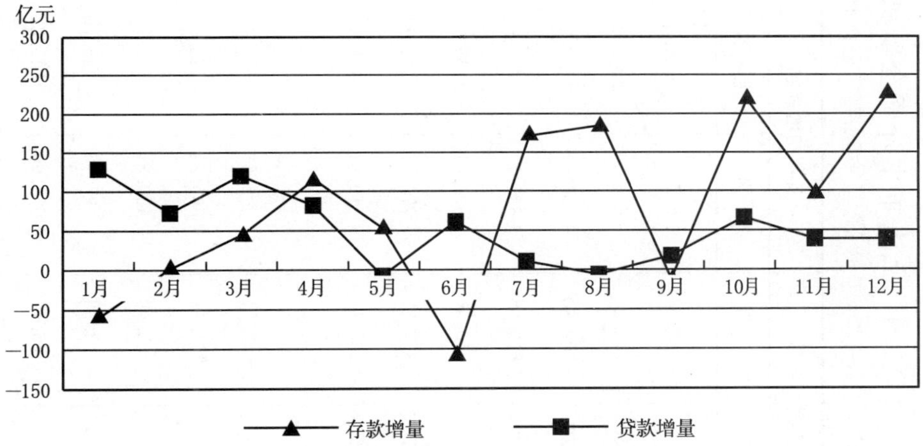

上海市外资金融机构本外币存贷款增量变动图

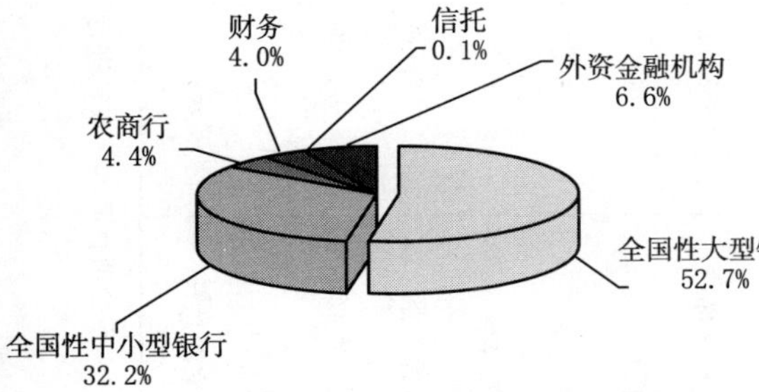

上海市中外资金融机构人民币存款余额占比图

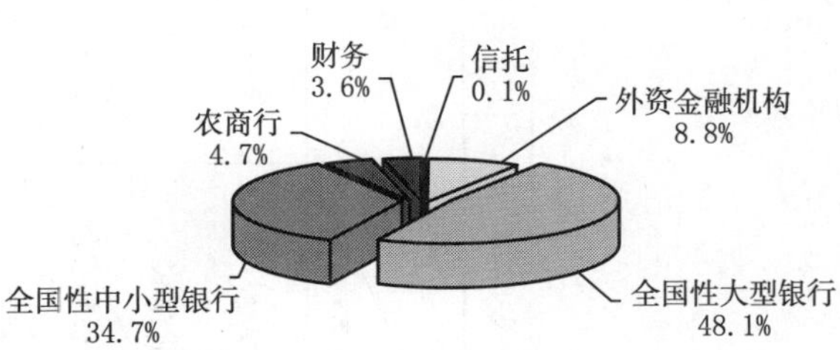

上海市中外资金融机构人民币贷款余额占比图

(一) 本外币信贷收支统计

1. 上海市中外资金融机构本外币信贷收支表

汇率:6.622 7　　2010-12-31　　单位:亿元

来源项目名称	本期	比上月增减数		比年初增减数		运用项目名称	本期	比上月增减数		比年初增减数	
		本年	上年	本年	上年			本年	上年	本年	上年
一、各项存款	52 190.04	806.33	1 010.50	7 607.68	9 010.88	一、各项贷款	34 154.17	23.91	285.60	4 492.99	5 373.35
1. 企业存款	24 991.39	693.58	743.24	3 344.40	4 979.24	1. 短期贷款	9 278.11	16.94	−33.10	795.18	−337.89
(1) 活期存款	14 887.42	280.29	−109.80	1 450.63	2 560.16	2. 中长期贷款	21 693.69	38.98	243.43	3 764.15	4 127.23
(2) 定期存款*	10 103.96	413.30	853.05	1 893.77	2 419.07	3. 信托贷款					
2. 储蓄存款	16 249.29	635.12	610.96	1 891.41	2 269.23	4. 委托贷款	442.96	−4.28	−4.15	87.62	127.91
(1) 活期储蓄	5 396.19	383.76	377.82	771.57	1 110.81	5. 其他贷款	1 244.04	6.03	7.87	222.20	553.71
(2) 定期储蓄	10 853.11	251.37	233.14	1 119.84	1 158.43	6. 票据融资	1 485.79	−32.50	73.06	−373.25	905.50
3. 信托存款						7. 各项垫款	9.58	−1.26	−1.51	−2.92	−3.12
4. 委托存款	799.52	−17.01	−52.51	6.63	339.45	二、有价证券及投资	4 220.32	67.10	−12.77	521.39	863.88
5. 其他存款	10 149.84	−505.36	−291.19	2 365.24	1 422.96						
二、所有者权益	2 063.60	142.42	88.49	450.84	81.58						
其中:实收资本	764.58	14.03	−2.98	97.36	55.70						
三、其他	−15 879.15	−857.74	−826.15	−3 073.66	−2 855.22						
资金来源总计	38 374.48	91.01	272.83	4 984.86	6 237.23	资金运用总计	38 374.48	91.01	272.83	4 984.86	6 237.23

注:打 * 号的项目因本年口径进行了调整,故与上年数据不可比。

2. 上海市中资金融机构本外币信贷收支表

汇率:6.622 7　　2010-12-31　　单位:亿元

栏目 / 来源项目名称	本期	比上月增减数		比年初增减数		栏目 / 运用项目名称	本期	比上月增减数		比年初增减数	
		本年	上年	本年	上年			本年	上年	本年	上年
一、各项存款	48 118.64	574.17	848.77	6 644.61	8 412.09	一、各项贷款	29 970.80	−14.64	204.35	3 877.38	5 645.31
1. 企业存款	21 754.55	486.16	589.63	2 570.47	4 418.65	1. 短期贷款	7 212.93	19.81	−108.23	544.68	−185.26
(1) 活期存款	13 353.23	174.46	−163.94	1 255.02	2 256.77	2. 中长期贷款	19 964.95	37.71	239.73	3 615.44	4 251.07
(2) 定期存款*	8 401.32	311.69	753.56	1 315.46	2 161.88	3. 信托贷款					
2. 储蓄存款	15 991.40	623.86	613.30	1 862.48	2 277.56	4. 委托贷款	442.96	−4.28	−4.15	87.62	127.91
(1) 活期储蓄	5 340.95	384.21	372.31	767.59	1 087.90	5. 其他贷款	1 187.41	9.13	11.04	227.10	539.27
(2) 定期储蓄	10 650.45	239.65	240.99	1 094.88	1 189.66	6. 票据融资	1 152.98	−75.74	67.48	−594.54	915.45
3. 信托存款						7. 各项垫款	9.58	−1.26	−1.51	−2.92	−3.12
4. 委托存款	799.52	−17.01	−52.51	6.63	339.45	二、有价证券及投资	3 852.49	75.84	7.58	617.40	744.13
5. 其他存款	9 573.17	−518.83	−301.65	2 205.03	1 376.43						
二、所有者权益	1 482.01	149.26	92.75	407.57	5.15						
其中:实收资本	380.25	14.97	0.00	85.16	1.78						
三、其他	−15 777.35	−662.23	−729.59	−2 557.40	−2 027.80						
资金来源总计	33 823.29	61.21	211.94	4 494.77	6 389.44	资金运用总计	33 823.29	61.21	211.94	4 494.77	6 389.44

注:打*号的项目因本年口径进行了调整,故与上年数据不可比。

3. 上海市外资金融机构本外币信贷收支表

汇率：6.622 7　　2010-12-31　　单位：亿元

栏目 来源项目名称	本期	比上月增减数		比年初增减数		栏目 运用项目名称	本期	比上月增减数		比年初增减数	
		本年	上年	本年	上年			本年	上年	本年	上年
一、各项存款	4 071.40	232.16	161.72	963.07	598.79	一、各项贷款	4 183.36	38.55	81.25	615.60	−271.96
1. 企业存款	3 236.83	207.43	153.62	773.92	560.58	1. 短期贷款	2 065.18	−2.86	75.13	250.50	−152.62
(1) 活期存款	1 534.19	105.83	54.13	195.31	303.39	2. 中长期贷款	1 728.74	1.28	3.70	148.71	−123.83
(2) 定期存款	1 702.64	101.60	99.48	578.31	257.19	3. 其他贷款	56.63	−3.10	−3.17	−4.90	−14.44
2. 储蓄存款	257.89	11.26	−2.35	28.93	−8.33	4. 票据融资	332.81	43.24	5.59	221.30	−9.95
(1) 活期储蓄	55.24	−0.45	5.51	3.98	22.90	5. 各项垫款					
(2) 定期储蓄	202.66	11.72	−7.85	24.95	−31.23	二、有价证券及投资	642.57	−21.99	−27.98	−33.03	162.15
3. 其他存款	576.68	13.46	10.45	160.22	46.53	三、应收及预付款	304.95	−22.77	−23.31	114.32	−162.92
二、债券发行及境外筹资						其中：应收利息	31.66	−6.80	−7.29	10.41	−27.76
三、应付及暂收款	455.40	−43.64	−31.02	157.67	−154.83	四、买入返售证券	139.86	22.60	8.54	129.32	0.88
其中：应付及预收利息	26.82	−0.28	−3.41	11.28	−29.70	五、存放中央银行存款	835.54	182.78	97.87	212.00	79.10
四、卖出回购证券	20.26	−13.87	39.31	−44.15	−86.23	六、同业往来	1 581.73	152.17	82.09	529.18	−64.24
五、向中央银行借款						七、库存现金	4.46	0.37	0.40	0.51	0.10
六、同业往来	2 198.41	161.45	52.11	223.32	−346.01						
七、代理境内贷款资金											
八、各项准备	52.46	1.21	−1.64	7.79	0.59						
其中：贷款呆账准备	48.75	1.24	−1.36	4.30	0.54						
九、所有者权益	581.59	−6.84	−4.26	43.27	76.42						
其中：实收资本	384.34	−0.94	−2.98	12.20	53.92						
十、其他	312.96	21.23	2.65	187.41	−345.62						
资金来源总计	7 692.47	351.70	218.87	1 538.39	−256.90	资金运用总计	7 692.47	351.70	218.87	1 538.39	−256.90

(二) 人民币信贷收支统计

1. 上海市中外资金融机构人民币信贷收支表

2010-12-31

单位:亿元

来源项目名称 \ 栏目	本月余额	比上月增减数		比年初增减数		运用项目名称 \ 栏目	本月余额	比上月增减数		比年初增减数	
		本年	上年	本年	上年			本年	上年	本年	上年
一、各项存款	49 846.83	863.97	858.90	7 571.97	8 628.01	一、各项贷款	30 573.31	91.48	251.55	4 369.18	4 815.13
1. 企业存款	23 661.90	745.57	769.85	3 151.00	4 919.90	(一) 境内贷款	30 514.74	91.47	250.12	4 353.97	4 808.83
(1) 活期存款	13 921.45	306.93	−64.53	1 346.97	2 472.92	1. 短期贷款	8 006.76	60.45	−82.83	665.80	−377.10
(2) 定期存款*	9 740.45	438.65	834.39	1 804.03	2 446.98	(1) 个人贷款及透支*	373.72	30.73	12.32	150.45	122.01
2. 财政存款	1 903.46	−524.32	−353.54	657.52	415.10	其中:个人消费贷款	121.40	4.41	8.56	−7.17	69.39
3. 机关团体存款*	3 233.88	−25.52	−81.44	456.66	61.45	(2) 单位贷款及透支*	7 144.07	−32.57	−90.04	281.05	−525.50
4. 储蓄存款	15 650.24	623.47	605.65	1 942.68	2 222.44	其中:经营贷款	5 605.28	−46.50		149.73	
(1) 活期储蓄	5 201.19	371.36	362.63	776.06	1 071.26	固定资产贷款	241.53	−15.28		−53.35	
(2) 定期储蓄	10 449.05	252.11	243.02	1 166.63	1 151.18	(3) 普通并购贷款	18.50	1.00		11.00	
5. 农业存款	922.67	−10.77	−31.57	117.05	180.64	(4) 银团贷款	23.36	4.12		1.81	
6. 信托存款						(5) 贸易融资	447.11	57.18	−5.11	221.50	26.39
7. 委托存款	779.09	−18.69	−55.25	26.73	299.60	2. 中长期贷款	20 008.55	56.40	252.77	3 651.94	4 023.54
8. 其他存款*	3 695.58	74.23	5.19	1 220.33	528.89	(1) 个人贷款*	5 562.73	55.95	157.05	883.85	1 190.62
二、金融债券	110.01	0.21	14.10	4.80	65.20	其中:个人消费贷款	5 220.17	54.84	153.64	830.28	1 177.74
三、应付及暂收款	1 152.75	−199.34	−136.20	184.62	−32.32	(2) 单位贷款*	12 051.15	−72.93	52.86	1 967.09	2 350.88
其中:应付利息	391.82	−33.41	−30.61	79.39	8.74	其中:经营贷款	3 578.16	−35.44		538.48	
四、同业往来(来源方)	5 540.58	−1 636.05	1 032.31	−2 408.23	2 092.08	固定资产贷款	7 696.50	−31.99		1 390.24	
其中:境外同业往来	150.67	−5.17		85.18		(3) 普通并购贷款	51.93	0.57		20.70	

（续表）

来源项目名称	本月余额	比上月增减数 本年	比上月增减数 上年	比年初增减数 本年	比年初增减数 上年	运用项目名称	本月余额	比上月增减数 本年	比上月增减数 上年	比年初增减数 本年	比年初增减数 上年
五、行内资金往来(来源方)						(4) 银团贷款*	2 152.68	78.97	77.23	763.08	426.29
六、各项准备	416.62	−5.80	−15.15	59.57	52.18	(5) 贸易融资*	190.06	−6.16	−34.36	17.22	55.74
其中:贷款损失准备	391.25	6.00	−13.87	62.86	53.27	3. 信托贷款					
七、所有者权益	1 714.31	151.04	94.79	430.44	53.24	4. 融资租赁	567.55	11.44	12.50	323.02	126.73
其中:实收资本	531.18	25.71	0.07	107.06	19.72	5. 委托贷款	442.96	−4.28	−4.15	87.62	127.91
八、其他	198 144.74	3 463.05	4 032.09	30 544.46	24 509.35	6. 票据融资	1 481.13	−31.31	72.77	−372.30	908.71
						其中:贴现	1 481.13	−31.31	72.77	−372.30	908.71
						7. 各项垫款	7.79	−1.22	−0.93	−2.11	−0.96
						(二) 境外贷款*	58.57	0.01	1.43	15.21	6.30
						二、有价证券及投资	4 423.77	57.69	−16.48	625.72	877.02
						三、应收及预付款	414.74	−252.70	−179.59	30.55	−51.78
						其中:应收利息	138.78	−125.80	−103.56	22.49	18.02
						四、同业往来(运用方)	139.12	32.85	−76.94	−42.94	−142.62
						其中:境外同业往来				−9.65	
						五、行内资金往来(运用方)	17 618.89	−558.20	2 104.51	−541.78	4 034.14
						六、金银占款					
						七、外汇占款	203 214.42	3 245.77	3 767.62	31 895.17	25 764.06
						八、固定资产	393.28	11.53	27.50	21.03	62.46
						九、库存现金	144.29	8.66	2.67	30.92	9.34
						十、投资性房地产	4.03	−0.02		−0.23	
资金来源总计	256 925.84	2 637.07	5 880.84	36 387.63	35 367.76	资金运用总计	256 925.84	2 637.07	5 880.84	36 387.63	35 367.76

注:打*号的项目因本年口径进行了调整,故与上年数据不可比。

2. 上海市中资金融机构人民币信贷收支表

2010-12-31

单位：亿元

来源项目名称	本月余额	比上月增减数 本年	比上月增减数 上年	比年初增减数 本年	比年初增减数 上年
一、各项存款	46 678.13	690.56	678.95	6 755.87	8 018.70
1. 企业存款	21 019.39	577.54	598.11	2 496.03	4 346.09
(1) 活期存款	12 837.55	224.24	−135.21	1 223.99	2 204.36
(2) 定期存款*	8 181.83	353.30	733.32	1 272.05	2 141.73
2. 财政存款	1 903.46	−524.32	−353.54	657.52	415.10
3. 机关团体存款*	3 233.88	−25.52	−81.44	456.66	61.45
4. 储蓄存款	15 498.65	613.99	605.32	1 906.51	2 224.62
(1) 活期储蓄	5 169.47	372.98	360.18	769.82	1 058.42
(2) 定期储蓄	10 329.19	241.01	245.14	1 136.69	1 166.20
5. 农业存款	922.67	−10.77	−31.57	117.05	180.64
6. 信托存款					
7. 委托存款	779.09	−18.69	−55.25	26.73	299.60
8. 其他存款*	3 320.98	78.34	−2.69	1 095.37	491.21
二、金融债券	110.01	0.21	14.10	4.80	65.20
三、应付及暂收款	792.18	−178.71	−79.11	43.01	−3.45
其中：应付利息	371.12	−33.43	−28.06	70.65	15.20
四、同业往来(来源方)	6 770.70	−1 474.82	1 150.28	−1 847.13	2 389.50
其中：境外同业往来	150.67	−5.17		85.18	
五、行内资金往来(来源方)					
六、各项准备	384.93	−7.58	−14.45	53.87	51.10
其中：贷款损失准备	361.06	4.23	−13.16	58.62	52.17
七、所有者权益	1 437.33	145.55	94.79	397.54	25.90
其中：实收资本	369.41	15.04	0.00	85.92	1.90
八、其他	197 502.94	3 435.88	4 006.97	30 450.97	24 705.54
资金来源总计	253 676.22	2 611.10	5 851.53	35 858.91	35 252.48

运用项目名称	本月余额	比上月增减数 本年	比上月增减数 上年	比年初增减数 本年	比年初增减数 上年
一、各项贷款	27 970.18	24.71	216.08	3 855.18	4 974.82
(一) 境内贷款	27 952.24	24.93	216.08	3 837.36	4 974.82
1. 短期贷款	6 718.61	33.21	−116.20	483.48	−177.05
(1) 个人贷款及透支*	373.36	30.70	12.31	150.32	122.00
其中：个人消费贷款	121.05	4.38	8.55	−7.30	69.37
(2) 单位贷款及透支*	5 858.22	−60.61	−122.70	97.38	−327.69
其中：经营贷款	5 605.28	−46.50		149.73	
固定资产贷款	241.53	−15.28		−53.35	
(3) 普通并购贷款	18.50	1.00		11.00	
(4) 银团贷款	23.36	4.12		1.81	
(5) 贸易融资	445.16	58.00	−5.80	222.97	28.64
2. 中长期贷款	19 063.43	61.30	257.10	3 537.40	3 978.88
(1) 个人贷款*	5 394.10	55.35	145.09	819.87	1 125.20
其中：个人消费贷款	5 051.53	54.24	141.68	766.30	1 112.32
(2) 单位贷款*	11 274.66	−67.43	69.15	1 916.53	2 371.64
其中：经营贷款	3 578.16	−35.44		538.48	
固定资产贷款	7 696.50	−31.99		1 390.24	
(3) 普通并购贷款	51.93	0.57		20.70	
(4) 银团贷款*	2 152.68	78.97	77.23	763.08	426.29
(5) 贸易融资*	190.06	−6.16	−34.36	17.22	55.74
3. 信托贷款					
4. 融资租赁	567.55	11.44	12.50	323.02	126.73
5. 委托贷款	442.96	−4.28	−4.15	87.62	127.91
6. 票据融资	1 151.90	−75.50	67.76	−592.05	919.31
其中：贴现	1 151.90	−75.50	67.76	−592.05	919.31
7. 各项垫款	7.79	−1.22	−0.93	−2.11	−0.96
(二) 境外贷款*	17.95	−0.23		17.82	
二、有价证券及投资	3 840.43	75.93	7.56	618.78	740.79
三、应收及预付款	359.14	−230.97	−211.19	25.77	−41.45
其中：应收利息	115.86	−120.58	−97.24	14.88	22.42
四、同业往来(运用方)	138.92	34.03	−62.97	−43.14	−291.06
其中：境外同业往来				−9.65	
五、行内资金往来(运用方)	17 618.89	−558.20	2 104.51	−541.78	4 034.14
六、金银占款					
七、外汇占款	203 214.42	3 245.77	3 767.62	31 895.17	25 764.06
八、固定资产	387.81	11.32	27.38	18.48	61.86
九、库存现金	142.40	8.52	2.54	30.67	9.32
十、投资性房地产	4.03	−0.02		−0.23	
资金运用总计	253 676.22	2 611.10	5 851.53	35 858.91	35 252.48

注：打*号的项目因本年口径进行了调整，故与上年数据不可比。

3. 上海市外资金融机构人民币信贷收支表

2010-12-31

单位:亿元

栏目 来源项目名称	本月余额	比上月增减数 本年	比上月增减数 上年	比年初增减数 本年	比年初增减数 上年
一、各项存款	3 168.70	173.40	179.95	816.10	609.31
1. 企业存款	2 642.51	168.04	171.75	654.97	573.81
(1) 活期存款	1 083.90	82.69	70.68	122.98	268.56
(2) 定期存款	1 558.61	85.35	101.07	531.99	302.25
2. 机关团体存款					
3. 储蓄存款	151.58	9.48	0.32	36.17	−2.18
(1) 活期储蓄	31.72	−1.62	2.45	6.23	12.84
(2) 定期储蓄	119.86	11.10	−2.12	29.24	−15.02
4. 农业存款					
5. 其他存款	374.60	−4.11	7.88	124.96	37.68
二、代理财政性存款					
三、金融债券					
四、应付及暂收款	360.57	−20.63	−57.10	141.61	−28.87
其中:应付及预提利息	20.70	0.02	−2.54	8.74	−6.46
五、卖出回购资产	20.26	−13.87	39.31	−44.15	−86.23
六、向中央银行借款					
七、同业往来	690.56	38.48	79.76	−138.59	−365.04
1. 同业存放	504.31	39.07	−2.42	−28.39	−172.99
其中:境外同业存放					
2. 同业拆借	186.26	−0.59	82.18	−110.20	−192.05
其中:境外同业拆借					
八、行内资金往来					
九、委托存款及委托投资基金(净)					
1. 委托存款及委托投资基金					
2. 减:委托贷款及委托投资					
十、代理金融机构委托贷款基金					
其中:中央银行委托贷款基金					
十一、各项准备	31.68	1.78	−0.70	5.70	1.08
其中:贷款损失准备	30.18	1.77	−0.70	4.25	1.10
十二、所有者权益	276.98	5.49	0.00	32.90	27.35
其中:实收资本	161.77	10.67	0.07	21.13	17.83
十三、其他	255.92	90.22	−49.29	468.32	−61.77
资金来源总计	4 804.67	274.87	191.93	1 281.90	95.83

栏目 运用项目名称	本月余额	比上月增减数 本年	比上月增减数 上年	比年初增减数 本年	比年初增减数 上年
一、各项贷款	2 603.13	66.77	35.47	514.00	−159.69
(一) 境内贷款	2 562.50	66.54	34.04	516.61	−166.00
1. 短期贷款	1 288.15	27.25	33.36	182.32	−200.05
(1) 个人贷款及透支	0.35	0.03	0.01	0.13	0.02
其中:个人消费贷款	0.35	0.03	0.01	0.13	0.02
(2) 单位普通贷款及透支	1 285.85	28.04	32.66	183.67	−197.81
其中:经营性贷款					
固定资产贷款					
(3) 普通并购贷款					
(4) 银团贷款					
(5) 贸易融资	1.95	−0.83	0.69	−1.47	−2.25
2. 中长期贷款	945.12	−4.90	−4.33	114.53	44.66
(1) 个人贷款	168.63	0.60	11.96	63.98	65.42
其中:个人消费贷款	168.63	0.60	11.96	63.98	65.42
(2) 单位普通贷款	776.49	−5.50	−16.29	50.56	−20.76
其中:经营贷款					
固定资产贷款					
(3) 普通并购贷款					
(4) 银团贷款					
(5) 贸易融资					
3. 票据融资	329.23	44.19	5.01	219.75	−10.61
其中:贴现	329.23	44.19	5.01	219.75	−10.61
4. 各项垫款					
(二) 境外贷款	40.63	0.24	1.43	−2.61	6.30
二、有价证券及投资	583.33	−18.24	−24.05	6.95	136.23
三、应收及预付款	55.60	−21.73	31.60	4.78	−10.33
其中:应收利息	22.92	−5.22	−6.32	7.61	−4.40
四、买入返售资产	139.86	22.60	8.54	129.32	0.88
五、存放中央银行准备金存款	805.67	181.34	97.36	208.82	100.12
六、存放中央银行特种存款					
七、缴存中央银行财政性存款					
八、同业往来	615.19	43.99	42.87	417.79	28.59
1. 存放同业	139.01	33.32	25.41	80.39	11.16
其中:存放境外同业					
2. 拆放同业	476.18	10.67	17.46	337.40	17.43
其中:拆放境外同业					
九、行内资金往来					
十、代理金融机构贷款					
其中:代理人行专项贷款					
十一、库存现金	1.89	0.14	0.13	0.24	0.03
十二、外汇占款					
十三、投资性房地产					
资金运用总计	4 804.67	247.87	191.93	1 281.90	95.83

4. 上海市中资全国性大型银行人民币信贷收支表

2010-12-31

单位:亿元

来源项目名称	本月余额	比上月增减数		比年初增减数	
		本　年	上　年	本　年	上　年
一、各项存款	25 117.64	714.62	635.01	3 136.85	3 554.21
1. 企业存款	10 158.30	208.50	381.77	1 041.44	2 051.87
(1) 活期存款	6 931.29	5.72	−253.48	746.49	983.21
(2) 定期存款*	3 227.02	202.78	635.25	294.95	1 068.66
2. 机关团体存款*	2 347.35	−26.70	−73.61	354.12	−18.02
3. 储蓄存款	11 299.83	450.99	332.00	1 397.16	1 388.38
(1) 活期储蓄	3 872.28	304.27	226.28	602.49	725.81
(2) 定期储蓄	7 427.56	146.72	105.72	794.67	662.57
4. 农业存款	0.80	−0.26	−0.42	−0.33	0.31
5. 其他存款*	1 311.36	82.09	−4.74	344.47	131.68
二、代理财政性存款	898.57	−81.69	−98.33	384.12	236.10
三、金融债券	0.01	0.00	0.00	0.00	0.00
四、应付及暂收款	499.77	−107.36	−51.98	−2.64	−18.44
其中:应付及预提利息	219.39	−26.50	−20.18	35.52	9.30
五、卖出回购资产	12.06	12.06	24.70	−19.74	29.80
六、向中央银行借款					
七、同业往来	4 364.99	−1 056.66	1 141.06	−1 948.22	1 564.62
1. 同业存放	4 291.03	−1 067.25	1 143.85	−1 996.00	1 565.97
其中:境外同业存放	75.18	−15.80		36.58	
2. 同业拆借	73.97	10.60	−2.79	47.78	−1.35
其中:境外同业拆借	73.97	10.60		47.78	
八、行内资金往来					
九、委托存款及委托投资基金(净)	109.66	−19.17	−81.78	−9.59	42.99
1. 委托存款及委托投资基金	1 805.63	37.99	−48.75	168.78	350.98
2. 减:委托贷款及委托投资	1 695.97	57.16	33.03	178.37	307.99
十、代理金融机构委托贷款基金	13.84	0.50		10.06	3.15
其中:中央银行委托贷款基金					
十一、各项准备	135.50	4.01	−12.10	5.24	20.71
其中:贷款损失准备	132.59	4.17	−10.81	7.36	22.37
十二、所有者权益	326.72	14.41	43.57	68.05	−59.97
其中:实收资本					
十三、其他	−86.90	−20.67	−6.42	665.67	−93.14
资金来源总计	31 391.86	−539.95	1 593.72	2 289.80	5 280.03

运用项目名称	本月余额	比上月增减数		比年初增减数	
		本　年	上　年	本　年	上　年
一、各项贷款	14 289.94	90.04	−3.11	1 630.17	2 146.83
(一) 境内贷款	14 283.10	90.04	−3.11	1 623.33	2 146.83
1. 短期贷款	2 702.73	12.68	−132.29	16.32	−250.76
(1) 个人贷款及透支*	60.49	2.42	−0.34	2.85	14.76
其中:个人消费贷款	20.09	−0.09	0.14	−13.13	9.77
(2) 单位普通贷款及透支*	2 294.00	−43.05	−125.37	−173.41	−300.65
其中:经营性贷款	2 172.86	−24.87		−90.54	
固定资产贷款	118.95	−19.53		−84.43	
(3) 普通并购贷款	7.50				
(4) 银团贷款	19.11	4.12		8.36	
(5) 贸易融资	321.63	49.20	−6.59	178.53	35.13
2. 中长期贷款	11 204.41	53.25	132.13	2 066.17	1 875.60
(1) 个人贷款*	2 786.26	13.00	66.68	328.92	525.98
其中:个人消费贷款	2 677.66	13.92	67.17	327.73	539.15
(2) 单位普通贷款*	6 953.12	−20.33	22.11	1 180.89	1 109.31
其中:经营贷款	1 630.39	−5.65		328.69	
固定资产贷款	5 322.73	−14.68		852.21	
(3) 普通并购贷款	42.03	0.60		22.88	
(4) 银团贷款*	1 423.00	59.98	43.33	533.47	240.32
(5) 贸易融资*					
3. 票据融资	375.00	24.12	−2.79	−458.93	521.04
其中:贴现	375.00	24.12	−2.79	−458.93	521.04
4. 各项垫款	0.96	−0.02	−0.15	−0.23	0.95
(二) 境外贷款	6.84			6.84	
二、有价证券及投资	1 072.83	5.24	−116.26	102.66	42.34
三、应收及预付款	187.41	−176.12	−90.26	−49.36	−22.04
其中:应收利息	79.52	−82.46	−59.58	9.72	7.81
四、买入返售资产	220.19	−20.77	−90.94	1.15	−139.35
五、存放中央银行准备金存款	168.88	36.79	−62.59	25.26	−174.44
六、存放中央银行特种存款					
七、缴存中央银行财政性存款	945.05	−44.08	−8.22	369.32	237.90
八、同业往来	438.55	−36.33	321.32	−342.42	120.70
1. 存放同业	250.25	−37.96	296.07	−353.93	117.72
其中:存放境外同业				−7.90	
2. 拆放同业	188.31	1.63	25.25	11.51	2.98
其中:拆放境外同业					
九、行内资金往来	13 961.60	−399.78	1 619.20	513.76	3 064.57
十、代理金融机构贷款	13.84	0.50		10.06	3.15
其中:代理人行专项贷款					
十一、库存现金	84.59	6.20	4.40	19.58	0.98
十二、外汇占款	8.98	−1.64	20.17	9.60	−0.62
十三、投资性房地产					
资金运用总计	31 391.86	−539.95	1 593.72	2 289.80	5 280.03

注:打 * 号的项目因本年口径进行了调整,故与上年数据不可比。

5. 上海市中资全国性中小型银行人民币信贷收支表

2010-12-31

单位:亿元

来源项目名称	本月余额	比上月增减数 本年	比上月增减数 上年	比年初增减数 本年	比年初增减数 上年
一、各项存款	15 334.31	539.66	488.99	2 213.47	3 157.80
1. 企业存款	9 178.89	361.31	232.62	1 070.78	2 094.11
(1) 活期存款	5 177.34	206.88	169.32	366.31	1 210.17
(2) 定期存款*	4 001.55	154.43	63.30	704.47	883.94
2. 机关团体存款*	875.44	0.09	−7.93	95.06	79.22
3. 储蓄存款	3 183.84	149.79	259.74	356.78	696.55
(1) 活期储蓄	1 141.82	65.27	127.20	144.93	298.22
(2) 定期储蓄	2 042.02	84.52	132.54	211.85	398.33
4. 农业存款	4.72	1.28	2.87	−4.37	3.05
5. 其他存款*	2 091.41	27.19	1.70	695.22	284.86
二、代理财政性存款	21.60	−1.92	1.68	2.98	−2.45
三、金融债券	50.21	0.21	−0.90	−29.99	50.20
四、应付及暂收款	195.56	−29.05	−21.68	18.29	−2.20
其中:应付及预提利息	110.64	−8.26	−10.74	26.81	0.97
五、卖出回购资产	495.02	213.26	−12.52	397.33	−209.03
六、向中央银行借款	1.33	0.00		1.33	
七、同业往来	3 286.45	−393.81	527.67	−134.95	780.51
1. 同业存放	3 139.45	−513.81	482.67	−158.95	749.11
其中:境外同业存放	1.52	0.03		0.83	
2. 同业拆借	147.00	120.00	45.00	24.00	31.40
其中:境外同业拆借					
八、行内资金往来					
九、委托存款及委托投资基金(净)	226.24	5.79	30.59	−49.49	138.78
1. 委托存款及委托投资基金	2 017.59	157.04	43.25	477.09	267.44
2. 减:委托贷款及委托投资	1 791.35	151.25	12.66	526.58	128.66
十、代理金融机构委托贷款基金					
其中:中央银行委托贷款基金					
十一、各项准备	191.64	1.22	−3.94	37.83	14.39
其中:贷款损失准备	180.16	1.42	−1.72	39.68	16.74
十二、所有者权益	452.02	19.47	36.26	121.81	47.72
其中:实收资本	42.34			16.34	
十三、其他	−351.11	−24.48	−66.63	−266.02	−73.15
资金来源总计	19 903.27	330.35	979.51	2 312.60	3 902.57

运用项目名称	本月余额	比上月增减数 本年	比上月增减数 上年	比年初增减数 本年	比年初增减数 上年
一、各项贷款	10 328.25	−69.93	147.36	1 414.27	2 180.27
(一) 境内贷款	10 317.14	−69.71	147.36	1 403.30	2 180.27
1. 短期贷款	3 243.13	46.74	−19.55	466.16	−31.34
(1) 个人贷款及透支*	296.10	25.87	10.41	149.27	90.03
其中:个人消费贷款	92.32	2.97	6.36	11.35	46.26
(2) 单位普通贷款及透支*	2 809.88	11.09	−30.72	268.60	−114.71
其中:经营性贷款	2 702.42	6.97		255.67	
固定资产贷款	98.23	4.30		12.73	
(3) 普通并购贷款	11.00	1.00		11.00	
(4) 银团贷款	3.09			−6.72	
(5) 贸易融资	123.07	8.78	0.77	44.01	−6.67
2. 中长期贷款	6 480.19	−10.83	100.50	1 111.80	1 827.85
(1) 个人贷款*	2 137.33	12.24	62.66	295.41	531.06
其中:个人消费贷款	1 932.46	10.33	58.96	248.43	502.71
(2) 单位普通贷款*	3 477.98	−35.88	40.97	576.97	1 076.50
其中:经营贷款	1 435.77	−27.95		81.19	
固定资产贷款	2 042.21	−7.94		495.78	
(3) 普通并购贷款	9.90	−0.04		−2.19	
(4) 银团贷款*	664.92	19.00	31.23	224.39	164.55
(5) 贸易融资*	190.06	−6.16	−34.36	17.22	55.74
3. 票据融资	587.57	−104.43	67.18	−172.88	386.19
其中:贴现	587.57	−104.43	67.18	−172.88	386.19
4. 各项垫款	6.25	−1.19	−0.78	−1.78	−2.43
(二) 境外贷款	11.11	−0.23		10.98	
二、有价证券及投资	1 850.59	−14.86	61.64	352.78	496.78
三、应收及预付款	71.15	−68.79	−100.86	6.74	−34.42
其中:应收利息	22.01	−37.99	−39.04	2.92	5.83
四、买入返售资产	1 875.61	376.55	95.69	1 403.50	−22.55
五、存放中央银行准备金存款	1 086.34	195.33	272.05	84.78	204.23
六、存放中央银行特种存款					
七、缴存中央银行财政性存款	4.88	1.39	2.57	−1.38	5.78
八、同业往来	921.81	70.17	43.73	19.94	121.31
1. 存放同业	632.96	85.23	87.20	−75.42	140.98
其中:存放境外同业				−0.75	
2. 拆放同业	288.85	−15.05	−43.47	95.36	−19.68
其中:拆放境外同业				−1.00	
九、行内资金往来	3 724.58	−148.11	500.93	−1 007.44	982.35
十、代理金融机构贷款					
其中:代理人行专项贷款					
十一、库存现金	41.28	−3.14	−2.35	7.82	6.88
十二、外汇占款	−3.62	−8.25	−41.24	30.76	−38.05
十三、投资性房地产	2.42	−0.01		0.84	
资金运用总计	19 903.27	330.35	979.51	2 312.60	3 902.57

注:打*号的项目因本年口径进行了调整,故与上年数据不可比。

6. 上海市其他城市商业银行人民币信贷收支表

2010-12-31

单位:亿元

来源项目名称	本月余额	比上月增减数 本年	比上月增减数 上年	比年初增减数 本年	比年初增减数 上年
一、各项存款	1 259.90	73.01	17.47	440.54	399.96
1. 企业存款	843.57	57.93	14.04	310.74	312.64
(1) 活期存款	401.92	35.26	6.20	114.30	169.57
(2) 定期存款*	441.65	22.67	7.84	196.44	143.07
2. 机关团体存款*	12.01	0.61	1.99	−1.12	2.93
3. 储蓄存款	112.72	12.83	5.87	61.74	24.32
(1) 活期储蓄	38.41	11.03	2.81	24.09	6.15
(2) 定期储蓄	74.31	1.80	3.06	37.66	18.17
4. 农业存款	0.14	0.01	0.00	0.12	0.02
5. 其他存款*	291.46	1.64	−4.43	69.06	60.05
二、代理财政性存款					
三、金融债券					
四、应付及暂收款	9.62	0.29	−1.70	4.24	1.84
其中:应付及预提利息	6.74	0.46	−0.38	2.95	1.30
五、卖出回购资产	40.41	−1.65	−8.19	40.41	
六、向中央银行借款					
七、同业往来	230.42	9.31	71.74	54.74	61.78
1. 同业存放	230.42	9.31	71.74	54.74	61.78
其中:境外同业存放					
2. 同业拆借					
其中:境外同业拆借					
八、行内资金往来					
九、委托存款及委托投资基金(净)	0.22	−0.16		0.22	
1. 委托存款及委托投资基金	42.95	4.78	−2.72	26.18	−14.14
2. 减:委托贷款及委托投资	42.73	4.94	−2.72	25.96	−14.14
十、代理金融机构委托贷款基金					
其中:中央银行委托贷款基金					
十一、各项准备	5.74	0.27	0.54	1.07	2.56
其中:贷款损失准备	5.73	0.27	0.54	1.07	2.56
十二、所有者权益	15.66	2.03	1.23	12.35	7.93
其中:实收资本					
十三、其他	5.13	−0.20	1.03	0.00	2.08
资金来源总计	1 567.10	82.90	82.13	553.56	476.15

运用项目名称	本月余额	比上月增减数 本年	比上月增减数 上年	比年初增减数 本年	比年初增减数 上年
一、各项贷款	948.85	6.20	28.95	219.27	348.64
(一) 境内贷款	948.85	6.20	28.95	219.17	348.64
1. 短期贷款	509.44	6.08	11.88	134.77	111.47
(1) 个人贷款及透支*	49.07	1.80	3.51	23.85	18.42
其中:个人消费贷款	34.40	0.61	3.30	11.62	17.52
(2) 单位普通贷款及透支*	455.10	4.57	8.56	107.81	92.98
其中:经营性贷款	443.62	5.18		122.71	
固定资产贷款	11.48	−0.60		−14.90	
(3) 普通并购贷款					
(4) 银团贷款	2.20			2.20	
(5) 贸易融资	3.07	−0.28	−0.20	0.91	0.07
2. 中长期贷款	403.25	0.73	21.37	96.20	215.22
(1) 个人贷款*	115.38	3.57	7.92	47.03	41.41
其中:个人消费贷款	91.93	2.35	7.88	38.28	39.08
(2) 单位普通贷款*	270.26	−3.87	13.90	36.45	166.26
其中:经营贷款	87.44	−3.04		−41.21	
固定资产贷款	182.82	−0.83		77.66	
(3) 普通并购贷款	5.61			5.61	
(4) 银团贷款*	12.00	1.03	−0.45	7.11	7.55
(5) 贸易融资*					
3. 票据融资	35.72	−0.62	−4.26	−11.80	21.60
其中:贴现	35.72	−0.62	−4.26	−11.80	21.60
4. 各项垫款	0.35		−0.03		0.35
(二) 境外贷款	0.10	0.00		0.10	
二、有价证券及投资	9.70	−3.00	−24.98	−0.42	10.13
三、应收及预付款	9.00	−5.13	−3.90	7.50	0.72
其中:应收利息	2.20	−3.89	−2.78	1.06	0.60
四、买入返售资产	258.19	46.37		258.19	−3.54
五、存放中央银行准备金存款	69.27	7.36	5.91	24.50	29.01
六、存放中央银行特种存款					
七、缴存中央银行财政性存款					
八、同业往来	81.83	48.18	5.48	41.03	34.24
1. 存放同业	71.83	48.18	5.48	39.03	29.24
其中:存放境外同业					
2. 拆放同业	10.00			2.00	5.00
其中:拆放境外同业					
九、行内资金往来	188.69	−17.45	70.65	2.86	56.45
十、代理金融机构贷款					
其中:代理人行专项贷款					
十一、库存现金	1.56	0.39	0.01	0.63	0.47
十二、外汇占款	0.00	−0.02	0.01	0.01	0.02
十三、投资性房地产					
资金运用总计	1 567.10	82.90	82.13	553.56	476.15

注:打*号的项目因本年口径进行了调整,故与上年数据不可比。

7. 上海市信托投资公司人民币信贷收支表

2010-12-31

单位:亿元

来源项目名称	本月余额	比上月增减数 本年	比上月增减数 上年	比年初增减数 本年	比年初增减数 上年	运用项目名称	本月余额	比上月增减数 本年	比上月增减数 上年	比年初增减数 本年	比年初增减数 上年
一、各项存款	24.08	−2.14	−1.83	9.81	−5.47	一、各项贷款	29.95	−1.46	−1.40	8.39	−3.30
1. 信托存款						1. 信托贷款					
2. 委托存款	24.08	−2.14	−1.83	9.81	−5.47	其中:中长期信托贷款					
(1) 委托存款	24.08	−2.14	−1.83	9.81	−1.34	2. 委托贷款	24.09	−2.14	−1.40	9.81	−0.26
(2) 委托投资基金					−4.13	3. 票据融资					
3. 保证金存款						其中:贴现					
4. 其他存款						4. 融资租赁					−0.75
二、金融债券						5. 各项垫款	0.04			0.00	
三、应付及暂收款	15.40	1.63	1.75	3.34	4.33	6. 其他贷款	5.82	0.68		−1.42	−2.28
其中:应付及预提利息		−0.02	0.00	−0.02	0.00	二、委托投资	0.43			0.43	−4.13
四、长期借款						三、投资	101.08	18.05	12.90	19.76	15.85
五、证券业务款项						四、应收及预付款	4.66	0.61	−0.86	2.45	−0.42
六、卖出回购资产						其中:应收利息	0.04	0.02	−0.13	0.00	−0.03
七、向中央银行借款						五、证券业务占款					
八、同业往来						六、经营租赁					
1. 同业存放						七、买入返售资产	6.71	1.71		6.71	
2. 同业拆借						八、存放中央银行准备金存款					
九、代理金融机构贷款基金	0.01			0.00		九、存放中央银行特种存款					
其中:中央银行委托专项贷款基金						十、同业往来	11.54	−15.10	−8.89	−0.61	1.97
十、各项准备	4.67	−0.05	−0.02	−0.14	−0.06	1. 存放同业	11.54	−15.10	−8.89	−0.61	1.97
其中:贷款损失准备	3.35	−0.12	0.03	−0.15	−0.16	2. 拆放同业					
十一、所有者权益	116.55	5.97	2.78	18.81	13.18	十一、代理金融机构贷款					
其中:实收资本	63.39		0.00	3.00	0.00	其中:代理人行专项贷款					
十二、其他	−6.66	−1.59	−0.93	5.03	−2.38	十二、库存现金	0.00	0.00	0.00	0.00	0.00
						十三、外币占款	−0.33	0.00	0.00	−0.28	−0.37
资金来源总计	154.04	3.81	1.74	36.85	9.60	资金运用总计	154.04	3.81	1.74	36.85	9.60

8. 上海市财务公司人民币信贷收支表

2010-12-31

单位:亿元

栏目 来源项目名称	本月余额	比上月增减数		比年初增减数		栏目 运用项目名称	本月余额	比上月增减数		比年初增减数	
		本 年	上 年	本 年	上 年			本 年	上 年	本 年	上 年
一、各项存款	1 929.68	−1.22	−24.24	410.32	300.66	一、各项贷款	1 065.89	13.93	28.05	201.47	189.35
1. 企业存款	1 492.94	−1.65	−16.76	331.49	178.83	1. 短期贷款	278.79	21.54	15.63	−21.28	18.11
(1) 活期存款	710.33	6.29	−50.94	110.22	9.74	2. 中长期贷款	217.26	−9.42	2.41	44.63	51.22
(2) 定期存款	782.61	−7.94	34.18	221.27	169.10	3. 委托贷款	418.87	−2.14	−2.75	77.81	128.17
2. 机关团体存款						4. 信托贷款					
3. 委托存款及投资基金	429.61	−3.03	−7.51	72.33	123.37	其中:中长期信托贷款					
(1) 委托存款	419.10	−3.17	−2.22	76.00	119.25	5. 票据融资	39.48	−4.62	13.04	1.87	−4.98
(2) 委托投资基金	10.51	0.13	−5.29	−3.68	4.12	其中:贴现	39.48	−4.62	13.04	1.87	−4.98
4. 信托存款						6. 融资租赁	111.49	8.57	−0.28	98.45	−3.18
5. 保证金存款	7.13	3.46	0.03	6.51	−1.55	7. 各项垫款					
6. 其他存款						二、委托投资	10.51	0.13	−5.29	−3.68	4.12
二、金融债券	10.00					三、投资	316.59	62.05	106.43	54.73	125.43
三、应付及暂收款	8.36	1.58	0.87	2.01	−1.92	四、应收及预付款	19.27	8.48	−22.17	12.69	0.36
其中:应付及预提利息	3.60	−0.15	−0.12	0.83	−0.91	其中:应付利息	1.32	−2.49	−2.11	0.56	−0.01
四、长期借款						五、证券业务占款					
五、证券业务占款						六、经营租赁					
六、卖出回购资产	15.60	11.80	3.21	2.41	−5.64	七、买入返售资产	35.02	−2.32	−0.60	21.03	0.58
七、向中央银行借款						八、存放中央银行准备金存款	187.39	20.42	−2.13	83.44	20.17
八、同业往来	45.43	28.74	5.12	10.25	2.16	九、存放中央银行特种存款					
1. 同业存放	21.13	14.44	6.12	14.95	2.16	十、同业往来	530.07	33.49	−97.53	59.01	−27.15
2. 同业拆借	24.30	14.30	−1.00	−4.70		1. 存放同业	529.87	33.49	−97.53	59.01	−27.15
九、代理金融机构贷款基金						2. 拆放同业	0.20				
其中:中央银行委托贷款基金						十一、代理金融机构贷款					
十、各项准备	8.70	−0.28	0.50	0.10	−0.08	其中:代理人行专项贷款					
其中:贷款损失准备	6.67	1.00	0.54	1.59	0.85	十二、现金	0.00	0.00	0.01	−0.01	0.01
十一、所有者权益	164.90	4.69	2.44	28.25	10.29	十三、外币占款	−0.21	−0.01	0.00	−0.02	0.00
其中:实收资本	93.27	0.00		11.54	0.21						
十二、其他	−18.13	90.87	18.87	−24.68	7.40						
资金来源总计	2 164.53	136.18	6.76	428.67	312.87	资金运用总计	2 164.53	136.18	6.76	428.67	312.87

9. 上海市金融租赁公司人民币信贷收支表

2010-12-31

单位:亿元

来源项目名称	本月余额	比上月增减数 本年	比上月增减数 上年	比年初增减数 本年	比年初增减数 上年	运用项目名称	本月余额	比上月增减数 本年	比上月增减数 上年	比年初增减数 本年	比年初增减数 上年
一、各项存款	24.15	0.59	0.77	10.71	6.07	一、各项贷款	456.06	2.87	12.86	224.33	130.90
1. 信托存款						1. 信托贷款					
2. 委托存款						其中:中长期信托贷款					
(1) 委托存款						2. 委托贷款					
(2) 委托投资基金						3. 票据融资					
3. 保证金存款	24.15	0.59	0.77	10.71	6.07	其中:贴现					
4. 其他存款						4. 融资租赁	456.06	2.87	12.78	224.57	130.66
二、金融债券	20.00		20.00			5. 各项垫款					
三、应付及暂收款	10.21	−0.18	0.26	5.95	2.92	6. 其他贷款			0.09	−0.24	0.24
其中:应付及预提利息	1.85	−1.24	−0.55	1.38	0.30	二、委托投资					
四、长期借款	9.86	3.80		5.86		三、投资					
五、证券业务款项						四、应收及预付款	64.07	3.77	1.78	53.62	7.50
六、卖出回购资产			−16.00		−13.00	其中:应收利息	3.68	0.04	0.35	1.75	1.17
七、向中央银行借款						五、证券业务占款					
八、同业往来	399.52	9.10	33.00	210.92	152.10	六、经营租赁	10.59	7.97		10.59	
1. 同业存放						七、买入返售资产					
2. 同业拆借	399.52	9.10	33.00	210.92	152.10	八、存放中央银行准备金存款					
九、代理金融机构贷款基金						九、存放中央银行特种存款					
其中:中央银行委托专项贷款基金						十、同业往来	30.42	−0.54	0.10	28.84	0.79
十、各项准备	5.75	0.48	0.32	3.21	1.52	1. 存放同业	30.42	−0.54	0.10	28.84	0.79
其中:贷款损失准备	5.73	0.47	0.23	3.20	1.44	2. 拆放同业					
十一、所有者权益	88.46	0.42	0.16	45.29	2.45	十一、代理金融机构贷款					
其中:实收资本	80.00			40.00		其中:代理人行专项贷款					
十二、其他	3.18	−0.15	−3.77	15.44	−12.86	十二、库存现金	0.00	0.00	0.00	0.00	0.00
						十三、外币占款					
资金来源总计	561.13	14.06	14.74	317.39	139.19	资金运用总计	561.13	14.06	14.74	317.39	139.19

（三）外汇信贷收支统计

1. 上海市中外资金融机构外汇信贷收支表

2010-12-31

单位：亿美元

栏目 来源项目名称	本月余额	比上月增减数		比年初增减数		栏目 运用项目名称	本期余额	比上月增减数		比年初增减数	
		本 年	上 年	本 年	上 年			本 年	上 年	本 年	上 年
一、各项存款	353.82	−5.80	22.15	15.88	56.34	一、各项贷款	540.69	−5.79	4.91	34.40	82.15
1. 单位活期存款	145.86	−2.82	−6.65	19.57	12.89	（一）境内贷款	480.01	−5.68	3.36	25.84	67.97
其中：中资企业存款	50.82	−0.22	−3.29	13.13	3.78	1. 境内短期贷款	188.48	−5.10	6.52	26.40	2.30
外商投资企业存款	75.16	−0.30	−1.17	7.54	5.76	其中：中资企业贷款	69.51	−6.13	1.84	4.60	3.04
2. 单位定期存款	54.89	−3.36	2.73	14.79	−4.04	外商投资企业贷款	90.37	−0.32	3.64	13.19	0.22
其中：中资企业存款	22.97	−2.94	4.36	5.85	4.52	2. 境内中长期贷款	188.74	−0.51	−2.42	11.17	3.54
外商投资企业存款	19.91	1.15	−0.13	2.68	−3.15	其中：中资企业贷款	70.48	−0.92	−0.29	10.01	0.22
3. 储蓄存款	90.45	2.47	0.76	−4.79	6.94	外商投资企业贷款	49.59	0.86	−1.58	−3.48	−21.30
其中：定期存款	61.01	0.38	−1.46	−5.02	1.12	3. 进出口贸易融资	96.39	0.13	−0.43	−10.70	63.26
4. 信托存款						4. 票据融资	0.70	−0.17	0.04	−0.12	−0.47
5. 委托存款	3.08	0.28	0.40	−2.85	5.84	其中：贴现	0.68	−0.18	0.04	−0.11	−0.43
6. 其他类存款	28.43	−5.23	24.61	−17.44	33.39	5. 融资租赁					
7. 境外存款	31.10	2.86	0.30	6.59	1.33	6. 信托贷款					
二、境外筹资	2.88	0.00	−0.15	−0.57	−0.03	7. 委托贷款					
三、同业存放	23.55	−4.56	−6.57	7.28	−11.65	8. 各项垫款	0.27	0.00	−0.09	−0.11	−0.31
其中：境外同业存放	11.43	−3.35	−3.95	5.32	−7.46	9. 境外筹资转贷款	5.44	−0.03	−0.27	−0.81	−0.35
四、应付及暂收款	29.63	−19.65	−0.39	−9.71	−26.37	（二）境外贷款	60.68	−0.11	1.55	8.57	14.19
其中：应付及预提利息	1.79	−0.18	−0.28	0.50	−3.79	二、有价证券及投资	10.04	−0.49	−0.58	−5.68	6.08
五、同业拆入	142.99	−0.30	4.65	34.14	15.65	三、应收及预付款	49.88	−15.58	−9.17	4.53	−29.29
其中：境外同业拆入	142.99	−0.30	4.65	34.14	15.65	其中：应收及预付利息	2.49	−0.69	−0.48	0.82	−4.25
六、外汇买卖	−0.17	−1.69	1.12	−0.12	−0.72	四、存放同业	12.09	3.35	1.03	2.35	0.82
其中：结售汇	0.82	−1.25	−2.92	5.87	−5.52	其中：存放境外同业	12.09	3.35	1.08	2.35	0.14
七、境内联行存放	16.38	16.38	−22.55	−3.71	19.97	五、拆放同业	19.35	11.65	8.20	−9.13	−21.52
八、境外联行存放	88.35	0.54	0.47	5.29	−31.75	其中：拆放境外同业	19.25	11.65	8.20	−9.13	−21.52
九、证券业务款项						六、存放境内联行		−22.46			−17.68
十、各项准备	6.61	0.08	0.08	0.69	0.79	七、存放境外联行	4.88	0.44	−3.36	−1.66	−14.45
其中：贷款损失准备	5.95	0.09	0.11	0.38	0.82	八、证券业务占款					
十一、所有者权益	52.74	−0.87	−0.93	4.57	4.19	九、库存现金	3.55	−0.11	−0.26	0.63	−0.40
其中：实收资本	35.19	−1.47	−0.45	−0.37	5.30						
十二、其他	−76.27	−13.13	2.88	−32.61	−20.70						
资金来源总计	640.49	−29.00	0.77	21.12	5.72	资金运用总计	640.49	−29.00	0.77	21.12	5.72

2. 上海市中资金融机构外汇信贷收支表

2010-12-31

单位:亿美元

来源项目名称	本月余额	比上月增减数		比年初增减数		运用项目名称	本月余额	比上月增减数		比年初增减数	
		本　年	上　年	本　年	上　年			本　年	上　年	本　年	上　年
一、各项存款	217.51	−15.69	24.84	−9.75	57.77	一、各项贷款	302.09	−3.47	−1.76	12.34	98.37
1. 单位活期存款	77.87	−6.83	−4.22	6.89	7.73	(一) 境内贷款	291.38	−2.66	−1.79	11.80	92.65
其中:中资企业存款	42.25	−5.37	−2.68	7.15	2.22	1. 境内短期贷款	74.61	−1.41	1.16	11.20	−1.14
外商投资企业存款	15.74	0.84	0.65	0.83	2.17	其中:中资企业贷款	39.46	−4.20	1.58	0.80	0.78
2. 单位定期存款	33.14	−5.97	2.96	7.36	2.97	外商投资企业贷款	7.97	1.66	−0.76	−1.28	1.21
其中:中资企业存款	18.77	−2.09	4.21	2.23	6.50	2. 境内中长期贷款	122.74	−1.62	−2.59	12.30	34.21
外商投资企业存款	2.38	−2.30	0.25	−1.13	1.89	其中:中资企业贷款	51.83	−1.44	−1.79	6.13	9.31
3. 储蓄存款	74.40	2.07	1.16	−4.21	7.82	外商投资企业贷款	2.85	0.23	−0.23	−0.62	0.98
其中:定期存款	48.51	0.18	−0.62	−4.66	3.48	3. 进出口贸易融资	88.16	0.44	0.04	−10.42	60.81
4. 信托存款						4. 票据融资	0.16	−0.03	−0.04	−0.36	−0.57
5. 委托存款	3.08	0.28	0.40	−2.85	5.84	其中:贴现	0.14	−0.04	−0.05	−0.36	−0.53
6. 其他类存款	28.43	−5.18	24.54	−17.37	33.32	5. 融资租赁					
7. 境外存款	0.59	−0.07	0.00	0.44	0.08	6. 信托贷款					
二、境外筹资	2.88	0.00	−0.15	−0.57	−0.03	7. 委托贷款					
三、同业存放	29.26	−6.47	−6.71	−24.77	−7.87	8. 各项垫款	0.27	0.00	−0.09	−0.11	−0.31
其中:境外同业存放	8.62	−3.34	−1.04	3.26	−2.77	9. 境外筹资转贷款	5.44	−0.03	−0.27	−0.81	−0.35
四、应付及暂收款	15.31	−16.32	−4.21	−12.49	−7.95	(二) 境外贷款	10.71	−0.81	0.03	0.54	5.72
其中:应付及预提利息	0.86	−0.15	−0.15	0.10	−0.39	二、有价证券及投资	1.82	0.00	0.00	−0.15	0.49
五、同业拆入	1.85	−0.42	−0.22	0.62	0.26	三、应收及预付款	12.23	−15.73	−1.13	−12.64	−6.98
其中:境外同业拆入	1.85	−0.42	−0.32	0.62	0.75	其中:应收及预付利息	1.17	−0.47	−0.33	0.37	−0.84
六、外汇买卖	−0.17	−1.69	1.12	−0.12	−0.72	四、存放同业	2.32	−0.55	−0.84	0.76	1.50
其中:结售汇	0.82	−1.25	−2.92	5.87	−5.52	其中:存放境外同业	2.32	−0.55	−0.82	0.76	0.60
七、境内联行存放	12.56	12.56	−15.49	11.31	1.24	五、拆放同业	0.05		0.00	−0.05	−0.48
八、境外联行存放	7.61	−0.03	−1.61	−0.22	4.82	其中:拆放境外同业	0.05		0.00	−0.05	−0.13
九、证券业务款项						六、存放境内联行		−15.98			−54.36
十、各项准备	3.48	0.14	0.22	0.29	0.86	七、存放境外联行	0.59	0.02	−1.44	0.22	−0.31
其中:贷款损失准备	3.14	0.15	0.20	0.28	0.89	八、证券业务占款					
十一、所有者权益	6.75	0.61	−0.30	1.67	−3.03	九、库存现金	3.16	−0.15	−0.30	0.58	−0.41
其中:实收资本	1.58	0.00	0.00	−0.07	−0.02						
十二、其他	25.21	−8.55	−2.96	35.10	−7.53						
资金来源总计	322.26	−35.86	−5.47	1.07	37.83	资金运用总计	322.26	−35.86	−5.47	1.07	37.83

3. 上海市外资金融机构外汇信贷收支表

2010-12-31

单位:亿美元

来源项目名称	本月余额	比上月增减数 本年	比上月增减数 上年	比年初增减数 本年	比年初增减数 上年	运用项目名称	本月余额	比上月增减数 本年	比上月增减数 上年	比年初增减数 本年	比年初增减数 上年
一、各项存款	136.30	9.89	−2.69	25.63	−1.43	一、各项贷款	238.61	−2.32	6.67	22.06	−16.22
1. 单位活期存款	67.99	4.01	−2.43	12.68	5.15	(一)境内贷款	188.64	−3.02	5.15	14.04	−24.68
其中:中资企业存款	8.57	5.14	−0.61	5.98	1.56	1. 境内短期贷款	113.87	−3.69	5.36	15.21	3.44
外商投资企业存款	59.41	−1.14	−1.82	6.70	3.59	其中:中资企业贷款	30.05	−1.93	0.26	3.80	2.25
2. 单位定期存款	21.75	2.61	−0.23	7.44	−7.02	外商投资企业贷款	82.40	−1.98	4.39	14.47	−0.99
其中:中资企业存款	4.20	−0.85	0.15	3.62	−1.98	2. 境内中长期贷款	66.00	1.11	0.17	−1.13	−30.67
外商投资企业存款	17.53	3.46	−0.38	3.81	−5.04	其中:中资企业贷款	18.65	0.52	1.50	3.88	−9.09
3. 储蓄存款	16.05	0.40	−0.39	−0.58	−0.88	外商投资企业贷款	46.75	0.63	−1.35	−2.86	−22.28
其中:定期存款	12.50	0.19	−0.84	−0.35	−2.36	3. 进出口贸易融资	8.23	−0.30	−0.47	−0.28	2.45
4. 其他类存款	0.15	−0.07	0.06	−0.06	0.06	4. 票据融资	0.54	−0.14	0.08	0.24	0.10
5. 境外存款	30.36	2.94	0.32	6.14	1.25	其中:贴现	0.54	−0.14	0.08	0.24	0.10
二、境内中长期借款						5. 各项垫款					
三、卖出回购证券						6. 境外筹资转贷款					
四、境外筹资						(二)境外贷款	49.97	0.70	1.52	8.02	8.46
五、向中央银行借款						二、投资	8.95	−0.49	−0.58	−5.59	3.81
六、中央银行存款						1. 购买有价证券	0.90	0.00	−0.01	−0.07	−2.19
七、应付及暂收款	14.32	−3.33	3.82	2.78	−18.42	其中:购买境外有价证券	0.18	0.00	−0.01	−0.01	0.00
其中:应付及预提利息	0.92	−0.04	−0.13	0.40	−3.40	2. 其他投资	8.04	−0.49	−0.57	−5.52	5.99
八、同业存放	18.82	2.44	−4.13	5.84	−3.55	其中:投资境外	8.04	−0.49	−0.57	−5.52	5.99
(1)境内同业存放	16.01	2.45	−1.22	3.78	1.14	三、应收及预付款	37.65	0.15	−8.05	17.18	−22.31
(2)境外同业存放	2.81	−0.01	−2.91	2.07	−4.70	其中:应收及预付利息	1.32	−0.23	−0.14	0.45	−3.42
九、同业拆入	208.86	17.81	0.05	54.01	6.49	四、买入返售资产	0.00				
(1)境内同业拆入	67.72	17.69	−4.92	20.50	−8.41	五、存放中央银行	4.51	0.25	0.07	0.60	−3.07
(2)境外同业拆入	141.13	0.12	4.97	33.51	14.90	其中:缴存准备金	4.49	0.26	0.06	0.63	0.17
十、委托基金存款(净)						六、存放同业	53.46	1.23	−1.09	15.53	5.83
十一、外汇买卖						(1)存放境内同业	43.69	−2.67	−2.99	13.95	6.29
其中:结售汇						(2)存放境外同业	9.77	3.90	1.91	1.58	−0.46
十二、境内联行存放	6.37	10.32	−5.74	−16.22	−17.60	七、拆放同业	92.48	16.15	6.81	5.18	−19.29
十三、境外联行存放	80.73	0.58	2.08	5.52	−36.57	(1)拆放境内同业	73.28	4.50	−1.39	14.26	2.10
十四、各项准备	3.14	−0.06	−0.14	0.40	−0.07	(2)拆放境外同业	19.20	11.65	8.20	−9.08	−21.39
其中:贷款损失准备	2.80	−0.06	−0.10	0.09	−0.08	八、存放境内联行					
十五、所有者权益	46.00	−1.48	−0.63	2.90	7.22	九、存放境外联行	4.29	0.41	−1.92	−1.89	−14.14
其中:实收资本	33.61	−1.47	−0.45	−0.30	5.31	十、库存现金	0.39	0.04	0.04	0.05	0.01
十六、其他	−74.20	−20.75	9.34	−32.07	−1.45						
资金来源总计	440.34	15.41	1.97	48.80	−65.39	资金运用总计	440.34	15.41	1.97	48.80	−65.39

4. 上海市中资全国性大型银行外汇信贷收支表

2010-12-31

单位:亿美元

栏目 来源项目名称	本月余额	比上月增减数		比年初增减数		栏目 运用项目名称	本月余额	比上月增减数		比年初增减数	
		本 年	上 年	本 年	上 年			本 年	上 年	本 年	上 年
一、各项存款	135.60	−8.22	18.21	−28.57	41.81	一、各项贷款	241.61	−4.38	−3.93	2.43	81.24
1. 单位活期存款	48.89	−6.05	−2.85	−1.11	5.99	(一)境内贷款	231.61	−3.54	−3.96	2.42	75.27
其中:中资企业存款	28.96	−3.45	−1.09	0.42	2.74	1. 境内短期贷款	59.91	−0.57	0.54	9.02	−1.57
外商投资企业存款	3.48	−0.28	0.97	−1.41	0.43	其中:中资企业贷款	31.40	−3.40	0.78	0.46	−3.68
2. 单位定期存款	14.76	−0.51	0.42	0.72	1.56	外商投资企业贷款	4.54	1.54	−0.61	−1.53	−0.62
其中:中资企业存款	4.81	−0.36	1.56	−1.80	3.56	2. 境内中长期贷款	95.03	−1.59	−3.45	2.13	25.42
外商投资企业存款	1.56	−1.17	−0.10	−0.73	1.57	其中:中资企业贷款	46.41	−1.15	−1.86	5.41	6.64
3. 储蓄存款	60.57	1.54	0.84	−3.95	6.73	外商投资企业贷款	2.62	0.24	−0.22	−0.58	0.99
其中:定期存款	39.31	0.05	−0.63	−4.32	3.43	3. 进出口贸易融资	71.03	−1.32	−0.74	−7.93	52.59
4. 其他类存款	11.13	−3.15	19.80	−24.40	27.48	4. 票据融资	0.04	−0.03	−0.02	0.03	−0.48
5. 境外存款	0.25	−0.05	0.00	0.18	0.06	其中:贴现	0.03	−0.03	−0.02	0.03	−0.48
二、境内中长期筹资						5. 各项垫款	0.15		−0.03	−0.01	−0.34
三、卖出回购资产						6. 境外筹资转贷款	5.44	−0.03	−0.27	−0.81	−0.35
四、境外筹资	2.88	0.00	−0.15	−0.57	−0.03	(二)境外贷款	10.00	−0.84	0.03	0.01	5.97
五、向中央银行借款						二、投资	0.47				−0.15
六、中央银行存款						1. 购买有价证券				0.00	
七、应付及暂收款	14.33	−16.19	−4.21	−11.18	−4.82	其中:购买境外有价证券					
其中:应付及预提利息	0.59	−0.05	−0.04	0.00	−0.28	2. 其他投资	0.47			−0.14	
八、同业存放	60.02	−11.34	−6.13	13.32	−11.04	其中:投资境外					
(1) 境内同业存放	51.40	−8.00	−5.10	10.06	−8.27	三、应收及预付款	11.83	−15.69	−1.25	−11.05	−4.08
(2) 境外同业存放	8.62	−3.34	−1.04	3.26	−2.77	其中:应收及预付利息	0.93	−0.30	−0.21	0.34	−0.73
九、同业拆入	1.04	−0.72	−0.41	−0.56	−2.46	四、买入返售资产					
(1) 境内同业拆入			−0.08	−1.03	−2.55	五、存放中央银行					−1.27
(2) 境外同业拆入	1.04	−0.72	−0.33	0.47	0.09	其中:缴存准备金					
十、委托基金存款(净)	0.13	−0.04	0.00	0.05	0.04	六、存放同业	7.51	0.81	−0.85	5.17	−2.67
十一、外汇买卖	0.24	−0.21	1.29	1.42	−1.25	(1) 存放境内同业	7.01	−1.10	−0.52	4.89	−2.67
其中:结售汇	1.35	−0.24	3.05	1.44	−0.09	(2) 存放境外同业	0.50	1.92	−0.34	0.28	−0.01
十二、境内联行存放	33.42	22.73	−12.22	22.19	11.23	七、拆放同业	0.61	0.60	0.00	0.60	0.00
十三、境外联行存放	7.61	−0.03	−1.61	−0.22	4.82	(1) 拆放境内同业	0.60	0.60	0.00	0.60	0.00
十四、各项准备	2.53	0.09	0.10	0.27	0.52	(2) 拆放境外同业	0.00		0.00	0.00	0.00
其中:贷款损失准备	2.20	0.10	0.08	0.23	0.55	八、存放境内联行					−36.87
十五、所有者权益	3.03	0.52	−0.32	1.32	−2.63	九、存放境外联行	0.59	0.02	−1.44	0.22	−0.31
其中:实收资本						十、库存现金	2.30	−0.12	−0.28	0.40	−0.35
十六、其他	4.06	−5.34	−2.28	0.18	−0.48						
资金来源总计	264.91	−18.74	−7.74	−2.37	35.70	资金运用总计	264.91	−18.74	−7.74	−2.37	35.70

5. 上海市中资全国性中小型银行外汇信贷收支表

2010-12-31

单位:亿美元

来源项目名称	本月余额	比上月增减数		比年初增减数		运用项目名称	本月余额	比上月增减数		比年初增减数	
		本年	上年	本年	上年			本年	上年	本年	上年
一、各项存款	76.98	−5.15	6.20	21.48	8.80	一、各项贷款	59.54	1.04	2.11	9.50	17.39
1. 单位活期存款	27.38	1.89	−1.41	7.89	0.57	(一)境内贷款	58.83	1.01	2.11	8.96	17.63
其中:中资企业存款	11.76	0.78	−1.72	6.64	−1.71	1. 境内短期贷款	14.12	−0.70	0.51	1.97	0.52
外商投资企业存款	12.19	1.10	−0.22	2.22	1.76	其中:中资企业贷款	7.76	−0.80	0.71	0.38	4.40
2. 单位定期存款	18.23	−5.51	2.56	6.62	1.28	外商投资企业贷款	3.38	0.13	−0.16	0.20	1.98
其中:中资企业存款	13.96	−1.73	2.65	4.03	2.95	2. 境内中长期贷款	27.53	−0.02	0.87	10.10	8.96
外商投资企业存款	0.67	−1.19	0.37	−0.41	0.18	其中:中资企业贷款	5.32	−0.29	0.07	0.61	2.81
3. 储蓄存款	13.79	0.53	0.31	−0.29	1.08	外商投资企业贷款	0.15		0.00	−0.01	0.01
其中:定期存款	9.17	0.13	0.01	−0.36	0.04	3. 进出口贸易融资	16.94	1.74	0.80	−2.63	8.22
4. 其他类存款	17.25	−2.04	4.74	6.99	5.84	4. 票据融资	0.13	0.00	−0.03	−0.39	−0.09
5. 境外存款	0.34	−0.01	0.00	0.26	0.02	其中:贴现	0.11	−0.01	−0.03	−0.39	−0.05
二、境内中长期筹资						5. 各项垫款	0.12	0.00	−0.06	−0.10	0.03
三、卖出回购资产						6. 境外筹资转贷款					
四、境外筹资						(二)境外贷款	0.71	0.03		0.54	−0.25
五、向中央银行借款						二、投资	1.34	0.00	0.00		0.66
六、中央银行存款						1. 购买有价证券	1.34	0.00	0.00		0.67
七、应付及暂收款	0.67	−0.17	0.01	−1.39	−3.15	其中:购买境外有价证券	0.30				
其中:应付及预提利息	0.27	−0.10	−0.11	0.10	−0.11	2. 其他投资					0.00
八、同业存放	14.67	2.03	2.94	2.18	3.51	其中:投资境外			−0.30		−0.30
(1)境内同业存放	14.67	2.03	2.94	2.18	3.51	三、应收及预付款	0.39	−0.05	0.12	−1.61	−2.88
(2)境外同业存放						其中:应收及预付利息	0.23	−0.16	−0.13	0.02	−0.08
九、同业拆入	1.47	0.77	0.28	−2.17	1.06	四、买入返售资产					
(1)境内同业拆入	0.66	0.47	0.27	−2.32	0.40	五、存放中央银行	0.22	0.00	0.01	0.00	−1.02
(2)境外同业拆入	0.82	0.30	0.01	0.16	0.66	其中:缴存准备金	0.22	0.00	0.01	0.00	0.00
十、委托基金存款(净)	2.95	0.31	0.40	−2.90	5.80	六、存放同业	14.53	0.31	3.88	2.45	8.66
十一、外汇买卖	−0.49	−1.46	−0.22	−1.48	0.52	(1)存放境内同业	13.17	0.59	4.30	2.25	8.12
其中:结售汇	−0.51	−1.01	−5.97	4.47	−5.43	(2)存放境外同业	1.36	−0.28	−0.42	0.19	0.54
十二、境内联行存放						七、拆放同业	2.87	−0.55	0.71	−1.90	−1.55
十三、境外联行存放						(1)拆放境内同业	2.82	−0.55	0.71	−1.86	−1.42
十四、各项准备	0.91	0.05	0.13	0.02	0.37	(2)拆放境外同业	0.05			−0.05	−0.13
其中:贷款损失准备	0.91	0.05	0.13	0.02	0.37	八、存放境内联行	20.85	−5.81	3.27	10.86	−7.50
十五、所有者权益	1.90	0.12	0.01	0.41	−0.37	九、存放境外联行					
其中:实收资本						十、库存现金	0.81	−0.03	−0.03	0.15	−0.07
十六、其他	1.49	−1.59	0.30	3.30	−2.84						
资金来源总计	100.56	−5.09	10.06	19.45	13.70	资金运用总计	100.56	−5.09	10.06	19.45	13.70

6. 上海市其他城市商业银行外汇信贷收支表

2010-12-31

单位:亿美元

来源项目名称	本月余额	比上月增减数 本年	比上月增减数 上年	比年初增减数 本年	比年初增减数 上年	运用项目名称	本月余额	比上月增减数 本年	比上月增减数 上年	比年初增减数 本年	比年初增减数 上年
一、各项存款	8.77	−1.86	−0.78	6.48	−0.16	一、各项贷款	5.52	−0.40	−0.08	1.77	2.89
1. 单位活期存款	2.61	0.69	−0.59	1.99	−1.30	（一）境内贷款	5.52	−0.40	−0.08	1.77	2.89
其中:中资企业存款	1.47	−0.10	−0.58	1.16	−1.45	1. 境内短期贷款	4.05	−0.08	−0.15	0.71	3.04
外商投资企业存款	1.09	0.77	−0.01	0.79	0.14	其中:中资企业贷款	3.07	−0.08	0.05	0.82	2.03
2. 单位定期存款	0.48	−0.55	−0.18	−0.92	1.06	外商投资企业贷款	0.98			−0.02	1.01
其中:中资企业存款	0.36	−0.48	−0.18	−1.05	1.40	2. 境内中长期贷款	0.13	−0.01	0.00	−0.04	−0.08
外商投资企业存款	0.12	−0.07		0.12	−0.12	其中:中资企业贷款		0.00	0.00	−0.01	0.01
3. 储蓄存款	0.29	0.01	−0.03	0.10	0.07	外商投资企业贷款					
其中:定期存款	0.24	−0.01	−0.04	0.08	0.06	3. 进出口贸易融资	1.33	−0.31	0.07	1.10	−0.07
4. 其他类存款	5.36	−2.00	0.03	5.27	0.03	4. 票据融资					
5. 境外存款	0.04	0.00	0.00	0.04	−0.02	其中:贴现					
二、境内中长期筹资						5. 各项垫款					
三、卖出回购资产						6. 境外筹资转贷款					
四、境外筹资						（二）境外贷款					
五、向中央银行借款						二、投资					
六、中央银行存款						1. 购买有价证券					
七、应付及暂收款	0.04	−0.18	−0.13	0.00	0.03	其中:购买境外有价证券					
其中:应付及预提利息	0.00	0.00	0.00	0.00	0.00	2. 其他投资					
八、同业存放	0.57	−0.20	−0.02	−0.23	0.43	其中:投资境外					
（1）境内同业存放	0.57	−0.20	−0.02	−0.23	0.43	三、应收及预付款	0.14	0.10	−0.16	0.13	0.00
（2）境外同业存放						其中:应收及预付利息	0.02	−0.01	0.00	0.01	0.00
九、同业拆入						四、买入返售资产					
（1）境内同业拆入						五、存放中央银行					−0.05
（2）境外同业拆入						其中:缴存准备金					−0.05
十、委托基金存款(净)						六、存放同业	0.56	0.18	−0.04	0.25	0.16
十一、外汇买卖	0.00	−0.01	0.00	0.00	0.00	（1）存放境内同业	0.56	0.18	−0.04	0.25	0.16
其中:结售汇	0.00	−0.01	0.00	0.00	0.00	（2）存放境外同业					
十二、境内联行存放			0.64	−0.87	0.85	七、拆放同业					
十三、境外联行存放						（1）拆放境内同业					
十四、各项准备	0.04	−0.02	0.00	0.01	0.01	（2）拆放境外同业					
其中:贷款损失准备	0.04	−0.02	0.00	0.01	0.01	八、存放境内联行	3.37	−2.03		3.37	−1.82
十五、所有者权益	0.04	0.01	0.00	0.03	0.01	九、存放境外联行					
其中:实收资本						十、库存现金	0.03	0.00	−0.01	0.01	0.01
十六、其他	0.16	0.10	0.00	0.11	0.00						
资金来源总计	9.61	−2.15	−0.29	5.54	1.18	资金运用总计	9.61	−2.15	−0.29	5.54	1.18

7. 上海市信托投资公司外汇信贷收支表

2010-12-31

单位:万美元

来源项目名称	本月余额	比上月增减数		比年初增减数	
		本年	上年	本年	上年
一、各项存款					
1. 信托存款					
2. 委托存款					
3. 其他存款					
二、境内中长期筹资					
三、境外筹资					
四、证券业务款项					
五、卖出回购资产					
六、同业存放					
其中:境外同业存放					
七、同业拆入					
其中:境外同业拆入					
八、外汇买卖	−156.16	0.99	−3.00	−350.16	−594.00
九、应付及暂收款	783.67	375.05	−5.00	372.67	19.00
其中:应付及预提利息					
十、各项准备	137.98	6.31	−67.00	6.98	−299.00
其中:贷款损失准备	137.98	6.31	−67.00	133.98	−299.00
十一、所有者权益	8 903.17	−388.63	4.00	3.17	33.00
其中:实收资本	8 500.00				
十二、其他	−4 041.00	8.00	2.00	54.00	−75.00
资金来源总计	5 627.66	1.72	−69.00	86.66	−916.00

运用项目名称	本月余额	比上月增减数		比年初增减数	
		本年	上年	本年	上年
一、各项贷款	4.36		−67.00	0.36	−299.00
1. 短期信托贷款					
其中:境外短期					
2. 中长期信托贷款					
其中:境外中长期					
3. 委托贷款					
4. 融资租赁					
5. 票据融资					
其中:贴现					
6. 各项垫款					
7. 境外筹资转贷款					
8. 其他贷款	4.36		−67.00	0.36	−299.00
二、信托投资					
1. 短期信托投资					
其中:境外					
2. 中长期信托投资					
其中:境外					
三、投资	76.00	−14.00	2.00	−8.00	−1 713.00
1. 购买有价证券	76.00	−14.00		−8.00	
其中:购买境外有价证券	76.00	−14.00		−8.00	
2. 其他投资			2.00		−1 713.00
其中:投资境外			2.00		−13.00
四、证券业务占款					
五、经营租赁					
六、买入返售资产					
七、应收及预付款项	47.68	−2.32	1.00	44.68	−97.00
其中:应收及预付利息	6.68	−2.32	1.00	3.68	−87.00
八、存放中央银行					
其中:缴存准备金					
九、存放同业	5 497.93	18.04	−5.00	48.93	1 193.00
其中:存放境外同业					
十、拆放同业	0.22			0.22	
其中:拆放境外同业					
十一、库存现金	1.47			0.47	
资金运用总计	5 627.66	1.72	−69.00	86.66	−916.00

8. 上海市财务公司外汇信贷收支表

2010-12-31

单位:万美元

来源项目名称	本月余额	比上月增减数 本年	比上月增减数 上年	比年初增减数 本年	比年初增减数 上年	运用项目名称	本月余额	比上月增减数 本年	比上月增减数 上年	比年初增减数 本年	比年初增减数 上年
一、各项存款	12 137	−4 257	1 572	−2 033	12 673	一、各项贷款	5 242	−208	950	348	−1 674
1. 企业存款	12 137	−4 257	1 572	−2 033	12 673	1. 短期贷款	3 466	−80	1 078	−396	−418
其中:定期存款	1 593	554	−143	126	1 377	2. 中长期贷款	1 776	−128	−128	744	−1 256
2. 信托存款						3. 信托贷款					
3. 委托存款						其中:中长期信托贷款					
4. 其他存款						4. 委托贷款					
二、境内中长期筹资						5. 融资租赁					
三、境外筹资						6. 票据融资					
四、证券业务款项						其中:贴现					
五、卖出回购资产						7. 各项垫款					
六、同业存放						8. 境外筹资转贷款					
其中:境外同业存放						二、信托投资					
七、同业拆入			500	−500	−500	1. 短期信托投资					
其中:境外同业拆入						其中:境外					
八、外汇买卖	−62	0	0	0	−4	2. 中长期信托投资					
九、应付及暂收款	1 147	39	229	−244	340	其中:境外					
其中:应付及预提利息	0	−1	2	0	4	三、投资		−400			
十、各项准备	160	−24	−26	−1	−26	1. 购买有价证券		−400			
其中:贷款损失准备	160	−24	−26	149	−26	其中:购买境外有价证券					
十一、所有者权益	9 088	43	16	−655	28	2. 其他投资					
其中:实收资本	7 281	−4	−4	−730	114	其中:投资境外					
十二、其他	367		1	366	16	四、证券业务占款					
						五、经营租赁					
						六、买入返售资产					
						七、应收及预付款项	30	−9	−15	22	−156
						其中:应收及预付利息	29	−9	−15	23	−155
						八、存放中央银行	820	−517	286	190	516
						其中:缴存准备金	820	−517	268	191	475
						九、存放同业	16 596	−3 064	1 072	−3 627	13 840
						其中:存放境外同业					
						十、拆放同业	150				
						其中:拆放境外同业					
						十一、库存现金					
资金来源总计	22 838	−4 198	2 292	−3 067	12 526	资金运用总计	22 838	−4 198	2 292	−3 067	12 526

(四)现金收支统计

上海市中资金融机构现金收支表

2010-12-31

单位:亿元

收入项目	实际数		比上年同期增减		比上年同期增减%		支出项目	实际数		比上年同期增减		比上年同期增减%	
	本月份	年累计	本月份	年累计	本月份	年累计		本月份	年累计	本月份	年累计	本月份	年累计
一、商品销售收入	390.74	4 059.65	27.55	573.13	7.59	16.44	一、工资性及个人其他支出	264.05	2 681.42	9.83	88.54	3.86	3.41
二、服务业收入	104.74	1 155.21	6.86	−118.71	7.01	−9.32	二、农副产品采购支出	27.12	246.15	1.40	55.36	5.43	29.01
三、行政税费收入	10.56	100.03	−1.18	12.12	−10.04	13.78	三、工矿及其他产品采购支出	18.25	183.25	3.06	26.34	20.16	16.78
四、城乡个体经营收入	24.73	288.65	−6.36	17.66	−20.46	6.52	四、行政企业管理与经营费支出	305.37	3 046.38	13.23	140.87	4.53	4.85
五、储蓄存款收入	2 552.77	26 031.43	458.83	5 127.89	21.91	24.53	五、城乡个体经营支出	60.33	562.33	6.27	−18.79	11.60	−3.23
六、其他金融性公司收入	6.24	107.35	−1.34	−0.62	−17.62	−0.57	六、储蓄存款支出	2 632.39	26 365.94	481.51	5 660.90	22.39	27.34
七、居民归还贷款收入	4.84	54.56	−1.76	−1.96	−26.66	−3.46	七、其他金融性公司支出	2.34	30.10	−1.77	−74.96	−43.07	−71.35
八、汇兑收入	9.21	104.80	−1.57	1.34	−14.59	1.29	八、居民提取贷款支出	1.37	19.45	−0.22	1.04	−14.02	5.66
九、有价证券及其他投资性收入	3.22	37.29	0.42	−12.18	15.04	−24.63	九、汇兑支出	7.07	57.17	2.51	8.64	54.94	17.81
十、其他收入	200.32	1 938.49	39.15	199.59	24.29	11.48	十、有价证券支出	2.49	23.71	1.38	−9.56	123.55	−28.72
其中:兑换外币收入	6.13	72.78	0.27	11.72	4.65	19.20	十一、其他支出	161.37	1 726.00	17.65	30.14	12.28	1.78
							其中:兑换外币支出	6.96	86.12	−0.08	11.11	−1.16	14.81
							支出合计	3 482.15	34 941.88	534.83	5 908.52	18.15	20.35
							投放(+)、回笼(−)	174.77	1 064.41	14.23	110.27	8.86	11.56
收入合计	3 307.37	33 877.47	520.60	5 798.25	18.68	20.65	附:代发工资	0.00	0.00	0.00	0.00	0.00	0.00

(五)利　率

1. 中国人民银行对金融机构存贷款基准利率调整表

(2010年)　　单位:年利率(%)

项目	利率	
	2010年12月26日前	2010年12月26日后
一、中国人民银行对金融机构存款利率		
(一) 法定准备金	1.62	
(二) 超额准备金	0.72	
二、中国人民银行对金融机构贷款利率		
(一) 流动性再贷款(不含农信社)		
二十天	2.79	3.25
三个月	3.06	3.55
六个月	3.24	3.75
一年	3.33	3.85
(二) 再贴现	1.8	2.25
(三) 农信社再贷款		
二十天	2.34	2.8
三个月	2.61	3.05
六个月	2.79	3.25
一年	2.88	3.35
(四) 专项政策性再贷款(超限额及新发放部分)	4.27	
(五) 金融稳定再贷款(延期期间)	4.27	

2. 金融机构人民币存款基准利率调整表

(2010年)　　单位:年利率(%)

项目	利率		
	2010年10月21日前	10月21日至12月25日	12月25日后
一、活期存款	0.36		
二、定期存款			
(一) 整存整取			
3个月	1.71	1.91	2.25
半年	1.98	2.2	2.5
1年	2.25	2.5	2.75
2年	2.79	3.25	3.55

（续表）

项　　目	利　　率		
	2010年10月21日前	10月21日至12月25日	12月25日后
3年	3.33	3.85	4.15
5年	3.6	4.2	4.55
（二）零存整取、整存零取、存本取息			
1年	1.71	1.91	2.25
3年	1.98	2.2	2.5
5年	2.25	2.5	2.75
（三）定活两便	按一年以内定期整存整取同档次利率打六折执行		
三、协定存款	1.17		
四、通知存款			
一天	0.81		
七天	1.35		

3. 金融机构人民币贷款基准利率调整表

（2010年）　　单位:年利率(%)

项　　目	利　　率		
	2010年10月21日前	10月21日至12月25日	12月25日后
一、短期贷款			
6个月以内(含6个月)	4.86	5.1	5.35
6个月至1年(含1年)	5.31	5.56	5.81
二、中长期贷款			
1至3年(含3年)	5.4	5.6	5.85
3至5年(含5年)	5.76	5.96	6.22
5年以上	5.94	6.14	6.4
三、贴现	以再贴现利率为下限加点确定		
四、个人住房公积金贷款			
5年以下(含5年)	3.33	3.5	3.75
5年以上	3.87	4.05	4.3
五、罚息水平			
（一）逾期贷款	在合同利率水平上加收30%～50%		
（二）挤占挪用贷款	在合同利率水平上加收50%～100%		

4. 全国同业拆借市场利率水平表

（2010 年）

	IBO001	IBO007	IBO014	IBO021	IBO01M	IBO02M	IBO03M	IBO04M	IBO06M	IBO09M	IBO01Y
1 月	1.121	1.515	1.620	1.621	1.735	1.850	2.035	1.946	2.011	2.069	2.525
2 月	1.449	1.801	2.062	1.820		1.913	2.014	2.052	—	—	2.108
3 月	1.354	1.669	1.698	2.199	1.822	1.784	2.047	2.082	2.247	—	2.390
4 月	1.312	1.655	1.657	1.900	1.817	1.873	2.002	2.302	2.418	—	2.600
5 月	1.630	1.950	1.790	2.050	2.000	2.010	2.060	2.370	2.620	—	—
6 月	2.203	2.682	3.026	3.397	3.454	3.508	3.497	3.507	3.518	2.500	—
7 月	1.596	2.107	2.057	2.653	2.551	2.919	2.647	2.762	2.711	—	2.240
8 月	1.582	1.924	1.823	2.080	2.105	2.100	2.489	—	2.605	—	3.220
9 月	1.786	2.483	2.840	3.197	3.099	2.669	2.650	3.004	2.443	—	—
10 月	1.617	2.062	2.263	2.380	2.607	2.623	2.808	2.839	2.950	—	—
11 月	1.713	2.058	2.223	3.270	2.892	2.720	3.222	2.925	3.324	3.550	—
12 月	2.686	4.535	4.479	3.850	4.235	4.926	4.476	3.427	4.797	—	3.281

注:本利率水平为月度加权平均利率。

5. 小额外币存款利率表

（2010 年）　　单位:年利率(%)

项　目	美　元	欧　元	日　元	港　币
活　期	1.150 0	0.100 0	0.000 1	1.000 0
七天通知	1.375 0	0.375 0	0.000 5	1.250 0
一个月	2.250 0	0.750 0	0.010 0	1.875 0
三个月	2.750 0	1.000 0	0.010 0	2.375 0
六个月	2.875 0	1.125 0	0.010 0	2.500 0
一　年	3.000 0	1.250 0	0.010 0	2.625 0

注:本表从 2005 年 12 月 28 日起执行。

二、金融机构业务统计

（一）人民币信贷收支统计

1. 国家开发银行上海市分行人民币信贷收支表

2010-12-31 单位:亿元

栏目 来源项目名称	本月余额	比年初增减数		栏目 运用项目名称	本月余额	比年初增减数	
		本　年	上　年			本　年	上　年
一、各项存款	141.40	9.77	26.23	一、各项贷款	1 315.85	130.36	195.42
1. 企业存款	138.96	7.33	26.23	（一）境内贷款	1 309.01	123.52	195.42
(1) 活期存款	88.09	2.63	10.83	1. 短期贷款	146.69	0.90	87.44
(2) 定期存款	50.87	4.70	15.40	(1) 个人贷款及透支			
2. 机关团体存款				其中:个人消费贷款			
3. 储蓄存款				(2) 单位普通贷款及透支	146.69	0.90	87.44
(1) 活期储蓄				其中:经营性贷款	68.87	18.60	
(2) 定期储蓄				固定资产贷款	77.83	−17.69	
4. 农业存款				(3) 普通并购贷款			
5. 其他存款	2.44	2.44		(4) 银团贷款			
二、代理财政性存款				(5) 贸易融资			
三、金融债券				2. 中长期贷款	1 162.14	127.64	102.96
四、应付及暂收款	1.60	0.30	−0.18	(1) 个人贷款			
其中:应付及预提利息	0.33	0.12	0.10	其中:个人消费贷款			
五、卖出回购资产				(2) 单位普通贷款	1 002.77	55.09	75.57
六、向中央银行借款				其中:经营贷款	1.50	1.47	
七、同业往来	1.95	1.91	−35.97	固定资产贷款	1 001.27	53.62	
1. 同业存放	1.95	1.91	−35.97	(3) 普通并购贷款			
其中:境外同业存放				(4) 银团贷款	159.37	72.55	27.39
2. 同业拆借				(5) 贸易融资			
其中:境外同业拆借				3. 票据融资		−5.02	5.02
八、行内资金往来	1 211.49	154.21	182.95	其中:贴现		−5.02	5.02
九、委托存款及委托投资基金(净)				4. 各项垫款	0.17	0.00	
1. 委托存款及委托投资基金	0.30	−0.02	−0.21	（二）境外贷款	6.84	6.84	
2. 减:委托贷款及委托投资	0.30	−0.02	−0.21	二、有价证券及投资	18.00		−6.47
十、代理金融机构委托贷款基金				三、应收及预付款	2.44	0.42	−0.15
其中:中央银行委托贷款基金				其中:应收利息	2.34	0.41	−0.20
十一、各项准备				四、买入返售资产			
其中:贷款损失准备				五、存放中央银行准备金存款	21.97	16.95	−10.55
十二、所有者权益	22.42	3.56	3.76	六、存放中央银行特种存款			
其中:实收资本				七、缴存中央银行财政性存款			
十三、其他	1.67	0.05	0.04	八、同业往来	22.25	22.10	−0.59
				1. 存放同业	22.25	22.10	−0.59
				其中:存放境外同业			
				2. 拆放同业			
				其中:拆放境外同业			
				九、行内资金往来			
				十、代理金融机构贷款			
				其中:代理人行专项贷款			
				十一、库存现金			
				十二、外汇占款	0.01	−0.01	−0.83
				十三、投资性房地产			
资金来源总计	1 380.53	169.80	176.83	资金运用总计	1 380.53	169.80	176.83

2. 中国进出口银行上海分行人民币信贷收支表

2010-12-31　　　　单位:亿元

栏目 来源项目名称	本月余额	比年初增减数		栏目 运用项目名称	本月余额	比年初增减数	
		本 年	上 年			本 年	上 年
一、各项存款	28.44	3.12	8.88	一、各项贷款	348.33	61.16	71.31
1. 企业存款	23.56	−0.89	9.00	(一)境内贷款	348.33	61.16	71.31
(1)活期存款	8.45	−1.91	2.43	1. 短期贷款	77.46	12.32	−36.44
(2)定期存款	15.11	1.02	6.57	(1)个人贷款及透支			
2. 机关团体存款				其中:个人消费贷款			
3. 储蓄存款				(2)单位普通贷款及透支	33.97	13.22	−36.44
(1)活期储蓄				其中:经营性贷款	33.97	13.22	
(2)定期储蓄				固定资产贷款			
4. 农业存款				(3)普通并购贷款			
5. 其他存款	4.88	4.01	−0.12	(4)银团贷款			
二、代理财政性存款				(5)贸易融资	43.49	−0.90	
三、金融债券				2. 中长期贷款	270.87	48.85	107.74
四、应付及暂收款	4.04	3.03	−27.83	(1)个人贷款			
其中:应付及预提利息	3.71	2.98	0.35	其中:个人消费贷款			
五、卖出回购资产				(2)单位普通贷款	90.61	20.67	52.00
六、向中央银行借款				其中:经营贷款	90.61	20.67	
七、同业往来	0.00	−8.00	8.00	固定资产贷款			
1. 同业存放	0.00	−8.00	8.00	(3)普通并购贷款			
其中:境外同业存放				(4)银团贷款	3.61	3.61	
2. 同业拆借				(5)贸易融资	176.65	24.56	55.74
其中:境外同业拆借				3. 票据融资			
八、行内资金往来	310.95	62.46	50.37	其中:贴现			
九、委托存款及委托投资基金(净)				4. 各项垫款			
1. 委托存款及委托投资基金				(二)境外贷款			
2. 减:委托贷款及委托投资				二、有价证券及投资			
十、代理金融机构委托贷款基金				三、应收及预付款	0.59	0.18	−28.20
其中:中央银行委托贷款基金				其中:应收利息	0.54	0.18	0.04
十一、各项准备				四、买入返售资产			
其中:贷款损失准备				五、存放中央银行准备金存款	0.85	−0.49	−0.70
十二、所有者权益	5.48	0.33	3.42	六、存放中央银行特种存款			
其中:实收资本				七、缴存中央银行财政性存款			
十三、其他	0.88	−0.08	−0.42	八、同业往来	0.00	0.00	0.00
				1. 存放同业	0.00	0.00	0.00
				其中:存放境外同业			
				2. 拆放同业			
				其中:拆放境外同业			
				九、行内资金往来			
				十、代理金融机构贷款			
				其中:代理人行专项贷款			
				十一、库存现金		0.00	0.00
				十二、外汇占款			
				十三、投资性房地产			
资金来源总计	349.78	60.86	42.41	资金运用总计	349.78	60.86	42.41

3. 中国农业发展银行上海分行人民币信贷收支表

2010-12-31

单位:亿元

栏目 来源项目名称	本月余额	比年初增减数		栏目 运用项目名称	本月余额	比年初增减数	
		本　年	上　年			本　年	上　年
一、各项存款	28.87	7.42	6.66	一、各项贷款	476.81	122.92	238.85
1. 企业存款	26.49	6.34	6.77	(一)境内贷款	476.81	122.92	238.85
(1) 活期存款	26.11	6.34	6.70	1. 短期贷款	84.89	−2.58	1.86
(2) 定期存款	0.38		0.07	(1) 个人贷款及透支			
2. 机关团体存款	2.15	1.13		其中:个人消费贷款			
3. 储蓄存款				(2) 单位普通贷款及透支	84.89	−2.58	1.86
(1) 活期储蓄				其中:经营性贷款	84.89	−2.58	
(2) 定期储蓄				固定资产贷款			
4. 农业存款				(3) 普通并购贷款			
5. 其他存款	0.23	−0.04	−0.12	(4) 银团贷款			
二、代理财政性存款	10.66	−2.04	−1.07	(5) 贸易融资			
三、金融债券				2. 中长期贷款	55.72	18.06	9.22
四、应付及暂收款	0.20	0.01	−0.04	(1) 个人贷款			
其中:应付及预提利息				其中:个人消费贷款			
五、卖出回购资产				(2) 单位普通贷款	55.72	18.06	9.22
六、向中央银行借款				其中:经营贷款			
七、同业往来			−50.00	固定资产贷款	55.72	18.06	
1. 同业存放			−50.00	(3) 普通并购贷款			
其中:境外同业存放				(4) 银团贷款			
2. 同业拆借				(5) 贸易融资			
其中:境外同业拆借				3. 票据融资	336.20	107.44	227.76
八、行内资金往来	435.68	87.00	37.51	其中:贴现	336.20	107.44	227.76
九、委托存款及委托投资基金(净)				4. 各项垫款			
1. 委托存款及委托投资基金				(二)境外贷款			
2. 减:委托贷款及委托投资				二、有价证券及投资			
十、代理金融机构委托贷款基金				三、应收及预付款	0.07	−0.13	0.12
其中:中央银行委托贷款基金				其中:应收利息	0.06	−0.12	0.11
十一、各项准备				四、买入返售资产			−11.16
其中:贷款损失准备				五、存放中央银行准备金存款	1.99	0.50	0.14
十二、所有者权益	3.84	0.79	−0.99	六、存放中央银行特种存款			
其中:实收资本				七、缴存中央银行财政性存款			
十三、其他	0.17	0.07	−0.09	八、同业往来	0.52	−30.05	−235.97
				1. 存放同业	0.52	−30.05	−235.97
				其中:存放境外同业			
				2. 拆放同业			
				其中:拆放境外同业			
				九、行内资金往来			
				十、代理金融机构贷款			
				其中:代理人行专项贷款			
				十一、库存现金	0.02	0.00	0.00
				十二、外汇占款			
				十三、投资性房地产			
资金来源总计	479.42	93.25	−8.03	资金运用总计	479.42	93.25	−8.03

4. 中国工商银行上海市分行人民币信贷收支表

2010-12-31　　　　单位:亿元

来源项目名称	本月余额	比年初增减数		运用项目名称	本月余额	比年初增减数	
		本　年	上　年			本　年	上　年
一、各项存款	8 092.96	1 105.77	817.06	一、各项贷款	3 853.01	401.25	549.51
1. 企业存款	2 711.42	428.89	468.34	(一)境内贷款	3 853.01	401.25	549.51
(1) 活期存款	2 128.32	289.59	275.46	1. 短期贷款	623.09	−24.47	−203.24
(2) 定期存款	583.10	139.29	192.88	(1) 个人贷款及透支	4.48	3.31	−0.14
2. 机关团体存款	1 178.68	51.72	−71.81	其中:个人消费贷款	1.27	0.12	−0.15
3. 储蓄存款	4 027.94	533.62	407.49	(2) 单位普通贷款及透支	435.08	−133.90	−202.86
(1) 活期储蓄	1 483.90	360.82	258.89	其中:经营性贷款	405.68	−103.62	
(2) 定期储蓄	2 544.04	172.80	148.60	固定资产贷款	29.41	−30.28	
4. 农业存款	0.07	−0.02	−0.15	(3) 普通并购贷款			
5. 其他存款	174.85	91.56	13.19	(4) 银团贷款			
二、代理财政性存款	432.74	203.65	86.86	(5) 贸易融资	183.53	106.11	−0.23
三、金融债券	0.00			2. 中长期贷款	3 172.36	667.48	554.55
四、应付及暂收款	157.89	27.10	−8.56	(1) 个人贷款	736.12	152.91	133.67
其中:应付及预提利息	60.25	6.83	−1.89	其中:个人消费贷款	716.91	153.67	138.39
五、卖出回购资产	12.06	−19.74	29.80	(2) 单位普通贷款	1 967.33	361.80	382.35
六、向中央银行借款				其中:经营贷款	403.99	167.38	
七、同业往来	1 255.32	−1 004.15	710.22	固定资产贷款	1 563.35	194.43	
1. 同业存放	1 181.35	−1 051.93	711.57	(3) 普通并购贷款	0.90	−2.95	
其中:境外同业存放	6.35	6.31		(4) 银团贷款	468.01	155.71	38.52
2. 同业拆借	73.97	47.78	−1.35	(5) 贸易融资			
其中:境外同业拆借	73.97	47.78		3. 票据融资	57.56	−241.75	198.19
八、行内资金往来				其中:贴现	57.56	−241.75	198.19
九、委托存款及委托投资基金(净)			0.00	4. 各项垫款			
1. 委托存款及委托投资基金	187.03	12.02	0.00	(二)境外贷款			
2. 减:委托贷款及委托投资	187.03	12.02		二、有价证券及投资	996.69	99.51	227.35
十、代理金融机构委托贷款基金				三、应收及预付款	32.78	11.93	3.28
其中:中央银行委托贷款基金				其中:应收利息	20.71	8.25	1.94
十一、各项准备	25.84	−1.94	−8.01	四、买入返售资产	12.91	−18.89	29.80
其中:贷款损失准备	25.77	−1.90	−7.35	五、存放中央银行准备金存款	18.86	−15.49	13.41
十二、所有者权益	126.83	22.60	1.37	六、存放中央银行特种存款			
其中:实收资本				七、缴存中央银行财政性存款	290.83	87.84	52.91
十三、其他	−22.20	−15.33	6.15	八、同业往来	64.83	−32.17	−13.26
				1. 存放同业	12.54	−25.76	−4.86
				其中:存放境外同业			
				2. 拆放同业	52.29	−6.41	−8.40
				其中:拆放境外同业			
				九、行内资金往来	4 785.59	−225.12	774.48
				十、代理金融机构贷款			
				其中:代理人行专项贷款			
				十一、库存现金	21.88	5.03	−2.60
				十二、外汇占款	4.06	4.06	
				十三、投资性房地产			
资金来源总计	10 081.44	317.96	1 634.88	资金运用总计	10 081.44	317.96	1 634.88

5. 中国农业银行上海市分行人民币信贷收支表

2010-12-31

单位:亿元

栏目 来源项目名称	本月余额	比年初增减数		栏目 运用项目名称	本月余额	比年初增减数	
		本　年	上　年			本　年	上　年
一、各项存款	4 718.82	962.07	499.90	一、各项贷款	2 497.67	379.84	191.28
1. 企业存款	2 101.48	495.69	189.95	(一) 境内贷款	2 497.67	379.84	191.28
(1) 活期存款	1 593.58	320.49	110.66	1. 短期贷款	553.96	−24.85	−80.90
(2) 定期存款	507.90	175.20	79.29	(1) 个人贷款及透支	19.84	14.58	1.15
2. 机关团体存款	238.55	47.92	42.12	其中:个人消费贷款	8.98	3.95	0.94
3. 储蓄存款	2 293.38	379.03	252.56	(2) 单位普通贷款及透支	531.07	−41.13	−81.19
(1) 活期储蓄	807.40	149.39	127.84	其中:经营性贷款	526.14	−24.60	0.00
(2) 定期储蓄	1 485.98	229.64	124.72	固定资产贷款	2.94	−18.28	0.00
4. 农业存款	0.00	0.00	0.00	(3) 普通并购贷款	0.00	0.00	0.00
5. 其他存款	85.41	39.43	15.27	(4) 银团贷款	2.36	1.33	0.00
二、代理财政性存款	455.62	175.58	149.92	(5) 贸易融资	0.69	0.37	−0.86
三、金融债券	0.00	0.00	0.00	2. 中长期贷款	1 847.96	379.40	227.40
四、应付及暂收款	76.03	−74.93	−17.07	(1) 个人贷款	446.78	91.62	89.93
其中:应付及预提利息	46.74	6.91	0.79	其中:个人消费贷款	429.98	95.14	98.20
五、卖出回购资产	0.00	0.00	0.00	(2) 单位普通贷款	1 109.22	140.82	96.58
六、向中央银行借款	0.00	0.00	0.00	其中:经营贷款	144.78	61.64	0.00
七、同业往来	419.81	−128.25	236.90	固定资产贷款	964.45	79.18	0.00
1. 同业存放	419.81	−128.25	236.90	(3) 普通并购贷款	18.39	8.65	0.00
其中:境外同业存放	20.12	−6.22	0.00	(4) 银团贷款	273.57	138.31	40.89
2. 同业拆借	0.00	0.00	0.00	(5) 贸易融资	0.00	0.00	0.00
其中:境外同业拆借	0.00	0.00	0.00	3. 票据融资	95.75	25.48	44.59
八、行内资金往来	0.00	0.00	0.00	其中:贴现	95.75	25.48	44.59
九、委托存款及委托投资基金(净)	0.01	0.01	0.00	4. 各项垫款	0.00	−0.19	0.19
1. 委托存款及委托投资基金	280.32	7.94	70.01	(二) 境外贷款	0.00	0.00	0.00
2. 减:委托贷款及委托投资	280.31	7.93	70.01	二、有价证券及投资	21.85	8.48	−2.04
十、代理金融机构委托贷款基金	13.84	10.06	3.15	三、应收及预付款	5.37	−79.05	−26.76
其中:中央银行委托贷款基金	0.00	0.00	0.00	其中:应收利息	4.62	0.92	2.99
十一、各项准备	63.81	5.43	23.48	四、买入返售资产	0.00	−13.93	−0.35
其中:贷款损失准备	63.46	5.91	23.26	五、存放中央银行准备金存款	8.02	−1.48	−6.54
十二、所有者权益	74.70	34.04	−40.22	六、存放中央银行特种存款	0.00	0.00	0.00
其中:实收资本	0.00	0.00	0.00	七、缴存中央银行财政性存款	639.52	270.16	184.85
十三、其他	−99.84	−32.14	−18.72	八、同业往来	99.35	67.45	7.74
				1. 存放同业	50.30	50.30	−2.04
				其中:存放境外同业	0.00	0.00	0.00
				2. 拆放同业	49.05	17.15	9.78
				其中:拆存放境外同业	0.00	0.00	0.00
				九、行内资金往来	2 415.08	302.80	485.03
				十、代理金融机构贷款	13.84	10.06	3.15
				其中:代理人行专项贷款	0.00	0.00	0.00
				十一、库存现金	22.11	7.79	0.76
				十二、外汇占款	−0.01	−0.25	0.22
				十三、投资性房地产	0.00	0.00	0.00
资金来源总计	5 722.80	951.87	837.34	资金运用总计	5 722.80	951.87	837.34

6. 中国银行上海市分行人民币信贷收支表

2010-12-31

单位:元

报表项目名称	指 标 值	报表项目名称	指 标 值
一、各项存款	316 233 322 772.51	一、各项贷款	190 814 867 537.25
1. 企业存款	145 552 995 980.72	(一)境内贷款	190 814 867 537.25
(1) 活期存款	69 602 240 530.52	1. 短期贷款	32 041 109 782.92
(2) 定期存款	75 950 755 450.20	(1) 个人贷款及透支	772 698 256.76
2. 机关团体存款	12 962 223 602.75	其中:个人消费贷款	615 035 309.61
3. 储蓄存款	138 458 042 642.20	(2) 单位普通贷款及透支	25 904 700 985.00
(1) 活期储蓄存款	36 528 448 322.25	其中:经营性贷款	25 904 700 985.00
(2) 定期储蓄存款	101 929 594 319.95	固定资产贷款	0.00
4. 农业存款	27 336 615.26	(3) 普通并购贷款	0.00
5. 其他存款	19 232 723 931.58	(4) 银团贷款	471 156 000.00
二、代理财政性存款	67 587 916.89	(5) 贸易融资	4 892 554 541.16
三、金融债券	0.00	2. 中长期贷款	153 787 664 876.43
四、应付及暂收款	5 894 619 729.31	(1) 个人贷款	75 552 617 423.57
其中:应付及预提利息	2 774 794 952.35	其中:个人消费贷款	73 077 980 320.37
五、卖出回购资产	0.00	(2) 单位普通贷款	49 679 931 084.86
六、向中央银行借款	0.00	其中:经营贷款	6 171 280 000.00
七、同业往来	51 167 432 193.70	固定资产贷款	43 508 651 084.86
1. 同业存款	51 167 432 193.70	(3) 普通并购贷款	687 639 560.00
其中:境外同业存放	2 847 157 622.21	(4) 银团贷款	27 867 476 808.00
2. 同业拆借	0.00	(5) 贸易融资	0.00
其中:境外同业拆借	0.00	3. 票据融资	4 977 303 491.65
八、委托存款及委托投资基金(净)	0.00	其中:贴现	4 977 303 491.65
1. 委托存款及委托投资基金	25 833 748 193.23	4. 各项垫款	8 789 386.25
2. 减:委托贷款及委托投资	25 833 748 193.23	(二)境外贷款	0.00
九、各项准备	2 758 255 846.44	二、有价证券及投资	2 750 294 263.09
其中:贷款损失准备	2 576 572 839.77	三、应收及预付款	3 959 024 933.65
十、所有者权益	5 419 848 408.15	其中:应收利息	2 971 664 466.82
其中:实收资本	0.00	四、买入返售资产	0.00
十一、其他	−155 206 258 434.36	五、存放中央银行准备金存款	7 786 121 072.03
		六、存放中央银行特种存款	0.00
		七、缴存中央银行财政性存款	809 474 000.00
		八、同业往来	18 600 864 472.43
		1. 存放同业	10 235 727 679.47
		其中:存放境外同业	0.00
		2. 拆放同业	8 365 136 792.96
		其中:拆放境外同业	0.00
		九、库存现金	1 099 497 154.93
		十、外汇占款	514 664 999.26
		十一、投资性房地产	0.00
资金来源总计	226 334 808 432.64	资金运用总计	226 334 808 432.64

7. 中国建设银行上海市分行人民币信贷收支表

2010-12-31

单位:亿元

栏目 来源项目名称	本月余额	比年初增减数		栏目 运用项目名称	本月余额	比年初增减数	
		本 年	上 年			本 年	上 年
一、各项存款	5 516.44	591.87	739.38	一、各项贷款	2 837.23	291.30	348.81
1. 企业存款	2 234.48	167.25	459.23	(一)境内贷款	2 837.23	291.30	348.81
(1) 活期存款	1 578.47	72.71	354.95	1. 短期贷款	570.80	−19.69	4.42
(2) 定期存款	656.02	94.53	104.27	(1) 个人贷款及透支	23.05	−5.94	−0.53
2. 机关团体存款	763.68	130.08	13.20	其中:个人消费贷款	3.07	−5.95	−2.03
3. 储蓄存款	2 054.64	157.29	298.93	(2) 单位普通贷款及透支	506.72	−34.54	1.27
(1) 活期储蓄	703.05	65.74	131.77	其中:经营性贷款	497.75	−19.46	
(2) 定期储蓄	1 351.59	91.55	167.17	固定资产贷款	8.79	−14.95	
4. 农业存款	0.22	0.03	−0.07	(3) 普通并购贷款			
5. 其他存款	463.41	137.22	−31.91	(4) 银团贷款			
二、代理财政性存款	3.03	−0.38	2.46	(5) 贸易融资	41.03	20.78	3.68
三、金融债券	0.00	0.00	0.00	2. 中长期贷款	2 149.40	352.39	235.35
四、应付及暂收款	69.14	10.45	6.19	(1) 个人贷款	548.59	49.51	41.74
其中:应付及预提利息	51.54	9.41	6.41	其中:个人消费贷款	514.53	51.71	45.58
五、卖出回购资产				(2) 单位普通贷款	1 600.81	302.88	193.61
六、向中央银行借款				其中:经营贷款	609.26	136.88	
七、同业往来	911.52	−571.77	734.99	固定资产贷款	991.55	166.00	
1. 同业存放	911.52	−571.77	734.99	(3) 普通并购贷款			
其中:境外同业存放				(4) 银团贷款			
2. 同业拆借				(5) 贸易融资			
其中:境外同业拆借				3. 票据融资	116.33	−41.40	108.34
八、行内资金往来				其中:贴现	116.33	−41.40	108.34
九、委托存款及委托投资基金(净)	0.14	0.10	0.02	4. 各项垫款	0.70	0.00	0.70
1. 委托存款及委托投资基金	784.51	37.23	136.27	(二)境外贷款			
2. 减:委托贷款及委托投资	784.37	37.13	136.24	二、有价证券及投资	8.55	−2.84	−9.90
十、代理金融机构委托贷款基金				三、应收及预付款	18.97	3.24	−0.96
其中:中央银行委托贷款基金				其中:应收利息	11.02	0.21	1.57
十一、各项准备	0.66	−1.44	−1.22	四、买入返售资产	56.71	55.71	1.00
其中:贷款损失准备				五、存放中央银行准备金存款	3.80	0.61	−4.95
十二、所有者权益	14.66	4.23	−1.23	六、存放中央银行特种存款			
其中:实收资本				七、缴存中央银行财政性存款	3.68	2.22	−1.27
十三、其他	17.63	−3.04	−7.08	八、同业往来	3.89	−4.09	−11.19
				1. 存放同业	0.58	−0.60	0.51
				其中:存放境外同业			
				2. 拆放同业	3.32	−3.48	−11.70
				其中:拆放境外同业			
				九、行内资金往来	3 582.60	−320.19	1 151.58
				十、代理金融机构贷款			
				其中:代理人行专项贷款			
				十一、库存现金	18.05	4.05	0.38
				十二、外汇占款	−0.23	0.01	0.00
				十三、投资性房地产			
资金来源总计	6 533.24	30.03	1 473.50	资金运用总计	6 533.24	30.03	1 473.50

8. 交通银行上海市分行人民币信贷收支表

2010-12-31

单位:万元

负债科目	本期余额	比上年增减数		资产科目	本期余额	比上年增减数	
		本 年	上 年			本 年	上 年
一、各项存款	25 787 914.18	3 486 692.82	4 372 707.05	一、各项贷款	18 312 608.82	2 991 915.83	4 506 687.69
1. 企业存款	14 136 558.43	1 617 728.79	2 226 174.46	(一)境内贷款	18 312 608.82	2 991 915.83	
(1) 活期存款	7 990 946.01	827 883.01	726 038.03	1. 短期贷款	4 837 579.70	543 416.86	−434 973.73
(2) 定期存款	6 145 612.42	789 845.78	1 500 136.43	(1) 个人贷款及透支	13 921.94	9 507.97	
2. 机关团体存款	319 297.68	46 560.54	32 123.92	其中:个人消费贷款	5 591.94	1 639.26	
3. 储蓄存款	7 360 697.59	744 737.88	1 344 392.31	(2) 单位普通贷款及透支	4 153 918.53	236 309.08	
(1) 活期储蓄	2 618 222.54	291 046.00	485 180.39	其中:经营贷款	4 153 918.48	236 309.08	
(2) 定期储蓄	4 742 475.05	453 691.88	859 211.92	固定资产贷款			
4. 农业存款	294.68	−2 802.47	2 833.56	(3) 普通并购贷款	75 000.00		
5. 其他存款	3 971 065.80	1 080 468.08	767 182.80	(4) 银团贷款	120 310.00	92 880.00	
二、代理财政性存款	65 037.86	64 628.67	−23 906.79	(5) 贸易融资	474 429.23	204 719.81	
三、金融债券				2. 中长期贷款	13 007 237.97	3 578 981.50	3 602 118.46
其中:政策性金融债券				(1) 个人贷款	2 652 981.19	419 223.37	
四、应付及暂收款	1 312 437.62	218 106.49	39 039.44	其中:个人消费贷款	2 568 929.24	410 720.15	
其中:应付及预提利息	305 850.49	85 734.56	50 749.23	(2) 单位普通贷款	7 761 889.56	2 106 847.36	
五、卖出回购资产				其中:经营贷款	4 091 596.12	856 882.20	
六、向中央银行借款				固定资产贷款	3 670 293.44	1 249 965.16	
七、同业往来	12 646 748.42	−846 296.36	185 755.06	(3) 普通并购贷款	158 665.00	130 250.00	
1. 同业存放	12 646 748.42	−846 296.36	185 755.06	(4) 银团贷款	2 433 702.22	922 660.77	
其中:境外同业存放	162 074.67	160 469.49		(5) 贸易融资			
2. 同业拆借				3. 票据融资	467 791.15	−1 130 078.57	1 339 542.96
其中:境外同业拆借				其中:贴现	467 791.15	−1 130 078.57	1 339 542.96
八、委托存款及委托投资基金(净)	1 095 065.80	−96 850.18	429 670.50	4. 各项垫款		−403.96	
1. 委托存款及委托投资基金	2 920 402.06	406 589.72	1 076 888.73	(二)境外贷款			
2. 减:委托贷款及委托投资	1 825 336.26	503 439.90	647 218.23	二、有价证券及投资	2 353.65	−217.00	−1 620 384.10
九、代理金融机构委托贷款基金				三、应收及预付款	879 190.47	146 351.73	26 862.51
其中:中央银行委托贷款基金				其中:应收利息	110 049.12	75 301.15	26 606.65
十、各项准备	174 715.06	59 352.68	11 576.12	四、买入返售资产	1 338 403.60	−384 752.44	−1 695 085.96
其中:贷款损失准备	174 715.06	59 352.68	11 576.12	五、存放中央银行准备金存款	337 048.06	49 582.03	−1 101 529.69
十一、所有者权益	338 837.84	−79 427.68	−134 302.10	六、存放中央银行特种存款			
其中:实收资本				七、缴存中央银行财政性存款	29 354.20	28 895.60	14.50
十二、其他	−19 840 339.35	−4 015 809.86	−4 222 226.66	八、同业往来	614 139.09	−4 047 719.79	526 127.52
				1. 存放同业	614 139.09	−3 452 719.79	261 127.52
				其中:存放境外同业			
				2. 拆放同业		−595 000.00	265 000.00
				其中:拆放境外同业			
				九、代理金融机构贷款			
				其中:中央银行委托贷款基金			
				十、库存现金	67 324.57	6 340.92	15 623.64
				十一、外汇占款	−5.03	−0.30	−3.49
				十二、投资性房地产			
资金来源总计	21 580 417.43	−1 209 603.42	658 312.62	资金运用总计	21 580 417.43	−1 209 603.42	658 312.62

9. 上海浦东发展银行上海分行人民币信贷收支表

2010-12-31 单位:亿元

来源项目名称	本月余额	比年初增减数 本年	比年初增减数 上年	运用项目名称	本月余额	比年初增减数 本年	比年初增减数 上年
一、各项存款	2 639.43	477.39	384.78	一、各项贷款	1 341.95	159.07	108.10
1. 企业存款	1 506.09	196.49	256.99	(一) 境内贷款	1 341.95	159.07	108.10
(1) 活期存款	783.66	−7.26	171.72	1. 短期贷款	239.49	−21.87	−113.61
(2) 定期存款	722.43	203.75	85.27	(1) 个人贷款及透支	9.00	4.24	2.81
2. 机关团体存款	258.00	−31.87	−2.70	其中:个人消费贷款	3.70	0.74	2.81
3. 储蓄存款	597.54	109.53	103.30	(2) 单位普通贷款及透支	228.28	−28.32	−115.97
(1) 活期储蓄	163.30	33.33	23.93	其中:经营性贷款	201.28	−21.79	
(2) 定期储蓄	434.24	76.20	79.37	固定资产贷款	26.62	−6.51	
4. 农业存款				(3) 普通并购贷款			
5. 其他存款	277.79	203.24	27.20	(4) 银团贷款			
二、代理财政性存款	9.51	6.06	−1.45	(5) 贸易融资	2.21	2.21	−0.45
三、金融债券				2. 中长期贷款	1 098.46	210.85	206.11
四、应付及暂收款	23.78	−2.85	7.01	(1) 个人贷款	295.36	27.41	76.73
其中:应付及预提利息	16.60	6.86	−1.15	其中:个人消费贷款	264.34	13.77	69.94
五、卖出回购资产				(2) 单位普通贷款	538.83	106.61	58.36
六、向中央银行借款				其中:经营贷款	168.06	1.50	
七、同业往来	352.84	79.02	−185.10	固定资产贷款	370.77	105.10	
1. 同业存放	352.84	79.02	−185.10	(3) 普通并购贷款			
其中:境外同业存放				(4) 银团贷款	264.27	76.83	71.02
2. 同业拆借				(5) 贸易融资			
其中:境外同业拆借				3. 票据融资	3.98	−29.85	15.76
八、行内资金往来				其中:贴现	3.98	−29.85	15.76
九、委托存款及委托投资基金(净)	32.65	−110.12	104.38	4. 各项垫款	0.02	−0.06	−0.16
1. 委托存款及委托投资基金	683.84	101.56	285.97	(二) 境外贷款			
2. 减:委托贷款及委托投资	651.18	211.68	181.59	二、有价证券及投资	9.28	−11.93	−8.25
十、代理金融机构委托贷款基金				三、应收及预付款	3.07	−8.98	1.18
其中:中央银行委托贷款基金				其中:应收利息	0.99	−0.03	−0.35
十一、各项准备	28.15	0.07	−0.88	四、买入返售资产	20.49	18.49	0.50
其中:贷款损失准备	23.21	1.10	0.22	五、存放中央银行准备金存款	3.11	1.83	−1.31
十二、所有者权益	42.53	6.01	−2.62	六、存放中央银行特种存款			
其中:实收资本				七、缴存中央银行财政性存款			
十三、其他	−9.03	0.35	−11.37	八、同业往来	101.80	7.92	92.20
				1. 存放同业	101.80	7.92	93.20
				其中:存放境外同业			
				2. 拆放同业			−1.00
				其中:拆放境外同业			
				九、行内资金往来	1 633.20	287.81	101.31
				十、代理金融机构贷款			
				其中:代理人行专项贷款			
				十一、库存现金	6.96	1.72	1.03
				十二、外汇占款	0.00	0.00	0.00
				十三、投资性房地产			
资金来源总计	3 119.86	455.93	294.75	资金运用总计	3 119.86	455.93	294.75

10. 上海银行人民币信贷收支表

2010-12-31

单位:亿元

来源项目名称	本月余额	比年初增减数 本年	比年初增减数 上年	运用项目名称	本月余额	比年初增减数 本年	比年初增减数 上年
一、各项存款	4 062.05	643.03	696.83	一、各项贷款	2 944.95	537.33	676.76
1. 企业存款	2 445.82	456.35	462.62	(一) 境内贷款	2 933.23	525.81	676.76
(1) 活期存款	1 547.30	105.19	341.04	1. 短期贷款	980.55	272.65	81.36
(2) 定期存款	898.51	351.16	121.58	(1) 个人贷款及透支	51.84	15.06	6.34
2. 机关团体存款	168.71	10.88	0.69	其中:个人消费贷款	49.97	14.47	18.12
3. 储蓄存款	1 049.76	71.87	215.36	(2) 单位普通贷款及透支	926.09	269.70	0.00
(1) 活期储蓄	282.46	6.38	66.04	其中:经营性贷款	895.14	273.69	0.00
(2) 定期储蓄存款	767.30	65.49	149.33	固定资产贷款	20.00	−14.95	0.00
4. 农业存款	3.11	−2.76	3.07	(3) 普通并购贷款	0.00	0.00	0.00
5. 其他存款	388.89	100.94	15.08	(4) 银团贷款	2.31	−3.65	0.00
6. 非居民存款	5.76	5.76	0.00	(5) 贸易融资	0.31	0.16	0.00
二、代理财政性存款	0.02	−0.81	0.48	2. 中长期贷款	1 782.78	334.94	459.59
三、金融债券	50.21	−29.99	50.20	(1) 个人贷款	398.08	58.54	0.00
其中:政策性金融债券	0.00	0.00	0.00	其中:个人消费贷款	374.06	56.64	43.78
四、应付及暂收款	64.83	−0.60	18.28	(2) 单位普通贷款	1 217.66	212.60	0.00
其中:应付及预提利息	35.25	8.62	2.24	其中:经营贷款	296.26	4.90	0.00
五、卖出回购资产	278.85	215.60	−196.35	固定资产贷款	921.40	207.70	0.00
六、向中央银行借款	0.00	0.00	0.00	(3) 普通并购贷款	2.49	0.41	0.00
七、同业往来	841.44	43.87	517.09	(4) 银团贷款	164.56	63.39	49.34
1. 同业存放	739.44	24.87	462.69	(5) 贸易融资	0.00	0.00	0.00
其中:存放境外同业	0.00	−0.75	0.00	3. 票据融资	162.01	−84.32	135.48
2. 同业拆借	102.00	19.00	54.40	其中:贴现及买断式转贴现	162.01	−84.32	135.48
其中:拆放境外同业	0.00	0.00	0.00	4. 各项垫款	7.88	2.54	0.32
八、委托存款及委托投资基金(净)	0.00	−0.27	−0.06	(二) 境外贷款	11.72	11.52	0.00
1. 委托存款及委托投资基金	296.53	126.54	−19.70	二、有价证券及投资	1 411.39	232.79	330.00
2. 减:委托贷款及委托投资	296.53	126.81	−19.64	三、应收及预付款	14.86	−0.84	−9.86
九、代理金融机构委托贷款基金	0.00	0.00	0.00	其中:应收利息	0.22	−0.14	0.07
其中:中央银行委托贷款基金	0.00	0.00	0.00	四、买入返售资产	220.12	193.93	−62.39
十、各项准备	82.97	17.86	8.78	五、存放中央银行准备金存款	913.62	180.17	96.01
其中:贷款损失准备	80.36	18.34	10.21	六、存放中央银行特种存款	0.00	0.00	0.00
十一、所有者权益	276.68	64.77	44.55	七、缴存中央银行财政性存款	0.25	−0.73	0.73
其中:实收资本	42.34	16.34	0.00	八、同业往来	77.08	−186.08	86.57
当年结益	56.25	56.25	40.94	1. 存放同业	5.08	−172.58	93.02
十二、其他	−62.31	−2.88	−15.04	其中:存放境外同业	0.00	−0.75	0.00
				2. 拆放同业	72.00	−13.50	−6.45
				其中:拆放境外同业	0.00	0.00	0.00
				九、代理金融机构贷款	0.00	0.00	0.00
				其中:代理人行专项贷款	0.00	0.00	0.00
				十、库存现金	14.69	2.31	3.03
				十一、外汇占款	−3.65	−9.74	2.46
				十二、投资性房地产	1.43	1.43	1.43
资金来源总计	5 594.74	950.58	1 124.75	资金运用总计	5 594.74	950.58	1 124.75

11. 上海农村商业银行人民币信贷收支表

2010-12-31　　单位:亿元

来源项目名称 \ 栏目	本月余额	比年初增减数		运用项目名称 \ 栏目	本月余额	比年初增减数	
		本　年	上　年			本　年	上　年
一、各项存款	2 105.77	318.67	317.42	一、各项贷款	1 410.13	224.20	259.20
1. 企业存款	155.31	40.20	3.19	1. 短期贷款	392.41	13.78	70.54
(1) 活期存款				(1) 个人贷款及透支	6.04	1.13	4.17
(2) 定期存款	155.31	40.20	3.19	(2) 单位普通贷款及透支	385.91	12.22	66.19
2. 财政存款	0.77	0.77		(3) 普通并购贷款			
3. 机关团体存款	6.82	3.36	0.24	(4) 银团贷款			
4. 储蓄存款	1 012.10	150.38	139.27	(5) 贸易融资	0.46	0.43	0.18
(1) 活期储蓄	154.88	22.24	34.27	2. 中长期贷款	867.48	172.77	171.08
(2) 定期储蓄	857.22	128.14	105.00	(1) 个人贷款及透支	144.66	21.12	15.03
5. 农业存款	910.77	118.45	174.21	(2) 单位普通贷款及透支	705.76	144.35	151.79
6. 信托存款				(3) 普通并购贷款			
7. 委托存款				(4) 银团贷款	17.06	7.30	4.26
8. 其他存款	20.00	5.51	0.51	(5) 贸易融资			
二、金融债券				3. 票据融资	149.70	37.75	17.06
三、应付及暂收款	51.45	11.08	10.23	4. 各项垫款	0.54	−0.10	0.52
其中:应付及预收利息	33.21	4.51	5.30	二、有价证券及投资	489.38	79.92	59.36
四、同业往来	12.87	9.86	−1.05	三、应收及预付款	9.72	−1.96	7.69
五、行内资金往来				其中:应收利息	7.30	−0.91	7.51
六、各项准备	35.63	6.74	14.13	四、同业往来	50.89	23.44	−26.16
其中:贷款损失准备	29.52	6.06	10.44	五、系统内资金往来			
七、所有者权益	230.97	103.19	7.01	六、金银占款			
其中:实收资本	50.00	12.54	7.45	七、外汇占款	0.63	−0.26	0.51
当年结益	27.85			八、固定资产			
八、其他	60.31	−5.50	53.72	九、库存现金	16.47	3.26	1.45
				十、存放央行存款	420.24	121.21	62.42
				十一、买入返售证券	99.49	−5.79	47.61
				十二、其他	0.05	0.02	−10.62
资金来源总计	2 497.00	444.04	401.46	资金运用总计	2 497.00	444.04	401.46

12. 中信银行上海分行人民币信贷收支表

2010-12-31

单位:万元

栏目 来源项目名称	本月余额	比年初增减数		栏目 运用项目名称	本月余额	比年初增减数	
		本 年	上 年			本 年	上 年
一、各项存款	9 421 691	2 173 156	1 996 397	一、各项贷款	5 776 443	793 548	320 035
1. 企业存款	5 851 376	992 640	873 745	(一)境内贷款	5 776 443	793 548	320 035
(1)活期存款	3 095 149	622 185	270 038	1. 短期贷款	2 670 017	254 971	54 231
(2)定期存款	2 756 227	370 455	603 708	(1)个人贷款及透支	40 619	−17 029	54 231
2. 机关团体存款	348	−4 098	1 384	其中:个人消费贷款	6 070	3 310	−657
3. 个人存款	1 220 893	148 582	217 538	(2)单位普通贷款及透支	2 607 566	260 337	
其中:储蓄存款	1 213 560	143 690	215 153	其中:经营贷款	2 546 740	199 510	
(1)活期储蓄	244 104	62 392	31 260	固定资产贷款	59 400	59 400	
(2)定期储蓄存款	969 456	81 299	183 894	(3)单位普通并购贷款	10 000	10 000	
4. 农业存款				(4)银团贷款			
5. 其他存款	2 349 074	1 036 032	903 729	(5)贸易融资	11 831	1 663	
二、代理财政性存款				2. 中长期贷款	2 860 048	690 924	20 448
三、金融债券				(1)个人贷款	513 383	121 246	−21 751
其中:政策性金融债券				其中:个人消费贷款	493 522	135 949	−4 309
四、应付及暂收款	132 842	11 175	39 339	(2)单位普通贷款	2 124 090	433 452	
其中:应付及预提利息	55 335	−1 056	29 221	其中:经营贷款	1 128 747	289 224	
五、卖出回购资产				固定资产贷款	995 343	144 228	
六、向中央银行借款				(3)单位普通并购贷款			
七、同业往来	1 341 387	−2 622 909	1 947 858	(4)银团贷款	222 575	136 225	42 200
1. 同业存放	1 341 387	−2 622 909	1 947 858	(5)贸易融资			
其中:境外同业存放	8 248	8 198		3. 票据融资	243 837	−150 838	248 561
2. 同业拆借				其中:贴现及买断式转贴现	243 837	−150 838	248 561
其中:境外同业拆借				4. 各项垫款	2 542	−1 510	−3 205
八、委托存款及委托投资基金(净)	956 628	176 491	404 541	(二)境外贷款			
1. 委托存款及委托投资基金	1 418 748	454 396	302 428	二、有价证券及投资	155 276	−78 178	3 677
2. 减:委托贷款及委托投资	462 120	277 905	−102 112	三、应收及预付款	24 999	4 953	−11 425
九、代理金融机构委托贷款基金				其中:应收利息	17 731	4 921	−152
其中:中央银行委托贷款基金				四、买入返售资产	1 371 279	904 840	186 118
十、各项准备	73 422	13 368	16 800	五、存放中央银行准备金存款	131 535	−634 557	653 678
其中:贷款损失准备	69 978	13 267	16 734	六、存放中央银行特种存款			
十一、所有者权益	109 897	39 783	−10 008	七、缴存中央银行财政性存款	4 334	−999	4 515
其中:实收资本				八、同业往来	1 914 554	1 388 899	395 522
十二、其他	−2 643 980	2 572 278	−2 830 111	1. 存放同业	1 402 554	1 061 691	210 730
				其中:存放境外同业			
				2. 拆放同业	512 000	327 208	184 792
				其中:拆放境外同业			
				九、代理金融机构贷款			
				其中:代理人行专项贷款			
				十、库存现金	13 712	−12 557	11 882
				十一、外汇占款	−246	−2 605	813
				十二、投资性房地产			
资金来源总计	9 391 887	2 363 343	1 564 815	资金运用总计	9 391 887	2 363 343	1 564 815

13. 中国光大银行上海分行人民币信贷收支表

2010-12-31　　单位:亿元

栏目 来源项目名称	本月余额	比年初增减数		栏目 运用项目名称	本月余额	比年初增减数	
		本 年	上 年			本 年	上 年
一、各项存款	785.80	165.06	116.64	一、各项贷款	568.30	77.68	95.05
1. 企业存款	523.86	94.83	42.56	(一)境内贷款	568.30	77.68	95.05
(1) 活期存款	239.10	55.01	11.51	1. 短期贷款	145.05	50.94	−16.50
(2) 定期存款	284.76	39.82	31.05	(1) 个人贷款及透支	9.47	5.84	1.54
2. 机关团体存款	28.85	6.68	1.44	其中:个人消费贷款	8.88	5.91	1.23
3. 储蓄存款	118.39	24.72	33.32	(2) 单位普通贷款及透支	78.58	13.26	−15.16
(1) 活期储蓄	33.96	6.24	10.42	其中:经营性贷款	78.58	14.46	
(2) 定期储蓄	84.43	18.48	22.90	固定资产贷款		−1.20	
4. 农业存款				(3) 普通并购贷款			
5. 其他存款	114.70	38.83	39.31	(4) 银团贷款			
二、代理财政性存款				(5) 贸易融资	57.00	31.84	−2.89
三、金融债券				2. 中长期贷款	415.02	65.79	114.45
四、应付及暂收款	9.43	3.28	−2.91	(1) 个人贷款	183.81	29.22	48.86
其中:应付及预提利息	5.06	0.82	−0.22	其中:个人消费贷款	163.95	26.48	48.32
五、卖出回购资产				(2) 单位普通贷款	177.04	38.99	59.99
六、向中央银行借款				其中:经营贷款	116.82	41.66	
七、同业往来	301.73	−19.03	19.89	固定资产贷款	60.23	−2.86	
1. 同业存放	301.73	−19.03	19.89	(3) 普通并购贷款			
其中:境外同业存放				(4) 银团贷款	46.63	6.29	5.60
2. 同业拆借				(5) 贸易融资	7.55	−8.71	
其中:境外同业拆借				3. 票据融资	8.12	−39.05	−2.82
八、行内资金往来				其中:贴现	8.12	−39.05	−2.82
九、委托存款及委托投资基金(净)	97.44	42.82	−4.85	4. 各项垫款	0.11	0.00	−0.08
1. 委托存款及委托投资基金	125.29	47.27	−9.32	(二)境外贷款			
2. 减:委托贷款及委托投资	27.85	4.46	−4.46	二、有价证券及投资	8.95	7.56	−0.56
十、代理金融机构委托贷款基金				三、应收及预付款	1.63	−0.14	0.23
其中:中央银行委托贷款基金				其中:应收利息	1.28	−0.14	0.23
十一、各项准备	11.75	2.25	3.24	四、买入返售资产	142.20	102.19	40.01
其中:贷款损失准备	11.71	2.25	3.24	五、存放中央银行准备金存款	22.81	5.49	−2.93
十二、所有者权益	10.55	6.39	−1.04	六、存放中央银行特种存款			
其中:实收资本				七、缴存中央银行财政性存款	0.36	−0.53	0.77
十三、其他	−5.76	1.91	−8.23	八、同业往来	57.76	−150.33	81.11
				1. 存放同业	34.26	−166.03	84.09
				其中:存放境外同业			
				2. 拆放同业	23.50	15.70	−2.98
				其中:拆放境外同业			
				九、行内资金往来	404.88	159.06	−91.38
				十、代理金融机构贷款			
				其中:代理人行专项贷款			
				十一、库存现金	3.01	0.74	0.44
				十二、外汇占款	0.05	0.05	
				十三、投资性房地产	0.99	0.89	
资金来源总计	1 210.94	202.68	122.73	资金运用总计	1 210.94	202.68	122.73

14. 华夏银行上海分行人民币信贷收支表

2010-12-31

单位：万元

行列名称	本月余额	比年初增减数		行列名称	本月余额	比年初增减数	
		本年	上年			本年	上年
一、各项存款	4 590 945.86	677 354.86	1 761 838.86	一、各项贷款	3 102 453.55	347 386.55	1 140 234.55
1. 企业存款	2 937 712.84	166 133.84	1 056 320.84	1. 短期贷款	1 348 082.47	119 127.47	290 114.47
（1）活期存款	1 527 904.11	57 172.11	646 715.11	（1）工业贷款	0.00	0.00	0.00
（2）定期存款	1 409 808.73	108 961.73	409 605.73	（2）商业贷款	0.00	0.00	0.00
2. 机关团体存款	316 035.67	198 873.67	237 859.67	其中：收购贷款	0.00	0.00	0.00
3. 储蓄存款	401 934.92	35 059.92	113 348.92	（3）建筑业贷款	0.00	0.00	0.00
（1）活期储蓄	100 626.43	26 872.43	49 111.43	（4）农业贷款	0.00	0.00	0.00
（2）定期储蓄存款	301 308.49	8 187.49	64 237.49	（5）乡镇企业贷款	0.00	0.00	0.00
4. 农业存款	0.00	0.00	0.00	（6）三资企业贷款	0.00	0.00	0.00
5. 其他存款	935 262.43	277 287.43	354 309.43	（7）私营企业及个体贷款	82 975.76	−52 279.24	−147 148.24
二、代理财政性存款	68.28	−767.72	−5.72	（8）其他短期贷款	−82 975.76	52 279.24	−653 194.76
三、金融债券	0.00	0.00	0.00	其中：个人短期消费贷款	8 811.02	−116 401.98	−13 659.98
其中：政策性金融债券	0.00	0.00	0.00	2. 中长期贷款	1 749 780.55	224 618.55	859 210.55
四、应付及暂收款	129 862.30	27 725.30	30 823.30	（1）基本建设贷款	0.00	0.00	0.00
其中：应付及预提利息	33 151.63	11 240.63	8 923.63	（2）技术改造贷款	0.00	0.00	0.00
五、卖出回购资产	0.00	0.00	0.00	（3）其他中长期贷款	0.00	0.00	0.00
六、向中央银行借款	0.00	0.00	0.00	其中：个人中长期消费贷款	142 644.47	21 874.47	30 385.47
七、同业往来	1 003 490.92	−744 132.08	−117 237.08	3. 票据融资	4 590.54	3 640.54	−9 090.46
1. 同业存放	1 003 490.92	−744 132.08	−117 237.08	其中：贴现及买断式转贴现	4 590.54	3 640.54	−9 090.46
2. 同业拆借	0.00	0.00	0.00	4. 各项垫款	0.00	0.00	0.00
八、行内资金往来	0.00	0.00	0.00	二、有价证券及投资	11 802.18	4 679.18	5 507.18
九、委托存款及委托投资基金(净)	2 612.33	2 612.33	2 612.33	三、应收及预付款	102 500.87	19 727.87	27 272.87
1. 委托存款及委托投资基金	404 478.31	404 478.31	404 478.31	其中：应收利息	2.46	0.46	−4.54
2. 减：委托贷款及委托投资	401 865.98	401 865.98	401 865.98	四、买入返售资产	1 410 913.43	−47 251.57	364 375.43
十、代理金融机构委托贷款基金	0.00	0.00	0.00	五、存放中央银行准备金存款	107 719.38	43 463.38	10 733.38
其中：中央银行委托贷款基金	0.00	0.00	0.00	六、存放中央银行特种存款	0.00	0.00	0.00
十一、各项准备	45 453.20	7 749.20	15 544.20	七、缴存中央银行财政性存款	385.70	−21.30	219.70
其中：贷款损失准备	40 196.25	7 795.25	15 599.25	八、同业往来	55 836.27	−345 772.73	54 407.27
十二、所有者权益	52 914.11	20 669.11	37 497.11	1. 存放同业	55 836.27	−345 772.73	54 407.27
其中：实收资本	0.00	0.00	0.00	2. 拆放同业	0.00	0.00	0.00
当年结益	56 478.04	56 478.04	56 478.04	九、行内资金往来	0.00	0.00	0.00
十三、其他	−2 680 266.78	−71 579.78	−832 020.78	十、代理金融机构贷款	0.00	0.00	0.00
				其中：代理人行专项贷款	0.00	0.00	0.00
				十一、库存现金	6 701.86	1 710.86	1 819.86
				十二、外汇占款	0.00	406 930.00	0.00
资金来源总计	4 798 313.24	430 852.24	1 604 570.24	资金运用总计	4 798 313.24	430 852.24	1 604 570.24

15. 中国民生银行上海分行人民币信贷收支表

2010-12-31　　单位：亿元

来源项目名称	本月余额	比年初增减数 本年	比年初增减数 上年	运用项目名称	本月余额	比年初增减数 本年	比年初增减数 上年
一、各项存款	1 760.78	−34.48	619.79	一、各项贷款	1 166.74	199.76	228.28
1. 企业存款	1 108.10	−135.94	494.12	1. 短期贷款	531.02	101.87	61.71
(1) 活期存款	677.00	−21.34	255.69	(1) 工业贷款	39.22	3.80	1.07
(2) 定期存款	431.10	−114.60	238.43	(2) 商业贷款	112.82	104.10	106.37
2. 机关团体存款	237.78	51.99	64.23	(3) 建筑业贷款	14.00	−31.50	−22.13
3. 储蓄存款	241.22	−3.64	79.52	(4) 农业贷款	1.91	1.91	1.91
(1) 活期储蓄	63.06	8.75	18.75	(5) 乡镇企业贷款			
(2) 定期储蓄	178.16	−12.39	60.77	(6) 三资企业贷款	12.91	0.91	3.93
4. 农业存款	178.16	−12.39	60.77	(7) 私营企业及个体贷款	152.19	17.29	−49.34
5. 其他存款	173.68	53.11	−18.07	(8) 其他短期贷款	197.97	5.36	−1.65
二、代理财政性存款			−0.04	其中：个人短期贷款	31.34	25.80	21.89
三、金融债券				2. 中长期贷款	633.57	96.64	174.58
其中：政策性金融债券				(1) 基本建设贷款	183.14	45.50	−7.35
四、应付及暂收款	17.30	3.37	−4.96	(2) 技术改造贷款	0.26		0.04
其中：应付及预收利息	10.12	−1.35	−4.73	(3) 其他中长期贷款	450.17	51.14	−70.66
五、卖出回购资产	44.92	44.92		其中：个人中长期贷款	183.53	9.02	23.59
六、向中央银行借款				3. 票据融资	2.15	1.25	−8.01
七、同业往来	422.00	150.54	−17.49	其中：贴现	2.15	1.25	−8.01
1. 同业存放	422.00	150.54	−17.49	4. 各项垫款			
2. 同业拆借				二、有价证券及投资	20.80	2.00	17.83
八、行内资金往来				三、应收及预付款	5.32	−1.67	−4.33
九、委托存款及委托投资基金(净)	0.01	−0.03	0.03	其中：应收利息	3.63	0.91	0.75
1. 委托存款及委托投资基金	145.64	42.52	24.45	四、买入返售资产	266.04	266.04	−58.83
2. 减：委托贷款及委托投资	145.63	42.55	24.42	五、存放中央银行准备金存款	36.24	−32.38	21.33
十、代理金融机构委托贷款基金				六、存放中央银行特种存款			
其中：中央银行委托贷款基金				七、缴存中央银行财政性存款			
十一、各项准备	19.56	6.46	3.63	八、同业往来	199.62	168.60	25.89
其中：贷款损失准备	19.56	6.46	3.63	1. 存放同业	199.62	168.60	25.89
十二、所有者权益	25.24	11.21	−11.51	2. 拆放同业			
其中：实收资本				九、行内资金往来	594.28	−421.51	359.93
十三、其他	3.61	0.42	1.00	十、代理金融机构贷款			
				其中：代理人行专项贷款			
				十一、库存现金	1.33	1.52	0.35
				十二、外汇占款			
资金来源总计	2 293.42	182.40	590.45	资金运用总计	2 293.42	182.40	590.45

16. 招商银行上海分行人民币信贷收支表

2010-12-31 单位:亿元

项目名称	本期余额	比年初增减数		项目名称	本期余额	比年初增减数	
		本年	上年			本年	上年
一、各项存款	1 774.77	185.21	316.48	一、各项贷款	1 055.82	113.04	173.65
1. 企业存款	956.90	153.20	128.55	(一) 境内贷款	1 055.82	113.04	173.65
(1) 活期存款	581.03	107.05	66.30	1. 短期贷款	328.63	12.97	−55.84
(2) 定期存款	375.87	46.14	62.25	(1) 个人贷款及透支	14.03	4.54	−0.29
2. 机关团体存款	8.38	2.20	1.02	其中:个人短期消费贷款	6.03	2.82	−3.90
3. 储蓄存款	718.03	54.10	152.75	(2) 单位普通贷款及透支	309.85	10.39	−53.78
(1) 活期储蓄	423.32	31.82	137.79	其中:经营贷款	291.26	−5.09	0.00
(2) 定期储蓄	294.71	22.27	14.96	固定资产贷款	18.59	15.48	0.00
4. 农业存款	0.00	0.00	0.00	(3) 普通并购贷款	0.00	0.00	0.00
5. 其他存款	91.46	−24.28	34.16	(4) 银团贷款	0.88	−1.82	0.00
二、代理财政性存款	1.31	−0.14	0.17	(5) 贸易融资	3.88	−0.14	−1.76
三、金融债券	0.00	0.00	0.00	2. 中长期贷款	701.09	123.85	236.20
其中:政策性金融债券	0.00	0.00	0.00	(1) 个人贷款	375.67	55.55	158.78
四、应付及暂收款	16.20	−0.04	2.08	其中:个人中长期消费贷款	354.88	43.75	158.62
其中:应付及预提利息	8.56	0.58	0.52	(2) 单位普通贷款	263.39	46.14	72.25
五、卖出回购资产	0.94	−19.06	8.65	其中:经营贷款	65.70	11.76	0.00
六、向中央银行借款	0.00	0.00	0.00	固定资产贷款	197.69	34.38	0.00
七、同业往来	201.79	−64.66	82.13	(3) 普通并购贷款	2.21	2.21	0.00
1. 同业存放	201.79	−64.66	82.13	(4) 银团贷款	53.97	18.58	5.17
其中:境外同业存放	0.00	0.00	0.00	(5) 贸易融资	5.86	1.37	0.00
2. 同业拆借	0.00	0.00	0.00	3. 票据融资	25.92	−23.68	−6.68
其中:境外同业拆借	0.00	0.00	0.00	其中:贴现	25.92	−23.68	−6.68
八、行内资金往来	0.00	0.00	0.00	4. 各项垫款	0.18	−0.09	−0.04
九、委托存款及委托投资基金	0.00	0.00	0.00	(二) 境外贷款	0.00	0.00	0.00
1. 委托存款及委托投资基金	231.74	8.80	−20.26	二、有价证券及投资	0.00	0.00	0.00
2. 减:委托贷款及委托投资	231.74	8.80	−20.26	三、应收及预付款	2.91	0.60	−0.04
十、代理金融机构委托贷款基金	0.00	0.00	0.00	其中:应收利息	2.34	0.44	0.01
其中:中央银行委托贷款基金	0.00	0.00	0.00	四、买入返售资产	35.25	22.12	−7.15
十一、各项准备	20.05	1.99	1.86	五、存放中央银行准备金存款	21.41	−2.80	6.35
其中:贷款损失准备	18.59	1.99	1.83	六、存放中央银行特种存款	0.00	0.00	0.00
十二、所有者权益	21.57	11.03	−5.54	七、缴存中央银行财政性存款	3.76	−0.15	3.83
其中:实收资本	0.00	0.00	0.00	八、同业往来	46.00	3.88	4.20
十三、其他	7.76	−2.00	3.55	1. 存放同业	16.55	13.69	2.52
				其中:存放境外同业	0.00	0.00	0.00
				2. 拆放同业	29.45	−9.81	1.67
				其中:拆放境外同业	0.00	0.00	0.00
				九、行内资金往来	872.88	−26.12	228.07
				十、代理金融机构贷款	0.00	0.00	0.00
				其中:代理人行专项贷款	0.00	0.00	0.00
				十一、库存现金	6.35	1.76	0.49
				十二、外汇占款	0.00	0.00	0.00
				十三、投资性房地产	0.00	0.00	0.00
资金来源总计	2 044.38	112.33	409.39	资金运用总计	2 044.38	112.33	409.39

17. 兴业银行上海分行人民币信贷收支表

2010-12-31

单位:亿元

来源项目名称 \ 栏目	本月余额	比年初增减数		运用项目名称 \ 栏目	本月余额	比年初增减数	
		本 年	上 年			本 年	上 年
一、各项存款	947.26	93.16	200.57	一、各项贷款	624.92	77.15	110.07
1. 企业存款	575.96	39.64	131.78	(一) 境内贷款	624.92	77.15	110.07
(1) 活期存款	286.04	-15.01	89.72	1. 短期贷款	115.12	-20.00	3.65
(2) 定期存款	289.92	54.65	42.05	(1) 个人贷款及透支	10.20	9.78	-0.02
2. 机关团体存款	65.79	-0.36	0.00	其中:个人消费贷款	1.60	1.22	0.12
3. 储蓄存款	123.55	16.19	45.94	(2) 单位普通贷款及透支	103.87	-29.87	4.48
(1) 活期储蓄	70.41	18.73	20.47	其中:经营性贷款	90.44	-39.17	
(2) 定期储蓄	53.14	-2.54	25.48	固定资产贷款	13.43	9.30	
4. 农业存款	2.09	-3.35	1.42	(3) 普通并购贷款			
5. 其他存款	179.87	41.04	21.43	(4) 银团贷款			
二、代理财政性存款		0.00	0.00	(5) 贸易融资	1.05	0.08	-0.81
三、金融债券				2. 中长期贷款	509.28	98.34	133.49
四、应付及暂收款	11.65	0.74	-1.93	(1) 个人贷款	220.93	0.82	47.67
其中:应付及预提利息	6.54	1.41	0.04	其中:个人消费贷款	199.16	2.58	42.91
五、卖出回购资产	9.76	9.76		(2) 单位普通贷款	243.95	78.60	74.12
六、向中央银行借款				其中:经营贷款	56.50	5.45	
七、同业往来	687.61	103.01	116.82	固定资产贷款	187.45	73.15	
1. 同业存放	652.61	68.01	116.82	(3) 普通并购贷款			
其中:境外同业存放				(4) 银团贷款	44.40	18.92	11.70
2. 同业拆借	35.00	35.00		(5) 贸易融资			
其中:境外同业拆借				3. 票据融资		-1.19	-26.73
八、行内资金往来				其中:贴现		-1.19	-26.73
九、委托存款及委托投资基金(净)	0.00	-0.01	-1.17	4. 各项垫款	0.51		-0.34
1. 委托存款及委托投资基金	298.16	48.14	-4.92	(二) 境外贷款			
2. 减:委托贷款及委托投资	298.16	48.14	-3.76	二、有价证券及投资	262.49	89.38	80.93
十、代理金融机构委托贷款基金				三、应收及预付款	6.03	2.76	0.99
其中:中央银行委托贷款基金				其中:应收利息	4.08	1.68	0.71
十一、各项准备	11.32	0.38	-0.39	四、买入返售资产	281.15	109.58	68.93
其中:贷款损失准备	9.95	0.32	-0.35	五、存放中央银行准备金存款	8.90	-0.40	-4.98
十二、所有者权益	28.77	6.88	2.86	六、存放中央银行特种存款			
其中:实收资本				七、缴存中央银行财政性存款			
十三、其他	-9.85	-1.68	-0.51	八、同业往来	88.04	74.00	-7.85
				1. 存放同业	38.04	34.50	0.00
				其中:存放境外同业			
				2. 拆放同业	50.00	39.50	-7.85
				其中:拆放境外同业			
				九、行内资金往来	413.18	-140.49	68.02
				十、代理金融机构贷款			
				其中:代理人行专项贷款			
				十一、库存现金	1.78	0.24	0.15
				十二、外汇占款			
				十三、投资性房地产			
资金来源总计	1 686.50	212.23	316.26	资金运用总计	1 686.50	212.23	316.26

18. 广东发展银行上海分行人民币信贷收支表

2010-12-31

单位:亿元

来源项目名称	本月余额	比年初增减数		运用项目名称	本月余额	比年初增减数	
		本 年	上 年			本 年	上 年
一、各项存款	484.34	73.69	155.40	一、各项贷款	296.87	27.62	93.39
1. 企业存款	289.51	1.45	140.22	(一)境内贷款	296.87	27.62	93.39
(1) 活期存款	143.54	−24.63	84.65	1. 短期贷款	63.04	8.95	−12.71
(2) 定期存款	145.97	26.08	55.57	(1) 个人贷款及透支	1.99	0.51	0.12
2. 机关团体存款	9.05	−2.59	4.16	其中:个人消费贷款	0.24	−0.27	−0.23
3. 储蓄存款	35.10	9.09	9.63	(2) 单位普通贷款及透支	55.29	5.13	−12.57
(1) 活期储蓄	15.28	5.35	5.34	其中:经营性贷款	55.21	7.15	
(2) 定期储蓄	19.82	3.74	4.29	固定资产贷款	0.08	−2.02	
4. 农业存款				(3) 普通并购贷款			
5. 其他存款	150.69	65.74	1.39	(4) 银团贷款		−1.15	
二、代理财政性存款			0.00	(5) 贸易融资	5.76	4.46	−0.26
三、金融债券				2. 中长期贷款	233.01	43.76	112.68
四、应付及暂收款	5.67	0.90	1.70	(1) 个人贷款	72.50	13.34	29.58
其中:应付及预提利息	4.82	1.08	1.36	其中:个人消费贷款	65.39	10.99	27.09
五、卖出回购资产			−1.20	(2) 单位普通贷款	136.44	17.80	71.66
六、向中央银行借款				其中:经营贷款	39.33	4.96	
七、同业往来	124.93	−65.07	115.39	固定资产贷款	97.11	12.84	
1. 同业存放	124.93	−65.07	120.39	(3) 普通并购贷款			
其中:境外同业存放				(4) 银团贷款	24.07	12.62	11.45
2. 同业拆借			−5.00	(5) 贸易融资			
其中:境外同业拆借				3. 票据融资	0.63	−23.84	−4.30
八、行内资金往来				其中:贴现	0.63	−23.84	−4.30
九、委托存款及委托投资基金(净)				4. 各项垫款	0.20	−1.26	−2.29
1. 委托存款及委托投资基金	15.77	3.07	−0.68	(二)境外贷款			
2. 减:委托贷款及委托投资	15.77	3.07	−0.68	二、有价证券及投资	1.23	−0.39	−0.96
十、代理金融机构委托贷款基金				三、应收及预付款	0.95	−4.49	4.04
其中:中央银行委托贷款基金				其中:应收利息	0.58	−4.45	3.89
十一、各项准备	1.24	−5.26	−0.37	四、买入返售资产			−9.33
其中:贷款损失准备	1.05	−5.25	−0.36	五、存放中央银行准备金存款	8.84	−11.55	2.28
十二、所有者权益	6.58	1.98	0.87	六、存放中央银行特种存款			
其中:实收资本				七、缴存中央银行财政性存款			
十三、其他	−299.47	−300.43	−1.29	八、同业往来	12.45	0.95	−12.39
				1. 存放同业	5.45	4.95	0.31
				其中:存放境外同业			
				2. 拆放同业	7.00	−4.00	−12.70
				其中:拆放境外同业			
				九、行内资金往来	2.21	−306.65	193.34
				十、代理金融机构贷款			
				其中:代理人行专项贷款			
				十一、库存现金	0.74	0.32	0.04
				十二、外汇占款		0.00	0.07
				十三、投资性房地产			
资金来源总计	323.30	−294.18	270.49	资金运用总计	323.30	−294.18	270.49

19. 深圳发展银行上海分行人民币信贷收支表

2010-12-31　　　　单位:亿元

来源项目名称	本月余额	比年初增减数 本年	比年初增减数 上年	运用项目名称	本月余额	比年初增减数 本年	比年初增减数 上年
一、各项存款	763.45	155.56	118.30	一、各项贷款	538.80	69.08	89.80
1. 企业存款	368.88	36.13	63.64	(一) 境内贷款	538.80	69.08	89.80
(1) 活期存款	208.75	41.69	35.20	1. 短期贷款	202.76	87.25	−7.54
(2) 定期存款	160.13	−5.55	28.45	(1) 个人贷款及透支	1.22	−0.39	−1.15
2. 机关团体存款	47.48	42.18	−0.76	其中:个人消费贷款	0.06	−0.02	0.04
3. 储蓄存款	59.09	8.34	16.55	(2) 单位普通贷款及透支	196.87	82.96	−6.39
(1) 活期储蓄	25.05	4.42	7.62	其中:经营性贷款	196.87	82.96	
(2) 定期储蓄	34.05	3.92	8.92	固定资产贷款			
4. 农业存款	0.15	0.06	0.00	(3) 普通并购贷款			
5. 其他存款	287.85	68.83	38.88	(4) 银团贷款			
二、代理财政性存款	0.02	0.02		(5) 贸易融资	4.68	4.68	
三、金融债券				2. 中长期贷款	324.92	42.35	103.15
四、应付及暂收款	13.95	6.82	0.08	(1) 个人贷款	251.06	58.30	69.82
其中:应付及预提利息	7.95	2.93	−0.40	其中:个人消费贷款	226.96	52.81	69.25
五、卖出回购资产	19.35	4.91	−20.14	(2) 单位普通贷款	70.82	−18.99	33.33
六、向中央银行借款	1.33	1.33		其中:经营贷款	52.43	−16.28	
七、同业往来	182.64	24.94	3.58	固定资产贷款	18.39	−2.71	
1. 同业存放	172.64	54.94	21.58	(3) 普通并购贷款			
其中:境外同业存放				(4) 银团贷款	3.04	3.04	
2. 同业拆借	10.00	−30.00	−18.00	(5) 贸易融资			
其中:境外同业拆借				3. 票据融资	11.11	−60.42	−5.92
八、行内资金往来				其中:贴现	11.11	−60.42	−5.92
九、委托存款及委托投资基金(净)				4. 各项垫款		−0.11	−0.11
1. 委托存款及委托投资基金	17.94	3.78	0.43	(二) 境外贷款			
2. 减:委托贷款及委托投资	17.94	3.78	0.43	二、有价证券及投资	110.02	41.13	67.21
十、代理金融机构委托贷款基金				三、应收及预付款	11.00	6.14	1.73
其中:中央银行委托贷款基金				其中:应收利息	2.93	1.75	−0.04
十一、各项准备	1.45	−0.19	1.19	四、买入返售资产	166.08	141.24	−41.28
其中:贷款损失准备	1.45	0.21	0.97	五、存放中央银行准备金存款	11.16	−2.51	4.51
十二、所有者权益	12.35	8.35	8.92	六、存放中央银行特种存款			
其中:实收资本				七、缴存中央银行财政性存款			
十三、其他	3.40	−1.17	−0.14	八、同业往来	37.36	−5.89	−57.22
				1. 存放同业	9.36	−20.94	−43.37
				其中:存放境外同业			
				2. 拆放同业	28.00	15.05	−13.85
				其中:拆放境外同业		−1.00	
				九、行内资金往来	122.91	−48.65	47.05
				十、代理金融机构贷款			
				其中:代理人行专项贷款			
				十一、库存现金	0.62	0.03	0.01
				十二、外汇占款			
				十三、投资性房地产			
资金来源总计	997.94	200.57	111.80	资金运用总计	997.94	200.57	111.80

20. 宁波银行上海分行人民币信贷收支表

2010-12-31　　　　单位:亿元

栏目 来源项目名称	本月余额	比年初增减数		栏目 运用项目名称	本月余额	比年初增减数	
		本　年	上　年			本　年	上　年
一、各项存款	175.95	44.77	55.92	一、各项贷款	95.78	22.51	38.73
1. 企业存款	131.89	37.76	58.29	(一)境内贷款	95.78	22.51	38.73
(1)活期存款	58.35	11.54	28.24	1. 短期贷款	38.25	6.02	6.07
(2)定期存款	73.54	26.22	30.05	(1)个人贷款及透支	13.47	2.51	7.15
2. 机关团体存款				其中:个人消费贷款	13.38	2.50	7.08
3. 储蓄存款	14.04	3.35	4.63	(2)单位普通贷款及透支	24.78	3.51	−1.08
(1)活期储蓄	4.75	0.75	1.31	其中:经营性贷款	24.78	3.66	
(2)定期储蓄	9.29	2.60	3.33	固定资产贷款		−0.15	
4. 农业存款	0.07	0.05	0.02	(3)普通并购贷款			
5. 其他存款	29.96	3.61	−7.03	(4)银团贷款			
二、代理财政性存款				(5)贸易融资			
三、金融债券				2. 中长期贷款	54.31	16.23	31.82
四、应付及暂收款	1.31	0.83	−0.14	(1)个人贷款	4.03	1.88	1.86
其中:应付及预提利息	0.45	0.23	−0.22	其中:个人消费贷款	3.27	1.45	1.58
五、卖出回购资产	20.85	20.85		(2)单位普通贷款	48.88	14.35	28.56
六、向中央银行借款				其中:经营贷款	32.31	5.09	
七、同业往来	6.00	6.00	0.00	固定资产贷款	16.56		9.26
1. 同业存放	6.00	6.00	0.00	(3)普通并购贷款			
其中:境外同业存放				(4)银团贷款	1.40		1.40
2. 同业拆借				(5)贸易融资			
其中:境外同业拆借				3. 票据融资	3.22	0.26	0.84
八、行内资金往来				其中:贴现	3.22	0.26	0.84
九、委托存款及委托投资基金(净)				4. 各项垫款			
1. 委托存款及委托投资基金	18.20	5.80	−14.78	(二)境外贷款			
2. 减:委托贷款及委托投资	18.20	5.80	−14.78	二、有价证券及投资			
十、代理金融机构委托贷款基金				三、应收及预付款	0.10	0.04	−0.03
其中:中央银行委托贷款基金				其中:应收利息	0.00		
十一、各项准备	1.20	0.27	0.52	四、买入返售资产	20.90	20.90	
其中:贷款损失准备	1.20	0.27	0.52	五、存放中央银行准备金存款	8.40	5.46	0.74
十二、所有者权益	1.01	0.72	−0.01	六、存放中央银行特种存款			
其中:实收资本				七、缴存中央银行财政性存款			
十三、其他	0.72	−0.05	−0.09	八、同业往来	0.03	−0.03	−0.04
				1. 存放同业	0.03	−0.03	−0.04
				其中:存放境外同业			
				2. 拆放同业			
				其中:拆放境外同业			
				九、行内资金往来	81.43	24.48	16.62
				十、代理金融机构贷款			
				其中:代理人行专项贷款			
				十一、库存现金	0.39	0.03	0.17
				十二、外汇占款			
				十三、投资性房地产			
资金来源总计	207.04	73.38	56.20	资金运用总计	207.04	73.38	56.20

21. 北京银行上海分行人民币信贷收支表

2010-12-31 单位:亿元

栏目 来源项目名称	本月余额	比年初增减数		栏目 运用项目名称	本月余额	比年初增减数	
		本 年	上 年			本 年	上 年
一、各项存款	246.74	92.36	79.81	一、各项贷款	244.61	56.87	81.81
1. 企业存款	179.01	55.36	63.27	1. 短期贷款	108.64	36.75	1.39
(1) 活期存款	85.05	21.63	37.43	(1) 个人贷款及透支	0.91	0.59	
(2) 定期存款	93.96	33.73	25.84	其中:个人消费贷款	0.37	0.05	
2. 财政存款				(2) 单位普通贷款及透支	104.68	35.28	1.39
3. 机关团体存款	2.17	1.95	0.23	其中:经营性贷款	103.20	33.80	
4. 储蓄存款	16.20	5.92	6.26	固定资产贷款	1.48	1.48	
(1) 活期储蓄	3.60	0.92	1.98	(3) 普通并购贷款			
(2) 定期储蓄	12.60	5.00	4.28	(4) 银团贷款			
5. 农业存款	0.07	0.07		(5) 贸易贷款	3.04	0.88	
6. 信托存款				2. 中长期贷款	125.26	28.19	66.12
7. 委托存款	9.52	8.54	0.98	(1) 个人贷款	20.29	12.26	5.45
8. 其他存款	39.77	20.52	9.07	其中:个人消费贷款	19.82	11.88	5.45
二、金融债券				(2) 单位普通贷款	95.60	6.56	60.67
三、应付及暂收款	1.93	0.90	0.12	其中:经营贷款	25.16	−51.01	
其中:应付及预收利息	1.63	0.80	0.03	固定资产贷款	70.45	57.58	
四、同业往来	62.82	7.44	17.03	(3) 普通并购贷款	5.61	5.61	
五、行内资金往来	29.12	29.12		(4) 银团贷款	3.77	3.77	
六、各项准备	2.66	0.57	0.98	(5) 贸易贷款			
其中:贷款损失准备	2.66	0.57	0.98	3. 票据融资	10.71	−8.07	14.30
七、所有者权益	3.15	1.73	0.87	其中:贴现	10.71	−8.07	14.30
其中:实收资本				4. 各项垫款			
当年结益				二、有价证券及投资			
八、其他	0.48	−0.05	−0.02	三、应收及预付款	0.39	0.13	0.09
				其中:应收利息	0.39	0.13	0.09
				四、买入返售资产	45.18	45.18	
				五、存放中央银行准备金存款	17.59	6.27	8.29
				六、存放中央银行特种存款			
				七、缴存中央银行财政性存款			
				八、同业往来	29.39	29.22	0.12
				1. 存放同业	29.39	29.22	0.12
				其中:存放境外同业			
				2. 拆放同业			
				其中:拆放境外同业			
				九、行内资金往来		−14.28	7.43
				十、代理金融机构贷款			
				其中:代理人行专项贷款			
				十一、库存现金	0.23	0.12	0.05
				十二、外汇占款		0.01	0.02
				十三、投资性房地产			
资金来源总计	337.40	123.53	97.81	资金运用总计	337.40	123.53	97.81

22. 江苏银行上海分行人民币信贷收支表

2010-12-31　　单位:亿元

来源项目名称	本月余额	比年初增减数 本年	比年初增减数 上年	运用项目名称	本月余额	比年初增减数 本年	比年初增减数 上年
一、各项存款	123.94	62.38	61.56	一、各项贷款	87.85	29.90	57.95
1. 企业存款	90.73	37.09	53.63	(一)境内贷款	87.85	29.90	57.95
(1)活期存款	33.24	14.52	18.73	1. 短期贷款	54.33	19.31	35.35
(2)定期存款	57.48	22.57	34.91	(1)个人贷款及透支	0.04	0.04	0.01
2. 机关团体存款	1.38	1.38		其中:个人消费贷款	0.02	0.02	0.01
3. 储蓄存款	4.14	3.95	0.19	(2)单位普通贷款及透支	53.58	18.57	35.27
(1)活期储蓄	1.16	1.05	0.11	其中:经营性贷款	49.48	14.92	
(2)定期储蓄	2.97	2.90	0.08	固定资产贷款	4.10	3.65	
4. 农业存款				(3)普通并购贷款			
5. 其他存款	27.70	19.97	7.73	(4)银团贷款	0.70	0.70	
二、代理财政性存款				(5)贸易融资			0.07
三、金融债券				2. 中长期贷款	23.79	5.04	18.43
四、应付及暂收款	1.35	0.80	0.54	(1)个人贷款	3.60	1.70	1.90
其中:应付及预提利息	1.02	0.60	0.42	其中:个人消费贷款	2.40	0.09	1.49
五、卖出回购资产				(2)单位普通贷款	18.25	1.72	16.20
六、向中央银行借款				其中:经营贷款	6.32	4.99	
七、同业往来	16.07	−13.06	29.00	固定资产贷款	11.93	−3.27	
1. 同业存放	16.07	−13.06	29.00	(3)普通并购贷款			
其中:境外同业存放				(4)银团贷款	1.94	1.61	0.33
2. 同业拆借				(5)贸易融资			
其中:境外同业拆借				3. 票据融资	9.73	5.55	4.18
八、行内资金往来	5.23	2.83	2.27	其中:贴现	9.73	5.55	4.18
九、委托存款及委托投资基金(净)	0.22	0.22		4. 各项垫款			
1. 委托存款及委托投资基金	0.22	0.22		(二)境外贷款			
2. 减:委托贷款及委托投资				二、有价证券及投资		−10.13	10.13
十、代理金融机构委托贷款基金				三、应收及预付款	6.72	6.42	0.30
其中:中央银行委托贷款基金				其中:应收利息	0.37	0.10	0.26
十一、各项准备	0.00	−0.01	0.01	四、买入返售资产	30.09	30.09	
其中:贷款损失准备	0.00	−0.01	0.01	五、存放中央银行准备金存款	2.08	0.90	1.18
十二、所有者权益	0.77	0.77	0.58	六、存放中央银行特种存款			
其中:实收资本				七、缴存中央银行财政性存款			
十三、其他	0.31	−1.47	1.46	八、同业往来	21.08	−4.76	25.85
				1. 存放同业	21.08	−4.76	25.85
				其中:存放境外同业			
				2. 拆放同业			
				其中:拆放境外同业			
				九、行内资金往来			
				十、代理金融机构贷款			
				其中:代理人行专项贷款			
				十一、库存现金	0.06	0.04	0.02
				十二、外汇占款			
				十三、投资性房地产			
资金来源总计	147.89	52.45	95.42	资金运用总计	147.89	52.45	95.42

23. 南京银行上海分行人民币信贷收支表

2010-12-31　　　　单位:亿元

来源项目名称	本月余额	比年初增减数		运用项目名称	本月余额	比年初增减数	
		本 年	上 年			本 年	上 年
一、各项存款	143.72	44.21	57.42	一、各项贷款	87.14	13.62	38.16
1. 企业存款	108.88	31.55	43.92	(一)境内贷款	87.04	13.52	38.16
(1) 活期存款	54.31	12.66	25.10	1. 短期贷款	34.65	10.36	4.21
(2) 定期存款	54.56	18.88	18.82	(1) 个人贷款及透支	2.46	−1.14	3.13
2. 机关团体存款	1.28	−1.76	0.10	其中:个人消费贷款	2.42	−1.01	2.96
3. 储蓄存款	6.14	4.19	0.04	(2) 单位普通贷款及透支	30.69	10.01	1.08
(1) 活期储蓄	3.00	2.43	0.24	其中:经营性贷款	30.69	12.51	
(2) 定期储蓄	3.15	1.76	−0.21	固定资产贷款		−2.50	
4. 农业存款				(3) 普通并购贷款			
5. 其他存款	27.42	10.24	13.36	(4) 银团贷款	1.50	1.50	
二、代理财政性存款				(5) 贸易融资			
三、金融债券				2. 中长期贷款	51.93	2.70	40.36
四、应付及暂收款	1.16	0.60	0.37	(1) 个人贷款	8.65	3.45	4.84
其中:应付及预提利息	0.84	0.52	0.23	其中:个人消费贷款	8.55	3.58	4.75
五、卖出回购资产				(2) 单位普通贷款	42.77	−1.25	35.53
六、向中央银行借款				其中:经营贷款	1.20	0.20	
七、同业往来	55.28	55.26	−1.94	固定资产贷款	41.57	−1.45	
1. 同业存放	55.28	55.26	−1.94	(3) 普通并购贷款			
其中:境外同业存放				(4) 银团贷款	0.51	0.51	
2. 同业拆借				(5) 贸易融资			
其中:境外同业拆借				3. 票据融资	0.46	0.46	−6.41
八、行内资金往来				其中:贴现	0.46	0.46	−6.41
九、委托存款及委托投资基金(净)				4. 各项垫款			
1. 委托存款及委托投资基金	9.57	9.47	0.10	(二)境外贷款	0.10	0.10	
2. 减:委托贷款及委托投资	9.57	9.47	0.10	二、有价证券及投资			
十、代理金融机构委托贷款基金				三、应收及预付款	0.71	0.50	0.20
其中:中央银行委托贷款基金				其中:应收利息	0.62	0.51	0.11
十一、各项准备	0.21	0.12	0.01	四、买入返售资产	74.25	74.25	
其中:贷款损失准备	0.21	0.12	0.01	五、存放中央银行准备金存款	1.58	−0.08	0.41
十二、所有者权益	1.90	0.92	1.03	六、存放中央银行特种存款			
其中:实收资本				七、缴存中央银行财政性存款			
十三、其他	−0.59	−0.44	0.07	八、同业往来	5.12	0.09	5.00
				1. 存放同业	0.12	0.09	0.00
				其中:存放境外同业			
				2. 拆放同业	5.00		5.00
				其中:拆放境外同业			
				九、行内资金往来	32.79	12.20	13.19
				十、代理金融机构贷款			
				其中:代理人行专项贷款			
				十一、库存现金	0.10	0.07	0.00
				十二、外汇占款			
				十三、投资性房地产			
资金来源总计	201.69	100.67	56.95	资金运用总计	201.69	100.67	56.95

24. 平安银行上海分行人民币信贷收支表

2010-12-31

单位:万元

来源项目名称＼栏目	本月余额	比上月增减数	比年初增减数	运用项目名称＼栏目	本月余额	比上月增减数	比年初增减数
一、各项存款	2 664 456	88 160	86 442	一、各项贷款	2 948 589	−26 483	314 286
1. 企业存款	1 754 776	590 293	653 185	(一) 境内贷款	2 948 589	−26 483	314 286
(1) 活期存款	912 578	184 100	294 003	1. 短期贷款	1 637 840	−85 772	129 262
(2) 定期存款	842 198	406 193	359 183	(1) 个人贷款及透支	183 885	2 773	96 786
2. 机关团体存款	69 981	−615	−28 562	其中:个人消费贷款	173 764	2 934	97 668
3. 储蓄存款	447 001	51 771	225 342	(2) 单位普通贷款及透支	1 453 705	−87 814	32 226
(1) 活期储蓄	157 075	42 966	98 249	其中:经营贷款	1 400 705	−74 814	212 022
(2) 定期储蓄	289 925	8 805	127 093	(3) 普通并购贷款	0	0	0
4. 农业存款	0	0	0	(4) 银团贷款	0	0	0
5. 其他存款	392 699	−553 289	−763 523	(5) 贸易融资	250	−731	250
二、代理财政性存款	0	0	0	2. 中长期贷款	1 234 928	25 916	302 775
三、金融债券	0	0	0	(1) 个人贷款	685 233	23 035	206 009
其中:政策性金融债券	0	0	0	其中:个人消费贷款	495 141	11 722	135 932
四、应付及暂收款	25 576	−7 135	1 273	(2) 单位普通贷款	515 824	4 131	94 499
其中:应付及预提利息	18 169	−2 914	540	其中:经营贷款	160 057	−5 623	−16 127
五、卖出回购资产	0	0	0	(3) 普通并购贷款	0	0	0
六、向中央银行借款	0	0	0	(4) 银团贷款	33 871	−1 250	2 267
七、同业往来	766 998	178 854	−130 549	(5) 贸易融资	0	0	0
1. 同业存放	766 998	178 854	−130 549	3. 票据融资	72 322	33 374	−117 751
其中:境外同业存放	0	0	0	其中:贴现	72 322	33 374	−117 751
2. 同业拆借	0	0	0	4. 各项垫款	3 499	0	0
其中:境外同业拆借	0	0	0	(二) 境外贷款	0	0	0
八、行内资金往来	1 003 487	1 003 487	1 003 487	二、有价证券及投资	0	0	0
九、委托存款及委托投资基金(净)	0	0	0	三、应收及预付款	9 239	−9 754	3 867
1. 委托存款及委托投资基金	38 850	5 000	5 900	其中:应收利息	8 647	−7 719	3 684
2. 减:委托贷款及委托投资	38 850	5 000	5 900	四、买入返售资产	0	0	0
十、代理金融机构委托贷款基金	0	0	0	五、存放中央银行准备金存款	119 921	31 088	−50 866
其中:中央银行委托贷款基金	0	0	0	六、存放中央银行特种存款	0	0	0
十一、各项准备	8 501	0	2 018	七、缴存中央银行财政性存款	0	0	0
其中:贷款损失准备	8 501	0	2 018	八、同业往来	6 260	−6 138	−28 405
十二、所有者权益	64 783	8 289	64 783	1. 存放同业	6 260	−6 138	1 595
其中:实收资本	0	0	0	其中:存放境外同业	0	0	0
当年结益	64 783	8 289	64 783	2. 拆放同业	0	0	−30 000
十三、其他	5 668	−1 882	1 065	其中:拆放境外同业	0	0	0
				九、行内资金往来	1 451 837	1 280 861	789 482
				十、代理金融机构贷款	0	0	0
				其中:代理人行专项贷款	0	0	0
				十一、库存现金	3 624	198	154
				十二、外汇占款	−1	−1	−1
				十三、投资性房地产	0	0	0
资金来源总计	4 539 469	1 269 772	1 028 519	资金运用总计	4 539 469	1 269 772	1 028 519

25. 中国邮政储蓄银行上海分行人民币信贷收支表

2010-12-31

单位:亿元

来源项目名称 \ 栏目	本月余额	比年初增减数		运用项目名称 \ 栏目	本月余额	比年初增减数	
		本 年	上 年			本 年	上 年
一、各项存款	906.90	153.12	109.61	一、各项贷款	46.77	15.23	30.48
1. 企业存款	102.78	59.15	34.10	(一)境内贷款	46.77	15.23	30.48
(1) 活期存款	47.72	10.43	27.89	1. 短期贷款	4.02	0.68	2.32
(2) 定期存款	55.06	48.72	6.21	(1) 个人贷款及透支	4.02	0.68	2.32
2. 机关团体存款	0.71	0.38	0.32	其中:个人消费贷款	0.06	0.02	−0.04
3. 储蓄存款	803.22	93.55	75.03	(2) 单位普通贷款及透支			
(1) 活期储蓄	250.82	26.59	38.47	其中:经营性贷款			
(2) 定期储蓄	552.40	66.96	36.56	固定资产贷款			
4. 农业存款	0.20	0.03	0.16	(3) 普通并购贷款			
5. 其他存款				(4) 银团贷款			
二、代理财政性存款				(5) 贸易融资			
三、金融债券				2. 中长期贷款	33.94	18.59	15.30
四、应付及暂收款	4.92	2.68	−4.14	(1) 个人贷款	33.94	18.59	15.30
其中:应付及预提利息	2.19	1.65	−1.84	其中:个人消费贷款	28.56	15.15	11.70
五、卖出回购资产				(2) 单位普通贷款			
六、向中央银行借款				其中:经营贷款			
七、同业往来	0.04	0.02	−0.01	固定资产贷款			
1. 同业存放	0.04	0.02	−0.01	(3) 普通并购贷款			
其中:境外同业存放				(4) 银团贷款			
2. 同业拆借				(5) 贸易融资			
其中:境外同业拆借				3. 票据融资	8.81	−4.05	12.86
八、行内资金往来				其中:贴现	8.81	−4.05	12.86
九、委托存款及委托投资基金(净)				4. 各项垫款			
1. 委托存款及委托投资基金	3.10	1.68	0.14	(二)境外贷款			
2. 减:委托贷款及委托投资	3.10	1.68	0.14	二、有价证券及投资			
十、代理金融机构委托贷款基金				三、应收及预付款	0.34	0.30	−0.08
其中:中央银行委托贷款基金				其中:应收利息	0.11	0.09	0.02
十一、各项准备	0.12	0.12		四、买入返售资产	16.73	16.73	
其中:贷款损失准备	0.12	0.12		五、存放中央银行准备金存款	4.66	−0.69	0.27
十二、所有者权益	0.02	0.02		六、存放中央银行特种存款			
其中:实收资本				七、缴存中央银行财政性存款	0.00	0.00	
十三、其他	5.10	719.18	−76.64	八、同业往来	0.81	0.08	−1.61
				1. 存放同业	0.81	0.08	−1.61
				其中:存放境外同业			
				2. 拆放同业			
				其中:拆放境外同业			
				九、行内资金往来	842.98	842.98	
				十、代理金融机构贷款			
				其中:代理人行专项贷款			
				十一、库存现金	4.82	0.52	−0.24
				十二、外汇占款			
				十三、投资性房地产			
资金来源总计	917.11	875.15	28.82	资金运用总计	917.11	875.15	28.82

(二) 外汇信贷收支统计

1. 国家开发银行上海市分行外汇信贷收支表

2010-12-31

单位:万美元

栏目 来源项目名称	本月余额	比年初增减数		栏目 运用项目名称	本月余额	比年初增减数	
		本 年	上 年			本 年	上 年
一、各项存款	4 209	−3 610	7 272	一、各项贷款	477 139	110 309	−6 775
1. 单位活期存款	4 208	3 314	375	(一) 境内贷款	377 121	110 238	−127 458
其中:中资企业存款	4 208	3 314	375	1. 境内短期贷款	213 218	84 843	−96 201
外商投资企业存款				其中:中资企业贷款	212 207	83 832	−96 201
2. 单位定期存款		−6 900	6 900	外商投资企业贷款	1 011	1 011	
其中:中资企业存款		−6 900	6 900	2. 境内中长期贷款	161 955	25 778	−31 085
外商投资企业存款				其中:中资企业贷款	159 255	26 078	−28 627
3. 储蓄存款				外商投资企业贷款	2 700	2 700	
其中:定期存款				3. 进出口贸易融资			
4. 其他类存款	0	−25	−4	4. 票据融资			
5. 境外存款				其中:贴现			
二、境内中长期筹资				5. 各项垫款			
三、卖出回购资产				6. 境外筹款转贷款	1 947	−384	−172
四、境外筹资				(二) 境外贷款	100 019	71	59 683
五、向中央银行借款				二、投资			
六、中央银行存款				1. 购买有价证券			
七、应付及暂收款	4	2	1	其中:购买境外有价证券			
其中:应付及预提利息	0	−1	0	2. 其他投资			
八、同业存放				其中:投资境外			
(1) 境内同业存放				三、应收及预付款	649	93	−3 031
(2) 境外同业存放				其中:应收及预付利息	649	94	−3 031
九、同业拆入				四、买入返售资产			
(1) 境内同业拆入				五、存放中央银行			
(2) 境外同业拆入				其中:缴存准备金			
十、委托基金存款(净)				六、存放同业			
十一、外汇买卖	18	−21	−1 210	(1) 存放境内同业			
其中:结售汇	18	−21	−1 210	(2) 存放境外同业			
十二、境内联行存放	468 907	113 004	−74 836	七、拆放同业			
十三、境外联行存放				(1) 拆放境内同业			
十四、各项准备				(2) 拆放境外同业			
其中:贷款损失准备				八、存放境内联行			
十五、所有者权益	4 664	1 022	−2 023	九、存放境外联行			
其中:实收资本				十、库存现金			
十六、其他	−12	5	−10				
资金来源总计	477 789	110 402	−70 806	资金运用总计	477 789	110 402	−70 806

2. 中国进出口银行上海分行外汇信贷收支表

2010-12-31 单位:万美元

栏目 来源项目名称	本月余额	比年初增减数		栏目 运用项目名称	本月余额	比年初增减数	
		本 年	上 年			本 年	上 年
一、各项存款	5 012	2 108	−6 044	一、各项贷款	252 340	68 032	21 592
1. 单位活期存款	4 875	2 089	−4 247	(一) 境内贷款	245 572	62 472	23 834
其中:中资企业存款				1. 境内短期贷款			−55 642
外商投资企业存款				其中:中资企业贷款			
2. 单位定期存款			−1 913	外商投资企业贷款			
其中:中资企业存款				2. 境内中长期贷款	181 910	94 535	66 868
外商投资企业存款				其中:中资企业贷款			
3. 储蓄存款				外商投资企业贷款			
其中:定期存款				3. 进出口贸易融资	63 662	−32 063	12 607
4. 其他类存款	137	20	116	4. 票据融资			
5. 境外存款				其中:贴现			
二、境内中长期筹资				5. 各项垫款			
三、卖出回购资产				6. 境外筹资转贷款			
四、境外筹资				(二) 境外贷款	6 768	5 560	−2 242
五、向中央银行借款				二、投资			
六、中央银行存款				1. 购买有价证券			
七、应付及暂收款	150	48	−39 717	其中:购买境外有价证券			
其中:应付及预提利息	150	48	−153	2. 其他投资			
八、同业存放				其中:投资境外			
(1) 境内同业存放				三、应收及预付款	225	−58	−39 786
(2) 境外同业存放				其中:应收及预付利息	225	−56	−221
九、同业拆入				四、买入返售资产			
(1) 境内同业拆入				五、存放中央银行			
(2) 境外同业拆入				其中:缴存准备金			
十、委托基金存款(净)				六、存放同业	34	19	−221
十一、外汇买卖				(1) 存放境内同业	34	19	−221
其中:结售汇				(2) 存放境外同业			
十二、境内联行存放	245 612	39 656	55 401	七、拆放同业			
十三、境外联行存放				(1) 拆放境内同业			
十四、各项准备				(2) 拆放境外同业			
其中:贷款损失准备				八、存放境内联行			
十五、所有者权益	1 075	−2 097	−19	九、存放境外联行			
其中:实收资本				十、库存现金			
十六、其他	750	28 277	−28 037				
资金来源总计	252 598	67 993	−18 415	资金运用总计	252 598	67 993	−18 415

3. 中国工商银行上海市分行外汇信贷收支表

2010-12-31　　　　单位:亿美元

栏目 来源项目名称	本月余额	比年初增减数		栏目 运用项目名称	本月余额	比年初增减数	
		本年	上年			本年	上年
一、各项存款	30.96	1.40	3.04	一、各项贷款	38.48	2.89	11.32
1. 单位活期存款	9.88	−0.44	0.77	（一）境内贷款	38.48	2.89	11.32
其中:中资企业存款	7.29	0.83	0.88	1. 境内短期贷款	5.62	1.71	0.71
外商投资企业存款	2.59	−1.24	−0.14	其中:中资企业贷款	5.61	1.72	0.71
2. 单位定期存款	2.73	0.67	0.56	外商投资企业贷款	0.01	0.00	
其中:中资企业存款	2.73	0.67	0.56	2. 境内中长期贷款	14.65	−2.30	0.96
外商投资企业存款				其中:中资企业贷款	5.36	−0.65	−0.20
3. 储蓄存款	16.20	0.49	1.70	外商投资企业贷款			
其中:定期存款	9.58	−0.78	0.96	3. 进出口贸易融资	18.15	3.48	9.65
4. 其他类存款	2.15	0.68	0.01	4. 票据融资	0.00	0.00	0.00
5. 境外存款				其中:贴现			
二、境内中长期筹资				5. 各项垫款	0.03		
三、卖出回购资产				6. 境外筹资转贷款	0.02	−0.01	0.00
四、境外筹资	0.02	−0.01	0.00	（二）境外贷款			
五、向中央银行借款				二、投资			
六、中央银行存款				1. 购买有价证券			
七、应付及暂收款	0.52	−0.02	−0.87	其中:购买境外有价证券			
其中:应付及预提利息	0.07	−0.04	−0.11	2. 其他投资			
八、同业存放	14.08	−3.48	−4.40	其中:投资境外			
(1) 境内同业存放	14.08	−3.48	−4.32	三、应收及预付款	0.07	0.07	0.00
(2) 境外同业存放			−0.08	其中:应收及预付利息	0.07	0.07	
九、同业拆入				四、买入返售资产			
(1) 境内同业拆入				五、存放中央银行			−0.35
(2) 境外同业拆入				其中:缴存准备金			
十、委托基金存款(净)				六、存放同业	0.48	0.27	−0.01
十一、外汇买卖	−0.53	0.58	−1.19	(1) 存放境内同业	0.03	−0.03	0.02
其中:结售汇	0.61	0.61		(2) 存放境外同业	0.45	0.30	−0.03
十二、境内联行存放				七、拆放同业			
十三、境外联行存放				(1) 拆放境内同业			
十四、各项准备	0.52	−0.05	0.38	(2) 拆放境外同业			
其中:贷款损失准备	0.52	−0.05	0.38	八、存放境内联行	8.00	−4.04	−15.26
十五、所有者权益	1.19	0.86	−0.48	九、存放境外联行	0.05	−0.07	0.02
其中:实收资本				十、库存现金	0.75	0.15	−0.01
十六、其他	1.07	0.00	0.75				
资金来源总计	47.83	−0.72	−4.29	资金运用总计	47.83	−0.72	−4.29

4. 中国农业银行上海市分行外汇信贷收支表

2010-12-31

单位:亿美元

来源项目名称	本月余额	比年初增减数 本年	比年初增减数 上年	运用项目名称	本月余额	比年初增减数 本年	比年初增减数 上年
一、各项存款	11.31	2.43	0.40	一、各项贷款	19.06	3.41	8.45
1. 单位活期存款	4.92	0.68	−0.41	(一) 境内贷款	19.06	3.41	8.45
其中:中资企业存款				1. 境内短期贷款	2.94	−0.51	1.82
外商投资企业存款				其中:中资企业贷款	0.30	−0.14	0.11
2. 单位定期存款	3.14	1.40	−0.12	外商投资企业贷款	2.36	0.33	1.03
其中:中资企业存款				2. 境内中长期贷款	5.42	0.48	1.78
外商投资企业存款				其中:中资企业贷款	2.00	1.00	1.00
3. 储蓄存款	2.08	0.04	0.21	外商投资企业贷款	2.28	−0.53	1.26
其中:定期存款	1.53	−0.05	0.29	3. 进出口贸易融资	10.59	3.44	4.80
4. 其他类存款	1.17	0.31	0.72	4. 票据融资			
5. 境外存款				其中:贴现			
二、境内中长期筹资				5. 各项垫款	0.11		0.05
三、卖出回购资产				6. 境外筹资转贷款			
四、境外筹资				(二) 境外贷款			
五、向中央银行借款				二、投资			
六、中央银行存款				1. 购买有价证券			
七、应付及暂收款	0.38	−13.90	−3.60	其中:购买境外有价证券			
其中:应付及预提利息	0.12	0.08	−0.02	2. 其他投资			
八、同业存放	9.71	3.81	−0.12	其中:投资境外			
(1) 境内同业存放	9.71	3.81	−0.12	三、应收及预付款	0.21	−12.02	−3.86
(2) 境外同业存放				其中:应收及预付利息	0.04	0.02	0.01
九、同业拆入		−1.03	−2.55	四、买入返售资产			
(1) 境内同业拆入		−1.03	−2.55	五、存放中央银行			−0.33
(2) 境外同业拆入				其中:缴存准备金			
十、委托基金存款(净)				六、存放同业	0.07	−0.54	0.29
十一、外汇买卖		−0.04	0.03	(1) 存放境内同业	0.07	−0.54	0.29
其中:结售汇		−0.04	0.03	(2) 存放境外同业			
十二、境内联行存放				七、拆放同业			
十三、境外联行存放				(1) 拆放境内同业			
十四、各项准备	0.16	0.06	−0.03	(2) 拆放境外同业			
其中:贷款损失准备				八、存放境内联行	3.35	0.01	−10.28
十五、所有者权益	−0.11	−0.39	0.07	九、存放境外联行			
其中:实收资本				十、库存现金	0.25	0.08	0.01
十六、其他	1.49		0.08				
资金来源总计	22.94	−9.06	−5.72	资金运用总计	22.94	−9.06	−5.72

5. 中国银行上海市分行外汇信贷收支表

2010-12-31　　单位:美元

报表项目名称	指　标　值	报表项目名称	指　标　值
一、各项存款合计	5 543 187 836.11	一、各项贷款合计	9 844 713 178.52
（一）企业存款	2 341 256 342.76	（一）短期贷款	1 783 138 489.60
1. 活期存款	2 091 775 890.12	1. 境内短期贷款	1 783 138 489.60
2. 定期存款	249 480 452.64	其中:个人消费贷款	0.00
（二）储蓄存款	3 019 047 514.85	2. 境外短期贷款	0.00
1. 活期储蓄存款	1 227 560 901.04	（二）中长期贷款	4 388 189 946.71
2. 定期储蓄存款	1 791 486 613.81	1. 境内中长期贷款	4 388 189 946.71
（三）其他类存款	160 974 525.56	其中:个人消费贷款	274 117.88
（四）境外存款	21 909 452.94	2. 境外中长期贷款	0.00
二、境内中长期筹资	0.00	（三）进出口贸易融资	3 478 927 704.30
三、卖出回购资产	0.00	（四）票据融资	3 402 198.35
四、境外筹资	0.00	（五）各类垫款	1 579 910.67
五、向中央银行借款	0.00	（六）境外筹资转贷款	189 474 928.89
六、中央银行存款	0.00	二、投资	44 152 088.92
七、应付及暂收款	158 460 161.90	1. 购买有价证券	0.00
其中:应付及预提利息	32 768 271.85	2. 其他投资	44 152 088.92
八、同业存放	2 301 439 772.66	三、应收及预付款	63 314 038.31
九、同业拆入	103 808 989.23	其中:应收及预付利息	62 373 880.44
十、外汇买卖	80 696 144.54	四、买入返售资产	0.00
其中:结售汇	77 007 834.36	五、存放中央银行	0.00
十一、境内联行往来	1 250 545 460.07	其中:缴存准备金	0.00
十二、境外联行往来	761 435 317.03	六、存放同业	508 987 867.83
十三、各项准备	167 079 333.24	七、拆放同业	148 482.95
其中:贷款损失准备	150 211 079.84	八、存放境外联行	26 341 229.98
十四、所有者权益	129 369 346.00	九、库存现金	75 824 048.39
其中:实收资本	0.00		
当年结益	129 369 346.00		
十五、委托存款及委托投资基金(净)	0.00		
十六、其他	67 458 574.12		
资金来源总计	10 563 480 934.90	资金运用总计	10 563 480 934.90

6. 中国建设银行上海市分行外汇信贷收支表

2010-12-31　　　　单位:亿美元

来源项目名称	本月余额	比年初增减数		运用项目名称	本月余额	比年初增减数	
		本　年	上　年			本　年	上　年
一、各项存款	22.21	2.78	3.31	一、各项贷款	27.31	3.95	6.71
1. 单位活期存款	8.48	−0.94	3.21	(一)境内贷款	27.31	3.95	6.71
其中:中资企业存款				1. 境内短期贷款	11.92	6.69	1.24
外商投资企业存款				其中:中资企业贷款			
2. 单位定期存款	4.84	1.88	0.89	外商投资企业贷款			
其中:中资企业存款				2. 境内中长期贷款	8.93	0.13	2.23
外商投资企业存款				其中:中资企业贷款			
3. 储蓄存款	5.15	−0.92	−0.11	外商投资企业贷款			
其中:定期存款	3.73	−0.81	0.12	3. 进出口贸易融资	3.65	−2.36	3.44
4. 其他类存款	3.72	2.73	−0.67	4. 票据融资	0.00	0.00	0.00
5. 境外存款	0.03	0.03		其中:贴现			
二、境内中长期筹资				5. 各项垫款		−0.01	−0.11
三、卖出回购资产				6. 境外筹资转贷款	2.82	−0.51	−0.09
四、境外筹资	2.86	−0.57	−0.03	(二)境外贷款			
五、向中央银行借款				二、投资		−0.14	
六、中央银行存款				1. 购买有价证券			
七、应付及暂收款	0.60	0.17	−0.03	其中:购买境外有价证券			
其中:应付及预提利息	0.04	0.01	−0.05	2. 其他投资		−0.14	
八、同业存放	11.49	8.39	−4.02	其中:投资境外			
(1) 境内同业存放	11.49	8.39	−4.02	三、应收及预付款	0.14	0.12	−0.06
(2) 境外同业存放	0.00	0.00		其中:应收及预付利息	0.11	0.09	−0.06
九、同业拆入				四、买入返售资产			
(1) 境内同业拆入				五、存放中央银行			
(2) 境外同业拆入				其中:缴存准备金			
十、委托基金存款(净)				六、存放同业	0.19	−0.01	−0.32
十一、外汇买卖	−0.04	0.00	0.00	(1) 存放境内同业	0.19	−0.01	−0.32
其中:结售汇	−0.04			(2) 存放境外同业			
十二、境内联行存放				七、拆放同业			
十三、境外联行存放				(1) 拆放境内同业			
十四、各项准备	0.00	0.00		(2) 拆放境外同业			
其中:贷款损失准备				八、存放境内联行	9.41	7.53	−7.93
十五、所有者权益	0.11	0.64	−0.81	九、存放境外联行			
其中:实收资本				十、库存现金	0.31	0.05	−0.05
十六、其他	0.14	0.08	−0.06				
资金来源总计	37.37	11.49	−1.64	资金运用总计	37.37	11.49	−1.64

7. 交通银行上海市分行外汇信贷收支表

2010-12-31

单位:万美元

负债科目	本期余额	比上年增减数		资产科目	本期余额	比上年增减数	
		本 年	上 年			本 年	上 年
一、各项存款	151 993.57	−137 184.95	166 148.11	一、各项贷款	105 938.04	−59 234.18	49 288.88
1. 单位活期存款	42 754.52	−2 859.78	9 837.73	(一) 境内贷款	105 938.04	105 938.04	
其中:中资企业存款	9 927.15	−4 818.18	10 186.65	1. 境内短期贷款	2 816.08	−19 983.80	14 324.42
外商投资企业存款	2 327.48	400.80	−281.42	其中:中资企业贷款	2 526.08	−20 153.80	20 240.88
2. 单位定期存款	15 533.95	−10 286.26	18 604.67	外商投资企业贷款	290.00	290.00	−6 036.46
其中:中资企业存款	12 681.27	−12 090.02	20 710.40	2. 境内中长期贷款	59 465.01	207.68	−13 788.73
外商投资企业存款	2 852.68	1 803.76	−2 105.74	其中:中资企业贷款	12 649.30	7 641.00	−7 021.49
3. 储蓄存款	68 880.44	3 896.11	3 349.62	外商投资企业贷款			
其中:定期存款	64 945.06	4 618.28	2 806.12	3. 进出口贸易融资	38 598.58	−39 005.64	55 757.92
4. 其他类存款	24 824.62	−127 934.97	134 368.35	4. 票据融资	11.05	−12.82	−3 975.42
5. 境外存款	0.04	−0.05	−12.26	其中:贴现			−3 979.96
二、境内中长期借款				5. 各项垫款			−2 780.48
三、卖出回购资产				6. 境外筹资转贷款	5 047.32	−439.60	−248.83
四、境外筹资				(二) 境外贷款			
五、向中央银行借款				二、投资	298.00		
六、中央银行存款				1. 购买有价证券			
七、应付及暂收款	112 398.03	15 237.77	−1 107.37	其中:购买境外有价证券			
其中:应付及预提利息	246.60	−150.19	−156.87	2. 其他投资	298.00		
八、同业存放	17 233.36	−12 860.93	−17 470.12	其中:投资境外			
(1) 境内同业存放	17 075.41	−12 878.21	−17 459.41	三、应收及预付款	107 051.12	6 411.16	5 304.08
(2) 境外同业存放	157.95	17.28	−10.71	其中:应收及预付利息	223.29	−81.84	305.13
九、同业拆入		四、买入返售资产					
(1) 境内同业拆入		五、存放中央银行			−5 085.24		
(2) 境外同业拆入				其中:缴存准备金			
十、委托基金存款(净)	1 325.08	489.38	358.41	六、存放同业	16 601.65	11 019.96	−3 437.64
十一、外汇买卖	6.49	7.18	−0.51	(1) 存放境内同业	16 601.65	11 019.96	−3 437.64
其中:结售汇	−0.76	−0.07	−0.51	(2) 存放境外同业			
十二、境内联行存放				七、拆放同业			
十三、境外联行存放				(1) 拆放境内同业			
十四、各项准备	1 733.37	3 263.99	−2 778.58	(2) 拆放境外同业			
其中:贷款损失准备	1 733.37	1 733.37	−2 778.58	八、存放境内联行	57 517.46	−94 105.20	99 633.93
十五、所有者权益	893.42	−436.36	−2 237.43	九、存放境外联行	2 797.05	2 184.30	−570.32
其中:实收资本				十、库存现金	2 350.90	794.50	−35.07
十六、其他	6 970.89	−1 445.55	2 186.11				
资金来源总计	292 554.21	−132 929.47	145 098.62	资金运用总计	292 554.22	−132 929.46	145 098.62

8. 上海浦东发展银行上海分行外汇信贷收支表

2010-12-31

单位:万美元

栏目 来源项目名称	本月余额	比年初增减数		栏目 运用项目名称	本月余额	比年初增减数	
		本　年	上　年			本　年	上　年
一、各项存款	150 271	57 284	2 868	一、各项贷款	65 891	11 857	19 938
1. 单位活期存款	96 163	36 148	10 944	(一) 境内贷款	65 891	11 857	19 938
其中:中资企业存款	57 887	40 026	2 245	1. 境内短期贷款	9 326	−8 812	12 041
外商投资企业存款	30 554	805	2 727	其中:中资企业贷款	7 326	−10 157	11 806
2. 单位定期存款	12 396	9 280	−10 637	外商投资企业贷款			
其中:中资企业存款				2. 境内中长期贷款	34 502	13 572	−5 655
外商投资企业存款				其中:中资企业贷款	12 310	12 310	
3. 储蓄存款	17 016	−483	2 489	外商投资企业贷款			
其中:定期存款	12 211	−902	1 516	3. 进出口贸易融资	22 061	7 099	13 558
4. 其他类存款	24 611	12 373	106	4. 票据融资	2	−2	−6
5. 境外存款	85	−34	−34	其中:贴现			
二、境内中长期筹资				5. 各项垫款			
三、卖出回购资产				6. 境外筹资转贷款			
四、境外筹资				(二) 境外贷款			
五、向中央银行借款				二、投资			
六、中央银行存款				1. 购买有价证券			
七、应付及暂收款	433	−17 724	11 081	其中:购买境外有价证券			
其中:应付及预提利息	235	101	−194	2. 其他投资			
八、同业存放	3 996	1 262	−2 925	其中:投资境外			
(1) 境内同业存放	3 996	1 262	−2 925	三、应收及预付款	447	−17 581	11 438
(2) 境外同业存放				其中:应收及预付利息	446	315	−166
九、同业拆入				四、买入返售资产			
(1) 境内同业拆入				五、存放中央银行			
(2) 境外同业拆入				其中:缴存准备金			
十、委托基金存款(净)				六、存放同业	5 717	−5 028	8 874
十一、外汇买卖	596	2	−4	(1) 存放境内同业	5 717	−5 028	8 874
其中:结售汇	4		5	(2) 存放境外同业			
十二、境内联行存放				七、拆放同业			
十三、境外联行存放				(1) 拆放境内同业			
十四、各项准备				(2) 拆放境外同业			
其中:贷款损失准备				八、存放境内联行	84 512	52 489	−29 521
十五、所有者权益	3 026	1 358	−536	九、存放境外联行			
其中:实收资本				十、库存现金	1 856	444	−243
十六、其他	101	−1	2				
资金来源总计	158 423	42 181	10 486	资金运用总计	158 423	42 181	10 486

9. 上海银行外汇信贷收支表

2010-12-31

单位:万美元

来源项目名称	本月余额	比年初增减数 本年	比年初增减数 上年	运用项目名称	本月余额	比年初增减数 本年	比年初增减数 上年
一、各项存款	50 718	−3 078	9 631	一、各项贷款	59 630	6 929	18 258
1. 单位活期存款	33 210	4 722	2 302	1. 短期贷款	42 549	5 497	19 295
其中:中资企业存款	8 588	−1 626	2 150	(1) 境内短期贷款	42 549	5 497	19 295
外商投资企业存款	23 512	6 908	759	其中:中资企业贷款	20 112	1 200	10 143
2. 单位定期存款	3 165	−5 456	6 211	外商投资企业贷款	21 475	3 682	9 068
其中:中资企业存款	796	−4 517	5 229	(2) 境外短期贷款	0	0	0
外商投资企业存款	2 244	−560	1 688	2. 中长期贷款	6 817	−1 810	375
3. 储蓄存款	6 648	−756	1 916	(1) 境内中长期贷款	6 505	−1 602	583
其中:定期存款	5 032	−774	1 421	其中:中资企业贷款	844	−623	367
4. 其他类存款	6 986	−2 047	−858	外商投资企业贷款	597	−902	833
5. 境外存款	709	459	60	(2) 境外中长期贷款	312	−208	−208
二、境内中长期筹资	0	0	0	3. 进出口贸易融资	9 171	7 762	−950
三、卖出回购资产	0	0	0	4. 票据融资	1 093	−3 875	−462
四、境外筹资	0	0	0	其中:贴现	1 093	−3 875	−462
五、向中央银行借款	0	0	0	5. 各项垫款	0	0	0
六、中央银行存款	0	0	0	6. 境外筹资转贷款	0	0	0
七、应付及暂收款	551	268	−190	二、投资	13 412	0	6 622
其中:应付及预提利息	87	−15	−92	1. 购买有价证券	13 412	0	6 654
八、同业存放	21 741	2 733	6 043	其中:购买境外有价证券	3 000	0	0
(1) 境内同业存放	21 741	2 733	6 043	2. 其他投资	0	0	−32
(2) 境外同业存放	0	0	0	其中:投资境外	0	0	−3 032
九、同业拆入	3 000	−3 000	6 000	三、应收及预付款	512	195	−806
(1) 境内同业拆入	0	0	0	其中:应收及预付利息	481	194	−794
(2) 境外同业拆入	3 000	−3 000	6 000	四、买入返售资产	0	0	0
十、委托基金存款(净)	0	0	0	五、存放中央银行	2 745	475	−258
十一、外汇买卖	−5 530	−14 486	4 963	其中:缴存准备金	2 478	262	1 125
其中:结售汇	−5 077	−14 630	4 874	六、存放同业	11 780	−1 139	6 111
十二、境内联行存放	0	0	0	(1) 存放境内同业	3 690	−309	2 416
十三、境外联行存放	0	0	0	(2) 拆放境外同业	8 090	−830	3 695
十四、各项准备	4 784	472	1 998	七、拆放同业	500	−450	−1 300
其中:贷款损失准备	4 784	472	1 998	(1) 拆放境内同业	0	0	0
十五、所有者权益	11 632	2 252	979	(2) 拆放境外同业	500	−450	−1 300
其中:实收资本	0	0	0	八、存放境内联行	0	0	0
当年结益	2 252	2 252	981	九、存放境外联行	0	0	0
十六、其他	3 263	21 345	−891	十、库存现金	1 580	496	−94
资金来源总计	90 159	6 506	28 533	资金运用总计	90 159	6 506	28 533

10. 上海农村商业银行外汇信贷收支表

2010-12-31 单位:亿美元

来源项目名称	本月余额	比年初增减数 本年	比年初增减数 上年	运用项目名称	本月余额	比年初增减数 本年	比年初增减数 上年
一、各项存款	0.62	0.39	0.06	一、各项贷款	0.41	0.38	−0.05
1. 单位活期存款	0.54	0.33	0.05	1. 短期贷款	0.23	0.20	−0.01
其中:中资企业存款	0.54	0.33	0.05	(1) 境内短期贷款	0.23	0.20	−0.01
外商投资企业存款				其中:中资企业贷款			
2. 单位定期存款				外商投资企业贷款			
其中:中资企业存款				(2) 境外短期贷款			
外商投资企业存款				2. 中长期贷款			
3. 储蓄存款	0.04	0.02	0.01	(1) 境内中长期贷款			
其中:定期存款				其中:中资企业贷款			
4. 信托存款				外商投资贷款			
5. 委托存款				(2) 境外中长期贷款			
6. 其他类存款	0.04	0.04	0.00	3. 进出口贸易融资	0.18	0.18	−0.04
7. 境外存款				4. 票据融资			
二、境外筹资				其中:贴现			
三、同业存放				5. 融资租赁			
其中:境外同业存放				6. 信托贷款			
四、应付及暂收款	0.12	0.06	−0.02	7. 委托贷款			
其中:应付及预提利息				8. 各项垫款			
五、同业拆入				9. 境外筹资转贷款			
其中:境外同业拆入				二、有价证券及投资			
六、外汇买卖	0.10	−0.04	0.06	三、应收及预付款	0.01	0.00	
其中:结售汇				其中:应收及预付利息			
七、境内联行存放				四、存放同业	0.72	0.16	0.19
八、证券业务款项				其中:存放境外同业	0.46	0.28	0.06
九、各项准备				五、拆放同业	0.13	0.13	
其中:贷款损失准备				其中:拆放境外同业			
十、所有者权益	0.01	0.01	0.01	六、存放境外联行			
其中:实收资本				七、证券业务占款			
当年结益				八、库存现金	0.05	0.03	0.01
十一、其他	0.60	0.41		九、存放央行	0.14	0.12	−0.04
资金来源总计	1.45	0.83	0.11	资金运用总计	1.45	0.83	0.11

11. 中信银行上海分行外汇信贷收支表

2010-12-31　　　　单位:万美元

栏目 来源项目名称	本月余额	比年初增减数		栏目 运用项目名称	本月余额	比年初增减数	
		本 年	上 年			本 年	上 年
一、各项存款	153 720	86 678	8 003	一、各项贷款	41 012	7 696	5 272
1. 单位活期存款	10 936	−1 202	−2 309	(一) 境内贷款	41 012	7 696	5 272
其中:中资企业存款	3 492	−426	−723	1. 境内短期贷款	25 782	4 860	−877
外商投资企业存款	6 328	2 961	−4 752	其中:中资企业贷款	16 355	6 078	7 255
2. 单位定期存款	46 340	19 891	9 555	外商投资企业贷款	62	−350	−1 739
其中:中资企业存款	33 940	8 261	9 535	2. 境内中长期贷款	8 000	−2 511	6 447
外商投资企业存款	400	−70	−276	其中:中资企业贷款	7 000	−3 000	7 000
3. 个人存款	27 193	4 802	−603	外商投资企业贷款			
其中:储蓄存款	27 193	4 802	−603	3. 进出口贸易融资	6 860	5 502	299
定期存款	22 981	5 420	−1 412	4. 票据融资		−0	−15
4. 其他类存款	67 087	61 089	1 347	其中:贴现			−11
5. 境外存款	2 165	2 098	13	5. 各项垫款	370	−155	−582
二、境内中长期筹资				6. 境外筹资转贷款			
三、卖出回购资产				(二) 境外贷款			
四、境外筹资				二、投资			
五、向中央银行借款				1. 购买有价证券			
六、中央银行存款				其中:购买境外有价证券			
七、应付及暂收款	784	469	−87	2. 其他投资			
其中:应付及预提利息	737	440	−22	其中:投资境外			
八、同业存放	41 732	28 963	3 460	三、应收及预付款	512	382	−192
(1) 境内同业存放	41 732	28 963	3 460	其中:应收及预付利息	510	380	−183
(2) 境外同业存放				四、买入返售资产			
九、同业拆入				五、存放中央银行			−2 952
(1) 境内同业拆入				其中:缴存准备金			
(2) 境外同业拆入				六、存放同业	108 372	89 231	15 862
十、委托基金存款(净)	20 389	10 308	9 589	(1) 存放境内同业	105 200	88 658	14 021
十一、外汇买卖	−43	−385	116	(2) 存放境外同业	3 171	573	1 841
其中:结售汇	−108	−392	327	七、拆放同业	3 000		3 000
十二、境内联行存放				(1) 拆放境内同业	3 000		3 000
十三、境外联行存放				(2) 拆放境外同业			
十四、各项准备	969	53	−342	八、存放境内联行	68 480	29 410	−384
其中:贷款损失准备	969	53	−342	九、存放境外联行			
十五、所有者权益	441	588	−437	十、库存现金	870	−34	−100
其中:实收资本							
十六、其他	4 255	10	205				
资金来源总计	222 246	126 685	20 507	资金运用总计	222 246	126 685	20 507

12. 中国光大银行上海分行外汇信贷收支表

2010-12-31 单位:万美元

来源项目名称	本月余额	比年初增减数 本年	比年初增减数 上年	运用项目名称	本月余额	比年初增减数 本年	比年初增减数 上年
一、各项存款	56 563	18 764	−4 951	一、各项贷款	17 443	−7 917	8 585
1. 单位活期存款	9 990	1 267	−8 736	(一) 境内贷款	17 443	−7 917	8 585
其中:中资企业存款	7 091	888	−3 970	1. 境内短期贷款	856	−1 885	2 195
外商投资企业存款				其中:中资企业贷款	856	−1 885	2 195
2. 单位定期存款	26 653	18 168	6 656	外商投资企业贷款			
其中:中资企业存款	17 256	8 960	8 211	2. 境内中长期贷款	10 931	533	−180
外商投资企业存款				其中:中资企业贷款	10 828	513	−180
3. 储蓄存款	17 240	869	−5 786	外商投资企业贷款			
其中:定期存款	13 746	836	−7 465	3. 进出口贸易融资	5 656	−6 565	6 896
4. 其他类存款	2 680	−1 540	2 915	4. 票据融资			−326
5. 境外存款				其中:贴现			
二、境内中长期筹资				5. 各项垫款			
三、卖出回购资产				6. 境外筹资转贷款			
四、境外筹资				(二) 境外贷款			
五、向中央银行借款				二、投资			
六、中央银行存款				1. 购买有价证券			
七、应付及暂收款	826	721	−539	其中:购买境外有价证券			
其中:应付及预提利息	826	721	−538	2. 其他投资			
八、同业存放	41 630	13 890	−1 690	其中:投资境外			
(1) 境内同业存放	41 630	13 890	−1 690	三、应收及预付款	45	−19	−112
(2) 境外同业存放				其中:应收及预付利息	45	−19	−112
九、同业拆入	5 152	5 066	86	四、买入返售资产			
(1) 境内同业拆入				五、存放中央银行			−1 041
(2) 境外同业拆入	5 152	5 066	86	其中:缴存准备金			
十、委托基金存款(净)	9 130	−39 313	48 424	六、存放同业	5 027	3 501	−9 158
十一、外汇买卖	80		80	(1) 存放境内同业	2 676	1 320	−9 038
其中:结售汇	80		80	(2) 存放境外同业	2 351	2 181	−120
十二、境内联行存放				七、拆放同业			
十三、境外联行存放				(1) 拆放境内同业			
十四、各项准备	335	−83	270	(2) 拆放境外同业			
其中:贷款损失准备	335	−83	270	八、存放境内联行	93 769	6 069	42 481
十五、所有者权益	−1 255	−1 217	−797	九、存放境外联行			
其中:实收资本				十、库存现金	696	−34	135
十六、其他	4 519	3 692	87				
资金来源总计	116 980	1 600	40 890	资金运用总计	116 980	1 600	40 890

13. 华夏银行上海分行外汇信贷收支表

2010-12-31 单位:万美元

来源项目名称	本月余额	比年初增减数		运用项目名称	本月余额	比年初增减数	
		本年	上年			本年	上年
一、各项存款	68 368.22	32 321.22	24 847.22	一、各项贷款	25 776.25	19 096.25	23 611.25
1. 单位活期存款	2 583.89	328.89	1 415.89	1. 短期贷款	17 552.74	13 642.74	17 243.74
其中:中资企业存款	356.67	223.67	−1.33	(1) 境内短期贷款	17 552.74	13 642.74	17 243.74
外商投资企业存款	1 120.05	−796.95	780.05	其中:中资企业贷款	0.00	0.00	0.00
2. 单位定期存款	64 113.14	32 701.14	23 730.14	外商投资企业贷款	100.00	−30.00	−132.00
其中:中资企业存款	63 606.88	32 198.88	23 227.88	(2) 境外短期贷款	0.00	0.00	0.00
外商投资企业存款	506.04	502.04	502.04	2. 中长期贷款	1 560.54	−146.46	52.54
3. 储蓄存款	794.01	−686.99	−237.99	(1) 境内中长期贷款	1 560.54	−146.46	52.54
其中:定期存款	396.53	−897.47	−540.47	其中:中资企业贷款	0.00	0.00	0.00
4. 其他类存款	877.19	−21.81	−60.81	外商投资企业贷款	0.00	0.00	0.00
5. 境外存款	0.00	0.00	0.00	(2) 境外中长期贷款	0.00	0.00	0.00
二、境内中长期筹资	0.00	0.00	0.00	3. 进出口贸易融资	6 014.62	5 797.62	5 709.62
三、卖出回购资产	0.00	0.00	0.00	4. 票据融资	0.00	0.00	−43.00
四、境外筹资	0.00	0.00	0.00	其中:贴现	0.00	0.00	0.00
五、向中央银行借款	0.00	0.00	0.00	5. 各项垫款	648.36	−197.64	648.36
六、中央银行存款	0.00	0.00	0.00	6. 境外筹资转贷款	0.00	0.00	0.00
七、应付及暂收款	274.70	13.70	−32.30	二、投资	0.00	0.00	0.00
其中:应付及预提利息	274.67	13.67	−32.33	1. 购买有价证券	0.00	0.00	0.00
八、同业存放	344.64	32.64	33.64	其中:购买境外有价证券	0.00	0.00	0.00
(1) 境内同业存放	344.64	32.64	33.64	2. 其他投资	0.00	0.00	0.00
(2) 境外同业存放	0.00	0.00	0.00	其中:投资境外	0.00	0.00	0.00
九、同业拆入	0.00	0.00	0.00	三、应收及预付款	423.82	414.82	366.82
(1) 境内同业拆入	0.00	0.00	0.00	其中:应收及预付利息	37.91	28.91	−19.09
(2) 境外同业拆入	0.00	0.00	0.00	四、买入返售资产	0.00	0.00	0.00
十、委托基金存款(净)	0.00	0.00	0.00	五、存放中央银行	0.00	0.00	−34.00
十一、外汇买卖	27.04	10.04	18.04	其中:缴存准备金	0.00	0.00	0.00
其中:结售汇	0.00	59 607.00	0.00	六、存放同业	33.82	−95.18	−85.18
十二、境内联行存放	0.00	0.00	0.00	(1) 存放境内同业	33.82	−95.18	−85.18
十三、境外联行存放	0.00	0.00	0.00	(2) 存放境外同业	0.00	0.00	0.00
十四、各项准备	577.46	347.46	553.46	七、拆放同业	0.00	0.00	−15.00
其中:贷款损失准备	575.46	347.46	553.46	(1) 拆放境内同业	0.00	0.00	0.00
十五、所有者权益	−468.20	−176.20	−847.20	(2) 拆放境外同业	0.00	0.00	0.00
其中:实收资本	0.00	0.00	0.00	八、存放境内联行	0.00	0.00	0.00
当年结益	−468.20	−468.20	−468.20	九、存放境外联行	0.00	0.00	0.00
十六、其他	−42 747.62	−13 105.62	−702.62	十、库存现金	142.35	27.35	26.35
资金来源总计	26 376.24	19 443.24	23 870.24	资金运用总计	26 376.24	19 443.24	23 870.24

14. 中国民生银行上海分行外汇信贷收支表

2010-12-31 单位:万美元

来源项目名称	本月余额	比年初增减数 本年	比年初增减数 上年	运用项目名称	本月余额	比年初增减数 本年	比年初增减数 上年
一、各项存款	44 580.00	1 863.00	9 424.00	一、各项贷款			
1. 单位活期存款	13 734.00	−8 948.00	9 687.00	1. 短期贷款			
其中:中资企业存款	2 352.00	−222.00	−414.00	(1) 境内短期贷款			
外商投资企业存款	8 140.00	−4 475.00	5 294.00	其中:中资企业贷款			
2. 单位定期存款	16 604.00	10 046.00	1 771.00	外商投资企业贷款			
其中:中资企业存款	16 604.00	10 046.00	1 771.00	(2) 境外短期贷款			
外商投资企业存款				2. 中长期贷款			
3. 储蓄存款	10 963.00	−1 632.00	2 265.00	(1) 境内中长期贷款			
其中:定期存款	8 518.00	−1 430.00	1 970.00	其中:中资企业贷款			
4. 其他类存款	3 278.00	2 397.00	−4 299.00	外商投资企业贷款			
5. 境外存款				(2) 境外中长期贷款			
二、境内中长期筹资				3. 进出口贸易融资			
三、卖出回购资产				4. 票据融资			
四、境外筹资				其中:贴现			
五、向中央银行借款				5. 各项垫款			
六、中央银行存款				6. 境外筹资转贷款			
七、应付及暂收款	123.00	−3.00	−41.00	二、投资			
其中:应付及预提利息	122.00	20.00	−55.00	1. 购买有价证券			
八、同业存放	885.00	−64.00	−1 022.00	其中:购买境外有价证券			
(1) 境内同业存放	885.00	−64.00	−1 022.00	2. 其他投资			
(2) 境外同业存放				其中:投资境外			
九、同业拆入				三、应收及预付款	63.00	−1.00	−7.00
(1) 境内同业拆入				其中:应收及预付利息	63.00	−2.00	−6.00
(2) 境外同业拆入				四、买入返售资产			
十、委托基金存款(净)				五、存放中央银行			
十一、外汇买卖				其中:缴存准备金			
其中:结售汇				六、存放同业	930.00	−32 441.00	32 122.00
十二、境内联行存放				(1) 存放境内同业	930.00	−32 441.00	32 122.00
十三、境外联行存放				(2) 存放境外同业			
十四、各项准备				七、拆放同业			
其中:贷款损失准备				(1) 拆放境内同业			
十五、所有者权益	523.00	219.00	372.00	(2) 拆放境外同业			
其中:实收资本				八、存放境内联行	44 268.00	34 339.00	−22 477.00
十六、其他	16.00	62.00	−166.00	九、存放境外联行			
				十、库存现金	865.00	180.00	−45.00
资金来源总计	46 126.00	2 077.00	8 566.00	资金运用总计	46 126.00	2 077.00	8 566.00

15. 招商银行上海分行外汇信贷收支表

2010-12-31 单位:万美元

来源项目名称	本期余额	比年初增减数 本年	比年初增减数 上年	运用项目名称	本期余额	比年初增减数 本年	比年初增减数 上年
一、各项存款	109 483	−57 913	81 418	一、各项贷款	50 555	−42 180	65 142
1. 单位活期存款	48 483	3 250	12 275	(一) 境内贷款	50 555	−42 180	65 142
其中:中资企业存款	16 361	7 192	2 364	1. 境内短期贷款	741	−8 186	3 827
外商投资企业存款	22 115	−3 662	9 853	其中:中资企业贷款	566	−2 737	−1 558
2. 单位定期存款	3 190	−2 793	−255	外商投资企业贷款	175	−5 449	5 445
其中:中资企业存款	570	134	−573	2. 境内中长期贷款	20 883	−3 703	15 486
外商投资企业存款	1 253	−2 760	318	其中:中资企业贷款	14 258	−2 983	13 308
3. 储蓄存款	44 708	−1 464	10 191	外商投资企业贷款	875	0	0
其中:定期存款	18 285	−2 102	4 392	3. 进出口贸易融资	28 632	−30 285	45 856
4. 其他类存款	13 102	−56 906	59 207	4. 票据融资	156	−6	−27
5. 境外存款	0	0	0	其中:贴现	0	0	0
二、境内中长期筹资	0	0	0	5. 各项垫款	143	0	0
三、卖出回购资产	0	0	0	6. 境外筹资转贷款	0	0	0
四、境外筹资	0	0	0	二、投资	0	0	0
五、向中央银行借款	0	0	0	1. 购买有价证券	0	0	0
六、中央银行存款	0	0	0	其中:购买境外有价证券	0	0	0
七、应付及暂收款	229	−102	−234	2. 其他投资	0	0	0
其中:应付及预提利息	154	14	−259	其中:投资境外	0	0	0
八、同业存放	10 841	−38 004	33 266	三、应收及预付款	76	−347	178
(1) 境内同业存放	10 841	−38 004	33 266	其中:应收及预付利息	76	−346	179
(2) 境外同业存放	0	0	0	四、买入返售资产	0	0	0
九、同业拆入	0	−1 584	1 584	五、存放中央银行	0	0	−775
(1) 境内同业拆入	0	−1 082	1 082	其中:缴存准备金	0	0	0
(2) 境外同业拆入	0	−502	502	六、存放同业	4 208	−2 421	3 642
十、委托基金存款(净)	0	0	0	(1) 存放境内同业	4 208	−2 421	3 642
十一、外汇买卖	1	1	1	(2) 存放境外同业	0	0	0
其中:结售汇	0	0	0	七、拆放同业	0	0	0
十二、境内联行存放	0	0	0	(1) 拆放境内同业	0	0	0
十三、境外联行存放	0	0	0	(2) 拆放境外同业	0	0	0
十四、各项准备	1 684	−779	1 538	八、存放境内联行	69 270	−50 432	45 822
其中:贷款损失准备	1 684	−779	1 538	九、存放境外联行	0	0	0
十五、所有者权益	3 302	3 336	−3 041	十、库存现金	1 037	174	−62
其中:实收资本	0	0	0				
十六、其他	−394	−161	−585				
资金来源总计	125 146	−95 206	113 947	资金运用总计	125 146	−95 206	113 947

16. 兴业银行上海分行外汇信贷收支表

2010-12-31　　　　单位:万美元

栏目 来源项目名称	本月余额	比年初增减数		栏目 运用项目名称	本月余额	比年初增减数	
		本　年	上　年			本　年	上　年
一、各项存款	11 132	−4 435	1 316	一、各项贷款	6 891	3 929	407
1. 单位活期存款	2 971	−108	−3 320	(一) 境内贷款	6 891	3 929	407
其中:中资企业存款	1 054	213	−88	1. 境内短期贷款	2 020	1 195	562
外商投资企业存款	1 901	−313	−3 237	其中:中资企业贷款	649	615	
2. 单位定期存款	919	−1 295	1 557	外商投资企业贷款	1 371	580	562
其中:中资企业存款	701	701	−35	2. 境内中长期贷款	1 615	0	−639
外商投资企业存款	217	−1 996	1 592	其中:中资企业贷款			−518
3. 储蓄存款	4 078	−2 428	906	外商投资企业贷款			
其中:定期存款	2 181	−2 465	747	3. 进出口贸易融资	3 256	2 734	483
4. 其他类存款	2 865	−513	1 783	4. 票据融资			
5. 境外存款	300	−91	391	其中:贴现			
二、境内中长期筹资				5. 各项垫款			
三、卖出回购资产				6. 境外筹资转贷款			
四、境外筹资				(二) 境外贷款			
五、向中央银行借款				二、投资			
六、中央银行存款				1. 购买有价证券			
七、应付及暂收款	37	−11	−746	其中:购买境外有价证券			
其中:应付及预提利息	27	−14	−1	2. 其他投资			
八、同业存放	2 941	−3 023	−4 230	其中:投资境外			
(1) 境内同业存放	2 941	−3 023	−4 230	三、应收及预付款	72	70	−2
(2) 境外同业存放				其中:应收及预付利息	72	70	−2
九、同业拆入				四、买入返售资产			
(1) 境内同业拆入				五、存放中央银行			−2 849
(2) 境外同业拆入				其中:缴存准备金			−10
十、委托基金存款(净)				六、存放同业	1 139	592	−136
十一、外汇买卖				(1) 存放境内同业	1 139	592	−136
其中:结售汇				(2) 存放境外同业			
十二、境内联行存放				七、拆放同业			−1 000
十三、境外联行存放				(1) 拆放境内同业			−1 000
十四、各项准备	442	82	−65	(2) 拆放境外同业			
其中:贷款损失准备	441	82	−65	八、存放境内联行	6 022	−12 391	−103
十五、所有者权益	67	−320	−222	九、存放境外联行			
其中:实收资本				十、库存现金	495	93	−263
十六、其他			0				
资金来源总计	14 618	−7 706	−3 947	资金运用总计	14 618	−7 706	−3 947

17. 广东发展银行上海分行外汇信贷收支表

2010-12-31　　　　单位：万美元

栏目 来源项目名称	本月余额	比年初增减数		栏目 运用项目名称	本月余额	比年初增减数	
		本　年	上　年			本　年	上　年
一、各项存款	9 207	−3 337	3 716	一、各项贷款	16 899	8 487	4 764
1. 单位活期存款	7 000	2 752	2 047	（一）境内贷款	16 899	8 487	4 764
其中：中资企业存款	167	−41	106	1. 境内短期贷款			
外商投资企业存款	5 158	2 733	958	其中：中资企业贷款			
2. 单位定期存款	859	−4 892	1 126	外商投资企业贷款			
其中：中资企业存款		−4 131	1 126	2. 境内中长期贷款			
外商投资企业存款		854	−761	其中：中资企业贷款			
3. 储蓄存款	805	−300	−403	外商投资企业贷款			
其中：定期存款	723	−299	−379	3. 进出口贸易融资	16 899	8 517	4 764
4. 其他类存款	543	−897	946	4. 票据融资			
5. 境外存款				其中：贴现			
二、境内中长期筹资				5. 各项垫款		−30	
三、卖出回购资产				6. 境外筹资转贷款			
四、境外筹资				（二）境外贷款			
五、向中央银行借款				二、投资			
六、中央银行存款				1. 购买有价证券			
七、应付及暂收款	2 949	2 894	−1 542	其中：购买境外有价证券			
其中：应付及预提利息	64	10	−15	2. 其他投资			
八、同业存放	10 635	10 595	−30	其中：投资境外			
（1）境内同业存放	10 635	10 595	−30	三、应收及预付款	159	158	1
（2）境外同业存放				其中：应收及预付利息	159	158	1
九、同业拆入				四、买入返售资产			
（1）境内同业拆入				五、存放中央银行			−364
（2）境外同业拆入				其中：缴存准备金			−364
十、委托基金存款(净)				六、存放同业	203	−398	276
十一、外汇买卖		7	105	（1）存放境内同业	203	−398	276
其中：结售汇		7	105	（2）存放境外同业			
十二、境内联行存放				七、拆放同业			
十三、境外联行存放				（1）拆放境内同业			
十四、各项准备			−27	（2）拆放境外同业			
其中：贷款损失准备			−27	八、存放境内联行	5 422	1 846	−2 428
十五、所有者权益	132	8	−22	九、存放境外联行			
其中：实收资本				十、库存现金	240	47	−22
十六、其他							
资金来源总计	22 923	10 140	2 227	资金运用总计	22 923	10 140	2 227

18. 深圳发展银行上海分行外汇信贷收支表

2010-12-31

单位:万美元

来源项目名称	本月余额	比年初增减数 本年	比年初增减数 上年	运用项目名称	本月余额	比年初增减数 本年	比年初增减数 上年
一、各项存款	27 348	18 933	−4 754	一、各项贷款	18 050	4 101	6 399
1. 单位活期存款	22 638	19 225	−337	(一) 境内贷款	18 050	4 101	6 399
其中:中资企业存款	4 986	3 923	−130	1. 境内短期贷款	8 918	3 529	−1 603
外商投资企业存款	17 652	15 302	−207	其中:中资企业贷款	6 169	1 136	−638
2. 单位定期存款	1 692	−1 709	−854	外商投资企业贷款	2 749	2 393	−356
其中:中资企业存款	1 692	−1 709	−854	2. 境内中长期贷款	8 000		8 000
外商投资企业存款				其中:中资企业贷款	8 000		8 000
3. 储蓄存款	1 458	167	−684	外商投资企业贷款			
其中:定期存款	1 077	128	−666	3. 进出口贸易融资	1 132	572	2
4. 其他类存款	1 560	1 250	−2 879	4. 票据融资			
5. 境外存款				其中:贴现			
二、境内中长期筹资				5. 各项垫款			
三、卖出回购资产				6. 境外筹资转贷款			
四、境外筹资				(二) 境外贷款			
五、向中央银行借款				二、投资			
六、中央银行存款				1. 购买有价证券			
七、应付及暂收款	122	−288	285	其中:购买境外有价证券			
其中:应付及预提利息	35	−358	320	2. 其他投资			
八、同业存放	12 573	11 685	−4 148	其中:投资境外			
(1) 境内同业存放	12 573	11 685	−4 148	三、应收及预付款	124	−573	516
(2) 境外同业存放				其中:应收及预付利息	124	−573	554
九、同业拆入		−20 000	20 000	四、买入返售资产			
(1) 境内同业拆入		−20 000	20 000	五、存放中央银行			−290
(2) 境外同业拆入				其中:缴存准备金			−290
十、委托基金存款(净)				六、存放同业	3 531	−29 704	28 150
十一、外汇买卖				(1) 存放境内同业	3 531	−29 704	28 150
其中:结售汇				(2) 存放境外同业			
十二、境内联行存放		−17 387	17 387	七、拆放同业			
十三、境外联行存放				(1) 拆放境内同业			
十四、各项准备				(2) 拆放境外同业			
其中:贷款损失准备				八、存放境内联行	19 049	19 049	−5 640
十五、所有者权益	359	−26	355	九、存放境外联行			
其中:实收资本				十、库存现金	154	20	20
十六、其他	506	−24	30				
资金来源总计	40 908	−7 107	29 155	资金运用总计	40 908	−7 107	29 155

19. 宁波银行上海分行外汇信贷收支表

2010-12-31 单位:万美元

来源项目名称	本月余额	比年初增减数		运用项目名称	本月余额	比年初增减数	
		本 年	上 年			本 年	上 年
一、各项存款	21 673	19 616	−17 072	一、各项贷款	6 038	538	5 470
1. 单位活期存款	19 131	17 579	−16 201	(一)境内贷款	6 038	538	5 470
其中:中资企业存款	11 144	10 260	−15 359	1. 境内短期贷款	6 038	538	5 470
外商投资企业存款	7 987	7 319	−842	其中:中资企业贷款	1 003	703	270
2. 单位定期存款	1 100	1 100	−1 204	外商投资企业贷款	5 035	−165	5 200
其中:中资企业存款			−4	2. 境内中长期贷款			
外商投资企业存款	1 100	1 100	−1 200	其中:中资企业贷款			
3. 储蓄存款	1 004	499	333	外商投资企业贷款			
其中:定期存款	802	324	328	3. 进出口贸易融资			
4. 其他类存款	37	37		4. 票据融资			
5. 境外存款	401	401		其中:贴现			
二、境内中长期筹资				5. 各项垫款			
三、卖出回购资产				6. 境外筹资转贷款			
四、境外筹资				(二)境外贷款			
五、向中央银行借款				二、投资			
六、中央银行存款				1. 购买有价证券			
七、应付及暂收款	4	−1	5	其中:购买境外有价证券			
其中:应付及预提利息	4	4		2. 其他投资			
八、同业存放				其中:投资境外			
(1) 境内同业存放				三、应收及预付款			
(2) 境外同业存放				其中:应收及预付利息			
九、同业拆入				四、买入返售资产			
(1) 境内同业拆入				五、存放中央银行			
(2) 境外同业拆入				其中:缴存准备金			
十、委托基金存款(净)				六、存放同业	610	−858	957
十一、外汇买卖				(1) 存放境内同业	610	−858	957
其中:结售汇				(2) 存放境外同业			
十二、境内联行存放		−4 843	4 843	七、拆放同业			
十三、境外联行存放				(1) 拆放境内同业			
十四、各项准备				(2) 拆放境外同业			
其中:贷款损失准备				八、存放境内联行	15 066	15 066	−18 636
十五、所有者权益	90	4	22	九、存放境外联行			
其中:实收资本				十、库存现金	53	35	2
十六、其他		5	−5				
资金来源总计	21 767	14 781	−12 207	资金运用总计	21 767	14 781	−12 207

20. 北京银行上海分行外汇信贷收支表

2010-12-31

单位:万美元

栏目 来源项目名称	本月余额	比年初增减数		栏目 运用项目名称	本月余额	比年初增减数	
		本年	上年			本年	上年
一、各项存款	54 584	38 656	12 463	一、各项贷款	28 960	10 829	13 515
1. 单位活期存款	2 207	851	696	(一) 境内贷款	28 960	10 829	13 515
其中:中资企业存款	2 084	728	738	1. 境内短期贷款	19 521	1 995	15 360
外商投资企业存款	123	123	−42	其中:中资企业贷款	19 521	4 895	12 460
2. 单位定期存款	1 680	−11 920	11 400	外商投资企业贷款		−2 900	2 900
其中:中资企业存款	1 680	−11 920	13 600	2. 境内中长期贷款			
外商投资企业存款				其中:中资企业贷款			
3. 储蓄存款	686	233	391	外商投资企业贷款			
其中:定期存款	573	191	330	3. 进出口贸易融资	9 439	8 834	−1 845
4. 其他类存款	50 011	49 492	−24	4. 票据融资			
5. 境外存款				其中:贴现			
二、境内中长期筹资				5. 各项垫款			
三、卖出回购资产				6. 境外筹资转贷款			
四、境外筹资				(二) 境外贷款			
五、向中央银行借款				二、投资			
六、中央银行存款				1. 购买有价证券			
七、应付及暂收款	45	26	−27	其中:购买境外有价证券			
其中:应付及预提利息	10	−9	−27	2. 其他投资			
八、同业存放			505	其中:投资境外			
(1) 境内同业存放			505	三、应收及预付款	36	17	13
(2) 境外同业存放				其中:应收及预付利息	17	13	
九、同业拆入				四、买入返售资产	36		
(1) 境内同业拆入				五、存放中央银行			−194
(2) 境外同业拆入				其中:缴存准备金			−194
十、委托基金存款(净)				六、存放同业	1 516	594	368
十一、外汇买卖		17	35	(1) 存放境内同业	1 516	594	368
其中:结售汇		17	35	(2) 存放境外同业			
十二、境内联行存放		−2 455	612	七、拆放同业			
十三、境外联行存放				(1) 拆放境内同业			
十四、各项准备	342	131	124	(2) 拆放境外同业			
其中:贷款损失准备	342	131	124	八、存放境内联行	24 909	24 909	
十五、所有者权益				九、存放境外联行			
其中:实收资本				十、库存现金	50	26	10
十六、其他	500						
资金来源总计	55 471	36 375	13 712	资金运用总计	55 471	36 375	13 712

21. 江苏银行上海分行外汇信贷收支表

2010-12-31 单位:万美元

来源项目名称	本月余额	比年初增减数 本年	比年初增减数 上年	运用项目名称	本月余额	比年初增减数 本年	比年初增减数 上年
一、各项存款	1 711	785	926	一、各项贷款	7 624	4 611	3 013
1. 单位活期存款	644	105	539	(一) 境内贷款	7 624	4 611	3 013
其中:中资企业存款	590	51	539	1. 境内短期贷款	4 736	1 753	2 983
外商投资企业存款	47	47		其中:中资企业贷款	4 076	3 076	1 000
2. 单位定期存款	502	502		外商投资企业贷款	660	−1 323	1 983
其中:中资企业存款	502	502		2. 境内中长期贷款			
外商投资企业存款				其中:中资企业贷款			
3. 储蓄存款	19	18	1	外商投资企业贷款			
其中:定期存款	1	1		3. 进出口贸易融资	2 888	2 858	30
4. 其他类存款	546	160	386	4. 票据融资			
5. 境外存款				其中:贴现			
二、境内中长期筹资				5. 各项垫款			
三、卖出回购资产				6. 境外筹资转贷款			
四、境外筹贷				(二) 境外贷款			
五、向中央银行借款				二、投资			
六、中央银行存款				1. 购买有价证券			
七、应付及暂收款	191	−105	296	其中:购买境外有价证券			
其中:应付及预提利息	1	1		2. 其他投资			
八、同业存放				其中:投资境外			
(1) 境内同业存放				三、应收及预付款	128	128	
(2) 境外同业存放				其中:应收及预付利息	128	128	
九、同业拆入				四、买入返售货产			
(1) 境内同业拆入				五、存放中央银行			
(2) 境外同业拆入				其中:缴存准备金			
十、委托基金存款(净)				六、存放同业	70	64	6
十一、外汇买卖				(1) 存放境内同业	70	64	6
其中:结售汇				(2) 存放境外同业			
十二、境内联行存放	5 953	4 154	1 797	七、拆放同业			
十三、境外联行存放				(1) 拆放境内同业			
十四、各项准备				(2) 拆放境外同业			
其中:贷款损失准备				八、存放境内联行			
十五、所有者权益	−20	−20	2	九、存放境外联行			
其中:实收资本				十、库存现金	13	11	2
十六、其他							
资金来源总计	7 835	4 814	3 021	资金运用总计	7 835	4 814	3 021

22. 南京银行上海分行外汇信贷收支表

2010-12-31

单位:万美元

来源项目名称 \ 栏目	本月余额	比年初增减数		运用项目名称 \ 栏目	本月余额	比年初增减数	
		本 年	上 年			本 年	上 年
一、各项存款	1 491	−987	1 785	一、各项贷款	4 034	−1 288	5 095
1. 单位活期存款	539	−1 875	1 721	（一）境内贷款	4 034	−1 288	5 095
其中:中资企业存款	216	164	−641	1. 境内短期贷款	3 840	−837	4 677
外商投资企业存款	165	−2 124	2 289	其中:中资企业贷款		−4 677	4 677
2. 单位定期存款	840	840		外商投资企业贷款	3 840	3 840	
其中:中资企业存款	840	840		2. 境内中长期贷款			
外商投资企业存款				其中:中资企业贷款			
3. 储蓄存款	39	−9	48	外商投资企业贷款			
其中:定期存款	17	−19	36	3. 进出口贸易融资	194	−451	418
4. 其他类存款	63	47	16	4. 票据融资			
5. 境外存款	10	10		其中:贴现			
二、境内中长期筹资				5. 各项垫款			
三、卖出回购资产				6. 境外筹资转贷款			
四、境外筹资				（二）境外贷款			
五、向中央银行借款				二、投资			
六、中央银行存款				1. 购买有价证券			
七、应付及暂收款	28	28		其中:购买境外有价证券			
其中:应付及预提利息	2	2		2. 其他投资			
八、同业存放				其中:投资境外			
(1) 境内同业存放				三、应收及预付款	4	3	1
(2) 境外同业存放				其中:应收及预付利息	4	3	1
九、同业拆入				四、买入返售资产			
(1) 境内同业拆入				五、存放中央银行			−10
(2) 境外同业拆入				其中:缴存准备金			
十、委托基金存款(净)				六、存放同业	229	200	−14
十一、外汇买卖				(1) 存放境内同业	229	200	−14
其中:结售汇				(2) 存放境外同业			
十二、境内联行存放	2 632	−244	2 876	七、拆放同业			
十三、境外联行存放				(1) 拆放境内同业			
十四、各项准备				(2) 拆放境外同业			
其中:贷款损失准备				八、存放境内联行			−423
十五、所有者权益	116	106	10	九、存放境外联行			
其中:实收资本				十、库存现金	10	−12	22
十六、其他	10						
资金来源总计	4 277	−1 097	4 671	资金运用总计	4 277	−1 097	4 671

23. 平安银行上海分行外汇信贷收支表

2010-12-31 单位:万美元

栏目 来源项目名称	本月余额	比上月增减数	比年初增减数	栏目 运用项目名称	本月余额	比上月增减数	比年初增减数
一、各项存款	5 591.73	1 042.83	5 078.88	一、各项贷款	2 298.81	−275.3	−1 067.47
1. 单位活期存款	2 398.97	1 264.66	2 169.04	(一) 境内贷款	2 298.81	−275.3	−1 067.47
其中:中资企业存款	192.92	−650.31	−37.01	1. 境内短期贷款	300.00	0	−870
外商投资企业存款	2 206.05	1 914.97	2 206.05	其中:中资企业贷款	0.00	0	−347
2. 单位定期存款	117.84	−200	117.84	外商投资企业贷款	300.00	0	300
其中:中资企业存款	0.00	0	0	2. 境内中长期贷款	1 344.83	−25.16	−307.4
外商投资企业存款	17.84	0	17.84	其中:中资企业贷款	0.00	0	0
3. 储蓄存款	193.13	−22.25	−75.5	外商投资企业贷款	0.00	0	0
其中:定期存款	109.18	6.55	−67.14	3. 进出口贸易融资	653.98	−250.14	109.93
4. 其他类存款	2 881.79	0.42	2 867.5	4. 票据融资	0.00	0	0
5. 境外存款	0.00	0	0	其中:贴现	0.00	0	0
二、境内中长期借款	0.00	0	0	5. 各项垫款	0.00	0	0
三、卖出回购资产	0.00	0	0	6. 境外筹资转贷款	0.00	0	0
四、境外筹资	0.00	0	0	(二) 境外贷款	0.00	0	0
五、向中央银行借款	0.00	0	0	二、投资	0.00	0	0
六、中央银行存款	0.00	0	0	1. 购买有价证券	0.00	0	0
七、应付及暂收款	2.49	−1.9	−18.12	其中:购买境外有价证券	0.00	0	0
其中:应付及预提利息	1.01	−1.59	−19.6	2. 其他投资	0.00	0	0
八、同业存放	4 168.10	−11.2	−3 827.57	其中:投资境外	0.00	0	0
(1) 境内同业存放	4 168.10	−11.2	−3 827.57	三、应收及预付款	5.18	−2.96	−17.54
(2) 境外同业存放	0.00	0	0	其中:应收及预付利息	5.18	−2.96	−17.54
九、同业拆入	0.00	0	0	四、买入返售资产	0.00	0	0
(1) 境内同业拆入	0.00	0	0	五、存放中央银行	0.00	0	0
(2) 境外同业拆入	0.00	0	0	其中:缴存准备金	0.00	0	0
十、委托基金存款(净)	0.00	0	0	六、存放同业	2 244.49	1 971.62	1 589.61
十一、外汇买卖	−0.09	−0.09	−0.09	(1) 存放境内同业	2 244.49	1 971.62	1 589.61
其中:结售汇	−0.09	−0.09	−0.09	(2) 存放境外同业	0.00	0	0
十二、境内联行存放	0.00	0	0	七、拆放同业	0.00	0	0
十三、境外联行存放	0.00	0	0	(1) 拆放境内同业	0.00	0	0
十四、各项准备	8.67	0	7.24	(2) 拆放境外同业	0.00	0	0
其中:贷款损失准备	8.67	0	7.24	八、存放境内联行	5 285.70	−638.21	836.32
十五、所有者权益	118.09	31.61	118.09	九、存放境外联行	0.00	0	0
其中:实收资本	0.00	0	0	十、库存现金	55.09	6.06	17.75
十六、其他	0.28	−0.04	0.24				
资金来源总计	9 889.27	1 061.21	1 358.67	资金运用总计	9 889.27	1 061.21	1 358.67

(三) 资产负债项目统计

1. 国家开发银行上海市分行资产负债表

2010-12-31　　单位:元(人民币汇总)

项　　目	行次	年初数	年末数	项　　目	行次	年初数	年末数
资产：				负债：			
现金及银行存款	1	10 933 580.51	8 966 241.22	向中央银行借款	28	0.00	0.00
存放中央银行款项	2	502 458 298.60	2 197 333 457.62	联行存放款项	29	132 162 096 168.44	159 716 287 146.64
贵金属	3	0.00	0.00	同业及其他金融机构存放款项	30	4 045 837.39	195 128 267.70
存放联行款项	4	2 132 704 455.51	7 513 328 445.10	拆入资金	31	0.00	0.00
存放同业款项	5	15 879 820.24	2 225 455 314.16	交易性金融负债	32	0.00	0.00
拆出资金	6	0.00	0.00	衍生金融负债	33	0.00	0.00
交易性金融资产	7	0.00	0.00	卖出回购金融资产款	34	0.00	0.00
衍生金融资产	8	0.00	0.00	吸收存款	35	13 696 470 422.19	14 418 299 563.72
买入返售金融资产	9	0.00	0.00	应付职工薪酬	36	−41 575.84	0.00
应收款项类金融资产	10	0.00	0.00	应交税费	37	100 885 951.93	117 730 007.69
应收利息	11	231 116 417.71	277 059 437.77	应付利息	38	21 070 950.48	32 753 002.59
其他应收款	12	9 432 066.82	9 947 874.85	其他应付款	39	8 298 243.99	9 474 449.22
发放贷款和垫款	13	143 597 084 217.93	163 184 256 003.35	预计负债	40	0.00	0.00
可供出售金融资产	14	0.00	0.00	应付债券	41	0.00	0.00
持有至到期投资	15	1 800 000 000.00	1 800 000 000.00	递延所得税负债	42	0.00	0.00
长期股权投资	16	0.00	0.00	其他负债	43	200 000 000.00	200 005 518.31
投资性房地产	17	0.00	0.00	负债合计	44	146 192 825 998.58	174 689 677 955.87
固定资产	18	13 324 118.02	12 967 690.35	所有者权益(或股东权益)：			
在建工程	19	0.00	0.00	实收资本(或股本)	45	0.00	0.00
固定资产清理	20	0.00	0.00	其中:国有资本	46	0.00	0.00
无形资产	21	38 859.04	29 888.56	外商资本	47	0.00	0.00
商誉	22	0.00	0.00	资本公积	48	0.00	0.00
长期待摊费用	23	13 913 191.79	11 130 553.43	减:库存股	49	0.00	0.00
抵债资产	24	0.00	0.00	盈余公积	50	0.00	0.00
递延所得税资产	25	0.00	0.00	一般风险准备	51	0.00	0.00
其他资产	26	575 220.00	349 728.88	未分配利润	52	2 134 634 247.59	2 551 146 679.42
				外币报表折算差额	53	0.00	0.00
				归属于母公司所有者权益合计	54	2 134 634 247.59	2 551 146 679.42
				少数股东权益	55	0.00	0.00
				所有者权益(或股东权益)合计	56	2 134 634 247.59	2 551 146 679.42
资产总计	27	148 327 460 246.17	177 240 824 635.29	负债和所有者权益(或股东权益)总计	57	148 327 460 246.17	177 240 824 635.29

2. 中国进出口银行上海分行资产负债表

2010-12-31

单位：人民币元（本外币合计）

项 目	行次	年初数	年末数	项 目	行次	年初数	年末数
资产：				负债：			
现金及银行存款	1	2 178 797.65	4 221 217.04	向中央银行借款	28		
存放中央银行款项	2	133 682 421.78	84 731 372.36	联行存放款项	29	38 912 017 169.71	47 360 704 241.15
贵金属	3			同业及其他金融机构存放款项	30	800 000 019.96	0.02
存放联行款项	4			拆入资金	31		
存放同业款项	5	1 366 047.55	2 635 741.57	交易性金融负债	32		
拆出资金	6			衍生金融负债	33	1 713 359.25	
交易性金融资产	7			卖出回购金融资产款	34		
衍生金融资产	8	3 806 687.35		吸收存款	35	2 729 756 303.99	3 175 595 333.79
买入返售金融资产	9			应付职工薪酬	36		
应收款项类金融资产	10	1 935 426 354.14		应交税费	37	21 344 423.25	25 806 297.38
应收利息	11	55 188 815.13	69 376 251.13	应付利息	38	79 777 189.51	381 093 099.57
其他应收款	12	5 000 209.12	4 783 871.94	其他应付款	39	6 240 689.82	6 732 076.57
发放贷款和垫款	13	41 301 965 892.40	51 545 186 669.77	预计负债	40		
可供出售金融资产	14			应付债券	41		
持有至到期投资	15			递延所得税负债	42		
长期股权投资	16			其他负债	43	234 613 052.71	223 197 889.14
投资性房地产	17			负债合计	44	42 785 462 208.20	51 173 128 937.62
固定资产	18	78 159 561.06	75 478 468.44	所有者权益（或股东权益）：			
在建工程	19			实收资本（或股本）	45		
固定资产清理	20			国家资本	46		
无形资产	21	87 555.56	54 722.24	集体资本	47		
商誉	22			法人资本	48		
长期待摊费用	23			其中：国有法人资本	49		
抵债资产	24		5 721 807.06	个人资本	50		
递延所得税资产	25			外商资本	51		
其他资产	26	156 493.34	203 721.60	资本公积	52		
				减：库存股	53		
				盈余公积	54		
				一般风险准备	55		
				未分配利润	56	731 556 626.88	619 264 905.53
				外币报表折算差额	57		
				归属于母公司所有者权益合计	58	731 556 626.88	619 264 905.53
				少数股东权益	59		
				所有者权益（或股东权益）合计	60	731 556 626.88	619 264 905.53
资产总计	27	43 517 018 835.08	51 792 393 843.15	负债和所有者权益（或股东权益）总计	61	43 517 018 835.08	51 792 393 843.15

3. 中国农业发展银行上海市分行资产负债表

2010-12-31

单位:人民币元(本外币合计)

资　　产	行次	期初数	期末数	负债及所有者权益	行次	期初数	期末数
流动资产:	1			流动负债:	56		
现金及银行存款	2	1 974 613.03	2 300 977.40	短期存款	57	3 386 830 873.65	3 929 370 295.18
贵金属	3			短期储蓄存款	58		
存放中央银行款项	4	148 871 129.72	199 324 184.64	向中央银行借款	59		
存放联行款项	5			联行存放款项	60	34 868 289 838.94	43 568 412 365.39
存放同业款项	6	3 057 741 508.20	52 434 585.79	票据融资	61		
拆放同业	7			同业存放款项	62		
贴现	8	22 875 933 345.74	33 620 196 776.38	同业拆入	63		
短期贷款	9	8 669 741 764.09	8 412 958 282.26	卖出回购证券款项	64		
贸易融资	10			汇出汇款	65		
应收利息	11	18 488 105.91	6 368 590.69	应解汇款	66		
应收股利	12			存入短期保证金	67	26 906 728.18	22 754 179.01
其他应收款	13	931 439.23	383 286.08	应付利息	68		
减:坏账准备	14			应付职工工资	69	4 446 153.55	7 888 619.68
短期投资	15			应交税金及附加	71	12 354 496.23	9 862 223.38
减:短期投资跌价准备	16			应付股利(利润)	72		
买入返售资产	17			其他应付款	73	2 226 044.75	2 488 920.66
待摊费用	18			预提费用	74		
一年内到期的长期投资	19			发行短期债券	75		
其他流动资产	20			预计负债	76		
流动资产合计	22	34 773 681 905.92	42 293 966 683.24	一年内到期长期负债	77		
长期资产:	23			递延收益	78		
中长期贷款	24	3 766 150 000.00	5 572 297 300.00	其他流动负债	79		
非应计贷款(逾期贷款)	25	77 021 523.00	75 864 794.00	流动负债合计	80	38 301 054 135.30	47 540 776 603.30
减:贷款损失准备	26			长期负债:	81		
*减:呆账准备	27			长期存款	82		
长期投资:	28			长期储蓄存款	83		

（续表）

资　　产	行次	期初数	期末数	负债及所有者权益	行次	期初数	期末数
长期股权投资	29			存入长期保证金	84		
长期债权投资	30			长期借款	85		
减:长期投资减值准备	31			发行长期债券	86		
合并价差	21			长期应付款	87		
长期投资合计	32			其他长期负债	88	189 123 548.92	189 123 548.92
减:不良资产处置损失专项准备	33			长期负债合计	89	189 123 548.92	189 123 548.92
固定资产原价	34	249 744 570.91	266 430 332.63	递延税项:	90		
减:累计折旧	35	86 938 843.47	94 484 812.87	递延税款贷项	91		
固定资产净值	36	162 805 727.44	171 945 519.76	负债合计	92	38 490 177 684.22	47 729 900 152.22
减:固定资产减值准备	37			少数股东权益	93		
固定资产净额	38	162 805 727.44	171 945 519.76	所有者权益(或股东)权益:	94		
固定资产清理	39			实收资本	95		
在建工程	40	16 072 663.85		国家资本	96		
减:在建工程减值准备	41			集体资本	97		
长期资产合计	42	4 022 049 914.29	5 820 107 613.76	法人资本	98		
无形资产及其他资产:	43			其中:国有法人资本	99		
无形资产	44	79 971.34	57 854.09	个人资本	100		
减:无形资产减值准备	45			外商资本	101		
长期待摊费用	46			资本公积	102		
抵债资产	47			盈余公积	103		
					104		
减:抵债资产减值准备	48			一般准备	105		
其他长期资产	49			本年利润	106		
无形资产及其他资产合计	50	79 971.34	57 854.09	未分配利润	107	305 634 107.33	384 231 998.87
递延税项:	51			外币报表折算差额	108		
递延税款借项	52			所有者权益(或股东)权益合计	109	305 634 107.33	384 231 998.87
资产总计	55	38 795 811 791.55	48 114 132 151.09	负债和所有者(或股东)权益合计	110	38 795 811 791.55	48 114 132 151.09

4. 中国工商银行上海市分行资产负债表

2010-12-31

单位：人民币元（本外币合计）

资　　产	行次	期初数	期末数	负债及所有者权益	行次	期初数	期末数
各项资产：				各项负债：			
现金及存放中央银行款项	1	25 823 782 230.93	33 652 848 787.42	向中央银行借款	29		
存放同业款项	2	3 153 742 191.94	341 040 663.47	同业及其他金融机构存放款项	30	234 917 499 367.00	127 458 924 165.38
贵金属	3	344 618 031.99	994 601 831.89	拆入资金	31	2 618 896 000.00	5 616 503 200.00
拆出资金	4	5 870 000 000.00	5 229 000 000.00	联行存放	32		
存放联行	5	505 022 821 914.85	478 099 967 604.77	以公允价值计量且其变动计入当期损益的金融负债	33	4 543 172.20	5 194 145.20
以公允价值计量且其变动计入当期损益的金融资产	6			衍生金融负债	34		27 928 836.23
衍生金融资产	7		37 015 268.08	卖出回购金融资产款	35	3 180 000 000.00	1 206 200 000.00
买入返售金融资产	8	3 180 000 000.00	1 291 050 000.00	吸收存款	36	741 790 674 011.87	873 248 358 125.40
应收利息	9	1 246 328 399.77	2 117 184 490.55	应付职工薪酬	37	655 561 249.53	854 651 663.15
其他应收款	10	1 098 903 474.59	1 400 727 364.68	应交税费	38	3 935 654 813.34	4 554 399 878.90
其他流动资产	11	10 179 441.69	8 530 857.80	应付利息	39	5 412 136 086.36	6 069 663 431.79
发放贷款和垫款	12	365 552 329 356.15	407 803 791 499.28	其他应付款	40	4 703 741 117.24	5 369 795 998.75
可供出售金融资产	13	68 052 377 656.59	38 266 223 256.10	其他流动负债	41	40 470 442.98	49 899 998.05
持有至到期投资	14	21 665 326 400.29	61 402 696 144.44	长期借款	42	19 464 559.68	15 393 616.19
应收款项类资产	15			应付债券及存款证	43	319 699.76	319 699.76
长期应收款	16	6 947 590.23	3 094 948.93	长期应付款	44	29 568 535.04	35 984 639.38
长期股权投资	17			预计负债	45		121 203 400.00
投资性房地产	18			递延所得税负债	46		
固定资产	19	5 259 282 954.20	5 314 375 621.25	其他非流动负债	47		
在建工程	20	511 404 597.39	991 480 256.59	负债总计	48	997 308 529 055.00	1 024 634 420 798.18
固定资产清理	21			所有者权益：			
无形资产	22	938 948 316.75	916 489 275.67	股本	49		
开发支出	23			资本公积	50	—204 521 225.18	—605 460 514.47
商誉	24			减：库存股	51		
长期待摊费用	25	394 069 749.25	237 512 922.95	盈余公积	52		
递延所得税资产	26	—262 148 205.37	—315 382 553.38	一般准备	53		
其他非流动资产	27	70 234 685.10	259 898 146.96	未分配利润	54	10 835 140 956.52	14 023 186 103.74
				外币报表折算差额	55		
				归属于母公司所有者权益合计	56	10 630 619 731.34	13 417 725 589.27
				少数股东权益	57		
				所有者权益合计	58	10 630 619 731.34	13 417 725 589.27
资产总计	28	1 007 939 148 786.34	1 038 052 146 387.45	负债及所有者权益总计	59	1 007 939 148 786.34	1 038 052 146 387.45

5. 中国农业银行上海市分行资产负债表

2010-12-31

单位:人民币元(本外币合计)

	期初金额	期末金额		期初金额	期末金额
资 产			负 债		
现金及存放中央银行款项	39 428 658 488.64	67 131 778 678.58	向中央银行借款		
存放同业款项净额	417 905 634.61	5 078 702 361.89	同业及其他金融机构存放款项	60 565 035 508.38	49 617 942 459.33
存放同业款项总额	417 905 634.61	5 078 702 361.89	联行存放款项	7 213 741 648.04	1 423 144 137.20
减:存放同业减值准备			拆入资金	2 074 677 656.54	0.00
贵金属	170 520.00	170 520.00	以公允价值计量且其变动计入当期损益的金融负债	0.00	1 200 000 000.00
存放联行款项	221 332 378 366.48	244 441 992 092.43	衍生金融负债	0.00	216 040 868.21
拆出资金净额	3 190 000 000.00	4 905 000 000.00	卖出回购金融资产款		
拆出资金总额	3 190 000 000.00	4 905 000 000.00	客户存款	411 816 815 115.93	522 676 583 982.96
减:拆出资金减值准备			其中:公司活期存款	147 171 320 924.82	183 772 843 028.48
以公允价值计量且其变动计入当期损益的金融资产	0.00	1 200 000 000.00	公司定期存款	36 693 448 624.25	54 260 518 887.16
衍生金融资产	0.00	175 892 540.78	个人活期存款	66 116 325 821.65	81 101 952 519.30
买入返售金融资产净额	1 392 500 000.00	0.00	个人定期存款	126 711 293 072.00	149 611 002 643.85
买入返售金融资产总额	1 392 500 000.00	0.00	保证金存款	3 227 506 918.82	7 500 791 729.52
减:买入返售金融资产减值准备			其他存款	31 896 919 754.39	46 429 475 174.65
应收利息	380 595 127.22	488 603 653.07	应付职工薪酬	771 411 303.21	1 331 059 484.99
发放贷款及垫款净额	216 717 152 151.58	256 046 035 347.15	应交税费	199 693 835.16	218 539 974.73
发放贷款及垫款总额	222 472 303 233.85	262 391 834 440.38	应付利息	4 011 157 660.73	4 756 857 647.98
其中:公司贷款	179 401 223 131.25	206 146 908 126.92	预计负债	20 297 651.11	0.00
个人贷款	36 043 892 009.66	46 669 566 767.35	应付债券及发行存款证		
贴现	7 027 188 092.94	9 575 359 546.11	递延所得税负债		
减:发放贷款及垫款减值准备	(5 755 151 082.27)	(6 345 799 093.23)	其他负债	5 870 096 240.65	4 064 503 714.57
其中:公司贷款减值准备	(5 542 671 105.46)	(6 110 371 461.25)	其中:应付财政部款项款项		
个人贷款减值准备	(212 479 976.81)	(235 427 631.98)	应付待结算及清算款项	1 564 981 119.68	883 984 335.68
贴现减值准备			久悬未取款项	187 790 540.77	187 628 744.35
应收款项类投资净额	1 337 282 809.14	985 345 471.06	递延收益	0.00	81 262 307.75
应收款项类投资总额	1 337 282 809.14	985 345 471.06	应付投资款项		
减:应收款项类减值准备			转贷资金		
长期股权投资净额	1 775 332.00	0.00	其他负债	4 117 324 580.20	2 911 628 326.79
长期股权投资总额	1 775 332.00	0.00	负债合计	492 542 926 619.75	585 504 672 269.97
减:长期股权投资减值准备					
固定资产净值	11 383 673 528.09	11 583 760 054.45	所有者权益		
固定资产原值	12 373 520 726.28	13 065 165 359.44	实收资本		
减:累计折旧	(989 847 198.19)	(1 481 405 304.99)	资本公积		
减:固定资产减值准备			盈余公积		
无形资产净值	534 119 092.12	518 511 475.09	一般风险准备		
无形资产原值	604 639 728.14	607 282 726.57	未分配利润/(累计亏损)	4 259 068 418.16	7 387 923 287.48
减:累计摊销	(70 520 636.02)	(88 771 251.48)	外币报表折算差额		
减:无形资产减值准备			归属于母公司所有者权益合计	4 259 068 418.16	7 387 923 287.48
其他资产	685 783 988.03	336 803 362.95	少数股东权益		
其中:应收及暂付款	80 657 166.08	82 766 801.27	所有者权益合计	4 259 068 418.16	7 387 923 287.48
抵债资产					
长期待摊费用	80 922 064.13	71 328 301.86			
待处理资产	0.00	71 414.00			
其他资产	524 204 757.82	182 636 845.82			
资产总计	496 801 995 037.91	592 892 595 557.45	负债及所有者权益总计	496 801 995 037.91	592 892 595 557.45

6. 中国银行上海市分行资产负债表

2010-12-31　　单位:万元

	项　目	A	B	C
		人民币	外币折人民币	本外币合计
1	Ⅰ. 资产			
2	1. 现金	110 416. 24	50 215. 99	160 632. 23
3	2. 贵金属	9 627. 87	0. 00	9 627. 87
4	3. 存放中央银行款项	777 265. 70	0. 00	777 265. 70
5	4. 存放同业款项	1 023 572. 77	337 087. 40	1 360 660. 16
6	4. 1　境内同业	1 023 572. 77	333 717. 62	1 357 290. 39
7	4. 2　境外同业	0. 00	3 369. 77	3 369. 77
8	70. 存放系统内款项	15 671 058. 76	0. 00	14 319 582. 11
9	71. 拨付营运资金	0. 00	0. 00	0. 00
10	5. 应收利息	288 736. 87	36 395. 46	325 132. 33
11	6. 贷款	18 093 622. 01	4 212 569. 24	22 306 191. 26
12	7. 贸易融资	489 255. 45	2 303 989. 45	2 793 244. 90
13	8. 贴现及买断式转贴现	497 730. 35	2 253. 17	499 983. 52
14	9. 其他贷款			
15	10. 拆放同业	836 513. 68	40 078. 82	876 592. 50
16	11. 其他应收款	98 736. 05	622. 64	99 358. 69
17	12. 投资	275 029. 43	29 240. 60	304 270. 03
18	12. 1　债券	275 029. 43	0. 00	275 029. 43
19	12. 2　股票	0. 00	0. 00	0. 00
20	12. 3　其他	0. 00	29 240. 60	29 240. 60
21	12. 3. 1　其中:长期股权投资	0. 00	29 240. 60	29 240. 60
22	13. 买入返售资产	0. 00	0. 00	0. 00
23	13. 1　境内外金融机构	0. 00	0. 00	0. 00
24	13. 2　境内外非金融机构	0. 00	0. 00	0. 00
25	14. 长期待摊费用	6 819. 28	0. 00	6 819. 28
26	15. 固定资产原价	412 995. 29	0. 00	412 995. 29
27	16. 减:累计折旧	147 658. 65	0. 00	147 658. 65
28	17. 固定资产净值	265 336. 64	0. 00	265 336. 64
29	18. 固定资产清理	1 004. 35	0. 00	1 004. 35
30	19. 在建工程	2 579. 96	0. 00	2 579. 96
31	20. 无形资产	40 926. 85	0. 00	40 926. 85
32	21. 抵债资产	25 322. 29	17 333. 34	42 655. 63
33	22. 递延所得税资产	0. 00	0. 00	0. 00
34	23. 其他资产	191 075. 74	1 361. 83	138 994. 94
35	23. 1　投资性房地产	0. 00	0. 00	0. 00
36	23. 2　衍生金融资产	68 863. 87	285. 54	69 149. 42
37	23. 3　商誉	0. 00	0. 00	0. 00
38	24. 减:各项资产减值损失准备	275 825. 58	110 651. 63	386 477. 21
39	25. 资产总计	38 428 804. 68	6 920 496. 32	43 944 381. 72
40	Ⅱ. 负债及所有者权益			
41	26. 单位存款	16 283 869. 54	1 650 415. 82	17 934 285. 36

（续表）

	项　　目	A	B	C
		人民币	外币折人民币	本外币合计
42	27. 储蓄存款	13 845 804. 26	1 999 424. 60	15 845 228. 86
43	28. 向中央银行借款	0. 00	0. 00	0. 00
44	29. 同业存放款项	5 317 687. 76	1 524 174. 62	6 841 862. 38
45	29. 1　境内同业	5 062 972. 00	956 704. 85	6 019 676. 85
46	29. 2　境外同业	254 715. 76	567 469. 77	822 185. 53
47	72. 系统内存放款项	0. 00	1 351 476. 65	0. 00
48	30. 同业拆入	0. 00	68 749. 58	68 749. 58
49	31. 卖出回购款项	0. 00	0. 00	0. 00
50	31. 1　境内外金融机构	0. 00	0. 00	0. 00
51	31. 2　境内外非金融机构	0. 00	0. 00	0. 00
52	32. 汇出汇款	1 503. 59	13 510. 82	15 014. 41
53	33. 应解汇款	1 797. 84	48 813. 81	50 611. 65
54	34. 存入保证金	1 292 713. 94	21 246. 49	1 313 960. 42
55	35. 其他存款			
56	36. 应付利息	269 049. 92	16 192. 98	285 242. 90
57	37. 应交税费	71 216. 90	2 201. 43	73 418. 33
58	38. 应付职工薪酬	80 085. 16	0. 00	80 085. 16
59	40. 应付股利	0. 00	0. 00	0. 00
60	41. 其他应付款	151 987. 14	81 040. 54	233 027. 68
61	43. 递延收益	8 354. 43	595. 57	8 950. 00
62	44. 预计负债	7. 14	0. 00	7. 14
63	46. 应付债券	0. 00	0. 00	0. 00
64	47. 其他负债	60 992. 90	56 975. 98	64 526. 24
65	47. 1　衍生金融负债	60 123. 97	0. 00	60 123. 97
66	48. 递延所得税负债	0. 00	0. 00	0. 00
67	49. 负债合计	37 385 070. 49	6 834 818. 88	42 814 970. 09
68	50. 少数股东权益			
69	51. 所有者权益			
70	52. 实收资本	501 749. 35	0. 00	501 749. 35
71	53. 资本公积	0. 00	0. 00	0. 00
72	53. 1　其中:重估储备	0. 00	0. 00	0. 00
73	54. 盈余公积	0. 00	0. 00	0. 00
74	55. 一般风险准备	0. 00	0. 00	0. 00
75	56. 信托赔偿准备	0. 00	0. 00	0. 00
76	57. 未分配利润	541 984. 84	85 677. 44	627 662. 28
77	57. 1　其中:本年利润	541 984. 84	85 677. 44	627 662. 28
78	58. 外币报表折算差额	0. 00	0. 00	0. 00
79	59. 所有者权益合计	1 043 734. 19	85 677. 44	1 129 411. 63
80	60. 负债及所有者权益总计	38 428 804. 68	6 920 496. 32	43 944 381. 72
81	附注项目			
82	61. 各项存款	31 623 332. 28	3 671 087. 01	35 294 419. 29
83	62. 各项贷款	19 081 486. 75	6 519 858. 20	25 601 344. 95

7. 中国建设银行上海市分行资产负债表

2010-12-31　　单位：人民币亿元（本外币合计）

资　　产	行次	期末余额	年初余额	负债和股东权益	行次	期末余额	年初余额
资产：	1			负债：	27		
现金及存放中央银行款项	2	27.59	20.44	向中央银行借款	28		
存放同业款项	3	1.85	2.60	同业及其他金融机构存放款项	29	987.25	1 504.45
贵金属	4	0.46	0.519 729 408	拆入资金	30		
拆出资金	5	3.32	6.80	交易性金融负债	31	−0.01	0.074 203 58
交易性金融资产	6			衍生金融负债	32	2.02	0.34
衍生金融资产	7	2.72	0.74	卖出回购金融资产款	33		
买入返售金融资产	8	56.71	1.00	吸收存款	34	5 691.42	5 096.01
发放贷款和垫款	9	3 015.85	2 704.04	应付利息	35	51.83	42.37
应收利息	10	6.79	5.34	应付职工薪酬	36	5.73	5.54
可供出售金融资产	11	0		应交税费	37	3.49	2.86
应收款项投资	12			预计负债	38	2.29	2.31
持有至到期投资	13	8.35	10.54	应付债券	39	0.00	0.00
长期股权投资	14		0.45	递延所得税负债	40		
资产支持证券	15			其他负债	41	15.36	14.74
投资性房地产	16			负债合计	42	6 759.39	6 668.70
固定资产	17	33.08	33.47	股东权益：	43		
在建工程	18	5.12	3.73	股本	44		
无形资产	19	13.95	14.34	资本公积	45		
商誉	20			减：库存股	46		
递延所得税资产	21			盈余公积	47		
其他资产	22	3 598.95	3 871.78	一般风险准备	48		
资产总计	23	6 774.74	6 675.78	未分配利润	49	15.36	7.08
	24			外币报表折算差额	50		
	25			股东权益合计	51	15.36	7.08
	26			负债和股东权益总计	52	6 774.74	6 675.78

8. 交通银行上海市分行资产负债表

2010-12-31

单位:人民币元(本外币合计)

项目代码	项目名称	期末余额	上年同期	项目代号	项目名称	期末余额	上年同期
0100	流动资产:		0	1100	流动负债		0
0110	现金及银行存款	829 682 558.64	716 851 501.28	1110	短期存款	141 257 363 628.89	141 575 522 811.44
0111	其中:现金	828 938 729.88	716 110 391.31	1120	短期储蓄存款	61 360 829 331.14	62 490 202 730.39
0120	贵金属	5 217 935.95	0	1130	财政性存款	650 378 586.98	4 091 919.70
0130	存中央银行款项	3 664 022 578.84	2 879 246 304.90	1140	向中央银行借款		0
0131	其中:准备金存款		0	1150	同业存放款项	128 368 797 806.55	137 745 345 569.96
0132	其中:备付金存款	3 370 480 578.84	2 874 660 304.90	1160	联行存放款项		0
0140	存放同业款项	7 240 868 354.48	41 049 717 912.31	1170	拆入资金		0
0150	存放联行款项	201 972 176 783.70	168 593 776 823.37	1190	应解汇款	141 097 373.80	165 046 333.99
0160	拆出资金		5 950 000 000.00	11A0	汇出汇款	188 997 794.96	277 076 361.53
0180	短期贷款	43 274 233 609.06	41 038 323 753.08	11B0	委托存款	30 910 970.54	165 598 754.46
0190	应收进出口押汇	7 161 305 465.10	7 894 704 168.95	11C0	应付代理证券款项		0
01A0	应收账款	1 115 279 003.13	368 314 441.32	11D0	卖出回购证券款		0
01C0	其他应收款	229 184 152.39	428 130 302.57	11E0	应付账款	3 074 836 348.77	2 228 253 209.81
01D0	贴现	18 141 934 163.20	32 713 249 399.62	11F0	其他应付款	2 461 327 126.37	2 147 413 295.56
01E0	短期投资	−11 007 503 313.43	−11 810 624 137.21	1100	存入短期保证金	13 308 631 382.54	8 250 953 954.27
01F0	委托贷款及委托投资		0	11G0	应付工资	455 130 405.46	406 686 838.43
01G0	自营证券		0	11H0	应付福利费		0
01H0	代理证券		0	11I0	应交税金	155 978 099.65	118 644 309.72
01I0	买入返售证券		0	11J0	应付利润		0
01J0	待处理流动资产净损失		0	11K0	预提费用		0
01L0	其他流动资产	60 970 139.24	602 569 601.73	11L0	发行短期债券		0
01K0	一年内到期的长期投资		0	11P0	其他流动负债	1 961 473 083.63	1 982 695 451.63
0200	流动资产合计	272 687 371 430.30	290 424 260 071.92	11M0	一年内到期的长期负债	10 410 092 423.11	6 553 462 210.68

（续表）

项目代码	项目名称	期末余额	上年同期	项目代号	项目名称	期末余额	上年同期
0300	长期资产：		0	1200	流动负债合计	363 825 844 362.39	364 110 993 751.57
0310	中长期贷款	133 932 229 463.18	98 280 872 684.45	1300	长期负债：		0
0320	逾期贷款	956 379 564.06	1 189 630 309.23	1310	长期存款	26 578 880 326.69	15 839 873 395.92
0330	减：呆账准备	1 861 946 846.81	1 049 110 035.40	1320	长期储蓄存款	4 982 923 330.00	5 565 130 742.91
0340	应收租赁款		0	1330	存入长期保证金	9 145 402 605.15	1 557 708 753.54
0350	减：未收租赁收益		0	1340	应付转租赁租金		0
0360	应收转租赁款		0	1350	发行长期债券		0
0370	租赁资产		0	1360	长期借款		0
0380	减：待转租赁资产		0	1370	长期应付款		0
0390	经营租赁资产		0	1500	其他长期负债		0
03A0	减：经营租赁资产折旧		0	1400	长期负债合计	40 707 206 261.84	22 962 712 892.37
03B0	长期投资	43 272 116.00	46 054 506.00	1600	所有者权益		0
03D0	固定资产原值	2 653 289 916.17	2 597 084 175.40	1610	实收资本		0
03E0	减：累计折旧	1 041 265 123.76	920 826 424.44	1620	资本公积		0
03E1	减：固定资产减值准备		0	1630	盈余公积		0
03F0	固定资产净值	1 612 024 792.41	1 676 257 750.96	1631	一般准备		0
03G0	固定资产清理		0	1640	未分配利润	3 447 546 585.89	4 273 454 946.72
03H0	在建工程	220 500 514.47	166 030 268.57	1650	其中：本年利润	3 447 546 585.91	4 273 454 946.72
03I0	待处理固定资产净损失		0	1700	所有者权益合计	3 447 546 585.89	4 273 454 946.72
0400	长期资产合计	134 902 459 603.31	100 309 735 483.81				0
0500	无形、递延及其他资产		0				0
0600	无形资产	14 697 557.63	15 494 559.27				0
0700	递延资产	64 304 840.28	60 384 441.10				0
0800	其他长期资产	311 763 778.60	537 287 034.56				0
0900	其他资产合计	390 766 176.51	613 166 034.93				0
0A00	资产总计	407 980 597 210.12	391 347 161 590.66	1A00	负债及所有者权益总计	407 980 597 210.12	391 347 161 590.66

9. 上海浦东发展银行上海分行资产负债表

2010-12-31

单位:元(人民币汇总)

资 期末数 产	行次	期初数	期末数	负债及所有者权益		期初数
现金		620 264 901.18	818 668 870.85	向中央银行借款	0.00	0.00
存放中央银行款项		127 383 805.92	310 772 276.96	同业存放款项	27 569 075 172.26	35 547 202 703.49
存放同业		10 121 287 208.97	10 556 726 194.40	拆入资金	0.00	0.00
贵金属		0.00	0.00	衍生金融负债	0.00	0.00
拆出资金		0.00	0.00	卖出回购金融资产款	0.00	0.00
交易性金融资产		0.00	0.00	短期存款	153 229 506 619.23	176 529 872 152.73
加或减:交易性金融资产公允价值调整		0.00	0.00	短期储蓄存款	43 771 840 006.20	53 912 951 298.83
衍生金融资产		0.00	0.00	委托资金	0.00	0.00
买入返售金融资产		200 000 000.00	2 049 451 672.29	存入短期保证金	1 699 592 753.99	2 579 138 609.09
应收利息		109 875 117.00	128 035 766.78	长期存款	6 133 601 565.87	31 497 503 130.46
短期贷款		27 112 435 644.16	24 215 063 279.21	长期储蓄存款	6 224 155 223.87	6 962 839 641.18
贴现		3 591 578 145.54	501 607 396.08	存入长期保证金	1 491 899 019.88	1 703 991 011.73
进出口押汇		625 558 051.28	1 355 263 196.02	应解汇款及临时存款	133 979 286.71	123 135 959.70
中期贷款		36 707 049 299.52	49 664 205 386.80	资产托管存款	10 180 648 470.51	771 187 925.71
长期贷款		53 193 077 425.72	62 145 225 372.13	应付工资	0.00	0.00
逾期贷款		747 531 323.42	655 752 909.50	应付福利费	0.00	0.00
减:贷款呆账准备		2 211 384 327.82	2 321 355 519.74	应交税费	91 480 322.37	106 905 649.27
可供出售金融资产		1 478 687 788.63	494 925 057.81	应付利息	983 305 248.24	1 675 892 879.08
加或减:可供出售金融资产公允价值调整		0.00	0.00	发行长期债券	0.00	0.00
减:可供出售金融资产减值准备		0.00	0.00	递延所得税负债	0.00	0.00
持有至到期投资		0.00	0.00	财政性存款	31 601 484.49	716 265 256.60
减:持有至到期投资减值准备		0.00	0.00	汇出汇款	99 195 841.41	40 209 035.05
分为贷款和应收款的金融资产		642 684 372.06	433 062 605.58	其他应付款	972 886 297.46	762 577 429.67
长期股权投资		0.00	0.00	应付利润	0.00	0.00
减:长期股权投资减值准备		0.00	0.00	预提费用	0.00	0.00
固定资产		1 302 979 735.32	1 381 705 789.33	其他流动负债	642 348 803.01	534 530 801.08
减:累计折旧		414 597 378.37	475 026 430.78	其他长期负债	57 580 000.00	0.00
减:固定资产减值准备		0.00	0.00			
固定资产清理		0.00	0.00			
在建工程		0.00	0.00	负债合计	253 312 696 115.50	313 464 203 483.67
减:在建工程减值准备		0.00	0.00			
无形资产		132 834 954.64	134 553 754.64			
减:无形资产累计摊销		62 086 018.19	67 557 850.51	实收资本	0.00	
减:无形资产减值准备		0.00	0.00	资本公积	0.00	0.00
递延所得税资产		0.00	0.00	盈余公积	0.00	0.00
其他应收款		181 871 245.67	208 387 408.80	一般风险准备	0.00	0.00
减:坏账准备		62 153 959.94	52 327 473.68	未分配利润	3 766 087 549.41	4 452 426 768.00
其他流动资产		121 077 816 509.05	161 603 063 835.28			
长期待摊费用		63 622 504.13	79 339 610.94	所有者权益合计	3 766 087 549.41	4 452 426 768.00
待处理抵债资产		951 599 215.65	688 097 300.93			
减:抵债资产跌价准备		534 468 852.40	441 567 588.65			
其他长期资产		1 375 336 953.77	3 850 557 430.70			
减:其他非贷款资产减值准备		0.00	0.00			
资产合计		257 078 783 664.91	317 916 630 251.67	负债和所有者权益合计	257 078 783 664.91	317 916 630 251.67

10. 上海银行资产负债表

2010-12-31　　单位：人民币亿元

项　　目	行次	2009年	2010年	项　　目	行次	2009年	2010年
资产：				负债：			
现金及银行存款	1	749.10	931.42	向中央银行借款	28	0.00	0.00
存放中央银行款项	2	0.00	0.00	联行存放款项	29	0.00	0.00
贵金属	3	0.06	0.00	同业及其他金融机构存放款	30	802.98	752.81
存放联行款项	4	0.00	0.00	拆入资金	31	96.04	125.49
存放同业款项	5	121.64	12.87	交易性金融负债	32	0.00	0.00
拆出资金	6	116.05	93.47	衍生金融负债	33	0.16	0.52
交易性金融资产	7	54.53	29.06	卖出回购金融资产款	34	63.25	278.85
衍生金融资产	8	0.18	0.32	吸收存款	35	3 334.21	4 095.22
买入返售金融资产	9	29.69	220.07	应付职工薪酬	36	4.97	5.58
应收款项类金融资产	10	0.00	0.00	应交税费	37	5.30	8.27
应收利息	11	17.53	19.00	应付利息	38	27.23	35.98
其他应收款	12	51.19	147.13	其他应付款	39	0.00	0.00
发放贷款和垫款	13	2 381.36	2 900.88	预计负债	40	1.26	1.23
可供出售金融资产	14	442.23	432.02	应付债券	41	80.00	50.00
持有至到期投资	15	641.13	806.53	递延所得税负债	42	0.00	0.00
长期股权投资	16	0.00	0.00	其他负债	43	29.88	18.93
投资性房地产	17	1.48	1.43	负债合计	44	4 445.27	5 372.88
固定资产	18	30.71	26.55	所有者权益(或股东权益)：		0.00	0.00
在建工程	19	0.00	5.78	实收资本(或股本)	45	26.00	42.34
固定资产清理	20	0.00	0.00	国家资本	46	9.06	16.48
无形资产	21	2.59	2.73	集体资本	47	0.00	0.00
商誉	22	0.00	0.00	法人资本	48	5.94	9.01
长期待摊费用	23	4.57	4.58	其中：国有法人资本	49	5.94	9.01
抵债资产	24	0.00	0.00	个人资本	50	6.31	9.23
递延所得税资产	25	10.38	15.10	外商资本	51	4.68	7.62
其他资产	26	5.99	18.81	资本公积	52	19.56	36.59
		0.00	0.00	减：库存股	53	0.00	0.00
		0.00	0.00	盈余公积	54	56.32	67.19
		0.00	0.00	一般风险准备	55	42.00	47.60
		0.00	0.00	未分配利润	56	71.23	101.15
		0.00	0.00	外币报表折算差额	57	0.00	0.00
		0.00	0.00	归属于母公司所有者权益	58	215.12	294.87
		0.00	0.00	少数股东权益	59	0.00	0.00
		0.00	0.00	所有者权益(或股东权益)合计	60	215.12	294.87
资产总计	27	4 660.39	5 667.75	负债和所有者权益(或股东权益)总计	61	4 660.39	5 667.75

11. 上海农村商业银行资产负债表

2010-12-31

单位:人民币亿元

资 产	年初数	期末数	负 债	年初数	期末数
流动资产	953.12	1 149.63	流动负债	1 115.65	1 245.03
一、现金及银行存款	13.32	16.77	一、短期存款	797.22	921.18
二、存放中央银行	299.15	421.16	二、短期储蓄存款	132.65	154.96
三、存放同业	31.76	55.96	三、财政性存款	0.01	0.77
四、存放联行款项	0.00	0.02	四、向中央银行借款		
五、拆放同业	0.00	0.86	五、同业存放	3.00	11.87
六、短期贷款	490.81	544.86	六、联行存放		
其中:贴现	111.95	149.70	七、同业拆入		
七、应收账款	11.51	10.04	八、票据融资		
其中:应收利息	0.71	7.31	九、应解汇款及临时	4.25	7.82
八、短期投资	1.29	0.47	十、汇出汇款	65.76	34.72
九、委托贷款及投资			十一、委托存款	0.00	0.00
十、买入返售证券	105.28	99.49	十二、卖出回购证券	65.23	53.87
十一、待处理流动资产损失			十三、应付及预提款	37.26	47.37
十二、其他流动资产			十四、存放短期保征	10.27	12.47
长期资产	1 104.17	1 352.81	十五、发行短期债券		
十三、中长期贷款	695.34	868.02	十六、其他流动负债		
十四、减:贷款损失准备	23.46	29.52	长期负债	884.29	1 061.19
十五、长期投资	408.18	488.91	十七、长期存款	115.11	155.37
十六、固定资产净值	21.76	27.91	十八、长期储蓄存款	729.19	857.37
固定资产	29.51	37.66	十九、存放长期保证金		
减:累计折旧	7.75	9.75	二十、发行长期债券	15.00	15.00
十七、固定资产清理	−0.30	−0.35	二十一、其他长期负债	24.99	33.45
十八、在建工程	8.08	3.95	所有者权益	127.84	231.06
十九、待处理固定资产损失		0.00	二十二、实收资本	37.46	50.00
二十、减其他资产减值准备	5.43	6.11	二十三、资本公积	13.13	82.90
无形递延及其他资产	70.48	34.84	二十四、公积金	8.73	37.38
法人机构拨付分行营运资金			二十五、公益金		
			二十六、未分配利润	42.26	34.52
			其中:本年利润	11.59	21.89
			二十七、一般准备	26.26	26.26
资产总计	2 127.77	2 537.28	负债总计	2 127.77	2 537.28

12. 中信银行上海分行资产负债表

2010-12-31

单位:人民币元(本外币合计)

资　　产	期初数	期末数	负　　债	期初数	期末数
流动资产			流动负债		
货币资金	242 826 675.04	194 751 542.25	短期存款	31 171 055 474.42	34 134 455 380.87
存放中央银行款项	2 428 780 425.80	1 358 694 557.97	短期储蓄存款	2 265 818 009.18	2 792 859 369.67
存放同业款项	16 591 097 706.88	21 202 657 887.75			
减:存放同业减值准备	0	0	财政性存款	0	0
存放联行款项	28 977 767 366.76	19 854 066 828.10	向中央银行借款	0	0
拆放同业	6 027 019 003.20	5 318 682 485.50	同业存放款项	27 263 188 260.61	16 177 630 515.59
其中:拆放金融性公司	4 617 647 058.82	4 617 647 058.82	联行存放款项	15 641 590.69	18 079 738.80
减:拆放同业减值准备	0	0	同业拆入	0	0
短期贷款	27 254 717 838.28	28 186 245 205.65	其中:金融性公司拆入	0	0
交易性金融资产	0	0	票据融资	0	0
贴现	2 285 384 858.88	2 438 365 032.45	减:贴现业务递延支出	0	0
减:递延买断贴现业务利息收益	20 171 706.80	39 872 377.30	交易性金融资产	0	0
应收进出口押汇	423 164 730.50	557 959 029.89	应解汇款	160 036 304.55	145 585 802.27
应收利息	671 702 978.00	211 055 029.42	汇出汇款	530 993 235.43	33 933 701.58
其他应收款	87 306 926.95	72 872 776.28	应付账款	713 685 034.18	602 163 472.63
减:坏账准备	31 768 959.65	32 609 680.18	其他应付款	149 961 423.53	179 276 359.75
存出保证金	0	0	预收利税	0	0
买入返售资产	13 263 057 749.33	13 712 793 994.46	应付薪酬	244 367 825.64	311 291 504.69
减:买入返售业务递延收益	73 096 730.08	50 063 991.73	应付福利费	0	0
待摊费用	8 531 201.04	9 511 136.67	应交税金	218 386 088.42	280 964 027.70
其他流动资产	0	0	应付利润	0	0
流动资产合计	98 136 320 064.13	92 995 109 457.18	卖出回购资产	0	0
长期资产			存入短期保证金	8 552 407 294.83	8 258 212 025.39
中长期贷款	29 413 314 374.98	29 123 218 273.61	预提费用	0	0
逾期贷款	174 782 804.20	173 400 155.98	一年内到期的长期负债	0	0
减:呆账准备	712 432 300.31	763 979 948.29	外币兑换	1 387 668.82	0
应收租赁款	0	0	预计负债	0	0
减:未实现租赁收益	0	0	其他流动负债	49 178 266.41	52 191 960.87
租赁资产	0	0	流动负债合计:	71 336 106 476.71	62 986 643 859.81

（续表）

资 产	期初数	期末数	负 债	期初数	期末数
减:租赁减值准备	0	0	长期负债		
衍生产品公允值价值正值	0	0	长期存款	39 700 136 168.30	39 136 894 627.03
可供出售金融资产	102 698 916.67	103 046 416.67	长期储蓄存款	8 674 955 588.87	11 216 960 867.60
减:可供出售减值准备	0	0	长期借款		
持有至到期减值准备	1 454 915 744.40	1 449 709 549.17	发行长期债券	0	0
减:持有至到期减值准备	0	0	存入长期保证金	7 834 603 629.06	8 712 362 592.14
长期股权投资	0	0	衍生产品公允值价值负值	0	0
减:长期投资减值准备	0	0	其他长期负债	0	0
固定资产原值	532 070 856.18	536 781 512.91	长期负债合计:	56 209 695 386.23	59 066 218 086.77
减:累计折旧	161 693 750.72	164 293 635.22	递延税款贷项	0	0
固定资产净值	370 377 105.46	372 487 877.69	负债合计:	127 545 801 862.94	122 052 861 946.58
减:固定资产减值准备	0	0	少数股东权益		
在建工程	0	0	所有者权益		
减:在建工程减值准备	0	0	营运资金	555 842 058.31	555 842 058.31
在建工程净值	0	0	资本公积	0	0
固定资产清理	17 926.77	17 926.77	本年利润	1 086 269 120.64	1 128 177 109.55
待处理固定资产净损失	0	0	未分配利润	0	0
长期资产合计	30 803 674 572.17	30 457 900 251.60	外币报表折算差额	0	0
无形资产及其他资产:			所有者权益合计:	1 642 111 178.95	1 684 019 167.86
无形资产	4 666 373.27	4 891 038.51			
减:无形资产减值准备	0	0			
无形资产净值	4 666 373.27	4 891 038.51			
长期待摊费用	35 992 470.93	42 430 055.49			
抵债资产	150 682 387.14	150 459 693.66			
减:抵债资产减值准备	2 053 377.36	1 830 683.88			
外币兑换	159 445.20	391 795.33			
其他资产	0	0			
无形资产及其他资产合计	189 447 299.18	196 341 899.11			
递延税款借项	58 471 106.41	87 529 506.55			
资产合计	129 187 913 041.89	123 736 881 114.44	负债及所有者权益总计	129 187 913 041.89	123 736 881 114.44

13. 中国光大银行上海分行资产负债表

2010-12-31

单位:元(人民币汇总)

编号	资　　产	期初数	期末数	编号	负债及所有者权益	期初数	期末数
1	资产:			5	负债:		
110	现金及银行存款	276 535 286.89	347 262 797.66	510	对公存款	54 107 531 690.21	69 237 899 699.13
120	贵金属	0.00	0.00	520	储蓄存款	10 465 688 543.14	12 991 198 416.01
130	存放中央银行款项	1 820 207 184.04	2 316 587 330.52	530	财政性存款	3 470 954.64	5 529 008.19
140	存放同业款项	20 131 474 796.18	3 757 440 049.40	540	向中央银行借款	0.00	0.00
150	存放联行款项	29 695 640 987.57	46 001 294 911.08	550	同业存放款项	33 902 091 506.85	32 916 447 016.72
160	拆出资金	780 000 000.00	2 350 000 000.00	560	联行存放款项	0.00	0.00
170	买入返售金融资产	3 986 386 469.67	14 057 757 576.87	570	同业拆入款项	5 280 217.79	339 610 147.04
180	发放贷款和垫款	44 641 409 592.28	55 012 095 666.68	580	卖出回购金融资产款	0.00	0.00
190	贸易融资	1 374 564 687.83	2 136 055 553.28	590	应解汇款	103 680 620.02	106 545 745.62
200	贴现	4 686 852 142.17	802 535 109.87	600	汇出汇款	17 192 736.86	145 593 051.71
210	信贷资产减值准备	973 859 796.56	1 193 180 740.16	610	应付利息	431 126 972.05	559 978 134.37
220	应收利息	146 082 862.73	131 018 474.88	620	其他应付款	30 930 322.87	39 301 047.38
230	其他应收款	30 114 433.05	31 179 809.50	630	交易性金融负债	0.00	0.00
240	交易性金融资产	0.00	0.00	640	衍生金融负债	0.00	0.00
250	衍生金融资产	0.00	950 729.98	650	应付债券	0.00	0.00
260	可供出售金融资产	0.00	0.00	660	长期借款	0.00	0.00
270	持有至到期投资	139 731 614.95	904 211 879.76	670			
280	长期股权投资	0.00	0.00	700	应付职工薪酬	68 854 032.52	140 725 552.90
290				710	应交税费	44 478 271.77	65 750 993.71
300				720	应付股利	0.00	0.00
320	固定资产原值	278 197 693.01	1 539 435 417.10	730	预计负债	0.00	0.00
330	减:累计折旧	109 283 528.36	169 234 719.81	740	递延所得税负债	0.00	0.00
340	固定资产净值	168 914 164.65	1 370 200 697.29	750	其他负债	8 734 795 389.68	10 697 140 820.01
350	投资性房地产	5 261 125.97	86 125 329.13	7	负债合计	107 915 121 258.40	127 245 719 632.79
360	固定资产清理	558 297.03	130 393.98	8	股东权益:		
370	在建工程	1 302 957 087.76	163 095.00	810	股本	0.00	0.00
380	无形资产	61 050 168.46	57 320 150.32	820	资本公积	0.00	0.00
390	商誉	0.00	0.00	830	盈余公积	0.00	0.00
400	长期待摊费用	29 678 080.67	35 258 349.77	840	一般风险准备	0.00	0.00
410	抵债资产	0.00	0.00	850	未分配利润	413 690 693.73	973 133 471.84
420	递延所得税资产	0.00	0.00	860	其中:本年利润	0.00	0.00
430	其他资产	25 252 766.79	14 445 939.82	9	股东权益合计	413 690 693.73	973 133 471.84
4	资产总计	108 328 811 952.13	128 218 853 104.63	10	负债和股东权益总计	108 328 811 952.13	128 218 853 104.63

14. 华夏银行上海分行资产负债表

2010-12-31

单位:人民币元(本外币合计)

资　　产	期末余额	期初余额	负债和所有者权益(或股东权益)	期末余额	期初余额
资产:			负债:		
现金及存放中央银行款项	1 160 129 409.57	717 046 788.56	向中央银行借款	0.00	0.00
存放同业款项	560 622 211.76	4 024 955 745.26	同业及其他金融机构存放款项	10 060 773 687.63	17 499 349 099.26
贵金属	0.00	0.00	拆入资金	0.00	0.00
拆出资金	832 745.59	862 837.18	交易性金融负债	0.00	0.00
交易性金融资产	0.00	0.00	衍生金融负债	0.00	0.00
衍生金融资产	0.00	0.00	卖出回购金融资产	0	0
买入返售金融资产	14 109 134 344.05	14 581 651 784.98	吸收存款	50 416 769 420.40	41 607 465 063.16
应收利息	121 579 105.59	12 917 134.80	应付职工薪酬	81 388 762.45	32 012 186.12
发放贷款及垫款	32 283 582 469.76	27 667 183 352.30	应交税费	29 211 891.99	22 239 513.07
可供出售金融资产	0.00	0.00	应付利息	360 720 962.45	236 936 046.35
应收款项类投资	0.00	0.00	预计负债	0.00	0.00
持有至到期投资	118 021 768.77	71 228 148.26	应付债券	0.00	0.00
长期股权投资	0.00	0.00	递延所得税负债	0.00	0.00
投资性房地产	0.00	0.00	其他负债	427 528 017.85	359 046 100.97
固定资产	347 792 260.30	349 426 651.08	—	0.00	0.00
无形资产	0.00	0.00	负债合计	61 376 392 742.77	59 757 048 008.93
递延所得税资产	0.00	0.00	所有者权益:	0.00	0.00
其他资产	13 172 979 810.67	12 634 268 099.32	股本	0.00	0.00
—			资本公积	0.00	0.00
—			减:库存股	0.00	0.00
—			盈余公积	0.00	0.00
—			一般风险准备	0.00	0.00
—			未分配利润	498 281 383.29	302 492 532.81
—			所有者权益合计	498 281 383.29	302 492 532.81
资产合计	61 874 674 126.06	60 059 540 541.74	负债与所有者权益合计	61 874 674 126.06	60 059 540 541.74

15. 中国民生银行上海分行资产负债表

2010-12-31

单位：人民币亿元

资　　产	年初数	期末数	负　　债	年初数	期末数
流动资产			流动负债		
一、现金及银行存款	3.29	4.92	一、短期存款	1 341.30	1 239.29
二、存放中央银行	68.62	36.28	二、短期储蓄存款	234.44	233.08
三、存放同业	53.8	200.23	三、财政性存款	90.79	113.54
四、存放联行款项	0	0.00	四、向中央银行借款	0.00	0.00
五、拆放同业	0	0.00	五、同业存放	272.11	422.58
六、短期贷款	426.88	529.41	六、联行存放	0.00	0.00
其中：贴现	0.9	2.15	七、同业拆入	0.00	0.00
七、应收账款	2.84	4.11	八、票据融资	0.00	0.00
其中：应收利息	2.74	3.63	九、应解汇款及临时存款	0.62	1.46
八、短期投资	0	0	十、汇出汇款	0.13	0.07
九、委托贷款及投资	0	145.63	十一、委托存款	0.00	145.63
十、买入返售证券	0	266.04	十二、卖出回购证券	0.00	0.00
十一、待处理流动资产损失	0	0	十三、应付及预提款项	10.22	18.68
十二、其他流动资产	0.05	0.07	十四、存放短期保证金	62.68	103.47
长期资产			十五、发行短期债券	0.00	0.00
十三、中长期贷款	536.37	633.40	十六、其他流动负债	0.00	0.00
十四、减：贷款损失准备	13.1	19.56	长期负债		
十五、长期投资	18.8	20.8	十七、长期存款	75.01	78.94
十六、固定资产净值	5.38	5.57	十八、长期储蓄存款	19.39	20.24
固定资产	8.26	8.48	十九、存放长期保证金	0.19	0.28
减：累计折旧	2.88	2.91	二十、发行长期债券	0.00	0.00
十七、固定资产清理	0	0	二十一、其他长期负债	0.00	0.00
十八、在建工程	0.07	0.07	所有者权益		
十九、待处理固定资产损失	0	0	二十二、实收资本	8.34	8.50
二十、减：其他资产减值准备	0	0	二十三、资本公积	0.00	0.00
无形递延及其他资产	0.75	0.62	二十四、公积金	0.00	0.00
法人机构拨付分行营运资金	0	0.00	二十五、公益金	0.00	0.00
			二十六、未分配利润	14.24	25.59
			其中：本年利润	14.24	25.59
资产总计	2 129.73	2 309.64	负债及所有者权益总计	2 129.73	2 309.64

16. 招商银行上海分行资产负债表

2010-12-31　　单位:人民币亿元(本外币合计)

资　产	年初数	期末数	负　债	年初数	期末数
流动资产	1 469.68	1 394.72	流动负债:	1 968.21	2 013.77
现金及银行存款	5.24	7.10	短期存款	897.50	1 006.93
存放中央银行	28.13	25.17	短期储蓄存款	647.97	697.36
存放同业	7.39	19.32	财政性存款	5.83	7.37
存放联行款项	970.23	907.15	向中央银行借款	0.00	0.00
拆放同业	32.25	10.24	同业存放款项	299.79	208.93
短期贷款	319.79	324.89	联行存放款项	0.00	0.00
其中:贴现	49.60	25.92	同业拆入	1.08	0.00
应收账款	2.19	2.39	票据融资	20.00	0.94
其中:应收利息	2.19	2.39	应解汇款及临时存款	6.18	4.92
短期投资	0.00	0.00	汇出汇款	2.08	0.36
委托贷款及委托投资	0.00	0.00	委托存款	0.00	0.00
买入返售证券	0.00	0.00	卖出回购证券款	0.00	0.00
待处理流动资产损失	0.00	0.00	应付及预提账款	8.14	8.69
其他流动资产	104.46	98.45	存入短期保证金	71.30	70.60
长期资产	585.96	702.97	发行短期债券	0.00	0.00
中长期贷款	602.58	721.12	其他流动负债	8.33	7.67
减:贷款损失准备	−18.28	−19.70	长期负债	79.11	62.32
长期投资	0.00	0.00	长期存款	31.24	11.73
固定资产净值	3.05	2.93	长期储蓄存款	47.22	50.10
固定资产	7.11	7.67	保证金	0.65	0.50
减:累计折旧	−4.06	−4.74	发行长期债券	0.00	0.00
固定资产清理	0.02	0.02	其他长期负债	0.00	0.00
在建工程	0.01	0.01	所有者权益	10.52	23.75
待处理固定资产净损失	0.00	0.00	实收资本	0.00	0.00
减:其他资产减值准备	−1.41	−1.41	资本公积	0.00	0.00
无形、递延及其他资产	2.18	2.15	盈余公积	0.00	0.00
			法定公益金	0.00	0.00
			未分配利润	0.00	0.00
			本年利润	10.52	23.75
资产总计	2 057.83	2 099.84	负债及所有者权益合计	2 057.83	2 099.84

17. 兴业银行上海分行资产负债表

2010-12-31 单位:人民币元(本外币合计)

项 目 名 称	上期余额	本期余额
现金及存放中央银行款项	1 111 816 555.32	1 101 520 798.41
存放同业款项	391 170 133.29	3 879 594 932.08
贵金属	0.00	0.00
拆出资金	1 050 000 000.00	5 000 000 000.00
交易性金融资产	301 582 060.00	211 989 740.00
衍生金融资产	0.00	0.00
买入返售金融资产	17 157 551 255.01	28 115 145 790.25
其中:买入企事业单位回售证券	0.00	0.00
应收利息	240 198 742.73	412 499 964.16
发放贷款及垫款	53 989 791 766.80	61 923 846 269.25
可供出售金融资产	6 172 590 830.42	6 898 764 173.91
持有至到期投资	1 805 882 805.66	3 770 328 346.92
长期股权投资	2 850 000.00	2 850 000.00
投资性房地产	0.00	0.00
固定资产	459 436 531.68	453 836 394.50
无形资产	0.00	0.00
递延所得税资产	0.00	0.00
其他资产	114 335 384 956.91	135 701 380 886.33
资产总计	197 018 255 637.82	247 471 757 295.81
向中央银行借款	0.00	0.00
同业及其他金融机构存放款项	58 867 085 137.51	65 455 248 745.99
拆入资金	0.00	3 500 000 000.00
交易性金融负债	0.00	0.00
衍生金融负债	0.00	0.00
卖出回购金融资产款	0.00	975 500 000.00
吸收存款	86 468 482 893.49	95 458 576 732.62
应付职工薪酬	193 148 770.58	274 654 986.20
应交税费	33 141 829.68	22 602 929.70
应付利息	515 039 289.69	655 295 365.67
预计负债	0.00	0.00
应付债券	0.00	0.00
递延所得税负债	0.00	0.00
其他负债	48 725 660 657.33	78 248 273 630.83
负债合计	194 802 558 578.28	244 590 152 391.01
所有者权益(或股东权益)	0.00	0.00
股本	0.00	0.00
资本公积	13 519 268.44	−60 022 175.57
盈余公积	0.00	0.00
一般风险准备	0.00	0.00
未分配利润	2 202 177 791.10	2 941 627 080.37
减:库存股	0.00	0.00
所有者权益(或股东权益)	2 215 697 059.54	2 881 604 904.80
负债及所有者权益总计	197 018 255 637.82	247 471 757 295.81

18. 广东发展银行上海分行资产负债表

2010-12-31

单位:元(人民币汇总)

资　　产	期初数	期末数	负债及所有者权益	期初数	期末数
资产:			负债:		
现金及存放中央银行款项	2 103 376 978.30	977 972 644.09	向中央银行借款		
存放同业款项	91 370 886.80	559 134 323.49	同业及其他金融机构存放款项	21 003 254 863.66	15 197 166 705.16
贵金属			拆入资金		
拆出资金	1 100 000 000.00	700 000 000.00	交易性金融负债		
交易性金融资产			衍生金融负债	1 751 000.75	17 683 807.40
衍生金融资产	2 905 320.98	18 521 996.61	卖出回购金融资产款		
买入返售金融资产			吸收存款	39 926 961 448.95	47 044 355 313.01
应收利息	440 277 348.68	68 641 614.98	应付职工薪酬	35 045 287.97	50 424 369.70
发放贷款和垫款	26 866 796 258.07	30 700 584 764.02	应交税费	18 842 857.02	20 831 396.18
应收款项投资	161 724 700.00	123 147 600.00	应付利息	315 327 104.39	486 203 480.25
可供出售金融资产			预计负债		
持有至到期投资			应付债券		
长期股权投资			递延所得税负债		
固定资产	32 450 999.82	36 024 098.51	其他负债	91 984 556.61	219 765 429.94
在建工程			负债合计	61 393 167 119.35	63 036 430 501.64
无形资产	331 512.48	1 136 161.45	所有者权益(或股东权益):		
递延所得税资产			实收资本(或股本)	316 670 000.00	316 670 000.00
其他资产	31 379 550 947.97	30 835 180 267.18	资本公积		
			减:库存股		
			盈余公积		
			一般风险准备		
			未分配利润	468 947 834.07	667 242 968.75
			外币报表折算差额	−0.32	−0.06
			所有者权益(或股东权益)合计	785 617 833.75	983 912 968.69
资产总计	62 178 784 953.10	64 020 343 470.33	负债和所有者权益(或股东权益)总计	62 178 784 953.10	64 020 343 470.33

19. 深圳发展银行上海分行资产负债表

2010-12-31　　单位：人民币元(本外币合计)

项　目　名　称	行号	年初数	期末数
现金及存放中央银行款项	1	1 435 162 911.05	1 187 621 654.96
贵金属	2		
存放同业款项	3	5 299 085 439.16	1 168 710 907.13
拆出资金	4	1 295 000 000.00	2 800 000 000.00
存放联行款项	5	15 519 915 768.47	13 057 804 403.75
交易性金融资产	6		
衍生金融资产	7		
买入返售金融资产	8	2 483 822 543.66	16 608 076 139.23
应收利息	9	165 587 152.62	301 308 265.22
发放贷款和垫款	10	47 761 841 950.77	54 970 344 548.32
应收款类债券投资	11	6 477 100 000.00	11 002 100 000.00
可供出售金融资产	12	261 560 090.46	0.00
持有至到期投资	13	150 000 000.00	0.00
长期股权投资	14		
固定资产	15	51 718 799.62	51 920 346.31
投资性房地产	16		
无形资产	17	4 466 713.64	2 938 492.46
递延所得税资产	18		
其他资产	19	458 006 414.04	839 865 674.20
资产总计	20	81 363 267 783.49	101 990 690 431.58
	21		
	22		
向中央银行借款	23	0.00	132 858 520.00
同业及其他金融机构存放款项	24	11 830 960 408.85	18 092 742 464.49
拆入资金	25	5 365 320 000.00	1 000 000 000.00
联行存放款项	26		
交易性金融负债	27		
衍生金融负债	28		
卖出回购金融资产款	29	1 443 674 826.26	1 935 094 652.07
吸收存款	30	61 368 130 929.15	78 148 409 347.35
应付职工薪酬	31	133 470 302.17	167 602 325.39
应交税费	32	34 939 539.31	49 097 650.22
应付利息	33	529 542 196.43	797 195 847.52
预计负债	34		
应付债券	35		
递延所得税负债	36		
其他负债	37	231 038 461.02	408 945 228.67
负债合计	38	80 937 076 663.19	100 731 946 035.71
股东权益	39		
股本	40		
资本公积	41	1 639 652.89	0.00
盈余公积	42		
一般风险准备	43		
未分配利润	44	424 551 467.41	1 258 744 395.87
股东权益	45	426 191 120.30	1 258 744 395.87
负债和股东权益总计	46	81 363 267 783.49	101 990 690 431.58

20. 宁波银行上海分行资产负债表

2010-12-31　　单位:元(人民币汇总)

资　　产	期初余额	本期余额	负债及所有者权益	期初余额	本期余额
流动资产			流动负债		
现金及银行存款	38 069 987.31	42 901 555.28	短期存款	9 520 879 545.18	14 174 806 529.39
其中:现金	38 069 987.31	42 901 555.28	短期储蓄存款	1 074 781 587.86	1 430 697 131.42
贵金属	0.00	0.00	财政性存款	0.00	0.00
存放中央银行款项	294 439 204.43	840 464 755.57	向中央银行借款	0.00	0.00
其中:备付金存款	294 439 204.43	840 463 755.57	同业存放款项	2 000 000 000.00	2 600 000 000.00
存放同业款项	106 477 309.21	43 193 608.44	联行存放款项	0.01	0.00
存放联行款项	0.00	0.00	同业拆入	0.00	2 076 735 775.17
拆放同业	0.00	0.00	应解汇款	3 336 256.27	8 886 116.93
短期贷款	3 840 989 402.29	4 742 292 394.49	汇出汇款	530.00	530.00
应收进出口押汇	0.00	0.00	委托存款	1 424 552 499.73	0.00
应收账款	9 548.33	6 049.72	应付代理证券款项	0.00	0.00
减:坏账准备	0.00	0.00	卖出回购证券款	0.00	0.00
其他应收款	6 655 339.46	11 035 878.68	应付账款	21 919 674.17	45 571 980.55
贴现	295 821 007.57	316 395 311.28	其他应付款	4 987 508.25	5 071 014.46
短期投资	0.00	0.00	存入短期保证金	631 241 201.77	989 381 442.12
委托贷款及委托投资	1 424 552 499.73	0.00	应付工资	0.00	44 840 000.00
自营证券	0.00	0.00	应付福利费	0.00	0.00
代理证券	0.00	0.00	应交税金	20 865 457.74	30 164 578.23
买入返售证券	0.00	2 081 399 042.61	应付利润	0.00	0.00
待处理流动资产净损失	0.00	0.00	预提费用	0.00	0.00
其他流动资产	5 366 127 626.68	9 138 246 842.92	发行短期债券	0.00	0.00
一年内到期的长期投资	0.00	0.00	其他流动负债	102 695 914.64	102 024 999.01
流动资产合计	11 373 141 925.01	17 215 935 438.99	流动负债合计	14 805 260 175.62	21 508 180 097.28
长期资产			长期负债		
中长期贷款	3 562 655 903.67	4 905 321 472.72	长期存款	0.00	381 000 000.00
逾期贷款	2 100 302.74	6 279 909.02	长期储蓄存款	28 450 771.93	39 165 271.63
减:贷款损失准备	92 929 645.51	120 125 915.75	存入长期保证金	0.00	0.00
应收租赁款	0.00	0.00	应付转租赁租金	0.00	0.00
减:未收租赁款	0.00	0.00	发行长期债券	0.00	0.00
应收转租赁款	0.00	0.00	长期借款	0.00	0.00
租赁资产	0.00	0.00	长期应付款	0.00	0.00
减:待转租赁资产	0.00	0.00	其他长期负债	0.00	0.00
经营租赁资产	0.00	0.00			
减:经营租赁资产折旧	0.00	0.00	长期负债合计	28 450 771.93	420 165 271.63
长期投资	0.00	0.00	递延所得税负债	0.00	0.00
减:资产减值准备	0.00	0.00			
固定资产原值	7 338 971.01	12 179 864.81			
减:累计折旧	1 620 264.34	3 432 396.09			
固定资产净值	5 718 706.67	8 747 468.72	所有者权益		
固定资产清理	0.00	0.00	实收资本	0.00	0.00
在建工程	0.00	0.00	资本公积	0.00	0.00
待处理固定资产净损失	0.00	0.00	盈余公积	0.00	0.00
长期资产合计	3 477 545 267.57	4 800 222 934.71	一般准备	0.00	0.00
无形、递延及其他资产	0.00	0.00	未分配利润	35 164 623.89	107 235 769.47
无形资产	0.00	0.00	其中:本年利润	0.00	0.00
递延资产	18 188 378.86	19 422 764.68	外币资本折算差额	0.00	0.00
其他长期资产	0.00	0.00	所有者权益合计	35 164 623.89	107 235 769.47
其他资产合计	18 188 378.86	19 422 764.68			
递延所得税资产	0.00	0.00			
资产总计	14 868 875 571.44	22 035 581 138.38	负债及所有者权益总计	14 868 875 571.44	22 035 581 138.38

21. 北京银行上海分行资产负债表

2010-12-31　　单位:人民币亿元

资　　产	年初数	期末数	负　　债	年初数	期末数
流动资产			流动负债		
一、现金及银行存款	0.125 6	0.258 7	一、短期存款	65.888 0	120.074 0
二、存放中央银行	11.315 9	17.588 7	二、短期储蓄存款	2.729 7	5.024 9
三、存放同业	0.803 2	30.390 2	三、财政性存款		
四、存放联行款项	11.179 9	0.000 0	四、向中央银行借款		
五、拆放同业	0.000 0	0.000 0	五、同业存放	55.727 4	62.819 8
六、短期贷款	103.045 5	138.435 9	六、联行存放	0.000 0	19.860 1
其中:贴现	18.780 7	10.889 4	七、同业拆入		
七、应收账款	0.275 7	0.415 9	八、票据融资		
其中:应收利息	0.275 3	0.415 1	九、应解汇款及临时存款		0.068 0
八、短期投资	0.000 0	0.000 0	十、汇出汇款		
九、委托贷款及投资	0.000 0	0.000 0	十一、委托存款		
十、买入返售证券	0.000 0	45.184 7	十二、卖出回购证券		
十一、待处理流动资产损失	0.000 0	0.000 0	十三、应付及预提款项	1.037 7	1.945 5
十二、其他流动资产	0.000 0	0.000 0			
长期资产	0.000 0	0.000 0	十五、发行短期债券		
十三、中长期贷款	97.072 5	125.263 2	十六、其他流动负债	0.000 4	0.017 4
十四、减:贷款损失准备	2.242 5	2.889 9	长期负债		
十五、长期投资	0.000 0	0.000 0	十七、长期存款	75.514 1	80.289 2
十六、固定资产净值	0.166 8	0.221 8	十八、长期储蓄存款	7.854 6	11.626 1
固定资产	0.228 4	0.336 2	十九、存放长期保证金	11.944 9	56.117 9
减:累计折旧	0.061 6	0.114 4	二十、发行长期债券		
十七、固定资产清理	0.000 0	0.000 0	二十一、其他长期负债		
十八、在建工程	0.000 0	0.000 0	所有者权益		
十九、待处理固定资产损失	0.000 0	0.000 0	二十二、实收资本	1.421 3	1.409 5
二十、减:其他资产减值准备	0.000 0	0.000 0	二十三、资本公积		
无形递延及其他资产	0.380 1	6.126 0	二十四、公积金		
法人机构拨付分行营运资金	1.421 3	1.409 5	二十五、公益金		
			二十六、未分配利润	1.425 8	3.152 4
			其中:本年利润	1.425 8	3.152 4
资产总计	223.543 9	362.404 9	负债总计	223.543 9	362.404 9

22. 天津银行上海分行资产负债表

2010-12-31　　单位:人民币元(本外币合计)

资　　产	期初余额	期末余额	负债和所有者权益(或股东权益)	期初余额	期末余额
流动资产			流动负债		
现金及银行存款	926 223.63	1 294 343.09	短期存款	1 070 120 034.74	5 386 311 290.63
贵金属	0.00	0.00	短期储蓄存款	13 099 127.89	144 732 161.15
存放中央银行款项	597 157 387.65	1 189 179 963.31	财政性存款	0.00	0.00
存放同业款项	43 775 583.03	2 036 339 430.81	向中央银行借款	0.00	0.00
存放联行款项	0.00	0.00	同业存放款项	19.50	317.01
拆放同业	500 000 000.00	0.00	联行存放款项	0.00	0.00
短期同业借出	0.00	0.00			
短期贷款	410 000 000.00	3 318 472 000.00	同业拆入	0.00	0.00
应收进口押汇	0.00	5 348 493.51	应解汇款	0.00	1 000 000.00
应收账款	0.00	0.00	汇出汇款	0.00	0.00
减:坏账准备	0.00	0.00	委托存款	0.00	0.00
其他应收款	1 461 200.00	5 363 983.97	应付代理证券款项	0.00	0.00
贴现	0.00	0.00	卖出回购证券款	0.00	0.00
短期投资	0.00	200 000 000.00	应付账款	1 040.03	7 158 845.51
委托贷款及委托投资	0.00	0.00	其他应付款	196 926.75	806 657.80
自营证券	0.00	0.00	存入短期保证金	251 000 320.00	2 934 354 829.31
代理证券	0.00	100 000.00	应付工资	0.00	0.00
买入返售证券	0.00	0.00	应付福利费	0.00	0.00
待处理流动资产净损失	0.00	−1 000.00	应缴税金	81 951.88	3 509 932.28
其他流动资产	0.00	181 073 305.27	应付利润	0.00	0.00
一年内到期的长期投资	0.00	0.00	预提费用	0.00	0.00
流动资产合计	1 553 320 394.31	6 937 170 519.96	发行短期债券	0.00	0.00
			其他流动负债	330 985 408.17	100 012 940.00
长期资产			流动负债合计	1 665 484 828.96	8 577 886 973.69
中长期贷款	102 679 000.00	1 521 872 551.95			
逾期贷款	0.00	0.00	长期负债		
减:贷款呆账准备	0.00	0.00	长期存款	0.00	227 117 000.00
应收租赁款	0.00	0.00	长期储蓄存款	1 090 600.00	57 383 270.33
减:未收租赁收益	0.00	0.00	存入长期保证金	0.00	0.00
应收转租赁款	0.00	0.00	应付转租赁租金	0.00	0.00
租赁资产	0.00	0.00	发行长期债券	0.00	0.00
减:待转租赁资产	0.00	0.00	长期借款	0.00	0.00
经营租赁资产	0.00	0.00	长期应付款	0.00	0.00
减:待转租赁资产折旧	0.00	0.00	其他长期负债	0.00	0.00
长期投资	0.00	0.00	长期负债合计	1 090 600.00	284 500 270.33
减:风险投资准备	0.00	0.00			
长期同业借出	0.00	500 000 000.00			
固定资产原值	3 178 657.00	7 144 890.00	所有者权益:		
减:累计折旧	650 230.00	2 138 390.05	实收资本	0.00	0.00
固定资产净值	2 528 427.00	5 006 499.95	资本公积	0.00	0.00
固定资产清理	0.00	0.00	盈余公积	0.00	0.00
在建工程	0.00	0.00	未分配利润	−7 827 643.65	108 384 934.75
待处理固定资产净损失	0.00	0.00	所有者权益合计	−7 827 643.65	108 384 934.75
长期资产合计	105 207 427.00	2 026 879 051.90			
无形资产、递延及其他资产:					
无形资产	0.00	73 333.30			
递延资产	219 964.00	6 649 273.61			
其他长期资产	0.00	0.00			
其他资产合计	219 964.00	6 722 606.91			
资产合计	1 658 747 785.31	8 970 772 178.77	负债及所有者权益总计	1 658 747 785.31	8 970 772 178.77

23. 浙商银行上海分行资产负债表

2010-12-31

单位:人民币元(本外币合计)

资　　产	行次	期初数	期末数	负债及所有者权益	行次	期初数	期末数
现金及存放中央银行款项	1	451 537 042.98	1 144 271 685.31	向中央银行借款	22		
贵金属	2			同业及其他金融机构存放款项	23	2 831 975 038.26	4 231 051 678.19
存放同业及其他金融机构款项	3	3 570 703 626.12	4 585 851 615.42	拆入资金	24	1 690 895.50	202 131 410.26
拆出资金	4	300 000 000.00	300 000 000.00	交易性金融负债	25		
交易性金融资产	5			衍生金融负债	26		
衍生金融资产	6			贴现负债	27		
买入返售金融资产	7	3 780 743 695.90	4 335 957 746.01	吸收存款	28	14 944 096 374.67	15 448 960 157.83
应收利息	8	100 141 867.82	20 946 888.10	其中:各项存款	29	14 944 096 374.67	15 448 960 157.83
发放贷款和垫款	9	9 742 556 373.13	9 703 330 073.84	财政预算存款	30		
其中:贷款	10	9 447 961 738.31	9 604 010 062.05	汇出汇款	31		
票据贴现	11	294 594 634.82	99 320 011.79	卖出回购金融资产款	32		
减值准备	12			预计负债	33		
可供出售金融资产	13			应付职工薪酬	34	8 635 057.46	21 060 674.82
持有至到期投资	14			应交税费	35	624 952.12	8 909 884.11
贷款和应收款项类投资	15			应付利息	36	16 859 888.91	21 646 329.31
长期股权投资	16			应付债券	37		
固定资产	17	141 833 177.80	141 886 327.00	递延所得税负债	38		
无形资产	18			其他负债	39	122 226 806.43	102 705 909.23
递延所得税资产	19			负债合计	40	17 926 109 013.35	20 036 466 043.75
其他资产	20	54 403 773.14	35 800 179.44				
				实收资本(或股本)	41		
				资本公积	42		
				其中:股本溢价	43		
				可供出售金融资产公允价值变动	44		
				盈余公积	45		
				一般风险准备	46		
				未分配利润	47	215 810 543.54	231 578 471.37
				所有者权益合计	48	215 810 543.54	231 578 471.37
资产总计	21	18 141 919 556.89	20 268 044 515.12	负债和所有者权益总计	49	18 141 919 556.89	20 268 044 515.12

24. 江苏银行上海分行资产负债表

2010-12-31

单位:元(人民币汇总)

资　　产	期初数	期末数	负债及所有者权益	期初数	期　末
各项资产	9 744 025 289.49	15 512 029 742.36	各项负债	9 744 025 289.49	15 436 109 727.80
现金及存放中央银行款项	120 058 261.62	214 403 799.27	向中央银行借款	0.00	0.00
存放同业款项	2 585 100 414.45	2 112 900 816.91	同业及其他金融机构存放款项	2 900 000 000.00	1 606 814 127.81
存放联行款项	0.00	45 100.00	联行存放款项	0.00	0.00
贵金属	0.00	0.00	拆入资金	0.00	0.00
拆出资金	0.00	0.00	交易性金融负债	0.00	0.00
交易性金融资产	0.00	0.00	衍生金融负债	0.00	0.00
衍生金融资产	0.00	0.00	卖出回购金融资产款	0.00	0.00
买入返售金融资产	0.0	3 000 874 476.42	吸收存款	6 253 264 118.80	12 636 831 804.93
应收利息	26 048 547.87	45 435 820.60	应付职工薪酬	7 678 858.89	19 786 040.23
发放贷款和垫款	5 989 352 235.63	9 274 691 732.65	应交税费	4 002 647.02	6 703 326.41
可供出售金融资产	0.00	0.00	应付利息	42 185 944.52	102 362 488.15
持有至到期投资	1 012 666 666.67	0.00	应付债券	0.00	0.00
长期股权投资	0.00	0.00	预计负债	0.00	0.00
投资性房地产	0.00	0.00	递延所得税负债	0.00	0.00
固定资产	5 489 329.30	42 584 058.77	其他负债	536 893 720.26	1 063 611 940.27
无形资产	0.00	0.00	负债总计	9 744 025 289.49	15 436 109 727.80
递延所得税资产	—325 000.00	—325 000.00	所有者权益	0.00	75 920 014.56
其他资产	5 634 833.95	821 418 937.74	股本	0.00	0.00
	0.00	0.00	资本公积	0.00	0.00
	0.00	0.00	减:库存股	0.00	0.00
	0.00	0.00	盈余公积	0.00	0.00
	0.00	0.00	一般风险准备	0.00	0.00
	0.00	0.00	未分配利润	0.00	75 920 014.56
	0.00	0.00	所有者权益合计	0.00	75 920 014.56
资产总计	9 744 025 289.49	15 512 029 742.36	负债及所有者权益总计	9 744 025 289.49	15 512 029 742.36

25. 南京银行上海分行资产负债表

2010-12-31 单位:人民币元

项　　目	年初余额	期末余额
现金及存放中央银行款项	169 731 090.23	168 577 542.30
存放同业存款	4 761 621.32	27 255 105.27
贵金属		
拆出资金	500 000 000.00	500 000 000.00
交易性金融资产		
衍生金融资产		
买入返售金融资产		7 425 385 182.19
应收利息	11 461 529.50	63 608 031.36
发放贷款及垫款	7 705 092 893.61	8 958 402 991.65
可供出售金融资产		
持有至到期投资		
应收投资款项		
长期股权投资		
投资性房地产		
固定资产	124 174 162.00	123 205 599.74
无形资产	435 205.58	428 633.53
递延所得税资产		
其他资产	1 901 411 362.96	3 148 943 510.16
资产总计	10 417 067 865.20	20 415 806 596.20
向中央银行借款		
同业存放款项	1 591 738.45	5 527 964 521.46
拆入资金		
交易性金融负债		
衍生金融负债		
卖出回购金融资产款		
吸收存款	10 120 384 890.13	14 470 940 258.55
应付职工薪酬	12 384 017.01	21 778 247.22
应交税费	5 515 317.71	7 751 601.83
应付利息	32 676 531.82	84 445 753.47
预计负债		
应付债券		
递延所得税负债		
其他负债	146 197 617.88	105 200 679.08
负债合计	10 318 750 113.00	20 218 081 061.61
股东权益		
股本		
资本公积		
盈余公积		
一般风险准备		
未分配利润	98 317 752.20	197 725 534.59
减:库存股		
股东权益合计	98 317 752.20	197 725 534.59
负债和股东权益总计	10 417 067 865.20	20 415 806 596.20

26. 平安银行上海分行资产负债表

2010-12-31　　　　单位:人民币元(本外币合计)

资　　产	行号	期初余额	期末余额	负债和所有者权益(或股东权益)	行号	期初余额	期末余额
现金及银行存款	1	37 624 533.23	39 928 567.01	吸收存款	54	17 826 969 121.63	23 352 278 383.05
贵金属	2			保证金存款	55	3 988 194 588.87	3 662 609 352.04
存放中央银行款项	3	1 707 864 693.78	1 199 208 640.69	财政性存款	56		
存放同业款项	4	91 361 624.20	211 241 342.40	向中央银行借款	57		
减:存放同业坏账准备	5			同业存放款项	58	13 521 428 634.66	7 946 015 852.54
存放联行款项	6		0.01	联行存放款项	59		
拆放同业	7	300 000 000.00		同业拆入	60		
减:拆出资金减值准备	8			汇出汇款	61	10	
发放贷款	9	26 572 879 936.69	29 638 131 623.52	委托存款	62	10	
减:贷款减值准备	10	−64 924 127.84	−85 585 738.10	应付代理证券款项	63		
应收账款	11	51 181 182.42	86 813 828.36	卖出回购金融资产	64		
减:坏账准备	12			应付利息	65	177 705 646.67	181 760 458.95
应收股利	13			交易性金融负债	66		
其他应收款	14	4 977 260.45	9 303 975.11	应付债券	67		
交易性金融资产	15			衍生金融负债	68		
持有至到期投资	16			其他应付款	69	3 039 170.77	5 970 928.07
减:持有至到期投资减值准备	17			应付职工薪酬	70	33 146 535.65	37 735 243.73
可供出售金融资产	18			应付税金	71	19 236 837.30	26 449 841.74
减:可供出售金融资产减值准备	19			应付利润	72		
应收款项类投资	20			预提费用	73	11 311 314.10	4 008 787.37
减:应收款项类债券资产减值准备	21			预计负债	74		
衍生金融资产	22			递延所得税负债	75		
委托贷款及委托投资	23			递延收益	76	10 829 699.27	17 545 550.00
代理业务	24			其他负债	77	556 449 885.33	728 056 270.83
买入返售金融资产	25			负债合计	78	36 148 311 454.25	35 962 430 668.32
减:买入返售资产减值准备	26				79		

（续表）

资　　产	行号	期初余额	期末余额	负债和所有者权益(或股东权益)	行号	期初余额	期末余额
待处理财产损溢	27			实收资本	80		
长期股权投资	28			资本公积	81		
减:投资风险准备	29			盈余公积	82		
投资性房地产原值	30			一般风险准备	83		
减:投资性房地产累计折旧	31			未分配利润	84	0.02	0
投资性房地产净值	32			所有者权益合计	85	0.02	0
减:投资性房地产减值准备	33				86		
投资性房地产清理	34				87		
固定资产原值	35	39 723 469.79	44 267 265.95		88		
减:累计折旧	36	−7 374 107.79	−14 999 841.06		89		
固定资产净值	37	32 349 362.00	29 267 424.89		90		
减:固定资产减值准备	38				91		
资产清理	39				92		
在建工程	40	3 399 676.56	1 873 106.24		93		
减:在建工程减值准备	41				94		
无形资产	42	135 650.00	135 650.00		95		
减:无形资产累计摊销	43	−135 650.00	−135 650.00		96		
无形资产净值	44				97		
减:无形资产减值准备	45				98		
待摊费用	46	27 895 567.91	25 239 824.89		99		
递延所得税资产	47				100		
递延支出	48	520 000.00	1 500 000.00		101		
待处理抵债资产	49				102		
减:抵债资产跌价准备	50				103		
商誉	51				104		
其他资产	52	7 383 181 744.87	4 805 508 073.30		105		
资产合计	53	36 148 311 454.27	35 962 430 668.32	负债及所有者权益总计	106	36 148 311 454.27	35 962 430 668.32

27. 温州银行上海分行资产负债表

2010-12-31　　　　单位:万元

项目	行次	A	B	C
		人民币	外币折人民币	本外币合计
1	Ⅰ.资产			
2	1. 现金	808.82	75.16	883.98
3	2. 贵金属	0.00	0.00	0.00
4	3. 存放中央银行款项	104 540.68	0.00	104 540.68
5	4. 存放同业款项	453.62	2 145.59	2 599.21
6	4.1 境内同业	453.62	2 145.59	2 599.21
7	4.2 境外同业	0.00	0.00	0.00
8	70. 存放系统内款项	146 637.56	0.00	140 785.00
9	71. 拨付营运资金	0.00	0.00	0.00
10	5. 应收利息	113.91	53.22	167.13
11	6. 贷款	68 506.00	15 750.41	84 256.41
12	7. 贸易融资	0.00	0.00	0.00
13	8. 贴现及买断式转贴现	0.00	0.00	0.00
14	9. 其他贷款			
15	10. 拆放同业	0.00	0.00	0.00
16	11. 其他应收款	19.68	0.00	19.68
17	12. 投资	0.00	0.00	0.00
18	12.1 债券	0.00	0.00	0.00
19	12.2 股票	0.00	0.00	0.00
20	12.3 其他	0.00	0.00	0.00
21	12.3.1 其中:长期股权投资	0.00	0.00	0.00
22	13. 买入返售资产	0.00	0.00	0.00
23	13.1 境内外金融机构	0.00	0.00	0.00
24	13.2 境内外非金融机构	0.00	0.00	0.00
25	14. 长期待摊费用	6.54	0.00	6.54
26	15. 固定资产原价	86.31	0.00	86.31
27	16. 减:累计折旧	5.72	0.00	5.72
28	17. 固定资产净值	80.59	0.00	80.59
29	18. 固定资产清理	0.00	0.00	0.00
30	19. 在建工程	0.00	0.00	0.00
31	20. 无形资产	0.00	0.00	0.00
32	21. 抵债资产	0.00	0.00	0.00
33	22. 递延所得税资产	0.00	0.00	0.00
34	23. 其他资产	0.00	0.00	0.00
35	23.1 投资性房地产	0.00	0.00	0.00
36	23.2 衍生金融资产	0.00	0.00	0.00
37	23.3 商誉	0.00	0.00	0.00
38	24. 减:各项资产减值损失准备	0.00	0.00	0.00
39	25. 资产总计	321 167.40	18 024.38	333 339.22
40	Ⅱ.负债及所有者权益			
41	26. 单位存款	241 685.64	2 093.06	243 778.70

（续表）

项目		A	B	C
	行次	人民币	外币折人民币	本外币合计
42	27. 储蓄存款	62 542.69	126.99	62 669.68
43	28. 向中央银行借款	0.00	0.00	0.00
44	29. 同业存放款项	0.00	9 934.05	9 934.05
45	29.1 境内同业	0.00	9 934.05	9 934.05
46	29.2 境外同业	0.00	0.00	0.00
47	72. 系统内存放款项	0.00	5 852.56	0.00
48	30. 同业拆入	0.00	0.00	0.00
49	31. 卖出回购款项	0.00	0.00	0.00
50	31.1 境内外金融机构	0.00	0.00	0.00
51	31.2 境内外非金融机构	0.00	0.00	0.00
52	32. 汇出汇款	0.00	0.00	0.00
53	33. 应解汇款	0.00	0.00	0.00
54	34. 存入保证金	7 915.49	0.00	7 915.49
55	35. 其他存款			
56	36. 应付利息	750.31	45.64	795.95
57	37. 应交税费	166.58	0.00	166.58
58	38. 应付职工薪酬	753.56	0.00	753.56
59	40. 应付股利	0.00	0.00	0.00
60	41. 其他应付款	35.50	0.00	35.50
61	43. 递延收益	0.00	0.00	0.00
62	44. 预计负债	0.00	0.00	0.00
63	46. 应付债券	0.00	0.00	0.00
64	47. 其他负债	0.00	0.00	0.00
65	47.1 衍生金融负债	0.00	0.00	0.00
66	48. 递延所得税负债	0.00	0.00	0.00
67	49. 负债合计	313 849.77	18 052.30	326 049.51
68	50. 少数股东权益			
69	51. 所有者权益			
70	52. 实收资本	10 000.00	0.00	10 000.00
71	53. 资本公积	0.00	0.00	0.00
72	53.1 其中:重估储备	0.00	0.00	0.00
73	54. 盈余公积	0.00	0.00	0.00
74	55. 一般风险准备	0.00	0.00	0.00
75	56. 信托赔偿准备	0.00	0.00	0.00
76	57. 未分配利润	−2 682.37	−27.92	−2 710.29
77	57.1 其中:本年利润	−2 682.37	−27.92	−2 710.29
78	58. 外币报表折算差额	0.00	0.00	0.00
79	59. 所有者权益合计	7 317.63	−27.92	7 289.71
80	60. 负债及所有者权益总计	321 167.40	18 024.38	333 339.22
81	附注项目			
82	61. 各项存款	312 143.82	2 220.05	314 363.87
83	62. 各项贷款	68 506.00	15 750.41	84 256.41

28. 浙江泰隆商业银行上海分行资产负债表

2010-12-31　　　　单位:人民币元(本外币合计)

资　　产	行次	年初数	期末数	负债及股东权益	行次	年初数	期末数
资产:				负债:			
现金及存放中央银行款项	1	—	43 617 004.52	向中央银行借款	24	—	—
存放同业款项	2	—	15 849 547.29	同业及其他金融机构存放款项	25	—	124 071.24
贵金属	3	—	—	拆入资金	26	—	—
拆出资金	4	—	—	交易性金融负债	27	—	—
交易性金融资产	5	—	—	衍生金融负债	28	—	—
衍生金融资产	6	—	—	卖出回购金融资产款	29	—	—
买入返售金融资产	7	—	—	存入保证金	30	—	228 442 566.75
应收利息	8	—	2 452 975.96	吸收存款	31	—	2 025 768 804.24
其他应收款	9	—	1 985 892.74	应付职工薪酬	32	—	—
发放贷款和垫款	10	—	939 919 856.22	应交税费	33	—	1 695 016.24
可供出售金融资产	11	—	—	其他应付款	34	—	1 229 201.80
持有至到期投资	12	—	—	应付利息	35	—	3 241 237.35
长期股权投资	13	—	—	预计负债	36	—	—
投资性房地产	14	—	—	应付债券	37	—	—
固定资产	15	—	7 293 278.65	递延所得税负债	38	—	—
无形资产	16	—	113 583.29	其他负债	39	—	198 335.00
在建工程	17	—	—	负债合计	40	—	2 260 699 232.62
长期待摊费用	18	—	16 364 278.48				
抵债资产	19	—	—				
拨出营运资金	20	—	—				
其他资产	21	—	1 335 589 512.56				
递延所得税资产	22	—	—	股东权益:			
				股本	41	—	—
				拨入营运资金	42	—	100 000 000.00
				资本公积	43	—	—
				减:库存股	44	—	—
				盈余公积	45	—	—
				一般风险准备	46	—	—
				未分配利润	47	—	2 486 697.09
				股东权益合计	48	—	102 486 697.09
资产总计		—	2 363 185 929.71	负债及股东权益总计		—	2 363 185 929.71

29. 中国邮政储蓄银行上海分行资产负债表

2010-12-31

单位：人民币元

项目	行次	年初数	年末数	项目	行次	年初数	年末数
资产：	1	—	—	负债：	33	—	—
现金及银行存款	2	432 295 959.97	483 855 385.03	向中央银行借款	34		
存放中央银行款项	3	534 699 443.98	465 523 305.47	联行存放款项	35		
贵金属	4			同业及其他金融机构存放款项	36	26 154 052.67	57 991 167.10
存放联行款项	5	71 856 656 563.46	84 346 152 791.38	拆入资金	37		
存放同业款项	6	77 729 421.65	80 349 195.63	交易性金融负债	38		
拆出资金	7			衍生金融负债	39		
交易性金融资产	8			卖出回购金融资产款	40		
衍生金融资产	9			吸收存款	41	75 356 471 751.76	90 679 086 404.33
买入返售金融资产	10		1 673 481 179.27	应付职工薪酬	42	1 144 385.66	4 299 539.85
应收款项类金融资产	11			应交税费	43	7 451 933.93	17 965 330.85
应收利息	12	2 350 634.72	10 938 286.47	应付利息	44	812 316 473.27	977 264 989.48
其他应收款	13	15 514 208.95	2 670 699.34	其他应付款	45	18 553 349.41	13 442 960.36
发放贷款和垫款	14	3 150 492 077.23	4 782 880 550.28	预计负债	46		
可供出售金融资产	15			应付债券	47		
持有至到期投资	16			递延所得税负债	48		
长期股权投资	17			其他负债	49	1 074 629 475.83	1 419 212 443.39
投资性房地产	18			负债合计	50	77 296 721 422.53	93 169 262 835.36
固定资产	19	415 250 553.66	433 328 962.09	所有者权益(或股东权益)：	51	—	—
在建工程	20	2 395 879.14	52 451 080.81	实收资本(或股本)	52		
固定资产清理	21			其中：国有资本	53		
无形资产	22	2 695 093.05	2 290 146.75	外商资本	54		
商誉	23			资本公积	55		
长期待摊费用	24	22 703 858.49	30 715 822.26	减：库存股	56		
抵债资产	25			盈余公积	57		
递延所得税资产	26			一般风险准备	58		
其他资产	27	26 047 274.57	47 204 156.48	未分配利润	59	−757 890 453.66	−757 421 274.10
	28			外币报表折算差额	60		
	29			归属于母公司所有者权益合计	61	−757 890 453.66	−757 421 274.10
	30			少数股东权益	62		
	31			所有者权益(或股东权益)合计	63	−757 890 453.66	−757 421 274.10
资产总计	32	76 538 830 968.87	92 411 841 561.26	负债和所有者权益(或股东权益)总计	64	76 538 830 968.87	92 411 841 561.26

三、金融机构人员统计

1. 中资金融机构人员结构表

单位名称	总人数	男	女	年龄				学历				职称			
				30岁以下	31—40岁	41—50岁	51岁以上	博士	硕士	本科	大专以下	高级	中级	初级	其他
中国人民银行上海总部	597	345	252	118	203	193	83	56	194	246	101	99	372	65	61
中国银行业监督管理委员会上海监管局	232	109	123	60	101	54	17	18	123	89	2	43	106	13	70
交通银行(境内行)	83 762	38 277	45 485	40 884	25 408	13 096	4 374	152	4 343	45 985	33 282	627	16 508	20 343	46 284
上海浦东发展银行	21 965	10 916	11 049	9 959	8 407	3 073	526	70	2 331	14 293	5 271	396	4 799	3 188	13 582
中国外汇交易中心	284	164	120	152	79	37	16	20	121	100	43	11	74	18	181
中国银联	2 444	1 539	905	1 198	910	279	57	38	744	1 352	310	97	376	182	/
上海黄金交易所	54	30	24	13	25	11	5	1	21	27	5	4	18	7	/
上海期货交易所	243	169	74	72	75	62	34	30	69	117	27	44	68	21	110
上海联合产权交易所	75	41	34	22	21	16	16	1	17	39	18	11	23	9	/
上海清算所	72	40	32	35	23	11	3	6	56	9	1	10	20	3	0
国家开发银行上海分行(不含信用卡中心)	121	73	48	53	46	16	6	2	61	56	2	25	39	25	32
中国进出口银行上海分行	60	34	26	28	21	10	1	/	21	38	1	7	24	9	/
中国农业发展银行上海分行	291	138	153	77	40	110	64	0	18	148	125	13	95	100	83
中国工商银行上海市分行	13 513	5 170	8 343	5 442	3 137	4 337	597	19	252	6 055	7 187	139	1 674	5 992	5 708
中国农业银行上海市分行	7 824	3 632	4 192	1 305	1 839	3 695	985	10	220	2 685	4 909	81	2 006	4 615	1 122
中国银行上海市分行	5 613	2 555	3 058	2 081	2 015	1 077	440	4	380	3 642	1 587	57	1 906	1 372	
中国建设银行上海市分行	8 147	3 518	4 629	3 036	2 698	1 612	801	15	310	4 785	3 037	111	3 086	2 908	2 042
交通银行上海市分行	4 609	2 074	2 535	2 372	1 249	620	368	7	290	2 748	1 564	27	1 358	1 492	1 732
上海浦东发展银行上海分行	3 305	1 580	1 725	1 513	1 046	562	184	6	220	1 673	1 406	15	583	615	
上海银行	8 344	3 553	4 791	3 822	2 337	1 235	950	14	573	3 822	3 935	70	1 335	2 068	4 871
上海农商银行	4 982	2 466	2 516	1 714	1 169	1 610	489	10	193	2 220	2 559	24	737	2 162	2 059
中信银行上海分行	718	328	390	219	339	117	43	6	116	487	109	22	226	90	380
中国光大银行上海分行	1 451	717	734	783	378	217	73	4	112	898	437	17	228	146	1 060
华夏银行上海分行	686	305	381	280	216	151	39	1	35	451	199	11	203	87	385
中国民生银行上海分行	2 593	1 166	1 427	1 459	709	382	43	4	202	1 440	947	12	89	201	2 291
招商银行上海分行	2 532	1 069	1 463	1 630	695	163	44	14	219	1 543	756	16	302	312	1 902
兴业银行上海分行	905	462	443	269	431	177	28	5	82	585	233	3	248	155	499
广东发展银行上海分行	647	296	351	291	214	116	26	3	49	394	201	18	151	117	/

（续表）

单位名称	总人数	男	女	年龄				学历				职称			
				30岁以下	31—40岁	41—50岁	51岁以上	博士	硕士	本科	大专以下	高级	中级	初级	其他
深圳发展银行上海分行	1 439	679	760	828	420	154	37	6	147	885	401	22	282	132	1 003
宁波银行上海分行	463	233	230	288	127	47	1	2	45	306	110	2	49	40	0
北京银行上海分行	245	124	121	89	108	42	6	2	23	139	81	3	57	35	150
浙商银行上海分行	333	177	156	170	120	43	0	0	41	181	111	/	/	/	/
南京银行上海分行	232	108	124	135	79	16	2	1	25	153	53	/	/	/	/
江苏银行上海分行	217	103	114	139	57	19	2	1	30	143	43	3	27	6	181
平安银行上海分行	613	288	325	397	164	50	2	3	76	318	216	/	/	/	/
杭州银行上海分行	310	149	161	187	102	20	1	1	23	193	93	3	49	28	230
浙江泰隆商业银行上海分行	277	124	153	243	28	6	0	0	23	177	77	/	8	2	0
温州银行上海分行	104	50	54	52	38	13	1	0	16	75	13	8	14	4	0
天津银行上海分行	140	47	93	78	51	11	/	2	22	94	22	5	18	11	/
中国邮政储蓄银行上海分行	2 584	1 109	1 475	1 041	656	547	340	1	37	617	1 929	/	/	/	/
上海崇明长江村镇银行股份有限公司	19	10	9	5	7	5	2	/	/	9	10	/	3	/	/
上海奉贤浦发村镇银行	28	15	13	11	8	7	2	/	1	17	10	1	4	5	18
中国工商银行票据营业部	237	114	123	69	92	67	9	2	37	177	21	29	84	54	70
中国农业银行票据营业部	56	23	33	13	26	15	2	1	16	29	10	5	42	7	2
中国银联上海分公司	38	21	17	10	16	12	/	1	10	21	6	1	13	7	17
城市商业银行资金清算中心	25	12	13	6	9	7	3	/	/	17	8	1	8	5	11
中国华融资产管理公司上海办事处	42	29	13	9	11	6	16	/	3	25	14	9	21	4	8
中国长城资产管理公司上海办事处	36	28	8	10	8	8	10	/	12	17	7	7	13	7	9
中国东方资产管理公司上海办事处	35	17	18	12	13	4	6	1	22	6	6	5	5	14	11
中国信达资产管理公司上海办事处	30	21	9	8	2	12	8	/	7	19	4	1	18	1	/
上海国际信托有限公司	155	86	69	44	53	37	21	12	83	26	34	/	/	/	/
华宝信托有限责任公司	158	75	83	76	53	22	7	5	72	68	13	6	49	9	94
上海爱建信托投资有限责任公司	64	44	20	18	25	14	7	2	22	31	9	2	23	6	/
中海信托股份有限公司	88	57	31	36	35	10	7	3	55	22	8	/	/	/	/
中泰信托有限责任公司	69	39	30	19	29	17	4	4	24	21	20	7	21	2	/
安信信托投资股份有限公司	61	35	26	30	16	13	2	1	14	36	10	2	7	8	/
宝钢集团财务有限责任公司	50	27	23	17	13	16	4	2	25	16	7	7	27	6	10
上海汽车集团财务有限责任公司	250	177	73	155	69	13	13	1	39	183	27	3	50	20	177
上海电气集团财务有限责任公司	68	41	27	27	29	7	5	1	26	34	7	3	6	6	0
东航集团财务有限责任公司	38	13	25	12	15	8	3	0	7	23	8	0	14	3	21
上海浦东发展集团财务有限责任公司	42	24	18	15	18	6	3	2	16	17	7	2	21	3	16
锦江国际集团财务有限责任公司	22	16	6	4	8	4	6	/	2	12	8	/	10	3	8
中国石化财务有限责任公司上海分公司	28	15	13	15	9	3	1	/	3	21	4	2	11	15	/
上海国利货币经纪有限公司	84	43	41	60	11	9	4	1	14	55	14	0	10	0	74
上海远东资信评估有限公司	55	20	35	22	22	7	4	2	17	28	8	1	7	9	/
华杰资信评级有限责任公司	63	34	29	31	12	5	15	2	8	30	23	/	/	/	/
上海金国咨询服务有限公司	32	21	11	9	8	6	9	/	3	23	6	6	8	8	10
中诚信证券评估有限公司	71	31	40	44	21	4	2	/	36	20	15	/	12	/	/
上海新世纪资信评估投资服务有限公司	116	55	61	53	37	11	15	2	45	46	23	5	13	1	/

2. 外资金融机构人员结构表

单位名称	总人数	男	女	年龄				学历				职称			
				30 岁以下	31—40 岁	41—50 岁	51 岁以上	博士	硕士	本科	大专以下	高级	中级	初级	其他
瑞穗实业银行(中国)有限公司	1 260	446	814	736	374	126	24	1	196	879	184	/	/	/	/
三菱东京日联银行(中国)有限公司	1 939	624	1 315	1 141	600	163	35	1	245	1 403	290	/	/	/	/
东亚银行(中国)有限公司	3 596	1 395	2 201	1 930	1 345	280	41	3	641	2 411	541	/	/	/	/
恒生银行(中国)有限公司(总部在沪员工)	405	154	251	216	134	36	19	1	86	229	89	/	/	/	/
汇丰银行(中国)有限公司	5 242	1 381	3 861	3 617	1 345	220	60	7	1 292	3 310	633	/	/	/	/
大华银行(中国)有限公司	614	198	416	395	185	27	7	1	121	401	91	/	/	/	/
南洋商业银行(中国)有限公司	966	394	572	495	311	138	22	2	150	595	219	/	/	/	/
华美银行(中国)有限公司	63	24	39	26	25	6	6	0	23	27	13	/	/	/	/
渣打银行(中国)有限公司	5 617	1 882	3 735	3 569	1 689	306	53	16	929	4 132	540	/	/	/	/
盘谷银行(中国)有限公司	244	101	143	139	64	33	8	1	53	138	52	/	6	/	/
东方汇理银行(中国)有限公司	102	38	64	41	45	12	4	3	29	49	21	/	/	/	/
苏格兰皇家银行(中国)有限公司	940	260	680	593	301	41	5	/	163	576	201	/	/	/	/
华一银行	464	200	264	275	130	40	19	2	71	284	107	0	16	124	0
正信银行有限公司	52	34	18	17	15	13	7	1	13	27	11	7	20	4	/
三井住友银行(中国)有限公司(仅限中国员工)	454	102	352	324	113	16	1	2	63	303	86	/	/	/	/
日本住友信托银行上海分行	81	21	60	45	25	11	0	1	10	56	14	/	/	/	/
恒生银行(中国)有限公司上海分行	268	83	185	210	52	5	1	/	25	158	85	/	/	/	/
永亨银行(中国)有限公司上海分行	55	20	35	28	23	4	/	/	6	33	16	/	/	5	/
星展银行上海分行	499	197	302	319	144	29	7	3	141	264	91	/	/	/	/
韩国产业银行上海分行	41	13	28	28	5	8	0	0	6	30	5	0	0	1	0
韩亚银行(中国)有限公司上海分行	42	13	29	32	6	4	/	/	3	36	3	/	/	/	/
韩国外换银行上海分行	28	8	20	21	3	3	1	/	/	24	4	/	/	/	/
新韩银行(中国)有限公司上海分行	61	21	40	44	6	10	1	0	6	52	3	0	1	0	0
友利银行(中国)有限公司上海分行	74	14	60	59	6	7	2	0	5	64	5	/	/	/	/
印度国家银行上海分行	34	13	21	24	7	0	3	0	6	22	6	/	/	/	/
荷兰合作银行上海分行	48	15	33	16	24	8	0	0	21	23	4	/	/	/	/
马来西亚马来亚银行有限公司上海分行	31	12	19	16	10	3	2	0	3	24	4	/	1	/	/
比利时联合银行上海分行	52	24	28	22	21	6	3	/	14	36	2	/	/	/	/
德国北德意志州银行上海分行	25	9	16	12	11	2	0	1	2	20	2	0	1	3	21
德国商业银行股份有限公司上海分行	97	37	60	41	37	16	3	1	21	70	5	/	/	/	/
法国外贸银行上海分行	38	13	25	15	20	3	/	/	11	23	4	/	/	/	/
荷兰安智银行股份有限公司上海分行	52	18	34	20	21	11	0	0	23	27	2	/	/	/	/
挪威银行公共有限公司上海分行	16	5	11	7	8	/	1	/	6	5	5	/	/	/	/
瑞典北欧斯安银行有限公司上海分行	26	10	16	13	12	1	/	/	4	21	1	/	/	/	/
瑞典银行有限公司上海分行	17	8	9	3	11	3	/	/	2	14	1	/	/	/	/
瑞典商业银行公共有限公司上海分行	21	4	17	7	12	1	1	/	5	13	3	/	/	/	/
瑞士信贷银行股份有限公司上海分行	39	16	23	11	18	9	1	0	15	16	8	/	/	/	/
意大利联合圣保罗银行股份有限公司上海分行	24	9	15	10	10	3	1	1	5	15	3	/	/	/	/
意大利裕信银行股份有限公司上海分行	33	14	19	22	8	2	1	/	3	25	5	/	/	/	/
英国巴克莱银行有限公司上海分行	26	9	17	9	16	/	1	/	8	17	1	/	/	/	/
加拿大丰业银行有限公司上海分行	19	5	14	7	9	2	1	/	6	9	4	1	3	1	/
美国银行有限公司上海分行	142	57	85	62	63	15	2	1	39	73	29	/	/	/	/
美国纽约梅隆银行上海分行	114	30	84	78	27	7	2	/	10	88	16	/	/	/	/
宁波国际银行上海分行	23	11	12	16	3	1	3	0	6	17	0	0	1	3	19
厦门国际银行上海分行	133	73	60	101	28	4	0	0	26	84	23	/	/	/	/
西班牙桑坦德银行有限公司上海分行	21	6	15	6	13	21	/	/	3	18	/	/	/	/	/

四、证 券 统 计

1. 上海证券市场总貌

	2010 年	2009 年	2008 年
交易天数	242	244	246
上市公司总数	894	870	864
新上市公司数	28	9	6
上市证券总数	1 500	1 351	1 184
股票	938	914	908
A 股	884	860	854
B 股	54	54	54
债券	536	411	246
政府债	199	160	77
公司债	284	192	112
债券回购	53	59	57
基金	25	18	16
封闭式	13	13	13
ETF	12	5	3
权证	1	8	14
发行数量(亿元)			
股票	21 939. 51	16 659. 96	15 410. 39
基金	763. 63	536. 58	452. 32
集资总额(亿元)			
A 股	5 532. 14	3 343. 15	2 236. 85
B 股	0. 00(USD)	0. 00(USD)	0. 00(USD)
股票流通数量(亿股)	16 031. 30	11 578. 56	4 916. 04
股票市价总值(亿元)	179 007. 24	184 655. 23	97 251. 91
股票流通市值(亿元)	142 337. 44	114 805. 00	32 305. 91
解禁的存量限售股份	10 433. 66	7 390. 44	1 373. 90
年度解禁限售股份	3 270. 67	6 290. 04	1 078. 13
卖出的已解禁限售股份	227. 44	273. 50	268. 74
成交金额(亿元)	398 395. 73	441 874. 67	271 842. 02
股票	304 312. 01	346 511. 91	180 429. 95
A 股	303 215. 93	345 443. 26	179 762. 44
B 股	1 096. 08	1 068. 65	667. 51
债券	74 914. 43	39 806. 34	28 090. 63
政府债	1 590. 04	2 055. 50	2 075. 90
公司债	3 306. 79	1 821. 58	1 707. 97
债券回购	70 017. 60	35 929. 25	24 306. 77
基金	4 771. 71	6 549. 06	3 700. 23
封闭式	569. 89	790. 29	961. 16

（续表）

	2010 年	2009 年	2008 年
ETF	4 201.81	5 758.76	2 739.07
权证	14 397.58	49 007.36	59 621.21
平均市盈率 P/E	21.61	28.73	14.85
A 股	21.60	28.78	14.86
B 股	23.91	21.58	11.70
股价指数 Index			
上证综合指数	2 808.08	3 277.14	1 820.81
上证 50 指数	1 977.37	2 553.80	1 384.91
上证 180 指数	6 517.60	7 762.92	4 048.00
上证 380 指数	4 256.27	—	—
会员公司数	106	107	109
营业部数	4 573	3 702	3 098
交易单元数	6 600		
投资者(万户)	8 154.23	8 965.43	7 972.87
A 股总户数(万户)	8 001.44	7 255.03	6 395.46
B 股总户数(万户)	152.78	150.34	147.14
信用交易开户数(万户)	2.11	—	—
WFE 排名			
总市值排名	6	6	6
总筹资额排名	4	6	5
总成交金额排名	3	3	7

2. 上证综合指数历年数据

年 份	开 盘	最 高	日 期	最 低	日 期	收 盘
1993	802.14	1 558.95	02/16	750.46	12/20	833.80
1994	837.70	1 052.94	09/13	325.89	07/29	647.87
1995	637.72	926.41	05/22	524.43	02/07	555.29
1996	550.26	1 258.69	12/11	512.83	01/19	917.02
1997	914.06	1 510.18	05/12	870.18	02/20	1 194.10
1998	1 200.95	1 422.98	06/04	1 043.02	08/18	1 146.70
1999	1 144.89	1 756.18	06/30	1 047.83	05/17	1 366.58
2000	1 368.69	2 125.72	11/23	1 361.21	01/04	2 073.48
2001	2 077.08	2 245.44	06/14	1 514.86	10/22	1 645.97
2002	1 643.49	1 748.89	06/25	1 339.20	01/29	1 357.65
2003	1 347.43	1 649.60	04/16	1 307.40	11/13	1 497.04
2004	1 492.72	1 783.01	04/07	1 259.43	09/13	1 266.50
2005	1 260.78	1 328.53	02/25	998.23	06/06	1 161.06
2006	1 163.88	2 698.90	12/29	1 161.91	01/04	2 675.47
2007	2 728.19	6 124.04	10/16	2 541.53	02/06	5 261.56
2008	5 265.00	5 522.78	01/14	1 664.93	10/28	1 820.81
2009	1 849.02	3 478.01	08/04	1 844.09	01/05	3 277.14
2010	3 289.75	3 306.75	01/11	2 319.74	07/02	2 808.08

3. 股票市场概貌

股票市场交易	2010年	2009年	增减(%)
交易天数	242	244	-0.82
上市股票数	938	914	2.63
A股	884	860	2.79
B股	54	54	0.00
新上市股票数	28	9	211.11
股票市价总值(亿元)	179 007.24	184 655.23	-3.06
A股	178 000.02	183 799.87	-3.16
B股	1 007.22	855.35	17.76
股票非限售市值(亿元)	142 337.44	114 805.00	23.98
A股	141 330.23	113 949.64	24.03
B股	1 007.22	855.35	17.76
总成交金额(亿元)	304 312.01	346 511.91	-12.18
A股	303 215.93	345 443.26	-12.22
B股	1 096.08	1 068.65	2.57
日均成交金额(亿元)	1 257.49	1 420.13	-11.45
A股	1 252.96	1 415.75	-11.50
B股	4.53	4.38	3.42
总成交量(亿股)	25 964.43	33 679.64	-22.91
A股	25 812.40	33 476.72	-22.89
B股	152.03	202.92	-25.08
日均成交量(亿股)	107.29	138.03	-22.27
A股	106.66	137.20	-22.26
B股	0.63	0.83	-24.10
总成笔数(百万笔)	1 661.49	2 142.61	-22.45
A股	1 653.56	2 133.03	-22.48
B股	7.93	9.58	-17.22
日均成交笔数(百万笔)	6.87	8.78	-21.75
A股	6.83	8.74	-21.85
B股	0.03	0.04	-25.00
大宗交易成交			
总成交金额(亿元)	477.31	429.98	11.01
总成交量(亿股)	54.92	42.59	28.95
总成交笔数(笔)	1 434.00	1 493.00	-3.95
股票换手率	198.47	504.37	-60.65
A股	199.27	511.46	-61.04
B股	118.97	165.79	-28.24
股票平均价格	8.16	11.08	-26.35
A股	8.16	11.12	-26.62
B股	7.76	6.92	13.78
股票市盈率P/E	21.61	28.73	-24.78
A股	21.60	28.78	-24.95
B股	23.91	21.58	10.80

4. 债券市场概貌

债券市场交易	2010 年	2009 年	增减(%)
交易天数	242	244	−0.82
上市债券数	536	411	30.41
政府债	199	160	24.38
公司债	284	192	47.92
债券回购	53	59	−10.17
新上市债券数	170	203	−16.26
总成交金额(亿元)	74 914.43	39 806.34	88.20
政府债	1 590.04	2 055.50	−22.64
公司债	3 306.79	1 821.59	81.53
债券回购	70 017.59	35 929.25	94.88
日均成交金额(百万元)	30 956.38	16 314.08	89.75
政府债	657.04	842.42	−22.01
公司债	1 366.44	746.55	83.03
债券回购	28 932.89	14 725.10	96.49
总成交量(百万张)	74 805.68	39 797.13	87.97
政府债	1 569.86	2 025.94	−22.51
公司债	3 218.23	1 841.93	74.72
债券回购	70 017.59	35 929.25	94.88
日均成交量(百万张)	309.11	163.10	89.52
政府债	6.49	8.30	−21.81
公司债	13.30	7.55	76.16
债券回购	289.33	147.25	96.49
总成笔数(百万笔)	441.38	317.19	39.15
政府债	20.89	36.00	−41.97
公司债	117.61	178.84	−34.24
债券回购	302.88	102.36	195.90
日均成交笔数(万笔)	1.82	1.30	40.00
政府债	0.09	0.15	−40.00
公司债	0.49	0.73	−32.88
债券回购	1.25	0.42	197.62
债券发行(亿元)	47 418.10	35 797.01	32.46
政府债	41 587.30	31 846.25	30.59
公司债	5 830.80	3 950.76	47.59
大宗交易成交			
总成交金额(亿元)	585.74	145.87	301.55
总成交量(百万张)	591.06	154.34	282.96
总成交笔数(笔)	1 411.00	318.00	343.71

5. 基金市场概貌

基金市场交易	2010 年	2009 年	增减(%)
交易天数	242	244	−0.82
上市基金数	25	18	38.89
封闭式基金	13	13	0.00
ETFs	12	5	140.00
新上市基金数	7	2	250.00
发行额(亿元)	773.55	558.78	38.44
封闭式基金	323.20	323.20	0.00
ETFs	450.35	235.58	72.06
总成交金额(亿元)	4 771.71	6 549.06	−27.14
封闭式基金	569.89	790.29	−27.89
ETFs	4 201.81	5 758.76	−27.04
日均成交金额(亿元)	19.72	26.84	−26.53
封闭式基金	2.35	3.24	−27.47
ETFs	17.36	23.60	−26.44
总成交量(亿元)	3 580.37	3 690.94	−3.00
封闭式基金	511.63	824.15	−37.92
ETFs	3 068.75	2 866.79	7.04
日均成交量(百万份)	1 479.49	1 512.68	−2.19
封闭式基金	211.42	337.77	−37.41
ETFs	1 268.08	1 174.91	7.93
总成笔数(万笔)	1 057.63	1 483.08	−28.69
封闭式基金	359.82	525.10	−31.48
ETFs	697.81	957.98	−27.16
日均成交笔数(万笔)	4.37	6.08	−28.13
封闭式基金	1.49	2.15	−30.70
ETFs	2.88	3.93	−26.72
大宗交易成交			
总成交金额(亿元)	0.23	0.11	109.09
总成交量(百万份)	0.19	0.10	90.00
总成交笔数(笔)	2.00	3.00	−33.33

6. 权证市场概貌

权证市场交易	2010 年	2009 年	增减(%)
交易天数	242	244	−0.82
上市权证数	1	8	−87.50
认沽	0	0	0.00
认购	1	8	−87.50
新上市权证数	0	1	−100.00
流通数量(亿份)	5.73	79.76	−92.82
认沽	0.00	0.00	0.00
认购	5.73	79.76	−92.82
总成交金额(亿元)	14 397.58	49 007.36	−70.62
认沽	0.00	0.00	0.00
认购	14 397.58	49 007.36	−70.62
日均成交金额(百万元)	5 949.41	20 084.99	−70.38
认沽	0.00	0.00	0.00
认购	5 949.41	20 084.99	−70.38
总成交量(亿份)	10 735.99	17 820.71	−39.76
认沽	0.00	0.00	0.00
认购	10 735.99	17 820.71	−39.76
日均成交量(亿份)	44.36	73.04	−39.27
认沽	0.00	0.00	0.00
认购	44.36	73.04	−39.27
总成笔数(亿笔)	0.50	1.53	−67.32
认沽	0.00	0.00	0.00
认购	0.50	1.53	−67.32
日均成交笔数(百万笔)	0.21	0.63	−66.67
认沽	0.00	0.00	0.00
认购	0.21	0.63	−66.67
流通换手率 Turnover Rate(%)	28 210.65	21 686.04	30.09
大宗交易成交			
总成交金额(亿元)	0.00	0.00	0.00
总成交量(百万份)	0.00	0.00	0.00
总成交笔数(笔)	0.00	0.00	0.00

7. 市场筹资

证券类型	筹资方式	筹资额(亿元)	
		2010 年	2009 年
A 股	首次发行	1 891.51	1 251.25
	再次发行	3 640.62	2 091.91
	A 股其他	0.00	0.00
	A 股筹资合计	5 532.14	3 343.15
B 股	首次发行	0.00	0.00
	再次发行	0.00	0.00
	B 股其他	0.00	0.00
	B 股筹资小计	0.00	0.00
股票筹资合计		5 532.14	3 343.15
债券	公司债	2 053.00	1 474.51
市场筹资合计		7 585.14	4 817.66

注:A 股再次发行包括:增发(向公众增发、定向增发)、配股、权证行权、可转债转股。公司债包括:可转债、可分离债、公司债、企业债。

8. 股票投资者历年开户累计

单位:万户

年份	开户总数			A 股开户总数		B 股开户总数		信用交易开户总数		
	总 数	自然人	机 构	自然人	机 构	自然人	机 构	总 数	自然人	机 构
1992	111.2	110.5	0.7	110.2	0.7	0.0	0.0	—	—	—
1993	423.5	421.9	1.6	421.1	1.4	0.8	0.2	—	—	—
1994	574.9	572.6	2.3	571.0	2.0	1.6	0.3	—	—	—
1995	685.2	682.3	2.9	680.0	2.5	2.3	0.4	—	—	—
1996	1 207.9	1 204.1	3.8	1 200.0	3.3	4.1	0.5	—	—	—
1997	1 713.3	1 708.1	5.2	1 702.2	4.6	5.9	0.6	—	—	—
1998	1 999.4	1 993.1	6.3	1 986.1	5.6	7.1	0.7	—	—	—
1999	2 281.1	2 272.8	8.3	2 264.7	7.6	8.1	0.8	—	—	—
2000	2 957.8	2 944.9	13.0	2 931.2	12.1	13.7	0.8	—	—	—
2001	3 419.8	3 403.1	16.8	3 311.1	15.9	92.0	0.9	—	—	—
2002	3 556.0	3 536.9	19.1	3 441.4	18.1	95.5	1.0	—	—	—
2003	3 632.1	3 612.1	20.0	3 515.1	19.0	97.1	1.0	—	—	—
2004	3 703.1	3 682.4	20.7	3 584.2	19.5	98.2	1.1	—	—	—
2005	3 747.9	3 726.6	21.3	3 628.0	20.1	98.6	1.2	—	—	—
2006	3 901.5	3 878.8	22.8	3 778.5	21.4	100.3	1.3	—	—	—
2007	5 817.0	5 788.2	28.8	5 645.9	27.3	142.4	1.5	—	—	—
2008	6 542.6	6 510.9	31.7	6 365.4	30.1	145.5	1.6	—	—	—
2009	7 405.4	7 370.3	35.1	7 221.6	33.4	148.6	1.7	—	—	—
2010	8 154.2	8 116.5	37.8	7 965.5	36.0	151.0	1.8	2.1	2.1	0.0

9. 上海证券交易所会员公司概貌

会员公司	2010 年	2009 年	增减(%)
会员公司数量	106	107	−0.93
交易席位数量	6 234	5 511	13.12
A 股	6 042	5 313	13.72
B 股	192	198	−3.03
B 股证券商	102	102	0.00
境内	62	62	0.00
境外	40	40	0.00
会员公司交易金额(亿元)			
合计	790 859.42	883 767.23	−10.51
股票	608 624.02	693 023.81	−12.00
A 股	606 431.85	690 886.52	−12.22
B 股	2 192.17	2 137.29	2.57
基金	9 543.41	13 098.12	−27.14
政府债	3 254.84	4 328.87	−25.00
公司债现货	5 687.26	2 533.38	124.00
债券回购	131 755.57	70 951.73	85.70
权证	28 795.17	98 014.73	−70.62

五、保险统计

1. 上海市保险业务情况综合表(2010年)

全部保费	保费收入(百万元)	73 476.93
	同比增长(%)	9.18
财产保险业务 (不包括意外险、健康险业务)	保费收入(百万元)	19 487.31
	同比增长(%)	23.05
人身保险业务 (包括产险中意外险、健康险业务)	保费收入(百万元)	53 989.62
	同比增长(%)	4.91
保险密度(元)	全部业务	5 202.57
	财产保险	1 379.81
	人身保险	3 822.76
保险深度(%)	全部业务	4.35
	财产保险	1.15
	人身保险	3.20
保险金额(万亿元)	财产保险	81.04
	人身保险	13.99
	合　　计	95.03

2. 上海市人寿保险公司

序号	保险机构	保费收入																
		合计	个人业务							团体业务							其中新单保费
			人寿保险					意外伤害险	健康险	人寿保险					意外伤害险	健康险	
			小计	普通寿险	分红寿险	投资连接保险	万能保险			小计	普通寿险	分红寿险	投资连接保险	万能保险			
1	中国人寿保险股份有限公司上海市分公司	6 458.41	5 820.07	635.90	5 184.17	—	—	164.53	141.07	30.94	30.94	—	—	—	64.06	237.74	4 843.21
2	中国太平洋人寿保险股份有限公司上海分公司	5 214.37	3 018.17	255.69	2 748.91	—	13.57	17.46	2.83	2 103.68	24.47	1 837.02	—	242.19	49.05	23.18	4 584.59
3	中国平安人寿保险股份有限公司上海分公司	7 513.23	6 519.60	1 410.10	4 674.42	91.91	343.17	29.53	911.87	45.63	45.63	—	—	—	2.40	4.20	2 244.72
4	泰康人寿保险股份有限公司上海分公司	7 729.73	7 265.40	397.86	6 625.20	—	241.98	2.04	2.51	322.28	148.28	171.92	—	2.08	18.23	119.27	7 416.69
5	新华人寿保险股份有限公司上海分公司	7 725.80	7 336.68	6.54	7 238.52	—	91.62	0.29	42.36	281.90	3.01	278.89	—	—	20.10	44.47	5 941.13
6	太平人寿保险有限公司上海分公司	1 008.23	775.51	14.20	761.31	—	—	3.55	33.85	9.67	9.67	—	—	—	17.35	168.30	750.53
7	生命人寿保险股份有限公司上海分公司	951.65	941.10	0.14	940.11	0.06	0.79	0.14	2.30	0.08	0.04	—	—	0.04	1.74	6.29	908.98
8	民生人寿保险股份有限公司上海分公司	82.78	77.51	0.10	77.41	—	—	0.07	4.83	—	—	—	—	—	0.37	—	0.37
9	合众人寿保险股份有限公司上海分公司	476.01	429.96	0.05	343.84	—	86.07	1.35	8.77	21.99	0.65	21.34	—	—	3.61	10.33	290.52
10	中国人民健康保险股份有限公司上海分公司	498.26	397.68	—	—	—	397.68	0.36	16.48	—	—	—	—	—	8.36	75.38	490.86
11	和谐健康保险股份有限公司上海分公司	1.26	—	—	—	—	—	0.06	0.80	—	—	—	—	—	0.08	0.32	0.55
12	汇丰人寿保险有限公司	118.35	114.67	0.90	113.76	0.01	—	—	3.19	0.14	0.14	—	—	—	0.05	0.30	102.72
13	平安健康保险股份有限公司上海分公司	61.16	—	—	—	—	—	—	1.20	—	—	—	—	—	0.22	59.74	50.05
14	美国友邦保险有限公司上海分公司	2 105.88	1 648.18	990.43	653.09	1.01	3.65	92.98	281.50	11.32	11.32	—	—	—	19.06	52.84	429.68

业务统计表(2010年)

单位:人民币百万元

有效保单件数(万件)	赔款支出									退保
	合计	个人业务				团体业务				
		赔款支出	死伤医疗给付	满期给付	年金给付	赔款支出	死伤医疗给付	满期给付	年金给付	
208.80	1 552.12	94.93	50.65	1 044.16	115.34	232.38	14.66	—	—	477.15
538.56	662.13	4.42	28.87	345.30	62.08	10.10	25.02	179.33	7.01	1 208.60
418.12	2 065.56	75.64	166.74	986.40	586.64	109.86	1.74	4.81	133.73	322.57
85.38	88.17	0.67	1.98	3.82	8.38	61.31	5.68	0.02	6.31	728.52
17.79	119.62	1.49	23.44	47.52	8.84	33.89	0.89	−0.09	3.64	615.69
18.34	234.31	1.40	6.73	132.95	17.32	75.12	0.66	0.04	0.09	102.05
7.00	419.65	0.07	2.24	414.87	0.08	2.39	—	—	—	31.45
1.35	2.96	0.05	0.67	0.35	1.82	0.07	—	—	—	21.02
8.98	128.87	0.21	3.72	103.35	10.70	9.98	0.06	0.85	—	62.16
0.73	657.40	0.47	2.76	497.59	—	60.35	0.03	96.20	—	24.25
0.02	1.45	0.57	0.32	0.09	—	0.16	0.03	0.28	—	1.48
0.38	0.05	0.03	—	—	—	0.02	—	—	—	0.19
77.02	—	—	—	—	—	—	—	—	—	1.04
112.57	612.93	77.16	47.17	73.92	364.69	48.22	1.77	—	—	108.37

序号	保险机构	保费收入																
		合计	个人业务							团体业务							其中新单保费
			人寿保险					意外伤害险	健康险	人寿保险					意外伤害险	健康险	
			小计	普通寿险	分红寿险	投资连接保险	万能保险			小计	普通寿险	分红寿险	投资连接保险	万能保险			
15	中宏人寿保险有限公司上海分公司	1 091.83	921.84	62.02	839.42	20.26	0.14	13.58	143.52	0.99	0.99	—	—	—	3.99	7.91	212.47
16	太平洋安泰人寿保险有限公司	652.93	480.19	332.29	143.26	1.41	3.23	16.91	139.15	0.45	0.45	—	—	—	8.05	8.18	115.75
17	中德安联人寿保险有限公司上海分公司	245.44	211.21	36.99	172.06	0.22	1.94	5.57	20.64	0.96	0.96	—	—	—	1.80	5.26	146.43
18	金盛人寿保险有限公司	457.14	323.09	29.64	143.66	149.79	—	7.22	50.75	5.93	5.93	—	—	—	8.29	61.86	280.86
19	交银康联人寿保险有限公司	712.87	703.91	5.42	698.14	—	0.35	0.66	7.68	0.02	0.02	—	—	—	0.57	0.03	663.18
20	天安人寿保险股份有限公司	347.78	330.14	15.54	314.56	—	0.04	1.29	3.99	0.02	0.02	—	—	—	12.16	0.18	303.35
21	海尔纽约人寿保险有限公司	114.82	95.44	11.26	83.85	0.04	0.29	1.95	17.43	—	—	—	—	—	—	—	27.84
22	海康人寿保险有限公司	138.45	123.76	33.72	89.78	—	0.26	5.90	7.35	0.14	0.14	—	—	—	0.12	1.18	77.14
23	长生人寿保险有限公司	164.65	134.05	0.79	132.85	0.01	0.40	0.51	2.96	3.00	3.00	—	—	—	3.07	21.06	124.31
24	国泰人寿保险有限责任公司上海运营部	154.31	105.06	6.56	98.48	0.02	—	8.09	9.26	—	—	—	—	—	8.71	23.19	129.94
25	正德人寿保险股份有限公司上海分公司	66.60	66.51	0.02	66.49	—	—	0.01	0.08	—	—	—	—	—	—	—	—
26	信诚人寿保险有限公司上海分公司	218.93	205.86	6.88	197.95	0.78	0.25	1.13	8.94	0.06	0.06	—	—	—	1.36	1.58	169.72
27	中美联泰大都会人寿保险有限公司	547.99	501.20	363.66	137.22	0.30	0.02	6.54	40.25	—	—	—	—	—	—	—	211.72

（续表）

有效保单件数（万件）	赔款支出									退保
	合计	个人业务				团体业务				
		赔款支出	死伤医疗给付	满期给付	年金给付	赔款支出	死伤医疗给付	满期给付	年金给付	
30.93	82.04	19.71	15.55	8.01	36.73	2.04	—	—	—	39.11
35.20	122.99	10.38	21.80	4.75	82.05	3.97	—	—	0.04	18.10
8.92	31.11	3.61	2.46	19.86	1.78	3.33	0.07	—	—	16.32
22.29	92.33	20.83	3.91	1.20	30.83	34.10	1.46	—	—	108.54
5.13	61.21	0.63	2.77	56.68	1.09	0.04	—	—	—	21.23
6.03	64.71	0.65	4.26	55.84	2.92	1.04	—	—	—	14.70
2.70	80.53	0.78	2.23	76.08	1.44	—	—	—	—	9.56
3.96	42.13	1.00	1.07	35.76	3.49	0.51	0.30	—	—	6.00
1.83	19.20	0.14	0.28	2.10	0.25	15.77	0.66	—	—	2.23
8.29	36.50	0.08	0.87	11.75	4.49	19.31	—	—	—	11.74
0.90	0.05	—	—	—	—	—	0.02	0.03	—	30.37
3.10	4.86	0.35	1.35	1.80	—	1.36	—	—	—	7.61
14.52	6.99	0.29	6.45	—	0.25	—	—	—	—	11.67

序号	保险机构	保费收入																其中新单保费
		合计	个人业务							团体业务								
			人寿保险					意外伤害险	健康险	人寿保险					意外伤害险	健康险		
			小计	普通寿险	分红寿险	投资连接保险	万能保险			小计	普通寿险	分红寿险	投资连接保险	万能保险				
28	中意人寿保险有限公司上海分公司	307.54	162.96	1.06	161.49	0.41	—	0.14	1.16	14.53	14.53	—	—	—	14.64	114.11		294.34
29	瑞泰人寿保险有限公司上海分公司	1.16	1.03	0.01	—	1.02	—	0.03	0.10	—	—	—	—	—	—	—		—
30	招商信诺人寿保险有限公司上海分公司	546.68	373.05	103.74	269.16	0.15	—	54.51	97.93	—	—	—	—	—	—	21.19		437.61
31	中国人民人寿保险股份有限公司上海市分公司	965.33	118.39	0.48	117.35	—	0.56	0.22	1.04	831.21	0.49	830.72	—	—	3.79	10.68		942.36
32	国华人寿保险股份有限公司上海分公司	1 402.28	1 396.56	0.04	1 396.13	—	0.39	0.07	0.27	0.62	0.62	—	—	—	2.12	2.64		1 391.11
33	平安养老保险股份有限公司上海分公司	515.12	—	—	—	—	—	—	—	5.08	5.08	—	—	—	176.70	333.34		515.11
34	英大泰和人寿保险股份有限公司上海分公司	232.10	216.50	0.01	216.45	—	0.04	0.02	0.31	0.10	0.10	—	—	—	5.17	10.00		216.66
35	华泰人寿保险股份有限公司上海分公司	2 018.28	2 016.56	—	2 016.55	—	0.01	0.26	0.23	0.03	0.03	—	—	—	0.32	0.88		1 974.09
36	光大永明人寿保险有限公司上海分公司	1 559.98	1 537.12	0.16	1 465.80	7.91	63.25	—	0.06	7.42	1.56	—	—	5.86	2.46	12.92		1 555.50
37	幸福人寿保险股份有限公司上海分公司	506.96	499.18	—	499.02	—	0.16	0.21	0.51	0.28	0.28	—	—	—	2.75	4.03		7.06
38	昆仑健康保险股份有限公司上海分公司	26.62	—	—	—	—	—	0.20	21.27	—	—	—	—	—	0.10	5.05		26.62
39	阳光人寿保险股份有限公司上海分公司	196.27	196.14	—	196.14	—	—	—	—	—	—	—	—	—	0.13	—		196.27
	合计	53 137.18	45 064.28	4 722.20	38 816.55	275.31	1 249.86	437.38	2 028.44	3 698.47	308.41	3 139.89	—	250.17	460.98	1 447.63		37 974.97

（续表）

有效保单件数（万件）	赔款支出									退保
	合计	个人业务				团体业务				
		赔款支出	死伤医疗给付	满期给付	年金给付	赔款支出	死伤医疗给付	满期给付	年金给付	
0.27	97.50	0.01	1.42	—	0.23	90.84	5.00	—	—	71.26
0.18	—	—	—	—	—	—	—	—	—	—
16.59	26.67	17.53	0.21	—	0.22	8.71	—	—	—	9.32
10.00	6.84	0.06	1.23	0.14	—	5.05	0.27	—	0.09	11.25
3.49	5.21	0.07	2.34	—	0.70	1.90	0.20	—	—	568.35
4.99	217.46	—	—	—	—	213.74	0.12	—	3.60	100.12
3.65	21.12	0.02	0.24	—	0.08	5.23	0.17	8.99	6.39	2.52
5.45	0.97	0.01	0.91	—	—	0.05	—	—	—	16.72
2.59	13.80	—	1.78	—	0.05	11.81	0.12	0.04	—	30.49
2.18	3.10	0.01	0.02	—	0.72	2.35	—	—	—	9.78
0.33	0.10	0.01	—	—	—	0.09	—	—	—	0.75
0.26	0.05	0.05	—	—	—	—	—	—	—	0.18
1 688.82	7 582.69	333.33	406.44	3 924.29	1 343.21	1 065.09	58.93	290.50	160.90	4 822.46

3. 上海市财产保险公司

公司序号	保险机构	保费收入										
		合计	企业财产保险	机动车辆保险	货物运输保险	责任保险	工程保险	信用及保证保险	农业保险	短期健康保险	意外伤害保险	其他
1	中国人民财产保险股份有限公司上海市分公司	3 735.56	355.42	1 833.38	165.16	252.73	88.58	8.97	—	20.12	40.77	970.43
2	中国太平洋财产保险股份有限公司上海分公司	4 106.81	393.98	2 772.11	238.90	126.98	110.70	−10.51	0.16	19.66	54.02	400.81
3	中国平安财产保险股份有限公司上海分公司	4 526.86	417.79	3 159.90	90.32	187.36	80.66	284.74	—	80.98	76.98	148.13
4	天安保险股份有限公司上海分公司	181.81	20.17	163.92	2.92	1.89	6.71	1.75	—	2.76	3.43	−21.74
5	大众保险股份有限公司上海分公司	342.06	49.17	252.85	12.89	9.70	15.74	−0.24	—	—	5.85	−3.90
6	华泰财产保险股份有限公司上海分公司	395.58	67.65	129.33	48.32	80.40	17.64	1.34	—	—	55.01	−4.11
7	太平洋财产保险有限公司上海分公司	320.54	40.01	241.05	10.07	8.06	4.23	0.76	—	4.48	8.39	3.49
8	中华联合财产保险股份有限公司上海分公司	502.84	44.16	408.15	8.03	13.21	3.34	−8.76	—	13.41	12.01	9.29
9	华安财产保险股份有限公司上海分公司	125.03	3.53	75.45	0.42	0.77	2.88	—	—	3.01	37.43	1.54
10	中国大地财产保险股份有限公司上海分公司	536.26	44.36	278.24	10.71	12.21	4.15	21.11	—	103.10	10.82	51.56
11	中国大地财产保险股份有限公司营业部	201.03	30.44	7.06	13.19	21.24	37.24	12.73	3.28	10.24	3.38	62.23
12	安信农业保险股份有限公司	496.31	44.00	77.00	0.62	18.26	67.69	1.81	239.09	11.83	12.58	23.43
13	安邦保险股份有限公司上海分公司	97.05	4.21	89.29	0.71	1.24	1.54	—	—	—	0.09	−0.03
14	天平汽车保险股份有限公司上海分公司	218.94	—	205.40	—	—	—	—	—	—	13.54	—
15	永诚财产保险股份有限公司上海分公司	451.24	50.09	292.38	4.78	4.49	15.41	0.99	—	1.56	42.20	39.34
16	阳光财产保险股份有限公司上海市分公司	203.08	11.83	162.62	6.41	2.39	5.12	2.20	—	—	4.42	8.09
17	都邦财产保险股份有限公司上海分公司	69.47	16.49	49.31	0.13	0.23	1.65	—	—	0.03	1.56	0.07
18	美亚财产保险有限公司上海分公司	560.94	109.07	—	115.57	198.11	10.07	14.12	—	22.24	82.04	9.72
19	东京海上日动火灾保险(中国)有限公司上海分公司	324.03	91.68	2.08	154.31	60.72	7.62	4.84	—	—	1.94	0.84
20	丰泰保险(亚洲)有限公司上海分公司	214.78	92.08	—	45.04	35.99	29.98	2.17	—	4.82	3.90	0.80
21	太阳联合保险(中国)有限公司	171.15	35.83	—	24.34	52.04	47.30	1.00	—	0.37	7.72	2.55
22	丘博保险(中国)有限公司	162.63	7.64	—	28.88	117.00	—	—	—	0.86	8.25	—
23	三星财产保险(中国)有限公司	80.37	27.39	0.70	29.09	6.32	8.21	0.43	—	—	2.86	5.37
24	三井住友海上火灾保险(中国)有限公司	526.95	111.60	208.37	146.47	35.23	15.45	5.77	—	0.29	2.02	1.75
25	中国出口信用保险公司上海分公司	329.75	—	—	—	—	—	329.75	—	—	—	—
26	民安保险(中国)有限公司上海分公司	41.42	9.61	16.81	0.67	1.51	8.86	1.90	—	—	0.09	1.97
27	渤海财产保险股份有限公司上海分公司	21.60	0.46	21.00	0.03	0.02	0.05	—	—	—	—	0.04
28	日本财产保险(中国)有限公司上海分公司	251.73	149.59	—	38.31	16.68	29.25	—	—	—	9.65	8.25
29	中银保险有限公司上海分公司	54.28	13.58	24.61	1.19	2.85	5.42	1.67	—	0.49	0.98	3.49
30	安诚财产保险股份有限公司上海分公司	143.91	2.64	135.61	0.62	0.14	2.62	—	—	0.25	1.96	0.07
31	国泰财产保险有限责任公司	48.24	20.60	8.21	4.89	9.63	3.54	0.29	—	—	—	1.08
32	中国人寿财产保险股份有限公司上海市分公司	512.81	47.27	399.63	12.92	23.64	12.43	1.01	—	—	8.03	7.88
33	华泰财产保险股份有限公司营业部	109.58	14.32	—	5.37	41.64	9.86	0.59	—	—	37.42	0.38
34	英大泰和财产保险股份有限公司上海分公司	182.83	115.11	16.53	0.23	8.63	1.45	40.62	—	—	0.17	0.09
35	紫金财产保险股份有限公司上海分公司	85.36	3.28	69.47	0.97	1.15	3.24	1.27	—	0.20	1.76	4.02
36	鼎和财产保险股份有限公司上海分公司	6.92	0.57	5.18	—	0.05	0.65	—	—	0.04	0.43	—
	合计	20 339.75	2 445.62	11 105.64	1 222.48	1 352.51	659.28	722.32	242.53	300.74	551.70	1 736.93

业务统计表(2010 年)

单位:人民币百万元

保户储金及投资款	赔款支出											赔案件数(万件)	未决赔款
	合计	企业财产保险	机动车辆保险	货物运输保险	责任保险	工程保险	信用保证保险	农业保险	短期健康保险	意外伤害保险	其他		
0.65	2 337.01	145.68	1 037.08	72.89	77.56	34.91	2.03	—	8.29	6.46	952.11	31.91	25.90
—	1 752.65	170.96	1 236.46	97.28	50.94	59.23	0.87	—	5.02	14.03	117.86	46.31	890.36
1.14	1 436.24	128.56	1 109.56	22.34	46.53	27.00	10.27	—	32.18	38.23	21.57	55.38	910.03
—	141.75	1.79	130.26	0.53	0.57	3.63	1.34	—	1.10	2.48	0.05	4.03	47.90
—	127.58	6.90	110.58	3.87	1.70	2.15	0.44	—	—	1.30	0.64	4.29	—
1.05	156.13	46.41	76.95	17.14	8.10	1.44	0.01	—	—	5.74	0.34	2.88	−18.54
—	144.27	7.53	126.62	4.38	0.96	1.17	—	—	0.02	1.25	2.34	3.56	101.84
—	386.44	25.69	331.88	0.98	3.63	0.29	0.02	—	10.64	2.49	10.82	9.45	425.38
—	45.58	0.11	31.77	—	0.12	0.12	—	—	0.33	12.21	0.92	1.90	—
—	264.41	8.04	142.82	1.19	2.89	4.32	—	—	76.34	2.50	26.31	34.39	176.52
—	58.82	12.86	0.81	20.83	3.42	3.28	3.94	—	7.59	1.04	5.05	0.19	99.02
—	227.27	4.92	70.64	—	4.36	3.38	0.38	119.85	11.65	4.66	7.43	2.85	86.66
—	109.25	1.02	107.48	0.01	0.01	—	0.65	—	—	0.03	0.05	3.83	19.34
—	93.78	—	93.58	—	—	—	—	—	—	0.20	—	2.59	61.51
—	200.39	4.18	156.60	3.40	4.14	4.77	—	—	7.37	19.65	0.28	5.00	41.24
—	49.75	3.65	41.16	3.21	0.29	0.04	—	—	1.37	0.03	—	2.60	42.77
—	34.85	1.00	32.38	0.86	0.06	0.01	—	—	—	0.48	0.06	0.67	0.04
—	125.30	26.62	—	30.37	38.61	0.03	−0.05	—	10.14	17.33	2.25	1.75	100.57
—	40.71	8.20	0.13	23.05	9.16	—	—	—	—	0.07	0.10	0.28	76.86
—	50.08	16.52	0.25	14.88	3.07	13.04	—	—	1.82	—	0.50	0.33	153.12
—	37.07	6.03	—	11.71	9.80	7.03	—	—	0.84	0.80	0.86	0.19	71.21
—	28.26	0.02	—	15.18	12.29	—	—	—	0.30	0.47	—	0.11	88.70
—	170.41	4.28	0.01	5.28	0.81	—	—	—	—	0.14	159.89	0.07	24.83
—	238.60	104.80	69.94	55.07	4.27	3.48	0.02	—	—	0.37	0.65	0.36	34.04
—	38.65	—	—	—	—	—	38.65	—	—	—	—	0.01	—
—	13.19	2.55	8.69	1.76	0.15	0.04	—	—	—	—	—	0.27	5.04
—	25.87	0.27	23.80	—	—	1.75	—	—	—	0.05	—	0.46	14.57
—	53.73	28.02	—	4.08	1.33	1.05	—	—	—	1.49	17.76	0.08	9.97
—	26.87	5.96	17.88	1.42	0.13	0.09	−0.06	—	0.19	0.40	0.86	0.78	11.91
—	91.47	0.48	89.32	0.17	0.33	0.02	—	—	0.01	1.13	0.01	2.32	19.64
—	93.60	89.53	1.05	0.59	0.80	1.52	—	—	—	—	0.11	0.09	7.73
—	225.04	8.14	207.67	1.77	4.38	0.09	0.01	—	—	2.01	0.97	8.79	—
—	28.84	25.02	—	0.42	2.09	0.08	0.01	—	—	1.17	0.05	0.15	−0.72
—	18.94	15.86	0.95	0.01	2.12	—	—	—	—	—	—	0.28	29.32
—	6.59	0.07	5.37	0.32	0.20	0.21	—	—	—	0.01	0.41	0.22	8.99
—	0.07	—	0.06	—	—	—	—	—	—	0.01	—	0.01	0.32
2.84	8 879.46	911.67	5 261.75	414.99	294.82	174.17	58.53	119.85	175.20	138.23	1 330.25	228.38	3 566.07

4. 上海市人寿保险公司保费收入市场份额表(2010 年)

货币单位:人民币百万元

序号	单位名称	保费收入	占市场比例(%)
1	中国人寿保险股份有限公司上海市分公司	6 458.41	12.15
2	中国太平洋人寿保险股份有限公司上海分公司	5 214.37	9.81
3	中国平安人寿保险股份有限公司上海分公司	7 513.23	14.14
4	泰康人寿保险股份有限公司上海分公司	7 729.73	14.55
5	新华人寿保险股份有限公司上海分公司	7 725.80	14.54
6	太平人寿保险有限公司上海分公司	1 008.23	1.90
7	生命人寿保险股份有限公司上海分公司	951.65	1.79
8	民生人寿保险股份有限公司上海分公司	82.78	0.16
9	合众人寿保险股份有限公司上海分公司	476.01	0.90
10	中国人民健康保险股份有限公司上海分公司	498.26	0.94
11	和谐健康保险股份有限公司上海分公司	1.26	0.00
12	汇丰人寿保险有限公司	118.35	0.22
13	平安健康保险股份有限公司上海分公司	61.16	0.12
14	美国友邦保险有限公司上海分公司	2 105.88	3.96
15	中宏人寿保险有限公司上海分公司	1 091.83	2.05
16	太平洋安泰人寿保险有限公司	652.93	1.23
17	中德安联人寿保险有限公司上海分公司	245.44	0.46
18	金盛人寿保险有限公司	457.14	0.86
19	交银康联人寿保险有限公司	712.87	1.34
20	天安人寿保险股份有限公司	347.78	0.65
21	海尔纽约人寿保险有限公司	114.82	0.22
22	海康人寿保险有限公司	138.45	0.26
23	长生人寿保险有限公司	164.65	0.31
24	国泰人寿保险有限责任公司上海运营部	154.31	0.29
25	正德人寿保险股份有限公司上海分公司	66.60	0.13
26	信诚人寿保险有限公司上海分公司	218.93	0.41
27	中美联泰大都会人寿保险有限公司	547.99	1.03
28	中意人寿保险有限公司上海分公司	307.54	0.58
29	瑞泰人寿保险有限公司上海分公司	1.16	0.00
30	招商信诺人寿保险有限公司上海分公司	546.68	1.03
31	中国人民人寿保险股份有限公司上海市分公司	965.33	1.82
32	国华人寿保险股份有限公司上海分公司	1 402.28	2.64
33	平安养老保险股份有限公司上海分公司	515.12	0.97
34	英大泰和人寿保险股份有限公司上海分公司	232.10	0.44
35	华泰人寿保险股份有限公司上海分公司	2 018.28	3.80
36	光大永明人寿保险有限公司上海分公司	1 559.98	2.94
37	幸福人寿保险股份有限公司上海分公司	506.96	0.95
38	昆仑健康保险股份有限公司上海分公司	26.62	0.05
39	阳光人寿保险股份有限公司上海分公司	196.27	0.37
	总计	53 137.18	100.00

5. 上海市财产保险公司保费收入市场份额表(2010年)

货币单位:人民币百万元

序号	单位名称	保费收入	占市场比例(%)
1	中国人民财产保险股份有限公司上海市分公司	3 735.56	18.37
2	中国太平洋财产保险股份有限公司上海分公司	4 106.81	20.19
3	中国平安财产保险股份有限公司上海分公司	4 526.86	22.26
4	天安保险股份有限公司上海分公司	181.81	0.89
5	大众保险股份有限公司上海分公司	342.06	1.68
6	华泰财产保险股份有限公司上海分公司	395.58	1.94
7	太平财产保险有限公司上海分公司	320.54	1.58
8	中华联合财产保险股份有限公司上海分公司	502.84	2.47
9	华安财产保险股份有限公司上海分公司	125.03	0.61
10	中国大地财产保险股份有限公司上海分公司	536.26	2.64
11	中国大地财产保险股份有限公司营业部	201.03	0.99
12	安信农业保险股份有限公司	496.31	2.44
13	安邦保险股份有限公司上海分公司	97.05	0.48
14	天平汽车保险股份有限公司上海分公司	218.94	1.08
15	永诚财产保险股份有限公司上海分公司	451.24	2.22
16	阳光财产保险股份有限公司上海市分公司	203.08	1.00
17	都邦财产保险股份有限公司上海分公司	69.47	0.34
18	美亚财产保险有限公司上海分公司	560.94	2.76
19	东京海上日动火灾保险(中国)有限公司上海分公司	324.03	1.59
20	丰泰保险(亚洲)有限公司上海分公司	214.78	1.06
21	太阳联合保险(中国)有限公司	171.15	0.84
22	丘博保险(中国)有限公司	162.63	0.80
23	三星财产保险(中国)有限公司	80.37	0.40
24	三井住友海上火灾保险(中国)有限公司	526.95	2.59
25	中国出口信用保险公司上海分公司	329.75	1.62
26	民安保险(中国)有限公司上海分公司	41.42	0.20
27	渤海财产保险股份有限公司上海分公司	21.60	0.11
28	日本财产保险(中国)有限公司上海分公司	251.73	1.24
29	中银保险有限公司上海分公司	54.28	0.27
30	安诚财产保险股份有限公司上海分公司	143.91	0.71
31	国泰财产保险有限责任公司	48.24	0.24
32	中国人寿财产保险股份有限公司上海市分公司	512.81	2.52
33	华泰财产保险股份有限公司营业部	109.58	0.54
34	英大泰和财产保险股份有限公司上海分公司	182.83	0.90
35	紫金财产保险股份有限公司上海分公司	85.36	0.42
36	鼎和财产保险股份有限公司上海分公司	6.92	0.03
	合计	20 339.75	100.00

6. 上海市主要保险中介

序号	中介公司名称	成立时间	总部所在地	注册资金（百万元）	股东单位数（个）	员工人数（个）	法人代表
	经纪公司						
1	上海东大保险经纪有限责任公司	2000 年 7 月	上海	20.00	2	33	王荣桃
2	上海长江保险经纪有限公司	2003 年 9 月	上海	5.00	6	6	鞠鸽腾
3	上海诚立保险经纪有限公司	2003 年 9 月	上海	10.00	3	21	王鸿义
4	上海电气保险经纪有限公司	2004 年 3 月	上海	10.00	1	25	陆红贵
5	上海仁信保险经纪有限公司	2004 年 3 月	上海	5.00	4	10	徐建平
6	上海环亚保险经纪有限公司	2004 年 3 月	上海	20.00	2	57	鲍荣清
7	上海晨光保险经纪有限公司	2004 年 4 月	上海	10.00	2	12	宋建平
8	上海至诚保险经纪有限公司	2004 年 5 月	上海	10.00	3	24	吴文凯
9	上海中嘉国泰保险经纪有限责任公司	2002 年 3 月	上海	5.08	8	24	张绍文
10	上海信言保险经纪有限公司	2004 年 9 月	上海	5.00	2	12	蒋 斌
11	上海旭升保险经纪有限公司	2006 年 10 月	上海	5.00	2	9	张玉华
12	上海诚源保险经纪有限公司	2009 年 1 月	上海	5.00	4	25	赵 洪
13	上海亚太保险经纪有限公司	2008 年 7 月	上海	5.00	6	18	金怡钟
14	诺德(上海)保险经纪有限公司	2008 年 9 月	英国	15.30	1	14	Julian Timothy James
15	上海九华保险经纪有限公司	2008 年 12 月	上海	10.00	3	9	林孝亮
16	江泰保险经纪股份有限公司上海分公司	2003 年 3 月	北京	0.00	0	29	邵从武
17	华泰保险经纪有限公司上海分公司	2004 年 4 月	北京	40.00	4	46	姜怀建
18	江泰保险经纪股份有限公司华东分公司	2005 年 3 月	北京	0.00	0	17	沈开涛
19	达信(北京)保险经纪有限公司上海分公司	2005 年 7 月	北京	30.00	0	86	Paul Keith Wilkins 韦朴
20	北京联合保险经纪有限公司上海分公司	2006 年 7 月	北京	50.00	0	6	陈小平
21	华润保险经纪有限公司上海分公司	2007 年 3 月	广东	20.00	2	70	蒋 伟
22	航联保险经纪有限公司上海分公司	2009 年 1 月	北京	50.00	13	8	李永奇
	代理公司						
1	上海恒泰保险代理有限公司	2003 年 5 月	上海	1.00	2	8	朱渊毅
2	上海合泰保险代理有限公司	2003 年 9 月	上海	10.00	2	12	魏志城
3	上海中盈保险代理有限公司	2005 年 4 月	上海	10.00	4	24	俞侃敏
4	上海至安保险代理有限公司	2009 年 1 月	上海	0.60	2	6	黄律群
5	上海文定保险代理有限公司	2006 年 4 月	上海	2.00	2	8	沈国文

机构情况表(2010年)

单位:人民币百万元

资产	负债	所有者权益	保险业务收入	营业收入	营业支出	营业利润	利润总额	净利润
23.65	3.44	20.21	0.00	44.03	43.98	0.05	0.27	0.15
25.95	15.17	10.78	0.00	9.81	6.54	3.27	3.29	3.04
8.94	0.92	8.02	5.08	5.08	3.19	1.89	1.54	1.41
38.60	21.60	17.00	0.00	10.00	7.40	2.60	3.00	2.10
4.55	0.69	3.86	5.26	5.26	5.39	−0.13	−0.03	−0.16
32.49	4.78	27.71	32.51	35.48	29.99	5.49	5.47	4.20
28.03	1.33	26.70	10.07	10.07	5.59	4.48	4.45	3.46
9.93	2.76	7.17	5.64	5.64	6.28	−0.64	0.55	0.29
14.08	8.06	6.02	1.10	1.10	1.15	−0.05	−0.04	−0.04
7.33	0.52	6.81	2.48	2.48	1.86	0.62	0.65	0.59
4.32	0.52	3.80	5.00	0.00	0.00	0.00	−0.13	−0.12
5.10	0.20	4.90	5.80	5.80	5.70	0.10	0.06	0.06
7.07	2.28	4.79	5.50	5.50	5.68	−0.18	−0.10	−0.10
6.20	2.64	3.56	6.15	6.15	9.65	−3.50	−3.45	−3.45
11.41	0.38	11.03	0.95	2.40	1.46	0.94	1.16	0.89
3.02	3.02	0.00	0.00	7.95	6.93	1.02	1.01	1.01
17.59	17.59	0.00	22.51	22.51	13.94	8.57	8.56	8.56
1.33	1.33	0.00	6.88	6.88	6.02	0.86	0.93	0.93
111.71	21.42	90.29	0.00	96.66	72.67	23.99	25.19	25.05
0.00	0.00	0.00	0.00	0.00	0.00	0.00	0.00	0.00
53.39	13.60	39.79	36.15	36.15	19.34	16.81	6.04	4.33
0.35	3.51	−3.16	1.50	1.50	3.04	−1.54	−1.54	−1.58
0.45	0.08	0.37	1.10	1.10	1.09	0.01	1.21	0.91
7.87	0.13	7.74	1.94	1.94	2.34	−0.40	0.36	0.36
11.84	0.28	11.56	3.31	3.31	1.25	2.06	0.69	0.61
0.66	0.00	0.66	0.94	0.94	0.95	−0.01	−0.01	−0.03
2.68	0.01	2.67	2.27	2.27	2.13	0.14	0.15	0.11

序号	中介公司名称	成立时间	总部所在地	注册资金（百万元）	股东单位数（个）	员工人数（个）	法人代表
6	上海极至保险代理有限公司	2006年5月	上海	1.00	5	16	潘骏杰
7	上海良将保险代理有限公司	2006年7月	上海	1.00	3	6	李纯勇
8	上海泛华国盛保险代理有限公司	2006年9月	上海	3.00	2	15	戎 霖
9	上海申诚保险代理有限公司	2007年1月	上海	2.00	4	8	胡凌文
10	上海锦途保险代理有限公司	2009年1月	上海	0.50	2	4	顾勤彪
11	上海智莺保险代理有限公司	2009年1月	上海	0.50	1	9	诸振庆
12	上海宜安保太维保险代理有限公司	2007年7月	上海	10.00	1	131	陆 健
13	上海尚诚保险代理有限公司	2009年1月	上海	0.50	2	10	秦 轶
14	上海磐石保险代理有限公司	2008年6月	上海	4.50	2	10	葛熙诚
15	上海天越保险代理有限公司	2008年9月	上海	2.00	2	11	甘维斌
16	上海富华保险代理有限公司	2008年12月	上海	2.00	2	1	曹爱珍
17	上海鑫舟保险代理有限公司	2009年5月	上海	0.50	1	21	夏文庆
18	上海凯尔保险代理有限公司	2009年8月	上海	1.25	1	7	陈 龙
19	上海睦友保险代理有限公司	2009年1月	上海	2.00	1	25	季 军
20	上海海圳广天保险代理有限公司	2010年9月	上海	3.00	3	8	夏立斌
	公估公司						
1	上海根宁瀚大通保险技术服务有限公司	2002年8月	上海	2.00	3	25	张世华
2	上海城市保险公估中心	2005年10月	上海	2.00	4	50	高行安
3	上海悦之保险公估有限公司	2003年9月	上海	1.00	2	41	秦长龙
4	根宁翰保险公估(中国)有限公司	2004年2月	上海	4.00	1	100	李全英
5	上海安晟保险公估有限公司	2004年4月	上海	2.00	2	14	欧 彬
6	上海东华行保险公估有限公司	2004年6月	上海	2.00	2	22	陈中伟
7	上海东太保险公估有限公司	2004年7月	上海	2.20	3	82	钱章存
8	上海谛诚保险公估有限公司	2005年5月	上海	2.00	2	9	陈传麒
9	上海锦正保险公估有限公司	2008年3月	上海	2.00	3	70	朱 青
10	上海意简保险公估有限公司	2008年8月	上海	2.00	2	5	陈瑞辉
11	仁祥保险公估(北京)有限公司上海分公司	2008年1月	北京	2.00	3	12	张旭航
12	北京华泰保险公估有限公司上海分公司	2008年6月	北京	5.00	1	19	杨永忠
13	青岛广汇保险公估有限公司上海分公司	2009年9月	青岛	0.00	0	7	吴 罡
14	上海振海保险公估有限公司	2010年10月	上海	2.00	3	22	叶正文

（续表）

资产	负债	所有者权益	保险业务收入	营业收入	营业支出	营业利润	利润总额	净利润
1.38	0.46	0.92	7.70	2.49	2.62	−0.13	−0.13	0.00
1.87	0.02	1.85	2.09	2.09	2.08	0.01	0.02	0.01
3.33	0.88	2.45	10.17	10.17	8.21	1.96	2.00	2.00
2.03	0.45	1.58	0.82	0.82	0.66	0.16	0.22	0.22
0.31	0.07	0.24	0.26	0.26	0.19	0.07	−0.01	−0.01
0.89	0.30	0.59	1.04	1.04	0.96	0.08	0.08	0.03
8.59	2.89	5.70	8.98	9.01	10.53	−1.52	−1.29	−1.29
0.26	4.17	−3.91	0.03	0.03	1.72	−1.69	−1.69	−1.69
0.65	0.45	0.20	1.22	1.22	3.43	−2.21	−2.21	−2.21
3.31	0.01	3.30	0.38	0.38	0.71	−0.33	1.04	0.94
2.07	0.03	2.04	1.48	1.14	1.35	−0.21	0.14	0.10
0.16	0.33	−0.17	0.22	0.22	0.21	0.01	−0.48	−0.48
0.37	1.02	−0.65	0.49	0.49	1.89	−1.40	−1.39	−0.39
2.11	0.11	2.00	0.79	0.79	0.80	−0.01	−0.01	−0.01
3.00	0.00	3.00	0.00	0.00	0.00	0.00	0.00	0.00
4.36	0.08	4.28	0.00	5.23	4.76	0.47	0.53	0.39
5.46	1.97	3.49	2.61	2.61	3.26	−0.65	−0.65	−0.81
10.00	5.00	5.00	0.00	18.00	16.00	2.00	2.00	2.00
16.00	10.00	6.00	0.00	37.39	34.79	2.60	2.60	2.30
2.50	0.61	1.89	2.44	2.44	2.64	−0.20	−0.04	−0.05
2.10	0.01	2.09	1.42	1.42	1.40	0.02	0.02	0.01
3.01	0.78	2.23	0.00	11.75	11.68	0.07	0.07	0.05
2.72	0.06	2.66	2.98	2.98	2.68	0.30	0.30	0.23
2.44	0.25	2.19	0.00	7.63	7.56	0.07	0.12	0.09
2.40	0.52	1.88	1.17	1.17	1.16	0.01	0.01	0.01
0.70	0.48	0.22	0.00	0.82	0.70	0.12	0.11	0.09
1.18	1.18	0.00	9.39	9.39	5.37	4.02	4.02	4.02
0.07	0.19	−0.12	0.34	0.34	0.42	−0.08	−0.08	−0.08
1.90	0.26	1.64	0.00	0.25	0.61	−0.36	−0.36	−0.36

7. 上海市再保险公司业务统计表(2010 年)

项目	德国通用再保险股份公司上海分公司				汉诺威再保险有限公司上海分公司				劳合社保险(中国)有限公司				中国财产再保险股份有限公司上海分公司				中国人寿再保险股份有限公司上海分公司			
	财产再保险业务		人寿再保险业务		财产再保险业务		人寿再保险业务		财产再保险业务		人寿再保险业务		财产再保险业务		人寿再保险业务		财产再保险业务		人寿再保险业务	
	2009 年	2010 年	2009 年	2010 年	2009 年	2010 年	2009 年	2010 年	2009 年	2010 年	2009 年	2010 年	2009 年	2010 年	2009 年	2010 年	2009 年	2010 年	2009 年	2010 年
分保费收入	19.65	20.11	192.00	203.39	—	736.59	412.58	984.35	39.39	262.44	—	—	3 358.09	5 305.00	—	—	—	—	1 986.49	1 863.82
摊回分保赔偿	—	—	—	—	—	—	—	—	3.25	42.73	—	—	20.63	5.96	—	—	—	—	—	—
利息收入	0.14	0.12	1.35	1.23	—	1.14	7.95	15.75	3.40	1.22	—	—	0.18	0.23	—	—	—	—	1.33	2.23
投资收入	1.55	1.86	15.17	18.80	—	—	—	—	—	—	—	—	—	—	—	—	—	—	—	—
其他收入	0.04	0.02	0.38	0.24	—	13.02	10.48	−47.83	46.80	32.98	—	—	15.25	7.78	—	—	—	—	8.49	0.80
转回未决赔款准备金	—	—	—	—	—	—	—	—	—	—	—	—	−49.05	−0.75	—	—	—	—	—	—
转回长期责任准备金	—	—	—	—	—	—	—	—	0.22	0.20	—	—	—	—	—	—	—	—	—	—
分保费支出	—	—	—	—	—	29.73	3.43	1.88	37.42	249.32	—	—	−0.46	0.70	—	—	—	—	—	—
分保赔款支出	—	—	38.85	59.00	—	36.65	10.55	207.06	3.25	42.73	—	—	1 999.37	1 814.55	—	—	—	—	343.89	317.04
分保费用支出	0.09	0.15	47.29	48.79	—	179.07	280.60	430.93	9.18	70.26	—	—	1 143.53	2 368.86	—	—	—	—	733.99	651.90
利息支出	—	—	—	—	—	—	—	—	—	—	—	—	—	—	—	—	—	—	—	—
营业费用	11.27	13.29	20.13	20.13	—	17.92	20.27	16.39	42.44	40.90	—	—	5.34	5.59	—	—	—	—	9.58	11.19
其他支出	0.01	0.01	0.11	0.09	—	—	—	—	2.11	2.30	—	—	57.48	438.65	—	—	—	—	53.92	151.46
提存未决赔款准备金	40.97	2.51	−1.02	−0.02	—	511.70	168.58	110.26	—	—	—	—	−304.78	395.88	—	—	—	—	−91.75	−9.48
提存长期责任准备金	7.31	5.81	48.54	96.71	—	—	1.42	198.64	0.42	1.86	—	—	—	—	—	—	—	—	932.77	815.65
损益	−38.27	0.34	55.00	−1.04	—	−24.24	−53.84	−12.80	6.96	−1.06	—	—	454.13	293.67	—	—	—	—	13.91	−70.91

第七篇　法　　规

一、中国人民银行等金融管理部门的规定

1. 中国人民银行关于印发《跨境人民币收付信息管理系统管理暂行办法》的通知

（银发[2010]79 号）

中国人民银行上海总部，各分行、营业管理部，各省会（首府）城市中心支行，深圳市中心支行，各政策性银行，国有商业银行，股份制商业银行，中国邮政储蓄银行：

为加强人民币跨境收付信息管理系统的管理，保障人民币跨境收付信息管理系统的安全、稳定、有效运行，现将《跨境人民币收付信息管理系统管理暂行办法》印发给你们，请遵照执行。

请中国人民银行上海总部，各分行、营业管理部，各省会（首府）城市中心支行，深圳市中心支行将本通知转发至辖区内各城市商业银行和外资银行。

《跨境人民币收付信息管理系统管理暂行办法》实施过程中如遇问题，请及时报告中国人民银行。

2010 年 3 月 8 日

人民币跨境收付信息管理系统管理暂行办法

第一条 为保障人民币跨境收付信息管理系统的平稳、有效运行，规范银行业金融机构（以下简称银行）的操作和使用，根据《跨境贸易人民币结算试点管理办法》及其实施细则等的相关规定，制定本办法。

第二条 中国人民银行建立人民币跨境收付信息管理系统（以下简称系统），收集人民币跨境收付及相关业务信息，对人民币跨境收付及相关业务情况进行统计、分析、监测。

第三条 依法开展跨境人民币业务的银行应当接入系统，并按照有关规定向系统及时、准确、完整地报送人民币跨境收付及相关业务信息。

第四条 银行工作人员应当严格按照有关规定保存、使用人民币跨境收付及相关业务信息，依法保守秘密。

第五条 银行应当加强内部控制，建立健全应急处理机制，保障系统的安全稳定运行。

第六条 银行可以通过直联方式或间联方式在其注册地接入系统。直联方式是指银行将其相关业务系统与系统直接对接，并通过其相关业务系统直接报送和查询人民币跨境收付及相关业务信息的连接方式。间联方式是指银行用户通过登录系统报送和查询人民币跨境收付及相关业务信息的连接方式。

直联方式作为主要接入模式，间联方式作为辅助的、应急的接入模式。银行应当争取从自身业务系统中抓取人民币跨境收付业务的交易主体、发生日期、金额等基础信息，在补录相关信息后，报送系统。

第七条 银行按照以下程序接入系统：

（一）向注册地人民银行提交“系统接入申请书”。申请书应当就城市金融网的接入情况做相应说明，如未接入城市金融网的一并申请接入。

（二）注册地人民银行通知银行领取测试用户及口令，向银行发放系统的接口报文规范。如未接入城市金融网的，通知该银行按规定办理接入手续并进行系统联调测试。

（三）银行调试成功后，应当报告其注册地人民银行。中国人民银行统一组织对银行接入系统进行验收，并出具验收报告。

（四）对通过验收的银行，注册地人民银行在系统中创建并激活该银行总行（总部）系统管理员用户，将生成的系统用户身份文件（包括用户标识和口令）套封发放给该银行，并留存银行用户身份信息登记表。

第八条　银行以间联方式接入系统的，系统可以根据业务需要设置银行用户。

本办法所称银行用户，是指经中国人民银行授权使用系统的银行的使用和管理人员。

第九条　银行用户分为系统管理员和业务操作员两类。系统管理员负责管理本级业务操作员和下级系统管理员。业务操作员负责人民币跨境收付及相关业务信息的报送工作，并根据授权查询有关信息。

第十条　中国人民银行负责管理银行总行（总部）的系统管理员。银行依据业务和分级管理的需要可逐级开设系统管理员和本级的多个业务操作员。

第十一条　银行的用户文件、操作员口令管理由各银行按内控要求自行负责，风险自担。

第十二条　银行系统管理员和业务操作员均凭用户标识和口令两个要素办理信息管理业务。用户标识由系统自动生成并恒定不变。

第十三条　银行可借助系统履行交易真实性、一致性的审核义务，通过系统查询下列信息：

（一）跨境人民币业务关注企业名录；

（二）为企业办理跨境贸易人民币结算所需的物流背景信息；

（三）系统对本机构履行交易真实性审核情况的考评情况；

（四）本机构所报送的信息；

（五）其他可以查询的信息。

第十四条　银行不再开展跨境人民币业务的，应当书面报告注册地人民银行。注册地人民银行在确认该银行相关业务信息报送无遗漏后，为其办理退出系统手续。

第十五条　银行未按照有关规定向系统报送人民币跨境收付及相关业务信息的，中国人民银行有权禁止其继续办理跨境人民币业务，并予以通报批评。

第十六条　港澳人民币清算行人民币跨境收付及相关业务信息的报送及监测，按照中国人民银行与港澳人民币清算行签订的《关于人民币业务的清算协议》执行。

第十七条　本办法由中国人民银行负责解释、修改。

第十八条　本办法自公布之日起施行。

2. 中国人民银行公告制定《非金融机构支付服务管理办法实施细则》

（〔2010〕第 17 号）

为配合《非金融机构支付服务管理办法》（中国人民银行令〔2010〕第 2 号发布）实施工作，中国人民银行制定了《非金融机构支付服务管理办法实施细则》，现予公布实施。

2010 年 12 月 1 日

非金融机构支付服务管理办法实施细则

第一条　根据《非金融机构支付服务管理办法》（中国人民银行令〔2010〕第 2 号发布，以下简称《办法》）及有关法律法规，制定本细则。

第二条　《办法》所称预付卡不包括：

（一）仅限于发放社会保障金的预付卡；

（二）仅限于乘坐公共交通工具的预付卡；

（三）仅限于缴纳电话费等通信费用的预付卡；

（四）发行机构与特约商户为同一法人的预付卡。

第三条　《办法》第八条第（四）项所称有 5 名以上熟悉支付业务的高级管理人员，是指申请人的高级管理人员中至少有 5 名人员具备下列条件：

（一）具有大学本科以上学历或具有会计、经济、金融、计算机、电子通信、信息安全等专业的中级技术职称；

（二）从事支付结算业务或金融信息处理业务 2 年以上或从事会计、经济、金融、计算机、电子通信、信息安全工作 3 年以上。

前款所称高级管理人员，包括总经理、副总经理、财务负责人、技术负责人或实际履行上述职责的人员。

第四条　《办法》第八条第（五）项所称反洗钱措施，包括反洗钱内部控制、客户身份识别、可疑交易报告、客户身份资料和交易记录保存等预防洗钱、恐怖融资等金融犯罪活动的措施。

第五条　《办法》第八条第（六）项所称支付业务

设施，包括支付业务处理系统、网络通信系统以及容纳上述系统的专用机房。

第六条 《办法》第八条第(七)项所称组织机构，包括具有合规管理、风险管理、资金管理和系统运行维护职能的部门。

第七条 《办法》第十条第(二)项所称信息处理支持服务，包括信息处理服务和为信息处理提供支持服务。

第八条 《办法》第十条所称拥有申请人实际控制权的出资人，包括：

(一) 直接持有申请人的股权超过 50%的出资人；

(二) 直接持有申请人股权且与其间接持有的申请人股权累计超过 50%的出资人；

(三) 直接持有申请人股权且与其间接持有的申请人股权累计不足 50%，但依其所享有的表决权足以对股东会、股东大会的决议产生重大影响的出资人。

第九条 《办法》第十条所称持有申请人 10%以上股权的出资人，包括：

(一) 直接持有申请人的股权超过 10%的出资人；

(二) 直接持有申请人股权且与其间接持有的申请人股权累计超过 10%的出资人。

第十条 《办法》第十一条第(一)项所称书面申请应当明确拟申请支付业务的具体类型。

第十一条 《办法》第十一条第(二)项所称营业执照(副本)复印件应当加盖申请人的公章。

第十二条 《办法》第十一条第(五)项所称财务会计报告，是指截至申请日最近 1 年内的财务会计报告。

申请人设立时间不足 1 年的，应当提交存续期间的财务会计报告。

第十三条 《办法》第十一条第(六)项所称支付业务可行性研究报告，应当包括下列内容：

(一) 拟从事支付业务的市场前景分析；

(二) 拟从事支付业务的处理流程，载明从客户发起支付业务到完成客户委托支付业务各环节的业务内容以及相关资金流转情况；

(三) 拟从事支付业务的技术实现手段；

(四) 拟从事支付业务的风险分析及其管理措施，并区分支付业务各环节分别进行说明；

(五) 拟从事支付业务的经济效益分析。

申请人拟申请不同类型支付业务的，应当按照支付业务类型分别提供前款规定内容。

第十四条 《办法》第十一条第(七)项所称反洗钱措施验收材料，是指包括下列内容的报告：

(一) 反洗钱内部控制制度文件，载明反洗钱合规管理框架、客户身份识别和资料保存措施、可疑交易报告措施、交易记录保存措施、反洗钱审计和培训措施、协助反洗钱调查的内部程序、反洗钱工作保密措施；

(二) 反洗钱岗位设置及职责说明，载明负责反洗钱工作的内设机构、反洗钱高级管理人员和专职反洗钱工作人员及其联系方式；

(三) 开展可疑交易监测的技术条件说明。

第十五条 《办法》第十一条第(八)项所称技术安全检测认证证明，是指据以表明支付业务设施符合中国人民银行规定的业务规范、技术标准和安全要求的文件、资料，应当包括检测机构出具的检测报告和认证机构出具的认证证书。

前款所称检测机构和认证机构均应当获得中国合格评定国家认可委员会(CNAS)的认可，并符合中国人民银行关于技术安全检测认证能力的要求。

未按照中国人民银行规定的业务规范、技术标准和安全要求进行技术安全检测认证，或技术安全检测认证的程序、方法存在重大缺陷的，中国人民银行及其分支机构可以要求申请人重新进行检测认证。

第十六条 《办法》第十一条第(九)项所称履历材料，包括高级管理人员的履历说明以及学历、技术职称相关证明材料。

第十七条 《办法》第十一条第(十一)项所称主要出资人的相关材料，应当包括下列文件、资料：

(一) 申请人关于出资人之间关联关系的说明材料；

(二) 主要出资人的公司营业执照(副本)复印件；

(三) 主要出资人的信息处理支持服务合作机构出具的业务合作证明，载明服务内容、服务时间，并加盖合作机构的公章；

(四) 主要出资人最近 2 年经会计师事务所审计的财务会计报告；

(五) 主要出资人最近 3 年内未因利用支付业

务实施违法犯罪活动或为违法犯罪活动办理支付业务等受过处罚的证明材料。

主要出资人为金融机构的，还应当提交相关金融业务许可证复印件以及准予其投资支付机构的证明文件。

第十八条 《办法》第十一条第（十二）项所称申请资料真实性声明，是指由申请人出具的、据以表明申请人对所提交的文件、资料的真实性、准确性和完整性承担相应责任的书面文件。

申请资料真实性声明应当由申请人的法定代表人签署并加盖公章。

第十九条 《办法》第十一条、第十三条、第十四条、第十五条所需申请文件、资料均以中文书写为准，并应当提供纸质文档和电子文档（数据光盘）一式三份。

第二十条 申请人应当自收到受理通知之日起10日内在所在地中国人民银行分支机构的网站上连续公告《办法》第十二条所列事项3日。

第二十一条 《支付业务许可证》分为正本和副本，正本和副本具有同等法律效力。

支付机构应当将《支付业务许可证》（正本）放置其住所显著位置。支付机构有互联网网站的，还应当在网站主页显著位置公示其《支付业务许可证》（正本）的影像信息。

第二十二条 支付机构申请续展《支付业务许可证》有效期的，应当提交下列文件、资料：

（一）公司法定代表人签署的书面申请，载明公司名称、支付业务开展情况、申请续展的理由；

（二）公司营业执照（副本）复印件；

（三）《支付业务许可证》（副本）复印件。

支付机构申请续展《支付业务许可证》有效期的，不得同时申请变更其他事项。

第二十三条 中国人民银行对支付机构的经营情况进行全面审查和综合评价后作出是否准予续展《支付业务许可证》有效期的决定。

中国人民银行准予续展《支付业务许可证》有效期的，支付机构应当交回原许可证，领取新许可证。

第二十四条 《支付业务许可证》在有效期内非因不可抗力灭失、损毁的，支付机构应当自其确认许可证灭失、损毁之日起10日内，在中国人民银行指定的全国性报纸和所在地中国人民银行分支机构指定的地方性报纸上连续公告3日，声明原许可证作废。

第二十五条 支付机构应当自公告《支付业务许可证》灭失、损毁结束之日起10日内持登载声明向所在地中国人民银行分支机构重新申领许可证。

中国人民银行审核后向支付机构补发《支付业务许可证》。

第二十六条 《支付业务许可证》（副本）在有效期内灭失、损毁的，比照本细则第二十四条、第二十五条办理。

第二十七条 支付机构拟变更《办法》第十四条所列事项的，应当向所在地中国人民银行分支机构提交公司法定代表人签署的书面申请，载明公司名称、拟变更事项及变更原因。

第二十八条 《办法》第十五条第（四）项所称客户合法权益保障方案，应当包括下列内容：

（一）对客户知情权的保护措施，明确告知客户终止支付业务的原因、停止受理客户委托支付业务的时间、拟终止支付业务的后续安排；

（二）对客户隐私权的保护措施，明确客户身份信息的接收机构及其移交安排、销毁方式及其监督安排；

（三）对客户选择权的保护措施，明确可供客户选择的、两个以上客户备付金退还方案。

客户合法权益保障方案涉及其他支付机构的，还应当提交与所涉支付机构签订的客户身份信息移交协议、客户备付金退还安排相关证明文件。

第二十九条 《办法》第十五条第（五）项所称支付业务信息处理方案，应当明确支付业务信息的接收机构及其移交安排、销毁方式及其监督安排。

涉及其他支付机构的，还应当提交与所涉支付机构签订的支付业务信息移交协议相关证明文件。

第三十条 支付机构应当根据法律法规、部门规章的有关规定确定其支付业务的收费项目和收费标准。法律法规、部门规章未明确支付业务的收费项目和收费标准的，支付机构可以按照市场原则合理确定其支付业务的收费项目和收费标准。

支付机构应当在营业场所显著位置披露其支付业务的收费项目和收费标准。支付机构有互联网网站的，还应当在网站主页显著位置进行披露。

支付机构调整支付业务的收费项目或收费标准的，应当在实施新的支付业务收费项目或收费标准之前按照前款规定连续公示30日。

第三十一条 支付机构应当在每个会计年度结束之日起4个月内向所在地中国人民银行分支机构报送上一会计年度经会计师事务所审计的财务会计报告。

第三十二条 《办法》第二十一条所称支付服务协议，包括符合法律法规要求、可供调取查用的纸质形式或数据电文形式的合同。

支付机构应当在营业场所显著位置披露其支付服务协议的格式条款内容。支付机构有互联网网站的，还应当在网站主页显著位置进行披露。

第三十三条 支付机构的支付服务协议格式条款应当遵循公平原则，全面、准确界定支付机构与客户之间的权利、义务和责任。

支付机构应当提请客户注意支付服务协议格式条款中免除或者限制其责任的内容，并予以说明。

支付机构拟调整支付服务协议格式条款的，应当在调整前30日告知客户，并提示拟调整的内容。未向客户履行告知义务的，调整后的条款对该客户不具有约束力。

第三十四条 《办法》第二十二条所称支付机构的分公司从事支付业务办理备案手续时，应当提交下列文件、资料：

（一）公司法定代表人签署的书面报告；

（二）《支付业务许可证》（副本）复印件；

（三）分公司营业执照（副本）复印件。

上述文件、资料需提供纸质文档一式两份，由支付机构及其分公司分别报送所在地中国人民银行分支机构。

支付机构可以根据业务需要为备案的分公司申请《支付业务许可证》（副本）。分公司应当将《支付业务许可证》（副本）放置分公司住所显著位置。

第三十五条 《办法》第二十二条所称支付机构的分公司终止支付业务办理备案手续时，应当提交下列文件、资料：

（一）公司法定代表人签署的书面报告；

（二）《支付业务许可证》（副本）复印件；

（三）分公司营业执照（副本）复印件；

（四）客户合法权益保障方案；

（五）中国人民银行要求的其他资料。

前款第（四）项所称客户合法权益保障方案比照本细则第二十八条办理。

上述文件、资料需提供纸质文档一式两份，由支付机构及其分公司分别报送所在地中国人民银行分支机构。

支付机构分公司应当于备案时交回其持有的《支付业务许可证》（副本）。

第三十六条 《办法》第三十二条所称灾难恢复处理能力，是指支付机构应当在支付业务中断后24小时之内恢复支付业务，并至少符合以下要求：

（一）具有应急处理和灾难恢复的制度规定；

（二）具有稳妥的应急处理预案及演练计划；

（三）具有必要的灾难恢复处理人员和应急营业场所；

（四）具有同机房数据备份设施和同城应用级备份设施。

第三十七条 支付机构因突发事件导致支付业务中止超过2小时的，应当立即将有关情况报告所在地中国人民银行分支机构，并在3个工作日内以书面形式报告事故的原因、影响及补救措施。

支付机构的分公司出现上述情形的，支付机构及其分公司应当比照前款分别报告所在地中国人民银行分支机构。

第三十八条 支付机构应当采取必要的管理措施和技术措施，防止客户身份信息和支付业务信息等资料灭失、损毁、泄露。

支付机构不得以任何形式对外提供客户身份信息和支付业务信息等资料。法律法规另有规定的除外。

第三十九条 支付机构对客户身份信息和支付业务信息的保管期限自业务关系结束当年起至少保存5年。

司法部门正在调查的可疑交易或违法犯罪活动涉及客户身份信息和支付业务信息，且相关调查工作在前款规定的最低保存期届满时仍未结束的，支付机构应当将其保存至相关调查工作结束。

第四十条 支付机构对会计档案的保管期限适用《会计档案管理办法》（财会字〔1998〕32号文印发）相关规定。

第四十一条 《办法》第三十八条所称重大违法违规行为，包括：

（一）支付机构的高级管理人员明知他人实施违法犯罪活动仍为其办理支付业务的；

（二）支付机构多次发生工作人员明知他人实施违法犯罪活动仍为其办理支付业务的。

第四十二条 本细则自发布之日起实施。

3. 中国银行业监督管理委员会发布《流动资金贷款管理暂行办法》

（2010 年第 1 号）

《流动资金贷款管理暂行办法》已经中国银行业监督管理委员会第 72 次主席会议通过，现予公布，并自发布之日起施行。

2010 年 2 月 12 日

流动资金贷款管理暂行办法

第一章 总 则

第一条 为规范银行业金融机构流动资金贷款业务经营行为，加强流动资金贷款审慎经营管理，促进流动资金贷款业务健康发展，依据《中华人民共和国银行业监督管理法》、《中华人民共和国商业银行法》等有关法律法规，制定本办法。

第二条 中华人民共和国境内经中国银行业监督管理委员会批准设立的银行业金融机构（以下简称贷款人）经营流动资金贷款业务，应遵守本办法。

第三条 本办法所称流动资金贷款，是指贷款人向企（事）业法人或国家规定可以作为借款人的其他组织发放的用于借款人日常生产经营周转的本外币贷款。

第四条 贷款人开展流动资金贷款业务，应当遵循依法合规、审慎经营、平等自愿、公平诚信的原则。

第五条 贷款人应完善内部控制机制，实行贷款全流程管理，全面了解客户信息，建立流动资金贷款风险管理制度和有效的岗位制衡机制，将贷款管理各环节的责任落实到具体部门和岗位，并建立各岗位的考核和问责机制。

第六条 贷款人应合理测算借款人营运资金需求，审慎确定借款人的流动资金授信总额及具体贷款的额度，不得超过借款人的实际需求发放流动资金贷款。

贷款人应根据借款人生产经营的规模和周期特点，合理设定流动资金贷款的业务品种和期限，以满足借款人生产经营的资金需求，实现对贷款资金回笼的有效控制。

第七条 贷款人应将流动资金贷款纳入对借款人及其所在集团客户的统一授信管理，并按区域、行业、贷款品种等维度建立风险限额管理制度。

第八条 贷款人应根据经济运行状况、行业发展规律和借款人的有效信贷需求等，合理确定内部绩效考核指标，不得制订不合理的贷款规模指标，不得恶性竞争和突击放贷。

第九条 贷款人应与借款人约定明确、合法的贷款用途。

流动资金贷款不得用于固定资产、股权等投资，不得用于国家禁止生产、经营的领域和用途。

流动资金贷款不得挪用，贷款人应按照合同约定检查、监督流动资金贷款的使用情况。

第十条 中国银行业监督管理委员会依照本办法对流动资金贷款业务实施监督管理。

第二章 受理与调查

第十一条 流动资金贷款申请应具备以下条件：

（一）借款人依法设立；

（二）借款用途明确、合法；

（三）借款人生产经营合法、合规；

（四）借款人具有持续经营能力，有合法的还款来源；

（五）借款人信用状况良好，无重大不良信用记录；

（六）贷款人要求的其他条件。

第十二条 贷款人应对流动资金贷款申请材料的方式和具体内容提出要求，并要求借款人恪守诚实守信原则，承诺所提供材料真实、完整、有效。

第十三条 贷款人应采取现场与非现场相结合的形式履行尽职调查，形成书面报告，并对其内容的真实性、完整性和有效性负责。尽职调查包括但不限于以下内容：

（一）借款人的组织架构、公司治理、内部控制及法定代表人和经营管理团队的资信等情况；

（二）借款人的经营范围、核心主业、生产经营、贷款期内经营规划和重大投资计划等情况；

（三）借款人所在行业状况；

（四）借款人的应收账款、应付账款、存货等真实财务状况；

（五）借款人营运资金总需求和现有融资性负债情况；

（六）借款人关联方及关联交易等情况；

（七）贷款具体用途及与贷款用途相关的交易对手资金占用等情况；

（八）还款来源情况，包括生产经营产生的现金流、综合收益及其他合法收入等；

（九）对有担保的流动资金贷款，还需调查抵（质）押物的权属、价值和变现难易程度，或保证人的保证资格和能力等情况。

第三章 风险评价与审批

第十四条 贷款人应建立完善的风险评价机制，落实具体的责任部门和岗位，全面审查流动资金贷款的风险因素。

第十五条 贷款人应建立和完善内部评级制度，采用科学合理的评级和授信方法，评定客户信用等级，建立客户资信记录。

第十六条 贷款人应根据借款人经营规模、业务特征及应收账款、存货、应付账款、资金循环周期等要素测算其营运资金需求（测算方法参考附件），综合考虑借款人现金流、负债、还款能力、担保等因素，合理确定贷款结构，包括金额、期限、利率、担保和还款方式等。

第十七条 贷款人应根据贷审分离、分级审批的原则，建立规范的流动资金贷款评审制度和流程，确保风险评价和信贷审批的独立性。

贷款人应建立健全内部审批授权与转授权机制。审批人员应在授权范围内按规定流程审批贷款，不得越权审批。

第四章 合同签订

第十八条 贷款人应和借款人及其他相关当事人签订书面借款合同及其他相关协议，需担保的应同时签订担保合同。

第十九条 贷款人应在借款合同中与借款人明确约定流动资金贷款的金额、期限、利率、用途、支付、还款方式等条款。

第二十条 前条所指支付条款，包括但不限于以下内容：

（一）贷款资金的支付方式和贷款人受托支付的金额标准；

（二）支付方式变更及触发变更条件；

（三）贷款资金支付的限制、禁止行为；

（四）借款人应及时提供的贷款资金使用记录和资料。

第二十一条 贷款人应在借款合同中约定由借款人承诺以下事项：

（一）向贷款人提供真实、完整、有效的材料；

（二）配合贷款人进行贷款支付管理、贷后管理及相关检查；

（三）进行对外投资、实质性增加债务融资，以及进行合并、分立、股权转让等重大事项前征得贷款人同意；

（四）贷款人有权根据借款人资金回笼情况提前收回贷款；

（五）发生影响偿债能力的重大不利事项时及时通知贷款人。

第二十二条 贷款人应与借款人在借款合同中约定，出现以下情形之一时，借款人应承担的违约责任和贷款人可采取的措施：

（一）未按约定用途使用贷款的；

（二）未按约定方式进行贷款资金支付的；

（三）未遵守承诺事项的；

（四）突破约定财务指标的；

（五）发生重大交叉违约事件的；

（六）违反借款合同约定的其他情形的。

第五章 发放和支付

第二十三条 贷款人应设立独立的责任部门或岗位，负责流动资金贷款发放和支付审核。

第二十四条 贷款人在发放贷款前应确认借款人满足合同约定的提款条件，并按照合同约定通过贷款人受托支付或借款人自主支付的方式对贷款资金的支付进行管理与控制，监督贷款资金按约定用途使用。

贷款人受托支付是指贷款人根据借款人的提款申请和支付委托，将贷款通过借款人账户支付给符合合同约定用途的借款人交易对象。

借款人自主支付是指贷款人根据借款人的提款申请将贷款资金发放至借款人账户后，由借款人自主支付给符合合同约定用途的借款人交易对象。

第二十五条 贷款人应根据借款人的行业特征、经营规模、管理水平、信用状况等因素和贷款业务品种，合理约定贷款资金支付方式及贷款人受托支付的金额标准。

第二十六条 具有以下情形之一的流动资金贷款，原则上应采用贷款人受托支付方式：

（一）与借款人新建立信贷业务关系且借款人信用状况一般；

（二）支付对象明确且单笔支付金额较大；

（三）贷款人认定的其他情形。

第二十七条 采用贷款人受托支付的，贷款人应根据约定的贷款用途，审核借款人提供的支付申请所列支付对象、支付金额等信息是否与相应的商务合同等证明材料相符。审核同意后，贷款人应将贷款资金通过借款人账户支付给借款人交易对象。

第二十八条 采用借款人自主支付的，贷款人应按借款合同约定要求借款人定期汇总报告贷款资金支付情况，并通过账户分析、凭证查验或现场调查等方式核查贷款支付是否符合约定用途。

第二十九条 贷款支付过程中，借款人信用状况下降、主营业务盈利能力不强、贷款资金使用出现异常的，贷款人应与借款人协商补充贷款发放和支付条件，或根据合同约定变更贷款支付方式、停止贷款资金的发放和支付。

第六章 贷后管理

第三十条 贷款人应加强贷款资金发放后的管理，针对借款人所属行业及经营特点，通过定期与不定期现场检查与非现场监测，分析借款人经营、财务、信用、支付、担保及融资数量和渠道变化等状况，掌握各种影响借款人偿债能力的风险因素。

第三十一条 贷款人应通过借款合同的约定，要求借款人指定专门资金回笼账户并及时提供该账户资金进出情况。

贷款人可根据借款人信用状况、融资情况等，与借款人协商签订账户管理协议，明确约定对指定账户回笼资金进出的管理。贷款人应关注大额及异常资金流入流出情况，加强对资金回笼账户的监控。

第三十二条 贷款人应动态关注借款人经营、管理、财务及资金流向等重大预警信号，根据合同约定及时采取提前收贷、追加担保等有效措施防范化解贷款风险。

第三十三条 贷款人应评估贷款品种、额度、期限与借款人经营状况、还款能力的匹配程度，作为与借款人后续合作的依据，必要时及时调整与借款人合作的策略和内容。

第三十四条 贷款人应根据法律法规规定和借款合同的约定，参与借款人大额融资、资产出售以及兼并、分立、股份制改造、破产清算等活动，维护贷款人债权。

第三十五条 流动资金贷款需要展期的，贷款人应审查贷款所对应的资产转换周期的变化原因和实际需要，决定是否展期，并合理确定贷款展期期限，加强对展期贷款的后续管理。

第三十六条 流动资金贷款形成不良的，贷款人应对其进行专门管理，及时制定清收处置方案。对借款人确因暂时经营困难不能按期归还贷款本息的，贷款人可与其协商重组。

第三十七条 对确实无法收回的不良贷款，贷款人按照相关规定对贷款进行核销后，应继续向债务人追索或进行市场化处置。

第七章 法律责任

第三十八条 贷款人违反本办法规定经营流动资金贷款业务的，中国银行业监督管理委员会应当责令其限期改正。贷款人有下列情形之一的，中国银行业监督管理委员会可采取《中华人民共和国银行业监督管理法》第三十七条规定的监管措施：

（一）流动资金贷款业务流程有缺陷的；

（二）未将贷款管理各环节的责任落实到具体部门和岗位的；

（三）贷款调查、风险评价、贷后管理未尽职的；

（四）对借款人违反合同约定的行为应发现而未发现，或虽发现但未及时采取有效措施的。

第三十九条 贷款人有下列情形之一的，中国银行业监督管理委员会除按本办法第三十八条采取监管措施外，还可根据《中华人民共和国银行业监督管理法》第四十六条、第四十八条对其进行处罚：

（一）以降低信贷条件或超过借款人实际资金需求发放贷款的；

（二）未按本办法规定签订借款合同的；

（三）与借款人串通违规发放贷款的；

（四）放任借款人将流动资金贷款用于固定资产投资、股权投资以及国家禁止生产、经营的领域和用途的；

（五）超越或变相超越权限审批贷款的；

（六）未按本办法规定进行贷款资金支付管理与控制的；

（七）严重违反本办法规定的审慎经营规则的其他情形的。

第八章 附 则

第四十条 贷款人应依据本办法制定流动资金贷款管理实施细则及操作规程。

第四十一条 本办法由中国银行业监督管理委员会负责解释。

第四十二条 本办法自发布之日起施行。

附件：流动资金贷款需求量的测算参考

附件：

流动资金贷款需求量的测算参考

流动资金贷款需求量应基于借款人日常生产经营所需营运资金与现有流动资金的差额（即流动资金缺口）确定。一般来讲，影响流动资金需求的关键因素为存货（原材料、半成品、产成品）、现金、应收账款和应付账款。同时，还会受到借款人所属行业、经营规模、发展阶段、谈判地位等重要因素的影响。银行业金融机构根据借款人当期财务报告和业务发展预测，按以下方法测算其流动资金贷款需求量：

一、估算借款人营运资金量

借款人营运资金量影响因素主要包括现金、存货、应收账款、应付账款、预收账款、预付账款等。在调查基础上，预测各项资金周转时间变化，合理估算借款人营运资金量。在实际测算中，借款人营运资金需求可参考如下公式：

营运资金量＝上年度销售收入×（1－上年度销售利润率）×（1＋预计销售收入年增长率）/营运资金周转次数

其中：营运资金周转次数＝360/（存货周转天数＋应收账款周转天数－应付账款周转天数＋预付账款周转天数－预收账款周转天数）

周转天数＝360/周转次数

应收账款周转次数＝销售收入/平均应收账款余额

预收账款周转次数＝销售收入/平均预收账款余额

存货周转次数＝销售成本/平均存货余额

预付账款周转次数＝销售成本/平均预付账款余额

应付账款周转次数＝销售成本/平均应付账款余额

二、估算新增流动资金贷款额度

将估算出的借款人营运资金需求量扣除借款人自有资金、现有流动资金贷款以及其他融资，即可估算出新增流动资金贷款额度。

新增流动资金贷款额度＝营运资金量－借款人自有资金－现有流动资金贷款－其他渠道提供的营运资金

三、需要考虑的其他因素

（一）各银行业金融机构应根据实际情况和未来发展情况（如借款人所属行业、规模、发展阶段、谈判地位等）分别合理预测借款人应收账款、存货和应付账款的周转天数，并可考虑一定的保险系数。

（二）对集团关联客户，可采用合并报表估算流动资金贷款额度，原则上纳入合并报表范围内的成员企业流动资金贷款总和不能超过估算值。

（三）对小企业融资、订单融资、预付租金或者临时大额债项融资等情况，可在交易真实性的基础上，确保有效控制用途和回款情况下，根据实际交易需求确定流动资金额度。

（四）对季节性生产借款人，可按每年的连续生产时段作为计算周期估算流动资金需求，贷款期限应根据回款周期合理确定。

4．中国银行业监督管理委员会发布《个人贷款管理暂行办法》

（2010年第2号）

《个人贷款管理暂行办法》已经中国银行业监督管理委员会第72次主席会议通过，现予公布，并自发布之日起施行。

2010年2月12日

个人贷款管理暂行办法

第一章 总 则

第一条 为规范银行业金融机构个人贷款业务行为，加强个人贷款业务审慎经营管理，促进个人贷款业务健康发展，依据《中华人民共和国银行业监督管理法》、《中华人民共和国商业银行法》等法律法规，制定本办法。

第二条 中华人民共和国境内经中国银行业监督管理委员会批准设立的银行业金融机构（以下简称贷款人）经营个人贷款业务，应遵守本办法。

第三条 本办法所称个人贷款，是指贷款人向符合条件的自然人发放的用于个人消费、生产经营等用途的本外币贷款。

第四条 个人贷款应当遵循依法合规、审慎经营、平等自愿、公平诚信的原则。

第五条 贷款人应建立有效的个人贷款全流程管理机制，制订贷款管理制度及每一贷款品种的操作规程，明确相应贷款对象和范围，实施差别风险管理，建立贷款各操作环节的考核和问责机制。

第六条 贷款人应按区域、品种、客户群等维度建立个人贷款风险限额管理制度。

第七条 个人贷款用途应符合法律法规规定和国家有关政策，贷款人不得发放无指定用途的个人贷款。

贷款人应加强贷款资金支付管理，有效防范个人贷款业务风险。

第八条 个人贷款的期限和利率应符合国家相关规定。

第九条 贷款人应建立借款人合理的收入偿债比例控制机制，结合借款人收入、负债、支出、贷款用途、担保情况等因素，合理确定贷款金额和期限，控制借款人每期还款额不超过其还款能力。

第十条 中国银行业监督管理委员会依照本办法对个人贷款业务实施监督管理。

第二章 受理与调查

第十一条 个人贷款申请应具备以下条件：

（一）借款人为具有完全民事行为能力的中华人民共和国公民或符合国家有关规定的境外自然人；

（二）贷款用途明确合法；

（三）贷款申请数额、期限和币种合理；

（四）借款人具备还款意愿和还款能力；

（五）借款人信用状况良好，无重大不良信用记录；

（六）贷款人要求的其他条件。

第十二条 贷款人应要求借款人以书面形式提出个人贷款申请，并要求借款人提供能够证明其符合贷款条件的相关资料。

第十三条 贷款人受理借款人贷款申请后，应履行尽职调查职责，对个人贷款申请内容和相关情况的真实性、准确性、完整性进行调查核实，形成调查评价意见。

第十四条 贷款调查包括但不限于以下内容：

（一）借款人基本情况；

（二）借款人收入情况；

（三）借款用途；

（四）借款人还款来源、还款能力及还款方式；

（五）保证人担保意愿、担保能力或抵（质）押物价值及变现能力。

第十五条 贷款调查应以实地调查为主、间接调查为辅，采取现场核实、电话查问以及信息咨询等途径和方法。

第十六条 贷款人在不损害借款人合法权益和风险可控的前提下，可将贷款调查中的部分特定事项审慎委托第三方代为办理，但必须明确第三方的资质条件。

贷款人不得将贷款调查的全部事项委托第三方完成。

第十七条 贷款人应建立并严格执行贷款面谈制度。

通过电子银行渠道发放低风险质押贷款的，贷款人至少应当采取有效措施确定借款人真实身份。

第三章 风险评价与审批

第十八条 贷款审查应对贷款调查内容的合法性、合理性、准确性进行全面审查，重点关注调查人的尽职情况和借款人的偿还能力、诚信状况、担保情况、抵（质）押比率、风险程度等。

第十九条 贷款风险评价应以分析借款人现金收入为基础，采取定量和定性分析方法，全面、动态地进行贷款审查和风险评估。

贷款人应建立和完善借款人信用记录和评价体系。

第二十条 贷款人应根据审慎性原则，完善授权管理制度，规范审批操作流程，明确贷款审批权限，实行审贷分离和授权审批，确保贷款审批人员按照授权独立审批贷款。

第二十一条 对未获批准的个人贷款申请，贷款人应告知借款人。

第二十二条 贷款人应根据重大经济形势变化、违约率明显上升等异常情况，对贷款审批环节进行评价分析，及时、有针对性地调整审批政策，加强相关贷款的管理。

第四章 协议与发放

第二十三条 贷款人应与借款人签订书面借款合同，需担保的应同时签订担保合同。贷款人应要求借款人当面签订借款合同及其他相关文件，但电子银行渠道办理的贷款除外。

第二十四条 借款合同应符合《中华人民共和国合同法》的规定，明确约定各方当事人的诚信承诺和贷款资金的用途、支付对象（范围）、支付金额、支付条件、支付方式等。

借款合同应设立相关条款，明确借款人不履行合同或怠于履行合同时应当承担的违约责任。

第二十五条 贷款人应建立健全合同管理制度，有效防范个人贷款法律风险。

借款合同采用格式条款的，应当维护借款人的合法权益，并予以公示。

第二十六条 贷款人应依照《中华人民共和国物权法》、《中华人民共和国担保法》等法律法规的相关规定，规范担保流程与操作。

按合同约定办理抵押物登记的，贷款人应当参与。贷款人委托第三方办理的，应对抵押物登记情况予以核实。

以保证方式担保的个人贷款，贷款人应由不少于两名信贷人员完成。

第二十七条 贷款人应加强对贷款的发放管理，遵循审贷与放贷分离的原则，设立独立的放款管理部门或岗位，负责落实放款条件、发放满足约定条件的个人贷款。

第二十八条 借款合同生效后，贷款人应按合同约定及时发放贷款。

第五章 支付管理

第二十九条 贷款人应按照借款合同约定，通过贷款人受托支付或借款人自主支付的方式对贷款资金的支付进行管理与控制。

贷款人受托支付是指贷款人根据借款人的提款申请和支付委托，将贷款资金支付给符合合同约定用途的借款人交易对象。

借款人自主支付是指贷款人根据借款人的提款申请将贷款资金直接发放至借款人账户，并由借款人自主支付给符合合同约定用途的借款人交易对象。

第三十条 个人贷款资金应当采用贷款人受托支付方式向借款人交易对象支付，但本办法第三十三条规定的情形除外。

第三十一条 采用贷款人受托支付的，贷款人应要求借款人在使用贷款时提出支付申请，并授权贷款人按合同约定方式支付贷款资金。

贷款人应在贷款资金发放前审核借款人相关交易资料和凭证是否符合合同约定条件，支付后做好有关细节的认定记录。

第三十二条 贷款人受托支付完成后，应详细记录资金流向，归集保存相关凭证。

第三十三条 有下列情形之一的个人贷款，经贷款人同意可以采取借款人自主支付方式：

（一）借款人无法事先确定具体交易对象且金额不超过三十万元人民币的；

（二）借款人交易对象不具备条件有效使用非现金结算方式的；

（三）贷款资金用于生产经营且金额不超过五十万元人民币的；

（四）法律法规规定的其他情形的。

第三十四条 采用借款人自主支付的，贷款人应与借款人在借款合同中事先约定，要求借款人定期报告或告知贷款人贷款资金支付情况。

贷款人应当通过账户分析、凭证查验或现场调查等方式，核查贷款支付是否符合约定用途。

第六章 贷后管理

第三十五条 个人贷款支付后，贷款人应采取有效方式对贷款资金使用、借款人的信用及担保情况变化等进行跟踪检查和监控分析，确保贷款资产安全。

第三十六条 贷款人应区分个人贷款的品种、对象、金额等，确定贷款检查的相应方式、内容和频度。贷款人内部审计等部门应对贷款检查职能部门的工作质量进行抽查和评价。

第三十七条 贷款人应定期跟踪分析评估借款人履行借款合同约定内容的情况，并作为与借款人后续合作的信用评价基础。

第三十八条 贷款人应当按照法律法规规定和借款合同的约定，对借款人未按合同承诺提供真实、完整信息和未按合同约定用途使用、支付贷款等行为追究违约责任。

第三十九条 经贷款人同意，个人贷款可以展期。

一年以内(含)的个人贷款，展期期限累计不得超过原贷款期限；一年以上的个人贷款，展期期限累计与原贷款期限相加，不得超过该贷款品种规定的最长贷款期限。

第四十条 贷款人应按照借款合同约定，收回贷款本息。

对于未按照借款合同约定偿还的贷款，贷款人应采取措施进行清收，或者协议重组。

第七章 法律责任

第四十一条 贷款人违反本办法规定办理个人贷款业务的，中国银行业监督管理委员会应当责令其限期改正。贷款人有下列情形之一的，中国银行业监督管理委员会可采取《中华人民共和国银行业监督管理法》第三十七条规定的监管措施：

（一）贷款调查、审查未尽职的；

（二）未按规定建立、执行贷款面谈、借款合同面签制度的；

（三）借款合同采用格式条款未公示的；

（四）违反本办法第二十七条规定的；

（五）支付管理不符合本办法要求的。

第四十二条 贷款人有下列情形之一的，中国银行业监督管理委员会除按本办法第四十一条采取监管措施外，还可根据《中华人民共和国银行业监督管理法》第四十六条、第四十八条规定对其进行处罚：

（一）发放不符合条件的个人贷款的；

（二）签订的借款合同不符合本办法规定的；

（三）违反本办法第七条规定的；

（四）将贷款调查的全部事项委托第三方完成的；

（五）超越或变相超越贷款权限审批贷款的；

（六）授意借款人虚构情节获得贷款的；

（七）对借款人违背借款合同约定的行为应发现而未发现，或虽发现但未采取有效措施的；

（八）严重违反本办法规定的审慎经营规则的其他情形的。

第八章 附 则

第四十三条 以存单、国债或者中国银行业监督管理委员会认可的其他金融产品作质押发放的个人贷款，消费金融公司、汽车金融公司等非银行金融机构发放的个人贷款，可参照本办法执行。

银行业金融机构发放给农户用于生产性贷款等国家有专门政策规定的特殊类个人贷款，暂不执行本办法。

信用卡透支，不适用本办法。

第四十四条 个体工商户和农村承包经营户申请个人贷款用于生产经营且金额超过五十万元人民币的，按贷款用途适用相关贷款管理办法的规定。

第四十五条 贷款人应依照本办法制定个人贷款业务管理细则及操作规程。

第四十六条 本办法由中国银行业监督管理委员会负责解释。

第四十七条 本办法自发布之日起施行。

5. 国家外汇管理局关于印发《银行间外汇市场做市商指引》的通知

汇发[2010]46号

国家外汇管理局各省、自治区、直辖市分局，外汇管理部，深圳、大连、青岛、厦门、宁波市分局；各政策性银行、国有商业银行、股份制商业银行；中国外汇交易中心，银行间市场清算所股份有限公司：

为配合汇率形成机制改革，增加外汇市场流动性，2005年国家外汇管理局在银行间外汇市场引入做市商制度。目前该制度已成为外汇市场重要的基础制度之一。为满足外汇市场迅速发展的需求，提高人民币外汇市场流动性，促进人民币价格发现效率，保证外汇市场平稳运行，国家外汇管理局对《银行间外汇市场做市商指引（暂行）》（汇发[2005]86号）予以修订，形成新的《银行间外汇市场做市商指引》（见附件），现印发给你们。

国家外汇管理局各分局、外汇管理部接到本通知后，应立即转发辖内中心支局、支局、城市商业银行、农村商业银行、农村合作银行、农村信用社和外资银行。

执行中如遇问题，请与国家外汇管理局国际收支司联系。联系电话：010-68402586、68402181。

特此通知。

2010 年 8 月 30 日

银行间外汇市场做市商指引

第一条 为进一步发展外汇市场，提高我国外汇市场的流动性，完善价格发现机制，根据《中华人民共和国中国人民银行法》、《中华人民共和国外汇管理条例》、《银行间外汇市场管理暂行规定》（银发[1996]423 号）和《中国人民银行关于加快发展外汇市场有关问题的通知》（银发[2005]202 号），制定《银行间外汇市场做市商指引》（以下简称《指引》）。

第二条 《指引》所称银行间外汇市场做市商，是指经国家外汇管理局（以下简称外汇局）核准，在我国银行间外汇市场进行人民币与外币交易时，承担向市场会员持续提供买、卖价格义务的银行间外汇市场会员。

第三条 银行间外汇市场做市商分为即期做市商、远期掉期做市商和综合做市商。即期做市商是指在银行间即期竞价和询价外汇市场上做市的银行。远期掉期做市商是指在银行间远期、外汇掉期和货币掉期市场做市的银行。综合做市商是指在即期、远期、外汇掉期和货币掉期等各外汇市场开展做市的银行。

2011 年 1 月 1 日以前经外汇局备案核准取得银行间外汇市场做市商资格的银行自动承继即期做市商资格。远期掉期做市商和综合做市商资格须另行申请。

第四条 银行间外汇市场即期做市商和远期掉期做市商享有以下权利：

（一）适度扩大结售汇综合头寸区间，实行较灵活的头寸管理；

（二）享有向中国人民银行（以下简称人民银行）申请外汇一级交易商的资格；

（三）具有参与外汇市场新业务试点的优先权。

银行间外汇市场综合做市商除享有上述三项权利外，对于银行间外汇市场新批准交易品种，经外汇局批准交易资格后，可自动获得该交易品种的做市资格；可优先获得集中净额清算分层管理一级清算资格。

第五条 银行间外汇市场做市商应履行以下义务：

（一）在规定的交易时间内，连续提供人民币对主要交易货币的买、卖双向价格，所报价格应是有效的可成交价格；

（二）在银行间即期竞价和询价外汇市场上，报价不得超过人民银行规定的银行间市场交易汇价的浮动幅度；

（三）在外汇市场诚实交易，不利用非法或其他不当手段操纵市场价格；

（四）严格遵守外汇市场交易和结售汇综合头寸的相关管理规定，及时报送结售汇综合头寸日报表；

（五）每季度报送本机构的资本充足率、外币资产负债情况、本机构和境外关联金融机构的重大事件（如资信评级调整）及外汇局要求报送的其他资料。综合做市商还须每月向外汇局报告客盘结售汇变化及原因分析、报告期内对客户远期签约期限分布和报告期末对客户远期未到期敞口期限分布、国际外汇市场走势及重大事件分析和判断、境外资产运用情况及外汇局要求报送的其他资料。

第六条 申请银行间外汇市场做市商资格须首先申请相应做市品种的尝试做市资格。申请尝试做市资格应具备以下基本条件：

（一）取得银行间外汇市场会员资格两年（含）以上的银行类金融机构；

（二）最近一个年度全行资本充足率达到 8%以上；

（三）集中管理结售汇综合头寸，外汇局核定的银行结售汇综合头寸上限在 2 亿美元（含）以上；

（四）遵守人民银行和外汇局的有关规定，在提交申请的前两年内，结售汇业务和外汇市场交易没有重大违法、违规记录。

第七条　银行间外汇市场即期做市商和远期掉期做市商应具备以下基本条件：

（一）在申请做市的交易品种上尝试做市两年以上，具备必要的经验和能力。2011 年 1 月 1 日以前经外汇局备案核准取得银行间外汇市场做市商资格的银行，在银行间远期、外汇掉期、货币掉期市场开展双边报价交易的时间视为其尝试做市时间；

（二）最近两个年度全行资本充足率达到 9%以上；

（三）最近两个年度全行境内代客跨境收支规模排名在前 50 名（含）以内；

（四）申请即期做市商的，最近一个年度全行在银行间即期外汇市场本外币交易规模排名在前 30 名（含）以内；申请远期掉期做市商的，最近一个年度全行在银行间远期、外汇掉期和货币掉期外汇市场总交易规模排名在前 30 名（含）以内；

（五）遵守人民银行和外汇局的有关规定，在提交申请的前两年内，结售汇业务和外汇市场交易没有重大违法、违规记录；

（六）具备健全的外汇业务风险管理系统、内部控制制度、内部资金和结售汇转移定价机制和较强的本外币融资能力；

（七）集中管理结售汇综合头寸，外汇局核定的银行结售汇综合头寸上限 5 亿美元（含）以上；

（八）外汇局规定的其他条件。

第八条　银行间外汇市场综合做市商应具备以下基本条件：

（一）成为即期做市商 5 年（含）以上并成为远期掉期做市商 1 年（含）以上；

（二）依据中国外汇交易中心（以下简称交易中心）公布的《银行间外汇市场优秀做市商评选办法》计算的上年度客观评分和外汇局评分两项综合得分在前 10 名（含）以内；

（三）最近两个年度全行境内代客跨境收支规模排名在前 20 名（含）以内；

（四）最近两个年度全行资本充足率达到 10%（含）以上或最近一个年度全行资本充足率达到 11%（含）以上；

（五）外汇局核定的银行结售汇综合头寸上限在 10 亿美元（含）以上；

（六）具备健全的外汇业务风险管理系统、内部控制制度、内部资金和结售汇转移定价机制和较强的本外币融资能力；

（七）遵守人民银行和外汇局的有关规定，在提交申请的前两年内，结售汇业务和外汇市场交易没有重大违法、违规记录；

（八）有 4 名以上具有交易中心颁发的银行间外汇市场交易员资格证书的交易员，岗位设置合理，职责明确。

第九条　符合本《指引》第六条所列条件的市场会员可向外汇局申请即期或远期掉期尝试做市资格，经外汇局备案，交易中心开通相应交易品种的双向报价功能后，开展尝试做市业务。尝试做市商不适用本《指引》第四、五条规定。

第十条　符合本《指引》第七条或第八条所列条件并愿意承担我国银行间外汇市场做市义务的市场会员，由其总行或有头寸集中管理权的授权分行向外汇局提出申请，经外汇局备案后成为银行间外汇市场即期、远期掉期或综合做市商。

第十一条　市场会员在提出银行间外汇市场做市商申请时应提交以下材料：

（一）承诺严格履行做市商做市义务的申请报告；

（二）符合本《指引》第七条或第八条所列条件的可行性分析报告；

（三）外汇局要求提供的其他材料和文件。

第十二条　外汇局自受理银行外汇市场做市商申请之日起于 15 个工作日内做出备案或不备案的决定，并将该决定抄送人民银行、交易中心。

第十三条　发生外资银行法人化改制资格承继、中英文名称变更等机构变更情况的做市商，应及时报外汇局登记备案。

第十四条　外汇局对做市商结售汇综合头寸实行统一核定和调整。

第十五条　外汇局就做市商报价、成交、信息报送和清算等情况进行定期评估和不定期核查，并接受市场会员对不履行本《指引》第五条所列做市义务行为的举报。

第十六条　交易中心应根据外汇局要求和市场反馈，完善银行间外汇市场做市商做市评估指标体系，并定期向外汇局报送做市商评估指标情况。

第十七条　外汇局对违反本《指引》机构和个人，依据《中华人民共和国外汇管理条例》予以处罚。

第十八条　外汇局对出现下列情况的即期、远期掉期和综合做市商及尝试做市商，将要求其停办相应的做市业务；自要求其停办做市业务之日起一年内不受理其此类业务新申请：

（一）尝试做市商自获得尝试做市资格之日起三年内，未向外汇局提交相应做市品种做市商资格申请，或者未达到本《指引》第七条所列条件的；

（二）即期、远期掉期做市商三年内累计两年未达到本《指引》第七条所列条件，且依据交易中心公布的《银行间外汇市场优秀做市商评选办法》计算的客观评分和外汇局评分两项综合得分居后五名的；

（三）综合做市商三年内累计两年未达到本《指引》第八条所列条件的；

（四）因存在可能危及其正常做市的风险，被外汇局要求停办做市业务，在规定时间内整改仍未达到相关要求的。

自被要求停办做市业务之日起，本条第（二）项下银行，自动降为尝试做市商；本条第（三）项下银行，自动转为即期和远期掉期做市商；本条第（四）项下银行，转为普通市场会员。

第十九条 外汇局对做市商相关指标予以监测，并可约谈可能被要求停办做市业务的市场会员。

第二十条 放弃做市商资格的市场会员应提前15个工作日向外汇局申请，经外汇局备案后，转为普通市场会员。

第二十一条 银行间外汇市场新批准交易品种做市办法由外汇局另行规定。

第二十二条 本《指引》由外汇局负责解释。

第二十三条 本《指引》自2011年1月1日起施行，《银行间外汇市场做市商指引（暂行）》（汇发[2005]86号）同时废止。

二、上海市人民政府有关金融的规定

1. 上海市人民政府印发《上海市融资性担保公司管理试行办法》的通知

沪府发〔2010〕31号

各区、县人民政府，市政府各委、办、局：

现将《上海市融资性担保公司管理试行办法》印发给你们，请认真按照执行。

2010年8月31日

上海市融资性担保公司管理试行办法

为充分发挥融资性担保在促进中小企业融资中的重要作用，加强对融资性担保公司的监督管理，规范融资性担保行为，促进本市融资性担保行业健康发展，根据《中华人民共和国公司法》、《中华人民共和国担保法》、《中华人民共和国合同法》、《融资性担保公司管理暂行办法》(银监令〔2010〕3号)等规定，结合本市实际，制定本试行办法。

一、适用范围

(一) 凡在本市范围内设立融资性担保公司、开展融资性担保业务及有关管理工作，适用本试行办法。

(二) 本试行办法所称融资性担保，是指担保人与银行业金融机构等债权人约定，当被担保人不履行对债权人负有的融资性债务时，由担保人依法承担合同约定的担保责任的行为。

(三) 本试行办法所称融资性担保公司，是指依法设立，经营融资性担保业务的有限责任公司、股份有限公司。

二、总体要求

(一) 融资性担保公司在经营中，应当遵循诚实守信、公平竞争、依法合规的原则，注重把握安全性、流动性、收益性，为促进中小企业发展发挥积极作用。

(二) 本市有关部门和区县政府要形成合力，进一步加大政策扶持与服务力度，为融资性担保公司持续健康发展创造良好条件。

(三) 本市融资性担保公司监管，实行“部门配合，市、区县联动”的机制。有关部门要切实履行职责，做好对融资性担保公司的日常监管、风险防范和处置等工作，确保融资性担保行业健康稳定发展。

三、工作机制

(一) 成立上海市融资性担保行业规范发展和业务监管联席会议(以下简称“市联席会议”)。市联席会议由市政府分管领导牵头召集，成员单位包括市金融办、上海银监局、市发展改革委、市经济信息化委、市财政局、市地税局、市商务委、人民银行上海分行、市工商局、市公安局、市农委、市住房保障房屋管理局、市规划国土资源局、市政府法制办等部门。市联席会议办公室设在市金融办。

市联席会议主要承担两项职能：一是指导开展融资性担保行业规范发展工作，审议决定行业监管的重大事项；二是促进本市融资性担保行业进一步支持和服务中小企业融资，研究制定促进行业发展的政策措施，指导推进区县政府开展融资性担保相关工作，建立健全科学合理的政策性融资担保业务绩效评价与综合考核机制，协调解决融资性担保行业发展存在的问题。

市联席会议成员单位要各司其职，形成合力，共同推进本市融资性担保行业健康发展。

(二) 市金融办作为本市融资性担保公司和业务的监管部门，按照规定对本市融资性担保公司和业务实施行政许可，核发和管理经营许可证，负责本市融资性担保公司的准入、退出、日常监管和风险处置等工作，并向融资性担保业务监管部际联席会议（以下简称“部际联席会议”）报告工作；按照要求及时上报本市融资性担保行业统计报表、机构概览、融资性担保行业年度发展与监管情况报告，持续跟踪监测本市融资性担保业务风险。

市金融办对区县开展融资性担保相关工作予以指导。

（三）区县政府向市金融办报送本区县申请开展融资性担保业务管理工作的报告，由市金融办报经市联席会议审核同意后，具体负责注册在本辖区融资性担保公司的设立预审和风险处置，在市金融办指导下做好注册在本辖区融资性担保公司的日常监管工作，并向市联席会议及其办公室报告工作。

区县政府应当明确主管部门，配备专门力量，切实承担管理职责。

四、设立、变更和终止

（一）设立公司

1. 在本市设立的融资性担保公司，应当由1—2个企业法人或自然人等作为主发起人发起组建。

企业法人作为主发起人，应当具备以下条件：

（1）管理规范、信用良好、实力雄厚。

（2）持续经营3年以上，最近连续2个会计年度盈利，近3年累计净利润在1 000万元以上，资产负债率不高于70%，净资产不低于5 000万元，原则上实施本项投资后长期投资额不超过净资产的60%。

自然人作为主发起人，应当具备以下条件：

（1）拥有发起出资的经济实力，具有一定的实业背景并在所在行业具有一定影响力，能够出具相应的有效证明。

（2）无重要不良信用记录，无重大不良从业记录和无违法犯罪记录等。

2. 在本市设立的融资性担保公司，注册资本最低限额为人民币1亿元。注册资本为实缴货币资本。区县政府主导设立、主要为本辖区内中小企业提供融资担保服务的融资性担保公司，可适当降低注册资本要求。

由单个企业法人作为主发起人发起组建的，持股比例原则上不低于30%；由2个企业法人作为主发起人发起组建的，持股比例原则上各不低于20%；自然人作为主发起人发起组建的，应当持有适当比例的股权。

一般发起人应当具有一定的行业背景、持续的出资能力以及风险承受能力，原则上出资额不低于500万元。

3. 设立融资性担保公司，应当符合以下规定：

（1）有符合前款关于主发起人、一般发起人等规定的条件。

（2）有符合《中华人民共和国公司法》规定的章程。

（3）有具备持续出资能力的股东。

（4）有符合本试行办法规定的注册资本。

（5）有符合任职资格的董事、监事、高级管理人员和合格的从业人员。

（6）有健全的组织机构、内部控制和风险管理制度。

（7）有符合要求的营业场所。

（8）其他审慎性条件。

4. 董事、监事、高级管理人员应当具有符合部际联席会议规定的资格，遵纪守法、诚实守信，具有与担任职务相适应的专业知识、工作经验和组织管理能力。

5. 从业人员应当参加专门的担保、金融等方面培训，具有与担任职务相适应的专业技能，有良好的合法合规意识和审慎经营意识。

6. 设立融资性担保公司，应当由主发起人向拟注册所在区县政府递交设立申请材料。申请材料应当包括：

（1）申请书。应当载明拟设立融资性担保公司的名称、住所、注册资本和业务范围等事项。

（2）可行性研究报告。

（3）章程草案。

（4）股东名册及其出资额、股权结构。

（5）股东出资的验资证明、股东的资信证明和有关资料。

（6）拟任董事、监事、高级管理人员的简历和资格证明。

（7）经营发展战略和规划。

（8）营业场所证明材料。

（9）律师事务所、会计师事务所出具的法律意见书和审计报告。

（10）其他需要提交的文件和资料。

开展融资性担保业务管理工作的区县政府按照

要求对上述申请材料进行预审，预审通过后将申请材料和预审意见报市金融办。市金融办征求市联席会议有关成员单位意见后认为符合有关规定要求的，出具同意其筹建的文件。

7. 申请人应当在取得市金融办同意其筹建文件之日起6个月内，完成筹建工作。在规定期限内未完成筹建工作的，应当说明理由，经拟注册所在区县主管部门审核，并报经市金融办同意后，可适当延长。在延长期内仍未完成筹建工作的，市金融办出具的原同意筹建文件自动失效。

筹建机构不得从事任何融资性担保业务活动。

8. 申请人完成筹建工作后，应当书面报请区县主管部门对筹建工作进行预验收。预验收通过后，区县主管部门书面报请市金融办对筹建工作进行正式验收。正式验收通过后，由市金融办作出同意融资性担保公司开业的批复，并颁发融资性担保公司经营许可证。经批准开业的融资性担保公司，应当持批准文件及经营许可证向工商部门申请注册登记。

融资性担保公司自取得经营许可证之日起3个月内，无正当理由未向工商部门办理注册登记手续的，市金融办出具的原批准发的原经营许可证自动失效。

区县主管部门和市金融办对申请人具体审批时限，应当符合《行政许可法》有关规定。

本市经批准设立的融资性担保公司名称由行政区划、字号、行业表述、组织形式依次组成，其中，行政区划系指“上海”；字号由公司自行确定；行业表述应当标明“融资担保”或“融资性担保”字样；组织形式为有限责任公司或股份有限公司。未经批准不得在名称中使用“融资担保”或“融资性担保”字样。

（二）设立分支机构

1. 本市注册设立的融资性担保公司拟在市内外设立分支机构的，应当符合以下条件：

（1）注册资本不低于人民币3亿元。

（2）持续经营3年以上，且最近连续2个会计年度盈利。

（3）稳健合规经营，无违法、违规和其他不良记录。

（4）融资性担保公司每新设立一家分支机构，应当增加相应的注册资本。

（5）其他有关条件。

外省市注册设立的融资性担保公司拟在本市设立分支机构的，原则上按照前款办理。每新设立一家分支机构，应当拨付相应的营运资金。

2. 本市注册设立的融资性担保公司拟在外省市设立分支机构的，应当在融资性担保公司所在区县主管部门备案，报经市金融办同意，并经拟设立分支机构所在地省级监管部门审查批准。

3. 外省市注册设立的融资性担保公司拟在本市设立分支机构的，应当征得融资性担保公司所在地省级监管部门同意，报经拟设立分支机构所在区县政府预审，并经市金融办审查批准。

设立分支机构具体申办流程，参照本试行办法设立公司的相关规定。

（三）变更和终止

1. 融资性担保公司有下列变更事项之一的，报区县主管部门预审：

（1）变更名称。

（2）变更组织形式。

（3）变更注册资本。

（4）变更公司住所。

（5）调整业务范围。

（6）变更董事、监事和高级管理人员。

（7）变更持有5%以上股权的股东。

（8）分立或者合并。

（9）修改章程。

（10）规定的其他变更事项。

区县主管部门将通过预审的融资性担保公司变更申请材料和预审意见报市金融办审核、批准。

融资性担保公司变更事项涉及公司登记事项的，经市金融办批准后，按规定向工商部门申请变更登记。

2. 融资性担保公司因分立、合并或出现公司章程规定的解散事由需要解散的，应当报区县主管部门预审，区县主管部门预审通过后报区县政府。由区县政府报经市金融办审查批准后，融资性担保公司凭批准文件及时向工商部门申请办理有关登记手续。

3. 融资性担保公司有重大违法经营行为，不予撤销将严重危害市场秩序、损害公众利益的，由监管部门予以撤销。法律、行政法规另有规定的除外。

4. 融资性担保公司解散或被撤销的，应当依法成立清算组进行清算，按照债务清偿计划及时偿还有关债务。市金融办和区县主管部门指导、督促其清算过程。

担保责任解除前，公司股东不得分配公司财产或从公司取得任何利益。

5. 融资性担保公司不能清偿到期债务，并且资产不足以清偿全部债务或者明显缺乏清偿能力的，应当依法实施破产。

五、业务范围

（一）融资性担保公司经市金融办批准，可以经营下列部分或全部融资性担保业务：

1. 贷款担保。
2. 票据承兑担保。
3. 贸易融资担保。
4. 项目融资担保。
5. 信用证担保。
6. 其他融资性担保业务。

（二）融资性担保公司经市金融办批准，可以兼营下列部分或全部业务：

1. 诉讼保全担保。
2. 投标担保、预付款担保、工程履约担保、尾付款如约偿付担保等履约担保业务。
3. 与担保业务有关的融资咨询、财务顾问等中介服务。
4. 以自有资金进行投资。
5. 规定的其他业务。

（三）融资性担保公司可以为其他融资性担保公司的担保责任提供再担保和办理债券发行担保业务，但应当同时符合以下条件：

1. 注册资本不低于人民币 3 亿元。
2. 连续经营 2 年以上。
3. 近 2 年无违法、违规和其他不良记录。
4. 规定的其他条件。

（四）融资性担保公司不得从事下列活动：

1. 吸收存款。
2. 发放贷款。
3. 受托发放贷款。
4. 受托投资。
5. 规定不得从事的其他活动。

六、风险控制

（一）融资性担保公司应当建立健全法人治理结构，完善议事规则、决策程序和内审制度；应当建立符合审慎经营原则的业务规程、决策程序、保后监管、风险预警及处置等制度。

（二）融资性担保公司应当按照金融企业财务规则、企业会计准则等要求，建立健全财务会计制度，真实地记录和反映公司的财务状况、经营成果和现金流量。

（三）融资性担保公司收取的担保费，可根据担保项目的风险程度，由融资性担保公司与被担保人自主协商确定，但不得违反国家有关规定。

（四）融资性担保公司对单个被担保人提供的融资性担保责任余额不得超过本身净资产的 10%；对单个被担保人及其关联方提供的融资性担保责任余额不得超过本身净资产的 15%；对单个被担保人债券发行提供的担保责任余额不得超过本身净资产的 30%。

（五）融资性担保公司的融资性担保责任余额不得超过其净资产的 10 倍，国家另有规定的除外。

（六）融资性担保公司以自有资金进行投资，限于国债、金融债券及大型企业债务融资工具等信用等级较高的固定收益类金融产品，以及不存在利益冲突且总额不高于净资产 20%的其他投资。

（七）融资性担保公司不得为其母公司或子公司提供融资性担保。

（八）融资性担保公司应当按照当年担保费收入的 50%提取未到期责任准备金，并按照不低于当年年末担保责任余额 1%的比例提取担保赔偿准备金。担保赔偿准备金累计达到当年担保责任余额 10%的，实行差额提取。

（九）融资性担保公司应当对担保责任实行风险分类管理，准确计量担保责任风险。

七、监督管理

市金融办会同市联席会议有关成员单位共同做好本市融资性担保公司和业务的监管工作。区县主管部门具体负责注册在本辖区融资性担保公司的日常监管、统计、汇总、分析等工作。

监管内容包括非现场监管、现场检查、信息披露、重大风险事件报告和应急管理等。

（一）非现场监管

1. 建立融资性担保公司管理信息系统，将全市融资性担保公司及其分支机构的资料报送、业务情况、信用情况、监管情况、风险预警等信息纳入系统进行综合管理。

2. 区县主管部门应当按照本试行办法的要求，建立健全融资性担保公司信息资料收集、整理、统计分析制度和监管记分制度，对经营及风险状况进行持续监测，做好日常非现场监管工作。区县主管部门应当于每年年末全面分析评估本辖区融资性担保行业年度发展和监管情况，每年 1 月底前向区县政府和市金融办报告本辖区上一年度融资性担保行业发展情况和监管情况；于每年 3 月底前完成所监管融资性担保公司上一年度机构概览报告。

3. 融资性担保公司应当于每月 10 日前，向区县主管部门报送上月度经营报告、财务会计报告；每季度首月 15 日前，向区县主管部门报送上季度合法合规经营和资本金运用情况的报告。区县主管部门收到上述报告后 5 日内报市金融办。

市金融办根据审慎监管的需要，适时提出融资性担保公司的资本质量和资本充足率要求。

4. 融资性担保公司设立及开展业务后，与其建立合作关系的银行应当实时跟踪有关资金流向，如发现异常情况要及时报告有关部门。

5. 市金融办和区县主管部门根据监管需要，有权要求融资性担保公司提供专项资料，或约见其董事、监事、高级管理人员进行监管谈话，要求其就有关情况、问题进行说明或作必要的整改。市金融办和区县主管部门认为必要时，可以向债权人通报所监管有关融资性担保公司的违规或风险情况。

6. 市金融办、市工商局根据各自职责，依法对融资性担保公司的经营情况等实行年审、年检。

（二）现场检查

1. 市金融办和区县主管部门根据监管需要，可对融资性担保公司进行现场检查，融资性担保公司应当予以配合，并按照要求提供有关文件、资料。现场检查时，检查人员不得少于 2 人，并向融资性担保公司出示检查通知书和相关证件。

2. 市金融办和区县主管部门必要时可聘请会计师事务所、律师事务所和信用评级机构等社会中介机构，对融资性担保公司进行专项审计、尽职调查或信用评级等，并将检查结果向市联席会议报告。

（三）信息披露

1. 融资性担保公司应当建立信息披露制度，定期向市金融办和区县主管部门、公司股东和合作银行等披露财务、经营信息。

2. 融资性担保公司应当及时向市金融办和区县主管部门报告股东大会或股东会、董事会等会议的重要决议。

（四）重大风险事件报告和应急管理

1. 市金融办和区县主管部门应当建立重大突发风险事件应急管理机制，制定融资性担保行业突发事件的发现、报告和处置制度，制定融资性担保行业突发事件处置预案，明确处置机构及其职责、处置措施和处置程序，及时、有效地处置融资性担保行业突发事件。

2. 融资性担保公司应当在重大风险事件发生 3 小时内向区县主管部门报告简要情况，12 小时内报告具体情况。按照部际联席会议有关规定，重大风险事件具体包括以下情形：

（1）融资性担保公司引发群体事件的。

（2）融资性担保公司发生担保诈骗、金额可能达到其净资产 5%以上的担保代偿或投资损失的。

（3）融资性担保公司重大债权到期未获清偿致使其流动性困难的，或已无力清偿到期债务的。

（4）融资性担保公司主要资产被查封、扣押、冻结的。

（5）融资性担保公司因涉嫌违法违规被行政机关、司法机关立案调查的。

（6）融资性担保公司主要出资人虚假出资、抽逃出资的，或主要出资人对公司造成其他重大不利影响的。

（7）融资性担保公司董事会、监事会或高级管理人员在 3 个月内有二分之一以上辞职的。

（8）融资性担保公司主要负责人失踪、非正常死亡的，或被司法机关依法采取强制措施的。

（9）其他需要报告的情况。

3. 区县主管部门对本辖区发生的融资性担保公司重大风险事件的性质、事态变化和风险程度及时做出准确判断，对危及金融秩序、影响社会稳定、可能引发系统性风险的重大风险事件，应当及时向区县政府报告，按照有关规定及时处置，并同时向市金融办报告。

4. 市金融办对本市融资性担保行业的重大风险事件，应当会同有关方面按照规定及时处置，并及时向市联席会议和部际联席会议报告。

八、法律责任

发生违法、违规情形的，按照有关法律法规及《融资性担保公司管理暂行办法》规定，依法予以处理。

（一）本市从事融资性担保公司监管工作的人员有下列情形之一的，依法给予行政处分；构成犯罪的，依法追究刑事责任：

1. 违反规定审批融资性担保公司的设立、变更、终止以及业务范围的。

2. 违反规定对融资性担保公司进行现场检查的。

3. 未依照有关规定报告重大风险事件和处置情况的。

4. 其他违反法律法规及有关规定的行为。

（二）融资性担保公司违反法律、法规及《融资性担保公司管理暂行办法》规定，有关法律、法规有处罚规定的，依照其规定给予处罚；有关法律、法规未作处罚规定的，由市金融办责令改正，可以给予警告、罚款；构成犯罪的，依法追究刑事责任。

（三）违反《融资性担保公司管理暂行办法》第八条规定，擅自经营融资性担保业务的，由有关部门依法予以取缔并处罚；擅自在名称中使用"融资担保"或"融资性担保"字样的，由市金融办会同有关部门责令改正，依法予以处罚。

九、其他

（一）现有融资性担保公司资本实力较强、业务达到一定规模、具有行业领先地位并按照规定重新确认登记的，或拟新设立融资性担保公司主发起人资本实力雄厚、在业内具有国内外影响的，可向注册所在区县政府提出申请同时抄报市金融办，经区县政府审核并报经市金融办同意，由市金融办直接负责其设立和管理等事宜，区县政府配合做好相关工作。

（二）市有关部门和区县政府要进一步加大扶持力度，研究制定促进融资性担保行业健康稳步发展的政策措施。

（三）市担保行业协会要加强自身建设，加强行业自律管理，切实履行自律、维权、服务、引导等职责，在推进本市融资性担保行业健康有序发展中发挥积极作用。

（四）外商投资的融资性担保公司适用本试行办法，并应当符合现行外商投资有关法律法规的规定。申请人应当取得市金融办同意其筹建的文件，筹建工作完成并报请监管部门验收通过，市金融办作出同意融资性担保公司开业的批复并颁发经营许可证，申请人向市商务委办理有关手续后，由工商部门办理注册登记手续。

（五）在本市设立的非公司制融资性担保机构，原则上参照本试行办法执行。

（六）本试行办法施行前已经设立的融资性担保公司，应当按照国家有关规定予以规范整顿，并在2011年3月31日前达到规定的要求。

（七）本试行办法未尽事宜，依《融资性担保公司管理暂行办法》等规定执行。

（八）本试行办法由市金融办负责解释。

（九）本试行办法自2010年10月1日起施行。

2. 关于印发《上海市金融支持文化产业发展繁荣的实施意见》的通知

沪金融办通〔2010〕24号

各区、县人民政府，市政府有关委、办、局，各金融机构：

为贯彻落实中央宣传部、中国人民银行等九部委《关于金融支持文化产业振兴和发展繁荣的指导意见》（银发[2010]94号）精神，进一步加强对上海文化产业的金融服务，市委宣传部、市金融办、市发展改革委、市财政局、市文广影视局、市国资委、市新闻出版局、中国人民银行上海分行、上海银监局、上海证监局、上海保监局制定了《上海市金融支持文化产业发展繁荣的实施意见》。经市委、市政府同意，现印发给你们，请按照执行。

2010年7月19日

上海市金融支持文化产业发展繁荣的实施意见

为贯彻落实《中央宣传部、中国人民银行、财政部、文化部、广电总局、新闻出版总署、银监会、证监会、保监会关于金融支持文化产业振兴和发展繁荣的指导意见》（银发〔2010〕94号）精神，推进上海国际文化大都市建设，加快形成上海金融与文化产业相互促进、共同发展的局面，现提出以下实施意见：

一、充分认识金融支持文化产业发展的重要意义

（一）推动金融业与文化产业对接，充分发挥金融在支持文化产业发展中的重要作用，是本市建设国际文化大都市和国际金融中心的必然要求。大力发展文化产业，加快建设上海国际文化大都市是市委、市政府的重要战略部署。加强金融对文化产业发展的支持，推进文化要素整合和资源优化配置，有利于增强文化产业的核心竞争力，加快本市转变发展方式、提升城市“软实力”；有利于拓展金融企业业务范围，完善服务功能，培育新的盈利增长点；有利于优化上海人文环境，集聚金融人才，加快上海国际金融中心建设。

二、加大对文化产业的信贷投入

（二）加强对优势文化行业和重点文化企业的信贷支持。引导金融机构对本市列入《国家文化出口重点企业名录》的文化企业优先给予信贷支持。引导金融机构针对影视、出版、报业、印刷等行业兼并重组和技术升级的需要提供并购贷款，针对设备进口、设备租赁、技术改造和基础设施建设等开展进口开证、供应链融资、固定资产贷款、融资租赁贷款等融资服务。支持向影视、出版、演艺等领域具有较强产品研发、生产、服务和出口能力的内容服务商提供订单融资。

（三）加强对重点文化项目的信贷支持。引导金融机构对符合本市《文化产业投资指导目录》导向、列入国家或市文化发展规划的文化产业项目、列入国家或市重大文艺创作项目的重点项目优先给予信贷支持。引导商业银行通过联合贷款、银团贷款等方式对融资规模较大的项目提供金融支持。加强对国家级、市级文化产业园区和上海国际文化服务贸易平台的金融服务，引导金融机构为其基础设施建设、技术研发、制作中心等公共服务平台建设和入驻的文化企业提供信贷支持。

（四）加强对中小文化企业的信贷支持。支持银行业金融机构加强与融资性担保公司的合作，扩大对中小文化企业的担保贷款规模。鼓励金融机构依托国家级、市级文化产业园区和上海国际文化服务贸易平台，探索发展中小文化企业联保联贷产品。支持金融机构对于具有稳定物流和现金流的企业发放应收账款质押、仓单质押贷款。支持金融机构对于具有优质商标权、专利权、著作权等知识产权的企业，通过权利质押贷款等方式，逐步扩大收益权质押贷款范围。支持金融机构与保险公司加强合作，试点开展履约保证保险、信用保险等产品。

（五）创新文化消费信贷产品。鼓励金融机构根据文化消费特点，积极开发分期付款等消费信贷品种，扩大综合消费信贷投放。完善银行卡消费环境，积极推动娱乐、广播影视、新闻出版、旅游广告、艺术品交易等行业的刷卡消费。

（六）完善对文化企业的信贷机制。支持金融机构制定明确的文化产业授信政策、信贷目标和实施计划。支持金融机构充分考虑文化企业特点，设计内部评级指标体系和评级模型，建立和完善信用评级和信用评分制度。对国家重点支持的文化企业和项目，金融机构要简化审批流程，提高贷款审批效率。对重大文艺创作项目，金融机构可结合上海文化发展基金会项目评审机制，加强对项目可行性和信用度评估。支持金融机构根据文化企业、文化项目实际情况，科学合理确定贷款期限，建立灵活的差别化定价机制，适当提高对中小文化企业不良贷款的风险容忍度。推动地方性金融机构设立从事文化产业服务的专门部门，配备相关专业人才。推动金融机构建立专门的文化产业金融服务考评体系，建立尽职免责和正向激励机制。

三、积极推动文化产业直接融资

（七）推动符合条件的文化企业上市融资，鼓励依托资本市场进行并购和重组。支持处于成熟期、经营较为稳定的文化企业在主板市场上市；支持处于成长期、发展前景广阔的中小文化企业在创业板、中小板上市。支持已上市的文化企业通过增发、配股等方式开展再融资，通过并购重组、整体上市等加快发展。

（八）加强适合上市融资的文化企业的筛选和储备。建立本市“拟上市文化企业资源库”（以下简称“资源库”）。对于列入“资源库”的文化企业，政府各部门加大沟通协调支持力度，主动积极提供便捷、优质、高效的服务，推动相关部门简化程序。推动地方证券机构配备熟悉文化产业的投行人员，参与“资源库”建设，对列入“资源库”的企业提供针对性服务。完善本市文化企业上市跟踪机制，加强与国家有关部门的沟通协调。

（九）支持本市文化企业通过债券市场融资。支持符合条件的文化企业通过发行企业债、公司债、短期融资券、中期票据、集合债、集合票据等方式融资。对符合国家政策规定的中小文化企业发行直接债务融资工具的，运用补贴等方式鼓励中介机构适当降低收费，减轻文化企业的融资成本负担。支持文化企业选择运作比较成熟的文化产业项目，以未来现金流、收益权等为基础，开展资产证券化试点。

（十）支持文化产业多渠道直接融资。通过政府注资、吸引金融资本参与等方式，进一步充实国有文化投资机构的实力，提高其对文化产业核心领域和新兴文化业态的投资能力。支持金融机构在符合监管要求的前提下投资文化企业债权和股权，参与面向文化产业的股权投资基金。发挥政府资金的引导作用，促进文化产业投资基金发展，拓宽处于创业期和成长初期的文化企业的融资渠道。推动风险投资基金、股权投资基金与文化企业的对接。进一步开放文化产业，支持外资、民资等各类资本在政策许可范围内投资文化产业。

四、积极培育文化产业保险市场

（十一）进一步开发符合文化产业需求的保险产品。推动保险机构开展适合文化产业园区、上海国际文化服务贸易平台、会展、影视制作基地、演艺场所特点的安全责任、公众责任、环境污染责任等领域的责任保险。推动保险机构开展知识产权侵权险，演艺、会展、动漫、游戏、各类出版物的印刷、复制、发行和广播影视产品完工险、损失险，团体意外伤害保险等适合文化企业特点和需要的新型险种和保险业务。推动保险机构对列入国家文化产业示范基地、上海市文化产业示范基地、《国家文化出口重点企业名录》的文化企业开展适合其特点的高管责任保险。

（十二）加强和完善对国家和本市重点扶持的文化企业和文化产业项目的保险服务。引导保险机构对列入国家文化产业示范基地、上海市文化产业示范基地、《国家文化出口重点企业名录》的文化企业，签订一揽子保险计划，合理确定保险费率，提供完善、优惠的风险管理与服务。对列入名录、信誉好、风险低的文化企业和文化产业项目，给予适当的费率优惠。鼓励保险机构为本市受到国家重点扶持的文化企业和文化产业项目提供承保和理赔的“绿色通道”。

（十三）加强和完善针对文化出口企业的保险服务。引导保险机构对于符合《文化产品和服务出口指导目录》条件，特别是列入《国家文化出口重点企业名录》和《国家文化出口重点项目目录》的文化出口企业和项目，积极提供出口信用保险服务；加强与国际救援组织的合作，积极开展文化产业项目人员的境内外急难救助。

五、加强和改进对文化产业的综合金融服务

（十四）引导金融机构开发适合文化企业需求的综合金融产品和特色金融服务。引导金融机构将本市列入国家文化产业示范基地、上海市文化产业示范基地、《国家文化出口重点企业名录》的文化企业纳入重点战略客户名单。支持金融机构加强合作，综合利用多种金融业务和金融产品，推出信贷、债券、保险、信托、基金、租赁等多种工具相融合的一揽子金融服务和个性化服务，做好文化企业从初创期到成熟期各发展阶段的融资方式衔接。支持金融机构为网络文化等新兴文化业态提供数字化网络化的专业金融服务。

（十五）促进文化产权交易市场发展。研究制定有利于本市文化产权交易市场发展和繁荣的配套政策。积极扶持上海文化产权交易所发展，本市各类机构、企业针对其所拥有的国有文化产权开展转让、租赁、投资等经营处置行为，须通过文化产权交易所进行。支持上海文化产权交易所扩大服务半径，为全国各地文化企业和个人的股权、债权、物权、知识产权等资产的转让交易活动提供高效、专业的市场服务。支持上海文化产权交易所提升服务能级，在文化产业领域探索开展资产重组、融资并购、文化创意成果转化等高端增值服务。研究开发文化产权交易指数。培育和发展服务文化产权交易的资产评估、财务审计、法律服务、产权经纪等专业机构。

（十六）大力发展面向文化产业的融资租赁业务和融资性担保业务。培育和发展面向文化产业的融资租赁公司和融资性担保公司，鼓励融资租赁公司、融资性担保公司等加大对中小文化企业的融资支持。进一步发挥现有文化产业担保公司作用，引导和鼓励国资、民资、外资等各类资本参与文化产业领域的融资担保服务。支持符合条件的融资性担保公司和再担保公司按照《财政部、工业和信息化部关于印发〈中小企业信用担保资金管理暂行办法〉的通知》(财企[2010]72号)的有关规定申请中小企业信用担保资金资助,使各类担保公司更好地为推动中小文化企业发展服务。

(十七)完善对文化企业外汇管理与服务。便利文化企业对外贸易、跨境融资和投资,满足其合理的用汇需求,简化外汇管理业务流程,提高外汇管理效率。发挥金融机构海外网点的信息和服务优势,为文化企业"走出去"提供金融支持。

六、建立健全金融支持文化产业发展的配套措施

(十八)建立领导和协调推进机制。在本市文化体制改革工作领导小组领导下,建立金融促进文化产业发展的协调推进机制。搭建本市宣传文化和金融管理等有关部门、文化企业、金融机构之间多层次的信息沟通机制,定期发布文化产业发展规划、投资指导目录、文化产业园区、重点企业名录等信息和国际文化服务贸易平台发展动态,引导金融机构有重点地支持文化产业。

(十九)设立市、区(县)联动的中小企业融资担保专项资金。由市、区(县)两级财政出资设立中小企业融资担保专项资金,向经市有关部门认定、为本市中小文化企业提供融资担保服务的重点融资性担保机构,对其经核定后的代偿损失按规定给予适当补偿。

(二十)支持文化企业运用金融工具做强做大。市、区(县)政府有关部门对产业技术升级、文化内容生产等有利于提升本市文化产业综合竞争力的重点项目,可按有关规定给予贷款贴息;对列入国家文化产业示范基地、上海市文化产业示范基地、《国家文化出口重点企业名录》的文化企业投保财产保险、责任保险、人身意外保险,可按有关规定适当给予保费补贴;对拟上市的文化企业,在企业转制、上市辅导等不同阶段可按有关规定分别适当给予补贴。

(二十一)推动设立文化金融研究机构。委托相关机构联合本市高校、文化企业、金融服务和监管机构等方面的专家,开展文化与金融结合的相关研究,为政府部门决策和政策制定提供依据。

(二十二)加强政策落实监测评估。建立和完善金融支持文化产业发展的专项统计制度,加强对文化产业金融支持的统计和监测分析。结合本市实际,建立金融支持文化产业发展的专项信贷政策导向效果评估制度。

(二十三)加强舆论对金融支持文化产业发展的引导。新闻媒体要积极开展金融与文化产业对接的宣传报道,促进金融业与文化产业共同发展。对金融机构支持本市文化产业发展成效明显的,要大力宣传、重点报道。对本市文化企业实施开放战略、积极引入社会资本参与发展、有效解放和发展文化生产力的,要给予舆论引领和支持。

本意见也适用于从事建筑设计、工业设计、服装设计、图像设计等创意企业。

第八篇　文　　化

一、学 术 团 体

1. 上海市金融学会

1. 回顾总结，把握发展方向，不断开拓创新

2010年是上海市金融学会成立30周年和《上海金融》创刊30周年，也是新一届理事会成立以来履行职责的完整一年。学会进行了一系列纪念活动，全面总结、生动宣传30年的成绩和经验，明确未来发展方向，进一步开拓创新，努力推动上海金融科研事业的繁荣发展。

一是举行纪念学会成立30周年暨《上海金融》创刊30周年座谈会。会议回顾了学会成立30年来走过的历程，充分肯定了学会对推动理论创新和上海金融改革作出的突出贡献，进一步总结了30年发展的经验，对下一步的发展方向和工作作了具体部署，为更好地实现学会事业新发展起到重要的推动作用。为配合此次座谈会的召开，学会秘书处还组织开展了学会成立30周年和《上海金融》创刊30周年征文活动，制作了"上海市金融学会成立30周年"纪念邮册。

二是建立上海市金融学会网站。学会成立30年来，共吸收新会员850多人，特别是近几年吸收了很多青年会员，为学会注入了新鲜血液，但同时也给会员管理带来了挑战，学会的很多活动信息不能及时传递给会员，造成诸多信息不对称。为此，学会着手推进信息化建设，建立上海市金融学会网站，设立学会介绍、学会动态、学术研讨、课题管理、刊物信息、金融资讯、会员专区等多个栏目，致力于打造成上海金融业全方位的研究和宣传平台。通过发布学术活动、研究成果，向广大群众普及金融知识、传递金融信息等方式，努力搭建学会和广大金融从业人员、专家学者以及关注金融的有识之士沟通的网络桥梁；同时，增加学会管理的透明度和信息披露力度，推动《上海金融》、《上海金融年鉴》等刊物的信息化建设，提高编辑效率和水平。

2. 结合热点，开展多层次、多形式的学术研究和交流活动

一年来，学会紧紧围绕经济建设和金融改革开放中出现的新情况、新问题，以多种形式开展多样化的学术研究和交流活动，为会员提供良好的交流、沟通平台。

一是发挥专业研究部和副会长单位的作用，开展扎实有效的学术研讨会，不断推进理论创新和学术繁荣。学会国际金融专业研究部和上海财经大学现代金融研究中心联合召开"复杂局面下的人民币汇率与上海国际金融中心建设直面问题"研讨会，就人民币汇率市场化形成机制、人民币国际化以及上海国际金融中心建设三个方面的议题展开深入讨论，提出三者的实现均以开放、市场化为前提，同时要以透明并有效执行的规则进行规范，并且这三者只是路径和手段，都是为了实现中国经济的稳定快速增长、人民福利最大化这一最终目标。学会与副会长单位上海金融学院等联合举行"2010年上海国际金融中心建设论坛"，就"金融市场发展与上海国际金融中心建设"这一主题展开广泛的交流，提出推进上海国际金融中心的中心工作是以完善金融市场为核心，把个人交易活动更多地吸引到上海，提高上海对全球金融资源的定价能力。同时，环境建设是金融中心建设的基础性工作。此外，学会金融市场专业研究部还召开"金融市场热点问题研讨会"，就人民币境外回流机制、股指期货与股价关系以及融资融券发展研究等问题展开讨论。值得一提的是，学会青年金融专业研究部举行了首届"青年金融论坛"，从70多篇征文中挑选10位优秀论文作者及其推荐人共同在会上进行交流和点评，激发了青年对金融前沿问题的关注和研究热情，获得很好的效果。

二是利用学会的资源优势，继续与专业机构合作举办大型学术会议，不断提升会员的金融研究水平和学会的影响力。学会与士研商务咨询公司联合召开以“分享、合作、成长”为主题的“第三届亚太财富管理与私人银行会议 2010”，重点讨论当前金融环境下私人财富管理市场的发展机遇与趋势、多元化财富管理与可持续性投资以及中国和全球私人银行业发展的经验等。来自国内外著名私人银行、重要银行协会、金融机构、咨询机构等 200 余人参与会议。同时，在第一届航运金融服务国际会议 2009 成功举办的基础上，学会与北外滩航运集聚服务区建设发展办公室、士研商务咨询公司联合召开了“第二届航运金融服务国际会议 2010”，进一步深化对航运金融服务业热点问题的讨论，着重探讨“航运金融衍生出的新型法律问题”、“多变经济环境下航运业的前景展望”、“航运业各细分市场的需求及对应的多元化服务”、“提升航运金融服务软实力”、“航运金融服务新模式的创新与应用”等课题。来自国内外著名航运金融机构、知名航运保险公司、海事仲裁机构、律师事务所、船东船厂及其他相关中介服务商等 260 多人参与盛会。上海市人民政府网、虹口区政府网、东方早报、腾讯财经等媒体进行了报道。通过这些会议，我们希望可以为监管部门、金融机构、媒体以及公众建立一个互动沟通的平台，促进合作，提升金融业专业化服务水平。

三是加强与金融机构、有关部门和社会团体之间的合作与交流，共同推进金融事业发展。协助中国金融学会办好“2010 两岸金融上海交流会”。4 月 26 日，由中国金融学会主办、台北金融研究发展基金会合办的“2010 两岸金融上海交流会”在上海国际会议中心召开。4 月 27 日，台湾金融代表团 47 人分组拜访了在沪银行、证券、保险等金融机构。上海市金融学会协助中国金融学会，在演讲嘉宾和参会代表邀请、台湾金融代表团迎送、宴请和拜访、会务安排以及协调相关事务方面做了大量工作，交流会取得了圆满成功，台湾金融代表团对学会的安排十分满意，中国金融学会秘书部领导对上海市金融学会的工作给予高度肯定。此外，作为协办单位，学会还组织会员单位代表参与由上海期货交易所和上海市期货同业公会主办的“2010 年低碳经济与‘碳金融’发展论坛”，以及由浦东干部学院和金融时报主办的“金融创新与风险监管论坛”等。同时，还组织学会部分理事参与由上海市人民政府、江苏省人民政府、浙江省人民政府和中国人民银行联合主办的第三届长江三角洲地区金融论坛，由全国工商联并购工会、中国人民银行上海总部、上海市金融服务办共同主办，主题为“面向全球产业整合，立足本土并购市场”的 2010（第八届）中国并购年会，为学会会员单位提供更多的学习、交流与发展的舞台。

在课题研究方面，学会继续注重专题研究的组织工作。年初召开上一年重点课题交流点评会，邀请各课题组成员和评审专家就课题的框架、创新、需要进一步研究的问题以及不足之处进行了充分的交流，评选获奖课题。同时围绕金融热点问题，结合上海的实际，组织 2010 年重点课题选题申报，从 53 个课题选题中确定了后世博上海经济及其对银行业的影响、商业银行支持上海经济转型路径研究、上海银行业“双转型”及其监管对策研究、低碳经济与上海金融业发展的思考、金融便利服务研究、上海国际金融中心建设与航运中心建设的协同效应研究等 17 个中标课题。通过课题研究，切实推动研究工作开展，提高研究质量，为政府和金融管理部门决策服务，为金融机构发展服务，促进全市金融科研事业的繁荣。

3. 服务大众，推进金融知识普及教育和促进学术成果转化

社联作为业务主管单位，对于学会的科学化和规范化管理以及学术团体功能的培育具有指导作用。学会积极参与社联的工作，开展特色科普活动，同时提高研究成果利用率，提升成果转化功能。

一是开展特色科普活动。积极参与以“共享世博成果，提升城市文化软实力”为主题的第九届上海市社会科学普及活动周，参加社会科学大型义务咨询活动，开展金融知识普及教育，为市民提供投资理财方面的咨询服务。为抓住世博后机遇，持续放大世博效应，学会于 11 月举行“金融服务世博、世博促进金融”展览，共 40 多块展板，展现了各单位服务世博、服务上海国际金融中心建设的主要措施和成绩，同时召开“世博金融与上海国际金融中心建设”专题论坛，就上海国际金融中心建设的制约性问题、推动力与政府角色以及世博金融的实践经验进行探讨。此次活动作为市社联科普活动周的特色活动，事先在《解放日报》上刊登活动预告，并通过学会秘书长工作会议、学会网站、《上海金融》等广而告知，取得较好的社会效应。此外，学会还与上海市老年学会等单位共同主办“维权：让老龄社会更和谐”百名专家专场义务咨询服务活动，提供金融知识咨询。

二是整理金融研究成果，促进成果转化。学会在组织会员围绕宏观经济与金融形势分析、经济转型与金融支持、上海国际金融中心和航运中心建设、金融市场发展等热点问题开展研究的基础上，汇编成《上海市金融学会2010年年会论文集》，以内部刊物方式供会员交流与参阅。同时，学会整理2008年和2009年获奖课题及部分会员单位的优秀论文，出版了《上海金融论丛》第一册，为宏观决策提供重要的参考资料。此外，为配合首届“青年金融论坛”的召开，学会广泛征文，收到征文71篇，从中挑选出56篇汇编成论文集，部分优秀文章还在《上海金融》上发表。

三是发挥学会传媒功能，树立刊物品牌。做好《上海金融》、《金融探索与实践》两本刊物的编发工作。《上海金融》保持了中文核心期刊、中文社会科学引文索引来源期刊的荣誉，再次被评为华东地区优秀期刊，在金融学术理论界保持了较高的影响力。在金融年鉴的编发方面，《上海金融年鉴》在第四届全国年鉴编纂出版质量评比（每五年一次）中被评为综合二等以及框架设计二等、装帧设计一等奖。此外，由学会组织各金融单位编辑出版的《世博金融之旅》于世博会召开之际问世，该书紧贴时代脉搏，图文并茂，具有知识性、观赏性、实用性、指导性，是上海第一次重点介绍银行、证券、保险等机构服务世博的读物，同时也展示了上海国际金融中心建设的成就，深受大众欢迎。

（王海生）

2. 上海城市金融学会

2010年，在中国城市金融学会、上海市社联领导下，上海城市金融学会充分发挥理论先导优势，组织工商银行各级群众性研究力量，深入开展多层次学术研究和学术活动，致力搭建三大平台，成为全行的思想库、参谋部、智囊团，推动全行全面提升核心竞争力。

1. 构建“决策研究平台”，发挥学会参谋智库功能

一年来，上海城市金融学会主要通过深度参与银行经营决策，积极搭建“决策研究平台”。

（1）积极参与重点调研课题，为转型发展提供金融理论指导。一年来，学会积极开展数十项重点课题研究，服务工行建设国际一流金融企业的实践。一是以转型为主线，把握“十二五”期间经济转型升级的机遇和挑战，深入研究银行转型发展的路径和策略。二是以市场为导向，聚焦新兴客户和新兴业务，深入研究银行市场拓展与服务创新策略。三是以创新为动力，充分激发资源活力，深入谋划银行体制机制改革方案。这些课题报告为商业银行在新形势下挖掘新的市场机会，拓展利润新增长点开拓了思路。

（2）组织推动群众性调研工作，为基层经营管理提供决策参考。学会研究工作充分发挥群众性金融科研活动基地的职能，与基层调研工作相结合，创造出一大批有价值上水平的调研报告。这些报告总结分析银行基层工作的经验和不足，提出改进措施和建议，促进了银行经营管理水平的提升。一是积极参加工总行优秀论文评选，开展“碳金融与中国银行业”主题征文活动，其中论文《从低碳金融谈我国商业银行的发展》获三等奖。二是制定落实各基层分会年度研究计划，组织开展学会优秀论文评选。一年来各行部共上报了200余篇重点课题调研成果，有数篇优秀论文发表于《金融论坛》、《金融管理与研究》等核心学术期刊。

2. 构筑“研究发布平台”，系统展示学会理论和实践研究成果

学会及时发布展示全行优秀金融研究成果，建设理论研究和宣传阵地。

（1）编辑发布优秀论文集，不断发挥学术成果交流载体的功能。一年来学会共发布100多篇各类论文和调研报告，其中大部分为学会获奖论文，有效推广了全行优秀研究成果，有力激发了全行员工的理论研究热情。

（2）推出形势分析系列产品，发布宏观经济和重点行业研究成果。一是推出每周经济和金融点评系列，及时发布最新金融经济信息。二是开展区域季度宏观经济研究，比较上海与周边省市的经济发展优劣势。三是开展重点行业系列跟踪研究，及时解读重大政策及其对我行的影响。

3. 搭建“学术研讨平台”，积极扩大学会在行内外、海内外的影响力

学会每年举办丰富多彩的学术活动，贴近经济金融时事热点，贴近银行工作重点，展开多层次的学术研讨。这些学术活动不仅在全行营造了浓郁的学术氛围，更在海内外学术界、金融同业等广大范围内扩大了学会影响力。

（1）放眼国际，联动同业，学术论坛引领前沿。协助工总行金融研究所，邀请数十位中日两国专家，以“日本经济盛极而衰的教训和对中国的借鉴”为主题，在上海成功举办第十届中日国际研讨会。积极联动上海市金融学会，邀请工行专家，在上海航运金融国际论坛上发表主题演讲，推荐优秀论文参加首届青年金融论坛交流，推广工行在航运金融和青年理论研究方面的工作成果。以上海经济转型和商业银行金融服务创新为主题，牵头完成上海市金融学会重点课题。

（2）总结经验，激励斗志，纪念文集传承文化。在工行浦东分行成立20周年之际，组织开展纪念征文活动，积极传承工行优秀文化。以征文、采访等多种形式，充分发动了解浦东分行历史的老领导、老员工撰写回忆文章。推出《流金岁月——中国工商银行支持浦东开发开放20周年纪念文集》，传承浦东分行敢为人先、开拓创新、奋发有为的创业精神，为新时期全行实现新跨越注入不竭的精神源泉。

（3）聚焦世博，积极造势，优质服务创造价值。联合上海市金融学会和在沪商业银行，举办世博金融服务展览，共享金融同业的世博服务经验举措。发动广大青年会员，积极参与上海银监局牵头举办的“青春在世博中闪光——上海银行业青年‘精彩世博’”系列活动，激发青年参与世博、服务世博的热情。大力宣传工行各级员工在世博服务中的先进事迹和典型案例，推广世博服务的先进经验。

（上海城市金融学会）

3. 上海市农村金融学会

2010年，上海市农村金融学会紧紧围绕上海农业银行改革与发展的主题，加强学会自身建设，强化桥梁纽带职能，发扬理论研究优势，团结广大会员，积极开展金融理论和实务的探讨，在实践中进一步发挥学会平台作用，提升研究成果的实用价值，为上海国际金融中心建设发挥参谋、智囊作用，有力地促进了上海农行各项业务的长足发展。

1. 围绕城乡金融改革发展主线，积极开展应用课题研究

一是积极参与中国农村金融学会2010年重点研究课题招投标，按期圆满完成中标课题的调研任务，形成了《区域经济转型过程的银行信贷政策及竞争力研究》课题研究报告。二是积极参与上海市金融学会2010年重点课题招投标，认真开展对中标课题《低碳经济发展与金融对策》的专题调研，按期完成了课题研究报告。三是结合推进农行经营战略转型和世博金融服务，以“后世博时代上海经济转型与农行发展”为主题，以开展征文活动为学会形式，通过组织多次调研座谈会和培训交流活动，认真落实2010年学会课题研究计划，形成了有一定质量的调研文章31篇。

2. 开展灵活多样、讲求实效的研究活动，加强研究成果的交流、推广

一是会同上海市金融学会举行“世博金融服务论坛”活动，共同探讨做好世博金融服务。二是联合上海社科界开展“低碳经济与人类文明的进步”主题征文活动，并在此基础上举行专题研讨会，学会选送了6篇相关调研文章，其中1篇荣获优秀奖，上海市农村金融学会荣获优秀组织奖。活动中，中青年研究小组多次召开学术交流会，探讨课题，交流观点，发挥了中青年研究骨干的积极作用。三是配合开展农行企业文化宣传推广工作，学会组织开展了“文化宣言，从我做起”征文活动，收到征文15篇，并上报中国农村金融学会；学会还组织了两次企业文化研讨会，把上海农行企业文化建设推向深入。四是会同上海农行团委开展了以“后危机时代的金融改革与发展”为主题的第十一届“青年论坛”征文活动，收到征文45篇，并推优上报中国农村金融学会和农总行团委5篇。五是积极参与了《上海经济年鉴》、《上海金融年鉴》和上海市金融学会年会等撰稿和组稿，交流、推广金融研究成果。

3. 认真办好《上海农村金融》会刊

注重贴近金融改革开放和业务发展实际，积极传播理论知识，广泛交流调研成果，进一步发挥了学会传媒功能。《上海农村金融》全年共发表文章 120 多篇，45 万字，会刊质量也有新的提高。

4. 加强学会自身建设

一是认真做好学会第八届会员代表大会的各项筹备和会务工作，包括起草学会工作报告、会长重要讲话、修改完善学会章程等会议文件，圆满完成学会换届工作，并积极抓好新一轮学会工作的落实。二是加强学会研究平台建设，积极发挥中青年骨干作用，通过座谈、培训、辅导、研讨、交流等多种形式，营造良好的调研氛围。三是按时完成市社联、市社团局的学会年检、创优达标工作，上海市农村金融学会获得市社联“达标学会”称号。

（陈伟华）

4. 上海市投资学会

2010 年，投资学会严格按照社会团体管理规定，紧紧围绕党和政府的中心工作，坚持正确的思想理论导向，围绕国内外经济、金融发展的热点，结合现实积极开展理性的、互动的学术探讨和研究，形成一批有较高质量的研究成果。

1. 加强和完善学会的组织建设

投资学会始终把完善组织建设，提高整体素质，营造和谐环境的重要理念放在首位，虽然经历人员变换和机构调整，但仍把提高学会整体素质，强化社团管理和建设，优化会员的结构和层次，弘扬和营造和谐的工作环境作为努力的目标。营造高品位的学术氛围，培养荣誉感、集体感和责任感，积极宣传落实上海市社会科学界联合会及建设银行上海市分行的各项要求，坚持在探索和创新中持续稳定健康发展，使学会内部管理更具科学性、规范性和系统性。

2. 始终坚持以会员为本的思想

投资学会作为学术性社团，会员来自社会不同的系统与单位，具有会员人数众多、专业分布广泛、需求层次多样的特点，这对学会管理工作提出了较高的要求。学会力求做到形散而神不散，把每一位会员的精神凝聚在一起，把大家的智慧集中在一起。会员是投资学会的主人，学会作为一个沟通会员的良好平台，做到心系会员，服务会员，经常保持与会员的沟通和联系，听取广大会员对学会工作的意见和建议，促进学会管理工作的有序进行。树立全局观念和整体意识，用团队精神去凝聚员工，用政治理论去武装员工，用行为规范去约束员工，把学会各项工作做得更有朝气和活力。

加强学术研究力量，密切投资学会与社会各界的联系，经常梳理和完善会员信息，优化会员的知识结构和年龄层次，更好地体现人员素质的多元化，更好地发现研究人才，形成了创造和谐、平等舒畅、互为提高的学术氛围，努力搭建与社会各界专家、学者联络的桥梁，充分发挥学会作为市一级学术社团的职能。会员中有不少学有专长的专家学者，是学会的智囊团，从思想理论和学术写作水平上，不断为学会提供优质论文，发表自己的学术见解，贡献出更多的智力资源。

3. 充分发挥学术研讨导向作用

投资学会作为一个有着 20 多年历史的学术性社团，严格按照市社团管理局和市社联的管理要求，在建行上海市分行的正确领导和大力支持下，努力搭建理论研究的平台，充分展示科学创新的成果，始终结合社会经济建设和金融体制改革的热点问题，充分发挥学科研究对经济建设的参谋与服务作用。学会秘书处制订详细的工作计划，保证各项工作的有效落实和各项学术活动的正常展开，力求把学会办成沟通学术领域专家学者和专业技术骨干的桥梁。积极参加市社联组织的各项学术活动，加强理论学习，聆听形势报告，开展义务咨询。严格执行社会团体机构的财务制度，规范管理学会的日常经费开支。认真做好年度报表、年度检查及总结评比工作。

4. 用科学观指导科研课题项目

投资学会坚持学术研讨活动密切结合党领导的社会主义建设和社会经济发展的实践，围绕全面建设小康社会的历史进程、推动上海国际金融中心建设和加快长三角经济金融协调发展新局面，积极探索商业银行的市场化运作和构筑金融合作交流平台，每年都请来社会各领域专家提出很多精辟的观点，起到一定的导向作用。

投资学会坚持以科学为导向，深化理论研究与学术探讨，培育和健全科研平台功能。积极组织和认真开展科研课题的研究，做好中国投资学会年度科研课题申报工作，由投资学会推荐申报的课题呈现出选题范围广、研究目的明确、立意较高的特点。课题组长亲自指导和参与课题框架设计，组成雄厚的课题组，研究报告的主要结构设想条理清晰，课题研究进度计划的编制具体落实，选题各具特色，呈现出开放性、挑战性、探索性的研究特点，有力推进了科研课题研究的进展，反映学科领域的学术研究成果。

（吕 沂）

5. 上海市钱币学会

1. 学会的基础建设

（1）学会换届是2010年的一项重要工作。第七届理事会的组成标志着学会在承前启后的基础上工作延续与创新发展。新一届理事会在换届后进行了分工，草拟了2010年度的学会工作规划，明确了年内工作的主要方向。按照安排，学会秘书处做了大量的行政、事务工作，进行了新一届理事会法人代表等的登记变更、注册、营运等多项工作，保证了新一届理事会的工作正常运行。

（2）学会秘书处场地2010年进行了搬迁，利用新址搬迁的契机，学会积极化不利因素为有利因素，对大宗资料进行了检查、整理、舍弃、保留与登记，使一大批有价值的资料得以保全。

（3）加强了同会员的联系与沟通。根据近年来同一些会员有失联系的问题，设计出“会员联系登记表”的进一步联系沟通方式，发出280份，收回180份，既同不少会员重新加强了联系，更在很大程度上了解了会员的一些近况与对学会的要求，方便了学会以后的为会员服务工作。另外，发展了一些新会员，从年龄结构，文化程度，学识水平等方面进行更新会员队伍结构的尝试，效果较好。

（4）上海市钱币学会作为中国钱币学会的团体会员，积极响应并配合中国钱币学会的换届工作，推荐了多名人选为中国钱币学会第七届理事会理事与学术委员会委员。此外，还协助中国钱币博物馆收集、整理了老行长李葆华解放前及解放初期在沪的工作资料。

2. 积极参加市社会科学联合行动

（1）在2010年3月召开的上海市社会科学界联合会第六次代表大会上，学会副理事长兼秘书长于英辉先生被推选为上海市社会科学界联合会理事。扩大了学会的联络、交流、活动范畴。

（2）受邀参加了在沪举行的第22届ICOM（世界博物馆）大会，开阔了眼界并受到教益与启发，有利于学会工作。

（3）参加了一年一度的第九届“社会科学普及周”活动，连续开展了人民币防伪反假的宣传活动，扩大了学会的知名度。

（4）坚持每月一次的义务钱币鉴定、咨询活动，影响面与涉及范围更加广泛。

3. 持续开展学术研究

（1）2010年3月，上海市钱币学会参加了由中国钱币学会在苏州召开的2010年工作会议，并在会上作了交流发言。在传达、秉承此次会议精神的基础上，群策群力，确定了包括学术活动开展方面的年度工作计划。

（2）学会作为学术性的群众团体，其性质决定了开展学术研究，进行学术交流的职能权限。年内学术委员会根据工作规划，商定了2010年的研究课题，并确定了年内要进行大会研究交流的命题：即“近现代货币与货币文化”的学术研讨。在11月24日的研讨会上，对征集的20篇论文再行甄选，以近现代纸钞与银锭铸行鉴定机构（公估局）等议题展开讨论，不但澄清了前人著述中的含混问题，而且对抗币等近代货币、人民币等现代货币进行了宣传研究，延续开辟了本会古为今用、服务社会的学术研讨新风尚。

（3）《钱币博览》作为学会的喉舌，作为最重要的舆论宣传与学术研究工具，2010年版面有创新，质量上有提高，在弘扬货币文化、宣传普及钱币知识等方面产生了更好的反响。“话说人民币”系列的推出，得到了广大会员读者的支持欢迎。此外，一组介绍世博徽章、世博纪念币的专稿，也在一定程度上反映了办刊紧跟形势、服务世博的良好意愿。

（4）应邀参加了由亚洲钱币学会、中国钱币学会联合主持召开的“中国与东南亚货币文化研讨会”，周祥副理事长亦在此前参加了在广州召开的“中国近现代机制币学术研讨会”。参加国际性与地区性的学术交流活动，在很大程度上提升了学会的学术层次与研究水平。

（沈鸣镝）

6. 上海市保险学会

2010年，上海市保险学会顺利完成了第七届理事会的换届选举工作。新一届理事会秉承了历届理事会的优秀传统，遵循“贴近时代发展、贴近保险实践、贴近上海实际、贴近理论前沿”的原则，组织开展了多种形式的理论研讨和学术交流活动，较好地促进了上海保险理论的创新与发展。

1. 学术研究

首先，学会积极参加市政府、市社联的各项学术活动，组织会员单位参与市社联举办的各项学术征文和“学术月活动”，受到了市社联的肯定。其次，充分发挥各专业委员会的力量，开展保险专业理论和实务研讨。学会精算、法律、信息技术三个专业委员会是学会开展保险理论研究和交流活动的主渠道。学会积极发挥专业委员会的作用，整合行业资源，有针对性地开展各种保险专业技术和理论的研讨活动。2010年，学会举办了“日本车险定损员制度”讲座、“保险业信息技术技能”培训讲座、新《保险法》颁布一周年法律研讨会等一系列保险学术理论活动，以及寿险和财产险调解研讨会，从保险市场热点入手，积极探索保险理论研究和保险实践相结合的途径，关注理论研究对保险实务的现实指导意义。第三，学会积极和国际学术机构合作，构建学术交流平台。学会先后和日本、法国、美国等国家和地区的保险机构，举办各类学术研究活动。同时，学会积极开展了形式多样的保险知识普及工作，充分利用上海举办理财博览会等时机，针对市民比较关心的车险和寿险的投保与理赔等问题举办各类保险知识讲座，让保险宣传深入社区，深入百姓生活。

2. 刊物出版

《上海保险》紧密围绕保监局提出的“贴近保险市场实际，服务上海保险市场，理论和实践相结合”的办刊方针，听取理论界和业界的意见和建议，强化服务意识，积极与各保险公司、监管部门、学术研究单位、社会团体等有关部门联系，并通过保险同业宣传委员会等渠道，建立了广泛的、有效的联络渠道，组织了一支联系较为密切的通讯员队伍。据统计，2010年杂志刊登的来自保险公司、各地保险行业协会和保险监管机构的论文超过三分之二，初步形成了“关注保险实务研究，注重理论先导作用”的办刊特色。

在办刊同时，学会还受上海保监局委托，编辑出版《上海保险年鉴》。2010年初步建成年鉴电子信息系统，提高了工作效率和编辑质量，提高了资料的完整性。2010年，年鉴参编单位达162家，对全市保险公司实现了全覆盖。除了编辑出版《上海保险年鉴》外，学会还积极参与《中国保险年鉴》上海地方版的编辑工作。

3. 自身建设

学会坚持“经费自筹、人员自聘、工作自主”的办会方针，积极开展学会的各项工作。一是利用公会、学会合署办公的有利条件，加强党建工作，坚决贯彻落实中国保监会、上海保监局和上海市委、市政府各项决策部署，贯彻落实科学发展观教育，把好政治路线关，积极有效地开展各项工作。二是做好学会的网站建设工作。2010年，学会网站进行了重建。三是坚持严格的财务管理制度，按章程规定向理事会或常务理事会报告和审议每年的财务预决算方案，做到收支平衡，略有结余。

（余怡琳）

二、报刊图书

1.《上海金融》月刊

1. 创刊30周年成绩斐然，征文活动达到预期效果

由上海市金融学会主办、中国人民银行上海分行主管的《上海金融》月刊创刊于1980年，至2010年10月正值创刊30周年。《上海金融》编辑部虽然经历了几任主编，但始终坚持学术性的办刊方针，坚持政策性、理论性和实践性相统一的办刊宗旨，保持了相对稳定的办刊风格，立足上海，为全国金融工作服务。

30年来，《上海金融》利用重点栏目深入研讨国际和国内重大金融理论问题，追踪分析金融领域中一些热点现象及其实践意义，学术水平逐年提高，已成为国内金融学术研究领域的重要平台之一，大量理论青年通过这一平台，成为了国内或地区金融业的栋梁和学界的翘楚。目前，《上海金融》的学术地位不断得到国内学术界和金融界的认可，期刊的社会影响力处于国内同类期刊的先进水平。2010年，《上海金融》是中文核心期刊、华东地区优秀期刊和中国人民银行优秀期刊，是中国期刊网数据收录期刊、中国社会科学研究评价中心"中文社会科学引文索引"来源期刊、中国科技学术文献索引来源期刊以及人大复印资料、全国报刊索引收录期刊。据《中国学术期刊影响因子年报》2010年版披露，上年《上海金融》的复合影响因子为1.801，位居国内全部"货币、银行金融、保险"类期刊(含院校学报)第6名，也是该类"应用研究"层次类第一名，同时也是唯一一本位列前6位的地方级金融学术刊物。

为了答谢30年来广大读者对期刊的厚爱，《上海金融》编辑部在2010年初举办了征文活动，本次活动得到了国内许多读者的支持，学术界和实务界均有人员参与，在两个月的时间内，共收到各方来稿76篇，最终通过评审委员会选出二等奖2篇、三等奖6篇，并将22篇入围文章在第10期以专辑的形式集中刊发，取得了预期的效果。

2. 完善各项编校制度，持续提高办刊质量

为保持学术期刊的良好形象，《上海金融》继续遵守比较规范的审稿、编辑、校对制度，严把质量关，年内未出现重大质量事故。2010年，在上海市出版局组织的全市期刊校对质量抽样调查中，《上海金融》万分之差错率远低于正常水平和全市平均水平。

为了进一步提高稿件质量，编辑部再度尝试匿名审稿，杜绝一切版面费等有偿发稿。同时，《上海金融》在2010年与清华大学中国"学术不端文献监测中心"合作，对拟在"中国知网"出版的期刊学术文献进行联合审稿，并对疑似学术不端文献予以相应处理，年内完成了对该年第12期的检测，为端正国内学术风气起到一定的促进作用。

为了更好地服务于国内的金融研究工作，为作者搭建更大的研究平台，从2010年第10期开始，《上海金融》将页面从96页扩版至120页。同时，为了更好的沟通读者，《上海金融》与中国期刊网网站进行了链接，并利用上海市金融学会网站建立了自己的网页，每月及时更新网页内容。同年底，《上海金融》在原有两家协办单位的基础上，又扩充中国银联、中国外汇交易中心、上海黄金交易所、上海期货交易所为新的协办单位，新的协办单位的加入，使期刊的资金实力和研究能力得到了进一步的提升，有助于期刊整体质量的持续完善和改进。

3. 加强对外合作交流，探索品牌期刊创新之路

2010年是上海世博年，《上海金融》不仅刊登了相关题材的研究文章，也积极参与到其中一些组织参观活动，为兄弟单位提供方便。

在过往几年中，《上海金融》从对外交往合作中获益良多，2010年继续保持了这一势头。2010年夏，与上海金融学院联合举办“上海国际金融中心建设论坛”，通过论坛，结识了更多学术界的朋友，有利于未来各项业务的运作；2010 年 11 月中旬，《上海金融》与士研信息服务有限公司合作，成功举办了“第三届财富管理与私人银行会议”，讨论了金融危机后全球财富管理的新机遇和新趋势；2010 年 12 月初，再度与士研公司合作，联合上海市虹口区人民政府召开了“第二届航运金融服务国际会议”，两百多位来自政府、银行、监管、船运、咨询、海事、法律、物流部门的人员参加了会议，并讨论了中国航运金融服务市场的开拓发展问题。通过这几次活动，加深了《上海金融》在国内外的社会影响力。

另一方面，《上海金融》在继续与人民银行系统期刊保持联系的基础上，还加强了与上海市金融机构各期刊编辑部之间的联系，或交换广告，或交换稿件及刊物，或一起举办研讨活动，促进了合作与交流，为共同繁荣国内金融研究作出了积极贡献。

（姜天鹰）

2.《建行财富》月刊

2010 年，上海市投资学会改版创新了会刊《上海投资》，从 1 月份起正式更名为《建行财富》。新刊名的启用，顺应了新闻出版业的改革潮流和发展趋势，加深对中国特色社会主义的理解，促进和谐社会建设，提高了期刊的品位和管理水平，使刊物定位清楚、雅俗共赏，成为更具时代性的金融文化刊物，从原来的学术理论研究刊物重新定位为财经类适用性刊物。

一年来，在全体采编人员创造性工作和努力下，《建行财富》期刊的编辑出版始终坚持以“三个代表”重要思想为指导，遵照党的路线、方针、政策和国家的法律、法规及办刊宗旨做好出版工作。作为学术研究和政策宣传的重要阵地，《建行财富》期刊坚持实事求是，与时俱进，密切关注国内外经济金融动态做出快速反应，敏感把握国家政策变化和市委宣传部、市新闻出版局有关精神，严格把握舆论导向，自觉遵守《出版管理条例》和坚持贯彻期刊办刊宗旨规定的内容，审核重要选题计划，审核批准重要稿件，确保了刊物在原有基础上，从内容到装帧都有了实质性改观和提升。一年办刊的社会实践证明，《建行财富》期刊已形成了集学术性、前瞻性、专业性与实用性于一体的办刊特色，具有较高的学术价值、普遍的参考意义和广泛的社会影响。

在新的历史起点上，要进一步提高期刊的定位和品位，坚持正确办刊的方向，贯彻品质第一的办刊理念，把刊物作为学术研究和政策宣传的重要阵地，充分发挥学术理论导向的作用，提倡理论联系实际的学风，注重提高刊物的实用价值。更好地贯彻落实科学发展观，不断加深对将中国特色社会主义事业推向前进、积极构建和谐社会及促进国民经济的更高更稳发展的理解，准确把握和正确处理改革发展与稳定的关系，提供具有创新性、思想性和敏锐性的信息，使《建行财富》刊物成为既充分保留了原理论刊物较强的舆论导向作用，又具有一定影响力、实用性和指导性的更具时代特征的金融文化刊物，充分发挥科学理论与社会发展的热点难点相结合的解疑释惑作用，成为深受读者喜爱并具有决策参考作用的学术适用性刊物。

（吕　沂）

3.《上海证券报》

2010 年，《上海证券报》围绕新媒体融合和战略转型，各项业务工作取得有效突破，多媒体新闻业态和产品开发有全面的拓展。在组织架构、流程机制、平台建设、制度建设、绩效奖励等方面不断改革创新，推动了采编业务人员的业务转型和综合能力的提升，并在新媒体产品市场化营销等方面取得显著成效，已形成了全媒体生产运营和营销的新架构，市场影响力继续不断提升。

1. 新媒体融合取得全面成效、全媒体生产市场拓展成效显著

2010 年《上海证券报》进一步加强了全媒体生产融合的协同效应，全媒体绩效激励得到了全面实施，报社战略转型后全媒体专业化资讯生产的操作功能得到了进一步优化。

在优化新媒体生产要素方面，建立了全媒体编辑平台，提升了不间断全媒体编辑发稿管理流程的绩效，通过专业的条线全媒体编辑取代了传统的版面编辑，实现了全媒体产品的不间断生产。

在新媒体产品市场拓展方面，证券类手机资讯产品取得了品牌化效应和权威性影响，通过与券商建立战略合作伙伴关系，进一步拓阔了客户销售渠道，客户量实现稳定增长。全年上证系列手机资讯产品销售收入稳定增长，成为报社新的利润增长点。中国证券网通过加强互动策划和优化频道、栏目，继续保持较高流量和影响力，新推出的公告解读等频道受到欢迎。

2. 战略性重点报道、重大活动和路演等业务工作的有效拓展强化了专业资讯的主流地位

2010年，报社重大的专题性深度报道主要有：两会报道、十二五规划报道、新兴产业报道、区域经济规划报道、经济结构调整报道、房地产市场调控报道、海外金融市场专题报道、上市公司舆论监督等重要领域。为此在组织实施、选题策划等环节上全面强化专业化优势和权威性咨询的市场影响力，进一步确立了在国内财经媒体的领先优势，许多重大报道均在国内各大财经网站有大量转载，也引起了社会各方的广泛关注。

在舆论监督报道上，加强了对上市公司公司治理的不良现象的舆论监督，得到了证监会和相关监管部门的高度重视并得到了有效处理，对推进公司治理的法制建设和市场的健康发展产生了积极影响，如上市公司彩虹精化巨额订单造假和紫鑫药业自买自卖虚增业绩的深度调查报道引起各界广泛关注，都在证券市场产生了重大影响。

报社先后组织了2011年“金基金”评选暨中国基金高峰论坛、“金信托”评选暨中国信托高峰论坛、证券期货经纪业务价值榜系列评选及论坛等多场大型活动，产生了较好的社会效果，进一步提升了上海证券报社在相关领域的影响力。与此同时，报社加强了对上市公司融资、再融资路演活动的服务，全年开展各类路演活动已达20余场，吸引了大量的网友和投资者参与，也进一步提升了报社影响力。

（上海证券报社）

4.《上海金融报》

2010年，上海金融报社围绕着“借助世博平台，宣传世博、展示形象”的工作主线，通过深化报社内部管理体制机制的改革，提高领导班子的管理水平和领导艺术，优化和加强报社中层干部的配备和执行能力，调动了报社全体员工的工作热情和主动性，使上海金融报社2010年工作取得了社会效益、经济效益双丰收的较好成绩。

历时184天的上海世博会是2010年《上海金融报》宣传报道工作的一个亮点。作为上海金融业的主流媒体，《上海金融报》更是将上海金融系统参与世博、服务世博的宣传报道作为报社一项重点工作来对待，重点部署，早作安排。自始至终全方位报道了中国人民银行上海总部、上海银监局、上海市金融服务办等监管部门积极部署服务世博、保障世博、参与世博等各项工作，重点报道了各金融机构，尤其是上海银行业全力服务世博所作出的突出贡献，在整个上海金融系统取得了较好的反响。

1. 推出“世博”宣传系列专题报道

为了进一步宣传上海银行业金融机构在世博银行服务中的热点和亮点，报社与上海市银行同业公会合作，推出“上海银行业世博服务”专题报道。在8月、9月、10月、11月利用特别策划版面进行每月一次的综合报道，专题分别为“上海银行业服务世博半程回顾综合报道”、“迎高温、战酷暑，世博金融服务有序进行”、“客户为本、服务为先，世博金融服务花絮报道”以及“上海银行业世博服务全程回顾综合报道”等。

世博会期间，上海银监局在上海金融系统中开展了“青春在世博中闪光”——上海银行业青年“精彩世博”活动。在《上海金融报》开设了两个冠名专栏，以每周半版的频率和篇幅刊登，分别从2月底和4月开始，直至11月初结束。其中，“青春在世博中闪光”——上海银行业青年“精彩世博”活动的专题报道，主要反映各行青年团员在世博中开展的各类活动，报纸在专栏中共发稿百余篇。另一个专栏“送金融服务进园区暨银行青年进企业助发展活动”的报道，主要关注银行为中小企业，尤其是园区中小企业提供的产品和服务。

此外，报纸还相继刊登了“心语星愿”、“劳模风采”、“理财师印象”、“申城优秀银行网点（明星）巡礼”等系列专题，100余篇文章全面宣传金融机构尤其是上海银行业在筹办世博期间的有力举措和服务世博的感人事迹，展现申城优秀网点和明星的特色工作以及银行业青年奉献世博的青春风采，展示沪上金融理财师的专业理财优势和规范服务风采等。

2. 形象反映金融员工精彩“世博”情

为了做好世博报道，报社成立了世博报道小组，专职策划、采写世博相关报道。同时将报纸A8—A9版的“特别策划”版面每周拿出一期做“世博专题报道”，主要关注金融业，尤其是银行业的世博服务。此外，在世博园区内的报道则侧重于科技创新、高新产业、经贸论坛、经济金融交流活动等财经话题。每期报道都对主打文章进行事先策划，涌现出一批紧扣世博主题的优秀报道。

配合上海金融系统首批五星级“优质服务网点”、“优质服务明星”的评选，《上海金融报》推出彩页图文专刊，4个整版介绍21个五星级“优质服务网点”和42名五星级“优质服务明星”的事迹，刊出金融明星迎世博倡议书。同时，配合金融系统开展的竞赛、研讨等活动，分别刊出“上海银行柜员职业技能大赛”、“上海金融迎世博‘微笑大使’比赛”、“‘迎世博欢乐你我他’金融系统窗口服务研讨会”、迎世博摄影大赛、与世博同行摄影比赛、“光影彩绘金融人”等10个图片专题，生动形象地反映金融系统员工的多彩世界。

3. 形式多样举办征文活动

从世博会倒计时600天开始至世博会正式开幕，上海金融报社相继承办了由市金融文明办、市金融工会等主办的“我为世博献一计”、“与祖国共命运——我们时代的故事”、“民生·理财”、“世博纪事”等四次征文活动。征文或针对上海金融系统窗口服务和支付环境所存在的不足和差距建言献策，提出合理可行的解决方案；或反映金融行业员工精神风貌和时代风采；或以推动上海金融系统理财岗位人员素质提高，共享学习心得、理财实践经验等为主题；或记录金融员工在世博文明服务、文明观博、先进示范等方面的感悟、见解和思考等。四次活动共收到征文350余篇，其中110篇刊登在《上海金融报》，收到了良好的社会影响。

在纸质媒体开展报道的同时，报社还积极利用网络的影响力，在报社网站上大张旗鼓宣传世博金融服务工作。在迎世博倒计时150天之际，携手相关部门举办上海市金融理财师“规范服务迎接世博盛会，专业理财助推‘两个中心’”倡议活动，共同营造上海金融业“当好东道主，热情迎世博”的浓烈氛围。

2010年11月，上海金融报社荣获由上海世博会金融服务领导小组办公室、中共上海市金融工作委员会、上海市金融服务办公室授予的“上海金融世博工作优秀集体”光荣称号。

（上海金融报社）

5.《国际金融报》

2010年，《国际金融报》在社会各界关心支持下，采编成绩斐然，经营发行稳中有升，行政管理上一台阶，呈现人心向上，事业兴旺的发展态势。

1. 做足金融特色　突出重点报道

在这一年里，《国际金融报》在对国际国内经济大局进行准确判断的前提下，本着国际和金融特色做文章，突出重点报道。并通过一系列的重头新闻报道以及言论体现。概括来说，打了“三场大战役”，“两场狙击战”，“一场持久战”；其中，“两场狙击战”，分别是全国两会和达沃斯世界经济论坛报道，“一场持久战”则指的是上海世博会的报道。

一年一度的全国两会，是中国政治生活中的大事，作为为数不多的可以进驻代表委员驻地的财经媒体之一，《国际金融报》对全国两会报道一如既往地高度重视，除继续派两名记者与会外，也发动前后方力量，集中精力做好两会报道。3月3日，《国际金融报》即在头版头条刊登题为《今起共商“最复杂”国是》的文章，分析解读2010年全年经济形势，并配以《复杂的2010　加快的2010》的社论。

9月的天津夏季达沃斯论坛（即第四届新领军者年会），是《国际金融报》近几年重点报道的大型世界级论坛之一。作为夏季达沃斯论坛的主要合作媒体，《国际金融报》除派驻重兵奔赴前线外，并拿出重要版面对该论坛给予充分的报道。2010年全球共有近80多个国家和地区的1 450余名政界、商界、学术界人士齐聚天津，国务院总理温家宝出席开幕式。在达沃斯论坛期间，《国际金融报》对包括世界经济论坛创始人兼执行主席克劳斯·施瓦布、国资委原主任李荣融等在内的政界、企业界和学术界重要人物的观点给予了充分的报道，也通过专题等形式对世界经济形势进行了总结和展望。

为了报道好上海世博会，报社精心组织人力物力参与，并采取日常报道加专版的形式，每周专门拿出一个版面报道世博会期间与经济金融相关的资讯。除了常规报道，从一开始报社领导就确立了“以财经视角看上海世博”的报道重点，挖掘世博经济素材，寻找世博的金融亮点。策划了《上海世博会的“钱”途博弈》、《高科技支撑世博金融》、《世博赞助商“大狂欢”》等一系列经济、金融类报道。更令人兴奋的是，在与英国驻沪领事馆多次沟通后，9月8日，《国际金融报》独家报道了英国女王次子、英国国际投资和贸易特别代表约克公爵安德鲁王子的一封亲笔邮件，次日，该报记者有幸在英国馆内采访安德鲁王子。世博会结束不久，报社发题为《新形势下执政能力的一次完美展示》的评论，并刊发《怎样看待上海世博会“遗产”》专版文章，对世博会给予恰如其分的评价。

除了这“三大战役”，《国际金融报》也很重视对经济和金融领域的重大新闻事件和政策变化进行报道。2010年，《国际金融报》重点报道了中国的宏观调控和财政货币政策、全球金融政策变动和金融结构调整、加息和量化宽松政策的出台和实施效果、G20峰会和世界气候大会等等重要议题，比如刊登《胡锦涛访欧前夕说汇率》、《美国量化宽松还有完没完》、《欧元英镑被美“宽松”拖下水》、《〈首尔宣言〉料再空洞》等等报道，很好地解读了世界经济形势。

评论是《国际金融报》在财经媒体圈内受到欢迎的因素之一。《国际金融报》一向重视评论。2010年，《国际金融报》仅在头版的“国金时评”栏目就相继刊发200多篇评论，不少评论引起业界极大反响，比如《别让“共和国长子”成“阔少”》、《楼市调控考量银行抗压指标》、《调收入比防通胀更紧迫》、《G8死了G20还远吗》等。

2. 提升品牌形象　拓展经营渠道

除了做好报道，《国际金融报》也重视报纸与金融领域的互动。举办大型活动，扩大报社影响。9月，天津夏季达沃斯论坛，是《国际金融报》近几年重点参与的大型世界级论坛之一。12月，经过精心策划的由国际金融报社和上海浦东陆家嘴人才金港联合主办的“2010上海滩国际金融菁英人物评选”活动成功举办，经过广泛社会推荐和专家评审委员会2轮评审，21位金融人才荣获“2010上海滩国际金融菁英人物”称号。这些活动的举办，有效地扩大了报纸影响力，大大提升了报社的整体社会形象，明显提高了报社在业界的声誉，也开拓了新的经营发行渠道，取得了经济效益和社会效益双丰收。

2010年，《国际金融报》紧紧抓住市场发展的大好机遇，不断加强向重点城市重点客户及目标读者发行的策略，依托金融机构，积极拓展延升经营发行渠道，不断提高经营管理水平，使报社的经营工作并逐步向市场化推进，各项工作取得了突破性发展。广告、发行与上年比都有所增长，内容的提升，发行量的增长与读者结构的优化，使《国际金融报》品牌不断提升。

（国际金融报社）

6. 2010年上海版金融类图书目录

序号	书　　名	作　　者	出　版　社
1	经济转型与外汇改革	张新、郑杨主编	上海人民出版社
2	市场的逻辑	张维迎著	上海人民出版社
3	金融危机后的中国经济	张维迎主编	上海人民出版社
4	上海服务长江三角洲的总体发展战略	郁鸿胜主编	上海人民出版社
5	国际经济学	孙定东、杨逢珉、张永安著	上海人民出版社
6	全球经济复苏与中国对外贸易	王新奎主编	上海人民出版社
7	世界经济概论(第二版)	张永安、孙定东、杨逢珉著	上海人民出版社
8	转方式·调结构·促增长——长江三角洲区域经济社会协调发展研究	荣跃明、徐之顺、谢利根主编	上海人民出版社

（续表）

序号	书　　名	作　　者	出 版 社
9	中国经济：转型与增长	[美]巴里·诺顿著	上海人民出版社
10	上海证券交易所联合研究报告 2010	张育军主编	上海人民出版社
11	2010 年上海国际金融中心建设蓝皮书——后危机时代国际金融中心发展研究	储敏伟等主编	上海人民出版社
12	红楼理财(修订版)	汇丰晋信基金管理有限公司著	上海人民出版社
13	上海金融发展报告(2010)	方星海主编	上海人民出版社
14	华尔街的肉——一个金牌投资分析师的自由	[美]安迪·凯斯勒著	上海人民出版社
15	我国银行间货币市场利率研究——兼论货币市场基准利率的选择	张丽娟著	上海人民出版社
16	世博金融之旅	上海市金融学会编	上海人民出版社
17	知行合一——证券期货高级实战系统指引	祝伟著	上海人民出版社
18	股指期货与资产管理	陈露著	上海人民出版社
19	金融危机中的世界经济	袁志刚主编	上海人民出版社
20	六十年来的中国金融变迁	吴景平、李克渊主编	上海人民出版社
21	金融危机与亚洲国际关系	沈丁立、张贵洪主编	上海人民出版社
22	金融力提升之道	郑焜今著	上海人民出版社
23	股指期货投资指南(第二版)	徐国祥、李宇海等著	上海人民出版社
24	浦东之路——金融发展经验与展望	韩汉君、闫彦明著	上海人民出版社
25	财富增长的试验：浦东样本：1990—2010	谢国平著	上海人民出版社
26	家庭理财宝典·理债篇	《家庭理财宝典》编写组编	上海人民出版社
27	金融服务知识读本	冯菊平主编	上海人民出版社
28	解读股市波浪	朱斌著	上海人民出版社
29	国际保险	沈婷编著	上海人民出版社
30	国际金融中心：历史经验与未来中国	潘英丽、苏立峰、王同江等著	上海人民出版社
31	货币经济学：理论与实践	田素华编著	上海人民出版社
32	货币银行学	朱启贵、唐珺编著	上海人民出版社
33	金融工程	孔刘柳、刁节文主编	上海人民出版社
34	金融学原理	彭兴韵著	上海人民出版社
35	经济复苏与战略调整：中国经济分析：2009—2010	周振华等著	上海人民出版社
36	上海经济形势：回顾与展望	王志雄主编	上海人民出版社
37	我国银行间货币市场利率研究：兼论货币市场基准利率的选择	张丽娟著	上海人民出版社
38	中国经济现代化透视：经验与未来	胡书东著	上海人民出版社
39	中国经济运行风险指数	唐海燕主编	上海人民出版社
40	金融投资	傅连康编著	上海财经大学出版社
41	金融理论与实务	张炳达编著	上海财经大学出版社
42	国际金融实务	张炳达编著	上海财经大学出版社
43	投资与理财	张炳达、黄侃梅编著	上海财经大学出版社
44	证券投资理论与实务	张炳达、李琦编著	上海财经大学出版社
45	国民经济安全研究：金融安全与金融监管	徐龙炳主编	上海财经大学出版社

（续表）

序号	书 名	作 者	出 版 社
46	金融交易学：一个专业投资者的至深感悟·第一卷	投资家1973著	上海财经大学出版社
47	金融交易学：一个专业投资者的至深感悟·第二卷	投资家1973著	上海财经大学出版社
48	金融企业组织边界与组织模式：基于金融业模块化本质的研究	杨娥著	上海财经大学出版社
49	金融公司会计	盛永志主编	上海财经大学出版社
50	连续时间资产收益模型的贝叶斯分析	胡素华著	上海财经大学出版社
51	新金融资本家：KKR与公司的价值创造	[美]贝克尔著	上海财经大学出版社
52	交易员、枪和钞票：衍生品花花世界中的已知与未知	[澳]达斯著	上海财经大学出版社
53	资产价格波动与金融脆弱性相互作用机制	郑庆寰著	上海财经大学出版社
54	2010中国金融发展报告：中小企业融资与农村金融	上海财经大学小企业融资研究中心，上海财经大学现代金融研究中心，上海财经大学金融学院编	上海财经大学出版社
55	2010上海城市经济与管理发展报告：开放条件下上海现代服务经济发展	上海财经大学财经研究所·城市经济规划研究中心主编	上海财经大学出版社
56	中国区域经济发展报告·2010，长三角区域一体化研究	上海财经大学、区域经济研究中心编	上海财经大学出版社
57	走出“亚细亚”回归“亚细亚”：中国经济社会发展研究	李平民主编	上海财经大学出版社
58	投资银行：财富天使VS金钱魔鬼	滕泰著	上海财经大学出版社
59	投资组合管理	王周伟编著	上海财经大学出版社
60	能源对中国经济增长的动态效应	胡斌著	上海财经大学出版社
61	资产价格波动与金融脆弱性相互作用机制	郑庆寰著	上海财经大学出版社
62	国际经济合作	齐欣主编	上海财经大学出版社
63	五线开花：稳操股市胜券的密码	上海操盘手著	上海财经大学出版社
64	黄金游戏·四，看透阴阳线	占豪著	上海财经大学出版社
65	吴氏赢利系统·第一卷：期指攻略	吴国平著	上海财经大学出版社
66	操盘手·壹，筹码分布操盘实战	张利著	上海财经大学出版社
67	慧眼识金：盘口、技术与选股揭秘	徐从余著	上海财经大学出版社
68	盘口点金·二，爆炸成交量擒黑马	徐子城著	上海财经大学出版社
69	巅峰与陷阱：股指期货案例剖析	朱国华主编	上海财经大学出版社
70	庄家操盘全揭秘	林汶奎著	上海财经大学出版社
71	散户宝典·2，胜利大逃亡：黄金双线制胜法宝	楚风编著	上海财经大学出版社
72	K线戏法：股市逃顶与抄底技巧	皖城著	上海财经大学出版社
73	从三万到千万：短线盈利实战技法	股海淘金著	上海财经大学出版社
74	银行家	[加]彼得·赫夫利希著；罗曼译	上海财经大学出版社
75	货币与投资	[美]梅里尔·斯坦利·鲁凯泽著；陈德民、曹胜男等译	上海财经大学出版社
76	伦敦证券市场史：1945—2008	[英]乔治·G.布莱基著：周琼琼、李成军、吕彦儒译	上海财经大学出版社
77	投资法则：全球150位顶级投资家亲述	[英]菲利普·金克斯，斯蒂芬·埃克特著；李晟译	上海财经大学出版社
78	货币简史	[美]约翰·肯尼斯·加尔布雷思著；苏世军、苏京京译	上海财经大学出版社
79	百年沪商	朱国栋、刘红编著	上海财经大学出版社

（续表）

序号	书　　名	作　　者	出版社
80	不完美套利条件下人民币均衡汇率研究	徐家杰著	上海财经大学出版社
81	财税与金融	倪瑞娟主编	上海财经大学出版社
82	财务报表分析	何韧编著	上海财经大学出版社
83	风险投资与区域创新	豆建民著	上海财经大学出版社
84	期货业反垄断与竞争政策研究	朱国华、张青主编	上海财经大学出版社
85	投资组合管理	王周伟、姚亚伟编著	上海财经大学出版社
86	我的股票我做主＝My stock my choice：捕捉黑马股的5招特技	林东颖著	上海财经大学出版社
87	我国外汇储备管理模式的转变研究：从收益率、币种结构和资产配置的角度	刘莉亚著	上海财经大学出版社
88	证券市场制度建设与案例研究	刘华著	上海财经大学出版社
89	证券投资分析	张祖国编著	上海财经大学出版社
90	公共经济学	魏陆、吕守军编著	上海交大出版社
91	国际金融	蒋海涛、杨龙主编	上海交大出版社
92	金融概论	赵宏、王新奇主编	上海交大出版社
93	项目融资管理	李波、冯革、徐萍编著	上海交大出版社
94	效率导向的国有银行公司治理	王延增著	上海交大出版社
95	银行风险承担行为与市场约束机理研究	许友传著	上海交大出版社
96	中国股市投资新主题：2010—2012	杨朝军主编	上海交大出版社
97	转机：中国企业如何转危为机	徐志毅，盛焕烨主编	上海交大出版社
98	2010中国证券期货统计年鉴	中国证券监督管理委员会编	学林出版社
99	后危机时代金融热点问题研究	上海市金融学会编	学林出版社
100	黄金投资与理财	祝小兵著	学林出版社
101	价值投资：如何成为一个训练有素的投资者	[英]格伦·阿诺德著；易荣华译	上海远东出版社
102	东亚银行：风雨历程90年	刘晓勇执行主编	上海远东出版社
103	股指期货基础教程	中国金融期货交易所编著	上海远东出版社
104	股指期货套保与套利	方世圣著	上海远东出版社
105	股指期货知识测试辅导手册	朱玉辰主编	上海远东出版社
106	国际金融	蓝发钦编著	上海远东出版社
107	画说股指期货	曹立、黄华等著	上海远东出版社
108	期货投资经典案例	刘英华编著	上海远东出版社
109	钱图：驾驭股市、汇市、期市之缰绳	韩愈著	上海远东出版社
110	谈股论经：中国证券市场基本概念辨误	陆一著	上海远东出版社
111	无锡经验：中国经济发展转型的个案研究	吴敬琏、黄少卿等著	上海远东出版社
112	行为准则及最佳做法建议：金融服务业对2007—2008年金融市场动荡的回应	廖岷执行主编	上海远东出版社
113	金融危机中的思考	交通银行、金融研究中心编	上海远东出版社
114	沪深300股指期货交易手册	朱玉辰主编	上海远东出版社
115	外资银行在东道国的信贷偏好：兼论中国商业银行的跨国发展战略	田素华著	复旦大学出版社
116	中国特色的经济转型	[加]Arthur Sweetman、张军编	复旦大学出版社

（续表）

序号	书 名	作 者	出 版 社
117	投资学习题与解答	章劼主编	复旦大学出版社
118	当代中国金融转型的回顾与反思	复旦大学中国金融史研究中心编	复旦大学出版社
119	金融投资实务	章劼主编	复旦大学出版社
120	金融理财规划	王庆仁主编	复旦大学出版社
121	我国经济转型面临的挑战	郭玉林著	复旦大学出版社
122	资产价格、投资行为与产业结构优化	陈珂著	复旦大学出版社
123	欧盟经济发展报告(2008)	胡荣花主编	复旦大学出版社
124	国际金融中心理论研究	杨长江、谢玲玲著	复旦大学出版社
125	金融理论与实务(第二版)	樊纪明、刘双红主编	复旦大学出版社
126	英汉金融	胡志勇主编	复旦大学出版社
127	金融科研谱新篇——上海金融学院2004—2008年获奖成果汇编	储敏伟主编、吴大器、李叶副主编	复旦大学出版社
128	金融理财学	艾正家主编、殷林森副主编	复旦大学出版社
129	波段炒股就这几招	康成福编著	立信会计出版社
130	炒股心态决定你的成败	康成福编著	立信会计出版社
131	精选个股就这几招	康成福编著	立信会计出版社
132	你的炒股纪律价值百万	康成福编著	立信会计出版社
133	公司理财学原理	熊楚熊、刘传兴、赵晋琳编著	立信会计出版社
134	机构投资者选股能力及其持股行为的经济效果研究	唐松莲著	立信会计出版社
135	经济学会撒谎:为什么经济学家是靠不住的	赵凡禹编著	立信会计出版社
136	每天读点经济学常识	华玉武主编	立信会计出版社
137	人民币汇率:现实、理论和政策	陆前进著	立信会计出版社
138	上市公司财报分析就这几招	吴晶编著	立信会计出版社
139	上市公司债务融资结构、行为、绩效研究	董黎明著	立信会计出版社
140	金融热点问题研究:中国人民银行上海总部重点研究课题选编(2009)	凌涛主编	上海三联书店
141	欠发达地区农村借贷研究	辛耀著	上海三联书店
142	国际贸易与产业集聚的互动机制研究	钱学锋著	上海三联书店
143	理财达人手册	陈东湖主编	上海三联书店
144	后危机时期的弯道超越	朱向军著	上海三联书店
145	环保产业投资问题研究	武普照著	上海三联书店
146	新徽商:创业提升价值	主编张建华	文汇出版社
147	左手犹太人,右手温州人	曹给非编	文汇出版社
148	维梅尔的帽子:从一幅画看全球化贸易的兴起	卜正民著;刘彬译	文汇出版社
149	2010上海总部经济及商务布局发展报告	沙海林主编	上海科学技术文献出版社
150	2010上海国际经济贸易发展报告	沙海林主编	上海科学技术文献出版社
151	英汉·汉英当代证券投资词典	吴友富主编	上海外语教育出版社
152	金融危机冲击下的世界经济格局	张幼文等著	上海社会科学院出版社
153	开放式证券投资基金稳健投资管理研究	徐丽梅著	上海社会科学院出版社

（续表）

序号	书　　　名	作　　者	出 版 社
154	资本流动性冲击、金融危机与中国宏观经济波动	徐琤著	上海社会科学院出版社
155	国际贸易组织(ITO)的失败:国家与市场	谈谭著	上海社会科学院出版社
156	用普通法的方式解读世贸组织技术性贸易壁垒	竺一苇著	上海社会科学院出版社
157	中国国有企业产权制度改革研究	马立行著	上海社会科学院出版社
158	新编经济学概论	翁志勇主编	上海大学出版社
159	上市公司财务报表解读:新会计准则下投资价值挖掘视角	阮永平编著	华东理工大学出版社
160	中国证券市场发展与货币政策传导效应	方显仓著	华东师范大学出版社

（韦　卫）

链接:上海浦东国际金融学会

上海浦东国际金融学会(英文名称:SHANGHAI PUDONG INTERNATIONAL FINANCE INSTITUTE,英文简称:SPIF)是上海浦东新区民政局核准登记的社团法人,业务主管单位是上海浦东新区金融服务局。

学会成立于1995年。2010年4月学会召开了第四届学会换届大会,选举产生了第四届理事会。学会理事会定期召开会议,学会秘书处是理事会的办事机构。学会业务范围是:开展经济、金融方面的学术研究、调研、培训和咨询,受托理财、评估、风险防范等。学会宗旨:以邓小平同志建设有中国特色的社会主义理论为指导,遵守中华人民共和国宪法、法律、法规及国家有关政策,遵循党的社会主义初级阶段的基本路线,坚持贯彻"百花齐放、百家争鸣"的方针,开展经济、金融、政策和实际问题的研究,为建立上海国际金融中心服务、改善、促进产业资本和金融资本进一步血脉相承服务;为经济金融业的进一步改革、发展稳定服务;为浦东新区建立崭新的银企关系服务;为发展金融,繁荣经济服务。

学会聘请了原中国人民银行上海市分行行长、上海财经大学金融学院名誉院长、教授、上海证券期货学院院长龚浩成教授为会长,聘请上海般若投资管理有限公司董事长徐幸起为名誉会长,中国社科院研究生院博士生导师、原《人民日报》副总编辑兼任华东分社社长、全国生产力学会副会长周瑞金为高级顾问。学会理事会成立了金融学术委员会及金融专家咨询委员会。学会会员现广泛分布于上海浦东及上海市内外的银行、证券、保险、上市公司、高等院校、研究院所以及各企事业。

学会根据章程吸取会员,凡愿意加入学会的团体或个人,向学会提出申请,办理手续,符合章程要求者批准入会。学会为每位会员颁发精致的《会员证》。目前个人会员近300人,团体会员数十个。

三、金融博物馆

1. 上海市银行博物馆

根据“努力建设一流行业博物馆”的指示，上海市银行博物馆在2010年，积极做好各项工作，较好地完成了年初制定的全年工作计划，并被上海市科普教育基地联合会授予先进科普教育基地荣誉称号。

1. 建馆十周年系列活动

2010年是银行博物馆成立十周年，银行博物馆紧紧抓住契机，推出了建馆十周年系列活动，包括《银行老股票》的首发、银博十周年图片展、观众回馈、社会征文、广告语征集、博物馆进社区等宣传项目，取得了良好的社会反响。

2. 较好完成参观接待任务

2010年是世博之年，银行博物馆承担了较以往更多的参观接待人数，全年度累计参观人数达23 734人次，共计对外开放250余天，较2009年同比增长了12%。其中重要的参观团体和个人有：香港大学、台湾大学、小主人报社、上海作家协会、上海造币厂、中澳交流论坛与会人员、GE公司亚太区总裁、中国信托银行（台湾）、香港新世纪集团总裁、中国钱币学会主席及秘书长、美国威利金融租赁公司、泰国中央银行高管等。

为贯彻落实市科委的政策，注重发挥博物馆社会效益，积极参与“爱心连你我，共谱和谐情”的市级爱心活动，为广大献血者提供免费参观机会。坚持对在校学生、老人、残疾人等群体实行优惠或者免票参观，以实际行动来回报社会各界对银行博物馆的关爱，全年共计免费接待各类团体个人占所有参观者的比例已达90%，约21 000人次。

银行博物馆也是各年龄段学生们的实践基地。2010年，银行博物馆作为《小主人报》小记者实践活动基地，举行了隆重的揭幕仪式。《新闻晨报》学生记者团也多次来访参观，将他们的感受写成文章刊登于报上。6月，银行博物馆与上海大学国际工商与管理学院金融系共建了大学生实习基地。

3. 做好展品征集和陈列布展工作

2010年本馆继续加大展品征集的投入，除通过拍卖渠道购买藏品之外，还不断拓宽新的藏品征集渠道。9月赴北京藏家处，征集到700余件老钱庄、银行的史料和实物。其中钱庄抽屉柜、钱柜、招牌、业务宣传品等大量立体物品，有助于增强陈列布展的可看性。

上半年对原有展馆进行了局部的调整，老馆以新面貌接待各方参观，增加三大展区：美国钞票公司中国纸钞雕刻版及样本专题展区、新中国时期储蓄及存单专题展区以及银行卡展区。另新增大量展品、资料，包括中国银行和交通银行民国时期的老股票、中国人民银行技术比武纪录片《金花灿灿》等。目前新建分馆馆址已经选定。并成立了银行博物馆工作推进委员会、完成了分馆陈列大纲的编写，邀请了设计公司开展展览方案的设计。

4. 努力做好研究宣传工作

银行博物馆编撰的《银行老股票》一书于2010年4月正式出版发行。全书汇集从清末到新中国成立前后的各类银行、钱庄、银号等金融机构发行的股票400余件，其中有100多件股票都是孤品、珍品和罕品，收录200余家各类金融机构的翔实资料，蔚为大观，填补了国内该领域研究的空白。此外，在《中国金融家》、《上海城市金融论文》、《行家》等刊物上，继续推出一系列与银行博物馆相关的专题文章。

为了做好金融宣传工作，进一步扩大对外影响，银行博物馆在2010年编辑出版了学术刊物《银行博物》丛书第12辑、第13辑，从策划新选题、约请名人名家入手，提升丛书的水平。同时，着手启动《中国银行业机构和人名大辞典》的编纂工作。除了通过编研工作开展宣传，还参与了上海电视台纪实频道的节目的采访和拍摄，利用公共平台提升银行博物馆的形象和知名度。

（袁　航）

2. 历道证券博物馆

2010 年，历道证券博物馆在文物、民政部门指导和管理下，规范运作，抓住世博会及国际博协大会契机，积极加强对博物馆的宣传，并有效发挥博物馆资源和优势，通过富有文化内涵的展示平台热心服务社会公众，为提高博物馆的社会公信力、增强持续发展能力不懈努力。

1. 对外交流及业务拓展

（1）世博会接待。世博会前期，历道证券博物馆接受了上海市有关部门对世博会准备工作的检查，各检查团对证券馆的服务质量、专业水平及文化环境均表示认可。

世博会筹备以来，经过积极宣传，证券馆入编由上海市浦东新区党委宣传部主编的《博览浦东》宣传册和《博览浦东》地图，为向国内外宾客展示上海国际金融中心形象增添了富有历史内涵的厚重的一笔。

世博会期间，抓住契机，进一步向社会开展博物馆的宣传和推广工作，用热情、专业服务赢得了广大观众的赞誉。

（2）国际博物馆协会首次在中国召开会员大会，证券馆抓住机遇，积极进行中外博物馆交流，借鉴先进经验提升馆藏的质量和水平，并通过推介证券馆从而展示中国博物馆特别是行业博物馆的发展状况及风采。

（3）在市文物局的领导下，证券馆积极参加 5.18国际博物馆日及 6.10 世界非物质文化遗产日的宣传活动。有效开展宣传教育，加强博物馆的宣教和文化传播功能。

（4）2010 年是中国证券市场二十周年，各类纪念活动频繁，证券馆作为行业内博物馆，接待了众多媒体的采访及拍摄。中国证监会、证券业协会举办的“中国证券市场 20 周年展”，证券馆提供了丰富、详实而珍贵的史料。

（5）充分发挥博物馆资源和研究力量，参与上海证券交易所和新华社联合打造的《证券大讲堂》节目的撰稿，完成了阐述中国证券市场 100 多年发展之路的电视专题片《蓝色梦想》电视拍摄脚本的撰写，受到了上交所的公函感谢。并由上交所网站切入进行博物馆的宣传工作，证券馆作为投资者教育工作载体落实到证券营业部宣传层面。

（6）在民政部网站 2 月 3 日公布的《民办非企业单位规范化建设评估等级结果公示》中，证券馆因诚信自律、规范运营，积极发挥社会作用，获评为次高等级 3A 级，并获颁奖牌。

2. 内部管理

进一步完善内部管理制度，加强员工专业培训，提高服务水平。做好文物管理及档案建设工作，对馆藏文物进行进一步的登记、整理、建档，确保藏品的安全、有序、科学管理。全馆员工积极参加在云南旱灾地区修建“爱心蓄水池”及舟曲赈灾的捐款活动。

（张冠琼）

四、专题研究

1. 2010年上海银行业机构信贷投放研究

2010年在国家调整经济结构、管理通胀预期、保持经济平稳较快发展的宏观调控政策指导下，上海银行业机构资产增速稳中趋缓，信贷规模得到有效控制，不良贷款保持比年初“双降”并连续创历史新低，盈利增势强劲。从贷款结构看，全市银行业机构加大对高新技术、绿色信贷、现代农业、重点工业、服务业、贸易融资、小企业、消费信贷等八个方面的信贷投放，有效促进上海创新和经济转型。同时四家中资法人银行信贷投放总量不超标，投放节奏也基本符合调控要求。从横向比较看，上海与全国平均水平及京、浙、苏、粤、深圳等主要经济发达省市相比，上海银行业机构的新增中长期贷款占比高于浙、苏两地及全国平均水平，但依然低于京、粤两地，票据融资降幅低于京、苏、粤及全国平均水平。

1. 银行经营效益向好、中资法人银行信贷不超标

截至2010年末，上海银行业金融机构资产总额达6.9万亿元，同比增长10.98%；各项存款余额4.99万亿元，同比增长16.46%；各项贷款余额3.39万亿元，同比增长15.48%；不良贷款余额为271.94亿元，比年初减少74.81亿元，不良贷款率为0.8%，全年12个月持续下降，比年初下降0.38个百分点，再创历史新低。全年累计实现净利润797.75亿元，比2009年增长33.87%，比2008年增长12.59%。

全年交通银行、浦东发展银行、上海银行、上海农村商业银行四家中资法人银行（以下简称四家中资法人银行）信贷投放总量适度，节奏基本符合均衡投放的要求。从投放节奏看，一、二、三、四季度四家中资法人银行新增人民币贷款分别为全年计划投放量的30.24%、25.95%、19.23%、24.27%，基本符合信贷投放“3、3、2、2”的要求。

2. 银行八类信贷支持上海创新与转型

在建设创新型国家战略提出五周年、中共十七大报告提出转变经济发展方式已经三年之后，上海明确提出“创新驱动、转型发展”是上海在更高起点上推动科学发展的必由之路。上海的经济发展离不开上海的信贷投放，而且一般的规律是资金投入往往先于经济增长。在间接融资特别是信贷资金仍是国内企业融资主渠道的情况下，2010年上海信贷投放稳步增长的同时，信贷结构渐次调整，稳步促进上海创新与转型。这一方面表现在银行加快对高新技术企业、绿色信贷以及现代农业的信贷投放促进科技创新，另一方面银行稳步增加六大重点工业行业、贸易融资、消费信贷、小企业以及服务业等的信贷投放促进上海产业结构转型。与此同时，全市两高一剩行业的信贷总量减少，客户也逐渐退出，银行着力执行有保有控的信贷投放政策。

（1）加快高新技术、绿色信贷及现代农业的信贷投放促“创新”。2010年上海高新技术产业产值，增速明显快于全市工业，而其快速发展的背后是银行信贷的大力支持。2010年末全市各银行对上海市科委2008年至2010年6月认定的2 539家高新技术企业的表内外授信余额为1 141亿元，比年初增加74.6亿元，增长7%。

同时上海银行业积极支持节能减排，限制落后产能。上海银行业的各类绿色信贷项目已经从起初的污水、垃圾处理等环保项目延伸到节能减排和以核能、太阳能、现代生物质能、风能为代表的新能源开发利用等项目，绿色信贷投放总量持续增长。截至2010年末，全市中资银行绿色低碳行业贷款总量达309.65亿元，比年初增长28.3亿元，同比多增6.33亿元，年末余额比年初增长10.06%；年末表内外授信余额突破500亿元，达535.25亿元，比年初增长13.32%。而"两高一剩"行业的信贷投放得到有效控制,2010年末"两高一剩"与产业结构调整指导目录中淘汰类项目行业贷款总量比年初减少35亿元,贷款余额仅占各项贷款的0.17%。

随着上海都市现代农业逐步向深度发展,2010年全市中资银行涉农贷款快速增长,发展势头明显快于总贷款。截至11月末,全市中资银行涉农贷款余额为696.14亿元,较年初增加了61.58亿元,增长9.7%;其在总贷款份额中的比重较年初上升0.08个百分点。

(2) 稳增重点工业、服务业、贸易融资、小企业、消费信贷促"转型"。2010年以来上海工业保持高位增长,全年全市制造业贷款增加377.49亿元,年末余额比年初增长7.59%,而2009年制造业贷款减少342.3亿元,同比多增398.63亿元。其中,六大重点工业行业(钢铁、石化、成套设备、汽车、生物医药、电子信息)随着行业景气度持续转好及企业融资需求逐步回升,年末表内外授信余额达3 354.94亿元,比年初增长4.91%;其中贷款总量达1 570.9亿元,比年初增长0.24%,表外融资总量达1 784.04亿元,比年初增长9.40%。而2009年六大重点行业的贷款总量与表外融资额均是减少的。

全年全市银行业积极支持现代服务业发展。从信贷投放行业结构看,全市对公贷款中第三产业贷款总量占比稳步上升,2010年末为72.34%,比年初上升1.58个百分点。其中贷款增长最快的五个行业分别是"文化、体育和娱乐业"(增长73.75%)、"批发和零售业(增长29.85%)"、"房地产业(增长28.67%)"、"科学研究、技术服务和地质勘查业(增长25.98%)"、"租赁和商务服务业(增长20.75%)"。

全年全市银行业机构贸易融资保持稳步增长势头,积极满足全市进出口贸易和国内贸易快速增长带来的资金需求。年末全市贸易融资总量达1 393.65亿元,同比增长19.24%,其中外汇业务为116.42亿美元,同比减少7.63%,人民币业务总量由年初的308.25亿元发展至年末的622.65亿元,实现了业务规模翻番。贸易融资业务的币种结构由年初的人民币业务占比26.37%、外汇业务占比73.63%发展至年末的44.68%与55.32%,主要原因是:一方面随着外贸形势的好转,外汇贸易融资业务2010年一季度依然延续了上年的快速增长势头。此后随着外贸资金需求增势放缓,上年贸易融资信贷资金归还以及部分银行加大了对外汇信贷规模的控制,外汇贸易融资总量结束了快速成长势头,并呈现总量稳中趋降态势;另一方面,随着国内贸易的快速发展(2010年1—11月上海商品零售总额同比增长24.2%),部分银行在信贷规模总体可控的情况下,通过推动国内贸易融资业务的发展调整信贷结构。

此外,全市小企业信贷、消费信贷增势强劲。2010年末全市小企业贷款总量达4 613.9亿元,比年初增加924.5亿元,同比增长25.07%,比各项贷款平均增幅高9.59个百分点。全年全市个人汽车消费贷款增加223.19亿元,比年初增长89.75%,增幅高于各项贷款增速74.27个百分点;全年在沪各中资商业银行分行信用卡消费量达1 607亿元,同比增长30.86%,增幅高于社会消费品零售总额同比增速13.36个百分点。

3. 横向比较:上海新增中长期贷款占比高于全国

与全国平均水平相比,全年上海银行业运行基本保持前三季度一高三低的走势,即新增中长期贷款占比高于全国,贷款增速、不良贷款率、票据融资降幅低于全国的走势,但全年上海盈利同比增速由前三季度的高于全国降至全国平均水平以下。与京、浙、苏、粤等主要经济发达省市相比,上海盈利增速处于垫底水平。

2010年全国部分地区信贷指标情况表

	全国	北京	上海	江苏	浙江	广东	深圳
各项贷款同比增长	12.59%	17.48%	15.05%	19.90%	19.67%	16.38%	13.70%
本年利润同比增长	34.74%	34.75%	33.87%	44.55%	39.18%	43.88%	39.63%
不良贷款率	2.46%	0.67%	0.8%	1.36%	0.95%	1.92%	1.48%
中长期贷款增量占比	77.07%	93.77%	83.78%	68.19%	43.46%	90.81%	103.55%
票据融资增量占比	—10.82%	—14.05%	—8.31%	—15.82%	—7.08%	—10.05%	—25.36%

(韩爱华)

2. 2010年上海银行业中间业务分析研究

2010年上海市银行业金融机构中间业务收入272.76亿元人民币，中间业务收入同比增长23.28%。其中中资银行235.56亿元，占比86.38%，外资银行37.2亿元，占比13.64%①。外资银行中间业务在上海市场收入占比份额较2009年下降6个百分点，主要是由于外资银行在2010年上半年交易类收入中产生大量浮亏导致的。

支付结算业务依然是中间业务的最主要的收入来源，所占权重超过四分之一强，再加上银行卡业务、代理业务、融资顾问业务、其他中间业务，这五大类业务收入占中间业务总收入的比例超过80%。2010年，担保及承诺业务和其他中间业务的同比增速较快，超过50%(见下表)。

2010年中间业务收入增长和占比情况

单位:万元

	全部银行	结构占比	同比增速
1. 支付结算业务	684 417.78	25.09%	27.50%
2. 银行卡业务	407 073.08	14.92%	35.10%
3. 代理业务	304 489.56	11.16%	20.42%
4. 担保及承诺业务	167 864.79	6.15%	51.44%
5. 交易类业务	151 665.59	5.56%	−39.01%
6. 托管业务	172 900.81	6.34%	5.79%
7. 融资顾问业务	382 261.35	14.01%	26.10%
8. 其他中间业务	456 912.04	16.75%	54.60%
合 计	2 727 585.01		23.28%

1. 支付结算业务面临新的机遇和挑战

支付结算业务是一项传统的也是最重要的中间业务，2010年上海银行业支付结算业务收入占中间业务收入的比例为25.09%，中资银行和外资银行的比例分别为21.85%和45.62%。跨境贸易人民币结算自2009年启动至2010年下半年试点范围扩大以来，给银行开展代理结算类中间业务带来了良好的契机。2010年，上海银行业单位结算中间业务收入同比增长38.5%，从数据上看，国际结算业务收入同比增长39.27%。

2. 交易业务收入波动较大，同比出现下降

2010年上半年，上海银行业交易业务出现较大规模的浮亏，这主要是由于欧债危机爆发的影响，部分货币汇率出现单边调整导致绝大部分在沪外资银行的衍生产品交易出现浮亏导致的。2010年下半年，央行决定进一步推进人民币汇率形成机制改革，美联储推出新一轮的量化宽松政策，主要发达国家经济复苏情况出现反复的综合因素改变了上半年的汇率单边调整情况，交易业务收入在第三季度扭亏为盈。全年，上海银行业交易业务收入同比下降39.01%。2011年初，银监会颁布新版修订的《金融机构衍生产品交易业务管理暂行办法》，对商业银行从事衍生产品交易的种类、开办资格、产品销售与后续服务进行了规范，交易业务在2011年的发展态势有待进一步的关注。

3. 理财业务发展迅猛，银行进入后银信合作时代

2010年，上海银行业共实现理财中间业务收入23.16亿元，同比增长76.51%，这是其他中间业务2010年收入同比增长过半的主要原因②。银监会于8月下发《关于规范银信理财合作业务有关事项的通知》(银监发〔2010〕72号)，上半年以信贷资产类为主的银信合作理财产品高速增长的趋势出现扭转，债券市场和货币市场类等具有期限短和灵活性好的特点的理财产品成为银行发行的主力。2011年，随着客户对资产保值升值要求的不断提高以及高净值资产人群数量增长，银行理财产品的需求仍将旺盛，银行在开展此类业务的同时必须注意做好合规销售。

4. 大型银行代理基金销售量占比逐年下降

大型银行具有网点多、客户多的优势，基金公司都倾向选用大型银行为其销售基金的主要渠道，这是大型银行代理基金销售量在整个上海银行业中占绝大部分比例的原因。但是，近两年来，该比例却在逐年下滑，从2009年的81.41%下降到2010年的

---

① 本表的中间业务收入与GF04报表统计口径不同，本表含交易类业务收入。

② 中间业务区域特色报表中理财业务归属于其他中间业务。

69.17%。而与此同时，股份制商业银行中的招商银行异军突起，2010 年上半年其代理基金业务量曾超过工商银行上海市分行和建设银行上海市分行，在上海银行业中排名第一。造成这种现象的主要原因有：大型银行在和基金管理人就佣金谈判时议价能力高，压低了基金管理人的收益，使其不得不转向其他类型的银行；同时，大型银行代理新发基金频率过快，严重透支客户资源。

2010 年 11 月证监会发布《证券投资基金销售管理办法(修订稿)》，对基金专业销售机构的准入门槛，包括组织形式、注册资金、从业人员要求等方面都有所降低，目前上海地区已有汇付天下和通联支付等第三方机构进入基金销售领域。而在主要限制专业基金销售机构发展的支付结算领域，央行也将逐步发放第三方支付牌照，这两方面的情况将对传统基金销售渠道中占据重要位置的商业银行带来一定的影响。

5. 代理保险稳定增长，银保新政、银保混业带来新影响

银行代理保险一直以来是银行的一项稳定的中间业务收益来源。2010 年，上海银行业共实现代理保险收入 15.02 亿元，较 2009 年上升 71.09%。2010 年末，银监会下发《关于进一步加强商业银行代理保险业务合规销售与风险管理的通知》(银监发〔2010〕90 号)，叫停保险人员在银行的驻点销售行为，限制银行最多只能与 3 家保险公司开展合作，对银行代理销售保险产品的业务做了明确的合规规范。在新政的影响下，保险公司 2010 年 12 月的保费收入增速出现明显下降，虽然暂时还未能在银行上报的报表上反映，但短期势必会对银行代理保险收入带来影响。不过从中长期角度来看，90 号文的颁布将有利于银保市场的健康稳定发展。自 2009 年 9 月交通银行入股中保康联人寿至 2011 年初，五家大型商业银行均已入股保险公司，银保合作将会进入市场细分、深度合作的纵深发展阶段。

6. 贵金属业务发展迅速，Au(T+D)相关流程值得关注

2010 年全年，上海银行业代理贵金属买卖交易量达到 478.24 亿元，同比增长 89.83%。国际黄金价格在 2010 年下半年涨势明显，冲破 1 400 美元/盎司，直接带动了国内黄金投资的热潮，黄金 Au(T+D)现已成为黄金交易所的主流产品且增长迅猛，2010 年全年上海黄金交易所 Au(T+D)业务共成交 442.26 吨，同比上升 35.70%。银行在其中提供代理服务并收取交易手续费或赚取点差，也附带获取交易带来的支付结算、银行卡等业务收入。与此同时，黄金 Au(T+D)业务的发展也给银行带来了一定的问题，2010 年 8 月，由于业务制度的不完善等原因，民生银行上海分行部分客户的空头仓位被执行强平，客户由此产生损失并与银行产生纠纷。黄金 Au(T+D)业务是一项创新型高风险、高杠杆业务，商业银行在开展此类业务时一定要加强研究，把控好风险，从交易制度层面避免市场被扭曲的发生。

(上海银监局)

3. 江苏村镇银行发展面临的制约因素及其对策建议

自 2006 年 12 月 20 日银监会出台《关于调整放宽农村地区银行业金融机构准入政策、更好支持社会主义新农村建设的若干意见》以来，全国各地涌现出大量新型农村金融机构。村镇银行是这些新型机构的重要一员，自 2008 年 2 月 28 日江苏省第一家村镇银行——江苏沭阳东吴村镇银行以来，目前江苏省共有 8 家村镇银行。村镇银行等专门服务于农村地区的金融机构的出现，有利于增加农村金融市场的资金供给，对缓解农村地区资金需求，推动农村金融业现代化，改善农民生产生活方面起到了重要作用。但是，像村镇银行这样的新型农村金融机构还处于发展的初级阶段，被调查的三家村镇银行(常州溧阳浦发村镇银行、金坛常农商村镇银行和宿迁东吴村镇银行)都存在着资金实力弱、经营风险大、营运成本高等问题。

1. 村镇银行的特点

2009 年末，被调查的溧阳浦发村镇银行、金坛常农商村镇银行和东吴村镇银行的存款余额分别为 40 214 万元、9 206 万元和 32 999 万元，贷款余额分别为 20 508 万元、8 034 万元和 31 499 万元。总的来看，村镇银行具有以下特点：

首先，资本规模较小，结构均为“一大七小”模式。《村镇银行管理暂行规定》中规定，村镇银行最大股东或惟一股东必须是银行业金融机构，最大银行业金融机构股东持股比例不得低于村镇银行股本总额的 20%，单个股东及关联方持股比例不得超过股本总额的 10%。被调查村镇银行股本结构较为相似。例如，金坛常农商村镇银行是由江苏常熟农村商业银行股份有限公司等 8 家法人股东共同发起设立的，注册资本 3 000 万。其中，常熟农商行出资 1 260 万元，持有 42%的股份，为第一大股东。其他股东出资平均占总出资的比重只有不到 10%。

其次，贷款期限短，投向较为分散。2009 年末，金坛村镇银行贷款余额为 8 034 万元，其中短期贷款余额 7 984 万元，中长期贷款余额 50 万元；溧阳村镇银行贷款余额 20 508 万元，其中短期贷款余额 19 017 万元，中长期贷款余额 996 万元。短期贷款占贷款总量的比重分别高达 99. 38%和 92. 73%。从贷款投向来看，《村镇银行管理暂行规定》中明确指出，村镇银行对同一借款人的贷款余额不得超过资本净额的 5%。按此计算，被调查的金坛、溧阳和沭阳村镇银行对单个贷款者的最高贷款额分别为 150 万元、250 万元和 250 万元。调查显示，金坛村镇银行的前 10 大贷款客户的贷款额均达上限额 150 万元，共计 1 500 万元，占全部贷款的比例为 18. 67%；溧阳村镇银行的前 10 大贷款客户的贷款额均为 250 万元，总计 2 500 万元，占全部贷款的比例为12. 19%。沭阳村镇银行的最大十户贷款余额总计 2 500 万元，占全部贷款余额的比例为 7. 2%。这些数据表明，三家村镇银行仍需进一步贯彻贷款发放的小额、分散原则，扩大贷款的覆盖面。

第三，村镇银行的服务对象为当地的农户和农村经济组织，而且利息较低，放款速度快。例如，2009 年末，金坛村镇银行的农户贷款余额为 4 004. 5 万元，贷款户数 151 户，户均贷款额 26. 52 万元；农村中小企业贷款余额 4 029 万元，贷款户数 42 户，户均贷款额 95. 93 万元。从总体来看，村镇银行利率水平要略低于当地其他农村金融机构。调查中发现，金坛村镇银行、溧阳村镇银行和东吴村镇银行农业贷款的利率水平 8%、7%和 6. 41%，其他农业贷款根据担保方式不同，利率处于基准到上浮 50%的区间水平。相反，相同地区农村信用社的农业贷款的利率偏高，有的高达 10%以上。另外，村镇银行作为一级法人金融机构速度优势，从客户申请到调查后放款平均在 3 个工作日左右，放款速度较快，能提供及时、快捷的信贷服务。

第四，相对于农村信用社，村镇银行更偏重于满足农村小额资金需求。世界各国金融发展的经验告诉我们，信贷市场应该包括很多层次，既需要为大型项目筹集资金的大型商业银行，也需要专注满足某一地区、小额资金需求的中小金融机构。村镇银行就属于后者，而且与农村信用社相比，其服务对象的资金需求额更小。根据《村镇银行管理暂行规定》，村镇银行“对同一借款人的贷款余额不得超过资本净额的 5%”，而农村信用社其单户贷款最大可以放到资本金的 10%。村镇银行的单户贷款额度也比农村信用社小很多，农村信用合作社对单户贷款最高可贷 2 000 万元，而村镇银行最高为 250 万元。

2. 制约村镇银行发展的因素

首先，资本金低，贷款额度小限制了一些优质客户的介入。根据“村镇银行对同一借款人的贷款余额不得超过资本净额的 5%”的规定，目前单户贷款额度为 250 万元，一定程度上限制了客户的进入，一些有实力，有资产，贷款需求在 300 万元到 500 万元的客户转而投向他行。从长远看，有可能形成村镇银行成为其他银行的优质客户培养基地，一旦客户培养成熟，而村镇银行不能满足其贷款需求，就可能造成客户资源的流失。最大单户贷款比例限制过于严格，且与村镇银行自身实际和金融发展实际不相符合。而且，由于农信社成立较早，村镇银行针对的小额贷款市场已经被农信社垄断。例如，同在宿迁的沭阳农村合作银行农户贷款余额 26. 17 亿元，占该行贷款总量的 62. 04%，在全县该行的农户贷款覆盖面达 53. 4%。如果村镇银行拘于小额贷款，农户贷款将缺乏必要的发展空间。

其次，村镇银行品牌和信誉积累薄弱，认知度较低。村镇银行作为近两年才出现的新鲜事物，其被社会和居民接受、认同需要时间。溧阳村镇银行虽然通过媒体加强宣传，其控股股东浦发银行也在中央电视台多个频道对溧阳村镇银行进行宣传，但收效甚微。因此，目前村镇银行在筹集资金，尤其是吸引稳定的存款中必然会遇到一定的困难。

第三，由于营运成本高，村镇银行网点少，且分布不合理。按照《村镇银行管理暂行规定》，村镇银行发放贷款应坚持小额、分散的原则，提高贷款覆盖面，防止贷款过度集中，对同一借款人的贷款余额不得超过资本净额的5%。该规定与农村商业银行(10%)、农村合作银行(20%)相比过于严格，且意味着同样的贷款总量，若农村合作银行需要1名员工来管理，则村镇银行就需要4名员工，才能完成相同的贷款业务量。这样无形中提高了村镇银行的营运成本。目前，被调查的三家村镇银行都只有唯一一个营业网点。网点的稀缺在给客户带来不便的同时，也使得村镇银行与农民和农村中小企业的接触程度较低，不利于业务的开展。溧阳村镇银行的营业网点位于溧阳市老城区，而其大部分中小客户都在新区和乡镇，这给信贷人员开展业务带来了不便，同时资金来源也大大受到限制。

第四，村镇银行的经营风险较大。处于弱势但又急需得到金融支持的农民和农村经济组织，普遍存在对自然条件的依赖性强、抵御自然灾害和其他负面影响的能力弱的问题。农民、农业及相关产业的弱质性，决定了支农信贷的短期性、分散性和风险性。而以"三农"为服务对象的村镇银行，在当前农村信用和担保体系不健全的背景下，其信贷风险难以得到有效控制和转移，从而面临较大的经营风险。这也是村镇银行往往从成本、风险和效益角度出发，更愿意把贷款投入到周转快、效益好的工业企业中去的重要原因。

第五，村镇银行从业人员少，人才引进难。农户贷款金额小、户数多、分布区域广、管理难度大，而村镇银行从业人员少，营销管理力度相对不足。如金坛村镇银行目前只有10名从业人员，留足柜面人员和管理人员后，客户经理人员相对于村镇银行所处的地域广度而言极为紧缺，对信贷业务的拓展较为不利。同时，在吸引人才方面，村镇银行在硬件水平、薪酬待遇、发展前景等方面显然难以与规模较大的国有银行和股份制银行相媲美，人才引进较为困难，这就制约了村镇银行的进一步发展。溧阳村镇银行开业九个月以来一直向社会招聘客户经理，但很难找到合适的人选。

第六，服务功能尚不健全，结算渠道亟待畅通。虽然溧阳、金坛这两家村镇银行目前都已加入了人民银行大小额支付系统和同城票据交换系统，并分别以控股股东浦发银行和常熟农商行为代理清算行，但村镇银行的结算服务仍存在功能不健全、渠道不畅通的缺陷。如金坛村镇银行还不能开立银行汇票；溧阳村镇银行暂时还不能实现直接查询查复，退汇不能直接到账等。这些结算工具和功能的缺失导致村镇银行的对公业务受到一定的影响。

第七，目前设定的法定存款准备金率未充分考虑村镇银行所处发展阶段。根据《关于村镇银行、贷款公司、农村资金互助社、小额贷款公司有关政策的通知》(银发〔2008〕137号)规定，"村镇银行的存款准备金率比照当地农村信用社执行"。以沭阳县为例，当地农村信用社已经改制为农村合作银行，目前执行11%的法定存款准备金率，据此比照，东吴村镇银行法定存款准备率执行11%。尽管规定考虑了各地实际，但没有考虑到村镇银行与当地农村信用社所处的不同发展阶段，特别是在成立初期，村镇银行在业务规模、资金实力、人员配备、网点覆盖等方面与农村信用社均存在很大差距，加上未开办银行卡、社会认知度不足等因素，使得村镇银行在吸收存款、拓展贷款、办理结算等方面困难较多。

3. 推动村镇银行发展的政策建议

首先，加大对村镇银行的政策扶持，改善外部环境。开展农村金融业服务具有高成本、高风险和低回报的特点，村镇银行以"三农"为主要服务对象，其经营活动在追求盈利性的同时，还兼具有公益性质，这在客观上就需要各级政府部门在政策上给予村镇银行一定的扶持。目前，可以考虑对村镇银行起步阶段实行优惠法定存款准备金率。建议修订《关于村镇银行、贷款公司、农村资金互助社、小额贷款公司有关政策的通知》规定，把"村镇银行的存款准备金率比照当地农村信用社执行"的表述改为"村镇银行的存款准备金率比照农村信用社执行"。让村镇银行可执行全国统一的农村信用社法定存款准备金率，A类农村信用社可执行10%)，比现行水平(11%)下调1个百分点，可增加更多资金用于支持当地农村经济建设。另外，可以考虑增设村镇银行支农再贷款专项利率政策。建议中国人民银行在对金融机构存贷款利率表中增设对村镇银行再贷款项目，制定比农村信用社更优惠的利率政策，既减轻村镇银行使用成本，又鼓励村镇银行多用支农再贷款，提高信贷投放能力。

其次，增加村镇银行的资本投入，吸纳当地知名企业入股。目前村镇银行的注册资本大多在3 000万到5 000万的水平，资金实力不强，再加上贷款额的资本比例限制，信贷业务的开展受到资本金规模的较大制约。同时，资本结构中商业银行的占比偏高，导致村镇银行在某种程度上近似于商业银行在县域的分支机构，在经营理念、经营方式等方面受控股商业银行的影响较大，从而一定程度上会使得到村镇银行立足“三农”的经营宗旨产生松动。因此可以尝试吸纳当地知名的企业入股，一是可以扩大资本规模；二是可以丰富资本结构；三是可以带来股东存款，扩大资金来源；四是可以利用股东企业的知名度加强对村镇银行的宣传力度及信誉积累。

第三，立足“三农”，加大创新力度，扩展业务范围。村镇银行在利益驱动下，一定程度上存在对企业，尤其是工业型企业的依赖，立足“三农”的经营理念出现动摇。实际上，村镇银行应该意识到，由于各方面条件限制，选择服务“三农”的专业化方向才是实现自身发展的根本途径，才能在竞争日益激烈的银行业获得属于自己的立足之地。因此村镇银行应坚持立足“三农”不动摇，力争对农户和农村经济的服务水平向专业、精深方向发展。在此精神指导下，更需要村镇银行加深对“三农”业务的了解，紧贴农民和农村经济的金融需求，加大对产品、服务方式的创新，同时实现自身的业务拓展和盈利能力的提高。

第四，适当提高村镇银行最大单户贷款比例。考虑村镇银行发展初期人员少、网点少、信贷产品单一、县域农村金融竞争激烈、发起行多是全国性的大银行或来自发达地区的现状，适当提高村镇银行最大单户贷款比例，比如对采用资产抵押的客户及政府出资的担保公司客户，可以提高贷款额度到资本净额的10%，使其能充分借鉴和发挥发起行的先进经验，在支持农村经济发展中发挥更大作用。

（中国人民银行南京分行金融研究处
缪仕国）

4．“十一五”期间浙江金融业发展的成功经验

“十一五”期间是浙江金融业快速、高效、健康发展的重要时期。在省委、省政府的正确领导、金融管理部门和金融机构的共同努力下，浙江金融业围绕“保增长、抓转型、重民生、促稳定”的工作主线，深入贯彻落实科学发展观，有力地支持了全省经济的健康平稳发展。

浙江金融业在为全省经济发展作出重要贡献的同时，其自身也获得了发展壮大：业务规模快速扩张，行业运行稳定有序，产品服务保障有力，金融业为推进浙江省经济转型升级、中小企业成长发展、民营经济实施“走出去”战略和全面改善民生起到了积极作用，形成了各类金融机构齐头并进、协同发展的金融组织体系，基本上奠定了浙江“金融强省”地位，各项发展指标名列前茅。

2010年全省金融业增加值2 282亿元，占全省生产总值及第三产业比重分别达8.42%和19.43%，比2005年分别提高了3.8个和8个百分点，“十一五”期间年均增长32%。2010年末，全省金融机构的本外币存款余额达54 478亿元，本外币贷款余额46 939亿元，分别位居全国第4位和第2位，是2005年末的2.74倍，存贷款总量已于2009年末提前实现翻一番的目标，“十一五”期间全省存、贷款年均增长20%和23%；省内境内上市公司达到186家，居全国第2位，“十一五”期间共计新增79家，年均新增境内上市公司家数占当前全国新增的13%左右，累计融资额1 820.24亿元，比2005年底增长近5倍；2010年全年实现保费收入690.3亿元，排名全国第9位，“十一五”期间年均增长21.4%，保险深度和密度分别达到3.1%和1 540元。

1．大力发扬“浙江精神”是浙江金融业发展的内在动力

（1）大力弘扬勤奋务实，勇于开拓的敬业精神。浙江金融业的崛起，最根本、最重要的原因在于浙江金融人具有勤奋务实、勇于开拓的敬业精神。五年中，浙江金融业积极推进金融改革先行区、金融发展繁荣区、金融生态优质区和金融运行安全区的建设，以优异的经营业绩吸引了全国各地资金纷至沓来，各大金融机构纷纷把浙江作为政策倾斜的重要示范区，从而成就了“资金洼地”的独特地位；同时，通过“资金洼地”汇集的庞大资金通过各类金融市场经营主体成为省内外企业发展的重要资金来源，从而促成了“资金高地”的形成。经过几年的努力，浙江省已经初步打造出银行业的“浙银品牌”、证券业的“浙江板块”、保险业的“浙江亮点”，地方金融的“浙商系列”，成为全国业务增长最快、金融机构类别最全、金

融运行质量和效益最好、金融生态环境最佳的省份之一，实现了经济与金融的互动共赢发展。

（2）注重培育紧跟市场，善于包容的开放精神。据全国29个省级浙江商会（除西藏外）的不完全统计，目前浙江在全国各地经商办企业的人员约为600万，创办各类企业26万多家、各类专业市场2 000多个。截至2009年底，省外浙商在外投资亿元以上的企业项目达2 560多个，其中投资10亿元以上的达454个。“十一五”期间，浙江省对外直接投资额近63亿美元，项目总数2 300多个，单个项目平均中方投资额为243万美元，境外投资规模、项目数量均居全国第一。为了给“走出去”的企业提供本土化服务，浙江金融业省外、境外分支机构的增长一直保持着与企业对外投资步伐的一致性，通过提供融资性对外担保、股权融资、出口应收账款质押贷款、境外资产抵押贷款等形式多样的业务品种，帮助本土企业更好地获取信用支持，既支持了企业的发展壮大，同时也增强了自身的综合竞争力和社会影响力。

2. 注重坚持市场导向是浙江金融业发展的特色路径

（1）明确市场定位做精做细，推动银企合作共赢。浙江是全国民营经济最活跃的省份，民营经济和“块状经济”是浙江经最具活力的基石。浙江金融界以民营企业、县域经济发展的金融需求为出发点，探索差异化产品和服务，在满足市场需求、做大市场蛋糕的同时，有效地提升了金融机构的综合发展实力。大中型银行坚持“大小并举、限优扶劣”的信贷导向，着力增强对大企业和重点项目的资金保障能力，扶持行业内龙头企业的转型升级，支持支柱产业、战略性新兴产业的发展；中小银行树立与中小企业共患难、同成长的经营策略，它们突破思想束缚和技术限制，不断推出“抱团增信”、“网络联保”、“小本贷款”、“信贷工厂”等一系列适合中小企业融资需求的金融服务产品，从而在全国范围内打响了台州市商业银行、浙江泰隆银行等一大批专做中小企业金融的服务品牌；刚刚起步的小额贷款公司、村镇银行等新型农村金融机构以小型和微型企业、农户和个体工商户的创业发展需求为定位，极大的缓解了金融服务薄弱环节的资金需求。

（2）尊重市场规律差别定价，实现风险与效益统一。“十一五”期间，我国货币政策取向由稳健转为适度宽松，利率政策作为重要的宏观调控工具几经调整。浙江金融各界始终秉持强烈的市场意识和经营意识，树立“以风险控制为前提，以经济效益为中心”的发展理念，凭借利率定价工具，较好地实现了速度与质量、规模与效益、创新与规范的协调统一。灵活的利率定价机制和调整机制，是从事金融业务的市场主体所必须具备的基本素质。对金融机构而言，不同行业、不同规模的企业，其授信程序、信贷风险、边际收益等均不相同，需要在市场细分的基础上进行差异化定价。各金融机构在确定贷款利率的同时，不仅要结合贷款对象的贷款用途和对资金价格的承受力，而且要充分考虑金融市场的资金供求情况、民间借贷利率和竞争对手的利率定价情况，科学测算贷款保本利率、合理确定利率浮动区间，以差别利率实现风险覆盖。例如，2010年，随着贷款定价水平逐步走高，金融机构对各类企业贷款利率水平均有提升，但提升速度与企业规模呈反向变动，金融机构对大型、中型和小型企业利率上浮贷款占比分别为22.40%、46.80%和68.88%；而长短期贷款的调整幅度也反映了金融机构差别定价机制的熟练应用，短期贷款利率往往为贷款加权平均利率上行的主要动力，短期贷款利率对货币政策、市场资金面、企业融资成本等各类因素的敏感性相对较强；长期贷款客户多为资信度较好、议价能力较强的大型客户，利率调整黏性较大。

3. 立足改革不断创新是浙江金融业发展的活力源泉

创新不是简单的技术发明，而是对生产要素和生产条件的全新组合，浙江经济金融的发展就是不断实现这种新组合的有力佐证。“十一五”期间浙江金融界审时度势，持续不断地开展金融产品和金融组织创新，利用创新成果转化而来的持久活力，开创了浙江金融业更为广阔的发展空间。

（1）推进金融产品创新，为需求主体“量体裁衣”。一是浙江各金融机构以《物权法》的颁布为契机，以“抵押担保难”为突破口，将机器设备、存货、仓单、合同订单、采砂权、商位使用权、专利使用权、股权、林权、海域使用权、农村土地流转经营权、水库经营权、商位使用权、提货权、排污权、基于CDM项目的CER收益权等各类企业资产纳入抵质押品范畴，实现了从单纯不动产抵押向多元化动产抵押突破，为各种类型的企业顺利获得融资搭建了通道。二是直接融资产品创新取得新突破。银行间交易市场中短期融资券、中期票据、中小企业集合票据等新型债务融资工具得到广泛运用，“十一五”期间累积筹集资金857.15亿元。此外，杭州市首创了PPP模式的“中小企业集合信托债权基金”，截至2009年年底，杭州市共推出包括“平湖秋月”在内的中小企业集合信托债权基金9项，募集资金11.74亿元，在全国引起了热烈反响。三是积极推出“一揽子”融资方案。各金融机构针对浙江民营经济、县域经济和中小企业的特点，积极开展融资模式创新，先后推出了电子商务网络联保联贷、创业通、速贷通、影视通宝、“抱团增信”、“信贷工厂”、供应链融资、贸易融资、循环融资、物流融资等多种融资方案，并通过向同一行业、同一区域、同一产业集群、同一生产供应链中的企业多次融资，尝试建立标准化的融资流程，提高了融资效率。依托“桥隧模式”和“路衢模式”等新型融资模式，进一步整合了政府、银行、信托公司、担保公司等各方平台，提高了资金的筹集效率，优化了收益风险分级配置，放大了财政资金扶持力度，实现了融资模式的标准化和可复制性。

(2) 加快金融组织创新，开创民间投资新领域。浙江金融界积极落实银监会《关于调整放宽农村地区银行业金融机构准入政策的若干意见》，加快推进新型金融机构和组织试点工作。2008年，浙江省出台《关于开展小额贷款公司试点工作的实施意见》、《浙江省小额贷款公司试点暂行管理办法》等政策文件，小额贷款公司试点工作全面启动。同年5月，浙江省第一家村镇银行——长兴联合村镇银行成立，激发了农村金融市场的活力。截至2010年，全省共有小额贷款公司134家，注册资本241.97亿元，贷款余额361.06亿元；村镇银行25家，存款余额110.98亿元，贷款余额119.56亿元。目前，包括小额贷款公司、村镇银行、贷款公司、资金互助组等新型农村金融机构或组织如雨后春笋在浙江全省陆续出现，广泛调动了企业法人和自然人的参与积极性，有效引导了民间资本的投向。此外，典当行、融资性租赁公司、金融仓储公司等其他经营金融业务的非金融机构继续蓬勃发展，作为非吸收存款的贷款零售商，它们以低于存款类金融机构的准入门槛，给民间资本进入金融领域开辟了一条快速进入通道。

4. 专注服务中小企业是浙江金融业发展的重要基础

浙江省民营经济发达，市场化程度高，中小企业尤其是微小企业众多。在“小商品大市场、小企业大协作、小资本大集聚”的市场发展格局下，中小企业已经成为浙江市场经济发展过程中资源配置的重要主体。

(1) 构筑多元化金融服务体系，加大中小企业金融供给。“十一五”期间，浙江银、证、保齐头并进，积极探索金融产品与服务创新，不断深化中小企业金融服务。一是推动信贷制度改革，搭建中小企业融资“绿色通道”。根据中小企业融资需求具有“短、频、快、急”特点，商业银行纷纷成立中小企业信贷专营机构，开展中小企业信贷制度改革。同时全省有超过2/3的商业银行出台了针对中小企业的信贷管理办法，建立了标准化、集约化的中小企业信贷管理流程，创新出“三品”、“三表”、“四为”、“八性”、“八看”[①]等特色服务和管理方式，显著提高了中小企业金融服务效率，形成了中小企业金融服务的集群效应。截至2010年末，全省小企业贷款余额为10 503.8亿元，位居全国第一。二是推进中小企业上市融资，打通中小企业直接融资渠道。近年来，发行制度的改革和中小企业板、创业板的开设为浙江一大批运作规范、业绩优良、成长性好的优秀民营企业、尤其是中小企业提供了广阔的发展平台。浙江省各级政府高度重视资本市场对地方经济发展的积极作用，联合监管部门及市场各方，发挥服务主动性，形成培育合力，从源头上提高上市公司质量，积极推进有实力的中小企业上市融资。截至2010年，全省中小企业板和创业板上市公司家数和融资规模均居全国前列，其中中小板上市公司91家，占全国中小板上市公司总数的17.1%，位居全国第二；创业板上市公司16家，占全国创业板上市公司总数的10.5%。三是加大保险业务创新，完善中小企业金融服务保障功能。针对目前中小企业信用担保机制不健全和担保机构实力不强的现状，商

---

① “三品”指人品、产品、押品，“三表”指水表、电表、报表，“四为”指人品为本、现金为王、抵押为主、内控为先，“八性”指法人行为的可靠性、经营活动的合规性、生产技术的先进性、发展阶段的成长性、经营效益的稳定性、现金流量的充足性、负债比例的适度性、担保方式的安全性，“八看”指看法人品行、自由资金、销售回笼、纳税增长、用电变化、存货水平、现金流量、抵押担保。

业银行与保险公司联手，开拓了保险业务的新领域。在金融监管部门和地方政府的支持与指导下，中小企业贷款保证保险在舟山正式启动。同时，保险业还探索发展了出口信用保险，建立了全国首个出口信用保险补偿基金，支持中小企业自主创新、贸易融资和“走出去”。

(2) 发挥政策导向和扶持作用，改善中小企业融资环境。一是各级政府高度重视中小企业的发展。2006 年以来，省政府相继出台《关于鼓励支持和引导个体私营等非公有制经济发展的实施意见》、《关于促进中小企业创业创新发展若干意见》，各市政府结合区域特色，加大财政支持力度，出台了相应实施办法。为有效应对国际金融危机，2008 年 9 月至 2009 年 5 月，各级政府纷纷成立应急救助基金。全省共有 29 个市、县(市)相继设立金额达 23.19 亿元的各类救助基金，累计发放救助资金 57.93 亿元。2005 年以来，浙江省政府在全国率先出台了中小企业贷款风险补偿、农业贷款风险补偿和农业政策性保险制度。近年来，小企业贷款风险补偿的力度稳步加大，目前全省 55 个市、县参加了风险补偿，省级财政累计补偿资金 2 亿多元，引导增加小企业贷款近 400 亿元。二是金融管理部门积极为中小企业营造良好的融资环境。中国人民银行杭州中心支行 2004 年以来先后出台《关于金融进一步支持我省民营经济发展的指导意见》等 20 余项信贷政策措施，运用再贷款、再贴现、差额存款准备金率等一系列货币政策工具，鼓励金融机构支持中小企业发展。银行业监管部门及时出台了“六项机制一个指引”等相关政策文件，指导银行业金融机构深入推进中小企业贷款机制建设，加强对中小企业地贷款差异化监管，积极营造正向的政策激励机制。

5. 洞悉产业发展先机是浙江金融业发展的核心优势

(1) 加强政策引导，全力推动金融支持产业转型升级。2006 年以来，根据国家和省政府的经济发展要求，浙江金融业管理部门联合省经信委等相关政府部门，先后出台了多项指导文件，其中包括《关于金融支持浙江省“十一大产业”转型升级的指导意见》、《关于贯彻落实适度宽松的货币政策、促进浙江经济平稳较快发展和转型升级的意见》、《关于银行业全力支持全省经济平稳较快增长的意见》、《浙江银行业支持块状经济向产业集群转型升级的指导意见》、《关于进一步发挥银行业在推动工业转型升级中作用的指导意见》、《浙江省“千家成长万家培育”中小企业金融支持计划》等。省内各地市根据辖区内产业发展特色，也出台了专项指导意见，有针对性地推动当地重点产业转型升级，如绍兴市出台《关于绍兴市信贷支持五大产业发展的实施意见》、舟山市出台《2009 年舟山市金融支持海洋经济发展指导意见》等。这些政策举措一方面确保了新兴产业、战略性产业、循环经济、外向型经济、海洋经济等重点领域、重点项目的资金需要，另一方面对于金融机构在多变的宏观形势下准确把握产业发展前景、降低信贷风险起到了重要的指导作用。

(2) 突出重点领域信贷投放，注重防范信贷风险。一是为积极引导金融机构与产业转型升级项目融资实现对接，浙江金融管理部门切实加强与产业主管部门、行业协会的沟通协商，通过组织开展银企融资洽谈会、通报重点技术改造项目库等方式，加大对支柱产业、战略性新兴产业发展和传统产业改造升级的信贷支持。2010 年投向制造业、批发和零售业的新增贷款合计 4 552.33 亿元，占各项贷款增量的 59.34%。二是有效应对国际金融危机，银行业加大对出口类企业的支持力度，保障资金供应帮助企业渡过难关，维系企业资金链安全；保险业开展了“面对金融危机、保险伴你同行”主题活动，为杭州地铁、舟山大陆连岛、杭州湾跨海大桥、“秦山核电二期”等重点项目提供风险保障，积极服务全省“保稳促调”。三是在做好重点领域和经济薄弱环节金融服务的同时，金融管理部门从严控制“两高一剩”和落后产能行业信贷投放，密切关注房地产信贷、政府融资平台、集团企业信贷集中度等风险因素，通过窗口指导、信贷政策等调控手段和监管手段，科学引导金融机构把握信贷投放节奏和质量，严格执行差别化房地产信贷政策，规范清理政府融资平台和落后产能，成功防范和化解了金融资源投向结构失衡带来的风险隐患。

6. 资源要素全面利用是浙江金融业发展的坚实基础

(1) 抓住国内国外两个市场，扩大资源要素利用范围。一是积极利用国内市场促进金融合作发展。一方面，以上海国际金融中心建设为契机，浙江与上海、江苏每年召开“推动长三角金融协调发展联席会议”、举办“长三角金融论坛”,2008 年以来深入开展多层次的金融发展合作研究,加强长三角地区金融机构、金融业务和金融市场的合作交流,如长三角城市商业银行共同签署了《长三角城市商业银行战略合作协议》。另一方面,积极推进本土金融机构跨区域发展。近年来,浙江地方金融机构自身实力不断增强,跨区域发展步伐加快。多家城市商业银行在省外设立异地分行,2010 年浙商银行、城商行新设 7 家省外分行,使省外分行总数达到 23 家。跨区域经营的实践提高了浙江本土金融机构的内部管理水平和风险防范能力,机构竞争实力得到明显增强。二是不断提高金融业对外开放水平。“十一五”期间,全省紧紧抓住 WTO 过渡期结束后金融业全面对外开放的机遇,不断提高对外开放水平,促进金融业进一步发展壮大。一方面,主动吸引外资金融机构来浙发展。目前,浙江省已经成为全国外资金融机构门类最齐全的省份之一。随着外资金融机构数量和经营范围的不断扩大,日益融入浙江经济金融的各个层面,活跃了同业竞争,强化了服务功能,改善了区域投资环境和市场环境。另一方面,积极引进境外长期战略投资者取得实效。“十一五”期间,浙江省在推动地方中小商业银行和农村信用社改革时积极引进境外长期战略投资者,如杭州银行先后引入澳洲联邦银行和亚洲开发银行,目前外资股份比例合计接近 25%,是我国外资持股比例最高的商业银行之一;杭州联合银行于 2007 年 2 月引入荷兰合作银行和国际金融公司,成为国内首家引入境外战略投资者的农村合作金融机构。境外战略投资者的加入,增加了中资金融机构的资本实力,推动了管理模式和经营理念与国际接轨的步伐。

(2) 运用政府民间两种资源,提高资源要素利用效率。政府资源和民间资源作为两种性质不同的要素来源,在经济社会中发挥的作用不尽相同,角色定位也存在差异。政府资源具有示范作用强、筹集迅速的特点,民间资源具有经济贡献大、动力机制强的特点,二者的有机结合,将发挥出 1+1>2 的整合与协同效应。目前,浙江逐步形成了以政府投入为引导、民间投资为主体、金融和风险投资为支持的创业创新支撑体系。为了促进经济转型升级,支持新型产业、战略产业的发展,各级地方政府纷纷动用财政资金,设立创业投资引导基金、产业投资引导基金等各类政府引导基金,通过阶段参股、跟进投资等方式引导和鼓励民间资金投入到与经济转型发展相一致的产业领域中来。同时,政府牵头积极吸引国内外资本雄厚的大型投资机构和集团公司共同设立风险投资基金、产业投资基金,间接投资于区域经济发展中的高新技术产业、知识型服务业以及高效农业等技术创新领域。针对传统信贷融资渠道的局限性,浙江省围绕信托制,首创了以“路衢模式”为基础的“中小企业集合信托债券基金”,将财政资金的信用增级作用、分级化信托的优化风险分级配置作用一一整合,实现了债权和股权运用方式的结合,既发挥了财政资金的杠杆和引导作用,又广泛吸纳了民间资金。

7. 关注社会弱势群体是浙江金融业发展的应尽责任

浙江金融管理部门从大局着眼,积极贯彻省委、省政府“创业富民、创新强省”的总战略,引导各金融机构牢固树立社会责任意识和企业公民意识,锁定金融服务的弱势对象和薄弱区域,在推进对社会弱势群体金融服务方面取得了可喜的进展。

(1) 加大信贷投入力度,解决民生金融发展问题。为了鼓励金融机构在发展过程中积极履行社会责任,浙江省各级政府、金融管理部门将实现金融领域的包容性增长作为和谐金融的重要环节,先后出台多项政策举措,从加大信贷支持、鼓励金融创新、拓宽融资渠道、搭建服务平台等方面加大对民生金融领域的资源投入。浙江省政府出台了《关于促进中小企业加快创业创新发展的若干意见》,从金融等多个层面提出了扶持和促进中小企业创业创新、转型发展的政策措施。浙江省财政厅联合人民银行杭州中心支行于 2008 年制定下发了《关于印发浙江省银行业金融机构农业贷款风险补偿暂行办法的通知》,确立了农业贷款风险补偿机制。浙江省银监局贯彻落实《关于鼓励县域法人金融机构将新增存款一定比例用于当地存款的考核办法(试行)》,制定了《浙江银行业金融机构履行企业社会责任指导意见》、《关于银行业进一步支持我省欠发达地区加快发展的指导意见》等政策文件,加大对重点领域和经济薄弱环节的信贷支持。杭州、宁波、湖州等各市政府也纷纷出台了相关政策,鼓励和扶持下岗再就业人员、大学生“村官”、农民工等运用优惠金融政策成功创业发展。为了支持农民的灾后重建和恢复生产，浙江省积极启动了政策性农业保险试点，按照政府推动、市场运作的原则，实行共保经营①、互保合作②等多种方式，积极稳妥地推进试点工作，进一步增强了农业抗风险能力。

（2）倡导服务均等化，实施金融服务全覆盖工程。一是培育新型组织，增设机构网点，积极延伸金融服务。浙江省新型农村金融组织从无到有，试点逐步扩大，政策性金融、合作性金融、商业性金融分工协作、功能互补的金融组织体系逐步健全。2010年末，全省银行业涉农贷款余额达到17 711亿元，134家小额贷款公司发放的100万元以下小额贷款和农业贷款占比达到67.11%；浙江省银监局实施监管倾斜政策，落实农村合作金融机构、邮储银行、农业银行分头包干，2010年上半年提前实现了全省159个金融机构空白乡镇金融网点与服务全覆盖。二是“便农支付工程”取得阶段性进展，农村地区支付环境大为改观。截至2010年年底，县及县以下农村地区支付系统参与者3 744家，全省所有农村地区对公营业网点均可直接或间接办理支付清算系统业务，所有县域全部实现了银行本票应用；全省农村居民人均持卡量达到1.8张，ATM在乡镇的覆盖率达到80%。三是深入推进中小企业和农村信用体系建设，为商业银行增加信贷投入减轻后顾之忧。截至2010年末，全省累计为16.2万户中小企业、531万户农民建立了信用档案。

8. 适度管理张弛有度是浙江金融业发展的风险屏障

（1）重视金融风险特性，正确引导市场创新。国际金融危机的深刻教训表明，任何金融创新都必须符合国民经济发展和市场主体的实际需求，监管部门必须坚持全面而有序的持续监管。因此，金融监管必须把握合理的度，既要能够防控金融风险，又必须给予市场主体一定的创新空间，以避免对金融业发展产生抑制。浙江金融管理部门结合浙江经济金融发展实际，积极推动机构改革，夯实市场发展基础，同时借助政策指引、管理评级等正向激励手段，加大对金融机构创新产品、创新服务、创新机制的引导和支持。浙江省政府出台了《浙江省人民政府关于浙江金融业深化改革加快发展的若干意见》，积极鼓励金融机构在服务品种、风险控制、降低运营成本、提高服务效率等方面进行创新；中国人民银行杭州中心支行下发了《浙江省金融服务创新指引》，从健全金融组织体系、完善创新金融产品与服务、加快推进金融市场平台建设、强化金融技术与管理创新等四个方面，对金融服务创新进行指导、管理和服务，积极鼓励全省金融机构在依法合规、风险可控前提下开展金融服务创新。

（2）科学配置监管资源，维护区域金融稳定。浙江各金融监管部门坚持统筹管理、审慎监管、分类监管的原则，合理配置监管资源，建立起以金融机构内部控制为基础、“一行三局”专职监管为核心、行业协会的自律监管为依托、公众的社会监督为补充的监管模式。中国人民银行杭州中心支行着力加强对宏观形势的分析和研判，着眼于防范系统性金融风险，全面正确分析、评估和判断金融体系的稳定状况，加强信贷窗口指导，综合运用差别存款准备金率，建立健全金融突发事件应急机制，为浙江经济发展创造安全稳定的货币金融环境。浙江银监局坚持“管法人、管风险、管内控、提高透明度”的新理念，通过定期开展监管评级和风险评估、建立重点行业信贷监测制度，强化非现场监管的风险监测和风险预警功能，健全应急管理机制等方式，大大提升了监管的有效性和针对性。浙江证监局开展了为期3年的公司治理专项活动和信息披露专项整治活动，采取有力措施加快推进辖区证券公司重组和整改工作，在全国率先开展期货保证金封闭管理等试点，加强对会计、评估等中介机构的监管，成功应对了股权分置改革后资本市场的全新变化。浙江保监局逐步确立了“机构、高管、行为”三管齐下的监管模式，推进从重、从严的红线监管，加快实施车险理赔服务九大

① 共保经营是指由两家及以上商业保险公司组建“浙江省政策性农业保险共同体”。受共保体委托，首席承担的商业保险公司承担具体业务经营。共保体经营范围为农险、以险养险、涉农险三类，实行“单独建账、独立核算、盈利共享、风险共担”。按省统一公布的政策性农业产品保险目录，对进入目录的农产品参保实行保费财政补贴，原则上多保多补、不保不补。共保体与当地政府保持稳定的合作关系，保持经营的连续性。

② 互保合作是指依托各类农业行业协会、专业合作社和农业龙头企业，按照自愿原则，建立农业生产者互助合作保险组织，实行“会员缴费、财政补助、自我管理、合作共享、专户管理、滚动发展”。省财政对列入试点的农业生产者互助合作保险组织给予一次性补助。试点市、县(市、区)财政相应配套给予支持。

实事工程，深入推进人身险三项行业标准和九项服务承诺，建立健全信访投诉纠纷处理机制，切实保护了消费者的权益。

9. 加强协调多方联动是浙江金融业发展的前提保障

（1）政府引导有为有位，统筹规划金融产业发展。随着经济金融化程度的不断加深，浙江较早地把金融业作为一个重要的产业来谋划，着眼全局，立足长远，先后制定出台了《关于我省地方金融业改革发展的若干意见》、《关于促进我省保险业加快发展的意见》、《浙江省"十一五"金融业发展规划》、《关于浙江金融业深化改革加快发展的若干意见》、《关于进一步加强我省企业上市工作的意见》、《关于促进股权投资基金发展的若干意见》等指导性文件，从战略高度来解决金融业产值化程度不高、金融组织体系不平衡、区域发展不协调、融资结构不协调等发展中的问题，有效规划引导金融业的中长期发展。

（2）健全金融稳定协调机制，维护区域金融稳定。"十一五"期间，地方政府和金融管理部门加强合作与协调，构筑起金融风险防范的牢固屏障，确保了浙江金融业的平稳健康发展。一方面，浙江省逐步完善了"一行三局一办"的地方金融管理框架，密切了各金融管理部门间的沟通、合作和交流，极大地提高了地方金融管理效率。另一方面，通过建立银政企多方参与的金融稳定协调机制，加强对跨市场、跨行业的交叉性金融工具的研究和监测，加强对民间融资的规范引导和重大金融风险的预防处置，确保了金融和社会的稳定。2005 年年底，金信信托风险事件爆发后，各级政府和金融管理部门主动加强沟通协调，密切关注风险处置中的新情况、新问题和新矛盾，在债权甄别、政策争取和风险处置中积极有为，有效防止群体性事件的发生。尤其是在国际金融危机期间，为了避免企业资金链断裂带来的连锁反应，政府号召金融机构在企业困难时，顾全大局，执行不抽资、不抽贷、不附加利率费用、不简单处置担保链企业的"四不"要求，先后成功处置了"华联三鑫"、"纵横集团"等多家企业资金链断裂风险，帮助企业渡过难关；司法部门对涉法的金融诉讼，不采取简单的查封、审判和执行，积极通过司法调解，避免资金链断裂引发区域性系统风险，确保了区域经济金融安全。

10. 优化金融生态环境是浙江金融业发展的外部支撑

（1）推进金融基础设施建设，实现金融服务便利化。一是现代化支付清算体系建设基本完成。在中国人民银行杭州中心支行的统一组织下，全省票据影像交换系统、电子商业汇票系统、网上支付跨行清算系统等先后建成运行，标志着以现代化支付系统为核心，商业银行行内系统为基础，票据交换系统和其他支付系统并存的支付、清算体系已基本形成，从而实现了现代化支付、清算系统建设的历史性跨越，使社会公众能够享受更加方便、快捷的金融服务。五年来全省大小额支付清算系统累计为社会提供资金结算 4.12 亿笔、345 万亿元。二是社会信用体系建设阶段性成果显著。"十一五"期间，中国人民银行杭州中心支行顺利实现了企业新老征信系统的切换；个人征信系统在实现重点突破部门信息采集的基础上，开辟了社保、环保、质检、电信、公积金、法院判决等信息采集的新领域。征信系统数据质量明显提高，为防范信贷风险、维护区域金融稳定起到了积极作用。目前，企业征信系统已入库 48.7 万户企业，月均查询 100 万次，个人征信系统已入库 3 310 万人，月均查询 110 万次。在中国人民银行"监管与培育"并重的管理理念下，浙江省信用评级行业健康持续发展，信用评级结果在信贷交易、利率定价、担保资格审查等领域得到了广泛应用。

（2）严厉打击金融犯罪活动，切实维护金融市场秩序。一是加大金融犯罪打击力度。为营造良好的诚信环境，金融管理部门加大对逃废金融债务行为、骗保骗贷行为的打击力度；同时，切实加强反洗钱工作的领导和协调，建立完善银行、证券、保险三位一体的反洗钱监管格局，加强涉嫌网络赌博资金监测线索移送和配合调查工作，扩大反洗钱合作领域，在严厉打击走私、涉汇违法活动方面取得了显著成效，维护了金融市场的运行环境。二是规范和引导民间融资活动。针对民间融资活跃的特点，以"区别对待、疏堵并举、促进规范、打击犯罪"为指导思想，规范和引导民间金融健康发展。各级政府部门及金融管理部门密切配合，齐抓共管，有重点地开展打击非法集资活动，配合司法部门妥善处理了"金华东阳吴英集资案"、"温岭张花英集资案"、"玉环青港集资案”等容易引发群体性事件的非法集资活动，引导树立正确的投资理念和风险意识。

（中国人民银行杭州中心支行金融研究处
张晓霞 王 婷 徐 伟）

5. 促进金融支持安徽资源型城市转型发展

资源型城市是以本地区矿产、森林等自然资源开采、加工为主导产业的城市类型。安徽是资源大省，作为全国重要的基础能源和原材料供应地，淮北、淮南、马鞍山、铜陵四个资源型城市为国家和地区的经济社会发展作出了突出贡献。但是，由于生态环境破坏、资源衰竭等多重原因，这些城市的可持续发展也面临着一些矛盾和问题。为了解资源型城市转型发展过程中的问题，促进金融支持资源型城市可持续发展，近期人民银行合肥中心支行对淮南、淮北、铜陵四个资源型城市进行了调研。

1. 安徽省资源型城市的基本情况

安徽省的四个资源型城市资源类别各有不同。淮北、淮南两市是全国13个亿吨级煤炭基地之一，两市煤炭储量占全省的98%，是华东地区唯一的能源基地。铜陵市是国家八大有色金属工业基地之一，铜矿储量占全省的70%。马鞍山市是一个因矿建企、因企兴市的资源主导型城市，其铁矿储量占全省57%。

2009年，淮南、淮北、马鞍山和铜陵四个资源型城市实现地区生产总值分别为508.8亿元、371.9亿元665.9亿元和343.7亿元，较上年分别增长13.7%、11%、12.1%和13.7%，从增幅看，淮南、铜陵两市均高于全省平均水平0.8个百分点。2009年安徽省资源型城市地区生产总值（GDP）、进出口总额、社会消费品零售总额、财政收入在全省的占比分别为18.80%、26.13%、13.45%和20.60%，分别较2004年提升了2.48、2.43、0.34和0.08个百分点。从人均GDP看，马鞍山、铜陵、淮南、淮北四个资源型城市分别为7 582美元、6 800美元、3 247美元和2 650美元，分别为全省平均水平的3.16倍、2.83倍、1.35倍和1.10倍，其中马鞍山市人均GDP居全省首位。此外，2009年马鞍山市城市居民人均可支配收入和农民人均纯收入分别为20 390元和7 947元，均居全省首位。

2. 金融支持资源型城市与资源性产业发展情况

近年来，随着我国工业化、城镇化的加速推进，对能源原材料的需求日益增强，全省银行业金融机构充分发挥安徽的资源优势，认真贯彻落实适度宽松的货币政策，大力支持钢铁、煤炭、有色、水泥等优势产业和特色产业。截至2009年年末，在全省金融机构中长期贷款中，煤炭、钢铁、有色、电力四大行业的贷款余额分别为289.82亿元、49.51亿元、31.31亿元和444.40亿元，分别是2004年的8.27倍、1.28倍、5.44倍和3.67倍。淮北、淮南、马鞍山、铜陵四个资源型城市的本外币存、贷款余额较2004年翻了一番多，占全省的比重也分别由2004年末的16.33%和15.55%上升至2009年末的16.78%和16.37%。其中，淮南市在全省的贷款份额上升最多，由2004年4.46%升至2009年5.48%，提高了1.02个百分点，其次为马鞍山市，提高了0.3个百分点，其余两市略有下降。近几年淮南市金融机构对能源产业的信贷投入飞速增长，煤炭、电力行业贷款余额从2001年末的39.55亿元迅速增长至2010年4月末的332亿元，增长了7.4倍。

异地金融机构也因资源性产业丰厚的回报率，争相对煤炭、有色等行业的投入，同时股份制商业银行也加紧机构布局，纷纷抢摊资源型城市。近年来，招商银行进驻淮南，浦发银行也加紧在淮南和铜陵布局。2010年前4个月，招商、浦发两家银行在淮南新增贷款25.41亿元，占全市增量的34.32%。马鞍山市金融机构在全力支持马钢等骨干企业的同时，还从外地引进银团贷款10亿元。从直接融资情况看，截至2009年年末，四个资源型城市共有15家上市公司，占到全省的四分之一。在债券市场上，资源类重点骨干企业也得到了政策倾斜。2005年至2009年，淮北矿业、淮南矿业、马钢公司、铜陵有色4家骨干企业累计发行短期融资券183亿元，企业债57亿元，中期票据24亿元。

3. 资源型城市转型面临的主要问题

（1）产业结构单一，经济社会发展严重依赖资源型产业。资源型城市第二产业在国内生产总值中占据绝对主导地位，呈明显的“二、三、一”结构。

2009年马鞍山、铜陵、淮南、淮北四市三次产业比例分别为3.86∶66.53∶29.61，2.6∶67.9∶29.5，8.2∶62.8∶29.0和9.9∶61.4∶29，表现为一产小、二产重、三产弱。同时资源型经济特征突出，规模以上工业中，马鞍山钢铁产业产值占比为55%，铜陵铜冶炼及附属化工业占比为70%，淮北和淮南煤炭占比分别为63.22%和68.6%。

(2) 资源枯竭及由此引发的经济社会和环境问题日益突出。目前，淮北煤炭资源的开采已进入中后期，先后有4对大型国有矿井、10对地方小煤矿闭坑。煤炭资源枯竭同时引发大量社会生态问题。淮北市因采煤塌陷土地面积接近30万亩，因煤矿塌陷而失地的农民有近30万人。淮南市也因长期的煤炭开采，造成采煤沉陷面积约120平方公里，占全市面积的4.6%，且以每生产千万吨原煤沉陷2.2平方公里的速度递增，生态遭到破坏，维稳的压力增大。马鞍山市多数矿山都到了衰老期，马钢公司矿石对外依存度达70%—80%，生产成本受制于国际矿业巨头。同时，多年来的矿业开发活动造成比较严重的环境污染，使马鞍山市成为矿山固体废物排放量最大的城市之一。铜陵资源衰减的状况同样严重。

(3) 信贷资源配置失衡，潜在的信贷风险不容忽视。2010年4月末，淮南市煤炭行业和电力行业贷款余额在全市占比从2001年的30%提高到58.84%。也就是说，一半以上的金融资源配置给了能源产业，而其他产业只获得了小部分的信贷资金支持。但是贷款过于集中于资源性行业，一旦资源性产品需求下降，将加剧金融机构信贷风险并影响区域金融稳定。

2010年以来，适度宽松货币政策由去年的超常规信贷增长逐步转为回归常态，在信贷投放的力度、节奏以及支持的重点等方面也有所调整。由于国家加快经济发展方式转变、促进经济结构调整以及大力倡导节能减排，淘汰落后产能和发展新兴战略产业等科学发展理念和政策的不断强化，许多商业银行已经提出并实施了"绿色信贷"标准，对能源原材料等高污染、高耗能、高排放企业的信贷调控政策愈加严厉，资源型企业的资金需求在商业银行贷款投向选择的优先级排序上也越来越靠后。

(4) 资源性产业易受宏观经济周期性影响。2009年安徽省四个资源型城市的规模以上工业增加值、规模以上工业利润以及固定资产投资在全省的占比分别为25.53%、18.28%和15.73%，较2004年分别下降了7.5个、26.73个和4.92个百分点。同时，从上述指标在全省占比的趋势看，资源型城市以能源原材料为主导产业的经济结构在经济高涨时，需求旺盛、效益回升较快，但也容易受到宏观调控趋紧和金融危机等不利外部环境的影响，导致需求锐减、产值和效益发生剧烈波动。受金融危机影响，2009年马鞍山、淮北两市经济增速回落幅度较大，均为3.4个百分点，两市工业增加值增速分别仅为15.2%、13.7%，居全省末位。铜陵工业增速排名也比较靠后，财政收入增速仅为1.2%，大大低于全省平均水平。作为重点骨干企业的马钢、铜陵有色公司，其进出口总额同比分别下降58.4%和29.7%，严重影响了全省对外经贸的发展。

(5) 替代或接续产业发展滞后。由于煤炭等资源型行业具有高利润、高收益特点，使得金融资源过多集中于这些行业，从而对资源型主导产业、主导企业之外的产业和企业支持严重不足，导致其他产业、企业生存发展困难，这使得资源型城市产业结构单一、经济结构失衡的情况短期内较难改变。曾经占淮北市生产总值超过25%的纺织行业，目前占全市生产总值比重不足2%。受资金、技术、人才等因素的制约，淮北市医药、电子等新兴产业规模偏小，整体发展速度较慢。总体上看，资源型城市经济发展面临着资源价格波动、其他地区产业替代和资源枯竭等多重系统性风险，这从根本上提出了资源型城市进行经济转型的迫切要求。

4. 经济转型与结构调整取得积极进展

近年来，安徽省资源型城市充分用好、用足、用活国家和省促进资源型城市可持续发展的各项政策，贯彻落实国家、省有关转型工作的方针政策，抓紧编制转型规划，经济转型与结构调整取得积极进展。

《淮北市资源型城市转型与可持续发展规划》中，"把淮北建设成全国重要的煤焦化电基地、黄淮海平原食品工业高地、全省重要的承接产业转移试验区、皖北乃至黄淮海地区最宜人居的山水生态城市"成为淮北的发展战略目标。淮南市着力依托煤炭资源优势启动煤电化"能源基地"建设，全力打造"火电三峡"，同时大力培育装备制造、生物医药等新的增长点。两市均试图走出一条"依托煤炭、延伸煤炭、超越煤炭"的科学发展之路。铜陵市紧紧抓住国家首批循环经济试点的良好机遇，延伸产业链，提高加工度，发展循环经济，在铜采集、冶炼和加工以及延伸铜产业链条和提高铜产品附加值上取得了新突破。同时采取多元化发展的战略，开发新兴接续产业。此外，铜陵有色公司利用金融危机时期相对低廉的资产价格，实施"走出去"战略，在加拿大、秘鲁、智利和澳大利亚等地进行资源并购，为构建稳定的海外铜矿资源供应基地奠定基础。马鞍山市大力扶持与推进新兴产业，新能源、节能环保和软件动漫等新兴产业集群加速形成。

5. 金融支持资源型城市转型发展的政策建议

（1）协调好金融政策和财政政策。首先要发挥财政资金的先导作用，对资源型地区可持续发展中的重点产业、重点企业和重点项目提供财政补贴，及时向金融机构传递政策意图。其次，财政要帮助创造符合银行贷款条件的贷款主体，由财政转移支付建立产业转型风险补偿基金，资源型地区技术改造和转产专项基金，对支持上述企业或项目的金融机构给予适度的补偿，以增强对金融机构的吸引力。最后，要将两方面的政策工具（如窗口指导、再贷款、再贴现与财政资金导向以及国债发行）有机结合，最大程度发挥二者的协同效应。

（2）发挥金融助推作用，积极支持循环经济发展，改造提升传统产业。银行业金融机构要充分发挥我省在发展循环经济方面的经验成效以及政策优势，积极调整和优化信贷结构，落实"绿色信贷"标准，支持重点骨干企业运用新技术、新工艺，提高资源采收率，延伸产业链，发展循环经济，推进节能减排，促进传统产业由单纯加工制造向设计、研发、品牌、服务等产业链高端发展延伸。

（3）强化金融引导，做大做强替代接续产业，优化区域发展环境。金融机构要抓住安徽省推进国家级皖江城市带承接产业转移示范区、合肥经济圈、振兴皖北发展、国家技术创新工程试点省和重点产业调整振兴规划以及淮北、铜陵国家资源型城市转型试点市建设等战略机遇，结合省政府近日相继批复设立安徽铜陵、马鞍山和淮南高新技术产业开发区的政策优势，加快发展符合区域产业优势和特色的高新技术产业，积极承接产业转移，培育发展替代接续产业，发展现代服务业，推进全省资源型城市城乡一体化建设，积极探索资源节约、环境良好、可持续发展的新路子。

（4）创新金融服务，完善有助于资源型产业优化升级的金融配套体系建设。一是通过银团贷款、并购贷款等方式支持开发利用区外、境外资源，为本地资源型企业寻找后备基地，提高利用全球资源要素能力。二是积极疏通间接、直接融资渠道。引入境内外金融机构，增强开发性金融在资源型城市转型中的重要作用，引导区域内优势企业上市融资，支持重点企业发行公司债券、企业债券、短期融资券、中期票据等，鼓励和支持以发行资产支持证券等多种方式筹集资金。三是加强政银合作，改善金融生态。政府相关部门与金融机构应在城市规划、招商引资、产业布局等方面加强沟通，并持续改善区域信用环境。地方政府应通过设立创业投资引导基金等方式，引导发展私募股权基金、风险投资，并通过适度发展小额贷款公司、村镇银行等新型金融组织，积极引导民间资本参与资源型城市转型发展。四是加强银行、证券和保险行业的互利合作。鼓励信托公司发挥功能优势，开展符合资源型城市转型的金融产品和服务创新。引导保险资金进入转型地区基础设施领域。发挥融资租赁在引进矿山设备等方面的积极作用。

（中国人民银行合肥中心支行　刘伟建）

第九篇　长 三 角 金 融

一、长三角金融概览

(一) 上海市金融概览

【经济概况】 2010年,上海市地区生产总值比上年增长9.9%。经济运行的主要特点:一是消费较快增长。全年社会消费品零售总额增长24.2%,规模首次超过固定资产投资总额。上海世博会带动的旅游、住宿餐饮和商业销售等消费带动了消费品市场持续活跃,世博会期间园区商业累计实现零售额45.1亿元。在家电下乡、以旧换新、减征汽车购置税等措施的刺激下,居民消费支出中家庭设备用品及服务、交通和通信支出增幅明显加快,汽车消费继续保持快速增长。二是固定资产投资维持上年规模。全年固定资产投资比上年增长0.8%。其中,受世博项目及配套设施相继完工和世博期间施工限制的影响,城市基础建设投资下降29.1%。受上一年房地产开发形成的投资滞后效应和当年保障性住房建设的加快推进,全年房地产开发投资同比增长35.3%。三是对外贸易恢复较快。全年进出口总额比上年增长32.8%,增速同比加快46.6个百分点。进出口贸易呈现逆差,其中进口同比增长38.5%,出口同比增长27.4%。出口增长放缓的主要原因有产品成本明显上涨、部分出口企业向内地转移、人民币汇率升值压缩企业利润空间以及我国出口相对优势正在减弱。四是第三产业增长放缓。第三产业增加值增长5%,占全市生产总值的比重为57%,比上年下降2.4个百分点。世博会的举办对服务业发展拉动作用明显,新兴服务业呈现快速发展态势,但难以弥补金融业、房地产业下滑对第三产业发展的负面影响。五是工业生产持续向好。全年规模以上工业增加值同比增长18.4%,利润总额增长56.7%。高技术产业增长33.7%,重点发展行业(电子信息产品制造业、汽车制造业、石油化工及精细化工制造业、精品钢材制造业、成套设备制造业、生物医药制造业)增长26.6%。六是居民消费价格持续上涨。全年累计上涨3.1%,涨幅同比提高3.5个百分点。其中食品类价格同比上涨7.7%,成为拉动价格总水平上涨的最主要因素。

【金融运行】 (1)各项存款同比少增。全年本外币各项存款增加7 607.68亿元,同比少增1 403.2亿元。本外币存款变化特点:一是企业存款增幅回落。本外币企业存款增加3 344.4亿元,同比少增1 634.84亿元,其中企业活期存款增加1 450.63亿元,同比少增1 109.53亿元,主要是商业银行按照"实贷实付"要求,强化了贷款用途管理,企业贷款增长受到一定影响,而企业贷款派生存款多以活期化方式滞留银行,企业贷款增长放缓直接导致企业活期存款增幅下降。二是储蓄存款增速减缓。本外币储蓄存款增加1 891.41亿元,同比少增377.82亿元。随着居民消费价格指数不断走高,居民通胀预期明显增强,储蓄意愿持续回落。此外,深圳证券市场新股发行节奏加快在一定程度上导致上海市储蓄存款的波动。三是各银行存款增长差异较大。受贷存比、内部绩效考核和资金面压力等因素影响,银行间存款业务竞争加剧,存款在各银行间的流动加大。外资银行存款业务延续了快速增长的势头,全年新增人民币存款816.1亿元,占全市金融机构人民币存款增量的10.8%,占比同比上升3.7个百分点。中资银行各项存款大幅少增,其中中小型银行人民币各项存款同比少增944.3亿元,流动性管理难度有所加大。

(2)各项贷款增长适度。全年本外币各项贷款增加4 492.99亿元,同比少增880.36亿元。本外币贷款变化特点:一是贷款投放呈前高后低态势。一季度贷款增加额占全年本外币贷款增量的四成以上,主要是受经营理念、项目储备、监管政策和资金约束的多重制约和影响。二是外汇贷款增速回落。全市外汇贷款增加34.4亿美元,同比少增47.8亿美元,其中贸易融资减少10.7亿美元,同比多减74亿美元。外汇贷款增长放缓,是由于部分银行受资本充足率、贷存比制约，主动收缩利润较低的外汇贷款业务尤其是贸易融资业务，外汇贷款投放意愿减弱，此外，与外汇资金头寸趋紧、外汇贷款定价提高和外汇贷款集中到期有关。三是贷款长期化趋势明显。全年本外币中长期贷款占各项贷款增量的83.8%，占比同比上升7个百分点，主要原因是商业银行追求盈利、主动调整资产结构、减少收益较低的票据贴现，也有新开工项目需要较大后续资金支持的因素。四是贷款投放重点突出。中小企业信贷支持力度明显加大，中型、小型企业人民币贷款同比分别增长21.2%和24.8%。另外，政府投融资平台贷款增加较多，制造业贷款恢复性增长。五是中、外资金融机构贷款增长差异明显。中资金融机构贷款增长放缓，既有国家严格控制房地产、地方融资平台及高耗能行业贷款投放的原因，也与贷款规模调控、贷存比考核等因素有关。外资银行贷款明显多增，既有国际金融危机影响减弱后企业贷款恢复性增长的原因，也与外资银行主动改变经营策略等因素有关。六是存在的风险：一是贷款集中度风险。全年新增贷款中64.1%是大额客户贷款；二是房地产开发贷款风险。12月末住房开发贷款关注类余额比4月份"新国十条"出台前增加近8亿元，商业用房开发贷款关注类余额增加2亿元；三是部分区镇级平台公司贷款风险；四是流动性压力，存款增速放缓与贷款长期化趋势的矛盾有加剧趋势。

（3）不良贷款继续实现"双降"。按贷款"五级"分类口径统计，全市银行业金融机构不良贷款余额为272亿元，比年初减少74.56亿元；不良贷款率为0.8%，比年初下降0.38个百分点。中资商业银行（国有商业银行、股份制商业银行、城市商业银行、农村商业银行、邮政储蓄银行、村镇银行）不良贷款率0.87%，比年初下降0.41个百分点。外资银行不良贷款率0.6%，比年初下降0.27个百分点。全市银行业实现净利润797.75亿元，比上年增长33.9%。拨备覆盖率213.42%，比年初上升63.69个百分点，贷款损失准备率235.73%，比年初上升24.08个百分点，风险抵御能力进一步增强。

【金融市场】 金融市场规模明显提升，功能逐步增强。全年上海金融市场（不含外汇市场）交易总额386万亿元。（1）银行间市场成交活跃。同业拆借市场成交量继续快速增加，累计成交27.9万亿元，比上年增长44%。银行间债券回购市场交投积极，质押式回购累计成交84.7万亿元，同比增长25%，买断式回购累计成交2.9万亿元，同比增长13.5%。银行间债券市场现券交易量持续增加，累计成交64万亿元，同比增长35.5%。（2）票据市场利率振荡上行。商业汇票承兑、转贴现和回购业务保持增长，贴现业务受货币信贷政策调控力度加强的影响有所萎缩。年末银行承兑汇票余额2 308.8亿元，同比增长64.1%；票据贴现余额1 485.8亿元，同比下降20.1%。由于存款准备金率连续上调、存贷款基准利率上调以及贷款规模调控等因素，票据市场利率年中振荡上行、年末快速拉升。（3）外汇市场汇率弹性增强。人民币兑美元、欧元、港币和英镑升值，人民币兑日元有所下跌。人民币兑林吉特、卢布交易分别于8月19日和11月22日正式上线，丰富了外汇市场交易品种。（4）股票市场振荡下行。全年上海证券交易所股票成交金额30.4万亿元，同比减少12.2%。上证综指年初开盘3 289.75点，年末收于2 808.80点，较年初下跌14.6%。股票融资额增加明显，累计筹资额为5 532.1亿元，比上年增长65.5%。（5）期货交易量大幅增长。股指期货推出以后，成交活跃，中国金融期货交易所总成交金额41.07万亿元。上海期货交易所各品种总成交金额123.48万亿元，比上年增长67.4%。各品种成交情况差异明显，其中锌、天然橡胶、螺纹钢和黄金成交额保持增长，线材、燃料油和铜成交额有所下降。（6）保险市场规模不断扩大。全年原保险保费收入同比增长32.91%。其中财产保险公司原保险保费收入197.18亿元，同比增长24.09%；人身保险公司原保险保费收入686.68亿元，同比增长35.67%。全年支付各类保险赔款及给付同比增长10.07%。保险公司大力发展保障功能较强的分红险、普通寿险以及责任险、财产险等非车险业务，保险业务结构不断优化。截至12月30日，上海"11·15"特大火灾经排查，共计9家产险公司涉及赔案81件，保额合计2 829.38万元。（7）黄金市场成交额大幅增长。上海黄金交易所总成交金额2.02万亿元，比上年增长83.3%。全年通过上海钻石交易所海关报关的钻石进出口和所内交易合计28.61亿美元，比上年增长88.1%。

【金融创新】 一是金融产品和业务创新。沪深300股指期货平稳上市。银行间市场贷款转让交易、超短期融资券、信用风险缓释工具陆续推出。中国外汇交易中心推出了人民币对马来西亚林吉特、俄罗斯卢布的挂牌交易。上市商业银行在证券交易所参与债券交易试点启动。上海股权托管交易中心挂牌。

二是金融改革创新。12月，中国人民银行等六部委批准上海出口货物贸易人民币结算试点企业由首批92家增加到16 380家。积极推动了人民币跨境直接投资、人民币出口买方信贷、人民币对外担保以及政府采购国际招标项目使用人民币结算。截至年末，跨境贸易人民币累计结算量达743亿元，为全国扩大试点摸索了经验。境外央行或货币当局等三类机构获准运用人民币投资境内银行间债券市场。上海综合保税区企业国际贸易结算中心外汇管理改革试点、上海期货交易所在洋山保税港区开展期货保税交割业务试点、金融租赁公司设立保税区租赁项目子公司试点陆续启动。开展外资法人银行、金融租赁公司、汽车金融服务公司发行金融债券的试点，如三菱东京日联银行（中国）有限公司（10亿元）、交银金融租赁有限公司（20亿元）、上汽通用汽车金融服务有限公司（15亿元）分别在银行间市场进行了债券融资。个人本外币兑换特许业务试点扩大，试点机构增至4家，网点增至20个。

三是金融机构创新。中银消费金融有限公司挂牌运营。农银金融租赁有限公司、民生银行票据中心落户。中国人民财产保险股份有限公司、中国太平洋财产保险股份有限公司设立航运保险运营中心，带动涉外航运保险业务集聚上海。证券公司融资融券业务试点启动，全市共有5家公司获得试点资格。东方证券股份有限公司和国泰君安证券股份有限公司相继设立了证券资产管理公司。积极推动在沪合资证券公司、合资基金公司扩大业务范围，汇添富基金管理有限公司、海富通基金管理有限公司在香港设立了子公司。成立了全国第一家合伙制外资股权投资企业（凯雷复星（上海）股权投资企业）和第一家合伙制外资股权投资管理企业（上海欣创股权投资管理企业）。上海汇付数据服务有限公司获得证监会批复开展网上基金销售业务。

四是支持经济社会转型和结构调整的金融创新。针对小额贷款公司发展、融资担保公司发展、股权投资企业发展、知识产权质押融资、信用保险保单融资和金融服务中小企业、“三农”、文化产业等金融工作，研究出台了规范性文件，有效引导金融服务地方经济发展和产业结构调整升级。张江、杨浦、漕河泾等市级高科技园区开展了银行、风险投资、高科技企业与园区“3＋1”投贷联盟合作试点，浦发银行、上海农商行分别成立了专门从事科技企业融资服务的支行和事业部服务中心。闵行区企业成功发行中小企业集合票据，市经济和信息化委员会和闵行区政府分别对评级、担保费用给予了补贴。小企业信贷网络服务平台投入运行，已有46家企业登陆平台。推动并购贷款业务发展，共计发放并购贷款36笔，贷款金额约100亿元，并购金额约400亿元。航运金融服务显著改善，海外市场推出了首笔基于新版上海出口集装箱运价指数（SCFI）的集装箱运费掉期协议交易，航运金融研究所成立。

五是金融创新环境。基本形成三级金融审判机构网络体系，在高、中院及浦东、黄浦、杨浦、卢湾法院设立了金融审判庭，其余14家基层法院建立了专门的金融审判合议庭。落实对注册在上海的保险企业从事国际航运业务免征营业税政策。市政府专门设立“上海金融创新奖”，完成首次评选工作，2010年37个创新项目受到表彰，其中32个项目获得了创新成果奖，5个项目获得了创新推进奖。沪港、沪台金融交流与合作稳步推进。市金融服务办公室与香港特别行政区财经事务及库务局签署了《关于加强沪港金融合作的备忘录》。4家在沪商业银行获准试点办理新台币现钞与人民币双向兑换业务，国泰世华银行、第一商业银行、台湾土地银行等3家台资银行在沪开设了分行。

【世博金融服务】 作为第一次在发展中国家举办的注册类世博会，上海世博会吸引了包括190个国家、56个国际组织在内的246个官方参展者，参观人数达7 308万人次。上海世博会运行指挥部发布的两次市民游客对全市窗口行业服务满意度调查，金融服务均高居榜首。

世博金融服务主要表现在：一是安全保障到位。金融系统各部门围绕平安世博的目标，从系统运行、应急处置、反恐融资、金融维稳等方面入手，建立全方位的世博金融服务安全保障工作机制。世博会期间，开展涉恐资金调查22次，破获一起案值800余万元的涉博合同诈骗案。金融信访总量稳中有降。

二是窗口服务周到细致。各家银行网点开设世博绿色通道，做好延时服务，在机场、宾馆、酒店等区域，增加外币兑换机布放，并为世博会量身定制了理财、融资、结算等特色金融产品和服务，如“随到随换”特色购汇服务、世博门票和酒店房价优惠等网银服务、世博游宣传页和世博相关品牌推广活动等。保险机构建立快速理赔机制，简化工作流程。截至10月31日，园区内累计接到世博保险报案1 331件，其中人伤赔案1 065件，物损赔案266件，已结案件1 069件。园区外共接到世博相关报案121件，已结案件97件。

三是支付环境建设顺畅。全年各中资银行新增网点85个，改建网点551家，配备无障碍设施或措施的网点新增901家。银行卡成为园区首选支付手段。世博会期间，园区408家特约商户日均办理银行卡交易1.83万笔，金额711.24万元；银行卡POS机清算交易1.57亿笔，同比增长21.1%；交易金额1 887.6亿元，同比增长45%。支付产品创新力度加大。成功发行银行预付费卡和银行IC卡，推出非接触IC卡、三代手机支付、小额免签等多项创新产品。现钞供应保障及时。发行基金投放金额同比增长24.85%，回笼金额同比增长86.15%；园区日均投放零钞144.06万元，占园区日均零钞库存9.79%。四是涉外金融服务开拓创新。设立“世博会账户及外汇服务绿色专用通道”，为世博会相关主体的人民币及外汇账户的开立、外汇收付等提供政策支持。世博会期间，共为212家世博会境外参展者(包括媒体)开立了外汇账户，园区银行网点累计发生个人购汇3 531笔，共计1 280万美元，结汇12 465笔，共计554万美元。园区银行网点及外币兑换点累计办理外币兑换业务超过1.5万笔，兑换金额超过1 792万美元，满足了境外游客和工作人员的外币兑换需要。

(肖立伟)

上海市主要经济金融统计

(2006—2010年)

单位:亿元

项　目	2006年	2007年	2008年	2009年	2010年
地区生产总值	10 296.97	12 001.16	13 698.15	14 900.93	16 872.42
第一产业(增加值)	93.81	101.84	111.8	113.82	114.15
第二产业(增加值)	4 997.81	5 675.49	6 235.92	5 939.96	7 139.96
第三产业(增加值)	5 205.35	6 223.83	7 350.43	8 847.15	9 618.31
全社会固定资产投资	3 925.09	4 458.61	4 829.46	5 273.33	5 317.67
地方财政收入	1 600.37	2 102.63	2 382.34	2 540.3	2 873.58
地方财政支出	1 813.8	2 201.92	2 617.68	2 989.65	3 302.89
社会消费品零售总额	3 360.41	3 847.79	4 537.14	5 172.88	6 036.86
居民消费价格指数(以上年为100)	101.2	103.2	105.8	99.6	103.1
进出口总额(亿美元)	2 274.89	2 829.73	3 221.38	2 777.31	3 688.69
进　口(亿美元)	1 139.16	1 390.45	1 527.88	1 358.17	1 880.85
出　口(亿美元)	1 135.73	1 439.28	1 693.5	1 419.14	1 807.84
全部金融机构各项存款(余额)	26 454.88	30 315.53	35 589.07	44 620.27	52 190.04
企业存款	13 264.48	15 827.70	17 899.74	22 772.28	24 991.39
财政存款	396.74	740.98	830.83	1 245.94	1 903.46
城乡储蓄存款	9 480.28	9 326.45	12 083.66	14 357.65	16 249.29
全部金融机构各项贷款(余额)	18 603.92	21 709.95	24 166.12	29 684.10	34 154.17
短期贷款	6 368.89	8 024.67	8 788.06	8 511.56	9 278.11
中长期贷款	10 603.08	12 168.07	13 712.53	17 933.57	21 693.69
现金投放(+)回笼(-)	+593.95	+651.52	+852.71	+954.14	+1 064.41
全部保险机构保费收入	407.04	482.64	600.06	665.03	883.86
全部保险机构保险赔款支出(含满期给付)	91.31	139.82	184.09	176.74	194.54
全部保险机构保险密度(元/人)	2 975.22	3 527.88	4 376.68	4 821.19	5 202.57
全部保险机构保险深度(%)	3.95	4.02	4.38	4.46	4.35

注:全部金融机构各项存款、贷款余额的七项数据(不含财政存款)为本外币并表统计数(含外资金融机构)。

1. 浦 东 新 区

2010年,在市区两级政府的坚强领导下,浦东新区继续克服国际金融危机造成的不利影响,加快推进国际金融中心核心功能区建设。新区金融业全年实现增加值825.8亿元,比上年增长6.1%。占全市金融增加值的比重达42.7%,占区增加值的17.5%,占区第三产业增加值的31.3%。金融业作为浦东支柱产业的地位继续巩固,对浦东GDP增长的贡献率达到16.6%。

第一,着力改善金融发展环境。2010年,浦东始终把环境建设放在突出位置,推动形成布局合理、配套完善、氛围活跃的金融发展环境。一是加快重点项目开发建设。部署实施了十大重点工程项目建设,双辉大厦、证大喜马拉雅艺术中心等4个项目工程完工,建筑面积约57万平方米,上海国金中心、船厂地区项目结构封顶,上海中心、塘东总部基地等9个项目顺利开工,上海国际金融中心、中国金融信息大厦等9个项目进入前期方案设计阶段。二是完善陆家嘴金融城商业配套环境。部署安排十大环境配套工程,稳步推进商务楼宇商业配套达标提升工程,完成74幢商业楼宇的验收;加快金融城商业配套大项目建设,小陆家嘴地区二层步行连廊工程一期"明珠环"与"东方浮庭"已竣工并对外开放,金融城地下空间开发项目的方案设计基本完成;上海国金中心商场等项目开业,新增商业配套面积16万平方米;金融城环城巴士路线、白领早餐疏导示范点进入实施阶段。三是提升政府专业化服务水平。出台融资租赁扶持政策和实施办法,不断完善政策支持体系;积极落实相关金融奖励政策;大力加强金融教育培训,设立国际金融交流研究中心,与哈佛大学商学院,宾夕法尼亚大学沃顿商学院,哥伦比亚大学商学院、教育学院和浦东干部学院签署了合作备忘录,在浦东开设金融培训课程。四是积极开展金融宣传和推介。配合市金融办成功召开第三届陆家嘴论坛,成功举办第四届金融城文化节,积极推广LED发布金融信息资讯。

第二,大力提升金融机构集聚水平。比照成熟金融中心的金融机构体系,浦东重点抓了三类金融机构的引进:一是持牌的监管类金融机构。截至2010年底,浦东拥有监管类金融机构649家,较上年增加46家,其中,银行类金融机构211家,证券类金融机构261家,保险类金融机构177家。外资法人银行增至18家,超过全国的一半,基金管理公司增至29家,约占全国的一半,包括摩根士丹利中国区总部、澳新银行法人行、纽约梅隆银行西部基金等一批著名金融机构和新型金融机构;借助《两岸监管金融合作备忘录》生效的契机,积极吸引台湾土地银行、国泰世华银行等台资金融机构在浦东设立分行。二是非监管类金融机构。2010年年底,浦东拥有非监管类金融机构502家,较上年增加206家,其中股权投资和股权投资管理机构447家,管理资产总规模达到774亿元,继黑石集团、贝恩资本和安佰深之后,全球十大PE机构中的凯雷投资集团和TPG相继落户浦东。融资租赁企业23家,注册资本突破66亿元。三是金融专业配套服务机构,积极引进财富管理、金融信息、金融培训、管理咨询、会计审计等专业机构,不断健全金融服务产业链,截至2010年年底,浦东拥有金融专业服务机构485家。包括普华永道会计师事务所、新华08、万得信息、大智慧、银联商务、快钱、高银保理在内的各行业领先者均齐聚浦东。

第三,充分发挥金融创新试点的平台作用。2010年,浦东充分利用综合配套改革试点的机遇,积极争取国家和上海市重要的改革创新在浦东先行先试。一是消费金融公司。浦东和中国银行、百联集团合作设立的中银消费金融公司,第一批获得了银监会的批准筹建,并正式对外营业。二是单船单机SPV融资租赁。去年浦东依托交银租赁和招银租赁,争取有关部门支持,在综合保税区成立了5架飞机和1艘船舶的SPV项目公司,首次成功以SPV公司模式开展飞机和船舶租赁,初步打破了境外机构的垄断。三是推动开展期货保税交割试点。去年12月24日,经国家海关总署和证监会批复同意,上海期货交易所期货保税交割业务试点在洋山港保税港区正式启动。四是全国性信托登记平台建设取得重要进展。去年,在有关各方共同努力下,最高人民法院已向中国银监会正式出函,同意建立信托登记制度的有关内容,标志着国家部委层面对于由银监会出台《信托公司信托登记试行办法》达成了一致。

第四,切实推动金融支持经济社会发展。2010年,浦东积极发挥金融的核心支持作用,推动金融与航运、科技、贸易等产业联动发展,促进金融支持民生改善。2009年,浦东与外管局上海分局合作,争取国家外汇管理局的支持，在上海综合保税区率先开展了新型国际贸易结算中心业务试点，首期有索尼、西门子等8家企业获得资格认定，目前结算金额达5 000万美元。浦东建立统一的上市推进机制，出台促进中小企业上市的财政扶持办法，推动交技发展等3家高新技术企业成功上市，23家企业在上海证监局辅导备案，8家企业确定参与“新三板”挂牌；成功发行张江聚惠集合信托理财产品，融资7 700万元，解决了张江园区内15家科技型中小企业的融资需求；与上海银行建立银政合作机制，引导商业银行放宽贷款审核标准，加大对科技型中小企业的信贷投放，目前已经实现贷款55亿元。继续推进小额贷款公司试点，为鼓励创业、支持就业提供资金支持，目前累计发放贷款11.84亿元，服务企业609家。开展金融便利设施进社区实事项目，安装ATM机280台。

（浦东新区金融服务局）

2. 黄 浦 区

2010年，黄浦区继续深入贯彻落实国务院《关于推进上海加快发展现代服务业和先进制造业建设国际金融中心和国际航运中心的意见》和市政府《实施意见》精神，按照市政府部署的重点工作安排和部门分工，聚焦资产管理中心、资本运作中心和金融专业服务中心战略定位，紧紧抓住政策机遇和创新趋势，努力为外滩金融集聚带营造优质的产业生态和政策环境。

1. 外滩金融集聚带建设加快推进

（1）金融业成为黄浦现代服务业发展的核心产业。国务院的意见颁布实施以来，黄浦金融业机构规模和实力进一步增强，区域金融功能不断完善。现有金融机构覆盖了金融要素市场、银行、保险、证券、基金、期货、信托、财务公司等核心业务领域，特别是面向高端客户、从事高端业务的金融机构集聚发展，形成了具有明显黄浦特点的金融产业集群和产业布局。金融机构综合实力和创新能力进一步增强，发展质量和经营效益明显提升，金融业对区域经济的贡献度不断增强。此外，股权投资、融资租赁等新金融机构蓬勃兴起，成为金融业发展的新生力量。

（2）外滩金融集聚带规划、项目有序实施。外滩金融集聚带建设规划广泛征求各方意见，集聚全球智慧，结合黄浦实际，秉承专业理念，着眼未来发展，涵盖战略目标、产业生态、功能定位、城市风貌、空间景观、建筑保护、交通组织、配套设施、人居环境等多个方面，经市政府审核同意正式实施。8-1地块、163地块成功上市出让，204、B4地块进入施工阶段，外滩源壹号金融家俱乐部挂牌运营，外滩美术馆顺利落成开幕，和平费尔蒙大饭店以及上海外滩华尔道夫大酒店成功开业，外滩金融集聚带作为上海国际金融中心的核心集聚区，将为广大金融机构提供更为优质的发展空间和生态环境。

（3）资产管理中心、资本运作中心和金融专业服务中心初具雏形。黄浦区聚焦“三个中心”的金融产业定位，初步形成错位互补、协同发展的主线。证券公司和信托公司总部数量名列全市前茅，以私人银行、财富管理、股权投资、期货衍生品等为代表的资产管理类金融机构加快集聚，一批具有国内外影响力的法律、会计、咨询、评估等金融专业服务机构汇聚黄浦，金融机构和专业服务机构之间形成较强的分工合作和协同互动效应，对资金流、人才流、信息流、技术流等金融资源要素的配置能力显著增强。

（4）金融成为助推黄浦经济结构调整和发展方式转变的重要力量。区域内企业借助资本市场和各种金融工具的能力不断增强，金融服务经济社会发展的水平明显提高。成立推进企业上市工作领导小组，为企业登陆资本市场提供全方位保障。老凤祥股份有限公司资产注入上市公司中国铅笔并成功更名，公司经营业绩实现高速增长，成为当年度资本市场的成功案例。上海外滩投资开发（集团）有限公司成功发行企业债券，实现区属非上市公司发债零的突破。上海国际信托有限公司联手上海凯石投资管理公司，成功创设发行全国首只QDII信托产品。区域内金融机构全力加强金融维稳工作，主动服从大局，世博会金融服务和安全得到有效保障。

2. 新金融战略初步成型

在传统金融产业不断发展的同时，金融服务经济社会发展的创新能力不断提高，为新兴金融和类金融产业快速发展带来巨大的机遇。黄浦区将聚焦发展新金融，推动金融功能提升、规模拓展和产业创新。加快打造金融新的增长极。

（1）关注新业务。当前主要是指从现有金融机构分拆出来独立运营的业务或功能版块。深厚的历史底蕴、文化积淀和金融氛围，使得外滩对资产管理机构的吸引力正不断增强，工商银行、农业银行等相继将总行的私人银行部设立在外滩，证监会批复成立的首批两家证券资产管理公司也已全部入驻。黄浦区抓住机构流程再造和业务链整合的有利契机，把金融机构的资产管理部门变为上海金融的巨大增量，争取将外滩金融集聚带建成高端财富管理机构最为集中的区域，形成先发和示范效应，努力推进上海国际金融中心的内涵式增长。

(2) 聚焦新业态。主要是指私募股权投资、风险投资、融资租赁、融资性担保公司、微小金融服务、贵金融交易、衍生品投资等新兴的类金融机构呈现爆发式增长态势。黄浦把握金融发展趋势和创新路径，拓展对类金融机构的服务深度和广度，通过主动搭建产融对接、供需对接、投融对接的平台，营造优质的金融产业生态，帮助机构提升投资效率和质量。通过服务新型机构扶持广大中小企业和创新型企业发展，鼓励各类资本通过各种途径更多地进入实体领域，同时激发体民营资本参与金融创新的活力。

(3) 探索新领域。大力推动金融机构参与和服务经济发展方式转变、结构调整与社会民生建设，积极鼓励和发展消费金融、科技金融、能源金融、航运金融、贸易金融等新兴金融领域，帮助企业加快产业升级，实现合作多赢。调结构、促转型是上海保持可持续发展的核心命题之一，金融必须为之提供强有力的支撑。支持和引导工商企业充分、科学、合理运用各种金融工具和产品，降低融资成本，创新融资模式，对冲和规避资金汇率风险，提高财务管理和运营能力。同时，积极关注无线宽带、云计算、物联网等新兴技术对金融行业的创新推动作用，鼓励金融服务和产品的创新。

(4) 集聚新力量。一是高度关注部分产业资本向金融资本转移的趋势，配合部分主业非金融的央企以及知名民营企业产融结合的进程，积极予以服务和引导，大力推进旗下投融资平台或金融板块的整合与设立。二是抓住上海金融服务业对外开放的相关试点中蕴含着新的机遇，支持金融机构在地方金融国资开放性重组、合资业务扩容、外资参股等过程中引入国外的先进经验、前沿技术和优秀人才。三是高度关注传统金融机构的融合发展战略和金融服务业的专业化并购所蕴含的机遇，主动对接金融产业链在水平和垂直两个向度上的资源整合，不断提升金融资源配置的效能。

(黄浦区金融办)

3. 静　安　区

2010年静安区紧紧抓住上海建设国际金融中心的历史机遇，以“错位发展、优化环境、创新手段”为发展策略，优化产业结构，提升产业能级，有力推动区域金融业发展，为“十二五”规划的开局奠定了良好的基础。金融业全年税收26.79亿元，同比下降30.22%，占全区税收比重14.72%；区级税收6.46亿元，同比下降27.21%，占区级税收比重10.7%。其中，证券业税收25.2亿元，同比下降31.57%，占金融业税收比重94.07%；证券业区级税收5.93亿元，占金融业区级税收比重91.82%。截至2011年2月21日，金融业各类企业共计264家，金融控股集团1家，证券46家(其中：上海总部3家；上海分公司3家；代表处7家；营业部33家)，期货7家(其中：公司4家；营业部3家)，银行57家(其中内资银行22家，营业网点107家；外资银行29家，营业网点30家；外资投行6家)，保险18家(其中：内资14家，外资4家)，基金15家，典当12家，拍卖16家，租赁10家，投资公司73家，小贷公司1家，财务公司4家，担保1家，其他3家。

2010年1月28日，2010年上海股权投资协会年会在宏安瑞士大酒店三楼苏黎世厅隆重举行。上海市政协副主席王新奎、市金融办副主任范永进、静安区副区长陆晓栋、上海股权投资协会理事长史正富等领导以及各区县金融办领导、协会会员单位代表120余人出席年会。目前，全区金融业发展环境正步入优化完善的上升通道，良好的发展环境、高效的配套服务，吸引了越来越多金融领域的企业协会在静安开展金融业务活动。此次年会指导单位为上海市金融服务办公室和静安区人民政府，由上海股权投资协会主办，协会会员同华投资集团、华宝投资集团承办。

2月4日上午，区金融办和区检察院签订工作协议机制签约仪式在800秀会场举行，并邀请了区九家银行行长就区域银行业发展、防范风险方面进行座谈。工作协作机制包括重要情况信息互通机制、工作资源共享机制、重要课题共同调研机制、防范风险的检察预警机制等，并结合各自职能，有针对性地开展打击犯罪、防范风险和服务金融、促进增长等工作。区检察院与区金融办在共同协作下，已与区域内的银行、证券、保险、基金等机构建立日常工作联系点，并逐步建立多方参与的工作协作网络，延伸工作触角，拓宽工作途径，以有效服务区域经济发展，防范金融风险。静安区副区长陆晓栋、检察院检察长罗昌平出席会议并讲话。

4月26日—29日：区金融办董珞主任带队，与市金融办地方金融管理处、市股权投资协会一同前往深圳、重庆、成都调研私募股权发展情况。26日，拜访深圳市金融办，并就沪深金融发展及政策事宜进行交流；走访深圳创新投资集团有限公司，集团投资总部副总经理金燕女士接待，并介绍了创新投资集团运营模式及协助各地政府设立引导基金的运作情况。27日，召开私募企业座谈会，了解私募企业在运营过程中关心的政策及环境配套情况，并探讨上海、深圳、天津、北京等各地发展私募股权的前景。28日，拜访重庆市渝中区金融办，双方就沪渝金融发展及政策事宜进行交流，并参观了渝中区解放碑CBD地区。29日，拜访四川省招商引资局，了解四川发展情况，并进一步探讨私募股权企业投资项目平台搭建相关事宜。

6月2日上午，区金融办会同与市金融办地方金融管理处、上海国际集团投资管理总部等，走访苏州创业投资集团参观学习发展股权投资管理经验，苏州创业投资集团有限公司董事长林向红、财务总监李莹出面接待，双方展开深入的交流座谈。

7月2日，由区金融办和区国资委联合主办，工行静安支行协办的"发挥金融服务优势，促进静安国企发展"——静安银行沙龙活动圆满举行。副区长陆晓栋、区国资委主任徐雪林、区金融办主任董珞以及区属国有企业集团负责人和静安各大银行行长等50余人出席活动。本次沙龙活动聚焦静安国有企业发展，旨在促进银行与静安国有企业集团的交流互动，分享更多的信息，寻找合作的机会。同时，借助沙龙活动平台，建立长效的信息沟通机制和跨行业互动服务网络。此外，银行沙龙活动也是区金融办探索建立金融类社会组织的有益尝试，希望以活动凝聚企业，通过交流促发展，树立静安金融活动的品牌形象，挖掘行业领军人物，为下一步金融社会组织的建立打好基础，更好地服务静安经济发展大局。

8月13日下午，静安区人才人事服务专题讲座在区医疗保险事务中心会场顺利举行。会议由中共静安区委组织部、区金融办、区人保局联合举办，邀请了20家区内金融企业人力资源部门负责人应邀出席。区金融办副主任王立萍在会上对静安区金融和专业服务业发展情况作了简要介绍，区人保局先后对居住证及居转户办理、领军人才评选及专业技术职称评审、户籍人才引进及夫妻分居调沪等人才人事政策进行了详细解读，并现场答疑解惑，与企业进行互动交流。此次专题讲座，是区金融办主动服务企业发展需求，整合区域资源平台，实行跨部门联动合作的有效尝试，也是区金融办对接重点领域，加强政策宣传，密切政企联系的有效途径。此次活动得到了区人保局的大力支持，也是区人力资源发展服务平台的重要内容之一。针对区重点金融行业开展的人才人事政策辅导，针对性强，效果深入，将有力地帮助区域重点行业、企业运用好人才人事政策，为企业发展提供内在动力。

8月25日，"聚焦私募股权产业，促进区域经济发展——2010上海·静安金融论坛"在静安区宏安瑞士大酒店顺利举行。论坛由静安区人民政府和上海市金融办主办，上海农商银行和上海市股权投资协会协办，静安区金融和专业服务业办公室承办的本次论坛二百余人应邀出席，共包括主旨演讲、合作签约、基金揭牌、圆桌讨论等几个环节。区长张仁良、市金融办副主任范永进、上海农商银行监事长沈慧琪分别进行了开幕致辞。全国政协副主席、民革中央常务副主席厉无畏和国务院发展研究中心金融研究所副所长巴曙松教授做了两场主旨演讲。演讲间隙，静安区金融办与市股权投资协会就建立定期会晤机制、加强合作、营造良好环境等事宜签署了战略合作框架协议，农商银行和檠石投资共同签署了战略合作协议。静安区区委书记龚德庆和民富股权投资管理有限公司董事长刘宗宜共同为上海民生基金的管理公司——民富股权投资管理公司揭牌。此外，论坛还邀请了来自PE企业及专业服务机构的业内人士进行圆桌讨论。

11月17日，"人民币基金的设立现状和进展"静安区金融办沙龙活动于静安800秀顺利举行。本次沙龙活动由静安区金融办、上海投资论坛(SIF)和企业成长协会(ACG China)联合主办，副区长陆晓栋、区金融办副主任王立萍，太盟产业基金、洛希尔父子(香港)有限公司等区内龙头私募股权企业负责人，美国文森·艾尔斯律师事务所、英国品诚梅森律师事务所、美国长盛律师事务所等国际知名律所高管以及其他金融和专业服务业企业代表等70余人出席活动。本次继银行沙龙活动之后区金融办主办的第二期沙龙活动，活动聚焦人民币股权投资基金在设立、结汇、经营和管理等方面的问题，结合国家及上海市有关外资股权投资试点的最新文件精神，通过探讨人民币基金的设立现状和发展前景，搭建私募股权企业及中介服务业互动交流的平台。与会嘉宾围绕"人民币基金的设立现状和进展"的主题进行了广泛的交流讨论。

11月20日，上海最大的金融控股集团上海国际集团正式迁入静安威海路511号上海国际集团大厦办公，集团下属金融服务公司也已顺利迁入威海路新址办公。上海国际集团具有投资控股、资本经营和国有资产管理三大功能，经上海市人民政府授权，开展以金融为主、非金融为辅的投资、资本运作与资产管理业务，进行金融研究，提供社会经济咨询等服务，将为建设上海国际金融中心和实施上海经济、社会发展战略中发挥重要作用。

（刘　卿）

4. 宝　山　区

2010年，宝山区主动对接上海国际金融中心建设，结合自身区域特点和发展实际，着力服务经济转型发展，着力提升服务中小企业融资能力，着力营造良好金融生态环境，在开展小额贷款公司试点、中小企业融资服务、金融发展规划研究、加强银政企沟通协调、引进新兴金融服务机构等方面，"先行先试"，积极创新，不断拓宽工作领域，各项工作取得了长足的进步。

小额贷款公司试点工作继续在全市处于领先地位。上海市启动小额贷款公司试点工作后，区金融办迅速上报试点工作方案、组织区内企业申报，做好企业预审、筛选等各项工作。继全市第一家小额贷款公司——宝山宝莲小额贷款公司在宝山成立后，截至2010年12月底区内开业小贷公司已达6家，注册总资本为4.1亿元，开业数量位居上海市各区县前列。6家小额贷款公司已累计向区内的中小企业和"三农"发放贷款13.72亿元，服务企业数量达909家次，对缓解全区中小企业融资难起到了积极作用。

区域金融机构服务和管理工作全面展开。2010年，区金融办（上市办）进一步加大了对区域金融机构的走访和调研力度，加强沟通联系，提供针对性服务。多次组织开展金融机构座谈会，了解金融机构的需求，并组织金融界人士参观宝山重大产业结构调整项目，引导金融资本积极参与宝山经济社会发展。2010年年末，19家银行金融机构存款余额达1 861亿元，比年初增长10.7%；各项贷款余额853亿元，比年初增长17.4%。金融业增加值增长18.4%，占全区GDP总量的7.7%。

积极协调解决街镇及中小企业融资问题。一是积极搭建"重点成长型企业助保金融资平台"，在庙行镇进行试点，助推街镇（园区）优质企业成长。三是做好成立上海联合产权交易所中小企业融资服务中心（北区）和知识产权交易中心（北区）相关协调工作。四是积极筹建"宝山区中小企业融资服务网"，为中小企业融资与银行融资产品发布搭建平台。

探索具有区域产业特色的金融服务业发展。积极创建上海钢铁金融产业园，根据《关于做好本市金融功能区域规划工作的通知》（沪金融办通〔2010〕15号），宝山区以宝莲城商务区为载体，依托现有的金融机构和钢铁贸易企业，打造钢铁金融概念，集聚各类钢铁金融服务类企业。上海钢铁金融产业园被上海市经信委列为上海市重点推进的生产性服务业功能区，招商引资和服务管理工作已全面展开。

加快推进成长性企业改制上市。根据调查摸底，全区有超过30家中小企业拟定了上市计划，超过10家企业与券商签订了改制服务合同。区金融办（上市办）贯彻上海市加快推进中小企业改制上市的有关文件规定，起草《宝山区关于加快推进企业上市工作的实施意见》。

形成了一系列促进本区金融业发展的扶持政策。着眼于提升金融服务水平和鼓励金融创新，2010年先后研究起草《宝山区关于开展"重点成长型企业助保金融资平台"试点工作的实施意见》、《宝山区关于加快推进企业上市工作的实施意见》、《宝山区金融服务"调结构、促转型"专项资金使用管理办法》、《宝山区关于进一步做好打击非法金融活动工作的通知》、《宝山区关于建立融资性担保行业规范发展和业务监管联席会议的通知》等政策文件，逐渐构建起了宝山区加大金融工作力度，加快金融业发展的政策体系。

（宝山区发改委金融办）

（二）江苏省金融概览

【经济概况】 2010年，江苏省经济高开稳走，经济增长的稳定性、协调性明显增强，呈现“创新引领、增长较快、质量提升、结构优化、后劲增强、民生改善”的良好态势。全年全省地区生产总值同比增长12.6%，人均地区生产总值7 700美元。

(1) 投资增速小幅回落，消费出口稳定增长。当年全省完成城镇固定资产投资17 418.94亿元，同比增长22.1%，增速比全国同期增速低2.8个百分点。在投资结构中高新技术产业投资保持高速增长，当年全省高新技术产业投资同比增长42.9%。消费市场持续旺盛，当年全省实现社会消费品零售总额同比增长18.7%。同时与居民消费结构升级相关的汽车、家电、黄金消费快速增长。外贸进出口全面恢复，当年全省外贸进出口总额同比增长37.5%，外贸总额超过国际金融危机前的最高水平。

(2) 工业生产稳步增长，农业服务业形势良好。当年全省规模以上工业企业实现增加值21 223.84亿元，同比增长16%；轻重工业增长的协调性有所增强，全省轻重工业增速差由上半年的4.3个百分点缩小到全年的2个百分点。农业生产继续保持良好势头，全年粮食总产量达3 235.1万吨，比2009年增加5万吨。高效农业迅猛发展，高效农业面积占比突破1/3。服务业发展继续加快，特色产业积聚初步形成。全年全省实现服务业增加值16 731.4亿元，同比增长13.0%，占GDP比重为40.9%。物流、金融、旅游等服务业快速发展，苏南地区出现服务业投资超过制造业投资的新态势，南京形成“三二一”产业发展格局，南京软件、苏州电子信息、无锡微电子、泰州生物医药等特色产业集聚初步形成。

(3) 各类价格指数呈加速上涨态势，上游价格涨幅持续扩大。居民消费价格维持高位运行，1—12月，全省CPI累计涨幅比2009年同期提高4.2个百分点。CPI逐步走高的同时，涨价面也稳步扩大，到12月份基本消费品涨价面已经超过了70%。其中，食品和居住类价格上涨最快，涨幅分别达7.4%和5%。同时，9、10、11、12月全省工业品出厂价格同比涨幅分别为6.9%、7.5%、8.9%、8.8%，原材料、燃料和动力购进价格同比涨幅分别为9.3%、10.6%、12.7%、12.1%。

(4) 发展方式加快转变，节能降耗取得积极成效。经济结构调整取得明显成效。当年全省规模以上工业增加值中高新技术产业产值占比由24%提高到33%。新能源、新材料、生物技术和新医药、节能环保、软件和服务外包、物联网和新一代信息技术等六大新兴产业销售收入超过2万亿元，占工业销售收入的23%。大力推进创新型省份建设，产学研合作向纵深发展，科技进步贡献率达54%，全社会研发投入占地区生产总值的比重提高到2.1%。节能减排力度加大，单位地区生产总值能耗下降、化学需氧量和二氧化硫减排均完成“十一五”目标。重点流域污染治理和城乡环境综合整治取得重要进展。太湖湖体水质持续改善，确保了饮用水供水安全。生态建设深入推进，森林覆盖率和城市绿化覆盖率分别提高到20.6%和42%。

【金融运行】 2010年，面对复杂的国内外经济形势，江苏全省金融部门认真落实适度宽松的货币政策，主动应对经济转型需求，信贷结构调整迈出坚实步伐，金融支持地方经济发展方式转变力度加大。

(1) 人民币存款增势整体趋缓，存款增长的波动较大。受派生存款减少、居民通胀预期上升，理财产品活跃、楼市分流等因素影响，近年来存款快速增长的势头有所放缓。2010年全省新增人民币存款10 134.3亿元，同比少增1 670.2亿元。人民币各项存款年末余额同比增长20.7%，较2009年年末下降11.2个百分点。同时，因金融机构存款考核、节日因素等影响，各项存款接连出现“季末冲高、季初回落”现象，存款的稳定性明显减弱，月度间增幅差异较大。

企业存款增长放缓，全年新增企业存款2 054.1亿元，同比少增3 636.7亿元，新增企业存款仅占全部存款的20.3%。储蓄存款增长乏力，全年新增储蓄存款3 225.3亿元，同比少增162.4亿元，与此同时，在通胀预期增强背景下，活期化现象明显，年末活期储蓄余额占比33.3%，同比提高3.7个百分点。

外汇存款增长较快，截至年末，全省外汇各项存款余额为241.43亿美元，比年初增加64.21亿美元，同比多增39.84亿美元。下半年以后外汇存款快速增长，原因是既有外贸回升较快的因素，也不排除汇改重启以后国外资金加快流入因素。

(2) 人民币贷款稳定增长，信贷结构调整取得明显成效。2010年全省新增人民币贷款6 824.3亿元，同比少增2 313.3亿元。12月末贷款余额同比增长19.3%，这一增速与全省2001年以来年均贷款增速基本相当，说明贷款增长已经初步回归常态。贷款期限有所优化，全年新增短期贷款2 998.3亿元，同比多增439.1亿元，新增中长期贷款4 957.3亿元，同比少增1 507.1亿元，前期贷款期限拉长的趋势得到一定缓解。

2010年以来，全省信贷投放结构明显优化，中小企业贷款、制造业贷款增长尤为明显，对经济发展方式转变形成了有力支持。当年全省新增中小企业贷款4 064.7亿元，占全部企业贷款总额(不含票据融资)的75.4%，同比提高8.2个百分点。金融机构对中小企业的表外授信也快速增长，当年全省金融机构对小型企业和中型企业的表外授信分别增加1 182.6亿元和981.5亿元，分别高出大型企业574.2亿元和373.1亿元。与此同时，全省新增制造业贷款2 086.4亿元，占新增对公贷款的比重为24.6%，同比提高5.5个百分点，自2010年4月份以来，已连续9个月居各行业贷款增量之首。

信贷区域配置持续改善。苏北、苏中地区信贷增长较快，当年苏中、苏北贷款全省占比分别较2009年提高2.1个百分点和3.1个百分点。受益于国家沿海开发战略，江苏沿海三市贷款增长较快，12月末，连云港、盐城、南通贷款余额同比增长24.4%，超出全省各项贷款增速5.1个百分点。

信贷支农力度不断加大。12月末全省涉农贷款余额同比增长28.7%，高于全部贷款增速9.4个百分点。其中，农户贷款余额为1 216.6亿元，比年初增加288.2亿元，同比多增88.1亿元。

【金融市场】 (1) 银行间市场直接债务融资工具加快发展。2010年，全省抓住全国债务融资工具市场加快发展的有利时机，通过政策推动和重点突破，先后出台《江苏省债务融资工具业务监测评价指引》、《江苏省直接债务融资引导办法》，加快在发行总量、产品创新方面的突破。当年全省30家企业累计发行债务融资工具386.3亿元，发行企业数量与发行金额较2009年均实现翻番，与此同时，全省企业运用债务融资工具的积极性显著增强，中小企业集合票据成功破题，2单中小企业集合票据成功发行，注册中小企业集合票据数位居全国前茅。

(2) 票据业务变化较大，市场利率逐渐上行。2010年，在信贷总量约束较为严格的背景下，金融机构普遍压缩了收益率相对较低的票据业务，票据融资出现净下降。12月末，全省票据贴现余额为1 163.9亿元，同比下降1 007.6亿元。与此同时，票据贴现利率大幅上升，四季度全省金融机构银行承兑汇票贴现加权平均利率为4.92%，较一季度大幅上升1.56个百分点。

(3) 外汇交易大幅回升。2010年，全省外向型经济稳步发展，全省金融机构外汇交易活跃度上升。1—12月，全省即期询价交易累计成交量折美元342.7亿美元，同比增长121.5%。

(4) 直接融资比例提升，债券市场交易平稳。2010年，全省累计发行各类债券685亿元，占全部融资量的7.8%；当年全省新增境内上市公司41家，其中主板3家，中小板33家，创业板5家，全省上市公司首发融资达到470.68亿元，其中主板177.16亿元，中小板256.2亿元，创业板37.32亿元；另有22家上市公司实现再融资297.47亿元。累计从股票市场融资768.2亿元，占全部融资量的8.7%，两者合计占融资总量的16.5%，比重为近10年来最高。随着金融市场基础建设的逐步完善及金融机构资产管理水平的提升，全省金融机构更多地利用金融市场进行资产负债的匹配管理，但由于资金面逐步收紧的影响，债券市场交易增势逐步趋于平缓。当年全省金融机构债券回购(包括质押式回购和买断式回购)交易累计成交5.7万亿元，同比增长3.6%；现券交易增长较快，当年累计交易4.4万亿元，同比增长51.7%。

(5) 保费收入增长较快。2010年全省保费收入在全国率先突破千亿元，全年累计保费收入1 162.92亿元，同比增长27.67%，列全国各省区市第二。其中，财产险保费收入311.91亿元，同比增长36.57%。人身险保费收入851.01亿元，同比增长25.27%。

【金融服务】 (1) 自主创新信息化项目取得阶段性成果。2010年，中国人民银行南京分行完成中国人民银行总行立项的自主创新项目"岗位风险监督管理系统"业务需求书的编写、业务需求分析、总体方案的设计、编码、测试等一系列项目建设。该系统的建成将有效加强中国人民银行重要风险业务和重要风险岗位的监督、检查以及风险控制和内部管理。同时，金融科技信息共享平台正式投入运行。

(2) 强化风险管理，推进支付体系建设。2010

年，中国人民银行南京分行继续联合公安部门以及发卡银行、收单机构等市场主体，发挥各方监测和防范银行卡风险的优势，在信息共享、共同打击银行卡犯罪等方面进行全方位合作。进一步强化银行卡业务管理，开展全方位安全用卡宣传，提高社会公众安全用卡意识。全省银行卡产业继续保持健康快速发展势头，截至年末，全省共有入网金融机构 227 家，联网商户 93 370 家，联网 ATM 机 20 841 台，联合 POS 机 170 035 台。银行结算账户数量继续保持平稳增长态势，截至年末，全省共开立单位银行结算账户 2 863 491 个，个人银行结算账户 249 721 855 个。

(3) 加强业务创新，不断提高人民币流通管理水平 。一是加强分析预测，增强发行基金调拨、供应的前瞻性和主动性。2010 年，中国人民银行南京分行根据全省现金投放回笼出现的新情况，认真分析变化的原因，同时结合辖内现金投放的特点，积极灵活进行调拨，满足全省经济社会发展对现金的合理需求。二是创新钞票处理业务。根据全省钞票处理中心工作进度和各中心支库库存情况，人行南京分行安排扬州、苏州、淮安钞票处理中心回笼人民币清分款和人民币残损券的调拨。截至 6 月 20 日，全省清分回笼券 105.42 万捆，同比增长 13.27%，集中销毁残损人民币 51.28 吨。当年 8 月人行南京分行正式启动人民币产品异地入库扩大范围试点，9 月组织苏州市和扬州市中心支行在全国率先启动回笼完整券先入钞票处理中心处理业务试点。同时为减轻银行业机构柜面工作负担，方便客户小面额货币的兑换，在南京、南通、泰州、徐州四地开展纸币兑换硬币自助服务试点。三是组织开发了主要包括银行业机构存取款预约和人民币流通定点监测等相关模块的江苏省人民币流通管理信息系统，满足全省银行业机构向中国人民银行交取现金预约及人民币监测综合情况报送的需求。四是举办“江苏省首届银行业机构点钞识假技能决赛”。当年 9 月，人行南京分行和江苏省总工会联合举办了“江苏省首届银行业机构点钞识假技能决赛”，决赛包括手工点钞和机器点钞两个项目。

(4) 推进国库业务创新，提升经理国库水平。一是推进业务创新，拓展服务领域。2010 年组织全省各级国库继续扩大国库直接支付领域，实现城镇居民养老补贴、教师工资、城乡低保补助、“家电下乡”补贴等 13 项专项资金直接支付的常态化，保证各项资金快速安全到账。当年全省共有 9 个中心支库本级和 23 个县(市)支库办理了 107 个政府补助资金项目的直接支付业务，累计直接支付 9.22 万笔、金额 17.16 亿元。组织南京、苏州、无锡、泰州等 8 个地市开发了“出口退税联网系统”，实现了出口退税电子化、无纸化处理，退税资金到账速度大为提高，促进了外向型经济发展。当年全省通过联网系统累计办理出口退税约 10 万笔、1 270 亿元，惠及企业 7 万余户。联合江苏省国税局创新车购税征缴方式，取消过渡专户，引导纳税人采用 pos 机刷卡缴税，实现了车购税款直缴入库。二是组织系统上线，提高核算能力。进一步健全政府牵头、人行主办、财税承接、相关部门参与的领导组织体系，积极推广财税库银横向联网系统(简称 TIPS)。当年 8 月组织徐州、盐城、宿迁三地市完成 TIPS 的全部上线运行，完成三方协议签约 13.6 万户，企业签约率达 90%。

(5) 推进业务创新，不断提高征信服务水平。一是推进中小企业和农村信用体系建设。2010 年，人民银行南京分行组织研发“中小企业信用信息辅助管理系统”，推动省内各地市中心支行构建地方中小企业信用信息共享体系，强化信息服务，推动融资培育，缓解中小企业融资难问题。截至 12 月末，累计为 70 余万户中小企业建立了信用档案，向金融机构推荐中小企业 8 236 户，帮助这些企业获得实际贷款 113 亿元。联合团省委组织开发“农户及农村合作经济组织信用信息系统”，促进涉农金融机构扩大对“三农”的信贷支持。截至 12 月末，全省建立农户信用档案 875 万户，已建档农户贷款余额达 1 134 亿元。

二是继续深化信用评级市场管理与服务。组织研发“江苏省担保机构信用评级与银保合作信息监测管理系统”，使全省担保机构信用评级正式步入制度化、规范化、科学化轨道。截至 12 月末，全省 665 家担保机构参加了 2010 年度信用评级，同比增幅达 110%。开展商业承兑汇票信用评级试点，大力推动商业承兑汇票的推广流通。常州、无锡等四个试点地区共有 149 家签发或拟签发商票的企业参加了信用评级。

三是稳步发展应收账款质押融资业务。在全省组织开展了以“推进应收账款质押融资，拓宽中小企业融资渠道”为主题的应收账款质押融资推进月活动，引导和推动金融机构大力推行应收账款质押融资业务，截至 12 月末，全省累计注册常用户 354 个，登记业务 30 133 笔，查询 26 273 笔。

四是不断完善企业和个人征信系统建设。加强征信系统的使用管理，组织开展了对省内 30 余家金融机构现场检查，引导和督促金融机构安全合法使用企业和个人信用信息，全年个人征信异议申请回复率及解决率均为 100%。加强征信系统数据质量管理，建立了企业与个人征信系统数据质量季度监测制度，开展了对省内 4 家地方性金融机构数据质量现场核查，持续稳定地实现了公积金、环保、质监、电信等信息的采集共享，企业和个人征信数据入库率、一致率都达到 90%以上。

(6) 强化监督和管理，不断提高事后监督工作水平。2010 年，人行南京分行以风险防范为核心，认真开展监督检查。一是突出监督重点，在做好全面监督的同时，加强对资金往来业务、内外账核对、重要事项审批等重点环节的监督，切实发挥事后监督防范资金风险的作用。二是有针对性地开展现场检查，对国库、会计等核算部门的有价单证和重要空白凭证的使用保管、再贷款和再贴现的账据等进行检查，延伸监督触角，确保资金安全。

(7) 加强反洗钱现场检查和资金监测分析，提升反洗钱工作效能。2010 年，人行南京分行坚持“重风险、重管理、重质量、重效果”的工作思路，强化反洗钱现场检查。加强反洗钱资金监测分析，配合开展反洗钱协查。推动涉嫌洗钱案件及相关案件的起诉和审判。当年南京分行和扬州中支推动了涉案金额人民币 85 亿元的“何家财地下钱庄案”的审判。至此，温家宝总理、国务委员孟建柱和中国人民银行副行长苏宁亲自批示的何家财特大地下钱庄案成功宣判。

(8) 以安全运行为重点，做好支付清算系统运行维护。2010 年，人行南京分行加强系统日常维护和检查，实时监控系统运行状况，及时处置运行异常情况，确保业务连续运行，全年各系统安全运行率达 100%。完成电子商业汇票系统在全省的推广运行。

【金融资产质量】 截至年末，全省银行业金融机构不良贷款余额 601 亿元，比年初减少 83 亿元；不良贷款率 1.36%，比年初下降 0.49 个百分点。其中农村合作金融机构不良贷款余额 150 亿元，比年初减少 35 亿元；不良贷款率 2.79%，比年初下降 1.37个百分点。当年全省银行业金融机构不良贷款继续实现“双降”。

(张秋龙)

1. 南　京　市

【经济概况】 2010 年，南京市地区生产总值 5 010.36 亿元，比上年增长 13.1%。其中，第一产业增加值 142.02 亿元，增长 4.1%；第二产业增加值 2 327.76 亿元，增长 13.6%，其中工业增加值 2 005.26 亿元，增长 14.5%；第三产业增加值 2 540.57 亿元，增长 13.0%。三次产业增加值比例调整为 2.8∶46.5∶50.7。民营经济占南京市经济的比重为 39.6%，比上年提高 3.7 个百分点。

居民消费价格指数为 104.2，比上年上涨 4.2%。工业品出厂价格指数为 105.6，比上年上升 5.6%。全年农林牧渔及农林牧渔服务业现价总产值 244.75 亿元，比上年增长 9.4%。粮食总产量 110.64 万吨，与上年基本持平。全年规模以上工业企业(年营业收入 500 万元及以上企业)实现工业总产值 8 502.61 亿元，比上年增长 26.9%。全社会固定资产投资 3 306.05 亿元，比上年增长 23.9%。第一产业完成投资 21.21 亿元，增长 73.3%；第二产业完成投资 1 618.41 亿元，增长 23.4%；第三产业完成投资 1 666.43 亿元，增长 23.9%。全年房地产业完成投资 754.76 亿元，增长 26.7%，房屋新开工面积 1 702.26 万平方米，增长 47.1%。全年旅游总收入 951.61 亿元，增长 15.7%。社会消费品零售总额 2 267.77 亿元，比上年增长 18.5%。进出口总值 456.01 亿美元，比上年增长 35.1%。三资企业全年出口额达 83.51 亿美元，增长 28.8%，占南京市出口额的比重达到 33.6%。全年实现财政收入 1 075.25 亿元，比上年增长 19.3%。地方财政一般预算支出 542.73 亿元，增长 17.7%。商业性保险公司全年保费收入 191.30 亿元，比上年增长 25.6%。其中，人寿险保费收入 130.76 亿元，增长 19.2%；财产险保费收入 60.54 亿元，增长 42.1%；商业性保险公司全年赔付支出 41.40 亿元。城市居民人均可支配收入 28 312 元，比上年增长 11.0%。城市居民人均消费支出为 18 156 元，比上年增长 11.1%。农民人均纯收入 11 128 元，比上年增长 12.9%。农民人均生活消费支出为 8 477 元，比上年增长 12.6%。

【货币政策】 2010 年中国人民银行南京分行

营业管理部按照总、分行统一部署，继续实施适度宽松的货币政策，着重提高货币政策的针对性、有效性和灵活性，加强银行机构流动性管理，引导南京市金融机构准确把握信贷投放总量、节奏，合理调整信贷结构，确保南京市金融稳健运行，全力支持地方经济转型升级、统筹发展，有力地促进了南京市经济金融持续平稳协调发展。一是严格执行中国人民银行总行货币政策调控措施，加强金融机构流动性和通胀预期管理，严格贯彻执行总行宏观调控措施。二是积极贯彻总行再贴现政策，合理引导资金投向。根据中国人民银行总行《关于完善再贴现业务管理支持扩大“三农”和中小企业融资的通知》和中国人民银行南京分行票据工作会议精神，全年共办理再贴现29.93亿元。三是加强窗口指导和信贷政策引导，进一步促进地方经济增长方式转变。认真领会并贯彻落实总分行“有扶有控”的信贷政策，继续加强“窗口指导”和信贷政策引导，督促金融机构加强对新兴产业、节能环保、科技创新企业的支持力度；加大对中小企业、“三农”、助学、就业、消费、保障性住房等民生领域的扶持力度；合理控制基本建设等中长期贷款；严格限制高耗能、高污染和产能过剩行业中落后企业的贷款投放。认真落实国家房地产信贷调控政策，加强房地产市场监测引导和房地产信贷管理。四是全面推进“中小企业金融服务年”活动，着力提升南京市中小企业金融服务水平。先后出台一系列促进中小企业金融服务的举措。召开区县“中小企业金融产品和服务方式创新展示推进会”。先后在南京市溧水经济开发园区、浦口工业园区、六合中山科技园区组织开展“中小企业金融服务进园区主题活动月”活动，推出“确定一类中小企业、推介一家为中小企业服务的银行”等特色做法，引导南京市金融机构积极创新，进一步拉近银企距离。

【金融运行】 2010年南京市各金融机构认真执行国家各项经济金融政策，支持经济和社会发展合理资金需要，金融形势总体平稳，存贷款增长平缓，季节性因素作用较为明显，资金分流现象较为突出。(1)金融机构各项存款平稳增长，同比增速趋缓。2010年12月末，南京市金融机构(含外资金融机构)本外币存款余额为12 887.43亿元，比年初增加1 799.45亿元，同比少增701.49亿元，增长16.23%。其中，人民币各项存款余额为12 649.52亿元，比年初增加1 763亿元，同比少增706.04亿元，增长16.19%，增速比上年年末低13.14个百分点。外汇存款余额为35.92亿美元，比年初增加6.42亿美元，同比多增1.72亿美元，增长21.76%。(2)金融机构贷款总量适度增长，贷款投放节奏明显趋稳。截至12月末，南京市金融机构本外币贷款余额为10 915.34亿元，比年初增加1 470.86亿元，同比少增493.20亿元，增长15.57%。其中，人民币贷款余额为10 384.84亿元，比年初增加1 320.71亿元，同比少增574.39亿元，增长14.57%，增速比上年年末低11.86个百分点。外汇贷款余额为80.10亿美元，比年初增加24.40亿美元，同比多增14.26亿美元，增长43.81%。

【金融市场】 2010年，南京市金融市场运行平稳，资金市场交易活跃程度大幅提高。金融市场总体特征是：资金拆借量大幅增长，市场价格大幅上升；债券回购交易量小幅上涨，市场价格大幅上升；债券现货交易量同比下降，二级市场交易量下降趋势明显；代理债券回购业务总量下降，代理现券买卖业务保持稳定；票据业务交易量稳步增加，转贴现交易量大幅上升；商业银行黄金柜台交易量增加，价格持续上行；黄金市场交易量上涨，交易价格逐步走高；外汇兑人民币交易量全年呈现上升趋势，外币价格呈现小幅波动状态；外币对交易量呈上涨趋势，外币对交易价格波动幅度较大；理财产品发行量和募集金额增加；国债柜台交易量大幅下降；民间借贷规模及利率水平保持平稳。2010年南京资金市场拆借总量达到5 674.89亿元，比2009年增长了109.55%；净拆入量1 835.63亿元。2010年债券回购交易总量达到26 337.57亿元，比2009年增长14.45%；净回购量达到10 660.9亿元。全年债券现货交易量为18 231.36亿元，比2009年下降26%。截至2010年年底，南京市丙类债券托管账户有333户，代理债券回购业务3 049.52亿元，比2009年下降28.62%，全年代理现券买卖业务与2009年相比基本持平，总交易额为3 285.913亿元，比2009年增加4.42%。2010年南京市各外币的交易量与2009年相比有上升趋势，美元、日元、港币交易量涨幅分别为190.16%、175.14%和131.25%。2010年，南京市金融机构有理财产品共551种，发售量达36.05亿元。

(谈建军)

南京市主要经济金融统计

（2006—2010 年）　　单位:亿元

项　目	2006 年	2007 年	2008 年	2009 年	2010 年
国内生产总值	2 774	3 275	3 775	4 230.26	5 010.36
第一产业(增加值)	82	86	93	129.18	142.02
第二产业(增加值)	1 374	1 605	1 795	1 930.67	2 327.76
第三产业(增加值)	1 318	1 584	1 887	2 170.42	2 540.57
全社会固定资产投资	1 613.55	1 867.96	2 154.17	2 668.03	3 306.05
地方财政收入	355.67	330.19	386.56	434.51	1 075.25
地方财政支出	371.57	343.55	404.92	461.31	542.73
社会消费品零售总额	1 166.85	1 380.46	1 651.82	1 961.58	2 267.77
居民消费价格指数(以上年为 100)	101.7	103.7	106.2	100.1	104.2
进出口总额(亿美元)	315.35	362	405.92	337.45	456.01
进　口(亿美元)	141.70	155.54	169.95	152.86	207.16
出　口(亿美元)	173.65	206.46	235.97	184.59	248.85
全部金融机构各项存款(余额)	5 960.86	7 132	8 562.27	11 088	12 887.43
企业存款	2 842.71	3 535.09	4 038.56	5 490.8	5 465.82
财政存款	122.26	177.44	169	172	180.76
城乡储蓄存款	1 913.15	2 010.31	2 565.83	3 125	3 572.07
全部金融机构各项贷款(余额)	5 326.15	6 333.15	7 483.10	9 444	10 915.34
短期贷款	1 918.66	2 365.04	2 599	3 089.65	3 230.36
中长期贷款	2 932.99	3 555.19	4 028	5 848.49	6 931.80
现金投放(+)回笼(-)	−83.31	−76	−49	—	24.66
全部保险机构保费收入	90.06	114.13	124.6	145.98	191.30
全部保险机构保险赔款支出(含满期给付)	27.62	31.26	37.07	37.14	41.40
全部保险机构保险密度(元/人)	1 374	1 879.53	1 995.32	2 317	2 121
全部保险机构保险深度(%)	3.3	3.24	3.3	3.5	3.4

注:全部金融机构各项存款、贷款余额的七项数据为本外币并表统计数(含外资金融机构)。

2. 无　锡　市

【经济概况】 2010 年,无锡市统筹做好扩内需、调结构、稳增长、惠民生等各项工作,实现了经济社会平稳较好发展。全市地区生产总值 5 758 亿元,按可比价格计算,比上年增长 13.1%,其中第一产业增加值 104.94 亿元,比上年增长 11.7%;第二产业增加值 3 208.79 亿元,比上年增长 13.1%;第三产业增加值 2 444.27 亿元,比上年增长 18.6%。按常住人口计算人均生产总值超过 9 万元,按现行汇率折算达 1.3 万美元。全年全社会固定资产投资完成 2 985.65 亿元,比上年增长 25.1%。全市规模以上工业企业实现增加值 2 951.35 亿元,比上年增长 14.0%;实现主营业务收入 12 783.13 亿元,比上年增长 20.2%;实现利润 891.63 亿元,比上年增长 32.6%;亏损企业亏损面 11.4%,亏损额 26.75 亿元。实现财政总收入 1 579.85 亿元,比上年增长 48.77%,财政总收入占地区生产总值的比重为 27.44%,比上年提高 6.1 个百分点;实现财政总支出 1 059.13 亿元,比上年增长 54.5%。全市完成进出口总额 612.23 亿美元,同比增加 39.3%。其中,进口总额249.51亿美元，同比增加39.1%；出口总额362.72亿美元，同比增加39.5%，贸易顺差为112.31亿美元，占全市进出口总额的18.49%；全年到位注册外资33亿美元，比上年增长3.0%。全市全年实现社会消费品零售总额1 809.08亿元，比上年增长18.6%，其中，城镇消费品零售额1 571.45亿元；农村消费品零售额237.63亿元。无锡城市居民消费价格总水平比上年同期上升3.4%，涨幅比上年增加了3.9个百分点。

【货币政策】 2010年，无锡市紧密结合地方经济转型发展和产业结构调整特点，贯彻落实"总量适度，节奏平稳，结构调整，风险防范"的货币政策方针，加强对辖内货币政策的宣传，引导金融系统准确理解和全面把握适度宽松货币政策的内涵，有力地促进了全市经济金融协调健康发展。一是组织多层次银政企合作。为解决民营企业、增量经济、工业投资项目等方面资金需求，中国人民银行无锡市中心支行年初及时会同市经信委组织召开全市银企(保)授信签约大会，推动21家金融机构与3 099家(次)企业签订了1 811.34亿元授信合作协议，银企授信家数和金额创近年来历史新高；向金融机构推荐物联网、530科技、轨道交通、工业布局调整等项目和企业，组织开展专场融资对接，全年共达成140.68亿元融资授信意向。二是引导金融机构加大科技创新支持。制定出台《关于进一步加大对科技创新和新兴产业信贷支持的指导意见》，引导金融机构针对不同生命周期科技型企业，采取个性化综合信贷服务措施。同时，强化风险补偿，推动信贷政策与财政杠杆紧密结合。牵头政府相关部门组织金融机构争取全省科技贷款增长风险补偿奖励，自2006年以来，全市共获省财政相关补偿奖励资金12 431万元，在全省地市名列前茅。截至年末，全市金融机构高新技术企业贷款余额541.09亿元，年增幅高于各项贷款6.36%。三是创新服务方式，破解科技型中小企业融资瓶颈。结合地方实际，初步建立了具有无锡特色的知识产权质押贷款运作模式，并推动部分银行先行先试。目前，全市金融机构共对6家科技型企业发放4 020万元专利权质押贷款，对2家科技型企业发放4 500万元商标使用权质押贷款，在全省开创了无实物抵押、无信用担保、无政府托底的纯专利权质押融资先河。同时积极拓展科技型企业直接融资渠道，推动2家科技型中小企业成功发行全省首单中小企业集合票据；引导各金融机构设立专营机构，农业银行、江苏银行科技支行正式成立，10多家金融机构成立了中小企业金融服务专营机构，对科技型中小企业降低贷款准入门槛，提高审批权限。四是推进中小企业金融服务年活动。制定出台了《2010无锡"中小企业金融服务年"工作实施方案》。借助商票再贴现强化"诚信小巨人"培育，审核确定了110户首批参加商业承兑汇票信用评级企业，纳入"诚信小巨人"培育计划，并与全市17家金融机构签订商业承兑汇票再贴现合作协议，专门安排10亿元再贴现规模，对资信等级高的中小企业签发的商业承兑汇票优先给予再贴现支持。截至年末，超过50家"诚信小巨人"企业签发的商票获得再贴现支持，累计支持金额超过14亿元，实现了近50户小巨人企业商票信用评级。推进中小企业融资培育扶持工程。充分运用融资联动机制，组织落实"千企百亿中小企业融资培育扶持计划"，会同经信委对全市各县(市)区成长型中小企业的融资需求进行摸底，排定了1 200余户中小企业纳入融资培育企业库，并配合分行开展了相关签约活动。至年末，各金融机构对列入融资培育计划的中小企业已新增贷款支持135.74亿元。

【金融运行】 2010年，在信贷规模和信贷节奏双重控制下，无锡市辖内金融机构加大信贷有效投入，全市金融业呈现平稳有序的良好发展态势。年末，全市金融机构本外币存款余额为8 827.2亿元，比年初增加1 423亿元，增长19.22%；但比上年少增479亿元，下降25.89%。其中，企业存款余额2 945.01亿元，比年初增加310.02亿元，同比下降69.05%；储蓄存款余额3 109.04亿元，比年初增加376亿元，同比下降16%。以保证金存款为主的其他存款余额2 730.72亿元，比年初增加733亿元，同比增长59.54%。2010年，全市各金融机构本外币贷款余额6 487亿元，比年初新增1 012亿元，增长18.49%；各项贷款年度增量较2009年减少618亿元，但比2007年、2008年仍分别增加499亿元和381亿元。其中，全市短期贷款余额3 016.36亿元，比年初增加539.87亿元，同比多增84.43亿元；中长期贷款余额2 970.32亿元，比年初增加606.03亿元，同比少增426.25亿元，但余额占比仍比年初提高2.66%；票据融资余额274.19亿元，比年初净减少237.32亿元,同比多减298.92亿元;其中直贴为226.46亿元,比年初减少196.55亿元,同比多减184.34亿元。全辖金融机构外汇存款余额42.60亿美元,比年初增加15.14亿美元,同比多增11.17亿美元;外汇贷款余额49.30亿美元,比年初增加18.33亿美元,同比多增4.59亿美元。全市金融机构实现结益190.52亿元,同比增加51.39亿元,同比增长36.94%。全辖金融机构不良贷款余额为68.88亿元,比年初减少6.42亿元,不良贷款率比年初下降0.32个百分点。全市累计投放货币774亿元,同比增加92亿元,比上年增长13.5%;累计回笼货币430亿元,同比增加36亿元,比上年增长9.1%。

【金融市场】 (1) 货币市场。同业拆借同比大幅增加。至2010年末,辖内法人金融机构共拆借资金50笔,金额77.7亿元,同比大幅增加56.9亿元。其中拆入12笔,金额24亿元;拆出38笔,金额53.7亿元。债券回购呈净融入态势。年末,辖内银行间债券市场成员共发生债券回购业务1 360笔,金额5 843.34亿元,其中正回购融入资金1 106笔,金额5 127.93亿元,逆回购融出资金254笔,金额715.41亿元,合计净融入资金4 412.51亿元,同比少融入资金694.69亿元。现券持有结构合理。2010年末,辖内法人金融机构从一级市场上买入37.32亿元,从二级市场上买入债券34.13亿元,卖出1.27亿元,到期51.49亿元,持有债券余额为173.92亿元,比年初增加18.69亿元。从债券结构看,法人金融机构持有的主要是国债,年末余额115.56亿元,占比66.44%;其次为金融债券,年末余额37.60亿元,占比21.62%;企业债券和央行票据,年末余额分别为17.95亿元和2.8亿元,占比分别为10.33%和1.61%。各法人金融机构债券持有结构较为合理,具有较强的抗风险能力。

(2) 黄金市场。随着国际市场黄金价格的不断攀升,无锡市黄金市场呈现交易量同比下降、交易价格大幅上升态势。至2010年末,各金融机构实物黄金买入、卖出分别累计2 838 161克和4 000 995克,同比各减少879 629克、276 147克;纸黄金买入、卖出分别累计5 236 131克、5 300 448克,同比各减少418 802克、1 057 989克。与此同时,黄金交易价格一路走高。以实物黄金为例,一季度末黄金加权平均交易价格为248.42元/克,至四季度大幅上涨至303.45元/克,增幅达到22.15%。

(3) 证券市场。2010年,全市证券机构开户数近100万户,托管市值948亿元,证券交易额达到了13 043亿元。全市新增上市公司家数和融资额创历史纪录,新增上市公司17家,首发融资122亿元。其中境内上市7家,境外上市10家。截至年末,全市境内外上市公司家数累计65家,首发募集资金总额达到了435亿元,上市公司总数和首发融资额继续保持全国地级市首位。

(4) 保险市场。至2010年末,无锡市共有保险公司57家,其中政策性保险公司1家,财产保险公司23家,人寿保险公司33家,保险主体数量基本趋于稳定。全市产险、人身险保费收入累计131.36亿元,同比增加20.05亿元,增长18.01%。其中:产险收入41.02亿元,占比31.36%,比年初提高6.23个百分点;人身险收入90.16亿元,占比68.64%。从明细来看,全市产险收入中仍然是车辆险收入最多,为32.22亿元,占比为78.55%;人身保险中寿险收入最多,为86.02亿元,占比为95.41%。产险赔付下降明显,寿险赔付有所提高。截至四季度末,全市产险赔付率为38.8%,同比回落13.24个百分点。寿险短险赔付率为40.64%,同比提高9个百分点;从赔付金额来看,全年产、寿险案件赔付累计18.55亿元,同比减少0.29亿元,下降1.54%。其中产险案件赔付金额15.99亿元,同比减少0.52亿元,下降3.15%;寿险理赔给付金额2.56亿元,同比增加0.23亿元,增长9.87%。

【金融创新】 无锡农商行成功发放江苏省首笔专利权质押贷款2 900万元,没有实物抵押。不靠担保,凭着11项国家发明专利证书,在完全市场化运作下,该笔贷款的发放打破了无锡市科技型中小企业与银行之间"信贷壁垒"。宜兴农商行向无锡市明珠电缆有限公司发放了以其公司拥有的江苏省著名商标——"明珠"商标质押的1 500万元贷款,这是无锡市首笔以商标权质押的贷款,创新了企业融资担保方式。江苏银行无锡分行正式启动"服务质量评估系统(SQAS2.0)",在江苏银行系统内尚属首次,系统内各项数据来自于上海外服对该行各网点的服务质量评估。

(许志平)

无锡市主要经济金融统计

（2006—2010 年）　　单位:亿元

项　　目	2006 年	2007 年	2008 年	2009 年	2010 年
国内生产总值	3 300	3 858	4 419.5	4 992	5 758
第一产业(增加值)	51.3	55	63	93.92	104.94
第二产业(增加值)	1 968.7	2 256	2 546.57	2 836.38	3 208.79
第三产业(增加值)	1 280	1 547	1 809.93	2 061.7	2 444.27
全社会固定资产投资	1 474.94	1 674.22	1 877.02	2 387.56	2 985.65
地方财政收入	290.54	706.9	909.16	1 061.99	1 579.85
地方财政支出	275.04	367.25	512.51	659.67	1 059.13
社会消费品零售总额	959.47	1 134.75	1 391.48	1 651.37	1 809.08
居民消费价格指数(以上年为 100)	101.7	103.8	105.1	99.5	103.4
进出口总额(亿美元)	391.84	511.46	560.28	439.45	612.23
进　口(亿美元)	177.44	218.25	202.43	179.33	249.51
出　口(亿美元)	214.4	293.21	357.85	260.12	362.72
全部金融机构各项存款(余额)	3 906.04	4 411.83	5 483.85	7 405.68	8 827.2
企业存款	1 404.57	1 776.91	1 946.2	2 949.76	2 945.01
财政存款	30.63	38.89	47.06	53.34	42.05
城乡储蓄存款	1 689.45	1 730.05	2 285.12	2 733.12	3 109.44
全部金融机构各项贷款(余额)	2 733.2	3 246.06	3 842.86	5 474.94	6 487.13
短期贷款	1 624.83	1 884.23	2 026.41	2 479.46	3 016.36
中长期贷款	755.86	1 021.68	1 325.07	2 361.31	2 970.32
现金投放(+)回笼(−)	142.05	190.12	257.88	297.02	344.21
全部保险机构保费收入	66.23	74.75	94.72	111.31	131.36
全部保险机构保险赔款支出(含满期给付)	23.43	26.94	39.99	18.84	18.55
全部保险机构保险密度(元/人)	1 455.6	1 659.5	2 041.38	2 390.42	2 813.7
全部保险机构保险深度(%)	2.01	1.99	2.15	2.23	2.28

注:全部金融机构各项存款、贷款余额的七项数据为本外币并表统计数(含外资金融机构)。

3. 常　州　市

【经济概况】 2010 年,常州市实现地区生产总值 2 976.7 亿元,按可比价格计算增长 13.1%。其中,第一产业增加值 99.8 亿元,增长 4.3%;第二产业增加值 1 667.2 亿元,增长 13.2%;第三产业增加值 1 209.7 亿元,增长 13.6%。三次产业结构由上年的 3.6∶56.8∶39.6 调整为 3.4∶56.0∶30.6。按常住人口计算,人均地区生产总值超过 65 000 元,按现行汇率折算超过 10 000 美元。在经济总量扩大、结构改善的同时,宏观经济效益继续向好,地方财力持续增强。2010 年全市财政总收入 841.67 亿元,比上年增长 23.5%,其中地方一般预算收入 286.2 亿元,增长 32.6%;地方一般预算财政支出 273.4 亿元,比上年增长 25.0%。全年累计完成全社会固定资产投资 2 103.55 亿元,比上年增长23.4%,其中工业投资完成 1 180.41 亿元,增长 21.6%。全年实现农林牧渔业总产值 174.5 亿元,比上年增长8.6%;完成规模以上工业企业总产值 7 387.8 亿元,比上年增长 23.6%。据海关统计,全市外贸进出口呈现出高速增长格局,全年实现外贸进出口总额为 222.8 亿美元,比上年增长 47.7%,增幅比上年提高 62.2 个百分点,其中进口 67.19 亿美元,增长 59.5%;出口 155.58 亿美元,增长 43.2%,与上年同期的负增长形成鲜明对比。全市实际到账外资 26.7 亿美元,比上年增长 18.1%,增幅超过全省增幅 5.6 个百分点,列苏南五市首位。全年新增工商登记注册外资3 000万美元以上项目32个，新增世界500强投资项目7个，累计已有51家世界500强企业在常州投资了76个项目。全年完成社会消费品零售总额1 044.7亿元，比上年增长18.5%，成交超百亿元市场达到4个。2010年全市物价指数明显上扬，居民消费价格指数(CPI)为103.4，涨幅较2009年提升3.4个百分点。工业品出厂价格指数(PPI)为104.9。2010年末，全市城镇单位从业人员38.16万人，比上年增长2.4%，其中在岗职工36.70万人，增长2.0%，城镇登记失业率为2.64%。城镇居民人均年可支配收入26 269元，比上年增长10.6%；农民人均纯收入12 637元，增长12.9%。年末城乡居民储蓄存款余额为2 009.24亿元，增长14.4%；人均储蓄存款余额55 688元，比上年增加6 876元。

【货币政策】 一是加强窗口指导力度，贯彻适度宽松的货币政策。(1)强化窗口指导效能。组织全市货币信贷工作会议，指导全市金融机构按照“总量适度、节奏平稳、结构优化、风险防范”的总体原则，确保实体经济合理资金需求。印发《2010年常州市重点建设项目和相关重点企业名录》，指导全市金融机构加强对五大产业、“一核八园”等重点领域的信贷投入，有力推动地区产业升级。(2)畅通政策传导机制。通过货币政策执行联席会议、信贷资金运行分析会议、房地产金融暨银企特约联席会议等平台，通过《金融快报》、《货币信贷政策执行报告》、《金融稳定工作简报》等载体，通过新闻发布会、“政风热线”节目、现场宣传等方式，向政府、社会解释宣传货币政策意图和信贷政策动向，争取各方面的理解支持。(3)开展信贷政策导向评估。完善导向评估指标体系，修订部分定量指标，系统评估各参评金融机构在贷款总量、重要领域信贷支持、关键环节信贷支持、“三农”金融服务、中小企业和弱势群体信贷支持等方面的状况，并印发通报向全市金融机构反馈评估结果。

二是加大信贷管理力度，促进信贷结构调整优化。(1)大力推动银企对接交流。推动银企对接活动向县域推进，向乡镇延伸，向中小企业倾斜。年初以来，围绕重点企业、中小企业、涉农企业、海归创业企业、民营企业等主题，先后组织24场次的银企对接活动，参与对接的企业合计1 087家，对接金额达223.5亿元。(2)大力加强中小企业信贷支持。开展“中小企业金融服务年”活动，重点推进“千企百亿”融资培育计划，会同市经贸委、中小企业局筛选出1 264户中小企业，至2010年末，上述企业共新增贷款111.84亿元，增长51.86%，增幅高出全市贷款平均水平31个百分点。开展“三支持一防范”业务竞赛，在辖内国有、股份制银行、地方性银行和村镇银行等18家金融机构中，突出考查评比信贷支持总量、增量和增幅等工作实绩，引导金融机构将信贷资源向中小企业倾斜。(3)大力推动民生金融发展。组织金融机构开展新增涉农贷款申报工作，满足农村城镇化、涉农企业和“三农”经济发展的信贷需求。加强与财政、劳动等部门联动，扩大贴息政策范围，改进小额担保贷款流程，增加经办银行数量，实现创业贷款城乡区域全覆盖。至2010年末，全市小额担保贷款、青年创业贷款、妇女创业小额担保贷款余额分别为3 244.66万元、1 736万元、2 943万元，分别比年初增加2 822.08万元、834万元、2 943万元。(4)大力推动绿色金融发展。督促金融机构将企业环保评级情况纳入贷款审批条件，严控信贷进入“两高一资”行业。至2010年末，“两高一资”行业贷款余额为149.98亿元，在制造业贷款中的占比较年初下降1个百分点。

三是完善分析监测机制，强化经济金融运行监测。(1)密切关注经济金融运行态势。关注国内外经济金融形势变化对地方经济金融的影响，分析研究各季度地区经济金融运行中值得关注的问题。加强对地方重点行业和企业的调研分析，继续开展出口企业汇率承受力情况调查，了解掌握出口样本企业出口订单变化、贸易条件、盈利变化及用工等方面的情况。加强对金融支持科技创新的调研分析，完成建设“科技银行”、信贷投放节奏、金融支持淘汰落后产能等一系列调查。(2)密切关注货币信贷政策效应。按旬统计辖内法人金融机构信贷投放进度，开展法人金融机构信贷投放情况调查，关注法人金融机构流动性变化情况。持续开展专项票据兑付后续监测，建立定期监测制度，了解掌握新型农村金融组织的经营动向和风险苗头，不断完善对农村金融机构改革情况的监测分析。(3)密切关注利率和金融市场波动。组织召开利率监测分析工作座谈会，印发《关于进一步加强利率监测分析工作的通知》，建立本外币利率定价动态信息及利率政策执行情况报告制度。继续完善利率报备情况通报机制，按月审核利率报备表，指导法人金融机构进一步完善利率定价机制。继续加强对辖内同业拆借市场、债券市场、黄金、外汇、票据市场业务的监测分析和管理。(4)密切关注房地产金融市场情况。会同市房管局和物价局出台《关于进一步规范我市商品房预(销)售管理的通知》,加强房地产销售资金监管。强化房地产企业特约联系机制,组织房地产金融暨银企特约联席会议,会同市房管、国土资源局等部门共同分析、着重研判国务院房地产新政出台以后辖内房地产市场及房地产金融运行状况,督促金融机构执行差别化的住房信贷政策。

四是完善金融稳定机制,优化金融生态环境。(1)完善金融稳定协调机制。加强市金融稳定工作协调小组成员部门间的交流合作。全面推进银行业金融机构执行人民银行政策评价工作,完善评价工作架构和运行机制。推进金融稳定评价工作,进一步完善银行业金融稳定评价指标体系,新增可生息资产占比、非息差收入占比等指标,加强对金融机构经营情况的监测评价,并将评价结构及时向地方政府、金融机构和上级有关部门进行通报。(2)完善金融风险防范机制。建立银行间金融稳定信息报送制度,及时掌握各银行金融改革发展、金融风险及处置等方面信息。建立重点企业风险监测制度,对全市政府投融资平台重点企业的银行授信、贷款发放、项目批准、贷款担保等内容进行监测。组织开展突发金融风险事件应急演练,全程模拟因谣言而导致银行流动性不足的金融突发风险的处置流程。(3)完善金融生态创建机制。推动常州市委市政府将"强化金融生态环境建设"列入2010年度全市六十项重点工程(工作)之中。积极推动金融生态县工作。金坛市被评为省金融生态达标县,标志常州市"金融生态县优良率达到100%"的三年创建目标提前实现。积极推进金融生态镇评选,武进区湖塘镇等4个镇为常州市"金融生态示范镇"、溧阳市上黄镇等9个镇为常州市"金融生态良好镇",两年内常州市级"金融生态良好镇"覆盖率达到50%。

【金融运行】 一是贷款总量平稳增长,信贷投放结构不断优化。至2010年末,全市金融机构本外币各项贷款余额3 098.24亿元,比年初增加529.31亿元,增长20.6%,实现了历史性突破。人民币各项贷款余额为3 011.67亿元,比年初增加497.7亿元,同比少增132.97亿元,增长19.8%,增速同比回落15.97个百分点,信贷增长逐步回归常态。(1)短期贷款增速回升,中长期贷款增长放缓。至2010年末,全市短期贷款余额1 521.36亿元,比年初增加283.64亿元,同比增长22.92%,增幅同比上升2.97个百分点;中长期贷款余额1 406.95亿元,比年初增加337.83亿元,同比少增40.2亿元,增长31.6%,增速同比回落23.06个百分点。(2)票据融资占比下降,贴现利率持续走高。2010年,辖内各银行业金融机构累计签发商业汇票1 704.13亿元,同比增长16.49%;辖内各银行业金融机构累计票据贴现1 439.58亿元,同比增长5.73%。在票据签发、贴现总量回升的同时,票据融资余额占全部贷款比重持续降低,至年末,全市票据贴现余额83.09亿元,占全部贷款余额的2.76%,较年初下降5.49个百分点。票据贴现、转贴现利率持续走高,辖内各期限商业汇票贴现、转贴现加权平均利率达6.15%、4.75%,分别较年初上升3.45个和2.47个百分点。(3)贷款投向更趋优化,实体经济支持力度增强。至2010年末,全市中小企业贷款、五大产业贷款、科技创新企业贷款和制造业贷款余额分别达到2 111.34亿元、482.14亿元、273.9亿元和940.15亿元,比年初增加405.13亿元,增长23.47%,高出贷款平均增速近4个百分点,分别比年初增长33.45%、24.02%、38.1%和25.26%。(4)房地产贷款增速放缓,个人住房贷款平稳增长。至2010年末,常州市房地产贷款余额211.89亿元,比年初增加42.77亿元,增长25.29%。房地产开发贷款余额202.55亿元,比年初增加30.71亿元,增长17.87%,增速同比回落2.9个百分点。全市个人住房贷款余额407.58亿元,比年初增加125.2亿元,增长44.34%。(5)外汇贷款快速增长,贸易融资拉动明显。至2010年末,全市金融机构外汇贷款余额13.07亿美元,比年初增加5.02亿美元,增长62.36%,增速同比回落56.5个百分点,但仍保持较高的增长水平。其中,进出口贸易融资增长拉动作用显著。至2010年末,进出口贸易融资余额11亿美元,比年初增加4.24亿美元,增长62.72%,占外汇贷款增量的84.46%。(6)表外融资快速增长,融资渠道进一步拓宽。据统计,2010年常州市银行承兑汇票、信用证、保函和保理等表外融资敞口合计387.64亿元,是上年的2.07倍;全市金融机构累计转让信贷资产45.43亿元,比年初增加18亿元,增长65.62%。(7)不良贷款继续双降。至2010年末,全市不良贷款余额为25.24亿元，不良贷款率为0.81%，分别比年初减少7.8亿元和下降0.5个百分点。

二是存款增长总体放缓。至2010年末，全市本外币各项存款余额4 672.02亿元，比年初增加817.13亿元，增长21.3%。人民币各项存款余额4 550.47亿元，比年初增加784.56亿元，同比少增161.91亿元，增长20.83%，增速同比回落12.74个百分点。(1)企业存款增长乏力，定期占比提高。至2010年末，全市金融机构企业存款余额1 286.02亿元，同比大幅少增191.17亿元，增长17.58%，增速同比回落32.71个百分点。全市新增企业定期存款119.78亿元，占企业存款新增总量的62.48%，同比提高30.97个百分点。(2)储蓄存款总量平稳，稳定性较弱。至2010年末，常州市储蓄存款余额2 009.34亿元，比年初增加253亿元，同比少增72.02亿元，增长14.41%，增速同比回落8.3个百分点。其中，活期存款新增141.62亿元，占储蓄新增总量的55.98%，同比提高27.91个百分点；且月间波动较大，全年有7个月储蓄负增长，有5个月大幅新增90亿元以上，储蓄最快的2月份与最慢的10月份增量相差346亿元。(3)外汇存款增长较快，回升态势明显。至2010年末，常州市外汇存款余额为18.35亿美元，比年初增加5.32亿美元，增长38.8%，增速同比回落26.31个百分点，但仍保持了较高的增长水平。

三是现金收支总量平稳增长。2010年，常州市银行业金融机构累计现金收入8 030.21亿元，同比增长10.11%，累计现金支出8 170.24亿元，同比增长10.48%，实现现金净投放140.03亿元，同比增长37.27%。全市现金回笼的主要渠道依旧是储蓄存款收入及商品销售收入，分别占现金总收入的69.42%和13.3%；现金净投放的主渠道为储蓄存款支出及工资性支出，分别占现金总支出的70.98%和7.12%。

【金融市场】 一是直接融资步伐加快。康辉医疗、创生控股、常发股份、常宝股份和江苏旷达分别在纽交所、港交所和A股创业板上市，5家企业总融资额39.28亿元人民币，其中常宝股份和江苏旷达IPO融资超过10亿元。全市上市公司总数达21家，总融资额达153.49亿元人民币。此外，常州天合光能有限公司增发募集资金1.8亿美元；金坛市建设资产经营有限公司成功发行企业债8亿元。

二是货币市场平稳运行。截至2010年，全市法人金融机构仅有江南农商行拥有银行间债券市场交易资格。江南农商行全年累计发生债券正回购业务1 543笔，6 289.23亿元；累计发生债券逆回购业务65笔，173.24亿元。从市场利率情况来看，债券回购市场利率稳步上升，以7天期债券正回购加权平均利率为例，2010年加权平均利率为2.01%，同比上升0.23个百分点。

三是外汇市场稳步运行。截至2010年，江南农商行主要参与人民币/外币即期交易，通过外汇市场直接进行美元、港币、日元、欧元、英镑五个币种的结售汇头寸平盘。从交易情况看，美元仍是主要交易币种，日元则接替欧元第二大交易币种的地位。

四是黄金市场发展迅猛。2010年，常州各金融机构累计销售实物黄金1 341.06千克，销售金额37 241.88万元，销售量及销售金额同比分别增长238.33%、311.1%；累计销售纸黄金产品131 626万元，同比增长147.99%，累计回购纸黄金产品84 464.8万元，同比增长27.52%；上海黄金交易所会员单位代理业务快速增长，常州瑞银汇鑫公司和江苏恒生联合投资公司实盘交易累计代理买入黄金346 201万元，同比增长165.11%；延期交收业务发展较快，瑞银汇鑫公司、江苏恒生联合投资和工行、兴业银行等多家机构开办黄金延期交收业务。

五是证券业运行平稳。2010年，中投证券在溧阳市设立营业机构，全市共有证券机构营业部17家。受2010年股市波动等因素影响，各证券营业机构共开立资金账户53.84万户，A股账户80.73万户，B股账户1.1万户，基金账户24.15万户；全市全年共实现证券A股交易额5 966.17亿元，同比下降6.79%，基金交易额为71.31亿元，同比下降4.93%；证券行业经营效益良好，实现手续费收入7.74亿元，经营秩序规范，未发生重大网络技术故障或群体性事件风险。

六是保险行业发展稳健。2010年，常州共新增保险机构4家，其中产险机构1家、寿险机构3家，全市保险机构主体和网点布局进一步优化。全年全市保险行业共实现保费收入86.53亿元，同比增长19.24%，赔付金额12.1亿元，同比增加0.13亿元。分险种看，寿险业务实现保费收入62.09亿元，同比增长15.48%，赔付1.58亿元，同比增长12.06%；产险业务实现保费收入24.44亿元，同比增长

29.99%，产险赔付率为43.06%，比上年下降13.1个百分点。

【金融创新与服务】 一是积极推动中小企业信用体系创新。在常州开展中小企业信用体系试验区建设的先行先试，推动人民银行南京分行与常州市人民政府签订《共建中小企业信用体系试验区合作备忘录》，推动常州市政府下发《关于推进中小企业信用体系试验区建设的实施意见》，探索建立人民银行与地方政府相互支持、依法共享、协同发展的社会信用体系建设模式。完善中小企业信用信息辅助管理系统，强化分析筛选功能，发挥“服务政府”的作用，建立定期报表和不定期报告制度，推动中小企业信用信息平台与常州市政务信息平台的信息共享。二是积极推动商票试点推广工作。制定出台2010年商票推广意见和试点企业报备细则，申请增加再贴现额度，完善扩展商票业务增量扩面工作。2010年，中国人民银行常州市中心支行投入再贴现资金39.89亿元，为上年同期的2.06倍，加大对商票业务的引导撬动力度。同时，指导推动华夏银行常州分行推出“商票通”业务，推动商票跨地区流动运用。三是积极推进创新型债务融资工具运用。开展中小企业集合债发行工作调研，协调、指导交通银行常州分行开展中小企业集合票据承销业务，稳步推进武进区先进制造业中小企业集合票据发行工作。

（彭春晖）

常州市主要经济金融统计

（2006—2010年） 单位:亿元

项　目	2006年	2007年	2008年	2009年	2010年
国内生产总值	1 560.0	1 880.0	2 202.2	2 518.66	2 976.68
第一产业(增加值)	59.5	63.0	68.3	91.60	99.82
第二产业(增加值)	952.0	1 122.0	1 297.5	1 429.73	1 667.16
第三产业(增加值)	548.5	695.0	836.4	997.33	1 209.70
全社会固定资产投资	951.56	1 203.94	1 448.17	1 704.77	2 103.55
地方财政收入	118.9	158.07	185.19	215.89	286.18
地方财政支出	115.93	150.73	183.76	217.31	273.44
社会消费品零售总额	515.83	610.85	758.16	901.44	1 044.73
居民消费价格指数(以上年为100)	101.8	103.3	105.2	99.5	103.4
进出口总额(亿美元)	104.42	132.26	176.29	150.79	222.78
进　口(亿美元)	25.51	33.82	43.85	42.13	67.20
出　口(亿美元)	78.91	98.44	132.44	108.66	155.58
全部金融机构各项存款(余额)	1 974.05	2 305.86	2 873.34	3 765.91	4 550.47
企业存款	563.78	699.48	814.12	1 168.08	1 286.02
财政存款	24.16	19.06	14.56	18.12	26.42
城乡储蓄存款	1 014.01	1 107.12	1 445.09	1 756.24	2 009.24
全部金融机构各项贷款(余额)	1 348.60	1 628.40	1 876.85	2 513.97	3 011.67
短期贷款	805.81	913.40	986.76	1 237.16	1 521.36
中长期贷款	425.61	584.38	691.20	1 069.68	1 406.95
现金投放(+)回笼(−)	75.68	86.64	98.09	102.01	140.03
全部保险机构保费收入	42.60	47.40	61.65	72.57	86.53
全部保险机构保险赔款支出(含满期给付)	8.10	9.30	12.48	11.97	12.10
全部保险机构保险密度(元/人)	1 005.4	1 327.14	1 718.51	2 016.84	2 398.28
全部保险机构保险深度(%)	2.74	2.52	3.05	2.88	2.91

注:全部金融机构各项存款、贷款余额的七项数据为人民币统计数(含外资金融机构)。

4. 苏 州 市

【经济概况】 2010年，苏州市经济保持平稳较快增长态势，经济运行从反危机状态步入常态轨道，内生增长动力增强。受上年同期基数前低后高以及国家政策主动调控的影响，各主要经济指标出现高开—回调—趋稳的态势。全年实现地区生产总值9 168.91亿元，同比增长13%。

工业生产规模增长，效益改善。全年全市规模以上工业实现销售收入2.43万亿元，实现利税1 900亿元，其中利润1 400亿元，同比分别增长21.4%、24.6%和34.7%，呈现利润、利税增幅高于销售增幅的良好态势。实现地方一般预算收入900.6亿元，增长20.9 %；地方一般预算支出为820.8亿元，同比增长29.5%。

三大需求整体增长有力，其中出口迅速回升，投资和消费增长平稳。全年完成进出口总额2 741亿美元，同比增长36.1%；其中出口1 531亿美元，增长34.2%，进口1 210亿美元，同比增长38.5%。进出口增幅及出口、进口累计增幅均呈高开回调、稳定增长的态势。固定资产投资明显呈现从反危机状态下政府投资为主向常态下企业投资为主的转变。全年完成全社会固定资产投资3 617.82亿元，同比增长21%，增幅同比提高7个百分点。受到刺激消费的诸多政策措施作用，黄金、汽车等消费热点增长较快。全年全市实现社会消费品零售总额为2 407.89亿元，名义增长率为18.8%，与上年基本持平。

居民收入保持增长，全年市区居民可支配收入29 219元，同比增长11%。农民人均纯收入达14 460元，比上年增长11.5%。消费者价格指数有所上升，全年市区居民消费价格指数为103.4，同比提高3.6个百分点。

【货币政策】 2010年，货币政策在推动金融结构优化，积极引导金融资源向制造业、中小企业和科技创新型企业流动方面发挥了重大作用。

(1) 直接融资工具业务快速发展。2010年，人民银行苏州市中心支行积极引导银行机构不断创新金融产品和融资担保方式，积极拓宽非贷款融资渠道，提高企业的融资可得性。年内中信银行苏州分行为沙钢集团代理发行苏州市首笔中期票据，全年沙钢集团、亨通集团、恒力集团等优质民营企业发行各类直接融资工具达51亿元，年末直接融资债务余额增加31亿元。

(2) 再贴现引导效应明显。中国人民银行苏州市中心支行积极创新商业承兑汇票再贴现业务模式，有效引导银行机构加大对中小型生产企业的商业承兑票据融资力度，拓宽企业自主性融资渠道，全年为银行机构办理再贴现业务逾17亿元，年末再贴现余额达13亿元，再贴现资金全部投向中小企业，95%投向县域地区，引导、带动商业银行逾40亿元贴现资金投向县域中小企业。

(3) 科技金融合作体系日渐成熟。中国人民银行苏州市中心支行与市科技局、财政局等部门合作，引导银行机构强化“科贷通”等金融品牌服务，建立科技贷款风险补偿基金6 000余万元，撬动向科技企业发放贷款逾7亿元。创新知识产权质押融资新途径，推动交通银行苏州分行为工业园区宝利得公司发放全省首笔知识产权质押贷款4 000万元。积极跟踪科技支行和科技小贷公司的建立，形成对科技企业全方位金融服务体系。

【金融运行】 2010年，在适度宽松的货币政策引导下，苏州市金融机构信贷增长与经济规模、速度、效益的匹配度进一步提高，呈现“均衡增长、结构优化、风险可控、效益良好”的特点。

全市金融机构本外币各项存款余额为14 225.49亿元，比年初增加2 775亿元，增长24.2%，同比多增124.4亿元；本外币各项贷款余额为10 831.62亿元，比年初增加1 799.3亿元，增长19.9%，同比少增652.4亿元。至12月末，全市金融机构本外币不良贷款率为0.76%，比年初下降0.4个百分点，再创有史以来新低；全年全市银行机构本外币利润合计293.4亿元，同比增长41%。

(1) 信贷总量均衡增长，增量占比明显回升。一是全市信贷总量平稳增长。在信贷投放向常态水平回归的背景下，全年全市信贷增量较2009年同期明显减少。二是信贷节奏比较均衡。2010年，全市各季度新增贷款分别相当于全年增量的35%、24.4%、24.6%和15%，较历史同期而言，投放节奏明显均衡。三是期限结构有所优化。短期贷款增速回升，全年短期贷款新增647亿元，同比多增232亿元，增量占比提高20.9个百分点。受政府投融资平台清理和房地产调控不断深入的影响，中长期贷款增长趋缓，全年中长期贷款新增1 242亿元，同比少增495亿元。

(2) 人民币存款较快增长,企业存款增速放缓。截至12月末,全市金融机构人民币各项存款余额为13 570.3亿元,比年初增加2 620.1亿元,增长23.9%,同比多增11.3亿元。其中,企业存款增加632.7亿元,储蓄存款增加701.5亿元。由于"实贷实付"、"大额托收支付"等监管要求逐步落实,派生存款明显少增,加上企业加大生产及技改投入,企业存款同比大幅少增。与此同时,居民储蓄选择活期存款意愿回升,储蓄存款增量略高于上年同期水平;而以单位保证金为主的其他存款同比大幅多增337亿元。

【金融市场】 金融市场快速发展,企业上市规模达到历史高峰。2010年,全市新增上市公司16家,其中境内14家,居全省首位。累计上市公司达52家,居全省第三,其中在深交所中小板挂牌上市的公司29家,在全国大中城市中位居第二。2010年,全市通过资本市场融资131亿元,债券融资61亿元,累计募集资金358亿元,初步形成了中小板独具特色的苏州板块。

证券机构继续增加。年末全市共有证券营业部60家,当年新增12家。全市证券交易开户总数111万户。证券机构托管市值总额1 700亿元,比上年增长150%。全年股票、权证、基金成交金额18 000亿元,比上年减少6.5%。

保险业规模持续快速增长,整体市场运行稳健。全市新增保险机构5家,年末全市共有保险机构56家。全年实现保费收入193亿元,比上年增长30%,其中财产险收入72亿元,比上年增长37%;人身险收入121亿元,比上年增长26%。全年已决赔款及给付43亿元,比上年下降14%。

小额贷款公司快速发展。2010年,全市新增小额贷款公司32家,累计达到50家,累计注册资本金108亿元,分别占全省的22%和31%。小额贷款公司已经为1万多户农户和中小企业提供了信贷扶持,各项贷款余额130亿元,占全省的32%。

【金融创新】 科技金融创新取得重大进展,初步形成具有苏州特色的集"贷款、担保、贴息、补偿"四位一体的科技金融合作体系。全省首家科技小贷公司——苏州融达科技小贷公司顺利开业,交通银行苏州科技支行成立,科技金融创新实验基地挂牌。全省首笔专利权质押贷款顺利发放,商标专用权质押贷款余额已超10亿元。

(徐定成)

苏州市主要经济金融统计

(2006—2010年)

单位:亿元

项　目	2006年	2007年	2008年	2009年	2010年
国内生产总值	4 820.26	5 700.85	6 701.29	7 740.20	9 168.91
第一产业(增加值)	91.54	98.79	108.86	142.82	155.53
第二产业(增加值)	3 154.5	3 632.03	4 155.54	4 547.12	5 294.07
第三产业(增加值)	1 574.22	1 970.03	2 436.89	3 050.26	3 719.31
全社会固定资产投资	2 106.99	2 366.36	2 611.16	2 967.35	3 617.82
地方财政收入	977.91	1 263.32	1 856.58	2 040.24	2 869.16
地方财政支出	632.21	846.32	1 227.34	1 342.33	2 448.94
社会消费品零售总额	1 055.44	1 250.05	1 551.45	1 846.30	2 407.89
居民消费价格指数(以上年为100)	101.6	104.20	105.3	99.8	103.4
进出口总额(亿美元)	1 742.64	2 117.96	2 285.26	2 014.46	2 740.80
进　口(亿美元)	946.85	1 188.84	968.03	873.64	1 209.70
出　口(亿美元)	795.79	929.12	1 317.23	1 140.85	1 531.10
全部金融机构各项存款(余额)	6 170.02	7 470.75	8 800.23	11 450.54	14 225.49
企业存款	2 481.08	3 340.15	3 657.96	4 724.15	5 538.93
财政存款	53.84	73.72	74.73	117.17	121.89
城乡储蓄存款	2 487.99	2 638.97	3 382.65	4 004.87	4 701.31

（续表）

项　　目	2006 年	2007 年	2008 年	2009 年	2010 年
全部金融机构各项贷款（余额）	4 816.78	5 820.40	6 580.73	9 032.28	10 831.62
短期贷款	2 120.94	2 606.81	2 720.47	3 193.59	3 830.62
中长期贷款	2 199.26	2 811.40	3 285.54	5 050.55	6 308.12
现金投放（＋）回笼（－）	308.29	333.63	379.85	347.39	390.03
全部保险机构保费收入	83.93	96.15	125.96	148.28	193.00
全部保险机构保险赔款支出（含满期给付）	34.37	38.44	55.44	49.14	43.00
全部保险机构保险密度（元/人）	1 382	1 540	1 954	2 338	3 026.69
全部保险机构保险深度（%）	1.74	1.69	1.84	1.92	2.10

注：全部金融机构各项存款、贷款余额的七项数据为本外币并表统计数（含外资金融机构）。

5. 南　通　市

【经济概况】 2010 年，南通实现地区生产总值 3 417.88 亿元，按可比价计算，比上年增长 13.0%。其中，第一产业增加值 262.43 亿元，增长 4.0%；第二产业增加值 1 908.56 亿元，增长 13.7%；第三产业增加值 1 246.89 亿元，增长 13.6%。人均地区生产总值 47 500 元，按当年平均汇率折算达 7 017 美元。三次产业增加值结构由上年的 8.2∶56.0∶35.8 调整为 7.7∶55.8∶36.5。财政总收入占地区生产总值 20.9%，比上年提高 4.0 个百分点。城市居民消费价格总指数 103.7。

2010 年，南通实现社会消费品零售总额 1 268.32 亿元，增长 18.7%；实现进出口总值 210.96 亿美元，增长 29.8%。其中，进口总值 69.89 亿美元，增长 37.6%；出口总值 141.07 亿美元，增长 26.2%。在出口贸易总值中，机电产品出口 60.24 亿美元，增长 24.1%；高新技术产品出口 26.94 亿美元，增长 53.1%；纺织服装制品出口 46.77 亿元，增长 24.1%。

2010 年，南通城镇居民人均可支配收入 21 825 元，增长 12.1%；市区（不含通州区）居民人均消费性支出 14 492 元，增长 10.6%。农村居民人均纯收入 9 914 元，增长 14.0%；人均生活消费支出 7 240 元，增长 12.3%。2010 年末，城镇居民人均住房建筑面积 40 平方米，农村居民人均住房面积 53.5 平方米。

【货币政策】 2010 年，中国人民银行南通市中心支行致力于区域经济持续健康发展，货币政策执行力进一步增强。

（1）“金融超市”高效运行，银企对接平台常态化。由中国人民银行南通中支、南通市民发办、发改委等 8 个单位联合创办的中小企业“金融超市”，每月举办 1 次银企对接活动，截至 2010 年末共举办了 16 期，2010 年达成银企保合作 646 笔，协议贷款金额达 28.85 亿元。另外，围绕实施江苏沿海开发战略，举办了“沿海开发”、新能源、船舶海工等专场银企对接活动 83 次，合同签约中小企业 1 030 家，金额 1 617.68 亿元，金融支持中小企业的力度创新高。

（2）“333 计划”正式启动，中小企业扶持机制长效化。为解决银企信息不对称、中小企业融资难等问题，人民银行南通中支依托南通市中小企业信用信息辅助管理系统，牵头南通市发改委、经信委、财政局等多个部门，推出了中小企业成长培育“333 计划”（通政办〔2010〕145 号文），旨在用 3 年左右时间，在南通重点培育 3 000 家成长型中小企业做大做强，助推地方经济持续快速健康发展。纳入“333 计划”的企业通过金融机构实行融资政策优惠、财政部门单列贷款增长风险补偿奖励等手段，由政府部门、中国人民银行、商业银行三方携手推进，实现企业贷款余额和税收总额的“双倍增”。

（3）非金融企业债务融资工具发行实现“零突破”，中小企业融资渠道扩大化。中国人民银行南通中支积极推进中小企业集合票据试点发行工作，成功解决“集合”过程中出现的“融资成本高”和“反担保难”问题，非金融企业债务融资工具发行工作实现零突破。截至 2010 年末，由兴业银行南通分行作为主承销商的南通天生港发电股份有限公司的 4 亿元面额、1年期限的“短期融资券”已拿到了全国银行间交易商协会注册通知书，标志着南通市非金融企业直接债务融资工具发行实现了突破。浦东发展银行南通分行也已完成包括蛟龙重工等3家企业在内的1.9亿元“中小企业集合票据”融资前期基础工作。南通共有8家银行业金融机构正式开展承销直接债务融资工具发行工作，2011年直接债务融资目标将超过70亿元。

(4) 着力推广商业承兑汇票的应用，发挥货币政策工具的导向作用。中国人民银行南通中支修订了《南通市再贴现业务管理办法》，明确了商业承兑汇票办理再贴现的有关操作方法和流程，引导、鼓励地方法人金融机构、中小金融机构加大对“三农”、中小企业的融资支持。2010年，中国人民银行南通中支为海安农村合作银行、招商银行南通分行等金融机构累计办理票据再贴现2.46亿元，南通企业签发商业承兑汇票40亿元，银行业金融机构办理商业承兑汇票贴现16亿元。

【金融运行】 2010年，南通市新增本外币贷款532.61亿元，比上年少增148.62亿元，年末银行机构各项贷款余额2 964.58亿元，比上年末增长21.9%；从新增贷款投向看，短期贷款占比51.73%，中长期贷款占比64.93%，票据贴现净下降100.94亿元。2010年新增存款951.48亿元，比上年少增15.13亿元，年末存款余额4 957.83亿元，比上年末增长23.8%。其中，居民储蓄存款余额2 693.99亿元，新增407.98亿元；企业存款余额1 206.41亿元，新增152.08亿元。

金融生态创建迈上新台阶。2010年，南通辖内如皋、如东等5县(市、区)成功创建江苏省金融生态达标县、海安县成功创建江苏省金融生态示范县，南通成为江苏省县域全部金融生态创建达标的5个地级市之一。

【金融市场】 11月19日，熔盛重工在香港上市，共融资140亿港元，成为2010年国内在港IPO融资额最大的民营企业。2010年南通共有9家企业先后登陆国内外资本市场，当年募集资金超200亿元，截至2010年末，南通上市公司达23家，其中在深交所挂牌的中小板创业板上市公司13家，居全国各大城市第八位。

2010年，南通新增保险机构4家，年末保险机构总数达56家；全年保费收入134.45亿元，比上年增长39.4%。其中，财产险收入21.53亿元，增长35.5%；人寿险收入106.91亿元，增长41.3%。全年已决赔款及给付22.80亿元。全部保险机构保险密度1 846.38元/人，保险深度3.93%。

2010年，南通新增担保公司12家，落实担保奖励扶持政策1 596万元，担保总额85亿元。

【金融创新】 2010年，南通金融工作呈现出“人无我创，人有我先，人先我优”的显著特征，“333计划”、“新农村建设”专项贷款、“大学生村官创业一卡通”、金融生态初评票决制、设立村级自助银行服务区、个人外汇业务“关注名单”制度等近10项工作在江苏省首创。

(1) 江苏省内首发“新农村建设”专项贷款，加强“三农”服务。江苏省首笔“新农村建设”专项贷款——南通市如皋新柴农村基础设施开发有限公司向中国建设银行南通分行申请的2.9亿元贷款获批，首期5 000万元资金到位。

(2) 江苏省内首创“大学生村官创业一卡通”模式，多措并举支持大学生“村官”创业富民。中国人民银行南通中支推动江苏银行南通分行与南通市团委、宣传部、人事局联合制订了《“大学生村官创业一卡通”实施意见》，为大学生“村官”提供创业资金、项目、政策等方面的优惠服务，为其创业富民探索出一条新的金融服务途径。

(3) 积极推动专利权质押贷款工作，助推科技型企业快速发展。在中国人民银行南通中支的协调下，南通市科技局与江苏银行南通分行签订协议，选择通州区进行试点，正式启动了专利权质押贷款工作。4月28日，南通2家企业通过专利权质押各获得贷款200万元，共降低融资成本8.2万元，促进了专利成果的有效使用。

(4) 江苏省首个村级自助银行服务区在南通市通州区天后宫村顺利开业，推动了非现金支付工具在农村地区的运用，发挥了较好的示范引领作用。

(5) 交行南通分行成功办理首组“联贷联保”个人贷款业务。交通银行南通分行港闸支行在仔细分析产品特点、把握产品优势的基础上，依托临近陶瓷批发专业市场、客户资源丰富的优势，推广、营销“联贷联保”工作。通过实地调查、仔细筛选，首组由六户陶瓷批发专业户组成，总金额达1 800万的“联贷联保”贷款业务营销成功，顺利发放贷款。

(6) 建立"关注名单"制度,防范个人分拆结售汇行为。南通外汇管理局依托个人外汇业务非现场监管软件,主动对辖区内个人的外汇收支及结售汇情况及时开展非现场监测和分析,建立了"关注名单"制度,有效防范个人分拆结售汇行为。2010 年度,共向银行核查个人项下结售汇数据近 600 笔,其中核实并移交外汇检查 9 笔,涉及违规个人 1 名,并给予行政处罚。因执行效果显著,2010 年 4 月在江苏省推广"关注名单"管理,国家外汇管理总局在 2010 年 5 月的《个人结售汇数据非现场核查情况通报》以信息交流方式刊登了相关资料。

(张洪云)

南通市主要经济金融统计

(2006—2010 年) 单位:亿元

项　　目	2006 年	2007 年	2008 年	2009 年	2010 年
国内生产总值	1 758.34	2 111.88	2 510.13	2 872.80	3 417.88
第一产业(增加值)	168.08	173.96	199.18	236.46	262.43
第二产业(增加值)	985.00	1 196.89	1 430.93	1 607.50	1 908.56
第三产业(增加值)	605.26	741.03	880.02	1 028.84	1 246.89
全社会固定资产投资	1 048.90	1 265.80	1 505.41	1 802.38	2 168.38
地方财政收入	132.86	189.01	248.24	329.06	521.14
地方财政支出	151.60	206.65	292.53	384.97	546.18
社会消费品零售总额	621.96	736.54	915.10	1 086.11	1 268.32
居民消费价格指数(以上年为 100)	101.7	105.1	104.8	98.7	103.7
进出口总额(亿美元)	100.62	127.76	166.88	162.59	210.96
进　口(亿美元)	28.49	37.53	49.36	50.79	69.89
出　口(亿美元)	72.13	90.23	117.52	111.80	141.07
全部金融机构各项存款(余额)	2 163.42	2 468.32	3 039.56	4 006.23	4 957.83
企业存款	540.88	689.58	735.76	1 114.47	1 206.41
财政存款	11.15	18.56	16.07	18.78	29.12
城乡储蓄存款	1 373.40	1 476.59	1 890.68	2 285.89	2 693.99
全部金融机构各项贷款(余额)	1 233.25	1 497.96	1 750.60	2 431.98	2 964.58
短期贷款	794.21	969.70	1 034.91	1 234.48	1 510.04
中长期贷款	314.35	435.72	558.08	937.68	1 283.10
现金投放(+)回笼(一)	—12.97	—14.46	—32.29	—33.93	—18.20
全部保险机构保费收入	43.26	52.46	78.09	96.26	134.45
全部保险机构保险赔款支出(含满期给付)	6.73	7.63	22.16	25.79	22.80
全部保险机构保险密度(元/人)	562.04	730.69	1 092.46	1 263.25	1 846.38
全部保险机构保险深度(%)	2.46	2.49	3.11	3.35	3.93

注:全部金融机构各项存款、贷款余额的七项数据为本外币并表统计数(含外资金融机构)。

6. 扬　州　市

【经济概况】 2010 年扬州市实现地区生产总值 2 207.99 亿元,增长 13.4%,连续八年保持两位数增长。其中,第一产业增加值 159.25 亿元,增长 4.5%;第二产业增加值 1 229.34 亿元,增长 14.6%;第三产业增加值 819.4 亿元,增长 13.7%。人均 GDP 达 48 955 元,按美元汇率折算超过 7 000 美元。三次产业比例由上年的 7.8∶56.1∶36.1 调整为 7.2∶55.7∶37.1。二、三产业增加值占 GDP 比重达到 92.8%。

工业经济持续向好。2010年，全市规模以上工业完成总产值5 872.8亿元，增长34.7%；实现工业增加值1 388.7亿元，增长16.1%；实现销售收入5 648.3亿元，增长34.0%；实现利税635.5亿元，增长45.9%；实现利润369.5亿元，增长46.4%。全市规模以上工业企业数达3 728家，比上年底净增282家，增长8.2%；企业单体平均规模达1.6亿元，比上年净增0.3亿元，增长23.0%。产值亿元以上企业达1 135家，比上年净增315家，增长38.4%。

投资总量稳定增长。2010年，全市完成全社会固定资产投资1 331.85亿元，增长25.2%。其中规模以上项目完成投资1 235.55亿元，增长23.5%，占全社会投资的93%；从三大产业来看，第一产业完成投资14.64亿元，增长29.7%；第二产业完成投资895.26亿元，增长24.5%，其中，工业完成投资891.67亿元，增长24.6%，占全社会投资的比重达67%；第三产业完成投资421.95亿元，增长26.5%。一、二、三产业投资占全社会投资的比重分别为1.1%、67.2%和31.7%。2010年，全市房地产开发投资165.16亿元，增长27.5%，占全社会固定资产投资的12.4%。其中商品住宅完成投资137.16亿元，增长29%；办公楼完成投资4.05亿元，增长125.9%；商业营业用房完成投资14.1亿元，下降4.8%。

消费市场持续繁荣。2010年，全市实现社会消费品零售总额719.5亿元，增长18.7%。其中批发和零售业实现零售额651.4亿元，同比增长18.2%；住宿和餐饮业实现零售额68.1亿元，同比增长24%。按新的城乡标准划分，城镇市场实现零售额673.3亿元，增长20.2%；乡村实现零售额46.2亿元，增长10.2%。

外贸形势逐步好转。2010年，全市实际利用外资到账25.72亿美元，增长13.5%。全市进出口总额82.4亿美元，同比增长51.7%，其中出口60.57亿美元，增长50.9%，进口21.84亿美元，增长53.8%。

财政收支状况良好。2010年，全市财政总收入为400.88亿元，增长29.3%；一般预算收入167.78亿元，增长31%，占GDP的比重为7.6%，比上年提高0.5个百分点。一般预算支出193.94亿元，增长22%。

城乡居民收入稳定增长。2010年末，全市户籍总人口为459.12万人，比上年末增加3 183人。2010年，扬州城市居民人均可支配收入21 766元，同比增加2 350元，增长12.1%；农村居民人均年纯收入9 462元，增长14.1%。2010年居民消费品价格指数为103.4，同比上涨3.4个百分点。

【货币政策】 一是加强窗口指导，助推创新型经济快速发展。2010年，中国人民银行扬州市中心支行与市金融办、银监局联合研究制定并实施了“扬州市创新型经济金融助推计划”，着力引领全市金融机构进一步优化配置金融资源，加大金融产品和服务创新，彰显金融支撑作用。一方面组织各金融机构集中展示推介各自创新产品和服务，开展面向企业的咨询活动，深入洽谈沟通，紧密供需结合，另一方面，在银企双方深入沟通交流的基础上，开展银企融资签约活动。已促成12家金融机构与97家创新企业达成101.7亿元合作意向，10家金融机构与24家担保机构达成96亿元合作意向。

二是开展“中小企业金融服务年”活动，着力扶持中小企业加快成长。联合市经信委、中小企业局，利用中小企业辅助系统，共同筛选出全市800户中小企业进行融资培训，并及时反馈给各金融机构进行一一对接。同时提请市政府制订“企业金融顾问制度”，以开发区“三新一网”企业为试点，每户企业配置高级顾问1名，业务顾问2—3名，为企业生产经营，融资方略、风险防控等多方面提供专业化、精细化和个性化的服务。在此基础上，将800户企业纳入“金融顾问”体系，共同推进扬州中小企业融资规模、融资方式、融资实力跨上新台阶，实现金融顾问工作的长效化。

三是创新服务方式，加大“三农”信贷支持力度。贯彻落实中央1号文件及中国人民银行各项涉农相关政策精神，以加强信用社专项票据兑付后续管理为契机，认真执行差别存款准备金政策，灵活运用再贴现工具，引导农村信用社不断加大信贷支农力度。2010年末，扬州市农村合作金融机构贷款余额达264.0亿元，比年初增加53.9亿元。创新金融支持社会主义新农村建设，联合地方政府推进“大学生村官创业贷款券”试点，以财政贴息撬动信贷资金和社会资源，支持大学生村官创业富民。年末，全市“大学生村官创业贷款券”贷款余额180.8万元，惠及20余名创业大学生村官。2010年，创办了“农村金融信息服务平台”并上挂于政府门户网站，构建金融扶持“三农”经济发展的高效资讯平台。

四是加大金融服务创新，完善金融机构组织体系。鼓励金融机构创新业务经营模式。如扬州农行成立了“农村金融产业部”和“农户金融部”，专门服务农村金融市场；扬州建行引进“淡马锡信贷工厂”模式、成立小企业融资中心，扬州工行成立了小企业信贷经营中心、扬州中信成立中小企业部等，定向扶持中小企业。同时积极引导成立新的金融机构。2010年，南京银行和昆山农村商业银行分别入驻扬州，扬州第二家村镇银行正式成立，农村小额贷款公司不断增多。另外江都联社、市区联社成功改制为农商行，高邮联社改制农商行进入收官阶段，宝应联社、仪征农合行积极开展改制准备工作，各联社改制农商行步伐明显加快。

【金融运行】 2010年末，全市本外币贷款余额为1 514.9亿元，比年初增加278.7亿元，同比少增55.2亿元；余额同比增长22.6%，增速同比下降14.5个百分点，高于省均水平2.7个百分点。本外币存款余额为2 472亿元，比年初增加370.8亿元，同比少增147.5亿元，余额同比增长17.6%，增速同比下降15.1个百分点，低于省均水平3.4个百分点。

（1）人民币信贷平稳增长，期限结构有所优化。2010年，全市新增人民币贷款273.3亿元，同比少增50亿元，增速为22.5%，高于省均水平3.2个百分点；人民币贷款增速在全省位列第8位，较2009年提升1位。从期限上看，2010年，全市新增短期贷款144.6亿元，同比多增37.9亿元；新增中长期贷款180.4亿元，同比少增51.7亿元，新增中长期贷款与短期贷款的比例由2009年的2.17∶1下降到1.25∶1。从行业来看，制造业贷款较快增长。2010年末，全市制造业贷款余额为377.8亿元，比年初增加88.2亿元，同比增长30.5%，占全市新增非个人贷款的38.6%，较2009年末提高1.8个百分点。2010年末，全市自营房地产贷款余额为394.6亿元，比年初增加86.6亿元，同比少增35.8亿元；余额同比增长28.1%，增速低于2009年37.8个百分点。从规模上看，中小企业贷款增长突出。2010年末，全市中小企业贷款余额为767.6亿元，同比增长25.7%，高于企业贷款增速0.6个百分点，高于各项贷款增速3.2个百分点；新增中小企业贷款154.5亿元，占全部企业新增贷款的83.9%；小企业贷款同比增长37.8%，增速高于企业贷款12.7个百分点，高于全部贷款15.3个百分点，一批“小精、小专、小特”企业得到了重点培育。

（2）人民币存款增长放缓，活期化趋势明显。2010年，人民币存款增长明显放缓。全市新增人民币存款363.4亿元，同比少增151.8亿元。其中，上半年增加270.3亿元，占全部增量的74.4%；下半年增长93.1亿元，占比25.6%。从增速看，年末全市人民币存款余额为2 430.6亿元，同比增长17.6%，增速同比下降15.6个百分点。从结构上看，储蓄存款增长平稳。2010年末，全市储蓄存款余额为1 252.4亿元，比年初增加157.1亿元，同比少增39.1亿元；余额同比增长14.3%，增速较上年下降7.5个百分点。其中，活期储蓄余额381.9亿元，比年初增加77亿元，同比少增3亿元；定期储蓄余额870.5亿元，比年初增加80.1亿元，同比少增36.1亿元。活期储蓄占储蓄存款的比例为30.5%，同比提高2.6个百分点。企业存款增长缓慢。2010年末，全市企业存款余额为628.0亿元，比年初增加32.8亿元，同比少增163.5亿元。其中，活期企业存款增加41.8亿元，定期存款比年初减少9亿元。

（3）外汇存款短期冲高，进出口贸易融资需求较旺。2010年末，全市外汇存款余额为6.25亿美元，比年初增加1.26亿美元，同比多增0.82亿美元。其中单位活期存款增长较多，比年初增加1.60亿美元，单位定期存款、居民外汇储蓄存款均较年初负增长。2010年末，全市外汇贷款余额为4.35亿美元，比年初增加0.92亿美元，同比少增0.63亿美元。其中全市进出口贸易融资余额为3.42亿美元，比年初增加1.05亿美元，同比少增0.27亿美元。

【金融市场】 一是证券市场快速回升。截至2010年末，全市共有证券营业机构9家。证券营业机构围绕客户加强合规管理、改进服务质量、提升服务水平，大力推进稳健经营。2010年，扬州市区9家证券营业部累计实现证券交易额3 029.49亿元，同比下降0.61%；累计开设账户25.98万户，同比增长9.68%；保证金余额26.14亿元，同比下降13.01%；当年净流入股市资金27.46亿元，同比下降17.89%。

二是保险市场稳步发展。截至2010年末，全市共有保险营业机构47家，其中财险公司23家，寿险公司24家。2010年，全市列入统计的24家寿险及

23家财险共实现保费收入65.99亿元，同比增长22.03%；累计理赔支出7.96亿元，同比增长7.50%。扬州市出台一系列政策规范农业险试点工作。如《扬州市农业保险管理费使用和管理实施细则(试用)》，规范了保费收缴及费用扣除等环节。

三是企业直接融资取得突破性进展。2010年，扬州经济开发区开发总公司、扬州城建国有资产控股(集团)有限责任公司先后成功发行8亿元和20亿元企业债券，实现了辖区企业在资本市场直接融资零的突破；扬州汇银家电在香港上市，募集资金3.75亿港元，实现全市民营企业境外上市新突破；江苏扬农化工集团有限公司成功发行3亿元短期融资券，实现了全市中小企业在银行间债券市场直接融资零的突破；首只"科技创新型企业集合信托债权基金"——"荷塘月色"首期5 000万元成功发行。

【金融创新】 (1)为有效支持大学生村官更好地服务新农村建设，解决其创业融资面临的困难，2010年5月，中国人民银行扬州市中心支行会同江都市委组织部、财政局、江都农商行等制定出台了《江都市大学生村干部创业贷款券试行办法》，7月份，扬州市"大学生村官创业贷款券"首发仪式在江都召开，正式启动"大学生村官创业贷款券"试点工作。"大学生村官创业贷款券"的推出是金融服务载体的一项创新，它顺利实现了财政资金和信贷资金的配套结合。贷款券主要面向经过省、市、县(市)统一选聘到村(社区)任职的大学生，通过财政贴息和担保，解决大学生村官创办、领办、合办的企业或其他生产经营项目时的融资难题。

(2)为进一步支持中小企业发展，2010年，人民银行扬州中支组织开展了"中小企业金融服务年"活动，各金融机构创新业务经营模式，纷纷成立专营机构。同时各金融机构相继推出了存货抵押、国内贸易融资、固定资产支持融资等多个融资新产品，满足中小企业差异化融资需求。

(3)为推动商业信用发展，缓解中小企业融资难题，2010年，中国人民银行扬州市中心支行积极开展商业承兑汇票再贴现试点工作，明确支持小面额、中小机构、中小企业票据，着力通过再贴现工具引导功能，鼓励金融机构加大中小企业支持力度。全年累计办理再贴现11.5亿元，其中商业承兑汇票再贴现4.2亿元。

(周　懿)

扬州市主要经济金融统计

(2006—2010年)　　单位:亿元

项　　目	2006年	2007年	2008年	2009年	2010年
国内生产总值	1 100	1 311	1 573.29	1 856.39	2 207.99
第一产业(增加值)	94	101	117.47	144.88	159.25
第二产业(增加值)	621	748	897.71	1 042.03	1 229.34
第三产业(增加值)	385	462	558.11	669.48	819.4
全社会固定资产投资	495.5	717.9	950	1 063.9	1 331.85
地方财政收入	63	85.7	104.83	128.08	167.78
地方财政支出	72	91.55	123.08	151.48	193.94
社会消费品零售总额	355.8	418.9	521.3	619	719.5
居民消费价格指数(以上年为100)	101.6	104	104.8	99.9	103.4
进出口总额(亿美元)	32.7	44.59	61.8	54.33	82.4
进　口(亿美元)	9.1	12.07	16.13	14.20	21.83
出　口(亿美元)	23.6	32.52	45.67	40.13	60.57
全部金融机构各项存款(余额)	1 112.52	1 276.3	1 583.03	2 101.21	2 471.96
企业存款	305.42	396.89	472.49	669.78	659.3
财政存款	8.15	21.04	14.33	23.76	17.87
城乡储蓄存款	686.80	719.44	906.62	1 103.88	1 259.73

（续表）

项　目	2006年	2007年	2008年	2009年	2010年
全部金融机构各项贷款(余额)	609.42	765.9	902.26	1 236.17	1 514.88
短期贷款	351.62	426.99	455	562.64	702.62
中长期贷款	191.96	256.30	318.34	555.79	739.76
现金投放(+)回笼(-)	40.51	42.35	44.8	41.50	85.96
全部保险机构保费收入	30.59	34.17	43.65	54.08	65.99
全部保险机构保险赔款支出(含满期给付)	5.35	4.31	5.99	7.41	7.96
全部保险机构保险密度(元/人)	666.97	746.07	949.35	1 178.21	1 332.81
全部保险机构保险深度(%)	2.78	3.02	2.77	2.43	2.99

注：全部金融机构各项存款、贷款余额的七项数据(不含财政存款)为本外币并表统计数(含外资金融机构)。

7. 镇　江　市

【经济概况】　2010年，镇江市地区生产总值1 956.64亿元，增长13.3%；财政一般预算收入138.1亿元，增长36%；全社会固定资产投资1 327.08亿元，增长31.3%；实际利用外资16.15亿美元，增长12.1%；进出口总额81.54亿美元，增长35.1%；社会消费品零售总额559.5亿元，增长18.9%；城镇居民人均可支配收入23 075元，增长10.1%；农民人均纯收入10 874元，增长12.8%；城镇新增就业人数9.81万人，城镇登记失业率2.34%。

(1) 经济实现平稳较快增长。投资、消费、出口三大动力协调拉动。投资增幅连续24个月保持全省第一，120个重点项目进展良好，一批项目竣工投产，万达广场、二重、恒神碳纤维等一批项目加快实施，大港四期获得国家发改委核准，句容华电等一批前期项目取得实质性进展。有效破解要素制约。争取国债资金和各类专项资金6.1亿元；企业债券发行106亿元，总量全省第一。市场消费持续旺盛。对外贸易平稳回升。实体经济全面恢复，发展质量明显提升。

(2) 结构调整迈出新步伐。服务业增加值占GDP比重达40%，同比提高2个百分点。新兴产业爆发式增长势头强劲。丹徒二重重型装备、丹阳碳纤维和新区飞机零部件3个省级特色产业基地获批。企业竞争力明显提升，百亿企业突破8家。高新技术产业产值占规模工业比重达到36%。句容现代农业产业园区升格为省级。

(3) 创新能力明显提升。全社会研发占GDP比重达2%。高新技术产业产值占规模工业比重达到36%。新增科技孵化器面积100万平方米，重大研发机构和检测机构11家。率先在全省成立产业技术创新战略联盟。“331”人才计划顺利实现。

(4) 民生保障继续改善。创业型城市创建工作取得重大成效，新建创业孵化基地128万平方米。出台稳定物价“十二条”措施，落实物价上涨动态补贴机制。“五房”建设完成300万平方米。学前教育改革被列为国家教育体制改革试点。率先实现基本药物制度全覆盖。

【货币政策】　(1) 突出重点，不断深化银企合作。2010年，人民银行镇江市中心支行围绕地方经济“转型升级”的目标要求，重点突出、主题明确，不断深化银企合作。一是会同市政府金融办、市经信委，配合市委、市政府开展2010年“服务转型、助推升级”政银企座谈会。市委、市政府主要领导、重点企业负责人与省级金融部门领导就金融支持经济结构转型升级进行了高层会谈，推介了一批符合国家产业政策的重点项目，提出了总金额达211亿元的融资需求。二是围绕新兴产业发展，召开项目与银行对接会议。新兴产业作为全市经济转型的依托和方向，发展势头良好，成为金融机构信贷投放的重点。9月中旬，会同发改委等部门召开新兴产业项目与银行对接会议，围绕全市新兴产业推介了一批重点项目，达成协议授信56.70亿元。三是持续做好“金融服务日”活动，不断更新金融服务主题，丰富金融服务内容，努力将“金融服务日”办成更具活跃度、更有参与性、更加亲民、更有实效的品牌活动。共举办专题活动11期，15家金融机构、800多户企业、3 000多名市民参加，累计授信金额达119亿元。

（2）加强引导，充分发挥政策工具的引导作用。一是用好用足再贴现资金。全年累计为金融机构办理再贴现16.76亿元。重点支持“三农”和中小企业。全年累计为农村合作金融机构办理再贴现6.15亿元，引导其进一步增加对“三农”领域的信贷投入；累计办理商业承兑汇票贴现7.62亿元，引导商业银行为出票人信誉较好的商业承兑汇票办理贴现业务，推动市场提高商业承兑汇票的接受度。二是做好辖内法人金融机构存款准备金率上调工作，积极反馈政策影响。三是及时传递货币政策从适度宽松向常态回归的信号，引导金融机构理性放贷，保持信贷合理、有序增长。

（3）统筹安排，扎实做好中小企业金融服务工作。一是深入开展“中小企业服务年”活动。制定《2010镇江“中小企业金融服务年”活动实施方案》，组织召开“中小企业金融服务年”活动动员会，按照《实施方案》要求，组织开展系列活动。配合全省“万企千亿”中小企业融资培育计划，与经信委协调，在全市企业中筛选重点扶持的900户中小企业，定期进行监测并优先给予信贷支持。二是突出中小企业重点服务项目。宣传和推进民生银行中小企业贷款券业务，民生银行中小企业贷款券共发行三期，共向148户中小企业发行贷款券金额达16.2亿元。三是积极推动中小企业集合票据试点工作，同浦东发展银行镇江支行和民生银行镇江支行合作，研究推动丹阳15家中小企业和扬中2家中小企业集合债券发行工作，努力拓宽中小企业融资渠道。

（4）加强研究，深入开展经济金融运行分析。针对经济金融运行中的重点、热点、难点问题加强跟踪监测和调查分析。一是高度关注地方政府融资平台的潜在风险。会同银监部门，对各辖市、区政府融资平台贷款情况进行了全面摸查，向各辖市、区政府主要领导发送了风险提示函。二是高度关注信贷政策变化对基层经济主体的影响。开展了当前信贷政策变化情况及其影响、信贷政策与镇江市主导产业生产匹配情况等方面的调查，着力了解货币信贷政策微调的影响。

【金融运行】 （1）各项融资平稳增长，融资渠道更为多元化。2010年，镇江市银行融资总量为2 242.96亿元，比年初增加448.63亿元，同比少增121.02亿元，增幅为25%。融资结构呈现以下特点：一是受信贷规模控制影响，各项贷款增速回归常态。新增本外币各项贷款268.83亿元，同比少增113.76亿元，增幅为19.94%。二是银行承兑汇票、信用证、保函三项或有资产业务高开稳走。12月末，三项或有资产业务余额为531.52亿元，比年初增加161.57亿元，增幅为40.11%。在信贷规模控制的背景下，全市银行业金融机构积极创新举措，通过信托理财产品、转贴现和吸引异地资金等方式，为本土企业拓宽融资渠道。统计显示，2010年全市银行业机构累计发行信贷类信托理财产品24.98亿元，累计转出票据172.52亿元。

（2）各项存款较快增长，增速呈U形趋势。12月末，镇江市银行业金融机构本外币各项存款余额为2 242.89亿元，比年初增加428.74亿元，同比少增99.66亿元，比年初增长23.63%，增幅列全省第五位。从存款走势来看，一季度增长快速，新增295.98亿元；二季度增速回落，新增41.48亿元；三季度增速继续回落，仅新增24.21亿元；四季度增幅有所反弹，新增66.07亿元，存款运行主要呈现以下特点：一是企业存款稳步增长，增速同比有所放缓；二是储蓄存款高开平走，存款更趋活期化；三是其他存款增长快速，增速逐渐减缓。

（3）各项贷款均衡增长，信贷结构不断优化。12月末，镇江市银行业金融机构本外币各项贷款余额为1 617.07亿元，比年初增加268.83亿元，增幅为19.94%。贷款运行呈现以下特点：一是信贷增速回归常态，节奏更为平稳；二是中长期贷款延续强劲增势，票据融资持续下滑；三是新增贷款的分布趋于均衡，县域贷款有所增加；四是外汇资金持续紧张，外汇贷款进一步回落；五是中小企业贷款增长平稳，小企业贷款增速持续上升；六是个人贷款快速增长，个人住房贷款增速有所放缓；七是政府融资平台贷款、房地产开发贷款平稳增长，但增势趋缓。

（4）不良贷款实现“双降”，经营效益明显提升。12月末，按五级分类口径，全市银行业金融机构不良贷款余额为28.34亿元，比年初下降1.46亿元，不良贷款率为1.76%，比年初下降0.45个百分点。各金融机构利润水平明显提升。2010年，全市银行业金融机构共实现拨备前账面利润50.01亿元，同比增长29.02%。利润明显增加的主要原因：一是利息收入明显增加。全年共实现利差收入为64.76亿元，同比增长50.85%。主要原因是贷款生息资产同比增加，新增贷款中长期化明显，带动贷款利率上升。二是中间业务收入较快增长。各金融机构积极发展投资银行、支付结算、银行卡等中间业务,共实现中间业务收入 16.51 亿元,同比增长 37.58%。

【金融市场】 (1) 股票、基金市场有所回升,但总体仍呈低迷态势。2010 年,国内股市走出先升后降的曲线,前三季度振荡上升,但是四季度以来振荡下滑,居民的投资热情虽然较 2009 年有所回升,但是投资行为仍然比较谨慎。全年,市区各证券营业网点股票交易额为 1 315.77 亿元,同比减少 160.11 亿元;股民保证金余额为 10.43 亿元,比年初下降 6.07 亿元。基金市场仍然较为低迷。全市各银行累计代理基金认购、申购 23.07 亿元,同比下降 6.54 亿元;累计代理基金赎回 28.86 亿元,同比下降 7.09 亿元。

(2) 保险市场蓬勃发展,业务规模进一步扩大。2010 年,镇江市共有地市级保险公司 43 家,其中产险公司 22 家,寿险公司 21 家。全市辖下设分支专业机构 308 个,兼业代理网点 851 个。全市保险从业人员 12 669 人,其中正式员工 2 216 人,营销员 8 826人,兼业代理人 1 756 人。2010 年全市保险行业共完成保费收入 54.04 亿元,比上年增长 32.6%,其中完成产险保费 11.38 亿元,比上年增长 35.5%,寿险保费 42.66 亿元,比上年增长 31.8%,保险机构赔付支出 9.62 亿元,比上年下降 8.6%,其中:财产险赔付 5.32 亿元,下降 5.6%;人身险赔付 4.3 亿元,下降 11.9%。

【金融创新】 拓展平台,创新执行各项政策措施:一是以"金融服务日"为平台,加强政银企对接。会同镇江市金融办、经信委按月举办"金融服务日"活动,突出"产业结构转型升级"、"绿色金融"、"金融服务创业"、"金融支持农民创业"、"非金融企业债务融资工具专题辅导"、"小额贷款公司金融服务"等主题,提高了银企对接的深度和广度。特别是 6 月份,配合镇江市委、市政府以"服务转型 助推升级"为主题,以政银企座谈会为形式,开展"金融服务日"活动,向省、市级金融机构推介了一批符合国家产业政策的重点项目。

二是以"中小企业服务年"活动为平台,破解中小企业融资瓶颈。引导民生银行镇江支行在全国首推中小企业贷款券业务,已发行三期,共向 130 余户中小企业发行贷款券金额 15 亿元;积极推动中小企业集合票据发行,协调浦发银行镇江支行代理镇江市 15 家中小企业集合债券发行工作;大力推广应收账款质押融资业务,开发了"应收账款质押融资信息管理系统",在全国率先创设"应收账款确认书",联合政府、金融机构和企业持续宣传推动,应收账款融资业务得到快速发展;配合全省"万企千亿"中小企业融资培育计划,在全市筛选 900 户中小企业作为重点扶持对象,定期监测并优先给予信贷支持。

三是以"创业型城市建设"为平台,推动创业就业。组织召开小额担保贷款协调会,加强财政、人力资源和社会保障、科技等政府部门与商业银行、担保机构的协调,共同解决小额担保贷款推进过程中的实际问题,鼓励商业银行为创业孵化基地办理小额担保贷款,推动江苏银行镇江分行筹建科技支行。

(陈勇俊)

镇江市主要经济金融统计

(2006—2010 年)　　单位:亿元

项　目	2006 年	2007 年	2008 年	2009 年	2010 年
国内生产总值	1 021.52	1 206.69	1 408.14	1 672.08	1 956.64
第一产业(增加值)	41.54	45.86	51.08	75.92	81.58
第二产业(增加值)	618.63	721.7	843.4	972.21	1 124.52
第三产业(增加值)	361.34	439.12	513.66	623.95	750.54
全社会固定资产投资	478.54	588.02	718.50	1 010.57	1 327.08
地方财政收入	151.26	203.27	233.20	296.35	381.5
地方财政支出	100.09	150.66	172.16	231.27	298.22
社会消费品零售总额	280.07	331.36	410.21	488.5	559.5
居民消费价格指数(以上年为 100)	101.7	104.00	105.00	99.6	103.7

（续表）

项　　目	2006 年	2007 年	2008 年	2009 年	2010 年
进出口总额(亿美元)	47.74	63.05	74.61	60.4	81.54
进　口(亿美元)	21.11	26.18	32.08	25	34.03
出　口(亿美元)	26.63	36.87	42.52	35.4	47.51
全部金融机构各项存款(余额)	949.48	1 041.44	1 285.72	1 814.16	2 242.89
企业存款	288.90	347.99	376.92	591.72	632.87
财政存款	10.82	11.69	5.70	7.77	13.29
城乡储蓄存款	531.57	535.86	693.35	855.39	1 002.51
全部金融机构各项贷款(余额)	711.38	843.18	965.66	1 348.25	1 617.07
短期贷款	385.37	476.78	513.20	665.34	807.33
中长期贷款	224.25	296.45	357.61	547.74	725.68
现金投放(+)回笼(−)	76.09	76	96.16	110.20	141.61
全部保险机构保费收入	21.65	25.94	32.85	40.76	54.04
全部保险机构保险赔款支出(含满期给付)	6.99	6.43	9.25	10.52	9.62
全部保险机构保险密度(元/人)	805.59	965.2	1 216.52	1 455.6	1 930.5
全部保险机构保险深度(%)	2.11	2.14	2.31	2.58	3.42

注：全部金融机构各项存款、贷款余额的七项数据为本外币并表统计数(含外资金融机构)。

8. 泰　州　市

【经济概况】　2010 年，泰州市实现地区生产总值 2 002.58 亿元，增长 13.5%。其中，第一产业增加值 148.45 亿元，增长 4.5%；第二产业增加值 1 125.85 亿元，增长 14.5%；第三产业增加值 728.28 亿元，增长 13.9%。全市完成规模以上工业总产值 4 861.1 亿元，同比增长 31.7%，完成规模以上工业增加值 1 208.11 亿元，同比增长 15.8%。全市规模以上工业实现销售收入、利税、利润分别为 4 685.1 亿元、557.14 亿元和 342.35 亿元，同比分别增长 30.6%、31.3%和 37.6%。完成全社会固定资产投资 1 538.03 亿元，同比增长 31.9%。从产业投向看，第二产业投资增势较强。第二产业完成投资 956.09 亿元，同比增长 46.6%，高于全社会投资 14.7 个百分点，占全社会投资比重为 62.16%。第三产业投资 555.98 亿元，同比增长 12.8%；其中房地产投资 149.73 亿元，同比增长 20.9%。实现财政总收入 456.37 亿元，同比增长 32.7%；其中一般预算收入 170.8 亿元，同比增长 23.2%。全年实现进出口总值 85.85 亿美元，同比增长 47.5%。其中出口总额为 58.77 亿美元，同比增长 39.4%；进口总额 27.08 亿美元，同比增长 68.8%。实际到账注册外资 13.63 亿美元，同比增长 29%；协议利用外资 39.71 亿美元，同比增长 46.3%。全市完成社会消费品零售总额 550.29 亿元，同比增长 19%，增幅位列全省第 2 位。从行业情况看，批发零售贸易业生意兴旺。批发零售贸易业实现零售额 472.72 亿元，同比增长 19.2%，占全市社会消费品零售总额的 85.9%；住宿和餐饮业实现零售额 77.57 亿元，同比增长 18.1%。

【货币政策】　2010 年，中国人民银行泰州中心支行认真贯彻执行货币政策，积极落实"中小企业金融服务年"活动方案，引导全辖金融机构不断优化信贷结构，把握信贷投放节奏，促进了信贷资金的均衡稳定增长，实现了经济金融的协调发展。

加强窗口指导，实现货币政策落实与地方经济发展的有效结合。一是加强政策指导。以经济金融形势分析会等为载体，强化形势分析，根据经济金融发展中的新情况、新形势着力提高货币政策执行的针对性和灵活性。二是出台信贷指导意见，服务地方发展战略。以泰州市政府提出的开放创新"双轮驱动"战略为导向，出台了《关于金融支持泰州市重点产业发展的指导意见》，积极引导金融机构推进地方经济发展方式的转变。三是拓展银企合作平台，丰富银企合作方式。先后牵头召开了泰州市工业重大项目及农业产业化项目推介会等银企对接活动，为企业合作提供了良好的互动平台。在金融支持“双轮驱动”银企对接暨债务融资工作推进会上，各家金融机构共与686户企业对接成功，涉及贷款金额239.07亿元。现场签约涉及信贷融资41.76亿元，银行间市场债务融资26.9亿元。

全面实施“中小企业金融服务年”活动，提高金融支持中小企业发展的深度及广度。加大了对动产质押、存货质押等业务的推动，编发活动简报，积极宣传金融支持中小企业的典型，促进中小企业金融服务的全面提升。为提高金融支持中小企业发展的深度与广度，泰州支行立足本地实际，确定了“中小企业融资培育双千计划”活动目标，即2010年实现全市金融机构新增中小企业授信客户1 000户，重点培育中小企业客户1 000户。

加强民生金融的支持力度，实现社会薄弱环节的突破发展。积极研究市场规律，用好用足各项政策，引导金融机构继续加大对社会薄弱环节的金融支持，实现突破发展。一是创新开展农民经济合作组织“融资通达工程”，实施农村经济合作组织信用采集与评价制度。至12月末，全市农民经济合作组织贷款余额5.04亿元，较年初增加1.33亿元。二是优化小额担保贷款的发放渠道，会同有关部门提请政府将小额担保贷款的担保基金由2 000万元提高到3 000万元，并协调解决了小额担保贷款发放受信贷规模控制的影响问题。三是实施大学生村官创业富民“四位一体”推动模式。出台了《关于实施大学生“村官”创业富民“金种子”融资培育计划的指导意见》，推广“大学生村官创业辅导＋金融知识普及＋信用示范创建＋信贷支持服务”模式，着力解决大学生“村官”创业过程中的资金瓶颈问题。

【金融运行】 截至2010年末，全市金融机构本外币各项存款余额为2 359.79亿元，较年初增加443.5亿元，同比少增54.95亿元，增长23.14％，低于上年同期存款增幅12.01个百分点。2010年，全市信贷投放在2009年历史高位的基础上继续平稳增长。至12月末，全市本外币各项贷款余额1 531.07亿元，较年初增长326.08亿元，增幅为27.06％，贷款增速继续位居全省前列。全年贷款投放主要呈现两大特点：一是工业贷款稳步增长，基础设施建设贷款明显放缓。截至12月末，全市本外币工业贷款余额499.31亿元，较年初增加109.31亿元，占全部新增贷款的29.74％。工业贷款的持续较快增长，为泰州市经济结构调整及产业集群的建设提供了有效的金融支撑。同时，随着2010年信贷结构调整的加速，以政府融资平台为背景的基础设施建设类贷款增速明显下降。至12月末，全市基础设施建设类贷款余额225.98亿元，贷款增幅为12.39％，低于各项贷款增速14.67个百分点。二是中小企业贷款实现强劲增长。2010年是“中小企业金融服务年”，通过有针对性地开展各项活动，切实提高了金融机构的中小企业服务意识，有效提升了中小企业的金融服务水平，实现了中小企业客户群的培育壮大。至12月末，全市中小企业贷款余额808.05亿元，较年初增长207.37亿元。其中，小企业贷款余额422.91亿元，较年初增加140.8亿元，贷款增幅为49.91％，高出全部贷款增幅22.85个百分点。

【金融市场】 至2010年末，泰州市共有证券机构14家，期货公司2家，年内新增证券机构7家。全市股民开户数为230 775户，同比多增3.1万户；股票交易额1 904.4亿元，同比增加176.9亿元，债券交易额7.5亿元，同比增加4.1亿元。年末，辖内共有上市公司6家，其中3家境内上市，3家境外上市，另有两家所属母公司于境外上市，分别为新扬子造船有限公司所属的扬子江船业及格菱动力设备(中国)有限公司所属的格菱控股。2010年，泰州市共有两家企业成功发行企业债，分别为泰州市城市建设投资集团有限公司公司债券和江苏华靖资产经营有限公司市政项目建设债，共募集资金25亿元。

2010年，泰州市保险业快速发展，保费收入同比大幅增长。至年末，泰州市共有保险机构38家，其中人寿保险机构20家，财产险保险机构18家。全年共实现保费收入66.7亿元，同比净增17.49亿元，增长35.54％。其中人寿保险实现保费收入53.62亿元，同比增加14.22亿元；财产险实现保费收入13.08亿元，同比增加3.28亿元。全市累计赔款和给付支出12.43亿元，其中人寿保险期满给付7.36亿元，财产险理赔支出5.07亿元。

【金融改革】 2010年，面对复杂的经济金融形势，泰州市金融业在遵循国家金融改革部署的基础上，树立科学发展观，深入推进“金融三区”建设，以竞争促发展,以创新促提高,努力提高金融机构核心竞争力,积极发挥金融对市场要素的配置功能,金融改革成效显著。

农业银行"三农金融事业部制"改革稳步推进。2010年,农行泰州分行扎实推进三农事业部制改革试点工作,从组织架构、信贷流程、绩效考评、风险管理等机制重造入手,全面提升支行的自主经营、自主管理和自主发展能力,全力推动农行金融服务与经济特色对接。12月,中国农业银行泰州医药城科技支行挂牌,成立了苏中首家科技银行。

中国人民银行成立全国首家金融消费者维权中心。为了维护金融消费者合法权益,中国人民银行泰州市中心支行成立了全国首家金融消费者维权中心,出台了《泰州市人民银行履职领域金融消费者权益保护暂行办法》,规定了银行业机构和金融消费者的权利和义务,明确了金融消费者受到侵害时的救济手段。全力推进金融业的和谐发展,加强金融业与人民群众日常生活的联系。

(周海静)

泰州市主要经济金融统计

(2006—2010年)

单位:亿元

项　目	2006年	2007年	2008年	2009年	2010年
国内生产总值	1 002.5	1 202.2	1 394.2	1 651.02	2 002.58
第一产业(增加值)	95.1	102.4	109	133.70	148.45
第二产业(增加值)	585.6	700.2	808.6	936.56	1 125.58
第三产业(增加值)	321.8	399.6	476.6	580.76	728.28
全社会固定资产投资	532.56	703.97	900.51	1 166.2	1 538.03
地方财政收入	155.41	211.42	262.31	343.84	456.37
地方财政支出	109.96	151.41	183.36	256.15	341.88
社会消费品零售总额	271.33	321.07	395.73	469.89	550.29
居民消费价格指数(以上年为100)	101.3	103.7	104.8	99.7	103.8
进出口总额(亿美元)	28.64	39.56	63.42	58.2	85.85
进　口(亿美元)	6.61	10.00	14.55	16.04	27.08
出　口(亿美元)	22.04	29.57	48.87	42.15	58.77
全部金融机构各项存款(余额)	966.8	1 139.95	1 417.88	1 916.3	2 359.79
企业存款	244.94	320.73	376.66	595.39	611.57
财政存款	10.02	11.47	10.3	13.50	12.74
城乡储蓄存款	594.45	643.56	828.35	1 001.9	1 164.18
全部金融机构各项贷款(余额)	552.73	667.74	803.05	1 204.99	1 531.07
短期贷款	342.27	410.02	475.84	630.79	819.58
中长期贷款	140.23	202.89	244.94	449.7	616.36
现金投放(+)回笼(—)	23.02	28.15	23.95	23.65	
全部保险机构保费收入	26.51	29.27	40.24	49.21	66.7
全部保险机构保险赔款支出(含满期给付)	6.3	7.56	13.01	13.07	12.43
全部保险机构保险密度(元/人)	530.2	584.23	803.19	982.24	1 322
全部保险机构保险深度(%)	2.64	2.43	2.89	2.9	3.33

注:全部金融机构各项存款、贷款余额的七项数据为本外币并表统计数(含外资金融机构)。

（三）浙江省金融概览

【经济概况】 2010年，浙江省地区生产总值为27 227亿元，比上年增长11.8%。其中第一产业增加值1 361亿元，第二产业增加值14 121亿元，第三产业增加值11 745亿元，分别增长3.2%、12.3%和12.1%。三次产业增加值结构由2005年的6.7∶53.4∶39.9调整为2010年的5.0∶51.9∶43.1。

（1）工业经济稳步回升，转型升级步伐加快。2010年，全省实现规模以上工业增加值10 397亿元，同比增长16.2%，增速比上年提高10个百分点，利润同比增长47.3%，企业效益明显改善。全省坚持改造提升传统产业和培育战略性新兴产业并举，积极调整优化产业结构。全省规模以上工业企业装备制造业增加值和高新技术产业增加值同比分别增长22%和18.5%，占规模以上工业比重分别为35%和23%，比上年分别提高1.4和0.5个百分点。产品升级换代速度加快，新产品产值率为19.6%，同比加快1.7个百分点，新产品对规模以上工业产值增长贡献率为25.1%。国家技术创新工程试点省建设全面推进，创新驱动持续增强。2010年，研究与试验发展经费占GDP的比例从上年的1.7%提高到1.8%，全省专利申请量首次突破10万，居全国第三，科技支撑发展作用更加突出。同时，节能减排如期达标，全年单位GDP能耗降为0.72吨标准煤/万元左右，比上年降低3.2%以上。

（2）投资保持平稳增长，消费市场持续活跃。2010年，全社会固定资产投资12 488亿元，比上年增长16.3%，增幅比上年提高1.1个百分点；其中，限额以上投资11 564亿元，比上年增长16.7%，增幅比上年提高0.9个百分点。投资结构继续调整，2010年，制造业投资4 045.7亿元，比上年增长10.7%，增幅比上年提高3.3个百分点。社会消费品零售总额10 163亿元，比上年增长19%，比上年提高3.1个百分点，扣除价格因素，实际增长14.5%，比上年提高1.1个百分点。其中，汽车消费依然较旺，全年零售额达1 808亿元，增长37.2%，拉动全社会消费品零售总额增长5.7个百分点。

（3）对外经济继续向好，外贸结构得到优化。2010年，全省进出口总额2 535亿美元，同比增长35%；其中，出口1 805亿美元，增长35.7%，比上年加快49.5个百分点；进口730亿美元，增长33.4%，比上年加快37.1个百分点。出口增幅比全国高4.4个百分点，居全国六大主要出口省市第二，仅比江苏低0.1%；出口规模创下历史新高，占全国比重从上年的11.1%提高到11.4%，居全国第四。主要出口市场全面恢复，欧盟仍为第一大贸易伙伴。新兴市场出口份额稳步提高，东盟成为第三大出口市场。机电产品、高新技术产品出口比重提高，能源资源类等初级产品进口增加，外贸结构得到优化。

（4）财政收入较快增长，民生支出保障有力。2010年，全省地方财政一般预算收入2 608.5亿元，增长21.7%，增速比上年提高10.9个百分点。营业税、企业所得税和个人所得税增长较快，同比分别增长23.1%、26.8%和21.7%，增值税增长有所加快。地方财政一般预算支出3 208.4亿元，增长20.9%，其中，环境保护、社会保障和就业、医疗卫生、农林水事务支出、科技、教育等民生支出增长较快。

（5）居民收入持续增长，物价上涨压力较大。2010年，全省城镇居民人均可支配收入27 359元，农村居民人均纯收入11 303元，扣除价格因素，分别比上年实际增长7%和8.6%。城镇居民人均可支配收入连续10年居全国第3位、农村居民人均纯收入连续26年列各省区第1位。2010年，浙江省物价总体延续回升态势，尤其是下半年以来价格上涨压力明显增大，主要物价指标持续高位。2010年，全省居民消费价格比上年上涨3.8%，比全国高0.5个百分点。分月度看，居民消费价格震荡攀升，自2月份达到3.1%以后，一直保持高位运行态势，11月份达到5.5%，创下28个月新高，12月份回落至4.9%，已连续11个月突破3%，通胀压力有所加大。2010年，工业品出厂价格和原材料价格分别比上年上涨6.2%和12%。

【金融运行】 2010年，浙江省金融运行总体平稳。全年存款稳定增长，贷款增速逐步回归常态，信贷投放节奏均衡，信贷结构不断优化，利率水平稳步上行，债券融资快速发展。

（1）存款总量持续增长，活期占比明显提高。2010年末，全省金融机构本外币各项存款余额5 4478.1亿元，比年初新增9 369.6亿元，同比少增322.8亿元，余额同比增长20.8%，增速比上年降低6.6个百分点。其中，企业存款余额20 046.6亿元，增长19.4%，增速比上年降低27.4个百分点，全年新增企业存款4 058.7亿元，同比少增1 289.9亿元；储蓄存款余额21 093.6亿元，增长16.1%，增速比上年下降6.7个百分点，全年新增储蓄存款2 923.7亿元，同比少增445.7亿元，占各项存款增量的比例为31.4%，比上年降低3.1个百分点；活期储蓄存款同比增长21.20%，高出全部储蓄存款增速5.11个百分点，存款的活期化趋势明显。

（2）贷款增速合理适度，投放结构不断优化。2010年末，浙江省本外币各项贷款余额46 938.5亿元，比年初新增7 714.1亿元，同比少增1 882.9亿元，余额同比增长19.7%，增速同比降低12.8个百分点。分季度来看，一至四季度，各项贷款增量分别为2 910.5亿元、1 911.7亿元、1 578.5亿元和1 313.4亿元，占比分别为38%、25%、20%和17%，投放节奏把控较好。与此同时，投放结构不断优化。2010年，全省"十一大"转型升级重点产业贷款新增2 231.6亿元，占各项贷款增量的28.9%，同比提高1.6个百分点；制造业贷款新增2 804.8亿元，占各项贷款增量的34.4%，同比提高8.5个百分点；交通运输、仓储和邮政业、批发零售业、租赁和商务服务业继续成为服务业贷款投放重点，全年贷款分别新增259.3亿元、889.4亿元和481.4亿元。

（3）各类利率明显攀升，年底上行有所加快。2010年，受货币政策逐步回归常态影响，各类利率显著上升。一是一般性贷款利率总体回升，利率重心上移。全省人民币一般性贷款全年加权平均利率为6.32%，同比上升40个基点；一至四季度加权平均利率分别为6.15%、6.22%、6.33%和6.60%，同比分别上升19、34、47和61个基点，保持逐季上升态势；二是民间借贷利率维持高位，上升幅度较大。2010年，全省民间借贷加权平均利率达17.96%，同比上升295个基点；一至四季度加权平均利率分别为17.25%、17.23%和17.7%和19.31%，同比分别提高223、293、340和331个基点。三是货币和票据市场利率振荡走高，年底上行较快。12月份，全省同业拆借和质押回购利率分别达2.92%和3.24%，同比分别上升170和200个基点；银票直贴和买断式转贴加权平均利率分别达6.47%和5.09%，同比分别上升378和275个基点。

【金融市场】 2010年，浙江资本市场、保险市场发展势头良好。上市融资总额大幅增长，二级市场交易持续活跃，证券业组织体系不断完善；保费收入增长较快，赔付支出有所下降，保险保障范围不断扩大。

（1）资本市场。筹资总额大幅增长。2010年，浙江企业利用国内资本市场进行融资非常活跃，全年新增境内上市公司45家，比上年多增34家。2010年境内上市公司累计融资718.6亿元，同比增长135.82%，其中首发融资572.2亿元，增发融资140.41亿元，公司债融资6亿元。截至2010年底，全省共有境内上市公司186家，位居全国第二；其中中小板上市公司91家，位居全国第二，占全国中小板上市公司总数的17.14%；创业板上市公司16家，位居全国第三，占全国创业板上市公司总数的10.46%。另外，还有进入辅导期企业102家，已报会待审批企业30家，已过会待发行企业9家，上市后备资源充足。

交易金额稳步增长。2010年，浙江省证券市场与期货市场交易规模实现稳定增长。证券市场方面，2010年，全省证券经营机构代理交易额12.38万亿元，同比增长1.89%。全年共实现手续费收入103.65亿元，利润55.15亿元，同比分别减少23.76%和38%。截至年底，全省证券经营机构托管市值7 787.68亿元，同比增长33.7%，客户结算资金余额951.84亿元，同比减少6.38%。3家法人证券公司代理交易额4.92万亿元，利润总额22.38亿元。期货市场方面，2010年，全省期货经营机构代理交易额43.54万亿元，实现手续费收入20.55亿元，利润6.52亿元，同比分别增长97.91%、28.44%和17.27%。13家期货公司代理交易额50.35万亿元，实现手续费收入20.53亿元，利润6.8亿元。在交易金额稳步增长的同时，投资者队伍不断壮大。截至2010年底，全省证券投资者开户数达583.39万户，同比增长12.34%；期货投资者开户数达17.54万户，同比增长37.03%。

组织体系不断完善。2010年，浙江省证券业组织体系实现新的突破。浙商基金管理公司正式开业运行，财通基金管理公司也顺利筹建。两家基金管理公司的开业和筹建，填补了浙江基金管理公司的空白，可以更好地为居民提供投资理财服务，对健全浙江省的地方金融机构体系，促进地方经济发展具有重大的意义。截至2010年底，全省共有证券公司3家，证券营业部358家（全年新增72家），证券投资咨询机构4家,1家基金公司正式开业,1家筹备。证券经营机构数仅次于广东和上海,位居全国第三。

(2) 保险市场。保险收入增长较快。2010年,全省保险业共实现原保险保费收入834.4亿元,排名全国第6位,和上年持平;同比增长29.3%,增速比上年提高17.3个百分点,高于"十一五"期间的平均水平。保险深度3.1%,同比提高0.3个百分点,保险密度1 612.3元/人,同比增加358.8元/人,保险业对国民经济的渗透率和融合度不断提高。

赔付支出有所下降。截至2010年底,浙江省保险业赔付支出216.1亿元,同比下降1.8%,"十一五"期间首次出现同比下降,主要是由人身险的赔付支出大幅度下降造成的。财产险赔付支出147.5亿元,同比增长11.2%,占总赔付的68.3%;其中机动车辆保险120.6亿元,同比增长15%,占财产险公司赔付的81.7%。人身险公司68.6亿元,同比下降21.6%,占总赔付的31.7%;其中寿险55.2亿元,同比下降26.8%,占人身险公司的80.5%。

保障范围不断扩大。一是政策性农业保险继续推进。2010年共为13.1万户农户提供了189.8亿元的风险保障。全省农房参保率达到98.5%以上,实现了政策性农村住房保险在全省的基本全覆盖。同时,积极推动创业创新保险,全省已开展13个省级、15个市级和40余个县级政保合作项目,全年共有11家保险机构申报了21项创新试点项目。二是补充养老保险稳步发展。大力发展适合浙江居民需要的长期养老保险产品,通过代办或补充等多种方式,构建多层次社会保障体系,截至2010年末,共为60多万人提供了商业养老风险保障。三是健康保险服务范围不断扩大。截至2010年末,共为948.21万人次提供10 663.67亿元健康风险保障,支付补偿金额8.88亿元。建立覆盖全省的医疗责任保险制度,参与医疗机构2 672家,受理各类医疗纠纷1 000余起,赔付3 104万元。四是出口信用保险保障作用显著。2010年中国出口信用保险公司浙江分公司受理浙江省375家出口企业的报损案件共计788宗,合计金额1.76亿美元,比上年增长5 600万美元,增长46.9%。

【金融创新】 2010年浙江省积极进行金融产品与金融服务创新,为中小企业和"三农"拓宽了融资渠道,促进了地方经济的持续发展。其中,首单中小企业集合票据的发行,对地方中小企业的发展产生了非常积极的意义。

2010年浙江省首次发行了中小企业集合票据。该集合票据由步森集团有限公司等8家诸暨企业作为联合发行人,以"统一产品设计、统一券种冠名、统一信用增进、统一发行注册"方式在银行间债券市场一次性集合发行,发行期限为1年,主承销商为浙商银行,总发行金额为6.6亿元,其中优先级集合票据5.94亿元,普通级集合票据0.66亿元。联合资信评估有限公司对本期票据进行了信用评定,其中,优先级集合票据债项信用级别为A-1级,普通级集合票据的债项信用评级为B级。

此次浙江省发行的中小企业集合票据,是全国发行额度最大的中小企业集合票据,也是浙江省继发行全国第一支中小企业信贷支持证券后,在资本市场直接融资方面的又一次创新,标志着浙江省在破解中小企业融资难、拓宽中小企业融资渠道的问题上又迈出了重要的一步,为中小企业规范生产经营、完善内部管理,抓住机遇、加快发展注入了新的发展活力。

(徐 伟)

1. 杭 州 市

【经济概况】 (1) 三大产业稳步增长,结构比例持续优化。2010年,全市实现生产总值(GDP) 5 945.82亿元,按可比价格计算,比上年增长12%,连续20年保持两位数增长。其中:第一产业增加值207.96亿元,增长2.5%;第二产业增加值2 844.47亿元,增长12.5%;第三产业增加值2 893.39亿元,增长12.3%。全市按常住人口计算的人均GDP为68 398元,按户籍人口计算的人均GDP为86 642元,分别增长9.7%和11.4%,按国家公布的2010年平均汇率折算,分别达到10 103美元和12 797美元。"十一五"时期,全市生产总值年均增长12.4%,三次产业结构由2005年的5.0∶50.8∶44.2调整为2010年的3.5∶47.8∶48.7,形成以现代服务业为主导的"三二一"产业结构。

(2) 工业经济继续向好,转型步伐逐步加快。2010年,全市规模以上工业总产值11 258.49亿元,工业销售产值11 114.53亿元,分别增长24.1%和24.2%,双双突破万亿元大关。转型升级、节能减排等各项政策效应逐步显现,推动工业经济发展向创新驱动和内生增长转变。一是工业结构持续优化。装备制造业和高新技术产业拉动作用明显，全市规模以上装备制造业和工业高新技术产业销售产值分别增长26.5%和24.6%，占规模以上工业比重分别为31.3%和25.2%。二是工业结构性节能效果明显。在各项节能减排政策的推动下，高耗能行业生产增速放缓。六大高耗能行业工业销售产值增长21%，低于规模以上工业增幅3.2个百分点。三是创新驱动显著增强。规模以上工业企业新产品产值达2 180.12亿元，增长38.8%，新产品产值率为19.4%，同比提高2.1个百分点，对规模以上工业总产值的增长贡献率为27.9%。

(3) 投资结构良性调整，消费驱动逐渐增强。2010年，全市完成限额以上固定资产投资2 651.88亿元。从结构看，限额以上第三产业投资增长24%，所占比重由上年的72%提高到73.9%；随着地方政府投融资平台的清理和新"36条"的逐步落实，民间投资力量快速激活。限额以上投资中，民间投资增长24.2%，增速快于国有投资6.7个百分点，占限额以上投资的51.7%。2010年，全市社会消费品零售总额2 146.08亿元，增长19.9%。其中，汽车、通讯器材、金银珠宝、服装鞋帽针纺织品等商品零售额分别增长33.8%、66.7%、63.3%和24.6%。随着互联网的进一步普及与应用，网上购物快速增长。2010年杭州市区城镇居民家庭人均网购消费支出为150.4元，比上年增长83.9%。

(4) 对外贸易企稳回升，出口结构得到优化。2010年，全市完成外贸进出口总额523.55亿美元，比上年增长29.5%。其中进口总额170.18亿美元，增长28.6%；出口总额353.37亿美元，增长30.0%。出口总额中，机电产品出口136.6亿美元，增长32.7%；高新技术产品出口44.77亿美元，增长38.9%。按贸易方式分，一般贸易出口277.97亿美元，比上年增长31.4%；加工贸易出口74.58亿美元，增长26.3%。出口国别和地区中，对欧盟出口98.16亿美元，增长27.8%；对日本出口31.47亿美元，增长26.8%；对美国出口71.41亿美元，增长23.7%。

(5) 财政收入稳步提高，民生支出保障有力。全年完成财政总收入1 245.43亿元，比上年增长22.2%，其中地方财政一般预算收入671.34亿元，增长28.9%。在税收收入中，增值税356.92亿元，增长4.2%；营业税221.31亿元，增长25.4%；企业所得税248.08亿元，增长32.8%；个人所得税98亿元，增长22.1%。全年地方财政支出616.58亿元，比上年增长23.8%。其中：教育、科学技术支出134.73亿元，增长24.3%；社会保障和就业支出63.94亿元，增长31.7%；医疗卫生支出41.71亿元，增长28.9%；环境保护支出13.86亿元，增长42.2%；城乡社区事务支出98.29亿元，增长29%。

(6) 居民收入持续改善，物价水平维持高位。2010年，全市城镇居民人均可支配收入突破3万元，达到30 035元，增长11.8%，扣除物价因素，实际增长7.6%。全市农民人均纯收入达到13 186元，增长11.5%，扣除物价因素，实际增长7.3%。随着惠民利民政策力度不断加强，城乡居民生活水平持续改善，群众的民生福利水平逐步提高。2010年，全市居民消费价格同比上涨3.9%，其中12月同比上涨4.7%，自4月来连续9个月超过3%，对城乡居民特别是低收入群体造成了较大影响。全市全年工业品出厂价格和原材料价格分别比上年上涨4.9%和12.1%。

【金融运行】 2010年，全市金融机构认真贯彻适度宽松的货币政策，继续扩大信贷总量，优化调整资金投向，有力地支持了全市经济复苏和产业转型升级，各金融机构总体呈现快速发展的良好态势。

(1) 各项存款平稳增长，企业存款增速回落。2010年末，全市金融机构本外币各项存款余额17 084.35亿元，同比增长19.6%，增速保持平稳态势。全年新增本外币存款2 800.86亿元，同比少增150亿元。

一是企业存款增速持续回落。截至2010年末，全市金融机构本外币企业存款余额为8 110.20亿元，同比增长17.94%；全年新增企业存款1 523.88亿元，同比少增658.67亿元。从走势看，企业存款增速从年初起呈逐月下降趋势，主要原因：一是国内经济逐渐企稳回升，企业投资渠道增多，闲置资金逐步减少；二是受监管部门"实贷实付"要求的影响，派生存款规模有所缩小。

二是储蓄存款保持平稳增长。截至2010年末，全市金融机构本外币储蓄存款余额为4 990.97亿元，同比增长16.42%，全年新增储蓄存款704.01亿元，同比少增106.29亿元。分月看，新增储蓄存款波动剧烈，其中2月、6月、9月和12月分别新增386.60亿元、141.11亿元、275.27亿元和163.40亿元，部分月份则出现负增长，主要原因：一是实际负利率降低储蓄存款吸引力，二是商业银行季末指标考核要求有所提高，突击揽存现象加剧。

三是其他存款增速有所回升。截至2010年末，全市金融机构本外币其他存款余额为3 715.62亿元，同比增长26.18%；全年新增480.98亿元，占全部存款增量的17.2%，同比多增563.23亿元。

(2) 新增贷款均衡投放，结构良性调整。2010年末，全市金融机构本外币各项贷款余额15 078.73亿元，新增1 965.24亿元，比上年同期少增1 081.17亿元；余额同比增长14.99%，增速比上年同期回落15.27个百分点。

从投放节奏来看，贷款投放进度趋于均衡。1—4季度新增贷款分别为802.36亿元、470.19亿元、421.80亿元和271.08亿元，占比分别为40.8%、23.9%、21.5%和13.8%，除去1月冲高达到457.33亿元以外，各月信贷增量基本处于稳定状态，未出现大起大落现象，基本符合调控目标。

从贷款投向来看，结构调整明显。一是对实体经济的支持力度加大。2010年，制造业贷款新增627.60亿元，占全部新增贷款的31.33%，占比高于上年同期24.58个百分点；批发零售业贷款新增266.34亿元，占全部新增贷款的13.30%，高于上年同期13.11个百分点。二是对中小企业的支持力度加大。2010年，全市中型企业新增贷款641.67亿元，小型企业新增贷款482.30亿元，中小企业新增贷款占全部新增企业贷款的比重达到85.99%，占比高于上年全年7.62个百分点。三是新增贷款投向房地产、政府投融资平台等调控项目大幅减少。2010年，全市新增房地产业贷款92.57亿元，同比少增52.35亿元；水利、环境和公共设施管理业贷款余额减少12.19亿元，同比少增577.01亿元。

(3) 经营效益持续改善，信用风险下降。2010年，在信贷总量平稳增长、净息差基本保持不变的情况下，各金融机构大力拓展中间业务，推进业务和产品创新，保持了较好的经营效益。全市金融机构利润总额达到331.0亿元，同比增长40.66%；金融机构利息收入率为87.88%，比年初降低0.81个百分点；中间业务收入率达到12.12%，比年初提高1.78个百分点。2010年，通过严格控制政府投融资平台和房地产开发贷款，金融机构信用风险有所降低，不良贷款余额和比率实现双降。截至2010年末，全市金融机构不良贷款余额134.48亿元，比年初下降12.85亿元，不良贷款率为0.90%，比年初下降0.23%。

【金融市场】 2010年杭州市资本市场、保险市场发展势头良好，上市融资和二级市场交易活跃；保险业保费收入稳步增长，保险保障范围不断拓宽。

2010年，杭州市全年新增上市公司19家，共募集资金258.27亿元。至年末，全市上市公司累计83家，实现上市融资818.6亿元。

2010年，浙商基金管理公司正式在杭州开业运行，财通基金管理公司也顺利筹建。两家基金管理公司的开业和筹建，填补了杭州基金管理公司的空白，可以更好地为居民提供投资理财服务，对健全杭州市的地方金融机构体系，促进地方经济发展具有重大的意义。

2010年杭州市全市保费收入202.94亿元，比上年增长27.1%，其中，财产险保费收入82.11亿元，增长34.7%，人身险保费收入120.83亿元，增长22.4%。共支付各类保险赔款48.98亿元，下降1.8%，其中财产险35.06亿元，增长14.1%，人身险13.92亿元，下降27.3%。

（徐　伟）

杭州市主要经济金融统计

(2006—2010年)　　单位:亿元

项　目	2006年	2007年	2008年	2009年	2010年
国内生产总值	3 441.51	4 100.17	4 781.16	5 098.66	5 945.82
第一产业(增加值)	154.86	163.47	178.64	190.25	207.96
第二产业(增加值)	1 734.58	2 056.93	2 389.38	2 434.89	2 844.47
第三产业(增加值)	1 552.07	1 879.77	2 213.14	2 473.52	2 893.39
全社会固定资产投资	1 460.74	1 684.13	1 961.72	2 291.65	2 753.13

（续表）

项　　目	2006年	2007年	2008年	2009年	2010年
地方财政收入	301.39	391.62	455.35	520.79	671.34
地方财政支出	275.48	335.72	419.67	490.40	616.58
社会消费品零售总额	1 112.37	1 296.31	1 558.38	1 804.93	2 146.08
居民消费价格指数(以上年为100)	101.2	103.5	104.9	98.6	103.9
进出口总额(亿美元)	389.09	434.26	480.65	404.17	523.55
进　口(亿美元)	126.81	134.6	144.51	132.37	170.18
出　口(亿美元)	262.28	299.66	336.14	271.80	353.37
全部金融机构各项存款(余额)	7 855.55	9 310.96	11 333.35	14 284.21	17 084.35
企业存款	3 320.40	4 242.51	4 690.71	6 728.99	7 936.54
财政存款	190.61	386.30	388.44	446.51	470.61
城乡储蓄存款	2 555.24	2 634.83	3 476.59	4 223.58	4 932.87
全部金融机构各项贷款(余额)	6 603.86	8 430.68	10 069.03	13 113.30	15 078.73
短期贷款	3 417.24	4 173.03	4 796.81	5 595.02	6 500.78
中长期贷款	2 604.66	3 664.19	4 413.89	6 227.99	7 609.84
现金投放(＋)回笼(－)	－218.29	－232.54	－196.11	－167.50	－135.42
全部保险机构保费收入	83.97	104.11	146.21	159.69	202.94
全部保险机构保险赔款支出(含满期给付)	22.06	41.14	47.79	49.90	48.98
全部保险机构保险密度(元/人)	1 266	1 556	2 167	2 375	2 417
全部保险机构保险深度(%)	2.44	2.54	3.06	3.13	3.41

注：全部金融机构各项存款、贷款余额的七项数据为本外币并表统计数(含外资金融机构)。

2. 宁　波　市

【经济概况】 2010年宁波市实现地区生产总值5 125.8亿元，按可比价格计算，同比增长12.4%，增幅同比提高3.80个百分点。其中，第一产业实现增加值218.4亿元，第二产业实现增加值2 848.2亿元，第三产业实现增加值2 059.2亿元。

工业生产增速加快。2010年全市实现工业总产值13 171.2亿元，同比增长32.5%，增速同比提高34.1个百分点。规模以上工业产值突破万亿元大关，全年累计实现总产值10 867.5亿元，增长35.4%。

固定投资增速减缓。2010年完成全社会固定资产投资2 206.5亿元，同比增长10.1%，增幅低于上年同期5.9个百分点。其中，全市完成房地产开发投资557.3亿元，同比增长48.8%，增速同比提高27.1个百分点。

港口生产形势良好。2010年宁波港实现货物吞吐量4.1亿吨，同比增长7.4%，增速同比提高1.3个百分点；完成集装箱吞吐量1 300.4万标箱，同比增长24.8%，增速同比提高28.7个百分点。

销售规模快速增长。2010年实现商品销售总额7 506.6亿元，同比增长32.2%。完成社会消费品零售总额1 704.5亿元，增长19.2%。

外贸总量创新高。2010年实现口岸进出口总额1 613.4亿美元，同比增长38.0%。实现外贸自营进出口总额829.0亿美元，增长36.3%，其中出口519.7亿美元，增长34.5%；进口309.3亿美元，增长39.6%。

财政收入稳步提高。2010年实现一般预算收入1 171.7亿元，同比增长21.3%，其中地方财政收入530.9亿元，增长22.7%。营业税154.0亿元，增值税91.3亿元，企业所得税80.6亿元，个人所得税34.4亿元，分别增长18.7%、16.4%、35.9%、28.8%。财政一般预算支出600.7亿元，增长18.7%。

城乡居民收入持续增长。2010年宁波市区居民人均可支配收入30 166元，较上年同期增长10.2%。扣除同期价格指数实际增长6.3%。2010年全市农村居民人均纯收入达到14 261元，比上年增收1 620元，增长12.8%。城乡居民收入比由上年的2.165∶1缩小为2.115∶1。

价格指数温和上升。2010年市区居民消费价格指数为103.7，原材料、燃料、动力购进价格指数为113.1，工业品出厂价格指数为108.9。市区房屋销售价格指数全年平均为105.7，其中新建住宅销售价格指数109.2。

【金融运行】 2010年，全市金融运行总体平稳，金融总量保持良好发展势头，有效地促进了区域经济的稳定增长。

存款平稳增长。2010年末，全市金融机构本外币存款余额9 755.52亿元，同比增长18.37%，增幅比上年同期下降11.34个百分点；比年初新增1 514.29亿元，同比少增372.24亿元。从存款结构看，三项存款增势分化明显，企业存款明显少增，储蓄存款低位波动，其他存款快速增长。2010年末，全市企业存款余额3 410.43亿元，比年初新增509.96亿元，同比少增316.45亿元；同比增长13.52%，增幅比上年同期下降24.70个百分点。全市储蓄存款余额3 312.17亿元，同比增长14.14%，增幅比上年同期下降6.95个百分点；比年初新增409.91亿元，同比少增94.78亿元。全市其他存款余额2 973.03亿元，同比增长29.75%，增速比上年同期下降1.93个百分点；比年初增加578.44亿元，同比多增23.34亿元。

信贷均衡投放。2010年末，全市金融机构本外币贷款余额9 414.20亿元，增长22.01%，增速比上年同期下降10.69个百分点；比年初新增1 698.28亿元，同比少增202.05亿元。从投放节奏看，信贷投放相对均衡。从期限结构看，短期贷款余额4 811.29亿元，比年初增加800.69亿元，同比多增41.88亿元；比上年同期增长20.48%，增速比上年同期回落2.66个百分点。中长期贷款余额4 150.68亿元，比年初新增962.44亿元，同比少增48.97亿元；比上年同期增长29.49%，同比下降17.23个百分点。票据融资余额168.74亿元，比年初减少163.54亿元，同比少增190.79亿元，余额同比减少29.91%。从投向结构看，大、中、小型企业贷款余额分别为1 416.19亿元、2 405.02亿元、2 586.86亿元，比年初分别新增237.14亿元、385.84亿元、544.75亿元，小型企业贷款新增占比较上季提高4.91个百分点。制造业新增贷款603.58亿元，同比多增285.89亿元，占全部新增贷款的32.46%，租赁和商务服务业新增255.89亿元，同比多增20.77亿元，占全部新增贷款的13.76%，批发零售业新增220.55亿元，同比多增79.95亿元，占全部新增贷款的11.86%。

国际收支创新高。2010年，宁波市国际收支总规模1 066.90亿美元，突破千亿美元大关，同比增长42.1%；收支顺差352.2亿美元，增长53.5%。在国际收支规模快速增长的拉动下，银行结售汇总规模明显增长。全年宁波市银行结售汇总规模681.0亿美元，同比增长37.8%；结售汇顺差303.7亿美元，增长39.7%。

贷款质量保持良好。按五级分类口径统计，2010年末，全市银行业金融机构本外币不良贷款余额86.86亿元，比年初减少12.38亿元，不良贷款率为0.92%，比年初下降0.36个百分点，全市贷款质量总体保持良好水平。

【货币政策】 2010年，中国人民银行宁波市中心支行畅通货币信贷政策传导渠道，提升货币政策执行力。认真贯彻货币信贷政策，因地制宜，出台多项信贷指导意见，内容涉及金融支持产业转型、支持"农房两改"等，其中联合宁波市农办召开金融支持"农房两改"工作推进会，现场授信33.4亿元。完善信贷增长监测，关注并分析信贷季度增长、行际差异和时序波动，对法人机构和分支机构实施分类指导，引导信贷总量适度增长、均衡把握投放节奏，一至四季度全市新增信贷分别为562.61亿元、391.50亿元、308.01亿元和436.16亿元，同时月末、季末冲时点现象得到明显改善。积极办理再贷款、再贴现业务，累计办理再贴现业务1 661笔，金额11.62亿元，受惠中小企业达250余家；办理全市首笔300万元电子商业汇票再贴现业务；积极探索面向新型农村金融机构支农再贷款工具的运用和管理。年末支农再贷款余额5.21亿元，同比增长0.5亿元。与宁波市发改委等联合印发《2010年宁波市重点工程建设项目》，定期评估重点领域资金支持情况，保障重点项目资金需求。督促金融机构严格执行差别化房地产信贷政策，重点加强房地产开发贷款、土地储备贷款、个人住房贷款等政策的执行。拓宽外经贸网上融资平台功能，试运行出口退税账户托管贷款子系统，累计为68项融资需求提供贷款11.48亿元。开展各类中小企业银企洽谈对接活动60余次，1 000余家企业达成约450亿元融资意向。

【金融创新】 拓宽企业和农村抵押担保范围。2010年全年累计发放应收账款质押贷款78.87亿元、股权质押贷款26.14亿元、海域使用权抵押贷款3.13亿元、农房抵押贷款4.8亿元、商标权质押贷款2.92亿元、小额保证保险贷款5.02亿元、专利权质押贷款1 000万元、林权抵押贷款90万元。

继续推进金融IC卡多应用试点工作。组织制定了《宁波市金融IC卡多应用管理办法》、《宁波市金融IC卡银行业务投诉处理暂行办法》、《宁波市金融IC卡专项统计制度》、《宁波市金融IC卡公共服务领域应用联网通用建设公约》、《宁波市银行卡小商户机具费用补偿办法》等规范性文件，实现了公交车、交通违章罚款、医疗服务、停车场、加油站、便利店、公用事业缴费、手机移动支付等领域的应用。截至2010年末，全市共有7家商业银行发行了64.6万张金融IC卡，签约商户9345家，改造POS机具24 814台。

【金融市场】 同业拆借市场持续增长。2010年全辖同业拆借交易量累计2 363.83亿元，比上年同期大幅增长252.13%；其中拆入资金1 822.03亿元，拆出资金541.8亿元，全年净拆入1 280.23亿元，资金总体呈流入走向。

银行间债券市场交易活跃。2010年现券交易累计1.92万亿元、回购累计1.29万亿元。债券交易主要集中于短期品种，其中隔夜品种成交最为活跃。债券回购呈正融入格局，全年净融入5 997.5亿元。

证券市场保持平稳。2010年，宁波市辖区57家证券营业部累计证券成交总额18 417.27亿元，同比增长0.13%，与上年相比上升了0.07个百分点。共实现营业收入19.26亿元，利润总额10.62亿元。全市20家期货经营机构，实现期货代理交易额39 372亿元，同比增长91%；手续费净收入17 572万元，同比增长19%；利润总额6 135万元，同比增长15%；期货投资者累计开户数为13 863户，同比增长30%，其中机构投资者713户，同比增长49%。2010年末，宁波市证券投资者股票账户数为82.01万户，同比增长10.73%；托管市值1 339.61亿元，同比增长40.31%。全市证券客户交易结算资金余额为153.90亿元，同比减少8.14%。年内新增证券分公司2家，证券营业部7家，期货营业部6家，累计2家证券分公司，57家证券营业部，1家证券投资咨询公司，1家期货公司，19家期货营业部。

保险业务较快发展。全年宁波市共实现保费收入144.06亿元，同比增长34.08%。其中财产险保费收入66.20亿元，同比增长29.6%；人身险保费收入77.86亿元，同比增长38.13%。保险公司赔款与给付累计支出38.14亿元，同比增长5.10%。其中财产险赔付支出27.45亿元，增长7.89%；人身险赔款与给付支出10.69亿元，减少1.45%。全市政策性农险试点险种扩大到17个，累计向全市19.6万个龙头企业和农户提供约53.3亿元的风险保障，向近1.4万个农业龙头企业和农户支付9 158万元的赔款。

【金融稳定】 国际货币基金组织/世界银行访问团在宁波开展7场金融部门评估规划（FSAP）会谈，初步了解FSAP的评估方法和工作方式，增强对金融稳定业务的探索能力。召开第十一次“一行三局”联席会议，各有关部门就金融稳定有关事项进行了研究和磋商。建立重点企业大宗商品进口监测机制，对选取的120家企业的10大类信息进行监测分析，为贸易收结汇形势判断及发现异常线索提供支持。加强跨境资金监测，重点对异常资金通过服务贸易和个人分拆结、购汇流出入案、擅自改变外汇资本金收结汇用途等开展检查。2010年全辖共立案查处外汇违法案件140起、涉案金额12 882.79万美元，处罚金额1 228.96万元人民币。稳步推进信用体系建设，全年新增采集中小企业信用档案1 667户，更新未贷款中小企业21 714户，全市贷款农户占已建立信用档案的农户比例为50.51%。加大可疑交易线索的监测、跟踪和分析力度，向公安机关移送涉嫌恐怖融资、经济犯罪可疑交易线索3起，协助公安机关破获全市首例涉嫌洗钱案、特大非法吸收公众存款案、网络赌博案等6起；向工商管理部门移送涉嫌抽逃注册资本可疑交易线索405起，涉及金额10.02亿元、代理机构（或人员）80余家。

（陈　科）

宁波市主要经济金融统计

（2006—2010 年）

项　　目	2006 年	2007 年	2008 年	2009 年	2010 年
国内生产总值	2 864.50	3 433.08	3 964.10	4 214.60	5 125.80
第一产业(增加值)	139.50	153.64	167.40	183.80	218.40
第二产业(增加值)	1 575.90	1 888.68	2 196.70	2 247.80	2 848.20
第三产业(增加值)	1 149.10	1 390.76	1 600.00	1 783.00	2 059.20
全社会固定资产投资	1 543.00	1 597.90	1 728.20	2 004.20	2 206.50
地方财政收入	257.40	329.10	390.40	432.80	530.90
地方财政支出	292.70	371.00	439.40	506.10	600.70
社会消费品零售总额	882.50	1 035.46	1 238.00	1 434.40	1 704.50
居民消费价格指数(以上年为 100)	101.90	103.90	105.00	99.40	103.70
进出口总额(亿美元)	422.10	565.00	678.40	608.10	829.00
进口(亿美元)	134.40	182.40	215.10	221.60	309.30
出口(亿美元)	287.70	382.60	463.30	386.50	519.70
全部金融机构各项存款(余额)	4 700.50	5 308.98	6 353.60	8 083.94	9 755.52
企业存款	1 748.87	2 033.70	2 173.39	2 899.05	3 410.43
财政存款	39.71	45.39	59.62	155.79	208.23
城乡储蓄存款	1 792.52	1 856.20	2 396.31	2 869.56	3 312.17
全部金融机构各项贷款(余额)	3 910.00	4 961.89	5 820.80	7 424.87	9 414.20
短期贷款	2 291.48	2 893.10	3 242.92	3 893.50	4 811.29
中长期贷款	1 356.66	1 816.30	2 184.77	3 176.14	4 150.68
现金投放(＋)回笼(－)	188.20	220.05	252.35	256.77	319.17
全部金融机构保费收入	59.14	72.22	87.14	107.40	144.10
全部保险机构保险赔款支出(含满期给付)	20.20	26.28	37.90	36.30	38.10
全部保险机构保险密度(元/人)	1 055	1 279	1 534	1 881	2 003.60
全部保险机构保险深度(%)	2.06	2.10	2.20	2.54	2.81

注：全部金融机构各项存款、贷款余额的七项数据为本外币并表统计数(含外资金融机构)。

3. 嘉　兴　市

【经济概况】 2010 年，嘉兴市实现生产总值 2 296.0 亿元，增长 13.7%。

(1) 工业生产及效益快速增长。2010 年，全市规模以上工业总产值 5 137.5 亿元，同比增长 39.8%，比上年同期加快 36.1 个百分点。其中通用设备、交通运输设备、电气机械及器材、电子及通信设备等先进制造业同比分别增长 50.0%、66.1%、73.3%和 68.5%，均高于平均增速。全市规模以上工业企业实现利润 311.1 亿元，同比增长 61.5%。

(2) 对外贸易及外资快速回升。2010 年，全市进出口总额 228.2 亿美元，同比增长 32.6%。其中，出口 160.4 亿美元，同比增长 30.0%。全市合同利用外资 32.1 亿美元，同比增长 22.2%；实际利用外资 16.1 亿美元，同比增长 20.6%。

(3) 国内投资与消费较快增长。2010 年，全市限额以上投资完成 1 362.5 亿元，同比增长 21.3%。其中，民间投资 748.5 亿元，增长 27.7%；房地产开发投资 270.7 亿元，增长 44.6%。全市实现社会消费品零售总额 799.4 亿元，同比增长 18.9%，比上年同期加快 3.1 个百分点；市区居民消费价格同比上涨 4.0%。

(4) 财政及居民收入较快提高。2010 年，全市财政一般预算总收入 334.3 亿元，同比增长 19.7%，比上年同期加快 8.9 个百分点。其中地方收入 176.83 亿元，增长 24.8%，比上年同期加快 13.1 个百分点。

全市城镇居民人均可支配收入 27 487 元，同比增长 11.3%；农村居民人均现金纯收入 14 365 元，同比增长 13.2%。

【货币政策】 2010 年，中国人民银行嘉兴市中心支行引导金融机构保持信贷总量合理适度增长，引导辖内金融机构均衡把握贷款投放节奏，充分重视月度间、季度间贷款的平稳投放，减缓贷款波动。搭建银政企合作平台，共开展银企对接活动 4 次，签约项目 487 个，授信金额 334 亿元。认真做好存款准备金率调整的相关工作，及时上报准备金率调整有关情况。做好利率监测按月执行的各项工作，进一步完善辖内民间借贷利率监测体系。积极推进跨境贸易人民币结算试点工作。2010 年，全市累计发生跨境贸易人民币结算业务 98 笔，累计金额 14.3 亿元。

【金融运行】 2010 年，在经济回升向好及适度宽松货币政策背景下，全市金融业实现较快发展，金融总量不断扩大，信贷适度均衡增长，结构不断优化。

(1) 存贷业务稳步扩大。2010 年末，全市本外币各项存款余额 3 590.8 亿元，比年初增加 686.8 亿元，同比多增 10.4 亿元，余额同比增长 23.6%，增幅比上年同期回落 6.8 个百分点。本外币各项贷款余额 2 753.6 亿元，比年初增加 475.0 亿元，同比少增 135.3 亿元，余额同比增长 20.8%，比上年同期回落 15.8 个百分点。

(2) 国际业务快速回升。2010 年，全市国际收支总计 271.3 亿美元，同比增长 47.5%。其中，收入 194.0 亿美元，增长 50.7%；支出 77.3 亿美元，增长 40.2%；收支差额 116.6 亿美元，增长 58.5%。全市金融机构国际结算总计 335.2 亿美元，同比增长 55.3%。其中，收入结算 215.5 亿美元，增长 49.2%；支出结算 119.7 亿美元，增长 67.8%。

(3) 现金业务较快增长。2010 年，全市金融机构累计现金收入 5 959.5 亿元，同比增长 18.5%；累计现金支出 6 010.3 亿元，同比增长 18.3%；收支轧抵累计净投放现金 50.8 亿元，与上年同期基本持平。2010 年，全市国内支付结算金额 74 370.4 亿元，同比增长 31.3%。

【金融市场】 2010 年末，嘉兴市证券账户数 38.8 万户，比年初增加 3.8 万户；证券保证金余额 58.6 亿元，与年初基本持平；全年累计证券交易额 5 610.8 亿元，同比增长 10.2%。2010 年，嘉兴市累计保费收入 59.3 亿元，同比增长 25.4%。其中财产险 20.1 亿元，增长 33.5%；人寿险 39.2 亿元，增长 21.7%。累计赔款和给付支出 13.0 亿元，同比下降 17.6%。

【金融创新】 2010 年，嘉兴市为拓展小企业融资渠道，先后发行了 5 期小企业集合信托债权基金，总发行量 2.07 亿元，68 家小企业获得信托贷款。在市区建立了 8 亿元的扶持中小企业专项信用贷款资金，极大地调动了协作银行对中小企业放贷的积极性。

【金融合作】 2010 年，中国人民银行嘉兴市中心支行承办第三届“长三角地区信用评级一体化”联合专家评审会暨研讨会，积极推动长三角征信一体化建设。与市合作交流办联合召开长三角合作专题组、杭州都市经济圈专业委员会、浙东经济合作区专业组嘉兴市成员单位联席会议。

（郑　飞）

嘉兴市主要经济金融统计

（2006—2010 年）

单位：亿元

项　目	2006 年	2007 年	2008 年	2009 年	2010 年
国内生产总值	1 343.10	1 585.18	1 815.30	1 917.96	2 296.00
第一产业(增加值)	86.47	100.22	105.52	107.01	126.30
第二产业(增加值)	806.21	947.26	1 085.29	1 111.74	1 342.12
第三产业(增加值)	450.42	537.70	624.49	699.21	827.58
全社会固定资产投资	800.21	900.01	1 006.70	1 233.34	1 518.60
地方财政收入	81.55	105.24	126.87	141.70	176.83

（续表）

项　　目	2006年	2007年	2008年	2009年	2010年
地方财政支出	86.35	107.42	135.92	161.11	199.06
社会消费品零售总额	429.72	501.22	599.61	694.30	799.40
居民消费价格指数(以上年为100)	101.2	106.0	105.2	99.1	104.00
进出口总额(亿美元)	126.54	160.62	198.33	172.04	228.20
进　口(亿美元)	34.78	43.88	57.29	48.63	67.79
出　口(亿美元)	91.76	116.74	141.04	123.41	160.41
全部金融机构各项存款(余额)	1 629.85	1 834.44	2 227.82	2 904.21	3 590.82
企业存款	489.80	595.00	628.04	955.10	1 151.16
财政存款	17.37	23.07	21.78	30.06	54.06
城乡储蓄存款	863.66	916.62	1 155.38	1 376.76	1 621.29
全部金融机构各项贷款(余额)	1 188.64	1 410.03	1 668.42	2 278.65	2 753.64
短期贷款	657.26	803.08	905.00	1 156.87	1 390.05
中长期贷款	489.98	573.19	668.74	1 029.32	1 252.27
现金净投放(+)回笼(−)	114.83	106.30	71.90	50.89	50.85
全部保险机构保费收入	30.75	35.64	42.88	47.25	59.27
全部保险机构保险赔款支出(含满期给付)	9.91	20.11	16.69	15.82	13.04
全部保险机构保险密度(元/人)	916.41	1 060.71	1 273.12	1 397.93	1 764.13
全部保险机构保险深度(%)	2.29	2.29	2.36	2.46	2.58

注:全部金融机构各项存款、贷款余额的七项数据(不含财政存款)为本外币并表统计数(含外资金融机构)。

4. 湖　州　市

【经济概况】 2010年,全市实现地区生产总值(GDP)1 301.73亿元,按可比价格计算,比上年增长12.1%。分产业看,第一产业增加值104.22亿元,增长4%;第二产业增加值715.01亿元,增长11.6%,其中工业增加值637.57亿元,增长11.8%;第三产业增加值482.50亿元,增长14.5%。三次产业比例为8.0∶54.9∶37.1。按户籍人口计算的人均GDP为50 149元,增长11.8%,折合7 715.23美元;按常住人口计算的人均GDP为45 323元,增长10.9%,折合6 972.77美元。全年实现农林牧渔业总产值176.32亿元,比上年增长3.8%。规模以上工业总产值2 666.53亿元,比上年增长21.31%,规模以上工业实现主营业务收入2 672.05亿元,比上年增长27.36%,利税231.38亿元,其中利润144.14亿元,分别增长32.23%和37.09%。全社会固定资产投资719.98亿元,比上年增长13.2%,限额以上固定资产投资项目2 387个,完成投资额672.85亿元,增长18.5%,房地产开发投资143.13亿元,增长28.6%。全市外贸进出口总额69.28亿美元,比上年增长43.3%。其中,出口58.61亿美元,增长43.8%;进口10.67亿美元,增长40.9%。全年新批准及增减资利用外资项目302个,其中新批外商投资企业170家,批准增资项目91个。外资合同20.37亿美元。接待国内外旅游人数2 888.85万人次,比上年增长22.9%。财政总收入172.35亿元,其中地方财政收入97.27亿元,分别比上年增长17.5%和21.6%。财政总收入占GDP的比重为13.2%。社会消费品零售总额516.09亿元,比上年增长18.3%,居民消费价格总水平比上年上升4%。

【货币政策】 切实贯彻货币政策，畅通政策传导机制。灵活运用货币政策工具，扩大再贴现运用至国有、股份制银行。在全省较早开展商业票据再贴现试点，突破了传统银行票据贴现的单一模式。全面实施推动工业转型升级、推动新农村建设、支持中小企业、支持社会民生的"双推双支"专项行动。先后出台了《湖州市金融支持六大特色产业转型升级指导意见》、《湖州市农村合作金融机构农村土地承包经营权抵押贷款管理意见》、《湖州市中小企业信贷政策执行效果评估暂行办法》、《关于鼓励和扶持大学生"村官"在农村自主创业的实施意见》等一系列指导意见和实施办法。完善与地方政府部门的协调机制，促进货币政策与地方发展规划、财政政策、产业政策及外贸政策的高效对接。稳步有序推进跨境贸易人民币结算试点工作。

【金融运行】 年末全市本外币各项存款余额1 805.61亿元，比年初增加407.95亿元，同比多增28亿元，同比增长29.19%，增速低于上年同期8个百分点，高于全省平均增速8.53个百分点，列全省第1位。全市本外币贷款余额1 461.32亿元，比年初增加310.4亿元，同比少增48.49亿元，同比增长26.99%，增速低于上年同期19.4个百分点，高于全省平均增速7.45个百分点，列全省第1位。全市金融机构不良贷款余额4.98亿元，比年初减少2.89亿元；不良贷款率0.34%，比年初下降0.34个百分点。

【金融市场】 全年实现证券交易额2 658.19亿元，同比增长4.9%。全市新增尤夫股份、金洲管道和超威动力3家上市公司，融资总额18.4亿元。年末全市已拥有境外挂牌企业3家，境内上市企业9家。成功引进浙商银行、杭州联合银行等2家异地股份制银行。新成立安吉交银村镇银行1家。新增小额贷款公司3家。全市保险公司全年保费收入41.43亿元，同比增长31.74%。其中，产险保费收入14.62亿元，增长32.75%；寿险保费收入26.81亿元。增长31.19%。各类保险理赔支出6.35亿元，同比下降0.1%。其中，产险理赔支出5.86亿元，增长3.98%；寿险理赔支出0.49亿元，下降32.17%。

【金融稳定】 加快金融改革步伐，推动金融市场体系不断完善。推动农发行、农村合作金融机构、邮储银行等机构加快转型，支持地方法人银行实现跨区域经营发展和股份制银行的引入，大力推动小额贷款公司等新型机构的扩点扩面，开展农村资金互助合作社试点。加强流动性风险管理，建立金融机构"经常性日间透支约见谈话制度"，在实践中成功实现预警管理目标。强化风险监测。探索保险证券监测机制，建立证券托管账户与银行账户月末资金进出监测制度。加强房地产金融监测，建立房地产金融联席会议制度，出台《湖州市商品房预售资金监管实施细则》。健全监测协作机制。依托金融稳定工作联席会议制度，建立与地方发改委、财政部门和其他金融监管部门间的工作协调和信息共享机制。

【金融服务】 农村支付环境得到明显改进，实现本票、三省一市汇票到乡镇、ATM机在全市乡镇的100%全覆盖。推动银行卡产业发展取得实施，实现ATM、POS机具在辖内大型专业市场、二级乙等以上医院的全覆盖，并实现辖内ATM机外卡受理功能。建立银行网点人民币收付业务公示制度，实现金融机构特殊、残缺、污损人民币鉴定程序全公开。国库直接支付业务范围进一步拓展，涉及购房补助、家电下乡补助、农业专项补助和中小企业项目补助等12个项目。

【外汇管理】 加强外汇均衡管理，支持外向经济发展。制定《关于外汇管理支持湖州涉外经济发展有关措施的通知》，推出十项方便贸易和投资的举措。在全省率先开展集团公司委托贷款框架下外币资金池业务试点，有效降低企业在人民币汇率升值下的财务成本。开展跨境资本运作，通过专题辅导等措施，帮助企业实现境外上市融资。年内，辖内5家企业通过设立特殊目的公司实现境外上市。发挥主体监测先行试点的优势，配合开展主体监管非现场监测指标体系建设。加大外汇管理监督查处力度，保持对"银行、企业、个人"的检查力度和频度。

【征信管理】 提升征信系统运用效能，在深化个人和企业两大征信系统建设的基础上，督促金融机构提升数据质量。改进小额贷款公司、担保机构及股指期货投资者信用报告的查询服务。推动农村信用体系建设，建立"农民专业合作社信用评价机制"、"村级信用小组"平台等与政府共建农村信用评定机制。截至12月末，全市金融机构因发现不良记录累计拒绝个人贷款4 434笔，金额6.50亿元，系统防范信贷风险功能日益增强。

（孙　巍）

湖州市主要经济金融统计

(2006—2010 年)　　单位:亿元

项　目	2006 年	2007 年	2008 年	2009 年	2010 年
国内生产总值	760.89	895.94	1 034.89	1 111.50	1 301.73
第一产业(增加值)	65.12	73.29	82.63	89.74	104.22
第二产业(增加值)	435.31	510.74	593.56	617.76	715.01
第三产业(增加值)	260.46	311.91	358.70	404.00	482.50
全社会固定资产投资	479.62	458.32	525.24	637.84	719.98
地方财政收入	49.79	61.68	71.61	80.01	97.27
地方财政支出	55.93	68.82	86.42	108.51	127.12
社会消费品零售总额	273.80	319.25	382.11	442.57	516.09
居民消费价格指数(以上年为 100)	100.00	104.00	105.10	99.20	104.00
进出口总额(亿美元)	30.10	42.65	55.88	48.33	69.28
进　口(亿美元)	3.42	5.89	6.87	7.57	10.67
出　口(亿美元)	26.68	36.76	49.01	40.76	58.61
全部金融机构各项存款(余额)	717.10	811.45	1 013.73	1 397.68	1 805.61
企业存款	185.86	234.64	274.33	444.04	558.92
财政存款	11.35	12.31	7.13	9.76	14.11
城乡储蓄存款	392.00	417.31	542.18	688.32	821.68
全部金融机构各项贷款(余额)	559.06	674.11	786.04	1 150.71	1 461.32
短期贷款	319.96	398.57	449.54	624.98	812.49
中长期贷款	219.67	256.41	316.41	477.41	600.84
现金投放(+)回笼(-)	28.44	33.94	38.49	38.77	
全部保险机构保费收入	17.65	20.08	29.33	31.45	41.43
全部保险机构保险赔款支出(含满期给付)	4.01	4.35	9.17	6.35	6.35
全部保险机构保险密度(元/人)	682.17	717.08	1 135.01	1 209.62	1 442.50
全部保险机构保险深度(%)	2.31	2.24	2.84	2.83	3.18

注:全部金融机构各项存款、贷款余额的七项数据为本外币并表统计数(含外资金融机构)。

5. 绍　兴　市

【经济概况】 2010 年,绍兴市实现 GDP 2 783 亿元,增长 11.0%,比上年度高出 1.7 个百分点。人均 GDP 达 9 378 美元。全社会固定资产投资 1 254 亿元,增长 18.8%,比上年加快 3.6 个百分点。其中,基础设施投资 201 亿元,增长 16.3%;工业性投资 673 亿元,增长 14.8%;房地产开发投资 298 亿元,增长 41.5%。全市外贸进出口总额 270 亿美元,同比增长 31.8%。其中,全年累计自营出口 211 亿美元,同比增长 33.8%;全年累计进口 59 亿美元,同比增长 25.3%。全市累计实现社会消费品零售总额 853 亿元,增长 19.1%。商品房销售面积和销售额增速分别达 27.6%和 52.3%。城镇居民人均可支配收入和农村居民人均现金收入分别为 30 164 元、13 651 元,增长 12.2%和 13.5%。全市 5 644 家规模以上工业企业实现利润 398 亿元,增长 39.7%。地方财政收入 193 亿元,增长 20.4%;财政支出 222 亿元,增长 31.0%。12 月,市区 CPI 同比上升 3.4%,全年累计同比上升 4.0%;PPI 和原材料燃料动力购进价格指数累计同比分别上升 9.18%和 11.78%。

【货币政策】 一是贯彻各项货币信贷政策。在全辖中国人民银行系统开展“支持中小企业、‘三农’发展，推进金融改革、促进金融稳定业务竞赛”和“利率管理、跨境贸易人民币结算和金融稳定业务”知识竞赛，提升全辖货币信贷系统履职能力。二是推动地方经济平稳发展。举办“全市工业与金融对接会”。出台《全市重点行业分析制度》，组织金融机构对纺织化纤等14个行业开展持续性分析。开展创新金融产品推广应用工作，全市林权抵押贷款余额达0.18亿元，商标专用权质押贷款余额达1.14亿元，排污权抵押贷款余额2.74亿元，以诸暨草塔镇为试点，推出农房抵押贷款。支持8家中小企业成功发行6.6亿元的集合票据，富润集团、盾安环境、轻纺城市场开发公司等企业成功发行短期融资券9亿元。三是支持信贷薄弱环节发展。在全市农信系统中开展“农信社改革7周年总结暨支农推进活动”，对16家融资困难的农业企业的信贷需求进行协调。继续加强农信社改革监测考核，开展农信社改革情况评价研究。联合经贸、发改、财政、银监等部门开展小企业贷款风险补偿工作。四是完善金融市场管理工作。推动跨境贸易人民币结算试点，全市共发生跨境贸易人民结算业务199笔，金额15.9亿元。扩大民间借贷利率监测范围至典当行、小额贷款公司、寄售寄卖行、担保公司。对部分地方性金融机构准备金余额不足进行事实调查及处理，对房地产信贷、财政资金缴存和商业承兑汇票贸易真实性背景等业务进行检查。

【金融运行】 金融方面，全市金融机构存款增长趋缓，贷款增速回归常态，利率走升。主要特点如下：

存款总量增加，增速趋缓。12月末，全市金融机构本外币存款余额4 948亿元，比年初新增809亿元，同比少增67亿元；余额同比增长19.5%，比年初回落7.3个百分点。存款余额和增量均列全省第4位。企业存款高位回落，新增444.9亿元，同比少增156.4亿元；余额同比增长28.0%，比年初回落45.6个百分点。全年储蓄新增239亿元，同比少增52亿元；同比增长14.0%，比年初回落6.6个百分点。保证金由负转正，新增22.8亿元。增量存贷比为78.8%，余额存贷比达79.5%。

贷款增速回归常态，投向与节奏基本合理。12月末，全市金融机构本外币贷款余额3 934.3亿元，比年初新增637.3亿元，同比少增168.6亿元，余额同比增长19.3%，连续3个月保持在20%以内，比2009年11月33.9%高点回落14.6个百分点，贷款高增长势头得到控制。1—4季度投放量分别占全年的36.0%、27.1%、21.6%和15.3%，第一个季度比上年少投放，后三个季度分别呈现多投放态势。从投向看，由于规模趋紧，商业银行用一般性贷款替换票据融资，全年票据融资下降24.1亿元。实体经济得到贷款较多，工业贷款余额新增占44.2%；批发零售及住宿餐饮业新增占15.5%。小企业贷款高速增长，全市小型企业贷款增长33.4%，高于全市平均12.5个百分点。建筑房地产业贷款增速由2009年8月最高位40.1%回落至28.1%，个人住房贷款增速由当年4月份的最高位66.1%回落至30.3%。作为政府融资平台主体的交通运输仓储邮政业和水利环境公共设施管理业贷款新增9.2亿元，仅为上年同期的1/9。

本地金融机构其他信贷大幅多增，利率水平上升。年末，银行承兑汇票、信用证、保函、委托贷款等其他信贷净余额为764亿元，比年初增189亿元，同比多增149亿元。其他信贷在缓解企业资金供需矛盾、巩固经济回升向好势头发挥了积极作用。12月，人民币贷款加权平均利率6.08%，比上年同期上升0.41个百分点。12月全市金融机构贷款平均上浮幅度12.22%，比上年同期上升1.58个百分点。12月全市金融机构3个月(含)以内银行承兑汇票平均贴现率6.72%，比上年同期上升3.93个百分点，且已高于贷款基准利率。随着资金价格的上扬，银行盈利能力上升。1—12月，全市银行机构结益104.7亿元，同比增长37.0%。

异地信贷增速明显放缓，小贷公司资金运用充分。12月末，异地金融机构对全市企业本外币各项信贷余额1 657.7亿元，比年初新增176.6亿元，同比少增48.2亿元，余额同比增长11.9%。其中，异地贷款余额1 127.4亿元，比年初增加85.5亿元，同比少增121.5亿元，余额同比仅增长8.2%。小额贷款需求旺盛，小贷公司资金运用比较充分。12月末，全市9家小额贷款公司贷款余额38.1亿元，比年初增加21.7亿元，同比多增8.2亿元，余额同比增长132.7%。其中向银行融资10.7亿元，比年初增加6.9亿元，同比多增3.1亿元，余额同比增长182.5%。

【金融市场】 2010年末，全市证券资金账户新增开户数13.3万户，同比多增9.6万户；当年累计证券总交易额为 11 278 亿元，同比增长 35.7%。全市保险机构保费收入 61.9 亿元，同比增长 30.2%，增幅同比提高 15.2 个百分点。其中寿险保费收入增长 30.8%，同比提高 17.1 个百分点；财险保费收入增长 29.2%，同比提高 11 个百分点。

（徐明昌）

绍兴市主要经济金融统计

（2006—2010 年）

单位：亿元

项目	2006 年	2007 年	2008 年	2009 年	2010 年
国内生产总值	1 678	1 971	2 223	2 375	2 783
第一产业（增加值）	97	108	117	124	149
第二产业（增加值）	1 016	1 195	1 329	1 380	1 583
第三产业（增加值）	565	668	777	872	1 051
全社会固定资产投资	766	843	913	1 055	1 254
地方财政收入	95	122	144	160	193
地方财政支出	95	114	144	170	222
社会消费品零售总额	441	515	619	718	853
居民消费价格指数（以上年为 100）	101.4	102.7	105.0	99.2	104.0
进出口总额（亿美元）	139	193	239	205	270
进　口（亿美元）	34	55	63	47	59
出　口（亿美元）	105	138	175	158	211
全部金融机构各项存款（余额）	2 296	2 663	3 263	4 140	4 948
企业存款	621	793	817	1 418	1 815
财政存款	34	65	60	73	93
城乡储蓄存款	1 061	1 098	1 416	1 707	1 946
全部金融机构各项贷款（余额）	1 739	2 091	2 491	3 297	3 934
短期贷款	1 323	1 584	1 885	2 404	2 840
中长期贷款	330	422	499	733	952
现金投放（+）回笼（−）	141	162	154	120	157
全部保险机构保费收入	29.5	35.2	41.2	47.5	61.87
全部保险机构保险赔款支出（含满期给付）	7.25	11.97	15.8	12.9	16.02
全部保险机构保险密度（元/人）	678	807	941	1 080	1 413
全部保险机构保险深度（%）	1.76	1.79	1.85	2.0	2.22

注：全部金融机构各项存款、贷款余额的七项数据为本外币并表统计数（含外资金融机构）。

6. 舟　山　市

【经济概况】 2010 年，舟山依托丰富的海洋资源和独特的区位优势，着力打造"国际性海上开放门户、现代化海洋产业基地、群岛型港口宜居城市"，全市海洋经济呈现结构逐步优化、实力明显增强、贡献日益突出的良好发展势头。

2010 年，全市地区生产总值达到 633.45 亿元，人均生产总值达到 59 200 元，突破 8 000 美元，全市三次产业比例为 9.9∶45.5∶44.6；全市城镇居民人均可支配收入 26 242 元，渔农村居民人均纯收入 14 265 元。2010 年，全市海洋经济总产出达到 1 436 亿元，海洋经济增加值 431 亿元，海洋经济增加值占 GDP 比重达 68%。2010 年，全市实现工业总产值 1 197.03亿元，同比增长 19%。全社会固定资产投资413.84亿元,同比增长3.3%。全市实现社会消费品零售总额212.54亿元,同比增长18%,比上年同期提高2.9个百分点。舟山港域完成港口货物吞吐量为2.2亿吨,同比增长14.4%。全市外贸进出口总额107.33亿美元,同比增长52.8%,其中,出口总额69.37亿美元,同比增长85.5%。2010年,全市实现财政总收入98.53亿元,同比增长28%,其中,地方财政一般预算收入61.04亿元,增长25.1%。

【货币政策】 2010年中国人民银行舟山中心支行继续执行适度宽松的货币政策,不断加强窗口指导力度,引导信贷资金合理增长,有效支持了舟山海洋经济的快速发展。

继续加强窗口指导,促进经济金融良性互动。一是结合舟山海洋经济发展实际,制定出台了《2010年舟山市金融支持海洋经济发展指导意见》、《关于进一步加强2010年旺季水产品收购金融支持的通知》等文件,推动舟山海洋经济向前发展。二是协调各金融机构大力支持符合国家产业政策和市场准入条件的项目建设,按照"区别对待、有保有压"的信贷原则,及时为有市场、有效益、有利于增加就业的企业提供金融支持。三是要求各金融机构加强金融创新,发展规模外融资业务成为2010年的重点工作之一。

深入研究舟山海洋综合开发试验区投融资政策,为海洋综合开发试验区经济发展提供金融支持。一是提出在试验区进行金融改革和创新、金融机构设立引进、金融市场建立参与、金融工具创新突破、金融业务开放发展等方面的政策要求,形成了《舟山海洋综合开发试验区的投融资政策研究》。二是向全市金融机构印发《关于做好下阶段金融工作的意见》,要求各金融机构牢牢抓住舟山海洋综合开发的重大机遇,积极向上汇报争取各项金融政策,为舟山海洋经济各行业的发展提供特色金融产品和金融服务。

强化金融经济监测、金融管理与服务职能,保障区域金融改革与运行稳定。一是密切关注、及时了解金融业改革情况,形成并上报《舟山市金融改革发展情况调查报告》。二是进一步强化风险监测、全面提升预警水平。加强对银行业金融机构、涉外企业、民间借贷等运行情况的监测,积极防范和应对风险。三是制定《舟山市中心支行金融机构金融管理与服务规程(试行)》、《舟山市银行业金融机构业务综合评价办法》等,稳步推进金融管理与服务工作。四是建立了重大事项报告联络员名单,要求各金融机构积极报送重大事项、重要信息及金融机构(网点)新增、撤销及人员变动情况表。

【金融运行】 2010年,舟山市存贷款总体保持了平稳增长的态势,存款同比多增,规模内贷款增量逐步回归常态,规模外贷款和市外金融机构贷款较快增长,规模内外实际新增贷款合计达214.91亿元。

存款总体保持平稳增长态势,增长结构变化明显。2010年12月末,全市金融机构本外币存款余额1 143.25亿元,比年初增加199.92亿元,同比增长21.12%。存款运行呈现三大特点:一是企业存款同比少增,存款定期化趋势明显。二是储蓄存款同比多增,月度间波动明显。三是机关团体和财政存款快速增长,对全市存款增长起明显支撑作用。

规模内贷款增量高位回落,信贷结构有所调整。2010年12月末,金融机构本外币贷款余额1 017.72亿元,比年初增加163.71亿元,同比少增42.92亿元。2010年规模内贷款的同比少增属于一种贷款超常规增长后的高位回落现象,是贷款增量逐步回归常态的表现。

规模外融资和市外融资较快增长,为全市经济的发展注入新的动力。12月末,全市金融机构规模外融资余额125.64亿元,比年初增加51.2亿元,考虑这一因素,全年实际新增贷款214.91亿元。此外,2010年初以来市外金融机构对本地企业贷款也出现较快增长,12月末市外金融机构贷款余额为317.51亿元,比年初增加64.39亿元。

贷款投向满足重点领域资金需求。2010年12月末,港口物流业贷款余额149.24亿元,比年初增加21.64亿元;海运业贷款余额80.08亿元,比年初增加3.13亿元;旅游业贷款余额16.73亿元,比年初增加1.86亿元;商业贸易类贷款余额135.55亿元,比年初增加24.22亿元;电力生产供应业贷款余额10.9亿元,比年初增加5.17亿元;水产加工业贷款余额45.18亿元,比年初增加4.82亿元;舶修造业贷款余额99.43亿元,比年初减少5.67亿元。

外汇收支规模继续呈现上升态势。2010年1—12月,全市跨境外汇收支总额709 047万美元,同比上升28.53%。其中,外汇收入总额455 988万美元，同比上升30.73%；外汇支出总额253 059万美元，同比上升24.75%；外汇收支顺差202 929万美元，同比上升39.05%。

金融生态环境持续优化。一是进一步完善新型渔农村金融服务体系，连续四年出台《舟山市金融支持社会主义新渔农村建设指导意见》；二是积极开展世博支付环境建设，在上海世博指定旅游景区——普陀山以及海鲜夜排档等特色旅游街区人力推进银行卡应用；三是深入推进“便农支付工程”，实现乡镇中心地区现代化支付系统全覆盖；四是在浙江省内率先建立起全市社会信用体系建设联席会议制度；五是被人民银行总行确定为浙江省唯一地市级中小企业信用体系试验区；六是成功引进全国最具影响力资信评级机构——中国诚信信用管理有限公司，初步形成评级对象覆盖大、中、小型企业的评级机构体系。

【金融市场】 票据市场平稳发展。2010年全市金融机构累计签发银行承兑汇票206.33亿元，比上年同期增加19.62亿元，同比增长10.5%。12月末，银行承兑汇票余额110.45亿元，比上年同期增加34.28亿元，同比增长45%。2010年全市金融机构银行承兑汇票累计贴现35.89亿元，同比增加了2.77亿元，同比增长8.3%。

保险市场平稳较快发展。1—12月，全市财产险保费收入8.08亿元，同比增长20.9%；寿险保费收入10.9亿元，同比增长12%。财产险赔款支出3.95亿元，同比增长2%；寿险赔、给付支出2.26亿元，同比减少32%。

股票市场震荡下行。1—12月，全市累计新开户6 411户，比上年同期减少493户；全市累计证券交易额785.05亿元，比上年同期增加142.13亿元；个人净入市资金59.3亿元，比上年同期增长50.4亿元。

【金融创新】 2010年以来，全市银行业金融机构共推出金融创新产品36种，发生业务7 895笔，融通资金达136.14亿元。各金融机构先后推出“网贷通”、“易融通”、“网络速贷通”和“网络联贷联保”等网络融资业务，为中小企业发放网络融资贷款；利用并购贷款、发票融资业务、中小企业集合票据、买方信贷业务、远洋渔业贷款、个体工商户贷款等创新类业务为实体经济提供了有效的资金支持。

（王斌　罗秀清）

舟山市主要经济金融统计

（2006—2010年）

单位:亿元

项　目	2006年	2007年	2008年	2009年	2010年
国内生产总值	333.2	407.00	490.25	533.26	633.45
第一产业(增加值)	41.65	44.57	49.18	51.41	62.44
第二产业(增加值)	137.94	178.00	226.44	248.25	288.55
第三产业(增加值)	153.61	184.43	214.63	233.60	282.46
全社会固定资产投资	218.99	279.64	339.43	400.66	413.84
地方财政收入	24.26	35.06	43.15	48.78	61.04
地方财政支出	40.82	56.52	76.78	82.74	105.03
社会消费品零售总额	113.97	132.37	157.83	181.69	212.54
居民消费价格指数(以上年为100)	102.7	104.20	105.60	99.2	104.1
进出口总额(亿美元)	16.53	40.76	60.53	70.23	107.33
进　口(亿美元)	3.68	16.90	27.67	32.84	37.95
出　口(亿美元)	12.84	23.86	32.86	37.39	69.37
全部金融机构各项存款(余额)	467.85	583.88	746.65	943.93	1 143.25
企业存款	166.15	228.37	268.15	367.23	402.66
财政存款	8.15	12.27	16.05	35.35	54.26
城乡储蓄存款	212.92	226.79	301.72	356.36	410.80

（续表）

项 目	2006年	2007年	2008年	2009年	2010年
全部金融机构各项贷款（余额）	384.23	495.35	647.39	854.02	1 017.72
短期贷款	209.11	268.54	333.68	415.74	475.99
中长期贷款	164.34	219.33	302.82	414.33	507.02
现金投放（＋）回笼（－）	2.83	3.26	11.03	13.61	9.48
全部保险机构保费收入	10.07	11.44	15.70	16.43	19.00
全部保险机构保险赔款支出（含满期给付）	2.43	3.68	5.63	7.21	6.21
全部保险机构保险密度（元/人）	1 040	1 182	1 623	1 699	1 963
全部保险机构保险深度（%）	3.02	2.81	3.20	3.08	3.00

注：全部金融机构各项存款、贷款余额的七项数据为本外币并表统计数（含外资金融机构）。

7. 台 州 市

【经济概况】 2010年，台州市实现地区生产总值2 415.12亿元，比上年增长13.1%，增速比上年提高4.6个百分点。其中，第一产业增加值159.99亿元，第二产业增加值1 262.66亿元，第三产业增加值992.47亿元。全年完成全社会固定资产投资950.24亿元，增长13.9%，增幅比上年提高4.1个百分点，增长动力主要来自重点工程投资和房地产投资。消费品市场持续旺盛，全市实现社会消费品零售总额960.45亿元，增长18.0%，增幅比上年提升2.8个百分点。对外贸易恢复性增长，全年外贸进出口总额170.01亿美元，比上年增长41.3%，其中自营出口总额139.63亿美元，增长38.7%。财政收入增长较快，全市实现地方财政收入164.88亿元，增长21.2%，增幅比上年提升13.3个百分点。城乡居民生活更加殷实，全年城镇居民人均可支配收入27 212元，增长11.4%；农村居民人均纯收入11 307元，增长13.0%。

【金融运行】 （1）存款增势企稳，企业存款同比少增。2010年12月底，全市金融机构本外币存款余额3 588.48亿元，比年初增加653.09亿元，较上年同期多增92.43亿元，存款同比增长22.24%，全年存款增速先升后稳，12月末增速分别比3月末和6月末提高4.39和2.44个百分点，比九月末下降1.16个百分点。存款结构呈现“两强一弱”态势：一是储蓄存款明显多增。2010年1—12月，全市储蓄存款新增280.95亿元，同比多增42.88亿元。二是其他存款快速增长。12月末，全市其他存款比年初新增191.18亿元，同比增长37.98%，其他存款增长较快，主要是机关团体存款新增较多，1—12月机关团体存款新增120.83亿元，占新增其他存款的63.2%。三是企事业存款增速放缓。1—12月，全市企事业存款新增180.65亿元，同比少增76.89亿元，企事业存款少增主要受贷款少增的派生因素和企业生产经营扩大导致流动资金占用上升因素影响。

（2）贷款增势平稳，投放节奏均匀。2010年12月末，本外币贷款余额3 055.82亿元，比年初增加537.76亿元，同比少增51.87亿元。从增速看，全年贷款增势逐步趋于平稳。贷款增速经历了上半年逐月走低的过程后，三季度开始走势逐渐平稳，12月末贷款同比增长21.36%，分别比3月末、6月末增速低4.61个和0.99个百分点，比9月末增速高1.13个百分点。从新增额看，各月度、季度间的投放节奏相对均匀。由于2010年全年大部分商业银行都实行信贷指标按月下达、按月执行，月度间不得调剂使用或调剂使用比例控制在很低的水平，因此，信贷投放的节奏明显趋于均匀，除1月份外，各月度贷款增量均在20—50亿元之间，波动幅度明显小于上年。

（3）信贷结构继续优化，贷款支持重点突出。从行业分类看，重点行业贷款需求趋于上升。2010年1—12月，全市工业贷款（不含票据）新增164.01亿元，同比多增8.19亿元，其中制造业贷款（不含票据）同比多增21.6亿元，批发和零售业贷款（不含票据）同比多增18.01亿元，建筑业、房地产业贷款（不含票据)分别新增17.59亿元和12.86亿元,前者同比多增4.67亿元,后者同比少增9.61亿元。从企业类别看,小企业贷款新增额同比多增33.31亿元,新增贷款比重较上年同期提高11.24个百分点,金融支持小企业的力度继续保持最大。

(4)利率水平总体上升,民间借贷持续活跃。12月份人民币贷款加权平均利率比上年同期及6月份分别提高4.94个和1.31个百分点,利率水平总体呈现上升态势。民间借贷持续活跃。据中国人民银行台州市中心支行监测,2010年民间利率呈现向高利率区间迁移态势,其中三季度[15%, 20%]利率区间占比为35%,同比上升8个百分点。

【货币政策】 (1)贯彻执行信贷政策,着力增强“窗口指导”力度。通过全市金融系统信贷联席会议、银行行长联席会议等载体,在保持信贷总量适度增长的基础上,更加注重信贷结构的调整,提高金融支持经济发展的可持续性。同时,通过出台《2010年台州市货币信贷工作指导意见》、《关于加快信贷结构调整支持经济转型发展的指导意见》、《关于进一步推进农村金融创新工作的指导意见》、《金融支持生态文明建设的指导意见》,加强窗口指导力度。

(2)传达落实政策意图,有效推进跨境贸易人民币结算。一是加强协调,明确监管主体。落实临海、温岭、玉环等三县(市)支行负责所辖试点工作的具体监管,其余县市由中国人民银行台州市中心支行负责具体监管;明确出口企业试点名录,参与审定并经批准确定全市498家为首批出口试点企业。二是组织培训。组织开展全市16家金融机构相关人员的政策业务培训;召集市、县二级境内结算银行相关人员接受中国人民银行总行、上海总部视频培训,帮助其掌握跨境贸易人民币结算政策规定及操作技能。至12月末,全市共办理跨境贸易人民币结算业务69笔、金额5.39亿元,其中出口业务2笔,金额12万元。

(3)创新思路多措并举,增强“支农支小”扶持力度。一是开展“支农支小”业绩评判。依据《台州市中小企业信贷导向效果评估办法》和《台州市支农政策导向评估办法》,在金融机构自我评价的基础上,组织开展量化考核。二是发挥央行资金支持导向作用。创新支农再贷款主体和投向,首家发放村镇银行支农再贷款3 000万元,率先投放农村住房改造建设专项支农再贷款3 000万元;三是搭建平台推进银企合作。组织举办台州市区“百强成长型中小企业”银企合作签约会,促成全市14家市级银行与139家百强中小企业签约贷款授信36.5亿元;四是落实风险补偿。会同有关部门落实小企业和农业贷款风险补偿措施,审定上年度小企业和农业贷款风险补偿资金621万元、608万元,补偿金额位居全省前列。

【保险市场】 2010年,台州市保险业持续扩张,年末全市有各类保险机构(含分支机构)43家。全年保费收入72.92亿元,比上年同期增长26.8%。其中:财险保费收入29.42亿元,同比增长25.9%;寿险保费收入43.39亿元,同比增长27.4%。全年各类赔款、给付支出18.43亿元,比上年下降11.3%,保险深度和密度分别达到了3.02%和1 250.47元/人。

(奚尊夏 魏博文)

台州市主要经济金融统计

(2006—2010年)　　单位:亿元

项　　目	2006年	2007年	2008年	2009年	2010年
国内生产总值	1 467.48	1 722.89	1 965.27	2 025.47	2 415.12
第一产业(增加值)	106.88	116.45	133.54	131.91	159.99
第二产业(增加值)	782.16	927.98	1 037.47	1 039.01	1 262.66
第三产业(增加值)	578.44	678.46	794.26	854.55	992.47
全社会固定资产投资	623.74	727.64	759.58	834.10	950.24
地方财政收入	86.11	108.86	126.05	136.02	164.88
地方财政支出	103.80	126.98	153.81	175.95	222.76

(续表)

项　目	2006年	2007年	2008年	2009年	2010年
社会消费品零售总额	511.57	596.17	709.71	817.88	960.45
居民消费价格指数(以上年为100)	100.70	104.10	104.80	99.20	104.6
进出口总额(亿美元)	84.32	110.93	138.11	120.32	170.01
进口(亿美元)	13.97	17.28	20.47	19.65	30.38
出口(亿美元)	70.35	93.65	117.64	100.67	139.63
全部金融机构各项存款(余额)	1 665.99	1 937.55	2 371.70	2 935.61	3 588.48
企业存款	506.45	591.32	595.07	852.25	982.70
财政存款	22.32	30.49	41.03	55.40	74.07
城乡储蓄存款	866.47	928.72	1 204.44	1 443.75	1 725.08
全部金融机构各项贷款(余额)	1 313.24	1 615.99	1 926.27	2 518.06	3 055.82
短期贷款	832.98	1 062.38	1 239.22	1 560.38	1 932.49
中长期贷款	447.43	513.88	606.89	821.94	984.53
现金投放(+)回笼(－)	+88.28	+98.44	+88.59	+80.15	+123.35
全部保险机构保费收入	31.17	39.33	49.40	56.86	72.92
全部保险机构保险赔款支出(含满期给付)	9.32	13.66	17.97	19.25	18.43
全部保险机构保险密度(元/人)	551.99	730.00	866.70	983.76	1 250.47
全部保险机构保险深度(%)	2.12	2.28	2.51	2.81	3.02

注:全部金融机构各项存款、贷款余额的七项数据为本外币并表统计数(含外资金融机构)。

(四)安徽省金融概览

【银行业】 2010年,安徽省银行业金融机构认真落实适度宽松的货币政策,着力提高灵活性和针对性,全省信贷运行实现了"总量适度、节奏平稳、结构优化、风险防范"的目标要求。

一是银行业资产和效益同步增长,组织体系更趋健全。全年全省银行业金融机构资产规模稳步扩大,资产总额同比增长19.1%;盈利快速增长,利润总额同比增长41.1%;不良贷款继续实现双降。全省银行类金融机构发展迅速,进出口银行、华夏银行、汇丰银行、九江银行等多家银行在安徽设立分支机构。

二是存款稳定增长,企业存款活期化趋势增强。截至2010年末,全省金融机构人民币各项存款余额同比增长23.0%,较上年末下降6.2个百分点。从存款主体结构看,受企业生产经营占款增多、贷款派生效应减弱和产能过剩行业生产收缩等因素影响,企业存款增势回落,增速较上年同期大幅下降22.4个百分点;储蓄存款增速较上年同期上升0.4个百分点,主要原因是居民收入增长、资本市场波动下行及房地产调控效应持续显现。从存款期限结构看,企业存款活期化趋向加强,活期存款增量为同期定期存款的2.4倍;储蓄存款定、活期均衡增长,定、活期存款增量分别为上年的1.1倍、1.3倍。从币种结构来看,随着人民币汇率形成机制的完善,外汇存款稳定增长,增速较上年提高0.5个百分点。

三是贷款增速回归常态,"有扶有控"的信贷政策得到有效落实。截至2010年末,全省金融机构人民币各项贷款余额同比增长23.3%,较上年末下降10.4个百分点。全年贷款增加2 162.3亿元,同比少增176.4亿元。人民币贷款增量季度分布较为均衡,4个季度占比分别为32%、27%、25%、16%。外汇贷款同比增长96.5%,增速较上年提高13.4个百分点，有效满足了安徽省进出口快速增长对外汇资金的需求。(1)中长期贷款增加较多，经济发展后劲进一步增强。2010 年，中长期贷款增加 1 803.1 亿元，同比多增 137.5 亿元。从时序增量看，上、下半年增量占比分别为 65.1%、34.9%，投放时序与安徽省重大项目投资进度较匹配。新增中长期贷款主要投向制造业、水利环境和公共设施管理业，交通运输仓储和邮政业等行业，有力支持了产业结构优化。(2)个人消费贷款增速高位回落。受房地产调控政策影响，截至 2010 年末，个人消费贷款同比增长50.1%，比上年末下降 13.9 个百分点，为 15 个月来新低。(3)小企业贷款大幅增长，大中小企业贷款结构更加合理。由于小企业金融扶持政策落实到位，小企业信贷投放出现持续较快增长态势。截至 2010 年末，小企业贷款余额 2 136.9 亿元(不含票据)，同比增长 61.2%，分别高于大、中型企业 46.6 个和 53.4 个百分点。(4)金融扶弱功能继续加强，社会薄弱环节信贷支持力度加大。2010 年，全省金融机构加大对薄弱环节的信贷支持，积极支持安徽省政府 33 项民生工程。下岗失业人员小额担保贷款累计发放 6.2 亿元；助学贷款累计发放 7.3 亿元；农户贷款全年新增 179.3 亿元。

四是现金收支较为均衡，总体保持净回笼。2010 年，全省金融机构现金收入、支出增速同比加快，总体较为均衡，全年现金收支轧差净回笼 541.8 亿元，增长 15.7%，同比提高 10.1 个百分点。

五是贷款利率水平总体上行，利率市场化改革稳步推进。全年贷款利率水平较上年提高 80 个基点。执行下浮和基准利率贷款占比较上年提高 5.3 个百分点。利率市场化稳步推进，金融机构定价能力明显提升。Shibor 在金融机构内部资金转移、票据贴现等产品定价中的指导作用逐步增强。

六是法人机构改革稳步推进，新型金融主体进一步增加。徽商银行继续完善法人治理结构，加大网点建设，省内、省外分别新设支行 2 家和 1 家。农村合作金融机构改制工作加快推进，组建农村商业银行 5 家、农村合作银行 10 家。新型金融服务主体增加迅速，336 家小额贷款公司获准筹建，其中 211 家挂牌开业。

表 1　2010 年安徽省银行类金融机构情况

机构类别	营业网点			法人机构(个)
	机构个数(个)	从业人数(人)	资产总额(亿元)	
一、大型商业银行	2 215	47 081	9 336	0
二、政策性银行及国家开发银行	90	2 333	2 082	0
三、股份制商业银行	246	2 966	2 003	0
四、城市商业银行	166	4 696	2 012	1
五、城市信用社	—	—	—	—
六、农村合作机构	2 943	29 227	3 335	83
七、财务公司	2	89	93	2
八、邮政储蓄	1 660	11 719	1 354	0
九、外资银行	2	69	25	0
十、农村新型机构	229	5 722	161	229
合　计	7 553	103 902	20 401	315

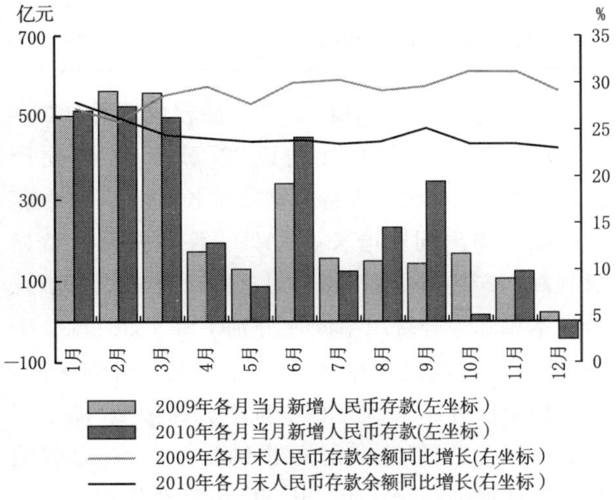

图 1　2010 年安徽省金融机构人民币存款增长变化

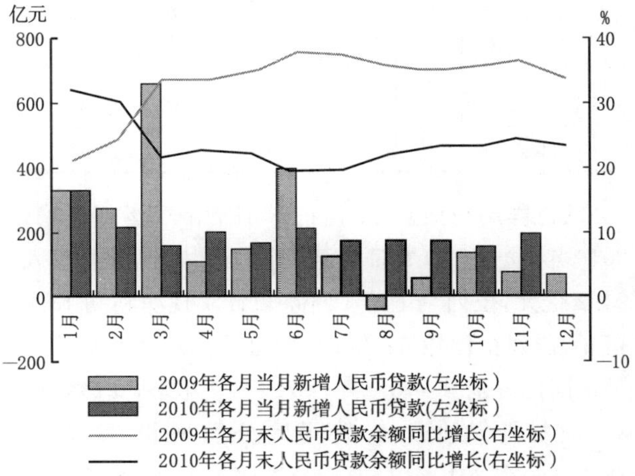

图 2　2010 年安徽省金融机构人民币贷款增长变化

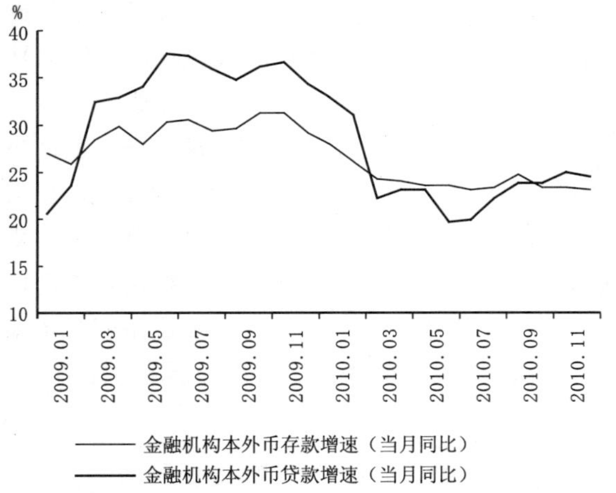

图 3 2009—2010 年安徽省金融机构本外币存、贷款增速变化

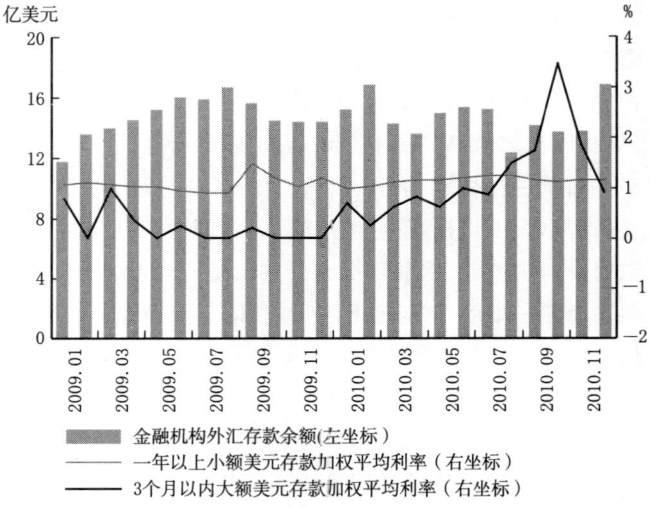

图 4 2009—2010 年安徽省金融机构外币存款余额及外币存款利率

表 2 2010 年安徽省金融机构现金收支情况表

单位:亿元;%

	年累计额	同比增速
现金收入	27 247.1	16.4
现金支出	26 705.3	16.5
现金净支出	−541.8	15.7

表 3 2010 年安徽省金融机构各利率浮动区间贷款占比表

单位:%

		合计	国有商业银行	股份制商业银行	区域性商业银行	城乡信用社
合 计		100	100	100	100	100
[0.9—1.0)		22.4	35.7	34.5	12.8	2.5
1.0		32.2	36.2	37.0	38.7	3.2
上浮水平	小 计	45.4	28.1	28.6	48.6	94.2
	(1.0—1.1]	12.1	18.3	18.9	19.8	3.5
	(1.1—1.3]	11.6	9.5	9.6	26.9	14.2
	(1.3—1.5]	7.3	0.3	0.1	1.9	20.5
	(1.5—2.0]	11.0	0.0	0.0	0.0	44.9
	2.0 以上	3.4	0.0	0.0	0.0	11.1

【证券期货业】 一是证券期货市场运行平稳。2010 年,全省 130 家证券经营网点共实现营业收入 24.2 亿元,位列全国第 15 位;累计实现净利润 13.0 亿元,位列全国第 16 位;全年证券、期货业累计交易量同比分别减少 5.4%、37.1%。年末,安徽省证券、期货业从业人员数同比分别增长 32.5%、28.7%。在 2010 年证监会分类评价中,国元、华安 2 家证券公司均为 A 类,各项风控指标持续达标,规范发展能力得到加强。二是企业上市步伐较快,后备资源充裕。2010 年,全省 A 股上市公司新增 6 家,上市公司总数达到 65 家,位居中部第 2 位。截至 2010 年末,全省登记在册的上市后备企业总数达 212 家,后备企业主要集中在皖江承接产业转移示范区。

表 4 2010 年安徽省证券业基本情况表

项 目	数 量
总部设在辖内的证券公司数(家)	2
总部设在辖内的基金公司数(家)	0
总部设在辖内的期货公司数(家)	3
年末境内上市公司数(家)	65
当年国内股票(A 股)筹资(亿元)	171
当年发行 H 股筹资(亿元)	0
当年国内债券筹资(亿元)	329
其中:短期融资券筹资额(亿元)	75

【保险业】 一是保险业务平稳较快发展。2010 年,安徽省保费收入同比增长 22.7%。其中,财产险同比增长 36.6%;人身险同比增长 18.2%。全年保险赔付支出同比增长 14.1%。保险机构效益显著提高。2010 年,财产险公司承保利润 5.1 亿元,综合成本率和综合费用率同比分别下降 18.6、5.3 个百分点;人身险退保率 3.2%,处于相对合理区间。二是保险业务结构调整稳步推进。保障型、储蓄型业务占比上升,保险营销渠道不断丰富。三是保险保障功能增强。2010 年,出口信用险对外贸出口支持金额突破 23.8 亿美元;政策性农业保险累计承保

农户 2 163 万户，提供风险保障金额 265.5 亿元；农村小额保险累计承保 68.2 万人次，提供保障金额 102.4 亿元。

表 5 2010 年安徽省保险业基本情况表

项 目	数 量
总部设在辖内的保险公司数(家)	1
其中：财产险经营主体(家)	1
寿险经营主体(家)	0
保险公司分支机构(家)	2 520
其中：财产险公司分支机构(家)	939
寿险公司分支机构(家)	1 581
保费收入(中外资，亿元)	438.2
其中：财产险保费收入(中外资，亿元)	119.6
人身险保费收入(中外资，亿元)	318.6
各类赔款给付(中外资，亿元)	104.6
保险密度(元/人)	716.3
保险深度(%)	3.6

【金融市场】 2010 年，安徽省金融市场交易规模显著扩大，利率水平振荡上行。一是直接融资规模稳步扩大。全省直接融资总额 500.3 亿元，同比增长 26%，高于全国 10 个百分点。全年有 13 家企业发行短期融资券和中期票据 216 亿元。直接融资占比较上年提高 3.8 个百分点。从融资结构看，贷款依然是主要融资方式，但债券和股票融资比重上升。二是货币市场交易活跃，市场利率震荡上行。2010 年，全省银行间同业拆借市场和债券市场累计成交 4.1 万亿元，同比增长 37.9%；净融入资金 1.5 万亿元，同比增长 124.1%。交易品种以短期为主，隔夜回购、隔夜拆借分别占回购交易的 69.8%和拆借交易的 95.5%。货币市场流动性逐步收紧且波动性较大，全年回购利率振荡上行。三是票据融资增速较慢，贴现利率波动向上。全年累计签发银行承兑汇票 2 400.1 亿元，同比增长 5.8%；票据贴现余额 287.9 亿元，同比减少 41.8%。受货币市场利率及票据市场供求变化影响，票据市场贴现利率呈波动向上的态势。四是银行结售汇大幅上涨，实物黄金交易翻番。银行结售汇规模自二季度以来不断创新高，全年银行结售汇总额达 222 亿美元，同比增长 55.8%。实物黄金抗通胀、避风险预期显著增强，全年累计成交量及金额同比分别增长 103.1%和 149.6%。五是民间借贷规模有所扩大，利率略有上升。2010 年，全省 1 953 个样本监测点民间借贷金额 15.7 亿元，同比增长 9.4%；加权平均利率为 10.8%，较上年提高 0.7 个百分点。民间借贷资金来源以个人为主，占 84.7%；用途以生产经营为主，占 82.8%。

表 6 2001—2010 年安徽省非金融机构融资结构表

	融资量(亿元人民币)	比 重(%)		
		贷款	债券(含可转债)	股票
2001	240.5	89.8	0.0	10.2
2002	368.4	92.2	0.0	7.8
2003	519.0	94.1	2.9	3.0
2004	608.2	94.4	1.4	4.1
2005	598.8	91.9	7.8	0.3
2006	987.1	84.1	14.1	1.8
2007	1 166.8	79.1	8.8	12.1
2008	1 488.7	81.3	6.8	11.9
2009	2 803.0	85.8	8.4	5.8
2010	2 797.6	82.1	11.8	6.1

表 7 2010 年安徽省金融机构票据业务量统计表

单位：亿元

季度	银行承兑汇票承兑		贴 现			
			银行承兑汇票		商业承兑汇票	
	余额	累计发生额	余额	累计发生额	余额	累计发生额
1	968.3	529.3	300.3	257.5	22.7	12.6
2	1 047.7	1 139.0	307.6	607.4	35.2	33.1
3	1 149.8	1 745.2	331.5	1 182.9	23.5	40.3
4	1 188.7	2 400.1	276.7	1 323.3	11.2	41.8

表 8 2010 年安徽省金融机构票据贴现、转贴现利率表

单位：%

季度	贴 现		转贴现	
	银行承兑汇票	商业承兑汇票	票据买断	票据回购
1	3.494 0	3.276 9	2.598 7	2.784 4
2	3.624 0	3.788 6	2.959 6	3.115 1
3	3.945 2	4.328 2	3.156 1	3.206 5
4	4.909 8	3.963 6	3.694 6	4.183 9

数据来源：中国人民银行合肥中心支行。

【金融生态环境】 一是完成地方政府融资平台清理整顿工作，融资平台企业债务管理逐渐规范，债

务风险得到有效缓解；稳步推进融资性担保公司清理整顿工作，97家注册资本超过5 000万元的担保公司接受清理整顿。二是非法金融活动监测、处置机制初步建立，金融稳定基础进一步巩固。完善处置非法集资工作机制，建立反洗钱非现场评估制度，启动反假货币上岗资格及“三师”认证工作。三是信用体系建设不断推进。出台《安徽省中小企业信用体系实验区建设工作实施意见》，中小企业和农村地区等薄弱环节的信用体系建设稳步推进。

（人行合肥中支）

1. 合 肥 市

【经济概况】 2010年，合肥市经济规模迅速扩张、质量明显提升、动力显著增强、结构趋强趋优。全市地区生产总值2 702.5亿元，比上年增长17.5%。其中，第一产业增加值132.6亿元，增长3.5%；第二产业增加值1 457.6亿元，增长22.3%；第三产业增加值1 112.3亿元，增长12.7%。三次产业结构由上年5.2∶52.6∶42.2调整为4.9∶53.9∶41.2。

全年城市居民消费价格上涨2.7%，其中食品价格上涨5.5%，居住价格上涨6.1%。工业品出厂价格同比上涨2.4%。原材料、燃料、动力购进价格上涨6.7%。

截至2010年末，在岗职工65.18万人，比上年增加6.88万人。全年新增城镇就业11.3万人，下岗失业人员再就业3.4万人；累计帮扶“零就业家庭”3 849户，共5 158人，基本消除城市“零就业”家庭。年末城镇登记失业率为3.43%，比上年下降0.62个百分点。

全年全社会固定资产投资3 066.97亿元，比上年增长24.2%。其中，国有及国有控股投资1 103.58亿元，增长11.9%；外商及港澳台投资152.36亿元，下降6.6%；民间投资1 811.03亿元，增长37.3%。市区投资2 410.40亿元，增长23.2%；县域投资656.58亿元，增长28.3%。

全年社会消费品零售总额839.02亿元，比上年增长19.8%。按区域分，市区消费品零售额744.70亿元，增长19.6%；县域消费品零售额94.32亿元，增长21.3%。按行业分，批发零售业实现零售额768.21亿元，增长19.9%；住宿餐饮业零售额70.81亿元，增长17.6%。

全年进出口总额99.58亿美元，比上年增长54.9%。其中，出口56.26亿美元，增长26.5%；进口43.32亿美元，增长118.9%。从出口经营主体看，生产型企业、贸易型企业出口分别增长31.1%和14.4%。全年对外经济合作新签合同额14.39亿美元，比上年增长169%；完成营业额16亿美元，比上年增长31%；外派劳务人员8 168人。

全年财政收入476.20亿元，比上年增长39.3%。地方财政收入259.43亿元，增长43.4%，其中税收收入221.43亿元，非税收入38亿元，分别增长43.5%和43.1%。财政支出317.72亿元，增长29.2%。其中，一般公共服务支出30.8亿元，增长30.1%；教育支出37.01亿元，增长23.2%；城乡社区服务支出102.56亿元，增长61.5%。

【货币政策】 2010年，中国人民银行合肥中心支行突出管理创新，着力提升货币政策执行力。围绕转变经济发展方式的关键环节，探索建立信贷政策导向效果评估模式，全面评估金融机构信贷政策执行情况，促进政策落实。制定了《安徽省银行业金融机构执行人民银行有关规定情况评价办法（试行）》和内部操作规程，《安徽省、合肥市人民银行信贷政策导向效果评估工作实施方案》，确立了评估框架。重点选择“三农”、中小企业和房地产信贷政策三项内容，开展对省级和合肥市级银行业金融机构信贷政策导向效果评估工作试点，以点带面，推进全省评估工作。着力加强技术手段创新，强化科技支撑，开发了信贷政策导向效果评估系统，并在全省范围内推广使用，大大提升了评估的科学性和规范性。

合肥市银行业金融机构认真贯彻落实各项金融调控政策，优化金融资源配置，加大金融支持力度，取得显著成效。一是小企业贷款增速显著高于大中型企业，信贷支持小企业力度加大。由于小企业金融扶持政策落实到位，小企业信贷投放出现持续较快增长态势，大中小企业融资结构更加合理。截至2010年末，小企业贷款余额494亿元（不含票据），同比增长69.9%，分别高于大、中型企业54.6和65.2个百分点；全年小企业贷款增加203.4亿元，占全市企业贷款增量的43.8%。二是房地产贷款增速高位回调，房地产调控政策效应显现。截至2010年末，房地产贷款（含房地产开发贷款和个人购房贷款)余额1 080.3亿元,同比增长37.7%,虽然增速仍处高位,但较年内最高增速的4月末下降33.7个百分点,为近17个月来的最低,房地产政策效应正逐步显现。三是基础设施类贷款占比下降。2010年全市基础设施类贷款新增179.2亿元,同比少增222.5亿元;占全行业新增贷款(不含票据融资)的23.3%,占比较2009年回落20.8个百分点。四是金融扶持县域和三农功能得到进一步加强。农村金融产品和服务创新、县域存款按一定比例投放当地等一系列政策效应显现,县域信贷投放出现积极变化。截至年末,全市县域金融机构各项贷款余额187.7亿元,同比增长40.5%,高于全省平均水平8.3个百分点;比年初增加54.1亿元,同比多增17.5亿元。涉农贷款余额447.5亿元,同比增长47.5%,增速高于全部贷款增速15.3个百分点。五是外币贷款增长迅猛。受外贸形势好转和人民币升值预期增强影响,企业外币贷款积极性较高,合肥市外币贷款扭转上年负增长态势,增速逐月加快、增势迅猛。截至2010年末,全市外币贷款余额21.1亿美元,同比增长297%;全年新增15.8亿美元,同比多增15.6亿美元。

【金融运行】 2010年,合肥市货币信贷运行平稳有序。第一,存款稳定增长,金融机构资金来源充足。截至2010年末,全市金融机构本外币各项存款余额4 591.8亿元,同比增长22.1%;全年增加829.3亿元,同比少增207.5亿元。其中,人民币各项存款余额4 541.8亿元,同比增长21.6%;全年增加805.3亿元。(1)储蓄存款同比多增,"定"、"活"均衡增长。截至2010年末,全市人民币居民储蓄存款余额1 233.7亿元,同比增长19.6%;全年增加201.9亿元,同比多增11.4亿元。从期限结构看,活期储蓄比年初增加116.8亿元,同比多增4.6亿元;定期储蓄比年初增加85.1亿元,同比多增6.9亿元。储蓄存款增速加快的主要原因:一是居民收入较快增长的派生存款效应,2010年合肥市城镇居民家庭人均可支配收入、农民人均现金收入分别增长11%和17.4%,同比分别上升0.9个和4.4个百分点;二是资本市场波动下行、风险加大,居民投资倾向有所减弱,2010年上证指数下跌14.3%;三是2010年下半年来,房地产调控效应持续显现,居民购房倾向降低。(2)企业存款增势放缓,同比少增明显。截至2010年末,全市人民币企业存款余额2 180.9亿元,同比增长14.2%,较上年末回落30.1个百分点;全年增加337.8亿元,同比少增263亿元。从期限结构上看,活期存款比年初增加186.6亿元,同比少增192.3亿元;定期存款比年初增加151.2亿元,同比少增66.7亿元。企业存款增速回落的主要原因:一是实体经济稳定向好、经济主体活力增强,企业投资及生产、经营占款明显增加;二是贷款同比大幅少增,导致派生存款减少,全年贷款增量同比减少201.3亿元;三是应收账款占款增加,挤占部分企业存款,2010年11月末,合肥市规模以上工业应收账款392.3亿元,同比增长46.8%;四是银监会出台的"三个办法,一个指引",要求金融机构放款执行"实贷实付"的原则,并通过受托方式直接划付给交易对手,贷款滞留银行账户转为存款的情况减少。第二,贷款总量适度增长,贷款结构持续优化。截至2010年末,全市金融机构本外币各项贷款余额4 353.8亿元,同比增长23.4%,低于全省0.9个百分点,高于全国3.7个百分点;全年增加825亿元,同比少增99亿元,增量占全省新增贷款的35.9%。其中,人民币各项贷款余额4 214.1亿元,同比增长20.7%;全年增加721.6亿元。从期限上看,中长期贷款保持较快增长,短期贷款增速低位运行。截至2010年末,人民币短期贷款余额1 028.3亿元,同比增长8%,比年初增加76.9亿元,同比少增112.6亿元。中长期贷款余额3 161.7亿元,同比增长28.8%,比年初增加706.2亿元,同比少增20.2亿元。

【金融市场】 截至2010年末,合肥市共有上市公司22家,全年上市公司通过资本市场筹资43.1亿元。其中,首次公开发行A股3只,筹资21.46亿元;3家上市公司实现再融资,融资规模21.65亿元。全市实现中期票据和短期融资券融资总量63亿元,同比多增43亿元,创历史新高;其中,中期票据11亿元,短期融资券52亿元。

2010年,合肥市保险机构实现保费收入65.69亿元,比上年增长22.2%。其中,财产险保费收入23.63亿元,增长45.4%;人身险保费收入42.06亿元,增长12.2%。各项赔款与给付支出16.45亿元,比上年下降16.5%。其中,财产险赔款与给付9.98亿元,下降14.9%;人寿险赔款与给付6.47亿元,下降18.9%。

(人行合肥中支)

合肥市主要经济金融统计表

（2006—2010年）　　单位:亿元

项目	2006年	2007年	2008年	2009年	2010年
国内生产总值	1 073.9	1 334.2	1 664.8	2 102.1	2 702.5
第一产业(增加值)	61.8	80.0	105.2	108.7	132.6
第二产业(增加值)	510.6	651.2	834.9	1 105.0	1 457.6
第三产业(增加值)	501.5	603.0	724.7	888.4	1 112.3
全社会固定资产投资	824.8	1 310.4	1 838.6	2 468.4	3 066.97
地方财政收入	167.8	102.0	301.2	341.9	259.43
地方财政支出	102.9	132.3	206.8	245.9	317.72
社会消费品零售总额	384.3	469.0	588.4	703.4	839.02
居民消费价格指数(以上年为100)	100.9	105.6	106.4	99.1	102.7
进出口总额(亿美元)	48.8	62.5	77.1	64.3	99.58
进　口(亿美元)	14.7	19.5	22.8	19.8	43.32
出　口(亿美元)	34.1	43.0	54.3	44.5	56.26
全部金融机构各项存款(余额)	1 862.5	2 261.7	2 725.7	3 735.3	4 591.8
企业存款	877.7	1 126.0	1 323.4	1 909.0	2 180.9
财政存款	83.3	78.9	59.1	94.6	146.6
城乡储蓄存款	624.6	686.6	852.8	1 031.8	1 241.9
全部金融机构各项贷款(余额)	1 743.0	2 151.4	2 640.6	3 528.8	4 353.8
短期贷款	577.8	718.7	782.9	966.5	1 083.2
中长期贷款	1 058.0	1 348.3	1 773.3	2 463.9	3 219.0
现金投放(+)回笼(−)	−108.4	−127.5	−119.2	−143.5	−100.6
全部保险机构保费收入	28.7	32.2	37.9	40.8	65.69
全部保险机构保险赔款支出(含满期给付)	12.6	12.2	19.4	14.0	16.45
全部保险机构保险密度(元/人)	610.8	672.4	778.2	830.6	1 152.1
全部保险机构保险深度(%)	2.67	2.41	2.28	1.94	2.43

注:全部金融机构各项存款、贷款余额的七项数据为本外币并表统计数(含外资金融机构)。

2. 马鞍山市

【经济概况】 2010年,马鞍山市实现地区生产总值811.01亿元,同比增长15%,人均地区生产总值达62 820元。三次产业结构为3.5∶69.5∶27.0。全社会固定资产投资为740.34亿元,比上年增长36.2%,投资额居全省第4位。全年CPI上涨3%,比上年高4.7个百分点。消费市场持续活跃,全年实现社会消费品零售总额为147.8亿元,同比增长19.2%。实际利用外资7.21亿美元,增长20.2%;实际利用内资398.17亿元,增长48.3%。经济外向度为24.1%,居安徽省第2位,外贸进出口总额为28.78亿美元,比上年增长73.9%;其中出口5.07亿美元,比上年增长41.8%,进口23.71亿美元,增长82.8%。城市居民人均可支配收入23 159元,增长13.6%;农民人均纯收入9 332元,增长17.4%。实现财政收入达140.04亿元,比上年增长14.5%,财政支出87.39亿元,比上年增长9.1%。

【货币政策】 2010年,马鞍山市银行业金融机构继续深入贯彻"适度宽松"货币政策,紧密结合区域经济发展实际,保持信贷投放合理均衡增长。中国人民银行马鞍山市中心支行及时出台《金融支持马鞍山市承接产业转移示范区建设指导意见》、《金融支持马鞍山市"项目建设推进年"指导意见》等多项措施,引导辖内银行业金融机构积极优化信贷结构,创新金融产品,完善金融服务,较好地促进了地方经济平稳较快发展。结合马鞍山市融资现状,人行马鞍山市中心支行重新启动再贴现货币政策工具,全年累计为中小企业办理再贴现业务 162 笔,累计办理金额近 7 亿元。年末,中小企业贷款(不含贴现)余额占比为 64.92%,新增中小企业贷款 78 亿元,占全市新增企业贷款(不含贴现)的 90.36%;县域贷款同比增长 48%,比全市平均水平高出 25.8 个百分点,县域信贷占全市的比重由"十五"末的 12.22% 提高到当年的 15.82%;涉农贷款余额同比增速达 55.15%,其中农村中小企业信贷余额达 37.65 亿元,增量达 23.8 亿元,增速高达 171.75%;全年累计为 35 户劳动密集型小企业发放小额担保贷款达 6 416 万元,是 2009 年的 7 倍多,财政贴息 120 余万元,有效推动马鞍山市"全国创业型城市"创建,服务地方经济实力进一步增强。

【金融运行】 2010 年,马鞍山市金融部门认真贯彻国家宏观调控政策,高度关注政策变化,在信贷规模控制、信贷政策调整的宏观环境下,各金融机构纷纷通过争规模、储项目等有力措施,实现全年新增贷款突破百亿,有力地支持了全市经济又好又快发展。截至 12 月末,马鞍山市本外币各项存款余额 808.16 亿元,比年初增加 102.28 亿元,同比少增 52.76 亿元;比上年同期增长 14.49%。其中,人民币各项存款余额 800.43 亿元,比年初增加 121.75 亿元,同比少增 20.86 亿元,比上年同期增长 17.94%;外币存款余额 1.17 亿美元,比年初减少 2.82 亿美元,同比少增 4.64 亿美元。本外币各项贷款余额 554.53 亿元,较年初增加 101.43 亿元,同比少增 23.58 亿元,比上年同期增长 22.39%。其中,人民币各项贷款余额 523.11 亿元,较年初增加 112.79 亿元,同比多增 30.39 亿元,比上年同期增长 27.49%;外汇贷款余额 4.74 亿美元,比年初减少 1.52 亿美元,同比少增 7.76 亿美元。现金收支双双突破千亿,净投放额创历史新高。全年实现现金收入 1 038.7 亿元,同比增长 22.1%;现金支出 1 086.8 亿元,同比增长 23.1%;净投放现金 48.18 亿元,同比增长 50.6%。

【金融机构】 2010 年,马鞍山市银行体系不断完善,经营效益稳步提高。全市新引进异地银行分支机构 1 家——江苏江阴农村商业银行,银行类金融机构营业网点比上年增加 32 个,从业人员比上年增加 123 人。银行机构资产规模不断壮大,资产总额同比增长 16.39%;经营效益稳步提高,全年净利润同比增长 29.53%;资产质量不断改善,不良贷款率较年初下降 0.39 个百分点。银行类金融机构改革稳步推进,成效逐步显现。主要体现在以下几个方面:一是农业银行分支机构股改成功,内部治理结构明显优化,业务流程进一步简化,风险防控能力增强。二是国有商业银行业务创新能力增强,全年中间业务收入 2.3 亿元,建行、中行等行手续费及佣金收入比率达 20%左右。三是农村商业银行改革、引进工作稳步推进。马鞍山农村商业银行于 6 月 28 日成功增资扩股 6.51 亿元,注册资本达到 10 亿元。

【金融市场】 2010 年,马鞍山市金融市场稳健运行,利率水平持续攀升。直接融资比重上升,企业融资渠道进一步拓宽。一是直接融资比重显著提高,企业融资渠道拓宽。2010 年全市通过 IPO、定向增发、发行中期票据、企业债以及通过产业投资基金、企业私募等方式募集资金,全年直接融资总额达 75.68 亿元,直接融资比重达 42.73%。二是票据市场贴现利率持续走高。随着宏观调控力度逐步加大,商业银行通过压缩票据规模调整信贷结构,使票据融资呈现缩减态势。与此同时,企业倾向于利用票据贴现达到短期融资目的,供求关系使票据市场利率持续上扬,全年直贴和转贴现季度加权平均利率最高达到 6.81%和 3.83%,分别比上年高 4.28 和 1.7 个基点。

【金融创新】 2010 年,全市金融机构深入结合经济发展实际,不断推出针对性金融创新产品。如工行推出"网贷通"产品通过网络为系统内中小企业提供资金;中行发挥国际结算业务综合优势,为中小企业提供人民币贸易融资服务,办理应收账款保理和国内信用证项下的买方押汇;农行推出"简式快捷贷"、建行推出"成长之路"和"速贷通"产品,交通银行推出"易贷通"产品,同时开办小型设备贷款业务;徽商银行为马钢、华菱、星马汽车等大型核心企业上下游中小企业提供“产业链融资”业务；马鞍山农村商业银行在“微小企业贷款”的基础上创新推出“快易贷”、“可易贷”、“速易贷”以及“快建房”业务产品，有效满足农村中小企业用资以及农民自建房金融需求。截至年末，全市农村金融产品创新贷款余额为64 586万元，惠及贷款户10 293户。

【证券保险】 证券机构经营向好，截至2010年末，全市共有国元(2家)、华安(2家)、银河共5家证券营业部和徽商、华安2家期货营业部，全市证券交易额852.22亿元，税前利润1.32亿元。证券市场融资额创新高，2010年全市新增上市公司3家，直接融资额创历史新高。其中鼎泰新材、泰尔重工在中小板上市融资12.1亿元，方圆支承定向增发4亿元，现代牧业在香港首发净融资额22.04亿元。截至2010年末，上市公司总资产达814.22亿元，总市值达492.24亿元，净利润达15.96亿元，同比分别增长7.86%、1.4%、77.57%。

保险业体系较为健全，截至2010年末，全市共有保险业金融机构17家，其中财产保险公司9家(含1家政策性农业保险公司)、人寿保险公司8家，保险经营主体结构已初步建成了涵盖商业保险、政策保险的较为稳定保险服务体系。保险业务发展良好，截至2010年末，全市保费总收入16.52亿元，同比增长19.54%，其中农业险保费收入达1 500余万元，同比增长近50%；全年保险密度达1 280.62元/人，比2009年提高189.72元/人；保险深度为2.04%，比2009年略降0.07个百分点。受汽车销售市场火爆因素推动，全年车险保费收入共计3.35亿元，同比增长31.89%。

【金融生态】 金融生态环境持续优化，信用支付体系建设进展顺利。2010年，中国人民银行马鞍山市中心支行从机制建设、宣传教育、政策引导、信用支付体系建设和防范金融风险等方面入手，积极引导政府有关部门、金融机构、企业加大推进金融生态环境建设。一是通过出台政策，规范各方信用行为，提请市政府调整市金融稳定工作协调小组成员，并行使金融生态环境建设领导小组职能；二是积极将新设银行机构及融资性担保机构接入征信系统，全年对新华村镇银行、江苏江阴农村商业银行当涂支行以及经规范整理后的13家正常经营融资性担保公司纳入征信管理系统；三是加大信用征信宣传教育，利用“6.14信用记录日”宣传及马鞍山市交通违法信息加载征信系统活动为契机，引导广大市民读懂个人信用报告，规范个人信用行为；四是加大对农村信用支付体系建设，深入开展“农汇通工程”、银行卡示范乡镇建设活动，加快支付清算网络向外围延伸的步伐，满足县域个体私营经济、种养户小额资金短期周转的需要。截至年末，全市已建立农户信用档案约16 100户，占农户总数近10%；其中14个农村金融机构建立了农户信用评级体系，已评定出3 000户信用农户，累计对8 445户信用农户，发放贷款42 123万元。

(高建华)

马鞍山市主要经济金融统计

(2006—2010年)

单位:亿元

项　目	2006年	2007年	2008年	2009年	2010年
国内生产总值	428.9	532.0	636.3	665.9	811.0
第一产业(增加值)	18.8	20.5	24.5	25.7	28.5
第二产业(增加值)	275.3	362.0	432.5	443.0	563.6
第三产业(增加值)	134.8	157.5	179.3	197.2	219
全社会固定资产投资	262.2	331.3	404.1	546.1	740.3
地方财政收入	31.3	42.0	43.3	63.7	69.9
地方财政支出	38.2	50.1	56.2	80.0	87.4
社会消费品零售总额	73.5	86.5	106.0	125.7	147.8
居民消费价格指数(以上年为100)	102.7	105.2	105.2	98.3	103.0

（续表）

项　　目	2006年	2007年	2008年	2009年	2010年
进出口总额(亿美元)	21.6	23.5	33.5	17.33	28.8
进　口(亿美元)	5.4	8.5	22.4	12.8	23.7
出　口(亿美元)	16.2	15.0	11.1	4.53	5.07
全部金融机构各项存款(余额)	373.1	437.4	550.8	705.9	808.2
企业存款	119.6	139.5	167.5	218.5	241.0
财政存款	13.1	17.7	20.9	23.6	17.6
城乡储蓄存款	198.8	210.1	259.6	305.8	355.0
全部金融机构各项贷款(余额)	268.5	304.0	328.1	453.1	554.5
短期贷款	88.8	102.9	108.9	173.2	220.6
中长期贷款	158.2	166.5	174.9	219.0	277.4
现金投放(＋)回笼(－)	31.3	40.1	39.8	32.0	48.2
全部保险机构保费收入	8.2	8.7	12.6	14.0	16.52
全部保险机构保险赔款支出(含满期给付)	1.2	2.8	3.2	3.0	3.4
全部保险机构保险密度(元/人)	647.7	685.0	988.2	1 090	1 280.62
全部保险机构保险深度(%)	1.91	1.64	1.98	2.11	2.04

注:全部金融机构各项存款、贷款余额的七项数据为本外币并表统计数(含外资金融机构)。

3. 芜　湖　市

【经济概况】　2010年,芜湖市以《皖江城市带承接产业转移示范区规划》为主线,大力实施工业强市、三产兴市等“六大战略”,保持了经济社会又好又快发展。全年实现地区生产总值1 108.63亿元,同比增长18.2%,增速位居全省第一位。财政收入200.69亿元,同比增长35.8%,其中地方财政收入94.84亿元,增长36.6%;支出144.54亿元,增长38.1%。全年完成固定资产投资1 220.10亿元,首次突破千亿元大关,同比增长35.5%。其中,工业投资662.84亿元,增长43.5%,增长贡献率达62.9%,拉动投资增长22.3个百分点;房地产开发投资291.16亿元,增长40.7%,增长贡献率为26.4%。全年实现进出口总额26.10亿美元,同比增长82.7%,其中进口总额9.41亿美元,增长76.4%;出口总额16.69亿美元,增长86.5%。新批外商投资企业41家,同比增加了15家,其中投资总额7.71亿美元,增长27.23%,注册资本4.57亿美元,增长80.63%,当年实际利用外资2.60亿美元,增长9.71%。全年实现社会消费品零售总额287.45亿元,同比增长19.5%,较上年提高0.6个百分点。城市居民人均可支配收入18 727元,同比增长11.8%;城市居民人均消费支出12 980元,同比增长10.1%。农民人均纯收入7 834元,同比增长16.3%。城市居民消费价格上涨3.8%。

【货币政策】　2010年,中国人民银行芜湖市中心支行联系实际,积极落实适度宽松的货币政策。密切关注和分析货币政策工具调整后的传导效应,对违反规定未及时交存法定存款准备金的地方法人机构约见其高管谈话,并予以行政处罚。以推广直接融资工具为突破口,帮助企业拓宽融资渠道,其中奇瑞汽车成功首发中期票据18亿元,海螺集团续发中期票据50亿元,芜湖市成功发行地方债30亿元。灵活运用再贴现工具,在全省率先启动商业承兑汇票贴现再贴现业务,重点支持农村金融机构服务“三农”、满足中小金融机构流动性需求。认真做好辖内农村信用社改革及专项票据后续监测工作,稳步推进南陵县联社改革。

【金融运行】　2010年,芜湖市金融业总体运行平稳,银行业存贷款余额双双首次突破千亿元大关。

截至2010年末，全市金融机构本外币各项存款余额1 238.28亿元，较年初增长266.76亿元，同比增长27.5%，增幅回落5.5个百分点。其中人民币存款余额1 213.17亿元，较年初增长259.48亿元，同比增长27.25%。全市金融机构本外币贷款余额1 051.23亿元，较年初增长241.34亿元，同比增长29.80%，增幅回落13.79个百分点。其中人民币贷款余额1 033.45亿元，较年初增长228.62亿元，同比增长28.41%。信贷运行的特点为：一是中长期贷款增速高位回落，短期贷款增速明显加快；二是贷款投向与产业发展高度吻合，先进制造业和现代服务业均得到重点支持；三是薄弱环节信贷机制创新有所突破，全年累计向个人发放小额担保贷款7 355万元，向小企业发放小额担保贷款2 540万元；四是流动资金贷款票据化倾向显著减弱，面对年内6次上调准备金率、2次加息等宏观调控政策，商业银行主动适应调控要求，通过收缩票据业务来调节信贷结构和总量；五是外币贷款一改上年颓势大幅增加，增幅达262.17%。

【金融市场】　2010年，受宏观政策环境和证券投资者更为理性等多重因素影响，辖区证券机构交易量同比小幅下降，全市6家证券机构交易金额为1 034.6亿元，同比下降7.7%。全市新增上市公司2家，总数达到8家。直接融资29.6亿元(其中首发融资11.0亿元，增发融资18.6亿元)，8家公司累计募集资金171.3亿元，直接融资总量大幅提升，年末全市上市公司总市值为1 391.4亿元，同比增长30.5%。全市保险业稳健发展，保费收入持续增长，财险保费跃居全省第三，经营效益逐步回升。保险机构规模继续扩大，全市保险机构26家，其中，财险15家，寿险11家。当年新增2家机构，分别是人保寿险和平安养老险公司。全年累计实现保费收入23.00亿元，同比增长14.71%. 其中，财险实现保费收入8.17亿元，增长39.9%，高出全省平均增速10.6个百分点；寿险实现保费收入14.83亿元，增长6.33%。全市各类保险赔付金额5.91亿元，同比增加0.21亿元；其中，财险赔付4.35亿元，增长10.4%。

【金融改革】　2010年，芜湖市银行业改革步伐加快、发展迅速，规模和效益双双提升，全市18家银行业资产总额同比增长28.7%，其中国有商业银行资产份额最大，占全部银行业资产总额的47.5%；农村金融机构因受扬子农商行增资扩股影响，规模增长最快，资产总额同比增长50.0%。全年利润总额再创历史新高，达23.36亿元，同比增盈4.9亿元。此外，为加强融资平台贷款风险防控，商业银行主动将政府融资平台贷款调整为次级类，全市银行业不良贷款余额由此增加了1.5亿元，剔除这个因素的影响，全市不良贷款较上年末减少0.60亿元，不良贷款率下降0.15个百分点，一个多元化、多层次、充满活力的银行业发展格局逐步形成。主要表现在：股份制银行队伍不断壮大，兴业银行、光大银行相继在芜开业；各类银行纷纷增设县域网点，县域各类银行机构达12家；农村金融改革进一步深化，全省第一家由国有大型银行发起成立的村镇银行——安徽繁昌建信村镇银行正式开业；扬子农商行完成增资扩股工作，股本由1.6亿元增至10亿元，实现了战略转型和跨区域发展；南陵县联社筹建农村商业银行工作基本完成；国内首家离行式小企业金融服务专营机构——招商银行小企业信贷中心设立芜湖分中心，累计已有9家银行在芜设立小企业专营机构。

【金融创新】　出台《芜湖市金融支持低碳经济发展的专项信贷指导意见》，着力强化金融支持低碳经济发展的政策环境，促进产业结构优化和经济增长模式转变。以推动重大战略部署有效实施为着力点，协助承办皖江城市带承接产业转移示范区建设银企对接会，制定《金融支持芜湖率先加快皖江城市带承接产业转移示范区建设实施意见》并由市政府批转全市执行。继续推动再就业小额担保贷款发放工作，联合相关部门出台《进一步推动芜湖市小额担保贷款工作意见》，在扩大贷款收益人群范围、提高财政贴息比例、完善贷款管理和灵活运用多种贷款模式等六个方面做了创新和探索。以金融产品和服务方式创新为切入点，推动金融服务水平的提升，发放首笔注册商标专用权质押贷款，全市新设立小企业金融服务分中心2个，创新小企业简式快速贷款、林权抵押贷款、农户联保贷款、贴现流程改造、企业循环通等金融产品43个，创新产品贷款余额达30多亿元，有8家金融机构改进信贷流程，平均审批时间缩短10天。

【外汇管理】　充分发挥外汇管理对加快皖江城市带承接产业转移示范区建设的作用，在省内率先出台《关于支持芜湖皖江城市带承接产业转移示范区建设的外汇管理实施意见》，积极建议争取跨境人民币结算试点等优惠政策。继续推行出口自动核销管理模式，积极引导和辅导辖区4户出口额较大、核销量较多且全额收汇的出口企业申请出口自动核销资质，帮助企业简化核销程序、节约财务成本；帮助奇瑞汽车公司申请“外汇资金集中运营”业务，实现该业务在全省的“零突破”；继续深入三县四区及各工业园区和部分重点外商投资企业开展“进区”、“上门”年检服务；制定《芜湖市中心支局重点企业外汇监测制度》，掌握辖区外向型经济承受力和贸易投资发展趋势；出台《芜湖市会计师事务所执行外汇管理政策情况考核评价暂行办法》、与全市各外汇银行签订《依法合规经营外汇业务责任书》，提高各单位执行外汇管理政策的自觉性；开展国际收支现场核查和外汇业务经营情况现场检查，增强涉汇主体依法合规经营意识。

（曹义锋）

芜湖市主要经济金融统计

（2006—2010年）　　单位：亿元

项　目	2006年	2007年	2008年	2009年	2010年
国内生产总值	480.03	581.12	749.65	902.00	1 108.63
第一产业(增加值)	30.71	32.00	39.44	41.80	49.20
第二产业(增加值)	268.64	337.97	454.36	565.02	722.63
第三产业(增加值)	180.68	211.15	255.85	295.20	336.80
全社会固定资产投资	287.22	435.78	614.95	900.69	1 220.10
地方财政收入	34.15	43.91	54.39	69.41	94.84
地方财政支出	52.02	66.34	84.31	104.68	144.54
社会消费品零售总额	139.72	165.83	203.20	241.51	287.45
居民消费价格指数(以上年为100)	101.20	105.30	106.60	99.20	103.80
进出口总额(亿美元)	8.70	16.80	20.36	14.28	26.10
进　口(亿美元)	2.22	4.49	5.16	5.33	9.41
出　口(亿美元)	6.48	12.31	15.20	8.95	16.69
全部金融机构各项存款(余额)	468.36	593.62	730.25	971.23	1 238.28
企业存款	152.50	205.73	233.10	397.39	510.03
财政存款	5.34	10.20	10.43	14.55	17.37
城乡储蓄存款	240.19	268.67	345.71	409.23	485.62
全部金融机构各项贷款(余额)	383.83	456.34	564.05	809.90	1 051.23
短期贷款	163.88	187.06	240.88	290.04	378.52
中长期贷款	166.42	221.50	251.66	434.08	635.07
现金投放(+)回笼(−)	−29.30	−28.99	−25.04	−26.08	−23.69
全部保险机构保费收入	9.04	10.31	14.73	20.05	23.00
全部保险机构保险赔款支出(含满期给付)	1.81	3.08	5.75	5.69	5.91
全部保险机构保险密度(元/人)	394.71	447.37	638.24	871.45	1 006.10
全部保险机构保险深度(%)	1.88	1.77	1.96	2.22	2.10

注：全部金融机构各项存款、贷款余额的七项数据为本外币并表统计数(含外资金融机构)。

4. 铜 陵 市

【经济概况】 2010 年，铜陵市全面落实国家各项宏观调控政策措施，积极应对国内外复杂多变的经济金融形势，经济实现了持续平稳健康发展。全年实现地区生产总值 466.6 亿元，按可比价计算增长 17.1%。实现进出口总额 34.1 亿美元，较上年同期增长 52.6%。实际利用外资 3.2 亿美元，比上年同期增长 22.3%。固定资产投资增长 30.8%，投资总额达 362 亿元。实现财政收入 88.6 亿元，同比增长 26.5%。人均财政收入突破万元，达到 11 970 元，跃居全省首位。安排财政支出 57.6 亿元，同比增长 22.4%。新批外资企业 5 家，全年实际利用市外内资突破 260 亿元。完成境外投资 6.5 亿美元，位居全省第一。城乡居民收入稳步增加。2010 年，全市城镇居民人均可支配收入 18 690 元，增长 11.5%。人均消费性支出 12 877 元，增长 27.3%。恩格尔系数为 35.3%，比上年下降 7.2 个百分点；农民人均纯收入 6 940 元，增长 12%。消费平稳旺盛，全年实现消费品零售总额 99.2 亿元，增长 19.1%。

【货币政策】 2010 年，中国人民银行铜陵市中心支行全面贯彻执行适度宽松的货币政策，不断增强金融对辖区经济社会发展的支撑作用。一是积极争取地方党委政府对人民银行工作的重视和支持，创新货币政策传导机制，正确引导社会公众预期，面向金融机构、社会公众开展不同形式的政策解读和宣传，营造了良好的货币政策执行环境。二是引导金融机构保持信贷投放适度增长，进一步优化信贷结构。信贷投放保持适度增长。年末，全市金融机构本外币各项存款余额 410 亿元，比年初增加 60 亿元，增长 17%；本外币各项贷款余额 437 亿元，比年初增加 105 亿元，增长 32%。信贷结构不断优化，对中小企业、县域经济、“三农”及弱势群体的信贷投入大幅增长。三是加强货币政策工具管理，发挥政策工具的调节作用。对存款准备金率调整开展快速调查，定期开展非现场监测和现场检查。注重发挥再贴现的引导和扶持功能，全年共办理再贴现 4.65 亿元，是上年的 7.59 倍。

【金融运行】 2010 年，铜陵市各金融机构紧紧围绕“稳增长、调结构、防通胀”的主要任务，认真贯彻落实适度宽松的货币政策，努力保持信贷投放平稳适度增长。各项存款稳定增长。年末，铜陵市金融机构本外币各项存款余额 410.3 亿元，同比增长 17.2%。全年新增金融机构人民币企业存款 27.13 亿元，同比少增 5.69 亿元，其中企业活期存款占比高达 71.3%。全年金融机构新增储蓄存款 23.8 亿元，同比多增 0.5 亿元。

全市金融机构本外币各项贷款余额 437.0 亿元，同比增长 30.5%，增速高于上年末 9.2 个百分点，新增贷款 104.9 亿元，首次迈过“百亿元”关口。金融机构人民币短期贷款同比增长 34.5%，增速较上年末提高 10.3 个百分点，有效满足了企业流动资金需求。人民币中长期贷款同比增长 29.4%，中长期贷款增速适度回稳，有利于信贷期限结构优化。外汇贷款余额 7.33 亿元，同比大幅增长 159.62%，同比多增 2.43 亿元。铜陵作为安徽省外向程度较高城市，金融机构积极支持企业实施“走出去”战略，2010 年发放铜陵有色并购贷款 1.6 亿美元，有力支持有色行业境外收购资源矿产。

银行业金融机构资产规模快速扩张，年末资产总额达 516.7 亿元，同比增长 29.0%；信贷资产质量和抵御风险能力进一步提升，年末不良贷款率为 0.9%，较年初下降 0.1 个百分点；盈利水平进一步提升，累计实现税后利润 7.63 亿元，同比上升 16%。

【金融市场】 2010 年，铜陵市融资总量持续扩大，直接融资占比提高。全市非金融机构部门（包括住户、企业）融资总额为 135.3 亿元，同比增长 46.0%，直接融资占比达到 22.5%，较上年上升 6.3 个百分点。铜陵市证券市场参与主体快速增长，全年投资者新开户 6 183 户，同比增长 27%，实现证券交易额 540.2 亿元，交易规模与上年基本持平。全年实现营业利润 0.8 亿元，同比下降 19.0%。截至年末，辖区 6 家上市公司总市值 368.5 亿元，同比下降 6.9%，实现净利润 8.0 亿元，同比增长 38.3%。年内上市公司通过发行可转换债券和非公开发行新股，成功募集资金 30.4 亿元，市场融资功能进一步增强。

2010 年末，铜陵市辖内共有各类保险机构 12 家，其中财产保险公司 7 家，人寿保险公司 4 家，核准从事保险兼业代理的机构 1 家。全年实现保费收入 9.2 亿元，同比增长 18.0%；保险业赔款和给付支出 2.7 亿元，同比增长 38.0%，保障功能进一步提升。地方特色农产品——生姜种植业保险试点在辖区启动，截至年末，生姜保险保障面积达 854 亩，切实保障了农民经济利益。

【金融创新】 金融产品与服务创新实现新突破。2010 年起草了《关于进一步加强铜陵市金融创新的实施意见》，并由市政府印发，引导金融机构积极开展组织、服务、产品创新；全年通过金融超市开展了 12 次政银企对接活动，自行研发的网络金融超市系统正式上线运行并在全省推广应用。创新金融统计服务方式，强化统计信息共享力度，促成辖内全部 12 家银行业金融机构签订《金融统计信息共享协议》。推动建立铜陵市社会信用体系建设联席会议制度，加强征信平台建设。开展“重合同、守信用企业”、“纳税人信誉等级”等系列诚信评审活动，充分发挥诚信典型的示范带动作用。积极推进中小企业集合票据发行；金融 IC 卡全国试点工程顺利起步，“刷卡无障碍”示范区工作扎实推进，示范区 POS 机、特约商户、刷卡量大幅增长。

【金融服务】 2010 年，铜陵有色财务公司顺利组建，农村新型金融机构设立取得突破性进展，首家村镇银行铜源村镇银行挂牌营业，小额贷款公司增至 8 家，对完善农村金融组织体系和改进农村金融服务产生了积极影响；全年全市 14 家融资性担保公司，共提供贷款担保 34.8 亿元，同比增长 88.0%，7 家典当行，累计典当 3 101 笔，金额 22.8 亿元，这些微小金融机构以灵活的融资方式为中小企业发展补充注入了活力。不断提升经理国库水平，在全省率先建立业务监管登记簿和标准化监管模式。继续扩大财税库银横向联网系统覆盖面，解决了事业单位社会保险基金集中支付代扣问题。合理安排发行基金调拨，全年共安排发行基金调拨 10 次，金额 31.28 亿元。加大残损人民币销毁力度，全年完成 1.44 亿元残损人民币销毁任务，发行基金累计投放 39.09 亿元，累计回笼 22.98 亿元，净投放 16.11 亿元，实现全年业务无差错。

（何向红）

铜陵市主要经济金融统计

（2006—2010 年）

单位：亿元

项　　目	2006 年	2007 年	2008 年	2009 年	2010 年
国内生产总值	243.55	286.83	325.31	343.7	466.6
第一产业（增加值）	7.04	7.78	8.43	8.99	9.6
第二产业（增加值）	163.14	194.32	218.32	233.29	339.5
第三产业（增加值）	73.37	84.73	98.56	101.44	117.5
全社会固定资产投资	92.37	118.70	175.03	282.94	362.26
地方财政收入	13.92	17.91	23.79	33.05	88.64
地方财政支出	20.12	26.28	34.89	47.09	57.63
社会消费品零售总额	48.64	57.16	70.63	83.82	99.15
居民消费价格指数（以上年为 100）	100.42	104.7	106.11	101.2	103.0
进出口总额（亿美元）	22.01	29.24	34.72	22.15	34.11
进　口（亿美元）	17.08	27.20	32.80	20.38	31.14
出　口（亿美元）	4.93	2.04	1.92	1.77	2.97
全部金融机构各项存款（余额）	192.12	230.56	266.08	350.01	410.27
企业存款	62.58	90.53	85.77	117.14	143.08
财政存款	3.15	1.18	1.17	2.22	2.17
城乡储蓄存款	109.02	115.46	146.48	169.75	193.49

（续表）

项　目	2006 年	2007 年	2008 年	2009 年	2010 年
全部金融机构各项贷款(余额)	187.25	209.75	254.49	332.16	437.01
短期贷款	85.10	99.48	100.79	127.05	172.36
中长期贷款	80.37	100.63	135.65	164.04	224.45
现金投放(+)回笼(−)	10.49	12.89	14.18	11.89	12.20
全部保险机构保费收入	4.61	4.71	7.5	7.8	9.19
全部保险机构保险赔款支出(含满期给付)	1.39	0.85	2.3	1.9	2.68
全部保险机构保险密度(元/人)	664	672	1 014	1 050	1 242
全部保险机构保险深度(%)	1.97	1.64	2.3	2.3	1.97

注：全部金融机构各项存款、贷款余额的七项数据为本外币并表统计数(含外资金融机构)。

5. 安　庆　市

【经济概况】 2010 年，安庆市大力实施“工业强市”战略，全面推进新型工业化进程，经济运行质量明显提高，经济社会向好势头进一步巩固。全年实现地区生产总值 988.11 亿元，增长 13.6%。

一是三大需求快速增长，协调性不断增强。(1)投资需求强劲。全社会固定资产投资完成 809.4 亿元，同比增长 34.6%。其中，城镇固定资产投资完成 724.1 亿元，同比增长 36.2%；农村固定资产投资 85.3 亿元，增长 22.1%。(2)消费需求持续上升。2010 年，城镇居民可支配收入 15 147 元，同比增长 12.6%；社会消费品零售总额 338.7 亿元，同比增长 19.2%。农村市场实现零售额 108.6 亿元，同比增长 18.9%，与城镇消费增速的差距缩小到 0.4 个百分点。(3)进出口快速增长，进口占比提高。2010 年，累计进出口总额 6.81 亿美元，同比增长 36.6%。其中进口 1.75 亿美元，占进出口的比重达到 25.7%，较上年同期提高 3.6 个百分点。出口 5.06 亿美元，同比增长 30.4%。2010 年新登记外商投资企业 14 家，比 2009 年减少 8 家。总投资在 500 万至 1 000 万美元的企业达到了 5 家。境外直接投资 237.37 万美元，同比增长 31.57%。

二是三次产业平稳发展，产业结构趋于优化。2010 年，工业生产快速增长，全年规模工业完成现价产值 1 349.4 亿元，同比增长 43.7%；规模工业累计实现工业增加值 368.6 亿元，同比增长 25%；规模工业工业品产销率为 98.5%，同比提高 1.3 个百分点。工业经济的快速增长促进了经济结构的调整，结构由 1978 年的 44 ∶ 37.6 ∶ 18.4调整为 15.7 ∶ 53 ∶ 31.2，逐步由农业大市向新型工业化城市迈进。

三是居民收入水平提高，但是物价指数上升明显。(1)就业形势基本稳定，劳动者报酬稳步提高。2010 年，全市城镇登记失业率维持在 4.5%以内；在岗职工平均工资 28 029 元，同比增长 14.9%，涨幅超过 GDP。(2)居民消费价格涨幅高于全国。受资产价格持续上涨和特大洪涝灾害等因素影响，CPI 涨幅高于全国及全省水平。全年 CPI 上涨 3.6%。(3)生产价格向消费价格传导压力减轻。下半年 PPI 涨幅有一定回落，由 6 月份的 12.8%降至年末的 12.4%，与 CPI 之间的差距不断缩小，对物价的上行压力大大减轻。

【货币政策】 一是多途径引导银行机构加大有效信贷均衡投放。制定并实施《关于继续贯彻适度宽松货币政策，持续促进安庆市经济又好又快发展的意见》，提出 32 条工作意见，促进了信贷投放速度、结构、节奏的优化。二是发挥金融调结构促转型的杠杆作用。积极引导银行机构加大对承接产业转移示范区建设的支持力度，助推自主创新和产业升级。构建“银环联动机制”，多次建议银行机构对环保不达标的企业暂停新增授信，防控风险。严格落实房地产信贷政策，积极引导住房消费，控制投机性购房信贷需求。三是组织举办了第八届银企洽谈会，达成意向性贷款项目537项，金额160.01亿元，创历史最好水平。

【金融运行】 2010年，全市银行业继续保持健康、快速发展态势，资产规模增长20.6%，不良贷款实现"双降"，实现利润13.1亿元，同比增长20.2%，呈现规模和效益稳步提高的良好态势。

(1)存款稳步增长，活期化趋势明显。2010年，全市本外币存款余额1 156亿元，当年新增210.1亿元，同比增长22.3%，增幅较上年末下降2.8个百分点。从结构看，企业存款、储蓄存款分别同比增长27.3%、17.7%。从期限看，活期、定期存款当年分别新增86.4亿元、77.2亿元，存款活期化趋势明显。

(2)贷款增量创历史新高，信贷结构持续优化。2010年，全市本外币各项贷款余额555.9亿元，同比增长23.7%，同比多增1.5亿元，创历史新高。其中，人民币贷款余额547.1亿元，当年新增106.1亿元。贷款期限结构改善，中长期贷款、短期贷款分别同比增长29.9%、20.7%，个人消费快速增长，全市个人贷款当年新增36亿元，其中个人消费贷款增加27亿元。全市发放农户贷款11.6亿元，个人经营性贷款2.3亿元，中小企业贷款51.5亿元，其中中小企业贷款增长24.8%，高于各项贷款增幅1.3个百分点。

(3)地方金融改革加速推进。地方法人金融机构改革持续推进，成效显著。怀宁农村信用联社改制组建成立农村合作银行；太湖、望江、潜山、枞阳4家农村信用联社改制组建成立农村商业银行的工作有序进行。桐城江淮村镇银行运行情况良好，枞阳泰业村镇银行正加速组建。安徽省第一家经银监部门批准设立的太湖县小池镇银燕农村资金互助组织于2010年9月正式成立，目前已给273户发放贷款366.9万元。

【金融市场】 证券市场波动较大，经营期待突破。2010年证券市场整体较为疲软，市场交易较为平淡，全市共有证券营业部4家，新增国泰君安证券人民路营业部。证券从业人员基本保持稳定，至年末共计81人，较2009年增加19人。证券交易量588.7亿元，同比下降24%；证券机构资产总额12.4亿元，同比下降19.4%；全年实现营业收入11 621.86万元，同比下降34%；实现利润8 813.3万元，同比下降38.3%。

保险业稳步发展，经济补偿功能增强。2010年保险市场继续保持平稳发展态势，市场规模有所扩大，市场竞争日趋合理，市场管理日益规范，基本发挥了保险的风险补偿功能。全市保险公司机构数达25家，其中寿险15家，财险10家；资产总额达59.5亿元，同比增长28.7%，实现保费收入32.8亿元，保险赔付支出7.7亿元。

债券交易有所回落，票据总量、贴现双减。2010年，全市柜台记账式国债交易业务有所回落，全年柜台交易买入9笔、2.4万元，交易卖出11笔、6.7万元；发行凭证式国债共4期，累计发售16 068.4万元；全市发行储蓄国债(电子式)共8期，累计发售8 184.3万元。全市商业汇票余额42.4亿元，累计发生额93.4亿元，比2009年减少15.6亿元。其中，交通银行、农村法人金融机构同比增加5.0亿元、11.7亿元，其他金融机构同比减少。贴现业务总额减少。贴现余额10.9亿元，累计发生额64.7亿元，比2009年减少14亿元。

【金融创新】 2010年全市范围内组织开展了八大金融服务创新活动，有效提升了金融服务效能。探索设立"农汇通"工程教育培训示范基地，举办"宣扬农汇通工程 评选十佳百佳"支付结算业务竞赛活动，改善了农村支付结算环境；进一步严格商业银行存取款预约管理制度，顺利完成安徽省发行基金整袋交接试点行工作任务；实施"百镇、千村、万户"工程，扩大反假货币工作站设立范围和反假宣传覆盖率；推进国库畅通工程，制定实施《银行业金融机构代理国库业务分类评级管理办法》，加强国债市场监管；在全省率先推行涉汇主体分类管理与服务，促进规范经营管理，大力优化进出口环境；积极推动科技成果转化，自主开发的中国人民银行干部职工思想状况调查分析系统在全国推广应用；研发的信贷政策导向效果分析评估系统、反洗钱非现场评估系统、农村信用信息服务平台先后在全省推广应用；充分发挥金融学会和钱币学会在交流、普及金融文化中的独特作用。

(朱　波　操基平)

安庆市主要经济金融统计

（2006—2010年） 单位：亿元

项 目	2006年	2007年	2008年	2009年	2010年
国内生产总值	494.19	593.51	704.72	802.7	988.11
第一产业(增加值)	94.38	113.93	134.21	142.7	155.55
第二产业(增加值)	208.92	249.14	299.07	373.3	523.99
第三产业(增加值)	190.89	230.44	271.44	286.6	308.57
全社会固定资产投资	226.59	341.7	439.2	601.6	809.4
地方财政收入	45.27	58.16	66.43	96.24	121.09
地方财政支出	62.32	82.5	111.97	139.96	161.2
社会消费品零售总额	167.57	198.07	241.76	287.9	338.7
居民消费价格指数(以上年为100)	102.03	106.35	107.2	98.6	103.6
进出口总额(亿美元)	2.82	3.71	5.32	4.98	6.81
进 口(亿美元)	0.61	1.17	1.84	1.11	1.75
出 口(亿美元)	2.21	2.54	3.48	3.88	5.06
全部金融机构各项存款(余额)	507.33	607.88	755.33	944.9	1 155.99
企业存款	91.81	119.7	137.4	193.6	246.46
财政存款	8.1	9.35	12.97	17.9	32.99
城乡储蓄存款	350.93	405.21	508.18	608.3	716.08
全部金融机构各项贷款(余额)	313.01	341.65	345.17	449.5	555.94
短期贷款	194.58	224.46	206.55	232.86	279.39
中长期贷款	93.17	98.99	121.78	199.37	258.42
现金投放(+)回笼(−)	−56.05	−70.94	−82.68		−94.9
全部保险机构保费收入	12.69	15.95	22.4	32.5	32.8
全部保险机构保险赔款支出(含满期给付)	4.06	7.04	8.07	6.7	7.7
全部保险机构保险密度(元/人)	209.9	257.82	309.38	527.7	532.8
全部保险机构保险深度(%)	2.58	2.65	2.72	4.05	3.32

注：全部金融机构各项存款、贷款余额的七项数据为本外币并表统计数(含外资金融机构)。

6. 池 州 市

【经济概况】 2010年，池州市实现地区生产总值300.8亿元，增长16.1%，增速比全国高5.8个百分点，比全省高1.6个百分点，在全省17个市中居第四位，为1997年来的最好水平；人均生产总值达到2.1万元，超过3 000美元，标志着全市经济增长进入了新的发展阶段。分产业看，第一产业实现增加值45.7亿元，增长4.2%；第二产业实现增加值140.2亿元，增长24.0%；第三产业实现增加值114.9亿元，增长12.4%。全市652家规模以上工业企业完成增加值84.9亿元，增长29.1%，增速居全省第4位。全市完成固定资产投资356.9亿元，同比增长37.8%，增速比全省高4.2个百分点，居全省第8位。全年实现社会消费品零售总额91.2亿元，增长19.2%，增速居全省第3位。全市进出口总额21 112万美元，增长7.3%，增速回落，居全省第16位。其中，出口9 733万美元，增长38.2%；进口11 379万美元，下降9.9%，较上年大幅回落。全年实际利用外资16 167万美元，同比增长20.8%，其中外商直接投资15 152万美元，增长29.2%。全市财政总收入43.4亿元，增长30.7%，位居全省第13位，其中地方财政收入31.2亿元，增长29.5%。财政支出65.8亿元，增长27.6%，其中教育、医疗卫生、社会保障和就业、住房保障、城乡社区事务等五项民生支出占财政支出的比重达到40.6%，民生支出增加增强了政府的服务功能，提高了居民的生活质量。2010年全市城镇居民人均可支配收入15 997元，增长12.7%，增速居全省第5位；全市农村居民人均纯收入5 827元，增长17.6%，增速居全省第6位。城乡居民人均储蓄存款余额12 449元，比上年增长17.9%。城乡居民恩格尔系数分别为40.2%、46.7%，较上年下降0.3个百分点、2.9个百分点。

【货币政策】 一是加强“窗口指导”，有效释放政策信号。通过按月调度、监测，按季召开全市金融形势分析会，促进信贷投放。二是提请市政府制定了《关于金融支持中小企业发展的若干意见》、《关于进一步加强对小企业个体工商户和农户金融服务的意见》、《促进银行业金融机构支持经济发展考核奖励办法》等，引导金融机构合理均衡投放，保持信贷总量的增长与辖区经济社会发展水平相适应。三是有效搭建金融支持平台，实现银企对接的常态化。全年以组团对接、专题对接、按季对接等形式共组织4次银企对接会，参加企业总数972家，达成协议金额304亿元，其中合同金额85亿元。四是突出示范区、园区建设信贷支持主题，促进结构调整。举办了池州市首届大型“承接产业转移，创新金融服务”推介会。开展了“走进示范区、服务示范区”大型金融调研竞赛和主题论坛活动，为扎实推进池州市承接产业转移示范区建设献计献策。五是引导推动金融机构创新金融产品，加强对“三农”和中小企业等薄弱环节的信贷支持。推出了如采矿权抵押、仓单质押、商标权使用权质押、旅游经营权质押、林权、水面经营权担保抵押等适合此类企业需求的信贷产品。六是围绕“农村资金互助合作组”、“中小企业及自然人借贷状况”、“商贸物流发展”等20多个专题开展了调查研究，为金融支持地方经济发展提供了决策参考。

【金融运行】 2010年末，全市金融机构本外币各项存款余额366.17亿元，比年初增加78.9亿元，同比多增16.99亿元，增长27.11%。其中，人民币各项存款余额365.67亿元，比年初增加78.16亿元，同比多增17.05亿元，增长27.18%。信贷高速增长。全市金融机构本外币各项贷款余额248.05亿元，比年初增加76.41亿元，同比多增27.72亿元，增长44.52%。其中，人民币各项贷款余额247.69亿元，比年初净增加78.20亿元，同比多增31.62亿元，增长46.14%。从贷款结构看，中长期贷款继续引领各项贷款强劲增长，全年中长期贷款占全部新增贷款的81.13%，同比多增19.59亿元，有效满足了全市重点工程和项目等中长期建设资金的需求。短期贷款增幅明显，全年短期贷款占全部新增贷款的16.15%，有效满足了单位及个人的短期资金需求。票据融资明显增加，全市金融机构票据融资占全部新增贷款的2.72%，对缓解中小企业融资难，加速企业资金周转，降低企业融资成本等方面发挥了重要促进作用。现金收支净回笼。2010年，全市金融机构现金累计收入577.3亿元，增长19.4%；累计支出现金573.5亿元，增长19.2%；收支相抵净回笼3.8亿元。全年全市跨境外汇收入13 270万美元，较上年同期增加4 534万美元，增长51.2%；跨境外汇支出11 026万美元，同比减少483万美元，下降4.21%。外汇收支相比顺差2 244万美元，与上年同期逆差2 773万美元相比，呈现明显反差。池州市银行业金融机构资产负债规模不断扩大。年末，资产总额达到415亿元，较年初增加97亿元，增长30.35%。不良贷款余额8.2亿元，较年初减少0.5亿元；不良贷款率3.35%，较年初下降1.3个百分点。池州市银行业金融机构累计盈利4.68亿元，同比增加1.98亿元，增长73.04%。

【金融市场】 金融市场平稳发展，直接融资有新突破。票据市场交易稳定增长，票据市场利率升幅较大。全年累计签发银行承兑汇票6.1亿元，比上年增加4.8亿元；全年累计贴现19.9亿元，比上年增加1.2亿元，年末余额为3.4亿元。2010年贴现利率明显回升。贴现利率变化在3.6%—4.3%之间。民间借贷逐渐活跃。随着下半年货币政策由适度宽松转向稳健，各银行贷款趋紧，民间融资较为活跃。据20户企业监测，2010年下半年发生的民间借贷无论是金额、笔数较上半年以及上年同期都有较大幅度的上升，加权平均利率为11.78%，比上年同期增加2.63个百分点。引进股权投资实现历史突破，企业上市工作进程加速。“皖江九州产业转移发展基金”和“池州市宏基创业发展投资基金”相继设立，首期基金规模分别为人民币6.66—13.32亿元和人民币1亿元。企业上市辅导工作积极推进，邀请专家对有上市潜力、成长性好的15家中小企业高管进行了培训。与美国纽约国际集团就池州市企业海外上市及融资事宜达成多项协议。保险业平稳增长。2010年末,全市保险机构14家。全年保费收入9.47亿元,较上年增长2.4%。保费支出2.01亿元,较上年增长1.5%。证券业有了新的发展。2010年,全市证券业机构为2家,较上年新增国元证券一家。全市证券交易额为129.73亿元,较上年减少44.9亿元,下降25.8%。

【金融改革】 金融机构建设稳步发展,区域金融体系功能逐渐增强。2010年,九华农村商业行增资扩股,股本达6亿元;由九华农村商业银行发起的青阳九华村镇银行创立大会召开,由民生银行发起的贵池民生村镇银行签约并正式筹建。2010年12月末,全市有5家担保机构担保余额11.57亿元,担保放大比例达6.05倍。新设立融资性担保公司3家,注册资本总额达3亿元。小额贷款公司申请筹建21家,批准17家,开业10家,总体注册资本超过6亿元,其中恒生小额贷款公司注册资本达1亿元。12月末,累计发放贷款总额4.1亿元。

【金融创新】 金融创新凸显特色,创新能力持续增强。一是以"宣传六进"为手段,创新金融宣传方式。通过金融宣传进社区、进课堂、进农村、进网络、进报刊电视、进机关等,扩大货币政策、支付结算、人民币反假、外汇、征信、国债等金融业务知识的宣传效果。二是以实用有效为原则,创新金融产品。适时推出了助保金、四方担保协议等特色鲜明的金融产品。通过池州市金融创新产品推介会等活动,陆续推行了采矿权抵押、仓单质押、商标权使用权质押、旅游经营权质押、林权、水面经营权担保抵押等金融产品,拓宽了企业融资渠道。三是突出重点,创新金融服务手段、方式。全市银行业金融机构以"承接产业转移,创新金融服务"为主题,开展了全市金融优质服务专题竞赛和推介活动,突出创新成果,营造创新氛围。推出了"征信QQ群"贷款卡年审网上服务。

【金融服务】 一是以服务"三农"为宗旨,深入开展"农汇通"工程建设。面向农村地区大力发放"惠农卡"、"金农卡"、"绿卡"等,推动涉农补贴资金"折改卡"进程。全市共有92个农村合作金融机构网点接入中国人民银行现代化支付系统,参与者获准申请的覆盖面达到100%。加强"刷卡无障碍街区"建设,成功建成7条"刷卡无障碍一条街","九华山风景区"被评为国家级无障碍刷卡景区。县域公务卡在辖内19家单位得到了广泛推广。二是推进支票影像交换业务的发展,提高了清算服务水平。三是以强化沟通机制为平台,增强反洗钱监管合力。通过与各金融机构签订《反洗钱工作责任书》,按季召开联席会议,宣传和竞赛活动等,加强了反洗钱部门协作。四是以加快国库电子信息化建设为抓手,服务地方经济发展。开辟了国债宣传"常设阵地",并在辖内石台县建立了全省首家国债宣传站。努力扩大国库横向联网成效。确保直拨资金即时到账,进一步提高财政资金的运转效率。五是以夯实基础为根基,提升货币金银管理水平。通过科学调拨,确保了现金合理供应。成功举行了安徽省反假货币电子化考试试点工作,作为安徽省唯一单位参加了国务院反假货币联席会议办公室的经验交流会。六是强化金融统计人员培训考核,实行规范化制度管理。七是建立了池州市社会信用体系建设联席会议制度,优化金融生态环境。八是围绕外汇管理各项政策调整,注重外汇管理理念和方式的转变,全方位提供贸易便利化外汇服务。取消了企业进口省内异地付汇备案手续。进一步简化贸易信贷登记,放宽额度限制,提高了企业流动资金使用效益。推行了网上外汇年检。

(周玉钦)

池州市主要经济金融统计

(2006—2010年)

单位:亿元

项　　目	2006年	2007年	2008年	2009年	2010年
国内生产总值	141.38	175.82	213.72	245.59	300.80
第一产业(增加值)	27.26	33.76	39.20	40.98	45.70
第二产业(增加值)	52.55	66.92	83.70	104.29	140.20
第三产业(增加值)	61.57	75.14	90.82	100.32	114.90
全社会固定资产投资	91.03	139.82	179.40	257.46	356.90

（续表）

项　目	2006年	2007年	2008年	2009年	2010年
地方财政收入	9.16	12.77	17.80	24.10	31.21
地方财政支出	21.98	28.87	40.04	51.54	65.80
社会消费品零售总额	45.50	53.64	66.50	79.18	91.20
进出口总额(亿美元)	0.74	0.66	1.09	1.97	2.11
进　口(亿美元)	0.17	0.11	0.39	1.26	1.14
出　口(亿美元)	0.57	0.55	0.70	0.71	0.97
全部金融机构各项存款(余额)	158.53	182.74	226.97	288.07	366.17
企业存款	29.61	38.54	47.99	70.52	102.65
财政存款	2.75	2.47	4.28	4.39	7.77
城乡储蓄存款	104.26	114.73	141.39	168.88	199.75
全部金融机构各项贷款(余额)	97.13	108.97	122.95	171.64	248.05
短期贷款	55.70	57.33	58.22	62.87	75.59
中长期贷款	40.16	47.04	59.04	103.01	166.35
现金投放(+)回笼(−)	4.26	4.48	2.71	−2.40	−3.74
全部保险机构保费收入	3.34	4.45	5.51	9.25	9.47
全部保险机构保险赔款支出(含满期给付)	0.56	1.31	1.76	1.98	2.01
全部保险机构保险密度(元/人)	212	281	346	579	590
全部保险机构保险深度(%)	2.57	2.84	2.86	3.77	3.15

注：1. 全部金融机构各项存款、贷款余额的七项数据为本外币并表统计数(含外资金融机构)。
2. 2006—2008年国内生产总值、三次产业增加值均按第二次经济普查数据进行了修订。

7. 滁　州　市

【经济概况】 2010年，滁州市实现地区生产总值695.65亿元，增长15.6%；外贸进出口总额9.13亿美元；固定资产投资703.43亿元，增长38.8%；完成地方财政收入50.53亿元，增长36.3%；社会消费品零售总额214.8亿元，增长19.1%；城镇居民人均可支配收入达15 104元，增长13.0%。

【货币政策】 2010年，滁州市金融机构按照“总量适度，节奏平稳，结构调整，风险防范”的总体要求和“有保有压”、“有扶有控”的信贷方针，认真贯彻执行适度宽松的货币政策，从加强货币政策宣传和舆情引导，引领信贷投放；加强银企合作和互动交流，拉动信贷投放；加强金融产品和服务方式创新，促进信贷投放；加强货币信贷政策效应跟踪和监测分析，改善信贷投放；加强金融改革和风险监测，增加和维护信贷投放；加强金融生态建设和创建考核，支撑信贷投放等方面狠下功夫，从而确保了在货币政策回归常态，严格的信贷规模控制和监管指标约束双重压力下，实现了全市货币信贷总量在上年大跨越、大发展的基础上，继续保持高位增长，新增贷款再超百亿元。一是加强和改进窗口指导，切实增强政策执行的灵活性和针对性。通过召开金融形势分析会、信贷调度会、金融座谈会以及新闻媒体宣传报道等多种形式，面向社会各界和公众加强对适度宽松的货币政策内涵的宣传解读和舆情引导。研究制定《滁州市金融支持承接产业转移示范区建设的指导意见》，引导银行业金融机构加大对示范区建设的金融支持力度，积极为示范区基础设施建设提供配套资金支持和金融服务。引导金融机构加大对符合国家产业政策的新兴产业、现代服务业、先进制造业、高新技术产业和节能减排行业的信贷支持力度，严格控制对高耗能、高排放行业和产能过剩行业的信贷投放。引导金融机构切实贯彻执行好"差别化"房贷政策,保障刚性住房需求及低收入居民基本住房需要,有效抑制投资性住房需求。引导金融机构认真贯彻落实支持下岗失业人员再就业、农民工返乡创业、妇女创业、大学生"村官"创业、贫困生助学贷款等一系列金融服务政策,加大对社会弱势群体的扶持,践行金融对社会发展的责任。二是深化政银企合作,有效衔接金融资源和信贷需求。以"小规模、多层次、重实效"为原则,先后牵头承办和协助有关部门组织开展了"2010年滁州市银企合作(项目对接)活动"、"第三届在皖股份制商业银行滁州行及项目对接活动"、"安徽省皖江承接产业转移示范区十市银企对接活动"、"2010年市直中小企业银企合作促进活动"以及"2010年滁州市进出口企业金融政策培训及银企对接活动"等多项银企对接活动。从方案设计、政策宣传、产品推介、融资洽谈、交流座谈、集中签约、成果跟踪、监督检查等方面精心组织,强力推进,在扩大合作规模、拓宽合作领域、提升合作层次、丰富合作内容、完善配套措施等方面取得了新的突破。三是灵活运用货币政策工具,引导信贷资源优化配置。密切关注中国人民银行加息和上调存款准备金率的政策效应,指导辖内银行业金融机构不断完善利率定价机制,发挥利率杠杆作用。充分发挥再贴现政策工具引导资金流量和结构调整的作用,促进对"三农"和中小企业融资的支持。认真贯彻落实"区别对待、有保有压、有扶有控"的信贷政策,建立银行业金融机构资金头寸和信贷投放旬度监测制度,及时跟踪把握信贷投向、投量及结构变化情况,引导银行业金融机构根据实体经济的融资需求,合理安排信贷投放的进度、节奏和重点,促进信贷均衡、有效投放。

【金融运行】 2010年末,滁州市全部金融机构本外币各项存款余额778.46亿元,较年初增加161.89亿元,增长26.26%;其中:人民币各项存款余额776.44亿元,较年初增加161.96亿元,增长26.36%。全部金融机构本外币各项贷款余额为482.47亿元,较年初增加92.53亿元、增长23.73%;其中:人民币各项贷款余额473.76亿元,较年初增加92.87亿元,增长24.38%。金融机构资产质量显著提高,不良贷款率同比下降2.62个百分点;经营效益持续增长,全年实现本外币结益12.66亿元,同比增长40.95%。全年实现保费收入21.64亿元,同比增加3.52亿元;各项保险赔付7.36亿元。

【金融创新】 金融机构围绕抵押质押类、联保担保类和信用类贷款等三大方面创新了一系列信贷产品,探索开展农村土地承包经营权、宅基地使用权、林权等抵质押贷款业务,先后推出"商标专用权"质押贷款、"绿之源"林权抵押贷款、应收账款质押贷款、新农村建设安置房贷款等。其中,商标专用权质押贷款融资额位居全省前列。滁州市政府批转了中国人民银行滁州市中心支行《关于加强金融生态环境建设保障金融业健康发展的指导意见》,并制定下发了《金融生态县(市)创建实施方案》,以金融生态县(示范县)创建活动为抓手,推动辖区金融生态环境建设深入开展。以"农村青年信用示范户"评选工作为切入点,授予114户农村青年为第一批"农村青年信用示范户",有效解决了农村青年创业贷款难问题。积极贯彻落实金融"国九条"精神,实现水利基金联网直缴国库,开通国库直接支付"农村五保户优抚金"、"库区移民扶持资金"、"农村最低生活保障金"业务。

(鲍庆群)

滁州市主要经济金融统计

(2006—2010年)

单位:亿元

项　目	2006年	2007年	2008年	2009年	2010年
国内生产总值	372.10	435.55	520.11	576.18	695.65
第一产业(增加值)	97.53	104.63	123.33	134.51	148.42
第二产业(增加值)	143.89	179.69	222.94	262.08	342.01
第三产业(增加值)	130.68	151.23	173.84	179.59	298.51
全社会固定资产投资	149.43	236.75	360.96	506.8	703.43

(续表)

项　　目	2006 年	2007 年	2008 年	2009 年	2010 年
地方财政收入	15.81	22.17	28.64	37.07	50.53
地方财政支出	42.76	61.95	83.69	105.95	127.09
社会消费品零售总额	107.48	126.24	154.39	183.62	214.8
居民消费价格指数(以上年为 100)	101.9	105.3	100.3	100.1	103.3
进出口总额(亿美元)	3.95	4.75	7.03	6.88	9.13
进　口(亿美元)	0.97	0.96	1.21	1.52	2.05
出　口(亿美元)	2.98	3.79	5.82	5.36	7.08
全部金融机构各项存款(余额)	329.04	377.69	472.61	616.57	778.46
企业存款	62.15	72.17	90.24	142.13	151.6
财政存款	6.85	10.47	11.02	16.39	31.0
城乡储蓄存款	218.55	239.68	304.17	353.34	418.76
全部金融机构各项贷款(余额)	241.88	268.60	283.12	389.94	482.47
短期贷款	180.52	197.47	195.80	237.59	267.42
中长期贷款	47.94	57.25	70.15	133.44	198.1
现金投放(+)回笼(−)	16.69	13.16	16.93	20.57	15.53
全部保险机构保费收入	9.36	10.88	14.82	18.12	21.64
全部保险机构保险赔款支出(含满期给付)	2.06	0.97	2.6	6.76	6.9
全部保险机构保险密度(元/人)	213.52	246.15	329	402.67	480.04
全部保险机构保险深度(%)	2.52	2.50	2.85	3.14	3.11

注:全部金融机构各项存款、贷款余额的七项数据为本外币并表统计数(含外资金融机构)。

8. 巢　湖　市

【经济概况】 2010 年,巢湖市实现地区生产总值 625 亿元,按可比价格计算,比上年增长 13.2%,较上年提高 0.8 个百分点。其中第一产业增加值 116.7 亿元,增长 4.7%,较上年下降 1.8 个百分点;第二产业增加值 307.7 亿元,增长 19.8%,提高 2.8 个百分点;第三产业增加值 200.6 亿元,增长 9.0%,下降 0.9 个百分点。三次产业的比重从 2009 年的 20.1∶45.9∶34 调整为 18.7∶49.2∶32.1。

(1)工业经济较快发展。全年实现工业增加值 226.1 亿元,同比增长 22.1%。年末规模以上工业企业 812 家,同比增加 156 家。全年规模以上工业企业实现业务收入 776.9 亿元,增长 51.5%。(2)固定资产投资呈现"高开稳走"的运行态势。全年完成固定资产投资 603.4 亿元,总量位于全省第 7 位,同比增长 38.2%,较上年提高 10.2 个百分点,增速位于全省第 5 位。其中,房地产开发全年完成投资 87 亿元,同比增长 44.5%,比上年提高 22 个百分点。(3)消费市场持续活跃。全年实现社会消费品零售总额 206.8 亿元,增长 19.0%。(4)对外贸易进一步回暖,利用外资情况较好。全年实现进出口总额 5.3 亿美元,同比增长 19.3%,较年初提高 21 个百分点。其中出口 4.3 亿美元,增长 29.8%。实际利用外资 3.3 亿美元,增长 32.2%,提高 7.7 个百分点。(5)财政收支超过预期,财政支出增幅回落。2010 年,全市实现财政收入 63.6 亿元,同比增长

21.1%，较上年提高4个百分点。全年财政支出104.6亿元，增长12.2%，同比下降11.2个百分点。(6)居民收入稳步增加。2010年，城镇居民人均可支配收入16 167元，农民人均纯收入6 332元，分别增长12.0%和20.1%，分别较上年提高1.3个和10.6个百分点。(7)物价水平有所回落。全年CPI累计上涨3.1%，同比提高4.7个百分点。全年PPI上涨7.8%，同比提高15.6个百分点。

【金融运行】 2010年，巢湖市金融机构紧密结合地方实际，认真执行国家金融调控政策，积极加大对经济发展的支持力度，整体运行健康平稳。

(1) 存款稳定增长，活期化程度继续加深。年末，金融机构本外币各项存款余额691.5亿元，比年初增加115.4亿元，同比多增11.6亿元；同比增长20.0%，较上年下降2个百分点。其中，企事业单位存款129.1亿元，增加35.7亿元，同比多增5.6亿元；增长32.3%，较上年下降12.5个百分点；年末活期企业存款余额占比为82.7%，较上年上升0.4个百分点。储蓄存款464.6亿元，增加58.4亿元，同比少增0.2亿元；增长14.4%，较上年下降2.5个百分点。年末储蓄存款中活期占比为31.9%，较上年提高2个百分点。

(2) 贷款增速加快：短期贷款占比下降，中长期贷款增速下降，个人消费贷款增速前升后降。年末，全市本外币各项贷款余额365.7亿元，同比增长25.6%，比上年提高2.3个百分点。其中，人民币各项贷款余额为363.7亿元，较年初增加74.3亿元，同比多增20.2亿元；同比增长25.7%，比上年提高2.7个百分点。外汇贷款余额3 049万美元，比年初增加649万美元，同比少增680万美元。

年末人民币短期贷款余额为183.7亿元，比年初增加28.5亿元，同比多增11.6亿元；同比增长18.4%，较上年末上升6.1个百分点。年末短期贷款余额占比50.5%，较上年下降3.1个百分点。中长期贷款余额为172.6亿元，比年初增加49.0亿元，同比多增12.3亿元；同比增长39.6%，较上年下降2.7个百分点。从行业分布看，新增贷款行业集中度较高。2010年，信贷投放主要投放到：制造业，水利、环境和公共设施管理业，批发零售、采矿业和农林牧渔业，合计新增贷款46.3亿元，占全部新增贷款的62.1%。年末个人消费贷款余额54.7亿元，新增22.7亿元，全年4个季度增速分别为68.5%、87.9%、86.6%和71.5%。

【货币政策】 2010年，中国人民银行巢湖市中心支行认真贯彻适度宽松的货币政策，积极引导金融机构落实“区别对待，有扶有控”的信贷政策，充分发挥货币信贷政策对经济结构转型升级和区域协调发展的引导作用，紧紧围绕皖江示范区和省会经济圈建设，加大对省“861”重点项目、七大支柱产业、节能减排和战略性新兴行业的信贷支持力度，积极支持产业转移，促进产业结构优化升级。适时对三家涉农贷款比例下滑的农村信用社进行政策提示，督促其增加涉农贷款投放。运用再贴现、再贷款政策工具，先后办理了再贴现5 750万元，发放支农再贷款19 000万元，引导金融机构加大对中小企业和“三农”的支持力度，中小企业、“三农”贷款持续增长，县域新增存款主要投放当地的做法取得成效，下岗失业贷款和助学贷款等民生金融影响力逐步扩大。全市贷款余额、贷款增量再创新高，增幅高出全省平均水平2.36个百分点，居全省第9位。

【金融创新】 2010年，人民银行巢湖市中心支行根据国家宏观调控政策取向，紧密结合辖内经济金融发展实际，加大“窗口指导”力度，引导金融机构立足于各自业务特色和优势，坚持贴近一线、贴近需求，在信贷产品、服务方式、授权授信、融资模式等各方面大胆创新，推出了无形资产质押、中小企业出口退税担保、小企业网银循环贷款等一系列切合实际的创新产品，更好地满足了不同层次的金融需求。举办了巢湖市企业直接融资知识培训班，积极做好无为县高新沟电缆企业集合票据发行的前期准备工作。庐江县农村信用联社创新“公司+农户”的信贷模式引起了国务院办公厅秘书二局关注，并在专题调研后给予了充分肯定。

【金融市场】 2010年，华安、国元巢湖证券营业部新开户5 858户，同比下降1 606户，证券交易额374.1亿元，同比下降25.9亿元。保险市场平稳发展，全年实现财险保费收入5亿元，同比增长22.6%；实现寿险保费收入18.7亿元，同比增长12.3%。保险密度和保险深度分别达520.4元/人和3.8%。

（高金刚）

巢湖市主要经济金融统计

(2006—2010年)

单位:亿元

项　目	2006年	2007年	2008年	2009年	2010年
国内生产总值	344.5	404	479.3	529.4	625
第一产业(增加值)	79.9	86.9	100.7	106.5	116.7
第二产业(增加值)	135.4	169.7	210.3	243	307.7
第三产业(增加值)	129.2	147.4	168.3	179.9	200.6
全社会固定资产投资	164.3	256.5	346.8	444	603.4
地方财政收入	13.3	18.8	25.6	30.9	39.3
地方财政支出	38.3	53.8	73.9	91.2	104.6
社会消费品零售总额	103.7	122	151.2	179.7	206.8
居民消费价格指数	103.8	105.9	105.5	98.4	103.1
进出口总额(亿美元)	1.8	2.7	4.5	4.4	5.3
进　口(亿美元)	0.2	0.3	0.5	1.1	1
出　口(亿美元)	1.6	2.4	4	3.3	4.3
全部金融机构各项存款余额	322	391.4	472.3	576.2	691.5
企业存款	44.2	64.3	69.9	97.6	129.1
财政存款	3.6	8.3	7.3	9.4	12.2
城乡储蓄存款	248	282.6	348.1	406.2	464.6
全部金融机构各项贷款余额	196.9	219.1	236.1	291.1	365.7
短期贷款	149.7	155.5	132.2	155.2	183.7
中长期贷款	43.2	58	86.9	123.6	172.6
现金投放(+)回笼(−)	−8.5	−6.1	−7	−9.6	−10.5
全部保险机构保费收入	8.3	9.5	14.5	17.4	23.6
全部保险机构保险赔款支出(含满期给付)	1.5	2	2	4.1	4.2
全部保险机构保险密度(元/人)	183	210	318.7	380.1	520.4
全部保险机构保险深度(%)	2.4	2.3	3	3.3	3.8

注:全部金融机构各项存款、贷款余额的七项数据为本外币并表统计数。

9. 宣　城　市

【经济概况】 2010年,宣城市实现GDP 525.7亿元,同比增长15%,其中,第一产业88.5亿元,增长4.6%;第二产业248.2亿元,增长23.3%;第三产业189亿元,增长10.6%。三大产业增加值比例16∶48∶36。全年共完成固定资产投资730亿元,增长38.1%。实现社会消费品零售总额195亿元,增长19.2%。招商引资工作继续得到加强,全市引资总额和引进项目数量均创历史最好水平。新签省外投资项目1 250个,实际到位省外资金700亿元,比上年增长1倍,总量位居全省第三,增幅位居全省第一。实际利用外资21 095万美元,增长37%。实现财政收入84.7亿元,增长40.2%。城镇居民人均可支配收入15 141元,同比增长13.8%;农民人均现金收入6 200元,同比增长10.1%。居民消费价格较快上涨,年末居民消费价格指数CPI同比上涨2.9%。

【货币政策】 (1)提高货币与信贷政策执行力。出台了《宣城市金融支持皖江城市带承接产业转移示范区建设》等系列指导意见,鼓励和引导辖区金融机构调配信贷资源,加强项目的储备立项,优化信贷投放结构。充分运用再贴现工具,实现促进发展、调整结构的双重功效,全年共发放再贴现834笔、3.62亿元。定期邀请市委、市政府领导和经济部门负责人参加金融形势分析会，以编发《送阅材料》、《宣城金融情况》等形式，把握好适度宽松货币政策内涵的宣传。

（2）构建银企合作长效机制。2010 年是皖江城市带承接产业转移示范区开启之年，为进一步推进银企合作，参与承办了 2010 年银企对接会，共签约项目 140 个，达成意向贷款 60 亿元，合同贷款金额 33.52 亿元。参与协办小企业金融超市进县市区活动 8 次，合同贷款 70.19 亿元。同时，金融机构建立了相对独立的小企业贷款专营管理机构，金融服务小企业呈现制度化、常态化、规范化的良好态势。

（3）强化重点领域的防范。2010 年以来，对国家宏观调控的重点行业如房地产、政府融资平台等领域予以高度关注。在宣城市政府投融资平台规范过程中，对其负债规模与偿债能力、总体风险状况进行持续评估；运用金融稳定协调机制落实好闲置土地清理中相关金融债权，涉及银行抵押贷款 3 宗，贷款金额为 0.87 亿元；适时向金融机构提示信贷投向应与国家淘汰落后产能政策合拍。

【金融运行】（1）各项存款稳步增长。2010 年末，宣城市金融机构本外币各项存款余额为 578.44 亿元，同比增长 31.99%，比上年末上升 5.11 个百分点；比年初增加 140.2 亿元，同比多增 47.39 亿元。企业存款大幅增长。2010 年末，企业存款余额 140.49 亿元，同比增长 49.58%，比上年末上升 10 个百分点；比年初增加 47.41 亿元，同比多增 17.88 亿元。储蓄存款继续保持增长。2010 年末，储蓄存款余额 319.3 亿元，同比增长 24.08%，比上年末上升 6.13 个百分点，比年初增加 61.97 亿元，同比多增 22.82 亿元。

（2）各项贷款高位运行，短期贷款增速略有上升，中长期贷款增速回落明显。2010 年末，本外币各项贷款余额 387.55 亿元，同比增长 35.65%，比上年下降 5.02 个百分点；比年初增加 101.87 亿元，同比多增 20.08 亿元。受政策因素影响，2010 年 4 季度各项贷款增速明显回落，低于 2009 年末水平，但仍保持较高增长，贷款增量突破 100 亿元，创该市历史最高水平。2010 年末，人民币各项贷款比年初增加 102.13 亿元，增量位于全省第 6 位（不含合肥市）、皖江 9 城市第 4 位；人民币各项贷款余额比年初增长 36.03%，高于全省平均水平 12.87 个百分点，增速位于全省第 2 位、皖江 9 城市第 2 位。

（3）对经济薄弱环节的信贷支持进一步增强。2010 年各金融机构加大对小企业信贷投入，各商业银行均成立了小企业信贷部门，为小企业融资提供快捷、便利的金融服务，小企业贷款快速增长。同时加大"三农"信贷支持，经济薄弱环节及民生金融服务继续得到加强。年末小企业贷款余额 108.12 亿元，新增 47.21 亿元，同比增长 79.48%，高于全部贷款增速 47.37 个百分点，比上年同期上升 25.75 个百分点；涉农贷款余额 187.39 亿元，新增 67.4 亿元，同比增长 56.17%，比全部贷款增速高 24.06 个百分点，比上年同期上升 15.06 个百分点；下岗失业小额贷款累计发放 430 笔，金额 1 053 万元，比上年多增 645 万元。助学贷款累计发放人数达 611 人，金额 565 万元，比上年多增 35 万元。

【金融创新】 各金融机构以创新金融服务支持地方经济发展为契机，积极创新金融产品和服务，6 月成功举办了"推动金融服务创新促进农村经济发展"经验交流会，积极鼓励和推动各金融机构通过创新信贷方式，有效增加农村信贷投入，支持农民增收、农业增效，加快农村经济结构的调整。结合宣城市经济发展实际和大学生"村官"自主创业的现状，人民银行推动邮政储蓄银行积极开展大学生"村官"、选派干部"带贷款下乡进村"金融产品，有效满足实体经济合理资金需求，取得明显成效，全年共发放贷款 1 118 万元。全年累计发放创新类贷款 22.69 亿元，受益企业、个体工商户和农民经纪人 1.6 万户。

【金融市场】（1）证券市场呈弱市格局，企业直接融资步伐加快。2010 年宣城市证券营业机构，股票、基金和债券交易量 424.97 亿元，同比减少 44.9 亿元，同比下降 9.55%。直接融资取得突破性进展，融资结构进一步优化。2010 年 5 月 10 日安徽泰科铁塔有限公司借壳在美国纳斯达克上市；11 月 29 日经证监会审核，安徽省司尔特肥业股份有限公司上市获通过。

（2）保险业平稳健康发展。2010 年，全市保险市场平稳发展，保费收入稳定增长，全年共实现保费收入 14.2 亿元，同比增长 13.8%。各项赔款和给付支出 2.4 亿元，保险深度为 2.9%；保险密度为 509.9 元，同比增长 13.8%。保险业服务经济和保障民生的能力进一步增强。

【金融改革】 加快推进村镇银行建设步伐。绩溪、泾县和郎溪 3 家村镇银行已批准设立。10 月 22

日中国农业银行发起设立的全国第4家村镇银行、宣城市首家村镇银行——绩溪农银村镇银行开业，它是国有大型银行在安徽设立的第1家村镇银行。加快推进农村信用社改革步伐。2010年郎溪、宁国两县农村信用联社改制成农村合作银行，宣州区联社改制成全市首家地方性股份制农村商业银行，泾县、旌德联社改制步伐不断加快。

小额贷款公司持续发展壮大，已实现县域全覆盖。2010年末，全市共有25家小额贷款公司获批筹建，其中已开业22家，实现县域全覆盖。小额贷款公司总资产达8.67亿元，从试点工作开展以来，全市小额贷款公司累计发放贷款24.78亿元，其中2010年发放贷款近16.62亿元。

（杨　力　吕庆文）

宣城市主要经济金融统计

（2006—2010年）　　单位：亿元

项　　目	2006年	2007年	2008年	2009年	2010年
国内生产总值	288.3	336.7	411.6	432.8	525.7
第一产业（增加值）	56.5	65.5	74.6	85	88.5
第二产业（增加值）	113.4	134.4	176.9	199.7	248.2
第三产业（增加值）	118.1	136.8	160.1	148.1	189
全社会固定资产投资	193	292.7	416.4	600.8	730
地方财政收入	15.9	21.9	27.6	35.4	49.8
地方财政支出	37.9	46.7	68.6	85.7	104.0
社会消费品零售总额	97.6	114.4	140.7	167.1	195.0
居民消费价格指数（以上年为100）	100.2	105.1	105.7	99.7	102.9
进出口总额（亿美元）	2.8	3.4	5.6	4.7	6.9
进口（亿美元）	0.4	0.4	0.6	0.7	1.1
出口（亿美元）	2.4	3.0	5.0	4.0	5.9
全部金融机构各项存款（余额）	243.7	286.3	345.4	438.2	578.4
企业存款	49.3	60.7	65.1	93.9	140.5
财政存款	3.8	6.0	9.5	13.3	15.0
城乡储蓄存款	159.6	175.7	218.5	257.7	319.7
全部金融机构各项贷款（余额）	151.7	192.4	203.9	285.7	387.6
短期贷款	102.0	122.3	114.4	132.3	153.4
中长期贷款	38.9	59.5	79.8	140.2	219.9
现金投放（＋）回笼（－）	－24.2	－28.5	－36.2	－42.8	－48.1
全部保险机构保费收入	7.4	8.5	9.8	12.9	14.2
全部保险机构保险赔款支出（含满期给付）	2.2	2.8	4.0	5.8	2.4
全部保险机构保险密度（元/人）	270.1	310.7	323.4	341.1	509.9
全部保险机构保险深度（%）	2.57	2.53	2.89	2.97	2.90

注：全部金融机构各项存款、贷款余额的七项数据为本外币并表统计数（含外资金融机构）。

10. 六　安　市

【经济概况】 2010年，六安市农村经济稳步增长，工业实现较快发展，消费市场持续活跃。全年实现国内生产总值676亿元，增长13.7%，人均生产总值9 602元，其中：全年实现农业总产值279.2亿元，同比增长4.7%，粮食总产459.1万吨，增长1.9%，连续七年创历史新高；全市规模工业实现增加值246.7亿元，同比增长29.3%，增幅高于全省5.7个百分点，居全省第2位。全年实现社会消费品零售总额279.9亿元，增长19.1%。城镇居民人均可支配收入14 508元，农民人均纯收入4 713.6元，分别增长11.6%和17.5%。全社会固定资产投资490.5亿元，增长38.1%，增幅居全省第6位；全市房地产企业完成投资62.4亿元，增长43.5%。全市累计实现进出口总额4.54亿美元，同比增长37.3%。其中，完成出口总额4.35亿美元，同比增长35.6%；进口0.19亿美元，增长112.3%。全市累计利用外资1.63亿美元，同比增长23.1%。全市居民消费价格指数同比增长3.2%；原材料、燃料及动力购进价格指数和工业品出厂价格指数同比累计增长6.4%。全市累计完成财政收入68.6亿元，同比增长31.7%，增幅同比提高8.4个百分点；全年实现财政支出148.4亿元，增长16.4%。

【货币政策】 不断提高“窗口指导”效果，积极引导金融机构支持经济健康发展。人行六安市中支先后印发了《关于当前金融促进经济发展的指导意见》、《六安市金融支持皖江城市带承接产业转移示范区建设的指导意见》以及《县域新增存款主要用于当地》、《农村金融产品和服务方式创新》等指导意见和要求。同时，牵头组织辖内霍山县人民政府与10家市级金融机构签订了全面战略合作协议。六安市主要经济指标显示：在金融的强力支撑下，六安市经济在率先实现企稳回升后保持了又好又快的发展态势。

稳步推进活力金融体系建设，活力金融亮点纷呈。人行六安市中支印发了《六安市活力金融体系建设实施方案》并组织全市金融机构共同制订了《六安市优质金融服务公约》，在六安市初步建立了活力金融体系。在活力金融体系推动下，农业发展银行六安市分行在做好政策性业务的同时，大力发展商业性业务，在环境综合治理和农村基础设施建设方面成绩突出；工商银行六安市分行以“2010服务价值年”活动为重点，优化服务效能，积极做好皖江城市带承接产业转移示范区金融服务工作；农业银行六安市分行以股改上市为契机，顺利化解历史经营包袱，信贷投放较为活跃；建设银行六安市分行以中小企业金融产品创新为突破，形成接续基金贷款、助保金贷款等多个区域影响较大的创新品牌，创新成效明显；全市各农村合作金融机构积极支持三农、个体工商户和小企业发展；村镇银行、小额贷款公司等新型金融机构合规经营，满足了部分特定群体多样化的金融服务需求。

【金融运行】 截至2010年末，全市银行业金融机构本外币各项存款余额843.5亿元，同比增长23.8%。其中，人民币各项存款余额842.3亿元，较年初增加161.8亿元，同比增长23.8%；外汇存款余额1 731万美元，较年初增加734万美元。全市银行业金融机构本外币各项贷款余额485.3亿元，较年初增加106.7亿元，同比增长28.2%。其中，人民币各项贷款余额484.1亿元，同比增长28.3%；外币各项贷款1 689万美元，较年初增加91万美元。

全年信贷运行呈现以下特点：一是信贷投放与经济增长更加匹配，全市贷款增幅高于GDP增幅14个百分点；二是新增存款主要用于当地的比例上升，县域贷款增量占全市贷款总增量63%，较上年上升14个百分点，增幅高于全市贷款增幅7个百分点；三是信贷支持重点领域和关键环节的力度增强，六安市皖江城市带产业转移示范区（舒城县、金安区）贷款增量占全市贷款总增量的49%；小企业贷款增幅高于全市贷款增幅17个百分点。

六安市新型金融机构发展加快，成为农村金融的有力补充。2010年全市村镇银行新开业2家，截至年末各类贷款余额1.2亿元。小额贷款公司新开业3家，全年累计发放各类贷款12.8亿元。

2010年，六安市银行业金融机构累计实现账面盈利10.9亿元，较上年同期增盈3.2亿元，其中，农村合作金融机构实现盈利1.6亿元。

【金融市场】 直接融资规模较小。2010年，辖内企业通过债券市场实现直接融资0.8亿元，仅占全部融资量0.7%。截至年末，六安市仍只有1家上市公司，总市值42.4亿元。证券机构平稳运营，服务水平提升。2010年末，六安市共有2家证券营业部，部分县域证券营业部开始从事代理业务，全市股票投资者开户数约为5.07万户。2010年，全市股票投资者新开户数约4 182户，两家证券营业部累计代理证券交易额约348.2亿元。保险业快速发展，多元化服务体系初步建成。2010年末，全市共有各类保险经营主体22家，与上年持平。其中，人寿保险公司10家，财产保险公司12家、政策性保险公司1家，初步建成涵盖商业保险、政策保险的较为稳定的保险服务体系。全年累计实现各类保费收入38.9亿元，同比增长45%；各项保费支出5.36亿元，同比下降22.3%。保险密度为553元/人，较上年同期提高167元/人；保险深度5.75%，较上年同期提高1.11个百分点。

票据市场交易平稳。全市银行业金融机构累计签发银行承兑汇票55.2亿元，较上年减少4.3亿元。累计办理票据贴现38亿元，同比增加14.3亿元。

【金融创新】 围绕“创新金融服务 支持经济发展”业务竞赛活动，全市金融系统创新产品和服务方式近30项。其中，建设银行推出的“接续基金贷款”模式得到国务院李克强副总理的批示。在辖内金寨县试点取得成功的基础上，2010年，人行六安中支与六安市金融办联合在全市推广“县域新增存款主要投放当地”工作机制，取得了明显成效。县域新增存贷比明显高于全市。2010年末，县域新增存贷比74.84%，较上年末增加3.67个百分点，高于全市8.92个百分点。县域各项贷款余额258.56亿元，较2009年增加66.93亿元；县域贷款余额占全市贷款余额53.41%，较2009年提高2.64个百分点；县域贷余额占县域GDP的53.98%，较2009年提高5.4个百分点。县域金融服务水平不断提升。在正向激励作用下，各家银行业金融机构结合县域特点，积极探索适合县域金融需求的金融新产品和服务方式。例如，中国银行的“易贷通”，工商银行的“网贷通”、农业银行的“小企业简式快速贷”等。县域金融环境不断优化。形成了政银之间、银企之间多层面的工作合力，各县政府积极创造条件，及时协调解决经济金融运行中的难题，通过市县互动、银政合作、银企对接、担保介入“四轮”驱动的模式为银企合作牵线搭桥。

（王新春）

六安市主要经济金融统计

（2006—2010年） 单位：亿元

项　目	2006年	2007年	2008年	2009年	2010年
国内生产总值	356.35	439.83	534.0	584.0	676.0
其中：第一产业（增加值）	93.2	112.11	129.3	138.4	159.3
第二产业（增加值）	120.45	158.86	205.9	237.7	285.8
第三产业（增加值）	142.7	168.86	198.8	207.9	231.1
全社会固定资产投资	158.5	201.28	256.2	355.2	490.5
地方财政收入	14.95	20.31	26	33.1	42.7
地方财政支出	52.91	71.1	99.2	111.38	148.4
社会消费品零售总额	136.44	160.97	198.2	235.5	279.9
居民消费价格指数（以上年为100）	101.00	105.8	105.8	99.1	103.2
进出口总额（亿美元）	2.01	2.5	3.33	3.3	4.54
进口（亿美元）	0.07	0.2	0.09	0.1	0.19
出口（亿美元）	1.95	2.3	3.24	3.21	4.35
全部金融机构各项存款（余额）	360.35	425.90	539.70	681.20	843.50
企业存款	64.42	78.36	95.84	145.73	192.70
财政存款	9.31	10.95	20.73	23.08	34.20
城乡储蓄存款	247.32	279.51	347.14	403.58	472.30
全部金融机构各项贷款（余额）	228.37	264.82	273.58	378.50	485.30
短期贷款	158.93	176.71	187.87	220.51	234.30
中长期贷款	61.41	80.98	79.76	152.72	243.70
现金投放（+）回笼（－）	－7.76	－21.75	－20.70	－38.19	－40.60
全部保险机构保费收入	11.04	12.91	23.50	27.10	38.90
全部保险机构保险赔款支出（含期满给付）	1.89	1.98	3.20	6.90	5.36
全部保险机构保险密度（元/人）	160.76	185.62	334.95	386	553
全部保险机构保险深度（%）	3.1	2.94	4.4	4.64	5.75

注：全部金融机构各项存款、贷款余额的七项数据为本外币并表统计数（含外资金融机构）。

11. 黄 山 市

【经济概况】 2010年,全市地区生产总值(GDP)309.3亿元,同比增长13.1%,连续10年保持"两位数"增长的态势,其中:第一产业实现增加值39.3亿元,增长4.7%;第二产业实现增加值136.4亿元,增长20.3%;第三产业实现增加值133.6亿元,增长9.2%。据海关统计,外贸进出口总值32 766万美元,同比增长40.6%,其中:出口24 925万美元,增长62.3%;进口7 840万美元,下降1.3%。招商引资规模扩大。2010年,全市新签内资项目583个,同比增长27.2%;实际到位内资(含续建)300.8亿元,增长36.5%;新批外商投资项目10个,合同外资额5 803万美元,增长10.5%,实际利用外资17 414万美元,增长20.7%。全市实现社会消费品零售总额126.0亿元,增长19.0%。2010年,全市接待海内外旅游者2 544.7万人次,同比增长19.9%,全年旅游总收入202.1亿元,增长20.2%。价格水平温和通胀,全市居民消费价格总水平同比增长4.0%,商品零售价格总水平同比增长4.2个百分点,工业品出厂价格指数同比增长19.8个百分点,原材料、燃料及动力购进价格总指数同比增长22.9个百分点。2010年,全市城镇居民人均可支配收入15 834元,增长12.6%;农村居民人均纯收入6 716元,增长17.7%。

【货币政策】 (1)通过编发《送阅信息》、《金融信息》,向地方党政领导、市直有关部门反映中国人民银行重要工作会议精神和货币政策动态,与《黄山日报》联合编发金融专刊,定期介绍金融政策,促进社会各界对金融知识和调控政策的理解,正确引导公众预期;通过金融运行分析季度例会、金融工作座谈会、银企对接会等形式交流平台,及时传递金融调控意图。(2)制定《关于黄山市进一步增强"保增长、调结构、促转型"金融服务功能的指导意见》,引导银行业金融机构落实"有扶有控"的信贷政策,着力优化信贷结构,推动地方经济发展方式转变和结构调整。牵头制定《关于黄山市金融支持皖南国际旅游文化示范区建设的指导意见》、《关于做好黄山市集体林权制度改革与林业发展金融服务工作的实施意见》,引导金融机构调整经营思路,通过金融服务支持将黄山市产业优势、资源优势转化为发展优势。(3)制定并印发《黄山市银行业金融机构执行人民银行有关规定情况评价办法(试行)》、《黄山市信贷政策效果评估办法》,用定性和定量的方法对金融机构执行信贷政策情况进行评价。(4)举办黄山经济园区银企对接会、银林对接会、科技与金融专场对接座谈会。(5)选取黄山市优势产业内的40余户重点企业进行对接联系和信贷培育。(6)开展并评选出黄山市2008—2009年度信贷诚信企业121户。(7)评选首批黄山市"金融生态良好县(区)"。(8)启动黄山市中小企业信用体系试验区建设。(9)开展"农村青年信用示范户"试点评选。(10)跟踪监测黄山市旅游业、房地产业及重点企业生产经营状况和风险情况,对地方性金融机构流动性风险动态监测,开展中小法人银行机构脆弱性评估前期工作,进行政府性债务相关统计工作,评估和防范地方融资平台信用风险。

【金融运行】 2010年年末,全市金融机构人民币存款余额472.38亿元,增加99.40亿元,增长26.7%,居全省第四位。其中企业存款101.27亿元,增长30.8%。企业存款快速增长得益于宏观经济持续向好,企业景气上扬增加现金流。储蓄存款258.03亿元,增长19.2%。2010年年末,市内金融机构人民币贷款余额281.01亿元,增加69.93亿元,增长33.1%,增幅居全省第三位。年末,全市存贷比59.5%,比年初提高2.9个百分点,新增存贷比70.4%。分期限看,贷款长期化趋势明显。2010年年末,短期贷款余额97.68亿元,增长24.6%;中长期贷款余额174.27亿元,增长39.0%,中长期贷款增幅高于短期贷款增幅14.4个百分点。票据融资余额9.05亿元,增长24.8%。分类别看,贸易融资及个人贷款增长迅速。2010年,全市贸易融资增长78.4%,增幅是全市贷款平均增幅的2.4倍。随着全球经济回稳向好,国际市场需求回升,全市外贸进出口增幅加快,带动贸易融资大幅增长。个人贷款及透支增长44.4%,增幅高于全部贷款增幅11.3个百分点,主要受房地产销售回暖,住房按揭贷款快速增长相关,同时也受汽车等消费类贷款较快增长影响。分机构看,国有商业银行是贷款增长的主力。四家国有商业银行全年新增贷款43.22亿元,增长36.1%,占市内金融机构新增贷款的61.8%。其中,中国银行、建设银行、农业银行增幅在全省系统内分居第一位、第四位和第八位。徽商银行新增贷款1.65亿元,增长15.9%。农村法人金融机构新增贷款16.04亿元，增长 23.9%。

【金融市场】 市场投资主体较快增长，证券交易额大幅增长，2010 年实现证券交易额 300.61 亿元，增长 5.5%；营业收入 5 156 万元，增长 18.6%；利润总额 3 471 万元，增长 12.3%。

【金融创新】 全市农村合作金融机构、徽商银行、农业银行相继开办了旅游景点经营权质押贷款业务。2010 年年末，全市景点经营权质押贷款余额 3.80 亿元，新增 0.51 亿元，支持了旅游景点开发和建设。黟县农村合作银行在全市率先发放土地承包经营权和宅基地使用权抵押贷款，累积发放贷款 650 万元，支持农户 31 户在世界文化遗产地黟县宏村开发"农家乐"旅游。

【金融服务】 2010 年年末，全市银行业金融机构 361 家，增加 12 家，从业人员 3 990 人。2010 年农业发展银行黄山区支行挂牌成立，太平农村合作银行和徽州农村合作银行挂牌成立，全市农村合作银行总数达 5 家，歙县农村信用联社加快农村商业银行组建步伐。黄山金桥村镇银行开业，休宁大地村镇银行筹建完成。歙县联社在狮石乡设立自助银行，扫除全市最后一个金融服务盲点，在全省 9 个金融服务盲点中率先取得突破。2010 年全市新增小额贷款公司 4 家，总数达 11 家。全市现有华安证券、国元证券和银河证券黄山市营业部 3 家证券业机构。2010 年年末全市证券投资开户数 3.58 万户，增长 6.3%。

（李少林）

黄山市主要经济金融统计

（2006—2010 年）

单位：亿元

项　目	2006 年	2007 年	2008 年	2009 年	2010 年
国内生产总值	185.5	213.2	249.9	266.92	309.3
第一产业（增加值）	28.0	31.1	34.3	35.61	39.3
第二产业（增加值）	68.0	79.1	98.6	108.42	136.4
第三产业（增加值）	89.5	103.0	117.1	122.89	133.6
全社会固定资产投资	163.0	212.0	266.7	341.34	454.3
地方财政收入	10.5	12.9	16.8	31.23	44.3
地方财政支出	27.0	32.5	45.0	58.04	70.3
社会消费品零售总额	61.9	73.0	90.4	107.56	126.0
居民消费价格指数（以上年为 100）	101.2	104.8	105.9	98.40	104.0
进出口总额（亿美元）	1.2	1.4	1.8	2.33	3.28
进　口（亿美元）	0.4	0.4	0.4	0.79	0.78
出　口（亿美元）	0.8	1.0	1.4	1.54	2.49
全部金融机构各项存款（余额）	214.2	251.0	300.0	374.49	474.33
企业存款	44.3	60.6	65.0	88.65	102.49
财政存款	4.5	6.9	8.9	10.12	13.57
城乡储蓄存款	139.1	151.6	182.9	217.29	258.03
全部金融机构各项贷款（余额）	112.0	133.5	154.8	211.92	281.01
短期贷款	55.0	63.5	60.0	78.43	97.68
中长期贷款	54.6	63.1	85.4	125.40	174.27
现金投放（+）回笼（−）	−10.8	−16.4	−19.0	−20.01	−22.22
全部保险机构保费收入	4.9	5.3	8.4	10.74	12.9
全部保险机构保险赔款支出（含满期给付）	1.1	1.5	3.4	3.08	3.6
全部保险机构保险密度（元/人）	332	358	567	725.00	868.4
全部保险机构保险深度（%）	2.64	2.49	3.36	4.03	4.17

注：全部金融机构各项存款、贷款余额的七项数据为本外币并表统计数（含外资金融机构）。

二、长三角金融稳定报告

1. 上海市金融稳定报告摘要

2010年面对国际国内经济形势的变化，在党中央、国务院的正确领导下，上海市坚决贯彻落实中央各项宏观调控政策经济决策，以科学发展观为指导，紧紧围绕"五个确保"要求，保持了上海经济平稳较快发展。综合经济实力迈上新台阶，经济结构不断优化，对外贸易较快增长，上海国际中心建设深入推进，长三角金融协调发展。上海金融体系在发展中创新，运行质量和效益不断提高。金融基础设施进一步完善，金融系统抵御风险能力持续增强。与此同时，全球经济体复苏仍不均衡，主要发达经济体复苏缓慢，新兴市场经济体增长强劲但面临较大的资本流入及通胀压力。因此，应对影响上海金融稳定的因素予以关注：一是要关注通胀预期以及上海经济增长的稳定性对上海经济的影响；二是关注经济结构调整政府融资平台以及房地产信贷潜在的信贷风险；三是关注证券行业的信息安全；四是关注保险业资金投资渠道拓宽和收益率下降的问题。

（一）经济与金融环境

1. 上海经济金融运行总体平稳

2010年，上海继续保持实体经济发展的基本平衡，积极拓展国际贸易，优化经济结构，大力促进新兴产业，提高自主创新能力，扩大内需。总体来看，上海经济保持了平稳发展态势，主要呈现以下特点：

（1）上海经济继续保持平稳增长，经济结构不断优化。2010年上海市实现地区生产总值(GDP)16 872.42亿元，按可比价格计算，同比增长9.9%，"十一五"期间年均增长11%左右。

（2）固定资产投资规模基本持平，非国有投资快速增长。2010年，上海市完成全社会固定资产投资总额5 317.67亿元，同比增长0.8%。从投资主体看，国有经济投资2 234.12亿元，同比下降14.7%，占全社会固定资产投资总额的比重为42%；非国有经济投资3 083.55亿元，增长16.2%。

（3）三大需求协调性增强，消费实现较快增长。"十一五"期间，上海市三大需求协调性进一步增强，生产总值结构更趋合理。世博会成功举办成为上海市经济增长的一大亮点。2010年，上海市社会消费品零售总额6 036.9亿元，名义同比增长17.5%，增速同比提高3.5个百分点，持续领先投资增速。

（4）对外贸易较快增长，开放水平进一步提高。2010年上海市进出口总额3 688.69亿美元，同比增长32.8%。利用外资结构质量继续优化，全年外商直接投资实际到位资金达到111.2亿美元，同比增长5.5%，累计实到外资突破1 000亿美元。

（5）财政和居民可支配收入不断增加。2010年上海市地方财政收入2 873.58亿元，同比增长13.1%。全年地方财政支出3 302.89亿元，同比增长10.5%。地方财政支出结构优化。城乡居民收入保持平稳较快增长。据抽样调查，城市居民家庭人均年可支配收入31 838元，同比增长10.4%；农村居民家庭人均年可支配收入13 746元，同比增长11.5%。

（6）金融机构集聚进一步加强。2010年，上海市全年实现金融业增加值1 931.73亿元，同比增长4.9%，占GDP的比重为11.4%。截至2010年末，上海市有各类金融机构560家，全年新增各类金融机构116家。

（7）金融市场规模扩大，交易活跃。2010年上海证券市场筹资7 584.14亿元，比上年增长55.9%。上市公司资本市场直接融资1 184.2亿元(含H股融资183.5亿元、资产注入131.5亿元)，同比增长20.7%。

2. 促进经济增长和金融稳定的重要举措

（1）房地产市场调控成效初步显现。2010年为了遏制部分城市房价过快上涨势头，满足人民群众的基本住房需求，国务院采取了一系列政策，落实房地产调控措施。在各项调控政策作用下，上海房地产市场需求总体受到较明显抑制，住房交易量接近2004年以来的历史低位。但由于CPI创新高后通胀预期显著增强，受增量房房产税开征在即传闻的刺激，住房交易量快速反弹，其中，12月份住房交易量创4月份调控以来新高。

（2）加快经济结构战略性调整。2010年，上海坚持把经济结构战略性调整作为加快转变经济发展方式及“保增长”的主攻方向，三产中服务业发展呈现新亮点。全年第三产业增加值同比增长5%左右，增加值占比57%。

（3）实施适度宽松的货币政策。2010年以来，上海各金融机构认真执行适度宽松的货币政策，货币信贷运行总体平稳，人民币汇率弹性增强。

（4）深入推进上海国际中心建设和长三角金融协调发展，上海国际金融中心建设各项工作取得新突破。

3. 经济金融运行中需要关注的问题

（1）关注通胀预期保持物价稳定。2010年，主要由食品价格引发的居民消费价格不断上涨，全年CPI总水平同比上涨3.3%。通货膨胀压力明显，给经济的可持续性发展和金融稳定带来不利影响。

（2）关注第三产业增长的稳定性。2010年受股市房市波动影响，上海市金融业增加值增速明显回落，金融业增加值同比增长4.9%，增速同比回落20个百分点；房地产业增加值同比下降22%，增速同比多降8个百分点。

（3）关注绿色经济。2010年，促进经济转型，推进高新技术产业化，加快新兴产业发展是经济工作的重大任务和主攻方向。

（4）关注“后世博”经济。在“后世博”时期，世博经济带来的区域辐射效应以及对金融、区域经济产生的种种影响值得关注。

（二）银行业

2010年上海银行业金融机构业务规模稳步扩张，贷款结构稳中有变，盈利水平和盈利能力明显上升，不良贷款余额和比例继续双降，总体上保持了稳健的发展势头，抗风险能力不断提高，促进了地方经济的平稳发展。

1. 上海银行业发展运行情况

（1）资产负债规模稳步增长，资产总额逼近7万亿元，同比增长10.98%。负债总额6.73万亿元，同比增长10.67%，比年初增加6 492.8亿元。2010年，各项存贷款继续稳步增长。本外币各项存款余额49 922.44亿元，同比增长16.46%；各项贷款余额33 939.07亿元，同比增长15.48%。

（2）银行业金融机构集聚上海，增强上海金融的全国辐射力。目前上海各类营运中心共计已达59家。目前，在沪非银行金融机构涵盖六大业态，机构数达30家（其中法人机构28家），上海也已成为全国范围内非银行金融机构业态种类最为齐全的城市。

（3）资产质量不断提升。2010年上海银行业不良贷款余额及比例总体上延续了2003年以来“双降”的态势，在资产规模扩张的同时，资产质量持续改善。截至2010年年末，全市金融机构不良贷款余额为271.94亿元，比年初减少74.81亿元；不良贷款率0.83%，比年初下降0.38个百分点，不良贷款率创历史新低。不良贷款中，次级类贷款下降显著，比年初减少52.36亿元，余额同比下降42.38%、次级类贷款率0.21%，比年初下降0.21个百分点。

（4）拨备覆盖率大幅提高，风险抵补能力进一步增强。上海商业银行在提高贷款质量的同时，继续提高拨备覆盖率。截至2010年12月末，上海银行业金融机构拨备覆盖率达到194.93%，比年初上升45.21个百分点，同比上升69.62个百分点，银行业金融机构整体风险抵御能力大幅提高。

（5）盈利水平大幅提高，结构有所改善。在经济持续回暖、企业融资需求扩大的背景下，商业银行贷款定价能力普遍提升，带动净息差触底反弹。截至2010年年末，全市银行业金融机构累计实现净利润797.75亿元，同比增加198.96亿元，增长33.87%，增幅同比提高48.81个百分点。

2. 上海银行业稳健性评估

（1）资本充足率和贷款损失准备充足率较为充足。2010年上海法人商业银行通过多种渠道补充资本金。截至年末，上海中资法人商业银行平均资本充足率达12.15%，外资法人银行平均资本充足率达16.90%。中外资法人银行贷款损失准备金充足率198.14%，同比增长34.08个百分点。

（2）资产质量保持稳定，但不良资产反弹压力较大。2010年上海银行业资产质量持续好转。截至年末，上海银行业金融机构不良贷款余额和不良贷款率持续下降。近年来，新增贷款快速增长，有相当大比例投放到了地方政府融资平台项目、产能过剩企业及房地产市场，大规模信贷集中投放使得潜在风险隐患上升。从2010年次级类、可疑类贷款持续下降的趋势上看，目前尚未出现明显的贷款质量向下迁移风险。

（3）盈利结构有所改善。2010年上海银行业经营效益提升较快，金融机构税前净利润同比增长33.81%。从盈利结构看，银行利润的大幅增长主要源于银行传统业务利息净收入以及中间业务收入的大幅增长。在信贷规模控制下，银行积极开展资金业务，银行业投资迅速膨胀，截至2010年年末，投资收益同比增加21亿元。

（4）银行流动性有所收紧，流动性总体适当。2010年，尽管上海各商业银行在银行间市场资金流动性趋紧，备付金比例总体保持合适水平。各法人银行人民币备付率月度均值为3.65%，标准差为0.46%，贷存比与流动性比例季度波动性特征较为明显。

（5）银行信贷增长相对放缓，信贷资金各行业增长不均衡。中资银行新增贷款（不含票据融资）主要投向批发和零售业、租赁商务服务业、房地产业、交通仓储和邮政业，上述四个行业新增本外币贷款3 083亿元，同比少增563亿元，占中资银行本外币贷款增量的73%。

3. 上海银行业发展中应该关注的方面

（1）关注政府融资平台的信贷风险。近年来，上海城市基础设施建设增幅持续保持两位数增长，以政府为融资平台的贷款也随之增长。在实际操作中，政府往往通过多个融资平台公司从多家银行获得信贷，形成“多头融资、多头授信”的格局，银行对于融资平台的资金监管较为困难，银行信贷资金的安全应予以高度关注。

（2）关注房地产政策变化对行业贷款产生的影响。房地产贷款质量总体稳定，不良率继续下降。当前，房地产调控取得了初步成效，投资投机性需求受到一定抑制，房地产市场尚未因政策调整出现明显波动，但需密切关注政策累积效应。

（3）关注异地贷款的风险问题。目前，受地域、人力和时间的限制，办理异地贷款业务的银行难以及时、有效地获取异地企业真实的经营、财务等状况及其变化情况。贷款流入地监管部门按属地监管原则仅能监控到有哪些异地贷款流入，而对这些贷款分布、投向和风险状况难以掌握和监控。

（4）关注银行金融服务创新中的问题。2010年上海银行业积极推进金融产品和服务创新。银行在探索开发理财业务的同时，也存在着规避监管要求的倾向，潜藏着风险。

（三）证券业

1. 上海证券业发展概况

（1）证券、期货行业平稳发展，机构实力增强。证券公司总资产同比减少，净资本稳步增加。截至2010年年末，净资产、净资本分别达到1 294.5亿元和1 010.2亿元，同比分别增长5.8%和2.2%。从业务结构看，经纪、自营业务收入占比下降，承销业务收入占比明显提高。新基金发行加速，管理基金总净值有所下降。2010年，上海基金公司共发行新基金70只，创历史之最，占全国的47.3%。期货公司整体实力大幅提高，截至2010年年末，上海期货公司总资产378.5亿元，同比增长84%；客户保证金余额320.4亿元，较年初增长88.2%。

（2）基础制度建设有序推进，行业规范进一步加强。证券经营机构的股权关系进一步理顺，公司治理不断完善。合规管理进一步深入，风控机制不断健全。行业自律管理功能进一步得到发挥。

（3）行业创新、开放取得新进展。上海积极推动上海券商拓展理财产品、资产证券化、融资融券、基金代销、期货IB、直接投资、银行间市场衍生品等创新业务领域。

（4）证券市场融资功能大幅增强。2010年，上海上市公司资本市场直接融资1 184.2亿元（含H股融资183.5亿元、资产注入131.5亿元），同比增长20.7%。其中，IPO融资116.8亿元，股票再融资1 054.6亿元，公司债融资12.8亿元。

2. 上海证券机构稳健性评估

2010年，上海证券公司盈利模式继续向多元化发展，其中证券承销、自营投资、资产管理业务贡献度有所变化。截至年末，上海16家证券公司实现总营业收入341.93亿元，同比减少18.97%。

（1）经纪业务收入明显下降，但仍是最主要的收入来源。2010年，上海证券公司经纪业务收入为205.13亿元，同比减少25.41%。从业务收入占比来看，经纪业务收入在总营业收入中占比达到

59.99%，相对于2009年的65.08%有所下降，仍是证券公司最主要的收入来源。

(2) 证券承销收入大幅增加，占总收入比重有所下降。截至2010年年末，上海证券公司证券承销收入为41.48亿元，同比增长1.44倍。从业务收入占比来看，证券承销收入在总营业收入中占比达到12.13%，相对于2009年的5.18%明显上升，得益于2010年新股发行恢复正常。

(3) 投资净收益与资产管理业务净收入两项合计占比同比下降。截至2010年年末，上海证券公司自营业务收入42.30亿元，同比减少43.6%。资产管理业务收入为4.16亿元，同比下降16.8%。从业务收入占比来看，上述两项收入在总营业收入中占比达到13.59%，相对于2009年的18.68%明显下降。随着社会财富日益增加、投资者对财富保值增值需求日渐迫切，资产管理业务正在成为证券公司业绩增长的重要来源。但在总体上，多数证券公司的资产管理业务仍在起步阶段，集合理财产品创新难度较大，未来创新空间仍待拓展。

(4) 净利润大幅减少，基本实现盈利。截至2010年年末，上海16家证券公司实现净利润151.55亿元，同比减少28.18%。总体来看，经纪、自营业务收入占比下降，承销业务收入占比提高。

3. 上海证券业发展中需要关注的方面

(1) 关注市场运行面临的新情况和新变化。关注国内宏观调控政策变化、美国量化宽松货币政策等外部因素对国内股票市场、债券市场、期货市场运行的影响。

(2) 关注行业信息安全问题。目前证券期货市场的集中化趋势十分明显，同时行业软件系统供应商呈现垄断格局，信息系统的潜在风险凸显。

(3) 关注监管套利和监管空白问题。对场外衍生品市场、对冲基金、私募基金等领域还存在监管漏洞或监管薄弱环节，需要加以研究。

(4) 关注债券市场问题。加快公司债券市场发展，推进银行间债市与交易所债市的统一互联，进一步拓展直接融资的渠道。客观评价证券行业的发展现状，关注行业发展的不利因素。

(四) 保险业

2010年，上海保险业按照中国保监会年初提出的“转方式、调结构、防风险、促发展”的要求，围绕服从、服务于上海“两个中心”建设，稳健发展，规范自律，保障民生。

1. 上海保险业发展运行情况

(1) 保费收入大幅增长，赔付支出略有增加。2010年，全年原保险保费收入累计883.86亿元，同比增加218.83亿元，增长32.89%，增速较2009年有较大提高；全年赔付支出累计194.54亿元，同比增加17.8亿元，增长10.07%。2010年，上海市保险深度为5.2%，保险密度为6 310元/人。

(2) 市场主体数量继续增加，市场主体多样化明显。截至2010年年末，上海共有110家保险公司，较2009年年末增加10家，市场主体数量继续增加。法人注册地在上海的保险机构(不含保险中介机构)共有48家，涵盖了财产保险公司、人寿保险公司、养老保险公司、健康保险公司、再保险公司、保险集团公司、保险资产管理公司等各种类型的保险机构，市场主体多样化明显。

(3) 保险业改革持续推进。配合上海“两个中心”建设工作，一是上海保监局积极配合落实上海市政府与保监会合作备忘录，与上海金融办一起制定了《上海保险业改革创新三年行动计划》。二是以服务民生为出发点，不断扩大保险覆盖面。三是配合上海航运中心建设，通过政策支持和制度指引，推动中国人民财产保险公司、太平洋财产保险公司在上海建立航运保险营运中心，上海成为我国首批航运保险运营中心。

(4) 着力发挥保险风险保障、防灾防损作用，做好伊春“8·24”空难、上海“11·15”特大火灾等重大灾害理赔服务工作。截至2010年年末，上海保险业为“11·15”特大火灾已累计赔付939.94万元。其中，产险公司累计赔付595.78万元，寿险公司累计赔付344.16万元。从各个环节入手提高车险理赔服务质量。商业银行投资保险公司股权试点进展顺利。

2. 上海保险机构稳健性运营情况

(1) 总资产规模继续增长，盈利状况良好。截至2010年年末，上海法人保险机构总资产共计2 816.96亿元，较2009年年末增长30.8%。2010年，上海法人保险机构共实现净利润19.74亿元，较2009年增长78.6%。14家产险公司实现承保利润2.59亿元，与2009年相比多盈利3.98亿元，全面实现扭亏为盈。中资产险公司承保盈利有较大改善，6家公司2009年仅有2家承保盈利，2010年升至5家。而外资产险公司总体来说盈利状况较差,2010 年承保亏损有所增加。

(2) 分红险业务占比不断提高,产险业务结构较为稳定。2010 年,上海法人保险公司共实现保费收入 950.75 亿元,较 2009 年增长 34.1%。产险公司业务类型仍然较为稳定,中外资产险公司业务结构差异较大。中资产险公司车险保费收入占比 80%左右;外资产险公司仍以货物运输险、责任险和财产险为主,这个险种的保费收入占产险保费收入的 80%左右。

(3) 保险资金运用余额增长,投资收益较上年同期下降。截至 2010 年年末,上海法人保险机构保险资金运用余额 2 257.1 亿元,较 2009 年增长 34.8%。2010 年,受欧洲主权债务危机、国内房地产市场调控等因素的影响,股票市场一直处于震荡整理的走势,保险资金在股票投资和证券投资基金上的投入较 2009 年略有下降,固定权益投资中,债券投资的比例明显上升。

(4) 偿付能力充足率情况整体良好。按照保监会《保险公司偿付能力管理规定》的划分标准,截至 2010 年年末,上海 14 家产险保险公司和 15 家寿险保险公司偿付能力充足率情况整体良好,有 24 家保险公司偿付能力充足率高于 150%,属于充足Ⅱ类公司。

(5) 产险综合成本率有所降低。截至 2010 年年末,上海 14 家法人产险公司平均综合成本率 100.7%,较 2009 年年末降低 3 个百分点。其中,费用率 39.8%,降低 6.2 个百分点;赔付率则略有上升。

3. 保险业发展中应该关注的方面

(1) 关注宏观形势变化对保险业的影响。虽然 2010 年保费收入增长迅速,保险业规模不断扩大,但是同时也应该看到,世界经济以及国际金融市场的动荡,不仅会影响我国经济运行的稳定性,也会给保险需求和资金运用带来更多不确定性。

(2) 关注保险资金投资渠道拓宽和收益率下降的问题。2010 年,受市场低利率和股市震荡的影响,保险公司投资收益率较 2009 年有所下降,保险资金在债券市场的投资明显增多。投资渠道的逐步拓宽会对保险公司防范投资风险提出更高的要求。

(3) 关注银保新政对保险公司经营的影响。2010 年 11 月,银监会下发《关于进一步加强商业银行代理保险业务合规销售与风险管理的通知》,对商业银行代理保险业务提出了多项规范性要求。对于一些自主销售能力较强,且代销保险产品手续费收入占比不高的银行来说,对其自身的银保业务影响不大,无形中进一步强化了银行的选择权。另外,由于保险公司通过银保渠道获得的保费收入占比较高,而银行销售人员对较复杂的保险产品销售能力不强,取消保险公司在银行的驻点人员会对期缴型产品销售产生较大影响。

(4) 关注保险市场的竞争问题。近年来,随着保险市场主体的不断增加,市场竞争日益加剧,主要表现在:一是变相突破手续费支付标准。二是大幅降低费率以迅速扩大业务规模。三是以高薪挖取具有较高专业素质的保险人才。

4. 对上海保险业进一步发展的相关建议

(1) 大力推进保险业务结构调整。围绕上海经济转型和国际航运中心建设,大力发展科技保险、航运保险等险种,推进环境污染责任保险,加强对低碳企业的保险服务。配合政府做好防灾减灾工作,大力推进责任保险、家财保险、人身意外伤害保险等险种的发展。积极为都市农业、观光农业、生态农业提供保险服务,为新市镇建设提供保险服务。为服务中小企业发展,积极推进出口信用保险、科技保险、保单融资保险。大力推进寿险结构调整,加快推进个税递延型养老保险的试点工作。

(2) 进一步发挥同业公会作用。一是提高开展行业自律的水平,提升自律公约的约束力。二是在服务中提高管理水平。三是提高行业服务的水平。各家机构也要积极配合、主动参与同业公会的工作,为行业的发展营造良好的环境。

(3) 加强银保渠道管理。加强银行导向管理,银保合作应充分体现保险的保障功能。保险公司通过银行平台宣传保险,银行通过开展代销业务增加中间业务收入,银行、保险应加强合作,资源共享,培养和发展长期有效的业务合作,而非只顾眼前短期的利益合作。

(4) 加强行业自律,自觉维护市场秩序。严格遵守《保险从业人员行为准则》,规范保险公司市场行为;加强对销售人员的管理,促进保险市场规范有序发展。

(五) 基础设施建设

高效运作的金融基础设施是金融系统稳定的重要保障。2010 年,上海支付清算建设不断完善,企业和个人征信系统建设稳步推进,反洗钱监管领域进一步扩大，积极促进了上海“两个中心”的建设进程。

1. 支付体系建设稳步推进

安全、高效、便捷的支付体系是金融稳定运行的基础保障。2010 年，中国人民银行上海总部紧紧围绕国际金融中心建设和成功举办世博会的现实需要，在确保辖内主要支付清算系统安全、稳定运行的基础上，积极推进“长三角”支付结算协调发展、创新支付结算工具、加强银行卡业务管理、提高账户管理和服务水平。

2. 征信体系建设不断完善

2010 年，中国人民银行上海总部深入推进企业和个人征信系统建设，稳步推进中小企业和农村信用体系建设，拓展征信系统服务范围，深化评级市场的培育与管理，营造良好的世博信用环境，不断完善上海征信体系建设，优化上海金融生态环境，积极促进上海“两个中心”的建设进程。

3. 夯实反洗钱基础，突出反洗钱实效

按照人行总行 2010 年反洗钱工作会议的总体部署，上海总部反洗钱部门深入学习与实践科学发展观，积极贯彻落实以风险为本的反洗钱原则与方法，全面组织金融机构探索以自评估机制为手段稳步提高反洗钱能力与水平，大力推动反洗钱大额与可疑交易数据质量的持续提高，主动做好反恐融资工作，确保上海世博会安全顺利举办，反洗钱现场检查与非现场监管、行政调查等各项工作取得积极成效。

（总纂：凌　涛　统稿：杜要忠　王新东　执笔：王新东　谢　斌　辛长虹　张雅楠　金　雁）

2. 江苏省金融稳定报告摘要

2010 年以来，江苏省经济呈现出创新引领、增长较快、质量提升、结构优化、后劲增强、民生改善的良好态势，经济运行的质态持续改善，“十一五”规划确定的主要目标和任务全面完成。工业生产运行良好，企业效益大幅增长。固定资产投资增长较快，消费品市场稳步增长，对外贸易呈现恢复性增长态势并逐步迈上新台阶。财政收入增长较快，城乡居民收入持续增加。全省金融机构综合竞争力和影响力进一步扩大，经营效益和风险控制能力稳步提高。金融基础设施不断完善，金融生态环境创建工作继续深入推进，支付系统稳定运行，征信体系建设全面推向深入，反洗钱监管体制机制不断健全。金融服务实体经济的效率和安全性稳步增强，整个金融体系呈稳健运行态势。

（一）宏观经济

为应对复杂多变的国内外经济金融形势，保持经济又好又快发展，国家制定并出台了一系列重要的经济金融政策和法律法规。这些政策和措施对江苏省当前和今后一段时期的经济金融稳定与发展产生深远影响。

2010 年，江苏省经济“高开稳走”，持续向好，综合实力明显增强。初步核算，全年地区生产总值 40 903.3 亿元，比上年增长 12.6%；先进制造业和现代服务业发展水平提升，全年实现高新技术产业产值 30 354.8 亿元，增长 38.1%，占规模以上工业总产值比重达 33%，比上年提高 3 个百分点；财政总收入突破 1 万亿元，其中地方一般预算收入 4 079.9 亿元，增长 26.4%；全省全社会固定资产投资 23 186.8 亿元，比上年增长 22.4%，实现社会消费品零售总额 13 482.3 亿元，比上年增长 18.7%；全年进出口总额 4 657.9 亿美元，比上年增长 37.5%，其中，出口 2 705.5 亿元，增长 35.8%；实际利用外资 285 亿美元，增长 12.5%；城镇居民人均可支配收入和农村居民人均纯收入分别达到 22 944 元和 9 118 元，分别增长 11.6%和 13.9%。

（二）金融业

1. 银行业

2010 年江苏省银行业呈稳健运行态势，信贷总量增势稳定，投放节奏更加均衡，金融机构利润增长势头良好，不良贷款保持双降。截至 2010 年年末，全省金融机构人民币各项存款余额为 58 984.14 亿元，比年初增加 10 134.26 亿元，增长 20.75%，增速较上年同期下降 11.12 个百分点，人民币各项贷款余额为 42 121.04 亿元，比年初增加 6 824.31 亿元，增长 19.33%，增速较上年同期下降 15.60 个百分点；2010 年全省银行业金融机构（不含外资银行）本外币业务共实现利润 1 004.36 亿元，同比增长 20.43%；不良贷款余额比上年同期下降 82.84

亿元，不良贷款率比上年同期下降 0.49 个百分点。

2. 证券业

2010 年，全省证券期货业继续保持稳定健康发展的态势。法人证券公司总资产、净资产和净资本同比大幅增加，整体实力有了进一步提升，5 家法人证券公司资产总额 1 445.34 亿元，净资产 450.88 亿元，净资本 330.52 亿元。期货行业在坚持风险防范的基础上稳步发展，11 家法人期货公司资产总额 106.97 亿元，净资本 12.80 亿元，利润总额 2.34 亿元，同比分别增长 31%、29%和 36%。在经营业绩不断提升的同时，各期货经营机构的风险控制能力与合规经营水平有了进一步提升。直接融资水平再创历史最好水平，上市公司经营状况总体良好。2010 年，全省新增境内上市公司 41 家，首发融资 470.68 亿元，再融资 297.47 亿元。根据已披露的第三季度报告来看，全省上市公司实现营业收入、净利润和净资产总额同比均有较大幅度增长。

3. 保险业

2010 年来江苏省保险业继续保持良好的发展势头，行业实力不断增强。2010 年全省实现保费收入 1 162.67 亿元，同比增长 28.09%，列全国各省区市第二。其中，财产险保费收入 311.91 亿元，同比增长 36.57%；人身险保费收入 850.76 亿元，同比增长 25.23%。江苏产险公司全年累计承保盈利 17.35 亿元，比上年同期增加了 21.55 亿元，承保利润继续排名全国第一。全省法人保险公司总资产、净资产、保费收入分别为 18.33 亿元、10.78 亿元和 6.52 亿元。

（三）金融改革与创新

1. 银行业

银行业机构组织体系进一步完善。截至 2010 年年末，全省政策性银行一级分行 2 家，二级分行 13 家；大型银行一级分行 10 家，二级分行 58 家；股份制银行一级分行 21 家，二级分行 28 家；城市商业银行法人 3 家，分行 27 家；邮政储蓄银行一级分行 1 家，二级分行 13 家；外资银行法人 1 家，分行 21 家；农村银行机构 41 家，农村信用联社 27 家，村镇银行 25 家。

大型银行经营管理改革积极推进。一是积极推进组织机构改革，满足经营发展需要。其中，农业银行江苏省分行继续深入推进“三农”事业部制改革工作，着重围绕完善“三农”金融事业分部的五大中心功能，强化内部管理能力建设；组建二级分行内控合规部，推进组织结构优化，完善内控合规体系。二是强化内控管理，积极防范风险。三是加快结构调整，深化业务转型。四是大力推进中间业务发展，不断优化收入结构。

政策性银行改革创新稳步推进。进出口银行南京分行大力提高经营管理水平，各项业务快速发展，不断加大金融创新力度，在营销管理模式、创新业务品种等多个领域都实现了突破。农业发展银行江苏省分行进一步健全绩效激励约束机制，强化内控和风险管理，开展业务营销和优化转型。新型商业性业务大幅增长，有力地支持了新农村建设。中间业务收入来源渠道拓宽，资信业务、银团安排与承销、其他咨询顾问业务成为新的中间业务收入来源。

2. 证券业

一是直接融资规模持续扩大。2010 年，全省新增境内上市公司 41 家，其中主板 3 家，中小板 33 家，创业板 5 家。全省上市公司首发融资达到 470.68 亿元，其中主板 177.16 亿元，中小板 256.2 亿元，创业板 37.32 亿元。另外，有 22 家上市公司实现再融资 297.47 亿元。截至 12 月末，全省境内上市公司总量达到 169 家，IPO 融资突破 1 000 亿元。在上市公司总量和直接融资取得新突破的同时，全省上市公司后备资源不断扩大，共有拟上市企业 153 家。二是证券行业发展迈上新的台阶。以华泰证券上市为标志，全省证券公司整体实力有了进一步提升，竞争能力明显提高，风险控制能力显著增强。同时积极拓展融资融券、股指期货等新业务。三是期货业步入快速发展期。江苏期货公司规模不断提高，经营业绩不断提升。同时，各期货经营机构的风险控制能力与合规经营水平进一步提升，在证监会开展的第二次分类评价中，辖区 11 家期货公司评级有了全面提升，其中 A 类 1 家、B 类 4 家、C 类 6 家，有 5 家提高了类别，2 家提高了级别，消除了 D 类。

3. 保险业

全省保险业服务创新加快推进。一是大多数保险公司推出提升理赔效率的新举措，普遍承诺千元案件及时结案、小额赔付立等可取。二是“江阴新农合”管理模式不断创新，成功开办新农合补充保险，并开发了“重疾远程会诊评估服务”、“重疾本地定点医师服务”等系统，有效推动解决异地看病难问题。三是太平洋产险和东吴保险经纪公司在全国首创居家养老护理责任险，得到全国老龄办的高度评价。四是在继续发挥传统销售渠道优势的基础上，不断创新服务模式，电话销售、网络销售等新兴销售方式快速发展。

(四) 金融基础设施

1. 金融生态环境

2010年，江苏省金融生态县创建工作继续深入推进，各地创建热情高涨，组织有序，措施得力，成效显著，达到了预期效果。各创建县逃废金融债务落实率均为100%，没有发生新的逃废债行为。各地信用农户覆盖率普遍达到80%以上，不少地区的覆盖率甚至达到100%。2010年申报金融生态达标县的24个县中，金融机构案件执结率在90%以上的有20家，占83%，其中有两家达到100%。金融机构执行案件标的额兑现率在50%以上的有22家，占92%，其中最高的县达到99%。

通过各项创建活动，全省金融生态环境进一步优化：一是政府观念明显转变。各创建县政府把金融生态县创建作为政府重点工作内容，纳入政府目标考核，主动开展创建工作。二是信用意识显著增强。各创建县政府带头倡导诚信，大力推进诚信建设，切实帮助金融机构维护债权。企业信用意识明显增强，创建县金融机构不良贷款及不良贷款率基本保持双降。三是法制环境明显好转。各创建县坚持"优先审理、优先执行"的原则对待金融涉诉案件，开启绿色通道，有力地维护了金融债权。四是银企关系明显优化。各创建县银企之间加强合作，建立相互信任、共同发展的"鱼水"关系，金融机构主动营销信贷产品，企业对金融的满意度均处于较高水平。五是县域金融服务功能明显增强。各创建县一方面融入地方经济发展大局，充分发挥金融对经济发展的重要支撑作用；另一方面，加强信贷结构调整，大力发展民生金融，限制落后、淘汰产业，促进经济结构调整。

2. 支付体系

以建立安全高效的支付体系为目标，深入推进改善农村地区支付结算环境建设，大力推广非现金支付工具，着力促进银行卡安全健康发展，加强支付清算系统建设，强化支付清算监管，防范各类支付风险，全面提升辖区支付清算服务水平。一是坚持打防并重，进一步提升银行卡管理效率，积极发挥联合打击银行卡犯罪长效机制的作用，切实防范银行卡风险。开展银行卡业务专项检查，促进银行卡市场秩序规范发展，积极探索银行卡领域金融消费者权益保护工作。二是统筹规划部署，切实落实世博支付环境建设工作要求，配合上海做好世博会支付环境建设工作，为世博会提供优质的金融服务和安全的支付环境，全面实现世博支付"零投诉"。三是以"城乡一体化"为目标，深入推进江苏省农村支付结算"快通工程"建设。积极推广非现金支付工具在农村地区的使用，深入开展农村地区支付结算业务创新，农村支付结算服务水平进一步提升。四是坚持服务与监管并重，不断加强支付系统建设，支付系统运行管理水平日臻完善。五是开展个人账户真实性核实试点，创新账户管理手段，账户管理水平再上新台阶。六是以总行《非金融机构支付服务管理办法》为指导，初步建立江苏省非金融支付服务机构管理制度。

3. 征信体系

以征信市场管理、征信系统建设和推进社会信用体系建设为主线，不断开拓履职空间、提升履职效能，有效发挥了征信管理服务地方经济发展，改善地方信用环境的积极作用。一是以完善信用信息服务为基础，强力推进中小企业信用体系建设。制定并印发了《江苏省中小企业信用体系试验区建设实施方案》，组织研发了全省统一模式的"江苏省中小企业信用信息辅助管理系统"，目前该系统已经在13个地市中心支行上线试运行。继续推动常州、南通两地加快信用体系建设成果转化，进一步加大对中小企业的信贷支持。二是以农村青年信用示范户创建为抓手，全面推动江苏省农村信用体系建设工作。设计、完善了具有江苏特色的农户及农村合作经济组织信用档案，联合农信社、团组织、村委会多方力量采集农户信用信息，至12月底全省已建立农户信用档案875万户，建档面达65.84%。三是以担保机构信用评级为着力点，强化信息披露，助推银保合作。印发《江苏省担保机构信用评级工作指引》，对担保机构信用评级工作系列制度进行了进一步的规范与完善，并规定了评级机构、金融机构、担保机构、中国人民银行和担保机构管理部门的权利、义务和工作要求，使江苏省担保机构信用评级工作正式步入制度化、规范化、科学化轨道。四是依托中国人民银行应收账款质押登记公示系统，不断推动江苏应收账款质押融资业务的发展，拓宽中小企业融资渠道。五是以保护征信消费者权益为核心，进一步规范个人征信系统使用管理和异议处理的流程和操作，建立异议处理跟踪管理及季度通报机制，督促金融机构切实重视金融消费者权益保护。六是以促进商票流通为出发点，稳步启动商业承兑汇票信用评级试点工作，建立健全商业承兑汇票风险防控机制，促进商业承兑汇票业务发展。

4. 反洗钱体系

积极适应新形势下反洗钱工作的需要，以强化反洗钱监管、预防和打击洗钱犯罪为工作重点，不断完善体制机制建设，严格依法履行监管职责，切实加强资金监测和反洗钱调查工作，进一步彰显反洗钱工作在预防、打击犯罪，维护公平正义，促进和谐社会建设中的作用。一是坚持风险为本的监管原则，进一步加强反洗钱监管工作。全面强化反洗钱现场检查，进一步探索和完善反洗钱非现场监管体系，认真做好大额现金监测工作，拓宽反洗钱工作领域，全面推动支付清算组织反洗钱工作。二是加强反洗钱调查和案件协查工作，进一步彰显反洗钱工作有效性。加强监测分析，夯实反洗钱调查基础，积极组织开展集中整治和打击网络赌博违法犯罪活动专项行动。三是深入组织开展形式多样的反洗钱宣传和培训活动，反洗钱工作的社会影响日益扩大。

（总纂：刘兴亚　统稿：崔　健　刘　念
执笔：刘　玄　马军伟　宋　磊　周晓刚
卜建明）

3. 浙江省金融稳定报告摘要

2010年，浙江省经济增长势头良好，为区域金融稳定创造了良好的经济环境。金融业改革发展继续推进，银行业信贷结构优化，资产质量持续提高，盈利结构有所改善；证券期货机构稳健发展，上市公司整体经营状况良好，已基本恢复金融危机前水平；保险业充分发挥补偿功能，业务持续较快增长，业务结构进一步优化，保障了社会经济平稳发展。金融市场运行平稳，金融基础设施不断完善，金融生态环境持续优化。总体上看，2010年浙江省金融稳定状况良好。

（一）区域经济运行与金融稳定

2010年，浙江经济保持平稳较快的增长态势，各项经济指标持续向好，经济复苏势头进一步巩固。全年实现地区生产总值27 226.8亿元，同比增长11.8%；人均地区生产总值51 800元，比上年增长10.1%。

1. 浙江省经济运行概况

（1）三大产业结构稳定协调。三次产业结构由上年的5.1∶51.8∶43.1调整为5.0∶51.9∶43.1，产业结构保持协调。一是农业生产稳定增长，农林牧渔业总产值比上年增长2.9%。农业产业化经营加快推进，各类农业产业化经营组织比上年增长15%。二是工业经济较快增长，规模以上工业增加值比上年增长16.2%，月增速在年初迅速走高，4月份达到19.8%，随后在节能减排、转型升级等政策调控下逐步趋缓回稳。三是服务业快速增长，服务业增加值首次突破万亿元，位居全国第四，比上年增长12.1%，对GDP增长的贡献为5.2个百分点，贡献率为43.7%。

（2）三大需求结构良性调整。一是投资增长平稳，全社会固定资产投资比上年增长16.3%，扣除价格因素实际增长11.1%，限额以上固定资产投资比上年增长16.7%，房地产开发投资比上年增长34.4%。二是消费增长较快，社会消费品零售总额比上年增长19%，扣除价格因素实际增长14.5%，增速与上年基本持平。三是出口实现恢复性增长，出口总额比上年增长35.7%，增幅高于全国4.4个百分点，位居全国第二，全年月均出口150.4亿美元，已超过2008年国际金融危机前水平。

（3）价格指数持续走高。居民消费价格比上年上涨3.8%，自7月份开始连续6个月出现环比上涨，其中11月同比上涨5.5%，涨幅创2008年8月以来新高；食品、居住、医疗保健类价格涨幅较高，分别比上年上涨7.3%、6%和5.4%。工业品出厂价格和原材料购进价格分别比上年上涨6.2%和12%，进出涨幅差为5.8个百分点。石油、冶金、有色金属类和燃料动力价格涨幅较高，分别比上年上涨19.7%、15%、25.2%和13.9%。

2. 经济运行中值得关注的问题

一是国际环境变化的不确定性因素加大。全球扩张性政策的刺激效果逐步减弱，世界主要经济体经济增长前景仍不明朗，对出口造成较大影响。二是企业生产经营压力增加。一方面，原料价格持续上涨，购销价格“倒挂”，劳动力要素成本持续上升，规模以上工业企业从业人员劳动报酬同比增长

27.6%，企业生产成本上升较快；另一方面，企业融资环境趋于紧张，全年规模以上工业企业利息支出比上年增长23.6%，资金拖欠现象增多。三是居民消费价格涨幅较快。全年居民消费价格除1月外已连续11个月超过3%，食品价格上涨是拉动CPI上涨的首要因素。PPI的上涨也将逐渐传导到CPI上，公共基础商品也面临价格上调压力，对下一阶段的CPI走势都将产生影响。

(二) 金融业与金融稳定

1. 银行业稳健性评估

(1) 浙江省银行业运行情况。一是资产规模不断扩大，存贷款保持快速增长。2010年末，浙江省银行业金融机构资产总额63 992.54亿元，比上年增长17.38%；负债总额61 898.2亿元，比上年增长18.74%。本外币各项存款余额54 478.09亿元，比上年增长20.76%，同比下降6.64个百分点；各项贷款余额46 938.54亿元，同比增长19.67%，比上年下降12.76个百分点。

二是法人机构资本充足水平较高，抗风险能力较强。2010年，浙江省法人银行业金融机构加权资本充足率13.18%，比上年提高1.48个百分点。贷款损失专项准备金充足率272.26%，比年初上升72.43个百分点。中小法人机构拨备覆盖率260.51%，比年初提高83.21个百分点，远远超过150%的监管要求。

三是资产质量持续提高，不良贷款实现“双降”。2010年，浙江省银行业金融机构不良贷款余额和比例实现“双降”，资产质量在全国处于领先位置。年末五级分类不良贷款余额445.86亿元，比年初减少58.78亿元；不良贷款率0.95%，比年初下降0.34个百分点。

四是收入结构有所改善，盈利水平稳步提高。2010年，浙江省银行业金融机构实现税后利润1 053.62亿元；资产利润率1.79%，比年初提升0.22个百分点；成本收入比29.21%，比年初下降1.81个百分点。收入来源结构持续改善，中间业务收入率达到14.38%，比年初上升1.69个百分点。

五是流动性指标保持合理水平，法人机构流动性有所趋紧。2010年末，全省银行业金融机构余额存贷比85.69%，比上年下降1.27个百分点；中长期贷款占比40.05%，比上年提高0.67个百分点。法人银行业金融机构流动性比例54.21%，比上年下降0.54个百分点，流动性水平较上年有所趋紧。

六是改革创新持续推进，管理水平进一步完善。各机构对产品创新重视程度进一步提高，加大服务、产品创新力度，推进小企业金融服务专营机构建设，改善小企业金融服务。农村金融改革取得新成果，实现全省159个空白乡镇金融网点与服务延伸。全年共有9家村镇银行获准开业，8家获准筹建。

(2) 浙江省银行业运行中需要关注的主要问题。一是流动性管理难度加大。全省中小法人机构总体流动性水平下滑，年末流动性比例同比下降0.54个百分点。其中，第三季度末的90天流动性缺口率达到－24.24%，大大低于－10%的监管标准。银行同业竞争加剧，月末、季末高价买存款，中介变相返点等不规范行为时有发生，严重影响存款市场的正常运行。

二是房地产贷款风险突出。截至2010年末，全省共有23.32亿元个人住房贷款逾期，比上年大幅提高75.08%；以房地产为抵押品的贷款余额为20 678.12亿元，占全部贷款余额的44.05%，如果房地产价格大幅下降，将直接导致个人还款意愿下降，抵押品价值缩水，按揭贷款和房地产抵押贷款面临的违约风险上升。

三是信用风险控制压力凸显。一方面，由于宏观经济形势不确定，企业经营环境恶化，偿债能力下降。据调查，如果人民币累计升值3%～5%，约57%的中小型出口企业将处于微利及亏损状态；另一方面，银行信贷资金面趋紧，一些中小企业转向民间借贷，部分企业在高额民间融资成本压力下，正常经营难以为继，采取逃逸方式悬空银行贷款，影响信贷资金安全。

四是传统经营模式亟待转型。银行业整体创新水平不高，盈利结构单一，盈利模式仍然以存贷利差为主。银行贷款增速持续下降，传统信贷增长点将受到抑制，经营模式亟待转变。

五是案件防控形势面临挑战。全年浙江省(不含宁波)共上报案件4起，其中，一类案件3起，二类案件1起。基层网点、信贷业务仍是案件高发部位，需特别警惕骗贷风险和个别银行员工从事社会融资活动造成的风险。

2. 证券业稳健性评估

(1) 浙江省证券业运行情况。一是证券、期货市场交易规模继续增长。2010年，浙江省358家证券营业部代理交易额 12.38 万亿元，同比增长 1.89%。证券经营机构托管市值 7 787.68 亿元，同比增长 33.7%；客户结算资金余额 951.84 亿元，同比减少 6.38%。期货市场交易规模快速增长，全年 102 家期货经营机构代理交易额 43.54 万亿元，同比大幅增长 97.91%；期货市场保证金余额 231.89 亿元，同比增长 54.49%。

二是证券公司多元化发展初见成效。全年证券经营机构共实现手续费收入 103.65 亿元，比上年减少 23.76%；利润 55.15 亿元，比上年减少 38%。面对经营业绩下滑，证券公司积极谋求业务多元化发展，逐渐摆脱了单纯依靠经纪业务的发展模式。期货经营机构全年实现手续费收入 20.55 亿元，比上年增长 97.91%；利润 6.52 亿元，比上年增长 17.27%。基金管理公司顺利筹建开业，浙商基金管理公司正式开业运行，财通基金管理公司筹建工作也进展顺利。

三是上市盈利能力恢复金融危机前水平。全省新增境内上市公司 45 家，比上年多增 34 家，累计融资额 718.6 亿元，比上年增长 135.82%。上市公司盈利状况基本恢复到国际金融危机前水平，亏损企业家数大幅减少，除 4 家公司出现亏损外，其余上市公司均实现盈利，75%以上的上市公司盈利水平较上年均有不同幅度增长，3 成公司的盈利增长幅度在 50%以上。

（2）浙江省证券业运行需关注的主要问题。一是法人证券公司整体实力偏弱，竞争能力不强，与国内一流券商还存在较大差距，高度依赖经纪业务的发展格局没有得到根本改变。二是低价竞争和违规营销行为仍然存在，2010 年全省证券市场的平均佣金率在全国各省市中处于最低水平，部分经纪人在开展营销过程中采用开户送礼等违规手段。三是上市公司违规行为时有发生，部分上市公司在信息披露和并购重组过程中存在年报出现重大差错或收购重组时隐瞒一致行动人等现象，个别上市公司仍有高管及其亲属存在违规买卖股票行为。四是随着股指期货的推出，券商系期货公司的股东优势显著体现，浙江期货公司和期货市场优势地位面临巨大挑战。五是非法证券期货活动手段不断翻新，省内的部分非法机构利用省外媒体开展非法证券投资咨询活动，诱使投资者受骗上当。

3. 保险业稳健性评估

（1）浙江省保险业运行情况。2010 年，浙江省共有保险市场主体 61 家，比上年增加 5 家，各类保险机构 3 619 家。利宝保险有限公司浙江分公司获准开业，填补了外资财产保险公司的空缺。保险公司资产总额达到 1 450.7 亿元，较年初增加 260.7 亿元。保险深度 3.1%，保险密度 1 612.3 元/人。

一是保险业务规模扩大，“三农”和养老保险受益面扩大。全年实现保险保费收入 834.4 亿元，排名全国第六，同比增长 29.3%。赔付支出 216.1 亿元，同比下降 1.8%。政策性农业保险保费收入 1.73 亿元，参保率 86.05%；政策性农房保险保费收入达到 1.03 亿元，参保率 98.55%。养老保险业务积极推进，全年共为 60 多万人提供商业养老保险保障。

二是加强公司内部管理，经营效益稳步提升。全省财产险公司实现利润总额 17.6 亿元，居全国第 2 位。其中，车险业务承保利润 9.6 亿元，排名全国第三；商业车险业务承保利润 24.9 亿元，排名全国第二。寿险公司退保风险基本可控，退保金同比下降 5.9 个百分点，全年未发生一起群访群诉或其他重大突发事件。

三是产品创新步伐加快，保险功能更好发挥。全面开展创新试点，推动林木保险纳入中央财政补贴范围，加快推广水稻气象理赔指数应用等试点工作，启动环境污染责任保险试点。建立覆盖全省的医疗责任保险制度，开展城镇职工重大疾病补充医疗保险。全年共提供风险保障 17 万亿元，积累养老和医疗保障金 1 700 亿元，赔款支出在自然灾害经济损失中占比达到 8%。

（2）浙江省保险业运行中需关注的主要问题。一是经营理念尚未根本转变，同质化竞争依然存在，保险行业创新能力不强，产品和服务严重雷同，缺乏新的业务增长点；市场秩序仍不规范，效益目标仍需强化和约束。二是部分险种面临较大风险。巨灾保险机制缺位，财产险公司稳健经营面临较大压力；交强险面临严重亏损。三是保险从业人员素质参差不齐，流动性大，保险公司难以招募到高素质的优秀人才。部分业务员专业知识缺乏，诚信度较差，影响保险行业的社会形象和认同程度。

（三）金融市场与金融稳定

1. 浙江金融市场总体情况

2010 年末，浙江共有全国银行间债券市场成员

(金融机构类)97 家,银行间同业拆借市场成员 51 家,银行间外汇市场成员 39 家,上海黄金交易所综合类会员 3 家,有 11 家商业银行开办了各类黄金交易业务。

(1) 同业拆借市场交易继续放量。全年累计实现同业拆借交易量 10 415.1 亿元,同比增长 19.2%。浙江省市场成员在拆借市场上以融入资金为主,继续呈资金“洼地效应”。全年累计拆入资金 8 591.5 亿元,拆出资金 1 823.6 亿元,净拆入资金 6 767.9 亿元,同比增长 14.5%。

(2) 票据承兑业务稳定增长。全省银行承兑汇票余额 9 743.12 亿元,增幅 25.5%。全年累计签发承兑汇票 20 356.24 亿元,同比增加 2 033.37 亿元。票据贴现余额呈逐月回落态势,贴现规模持续缩减,全年银行承兑汇票累计贴现 9 147.66 亿元,同比减少 1 802.86 亿元。

(3) 债券交易保持活跃。全年共有 35 家企业共计发行债务融资工具 275.25 亿元,同比增加 120.25 亿元,债务融资工具发行企业家数、发行金额均创 2005 年以来新高。全年市场成员累计现券交易金额 68 580.8 亿元,同比增长 87.3%。

(4) 银行间外汇交易保持增长。全年浙江省市场成员在银行间即期外汇市场交易额同比增长 9.3%,从交易方向看,净卖出金额同比增长 1.7%。外汇衍生产品交易累计交易额 460.1 亿美元,同比增长 10.7%,从交易方式看,询价制仍为主要交易方式,占 99%以上。

(5) 黄金业务产品日益丰富。全年商业银行黄金业务交易量 221 711 公斤,比上年增长 2.3%,其中个人账户占全部交易量的 63%。全省三家上海黄金交易所的成员单位累计交易黄金 80 088 公斤。

(6) 货币市场利率振荡上行。全年受货币政策工具调控、股市债市融资及银行自身营运周期等多种因素影响,全省货币市场利率呈现振荡上行态势。其中,12 月份同业拆借利率和回购利率分别达到 3.24%和 2.92%,环比分别上涨 146 个基点和 117 个基点。

2. 浙江金融市场发展中存在的问题

一是目前浙江省有多家商业银行有承销中小企业集合票据的意向,但由于中小企业自身及社会信用担保体制方面的制约,信用增级和不动产抵押方面存在诸多难点。二是除同业拆借和债券交易业务外,各分支行的金融市场监测主要依靠手工统计,利率互换、远期交易、掉期等金融衍生产品的监测体系尚未有效建立,金融市场业务监测范围与效率有待提高。

(四) 外汇资金活动与金融稳定

1. 外汇资金活动整体情况

2010 年,全省跨境外汇收支总额 3 261.26 亿美元,顺差 1 429.16 亿美元,分别比上年增长 31.73% 和 45.08%;结售汇总额 2 607.31 亿美元、顺差 1 482.89 亿美元,分别比上年增长 31.90% 和 35.61%。

(1) 货物贸易结售汇顺差大幅增长。2010 年,全省货物贸易进出口比上年增长 37.29%,外汇收支比上年增长 53.61%,结售汇顺差比上年增长 37.31%,全年贸易项下货物流与资金流的背离呈现“先降后升”趋势。

(2) 服务贸易净结汇持续逆差。2010 年,服务贸易外汇收支逆差 2.98 亿美元,上年同期为顺差 23.05 亿美元;结售汇逆差 18.4 亿美元,上年同期为逆差 6.12 亿美元,其中,旅游项目结售汇逆差是造成服务贸易结售汇逆差的主要原因。

(3) 外商投资资本金结汇大幅增长。2010 年,全省资本与金融项目外汇收支顺差 94.42 亿美元,同比增长 19.47%;结售汇顺差 42.87 亿美元,而上年同期为逆差 13.14 亿美元。外商直接投资资本金流入和结汇同比分别增长 50.63%和 74.67%,基本恢复到金融危机前水平。

(4) 境外直接投资日趋活跃。2010 年,境外直接投资外汇登记中方投资总额 16.91 亿美元,同比增长 46.73%;实际汇出资金 8.44 亿美元,同比增长 107.66%,境外投资已涉及五大洲 85 个国家和地区。

(5) 外债规模快速增长。截至 2010 年末,全省外债余额 179.52 亿美元,比上年增长 47.61%。企业举借外债的意愿明显增强,负债短期化倾向有所加剧,银行向境外拆借资金套取利差的动机愈加强烈。

2. 需关注的主要问题

一是异常跨境资金流入。企业负债“外币化”趋势显现,预收货款和远期信用证承兑余额较快增长,国际收支不平衡趋势加剧,银行结售汇顺差放大,外汇供求失衡的压力增加。二是房地产业外资流入较多。2010年全年浙江省实际外资流入27.10亿美元，占全省实际外资流入的22.62%。11月份开始，房地产领域的外资流入出现爆发性增长，一旦房地产价格出现下降，可能出现大量撤资情况。三是目前企业"走出去"主要通过境内银行直接贷款、境外银行直接贷款、母公司直接境外放款三个渠道获取资金支持，但实际操作过程中，三个渠道都存在制约因素。

（五）金融基础设施建设与金融稳定

1. 支付体系稳健型评估

一是农村地区支付体系覆盖面扩大。支付清算系统和非现金支付工具向农村基层延伸，支付系统覆盖到除邮储银行对私网点外的所有银行网点，农村地区资金汇划进一步畅通。二是本外币银行卡受理环境继续完善。全省ATM受理外卡功能全面开通，银行卡在医院、交通、景区等重难点领域的应用取得突破性进展。三是支付体系监督管理持续推进。对银行机构支付结算业务开展综合评价，出台银行卡收单业务管理办法，深化特定非金融机构管理。四是支付结算服务不断改进。电子商业汇票业务应用进一步推进，网上支付跨行清算系统业务应用面扩大，公务卡应用取得新进展。当前支付体系仍然存在农村地区支付服务环境需进一步改善，支付结算监督管理有待继续加强以及非金融机构支付服务需要加强规范等问题。

2. 征信体系稳健性评估

一是征信系统服务领域进一步扩大。征信系统在全省司法、财政、经信委、金融监管机构等部门开展办案、调研、风险防范与处置等工作中提供了大量信用信息支持，并成为金融机构防范信贷风险的重要工具。二是征信数据覆盖面全面提升。征信系统已覆盖浙江省企业48.7万户，为3 305万自然人建立了信用档案。来自电信、法院、交通等部门的相关信用信息逐渐进入征信系统，非银行信用信息逐步增多。三是征信服务市场规范发展。涵盖信用登记、信用评级、信用调查和信用咨询四类机构，服务齐全、竞争有序的征信市场初步形成。四是中小企业和农村信用体系建设走向深入。涌现出"丽水模式"等全国性的样板工程，截至2010年末累计为531万户农户建立信用档案，其中211万户农户累计获得银行贷款5 390亿元。目前征信法律制度框架尚待改善，征信市场发展还不成熟，部门间协调合作亟待加强。

3. 反洗钱体系稳健性评估

一是反洗钱监管效果明显提升。对金融机构的非现场监管力度加强，通过综合运用实地走访、约见高管、非现场监管提示函等手段，了解金融机构反洗钱工作开展情况，传达反洗钱监管政策。二是反恐融资工作全面推进。进一步完善与反恐部门的合作机制，加强对金融机构重点可疑交易报告工作的检查指导和培训力度，督促商业银行有效履行反洗钱和反恐融资义务。三是反洗钱合作成效显著。加强与公安、海关、检察等执法部门的合作力度，开展反洗钱调查72次，移送重点可疑交易线索26起，配合公安机关破获特大网络赌博案2起。当前面临的主要困难在于反洗钱法规制度有待进一步完善，反洗钱力量配置落后于发展要求，反洗钱工作协调机制有待改进等。

4. 货币发行体系稳健性评估

一是保障现金供应能力全面提升。监测数据采集和汇总的时效性、准确性明显提高，把握现金收支区域性、季节性特征的能力提升。完善发行基金调拨网络，加大现金供应券别结构调整力度，流通中现金券别结构继续优化。二是反假货币长效机制进一步深化。城乡反假货币网络建设日趋完善，全面开展多形式反假货币宣传，并将反假货币知识纳入浙江省中小学课程，实现反假货币宣传在中小学的固定化、长期化。当前货币发行工作中存在的困难主要是现有的货币发行业务能力已不能很好地适应不断增长的发行业务要求，反假货币工作形势日趋严峻等。

2010年，浙江省经济保持平稳增长，为区域金融稳定创造了良好的经济环境。金融业总量持续快速增长、金融改革开放不断深化、金融创新积极活跃，形成了结构较为合理、功能相对完善的金融机构体系和金融市场体系，使浙江成为全国金融业务增长最快、金融机构类别最全、金融运行质量和效益最好、金融生态环境最佳的省份之一。

（总纂：赵　军　统稿：胡卫华　吴　云
执笔：王　婷　刘占稳　吴　云　张晓霞
李云峰　汪　雨　周宇晨　施向华　赵　勇
唐照宇　徐　晶　翁　磊　曹世文）

4. 安徽省金融稳定报告摘要

2010 年，安徽省经济发展向好势头进一步巩固，经济结构调整和承接产业转移力度加大，投资、消费保持较快增长，外部需求持续恢复，财政收入保持增长，企业效益水平大幅提升，金融业稳健运行的宏观经济环境渐趋改善。银行业市场体系进一步完善，机构资产规模继续扩张，经营业绩较快增长，流动性总体充足，整体风险水平稳定可控。资本市场保持稳健，证券期货机构的业务收入结构有所改善，抗风险能力持续增强；上市公司经营业绩明显提升，直接融资方式渐趋多元化，市场基础制度性建设得到夯实。保险业总体保持平稳较快增长态势，保险市场成熟程度逐步提高，保险服务经济社会能力增强。值得关注的是，经济平稳较快发展的基础仍不稳固，发展不平衡、不协调问题依然突出，一定程度上削弱了经济金融的良性互动，加大了金融资源非均衡配置和风险集中。

(一) 经济运行与金融稳定

在实施中部崛起战略背景下，皖江城市带承接产业转移示范区①建设步伐加快，合肥经济圈的辐射作用增强，合芜蚌自主创新试验区建设稳步推进，经济结构调整与发展方式转变取得积极成效，经济发展向好势头进一步巩固。2010 年 1～12 月份，全省地区生产总值 12 263.4 亿元，按可比价格计算比上年增长 14.5%，增幅同比提高 1.6 个百分点，高于全国同期水平 4.2 个百分点。

1. 经济保持较快增长，金融运行的宏观经济环境渐趋改善

(1) 消费和投资需求稳步增长，涉外经济快速复苏，经济发展的协同性增强。2010 年，全省社会消费品零售总额同比增长 19.2%，增幅同比提高 3.4 个百分点；全社会固定资产投资同比增长 33.6%，增幅同比回落 3.3 个百分点。内需转强带动进口快速增长，全年进出口总额同比增长54.8%，其中进口额同比增长 74.6%。

(2) 经济结构调整稳步推进，经济增长的活力增强。2010 年，全省第一、第二、第三产业增加值分别增长 4.5%、20.7%和 10%，工业增加值占 GDP 的比重为 43.7%，比上年提高 3.3 个百分点。皖北地区和县域经济发展提速，区域经济协调性改善。全年皖北六市②工业增加值、固定资产投资、财政收入增速分别比全省平均水平快 23.26 个、7.84 个和 13.9 个百分点。县域经济发展加速，县域工业增加值、固定资产投资、出口额增速均高于全省平均水平，县域经济正由农业主导向工业主导转型。

(3) 物价呈前低后高态势，未来物价上行压力较大。2010 年，全省居民消费价格指数累计上涨 3.1%，低于全国平均水平 0.2 个百分点。受固定资产投资大幅增长、工业生产回暖、国际大宗商品期货价格反弹等因素影响，生产价格呈现走高态势，全年原材料燃料动力购进价格、工业品出厂价格指数分别上涨 11.8%和 9%。

2. 经济运行中需关注的问题

(1) 外部环境仍较复杂，外部需求存在较大不确定性。发达经济体经济回升基础仍不稳固，失业率居高不下，新兴经济体饱受通胀问题困扰，主要经济体的政府债务负担沉重，贸易壁垒和贸易摩擦显著增加，特别是随着国际金融危机后库存回补等因素消失，国际贸易增长形势不明朗。国际金融危机后，人民币升值预期增强，汇率波动幅度增大，对出口企业产生不利影响。

(2) 经济加快发展和资本可获得性难度增加的矛盾可能逐步显现。安徽省资本存量相对较低，信贷间接融资仍占主导地位，稳健性货币政策下企业融资形势趋于紧张。信贷政策回归常态对安徽省经济"追赶式发展"的影响已经显现，部分行业贷款审批条件有所收紧。经济较快增长势头和信贷增速放缓的矛盾可能显现，特别是在直接融资基础较弱的县域和辖内经济欠发达地区。

(3) 宏观调控措施的滞后效应将逐渐显现。2010 年出台的一系列调控措施，如房地产市场调控、清理地方政府融资平台、治理产能过剩等存在逐步落实实施的过程，对经济增长的影响有一定滞后期。一是房地产市场降温的关联影响显现。2010 年，全省商品房销售面积、销售额同比增幅较分别下降 43.4 个和 42.1 个百分点。二是融资平台规范清

---

① 皖江城市带包括合肥、芜湖、马鞍山、铜陵、安庆、池州、巢湖、滁州和宣城九市，以及六安市的金安区和舒城县。

② 皖北六市包括淮北、亳州、宿州、蚌埠、阜阳和淮南。

理政策增强了地方政府财政稳健性，硬化了商业银行融资平台类贷款投放的条件，弱化地方政府资金运用于基础设施建设水平。三是部分鼓励消费政策变化或效应递减，后续消费空间拓宽可能受限。

(4) 通货膨胀压力增加、资金使用成本上升和人口红利效应减弱使企业运营难度加大。一是通货膨胀压力增大使得企业经营成本加大。二是融资成本显著上升，企业普遍感受到货币政策由适度宽松转向稳健对资金成本的影响。三是劳动力成本呈上升态势。随着城镇化加速推进、皖江城市带承接产业转移示范区建设步伐加快，用工需求将急剧增加，最低工资标准逐渐提升。人口红利效应逐渐减弱，未来劳动力价格将进一步上涨，企业用工成本增加。

(5) 经济增长面临国内产业结构调整与节能减排的双重约束。一方面，安徽省工业发展虽然速度快但起步晚，工业基础相对薄弱，对高耗能、高污染和资源性产业的依赖短期内难以改变，处于工业化发展初期的重工业化阶段；另一方面，我国经济发展已由重视增长速度向重视增长质量转变，国内资源环境约束将进一步增强。预计"十二五"时期，国家将实行更加严格的土地使用政策和节能降耗标准，对部分地区的经济发展速度和排放空间形成约束。

(二) 银行业与金融稳定

2010 年，安徽省经济保持平稳较快增长，银行业机构运行的外部环境改善，整体风险水平稳步下降。截至 12 月末，全省银行业机构资产总额 20 370.18 亿元、所有者权益 598.35 亿元、利润 227.61 亿元，同比分别增长 23.59%、19.55%和 40.88%。

1. 发展基本态势

(1) 银行业机构改革稳步推进，稳健运行的微观基础增强。政策性银行分支机构改革有序展开，农业银行"三农"金融事业部制改革稳步推进，省外银行网点布局势头强劲，商业银行在合肥设立区域性服务中心步伐加快。地方银行业法人机构改革快速推进。城市商业银行资产规模、网点布局获得快速扩张，农村合作金融机构产权改革稳步推进，新型农村金融机构组建进展较快。

(2) 储蓄存款增速加快，企业存款活期化趋向加强。年末全省金融机构本外币存款余额同比增长 22.9%，增幅比上年同期下降 6.1 个百分点。从存款类别分析，储蓄存款增加较多，企业存款增速下降，资金来源波动性趋增。从存款期限分析，存款活期化趋势持续增强，存款稳定性趋弱。年末各项存款中活期存款占比 41.91%，较上年同期提高 0.41 个百分点。

(3) 各项贷款增速高位回稳，信贷投放结构变化明显。2010 年末，全省金融机构本外币贷款余额同比增长 24.3%，比上年同期回落 9.9 个百分点。从贷款期限结构分析，中长期贷款增势回落，年末中长期贷款余额同比增长 34.1%，增幅比上年末下降 11.9 个百分点。从贷款需求主体类型分析，重点领域与薄弱环节信贷支持力度显著加大，金融支持经济结构调整效应明显。12 月末，皖江城市带承接产业转移示范区人民币各项贷款余额同比增长 20.0%，高于全省各项贷款 1.8 个百分点；全省中小企业人民币贷款余额同比增长 37.5%，高于全省各项贷款增速 14.2 个百分点。

(4) 流动性水平总体充足，有力支撑了信贷投放的较快增长。截至 12 月末，全省银行业机构备付率为 6.24%，较上年末下降 0.2 个百分点；人民币存贷比 70%，较上年末上升 0.2 个百分点。地方银行业法人机构人民币存贷比 71%，较上年末略升 0.43%；超额准备金率 1.96%，较上年末下降 5.18%；平均备付金率 3.04%，较上年末下降 5.12%。

(5) 盈利水平大幅提升，资产质量继续改善。2010 年，全省银行业机构信贷投放较快增长，中间业务快速发展，经营业绩持续改善。全年银行业机构总体盈利 227.61 亿元，同比增长 44.1%。年末，全省银行业机构"五级分类"口径不良贷款余额比年初减少 46.31 亿元；不良贷款率比年初下降 1.38 个百分点；贷款损失准备充足率和拨备覆盖率分别比上年同期提升 5.8 个和 9.19 个百分点。

2. 银行业稳健性评估

(1) 宏观经济形势变化、政策调整等因素叠加影响，银行业发展面临转型压力。安徽省工业经济结构中资源型产业比重较高，银行信贷主要集中于煤炭、钢铁、水泥、化工等宏观调控行业。在货币政策回归常态、银行资本约束和风险管控面临更严格监管的背景下，一方面，银行业机构依靠对大客户、大项目的大规模信贷投放来支撑利差快速增长的传统银行盈利模式将难以为继；另一方面，政府融资平台、房地产以及高污染、高耗能和产能过剩行业等领域的存量信贷风险防控压力增加。

（2）银行业“贷长、贷大、贷集中”现象仍较突出，信贷资产结构有待优化调整。一是银行业机构资产负债期限结构性失衡的矛盾持续存在。全年中长期贷款累计增加 1 803.1 亿元，占全部贷款增量的 83.3%。二是信用风险向少数大集团、大客户①集中。2010 年 12 月末，全省最大 10 家的集团客户、最大 10 家的单一客户贷款余额分别占总贷款余额的 20.48%和 19.17%。三是地方政府融资平台清理规范过程中，平台公司存量贷款风险变化趋势需密切关注。12 月末，全省平台公司关注类贷款余额占全省关注类贷款总额的 38.2%；关注类贷款率 9.36%，高于全省平均水平 4.31 个百分点。四是房地产市场调控效应逐步显现，二三线城市房地产信贷风险积累。12 月末，全省房地产贷款余额同比增长 43.88%，高出各项贷款增速 20.58 个百分点。

（3）银行面临的利率与汇率等市场风险有增加倾向。一是利率市场化背景下商业银行的市场风险增加。商业银行不断增加的、与利差敏感度较高的资金业务和理财业务面临较大的市场风险。二是随着美元存在持续走低的压力、人民币国际化的推进，银行业市场风险增加。2010 年 12 月末，全省银行业外汇余额存贷比由年初的 152.5%上升至 254.9%，全年增量存贷比达 841.3%。

（4）银行业盈利能力变化趋势需密切关注。银行业机构盈利模式相对单一，主要依赖于净息差收入，资产利润率虽有较大程度改善，但总体水平相对较低；市场对优质客户的竞争加剧，大型优质客户议价能力下降，拉低了生息资产的整体收益率；银行机构加大了对风险拨备提取力度，将增加银行经营成本。

（5）农村法人金融机构风险资产扩张较快，经营压力增大。资本动态补充机制尚未建立，部分农村信用社资本充足水平较低，短期内通过自身积累补充资本并达到监管要求的难度较大；地方银行业法人机构的流动性水平有所收紧，对高风险农村信用社的流动性变化趋势需密切关注；部分农村合作金融机构的不良贷款反弹压力较大，农村信用社主要风险抵补指标仍维持较低水平。

（三）证券业与金融稳定

2010 年，安徽省资本市场总体保持稳健，证券期货机构抗风险能力增强；上市公司经营业绩显著提升，融资方式渐趋多元化，直接融资规模增长较快。

1. 发展基本态势

截至 2010 年末，全省共有 2 家证券法人公司（国元证券和华安证券）、130 家证券营业部、2 家证券咨询机构；3 家期货法人公司（徽商期货、华安期货和安粮期货）、18 家期货公司营业部；证券期货从业人数合计达 3 090 人。

（1）证券投资者信心不足，交易量有所萎缩。2010 年末，全省证券投资者开户数 172.08 万户，同比增长 8.18%；证券营业部机构客户保证金余额和证券累计交易额同比分别下降 27.27%和 5.37%。期货市场交易增速高位回落，市场活跃度有所下降。2010 年末，全省期货投资者开户数和客户权益资金总额同比分别增长 41.59%和 51.23%；期货经营机构累计代理交易额同比增长 83.61%，增幅比上年同期下降 136.39 个百分点。

（2）证券、期货公司的资产规模和所有者权益增速同步放缓，盈利水平下降。2010 年末，两家证券法人公司总资产和所有者权益同比分别下降 18.27%和 0.88%，净利润同比下降 20.24%；三家法人期货公司总资产和所有者权益同比分别增长 18.12%和 15.28%，净利润同比下降 32.93%。

（3）企业上市步伐加快，直接融资规模稳步扩大。2010 年，全省共有 7 家公司首发上市，年末上市公司总数为 67 家②，其中主板 45 家、中小企业板 16 家、创业板 4 家。全省直接融资总额 500.3 亿元，比上年增加 103.3 亿元，同比增长 26.0%。其中，股票融资 171.3 亿元，同比增长 5.12%；债券融资 329 亿元，同比增长 40.6%。

2. 证券期货业稳健性评估

（1）证券法人公司的抗风险能力持续增加、业务收入结构有所改善，但综合竞争能力和市场风险管理能力仍需加强。证券法人公司各项风险控制指标变化均符合监管标准，持续发展能力进一步增强。2010 年，两家法人公司的经纪业务收入占比为 70.97%，较上年下降 10.04 个百分点。由于传统业务在证券公司收入结构中的比重仍然较高，经营业绩受证券市场周期影响较大，使得证券公司盈利水平较 2009

---

① 大客户为授信额度或贷款余额在 5 000 万元以上（含 5 000 万元）的客户。

② 天大石油管材、现代牧业在香港联交所上市。

年有所下滑。

(2) 期货法人公司风险总体平稳可控，但业务结构单一、盈利能力较弱与风险管理手段不足等问题依然存在。期货公司的负债增长较快，杠杆比率有所上升，对其高杠杆经营的风险控制能力需保持关注；盈利结构单一，经营管理效率有待提升，受市场波动影响较大；期货经营机构规模较小，金融创新能力相对较弱。

(3) 投资者风险教育工作亟待进一步提升。投资者结构不合理，机构投资者规模偏小；创业板市场规模相对较小，创业板市场的投资者面临较大风险；融资融券和股指期货业务具有较高的杠杆效应，散户投资者因缺乏相应专业知识，存在不同程度的操作风险和市场风险。

(四) 保险业与金融稳定

2010 年，安徽省保险业总体保持平稳较快的增长态势，保险市场成熟程度逐步提高，保险服务经济社会能力进一步增强。

1. 发展基本态势

(1) 保险业保持平稳较快发展。2010 年，全省实现保费收入 438.25 亿元，同比增长 22.69%，增速较上年同期提升 2.19 个百分点；累计赔付支出 104.63 亿元，同比增长 17.14%，增速较上年提高 9.63 个百分点。农业保险快速发展，服务“三农”成效显现，全年政策性农业保险保费收入 12.46 亿元，累计赔付 9.86 亿元；外汇保险支持进出口企业的力度不断加大，全年实现外汇保费收入 1 796.14 万美元，同比增长 118.58%。年末，保险深度和保险密度分别为 3.57%和 713.99 元/人，保险普及程度逐年提升，保险渗透力进一步增强。

(2) 产品结构调整稳步推进。财产险方面，2010 年保证险、信用险、工程险等业务增幅均高于车险增幅，同比分别增长 175.46%、78.3%、53.69%和 35.59%；人身险方面，健康险和意外险业务收入同比增长 28.92%和 25.22%，分别高于人身险平均增速 10.74 个和 7.04 个百分点；缴费方式方面，新单期缴业务增速高出趸缴业务增速 5.34 个百分点，新单期缴业务占比较上年同期提高 3.88 个百分点。

(3) 经营效益和风险防范能力实现双提升。2010 年，全行业实现承保利润 5.17 亿元，综合成本率为 94.97%，较上年同期下降 18.62 个百分点，实现扭亏为盈。截至 2010 年末，财产险应收保费率 2.26%，较上年下降 1.47 个百分点；寿险退保率 3.24%，处于正常波动区间。

2. 保险业稳健性评估

(1) 受宏观政策调整和保险业监管改革措施不断出台等因素影响，保险业市场保持较快发展的不确定性增大。新会计准则实施对寿险产品结构和经营活动影响较大，万能险、投连险产品投资账户下的资金不再确认为保费，导致这两类产品销售有所回落；货币政策逐步转向稳健，对承保业务影响较大，一年期存款基准利率高于传统寿险的预定利率上限，传统寿险销售压力较大，万能险、分红险等保单资金成本进一步提高，退保率有所上升；银保合作等监管新规调整短期影响不容忽视。

(2) 保险业产品结构调整力度仍需加强。财产险方面，各险种结构发展不均衡，车险业务占比依然较高，信用险、保证险等其他险种占比过小。寿险业方面，投资型业务占比过高，弱化了寿险的保障功能。由于投资型业务主要依赖投资收益，受资本市场影响较大，寿险业务保障功能的发挥受到一定制约。

(3) 产品销售渠道不平衡现象依然存在。银邮代理渠道集中化程度依然较高，2010 年末，银邮代理渠道占比仍高达 54.9%。电话销售、网络销售等新型营销渠道发展缓慢，优势有待进一步体现。

(4) 保险市场秩序需进一步规范。一是保险市场监管组织体系不完善，监管有待加强。地市保险行业协会在省级保险监管部门授权下进行代理专项检查，对违规行为管控查处存在不足。二是保险市场秩序不规范现象短期内仍难以根除。主要表现在：财产险方面，存在中介业务虚挂、农业保险虚假承保、保险机构拒保交强险、保险条款费率报备与执行不一致等问题；人身险方面，部分保险机构夸大产品收益，隐瞒告知事项等销售误导行为。

(五) 金融市场与金融稳定

2010 年，安徽省经济主体积极主动参与金融市场，金融市场规模不断拓展和扩大，呈现出快速稳健发展的态势，服务地方经济的作用明显增强。

1. 运行基本态势

(1) 货币市场交易活跃，市场利率震荡上行。2010 年，全省金融机构在全国银行间债券市场累计完成回购交易 18 210.3 亿元，增长 77.8%；累计完成同业拆借交易 1 658.1 亿元，同比增长 662.3%，品种以隔夜拆借为主，交易机构主要为城商行和信托公司，交易量分别占拆借总量的 99.08% 和 0.92%。货币市场流动性逐步收紧且波动性较大，回购利率处于振荡上行趋势。

(2) 债券融资快速增长，金融机构参与债券交易活跃。2010 年，安徽省企业通过短期融资券、中期票据、企业债从银行间债券市场累计融资达 329 亿元，同比增长 41%；全省金融机构在全国银行间债券市场累计完成现券交易额 21 073.75 亿元，同比增长 9.63%。

(3) 外汇市场交易平稳增长，银行结售汇顺差大幅减少。2010 年，安徽省即期结售汇交易平盘量为 101 031.09 万美元，其中买入交易量占 57.17%；银行结售汇总额 222 亿美元，同比增加 55.8%。其中，银行结汇 123 亿美元，同比上涨 42.77%；售汇 98.98 亿美元，同比上涨 75.74%。结售汇保持顺差，但差额较上年减少 19.46%。

(4) 民间借贷市场成为正规金融体系的有益补充。全省 1 953 个民间借贷监测样本点显示，2010 年民间借贷金额同比增长 9.43%；加权平均利率为 10.79%，较上年提高 0.65 个百分点。民间借贷的资金主要用于解决生产经营过程中的资金周转不足，生产、经营性借贷继续占主导，生产经营性借贷总量占比达 82.84%；民间借贷的关系主要为企业从个人、个人从个人，共占 84.67%，较上年下降 0.93 个百分点。

2. 应予以关注的问题

(1) 中小企业集合票据的制度设计有待改进。中小企业集合票据与短期融资券和中期票据相比，增加了交易成本。一方面，集合票据的发行主体是多家中小企业的集合，集合中的任何一家企业均需要等待同集合的其他企业完成所有必要程序后才能继续向前推进，等待时间较长，机会成本较大；另一方面，中小企业集合票据的发行不是纯信用融资，需要担保和反担保，增加了企业的融资成本，加重了企业负担。

(2) 债券市场利率风险不容忽视。货币政策由适度宽松转向稳健，未来一段时间贷款基准利率继续上调的可能性较大，一定程度上会增加债券投资的压力，债券市场不确定性因素增加，存量债券的期限越长利率风险越大，金融机构持有债券所面临的利率风险值得关注。

(3) 民间融资处于金融体制之外，容易与国家宏观政策和国家产业政策相背离，一定程度上增加了宏观调控的难度；民间借贷基本上是一个卖方市场，利率水平通常比银行同期利率高，加重经营者负担，加剧贫富两极分化，并影响国家利率政策的全面贯彻实施；缺乏必要管理和法律支持，容易引发经济纠纷，不利于社会稳定。

(六) 金融基础设施与金融稳定

1. 支付结算体系稳健运行快速发展

2010 年，支付清算网络体系①共处理支付业务 20 211.39 万笔、金额 323 420.90 亿元，同比分别增长 13.76% 和 49.03%。非现金支付工具进一步推广应用。2010 年，安徽省使用非现金支付工具办理的支付业务 62 402.73 万笔、185 131.17 亿元，同比分别增长 42.37% 和 42.84%。“农汇通工程”建设深入推进，农村支付服务环境明显改善。2010 年末，全省农村地区银行结算账户达 4 080.29 万户，同比增长 23.1%；银行卡发卡量达 2 159.08 万张，同比增长 31.9%。需重点关注的是农村地区经济发展水平比较落后、支付服务基础设施滞后、非现金结算意识不足、支付服务收费优惠政策缺乏等因素影响，农村支付服务环境建设的改善将是一个长期过程；银行卡风险问题日益突出，银行卡市场整顿力度有待持续加强；村镇银行等新型农村金融机构支付系统有待完善，业务开展面临挑战。

2. 征信体系建设进一步完善

2010 年，继续推进征信体系建设，企业和个人征信系统的管理与应用不断加强，征信系统数据质量显著提升，非银行信息采集工作进一步推进，金融生态环境建设加强和社会信用意识提高。2010 年末，全省已有 36 家金融机构接入企业征信系统。中小企业信用体系建设持续推进。2010 年末，全省累计收集中小企业信用档案表 40 867 户，已累计录入企业信用信息基础数据库 38 549 户，同比分别增长 7.76% 和 7.57%。农村信用体系建设稳步发展。全省农民专业合作社建档和评价工作稳步推进，农

① 支付清算网络体系以大、小额支付系统为核心，银行业金融机构行内支付系统为基础，全国支票影像系统、同城清算系统、电子商业汇票系统、银行卡支付系统、城市商业银行汇票处理系统、农信银资金清算系统等为重要组成部分。

村青年示范户试点持续开展，企业与个人征信系统在农村地区的覆盖面逐步扩大。需重点关注的问题是征信管理相关立法相对滞后，在一定程度上阻碍了征信系统的建设和应用；地方性金融机构提交数据质量和及时性有待进一步提高；类金融机构对征信系统使用有待拓展。

3. 反洗钱工作深入推进

2010 年，通过构建风险为本的监管体系建设，反洗钱网络的风险预警能力和风险管理能力得到显著提升，预防和打击犯罪效果不断显现，反洗钱工作向纵深推进。2010 年，全省共对 137 家金融机构实施了现场检查，其中银行业金融机构 97 家，保险业金融机构 33 家，证券期货业金融机构 7 家。对 123 家金融机构下发了行政处罚意见，对 12 家金融机构实施了经济处罚。需重点关注的问题是银行业务拓展、科技手段运用给反洗钱工作带来新的挑战；对新型准金融机构缺乏有效监管。

4. 反假货币工作成效显著

2010 年，反假货币工作继续坚持“打防并举，标本兼治”指导思想，严厉打击假币违法犯罪活动，加强宣传教育工作，反假工作取得显著成效。2010 年，全省假币收缴额同比减少 70.25%，较上年大幅回落。反假联席会议机制作用持续发挥，监管强度进一步提升，宣传力度不断加大，反假货币网络建设继续推进。

（总纂：陶　诚　统稿：张　燕　吴丹果　郭莉莉　梁　斌　执笔：季　军　鲁玉祥　王　亮　孙　韦）

5. 长三角地区金融稳定评估报告

2010 年，在国内外经济金融形势仍然复杂多变的背景下，长三角两省一市认真执行中央各项宏观调控政策，积极应对经济运行中出现的各种矛盾和困难，全面完成“十一五”规划。国民经济继续保持平稳快速增长，呈现创新引领、增长较快、质量提升、结构优化、后劲增强、民生改善的良好态势。金融业整体运行平稳。银行业机构盈利保持增长，资本充足水平继续提高，资产质量总体良好，竞争实力不断增强，保持了较好的发展势头。证券机构抗风险能力逐步提高，创新业务拓展加快，资本市场融资功能稳步增强。保险业平稳发展，市场体系逐步完善，充分发挥补偿功能。金融基础设施建设不断推进，金融服务实体经济的效率和安全性得到进一步增强。定量评估结果显示，2010 年长三角地区金融稳定状况综合得分为 90.0 分，较 2009 年提高 4.7 分，属于稳定区间。

（一）长三角地区经济运行

2010 年，长三角地区经济运行持续改善，经济复苏势头进一步巩固。结构调整和转型升级步伐有所加快，三大需求协调性加强。但同时也应看到，物价上行压力加大，房地产调控下市场前景并不明朗，贸易出口仍然面临挑战。

1. 长三角地区经济运行概况

（1）经济保持平稳快速增长，产业结构趋向合理。2010 年，长三角地区全年实现地区生产总值 8.49 万亿元，同比增长 11.8%，较上年提高 1.43 个百分点。其中，江苏、浙江、上海分别实现地区生产总值 4.09 万亿元、2.71 万亿元和 1.69 万亿元，同比分别增长 12.6%、11.8%和 9.9%。

2010 年，长三角地区大力发展第二、第三产业，三次产业比例由上年的 4.84∶50.42∶44.74 优化为 4.72∶50.61∶44.66，其中第二产业对总产值的贡献率有所提高。新兴行业发展加快。江苏省全年实现高新技术产业产值 30 354.8 亿元，同比增长 38.1%，占规模以上工业总产值的比重达 33%，较上年提高 3 个百分点。浙江省高新技术产业增加值增长 18.5%，占规模以上工业总产值的比重达 23%，以软件、通信、微电子、生物医药和新能源为重点的高新技术产业是推动技术集约化和产业结构优化升级的重要载体。上海市出台实施了一批推动现代服务业发展的政策措施，文化创意、信息服务、中介服务以及生产性服务业等新兴服务业快速发展。

（2）消费率先投资增长，世博拉动经济效果明显。投资规模增速有所放缓，经济对投资的依赖性有所减弱。2010 年，长三角地区完成全社会固定资产投资总额 4.10 万亿元，江苏、浙江和上海的增速分别为 22.4%、16.3%和 0.8%，均低于全国平均增幅。面对投资增速的放缓，消费逐渐成为拉动经济企稳回升的重要动力。2010 年，长三角地区全年共实现社会消费品零售总额 2.97 万亿元，江苏、浙江和上海的增速分别为 18.7%、19.0%和 17.5%，除江苏较上年基本持平以外，浙江和上海较上年分别大幅提高 3.1 个和 3.5 个百分点，领先投资增速。

上海世博会的成功举办，直接带动了长三角地区批发零售、住宿餐饮和交通运输等服务行业快速增长，消费品市场持续活跃。世博会期间，上海市社会消费品零售总额达 2 548 亿元，同比增长 18%以上；世博会带来的超过 800 亿元的直接旅游收入，对长三角地区旅游及相关产业的拉动显著。

（3）对外贸易稳步增长，开放水平进一步提高。2010 年，长三角地区进出口总额达 10 881.32 亿美元，同比增长 21.53%，较上年提高 34.63 个百分点。其中，进口总额 4 563.17 亿美元，同比增长 38.25%，较上年大幅提高 47.51 个百分点；出口总额 6 318.14 亿美元，同比增长 33.26%，较上年大幅提高 48.84 个百分点，基本克服了国际金融危机带来的影响。

利用外资规模进一步扩大。全年外商实际直接投资达 506.29 亿美元，同比增长 10.52%，较上年提高 8.78 个百分点。对外直接投资规模不断扩大。以上海市为例，全年对外投资总额达 24.2 亿美元，同比增长 57.5%，完成对外承包工程和劳务合作营业额约 73 亿美元。

（4）财政、居民收入不断增加，企业效益逐步回升。2010 年，长三角地区地方一般预算收入达 9 561.94 亿元，同比增长 20.86%，其中江苏、浙江和上海地方一般预算收入同比分别增长 26.4%、21.7%和 13.1%。三地全年地方一般财政支出共计 11 355.13 亿元，同比增长 16.74%，其中江苏、浙江和上海同比分别增长 18.6%、20.9%和 10.5%。

城乡居民收入保持平稳较快增长。2010 年，江苏、浙江和上海城镇居民人均可支配收入分别为 22 944 元、27 359 元和 31 838 元，同比增长 11.6%、11.2%和 10.4%；农村居民人均纯收入分别为 9 118 元、11 303 元和 13 746 元①，同比分别增长 13.9%、12.9%和 11.5%。

企业生产经营状况逐步改善。2010 年，江苏、浙江和上海全年规模以上工业企业利润总额分别达到 5 705.91 亿元、3 000 亿元和 2 216.55 亿元，同比分别增长 43.6%、47.0%和 56.7%。

2. 经济运行中应关注的问题

（1）价格指数上涨较快，通货膨胀压力增大。2010 年，由食品价格引发的居民消费价格不断上涨，特别是从 6 月份开始居民消费价格指数（CPI）涨幅逐月上升，2010 年 11 月同比上涨 5.1%，创 28 个月以来的最大涨幅，通货膨胀压力明显。其中，食品类价格上涨 7.2%，上拉总指数 2.3 个百分点，占居民消费价格总涨幅的 69.7%；非食品价格较快上涨，其中全年居住价格同比上涨 4.5%，对居民消费价格的影响为 21.2%，在一定程度上表明物价上涨已经由食品价格向全面的价格上涨扩散。预计今后一段时间 CPI 可能仍在高位运行。

在 CPI 持续走高的态势下，社会通货膨胀预期较为强烈，居民物价满意度持续降低。江苏省银行家问卷调查显示，银行家对 2011 年第一季度总体物价、投资品、消费品的价格预期指数分别为 77.76%、74.45%、79.04%，分别比上季度提高 7.36 个、11.77 个、6.25 个百分点，为 2004 年开展调查以来的最高水平。浙江省储户问卷调查显示，74.75%的被调查者认为当前物价偏高，难以承受，比第三季度提高 15.75 个百分点，只有 4.0%的被调查者对当前物价水平满意。上海市储户问卷调查显示，第四季度物价满意指数为 12.8%，降至有监测记录以来最低点，75%的储户认为当前物价高，难以承受。在通货膨胀预期下，居民消费有所缩减，可能导致经济下滑。需要密切关注通货膨胀下居民消费行为的变化，采取及时的宏观调控措施防止经济波动。

（2）房地产宏观调控力度加大，市场前景不明朗。为了遏制部分城市房价的过快上涨势头，国务院相继出台了一系列政策，落实房地产调控措施，但三地的调控效果不尽相同。2010 年，上海市住房销售量明显萎缩，房价快速上涨势头得到抑制，全年房地产行业实现增加值 1 042.5 亿元，同比下降 22.8%，全年商品房销售面积 2 055.53 万平方米，同比下降 39%，其中商品住宅销售面积 1 685.35 万平方米，同比下降 42.4%。浙江省房地产市场运行总体较为平稳，房屋销售价格指数同比上涨 11.1%；从价格波动趋势看，政策效应阶段化特征明显，1—4 月房地产市场快速发展，5—8 月在政策调控影响下运行态势趋缓，9—12 月出现回升态势；全年商品房销售面积 4 810 万平方米，同比下降 13.1%，增幅比上年大幅下降 97.8 个百分点。江苏省在“新国十条”出台后，连续三个月全省商品房实

① 上海市该项数据为“农村居民家庭人均年可支配收入”对应数据。

际登记销售面积下滑，但从8月份开始销售面积出现反弹；省内13个城市的市区商品房成交价除在5月份短暂下跌13.04%外，均呈持续上升态势。三地情况均反映了政策调控的短期效应，但当前的“回暖”迹象说明调控政策对稳定房价的效果并不明显，房价调控并未达到公众预期，市场进入博弈观望期，未来走势仍不明朗。伴随着连续加息和物价上涨，购房者还贷压力明显增加，部分资质低、实力弱的开发商资金链也将趋紧，风险隐患值得关注。

(3) 国际环境变化的不确定性增加，贸易出口面临挑战。长三角地区经济外向型特征明显，经济增长的出口依存度较高。2010年，尽管地区出口实现较快增长，但对外贸易面临的不确定因素仍然较多。在应对金融危机过程中，主权债务危机在欧洲持续蔓延，许多国家政府财政和债务负担不断加重，不少发达经济体纷纷提出通过扩大出口促进经济尽快复苏。在此背景下，国际市场竞争加剧，保护主义有所抬头，贸易摩擦增多，加之人民币升值幅度较大，诸多因素给长三角地区外贸前景带来较大的不确定性。2010年，浙江省对欧盟、美国、日本等主要贸易伙伴国的出口恢复相对较慢，增速分别低于出口总额增速1.7个、3.6个和17.2个百分点。江苏省下半年以来出口、进口增速总体均出现高位回落趋势，其中出口增速由上半年的44.4%回落至下半年的29.5%，进口增速由上半年的56%回落至下半年的28.1%。其中，下半年对欧盟出口增长33.69%，增速较上半年下滑19个百分点。

(二) 长三角地区银行业稳健性评估

2010年，长三角地区银行业金融机构保持了良好的发展势头，改革成效明显，风险抵御能力增强，资产质量持续提高，盈利水平明显上升。但同时也应看到，流动性管理难度增加、房贷风险增大以及银行金融服务创新中的潜在风险等问题依然制约着银行机构的持续健康发展。

1. 银行业运行情况

(1) 资产规模稳步增长。截至2010年底，长三角地区银行业金融机构本外币资产规模总额20.59万亿元，同比增长17.90%；本外币负债总额19.94万亿元，同比增长17.47%；本外币存款余额16.73万亿元，同比增长19.64%；本外币贷款余额12.53亿元，同比增长18.46%。在国家调整经济结构、管理通货膨胀预期、保持经济平稳较快发展的宏观调控政策下，银行资产、负债、存款和贷款增速放缓，分别较上年同期减少15.06个、15.50个、11.50个和18.83个百分点。

(2) 资产质量不断提升，风险抵御能力继续增强。2010年，长三角地区银行机构加大不良贷款的清收核销力度，不良贷款实现持续“双降”，贷款质量依然保持全国领先。截至2010年底，银行业金融机构五级分类本外币不良贷款余额为1 318.59亿元，比年初减少210.98亿元，不良贷款率1.05%，比年初下降0.56个百分点。各地法人银行机构资本充足水平和拨备覆盖率进一步提高，抗风险能力进一步增强。

(3) 盈利水平大幅提高，收入结构有所改善。在经济持续回暖、企业融资需求扩大的背景下，商业银行贷款定价能力普遍提升，带动净息差触底反弹。截至2010年底，长三角地区银行业机构累计实现净利润1 951.80亿元，同比大幅增长31.51%。在业务快速发展的同时，长三角地区银行机构高度重视经营效益的提高和盈利结构的改善。基金代理销售、电子银行等中间业务快速发展，在一定程度上改善了银行机构收入来源过于单一的现状。

(4) 跨境贸易人民币结算业务稳步扩大。随着长三角地区涉外经济的强劲复苏以及2010年下半年人民币汇率形成机制改革的不断推进，外汇收支和结售汇规模增长迅速，并创历史新高，涉汇主体贸易融资和套利需求愈加强烈。上海跨境人民币业务呈平稳发展态势，试点以来至2010年底，银行累计办理跨境贸易人民币结算业务769.1亿元，跨境人民币购售263.6亿元，跨境同业融资163.1亿元。代理清算网络不断扩大，截至2010年底，共有67个国家和地区的境外参加行在上海开立人民币同业往来账户369个，账户总数占全国一半以上。

2. 银行业发展中应关注的问题

(1) 地方法人金融机构流动性管理难度加大。2010年人民银行连续六次提高存款准备金率，宏观政策面趋紧，长三角地区地方法人金融机构流动性有所收紧，流动性缺口有所放大。江苏省12月末全省地方法人金融机构流动性比率比年初下降3.26个百分点，法人金融机构整体备付率较年初下降0.27个百分点，其中城市商业银行流动性比率比年初下降5.46个百分点。浙江省中小法人金融机构总体流动性水平自年初开始不断下滑，年底较年初下降 0.86 个百分点。其中第三季度末，全省中小法人机构 90 天流动性缺口更是达到 1 557.45 亿元，流动性缺口率－24.24%，大大低于－10%的监管标准。上海市商业银行的信贷资产增速高于流动性资产增速，流动性比例和存贷比季节波动性特征明显，且年底各法人银行存贷比为 72.2%，较上年下降 1.8 个百分点。

政策调整对地方法人金融机构的约束作用已经逐步体现，这对流动性管理提出严峻挑战。在楼市、股市等市场分流作用下，银行存款活期化趋势增强，存款增速明显放缓，尤其在贷款新规执行、存贷比按月考核等监管要求压力下，银行同业竞争日益加剧，月末季末通过高价买存款、中介变相返点等不规范行为时有发生，严重影响了存款市场正常运行和地方法人金融机构的日常经营管理。加之连续六次上调存款准备金率对银行放贷能力造成较大影响，一些存贷比较高的地方法人金融机构资金管理面临较大压力，隐含的风险不容忽视。

（2）宏观调控政策变化对房地产贷款的影响增大。随着房地产调控力度的加大，市场出现较大波动，市场前景不明朗。在这种形势下，2010 年长三角地区房地产行业信贷风险积聚，部分地区开发商资金紧张，房地产行业及上下游相关行业贷款风险上升，个人按揭贷款违约风险加大，部分公司贷款抵押品价值缩水，部分还款来源不稳定。以上海为例，截至 2010 年底，该市中外资商业银行本外币房地产贷款余额为 8 981.87 亿元，同比增长 27.2%，占全部贷款余额的 26.3%。一旦房地产市场出现大的波动，这部分银行贷款将面临上述风险。随着上海、重庆等地区房产税开始试点，未来一段时期内房地产市场走势更为复杂，因此需要密切关注房地产市场和房地产贷款质量的变动情况。

（3）银行金融创新中的问题值得关注。2010 年，长三角地区银行业金融机构积极推进改革创新，金融组织体系建设继续加强，金融服务稳步提升。在金融组织创新方面，新型农村金融组织建设取得了明显成效。但在农村金融改革实践中仍然存在一些亟待解决的问题，包括：新型农村金融组织受网点资源缺乏、品牌效应不足、服务手段落后等因素影响融资，部分农民资金互助社的业务经营不够规范，创新型金融组织政策保障机制有待进一步完善等。在金融服务创新方面，部分银行通过设计发行信贷资产类理财产品，将存量贷款和增量贷款移出表外，从而规避资本监管和计提拨备的要求，其中的潜在风险需引起关注。

（三）长三角地区证券业稳健性评估

长三角地区证券期货业发展总体稳定。截至 2010 年底，共有法人证券公司 24 家，较上年增加 2 家；基金管理公司 32 家，较上年增加 1 家；法人期货经纪公司 50 家。

1. 证券业运行状况

（1）证券机构经营业绩有所下降，但抗风险能力保持稳定。受资本市场整体表现不佳等因素影响，长三角地区证券机构资产规模和经营业绩均有小幅下降。截至 2010 年底，长三角地区法人证券公司总资产为 5 062.47 亿元，同比减少 18.51%；全年实现营业收入分别达 446.88 亿元，同比减少 25.74%。但净资本规模有小幅增加。截至 2010 年底，长三角地区证券公司净资本总额达到 1 414.16 亿元，较上年有所增加。证券公司的抗风险能力和市场竞争力仍然良好，抵御风险冲击能力进一步增强。法人期货公司盈利能力不断增强，风险控制能力与合规经营水平也得到进一步提升。

（2）直接融资功能大幅增强，证券化程度进一步提高。截至 2010 年底，长三角地区共有境内上市公司 558 家，占我国全部境内上市公司总数的 26.12%。全年新增境内上市公司 100 家，占当年全国境内上市公司总数的 28.65%，首发融资达到 1 170.05 亿元，占全国首发融资的 23.83%。其中，江苏省全年新增境内上市公司 41 家，首发融资 470.68 亿元，再融资 297.47 亿元，上市公司总量和直接融资规模均取得了新突破。浙江省上市公司融资活跃，全年新增境内上市公司 45 家，较上年多增 34 家，境内累计融资额 718.6 亿元，同比增长 135.82%，其中首发融资 572.2 亿元，同比大幅增长 722.84%。上海市新增上市公司 14 家（中小板、创业板各 7 家），是上年 IPO 数量的两倍，辖区上市公司资本市场直接融资 1 184.2亿元（含 H 股），同比增长 20.7%，创历史新高。长三角地区在上市公司总量和直接融资取得新突破的同时，上市公司后备资源不断扩大，证券化程度大幅提高。截至 2010 年底，长三角地区境内上市公司总市值占该地区生产总值的比重为 63.29%，证券化程度远高于其他地区。

(3) 股指期货业务有序展开，融资融券影响力逐步增强。2010年，长三角地区金融创新和开放步伐加快，一批证券业创新型业务相继推出。沪深300股指期货平稳推出，融资融券试点业务规模不断扩大，信贷转让市场启动运行，银行间市场渐次推出信用风险缓释工具、超短期融资券等创新金融工具。在后金融危机的背景下，对这些金融创新采取严格控制机构入市门槛的方法，试点先行，逐步和国际接轨过渡。截至年底，长三角地区股指期货和融资融券平稳运行半年多，对丰富资本市场工具、稳定市场起到了积极的作用。

2. 证券业运行中应关注的问题

(1) 证券公司盈利模式仍未有实质性突破。2010年，长三角地区证券公司积极开拓多元化业务，证券承销、自营投资、资产管理业务对收入贡献度均有所上升，但是以传统经纪业务收入为主的盈利模式仍然是主要收入来源。在2010年股票市场整体表现不佳的背景下，与股票市场表现高度关联的经纪业务收入和自营业务收入出现明显下降，从而带动业务总收入的下滑。证券公司对具有核心竞争力的高附加值业务开拓较少，主要业务受外部市场环境波动影响较大，这种盈利模式已成为制约证券公司提高竞争力的一个重要障碍，对整个行业的盈利性和稳定性产生较大影响。随着创新业务试点范围逐步扩大以及股指期货、融资融券等新业务进一步发展，证券公司的收入结构有待进一步多元化。

(2) 低价竞争和违规营销行为仍然存在。随着证券机构营业部的不断增加，部分证券机构采用价格竞争方式开拓业务争取客户源。例如，在这种简单价格竞争方式下，2010年浙江省证券市场的平均佣金率仅为8‰，同比下降21.82%，不仅低于行业平均水平，在全国各省市中也处于最低水平。另外，各经营机构为保持既有的市场份额，大力发展证券经纪人。部分经纪人在开展营销过程中采用开户送礼等多种违规手段，如果管理不当，容易引发恶性价格竞争，扰乱正常市场竞争秩序。

3. 合规管理深入推进，但部分非法证券活动仍然存在

2010年，长三角地区证券期货基金公司积极落实证监会“一参一控”政策要求，不断推动健全公司治理结构和内控机制、积极落实保证金封闭管理制度，及时做好预警信息的核查处理工作，行业自律管理功能进一步发挥。但是，随着证券市场的快速发展，非法证券期货活动仍然存在，且手段不断翻新。例如，为躲避本省监管，部分非法机构利用外省媒体开展非法证券投资咨询活动，诱使投资者上当受骗。因此，需要健全联合执法的长效机制，做好非法证券活动的防范工作，以维护长三角地区证券市场的安全稳定运行，保护投资者利益。

(四) 长三角地区保险业稳健性评估

2010年，长三角地区保险业保持平稳发展态势，市场体系逐步完善，保费收入增速创近年新高，业务结构有所调整，产品创新步伐加快，补偿功能充分发挥，服务“三农”的农业保险得到快速发展。

1. 保险业发展概况

(1) 经营主体不断增加，资产规模持续增长。保险公司经营主体不断增加，市场体系逐步完善。截至2010年底，长三角地区共有省级分公司以上保险公司279家，新增52家。资产规模不断增加。截至2010年底，省级分公司以上保险公司资产总额共计6 046.98亿元，同比增长21.70%。

(2) 保费收入大幅增长，人身险赔付支出有所下降。截至2010年底，长三角地区实现保费总收入2 880.96亿元，同比增长29.87%，较上年大幅提高16.22个百分点，占全国的19.83%。其中，财产险保费收入835.62亿元，同比增长33.15%，人身险保费收入198.31亿元，同比增长23.17%。全年赔款和给付支出共计662.42亿元，同比小幅减少1.19%。其中财产险支出366.17亿元，同比增加9.43%，人身险支出267.20亿元，同比减少20.42%。

(3) 产品服务创新加快推进。保险财产险公司在巩固机动车辆险、企业财产险、货物运输险“老三险”的基础上，业务领域不断拓展。江苏省加快推进苏州环境污染责任保险试点，推出全国首创的包含“自然灾害条款”的保险产品，成功开办新农合补充保险。浙江省将林木保险纳入中央财政补贴范围，推广水稻气象理赔指数应用，推出中小企业出口信用保险、环境污染责任保险等试点工作，建立覆盖全省的医疗责任保险制度。上海市以服务民生为出发点，积极推动商业健康险、养老保险、船舶污染责任保险、农业保险、信用保险、责任保险等业务的发展，推动服务世博的世博会保险。上述服务产品创新，

充分发挥了补偿功能，较好地服务了社会经济发展。

2. 保险业发展中应关注的问题

(1) 关注银保新政对保险公司经营的影响。2010年11月，银监会下发《关于进一步加强商业银行代理保险业务合规销售与风险管理的通知》(以下简称银保新政)，对商业银行代理保险业务提出了多项规范性要求。银保新政中“每个网点原则上只能与不超过3家保险公司开展合作，销售合作保险公司产品”的规定，可能会强化银行的议价能力。尤其是对于一些自主销售能力较强、代销保险产品手续费收入占比不高的银行来说，选择权无形中将得到进一步的强化。另外，由于保险公司通过银保渠道获得的保费收入占比较高，而银行销售人员对较复杂的保险产品销售能力不强，取消保险公司在银行的驻点人员会对期缴型产品销售产生较大影响。

(2) 市场仍然存在不规范竞争。随着市场主体的不断增加，加上整体创新能力不强以及产品服务雷同等因素影响，保险市场竞争日益加剧。保险市场经营方式简单粗放、销售渠道单一的格局并未有显著改善。部分保险公司为获得价格优势，变相突破手续费支付标准，个别保险公司还通过账外额外支付手续费，或利用旅行、培训等活动变相支付手续费。一些中小保险公司为了在短期迅速扩大公司规模聚集资金，通过大幅降低费率降低保险产品价格来扩大业务规模。这些竞争手段简单粗放，不利于行业秩序的维护，给市场发展带来了不稳定因素。

(3) 从业人员素质亟待提高。保险公司管理和销售人员的培训较其他类型的金融机构周期长、时效性强且更为复杂。保险业务员按劳取酬，保障性较过去明显降低，职业危机感增强，保险业务员职业吸引力降低，保险公司难以招募到高素质的优秀人才。目前保险从业人员素质参差不齐，市场上对人才的竞争不够规范，互相挖取人才的现象较为严重。如果保险公司对自身管理和销售人员的培养不投入精力，这对整个行业的发展非常不利，而最终损害的将会是投保人的利益。此外，部分保险公司业务员专业知识缺乏，素质不高，诚信度也较差，影响到保险行业的社会形象和认同程度。

(五) 长三角地区金融基础设施稳健性评估

1. 支付体系

2010年，长三角地区不断加大支付结算业务的区域合作力度，进一步完善农村地区支付服务环境建设，继续加强银行卡风险及犯罪案件防控能力，圆满完成世博会金融服务和支付环境建设任务。

一是长三角地区支付结算业务区域合作力度不断加大。从长三角地区各省市异地支付业务情况来看，2010年长三角地区省市支付业务往来在其异地支付业务中均列首要位置。长三角地区之间存在紧密的经济依存度，而支付体系的建立和完善则为长三角广大腹地之间资金、信息流转提供了高效的基础性服务。2010年，两省一市共同签署了《“长三角”金融服务一体化发展合作备忘录》，长三角地区商业承兑汇票工作得到了推广，区域合作性不断提高。

二是农村地区支付环境建设进一步完善。江苏省深入推进农村支付结算“快通工程”建设，积极推广非现金支付工具在农村地区的使用，深入开展农村地区支付结算业务创新，农村支付结算服务水平进一步提升。浙江省深入推进“便农支付工程”，支付系统覆盖除邮储银行对私网点外的所有银行网点，并延伸至金融服务空白地区。截至2010年底，省内ATM在乡镇的覆盖率达到80%，农村居民人均持卡1.8张，持卡消费7 971亿元，同比增长48%，农村地区支付环境改善取得显著成效。

三是银行卡风险及犯罪案件防控能力继续加强。2010年，两省一市建立以风险事件、案件案情报送、共享和处置为主要内容的长三角地区银行卡风险联合防范机制，开展了长三角地区银行卡重大突发事件应急演练，有效提高了共同防范和打击银行卡违法犯罪的合力。浙江省还组织开展银行卡市场专项检查、POS机专项清理检查、商户年检等系列清理工作，宣传安全用卡，会同公安机关打击银行卡犯罪专项行动，全年共破获2 875起案件，挽回经济损失近2.5亿元，抓获犯罪嫌疑人1 395名，收缴银行卡1.1万张。

四是世博会金融服务和支付环境建设工作成绩显著。2010年，长三角地区积极推进本外币卡受理环境建设，改善外币兑换环境，维护支付清算系统安全运行，圆满完成世博会支付环境的建设任务。上海市在世博会期间启动了长三角地区铁路售票受理银行卡和申嘉湖高速公路6个收费站银行卡缴费试点工作，实现市内AAA级以上景点受理银行卡服务，推进中国银联及32家银行在境内外9个国家和地区累计发行上海旅游卡 160 万张，启动园区连锁快餐企业开展银行卡小额免签支付试点工作。截至世博会结束，浙江省共有 1.63 万台 ATM 开通外卡受理功能，占全部 ATM 的 90%，全省外卡商户数量 4 716 户，比年初增长 18.4%。

2. 征信体系

2010 年，长三角地区征信系统服务领域进一步扩大，征信数据覆盖面全面提升，中小企业和农村信用体系建设深入推进。征信体系运行稳健，防范风险水平不断提高，信用环境继续改善。

一是征信系统服务领域进一步扩大。截至 2010 年底，浙江省各级金融机构已开通查询用户 5.1 万个，系统日均查询量 11.5 万多次，同比分别增长 8.5%和 25.5%，全年通过查询企业征信系统拒绝各类风险贷款 117 亿元，占申请贷款金额的 8.1%。受理社会公众个人信用报告查询 10.7 万笔。上海市全年累计受理各类查询 70 305 笔，其中个人查询 57 317 笔、法院查询 12 903 笔，受理个人异议申请 85 笔，异议回复率和解决率均为 100%。

二是征信数据覆盖面全面提升。以浙江省为例，截至 2010 年底，征信系统已覆盖该省企业 48.7 万户，3 305 万自然人建立了信用档案，金融机构累计开通 50 385 个查询用户，较上年增加 3 492 个用户。征信系统信息采集范围进一步拓宽，社保、电信、法院、交通等部门的公积金缴存信息、电信欠缴信息和交通违法信息等均已加入征信系统。非银行信息来源进一步多元化，在金融机构信贷风险识别和利率定价等方面发挥了重要作用。

三是中小企业和农村信用体系稳步推进。江苏省组织研发了全省统一模式的“江苏省中小企业信用信息辅助管理系统”，加快推动常州和南通两地信用体系建设成果转化，全面推动江苏省农村信用体系建设工作。截至 2010 年底，全省已建立农户信用档案 875 万户，建档面达 65.84%。浙江省全面开展针对中小企业的信用服务综合试点工作。截至 2010 年底，16.2 万户尚未与银行发生信贷关系的中小企业建立了信用档案，其中 2.7 万户中小企业因此累计获得 4 200 亿元贷款；531 万户农户建立信用档案，211 万户农户累计获得 5 390 亿元贷款。上海市稳步推进中小企业信用体系建设，截至 2010 年底，全市已有 36 709 家中小企业纳入信用档案系统，16 015 家获得银行贷款。

3. 反洗钱体系

2010 年，长三角地区大力开展反洗钱调查和案件协查，加强世博会期间反恐融资的检测调查，有效防范和打击了洗钱犯罪活动。

一是切实加强反恐融资监测和调查，确保上海世博会的顺利举办。上海市不断健全金融机构反恐融资制度体系和工作机制，现场督导金融机构反恐融资工作，切实有效做好世博会期间反恐融资工作，确保了世博会的顺利举办。浙江省加强对金融机构重点可疑交易报告工作的检查指导和培训力度，提升对涉恐资金交易的分析水平和识别能力，及时发现和报告涉恐交易线索，确保银行机构有效履行反恐融资义务，保证世博会期间安全。

二是大力开展反洗钱调查和案件协查，反洗钱工作成效明显。2010 年，浙江省加强反洗钱调查和案件的协查工作，全年共开展反洗钱调查 72 次，移送 26 起重点可疑交易线索，立案 18 起，协助破获重要案件 3 起，其中特大网络赌博案 2 起。上海市落实反洗钱自评估制度，开展大额交易和可疑报告质量年活动，在做好重点可疑交易报告日常接收工作的同时，主动开展涉嫌网络赌博案件的反洗钱协助调查，成功配合公安机关调查和破获了上海“5·22”特大网络赌博案件。

（六）总体评估

2010 年，长三角两省一市积极贯彻中央宏观调控政策，经济保持平稳较快增长，为区域金融稳定创造了良好的宏观环境。金融业加快改革发展步伐。银行资产规模稳健扩张，资产质量不断提升。证券业机构实力不断增强，证券市场融资功能大幅增强。保险业充分发挥补偿功能，有效保障了社会经济平稳发展。区域金融市场运行平稳，金融基础设施建设不断完善，金融生态环境持续优化。总体而言，2010 年长三角地区金融稳定状况良好。

运用区域金融稳定定量评估模型，对长三角地区 2010 年区域金融稳定状况进行定量评估。从量化结果来看，2010 年长三角地区金融稳定状况综合得分为 90.0 分，属于稳定区间①，较上年提高 4.7

① 将定量评估结果进行五大区间的等级评估：非常稳定(95 分及以上)、稳定(85—95 分)、较稳定(75—85 分)、较不稳定(60—75 分)以及不稳定(60 分以下)。

分，表明长三角地区基本克服国际金融危机的影响，经济金融稳定状况逐渐好转。

具体来看（见下表），在宏观经济方面，得益于经济增长的回升、投资增速的合理放缓、进出口和利用外资情况的好转、城乡居民收入的适度增长，宏观经济得分较上年有大幅提升，但通货膨胀压力和房地产价格波动也给经济稳定带来一定的负面影响。银行业受流动性趋紧因素的影响，得分出现小幅下降。证券业由于资本市场波动，盈利水平下滑较大，稳健运营的基础有所削弱，得分也出现下滑。保险业得分有所提高，主要原因在于保费收入大幅增加，经营效益稳步提升。在金融生态环境方面，地方财政收入稳步增加，金融基础设施逐渐完善，长三角地区金融稳定的“软件”实力有所加强，得分出现上升。

2010 年长三角地区评价指标及其变动情况

指标分类		变动方向	评价指标	变动情况		
				改善	稳定	下降
宏观经济		↑	国内生产总值增长率	√		
			第三产业增加值增长率		√	
			全社会固定资产投资增长率	√		
			社会消费品零售总额增长率		√	
			实际利用外资增长率	√		
			进出口总额增长率	√		
			城镇居民可支配收入增长率	√		
			农村人均纯收入增长率	√		
			居民消费价格指数			√
			城镇登记失业率		√	
			典型城市房地产销售价格指数			√
金融机构	银行业	↓	核心资本充足率		√	
			不良贷款率		√	
			资产利润率		√	
			流动比率			√
	证券业	↓	净资本充足率		√	
			净资本负债率			√
			资产利润率			√
	保险业	↑	寿险公司退保率		√	
			应收保费率		√	
			保费收入增长率	√		
金融生态环境		↑	法治环境调查综合得分		√	
			地方财政收入占 GDP 比重	√		
			银行服务密度		√	
			征信数据库覆盖率		√	

注：表中“↑”表示改善，“↓”表示下降，“→”表示稳定。

（人行上海总部金融稳定部）

第十篇　机 构 名 录

一、2010年上海市金融机构名录

（一）金融管理机构名录

机构名称	地址	负责人	电话	邮编
中国人民银行上海总部	陆家嘴东路181号	马德伦	58845000	200120
中国银行业监督管理委员会上海监管局	合欢路35号华银大厦	阎庆民	38650100	200135
中国证券监督管理委员会上海监管局	迎春路555号	张　宁	50121111	200135
中国保险监督管理委员会上海监管局	合欢路39号	马学平	38656666	200135
上海市金融服务办公室	大沽路100号	方星海	23111111	200003

（二）金融市场机构名录

机构名称	地址	负责人	电话	邮编
中国外汇交易中心 全国银行间同业拆借中心	张东路1387号30幢	胡正衡	63298988	201203
中国银联	含笑路36号	许罗德	68401888	200135
上海黄金交易所	河南中路99号	沈祥荣	33189588	200001
上海证券交易所	浦东南路528号	张育军	68808888	200120
上海期货交易所	浦电路500号	杨迈军	68400000	200122
中国金融期货交易所	世纪大道1600号6楼	朱玉辰	50160666	200122
上海联合产权交易所	广东路689号3楼	蔡敏勇	63410000	200001
银行间市场清算所股份有限公司	中山南路318号33—34层	许　臻	63321616	200010

（三）同业公会机构名录

机构名称	地址	负责人	电话	邮编
上海市银行同业公会	浦东南路379号11楼A座	傅建华	58789694	200120
上海市证券同业公会	襄阳北路97号501室	冯国荣	54042715	200031
上海市期货同业公会	浦电路500号2201A室	钱荣金	68400125	200122
上海市保险同业公会	中山南路1228号8楼	张俊才	63155989	200011
上海市基金同业公会	世纪大道1600号11楼	陈　敏	58203337	200122

（四）银行业机构名录

1. 中资银行分支机构

（1）政策性银行

机 构 名 称	地 址	负责人	电 话	邮 编
国家开发银行上海市分行	浦明路 68 号	陈继忠	38784999	200120
中国进出口银行上海分行	浦东南路 500 号 27—29 楼	任生俊	68593366	200120
中国农业发展银行上海市分行	延安东路 45 号	山云达	63366336	200002
中国农业发展银行上海市分行营业部	延安东路 45 号	沈 战	63365464	200002
中国农业发展银行上海市闵行区支行	莘庄镇莘浜路 6 号	陆 琪	64922148	201100
中国农业发展银行上海市嘉定区支行	张马路 20 号	李国平	59526223	201800
中国农业发展银行上海市宝山区支行	友谊路 134 号	肖胜义	56785844	201900
中国农业发展银行上海市南汇支行	惠南镇南门大街 104 号	姚 波	58020875	201300
中国农业发展银行上海市奉贤区支行	韩村路 706 号	庄永明	67103712	201400
中国农业发展银行上海市松江区支行	文诚路 338 弄 26 号	倪永平	67665257	201620
中国农业发展银行上海市金山区支行	石化卫零路 611 弄 112 号	季 平	57965346	200540
中国农业发展银行上海市青浦区支行	青湖路 977 号	阙 刚	69714508	201713
中国农业发展银行上海市崇明县支行	崇明县城桥镇东门路 125 号	李 雄	69698525	202150
中国农业发展银行上海市浦东分行	源深路 300 号	徐 浩	58208123	200120

（2）中国工商银行上海市分行

机 构 名 称	地 址	负责人	电 话	邮 编
中国工商银行股份有限公司上海市分行	浦东大道 9 号	沈立强	58885888	200120
中国工商银行股份有限公司上海市宝山支行	淞滨路 318 号	张 政	56845858	200940
中国工商银行股份有限公司上海市漕河泾开发区支行	宜山路 900 号	李毓菖	54235423	200233
中国工商银行股份有限公司上海市长宁支行	延安西路 895 号	苏岳勤	62252200	200050
中国工商银行股份有限公司上海市崇明支行	城桥镇南门路 158 号	黄民力	69691942	202150
中国工商银行股份有限公司上海市分行第二营业部	即墨路 88 号	洪晓岚	58885888 * 1221	200120
中国工商银行股份有限公司上海市分行营业部	中山东一路 24 号	徐晓萍	63211678	200002
中国工商银行股份有限公司上海市奉贤支行	南桥镇南中路 48 号	项 震	57102768	201400
中国工商银行股份有限公司上海市虹口支行	曲阳路 800 号	钱勤新	65559999	200437
中国工商银行股份有限公司上海市虹桥开发区支行	娄山关路 83 号	朱晓怡	62097999	200336
中国工商银行股份有限公司上海市黄浦支行	四川中路 346 号	周紫华	63392828	200002
中国工商银行股份有限公司上海市嘉定支行	清河路 151 号	邹冬沪	59927999	201800
中国工商银行股份有限公司上海市金山支行	石化卫零路 558 号	王卫政	57964638	200540
中国工商银行股份有限公司上海市静安支行	康定路 699 号	胡霄骅	32184610	200040
中国工商银行股份有限公司上海市卢湾支行	淮海中路 98 号	王德湛	53858068	200021

（续表）

机　构　名　称	地　　址	负责人	电　话	邮　编
中国工商银行股份有限公司上海市闵行支行	莘松路288号	王燕青	64889900	201100
中国工商银行股份有限公司上海市南汇支行	惠南镇城南路258号	冯　羽	58020695	201300
中国工商银行股份有限公司上海市浦东分行	浦东南路2024—2034号	周春明	58757777	200127
中国工商银行股份有限公司上海市浦东开发区支行	金桥路1391号3—7层	吴燕芬	58993652	200129
中国工商银行股份有限公司上海市普陀支行	长寿路235号	徐光华	62761888	200060
中国工商银行股份有限公司上海市青浦支行	城中东路485号	吴晓春	59724800	201700
中国工商银行股份有限公司上海市松江支行	中山二路218—228号1层(平高大厦)、216号2—4层(平高大厦)	刘克俭	57813122	201600
中国工商银行股份有限公司上海市外滩支行	中山东二路11号	陶风华	63217777	200002
中国工商银行股份有限公司上海市徐汇支行	广元西路8号	王伟权	64475858	200030
中国工商银行股份有限公司上海市杨浦支行	控江路1698号	张　毅	65021880	200092
中国工商银行股份有限公司上海市闸北支行	河南北路485号	赵家骏	63642288	200071
中国工商银行股份有限公司上海市张江支行	张江路639号	江齐青	50797273	201120
中国工商银行股份有限公司上海市临港支行	临港新城新元南路555号	孙　伟	68284190	201306

（3）中国农业银行上海市分行

机　构　名　称	地　　址	负责人	电　话	邮　编
中国农业银行上海市分行	徐家汇路599号	刘桂平	53961888	200023
中国农业银行上海市分行营业部	延安东路518号	孙　宁	63512345	200001
中国农业银行上海市分行信用卡中心	湖北路200号	应建平	63521399	200001
中国农业银行上海市分行信息技术管理部	桂箐路69号26幢	华建兴	34064666	200233
中国农业银行上海市分行电子银行部	宜山路888号二楼	陈志祥	64320305	200233
中国农业银行上海市闵行支行	闵行区水清南路68号	沙笑春	64136413	201100
中国农业银行上海市嘉定支行	嘉定镇塔城路355号	陆济忠	69919618	201800
中国农业银行上海市宝山支行	同济路131号	倪家明	56676666	200940
中国农业银行上海市南汇支行	惠南镇听潮二路35号	陆　挺	68013002	201300
中国农业银行上海市奉贤支行	南桥镇南桥路366—380号	童丽君	57420242	201400
中国农业银行上海市松江支行	松江镇人民北路2—8号	张　箐	57813026	201600
中国农业银行上海市金山支行	金山朱泾镇万安街515号	李康康	57311910	201500
中国农业银行上海市青浦支行	青浦镇公园路6—36号	王连军	69721333	201700
中国农业银行上海市崇明县支行	崇明城桥镇人民路38号	陈　标	59622073	202150
中国农业银行上海市徐汇支行	天钥桥路30号	许雪兴	64267251	200030
中国农业银行上海市五角场支行	翔殷路1128号	张月静	55971008	200433
中国农业银行上海市静安支行	乌鲁木齐北路207号	王世雄	62495599	200040
中国农业银行上海市长宁支行	定西路998号	施征宇	62111800	200050

（续表）

机构名称	地址	负责人	电话	邮编
中国农业银行上海市普陀支行	曹杨路697号	刘晓荒	52660001	200063
中国农业银行上海市闸北支行	天目西路488号	戴　行	63171037	200070
中国农业银行上海市黄浦支行	福州路666号	向志良	63188900	200001
中国农业银行上海市虹口支行	四川北路2113号	华建国	65402395	200081
中国农业银行上海市浦东分行	浦东南路379号	孙蔡明	68869500	200120
中国农业银行上海市川沙支行	新川路385号	吴建荣	58989013	201200
中国农业银行上海市金桥支行	新金桥路188号	马晓军	50311122	201206
中国农业银行上海市卢湾支行	徐家汇路601号	王　蓓	53961888	200023
中国农业银行上海市分行资产经营部	洪山路189号	唐来发	58474246	200126

（4）中国银行上海市分行

机构名称	地址	负责人	电话	邮编
中国银行股份有限公司上海市分行	银城中路200号	董唯俭	50375566	200120
中国银行股份有限公司上海市分行营业部	中山东一路23号	费晓娴	63291979	200002
中国银行股份有限公司上海市普陀支行	长寿路831号	顾立星	52987711	200042
中国银行股份有限公司上海市徐汇支行	虹桥路355号	刘闻湘	34601188	200030
中国银行股份有限公司上海市闸北支行	恒丰路218号	郭　珩	61408555	200070
中国银行股份有限公司上海市中银大厦支行	银城中路200号	张骏燕	50372130	200120
中国银行股份有限公司上海市嘉定支行	塔城路451号	柏　京	69919000	201800
中国银行股份有限公司上海市黄浦支行	中山南路328号	刘　文	63326806	200010
中国银行股份有限公司上海市杨浦支行	平凉路1128号	楼继忠	65194868	200090
中国银行股份有限公司上海市闵行支行	莘建路256号	张知遥	64889988	201100
中国银行股份有限公司上海市宝山支行	宝杨路1008号	王劲松	56128852	201900
中国银行股份有限公司上海市奉贤支行	南桥镇人民中路8号	盛家庭	57424369	201400
中国银行股份有限公司上海市金山支行	蒙山路1111号	盛振洲	69761609	200540
中国银行股份有限公司上海市长宁支行	延安西路2067号	范丽红	62785055	200335
中国银行股份有限公司上海市浦东开发区支行	新金桥路58号	李　宁	50302277	201206
中国银行股份有限公司上海市南汇支行	康沈路1727号	沈如春	68111919	201318
中国银行股份有限公司上海市浦东分行	张杨路838号	方国华	58206780	200122
中国银行股份有限公司上海市静安支行	南京西路1515号	支　佐	52985587	200040
中国银行股份有限公司上海市松江支行	中山中路208号	刘　涓	57822162	201600
中国银行股份有限公司上海市卢湾支行	茂名南路205号	梁　洪	64310909	200031
中国银行股份有限公司上海市青浦支行	城中东路608号	杨　军	59729942	201700
中国银行股份有限公司上海市虹口支行	四平路251号	鲁影萍	65215705	200081

(5) 中国建设银行上海市分行

机构名称	地址	负责人	电话	邮编
中国建设银行股份有限公司上海市分行	淮海中路200号	赵欢	58880000	200021
中国建设银行股份有限公司上海市分行营业部	淮海中路200号	曹筠	68491322	200021
中国建设银行股份有限公司上海市分行第二营业部	淮海东路85号	汤晓明	68491322	200021
中国建设银行股份有限公司上海市分行大客户一部	延安东路700号	童志康	53850163	200001
中国建设银行股份有限公司上海市分行大客户二部	金陵东路499号	姚涣冰	63282190	200021
中国建设银行股份有限公司上海市分行大客户三部	淮海中路200号	洪誉	63181818	200021
中国建设银行股份有限公司上海市分行大客户四部	滇池路103号	刘屹	63232666	200002
中国建设银行股份有限公司上海市分行大客户五部	四川中路321号	纪万林	63231188	200002
中国建设银行股份有限公司上海闸北支行	天目西路290号	谢晨	63531915	200070
中国建设银行股份有限公司上海宝钢宝山支行	牡丹江路1398号	谢平	56125612	201900
中国建设银行股份有限公司上海金山石化支行	金山区象州路52号	王建军	57942710	200540
中国建设银行股份有限公司上海黄浦支行	淮海东路85号	赵奇飞	63558695	200021
中国建设银行股份有限公司上海卢湾支行	徐家汇路530号	李群	64157878	200025
中国建设银行股份有限公司上海徐汇支行	衡山路920号	徐弘	64072750	200030
中国建设银行股份有限公司上海长宁支行	延安西路2067号(6F)仲盛金融中心	沈纯二	62785139	200336
中国建设银行股份有限公司上海静安支行	愚园路172号	张志东	62491680	200040
中国建设银行股份有限公司上海普陀支行	长寿路95号	邹林	62996298	200060
中国建设银行股份有限公司上海虹口支行	吴淞路211号	关雁翎	63577626	200080
中国建设银行股份有限公司上海杨浦支行	长阳路1288号	张慧芬	65190446	200090
中国建设银行股份有限公司上海闵行支行	闵行区沪闵路6555号	丁云康	64126412	201100
中国建设银行股份有限公司上海嘉定支行	嘉定镇塔城路365号	哈蕾	59526583	201800
中国建设银行股份有限公司上海松江支行	松江区松江镇中山中路89号	衣寅炯	57721471	201600
中国建设银行股份有限公司上海奉贤支行	南桥镇解放中路332号	吴文新	57502457	201400
中国建设银行股份有限公司上海青浦支行	青浦区城中东路550号	沈永清	59729556	201700
中国建设银行股份有限公司上海崇明支行	崇明县城桥镇八一路387号	陈效中	59622456	202150
中国建设银行股份有限公司上海浦东分行	浦东新区陆家嘴环路900号	冯嘉兴	68490557	200120

(6) 交通银行

机构名称	地址	负责人	电话	邮编
交通银行	银城中路188号	胡怀邦	58781234	200120
交通银行股份有限公司上海市分行	中山南路99号	吕本献	63111000	200010
交通银行股份有限公司上海市分行大客户一部	江西中路200号	乐自强	63213400	200002
交通银行股份有限公司上海市分行大客户二部	江西中路200号	袁翔	63213400	200002
交通银行股份有限公司上海市分行大客户三部	松涛路560号	李卓	50803986	201203
交通银行股份有限公司上海市分行大客户四部	商城路518号	沈卫东	58823456	200120

（续表）

机　构　名　称	地　　址	负责人	电　话	邮　编
交通银行股份有限公司上海市分行大客户五部	新金桥路260号	钱国钦	60899091	201206
交通银行股份有限公司上海第一支行	中山南路99号	陆燕丽	63111000	200002
交通银行股份有限公司上海市分行营业部	江西中路200号	陆燕丽	63213400	200002
交通银行股份有限公司上海浦东分行	商城路518号	彭悦箐	58823456	200120
交通银行股份有限公司上海新区支行	新金桥路260号	欧阳琦	50316600	201206
交通银行股份有限公司上海徐汇支行	衡山路18号	缪惠芬	64669748	200031
交通银行股份有限公司上海长宁支行	江苏路508号	王成宝	62408461	200050
交通银行股份有限公司上海市西支行	江宁路350号	贺瑞康	62151235	200041
交通银行股份有限公司上海闸北支行	恒通路211号	严　俊	63549090	200070
交通银行股份有限公司上海虹口支行	四平路263号	陈　德	65225128	200081
交通银行股份有限公司上海杨浦支行	长阳路1317号	茅晓佩	65195656	200090
交通银行股份有限公司上海市南支行	淮海东路99号	罗日军	63861230	200021
交通银行股份有限公司上海宝山支行	淞滨路138—146号	厉　静	56841100	200940
交通银行股份有限公司上海闵行支行	文井路145号	戚慧康	64303804	200245
交通银行股份有限公司上海嘉定支行	嘉定区城中路68号	李　利	59922288	201800
交通银行股份有限公司上海松江支行	人民北路227号	宋　滨	57815855	201600
交通银行股份有限公司上海临港新城支行	临港新城新元南路555号	胡　坚	68284197	201306
交通银行股份有限公司上海奉贤支行	南桥人民中路200号	叶晓宏	57100666	201400
交通银行股份有限公司上海青浦支行	公园路348号	董怡蓓	59733533	201700

（7）上海浦东发展银行

机　构　名　称	地　　址	负责人	电　话	邮　编
上海浦东发展银行	中山东一路12号	吉晓辉	61618888	200002
上海浦东发展银行第一营业部	中山东一路12号	袁　蕊	63296188	200002
上海浦东发展银行上海分行	浦东南路588号	姜明生	68887000	200120
上海浦东发展银行上海分行营业部	浦东南路588号	徐　俊	68887000	200120
上海浦东发展银行宝山支行	牡丹江路1283号	李　峥	56111666	200940
上海浦东发展银行长宁支行	长宁路855号	谢　敏	62401568	200051
上海浦东发展银行崇明支行	北门路228号	郭树森	59627078	202150
上海浦东发展银行奉贤支行	南桥镇解放中路352号	康志信	57180840	201400
上海浦东发展银行虹口支行	曲阳路731号	钱冰云	65543900	200092
上海浦东发展银行黄浦支行	宁波路50号	俞建平	63291188	200002
上海浦东发展银行嘉定支行	博乐路199号	刘冰岩	59538383	201100
上海浦东发展银行金桥支行	金港路509号	肖逸琳	58994808	201206
上海浦东发展银行金山支行	象州路158号	许建明	57938800	200540
上海浦东发展银行静安支行	北京西路669号	翁维文	62185500	200003
上海浦东发展银行空港支行	启航路1000号	华　瑾	68841200	201107
上海浦东发展银行龙阳支行	龙阳路2277号	常　涛	50101188	200125
上海浦东发展银行卢湾支行	西藏南路218号	乔　华	53027279	200021

（续表）

机　构　名　称	地　　址	负责人	电　话	邮　编
上海浦东发展银行陆家嘴支行	东方路710号9F	俞国强	58303853	200120
上海浦东发展银行闵行支行	莘松路159号	周　瑾	64882488	201100
上海浦东发展银行南汇支行	惠南镇人民东路3388号	钟　泉	68018707	201300
上海浦东发展银行南市支行	陆家浜路1011号	徐　军	51159800	200011
上海浦东发展银行普陀支行	长寿路746号	王汉斌	62300583	200042
上海浦东发展银行青浦支行	城中东路699号	华　巍	59722888	201700
上海浦东发展银行三林支行	上南路4511—4525号	周明强	50109999	201315
上海浦东发展银行松江支行	乐都路388号	陆　明	57718597	201600
上海浦东发展银行外高桥保税区支行	加枫路18号	李数光	50482333	200131
上海浦东发展银行徐汇支行	建国西路589号	宋志青	64458518	200030
上海浦东发展银行杨浦支行	许昌路1296号	顾建敏	65033118	200092
上海浦东发展银行闸北支行	天目西路123号	傅　翔	63531008	200070
上海浦东发展银行张江支行	科苑路151号	苗得雨	50802757	201203

（8）上海银行

机　构　名　称	地　　址	负责人	电　话	邮　编
上海银行	银城中路168号	宁黎明	68475888	200120
上海银行营业部	银城中路168号	陆红洁	68475888	200120
上海银行信用卡中心	天目中路363号	叶逢生	63174739	200070
上海银行小企业金融服务中心	中山南路318号13楼	祝俊毅	63325352	200010
上海银行浦东分行	张杨路699号	竺稽金	68409685	200120
上海银行福民支行	江西中路250号	全国顺	63517905	200002
上海银行白玉支行	肇嘉浜路798号	董培良	64459207	200030
上海银行黄浦支行	福州路120号	解　强	63505582	200002
上海银行静安支行	陕西北路80号	陈　聪	32274666	200041
上海银行卢湾支行	复兴中路369号	王晓岗	63266567	200025
上海银行徐汇支行	南丹东路238号	朱守元	64271483	200030
上海银行长宁支行	仙霞路320号	徐幼如	62080593	200336
上海银行虹口支行	吴淞路408号	钱亚平	63647791	200080
上海银行杨浦支行	国宾路36号	翁骥陵	33620162	200433
上海银行闸北支行	梅园路228号	俞惠鑫	63817918	200070
上海银行普陀支行	曹杨路500号	刘兆庆	62441932	200063
上海银行漕河泾支行	康健路66、68、70号	顾卫东	64808225	200233
上海银行金山支行	卫清西路185号	刘中敏	57943294	200540
上海银行闵行支行	莘松路215号	陈　华	64920350	201100
上海银行宝山支行	牡丹江路1528号	丁　兵	56116660	201900
上海银行青浦支行	青安路39号	卜月林	59723023	201700
上海银行奉贤支行	南奉公路9639号	胡　敏	67117617	201400
上海银行南汇支行	惠南镇人民东路2881号	吴祖亮	58002368	201300
上海银行嘉定支行	塔城路388号	陈　新	69988282	201800
上海银行松江支行	中山中路199号	戚美荣	57723678	201600
上海银行崇明支行	城桥镇东门路465—485号	倪国庆	69631325	202150

(9) 上海农村商业银行

机构名称	地址	负责人	电话	邮编
上海农村商业银行股份有限公司	银城中路8号	胡平西	38576666	200120
上海农村商业银行股份有限公司总行营业部	延安西路728号	陈跃	52381111	200050
上海农村商业银行股份有限公司滨江支行	银城中路8号	李斌	38575160	200120
上海农村商业银行股份有限公司浦东分行	世纪大道1500号	王建平	50588619	200122
上海农村商业银行股份有限公司闵行支行	莘庄镇莘建路61号	吴以浩	64883210	201100
上海农村商业银行股份有限公司嘉定支行	塔城路386号	项伟民	69988705	201800
上海农村商业银行股份有限公司宝山支行	牡丹江路1198号	仇忠亮	56676700	200940
上海农村商业银行股份有限公司南汇支行	惠南镇少年路5号	朱忠文	58012035	201300
上海农村商业银行股份有限公司奉贤支行	南奉公路9780号	王洋	57106290	201400
上海农村商业银行股份有限公司松江支行	人民北路405号	杨园君	57728322	201600
上海农村商业银行股份有限公司金山支行	卫清西路505号	王仁康	57961842	200540
上海农村商业银行股份有限公司青浦支行	公园路399号	张金明	59717598	201700
上海农村商业银行股份有限公司崇明支行	城桥镇北门路188号	许建华	59620534	202150
上海农村商业银行股份有限公司徐汇支行	肇嘉浜路9弄3—7号	乔东林	64228151	200235
上海农村商业银行股份有限公司普陀支行	新村路599号	张根林	56357446	200333
上海农村商业银行股份有限公司虹口支行	松花江路2721号	王胜利	55884187	200437
上海农村商业银行股份有限公司杨浦支行	黄兴路1599号	张烈军	55123303	200433
上海农村商业银行股份有限公司闸北支行	中兴路1288—1290号	王亚青	56626165	200072
上海农村商业银行股份有限公司长宁支行	古北路555弄8号	包继军	52067918	200051
上海农村商业银行股份有限公司黄浦支行	广东路500号一楼东侧	刘涌	63620177	200001
上海农村商业银行股份有限公司卢湾支行	瞿溪路822号	陈雪松	63011313	200023
上海农村商业银行股份有限公司静安支行	北京西路770号	李斌	62712602	200041

(10) 中信银行上海分行

机构名称	地址	负责人	电话	邮编
中信银行上海分行	富城路99号	左伟国	58776287	200120
中信银行上海分行营业部	富城路99号	钱浩辉	58776876	200120
中信银行上海南京东路支行	南京东路61号	顾宏	23029188	200002
中信银行上海淮海路支行	淮海中路1355号	李德英	64335201	200031
中信银行上海普陀支行	宁夏路328号	王庆凤	52351226	200063
中信银行上海漕河泾支行	苍梧路12号	吴文宇	64837316	200233
中信银行上海北京西路支行	北京西路1691号	沈寅	62886759	200040
中信银行上海静安支行	胶州路669号	沈韶明	62677052	200040
中信银行上海虹桥支行	延安西路2077号	潘静一	62197252	200336
中信银行上海虹口支行	四川北路1753号	顾志涛	56960361	200081

（续表）

机 构 名 称	地 址	负责人	电 话	邮 编
中信银行上海黄浦支行	西藏南路518号	王 湧	63900111	200021
中信银行上海四平路支行	四平路204号	张文杰	65078403	200086
中信银行上海外滩支行	中山南路28号	乐 奕	63333110	200010
中信银行上海松江支行	新松江路1338弄117—119号	张剑平	67828219	201620
中信银行上海闵行支行	莘建路160号	龚红燕	64923713	201100
中信银行上海卢湾支行	打浦路268号	何 梅	63032875	200023
中信银行上海富丽大厦支行	江宁路1306弄11号	王 健	62981382	200060
中信银行上海南汇支行	人民东路2569号	姚建平	68245112	201300
中信银行上海张江支行	科苑路201号	徐悦宁	50276315	201203
中信银行上海闸北支行	沪太路559号	邱 玥	66581655	200070
中信银行上海青浦支行	青安路288号	黄小春	69721936	201700
中信银行上海宝钢宝山支行	牡丹江路1278号	杨宇星	66593572	201900
中信银行上海嘉定支行	金沙路1号	张 明	59928670	201800
中信银行上海古北支行	古北路1088号	曹洵如	62951052	201103
中信银行上海中环支行	梅川路1275号	汤 海	52822200	200333
中信银行上海浦东分行	东方路710号	林小峰	58300779	200122
中信银行上海徐家汇支行	天钥桥路20号	胡雪梅	64277289	200030
中信银行上海五牛城支行	浦东大道1085号	刘 峰	58218628	200135
中信银行上海中信泰富广场支行	南京西路1168号	谭 瑾	52925007	200041
中信银行上海长宁支行	江苏路398号	庞静芳	32506611	200050
中信银行上海五角场支行	四平路2543号	赵雪萍	65103086	200433
中信银行上海联洋支行	长柳路88号	张 鹏	68545252	200135
中信银行上海市中支行	威海路238号	郑 艳	52981300	200041
中信银行上海沪西支行	天山路919号	徐 波	62333727	200051
中信银行上海奉贤支行	环城南路1070号	邢 军	57188497	201400
中信银行上海外高桥支行	日京路28号	罗 兴	58682257	200131
中信银行上海北外滩支行	杨树浦路147号	祝 焰	65456009	200082

(11) 中国光大银行上海分行

机 构 名 称	地 址	负责人	电 话	邮 编
中国光大银行上海分行	世纪大道1118号	王兰凤	63606360	200120
中国光大银行上海分行营业部	世纪大道1118号	蒋 雯	63606360	200120
中国光大银行上海浦东支行	张杨路630号	刘 寅	58356677	200122
中国光大银行上海浦东第二支行	浦建路15号	曹斐斐	61641288	200127
中国光大银行上海虹口支行	四平路210号	马霞光	65086789	200086
中国光大银行上海徐汇支行	虹桥路188号	张 颂	64692466	200030
中国光大银行上海静安支行	新闸路955号	童 杰	62870303	200041

（续表）

机 构 名 称	地 址	负责人	电 话	邮 编
中国光大银行上海闸北支行	天目西路218号	杜建伟	63549292	200070
中国光大银行上海黄浦支行	黄陂北路227号	周 期	63758600	200003
中国光大银行上海市北支行	康定路1592号	濮蓉蓉	62304535	200042
中国光大银行上海古北支行	宋园路105号	许海敏	62705601	200336
中国光大银行上海淮海支行	新华路455弄1号	蒋 澍	62810018	200052
中国光大银行上海不夜城支行	天目中路383号	周宏斌	63541144	200070
中国光大银行上海南市支行	陆家浜路1139号	杨 健	63452642	200011
中国光大银行上海市中支行	西藏中路579号	方 炜	63501157	200003
中国光大银行上海市南支行	斜土路500号	吕浩东	53027611	200023
中国光大银行上海北外滩支行	东大名路378号	吴 皓	65952555	200080
中国光大银行上海长宁支行	天山路1111号	郑 颖	52127228	200051
中国光大银行上海漕河泾开发区支行	漕宝路68号	方祖成	64326331	200233
中国光大银行上海外滩支行	天津路2号	陈建忠	63612346	200020
中国光大银行上海市东支行	东体育会路990号	戎 坤	55399959	200437
中国光大银行上海外高桥保税区支行	外高桥保税区台北西路168号	胡 萃	50461509	200131
中国光大银行上海松江支行	人民北路171弄1号	张海良	57816677	201600
中国光大银行上海嘉定支行	城中路76号	徐向军	69988898	201800
中国光大银行上海花木支行	东绣路575号	顾旗旗	50458521	200127
中国光大银行上海宝山支行	牡丹江路1317号	龚 兵	56107456	201900
中国光大银行上海金桥支行	新金桥路201号	夏 劲	50318880	201206
中国光大银行上海闵行支行	水清南路20号	陆胜权	64149797	201100
中国光大银行上海杨浦支行	政通路218号	陈孜胤	55660900	200433
中国光大银行上海青浦支行	青松路22号	管银熙	59721911	201700
中国光大银行上海市西支行	愚园路864号	朱嘉明	62133136	200050
中国光大银行上海真新支行	梅川路1550号	沈伟杰	69192268	201824
中国光大银行上海卢湾支行	复兴中路1号	陈苗青	63368828	200021
中国光大银行上海普陀支行	兰溪路179号	张雷文	52663930	200062
中国光大银行上海大华支行	大华二路268号	张坚军	66393888	200442
中国光大银行上海昌里支行	齐河路280—286号	陆传峰	58729188	200126
中国光大银行上海常德支行	新闸路1518号	唐敏华	61229538	200040
中国光大银行上海金山支行	卫清西路508号	杨忠铭	67965533	200540
中国光大银行上海期交所支行	世纪大道1589号	吕 捷	58310110	200122
中国光大银行上海长兴岛支行	长兴岛乡江南大道988号	陈洛珈	60862003	201913
中国光大银行上海江宁支行	江宁路1153号	黄继强	62765003	200060
中国光大银行上海联洋支行	迎春路821号	董晓春	60933969	200135
中国光大银行上海龙茗支行	漕宝路1505号	刘海涛	54782383	201101
中国光大银行上海彭浦支行	汾西路471号	袁春杰	56911997	200435
中国光大银行上海周浦支行	年家浜路426号	辛 辉	68128018	201318
中国光大银行上海奉贤支行	环城东路467—471号	沈 燕	61909176	201400

(12)华夏银行上海分行

机　构　名　称	地　　址	负责人	电　话	邮　编
华夏银行上海分行	浦东南路256号	夏小华	38839666	200120
华夏银行上海分行营业部	浦东南路256号	孙友江	38839666	200120
华夏银行上海杨浦支行	控江路1207号	柴淑芳	65195796	200093
华夏银行上海虹口支行	四平路833—837号	杨拯华	65089595	200092
华夏银行上海浦东支行	东方路738号	董　霖	58202730	200122
华夏银行上海徐汇支行	肇嘉浜路807号	梅耀斐	64287360	200032
华夏银行上海外滩支行	中山东一路5号	康文捷	63390990	200002
华夏银行上海大柏树支行	中山北一路1200号	叶　南	65605025	200437
华夏银行上海普陀支行	西康路1309号	郭奕鸣	62981424	200060
华夏银行上海虹桥支行	古北路458号	方海瑞	62289859	200336
华夏银行上海闸北支行	秣陵路38号	赵淑琴	63805390	200070
华夏银行上海外高桥支行	台中南路2号	李建华	50484812	200131
华夏银行上海闵行支行	莘松路183号	王惠明	54958187	201100
华夏银行上海陆家嘴支行	浦东南路1036号	卞海雄	58774406	200120
华夏银行上海黄浦支行	中华路1465号	费凯明	63697055	200010
华夏银行上海静安支行	威海路218号	王宏斌	52981647	200041
华夏银行上海长宁支行	长宁路515号	张洁华	52395702	200050
华夏银行上海卢湾支行	鲁班路279号	吴彩虹	53014486	200023
华夏银行上海市西支行	北京西路1828号	李佳得	62258866	200040
华夏银行上海南汇支行	秀沿路885号	沈志军	68069933	201315
华夏银行上海宝山支行	牡丹江路1338号	华　黎	56110330	201900
华夏银行上海嘉定支行	塔城路453—1号	蒋　黎	69919966	201800
华夏银行上海临港支行	鸿音路2899—2905号	周东辉	38258966	201306
华夏银行上海奉贤支行	南桥新城德丰路299弄1号	沈　洁	37580390	201400
华夏银行上海青浦支行	城中北路780号	项　军	69725633	201700

(13)中国民生银行上海分行

机　构　名　称	地　　址	负责人	电　话	邮　编
中国民生银行上海分行	浦东南路100号	王建平	61877000	200120
中国民生银行上海分行营业部	浦东南路100号	刘欣宇	61874005	200120
中国民生银行上海广场支行	威海路48号	沈志东	53857700	200003
中国民生银行上海外滩支行	广东路93号	李　丽	63298200	200002
中国民生银行上海浦东支行	东方路836号	萧　珂	68867975	200122
中国民生银行上海市西支行	长寿路1118号	张荣珍	62116331	200042
中国民生银行上海市北支行	沪太路549号	陆晓斌	66580860	200070
中国民生银行上海市东支行	四平路529号	戚云峰	65755758	200092
中国民生银行上海徐汇支行	肇嘉浜路1033号	王　波	54255662	200030

（续表）

机 构 名 称	地　　址	负责人	电　话	邮　编
中国民生银行上海黄浦支行	九江路 399 号	陈申炜	63601060	200001
中国民生银行上海虹桥支行	仙霞路 88 号	贾时元	62700510	200336
中国民生银行上海市南支行	徐家汇路 550 号	杨　迅	54658899	200025
中国民生银行上海静安支行	常熟路 88 号	刘书英	62484383	200040
中国民生银行上海嘉定支行	塔城路 430 号	陈　昳	69919185	201800
中国民生银行上海闵行支行	莘松路 405 号	金朝晖	64986498	201100
中国民生银行上海浦江支行	宁波路 1 号	杨维超	63372198	200002
中国民生银行上海陆家嘴支行	陆家嘴东路 166 号	王汝欣	68419171	200120
中国民生银行上海长宁支行	定西路 1115 号	徐黎丽	62123105	200050
中国民生银行上海外高桥支行	夏碧路 62 号	朱文华	58624159	200131
中国民生银行上海虹口支行	黄浦路 53 号	王咏佳	53931111	200082
中国民生银行上海市中支行	江宁路 261 号	吴　军	62719143	200041
中国民生银行上海汽车城支行	墨玉路 29 号	叶　峰	59569120	201805
中国民生银行上海卢湾支行	西藏南路 218 号	康永健	63343028	200021
中国民生银行上海福山支行	浦东大道 729 号	王翊红	50816636	200120
中国民生银行上海华山支行	淮海西路 55 号	夏　露	52989810	200030
中国民生银行上海西南支行	肇嘉浜路 333 号	陆毅文	64033377	200032
中国民生银行上海东门支行	中华路 179 号	卢钧敏	63304240	200010
中国民生银行上海松江支行	谷阳北路 277 号	孟天乐	57825353	201600
中国民生银行上海丽园支行	制造局路 188 号	向　阳	53015053	200023
中国民生银行上海世纪公园支行	民生路 1286 号	张　颖	61002900	200135
中国民生银行上海延中支行	延安西路 726 号	颜建南	62120906	200050
中国民生银行上海东方支行	福山路 458 号	鲁燕华	68756050	200122
中国民生银行上海京门支行	石门二路 181 号	徐君毅	52282690	200041
中国民生银行上海普陀支行	长寿路 127 号	张　伟	62778113	200060
中国民生银行上海延平支行	延平路 81 号	艾宝伦	62328610	200042
中国民生银行上海漕河泾支行	康健路 38 号	鞠青松	33683008	200235
中国民生银行上海天钥支行	天钥桥路 458 号	刘佳敏	64868855	200030
中国民生银行上海杨浦支行	黄兴路 2009 号	陈艳芳	55063655	200433
中国民生银行上海滨江支行	浦东南路 1426 号	周　新	58778368	200122
中国民生银行上海宝山支行	牡丹江路 1272 号	王治平	56112583	201900
中国民生银行上海古北支行	红宝石路 500 号	胡　峻	32092510	201103
中国民生银行上海期交所支行	浦电路 500 号	张玉红	68400232	200122
中国民生银行上海青浦支行	青湖路 1023 号	袁　征	69728108	201700
中国民生银行上海曹杨支行	普陀区曹杨路 503 号	张剑锋	32516257	200063
中国民生银行上海吴中支行	吴中路 1155 号	陆　钧	64055891	201103
中国民生银行上海七宝支行	七莘路 2888 号	夏爱华	24201922	201101
中国民生银行上海南汇支行	周浦年家浜路 340 号	计秋明	68126351	201318
中国民生银行上海花木支行	银霄路 280 号	于　静	50452500	201204
中国民生银行上海九亭支行	九亭镇九新公路 289—1 号	杨洪青	67859288	201615
中国民生银行上海曹安支行	丰庄路 521 号	邬艳萍	39118380	201824

（14）招商银行上海分行

机 构 名 称	地 址	负责人	电 话	邮 编
招商银行上海分行	陆家嘴东路161号	王庆彬	58795555	200120
招商银行上海分行营业部	陆家嘴东路161号	叶 进	58790443	200120
招商银行上海东方支行	东方路902—904号	卜 景	68768700	200122
招商银行上海金桥支行	金桥路1398号	宋晓萍	50753878	201206
招商银行上海张江支行	科苑路88号	潘浩玉	50806828	201203
招商银行上海民生支行	民生路600号	石海兰	58520355	200135
招商银行上海源深支行	羽山路102—108号	饶 芳	50939995	200135
招商银行上海张杨支行	张杨路810号	任开珊	58357878	200120
招商银行上海外高桥保税区支行	外高桥保税区富特西一路333号	徐培琪	58663843	200131
招商银行上海世纪大道支行	世纪大道1589号	康铁军	58203900	200122
招商银行上海南西支行	南京西路100号	吴青峰	63583356	200003
招商银行上海外滩支行	中山东一路16号	李 莉	63523900	200002
招商银行上海中山支行	中山南路1867号	唐明春	63081568	200011
招商银行上海福州路支行	福州路646号	许 竞	63617886	200001
招商银行上海豫园支行	河南南路378号	汤德君	63340658	200010
招商银行上海丽园支行	丽园路1015号	高 明	63041570	200032
招商银行上海人民广场支行	南京西路456号	肖 伟	53751110	200003
招商银行上海长乐支行	长乐路801号	张 晖	54051060	200031
招商银行上海淮海支行	淮海中路1155号	潘 艳	64338511	200031
招商银行上海淮中支行	淮海中路398号	鲁 民	53821866	200020
招商银行上海新天地财富管理中心	兴业路193号	王 涌	53829922	200020
招商银行上海静安寺支行	北京西路1700号	许雪红	62550985	200040
招商银行上海泰兴支行	新闸路847号	张 宜	62186857	200041
招商银行上海长宁支行	长宁路1302号	沈 婕	52729951	200052
招商银行上海延西支行	法华镇路555号	李海松	62827890	200052
招商银行上海天山支行	娄山关路755号	陈思青	62335123	200051
招商银行上海古北支行	水城南路75号	陈 镌	62700588	201103
招商银行上海虹桥支行	遵义南路88号	王昕红	62708727	200336
招商银行上海徐家汇支行	漕溪北路18号	陈金升	64273891	200030
招商银行上海天钥桥支行	天钥桥路86号	宣培栋	54250078	200030
招商银行上海大木桥支行	肇嘉浜路333号	陆 明	64226807	200032
招商银行上海高安支行	肇嘉浜路680号	王 怡	64312335	200233
招商银行上海新客站支行	恒丰路600号	周跃敏	63178900	200070
招商银行上海天目支行	天目东路258号	陈 华	51270782	200071
招商银行上海闻喜支行	闻喜路975号	沈 立	56412211	200435
招商银行上海长阳支行	长阳路1441号	沈大钧	65437199	200090
招商银行上海五角场支行	黄兴路2000号	徐 麟	55057179	200433

（续表）

机 构 名 称	地 址	负责人	电 话	邮 编
招商银行上海四平支行	四平路 1396 号	褚洪珺	33628088	200092
招商银行上海川北支行	四川北路 1851 号	万 钢	51053888	200081
招商银行上海东大名支行	东大名路 700 号	谢钟鸣	65966100	200080
招商银行上海新外滩支行	东大名路 908 号	翁 敏	65950884	200080
招商银行上海江湾支行	丰镇路 1 号	王 杰	55388543	200434
招商银行上海曹杨支行	曹杨路 188 号	吴 君	52352207	200063
招商银行上海曹家渡支行	长寿路 1148 号	熊晨岚	62527666	200042
招商银行上海中远两湾城支行	中潭路 91 弄 3 号	张 迅	52927711	200061
招商银行上海江宁支行	江宁路 1286 号	陆颖峰	62991900	200060
招商银行上海宝山支行	牡丹江路 1577 号	张 新	56128533	201900
招商银行上海华灵支行	华灵路 1 号	徐 麟	66366110	200436
招商银行上海闵行支行	莘松路 365 号	张 烨	54958899	201100
招商银行上海松江支行	人民北路 92—98 号	杜 毅	57826760	201600
招商银行上海嘉定支行	塔城路 399 号	陆 江	59537107	201800
招商银行上海虹口体育场支行	花园路 32 号	谢玉凤	68590397	200083
招商银行上海延东支行	延安东路 700 号 1 楼 104	吴 伟	58350115	200001
招商银行上海联洋支行	芳甸路 300 号联洋广场 C 区一层 C106 单元	戴深宇	61637167	200135
招商银行上海长宁财富管理中心	长宁路 1266 号 4 楼	孔 涓	52731636	200051
招商银行上海田林支行	田林路 140 号 15 单元	邓琳琳	60823369	200233
招商银行上海浦东大道支行	浦东大道 535 号	杨苏秦	58520355	200120
招商银行上海宜山支行	虹桥路 355 号城开国际大厦 1 楼 101—105 单元	甘剑亮	64071212	200030
招商银行上海金陵支行	金陵东路 569 号 101、201 室	王 杰	53821222	200001

（15）兴业银行上海分行

机 构 名 称	地 址	负责人	电 话	邮 编
兴业银行上海分行	江宁路 168 号	涂宝贵	62677777	200041
兴业银行上海分行营业部	江宁路 168 号 2 楼	孙建春	62677777	200041
兴业银行上海虹桥支行	仙霞路 137 号	徐志宏	62342243	200051
兴业银行上海卢湾支行	蒙自路 59 号	张 隽	53025345	200023
兴业银行上海大柏树支行	逸仙路 661 号	王传兴	51251155	200434
兴业银行上海市南支行	鲁班路 160 号	郭 强	53020908	200023
兴业银行上海松江支行	人民北路 181 号	丁玉兰	67722330	201600
兴业银行上海杨浦支行	本溪路 225 号	郭丽萍	55969077	200092
兴业银行上海闵行支行	莘建路 258 号	许浩峰	64981100	201100
兴业银行上海人民广场支行	威海路 147 号	陈志康	63599577	200003
兴业银行上海浦东支行	东方路 710 号	李崇凯	58303977	200112
兴业银行上海华山支行	肇嘉浜路 909 号	李荣明	54894305	200030
兴业银行上海长宁支行	华山路 800 弄 6 号	孟健平	52391930	200050
兴业银行上海宝山支行	牡丹江路 1285 号	顾 政	56123119	201900

（续表）

机 构 名 称	地 址	负责人	电 话	邮 编
兴业银行上海漕河泾支行	宜山路540号	宋全斌	64756170	200233
兴业银行上海徐汇支行	肇嘉浜路222号	周勇义	64671116	200031
兴业银行上海虹口支行	四川北路1955号	龚建生	65870204	200081
兴业银行上海静安支行	万航渡路99号	张顺国	62895580	200040
兴业银行上海黄浦支行	北京东路117号	叶国备	63210008	200002
兴业银行上海金沙江支行	中山北路3553号	曹东胜	62453553	200062
兴业银行上海南外滩支行	制造局路584号	朱春江	63155128	200023
兴业银行上海普陀支行	常德路1199号	廖建勤	62668961	200060
兴业银行上海嘉定支行	塔城路265号	徐加军	69530260	201800
兴业银行上海陆家嘴支行	浦建路145号	蔡成钢	58396700	200127
兴业银行上海淮海支行	兴业路180号	翁德章	53835326	200020
兴业银行上海武宁支行	武宁南路408号	张 怡	62322322	200042
兴业银行上海闸北支行	天目西路500号	陈日新	63807572	200070
兴业银行上海南汇支行	惠南镇人民西路89—95号	胡 刚	58011666	201300
兴业银行上海市中支行	成都北路600号	陈 亮	63726119	200003
兴业银行上海七宝支行	吴宝路255号	陈惠琴	54495821	201101
兴业银行上海青浦支行	青湖路1010号	吴健青	69728297	201700
兴业银行上海奉贤支行	南桥镇环城南路1099号	王 勤	37596692	201400
兴业银行上海市北支行	保定路621号	陈炜明	65633889	200086
兴业银行上海市西支行	梅川路1325号	张 龚	52787996	200333
兴业银行上海五角场支行	淞沪路290号	刘 敏	33811869	200433
兴业银行上海龙柏支行	红松路227号	王 勇	55343292	201103
兴业银行上海沪闵支行	龙茗路1186号	张 毅	52968969	201101

（16）广发银行上海分行

机 构 名 称	地 址	负责人	电 话	邮 编
广发银行股份有限公司上海分行	徐家汇路555号	莫宝鸿	63022233	200023
广发银行股份有限公司上海分行营业部	徐家汇路555号	徐 斌	63022233	200023
广发银行股份有限公司上海浦东支行	浦东南路855号	吴春宁	58369010	200120
广发银行股份有限公司上海外滩支行	黄浦路99号	杨菲菲	63250707	200080
广发银行股份有限公司上海徐汇支行	肇家浜路746号	李逸云	64450558	200030
广发银行股份有限公司上海虹口支行	四平路188号	张秋玲	65228977	200086
广发银行股份有限公司上海静安支行	北京西路1068号	王艳辉	62584384	200041
广发银行股份有限公司上海南汇支行	城南路1号	夏国才	68037370	201300
广发银行股份有限公司上海松江支行	中山中路245号	曹建华	57823333	201600
广发银行股份有限公司上海长宁支行	新华路543号	王 虹	62813177	200052
广发银行股份有限公司上海黄浦支行	徽宁路665号	龚汉兵	63128900	200011
广发银行股份有限公司上海虹桥支行	古北路716号	严文兰	62090509	200336
广发银行股份有限公司上海延安支行	镇宁路251号	陈金隆	62519900	200050

（续表）

机构名称	地址	负责人	电话	邮编
广发银行股份有限公司上海宝山支行	牡丹江路1211号	郭 榆	56113800	200940
广发银行股份有限公司上海淮海支行	淮海中路1360号	郑红宇	64315522	200031
广发银行股份有限公司上海常熟路支行	常熟路8号	田 滨	62078800	200040
广发银行股份有限公司上海闵行支行	莘朱路222弄268号	郑敏之	54153366	201100
广发银行股份有限公司上海嘉定支行	博乐路172号	吴 进	69919901	201800
广发银行股份有限公司上海闸北支行	天目中路267号	施 琳	51016828	200070
广发银行股份有限公司上海普陀支行	梅川路1275号	陈爱忠	52821111	200333
广发银行股份有限公司上海青浦支行	华青南路489号	顾 群	33863939	201700
广发银行股份有限公司上海金山支行	卫清西路140号	徐文光	33699192	200540
广发银行股份有限公司上海大柏树支行	汶水东路29号	尤 莹	65608816	200437
广发银行股份有限公司上海奉贤支行	环城东路608号	谢玲珑	37566633	201400

(17) 深圳发展银行上海分行

机构名称	地址	负责人	电话	邮编
深圳发展银行上海分行	张杨路500号29—33楼	仇卫平	58877777	200122
深圳发展银行上海分行营业部	浦东南路1351号	吴桂国	58877777	200012
深圳发展银行上海外滩支行	中山东二路8号	张 民	63303333	200002
深圳发展银行上海南京西路支行	南京西路920号	罗聚荣	62717998	200041
深圳发展银行上海徐汇支行	漕溪北路1200号	吉红艳	64395577	200030
深圳发展银行上海长宁支行	定西路1299号	薛虹霞	52413131	200050
深圳发展银行上海虹口支行	东宝兴路1661号	吕 君	63253358	200080
深圳发展银行上海普陀支行	曹杨路171号	江 源	52350055	200063
深圳发展银行上海卢湾支行	徐家汇路560号	陆荣华	64729577	200025
深圳发展银行上海杨浦支行	控江路1657号	费坚申	65633450	200092
深圳发展银行上海淮海支行	延安东路700号	韩 勤	53851008	200001
深圳发展银行上海陆家嘴支行	浦东南路500号	张正寅	58784818	200120
深圳发展银行上海市中支行	虹桥路628号	刘 峰	64485500	200030
深圳发展银行上海黄浦支行	九江路333号1901室	龚马铃	63502266	200001
深圳发展银行上海嘉定支行	嘉定区博乐路100号	奚军俊	59533333	201800
深圳发展银行上海闵行支行	水清南路19号	吕晓峰	54130202	201100
深圳发展银行上海松江支行	松江新区谷阳北路111号	吴 敏	57823030	201620
深圳发展银行上海花木支行	浦东新区芳甸路1108号	沈志强	50705500	201204
深圳发展银行上海市西支行	宛平南路25—31号	王志明	51168116	200032
深圳发展银行上海宝山支行	牡丹江路1081号	叶 玫	56579988	200940
深圳发展银行上海青浦支行	青浦区城中北路735号	许彩红	59855555	201700
深圳发展银行上海虹桥支行	仙霞路328号	杨 阳	62755511	200336
深圳发展银行上海静安支行	长寿路1071号	余桂林	62320055	200042
深圳发展银行上海安亭支行	安亭镇墨玉路155号	顾 睿	59566333	201805
深圳发展银行上海五角场支行	黄兴路1855号	史学锋	55056262	200433

（续表）

机 构 名 称	地 址	负责人	电 话	邮 编
深圳发展银行上海南汇支行	南汇区惠南镇人民东路 2545 号	宋子清	38258289	201300
深圳发展银行上海闸北支行	天目中路 380 号	赵 钢	63538989	200070
深圳发展银行上海奉贤支行	奉贤区江海路 301 号	马长江	57412000	201400
深圳发展银行上海市南支行	黄浦区西藏南路 888 号	张 辉	63452323	200011
深圳发展银行上海北京西路支行	万航渡路 179 号	陈 萍	62722266	200042
深圳发展银行上海周浦支行	年家浜路 449 号	郭燕平	20907431	201318

（18）宁波银行上海分行

机 构 名 称	地 址	负责人	电 话	邮 编
宁波银行上海分行	南京西路 128 号 1—5 层	施道明	63585555	200003
宁波银行上海徐汇支行	漕溪北路 458 号	毛 隽	64276666	200030
宁波银行上海松江支行	人民北路 175 号	诸 健	57710222	201600
宁波银行上海闵行支行	莘松路 355 号	吴 伟	34970777	201100
宁波银行上海静安支行	北京西路 1788 号	唐建华	62722600	200040
宁波银行上海浦东支行	浦东南路 1036 号	姜 伟	58787333	200120
宁波银行上海嘉定支行	嘉定区博乐路 198—5 号	唐明亮	39518088	201800

（19）北京银行上海分行

机 构 名 称	地 址	负责人	电 话	邮 编
北京银行上海分行	河南南路 16 号中汇大厦 5—6 层	张东宁	63361000	200002
北京银行上海分行营业部	河南南路 16 号中汇大厦 1 层	钱学洪	63361510	200002
北京银行上海宝山支行	双城路 803 弄 9 号一层南侧、二层南侧	缪洁霞	61809560	200940
北京银行上海浦东支行	世纪大道 1588 号 104A、1568 号 1101—1102 室	许 捷	61065258	200122
北京银行上海闵行支行	闵城路 179、185 号、199 弄 16 号 102、201、202 室	王国富	64606033	201100
北京银行上海嘉定支行	博乐路 100 号	毕建新	39517333	201800
北京银行上海长宁支行	华山路 1568 号 1 楼	宓亦群	62832921	200052
北京银行上海松江支行	新松江路 1188 弄 101 号	万 英	67663096	201620
北京银行上海普陀支行	金沙江路 1628 弄 10 号 1 楼、18 楼 01、02、08、09 单元	黄文涛	32512918	200333
北京银行上海南汇支行	南汇城南路 403—409 号	陈正标	68008218	201300

（20）浙商银行上海分行

机 构 名 称	地 址	负责人	电 话	邮 编
浙商银行上海分行	威海路 567 号	骆航鲁	61333333	200041
浙商银行上海闵行支行	报春路 239 号	邵建宏	61915999	201100
浙商银行上海陆家嘴支行	浦东大道 288 号	陈劼超	60933999	200120
浙商银行上海嘉定支行	环城路 188 号	潘德安	60836133	201800

（续表）

机 构 名 称	地 址	负责人	电 话	邮 编
浙商银行上海长宁支行	古北路 258 号	李 铭	61733288	200051
浙商银行上海徐汇支行	肇嘉浜路 680 号金钟大厦	李青春	61922398	200031
浙商银行上海松江支行	新松江路 292 号	黄 明	31271288	201620

（21）南京银行上海分行

机 构 名 称	地 址	负责人	电 话	邮 编
南京银行上海分行	徐家汇路 518 号	孙艺祥	24198877	200025
南京银行上海浦东支行	世纪大道 787 号	徐 鸣	68878900	200120
南京银行上海徐汇支行	南丹路 80 号	张 雄	61950669	200030
南京银行上海杨浦支行	国顺东路 260 号	倪 军	61855988	200433
南京银行上海淮海支行	西藏南路 228 号	吴 晋	61970899	200021
南京银行上海长宁支行	延安西路 1358 号	陈斌全	61970988	200052

（22）江苏银行上海分行

机 构 名 称	地 址	负责人	电 话	邮 编
江苏银行上海分行	富城路 99 号 7—8 楼	许林樵	50639999	200120
江苏银行上海分行营业部	富城路 99 号 1 楼	陈 瑾	50639999	200120
江苏银行上海普陀支行	中山北路 3000 号	张 卫	32522720	200063
江苏银行上海杨浦支行	四平路 1779 号	徐凯辉	65111700	200433
江苏银行上海南汇支行	年家浜东路 25 号	戚卫东	68188150	201318
江苏银行上海徐汇支行	肇嘉浜路 446 弄 1 号	王震雷	64738378	200031
江苏银行上海松江支行	中山中路 79 弄 25 号	万 征	57812022	201600
江苏银行上海金桥支行	新金桥路 28 号	杨 婷	50322368	201206

（截至 2011 年 6 月）

（23）平安银行上海分行

机 构 名 称	地 址	负责人	电 话	邮 编
平安银行上海分行	中山东二路 15 号	蔡 冬	63735863	200002
平安银行上海分行营业部	常熟路 8 号	储 征	62078973	200040
平安银行上海张江支行	上丰路 1288 号	蔡培莉	33827057	201201
平安银行上海黄浦支行	九江路 707 号	张晓峰	63504382	200001
平安银行上海外滩支行	中山东二路 15 号	陆文荣	63733033	200002
平安银行上海新天地支行	马当路 186 号	陈海鹰	63851231	200020
平安银行上海徐家汇支行	肇嘉浜路 959 号	叶勇东	62078210	200030
平安银行上海虹口支行	四川北路 1941 号	卢 伟	56665252	200081
平安银行上海虹桥支行	黄金城道 893—899 号	郑若冰	62753960	201103
平安银行上海普陀支行	常德路 1231 号	胡 彬	62763535	200062
平安银行上海松江支行	新松江路 1128 号	张吉林	57817086	201620

(24) 杭州银行上海分行

机构名称	地址	负责人	电话	邮编
杭州银行上海分行	九江路686号12楼	方建新	63612822	200001
杭州银行上海分行营业部	九江路686号1楼	罗白焱	63612203	200001
杭州银行上海杨浦支行	四平路2535号	郑冠群	65111170	200433
杭州银行上海浦东支行	向城路17号	顾石青	58311269	200122
杭州银行上海闵行支行	广通路58号	曹保良	34972112	201100
杭州银行上海徐汇支行	肇嘉浜路366号1A室	姚明杰	54668601	200031
杭州银行上海虹口支行	海宁路269号	孟海疆	63098915	200080
杭州银行上海嘉定支行	塔城路297弄37号	姜卫星	59918139	201800
杭州银行上海长宁支行	安顺路251号101室	张竺华	32509135	200051
杭州银行上海青浦支行	青湖路860—876号	邵　夫	69237216	201700

(25) 中国邮政储蓄银行上海分行

机构名称	地址	负责人	电话	邮编
中国邮政储蓄银行上海分行	九江路38号	杨文新	63293127	200002
中国邮政储蓄银行上海分行营业部	九江路38号	顾碧青	63293268	200002
中国邮政储蓄银行上海静安区支行	北京西路1757号	谷新华	62312723-848	200040
中国邮政储蓄银行上海徐汇区支行	天钥桥路105号	陈　磊	64413966	200011
中国邮政储蓄银行上海闸北区支行	恒丰路605号	张国雄	65558450	200070
中国邮政储蓄银行上海浦东新区支行	蓝村路62号	陈建平	58399878	200127
中国邮政储蓄银行上海闵行区支行	莘建路120号	王　卓	64887400	201100
中国邮政储蓄银行上海宝山区支行	牡丹江路1745号	陆忠明	36100516	201900
中国邮政储蓄银行上海奉贤区支行	南桥镇解放西路29号	葛建钢	57412200	201400
中国邮政储蓄银行上海松江区支行	人民南路65号	姚　明	57815284	201600
中国邮政储蓄银行上海青浦区支行	青浦公园路655号	郭长生	69711633	201700
中国邮政储蓄银行上海南汇区支行	惠南镇跃进路8号	金　鸣	58000033	201300
中国邮政储蓄银行上海嘉定区支行	张马路50号	蔡建英	59917112	201821
中国邮政储蓄银行上海金山区支行	金一东路233号	陈亚军	57955111	201540
中国邮政储蓄银行上海崇明县支行	崇明县城桥镇八一路365号	李建昌	59623521	202150
中国邮政储蓄银行上海浦东新区川沙支行	新川路341号	俞　彬	50118178	201200

(26) 浙江泰隆商业银行上海分行

机构名称	地址	负责人	电话	邮编
浙江泰隆商业银行上海分行	常德路425号	严　强	61713999	200040

(27) 温州银行上海分行

机构名称	地址	负责人	电话	邮编
温州银行股份有限公司上海分行	九江路333号	郑祥呈	63601116	200001

(28) 天津银行上海分行

机构名称	地址	负责人	电话	邮编
天津银行上海分行	汉口路110号	王建平	63298989	200002
天津银行上海陆家嘴支行	浦东大道1号1楼	王　波	61683008	200120
天津银行上海闸北支行	恒丰路568号1楼	刘美剑	61683003	200070

(29) 村镇银行

机构名称	地址	负责人	电话	邮编
上海崇明长江村镇银行股份有限公司	崇明县城桥镇朝阳门路17号	王　洋(董事长) 陈文斌(行长)	69695660	202150
上海奉贤浦发村镇银行股份有限公司	南桥镇环城东路692号	黄建强(董事长) 刘　胜(行长)	61820800	201400
上海松江民生村镇银行股份有限公司	文诚路230号	张　滢(董事长) 周　丽(行长)	67663016	201620
上海浦东江南村镇银行股份有限公司	周浦镇沪南路3439弄65号	路向阳(董事长) 张建军(行长)	38230700	201318
上海浦东建信村镇银行股份有限公司	川沙镇北市街26号	陈金富(董事长) 金建华(行长)	58989299	201200

2. 中资银行在沪营运中心

机构名称	地址	负责人	电话	邮编
中国工商银行票据营业部	天潼路133号17楼	周明钤	61235588	200080
中国农业银行票据营业部	浦东南路379号4楼	许彦刚	68869399	200120
兴业银行资金营运中心	江宁路168号28楼	阮　超	32174699	200041
中国农业银行信用卡中心	中山南路318号10楼	何　珊	33054699	200010
中国建设银行信用卡中心	源深路419号	区　颖	50378038	200135
招商银行信用卡中心	崂山路316号	龙　梅	38834600	200120
兴业银行信用卡中心	来安路500号	傅梦梅	28999692	201204
中国工商银行私人银行部	中山东一路24号6楼	马根妹	23229589	200002
中国工商银行贵金属部	中山东二路11号13楼、18楼	赵文建	63299089	200002
中国民生银行中小企业金融事业部	浦东南路100号32楼	孟东晓	61878080	200120
中国农业银行私人银行部	世纪大道100号环球金融中心55层	柴艳丽	61050276	200120
上海浦东发展银行信用卡中心	浦东南路588号	邸　艳	38784978	200120
上海银行信用卡中心	天目中路363号	冯雪飞	63173969	200070

3. 其他金融机构

(1) 中国银联上海分公司

机构名称	地址	负责人	电话	邮编
中国银联上海分公司	吴淞路218号宝矿大厦7楼	陈　刚	63098888	200080

(2) 城市商业银行资金清算中心

机构名称	地址	法定代表人	主任	电话	邮编
城市商业银行资金清算中心	张杨路699号7楼	王世豪	袁伯平	58358787	200120

(3) 资产管理公司上海办事处

机构名称	地址	负责人	电话	邮编
中国信达资产管理公司上海办事处	北京西路1399号信达大厦24—25层	贾洪浩	52000808	200040
中国华融资产管理公司上海办事处	中山东二路15号10楼	陈若青	63289900	200002
中国长城资产管理公司上海办事处	浦东南路379号金穗大厦27—28楼	徐沪江	68869601	200120
中国东方资产管理公司上海办事处	茂名南路205号瑞金大厦27楼	朱军缨	64729268	200020

(4) 信托、财务公司

机构名称	地址	负责人	电话	邮编
上海国际信托有限公司	九江路111号	潘卫东(董事长) 傅　帆(总经理)	63231111	200002
华宝信托有限责任公司	浦电路370号7楼	郑安国(董事长) 钱　骏(总经理)	38506666	200122
上海爱建信托投资有限责任公司	零陵路599号7号楼	陈振鸿(董事长) 周伟忠(总经理)	64396600	200030
中海信托股份有限公司	中山东二路15号7楼	傅成玉(董事长) 储晓明(总经理)	63555000	200002
中泰信托有限责任公司	中华路1600号17—18楼	刘　虹(董事长) 周　雄(总经理)	63871888	200020
安信信托投资股份有限公司	广东路689号29楼	张春景(董事长)	63410777	200001
华澳国际信托有限公司	花园石桥路33号17层	张　宏(首席执行官)	68883098	200120
上海汽车集团财务有限责任公司	康定路1199号	刘　榕(董事长) 沈根伟(总经理)	62311010	200042
东航集团财务有限责任公司	吴中路686号东航金融中心15楼	肖顺喜(董事长) 王　乾(总经理)	64056666	201103
中船财务有限责任公司	浦东大道1号21楼2102室	聂成根(董事长) 傅德祥(总经理)	68860290	200120
宝钢集团财务有限责任公司	浦电路370号宝钢大厦9楼	周竹平(董事长) 袁　磊(总经理)	58358888	200122

（续表）

机构名称	地址	负责人	电话	邮编
锦江国际集团财务有限责任公司	延安东路100号27楼	陈文君（董事长） 陈月明（总经理）	63264000	200002
上海电气集团财务有限责任公司	江宁路212号凯迪克大厦8楼	徐建国（董事长） 陆红贵（总经理）	52895555	200041
上海浦东发展集团财务有限责任公司	浦东南路256号34—35楼	沈尚德（董事长） 陈　新（总经理）	58889596	200120
中国石化财务有限责任公司上海分公司	张杨路500号时代广场25楼	张仁荣（经理）	58367770	200122
中国电力财务有限公司华东分公司	广东路500号28楼	夏　凡（总经理） 易　克（党组副书记） （主持工作）	23016710	200001

（5）金融服务公司

机构名称	地址	负责人	电话	邮编
上海远东资信评估有限公司	杨树浦路248号瑞丰国际大厦2楼	徐明棋	61428000	200082
上海新世纪资信评估投资服务有限公司	汉口路398号14楼	潘洪萱	63501349	200001
中诚信证券评估有限公司	西藏南路760号8楼	周　浩	51019090	200011
华杰资信评级有限责任公司	南苏州路333号20楼	曹志莺	63295599	200002
上海资信有限公司	北京东路280号4—6楼	林明增	53211561	200002
上海天诚企业征信有限公司	北京东路280号4—6楼	戴　韾	53211525	200002
上海金国咨询服务有限公司	南苏州路333号华隆大厦21楼	沈佩云	33620017	200002
上海国利货币经纪有限公司	陆家嘴环路1318号星展银行大楼1001室	杨德红	38789777	200120
银联商务有限公司	张衡路1006号	李晓峰	61088288	201203

（6）小额贷款公司

机构名称	地址	法定代表人	电话	邮编
上海宝山宝莲小额贷款有限公司	双城路803弄7号101室	朱卫杰	61808598	200940
上海松江龙欣小额贷款股份有限公司	玉华路181号	郑朝龙	37702225	201620
上海浦东新区张江小额贷款股份有限公司	松涛路560号裙房一楼	林培贤	51312398＊8001	201203
上海宝山神农小额贷款股份有限公司	牡丹江路1288号302—305室	郑雷飞	56107271	201900
上海青浦明诚小额贷款股份有限公司	淀山湖大道2号	于德明	39222993	201700
上海奉贤新发展小额贷款股份有限公司	南桥路1号	何伟昌	57426199	201400
上海嘉定西上海小额贷款有限公司	安亭镇墨玉南路1000—3号楼	宋建明	69502276	201805
上海嘉定银丰小额贷款股份有限公司	塔城路365号15楼	张锡森	59929999	201800
上海崇明宝盈小额贷款有限公司	城桥镇西门路208号	顾　平	69615655	202150
上海闵行九星小额贷款股份有限公司	虹莘路2845号	吴恩福	54147446	201101
上海青浦兴众小额贷款股份有限公司	青湖路1023号晨兴商务楼	郭连学	69729773	201700
上海金山民欣小额贷款有限公司	朱泾镇金龙新街440号	沈世荣	57335227	201500
上海普陀宝祥小额贷款有限公司	桃浦路226号510室	王岳祥	52859093	200333

（续表）

机构名称	地址	法定代表人	电话	邮编
上海闵行幸子小额贷款股份有限公司	莘建东路58弄2号202—204室	林源聪	54175329	201100
上海松江星浩小额贷款有限公司	谷阳北路1787号	陈国邦	67701688	201620
上海浦东新区融和小额贷款有限公司	惠南镇人民东路2465号	黄新观	38258096	201300
上海松江骏合小额贷款股份有限公司	新松江路909号丰源大厦20层	张玉峰	67752850	201620
上海奉贤绿地小额贷款股份有限公司	环城东路883弄12号	张　蕴	67100813	201400
上海崇明为中小额贷款股份有限公司	长兴凤蓉路682号	樊为中	56857911	201900
上海浦东新区银泰小额贷款有限公司	惠南镇卫星东路140号	黄联群	58012555	201300
上海徐汇华擎小额贷款股份有限公司	华泾路505号	张永林	64969789	200231
上海杨浦科诚小额贷款股份有限公司	国定路335号2号楼1504室	谢吉华	55663075	200433
上海奉贤南郊小额贷款股份有限公司	南桥新城展园路398号	蔡永康	37525886	201400
上海杨浦科创小额贷款股份有限公司	国宾路36号1904室	朱　方	61362001	200433
上海宝山东圣小额贷款有限公司	双城路746号	邵东明	56678277	200940
上海黄浦豫园小额贷款股份有限公司	西藏南路1229号底层	张培海	63669151*8011	200011
上海宝山富邦源小额贷款股份有限公司	牡丹江路1211号	方壮源	56120116	201900
上海嘉定协通小额贷款股份有限公司	嘉行公路1257号6号楼	万　燕	27800972	201808
上海静安和信小额贷款股份有限公司	南京西路1081弄20号底层西部1幢	王邦煜	62178798	200041
上海闸北景业小额贷款股份有限公司	七浦路225—253号豪浦服饰城一楼177室	平学孝	63936787	200085
上海虹口中科小额贷款股份有限公司	四平路210号底层	陈庆钱	55158660	200086
上海闵行星云小额贷款股份有限公司	古美路997号	沈慧琴	54806165	201102
上海宝山银合小额贷款有限公司	殷高西路101号401	郑　斌	66187822	200439
上海长宁长诚小额贷款股份有限公司	延安西路726号15F	胡　凯	62113350	200050
上海徐汇大众小额贷款股份有限公司	中山西路1513号	顾　华	64288809	200235

4. 在沪外资银行

机构名称	地址	负责人	电话	邮编
汇丰银行(中国)有限公司	世纪大道8号上海国金中心汇丰银行大楼	郑海泉	38883888	200120
花旗银行(中国)有限公司	花园石桥路33号花旗集团大厦	欧兆伦	28966000	200120
渣打银行(中国)有限公司	世纪大道201号渣打银行大厦13层1室、16层、17层、19层、21层1、3、4室、23层、25层1室及28层	林清德(法定代表人)	38518000	200120
东亚银行(中国)有限公司	花园石桥路66号	李国宝	38663866	200120
恒生银行(中国)有限公司	陆家嘴环路1000号恒生大厦34楼、36楼及上海市浦东南路528号上海证券大厦27楼	高美懿	38658888	200120
苏格兰皇家银行(中国)有限公司	陆家嘴环路1233号汇亚大厦	蓝玉权	28939600	200120
星展银行(中国)有限公司	陆家嘴环路1318号1301/1801单元	John Alan Ross	38968888	200120
华侨银行(中国)有限公司	银城中路68号时代金融中心20F	梁炜宁	58200200	200120
大华银行(中国)有限公司	东园路111号1层105单元,2层、3层	黄一宗	60618188	200122

（续表）

机构名称	地址	负责人	电话	邮编
三菱东京日联银行(中国)有限公司	陆家嘴环路1233号汇亚大厦	柳冈广和	68881666	200120
瑞穗实业银行(中国)有限公司	世纪大道100号上海环球金融中心	大桥圭造	38558888	200120
三井住友银行(中国)有限公司	世纪大道100号环球金融中心11—13楼	大久保克则	38609000	200120
南洋商业银行(中国)有限公司	陆家嘴环路166号未来资产大厦	和广北	38566666	200120
法国巴黎银行(中国)有限公司	世纪大道100号环球金融中心	柯睿富	28962888	200120
东方汇理银行(中国)有限公司	世纪大道100号环球金融中心	Patrice Couvegnes	38566888	200120
盘谷银行(中国)有限公司	中山东一路7号二层B区、C区、三层及四层	陈智深	23290100	200002
华一银行	浦东南路360号新上海国际大厦底层	刘信义	58881234	200120
华美银行(中国)有限公司	世纪大道88号金茂大厦30楼	刘积瑄	50499999	200121
正信银行有限公司	延安东路222号外滩中心48楼	李绍祝	63352788	200002
通用电气金融财务(中国)有限公司	世纪大道88号金茂大厦14楼	顾宝芳(拟任)	38771888	200121
澳大利亚和新西兰银行(中国)有限公司	陆家嘴环路166号未来资产大厦	Gill Plante	61366000	200120
澳大利亚和新西兰银行集团有限公司上海分行	西藏中路268号来富士广场	杨诗明	61366000	200001
比利时富通银行有限公司上海分行	浦东世纪大道88号金茂大厦	尉安宁	50498833	200121
比利时联合银行股份有限公司上海分行	浦东大道1号船舶大厦	梁伯全	58791599	200120
韩国产业银行上海分行	世纪大道100号上海环球金融中心	李明载	68871234	200120
美国银行有限公司上海分行	陆家嘴环路1233号汇亚大厦	黄华彦	61608888	200120
英国苏格兰皇家银行公众有限公司上海分行	浦东陆家嘴环路1233号	吴昊	28939600	200120
德国商业银行股份有限公司上海分行	世纪大道100号上海环球金融中心	Peter Wolfgang Rolf Vent	58366666	200120
埃及国民银行股份公司上海分行	浦东大道1号船舶大厦	YASSER EL NEGOULY	68860624	200120
澳大利亚西太平洋银行有限公司上海分行	世纪大道88号金贸大厦	Andrew Frank Whitford	61657686	200121
德国西德银行股份有限公司上海分行	陆家嘴环路1000号汇丰大厦	谢洁青	68413399	200120
德国北德意志州银行上海分行	陆家嘴东路166号中国保险大厦	Dr. Stephan Pcp	58888168	200120
德国巴伐利亚州银行上海分行	科苑路88号德国中心	Christian Weidemann	28986600	201203
俄罗斯外贸银行公开股份公司上海分行	南京西路1266号恒隆广一期11楼	Koh Jit Kian	61366236	200040
法国外贸银行股份有限公司上海分行	陆家嘴环路1000号汇丰大厦	鲁赐强	61633288	200120
菲律宾首都银行及信托有限公司上海分行	延安西路1160号1楼	Dennis Suico	61910799	200052
荷兰安智银行股份有限公司上海分行	陆家嘴环路1000号汇丰大厦	荣彼得	68413355	200120
荷兰合作银行有限公司上海分行	陆家嘴环路1000号汇丰大厦	王旸	58889888	200120
马来西亚马来亚银行有限公司上海分行	浦东大道1号船舶大厦	林良禧	68860003	200120
美国纽约梅隆银行有限公司上海分行	浦东大道138号永华大厦	姚毅志	58796622	200120
美国美联银行有限公司上海分行	富城路99号震旦国际大厦	Benjamin Hill Kinnas	68599928	200121
挪威银行公共有限公司上海分行	淮海中路381号中环广场	Espen lund(刘世鹏)	61322888	200020
日本横滨银行股份有限公司上海分行	世纪大道100号环球金融中心	津岛峰明	68776800	200120
日本住友信托银行股份有限公司上海分行	世纪大道88号金茂大厦	芥川佳久	50476661	200120
瑞典商业银行公共有限公司上海分行	中山东一路12号外滩12号大楼	安一帆	63298877	200002

（续表）

机构名称	地址	负责人	电话	邮编
瑞典北欧斯安银行有限公司上海分行	淮海中路222号力宝广场	Carl Christensson	53966681	200021
瑞典银行有限公司上海分行	花园石桥路33号花旗集团大厦	刘志美	38612600	200120
北欧银行瑞典有限公司上海分行	西藏中路268号来富士广场	Kjell Tangen	63405111	200001
瑞士信贷银行股份有限公司上海分行	浦东南路528号上海证券大厦南塔	朱承东	68818418	200120
西班牙桑坦德银行有限公司上海分行	世纪大道88号金茂大厦	Angel Ortiz Calle	64725930	200120
意大利联合圣保罗银行股份有限公司上海分行	陆家嘴东路161号招商局大厦	庞世隆	58799930	200120
意大利裕信银行股份有限公司上海分行	浦东世纪大道88号金茂大厦	Maurizio Brentegani	50470077	200121
意大利西雅那银行股份有限公司上海分行	太仓路233号新茂大厦	Paolo Lucioli	53830417	200020
印度国家银行上海分行	淮海中路1010号嘉华中心	C. R. Sasikumar	54051023	200031
印度卡纳拉银行上海分行	银城中路168号上海银行大厦	V. L. Sapkale	68596330	200120
英国巴克莱银行有限公司上海分行	陆家嘴环路1233号汇亚大厦	贺　弋	50470808	200120
澳大利亚澳洲联邦银行公众股份有限公司上海分行	陆家嘴环路1233号汇亚大厦	卢景强	61238900	200120
德意志银行(中国)有限公司上海分行	陆家嘴环路1233号汇亚大厦	吴佳青	38962880	200120
法国兴业银行(中国)有限公司上海分行	世纪大道88号金茂大厦41层	Pascal Sefrin	38669866	200121
友利银行(中国)有限公司上海分行	浦电路480号浦项集团商务广场1楼	金大永	50810707	200122
韩亚银行(中国)有限公司上海分行	银城中路200号中银大厦33层	王晋佳	50372121	200120
新韩银行(中国)有限公司上海分行	陆家嘴环路1000号汇丰大厦22楼	姜哲基	68412100	200120
摩根大通银行(中国)有限公司上海分行	南京西路1601号41楼	华庆成	52002288	200030
宁波国际银行上海分行	浦东南路528号证券大厦2203室	许礼智	68818899	200120
厦门国际银行上海分行	浦东大道138号永华大厦一楼	郑　威	58881518	200120
中信嘉华银行(中国)有限公司上海分行	银城中路200号中银大厦	黄天石	61006110	200120
大新银行(中国)有限公司上海分行	漕溪北路86号1层	庄佩蓉	24113388	200030
永亨银行(中国)有限公司上海分行	银城中路200号中银大厦2408室	钟国伟	68591000	200120
韩国外换银行股份有限公司上海分行	浦东南路588号浦发大厦17层	姜龙得	58825998	200120
加拿大丰业银行有限公司上海分行	世纪大道88号金贸大厦2904室	傅　琼	50988688	200120
加拿大蒙特利尔银行有限公司上海分行	广东路689号海通证券大厦3207—3210室	Robert T. Martin	61363600	200001
永隆银行有限公司上海分行	银城中路168号上海银行大厦10楼	钱　宁	68597018	200120
德意志银行股份有限公司上海分行	陆家嘴环路1233号汇亚大厦1806室	滕爱俐	50478618	200120
法国兴业银行有限公司上海分行	世纪大道88号金茂大厦41层	吴　嵩	38669628	200121
韩国友利银行股份有限公司上海分行	世纪大道1600号浦项商务广场	柳圭铉	50819556	200120
中信嘉华银行上海分行	银城中路200号中银大厦	韩晶华	61006108	200120

5. 外资金融类机构上海代表处

机构名称	地址	负责人	电话	邮编
阿联酋联合国民银行公开合股公司上海代表处	世纪大道100号上海环球金融中心64楼	Hisham Mohamed Ahmed Hussein	68805533	200120
巴西一大贝贝亚银行股份有限公司上海代表处	湖滨路222号企业天地商业中心1号10楼	Roberto Dumas Damas	33113466	200021

（续表）

机构名称	地址	负责人	电话	邮编
巴西银行有限公司上海代表处	南京西路1515号嘉里中心1305室	Sergio Edegar Girardi de Quadros	62890707	200040
德国黑森—图林根州银行上海代表处	世纪大道100号64楼6450室	Hans Schniewind	68777707	201203
德国贝伦贝格银行两合制公司上海代表处	浦东大道138号永华大厦16楼G座	徐英峰	58795216	200120
德国巴登—符腾堡州银行上海代表处	世纪大道1600号浦项商务广场23楼2312室	Marcus Wassmuth	50816002	200092
德国地金银行股份有限公司上海代表处	南京西路1266号恒隆广场2902室	Thomas Adammer	62889908	200040
德国欧洲房地产银行股份有限公司上海代表处	世纪大道100号上海环球金融中心37楼50室	周家喻	68778600	200120
德国北方银行股份有限公司上海代表处	花园石桥路33号花旗集团大厦21楼	杨荃苯	68872700	200120
法国爱德蒙得洛希尔银行股份有限公司上海代表处	陆家嘴东路166号保险大厦2803室	温　天	60862599	200120
法国阔达银行股份有限公司上海代表处	陕西北路457号1号楼223室	Tang Loaec	61418484	200060
法国工商银行有限公司上海代表处	延安西路129号华侨大厦2005室	胡　姗	624966907	200040
哈萨克斯坦博泰银行股份公司上海代表处	世纪大道211号上海信息大楼30楼01室	Vadim Levitskiy	58771635	200120
韩国输出入银行上海代表处	遵义路107号1203室	郑求熙	62375561	200336
韩国大邱银行股份有限公司上海代表处	世纪大道1600号浦项广场2014室	赵诚文	68759208	200135
荷兰欧洲信贷银行有限公司上海代表处	南京西路1266号恒隆广场2812室	Senal Aloglu	61361818	200040
加拿大帝国商业银行有限公司上海代表处	西藏中路268号来福士广场4807—4808室	叶　俊	63404600	200001
加拿大多伦多道明银行有限公司上海代表处	南京西路1266号恒隆广场25楼2505室	刘辉君	62887979	200040
卡塔尔多哈银行股份有限公司上海代表处	南京西路1376号上海商城360室	卢伟明	62798008	200040
科威特国民银行股份有限公司上海代表处	陆家嘴环路1233号汇亚大厦1003室	杨先柳	68881092	200120
马来西亚联昌银行股份有限公司上海代表处	陆家嘴环路1233号汇亚大厦802室	郭洲政	61940218	200120
美国硅谷银行有限公司上海代表处	淞沪路234号410C	杨大和	61433818	200041
美国国民银行上海代表处	延安东路222号外滩中心4304室	嵇董蕾	63350368	200002
美国华美银行股份有限公司上海代表处	南京西路1266号衡隆广场1805室	毕文浩	62886101	200040
美国国泰银行有限公司上海代表处	南京西路1515号嘉里中心2609B—2610A	苏惠娴	52985656	200040
南非第一兰特银行有限公司上海代表处	延安西路728号华敏汉尊大厦20楼B座	朱　瑾	62100909	200050
葡萄牙圣灵银行股份有限公司上海代表处	陆家嘴东路161号招商大厦2509室	钟培忠	58870016	200120
日本鹿儿岛银行上海代表处	陆家嘴环路汇丰大厦27楼141室	西田毅	68415185	200120
日本蓝天银行股份有限公司上海代表处	南京西路1168号中信泰富广场3511室	新井雅一	51178952	200040
日本美纳都银行股份有限公司上海代表处	铜仁路195号中欣大厦3312室	明田直也	62898080	200040
日本南都银行股份有限公司上海代表处	陆家嘴环路1000号汇丰大厦16楼	吉田直弘	68412771	200120
日本百十四银行股份有限公司上海代表处	陆家嘴环路1000号汇丰大厦14楼012室	山本和也	58770114	200120
日本七十七银行股份有限公司上海代表处	陆家嘴环路1000号汇丰大厦16楼	井深修一	68412077	200120
日本北洋银行股份有限公司上海代表处	延安西路2201号国贸中心1602	吉田信昭	62752666	200336
日本商工组合中央金库有限公司上海代表处	延安西路2201号国贸中心1706	中村宏树	62753860	200336
日本京都银行股份有限公司上海代表处	陆家嘴环路1000号汇丰大厦18楼	下野直人	68410575	200120

（续表）

机　构　名　称	地　　址	负责人	电　话	邮　编
日本肥后银行股份有限公司上海代表处	西藏中路268号来福士广场4007室	内田隆之	63403915	200001
日本信金中央金库有限公司上海代表处	延安西路2201号国贸中心508	丹羽弘之	62703091	200336
日本北国银行有限公司上海代表处	南京西路1376号上海商城350室	笔安史	62798717	200040
日本陆奥银行股份有限公司上海代表处	陆家嘴环路1000号汇丰大厦28楼	小岛宽生	68410698	200120
日本百五银行有限公司上海代表处	茂名南路205号瑞金大厦1002室	平谷信彦	54661105	200020
日本滋贺银行有限公司上海代表处	陆家嘴环路1000号汇丰大厦27楼	中村泰彦	68415101	200120
日本山阴合同银行股份有限公司上海代表处	陆家嘴环路1000号汇丰大厦15层	吉川荣司	68411661	200120
日本大垣共立银行股份有限公司上海代表处	世纪大道88号金茂大厦4406A室	河尻浩直（KAWAJIRI HIRONAO）	50472700	200120
日本八十二银行股份有限公司上海代表处	浦东陆家嘴环路1000号汇丰大厦8楼	百濑茂	68411882	200120
日本里索那银行股份有限公司上海代表处	延安西路2201号国贸中心2709	藤井显三	62755198	200336
日本常阳银行股份有限公司上海代表处	延安西路2201号国贸中心1901	后藤均	62090258	200336
日本CHUGOKU银行股份有限公司上海代表处	延安西路2201号国贸中心2007	大木正和	62751988	200336
日本广岛银行股份有限公司上海代表处	延安西路2201号国贸中心1713	政兼浩光	62752755	200336
日本千叶银股份有限公司上海代表处	延安西路2201号国贸中心707	渡边康儿	62780482	200336
日本静冈银行股份有限公司上海代表处	延安西路2201号国贸中心1813	岩崎隆行	62098115	200336
日本名古屋银行股份有限公司上海代表处	延安西路2201号国贸中心1809	金田诚二	62754207	200336
日本福冈银行股份有限公司上海代表处	延安西路2201号国贸中心2010	齐藤浩一	62194570	200336
日本伊予银行股份有限公司上海代表处	延安西路2201号国贸中心1603	竹内恒敬	62707488	200336
日本北陆银行股份有限公司上海代表处	延安西路2201号国贸中心602	中条宏志	62708108	200336
西日本城市银行股份有限公司上海代表处	延安西路2201号国贸中心2209	石内宏明	62190600	200336
日本十六银行股份有限公司上海代表处	浦东陆家嘴环路1000号汇丰大厦18楼	古池正广	68411600	200120
瑞士盈丰银行股份有限公司上海代表处	世纪大道100号环球金融中心65楼	林有林	暂无	200120
汇丰私人银行(瑞士)有限公司上海代表处	南京西路1376号上海商城西峰508室	唐松年	62797007	200040
瑞士银行有限公司上海代表处	南京西路1168号中信泰富广场2411—2412室	刘元隆	61033099	200041
泰国泰华农民银行（大众）有限公司上海代表处	陆家嘴东路166号中国保险大厦2708室	曾裕祥	68419528	200120
土耳其实业银行股份公司上海代表处	世纪大道88号金茂大厦4407室	Tune Turker	50470882	200120
土耳其担保银行股份公司上海代表处	浦东大道1号船舶大厦1304室	Mustafa Noyan Rona	58797900	200120
西班牙人民银行有限公司上海代表处	南京西路1038号梅龙镇广场2104室	Alberto Villanueva Almendros	52281543	200041
西班牙萨瓦德尔银行股份有限公司上海代表处	南京西路1038号梅龙镇广场1605A	Guillermo Diaz Sevilla	62718347	200041
西班牙地中海储蓄银行上海代表处	浦东南路588号浦发大厦21楼J室	Jose Antonio Granados Marco	68598067	200120
西班牙对外银行有限公司上海代表处	世纪大道88号金茂大厦3405室	刘　瑛	50470031	200120
西班牙巴伦西亚储蓄银行上海代表处	银城中路200号中银大厦402室	周　静	38713642	200120
西班牙巴塞罗那储蓄银行上海代表处	广东路689号1610室	Danni Cheng Zhou	63410055	200001
意大利意联银行股份合作公司上海代表处	延安西路65号国际贵都802室	陆　波	62490066	200040

（续表）

机构名称	地址	负责人	电话	邮编
意大利维琴察人民银行股份有限公司上海代表处	长乐路989号世纪商贸广场3307B	李鸣	54075455	200030
意大利人民银行有限责任合作公司上海代表处	陆家嘴环路1000号汇丰大厦27楼27—103室	Luigi Grisi	68410599	200120
印度联合银行上海代表处	兴义路8号万都中心1911室	Sunil Veshwesh Wagle	52082258	200336
印度同心银行有限公司上海代表处	花园石桥路33号花旗大厦23楼03室	Raj Kumar Khosa	61010262	200120
印度旁遮普国家银行上海代表处	商城路800号胜康斯米克大厦1411室	Subhan Krishan Zutshi	58354117	200120
印度爱西爱西爱银行有限公司上海代表处	世纪大道88号金茂大厦31层3126室	韩珏	28909624	200120
印度尼西亚曼底利银行上海代表处	银城中路200号中银大厦3401室	Bangbang Eko Prasetyo	50372163	200120
英国莱斯银行有限公司上海代表处	淮海中路333号瑞安广场1106A室	吴晓琴	53068186	200021
英国标准银行有限公司上海代表处	陆家嘴环路1000号汇丰大厦15楼	樊兵	68412666	200120
约旦阿拉伯银行公众有限公司上海代表处	四平路188号商贸大厦1803室	陈刚	65077737	200086
协和银行有限公司上海代表处	延安西路2077号金桥大厦1807室	朱利平	62753170	200336
大西洋银行股份有限公司上海代表处	陆家嘴环路1233号汇亚大厦31楼3103室	王若冰	68888525	200120
台湾土地银行股份有限公司上海代表处	银城中路200号中银大厦2508室	郭常龙	50372495	200120
第一商业银行股份有限公司上海代表处	红宝石路500号东银中心大厦A栋15层	吕信志	68886868	201103
国泰世华商业银行股份有限公司上海代表处	花园石桥路66号东亚银行金融大厦19层	刘俊豪	68863785	200120
台湾银行股份有限公司上海代表处	银城中路168号上海银行大厦21楼	颜圭田	51167168	200120
上海商业银行有限公司上海代表处	陆家嘴东路161号上海招商局大厦9层	陈丽莺	50541088	200120
大众银行(香港)有限公司上海代表处	浦东大道138号永华大厦8楼G室	陈力航	58878851	200120
创兴银行有限公司上海代表处	南京西路1486号东海广场3号楼1013—1015室	张雷	62794172	200040

（五）证券业机构名录

1. 证券公司

机构名称	地址	负责人	电话	邮编
海通证券股份有限公司	广东路689号	李明山	23219300	200001
国泰君安证券股份有限公司	银城中路168号上海银行大厦29楼	陈耿	38676666	200120
申银万国证券股份有限公司	常熟路171号	储晓明	54033888	200031
光大证券股份有限公司	新闸路1508号	徐浩明	22169999	200040
东方证券股份有限公司	中山南路318号2号楼21—29层	金文忠	63325888	200010
中银国际证券有限责任公司	浦东银城中路200号中银大厦39楼	钱卫	68604866	200121
上海证券有限责任公司	西藏中路336号	郁忠民	53519888	200001
爱建证券有限责任公司	南京西路758号	郭林	63340678	200041
长江证券承销保荐有限公司	世纪大道1589号长泰国际金融大厦21楼	王世平	38784899	200122
德邦证券有限责任公司	福山路500号26楼	姚文平	68761616	200122
海际大和证券有限责任公司	陆家嘴环路1000号汇丰大厦45楼	冼楚平	38582000	200120
航天证券有限责任公司	曹杨路430号	詹毅超	62446688	200063

（续表）

机 构 名 称	地 址	负责人	电 话	邮 编
华宝证券有限责任公司	陆家嘴环路166号未来资产大厦27层	陈 林	50122222	200120
财富里昂证券有限责任公司	世纪大道100号环球金融中心9楼	罗 浩	38784818	200120
上海国泰君安证券资产管理有限公司	银城中路168号上海银行大厦24楼	章 飚	38676666	200120
上海东方证券资产管理有限公司	中山南路318号2号楼31层	陈光明	63325888	200010

2. 基金管理公司

机 构 名 称	地 址	负责人	电 话	邮 编
长信基金管理有限责任公司	银城中路68号时代金融中心9楼	蒋学杰	61009999	200120
东吴基金管理有限公司	源深路279号	徐建平	50509888	200135
富国基金管理有限公司	花园石桥路33号花旗集团大厦5—6层	窦玉明	68597788	200120
光大保德信基金管理有限公司	延安东路222号外滩中心46、37层	傅德修	33074700	200002
国海富兰克林基金管理有限公司	富城路99号震旦大楼18层	金哲非	38555555	200120
国联安基金管理有限公司	陆家嘴环路1318号星展银行大厦9楼	符学东	38992888	200121
国泰基金管理有限公司	世纪大道100号上海环球金融中心39楼	许小松	38561600	200120
华安基金管理有限公司	浦东南路360号2、37、38楼	李 勍	38969999	200120
华宝兴业基金管理有限公司	世纪大道88号金茂大厦48层	裴长江	38505888	200121
华富基金管理有限公司	陆家嘴环路1000号恒生银行大厦31层	姚怀然	68886996	200120
汇丰晋信基金管理有限公司	富城路99号震旦大厦35楼	李选进	38789898	200120
海富通基金管理有限公司	陆家嘴花园石桥路66号东亚银行金融大厦36—37层	田仁灿	38650999	200120
汇添富基金管理有限公司	富城路99号震旦大厦21楼	林利军	28932888	200120
金元比联基金管理有限公司	陆家嘴花园石桥路33号花旗集团大厦3608室	易 强	68881801	200120
交银施罗德基金管理有限公司	世纪大道201号渣打银行大厦10层	战 龙	61055050	200120
诺德基金管理有限公司	陆家嘴环路1233号汇亚大厦12楼	杨忆风	68879999	200120
纽银梅隆西部基金管理有限公司	世纪大道100号上海环球金融中心19楼	胡 斌	38572888	200120
农银汇理基金管理有限公司	世纪大道1600号浦项广场7楼	许红波	61095588	200122
浦银安盛基金管理有限公司	淮海中路381号中环广场38楼	钱 华	23212888	200020
上投摩根基金管理有限公司	富城路99号震旦国际大楼20楼	章硕麟	38794999	200120
申万菱信基金管理有限公司	淮海中路300号香港新世界大厦40楼	毛剑鸣	23261188	200021
泰信基金管理有限公司	浦东南路256号华夏银行大厦36、37层	高清海	50372168	200120
天治基金管理有限公司	复兴西路159号	赵玉彪	64371155	200031
万家基金管理有限公司	福山路450号新天国际大厦23楼	李振伟	38619999	200122
信诚基金管理有限公司	世纪大道8号上海国金中心汇丰银行大楼9层	王俊锋	68649788	200120
兴业全球基金管理有限公司	张杨路500号时代广场20楼	杨 东	58368998	200122
华泰柏瑞基金管理有限公司	民生路1199弄上海证大五道口广场1号17层	陈国杰	38601777	200135
银河基金管理有限公司	世纪大道1568号中建大厦15楼	熊科金	38568888	200122
中海基金管理有限公司	银城中路68号2905—2908室及30层	陈浩鸣	38429808	200120
中欧基金管理有限公司	花园石桥路66号东亚银行金融大厦8层	刘建平	68609600	200120
中银基金管理有限公司	银城中路200号中银大厦45层	陈 儒	38834999	200120
富安达基金管理有限公司	世纪大道1568号中建大厦	胡 斌	61870999	200122

3. 期货公司

机构名称	地址	负责人	电话	邮编
中信新际期货有限公司	浦东大道1085号C座401室	赵磊	61051166	200122
国投中谷期货有限公司	浦电路500号期货大厦1804室	高杰	68402543	200122
申银万国期货有限公司	东方路800号7、8、10楼	李建中	50588811	200122
上海中期期货经纪有限公司	浦电路500号期货大厦11楼	吴素萍	61090799	200122
上海中财期货有限公司	陆家嘴环路958号23楼	金优炼	68866688	200120
上海浙石期货经纪有限公司	浦电路438号10楼	俞国华	50586902	200122
恒泰期货经纪有限公司	松林路357号19层	付立新	68405178	200122
上海通联期货有限公司	陆家嘴环路958号7楼	冯立民	68866986	200120
上海普民期货经纪有限公司	中山北路2550号820—824室	寿尧天	62570000	200063
上海良茂期货经纪有限公司	打浦路198号	张培源	63046489	200023
上海久恒期货经纪有限公司	世纪大道1500号12楼北座	田晓磊	68416966	200122
上海金源期货经纪有限责任公司	源深路273号(1、2楼)	陈志清	68559999	200135
华元期货有限责任公司	浦电路500号1202—1205室	柴军	68402805	200122
上海东证期货有限公司	松林路300号期货大厦14层01、02A、05室	党剑	68400610	200122
上海东亚期货经纪有限公司	松林路300号期货大厦2202、2203、2204室	曹泽军	68400499	200122
上海东方期货经纪有限责任公司	松林路300号1603室	周华	68401477	200122
上海大陆期货有限公司	凯旋路3131号明申中心大厦25楼、26楼	沈杰	54071888	200030
华鑫期货有限公司	宁海东路200号申鑫大厦28楼及2701、2703、2705、2706室	李俊	63558998	200021
华闻期货经纪有限公司	浦东大道720号国际航运金融大厦22楼	朱家秋	50368918	200120
海证期货有限公司	临平北路19号	姚兴涛	65218887	200086
海通期货有限公司	世纪大道1589号17楼,6楼01～04单元	徐凌	61871688	200122
国泰君安期货有限公司	延平路121号三和大厦26层	何晓斌	52138857	200042
光大期货有限公司	福山路458号1301—1303、1311、1312室	田亚林	22169060	200122
东兴期货有限责任公司	杨树浦路248号22层	李显军	65456870	200082
东吴期货有限公司	西藏南路1208号6楼、10楼EFGH室	苏文全	63123019	200011
东航期货经纪有限责任公司	吴中路686弄3号D幢16楼	曹锰建	64068796	200233

4. 外资证券类机构上海代表处

机构名称	地址	电话
兆丰资本(亚洲)有限公司上海代表处	天钥桥路325号嘉汇国际广场2208室	33632465
金鼎综合证券(维京)股份有限公司上海代表处	娄山关路83号新虹桥中心大厦608室	61453200
日盛嘉富证券国际有限公司上海代表处	遵义路107号安泰大厦2004室	62375055
永丰金证券(亚洲)有限公司上海代表处	浦东南路256号华夏银行大厦2405B座	68865358
群益国际控股有限公司上海代表处	浦东南路360号新上海国际大厦18楼	58887188
宝来证券股份有限公司上海代表处	浦东大道360号新上海国际大厦14楼B座	58875599

（续表）

机 构 名 称	地 址	电 话
统一证券（香港）有限公司上海代表处	浦东南路 360 号新上海国际大厦 17 楼	58402533
大华证券（香港）有限公司上海代表处	南京西路 1601 号越洋国际广场办公楼 1507、1508 室	52082070
元富证券（香港）有限公司上海代表处	淮海中路 2—8 号兰生大厦 29 层 01 室	64159564
元大证券（香港）有限公司上海代表处	陆家嘴环路 1233 号汇亚大厦 705—708 室	61873888
台证综合证券股份有限公司上海代表处	浦东南路 588 号浦发大厦 11 层 B 单元	68883599
富邦综合证券股份有限公司上海代表处	遵义路 100 号虹桥上海城 A 座 2111 室	62370935
凯基证券亚洲有限公司上海代表处	遵义路 100 号 A 幢 19 楼 07—09 单元	62350738
华南永昌综合证券股份有限公司上海代表处	漕溪北路 18 号 19C 座	34241158
摩根士坦利亚洲有限公司上海代表处	延安东路 222 号金光外滩金融中心第 7 层第 3 单元和第 22 层第 3 单元	23260000
摩根大通证券（亚太）有限公司上海代表处	南京西路 1601 号越洋广场 42 楼	52003878
高盛（中国）有限责任公司上海代表处	长乐路 989 号世纪商贸广场 43 楼	24018600
美国美林国际有限公司上海代表处	长乐路 989 号世纪商贸广场 3609—11 室	61324888
美国杰富瑞投资银行上海代表处	南京西路 1168 号中信泰富广场 1909 室	51118700
美国派杰公司上海代表处	太仓路 233 号新茂大厦 907—908	61357300
花旗环球金融亚洲有限公司上海代表处	花园石桥路 33 号花旗集团大厦 34 楼	28963816
美国威廉-博莱有限责任公司上海代表处	湖滨路 222 号企业天地 1 号楼 1116—1118 室	23272222
美国罗仕证券有限责任公司上海代表处	淮海中路 381 号中环广场第 28 层 2801（01—13）室	61415757
盈透证券有限公司上海代表处	陆家嘴环路 1233 号汇亚大厦 1007　200120	60868500
韦仕投资银行集团有限合伙上海代表处	花园石桥路 33 号花旗集团大厦 2316 室	61010599
德意志银行股份有限公司（证券业务）上海代表处	陆家嘴环路 1233 号汇亚大厦 1801 单位	38962900
苏皇证券亚洲有限公司上海代表处	陆家嘴环路 1233 号汇亚大厦 25 楼 2503 单元	50496333
瑞银证券亚洲有限公司上海代表处	花园石桥路 33 号花旗集团大厦 37 楼 3708 室	38665300
瑞士信贷（香港）有限公司上海代表处	浦东南路 528 号上证券大厦南塔 17 楼	68818188
星展亚洲融资有限公司上海代表处	陆家嘴环路 1318 号 1305 室	68886820
星展唯高达香港有限公司上海代表处	陆家嘴环路 1318 号 1306 室	68883376
巴克莱证券有限公司上海代表处	陆家嘴环路 1233 号汇亚大厦 3102A 室	58403250
渣打证券（香港）有限公司上海代表处	世纪大道 201 号渣打银行大厦 13 楼 02 单元	38518200
洛希尔中国控股有限公司上海代表处	南京西路 1366 号恒隆广场 2 期 3207—3209 室	62881528
益华证券有限公司上海代表处	银城中路 68 号时代金融大厦 3305—3307 室	50106218
法国兴业证券（香港）有限公司上海代表处	世纪大道 88 号金茂大厦 4107 室	50470218
法国巴黎资本（亚洲）有限公司上海代表处	世纪大道 100 号上海环球金融中心 26 楼 2630 室	60969000
里昂证券有限公司上海代表处	世纪大道 100 号环球金融中心 9 楼 0910 室	20205888
友利投资证券公司上海代表处	浦东南路 528 号证券大厦北塔 1205 室	68826100
韩国现代证券公司上海代表处	浦东南路 528 号证券大厦北塔 1405 室	68817007
三星证券公司上海代表处	延安西路 2201 号上海国际贸易中心 2601 室	62756569
韩华证券股份有限公司上海代表处	世纪大道 88 号金茂大厦 2007 室	50490866
大信证券股份有限公司上海代表处	银城中路 8 号中融碧玉蓝天大厦 809 室	50105298
新韩金融投资股份有限公司上海代表处	陆家嘴环路 958 号 1 楼 103 单元部分、104 单元全部	68889135

（续表）

机 构 名 称	地 址	电 话
爱思开证券股份有限公司上海代表处	陆家嘴东路 161 号招商局大厦 2216 室	68888175
野村证券株式会社上海代表处	淮海中路 381 号中环广场 35 楼 3501 室	61937200
内藤证券公司上海代表处	茂名南路 205 号瑞金大厦 1101 室	64672900
瑞穗证券股份有限公司上海代表处	世纪大道 100 号环球金融中心 14 层北区	68778000
冈三证券股份有限公司上海代表处	世纪大道 100 号上海环球金融中心 17030 室	68811001
东洋证券股份有限公司上海代表处	南京西路 1376 号上海商城 416 室	62798110
蓝泽证券股份有限公司上海代表处	南京西路 1376 号上海商城 536 室	62798906
大福证券有限公司上海代表处	陆家嘴环路 1000 号汇丰大厦 29 层 021 室	68419818
香港上海汇丰银行有限公司(证券业务)上海代表处	世纪大道 8 号上海国金中心汇丰银行大楼 20 楼 2013、2014、2015 及 2016 单元	38882667
新鸿基投资服务有限公司上海代表处	南京西路 338 号天安中心 1902—1903 室	63276566
卓亚(企业融资)有限公司上海代表处	东方路 710 号 1504 室	68763248
致富证券有限公司上海代表处	陆家嘴东路 161 号招商局大厦 1309 室	38870772
联昌国际证券(香港)有限公司上海代表处	陆家嘴环路 1233 号汇亚大 8 楼 803 单元	50471771
麦格理证券(澳大利亚)股份有限公司上海代表处	长乐路 989 号世纪商贸广场 3 楼 309—311 单元	24129000
大宇证券股份有限公司上海代表处	陆家嘴环路 1000 号恒生银行大厦 28 楼 013 室	暂无
明富环球新加坡私人有限公司上海代表处	世纪大道 100 号环球金融中心 17 层	暂无

5. 外资基金类机构上海代表处

机 构 名 称	地 址	电 话	邮 编
荷银投资管理(亚洲)有限公司上海代表处	花园石桥路 66 号东亚银行金融大厦 3506 室	50477799	200120
富达基金(香港)有限公司上海代表处	湖滨路 222 号企业天地 1 号楼 1547 室	61221146	200021
大和投资管理(香港)有限公司上海代表处	陆家嘴环路 1000 号 45 楼 012 室	58401886	200120
三井住友资产管理股份有限公司上海代表处	南京西路 1168 号中信泰富广场第 10 层 1002 单元	52925960	200041
马丁可利投资管理有限公司上海代表处	花园石桥路 33 号 1602 室	61017800	200120
英国施罗德集团上海代表处	世纪大道 8 号上海国金中心汇丰银行大楼 11 楼 1101 室	50120580	200120
英杰华投资集团全球服务有限公司上海代表处	花园石桥路 33 号花旗集团大厦 17 楼 1710 室	38556767	200120
荷宝基金管理公司上海代表处	陆家嘴环路 1000 号汇丰大厦 18 楼 142 室	68412668	200120
未来资产迈普斯资产运用株式会社上海代表处	陆家嘴环路 166 号未来资产大厦 5 楼 B 室	31352089	200120
瑞意金融集团上海代表处	南京西路 1266 号恒隆广场 1 幢 5611 室	62889319	200040
新加坡东京海上国际资产管理有限公司上海代表处	陆家嘴环路 1000 号汇丰大厦 18 楼	68410028	200120
安本亚洲资产管理有限公司上海代表处	南京西路 1486 号东海广场 2002 室	51525600	200021
科提比资产运用株式会社上海代表处	世纪大道 1777 号 11 楼 D 室	68768827	200122
大和住银投信投资顾问株式会社上海代表处	陆家嘴环路 1000 号汇丰大厦 24 楼 011 室	68410800	200120
道富环球投资管理亚洲有限公司上海代表处	延安东路 222 号外滩中心 18 楼 1833 室	63352585	200002
德盛安联资产管理香港有限公司上海代表处	世纪大道 88 号金茂大厦 39 楼 3902 室	61632388	200121

（六）保险业机构名录

1. 保 险 公 司

序号	机构名称（全称）	地 址	法定代表人（主要负责人）	电 话（总机）	客户服务电话	传 真	邮 编	网 址
	寿险公司							
1	中国人寿保险股份有限公司上海市分公司	人民路 998 号	肖 星	23221000	95519	63267557	200021	www. sh. e-chinalife. com
2	中国太平洋人寿保险股份有限公司上海分公司	吴淞路 400 号	徐 勇	66779900	95500	66085788	200080	www. cpic. com. cn
3	中国平安人寿保险股份有限公司上海分公司	常熟路 8 号	石京魁	4008866338	95512	62078567	200040	www. pingan. com. cn
4	泰康人寿保险股份有限公司上海分公司	南京西路 580 号南证大厦 47 层	方秋霞	61939300	95522	51062813	200041	www. taikang. com
5	新华人寿保险股份有限公司上海分公司	北京西路 669 号 5 楼、6 楼（C、D、E）、7—8 楼、9 楼 C 室、15 楼	唐庚荣	60934382	95567	62170772	200041	www. newchinalife. com
6	太平人寿保险有限公司上海分公司	石门一路 211 号旺旺大厦 7F	马玉春	62722100	95589	62725233	200041	www. tplife. com
7	生命人寿保险股份有限公司上海分公司	张杨路 707 号生命人寿大厦 6F、36F、37F	施文澜	58773333	28993030	58363100	200120	www. sino-life. com
8	民生人寿保险股份有限公司上海分公司	江宁路 167 号 23 层	孙国强	61355555	95596	62556250	200041	www. minshenglife. com
9	合众人寿保险股份有限公司上海分公司	东方路 69 号裕景国际商务广场 A 座 12 层	陆峥嵘	68634567	95515	68879081	200120	www. unionlife. com. cn
10	中国人民健康保险股份有限公司上海分公司	商城路 618 号良友大厦 26—27 楼	梅 新	61001166	95591	58799019	200120	www. picchealth. com
11	和谐健康保险股份有限公司上海分公司	金桥路 28 号 25 楼	卢建龙	50305385	50301055	50306728	201206	www. hexiehealth. com/
12	汇丰人寿保险有限公司	世纪大道8 号汇丰银行大厦 18 楼	David Lawrence Fried	38509200	400-820-8363	38950282	200120	www. hsbcins-urance. com. cn
13	平安健康保险股份有限公司上海分公司	常熟路 8 号 8—1 座 9 楼	吴新春	4008866338	4008866338	62494270	200040	www. pingan. com
14	美国友邦保险有限公司上海分公司	中山东一路 17 号友邦大厦	庄中庆（临时负责人）	53599988	8008203588	63292088	200002	www. aia. com. cn
15	中宏人寿保险有限公司上海分公司	广东路 500 号世界贸易大厦 2—4 层	黎伟伦	53594770	4008188888 8008200000	63620660	200001	www. manulife-sinochem. com
16	太平洋安泰人寿保险有限公司	源深路 1088 号 8F	施解荣	38991666	4008188888 8008200000	33922185	200122	www. cpic-ing. com. cn
17	中德安联人寿保险有限公司上海分公司	浦明路 132 号安联中心	林 霄	61653688	800-988-6688 400-888-3636	61653699	200120	www. allianz. com. cn

（续表）

序号	机构名称（全称）	地　址	法定代表人（主要负责人）	电　话（总机）	客户服务电话	传　真	邮　编	网　址
18	金盛人寿保险有限公司	陆家嘴环路166号未来资产大厦18层D，E，F及19层	张元荣	58792288	4006-70-5566	58792299	200120	www. axa-minmetals. com. cn
19	交银康联人寿保险有限公司	仙霞路18号	钱文挥	22192288	4008-211-211	62759023	200336	www. bocommlife. com
20	天安人寿保险股份有限公司	浦东南路528号证券大厦南塔2203室	范小清	68816658	8008202588	68816659	200120	www. tianan-life. com
21	海尔纽约人寿保险有限公司	龙阳路2277号永达国际大厦6楼601—604室	崔少华	38929911	8008205882 4008205882	50101261	201204	www. hnylic. cn
22	海康人寿保险有限公司	张衡路1000弄77号楼	马君硕	38784868	95105768	50179087 50179089	201203	www. aegon-cnooc. com/
23	长生人寿保险有限公司	世纪大道100号环球金融中心08T70室	周礼耀	38999888	400-820-8599	62470739	200120	www. nissay-greatwall. com. cn
24	国泰人寿保险有限责任公司上海运营部	延安东路12000号电信世界7楼	蔡秉杰	61006168	8008199899 4008869899	63902077	200003	www. cathaylife. cn
25	正德人寿保险股份有限公司上海分公司	宁波路1号8楼	薄卫民	63238666	4008893311	6323	200002	www. zdlife. com
26	信诚人寿保险有限公司上海分公司	世纪大道88号金茂大厦25楼	赵建刚	68644688	4008838838	50478038	200121	www. citic-prudential. com. cn
27	中美联泰大都会人寿保险有限公司	黄陂北路227号中区广场11楼01—12单元和15楼01—12单元	蔡晓虹	23103636	400-818-8168	33302178	200003	www. metlife. com. cn
28	中意人寿保险有限公司上海分公司	吴淞路218号宝矿国际大厦20楼	陈　灿	61055588	4008889888	61050101	200080	www. generalichina. com
29	瑞泰人寿保险有限公司上海分公司	淮海中路398号19楼ABC1室	余长青	61418800	4008109339	61418801	200020	www. skandia-bsam. cn
30	招商信诺人寿保险有限公司上海分公司	世纪大道1589号806—807单元	花歆雨	61871288	4008888288	61681699	200122	www. cigna-cmc. com
31	中国人民人寿保险股份有限公司上海市分公司	浦东南路1085号华申大厦10楼	房志敏	58359700	4008895518	58358998	200120	www. picclife. com
32	国华人寿保险股份有限公司上海分公司	世纪大道88号金茂大厦1区办公楼4层01、02、03、09单元	金振华	61098585	4007066666	61098500	200121	www. guohualife. com
33	中国人寿养老保险股份有限公司上海市分公司	人民路858号7楼	许　成	23221000	95519	63744206	200021	www. clpc. com. cnsh
34	平安养老保险股份有限公司上海分公司	常熟路8号静安广场7楼	周连成	62078045	95511	62078795	200040	about. pingan. com/yan-glaoxian. shtml
35	英大泰和人寿保险股份有限公司上海分公司	恒通路360号5楼B座、C座	郑伟祖	51160000	4008895598	51160090	200070	www. ydthlife. com

（续表）

序号	机构名称（全称）	地址	法定代表人（主要负责人）	电话（总机）	客户服务电话	传真	邮编	网址
36	华泰人寿保险股份有限公司上海分公司	世纪大道1589号长泰国际金融大厦23层	傅元智	61870518	4008895509	61649992	200122	www.huatailife.com/filiale/shanghai/
37	光大永明人寿保险有限公司上海分公司	世纪大道1118号9层	徐萌	61566156	95105698	61566199	200120	www.sunlife-everbright.com
38	太平养老保险股份有限公司上海分公司	石门一路211号8楼	吴金发	62723333	95589	62721808	200041	www.tppension.com
39	幸福人寿保险股份有限公司上海分公司	北京西路1399号信达大厦23层	张嘉伟	61031155	95560	61350024	200040	www.happyinsurance.com.cn
40	泰康养老保险股份有限公司上海分公司	南京西路580号4801室	罗丁	61939522	95522	51062812	200041	www.taikang.com
41	昆仑健康保险股份有限公司上海分公司	法华镇路457弄3号1—2楼	王勋	22198299	22198219	22198200	200052	www.kunlunhealth.com
42	阳光人寿保险股份有限公司上海分公司	南京西路819号中创大厦20楼	张华伦	62588798	95510	62588538	200041	www.sinosig.com
	财险公司							
1	中国人民财产保险股份有限公司上海市分公司	中山南路700路	张家庆	63773000	95518	63764678	200010	www.e-picc.com.cn
2	中国太平洋财产保险股份有限公司上海分公司	吴淞路400号	戴国文	66779900	95500	66085008	200080	www.cpic.com.cn
3	中国平安财产保险股份有限公司上海分公司	常熟路8号静安广场十一、十二楼	杨铮	62494894	95512	62495487	200040	www.pingan.com
4	天安保险股份有限公司上海分公司	浦东大道2000号7楼	黄方红	58219955	95505	58216553	200135	www.tianan-insurance.com
5	大众保险股份有限公司上海分公司	延安西路1033号大众金融大厦3—5层	李人杰	23076666	95507	23076777	200050	www.e-dicc.com.cn/
6	华泰财产保险股份有限公司上海分公司	浦东大道720号2601—2612、2614—2617室	马坚	51163399	4006095509	68753171	200120	www.ehuatai.com
7	太平财产保险有限公司上海分公司	陆家嘴东路166号13楼	阚季刚	58877888	95529	58820888	200120	www.etaiping.com
8	中华联合财产保险股份有限公司上海分公司	成都北路600号中华保险华盛大厦13—22楼	陆丰元	53554600	95585	63276000	200003	www.cicsh.com
9	华安财产保险股份有限公司上海分公司	世纪大道1777号东方希望大厦3楼A单元	杨海鸥	38570000	61650516	61650518	200122	www.sinosafe.com.cn
10	中国大地财产保险股份有限公司上海分公司	北京西路1465号国立大厦1c/7/8楼	万忠明	52120000	95590	52120660	200040	www.ccic-sh.com
11	中国大地财产保险股份有限公司营业部	浦东南路855号37层	黄叻	58827966	95590	68590013	200120	www.ccic-net.com.cn
12	安信农业保险股份有限公司	共和新路3651号农保大厦	李中宁	66988000	4008200081	66988877	200435	www.aaic.com.cn
13	安邦财产保险股份有限公司上海分公司	浦东南路1118号1601室	丁晓娜	61601166	95569	61600111	200120	www.abic.com.cn

（续表）

序号	机构名称（全称）	地 址	法定代表人（主要负责人）	电 话（总机）	客户服务电话	传 真	邮 编	网 址
14	天平汽车保险股份有限公司上海分公司	淮海东路 85 号 19 楼、17 楼 A、B 室	张晓宇	63738583	95550	63738502	200021	www.95550.cn
15	永诚财产保险股份有限公司上海分公司	浦东大道 900 号华辰金融大厦 9 楼	李明华	58525999	95552	58520222	200135	www.alltrust.com.cn
16	阳光财产保险股份有限公司上海市分公司	广中西路 777 弄 55 号启迪大厦 9 楼	王 森	66316060	95510	66316760	200072	www.sinosig.com
17	都邦财产保险股份有限公司上海分公司	福山路 450 号新天国际大厦 8 楼	刘 威	60930301	4008895586	60930300	200122	www.dbic.com.cn
18	美亚财产保险有限公司上海分公司	世纪大道 1589 号长泰国际金融大厦 5 楼	郑 艺	38578000	4008208858	38578111	200122	www.chartisinsurance.com.cn
19	东京海上日动火灾保险（中国）有限公司上海分公司	陆家嘴环路 1000 号恒生银行大厦 38 楼 021 室	神田修	62786680	68414455	62786626	200120	www.tokio-marine.com.cn
20	丰泰保险（亚洲）有限公司上海分公司	世纪大道 1701 号中国钻石交易中心南塔 11 层	陈耀棠	61563500	4008818158	61564600	200122	www.axa-ins.com.cn
21	太阳联合保险（中国）有限公司	世纪大道 1568 号中建大厦 10 楼	欧特绅	38554888	800-820-5918	58207077	200122	www.rsagroup.com.cn
22	丘博保险（中国）有限公司	芳甸路 1155 号浦东嘉里城 901—905，907—908 室	Moses Ifidon Ojeisekhoba	23256688	4008892120	52925880	201204	www.chubb.com.cn
23	三星财产保险（中国）有限公司	延安西路 2201 号国际贸易中心 812 室	郑贤俊	62080080	4008333000	62701657	200336	www.samsun-gproperty.com.cn
24	三井住友海上火灾保险（中国）有限公司	世纪大道 100 号环球金融中心 34 楼	南喜一郎	6877-7800	6877-9108 OR 4008-832-832	6877-6066	200120	www.ms-ins.com.cn
25	中国出口信用保险公司上海分公司	中山南路 28 号 12、14 楼	朱守中	63306030	63306030	63305980	200010	www.sinosure.com.cn
26	民安保险（中国）有限公司上海分公司	福山路 33 号建工大厦 24 楼 B 座	王沛鑫	68875506	95506	68877190	200120	www.minganchina.com.cn
27	渤海财产保险股份有限公司上海分公司	浦东南路 2240 号 201、507 室	孙律君	51325900	400-611-6666	51325938	200127	www.bpic.com.cn
28	日本财产保险（中国）有限公司上海分公司	陆家嘴环路 1000 号 20 楼	牛场克彦	54075828	64403492 800-8200159	54076055	200120	www.sompo-japanchina.com
29	中银保险有限公司上海分公司	四川中路 321 号中央大厦 9 楼	胡希平	63392288	63392880	63210922	200002	www.bocins.com
30	安诚财产保险股份有限公司上海分公司	延安西路 1358 号 3 楼 A/D 室	谢 伟	52585333	56965333	52588820	200052	www.e-acic.com/sh
31	国泰财产保险有限责任公司	长乐路 989 号世纪商贸广场 30 楼	张发得	61032288	4008002288	61032289	200135	www.cathay-ins.com.cn
32	中国人寿财产保险股份有限公司上海市分公司	天潼路 133 号 12 楼	尹 铭	61810000	4008695519	63572500	200080	www.chinalife-p.com.cn

（续表）

序号	机构名称（全称）	地　址	法定代表人（主要负责人）	电　话（总机）	客户服务电话	传　真	邮　编	网　址
33	华泰财产保险股份有限公司营业部	世纪大道1600号浦项商务广场22楼01—07室	胡千海	38617111	95509	38617199	200122	www.ehuatai.com
34	英大泰和财产保险股份有限公司上海分公司	世纪大道1568号中建大厦28层	李京平	51168168	4008195598	51190701	200122	www.ydpic.com.cn
35	紫金财产保险股份有限公司上海分公司	浦东南路1271—1289号2310室	徐建民	20301234	4008280018	20301200	200120	www.zking.com
36	中意财产保险有限公司上海分公司	世纪大道88号金茂大厦702室	严劲秋	60581998	4006002700	60581988	200121	www.generali-china.cn
37	鼎和财产保险股份有限公司上海分公司	铁岭路32号1701—1706室	何　雷	61731988	4008888136	61736300	200092	www.edhic.com
	资产管理公司							
1	平安资产管理有限责任公司	上丰路1288号	陈德贤	4008866338	4008866338	58585491	201201	asset.pingan.com
2	中国人保资产管理股份有限公司	银城中路200号中银10楼	吴　焰	38571800	38571800	68598910	200120	www.piccamc.com
3	太平洋资产管理有限责任公司	银城中路68号31—32层	汤大生	68659999	68659999	50106126	200120	www.cpic.com.cnasset/
4	太平资产管理有限公司	民生路1286号汇商大厦17楼	谢一群	61002999	61002999	61605368	200135	www.tpasset.com
5	华泰资产管理有限公司	世纪大道88号金茂大厦4308室	赵明浩	61001688	010-66213781	61001626	200120	www.htam.com.cn
	总公司、集团公司							
1	中国大地财产保险股份有限公司	民生路1199弄1号证大五道口广场8、9、10楼	蒋　明	31357777	95590	31357050	200135	www.ccic-net.com.cn
2	太平人寿保险有限公司	民生路1399号	宋曙光	50614888	95589	68544257	200135	www.tplife.com
3	太平养老保险股份有限公司	民生路1399号太平人寿大厦11F	郑常勇	61002888	4008895589	61002855	200135	www.tppension.com
4	平安养老保险股份有限公司	上丰路1288号4楼	杜永茂	4008866338	95511	58587525	201201	www.pingan.com
5	平安健康保险股份有限公司	上丰路1288号2号楼5FA3区	陆　敏	4008866338	4008833663	58587521	201201	www.health.pingan.com.cn
6	中国太平洋保险(集团)股份有限公司	银城中路190号交银金融大厦	高国富	33960000	95500	68870922	200120	www.cpic.com.cn
7	中国太平洋财产保险股份有限公司	银城中路190号交银金融大厦	吴宗敏	33960000	95500	68871218	200120	www.cpic.com.cncx/
8	中国太平洋人寿保险股份有限公司	银城中路190号交银金融大厦	徐敬惠	33960000	95500	68871070	200120	www.cpic.com.cn
9	天安保险股份有限公司	浦东大道1号18楼	裘　强	61017878	95505	50543218	200120	www.tianan-insurance.com
10	大众保险股份有限公司	延安西路1033号大众金融大厦裙楼6楼	石福梁	23076666	95507	23076966	200050	www.e-dicc.com.cn/
11	永诚财产保险股份有限公司	陆家嘴环路958号华能联合大厦2层	杜　林	51105888	95552	68865503	200120	www.alltrust.com.cn

（续表）

序号	机构名称（全称）	地 址	法定代表人（主要负责人）	电 话（总机）	客户服务电话	传 真	邮 编	网 址
12	天平汽车保险股份有限公司	浦东南路500号国家开发银行大厦21楼	胡 务	68604559	95550	58401229	200120	www.95550.cn
13	和谐健康保险股份有限公司	新金桥路28号25楼	李 军	50308811	50301485	50306728	201206	www.hexiehealth.com/
14	长江养老保险股份有限公司	浦东南路588号7楼	马 力	38606800	4008209966	38606801	200120	www.cj-pension.com.cn
15	国华人寿保险股份有限公司	世纪大道88号金茂大厦4层	刘益谦	61058666	4007066666	61642088	200121	www.guohualife.com/
16	美亚财产保险有限公司	世纪大道1589号长泰国际金融大厦5楼	John Joseph Carey	38578000	4008208858	38578111	200122	www.chartisinsurance.com.cn
17	中宏人寿保险有限公司	世纪大道88号金茂大厦6楼	施德林	50492288	4008188888	50491110	200121	www.manulife-sinochem.com
18	中德安联人寿保险有限公司	浦明路132号安联中心	柏思安	61653688	800-988-6688 400-888-3636	61653699	200120	www.allianz.com.cn
19	国泰人寿保险有限责任公司	世纪大道88号金茂大厦11层	徐 昭	61006168	8008199899 4008869899	61001682	200121	www.cathaylife.cn
20	东京海上日动火灾保险（中国）有限公司	陆家嘴环路1000号恒生银行大厦38楼	植村健二	68414455	68414455	68414520	200120	www.tokiomarine.com.cn
21	中融人寿保险股份有限公司	龙阳路2277号永达国际大厦26层	陈 远	38575888	4006890088	38575889	201204	www.zhongronglife.com
	再保险公司							
1	德国通用再保险股份公司上海分公司	陆家嘴东路161号招商局大厦1803室	蔡端绵（Chua Tuan Miang）	61006300	61006300	61006366	200120	www.genre.com
2	劳合社保险（中国）有限公司	陆家嘴环路1233号汇亚大厦33楼	高 璁	61628200	61628298	61628250	200120	www.lloyds.com.cn
3	汉诺威再保险有限公司上海分公司	世纪大道1568号中建大厦3307室	黄育德	50819585		58209396	200122	www.hannover-re.com
4	中国财产再保险股份有限公司上海分公司	浦东花园石桥路66号东亚银行大厦1203室	吴忠东	33830050	33830085	33830100	200120	www.cpcr.com.cn/
5	中国人寿再保险股份有限公司上海分公司	浦东南路855号世界广场22楼H、I单元	方 力	58369788	58369788	58369570	200120	www.cpcr.com.cn/

2. 保险中介机构

序号	机构名称（全称）	地 址	法定代表人（主要负责人）	电 话（总机）	客户服务电话	传 真	邮 编	网 址
	保险经纪公司							
1	上海东大保险经纪有限责任公司	新华路539号2楼	王荣桃	52582299	62812561	62816226	200052	www.dibchina.com
2	上海长江保险经纪有限公司	威海路128号505室	叶 敏	63271133	63271133	63721663	200003	

（续表）

序号	机构名称（全称）	地址	法定代表人（主要负责人）	电话（总机）	客户服务电话	传真	邮编	网址
3	上海诚立保险经纪有限公司	徐家汇路550号5楼D座	王鸿义	54565588	4008860836	54560588	200025	www. clib. cn
4	上海电气保险经纪有限公司	江宁路212号凯迪克大厦7楼	陆红贵	52895550	52895550	52895330	200041	
5	上海仁信保险经纪有限公司	延安西路1228弄2号嘉利大厦20C	徐建平	51087550	51870607	51564041	200052	www. rxig. com
6	上海环亚保险经纪有限公司	六合路98号港陆黄浦中心13楼	鲍荣清	63616888	4008208883	63507288	200001	www. firsthuanya. com
7	上海晨光保险经纪有限公司	东方路69号A座1001单元	宋建平（张洪涛）	68865778	68865778	68865776	200120	www. shcgib. com
8	上海至诚保险经纪有限公司	浦东大道555号裕景国际商务广场B座19楼	吴文凯	2151755111	2151755108	61304650 ＊828	200120	www. alltrustcorp. com
9	上海中嘉国泰保险经纪有限责任公司	昭化路508弄50号306室	张绍文	33729350	33729360	33729320	200050	www. ccibroker. com
10	上海信言保险经纪有限公司	吴淞路669号申贝大厦三楼A座	蒋　斌	51088303	51088303 ＊816	51010609	200080	www. xyib. com
11	上海旭升保险经纪有限公司	张杨路228号汤臣中心A栋701室	张玉华	51698670	15921276737	58889859	200122	
12	上海诚源保险经纪有限公司	崂山路526号14层D1	赵　洪	68868380	4008885112	68868381	200122	www. trusource. com. cn
13	上海亚太保险经纪有限公司	华山路2018号汇银广场北楼2602室	金怡钟	51093138	51093138	54070880	200030	www. apiash. com
14	诺德（上海）保险经纪有限公司	世纪大道1600号陆家嘴广场301—302室	Julian Timothy James	50812338	50812338	58208131	200122	www. lockton. com/asia
15	上海九华保险经纪有限公司	颛兴东路979号	林孝亮	34305200 ＊628	34305200 ＊620	34305190	201108	
16	江泰保险经纪股份有限公司上海分公司	东方路738号裕安大厦27楼2705室	邵从武	50812488	50812488	68762575	200122	www. jiangtai. com
17	华泰保险经纪有限公司上海分公司	浦东南路855号14楼A座	姜卫建	58369707	58369707	58369709	200120	www. huatai-serv. com/
18	江泰保险经纪股份有限公司华东分公司	中山南二路440号中粮大厦10楼1001—1004室	江　群	64228131 64228132	64228131 64228132	34160016	200032	www. jtib. com
19	达信（北京）保险经纪有限公司上海分公司	陆家嘴环路1000号30—022室	Paul Keith Wilkins 韦朴	60965700	60965700	60965899	200120	www. marsh. com. cn
20	北京联合保险经纪有限公司上海分公司	中山北路2000号6楼BA—02	陈天梦	51275056	51275188	51275056	200063	
21	华润保险经纪有限公司上海分公司	浦东南路528号证券大厦北塔2304	张进忠	68806088	68806088	68806099	200120	www. cr-ins. com
22	航联保险经纪有限公司上海分公司	吴中路686弄2号E座701室	漆玲莉	31338090	31338090	31359906	201103	www. air-union. com
	保险代理公司							
1	上海恒泰保险代理有限公司	南山路99号12号楼2楼	朱渊毅	51691933	51691933	56557028	200070	
2	上海合泰保险代理有限责任公司	浦东南路855号世界广场5M层	魏志城	68885001	38875118	38870118	200120	www. ehercules. com. cn

（续表）

序号	机构名称（全称）	地 址	法定代表人（主要负责人）	电 话（总机）	客户服务电话	传 真	邮 编	网 址
3	上海中盈保险代理有限公司	衡山路922号建汇大厦26C	俞侃敏	64078781	64078781	54510291	200030	www.ciic-joying.com
4	上海至安保险代理有限公司	奉贤南桥新建东路520号	黄律群	67182355	37112525	37112525	201400	
5	上海文定保险代理有限公司	汶水路8号—8幢2A—2室	沈国文	50459341	50597406	36536198	200072	
6	上海极至保险代理有限公司	虹桥路333号512室	潘骏杰	51703070	4008202002	51703072	200030	www.ejsino.com
7	上海良将保险代理有限公司	张杨路188号汤臣中心B座403室	李纯勇	51695569	51695569	51861040	200122	www.master-insurance.com
8	上海泛华国盛保险代理有限公司	金泽镇练西公路4223号1号楼10楼5室	戎霖	63516090	63516091	63510116	200000	www.cninsure.net
9	上海申诚保险代理有限公司	金高路2216弄35号3幢101室	胡凌文	38613588	96916	38613599	201206	www.pm365.com.cn
10	上海锦途保险代理有限公司	铜川路185号综合楼203室	顾勤彪	63246055	13651840339	63246055	200333	
11	上海智莺保险代理有限公司	东大名路879号309室	诸振庆	65411103	35100039	65351920	200082	www.zhing.sh.cn
12	上海宜安保太维保险代理有限公司	张江高科技园区卡园二路108号6幢602室	陆 健	61003088	61003088	61003099	201201	www.e-surer.com
13	上海尚诚保险代理有限公司	斜土路2570号东影大厦8层	秦 铁	64383393	4006196119	64692681	200030	www.chinain-tegrity.com
14	上海磐石保险代理有限公司	宁海东路200号申鑫大厦705室	葛熙诚	60879990	60879990	60879972	200021	www.testsh.-rockgp.com/sh/
15	上海天越保险代理有限公司	嘉安公路2599—2601号	甘维斌	69168381-8005	69168381	69168582-8003	201800	
16	上海富华保险代理有限公司	天目中路428号凯旋门大厦13H	曹爱珍	51276023	51276027	51276027	200070	
17	上海鑫舟保险代理有限公司	制造局路130号园林大厦1302室	夏文庆	51586970	51586970	51711811	200023	www.aowia.com
18	上海凯尔保险代理有限公司	天钥桥路325号2912室	陈 龙	33632473	4006902889	33632773	200030	www.carein-surance.com.cn
19	上海睦友保险代理有限公司	中兴路457号1418室	季 军	56638959	56638959	56300928	200071	
20	上海海圳广天保险代理有限公司	四平路188号606—607室	夏立斌	55158721	55158721	56710841	200086	
	保险公估公司							
1	上海根宁翰大通保险技术服务有限公司	四川中路330号212—224室	张世华	63391108	63391108	63293668	200002	www.cldt-int.com
2	上海城市保险公估中心	宛平南路590弄2号105室	高行安	64872307	64872307	64872705	200030	
3	上海悦之保险公估有限公司	金新路58号银桥大厦2103—2106室	秦长龙	58998663	58998663 58998737	58999212	201206	www.china-ejoy.com
4	根宁翰保险公估(中国)有限公司	九江路333号金融广场801/808室	李全英	63221616	63221616	63528668	200001	www.cunning-hamlindsey.com

（续表）

序号	机构名称（全称）	地　址	法定代表人（主要负责人）	电　话（总机）	客户服务电话	传　真	邮　编	网　址
5	上海安晟保险公估有限公司	商城路660号乐凯大厦1002室	欧　彬	68883101	68883101	68883103	200120	
6	上海东华行保险公估有限公司	浦东大道1089号中信五牛城启泰阁18B	陈中伟	38821885	38821885	58606668	200135	
7	上海东太保险公估有限公司	淮海西路442弄87号锦海大厦2604室	钱章存	52897836	52897836	52580785	200052	www. dtisla. com
8	上海谛诚保险公估有限公司	牡丹江路1325号407室	陈传麒	34140801	13391242558	54489986	201190	www. dictum. cn
9	上海锦正保险公估有限公司	哈密路433号4号楼B座	朱　青	52199276	52199276-801	52199250	200335	www. jinzheng88. cn
10	上海意简保险公估有限公司	桃林路18号A座710室	陈瑞辉	50282289	38711171	58211650	200135	www. victorservice. com. cn
11	仁祥保险公估(北京)有限公司上海分公司	浦电路489号山山燕桥大厦1209室	张旭航	68766742	50580856	50580993	200122	
12	北京华泰保险公估有限公司上海分公司	浦东南路855号14楼B座	杨永忠	58369707	58369707	58369709	200120	www. huatai-serv. com
13	青岛广汇保险公估有限公司上海分公司	浙桥路277号3号楼310室	吴　罡	51923971	51923971	51923970	201206	
14	上海振海保险公估有限公司	武定路555号512、515室	叶正文	50867397	33835125	33835125	200040	

3. 外资及港、澳、台保险机构上海代表处

序号	国别地区	机构名称	地　址	首席代表	电　话	传　真	邮　编
1	德　国	慕尼黑再保险公司	陆家嘴环路1000号汇丰大厦14楼	荣　欣	68411666-210	68413598	200120
2	德　国	德国汉萨美安保险集团	斜土路2601号6号楼238室	易乐思	24193056	24193008	200030
3	法　国	巴黎人寿保险有限公司	世纪大道100号环球金融中心26楼2611室	吴文华	68775258	68775206	200120
4	法　国	法国圣汇安保险经纪股份有限公司	张江高科技园区科苑路88号德国中心2座623室	钟　毅	61870393	61600208	201203
5	韩　国	LIG财产保险公司	浦东南路588号浦发大厦17C	金胜植	58406489	58760337	201222
6	韩　国	韩国贸易保险公社	兴义路8号万都中心2210室	安秉哲	52081181	52081186	200336
7	韩　国	韩国现代海上火灾保险株式会社	娄山关路85号东方国际大厦C座1402室	张云飞	62787740	62787741	200336
8	荷　兰	富通国际股份有限公司	世纪大道88号金茂大厦4003室	苏永雄	50988808	50988810	200121
9	荷　兰	安卓信用保险公司	陆家嘴东路166号中国保险大厦16楼	刘雪竹	61608037	68590330	200120
10	美　国	大西洋再保险公司	茂名南路205号瑞金大厦1511室	陈　蕾	64737681	64737658	200020
11	美　国	北美洲保险公司	世纪大道88号金茂大厦2905室	吴韵源	50470780	50470162	200121
12	美　国	大陆保险公司	延安西路129号华侨大厦2003室	刘佩华	62497511	62497512	200040
13	美　国	MIC汽车保险公司上海代表处	浦东南路999号30楼E座	戴晓海	58769416	58769476	200120

（续表）

序号	国别地区	机构名称	地址	首席代表	电话	传真	邮编
14	美国	美国盛博保险有限公司	花园石桥路33号花旗大厦23楼2325室	罗仲尹	61010069	61010110	200120
15	美国	美国安泰保险公司	世纪大道88号金茂大厦2405室	秦嗣元	38780258	38780375	200121
16	日本	日本兴亚损害保险公司	延安西路2201号国贸中心2502室	戴秀蓉	62754574	62754075	200336
17	日本	第一生命保险公司	世纪大道100号上海环球金融中心15楼70室	杉崎知喜	68775788	68775988	200120
18	瑞士	苏黎世保险公司	西藏中路268号来福士广场4703室	谷学斌	61363322	61363325	200051
19	瑞士	瑞士再保险公司	世纪大道201号渣打银行大厦5楼502室	高青	61826720	61826777	200120
20	卢森堡	卢森堡瑞再国际财产保险有限公司	世纪大道201号515A室	万马腾	61826788	61826725	200120
21	中国台湾	明台产物保险股份有限公司	虹桥路808号A栋8520室	蔡汝琮	64480789	64480787	200030
22	中国台湾	富邦产物保险股份有限公司	延安西路2299号2108室	林大钧	62362988	62362966	200336
23	中国台湾	新光人寿保险股份有限公司	淮海中路222号3813—3815室	曾铭秋	53965897	53965981	200021
24	中国台湾	新安东京海上产物保险股份有限公司	虹桥路808号（加华商务中心）A栋8106室	孔昱翔	64477858	64477898	200030
25	中国台湾	台湾产物保险股份有限公司	淮海中路333号瑞安广场1504室	李建成	58772839	58772539	200021
26	中国台湾	兆丰产物保险公司	浦东大道138号15楼H室	蔡志伦	61005269	61005203	200120
27	中国香港	新鸿基保险顾问有限公司	南京西路338号天安中心1901c室	全莹	63276737	63276867	200003
28	中国香港	蓝十字(亚太)保险有限公司	北京西路1277号国旅大厦915室	潘为	62895883	61377196	200040
29	中国香港	美国万通保险亚洲有限公司	漕溪北路18号上海实业大厦21楼G2室	杨甜	64277329	64279130	200030
30	中国香港	中国太平保险控股有限公司	陆家嘴东路166号中国保险大厦2807室	姚佳斌	58768034	58769567	200120
31	新加坡	新加坡再保险有限公司	黄浦路53号上海海湾大厦1918室	姚尚敏(暂)	53930788	53930789	200080
32	意大利	忠利保险有限公司	世纪大道88号金茂大厦702A	姚建丰	61050165	61050161	200121
33	英国	奔福有限公司	银城中路200号中银大厦4105室	顾静	68886336	68886339	200120
34	英国	麦理伦国际集团有限公司	零陵路899号飞洲国际广场6楼128室	张超	53061555	63800723	200030
35	英国	思文够赫斯特有限公司	襄阳南路500号913室	虞淑瑾	64662195	63726996	200051
36	英国	英国库柏·盖伊有限公司	浦东南路379号金穗大厦26楼L	张雯颖	58780639	58780612	200120
37	英国	英国利安杰集团	花园石桥路66号1202室	曹白燕	61092332	61099386	200120
38	澳大利亚	澳大利亚保险集团有限公司	浦东南路999号17层A单元	朱双和	58790584	58209309	200122

二、2010 年江苏省金融机构名录

1. 南京市主要金融机构

机　构　名　称	地　　址	负责人	电　话	邮　编
中国人民银行南京分行	南京市建邺路 88 号	孙工声	025-84790002	210004
中国人民银行南京分行营管部	南京市中山东路 200 号	张　奎	025-84557049	210002
中国银监会江苏监管局	南京市建邺路 90 号	于学军	025-84212999	210004
中国证监会江苏监管局	南京市中山东路 90 号	左　红	025-84575555	210002
中国保监会江苏监管局	南京市汉中路 169 号	谢　宪	025-86793999	210029
国家开发银行江苏省分行	南京市广州路 188 号	茆君才	025-83273888	210024
中国农业发展银行江苏省分行	南京市汉中路 120 号	石晶莹	025-51807990	210029
中国进出口银行南京分行	南京市中山南路 49 号	张　强	025-86890500	210005
中国工商银行江苏省分行	南京市中山南路 408 号	孙持平	025-52858118	210006
中国农业银行江苏省分行	南京市洪武路 357 号	李志成	025-84577188	210002
中国银行江苏省分行	南京市中山南路 148 号	谢　平	025-84206696	210005
中国建设银行江苏省分行	南京市洪武路 188 号	杨　毓	025-84213599	210002
交通银行南京分行	南京市中山北路 124 号	顾　生	025-83278828	210009
江苏银行	南京市洪武北路 55 号	黄志伟	025-58588388	210005
南京银行	南京市淮海路 50 号	林　复	025-84551088	210005
江苏省农村信用社联合社	南京市中山南路 368 号	王晨曦	025-52378008	210001
中信银行南京分行	南京市中山路 348 号	焦世经	025-83799001	210008
华夏银行南京分行	南京市中山路 81 号	沈　建	025-84789899	210005
上海浦东发展银行南京分行	南京市中山东路 90 号	吴国元	025-84579101	210002
招商银行南京分行	南京市汉中路 1 号	金　毅	025-84797102	210005
广东发展银行南京分行	南京市湖南路 47 号	李兴智	025-58701299	210009
光大银行南京分行	南京市汉中路 120 号	章子华	025-84787601	210029
民生银行南京分行	南京市中山北路 26 号	胡庆华	025-83279088	210008
深圳发展银行南京分行	南京市山西路 128 号	杨建军	025-83168550	210008
兴业银行南京分行	南京市珠江路 63 号	陈信健	025-83191177	210008
恒丰银行南京银行	南京市长江路 188 号	杨　强	025-86827777	210018
中国邮政储蓄银行江苏省分行	南京市中山路 19 号	马洪宁	025-83796098	210003
宁波银行南京分行	南京市汉中路 120 号	徐震宇	025-51808008	210029
渤海银行南京分行	南京市中央路 389 号	王哲华	025-89677886	210037
浙商银行南京分行	南京市中山北路 9 号	刘英明	025-86823688	210008

（续表）

机构名称	地址	负责人	电话	邮编
浙江稠州商业银行南京分行	南京市洪武路198号	汪　方	025-66997777	210002
徽商银行南京分行	南京市中央路231号	陈先宏	025-83119999	
上海银行南京分行	南京市北京东路22号	许建华	025-86896709	210008
南京市区农村信用合作联社	南京市中山南路368号	陶正国	025-52378113	210001
渣打银行南京分行	南京市鼓楼街88号	黎敏威	025-83763988	210008
比利时联合银行南京分行	南京市中山南路49号	郭西薇	025-86893531/105	210005
香港恒生银行南京分行	南京市洪武北路55号	郑炳建	025-83753336	210005
东亚银行南京分行	南京市洪武路23号	许　华	025-86899988/8000	210005
华融资产管理公司南京办事处	南京市北京东路42号	王　标	025-83680099	210008
长城资产管理公司南京办事处	南京市延龄巷2号	钱宗宝	025-84551329	210002
东方资产管理公司南京办事处	南京市洪武路29号	于家钦	025-84503903	210005
信达资产管理公司南京办事处	南京市中山北路26号	彭郎辉	025-83241268	210008
江苏省国际信托投资有限责任公司	南京市长江路88号	黄东峰	025-84784865	210005
江苏金融租赁有限公司	南京市长江路188号	熊先根	025-86816901	210018
中国银联江苏分公司	南京市中山南路414号	耿静良	025-52348615	210006
江苏省银行业协会	南京市中山南路101号	戴书宁	025-83193656	210005
华泰证券有限责任公司	南京市中山东路90号	吴万善	025-84457777	210002
信泰证券有限责任公司	南京市中山东路90号	吴建党	025-84784765	210005
南京证券有限责任公司	南京市大钟亭8号	张华东	025-83367888	210008
中信证券南京营业部	南京市高楼门5号	葛　政	025-83363531	210000
南京国信证券有限责任公司	南京市洪武路239号	高德康	025-84567088	210002
海通证券股份有限公司南京营业部	南京市常府街85—7号	王开国	025-84400266	210002
联合证券有限责任公司南京营业部	南京市中山北路212—8号	马昭明	025-83581111	210003
申银万国证券南京营业部	南京市华侨路29号	刘作书	025-84763784	210029
平安证券南京营业部	南京市太平北路51号	雷　建	025-84783232	210018
国泰君安股份有限公司江苏省分公司	南京市太平南路371号	杜新乐	025-84575516	210002
信泰证券有限责任公司南京中华路证券营业部	南京市中华路8—1号	赵家龙	025-52334754	210001
东北证券有限责任公司南京中山北路证券营业部	南京市中山北路168号	赵政军	025-66605698	210009
海通证券有限公司南京常府街证券营业部	南京市常府街85—7号	张海波	025-84413133	210001
国信证券有限责任公司南京洪武路证券营业部	南京市洪武路239号	徐小柔	025-84567052	210002
光大证券有限责任公司南京中山北路证券营业部	南京市中山路81号	杨友明	025-83196988	210005
兴业证券股份有限公司南京珠江路证券营业部	南京市珠江路699号	邱福兵	025-84661588	210018
湘财证券有限责任公司南京牌楼巷证券营业部	南京市牌楼巷45号	杜颖灏	025-86587066	210029
广发证券股份有限公司南京洪武路证券营业部	南京市洪武路23号	陈　梅	025-86899208	210005
长江证券有限责任公司南京中央路证券营业部	南京市中央路42号	武　雁	025-83276888	210008
宏源证券有限责任公司南京汉中路证券营业部	南京市鼓楼区汉中路6号	吴　欣	84717073	210029
东兴证券有限责任公司南京洪武路营业部	南京市洪武路29号	刘晓东	025-84638555	210005
恒泰证券有限责任公司南京水西门大街证券营业部	南京市建邺区水西门大街203号	华金良	025-84780368	210017
华创证券经纪有限责任公司南京和燕路证券营业部	南京市和燕路5号	桂　彬	025-85080568	210037
方正证券有限责任公司南京中山东路证券营业部	南京市中山东路75号	徐　联	025-84218626	210002
人保江苏省分公司	南京市长江路69号	华　山	025-84715888	210005

（续表）

机　构　名　称	地　　址	负责人	电　话	邮　编
太平洋财险江苏分公司	南京市洪武路137号	孔　兵	025-84508808	210005
平安财险江苏分公司	南京市正洪街18号	吴　军	025-84705999	210005
天安保险江苏省分公司	南京市石鼓路107号	袁雪楼	025-84202666	210005
大众保险江苏分公司	南京市中央路258号	蒋　香	025-83302800	210008
华泰财险江苏省分公司	南京市中山北路26号	卓　娅	025-83302800	210008
中国人寿江苏省分公司	南京市汉中路88号	缪　平	025-83783011	210005
平安人寿江苏分公司	南京市长江路99号	谭　宁	025-84799666	210005
太平洋寿险江苏分公司	南京市洪武路137号	张　东	025-84508808	210005
信诚人寿江苏分公司	南京市中山路268号	丁　易	025-83176899	210008
中国大地财产保险江苏分公司	龙蟠中路93—8号	秦国民	025-84569400	210016
泰康人寿保险江苏分公司	龙蟠中路323号	陈东升	025-84470666	210001
阳光财产保险股份有限公司江苏省分公司	南京市中山东路145号	朱印法	025-84651800	210002

2. 无锡市主要金融机构

机　构　名　称	地　　址	负责人	电　话	邮　编
中国人民银行无锡市中心支行	无锡市五爱路33号	何敏峰	0510-82221688	214031
中国银行业监督管理委员会无锡监管分局	无锡市县前西街109号	巫建华	0510-82795258	214031
无锡市人民政府金融工作办公室	无锡市太湖新城观山路市民中心3号楼15层	杨福良	0510-81820581	214131
中国农业发展银行无锡市分行	无锡市健康路89号	陈一兵	0510-82732153	214001
中国工商银行无锡分行	无锡市五爱路30号	徐晓岚	0510-82753162	214031
中国农业银行无锡分行	无锡市解放北路55号	刘　坚	0510-82832788	214002
中国银行无锡分行	无锡市中山南路258号	刘　斌	0510-82739388	214002
中国建设银行无锡分行	无锡市五爱路88号	唐一新	0510-82811828	214031
交通银行无锡分行	无锡市人民中路198号	何国洪	0510-82722590	214001
中信银行无锡分行	无锡市人民西路112号	奚国光	0510-82701308	214031
华夏银行无锡分行	无锡市新生路105号	张南洋	0510-82769956	214002
上海浦东发展银行无锡分行	无锡市解放西路191号	宫建强	0510-82796102	214005
招商银行无锡分行	无锡市人民中路128号	成　忠	0510-82758111	214002
广东发展银行无锡支行	无锡市五爱路79号	许嘉炯	0510-82739980	214031
兴业银行无锡分行	无锡市县前西街99号	蒋占琴	0510-82760996	214001
江苏银行无锡分行	无锡市工运路8号	杨　凯	0510-82306000	214005
上海浦东发展银行江阴支行	江阴市虹桥南路99号	季永明	0510-86872258	214400
南京银行无锡分行	无锡市人民中路220号	徐腊梅	0510-82751555	214001
中国民生银行无锡支行	无锡市青石路1号	林静然	0510-81189998	214043
中国光大银行无锡分行	无锡市人民中路1号	栾祖盛	0510-81802888	214031
上海银行无锡分行	无锡市红星路250—4号	严旭东	0510-81186809	214000
深圳发展银行无锡分行	无锡市北大街20号	黄承波	0510-81187568	214043

（续表）

机构名称	地址	负责人	电话	邮编
国联信托股份有限公司	无锡市县前东街8号3楼	华伟荣	0510-82831280	214005
中国邮政储蓄银行无锡市分行	无锡市健康路87号	张晓刚	0510-82702094	214001
江苏江阴农村商业银行	江阴市澄江中路1号	赵　益	0510-86823388	214431
江苏锡州农村商业银行	无锡市解放北路1号	华瑞其	0510-82830288	214002
宜兴市农村合作银行	宜兴市宜城镇通贞观西路28号	张建中	0510-87924802	214200
日本瑞穗实业银行无锡分行	无锡新区长江路16号无锡软件园8楼	松本洋一	0510-85223939-100	214028
三菱东京日联银行无锡分行	无锡新区长江路16号无锡软件园10楼	西部喜祐	0510-85211818-100	214028
新韩银行无锡分行	无锡新区长江北路5号长江俱乐部1—2楼	李俊燮	0510-81813456	214028
南洋商业银行无锡分行	无锡新区长江北路28号万科家园	高晔华	0510-82200638	214028
国联财务有限责任公司	无锡市县前东街168号	杨静月	0510-82833897	214001
红豆集团财务有限公司	无锡市锡山区东港镇红豆工业城	胡国梁	0510-88358603	214199
华西集团财务有限公司	江阴市华士镇华西村	卞三荣	0510-86216810	214000
招商银行小企业信贷中心	无锡市五爱路33号人民银行11楼	周　建	0510-81809901	214000
国联证券有限责任公司	无锡市县前东街8号	雷建辉	0510-82832919	214002
国联证券有限责任公司无锡人民东路证券营业部	无锡市中山路153号	普慧华	0510-82759199	214001
国联证券有限责任公司江阴大桥北路证券营业部	无锡江阴市大桥北路105号	程　军	0510-86876301	214007
国联证券有限责任公司无锡中山路证券营业部	江阴市青果26—281号	顾　励	0510-86876301	214400
国联证券有限责任公司宜兴人民南路证券营业部	宜兴市宜城镇人民南路168号	吴新风	0510-87911776	214200
国联证券有限责任公司无锡湖滨路证券营业部	无锡市梁溪路28号	张　进	0510-85122200	214073
国联证券有限责任公司无锡梁溪路证券营业部	无锡市湖滨路154号	梁粤雷	0510-85801511	214062
国联证券有限责任公司无锡县前东街证券营业部	无锡市县前东街8号	陈　玮	0510-82830100	214031
国联证券有限责任公司无锡五爱路证券营业部	无锡市五爱北路60号	秦顺达	0510-82715151	214001
国联证券有限责任公司无锡新区长江北路证券营业部	无锡市长江北路97号	王尤金	0510-82200051	214028
国联证券有限责任公司无锡洛社镇中兴东路证券营业部	无锡市洛社镇中兴东路50号	糜　晟	0510-83319618	214101
国联证券有限责任公司无锡宜兴阳羡东路证券营业部	宜兴市阳羡东路193、195号	贾江晖	0510-87610155	214200
华泰证券无锡永乐路证券营业部	无锡市永乐路水利大厦	尚　道	0510-85045101	214031
华泰证券无锡解放西路证券营业部	无锡市解放西路327号	刘晓冰	0510-82702153	214023
华泰证券无锡解放北路证券营业部	无锡市解放北路16号4楼	周红霞	0510-82712012	214001
华泰证券无锡苏锡路证券营业部	无锡市贡湖大道苏锡路359号	张　叶	0510-85065672	214123
华泰证券江阴虹桥北路证券营业部	江阴市虹桥北路167号	顾复平	0510-86817888	214431
申银万国证券股份有限公司无锡清扬路证券营业部	无锡市清扬路24号	华　炯	0510-82856988	214021
海通证券有限公司无锡解放东路营业部	无锡市解放南路1008号	刘　伟	0510-82306665	214000
招商证券股份有限公司无锡新生路证券营业部	无锡市新生路107号	周彩娟	0510-82756333	214002
中国建银投资证券有限公司南京分公司无锡健康路证券营业部	无锡市健康路18号	戴国强	0510-82708577	214001

（续表）

机 构 名 称	地 址	负责人	电 话	邮 编
银泰证券有限责任公司无锡北大街证券营业部	无锡市北大街46号	王正洋	0510-82615272	214001
东北证券有限责任公司江阴朝阳路证券营业部	江阴市朝阳路77—79号	阎和欣	0510-86809802	214431
南京证券有限责任公司江阴虹桥南路证券营业部	江阴市虹桥南路9号	王 亮	0510-86874808	214400
南京证券有限责任公司五爱北路证券营业部	无锡市五爱北路97金置电脑广场4楼	傅金发	0510-82809808	214031
华龙证券有限责任公司无锡北大街证券营业部	无锡市北大街28号B座2—5层	廖 炜	0510-82606633	214001
国信证券无锡梁青路证券营业部	无锡市梁青路2号	李 忠	0510-85882093	214001
国泰君安证券股份有限公司无锡人民中路证券营业部	无锡市人民中路97号佳福大厦1200A	成美颖	0510-82708918	214002
宏源证券有限责任公司宜兴人民中路证券营业部	宜兴市人民中路135号华证大厦	章 军	0510-87962162	214200
大通证券股份有限公司无锡建筑路证券营业部	无锡市建筑路456号	朱宏斌	0510-85812373	214000
广发证券股份有限公司无锡清扬路证券营业部	无锡市清扬路99号太湖明珠数码大厦7楼	唐 枫	0510-85059002	214000
国元证券股份有限公司无锡学前街营业部	无锡学前街5号银辉大厦5楼	秦 柳	0510-82750058	214000
中国人民财产保险股份有限公司无锡市分公司	无锡市中山路58号	于敬东	0510-82759228	214002
中国人寿保险股份有限公司无锡市分公司	无锡市梁青路4号	张泰立	0510-85808188	214061
中国太平洋财产保险股份有限公司无锡分公司	无锡市崇宁路8号	朱 洁	0510-82752041	214002
中国太平洋人寿保险股份有限公司无锡中心支公司	无锡市县前东街86号	陈爱国	0510-82750105	214002
中国平安财产保险股份有限公司无锡分公司	无锡市解放北路1号锡州银行大厦7楼	左振华	0510-82831177	214000
中国平安人寿保险股份有限公司无锡中心支公司	无锡市梁青路10号	兰青松	0510-85810706	214061
天安保险股份有限公司无锡中心支公司	无锡市永和路28号工商大楼	胡熙斐	0510-81010066	214001
大众保险股份有限公司无锡中心支公司	无锡市新生路107号新鼎球大厦15楼	王宇龄	0510-82729188	214002
新华人寿保险股份有限公司无锡中心支公司	无锡市永乐路29号新天地休闲广场1号楼	乔文良	0510-85089801	214000
泰康人寿保险股份有限公司无锡中心支公司	无锡市梁青路118号华邸国际大厦10楼	狄秀英	0510-87926678	214062
中华联合保险公司无锡中心支公司	无锡市人民中路97号佳福大厦17楼	吴耀宇	0510-82799198	214002
中国大地财产保险股份有限公司南京分公司无锡营销服务部	无锡市清扬路91—99号4楼	赵爱莲	0510-85012398	214071
永安财产保险股份有限公司无锡中心支公司	无锡市水车湾12号	赵 荣	0510-82767113	214002
太平人寿有限公司无锡中心支公司	无锡市北大街1号华锦大厦8楼	陈跃辉	0510-68869998	214005
太平财产保险有限公司无锡中心支公司	无锡市县前西街195号2楼	周振冬	0510-82809088	214000
民生人寿保险股份有限公司无锡中心支公司	无锡市五爱路81号航信大厦4楼	符 华	0510-82710700	214031
华安财产保险股份有限公司无锡中心支公司	无锡市湖滨路688号	徐苏宁	0510-81009186	214000
生命人寿有限公司无锡中心支公司	无锡市解放西路195号华通大厦6楼	陈立民	0510-88662582	214031
安邦财产保险股份有限公司无锡中心支公司	无锡市解放北路21号金马大厦13楼	陈国华	0510-82830060	214002
中国出口信用保险公司江苏分公司无锡办事处	无锡市人民中路123号27楼	龚伟坚	0510-82749985	214026
阳光财产保险股份有限公司无锡中心支公司	无锡市中山路118号置业新天地412室	周金陵	0510-82733108	214002
海康人寿保险有限公司江苏分公司无锡营销服务部	无锡市解放北路1号金马大厦22楼	许天河	0510-82804868-1688	214002

（续表）

机构名称	地址	负责人	电话	邮编
华泰财产保险股份有限公司无锡中心支公司	无锡市新区长江北路6号百仕达大厦8楼	张兴铮	0510-85496328	214028
信诚人寿保险股份有限公司无锡营销服务部	无锡市北大街22号禾嘉大厦512、513室	王平	0510-82616333	214000
合众人寿保险股份有限公司无锡中心支公司	无锡市人民中路97号佳福大厦五楼	梅德钊	0510-82715658	214001
中宏人寿保险股份有限公司无锡营销服务部	无锡市中山路555号4楼	徐文昌	0510-27262020	214005
国泰人寿保险股份有限公司无锡营销服务部	无锡市解放北路16号站前商贸城5号楼12F	徐超键	0510-82322838	214000
海尔纽约人寿保险股份有限公司无锡营销服务部	无锡市清扬路99号数码广场6楼618	林章铭	0510-85031678-2888	214023
都邦财产保险股份有限公司无锡中心支公司	无锡市湖滨路77号锦绣大厦9楼	邓永东	0510-85113218	214073
中意人寿保险有限公司江苏分公司无锡营销服务部	无锡市健康路18号	陶炯	0510-80186706	214001
嘉禾人寿保险股份有限公司无锡中心支公司	无锡市石皮路7号	方辉	0510-82703950	214001
中银保险股份有限公司无锡中心支公司	梁青路2号	华永康	0510-82703965	214000
永诚保险有限公司江苏分公司江阴支公司	江阴市人民中路289号	龚学新	0510-86873012	214061
恒安标准人寿江苏分公司无锡营销服务部	无锡市中山路343号商业大厦A座29楼	李汝	0510-68918177-4777	214061
美国友邦保险有限公司江苏分公司无锡营销服务部	无锡解放东路1000号	蔡哲惟	0510-82327558-71713	214000
中国人寿财产保险股份有限公司无锡市中心支公司	无锡市人民中路1号东林阁第六层	马朴	0510-82790168	214000
民安保险(中国)有限公司无锡中心支公司	无锡市县前西街117号	蒋胜月	0510-82798511	214000
天平汽车保险股份有限公司江苏分公司无锡营销服务部	无锡人民中路123号	武勇	0510-82756245	214036
瑞泰人寿保险有限公司江苏分公司无锡营销服务部	无锡人民中路123号	刘景伟	0510-82747298	214000
中国人民健康保险股份有限公司无锡中心支公司	无锡市中山路58号保险大厦12楼	穆睿	0510-82728580	214002
渤海财产保险股份有限公司无锡中心支公司	无锡东亭镇柏庄鑫威家园38—7号	梅锦萍	0510-88222310	214000
光大永明人寿保险有限公司南京分公司无锡营销服务部	无锡市中山路343号东方广场A座27层A室	陆泉	0510-68937988	214061
平安养老保险股份有限公司江苏分公司无锡中心支公司	无锡市梁青路10号	钱平家	0510-85883647	214061
华农财产保险公司无锡中心支公司	无锡市梁青路328号5楼	蒋明	0510-85802398	214061
安诚财产保险股份有限公司无锡中心支公司	无锡市梁青路10号	刘浩	0510-82325169	214061
华泰人寿保险股份有限公司无锡中心支公司	无锡市水车湾6—9号	朱敏	0510-82714858	214001
长城人寿保险股份有限公司无锡支公司	无锡市复兴路155号	秦炜	0510-82790591	214001
英大泰和人寿保险股份有限公司无锡支公司	无锡市新生路107号鼎球大厦9楼	王志忠	0510-66076001	214001
无锡市保险行业协会	无锡市五爱路33号	尤玲娜	0510-82759485	214031
金盛人寿保险无锡营销服务部	无锡市人民中路220号财富大厦26楼	殷文	0510-81189086	214002
华夏人寿保险股份有限公司无锡中心支公司	无锡市新生路107号鼎球大厦6楼	张轩	0510-82718271	214001
联泰大都会人寿无锡营销服务部	无锡市吟春大厦17楼	杨华艳	0510-82760060-55101	214001
阳光人寿保险公司无锡中心支公司	无锡市中山路159号时代中心大厦7楼	张志立	0510-82718669	214002
正德人寿保险公司无锡中心支公司	无锡市滨湖区建筑路新梁溪人家136号	邓唯	0510-85139756	214071
中国人保寿险无锡中心支公司	无锡市兴源中路100号崇安城投大厦四楼	周幼幼	0510-66968001	214007

（续表）

机构名称	地址	负责人	电话	邮编
信泰人寿保险公司无锡中心支公司	无锡市解放北路21号金马大厦10楼	吴亚东	0510-66101066	214001
国泰财险无锡中心支公司	无锡市解放东路槐古豪庭8号	赵　凉	0510-82790168	214001
长安责任保险无锡市中心支公司	无锡市清扬路333号创业大厦16楼	陈锁君	0510-66072788	214023
资金财险无锡中心支公司	无锡市人民中路97号佳福大厦16楼	吴文南	0510-82710022	214001
和谐健康保险无锡中心支公司	无锡市复兴路155号机械大楼10楼	黄颖筠	0510-80212990	214000

3. 常州市主要金融机构

机构名称	地址	负责人	电话	邮编
中国人民银行常州市中心支行	常州市广化街18号	刘又林	0519-86648124	213001
中国人民银行武进支行	常州市武进区延政中路	王建春	0519-86310950	213159
中国人民银行金坛市支行	金坛市西门大街23号	王照洪	0519-82887566	213200
中国人民银行溧阳市支行	溧阳市平陵中路10号	冯小兴	0519-87222371	213300
中国银行业监督管理委员会常州监管分局	常州市晋陵中路417号	陈中云	0519-88126789	213003
中国农业发展银行常州市分行	常州市丽景花园14幢	邵　强	0519-88155205	213003
中国工商银行常州分行	常州市延陵中路680号	岳小勇	0519-88138116	213003
中国农业银行常州分行	常州市和平北路19号	强欣荣	0519-88126998	213003
中国银行常州分行	常州市和平北路21号	吴　敏	0519-88158222	213003
中国建设银行常州分行	常州市广化街299号	蒋　敏	0519-86606316	213001
交通银行常州分行	常州市延陵西路171号	于　涛	0519-86673908	213003
中信银行常州分行	常州市博爱路72号	孙　波	0519-88100088	213003
招商银行常州分行	常州市和平北路120号	张增荣	0519-88179001	213003
华夏银行常州分行	常州市和平北路162号	廉　衡	0519-88133818	213003
兴业银行常州支行	常州市河景花园1幢	沙　涛	0519-89893333	213001
上海浦东发展银行常州支行	常州市延陵中路29号	贡志文	0519-88178979	213003
中国民生银行常州支行	常州市怀德中路50号	夏　云	0519-89858288	213001
中国光大银行常州支行	常州市和平北路128号	周永宏	0519-89990009	213001
中国邮政储蓄银行常州市分行	常州市南大街99号	梁亚东	0519-86619661	213003
江苏银行常州分行	常州市延陵中路500号	杨　毅	0519-88121616	213000
江南农村商业银行	常州市延陵中路668号	陆向阳	0519-89995188	213003
中国人民财产保险公司常州市分公司	常州市和平北路11号	孙益民	0519-88111616	213000
中国人民人寿保险公司常州中心支公司	常州市武青北路1号金汇大厦5F	袁龙才	0519-88017828	213003
中国人寿保险公司常州市分公司	常州市和平北路11号	龚永敏	0519-88120039	213001
中国人寿财产保险公司常州中心支公司	常州市晋陵中路558号红晋大厦北楼1—2楼	华繁令	0519-85216818	213000
太平洋财险公司常州分公司	常州市广化街281号	王　峰	0519-86633123	213003
太平洋寿险公司常州分公司	常州市广化街281号	朱　宝	0519-86816608	213001
平安财险公司常州中心支公司	常州市晋陵中路590号	喻一峰	0519-86688999	213002
平安寿险公司常州中心支公司	常州市延陵西路29号投资广场20楼	殷　辉	0519-88110701	213003

（续表）

机构名称	地址	负责人	电话	邮编
泰康人寿保险公司常州中心支公司	常州市关河西路180号恒远大厦	成 炜	0519-88139188	213002
新华人寿保险公司常州中心支公司	常州市南大街28号商务楼C座5楼	张 挺	0519-85217988	213000
天安保险公司常州中心支公司	常州市和平北路132号8楼	谈文兴	0519-88159986	213000
中华联合财产保险公司常州中心支公司	常州市晋陵中路515号	金 锋	0519-88157000	213003
生命人寿保险公司常州中心支公司	常州市怀德南路90号	吴 氢	0519-88015501	213000
大众保险公司常州中心支公司	常州市晋陵中路388号南方大厦4楼	吴 剑	0519-87208110	213000
太平保险有限公司常州中心支公司	常州市和平北路65号丰润大厦4楼	尤乐群	0519-88166033	213000
太平人寿保险有限公司常州中心支公司	常州市南大街99号邮政大楼8\9楼	沈明敏	0519-88168883	213000
永安保险公司常州中心支公司	常州市健身路12号机关大楼5楼	杨 玲	0519-86677616	213000
华安财产保险公司常州中心支公司	常州市清潭路134号3楼	靡艳春	0519-86998918	213000
安邦财产保险公司常州中心支公司	常州市广化街20号丰臣海悦10楼	解文萍	0519-86691599	213000
都邦保险公司常州中心支公司	常州市新市路1号药监大厦5楼	谈小浩	0519-86619867	213000
民生人寿保险公司常州中心支公司	常州市南大街28号商C—417	丁宣华	0519-83966680	213000
永诚财产保险公司常州中心支公司	常州市关河东路38号15楼	钱健明	0519-88881119	213000
江苏常信保险经纪有限公司	常州市局前街285号嘉乐广场A座710室	潘俊铭	0519-88100620	213003
江苏华康保险代理有限公司常州分公司	常州市关河西路128—6号6楼	任朝晖	0519-88119208	213000
合众人寿保险公司常州营销服务部	常州市玉隆花园7幢6楼	徐 玮	0519-86618300	213001
信诚人寿保险公司常州营销服务部	常州市延陵西路99号嘉业国贸大厦18楼	谢观兴	0519-86618200	213000
中宏人寿保险公司常州营销服务部	常州市延陵中路678号消防指挥中心大楼4、5楼	刘永进	0519-88101199	213003
海尔纽约人寿保险公司常州营销服务部	常州市关河东路38号九州环宇商务广场13楼	王立新	0519-85220684	213004
海康人寿保险公司常州营销服务部	常州市关河东路38号九州环宇商务广场18楼A座	张美琴	0519-95105768	213004
中国大地财产保险公司常州中心支公司	常州市晋陵北路1号新天地商业广场B座401室	殷 军	0519-88176967	213000
阳光财产保险公司常州中心支公司	常州市博爱路113号工商银行3—4楼	胡 旭	0519-85017800	213003
国泰人寿保险公司常州营销服务部	常州市延陵西路19号嘉宏世纪大厦12楼	殷 涛	0519-88118978	213001
华泰人寿保险公司常州中心支公司	常州市关河东路38号九州环宇20楼	陈 艳	0519-85223962	213004
瑞福德健康保险公司常州中心支公司	常州市新市路1号药监大厦6楼	张 锐	0519-86810308	213003
渤海财产保险公司常州中心支公司	常州市局前街50号新都大厦14楼	戴 静	0519-88178689	213000
民安保险(中国)公司常州中心支公司	常州市和平中路322号	霄云里	0519-86811806	213004
恒安标准人寿保险公司常州营销服务部	常州市延陵西路19号嘉宏世纪大厦30楼	金 庆	0519-88029917	213003
中德安联人寿保险公司常州营销服务部	常州市西横街61号常柴大厦5楼	花锡青	0519-86687293	213003
美国友邦保险公司常州营销服务部	常州市延陵西路19号嘉宏世纪大厦6楼	赵 斌	0519-88887998	213003
安诚财产保险公司常州中心支公司	常州市化龙巷1号恒利大厦A座4楼	夏齐华	0519-86800323	213000
中银保险公司常州营销服务部	常州市和平北路21号	江伟明	0519-88126771	213004
华夏人寿保险公司常州中心支公司	常州市鹏欣丽都1—1幢	施 延	0519-89890808	213003
阳光人寿保险公司常州中心支公司	常州市新丰街20号天安城市酒店6楼	殷 勇	0519-89990180	213000
金盛人寿保险公司常州营销服务部	常州市广化街20号丰臣海悦广场15楼	吴公荣	0519-89962666	213001

（续表）

机构名称	地址	负责人	电话	邮编
长安责任保险公司常州中心支公司	常州市博爱路72号博爱大厦10楼	王一新	0519-83030777	213003
华农财产保险公司常州中心支公司	常州市通江大道318号世纪广场A座4楼	尤益苍	0519-85177350	213022
华泰证券常州和平北路证券营业部	常州市和平北路9号	张 霞	0519-88106040	213002
华泰证券常州东横街证券营业部	常州市东横街2号	刘 靖	0519-86600788	213003
华泰证券常州北大街证券营业部	常州市北大街35号玉隆花园7幢5楼	高 波	0519-86618266	213003
国泰君安证券常州广化街证券营业部	常州市广化街187—189号	殷 敏	0519-86689702	213003
中投证券常州晋陵中路证券营业部	常州市晋陵中路368号	冯美英	0519-86675119	213003
中投证券常州溧阳证券营业部	溧阳市平陵中路357号	郭永金	0519-87578880	213300
海通证券常州健身路证券营业部	常州市健身路16号	岳 岚	0519-86687980	213003
中信证券常州环府路证券营业部	常州市武进区湖塘镇环府路10号	周晋飞	0519-86565768	213159
东海证券常州延陵中路营业部	常州市延陵中路498号	俞 洋	0519-88111191	213000
东海证券常州博爱路营业部	常州市博爱路129号	陈 超	0519-86633222	213000
东海证券常州劳动西路营业部	常州市劳动西路3号	陶 陶	0519-86900002	213001
东海证券常州通江中路营业部	常州市通江中路369号太阳城商务中心4楼	朱 飚	0519-68881688	213000
东海证券常州溧阳证券营业部	溧阳市南大街12号	彭建福	0519-87281068	213300
信达证券常州延陵中路证券营业部	常州市延陵中路678号	左道军	0519-88118270	213003
中信建投有限责任公司常州分公司	常州市邮电路3号	李 响	0519-86673663	213001
信泰证券有限责任公司常州分公司	常州市东横街2号	唐 枫	0519-86803606	213000
国联证券常州营业部	常州市新北区通江大道555号中天凤凰大厦1—2楼	孟庆庭	0519-89883767	213000
东吴证券常州关河中路证券营业部	常州市关河中路38号粤海酒店2号楼2楼	龚建中	0519-88153760	213000

4. 苏州市主要金融机构

机构名称	地址	负责人	电话	邮编
中国人民银行苏州市中心支行	苏州新区狮山路59号	高爱武	0512-68253692	215011
中国银行业监督管理委员会苏州监管分局	苏州新区金山路16号	朱厚志	0512-68253049	215011
中国工商银行苏州分行	苏州市阊胥路88号	朱春华	0512-68261379	215002
中国农业银行苏州分行	苏州新区狮山路65号	高友清	0512-68412093	215011
中国银行苏州分行	苏州市干将西路188号	潘岳汉	0512-65113558	215002
中国建设银行股份有限公司苏州分行	苏州工业园区苏华路18号	岳 鹰	0512-62788020	215021
交通银行苏州分行	苏州南园北路77号	束蓝根	0512-65188666	215006
中国农业发展银行苏州市分行	苏州人民路179号	顾欣舞	0512-65612076	215007
中信银行苏州分行	苏州竹辉路258号	方合英	0512-65191309	215006
华夏银行苏州支行	苏州干将西路1296号	郑 超	0512-68623879	215005
上海浦东发展银行苏州分行	苏州市人民路1478号	严 琪	0512-67208070	215005
中国光大银行苏州分行	苏州三香路1288号	李 良	0512-68662988	215004
招商银行苏州分行	苏州干将西路288号	施顺华	0512-68662506	215002

（续表）

机 构 名 称	地 址	负责人	电 话	邮 编
招商银行小企业信贷中心	苏州工业园区旺墩路158号置业商务广场15楼	杨少伟	0512-69995096	215123
江苏银行苏州分行	苏州市三香路6号	张文斌	0512-68631882	215004
中国民生银行苏州分行	苏州工业园区星海街200号	杨 华	0512-62568888	215021
兴业银行苏州支行	苏州工业园区旺墩路188号建屋大厦	朱建平	0512-66607890	215123
宁波银行苏州分行	苏州干将东路749号	徐正良	0512-65828619	215005
恒丰银行苏州分行	苏州工业园区星海街198号星海大厦1幢	沈洪辉	0512-69368655	215123
广东发展银行苏州分行	苏州市阊胥路292号	张广勤	0512-89987777	215008
江苏东吴农村商业银行	苏州市东吴北路143号	王吉成	0512-65275705	215128
中国邮政储蓄银行苏州市分行	苏州市工业园区旺墩路邮政大楼	韩 电	0512-67201545	215001
苏州市信托投资有限公司	苏州竹辉路383号	朱立教	0512-65291886	215007
苏州创元集团财务有限公司	苏州三香路333号万盛大厦1楼	陆惠章	0512-68292390	215004
苏州市沙钢集团财务有限公司	江苏省张家港市锦丰镇永新路	倪云山	0512-58963006	215600
汇丰银行(中国)有限公司苏州分行	苏州工业园区苏华路1号世纪金融大厦1505—1510室	朱卫军	0512-67619669	215021
日本三井住友银行股份有限公司苏州分行	苏州新区狮山路199号新地中心23楼	田中隆一	0512-68258205	215011
星展银行苏州分行	苏州工业园区苏华路2号国际大厦7楼	洪汉清	0512-62888090	215021
渣打银行有限责任公司苏州分行	苏州工业园区苏华路2号国际大厦1楼0103室及10楼1001室	杨传东	0512-67630198	215021
企业银行(中国)有限公司苏州分行	苏州工业园区苏华路2号国际大厦209A	梁钟必	0512-67671112	215021
东亚银行(中国)有限公司苏州分行	苏州工业园区旺墩路158号置业商务广场2楼	是少搏	0512-68735088	215028
韩国国民银行股份有限公司苏州分行	苏州工业园区华池街时代广场24幢	姜锡东	0512-62927228	215028
友利(中国)有限公司苏州分行	苏州工业园区苏华路8号惠龙大厦101B—201室	朴达永	0512-62950777	215021
江苏常熟农村商业银行	常熟市新颜路100号	吴建亚	0512-52786168	215500
江苏张家港农村商业银行	张家港市人民中路66号	王自忠	0512-58236370	215600
江苏昆山农村商业银行	昆山市前进中路219号	刘 斌	0512-57379288	215301
江苏吴江农村商业银行	吴江市中山南路1777号	黄玉龙	0512-63418030	215200
江苏太仓农村商业银行	太仓太平南路市27号	张云清	0512-53853741	215400
张家港华信村镇银行	张家港市长安路487—489号	陈 曦	0512-58918989	215600
昆山鹿城村镇银行	昆山市长江中路181—183号	杨懋劼	0512-50112020	215300
东吴证券股份有限公司	苏州市工业园区翠园路181号商旅大厦	吴永敏	0512-65588077	215008
华泰证券苏州营业部	苏州市人民路648号	吕 敏	0512-67512744	215001
海通证券苏州营业部	苏州市竹辉路180号	肖建伟	0512-65204738	215006
中信建投证券苏州营业部	苏州市东环路129号	历家为	0512-67423563	215021
中信证券中新路营业部	苏州市中新路58号	严 勇	0512-67619636	215000
申银万国苏州营业部	苏州市东吴北路158号	瞿 仁	0512-65282176	215007
招商证券苏州营业部	苏州市干将西路232号	张 哲	0512-65225258	215002
长城证券吴中区营业部	苏州市吴中东路171号	洪 源	0512-65620990	215218
渤海证券苏州营业部	苏州市景德路110号	盛 况	0512-65235747	215005

（续表）

机构名称	地址	负责人	电话	邮编
中创公司苏州营业部	苏州市人民路67号	丁志琴	0512-65203578	215002
中创证券十全街营业部	苏州市十全街150号	杨明	0512-65203578	215006
恒远经纪公司苏州营业部	苏州市干将西路1296号	苏琪	0512-68270491	215004
信泰证券苏州营业部	苏州市新市路48号	朱建明	0512-65200884	215007
中关村证券苏州营业部	苏州市新市路438号	沈坚杰	0512-65199828	215007
上海证券苏州营业部	苏州市干将西路456号	张华波	0512-65580677	215004
广发证券苏州营业部	苏州干将西路636号	方强	0512-65156868	215005
东海证券苏州营业部	苏州工业园区苏华路2号	蒋琤	0512-62881210	215021
新时代证券苏州营业部	苏州市白路东路102号	潘斌	0512-67205006	215001
银河证券苏州营业部	苏州市三香路718号	查日胜	0512-87187708	215004
红塔证券苏州营业部	苏州市人民385号	彭洪斌	0512-69000228	215005
金元证券苏州营业部	苏州商务大厦511—513室	张伯富	0512-62233678	215000
民族证券苏州营业部	苏州市金河大厦10层	帅建红	0512-88185588	215011
东方证券苏州营业部	苏州市临顿路82号	许文平	0512-65235138	215000
光大证券苏州营业部	苏州工业园区苏惠路98号国检大厦东3楼	董洁	0512-62986283	215021
华泰证券何山路营业部	苏州新区何山路56号	包新	0512-68781557	215011
银泰证券苏州营业部	苏州市莫邪路葑门西街11号	乔豹	0512-65267873	215000
安信证券苏州营业部	苏州市人民路538号工人文化宫一楼	高群	0512-65198818	215005
中国保险监督管理委员会苏州监管分局	苏州市工业园区苏惠璐98号国检大厦14层	单来锦	0512-85667666	215021
中国人民财产保险公司苏州市分公司	苏州市新区狮山路16号	沈丽敏	0512-68258962	215011
中国太平洋财产保险股份有限公司苏州分公司	苏州市干将西路218号	孙海洋	0512-65218858	215002
中国平安财产保险股份有限公司苏州分公司	苏州市工业园区苏雅璐388号新天翔广场540—552号	徐彬	0512-65111715	215000
天安保险股份有限公司苏州中心支公司	苏州市干将西路245号	丁建峰	0512-65119228	215002
大众保险股份有限公司苏州分公司	苏州市干将西路389号	蒋雷	0512-65242381	215002
华泰财产保险股份有限公司苏州中心支公司	苏州市干将西路115号5楼	吴国红	0512-65232720	215002
中华联合财产保险股份有限公司苏州中心支公司	苏州市三香路53—105号	徐峰	0512-66091615	215004
太平保险有限公司苏州中心支公司	苏州市干将东路870号	华巍	0512-65237600	215005
永安财产保险股份有限公司苏州中心支公司	苏州市干将西路251号	史智宏	0512-88178886	215002
华安财产保险股份有限公司苏州中心支公司	苏州市道前街128号喜悦假日酒店6楼	吴修平	0512-65128125	215002
中国大地财产保险有限公司苏州中心支公司	苏州市西环路2115号金阊区市民活动中心10楼	朱金和	0512-68095590	215004
安邦财产保险股份有限公司苏州分公司	苏州市狮山路88号1幢5层	孔繁搏	0512-67326818	215011
阳光财产保险股份有限公司苏州中心支公司	苏州市人民路1058号4楼	曹义勇	0512-65126009	215002
都邦财产保险股份有限公司苏州中心支公司	苏州市吴中区东吴北路109号东吴大厦C座15楼	钱寥	0512-66037006	215128
永诚财产保险股份有限公司苏州中心支公司	苏州市新区狮山路277号—68幢	王法林	0512-68059018	215011
天平汽车保险股份有限公司苏州中心支公司	苏州市劳动路28号23层	闫健	0512-65095818	215004
中银保险有限公司苏州中心支公司	苏州市干将西路1359号	朱君毅	0512-68238319	215004

（续表）

机 构 名 称	地 址	负责人	电 话	邮 编
民安保险(中国)有限公司苏州中心支公司	苏州市吴中区东吴南路153号凯悦大厦南2楼	钟明庆	0512-89178778	215128
渤海财产保险股份有限公司苏州中心支公司	苏州市桐泾北路26号统能大厦4楼	万敬国	0512-68381571	215000
中国人寿财产保险股份有限公司苏州市中心支公司	苏州市洞泾北路26号	殷 健	0512-69131068	215004
安诚财产保险股份有限公司苏州中心支公司	苏州市人民路1508号5楼	陈 鸣	0512-69335808	215000
华农财产保险股份有限公司苏州中心支公司	苏州市三香路333号万盛大厦2楼	曲学全	0512-68365101	215004
长安责任保险股份有限公司苏州中心支公司	苏州市干将西路1306号1幢4楼	魏辉华	0512-85888881	215004
三星财产保险(中国)有限公司苏州分公司	苏州市华池街时代广场24幢苏州国际金融中心505室	郑昌烈	0512-62925968	215021
中国人寿保险股份有限公司苏州市分公司	苏州市新区狮山路103号	张晓刚	0512-68077010	215011
中国太平洋人寿保险股份有限公司苏州中心支公司	苏州市干将西路218号	夏建阳	0512-65216167	215002
中国平安人寿保险股份有限公司苏州中心支公司	苏州市干将东路548号	徐 彬	0512-65111715	215005
新华人寿保险股份有限公司苏州中心支公司	苏州市干将东路599号东凌商务大厦4楼	徐彩萍	0512-65230795	215002
泰康人寿保险股份有限公司苏州中心支公司	苏州市高新区邓尉路9号润捷广场北11楼	陈 刚	0512-68710016	215011
美国友邦保险有限公司苏州中心支公司	苏州市三香路353号友邦大厦	蔡永清	0512-65225558	215004
信诚人寿保险有限公司苏州营销服务部	苏州市新区狮山路35号金河国际大厦8层	苏道斌	0512-68415666	215011
民生人寿保险股份有限公司苏州中心支公司	苏州市侍其巷1号4楼	王 堃	0512-65165092	215002
太平人寿保险有限公司苏州分公司	苏州市新区狮山路35号金河国际大厦15层	陈德林	0512-68419693	215011
生命人寿保险股份有限公司苏州中心支公司	苏州市东环路1400号开元大厦10楼	吴圣梅	0512-88168621	215021
国泰人寿保险有限责任公司苏州营销服务部	苏州市人民路1058号房地产大厦5楼	苏键川	0512-65120928	215002
海尔纽约人寿保险股份有限公司苏州营销服务部	苏州市干将东路566号宏盛大厦5楼	徐瑞昇	0512-69161999	215005
光大永明人寿保险有限公司苏州营销服务部	苏州市桐泾北路26—4号统能大厦4楼	张子靖	0512-80980222	215004
中宏人寿保险有限公司苏州营销服务部	苏州市干将路879号瑞基大厦201室	唐 健	0512-65127508	215006
瑞福德健康保险股份有限公司苏州中心支公司	苏州市南园北路118号天和大厦2楼	俞为明	0512-65167593	215006
中德安联人寿保险有限公司苏州营销服务部	苏州市干将西路1028号1—4层	朱 燕	0512-68702990	215004
中宏人寿保险有限公司苏州营销服务部	苏州市干将东路879号201室	高莺娟	0512-65234688	215000
平安养老保险股份有限公司苏州中心支公司	苏州市干将东路566号宏盛大厦6楼	陈万忠	0512-69161132	215005
华厦人寿保险股份有限公司苏州中心支公司	苏州市学士街175号	吴宇超	0512-88866328	215002
华泰人寿保险股份有限公司苏州中心支公司	苏州市道前街140—146号4楼	王苏生	0512-65128376	215002
中国人民健康保险股份有限公司苏州中心支公司	苏州市干将西路236号	顾 欣	0512-65813608	215002
中国人民人寿保险股份有限公司苏州中心支公司	苏州市三香路825号	李红芳	0512-68703505	215004
中意人寿保险有限公司苏州营销服务部	苏州市狮山路88号金河国际中心16楼	朱庆国	0512-68187531	215011
恒安标准人寿保险有限公司苏州营销服务部	苏州市干将西路93号国涛商务大厦7楼	岳 炜	0512-68316005	215005
金盛人寿保险有限公司苏州营销服务部	苏州市狮山路88号金河国际中心27楼	刘 勇	0512-68187988	215011
长城人寿保险股份有限公司苏州中心支公司	苏州市阊胥路130号金洲大厦9层A4室	孙雪兴	0512-87771001	215004

（续表）

机 构 名 称	地 址	负责人	电 话	邮 编
阳光人寿保险股份有限公司苏州中心支公司	苏州市高新区邓尉路9号润捷广场北楼1605室	周永华	0512-69370918	215011
紫金财产保险股份有限公司苏州中心支公司	苏州市干将西路515号11楼	苏广山	0512-69325225	215004
幸福人寿保险股份有限公司苏州中心支公司	苏州市工业园区苏惠路98号15层	孟 云	0512-86669309	215021
联泰大都会人寿保险有限公司苏州支公司	苏州市高新区狮山路88号金河国际中心1112室	方 磊	0512-68185139	215011
日本财产保险（中国）有限公司江苏分公司	苏州工业园区旺墩路188号建屋大厦1602室	张 蕙	0512-62969918	215123

5. 南通市主要金融机构

机 构 名 称	地 址	负责人	电 话	邮 编
中国人民银行南通市中心支行	南通市西寺路1号	姚 军	0513-85512128	226001
中国银行业监督管理委员会南通监管分局	南通市人民中路27号	周洪生	0513-85159511	226001
中国农业发展银行南通市分行	南通市青年中路8号	陈梦蒙	0513-85128969	226006
中国工商银行股份有限公司南通分行	南通市姚港路8号	刘小全	0513-83558890	226006
中国农业银行南通分行	南通市姚港路18号	韩 静	0513-83518910	226006
中国银行股份有限公司南通分行	南通市青年西路19号	吴 敏	0513-83516888-2018	226006
中国建设银行股份有限公司南通分行	南通市姚港路1号	张伟煜	0513-83559500	226006
交通银行股份有限公司南通分行	南通市人民中路27号	刘雅刚	0513-85058018	226001
中信银行股份有限公司南通分行	南通市北濠桥路1号南通大厦C座	陈永宏	0513-81120961	226001
华夏银行股份有限公司南通分行	南通市青年中路90号保险大厦	熊广霖	0513-81128809	226006
招商银行股份有限公司南通分行	南通市工农路111号	詹 毅	0513-81551816	226006
上海浦东发展银行南通分行	南通市桃坞路服饰城1号	边道华	0513-85126501	226006
兴业银行股份有限公司南通分行	南通市工农路249号都市豪庭	黄立峰	0513-81555699	226007
民生银行股份有限公司南通分行	南通市跃龙路88号瑞富大厦5楼	张 静	0513-81128602	226001
南京银行股份有限公司南通分行	南通市跃龙路71号	朱 峰	0513-81128163	226001
江苏银行股份有限公司南通分行	南通市南大街300号	许 雄	0513-85123018	226001
中国邮政储蓄银行有限责任公司江苏省南通市分行	南通市人民中路88号	龚 毅	0813-85115189	226001
江苏南通农村商业银行	江苏省南通市通州区建设路1号	曹 康	0513-86513657	226300
中国人民财产保险股份有限公司南通市分公司	南通市青年中路90号	李 旭	0513-85520997	226006
中国人寿保险股份有限公司南通市分公司	南通环西路华威园7号	徐展华	0513-85101053	226001
中国太平洋财产保险股份有限公司南通中心支公司	南通市人民中路203号中南大厦B座8—10楼	朱伯春	0513-85587859	226001
中国太平洋人寿保险股份有限公司南通中心支公司	南通市工农路129号	季金忠	0513-85018305	226007
中国平安财产保险股份有限公司南通中心支公司	南通市五一路399号	杨晓迪	0513-85010917	226007
中国平安人寿保险股份有限公司南通中心支公司	南通市人民东路328号天一大厦	勾希光	0513-85018165	226007
天安保险股份有限公司南通中心支公司	南通市桃坞路89号莘园大厦六楼	顾祖平	0513-85118171	226006
新华人寿保险股份有限公司南通中心支公司	南通市人民中路10号金信大厦8楼	朱 健	0513-85060188	226001

（续表）

机构名称	地址	负责人	电话	邮编
泰康人寿保险股份有限公司南通中心支公司	南通市外环西路49号外滩大厦10—11楼	于水平	0513-89082055	226006
大众保险股份有限公司南通中心支公司	南通市桃坞路1号浦发大厦十楼	李 坪	0513-85128995	226006
华泰财产保险股份有限公司南通中心支公司	南通市姚港路6#方天大厦6楼	孙晓强	0513-85128578	226006
中华联合财产保险股份有限公司南通中心支公司	南通市虹桥路66号	杜炳冲	0513-85158508	226006
太平保险有限公司南通中心支公司	南通市工农路129号	高 鹏	0513-85219665	226007
太平人寿保险有限公司南通中心支公司	南通市人民中路95号纺织大厦5楼	刘 峰	0513-85119312	226001
中国大地财产保险股份有限公司南通中心支公司	南通市孩儿巷南路50号13幢1—4层	陈 晓	0513-85050188	226001
永安财产保险股份有限公司南通中心支公司	南通市文峰路花苑29号	许文杰	0513-81552677	226007
民生人寿保险股份有限公司南通中心支公司	南通市跃龙路71号濠河名邸302室	李 军	0513-85322185	226001
华安财产保险股份有限公司南通中心支公司	南通市北濠桥路锦绣花园1店面附3室	何晓松	0513-85198918	226001
合众人寿保险股份有限公司南通中心支公司	姚港路6号方天大厦3楼	杨德胜	0513-85159901	226001
安邦财产保险股份有限公司南通中心支公司	南通市人民中路203号中南大厦B座16楼	吴 湛	0513-85158895	226001
阳光财产保险股份有限公司南通中心支公司	南通市桃坞路2号友谊大厦15楼	刘建平	0513-85053826	226001
生命人寿保险股份有限公司南通中心支公司	南通市青年西路208号海关大楼13楼	朱红玉	0513-85353668	226001
都邦财产保险股份有限公司南通中心支公司	南通市工农路155号天鑫大厦8楼	曹建军	0513-81185685	226006
海康人寿保险有限公司江苏分公司南通营销服务部	南通跃龙公寓B座5楼	朱 勇	0513-85524868-235	226001
嘉禾人寿保险股份有限公司江苏分公司南通营销服务部	南通市虹桥路	钱伟煌	0513-83542998	226006
美国友邦保险有限公司江苏分公司南通营销服务部	南通市路龙路68号跃龙公寓B座1—2楼	朱璟莉	0513-85798588-71170	226001
恒安标准人寿保险有限公司江苏分公司南通营销服务部	南通市人民中路71号润友大厦3楼	陈小冬	0513-80107005	226001
光大永明人寿保险有限公司南京分公司南通营销服务部	南通市跃龙路38号国际大厦11层B座	赵栋华	0513-85799666	226001
国泰人寿保险有限责任公司江苏分公司南通营销服务部	南通市环城西路16号飞马大厦4楼	林鸿志	0513-85050118-2021	226001
信诚人寿保险有限责任公司江苏分公司南通营销服务部	南通市人民东路6号王府大厦2幢6楼	朱晓科	0513-85065999-8081	226001
江泰保险经纪有限公司南通分公司	南通市中南世纪城20号楼406	崔恒勤	0513-85587018	226018
中宏人寿保险有限公司江苏分公司南通市营销服务部	南通市跃龙路80号瑞富大厦三楼	金 伟	0513-85795379	226001
中银保险有限公司南通中心支公司	南通市工农路198号金唐大厦三楼	秦永东	0513-81551688	226006
中国人民健康保险股份有限公司南通营销部	南通市青年西路43号新海通大厦10楼	朱泉海	0513-81566016	226006
平安养老保险股份有限公司南通中心支公司	南通市工农路168号文峰大厦18楼	黄慧青	0513-85018075	226007
民安保险(中国)有限公司南通中心支公司	南通市人民中路20号南通大厦A座11楼	彭 云	0513-85795588	226001
中国人寿财产保险股份有限公司南通市中心支公司	南通市青年东路7号华艺大厦4楼	李亚平	0513-81551345	226008
渤海财产保险股份有限公司南通中心支公司	南通市濠西路82号华泰大厦409楼	黄建中	0513-68608019	226001
中国人民人寿保险股份有限公司南通中心支公司	南通市青年中路90号人保大厦17楼	孙 磊	0513-80113298	226006
和谐健康保险有限公司江苏分公司南通营销服务部	南通市崇川区桃坞路服饰城1幢11层	艾 虹	0513-85057398	226006

（续表）

机构名称	地址	负责人	电话	邮编
正德人寿保险股份有限公司南通中心支公司	南通市姚港路38号辉煌大厦3楼	朱德友	0513-81566080	226006
华农财产保险股份有限公司南通中心支公司	南通市工农路8号华雅大厦南二楼	周骅骝	0513-81553068	226007
中英人寿保险有限公司江苏分公司南通营销服务部	南通市人民中路71号润友大厦13楼	姜晓丹	0513-80112652	226001
永诚财产保险股份有限公司南通中心支公司	南通市桃坞路2号友谊大厦10楼	唐德林	0513-81121187	226001
阳光人寿保险股份有限公司南通中心支公司	南通市南大街290号崇川大厦三楼	杨建明	0513-85158580	226001
华夏人寿保险股份有限公司南通中心支公司	南通市人民中路20号南通大厦A座19楼	戴　蓉	0513-85588999-86571	226001
信泰人寿保险股份有限公司南通中心支公司	南通市工农路256号鑫龙大厦5楼	孙　林	0513-81121622	226008
江苏宁价保险公估有限公司南通分公司	南通市红星路8号	周培新	0513-85123456	226008
长安责任保险股份有限公司南通市中心支公司	南通市人民东路159号瑞景广场4号楼7楼	史昱敏	0513-80108169	226001
长城人寿保险股份有限公司南通中心支公司	人民中路203号中南大厦B座17楼	肖龙节	0513-80107106	226001
安诚财产保险股份有限公司南通中心支公司	南通市外环西路49号外滩大厦	洪　军	0513-81567010	226006
中德安联人寿保险有限公司江苏分公司南通营销服务部	南通市工农路249号都市豪庭11楼1103室	丁建峰	0513-81181991	226007
幸福人寿保险股份有限公司南通中心支公司	南通市工农路5号亚太大厦8楼、11楼	季少伟	0513-80106822	226001
华泰人寿保险股份有限公司南通中心支公司	市濠西路78号汉庭酒店三楼	姚晓军	0513-89011308	226006
江苏永诚保险代理有限公司	南通市人民中路	钱亚明	0513-85585773	226001
上海环亚保险经纪有限公司南通分公司	南通市桃坞路99号华宏国际1215室	沙建亮	0513-85357801	226001
华泰证券股份有限公司南通姚港路证券营业部	南通市姚港路6号	汪　杰	0513-85529888	226001
华泰证券股份有限公司南通环城西路证券营业部	南通市环城西路18号飞马大厦二楼	任巧建	0513-85126773	226001
华泰证券有限责任公司南通人民中路证券营业部	南通市人民中路10号	沙　斐	0513-85123179	226001
申银万国证券股份有限公司南通南大街证券营业部	南通市青年中路58号	刘锦富	0513-85532355	226006
南京证券有限责任公司南通姚港路证券营业部	南通市姚港路10号	严子禹	0513-85127858	226006
海通证券股份有限公司南通人民中路证券营业部	南通市人民中路88号邮政大楼二楼	赵建祥	0513-85119881	226001
中山证券有限责任公司南通孩儿巷证券营业部	南通市姚港路2号鸿运大厦C座4楼	邢　程	0513-85594278	226006
广发证券股份有限公司南通青年中路证券营业部	南通市青年中路9号中城大厦1—2	陈　健	0513-85116603	226001
联讯证券经纪有限责任公司南通工农路证券营业部	南通市工农路245号(成功大厦)	朱洪涛	0513-83586018	226007
金元证券股份有限公司南通青年中路证券营业部	南通市青年中路69号通明大厦A座三楼	倪建伟	0513-85051289	226006
中国建银投资证券有限责任公司南通青年西路证券营业部	南通市青年西路1号	曹培荣	0513-83558968	226006
国联证券股份有限公司南通工农路证券营业部	南通市工农路486号南通软件园一楼	李　昕	0513-85288568	226007
江苏文峰期货经纪有限责任公司	南通市环城南路128号飞马大厦三层	王胜春	0513-85529849	226001
江苏弘业期货经纪有限公司南通营业部	南通市姚港路6号方天大厦703室	汤渝江	0513-85113309	226006
国联期货有限责任公司南通营业部	南通市南大街290号崇川大厦4楼	沈　燕	0513-85587588	226001
东海期货有限责任公司南通营业部	南通市人民中路71号润友大厦6楼	周志洪	0513-80107688	226001
冠通期货经纪有限公司南通营业部	南通市姚港路6号方天大厦408室	赵国新	0513-85510711	226001
华泰长城期货有限公司南通营业部	南通市青年中路69号通明大厦A座401	朱建平	0513-89013838	226006

6. 扬州市主要金融机构

机构名称	地址	负责人	电话	邮编
中国人民银行扬州市中心支行	扬州市文昌中路561号	仲彬	0514-87935288	225009
中国银行业监督委员会扬州监管分局	扬州市扬子江中路756号	杨龙玉	0514-87782877	225009
江苏银行扬州分行	扬州市文昌中路563号	艾晨	0514-87933099	225009
扬州市区农村信用合作联社	扬州市鸿大路1号	周仁山	0514-87788688	225002
中国农业发展银行扬州市分行	扬州市百祥路123号	朱文根	0514-82989899	225012
中国工商银行股份有限公司扬州分行	扬州市扬子江中路656号	顾国庆	0514-87859678	225009
中国农业银行扬州市分行	扬州市文昌西路2号	葛志强	0514-87863328	225000
中国银行股份有限公司扬州分行	扬州市文昌中路541号	仇志祥	0514-87361008	225009
中国建设银行股份有限公司扬州分行	扬州市文昌中路100号	张玲莉	0514-87340515	225001
交通银行股份有限公司扬州分行	扬州市汶河北路2号	吴好	0514-87359111	225002
中信银行扬州分行	扬州市维扬路171号	徐勇	0514-87890988	225009
招商银行扬州分行	扬州市文昌西路12号	庄晓梅	0514-82988601	225009
中国邮政储蓄银行扬州市分行	扬州市运河西路176号	葛鹏	0514-82989600	225012
华夏银行扬州支行	扬州市邗江中路301号	陈章棋	0514-82962818	225012
江苏邗江民泰村镇银行股份有限公司	扬州市兴城西路191号	杨扬	0514-82681666	225009
常熟农村商业银行邗江支行	扬州市文汇西路175号	申忠康	0514-87996000	225009
南京银行扬州分行	扬州市江阳中路433号	徐建华	0514-82991001	225009
昆山农村商业银行广陵支行	扬州市文昌中路8号	王建忠	0514-82981119	225002
中国人寿保险股份有限公司扬州市分公司	扬州市文昌中路543号	黄俊	0514-87340901	225002
中国人民财产保险股份有限公司扬州市分公司	扬州市文昌中路388号	杨玉宏	0514-87333906	225001
中国太平洋人寿保险股份有限公司扬州中心支公司	扬州市文昌中路542号	刘枫	0514-87316105	225002
中国太平洋财产保险股份有限公司扬州中心支公司	扬州市文昌中路540号	吴华	0514-87331880	225002
招商证券扬州汶河北路证券营业部	扬州市汶河北路38号	张宁	0514-87346818	225002
海通证券股份有限公司扬州汶河南路证券营业部	扬州市汶河南路69号	刘俊杰	0514-87360056	225002
申银万国证券股份有限公司扬州扬子江中路证券营业部	扬州市扬子江中路758号	臧扬	0514-87891800	225009
中投证券扬州营业部	扬州市邗江北路68号	沈军	0514-87322885	225002

7. 镇江市主要金融机构

机构名称	地址	负责人	电话	邮编
中国人民银行镇江市中心支行	镇江市中山西路110号	邱跃民	0511-85229277	212004
中国银监会镇江监管分局	镇江市梦溪路43号	张宗政	0511-88982002	212003
中国农业发展银行镇江市分行	镇江市中山东路16号	徐素荣	0511-85032998	212300
中国工商银行镇江分行	镇江市解放路308号	周乃	0511-85038168	212000
中国农业银行镇江分行	镇江市电力路19号	宋国云	0511-85275208	212007

（续表）

机构名称	地址	负责人	电话	邮编
中国银行镇江分行	镇江市京口区中山东路235号	王玉刚	0511-85027934	212001
中国建设银行镇江分行	镇江市正东路29号	刘彤	0511-84434216	212003
交通银行镇江分行	镇江市解放路229号	柴卫平	0511-85082001	212001
华夏银行镇江分行	镇江市解放路288号东邦国际商务大厦19楼	王琪生	0511-88910990	212001
民生银行镇江支行	镇江市长江路7号地方海事大厦1、2层	丁勇	0511-88916668	212001
上海浦东发展银行镇江支行	镇江解放路318号	缪志林	0511-85085088	212002
招商银行镇江分行	镇江市电力路18号	周建明	0511-88916889	212007
江苏银行镇江分行	镇江市正东路28号	眭建群	0511-85010097	212000
中国邮政储蓄银行江苏省镇江市分行	镇江市中山西路65号	刘晓波	0511-85230216	212004
镇江市农村商业银行	镇江市寿邱街9号	王国力	0511-85013502	212001
大新银行(中国)有限公司镇江分行	镇江市解放路59号	李奇瑞	0511-85309922	212001
中国人民财产保险股份有限公司镇江市分公司	镇江市正东路35号	戎军	0511-84434067	212003
中国太平洋财产保险股份有限公司镇江中心支公司	镇江市中山东路19号	杨宁国	0511-84433541	212003
中国平安财产保险股份有限公司镇江中心支公司	镇江市解放路357号1号楼三楼	张雪冰	0511-85037709	212003
天安保险股份有限公司镇江中心支公司	镇江市黄山北路韵成大厦B座2—4楼	周昭	0511-85116088	21200
大众保险股份有限公司镇江中心支公司	镇江市解放路318号3楼	王宇龄	0511-85034086	212001
中华联合财产保险股份有限公司镇江中心支公司	镇江市电力路39号中基大厦4楼	刘颖	0511-85293688	212002
永安财产保险股份有限公司镇江中心支公司	镇江市解放路430号5楼	曹伟	0511-85371116	212001
太平财产保险有限公司镇江中心支公司	镇江市大西路286号同德大厦2楼	崔建中	0511-85282666	212002
安邦财产保险股份有限公司镇江中心支公司	镇江市邱寿街8号6楼	莫群飞	0511-85905999	212000
华安财产保险股份有限公司镇江中心支公司	镇江市黄山南路2—16号天和星城东大门右侧	魏俊伟	0511-84490352	212002
都邦财产保险股份有限公司镇江中心支公司	镇江市解放路22号2号楼4楼	倪凯	0511-85911987	212000
阳光财产保险股份有限公司镇江中心支公司	镇江市丁卯桥108号2楼	周武	0511-88892755	212000
大地财产保险股份有限公司镇江中心支公司	镇江市电力路30号7楼	冷吉义	0511-85950001	212000
中银保险有限公司镇江中心支公司	镇江市中山西路59号京都大厦11楼	蒋金署	0511-86060117	212000
华泰财产保险股份有限公司镇江中心支公司	镇江市解放路115号大市口邮政局4楼	钱杰	0511-85084588	212000
渤海财产保险股份有限公司镇江中心支公司	镇江市中山东路68号嘉源大厦806室	孙力宇	0511-85082789	212000
民安保险(中国)有限公司镇江中心支公司	镇江市中山东路4号附楼	洪兵	0511-86110899	212000
国寿财产保险股份有限公司镇江中心支公司	镇江市黄山南路20号德润大厦10层	杨铁牛	0511-85218503	212000
安诚财产保险股份有限公司镇江中心支公司	镇江市中山东路381号中山大厦7楼	于整放	0511-85115999	212000
长安责任财产保险股份有限公司镇江中心支公司	镇江市中山东路45号华星大厦15楼(1501—1508室)	王鸣威	0511-85118700	212000
永诚财产保险股份有限公司镇江中心支公司	镇江市解放路288号东邦国际大厦9楼	徐斌	0511-85013988	212000
中国人寿保险股份有限公司镇江市分公司	镇江市正东路148号	黄俊	0511-84415466	212003
中国太平洋人寿保险股份有限公司镇江中心支公司	镇江市中山东路19号	韩建玲	0511-88990705	212003

（续表）

机构名称	地址	负责人	电话	邮编
中国平安人寿保险股份有限公司镇江中心支公司	镇江市中山东路189号诚和大厦13楼	张劼	0511-85033562	212003
新华人寿保险股份有限公司镇江中心支公司	镇江市大西路347号2—3楼	鲁勇军	0511-85294990-808	212002
泰康人寿保险股份有限公司镇江中心支公司	镇江市电力路28号6楼	孟庆飙	0511-85296301	212002
太平人寿保险股份有限公司镇江中心支公司	镇江市解放路22号京城大厦3—5楼	陆静	0511-88989999	212000
民生人寿保险股份有限公司镇江中心支公司	镇江市中山东路423号邮政大厦7楼	凌志波	0511-85909801	212004
合众人寿保险股份有限公司镇江中心支公司	镇江市电力路30号(润州教育局)6楼	袁因	0511-85087888	212000
生命人寿保险股份有限公司镇江中心支公司	镇江市解放路430号6楼	沈兆萍	0511-85118999	212000
中宏人寿保险股份有限公司镇江营销服务部	镇江市中山东路25号京口教育大厦13楼	陈志武	0511-88989001	212000
海康人寿保险股份有限公司镇江营销服务部	镇江市中山西路100号明珠大厦611室	吴均	0511-85214568	212000
嘉禾人寿保险股份有限公司镇江营销服务部	镇江市中山西路98号外贸大厦10楼	鄢鸿军	0511-85936901	212000
华夏人寿保险股份有限公司镇江中心支公司	镇江市运河路4号南1—6楼	严建俊	0511-85117099	212000
平安养老保险股份有限公司镇江中心支公司	镇江市中山东路189号诚和大厦14楼	戴漪	0511-85033564	212000
国泰人寿保险股份有限公司镇江营销服务部	镇江市大西路120号(建行3楼)	陈炜权	0511-85226538-2200	212000
正德人寿保险股份有限公司镇江中心支公司	镇江市望京天地2楼	唐钢	0511-85930090	212000
长城人寿保险股份有限公司镇江中心支公司	镇江市大西路286号(中行3楼)	董静波	0511-85931101	212000
阳光人寿保险股份有限公司镇江中心支公司	镇江市梦溪路2号船院空调2楼	陈艳	0511-84436228	212000
华泰人寿保险股份有限公司镇江中心支公司	镇江市解放路68号内	张国清	0511-85221978	212000
信泰人寿保险股份有限公司镇江中心支公司	镇江市电力路39号中基大厦5楼	徐国	0511-85907888	212000
中国人民人寿保险股份有限公司镇江市分公司	镇江市中山东路45号701(7楼A座)	赵世界	0511-85959777	212000
华泰证券股份有限公司镇江营业部	镇江市中山东路4号	袁红彬	0511-85037090	212001
申银万国证券股份有限公司镇江营业部	镇江市中山东路28号	王劲	0511-85032138	212001
安信证券股份有限公司镇江营业部	镇江市中山东路189号2楼	陈国兴	0511-85023108	212001
南京证券股份有限公司镇江营业部	镇江市中山东路288—1号	王曙福	0511-85248167	212001
国联证券股份有限公司镇江南门大街证券营业部	镇江市南门大街269号	朱向明	0511-84428548	212000

8. 泰州市主要金融机构

机构名称	地址	负责人	电话	邮编
中国人民银行泰州市中心支行	泰州市海陵南路319号	贾拓	0523-86836933	225300
中国银行业监督管理委员会泰州银监分局	泰州市五一路121号	戴玉明	0523-86392800	225300
泰州市保险行业协会	泰州市青年南路157号	戴群	0523-82098578	225300
中国工商银行泰州市分行	泰州市青年北路168号	周汇林	0523-86225108	225300
中国农业银行泰州市分行	泰州市青年南路56号	陈杏梅	0523-86896288	225300
中国银行泰州市分行	泰州市青年路128号	刘乐浩	0523-86230388	225300
中国建设银行泰州市分行	泰州市五一路79号	沈康	0523-86611585	225300
交通银行泰州市分行	泰州青年北路151号	林波	0523-86225078	225300
中国农业发展银行泰州市分行	泰州市人民西路20号	孟凡庭	0523-86210491	225300
中信银行泰州分行	泰州市青年路39号	宋建中	0523-86230998	225300

（续表）

机构名称	地址	负责人	电话	邮编
南京银行泰州分行	泰州市五一路80号	陈骏	0523-86392988	225300
江苏银行泰州分行	泰州市东进东路10号	封林	0523-86392001	225300
邮政储蓄银行泰州分行	泰州市东进西路7号B楼	唐安乐	0523-86999600	225300
招商银行泰州分行	泰州市迎春东路28—8号	赵庆平	0523-86681666	225300
江苏长江商业银行泰州分行	泰州市府前路9号	王燕	0523-86390929	225300
上海浦东发展银行泰州分行	泰州市青年北路215号	薛博	0523-86899588	225300
江苏海阳农村合作银行	泰州市青年路52号	陈飞	0523-86239100	225300
江苏靖江农村商业银行	靖江市骥江路179号	刘友余	0523-84826628	214500
泰兴市农村信用合作联社	泰兴市国庆西路88号	施正山	0523-87627000	225400
江苏姜堰农村合作银行	姜堰市人民路46号	洪其华	0523-88289829	225500
江苏兴化农村合作银行	兴化市五里东路2号金融大厦602室	王文林	0523-83328828	225700
江苏长江城市商业银行	靖江市骥江西路359号	朱惠建	0523-84891001	214500
中国人民财产保险泰州市分公司	泰州市凤凰东路80号	石卫星	0523-80916888	225300
中国人寿保险泰州市分公司	泰州市人民西路28号	孟昶	0523-86211609	225300
中国太平洋财产保险泰州中心支公司	泰州市鼓楼南路557号	吴熊	0523-86363601	225300
中国太平洋人寿保险泰州中心支公司	泰州市鼓楼南路559号	谈健	0523-86363133	225300
中国平安财产保险泰州中心支公司	泰州市迎春西路69号	裴晓明	0523-86333456	225300
中国平安人寿保险泰州中心支公司	泰州市迎春西路69号	辛朝辉	0523-86335918	225300
天安保险泰州中心支公司	泰州市海陵南路389号	谈桂君	0523-86850490	225300
新华人寿保险泰州中心支公司	泰州市青年路52号	朱金海	0523-86216200	225300
泰康人寿保险泰州中心支公司	泰州市青年路63号	李建华	0523-82098700	225300
中华联合财产保险泰州中心支公司	泰州市鼓楼北路1号	李学军	0523-86243333	225300
中国大地财产保险泰州中心支公司	泰州市鼓楼南路315号	赵富洋	0523-86395895	225300
民生人寿保险泰州营销服务部	泰州市青年北路65号	高霞	0523-86392355	225300
永安财产保险泰州中心支公司	泰州市海陵南路315号	王骏	0523-86392666	225300
华安财产保险泰州中心支公司	泰州市凤凰东路68号	井荣	0523-86213111	225300
太平人寿保险泰州中心支公司	泰州市鼓楼北路2号	潘海林	0523-80813366	225300
生命人寿保险泰州中心支公司	泰州市鼓楼南路318号	袁文方	0523-82111988	225300
安邦财产保险泰州中心支公司	泰州市人民西路10号	郑路遥	0523-86395666	225300
合众人寿保险泰州中心支公司	泰州市青年北路219号金贸大厦8楼	杨静	0523-86236996	225300
阳光财产保险泰州中心支公司	泰州市梅兰东路33号	林蔚	0523-86896919	225300
都邦财产保险泰州中心支公司	泰州市海陵南路319号人行北1楼	夏万友	0523-86350000	225300
国寿财产保险泰州市中心支公司	泰州市江洲南路115号	邵立民	0523-86998688	225300
华泰财产保险泰州中心支公司	泰州市东进西路95号	薛来勤	0523-82088901	225300
美国友邦保险泰州营销服务部	泰州市青年北路58号	王伟	0523-86216508	225300
渤海财产保险泰州中心支行公司	海陵区迎宾路188—27号1—2层	袁军	0523-86998777	225300
信泰人寿保险泰州营销服务部	泰州市鼓楼北路1号泰州书城5楼	周红	0523-86998228	225300
太平财产保险泰州中心支公司	泰州市海陵南路628号	姚小龙	0523-86390555	225300
民安保险(中国)有限公司泰州中心支公司	泰州市迎春西路59号	程钟	0523-86998188	225300
中国人民健康保险泰州中心支公司	泰州市海陵南路47号	树华	0523-82190999	225300
国泰人寿保险江苏分公司泰州营销服务部	泰州市青年北路5楼58号	张嘉明	0523-86998966	225300

（续表）

机 构 名 称	地 址	负责人	电 话	邮 编
中银保险泰州中心支公司	泰州市人民西路 6 号 3 楼	吴 建	0523-86695288	225300
华夏人寿保险股份有限公司泰州中心支公司	江苏省泰州市税东街 9 号	耿海鹭	0523-82196068	225300
嘉禾人寿保险江苏分公司泰州营销服务部	泰州市青年北路 195 号 301	刘炳煌	0523-89996698	225300
阳光人寿保险泰州中心支公司	泰州市东进路金鹰 G7 写字楼 3 楼	桑永青	0523-86390666	225300
华泰人寿泰州中心支公司	泰州市东进路索奥宾馆 8 楼	费年龙	0523-82789800	225300
长安责任财产保险泰州中心支公司	泰州市江洲南路 90 号	张年华	0523-82121069	225300
长城人寿保险泰州中心支公司	泰州市海陵区坡子街 2 单元 606、607 室	刘红卫	0523-86156633	225300
中国人民人寿保险泰州中心支公司	泰州市凤凰东路 68 号建工大厦 7 楼	陆松伟	0523-80729068	225300
紫金保险泰州中心支公司	泰州市海陵区凤凰东路 98 号	王京苏	0523-86892893	225300
华泰证券泰州迎春西路证券营业部	泰州市迎春西路 22 号	田志武	0523-86234237	225300
华泰证券泰州鼓楼北路证券营业部	泰州市鼓楼北路 11-1 号	周德洪	0523-86242500	225300
中信建投证券泰州青年路证券营业部	泰州市青年北路 26—8 号	郑家智	0523-86215166	225300
海通证券泰州鼓楼南路证券营业部	泰州市鼓楼南路 313 号	乔雷璋	0523-86890755	225300
长江证券泰州迎春西路证券营业部	泰州市海陵区 59 号	王 勇	0523-86998099	225300
国联证券泰州济川路营业部	泰州市济川东路 99—106 号	邹 顺	0523-86390396	225300
江苏东华期货经纪有限公司泰州营业部	泰州市金茂大厦 716 号	韩海龙	0523-86223959	225300
江苏弘业期货经纪有限公司泰州营业部	泰州市金茂大厦 801 室	蒋 励	0523-86211993	225300
申银万国证券靖江骥江路证券营业部	靖江市骥江路 160 号	王积强	0523-84834066	214500
东吴证券泰州海陵南路证券营业部	泰州市海陵区海陵南路 360—6 号	秦国军	0523-86313068	225300
申银万国证券泰兴长征路营业部	泰兴市长征路 99 号	徐志凤	0523-87650123	225400
华泰证券靖江人民中路证券营业部	靖江市人民中路 68 号国贸中心 9 楼	陶 津	0523-84961111	214500
南京证券靖江骥江路证券营业部	靖江市骥江路 276 号 4 楼	钱英皓	0523-89151988	214500
东海证券靖江车站路证券营业部	靖江市车站路 2 号	陶 陶	0523-89101058	214500
华泰证券姜堰东大街证券营业部	姜堰市东大街 23 号	张英黎	0523-88209518	225500
中信建投证券兴化建设路证券营业部	兴化市建设路 113 号	黄志军	0523-83224099	225700

三、2010 年浙江省金融机构名录

1. 杭州市主要金融机构

机构名称	地址	负责人	电话	邮编
中国人民银行杭州中心支行	杭州市延安路 149 号	刘仁伍	0571-87686688	310001
中国银行业监督管理委员会浙江监管局	杭州市解放路 187 号	杨小苹	0571-87189900	310001
中国证券监督管理委员会浙江监管局	杭州市文三路 90 号东部软件园 1 号楼 3 楼	王宝桐	0571-88473323	310012
中国保险监督管理委员会浙江监管局	杭州市体育场路 105 号凯喜雅大厦 12 楼	吴勉坚	0571-85777751	310004
中国农业发展银行浙江省分行	杭州市建国北路 283 号	王玉高	0571-87299111	310003
国家开发银行浙江省分行	杭州市环城西路 108 号	徐 勇	0571-85786055	310006
中国进出口银行浙江省分行	杭大路 9 号聚龙大厦西楼 15 楼	陈筱敏	0571-87851888	310007
中国工商银行股份有限公司浙江省分行	杭州市中河中路 150 号	徐新桥	0571-87803888	310009
中国农业银行浙江省分行	杭州市长庆街 55 号	赵忠世	0571-87226000	310003
中国银行股份有限公司浙江省分行	杭州市凤起路 321 号	陈 石	0571-85011888	310003
中国建设银行股份有限公司浙江省分行	杭州市体育场路 288 号	余静波	0571-85313228	310003
中国华融资产管理公司杭州办事处	杭州市清泰街 499 号金隆花园	胡 英	0571-87836709	310009
中国长城资产管理公司杭州办事处	杭州市邮电路 23 号	张范全	0571-85167890	310006
中国东方资产管理公司杭州办事处	杭州市庆春路 225 号西湖时代广场 5 楼	章建新	0571-87163173	310006
中国信达资产管理公司杭州办事处	杭州市延安路 528 号标力大厦 B 座 12 楼	涂咸阳	0571-85774692	310006
浙商银行股份有限公司	杭州市庆春路 288 号	龚方乐	0571-87659090	310006
浙江省农村信用社联合社	杭州市环城北路 292 号	姚世新	0571-85866910	310006
交通银行股份有限公司浙江省分行	杭州市庆春路 173 号	俞炯玲	0571-87216012	310006
中信银行股份有限公司杭州分行	杭州市延安路 88 号	王利亚	0571-87032888	310002
上海浦东发展银行股份有限公司杭州分行	杭州市延安路 129 号	杨绍红	0571-87366688	310002
华夏银行股份有限公司杭州分行	杭州市庆春路 73 号	杨素法	0571-87239000	310003
招商银行股份有限公司杭州分行	杭州市杭大路 23 号	朱建新	0571-87395500	310007
广东发展银行股份有限公司杭州分行	杭州市延安路 516 号	金海腾	0571-87019888	310006
深圳发展银行股份有限公司杭州分行	杭州市庆春路 36 号	袁振瑜	0571-87224888	310003
中国民生银行股份有限公司杭州分行	杭州市庆春路 25 号远洋大厦	顾立辉	0571-87239790	310009
兴业银行股份有限公司杭州分行	杭州市庆春路 40 号	官恒秋	0571-87037999	310003
中国光大银行股份有限公司杭州分行	杭州市庆春路 200 号	郑学筠	0571-87895358	310006
恒丰银行股份有限公司杭州分行	杭州市建国北路 639 号	杨林茂	0571-85086006	310004

（续表）

机构名称	地址	负责人	电话	邮编
渤海银行股份有限公司杭州分行	杭州市延安路468号浙江外经贸广场B座9—10楼	姜乳云	0571-28119999	310006
中国邮政储蓄银行有限责任公司浙江省分行	杭州市百井坊巷87号	王雄飞	0571-87335033	310003
杭州银行股份有限公司	杭州市庆春路46号	吴太普	0571-85109707	310003
宁波银行股份有限公司杭州分行	杭州市保俶路146号	贝　瑜	0571-87205966	310007
温州银行股份有限公司杭州分行	杭州市仙林桥直街3号	金建康	0571-87338001	310003
浙江稠州商业银行股份有限公司杭州分行	杭州市建国中路68号	屠　整	0571-87137788	310009
浙江民泰商业银行股份有限公司杭州分行	杭州市莫干山路501号	何世泉	0571-87209665	310005
浙江泰隆商业银行股份有限公司杭州分行	杭州市中河中路198号	郑君京	0571-88333777	310006
上海银行股份有限公司杭州分行	杭州市庆春路138号	叶继雄	0571-87560219	310003
北京银行股份有限公司杭州分行	杭州市庆春东路78号	蒋增浩	0571-81998205	310016
平安银行股份有限公司杭州分行	杭州市教工路18号世贸丽晶城A区11楼	章国华	0571-88933000	310012
杭州联合农村合作银行	杭州市中山北路288号	张　晨	0571-87923272	310003
三井住友银行(中国)有限公司杭州分行	杭州市庆春路118号嘉德广场23楼	柴田学	0571-28891111	310003
东亚银行(中国)有限公司杭州分行	杭州市庆春路228—230号	麦子平	0571-89812288	310003
汇丰银行(中国)有限公司杭州分行	杭州市庆春路136号广利大厦15A层	黄　平	0571-87249898	310003
花旗银行(中国)有限公司杭州分行	杭州市庆春路118号嘉德广场13楼	窦淑芳	0571-87229088	310003
恒生银行(中国)有限公司杭州分行	杭州市庆春路151—1号瑞丰国际商务大厦首层	谢世铿	0571-87296178	310003
渣打银行(中国)有限公司杭州分行	杭州市庆春路151号瑞丰国际商务大厦A2、A3、B2、B3	吴　鹏	0571-87365288	310003
南洋商业银行(中国)有限公司杭州分行	杭州市庆春路195—1号	邓淑萍	0571-87038080	310003
中投信托有限责任公司	杭州市教工路18号世贸丽晶城A座18—19层	叶　星	0571-85069326	310012
浙江省工商信托投资股份有限公司	杭州市体育场路429号	胡子南	0571-85807853	310006
杭州工商信托股份有限公司	杭州市庆春路136号广利大厦25层	郑向炜	0571-87218033	310003
华融金融租赁股份有限公司	杭州市曙光路122号世贸中心A座六、七楼	胡继良	0571-87950988	310007
万向财务有限公司	杭州市庆春路225号西湖时代广场7楼	傅志芳	0571-87163333	310006
浙江省能源集团财务有限责任公司	杭州市环城北路华浙广场9楼	杨剑雄	0571-86669990	310006
中信金通证券有限责任公司	杭州市滨江区江南大道558号恒鑫大厦主楼19—20层	刘　军	0571-85783737	310053
浙商证券有限责任公司	杭州市杭大路1号黄龙世纪广场A区6楼	吴承根	0571-87901963	310007
财通证券有限责任公司	杭州市解放路111号金钱大厦	沈继宁	0571-87828088	310009
中国人民财产保险股份有限公司浙江省分公司	杭州市中河中路66—68号	华美春	0571-87810888	310009
中国太平洋财产保险股份有限公司浙江分公司	杭州市庆春路196号	车平华	0571-87230051	310006
中国平安财产保险股份有限公司浙江分公司	杭州市教工路88号立元大厦8楼	尤程明	0571-88381818	310005
中华联合财产保险股份有限公司浙江分公司	杭州市湖墅南路505号中华保险大厦15楼	胡拥军	0571-88391596	310005
天安保险股份有限公司浙江省分公司	杭州市庆春路25—29号远洋大厦19楼	毛惠春	0571-87041888	310009
大众保险股份有限公司浙江分公司	杭州市解放路89号星河商务大厦10楼	金国兴	0571-88078999	310009

（续表）

机　构　名　称	地　　址	负责人	电　话	邮　编
中国大地财产保险股份有限公司浙江分公司	杭州西湖大道35号万新大厦1号楼11楼	舒文跃	0571-87000188	310009
华泰财产保险股份有限公司浙江省分公司	杭州市庆春东路66号庆春发展大厦B座15楼	吴立强	0571-87238300	310008
太平保险有限公司浙江分公司	杭州市庆春路136号广利大厦15楼	黄寿山	0571-28811000	310003
华安财产保险股份有限公司浙江分公司	杭州市天目山路7号东海创意中心大厦15楼	廖小卫	0571-87168888	310007
永安财产保险股份有限公司浙江分公司	杭州市体育场路498号浙江省地质勘察局地勘大楼5、6层	黄晓燕	0571-85789659	310007
安邦财产保险股份有限公司浙江分公司	杭州市建国北路639号华源发展大厦19楼	董　悦	0571-85780832	310004
都邦财产保险股份有限公司浙江分公司	杭州市体育场路105号凯喜雅大厦14楼	顾大庆	0571-28006720	310004
天平汽车保险股份有限公司浙江分公司	杭州市教工路88号立元大厦5楼	陈志斌	0571-28809111	310012
中银保险有限公司浙江分公司	杭州市西湖大道58号金隆花园华顺大厦5楼	张伟宁	0571-85011100	310009
阳光财产保险股份有限公司浙江省分公司	杭州市新塘路33号三新大厦14楼	费一飞	0571-87680399	310020
民安保险(中国)有限公司浙江分公司	杭州市天目山路159号现代国际大厦B座12楼	郑剑波	0571-87669121	310007
渤海财产保险股份有限公司浙江省分公司	杭州市滨江区江南大道558号恒鑫大厦4楼	葛煜国	0571-28992555	310052
中国人寿财产保险股份有限公司浙江省分公司	杭州市青春坊33幢18楼	施建峰	0571-87216466	310003
安诚财产保险股份有限公司浙江省分公司	杭州市新塘路19号采荷嘉业大厦5幢10楼	钱心葵	0571-88110000	310016
永诚财产保险股份有限公司浙江分公司	杭州市湖墅南路186号丽阳国际商务中心19—20层	郭　浪	0571-28002888	310005
长安责任保险股份有限公司浙江省分公司	杭州市凯旋路445号物产国际广场22楼	杨锡忠	0571-28110808	310020
安信农业保险股份有限公司浙江分公司	杭州市上塘路50—4号	周　立	0571-28112858	310014
中国出口信用保险公司浙江分公司	杭州市延安路528号标力大厦B座25层	钱水凤	0571-28036700	310006
中国人寿保险股份有限公司浙江省分公司	杭州市中河中路80号	祝　平	0571-87216401	310007
中国太平洋人寿保险股份有限公司浙江分公司	杭州西湖大道35号万新大厦1号楼	张鸣放	0571-87224949	310006
中国平安人寿保险股份有限公司浙江分公司	杭州市环城北路208号坤和中心11楼	崔龚英	0571-87556600	310006
泰康人寿保险股份有限公司浙江分公司	杭州市下城区仙林桥直街3号仙林大厦9层	汪　刚	0571-85802112	310003
新华人寿保险股份有限公司浙江分公司	杭州市中河中路216号平海国际大厦4楼	陈国平	0571-87235369	310003
太平人寿保险有限公司浙江分公司	杭州市庆春路136号广利大厦裙楼5楼	黄朝辉	0571-28889696	310003
民生人寿保险股份有限公司浙江分公司	杭州市潮王路225号红石中央大厦18层	田　安	0571-85389504	310005
光大永明人寿保险有限公司杭州分公司	杭州市杭大路15号嘉华国际商务中心802室	司存伟	0571-87858398	310007
中宏人寿保险有限公司浙江分公司	杭州市黄龙路5号恒励大厦2楼	林继平	0571-28023322	310007
华泰人寿保险股份有限公司浙江分公司	杭州市中河南路11号万凯商务楼B座	金国民	0571-28009160	310008
中德安联人寿保险有限公司浙江分公司	杭州市庆春路118号嘉德广场10楼	赵卫国	0571-28906161	310003
中国人民健康保险股份有限公司浙江分公司	杭州市延安路466号省外经贸大楼11楼	赵　波	0571-28918898	310006

（续表）

机构名称	地址	负责人	电话	邮编
合众人寿保险股份有限公司浙江分公司	杭州市中河中路222号平海国际大厦17楼	金丹颂	0571-28907766	310003
信诚人寿保险有限公司浙江省分公司	杭州市凤起路96号之俊大厦23楼	茅重远	0571-28065118	310003
长生人寿保险有限公司浙江分公司	杭州市庆春路136号广利大厦15B	徐　良	0571-28035888	310003
中国人民健康保险股份有限公司浙江省分公司	杭州市庆春东路68号杭州汽轮国际大厦A座9楼	廖定进	0571-28118888	310020
平安养老保险股份有限公司浙江分公司	杭州市延安路398号省二轻大厦5楼	何　方	0571-85776870	310006
海康人寿保险有限公司浙江分公司	杭州市西溪路128号金鼎广场西侧新湖商务大楼4楼	冯伟琦	0571-28894868	310007
生命人寿保险股份有限公司浙江分公司	杭州市庆春路118号嘉德广场15楼	沈江明	0571-28867766	310003
嘉禾人寿保险股份有限公司浙江分公司	杭州市延安路528号标力大厦9楼	徐济东	0571-85175999	310006
招商信诺人寿保险有限公司浙江分公司	杭州市杭大路15号嘉华国际商务中心510室	万晓梅	0571-87168790	310007
国泰人寿保险有限责任公司浙江分公司	杭州市建国北路658号海华广场23楼	王政传	0571-28039899	310004
正德人寿保险股份有限公司浙江分公司	杭州市庆春路137号华都大厦15楼	张传林	0571-87232168	310003
国华人寿保险股份有限公司浙江分公司	杭州市河坊街60号卫监局四层	张志明	0571-28116000	310009
联泰大都会人寿保险有限公司浙江分公司	杭州市中河中路258号瑞丰国际商务大厦27楼	陈连荣	0571-87799688	310003
阳光人寿保险股份有限公司浙江分公司	杭州市庆春路26号发展大厦12楼	王晓明	0571-87563153	310009
太平养老保险股份有限公司浙江分公司	杭州市延安路468号省外经贸大厦B座2楼	张　杰	0571-28889696	310006
英大泰和人寿保险股份有限公司浙江分公司	杭州市教工路88号立元大厦10楼	季建文	0571-51212003	310012
瑞泰人寿保险有限公司浙江分公司	杭州市体育场路105号凯喜雅大厦13楼	洪罕群	0571-28068606	310004
浙商财产保险股份有限公司	杭州市密渡桥路1号浙商时代大厦15—18层	张忠继	0571-28191000	310005
信泰人寿保险股份有限公司	杭州市定安路68号定安名都商务大厦	郑秋根	0571-87116666	310002
三井住友海上火灾保险公司杭州代表处	杭州市杭大路15号1707室	鞠惠艳	0571-87652851	310007
日本东京海上日动火灾保险公司杭州代表处	杭州市杭大路15号嘉华国际商务中心308室	王　婷	0571-87041998	310007

2. 宁波市主要金融机构

机构名称	地址	负责人	电话	邮编
中国人民银行宁波市中心支行	宁波市江东北路138号	宋汉光	0574-87058147	315040
中国银行业监督管理委员会宁波监管局	宁波市江东北路138号	凌　敢	0574-87978012	315040
中国证券监督管理委员会宁波监管局	宁波市江东区中兴路737号天润商座A座10楼	吕逸君	0574-87325107	315040
中国保险监督管理委员会宁波监管局	宁波市江东区惊驾路555号泰富广场A座16—17楼	邓俊辉	0574-27996525	315040
中国农业发展银行宁波市分行	宁波市灵桥路255号中宁大厦	孙兰生	0574-87072821	315000
国家开发银行宁波市分行	宁波市海曙区镇明路36号中信银行大厦22—26层	樊立新	0574-83872104	315000
中国进出口银行宁波市分行	宁波市江东区惊驾路555号中信泰福广场A座18楼	冯郁川	0574-87209915	315040

（续表）

机　构　名　称	地　　址	负责人	电　话	邮　编
中国工商银行宁波市分行	宁波市中山西路218号	周志方	0574-87361135	315010
中国农业银行宁波市分行	宁波市中山东路518号	彭超英	0574-87363537	315040
中国银行宁波市分行	宁波市药行街139号	钱建忠	0574-87196666	315000
中国建设银行宁波市分行	宁波市广济街31号	刘丽华	0574-87313888	315010
交通银行宁波分行	宁波市中山东路55号	边黎平	0574-87363921	315000
上海浦东发展银行宁波分行	宁波市江厦街21号	楼戈飞	0574-87268111	315000
兴业银行宁波分行	宁波市中兴路676号	黄忠斌	0574-87733333	315040
中国光大银行宁波分行	宁波江东区福明路828号恒富大厦9楼	杨　明	0574-87300888	315040
深圳发展银行宁波分行	宁波市江东北路138号	洪　卉	0574-87715167	315040
招商银行宁波分行	宁波市百丈东路938号	王　麟	0574-87015500	315040
中信银行宁波分行	宁波市镇明路36号	夏年炉	0574-87733226	315040
中国民生银行宁波分行	宁波市江东民安路348号	孙红英	0574-87260600	315010
广东发展银行宁波分行	宁波市灵桥路473号	王天云	0574-87190099	315000
浙商银行宁波分行	宁波市中山西路88号	张叶艺	0574-87269296	315010
华夏银行宁波分行	宁波市江东百丈东路787号利时大厦	魏开文	0574-87976666	315040
中国邮政储蓄银行宁波市分行	宁波市江北区桃渡路120号	陈建宏	0574-87363789	315020
宁波银行	宁波市宁南南路700号	陆华裕	0574-87050028	315040
上海银行宁波分行	宁波市江东区朝晖路1号	沈业贵	0574-87300895	315040
包商银行宁波分行	宁波市百丈东路883—885号君悦花园1幢1—4层	陈立平	0574-87816710	315040
临商银行宁波分行	宁波市江东区沧海路1918号上东商务中心C座3幢	卢立富	0574-87860199	315040
浙江泰隆商业银行宁波分行	宁波市江东区中山东路437—439号	颜利红	0574-87861100	315040
杭州银行宁波分行	宁波市惊驾路598—622号	邵为民	0574-27991101	315040
温州银行宁波分行	宁波市江东区世纪大道北段555—1号温州银行大厦	张志勇	0574-87860999	315040
浙江民泰商业银行宁波分行	宁波市鄞州区钱湖北路942号	董　明	0574-82807028	315100
象山国民村镇银行	宁波市象山石浦镇金山路浦港茗都街面15号	马亚芬	0574-65981238	315731
慈溪民生村镇银行	宁波市慈溪市周巷镇兴业北路1号	黄敏军	0574-63336001	315324
宁波国际银行	宁波市灵桥路768号新闻文化中心1楼	黄鹏年	0574-87371313	315000
协和银行有限公司	宁波市江东北路138号	洪建远	0574-87729968	315040
恒生银行(中国)有限公司宁波分行	宁波市海曙药行街77—81号都市仁和1层	邓汉英	0574-83876888	315000
汇丰银行(中国)有限公司宁波分行	宁波市彩虹北路50号波特曼中心C座	曹　磊	0574-87059000	315040
渣打银行(中国)有限公司宁波分行	宁波市海曙区和义路168号万豪中心18楼	夏奕奕	0574-83883999	315000
中信金通证券有限公司宁波分公司	宁波市海曙区镇明路36号中信银行大厦	赵荣润	0574-83851042	315010
光大证券股份有限公司宁波分公司	宁波市海曙区中山西路2号恒隆中心24楼	甘军强	0574-83852212	315010
中国人民财产保险股份有限公司宁波市分公司	宁波市大来街50号	毛寄文	0574-87196111	315000

（续表）

机构名称	地址	负责人	电话	邮编
中国太平洋财产保险股份有限公司宁波分公司	宁波市和义路95号	张渝	0574-87261666	315010
中国平安财产保险股份有限公司宁波分公司	宁波市开明街396号	朱国平	0574-87281888	315000
中国出口信用保险公司宁波分公司	宁波市江厦街21号浦发大厦14楼	陈小萍	0574-87341066	315010
大众保险股份有限公司宁波分公司	宁波市江东区姚隘路959号	李恒飞	0574-87011016	315040
天安保险股份有限公司宁波分公司	宁波市江东区民安路1018号新天地东区1号楼12层	许甬闰	0574-87897998	315040
中华联合财产保险股份有限公司宁波分公司	宁波市江东区桑田路643号	周波	0574-87811582	315040
中国大地财产保险股份有限公司宁波分公司	宁波市江东区朝晖路17号汉通大厦9—10楼	吕家麒	0574-27860006	315040
华安财产保险股份有限公司宁波分公司	宁波市百丈东路711弄2号金都大厦7楼	林峰	0574-27819090	315040
安邦财产保险股份有限公司宁波分公司	宁波市海曙区灵桥路255号中宁大厦18楼	孟丽	0574-27861666	315000
永安财产保险股份有限公司宁波中心支公司	宁波市江东新天地东区9幢12层	许继革	0574-27882800	315040
天平汽车保险股份有限公司宁波中心支公司	宁波市江东区甬江大道1号8号楼8楼A座	蒋蓉	0574-27829900	315000
华泰财产保险股份有限公司宁波分公司	宁波市蓝天路9号凯悦商务大厦12层	宋正光	0574-27890011	315000
阳光财产保险股份有限公司宁波市分公司	宁波市江东区江南路39号A座3楼	缪君秋	0574-27896657	315016
渤海财产保险股份有限公司宁波分公司	宁波市天童北路933号和邦大厦主楼3楼	陈峰	0574-28882229	315192
中银保险有限公司宁波中心支公司	宁波市药行街139号中银大厦2701室	李孟光	0574-27866668	315000
都邦财产保险股份有限公司宁波分公司	宁波市江北区人民路132号外滩大厦22层	陈飞	0574-87656877	315022
民安保险(中国)有限公司宁波中心支公司	宁波市鄞州区天童北路933号和邦大厦A座8楼	周孟国	0574-83051823	315192
太平保险有限公司宁波分公司	宁波市镇明路36号中信银行大厦18楼	奚志敏	0547-27891819	315000
安诚保险股份有限公司宁波分公司	宁波市鄞县大道1299号鄞州商会大厦南楼5楼	王春生	0574-83089599	315000
长安责任保险股份有限公司宁波中心支公司	宁波市中山西路文昌街2号文昌大酒店8楼	莫亦军	0574-28872912	315000
中国人寿财产保险股份有限公司宁波市中心支公司	宁波市府桥街3号恒隆中心北裙楼	叶劲松	0574-83892520	315000
浙商财产保险股份有限公司宁波中心支公司	宁波市江北区新马路97号	栗茂文	0574-27991906	315020
中国人寿保险股份有限公司宁波市分公司	宁波市解放南路65号	张忠平	0574-87290125	315010
中国太平洋人寿保险股份有限公司宁波分公司	宁波市和义路95号	陈兴土	0574-27876688	315010
中国平安人寿保险股份有限公司宁波分公司	宁波市开明街396号	韩晓	0574-87289886	315000
泰康人寿保险股份有限公司宁波分公司	宁波市和义路168号万豪中心10—11层	包嘉懿	0574-87036688	315020
新华人寿保险股份有限公司宁波分公司	宁波市海曙区车桥街69号恒泰大厦12—13楼	任军	0574-87278721	315000
太平人寿保险有限公司宁波分公司	宁波市海曙区中山西路2号恒隆中心4—6楼	罗国华	0574-87710888	315010
民生人寿保险股份有限公司宁波中心支公司	宁波市百丈东路886号万金大厦8楼	汪锋	0574-27879016	315000
中宏人寿保险有限公司宁波分公司	宁波市海曙区镇明路36号中信银行大厦28楼	廖大发	0574-87073322	315010
生命人寿保险股份有限公司宁波分公司	宁波市彩虹南路11号嘉汇国贸大厦A座6层	杨先聪	0574-27879071	315000

（续表）

机构名称	地址	负责人	电话	邮编
中德安联人寿保险有限公司浙江分公司宁波营销服务部	宁波市南站东路16号月湖银座18—10室	孙鑫	0574-87300925	315040
光大永明人寿保险有限公司宁波营销服务部	宁波市百丈路158号世纪经贸大厦6楼609室	石俊虎	0574-87300926	315040
合众人寿保险股份有限公司宁波中心支公司	宁波市药行街169号亚细亚A座5楼8501室	俞永明	0574-27897773	315000
平安养老保险股份有限公司宁波分公司	宁波市海曙区开明街396号平安大厦12楼	吴松	0574-83891522	315010
信诚人寿保险有限公司浙江省分公司宁波营销服务部	宁波市江东区朝晖路17号11—1室	徐建华	0574-27709770	315040
国泰人寿保险有限责任公司浙江分公司宁波	宁波市和义路77号汇金大厦305—308	郑迪华	0574-27892888	315010
嘉禾人寿保险股份有限公司宁波分公司	宁波市百丈东路886号万金大厦3楼	岑必成	0574-87886699	315040
海康人寿保险有限公司浙江分公司宁波营销服务部	宁波市江东区百丈东路787号B801室	王辉	0574-27784879	315040
联泰大都会人寿保险有限公司浙江分公司宁波营销服务部	宁波市中山西路布政巷科技创业大厦12楼	朱胜春	0574-87687368	315000
中国人民人寿保险股份有限公司宁波市分公司	宁波市海曙区中山西路布政巷16号科创大厦九层	谢海平	0574-83880204	315000
阳光人寿保险股份有限公司宁波中心支公司	宁波市中山西路布政巷科技创业大厦8楼	陈振华	0574-83880688	315000
信泰人寿保险股份有限公司宁波中心支公司	宁波市中山东路137号红帮大厦7楼	冯静萍	0574-83899519	315010
浙江省农村信用社联合社宁波办事处	宁波市环城北路西段555号	张初础	0574-87201299	315016
象山县绿叶城市信用社有限责任公司	宁波市象山县丹城天安路153—161号	樊虹国	0574-65656155	315700
永诚财产保险股份有限公司宁波中心支公司	宁波市鄞州区天童北路1539号麒麟大厦南楼七楼	谢武海	0574-28897177	315100
昆仑信托有限责任公司	宁波市江东北路138号	王亮	0574-87031734	315010
华融金融租赁股份有限公司宁波分公司	宁波市江东区东郊路8弄10号	徐高峰	0574-87734510	315040
宁波港集团财务有限公司	宁波市北仑区明州路301号	李令红	0574-27696669	315800

3. 嘉兴市主要金融机构

机构名称	地址	负责人	电话	邮编
中国人民银行嘉兴市中心支行	嘉兴市文昌路426号	王中佳	0573-82166101	314001
中国银行业监督管理委员会嘉兴监管分局	嘉兴市秀洲区新平路21号	周松方	0573-82793022	314031
中国工商银行嘉兴市分行	嘉兴市禾兴南路269号	沈忻	0573-82168999	314001
中国农业银行嘉兴市分行	嘉兴市斜西街383号	裘少士	0573-82051888	314001
中国银行嘉兴市分行	嘉兴市中山路56号	陶灵富	0573-82051288	314001
中国建设银行嘉兴市分行	嘉兴市紫阳街198号	陈强	0573-82032222	314001
农业发展银行嘉兴市分行	嘉兴市洪兴西路南1号	孙跃旗	0573-82720788	314001
交通银行嘉兴分行	嘉兴市中山西路236号	肖亮	0573-82054567	314031
中信银行嘉兴分行	嘉兴市中山路111号	朱进	0573-82096222	314001
上海浦东发展银行嘉兴分行	嘉兴市环城西路东菱天官坊3号楼	宣骥翊	0573-82092128	314001
兴业银行嘉兴支行	嘉兴市城东路83号	周金国	0573-82039901	314001
招商银行嘉兴支行	嘉兴市中山西路253号	常建梁	0573-82779888	314001

（续表）

机 构 名 称	地 址	负责人	电 话	邮 编
浙商银行嘉兴支行	嘉兴市梅弯街1号	史建明	0573-82038001	314001
深圳发展银行嘉兴支行	嘉兴市禾兴南路89号	唐弟良	0573-82053111	314001
民生银行嘉兴分行	嘉兴市禾兴南路337号	王小列	0573-82153822	314001
嘉兴银行	嘉兴市建国路467号	许洪明	0573-82062388	314001
湖州银行嘉兴分行	嘉兴市中山西路250号	邹 霞	0573-83673001	314001
浙江省信用联社嘉兴办事处	嘉兴市越秀南路903号	吴建伟	0573-82070988	314001
邮政储蓄银行嘉兴分行	嘉兴市勤俭路369号	李丽青	0573-82627011	314001
中国人民财产保险股份有限公司嘉兴市分公司	嘉兴市斜西街213号	李旭伟	0573-82072299	314001
中国人寿保险股份有限公司嘉兴分公司	嘉兴市中山路87号	齐孝安	0573-82077598	314001
中国太平洋财产保险股份有限公司嘉兴中心支公司	嘉兴市禾兴南路298号	程 伟	0573-82080788	314001
中国太平洋人寿保险股份有限公司嘉兴中心支公司	嘉兴市禾兴南路298号	李爱良	0573-82093223	314001
中国平安财产保险股份有限公司嘉兴中心支公司	嘉兴市吉杨路985号	沈 易	0573-82723085	314001
中国平安人寿保险股份有限公司嘉兴中心支公司	嘉兴市越秀北路1098号	陈驰波	0573-82119988	314001
爱建证券嘉兴分公司	嘉兴市斜西街132号	沈建昌	0573-82078655	314001
上海证券嘉兴分公司	嘉兴市越秀北路	薛 旖	0573-82113558	314001
新时代证券嘉兴分公司	嘉兴市吉杨路1号	胡卫东	0573-83929188	314001
中信金通证券嘉兴分公司	嘉兴市吉杨路35号	蒋伟忠	0573-82069343	314001
申银万国证券嘉兴分公司	嘉兴市禾兴北路	刘国勇	0573-82056778	314001
银河证券嘉兴分公司	嘉兴市勤俭路363号	胡 俊	0573-82058188	314001

4. 湖州市主要金融机构

机 构 名 称	地 址	负责人	电 话	邮 编
中国人民银行湖州市中心支行	湖州市东街91号	王维强	0572-2362608	313000
中国银行业监督管理委员会湖州监管分局	湖州市益民路33号	徐卫国	0572-2288103	313000
中国农业发展银行湖州市分行	湖州市东街85号	韩建良	0572-2064306	313000
中国工商银行股份有限公司湖州分行	湖州市红旗路48号	卜克强	0572-2021707	313000
中国农业银行股份有限公司湖州分行	湖州市人民路88号	李智馨	0572-2502056	313000
中国银行股份有限公司湖州市分行	湖州市人民路208号	朱鸿飞	0572-2501518	313000
中国建设银行股份有限公司湖州分行	湖州市红旗路118号	王剑雄	0572-2500266	313000
交通银行股份有限公司湖州分行	湖州市人民路299号	栾小华	0572-2032602	313000
上海浦东发展银行股份有限公司湖州支行	湖州市体育场路120号	范水荣	0572-2578008	313000
中信银行股份有限公司湖州支行	湖州市环城西路318号	褚建平	0572-2226028	313000
招商银行股份有限公司湖州支行	湖州市苕溪西路138号	方德明	0572-2583100	313000
浙商银行股份有限公司湖州分行	湖州市人民路136号	曹秀双	0572-2777333	313000
湖州银行股份有限公司	湖州市南街471—475号	路国民	0572-2036387	313000
浙江省农村信用社联合社湖州办事处	湖州市环城东路215号	赵兴意	0572-2073828	313000

（续表）

机 构 名 称	地 址	负责人	电 话	邮 编
中国邮政储蓄银行有限责任公司浙江省湖州市分行	湖州市凤凰路792号	钱水根	0572-2105737	313000
中国人民财产保险股份有限公司湖州市分公司	湖州市南街368号	杨培根	0572-2031792	313000
中国人寿保险股份有限公司湖州分公司	湖州市人民路169号	王炳福	0572-2038491	313000
中国太平洋财产保险股份有限公司湖州中心支公司	湖州市狮象弄8号	姚志伟	0572-2070458	313000
中国太平洋人寿保险股份有限公司湖州中心支公司	湖州市环城东路255号	姚胜琴	0572-2025460	313000
中国平安财产保险股份有限公司湖州中心支公司	湖州市杭长桥北路68号苕溪家园商务楼	盛立松	0572-2122356	313000
中国平安人寿保险股份有限公司湖州中心支公司	湖州市龙凤路18号金世纪大厦A座9楼	倪伟忠	0572-2125130	313000
新华人寿保险股份有限公司湖州中心支公司	湖州市凤凰路820号美欣商务大厦15楼	柳显胜	0572-2052893	313000
天安保险股份有限公司湖州中心支公司	湖州市湖东路320号中铁十六局4楼	郭宏德	0572-2070955	313000
中华联合财产保险股份有限公司湖州中心支公司	湖州市青铜路21号	施 维	0572-2125005	313000
太平人寿保险股份有限公司湖州中心支公司	湖州市滨河路315号凤凰大厦4楼	斯 京	0572-2687789	313000
民生人寿保险股份有限公司湖州中心支公司	湖州市现代广场3号楼华亭宾馆18层	冯云龙	0572-2039979	313000
华安财产保险股份有限公司湖州中心支公司	湖州市仁皇山路1148—1150号	吴胜晖	0572-2129701	313000
中信金通证券有限责任公司湖州环城西路营业部	湖州市环城西路288号	王 蕊	0572-2032998	313300
财通证券有限责任公司湖州红旗路营业部	湖州市红旗路66号新天地五楼A区	徐卫东	0572-2766060	313300
中国银河证券股份有限公司湖州证券营业部	湖州市红旗路128号	楼大新	0572-2500303	313300
浙商证券有限责任公司湖州益民路证券营业部	湖州市益民路188号众鑫广场	蔡 俊	0572-2030806	313000

5. 绍兴市主要金融机构

机 构 名 称	地 址	负责人	电 话	邮 编
中国人民银行绍兴市中心支行	绍兴市人民中路339号	徐子福	0575-85209001	312000
中国银监会绍兴监管分局	绍兴市中兴南路2号	夏朝光	0575-85137753	312000
中国工商银行绍兴市分行	绍兴市胜利东路180号	蒋 伟	0575-85208777	312000
中国农业银行绍兴市分行	绍兴市人民西路297号	朱文达	0575-85091999	312000
中国银行绍兴市分行	绍兴市人民路208号	张志勇	0575-85096969	312000
中国建设银行绍兴市分行	绍兴市中兴南路2号	刘雁群	0575-88160021	312000
交通银行绍兴市分行	绍兴市人民中路283号	屠粮钢	0575-85111366	312000
绍兴市商业银行	绍兴市劳动路20号	陈方晓	0575-85139657	312000
浙江省联社绍兴办事处	绍兴市环城北路33号	林雨清	0575-85134865	312000
中信银行绍兴市分行	绍兴市人民西路289号	应顺华	0575-85227188	312000
光大银行绍兴支行	绍兴市解放北路57号	董 旭	0575-88000333	312000
华夏银行绍兴分行	绍兴市延安路260号	蒋 红	0575-88580808	312000
上海浦东发展银行绍兴市支行	绍兴市人民东路2号	许国明	0575-88121028	312000
兴业银行绍兴支行	绍兴市县前街71号	吴 渊	0575-85088901	312000

（续表）

机构名称	地址	负责人	电话	邮编
民生银行绍兴支行	绍兴市解放北路36号	金晔民	0575-88581588	312000
招商银行绍兴市分行	绍兴市胜利东路60号	周明鸣	0575-85081800	312000
恒丰银行绍兴支行	绍兴市延安东路517号	陈明华	0575-88586999	312000
浙商银行绍兴支行	绍兴县金柯桥大道1418号	龚国强	0575-81166001	312030
渤海银行绍兴支行	绍兴市解放北路302—318号	王坚刚	0575-88689588	312030
杭州银行股份有限公司绍兴分行	绍兴市中兴中路29号	郭　瑜	0575-88300166	312000
中国农业发展银行绍兴市分行	绍兴市鲁迅西路58号	董其江	0575-85147278	312030
绍兴市邮政储蓄银行	绍兴市延安东路322号	章召刚	0575-88612003	312030
中国人民保险公司绍兴分公司	绍兴市人民西路192号	徐学德	0575-85207772	312000
中国人寿保险绍兴分公司	绍兴市中兴中路309号	陶祥云	0575-85220128	312000
中国太平洋财产保险股份有限公司绍兴中心支公司	绍兴市人民中路285号	郭宝棠	0575-85225790	312000
中国太平洋人寿保险股份有限公司绍兴中心支公司	绍兴市人民中路285号	杨昆超	0575-85221298	312000
中国平安财产保险公司绍兴中心支公司	绍兴市人民中路341号人行副楼6楼	吴方华	0575-85120887	312000
中国平安人寿保险股份有限公司绍兴中心支公司	绍兴市马臻路205号双保大厦5楼	张志勇	0575-85335667	312000
泰康人寿保险股份有限公司绍兴中心支公司	绍兴市中兴路天宇大厦2楼	秦　健	0575-85147281	312000
华泰财产保险绍兴中心支公司	绍兴市东街260号金丰大厦商贸楼6楼	曹忠明	0575-88555178	312000
新华人寿保险公司绍兴中心支公司	绍兴市解放南路1387号越兰大厦南6楼	纪经纬	0575-88648136	312000
大众保险绍兴中心支公司	绍兴市越城区解放南路高立花园11幢B区11—12楼	魏志峰	0575-85225288	312000
天安保险绍兴中心支公司	绍兴市延安东路505号国际商务广场15楼	商锋平	0575-85110007	312000
长安保险绍兴中心支公司	绍兴市解放北路148号交通大厦9楼	吕世明	0575-88688686	312000
民生人寿绍兴中心支公司	绍兴市人民中路341号4楼	单　军	0575-85095255	312000
大地保险绍兴中心支公司	绍兴市人民东路188号	章建文	0575-88908708	312000
太平人寿绍兴中心支公司	绍兴市人民中路399号财通证券7楼	王　军	0575-88665501	312000
华安保险绍兴中心支公司	绍兴市环城西路478—480号	徐　红	0575-88059118	312000
永安保险绍兴中心支公司	绍兴市迪荡湖路68号昆仑国际2号楼23层	章立峰	0575-88000798	312000
生命人寿绍兴中心支公司	绍兴市中兴中路300号金鑫大厦5楼	徐　静	0575-88908168	312000
太平产险绍兴中心支公司	绍兴市中兴中路287号时代大厦416室	丁扬飞	0575-88926501	312000
安邦保险绍兴中心支公司	绍兴市人民中路106号6楼	张　宏	0575-85203558	312000
中宏人寿绍兴营销服务部	绍兴市胜利东路86号金盾大厦西3楼	王泽江	0575-85083322-101	312000
都邦保险绍兴中心支公司	绍兴市迪荡新城北辰广场13楼3101—3102室	石利军	0575-88958988	312000
中德安联人寿保险绍兴营销服务部	绍兴市中兴中路276号现代大厦A—301	朱吉祥	0575-88667388	312000
天平保险绍兴中心支公司	绍兴市中兴北路390号泓城大厦738室	俞华伟	0575-88667518	312000
中银保险绍兴绍兴营销服务部	绍兴市延安东路505号国际商务广场12B楼	陈永华	0575-88680002	312000

（续表）

机构名称	地址	负责人	电话	邮编
嘉禾保险绍兴中心支公司	绍兴市胜利东路179号4楼	徐山	0575-88660898	312000
渤海保险绍兴市营销服务部	绍兴市中兴北路390号泓城大厦508室	姚华庆	0575-88686166	312000
阳光保险绍兴中心支公司	绍兴市中兴南路42号4楼	赵敏	0575-85095518	312000
中华保险绍兴中心支公司	绍兴市舜江路499号	张伟星	0575-85203208	312000
民安保险绍兴中心支公司	绍兴市越城区延安东路182号奥菲大厦B1幢4楼	蒋燕铭	0575-88127701	312000
国寿财险绍兴中心支公司	绍兴市中兴中路309号	蒋永明	0575-85220127	312000
永诚保险绍兴中心支公司	绍兴中兴北路390号泓城大厦6楼	朱勤勤	0575-88925888	312000
信用保险绍兴中心支公司	绍兴市迪荡新城昆仑国际2幢8楼	周翔	0575-88603595	312000
安诚保险绍兴中心支公司	绍兴市舜江路439—30号贝斯特财富广场西二区3楼	柯银忠	0575-88583288	312000
安信农保绍兴中心支公司	绍兴市延安东路308号国脉大楼3楼	俞成高	0575-88966566	312000
合众人寿保险有限公司绍兴分公司	绍兴市东街260号金丰大厦10楼	潘领	0575-88662988	312000
华泰人寿保险有限公司绍兴分公司	绍兴市城南高立大厦(B区)6楼	姚旭东	0575-88688078	312000
平安养老保险有限公司绍兴分公司	绍兴市马臻路205号双保大厦5楼	陈奕英	0575-85176818	312000
国泰人寿保险有限公司绍兴分公司	绍兴市胜利东路132号党员电教大楼四楼	张良次	0575-88689888-1801	312000
人保健康保险有限公司绍兴分公司	绍兴市中兴中路287号时代大厦7楼	胡立新	0575-88121898	312000
海康人寿保险有限公司绍兴分公司	绍兴市越城区解放南路620号303室	王虹	0575-88684879	312000
国华人寿保险有限公司绍兴分公司	绍兴市中兴南路183号4楼	汤小江	0575-88966999	312000
光大永明保险有限公司绍兴分公司	绍兴县柯桥金柯桥大道112号精功大厦5楼	周国梁	0575-84566901	312000
人保寿险保险有限公司绍兴分公司	绍兴市人民中路360号5楼	沈红尧	0575-88320101	312000
阳光人寿保险有限公司绍兴分公司	绍兴市中兴中路288号现代大厦B座302室	朱伟清	0575-85097555	312000
联泰大都会保险有限公司绍兴分公司	绍兴市迪荡湖路68号昆仑国际大厦2—2404室	黄丽萍	0575-88001058	312000
银河证券公司绍兴鲁迅路营业部	绍兴市鲁迅中路146号	奚美蕉	0575-88583388	312000
海通证券股份有限公司绍兴劳动路营业部	绍兴市劳动路158号	陈青	0575-88952666	312000
方正证券有限责任公司绍兴胜利东路证券营业部	绍兴市胜利东路39号	倪伟英	0575-85222008	312000
财通证券经纪有限责任公司绍兴人民中路证券营业部	绍兴市人民中路399号	叶耸霄	0575-85222111	312000
浙商证券有限责任公司绍兴人民路证券营业部	绍兴市人民中路106号	王珏	0575-85126600	312000
浙商证券有限责任公司绍兴解放北路证券营业部	绍兴市解放北路258号	陈永忠	0575-85222228	312000
华泰证券绍兴上大路营业部	绍兴市上大路128号	周向明	0575-85222918	312000
国泰君安证券绍兴中兴中路营业部	绍兴市中兴中路108号	任斌	0575-85116711	312000
万联证券有限责任公司绍兴中兴南路证券营业部	绍兴市中兴南路358号锦绣花园10号楼	张学武	0575-88329968	312000
光大证券有限责任公司绍兴中兴中路营业部	绍兴市中兴中路259号	许斌	0575-85114788	312000
海通证券股份有限公司绍兴凤江路营业部	绍兴市城南凤江路29号	徐斌	0575-88952288	312000
中信金通证券绍兴解放南路营业部	绍兴市解放南路681号	廖文生	0575-88589001	312000
广发证券绍兴中兴中路营业部	绍兴市中兴中路300号金鑫大厦3楼	孙章康	0575-85123108	312000
齐鲁证券绍兴解放北路营业部	绍兴市解放北路320—342月池坊	何小明	0575-85099278	312000
山西证券绍兴鲁迅西路营业部	绍兴市鲁迅西路58号	马众钰	0575-85087866	312000

6. 舟山市主要金融机构

机 构 名 称	地 址	负责人	电 话	邮 编
中国人民银行舟山市中心支行	舟山市定海区昌国路 26 号	吴勇敏	0580-2061101	316000
中国银行业监督管理委员会舟山监管分局	舟山市定海区西大街 42 号	郑子凯	0580-2061266	316000
中国农业发展银行舟山市分行	舟山市定海区人民北路 32 号	方艳珍	0580-8260501	316000
中国工商银行舟山市分行	舟山市定海区人民南路 16 号	谢素薇	0580-2026096	316000
中国农业银行舟山市分行	舟山市定海区环城东路 66 号	王 良	0580-2022885	316000
中国银行舟山市分行	舟山市定海区解放东路 33 号	周伟新	0580-2068188	316000
中国建设银行舟山市分行	舟山市定海区人民中路 68 号	杨锡舟	0580-2066005	316000
交通银行舟山分行	舟山市定海区环城北路 167-177 号	徐建平	0580-2260701	316000
中国邮政储蓄银行浙江省舟山市分行	舟山市定海区东海东路 168 号	贺国丰	0580-2616666	316000
浙江省农村信用联社舟山办事处	舟山市定海区环城东路 81 号	沈平安	0580-2060336	316000
杭州银行舟山分行	舟山市定海区环城东路 98 号	朱公澜	0580-2269001	316000
浙江民泰商业银行舟山分行	舟山市芙蓉洲南路 25-33 号	倪 韶	0580-2269277	316000
台州银行舟山分行	舟山市定海区新桥路 120 号	胡健敏	0580-2628528	316000
浙商银行舟山支行	舟山市临城新区海宇道 111 号	应继红	0580-2260302	316000
华宝证券舟山解放西路营业部	舟山市定海区解放西路 55 号	张 涛	0580- 2020680	316000
浙商证券舟山人民南路营业部	舟山市定海区人民南路 10 号 3 楼	丁 雄	0580-2020743	316000
华泰证券舟山滨港路证券营业部	舟山市普陀区滨港路 280 号	屠跃勇	0580-6386555	316000
中国人民财产保险股份有限公司舟山市分公司	舟山市定海区环城东路 115 号	刘苏国	0580-2023448	316000
中国人寿保险股份有限公司舟山分公司	舟山市定海区解放西路 128 号	沈 伟	0580-2020105	316000
太平洋财产保险股份有限公司舟山中心支公司	舟山市定海区解放西路 57 号	阴海燕	0580-2051917	316000
太平洋人寿保险股份有限公司舟山中心支公司	舟山市定海区解放西路 57 号	陈海陆	0580-2034684	316000
天安保险股份有限公司舟山中心支公司	舟山市定海区育苗路 9 号	郑 杰	0580-2026510	316000
泰康人寿保险股份有限公司舟山中心支公司	舟山市定海区南珍大厦 11 楼	曾庆满	0580-2031068	316000
中国平安人寿保险股份有限公司舟山中心支公司	舟山市定海区解放东路 118 号博源商务楼 507 室	吕金麒	0580-2034077	316000
中国平安财产保险股份有限公司舟山中心支公司	舟山市定海区卫海路 108 号	欧阳晶琳	0580-2032333	316000
中华联合保险有限公司舟山中心支公司	舟山市定海区昌洲大道 1001 号	蔡海明	0580-8260968	316000
民生人寿保险股份有限公司舟山中心支公司	舟山市定海区人民南路 287 号	杨韩英	0580-2610866	316000
大地保险股份有限公司舟山中心支公司	舟山市定海区环城东路 100 号	何 舟	0580-2913511	316000
安邦财产保险股份有限公司舟山中心支公司	舟山市定海区康达公寓 3 幢 1 单元 2 楼	王群丹	0580-2029318	316000
中银保险舟山营销服务部	舟山市定海环城东路 18 号	范海平	0580-8115566	316000

7. 台州市主要金融机构

机 构 名 称	地 址	负责人	电 话	邮 编
中国人民银行台州市中心支行	台州市椒江区东环大道 310 号	肖宗富	0576-88553598	318000
中国银监会台州监管分局	台州市椒江区中山西路 2 号	林 奇	0576-88553538	318000
中国工商银行台州市分行	台州市椒江区市府大道 609 号	王国才	0576-88894301	318000

（续表）

机构名称	地址	负责人	电话	邮编
中国农业银行台州市分行	台州市椒江区市府大道529号	金跃强	0576-88839501	318000
中国银行台州市分行	台州市椒江区解放南路281号	杨小波	0576-88825111	318000
中国建设银行台州市分行	台州市椒江区广场西路1号	崔　雷	0576-88818101	318000
中国农业发展银行台州市分行	台州市椒江区中心大道215号	许利川	0576-88322901	318000
上海浦东发展银行台州分行	台州市椒江区市府大道500号101室	林　海	0576-88815079	318000
兴业银行台州分行	台州市椒江区市府大道308号	林志颖	0576-88528877	318000
中国光大银行台州支行	台州市椒江区市府大道222号	章立新	0576-88202111	318000
交通银行台州分行	台州市椒江区东环大道298号	陈鹤林	0576-88599388	318000
招商银行台州分行	台州市椒江区市府大道535号	徐跃军	0576-88600601	318000
华夏银行台州分行	台州市椒江区东环大道312号	胡鸣杭	0576-81871500	318000
广发银行台州分行	台州市椒江区市府大道500号	赵学军	0576-88907111	318000
浙商银行台州分行	台州市椒江区市府大道509号	徐　健	0576-81887666	318000
中信银行台州分行	台州市椒江区市府大道489号	郑爱民	0576-88819901	318000
邮政储蓄银行台州市分行	台州市椒江区中山西路292号	王　斌	0576-88833003	318000
台州市商业银行	台州市路桥区南官大道92号	黄军民	0576-82454216	318050
浙江泰隆商业银行	台州市路桥区南官大道188号	王官明	0576-82449222	318050
浙江民泰商业银行	浙江省温岭市三星大道168号	郭伯成	0576-86109896	317500
省农村信用联社台州办事处	台州市椒江区中山西路338号	杜立岳	0576-88833851	318000
中国人民财产保险台州分公司	台州市椒江区市府大道359号	郑建刚	0576-88528288	318000
中国人寿保险台州分公司	台州市椒江区轮渡路58号	冯四明	0576-88839688	318000
太平洋财险台州分公司	台州市椒江区市府大道188号	陈海颜	0576-88208628	318000
太平洋寿险台州中心支公司	台州市椒江区市府大道188号	姚胜琴	0576-88503501	318000
平安财险台州中心支公司	台州市椒江区东海大道362号	陈朝晖	0576-88527988	318000
平安人寿台州中心支公司	台州市椒江区东海大道362号	王存君	0576-88539588	318000
方正证券台州营业部	台州市椒江区解放南路36号	温如春	0576-88807887	318000
财通证券台州营业部	台州市椒江区解放南路18号	林红峰	0576-88869200	318000
浙商证券台州营业部	台州市黄岩区环城东路198号	徐宏飞	0576-84274118	318020

四、2010年安徽省金融机构名录

1. 合肥市主要金融机构

机构名称	地址	负责人	电话	邮编
中国人民银行合肥中心支行	合肥市梅山路2号银保大厦	刘伟建	0551-3691229	230022
中国银监会安徽监管局	合肥市合作化路466号	余龙武	0551-5192777	230075
中国证监会安徽监管局	合肥市天波路6号	方向瑜	0551-5367200	230088
中国保监会安徽监管局	合肥市濉溪路278号财富广场20楼	胡　皖	0551-5633907	230041
国家开发银行安徽省分行	合肥市芜湖路246号开行大厦	徐　明	0551-2867889	230061
中国农业发展银行安徽省分行	合肥市金寨路126号	周良伟	0551-3623845	230022
中国进出口银行安徽省分行	合肥市肥西路66号汇金大厦	李晓苹	0551-5170616	230031
中国工商银行安徽省分行	合肥市芜湖路189号	朱文信	0551-2869178	230001
中国农业银行安徽省分行	合肥市长江中路448号	顾正宇	0551-2843475	230061
中国银行安徽省分行	合肥市长江中路313号	唐小晴	0551-2926993	230061
中国建设银行安徽省分行	合肥市徽州大道255号	白国祥	0551-2874100	230051
交通银行安徽省分行	合肥市花园街38号	吴力权	0551-2637049	230001
招商银行合肥分行	合肥市长江中路436号金城大厦	孟凡安	0551-2832231	230061
中国光大银行合肥分行	合肥市长江西路200号	李堂政	0551-5101721	230031
中信银行合肥分行	合肥市徽州大道78号	何小龙	0551-2625751	230001
兴业银行合肥分行	合肥市阜阳路99号	荣益民	0551-2669213	230001
上海浦东发展银行合肥分行	合肥市长江西路3号春天大厦	张　勇	0551-2253511	230061
中国民生银行合肥分行	合肥市亳州路135号天庆大厦B座	叶　骏	0551-5682900	230041
华夏银行合肥分行	合肥市濉溪路278号财富广场C座	王晓勇	0551-5776999	230041
中国邮政储蓄银行安徽省分行	合肥市合作化南路35号	张　宏	0551-2256655	230031
安徽省农村信用社联合社	合肥市琥珀山庄东村298幢	张良庆	0551-5620820	230061
徽商银行	合肥市安庆路79号	王晓昕	0551-2667777	230001
九江银行合肥分行	合肥市濉溪路287号金鼎广场B座	周　铸	0551-5662700	230041
东亚银行(中国)有限公司合肥分行	合肥市淮河路266号香港广场大厦26层	许翰祺	0551-5663888	230001
汇丰银行(中国)有限公司合肥分行	合肥市濉溪路278号财富广场首座1—2层	李皓根	0551-5756000	230041
合肥科技农村商业银行	合肥市长江西路101号	刘万霞	0551-5196201	230001
中国银联股份有限公司安徽分公司	合肥市马鞍山路绿地赢海国际大厦C座20层	柳青扬	0551-2691588	230051
中国华融资产管理公司合肥办事处	合肥市寿春路211号	任津平	0551-2628877	230001
中国长城资产管理公司合肥办事处	合肥市寿春路40号	刘方成	0551-2636200	230001
中国东方资产管理公司合肥办事处	合肥市金寨路131号	徐劲流	0551-3655667	230022

（续表）

机 构 名 称	地 址	负责人	电 话	邮 编
中国信达资产管理股份有限公司安徽省分公司	合肥市阜南路166号润安大厦	李传学	0551-2834926	230061
安徽国元控股(集团)有限责任公司	合肥市寿春路179号	过仕刚	0551-2207516	230001
安徽国元投资有限责任公司	合肥市宿州路20号	许明硕	0551-2207516	230001
安徽国元信托有限责任公司	合肥市宿州路20号	俞仕新	0551-2207516	230001
建信信托有限责任公司	合肥市九狮桥街45号兴泰大厦	曾见泽	0551-5295555	230001
国元证券股份有限公司	合肥市寿春路179号国元大厦	蔡 咏	0551-2207516	230001
华安证券有限责任公司	合肥市阜南路166号润安大厦	李 工	0551-5161691	230061
安粮期货有限公司	合肥市芜湖路168号同济大厦11层	汪 勇	0551-2870130	230001
华安期货有限责任公司	合肥市长江中路419号	汪 泓	0551-2839073	230061
徽商期货有限责任公司	合肥市芜湖路260号	吴国华	0551-2865905	230061
中国人民财产保险股份有限公司安徽省分公司	合肥市梅山路2号银保大厦	夏玉扬	0551-2833185	230022
国元农业保险股份有限公司	合肥市琥珀山庄东村298栋农金大厦1楼	张子良	0551-5269898	230061
中国太平洋财产保险股份有限公司安徽分公司	合肥市阜阳北路1号太平洋大厦	程 辉	0551-5549637	230041
中国出口信用保险公司安徽分公司	合肥市淮河路303号	马卫星	0551-2681857	230001
中国平安财产保险股份有限公司安徽分公司	合肥市寿春路152号平安大厦6楼	朱友刚	0551-2655788	230001
天安保险股份有限公司安徽省分公司	合肥市濉溪路99号	李 静	0551-4675797	230041
大众保险股份有限公司安徽分公司	合肥市濉溪路16号信达大厦8—9层	刘敏俊	0551-2851300	230041
中国大地财产保险股份有限公司安徽分公司	合肥市濉溪路212号6楼	李晓民	0551-2661855	230001
太平保险有限公司安徽分公司	合肥市长江西路200号置地投资广场19楼	蒋素华	0551-5376666	230031
华安财产保险股份有限公司安徽分公司	合肥市庐阳区濉溪路278号财富广场二期B幢19—20层	李 山	0551-5661257	230041
安邦财产保险股份有限公司安徽分公司	合肥市长江西路200号置地投资广场26楼	赵 明	0551-2663715	230031
都邦财产保险股份有限公司安徽分公司	合肥市长江中路金城大厦9楼、11楼	赵景奇	0551-2853200	230001
渤海财产保险股份有限公司安徽分公司	合肥市淮河西路472号3层	徐纪华	0551-2690666	230001
永诚财产保险股份有限公司安徽分公司	合肥市濉溪路278号财富广场二期A座16层	齐永健	0551-5666202	230041
阳光财产保险股份有限公司安徽省分公司	合肥市马鞍山南路1000号新都会环球广场3层	陈 晓	0551-4682888	230011
中国人寿财产保险股份有限公司安徽省分公司	合肥市长江西路春天大厦裙楼1楼、4楼	顾成林	0551-2830979	230061
华泰财产保险股份有限公司安徽省分公司	合肥市淮河路303号邮电大厦1楼、5楼	孙 鉴	0551-2680018	230001
民安保险(中国)有限公司安徽分公司	合肥市濉溪路278号财富广场二期A座6层	项锡山	0551-5267776	230041
中银保险有限公司安徽分公司	合肥市宁国南路合肥工业大学建筑设计院裙楼1楼、2楼	刘 洪	0551-4672225	230009
浙商财产保险股份有限公司安徽分公司	合肥市濉溪路118号置地汇丰广场27层	赵 明	0551-6100168	230001
中国人寿保险股份有限公司安徽省分公司	合肥市寿春路90号	朱宏伟	0551-2637233	230001
中国平安人寿保险股份有限公司安徽分公司	合肥市政务文化新区东流路西999号新城国际A座3—4楼	邱真真	0551-2655626	230071
平安养老保险股份有限公司安徽分公司	合肥市寿春路152号平安大厦3楼	翟凌云	0551-2662318	230001

（续表）

机构名称	地址	负责人	电话	邮编
中国人民人寿保险股份有限公司安徽省分公司	合肥市梅山路2号银保大厦	吴保亚	0551-2837626	230022
中国太平洋人寿保险股份有限公司安徽分公司	合肥市阜阳北路1号	张　松	0551-5619907	230041
新华人寿保险股份有限公司安徽分公司	合肥市长江中路319号仁和大厦4楼	李　磊	0551-2691888	230061
泰康人寿保险股份有限公司安徽分公司	合肥市长江中路423号	何承周	0551-2830865	230061
太平人寿保险股份有限公司安徽分公司	合肥市长江西路200号置地投资广场4—5楼，16—18楼	孙玉德	0551-5376666	230041
合众人寿保险股份有限公司安徽分公司	合肥市寿春路356号徽商国际大厦6楼	陈　荣	0551-5255200	230001
华夏人寿保险股份有限公司安徽分公司	合肥市濉溪路278号财富广场首座9楼	费建国	0551-5267678	230041
中国人民健康保险股份有限公司安徽分公司	合肥市红星路1号省委办公厅服务楼11楼	蔡皖伶	0551-7191010	230001
民生人寿保险股份有限公司安徽分公司	合肥市长江西路3号春天大厦3楼	谢礼斌	0551-2830586	230061
生命人寿保险股份有限公司安徽分公司	合肥市马鞍山路1000号新都会环球广场22楼	李　平	0551-4683766	230011
嘉禾人寿保险股份有限公司安徽分公司	合肥市长江中路369号百大CBD写字楼8楼	杨树林	0551-5226161	230001
幸福人寿保险股份有限公司安徽省分公司	合肥市阜南西路166号润安大厦A座7—8层	李传学	0551-5291888	230061
阳光人寿保险股份有限公司安徽分公司	合肥市徽州大道15号天徽大厦C座22层	余胜昔	0551-2611008	230001
百年人寿保险股份有限公司安徽分公司	合肥市濉溪路278号财富广场C座17楼及1102室、1103室	王广华	0551-5773718	230041
首创安泰人寿保险有限公司安徽省分公司	合肥市濉溪路278号财富广场二期B座108室	周　南	0551-5666000	230041

2. 马鞍山市主要金融机构

机构名称	地址	负责人	电话	邮编
中国人民银行马鞍山市中心支行	马鞍山市西塘路500号	陈联明	0555-2378088	243000
中国农业发展银行马鞍山市分行	马鞍山市湖东中路37号	姜　斌	0555-2324934	243000
中国工商银行股份有限公司马鞍山分行	马鞍山市湖南路(团结广场)	陈书海	0555-2350768	243000
中国农业银行马鞍山分行	马鞍山市花雨路111号	金　星	0555-2364978	243000
中国银行股份有限公司马鞍山分行	马鞍山市花山区花雨路1号	赵永东	0555-2339599	243000
中国建设银行股份有限公司马鞍山市分行	马鞍山市花山区湖东中路26号	刘希亲	0555-2366262	243000
交通银行股份有限公司马鞍山分行	马鞍山市湖东南路156号	雍成钢	0555-2389151	243000
上海浦东发展银行马鞍山支行	马鞍山市中央花园9栋	袁宣东	0555-5207777	243000
徽商银行股份有限公司马鞍山分行	马鞍山市花山区湖南路3号	汤　川	0555-2361957	243000
安徽马鞍山农村商业银行	马鞍山市雨山区红旗南路1659号	孙　晓	0555-8361757	243000
中国邮政储蓄银行有限责任公司马鞍山市分行	马鞍山市雨山西路500号	刘希军	0555-8361888	243000
江苏江阴农村商业银行股份有限公司当涂支行	马鞍山市当涂县姑孰镇太白中路555号	朱力军	0555-6755050	243100
安徽当涂村镇银行	马鞍山市当涂县振兴路314号	徐成彬	0555-6785900	243100

3. 芜湖市主要金融机构

机构名称	地址	负责人	电话	邮编
中国人民银行芜湖市中心支行	芜湖市北京东路18号	汪　俊	0553-3128888	241000
中国银监会芜湖银监分局	芜湖市九华山路172号	洪　风	0553-3813002	241000
中国工商银行股份有限公司芜湖分行	芜湖市北京东路98号	孔晓铭	0553-3117716	241000
中国农业银行股份有限公司芜湖分行	芜湖市九华中路179号	宋志明	0553-3810168	241000
中国银行股份有限公司芜湖市分行	芜湖市九华山路204号	万为群	0553-3810778	241000
中国建设银行股份有限公司芜湖市分行	芜湖市九华山路302号	洪　峰	0553-3833011	241000
中国农业发展银行芜湖市分行	芜湖市渡春路25号	汪根水	0553-3856529	241000
交通银行股份有限公司芜湖分行	芜湖市北京西路1号	吴必显	0553-3839518	241000
上海浦东发展银行芜湖分行	芜湖市北京东路203号	郑立智	0553-3118888	241000
徽商银行芜湖分行	芜湖市北京西路45号	吴　耘	0553-3831581	241000
中国邮政储蓄银行有限责任公司芜湖市分行	芜湖市天门山西路24号	吕锡兵	0553-3832672	241000
招商银行股份有限公司芜湖分行	芜湖市中山路步行街2号	方积成	0553-3888988	241000
中信银行股份有限公司芜湖分行	芜湖市镜湖路8号镜街西街X1—X4	杜云飞	0553-3888680	241000
中国光大银行股份有限公司芜湖分行	芜湖市北京路2号	张荣军	0553-3888096	241000
兴业银行股份有限公司芜湖分行	芜湖市青山街金山国际公寓2号楼	杨　健	0553-5906111	241000
芜湖扬子农村商业银行股份有限公司	芜湖市银湖南路135号	潘　耀	0553-3889181	241000
芜湖津盛农村合作银行	芜湖市芜湖县湾址镇芜湖中路91号	熊雪洲	0553-8816001	241100
安徽繁昌农村合作银行	芜湖市繁昌县繁阳镇金峨南路1号	方本东	0553-7862872	241200
南陵县农村信用合作社联合社	芜湖市南陵县籍山路农信大厦	颜世龙	0553-6821384	241300
奇瑞徽银汽车金融有限公司	芜湖市步行街金鼎大厦金鼎阁6楼	刘宪志	0553-7521188	241000
中国人寿保险股份有限公司芜湖分公司	芜湖市北京东路179号	徐　政	0553-3120596	241000
中国人民财产保险股份有限公司芜湖市分公司	芜湖市北京东路177号	张永安	0553-3114152	241000
中国太平洋产险芜湖中心支公司	芜湖市九华山中路169号	蔡明祥	0553-3842937	241000
中国太平洋寿险芜湖中心支公司	芜湖市长江路55号	封锡强	0553-3840566	241000
中国平安产险芜湖中心支公司	芜湖市银湖南路新市口金三角5号	肖新彬	0553-3826110	241000
中国平安寿险芜湖中心支公司	芜湖市中山路61号银座大厦B区	国　鹏	0553-3812336	241000
泰康人寿芜湖中心支公司	芜湖市中山路61号银座大厦3楼	蔡而林	0553-3823208	241000
太平产险芜湖中心支公司	芜湖市九华山中路268号	宋　军	0553-3813999	241000
太平人寿芜湖中心支公司	芜湖市九华山中路76号	罗再琼	0553-3829165	241000
天安保险芜湖中心支公司	芜湖市民生路26号凯帆大厦10楼	骆本能	0553-3889255	241000
新华人寿芜湖中心支公司	芜湖市步行街三泰国际大厦5楼	李卫东	0553-3832868	241000
华安保险芜湖中心支公司	芜湖市银湖南路88号侨鸿凤凰花园	苏　猛	0553-5991822	241000
安邦财险芜湖中心支公司	芜湖市新时代商业街7栋75号	金　光	0553-3938018	241000
大地财险芜湖中心支公司	芜湖市天门山西路24号	边　武	0553-5877266	241000
都邦财险芜湖中心支公司	芜湖市北京东路199号	杨　军	0553-3122618	241000
渤海财险芜湖中心支公司	芜湖市花津中路森海都市花园20#C—05，C—06室	张晨阳	0553-3938108	241000
国寿财险芜湖中心支公司	芜湖市黄山西路2号8—9楼	李　振	0553-3888018	241000

（续表）

机构名称	地址	负责人	电话	邮编
国元农业保险芜湖中心支公司	芜湖市银湖中路5号四楼	陈钢	0553-5882700	241000
人保健康芜湖中心支公司	芜湖市中山北路77号侨鸿国际写字楼809室	董旭明	0553-5690266	241000
阳光财险芜湖中心支公司	芜湖市润翔商务中心六楼A01室	荣发厚	0553-3121201	241000
永诚财险芜湖中心支公司	芜湖市南瑞商业街3号楼3层(西)	许峰	0553-3888038	241000
幸福人寿芜湖中心支公司	芜湖市九华山中路286号泰华大厦3楼	郝正华	0553-5662301	241000
民生人寿芜湖中心支公司	芜湖市九华山中路198号	李鹏	0553-3838198	241000
中银保险芜湖中心支公司	芜湖市北京西路17号	黄磊	0553-3888707	241000
人保人寿芜湖中心支公司	芜湖市民生路26号凯帆大厦11楼	陶定平	0553-3875358	241000
平安养老芜湖中心支公司	市中山路61号银座大厦B区	朱晓斌	0553-3838050	241000
国元证券芜湖黄山路营业部	芜湖市黄山路	汪洋	0553-3830467	241000
华安证券芜湖新芜路营业部	芜湖市新芜路58号	贺晓	0553-3815002	241000
国元证券芜湖北京东路营业部	芜湖市北京东路249号财政大楼2楼	王春保	0553-3110956	241000
国元证券芜湖九华山路营业部	芜湖市九华山路154号	董海	0553-3941151	241000
海通证券芜湖营业部	芜湖市福达新村十号楼12号	丁学清	0553-5011500	241000

4. 铜陵市主要金融机构

机构名称	地址	负责人	电话	邮编
中国人民银行铜陵市中心支行	铜陵市石城大道南段308号	权俊良	0562-2836915	244000
中国银行业监督管理委员会铜陵监管分局	铜陵市长江西路41号	马平	0562-2835072	244000
中国农业发展银行铜陵市分行	铜陵市北京路43号	王宁	0562-2835007	244000
中国工商银行铜陵市分行	铜陵市长江西路2号	王洁清	0562-2821051	244000
中国农业银行铜陵市分行	铜陵市淮河南路	赵建萍	0562-5827088	244000
中国银行铜陵市分行	铜陵市石城路82号	刘清	0562-2853377	244000
中国建设银行铜陵市分行	铜陵市长江西路41号	杨学才	0562-2820857	244000
中国邮政储蓄银行铜陵市分行	铜陵市建设路邮政超市4楼	李士义	0562-2837341	244000
徽商银行铜陵分行	铜陵市义安南路义安大厦	邵赤平	0562-2826835	244000
铜陵铜都农村合作银行	铜陵市北京中路66号	阮为光	0562-2865192	244000
铜陵皖江农村合作银行	铜陵县五松镇人民大道5号	吴新建	0562-8814928	244100
交通银行铜陵分行	铜陵市长江中路999号	吴剑华	0562-2186606	244000
上海浦东发展银行铜陵支行	铜陵市长江西路171号	章明霞	0562-2805368	244000
铜陵铜源村镇银行	铜陵市铜芜大道666号	阮为光	0562-8895602	244000
铜陵有色集团财务有限公司	铜陵市长江西路171号	韦江宏	0562-5861991	244000
中国人保财险铜陵市分公司	铜陵市石城路南段181号	肖尚根	0562-2837099	244000
中国人寿保险铜陵分公司	铜陵市淮河大道中段242号	丁跃武	0562-2833207	244000
中国平安财险铜陵中心支公司	铜陵市北京路(鸿泰大酒店旁)	陆惠明	0562-2815599	244000
中国平安寿险铜陵中心支公司	铜陵市乐都商城5楼	汪京峰	13305629279	244000
太平洋财险铜陵中心支公司	铜陵市铜商品市场10楼	丁子平	0562-5828611	244000

（续表）

机构名称	地址	负责人	电话	邮编
太平洋寿险铜陵中心支公司	铜陵市铜商品市场5楼	王家林	0562-5822588	244000
天安保险铜陵中心支公司	铜陵市长江西路41号10楼	荀明辉	0562-2818637	244000
安邦财险铜陵中心支公司	铜陵市铜陵大市场	鲍旭东	0562-2828617	244000
华安财险铜陵中心支公司	铜陵市铜庄小区幼儿园附近	汪千康	13705620870	244000
渤海财险铜陵中心支公司	铜陵市铜陵大市场	徐　霞	0562-2602626	244000
国元保险铜陵中心支公司	铜陵市北京路有色大楼3楼	高福安	13905620036	244000
泰康寿险铜陵中心支公司	铜陵市市工会6楼	王　铭	13965237166	244000
兴安保险代理铜陵分公司	铜陵市铜商品市场7楼	施秋香	0562-5827611	244000
华安证券淮河北路营业部	铜陵市淮河北路2号	俞　勇	0562-2810841	244000
华安证券淮河路营业部	铜陵市淮河路1号	肖晓明	0562-2869389	244000
国元证券义安南路证券营业部	铜陵市义安南路10号	程晓照	0562-2831339	244000
招商证券股份有限公司铜陵石城大道证券营业部	铜陵市石城大道110号银晖大厦6楼	洪　艳	0562-2889060	244000
铜陵市保险行业协会	铜陵市淮河大道南段506号	丁子平	0562-5827611	244000

5. 安庆市主要金融机构

机构名称	地址	负责人	电话	邮编
中国人民银行安庆市中心支行	安庆市龙山路168号	傅德汉	0556-5515581	246003
中国农业发展银行安庆市分行	安庆市人民路417号	储桂生	0556-5580757	246000
中国工商银行股份有限公司安庆分行	安庆市孝肃路230号	湛承云	0556-5517713	246003
中国农业银行安庆分行	安庆市孝肃路50号	李富强	0556-5519825	246000
中国银行股份有限公司安庆分行	安庆市湖心北路2号	苏文林	0556-5349726	246005
中国建设银行股份有限公司安庆市分行	安庆市集贤南路241号	汪　斌	0556-5329924	246001
中信银行股份有限公司安庆分行	安庆市中兴大道101号	张守富	0556-5280619	246001
上海浦东发展银行股份有限公司安庆分行	安庆市开发区湖心北路9号	姜文军	0556-5350755	246005
兴业银行股份有限公司安庆分行	安庆市菱湖南路238号	吴红先	0556-5280888	246003
交通银行安庆分行	安庆市龙山路99号	罗　明	0556-5509699	246003
徽商银行股份有限公司安庆分行	安庆市人民路528号	周　彤	0556-5593826	246003
安庆市独秀农村商业银行	安庆市集贤南路40号	卢义林	0556-5220819	246001
中国邮政储蓄银行有限责任公司安庆市分行	安庆市纺织南路35号	何政杰	0556-5514869	246002
中国人民人寿保险股份有限公司安庆市分公司	安庆市菱湖南路553号	孙一龙	0556-5524019	246002
中国人民财产保险公司安庆公司	安庆市菱湖南路553号	胡会武	0556-5510576	246002
中国太平洋人寿保险股份有限公司安庆中心支公司	安庆市中兴大街103号	叶　龙	0556-5577770	246003
中国太平洋财产保险股份有限公司安庆中心支公司	安庆市中兴大街中段	马朝晖	0556-5325758	246003
中国平安人寿保险股份有限公司安庆中心支公司	安庆市菱湖南路189号	王跃华	0556-5592976	246002
中国平安财产保险股份有限公司安庆中心支公司	安庆市人民路416号	吴文光	0556-5563058	246001

（续表）

机构名称	地址	负责人	电话	邮编
华安证券有限责任公司安庆龙山路营业部	安庆市龙山路 209 号	姚莉莉	0556-5518348	246001
华安证券有限责任公司安庆人民路营业部	安庆市人民路 554 号	丁　峰	0556-5561898	246001
国元证券股份有限公司安庆人民营业部	安庆市人民路 252 号	杨翠华	0556-5547246	246001

6. 池州市主要金融机构

机构名称	地址	负责人	电话	邮编
中国人民银行池州市中心支行	池州市东湖中路 199 号	石春利	0566-2027914	247000
中国银行业监督管理委员会池州监管分局	池州市东湖中路 199 号	高江宁	0566-2022302	247000
中国农业发展银行池州市分行	池州市翠柏路与清风路交叉处西南侧	刘小平	0566-2128000	247000
中国工商银行股份有限公司池州分行	池州市贵池区秋浦西路 117 号	黄乐志	0566-2028934	247000
中国农业银行股份有限公司池州分行	池州市翠柏中路 171 号	李　晓	0566-2039906	247000
中国银行股份有限公司池州分行	池州市贵池区长江中路 308 号	汪光辉	0566-2090012	247000
中国建设银行股份有限公司池州市分行	池州市翠微西路 150 号	潘家定	0566-2037996	247000
中国邮政储蓄银行有限责任公司池州市分行	池州市蓉城路 144 号	戴四清	0566-2029909	247000
徽商银行股份有限公司池州分行	池州市池阳路 219 号	许小明	0566-2044897	247000
池州九华农村商业银行股份有限公司	池州市翠柏中路 142 号	胡孝峰	0566-2027162	247000
安徽青阳农村合作银行	池州市青阳县蓉城镇木镇路 51 号	江　骏	0566-5022047	242800
东至县农村合作银行	池州市东至县尧渡镇建设路 87 号	周红日	0566-7020308	247200
石台县农村信用合作联社	池州市石台县仁里镇和平南路	戴南利	0566-6028760	245100
中国人民财产保险公司池州分公司	池州市池阳路 165 号	王诗贵	0566-2020706	247000
中国人民人寿保险公司池州中心支公司	池州市清风西路 2 号	高　翔	0566-5204999	247000
中国人寿保险公司池州中心支公司	池州市池阳路 165 号	刘南平	0566-2020166	247000
平安财产保险池州中心支公司	池州市百牙西路 2 号	张祥宏	0566-2030226	247000
天安财产保险池州中心支公司	池州市清风西路 18 号	徐寿保	0566-2127016	247000
安邦财产保险池州中心支公司	池州市贵池区秋浦路 338 号	张　健	0566-2030710	247000
大地财产保险池州中心支公司	池州市贵池区青阳路 8 号	姜四文	0566-5202222	247000
华安财产保险池州中心支公司	池州市贵池区监察院技侦大厦	汪千康	0566-5209616	247000
太平洋人寿保险池州中心支公司	池州市长江北路 2 号	王立锋	0566-2033888	247000
泰康人寿保险池州中心支公司	池州市百牙路 212 号	段满池	0566-2092288	247000
新华人寿池州中心支公司	池州市长江中路 186 号	费瑞金	0566-5205566	247000
华夏人寿保险池州中心支公司	池州市贵池区池阳路综合楼 6 楼	胡晓梅	0566-2028006	247000
国元农业保险公司池州中心支公司	池州市贵池区九华山大道 520 号	熊言明	0566-2083666	247000
太平洋产险公司池州中心支公司	池州市清溪大道 697 号海关大楼	吕正民	0566-5220111	247000
华安证券池州营业部	池州市东湖南路 198 号	余海春	0566-2027174	247000
国元证券股份有限公司池州证券营业部	池州市青阳路 19 号国元大厦	储卫宁	0566-2128339	247000

7. 滁州市主要金融机构

机 构 名 称	地 址	负责人	电 话	邮 编
中国人民银行滁州市中心支行	滁州市清流路446号	刘树德	0550-3067552	239000
中国银行业监督管理委员会滁州银监分局	滁州市清流路497号	吕发刚	0550-3078618	239000
中国农业发展银行滁州市分行	滁州市琅琊路286号	李秋生	0550-3069882	239000
中国工商银行股份有限公司滁州分行	滁州市南谯北路852号	王良琴	0550-3038761	239000
中国农业银行滁州分行	滁州市清流路296号	汤 镇	0550-3078505	239000
中国银行股份有限公司滁州分行	滁州市琅琊路115号	徐鸿周	0550-3036789	239000
中国建设银行股份有限公司滁州市分行	滁州市凤凰路424号	陈元波	0550-3065526	239000
中国交通银行股份有限公司滁州分行	滁州市琅琊西路81号	王 群	0550-3078026	239000
中国邮政储蓄银行滁州市分行	滁州市琅琊区高杆灯164号	许俊义	0550-3050328	239000
徽商银行滁州分行	滁州市丰乐北路286号	高建军	0550-3010309	239000
滁州皖东农村商业银行股份有限公司	滁州市清流西路248号	李 平	0550-3065671	239000
中国人民财产保险股份有限公司滁州市分公司	滁州市凤阳路99号	张跃进	0550-3048170	239000
中国人寿保险股份有限公司滁州分公司	滁州市凤凰路428号	张建华	0550-3057856	239000
中国平安财产保险股份有限公司滁州中心支公司	滁州市西门子路7号	王久伟	0550-3063232	239000
中国平安人寿保险股份有限公司滁州中心支公司	滁州市琅琊东路58号	胡 琼	0550-3021698	239000
中国太平洋财产保险股份有限公司滁州中心支公司	滁州市南谯路中安大厦	吕正民	0550-3217177	239300
民生人寿保险股份有限公司滁州中心支公司	滁州市南谯北路顺风大厦7楼	贾 珣	0550-3119000	239000
天安保险股份有限公司滁州中心支公司	滁州市西门子路17号	钱 森	0550-3075111	239000
安邦财产保险股份有限公司滁州中心支公司	滁州市清流西路329号	姜晓春	0550-7111666	239000
中国大地财产保险股份有限公司滁州中心支公司	中都大道777号	祁建春	0550-3046555	239300
都邦保险股份有限公司滁州中心支公司	滁州市南谯路698号	余春兵	0550-3309000	239000
阳光财产保险股份有限公司滁州中心支公司	滁州市南谯北路617号	王新增	0550-3010050	239000
中国人寿财产保险股份有限公司滁州中心支公司	滁州市开发区会峰西路电信大厦2—3楼	龚 乐	0550-3518168	239000
渤海财产保险股份有限公司滁州中心支公司	滁州市凤阳路572号	李泽民	0550-3518855	239000
国元农业保险股份有限公司滁州中心支公司	滁州市南谯路698—9号	陈泽全	0550-3518818	239000
中国太平洋人寿保险股份有限公司滁州中心支公司	滁州市南谯北路512号	陈 翀	0550-3523099	239000
中国平安人寿保险股份有限公司滁州中心支公司	滁州市琅琊西路81号	胡 琼	0550-3021789	239000
泰康人寿保险股份有限公司滁州中心支公司	滁州市天长东路151号	马建军	0550-3071818	239000
太平人寿保险有限公司滁州中心支公司	滁州市天长东路152号	鲁宏宇	0550-3026608	239000
中国人民人寿保险股份有限公司滁州中心支公司	滁州市凤阳路99号	邓 珑	0550-3023193	239000
华夏人寿保险股份有限公司滁州中心支公司	滁州市琅琊西路59号	刘国新	0550-3010099	239000
阳光人寿保险股份有限公司	滁州市卫校巷气象局4楼	李 健	0550-7128127	239000
新华人寿保险股份有限公司滁州中心支公司	滁州市南谯北路756号	陈小梅	0550-3010666	239000

（续表）

机构名称	地址	负责人	电话	邮编
合众人寿保险股份有限公司滁州中心支公司	滁州市琅琊东路201号	陈建刚	0550-7128800	239000
嘉禾人寿保险股份有限公司滁州中心支公司	滁州市育新路81号	姚青松	0550-3900920	239000
华安证券滁州营业部	滁州市天长东路169号	胡向东	0550-3043003	239000
国元证券滁州营业部	滁州市琅琊东路8号	宁皖明	0550-3044818	239000

8. 巢湖市主要金融机构

机构名称	地址	负责人	电话	邮编
中国人民银行巢湖市中心支行	巢湖市长江东路26号	崔　新	0565-2353888	238000
中国银监会巢湖市银监分局	巢湖中路236号	王惠明	0565-2399001	238000
中国农业发展银行巢湖市分行	巢湖市健康东路	王建巢	0565-2365274	238000
中国工商银行股份有限公司巢湖分行	巢湖市草城街14号	崔　勇	0565-2315266	238000
中国农业银行巢湖分行	巢湖市健康中路238号	臧跃刚	0565-2337324	238000
中国银行股份有限公司巢湖市分行	巢湖市巢湖路83号	张　浩	0565-2635666	238000
中国建设银行股份有限公司巢湖市分行	巢湖市巢湖中路95号	王明启	0565-2326278	238000
交通银行股份有限公司巢湖分行	巢湖市健康东路80号	强以君	0565-2390001	238000
安徽省联社巢湖办事处	巢湖市东风西路	韦道德	0565-2635616	238000
中国邮政储蓄银行巢湖分行	巢湖市长江东路115号	张文保	0565-2631177	238000
徽商银行巢湖支行	巢湖市团结东路小区9号楼	朱　文	0565-2617878	238000
国元证券巢湖营业部	巢湖市健康中路238号	李克木	0565-2339888	238000
华安证券巢湖营业部	巢湖市巢湖路112号	杨爱民	0565-2629425	238000
中国人寿保险股份有限公司巢湖分公司	巢湖中路78号	田渐明	0565-2317868	238000
中国人民财产保险股份有限公司巢湖市分公司	巢湖健康中路256号	黄　林	0565-2313859	238000
中国平安财产保险股份有限公司巢湖中心支公司	巢湖市向阳苑小区C22号	谢嗣俊	0565-2331911	238000
中国平安人寿保险股份有限公司巢湖支公司	巢湖市健康中路238号	张　明	0565-2391405	238000
中国大地财产保险股份有限公司巢湖中心支公司	巢湖市团结东路	张怡生	0565-2816112	238000
中国太平洋财产保险股份有限公司巢湖中心支公司	巢湖市太湖山路43号	丁子平	0565-5206016	238000
中国太平洋人寿保险股份有限公司巢湖营销服务部	巢湖市太湖山路43号	詹玉贵	0565-5606001	238000
天安保险股份有限公司巢湖中心支公司	巢湖市太湖山路凤凰街道	陈仁兵	0565-2314828	238000
泰康人寿保险股份有限公司巢湖中心支公司	巢湖中路58号	胡　虹	0565-2391975	238000
安邦财产保险股份有限公司巢湖中心支公司	巢湖市东塘路116号	汪佩强	0565-2367601	238000
新华人寿保险股份有限公司巢湖营销服务部	巢湖市东风路199号	王　强	0565-2636688	238000
大众保险股份有限公司巢湖营销服务部	巢湖市人民路491号	鲍　武	0565-2316667	238000
太平人寿保险有限公司巢湖中心支公司	巢湖中路209号	巫天启	0565-2321117	238000
民生人寿保险股份有限公司巢湖中心支公司	巢湖市东塘路48号	高　翔	0565-2812886	238000
国元农业保险公司巢湖支公司	巢湖市健康西路与银屏路交叉口	宛新林	0565-2607168	238000
中国人寿财产保险股份有限公司巢湖市中心支公司	巢湖市健康东路区行政服务中心	徐良群	0565-2311133	238000

9. 宣城市主要金融机构

机 构 名 称	地 址	负责人	电 话	邮 编
中国人民银行宣城市中心支行	宣城市陵西路92号	李成强	0563-3032021	242000
中国农业发展银行宣城市分行	宣城市西林路35号	金长远	0563-3019660	242000
中国工商银行股份有限公司宣城分行	宣城市鳌峰西路10号	李为民	0563-3030088	242000
中国农业银行宣城分行	宣城市叠嶂西路1号	杨树荣	0563-3033801	242000
中国银行股份有限公司宣城分行	宣城市鳌峰中路47号	顾成友	0563-3021108	242000
中国建设银行股份有限公司宣城市分行	宣城市状元南路17号	史志高	0563-3028230	242000
中国邮政储蓄银行有限责任公司宣城市分行	宣城市梅溪路	金自强	0563-2833318	242000
徽商银行宣城支行	宣城市叠嶂西路1号	叶未明	0563-3035678	242000
国元证券股份有限公司宣城市分公司	宣城市状元北路B号楼	乔大庆	0563-2718258	242000
华安证券公司宣城市分公司	宣城市鳌峰西路9号	来新弟	0563-3017118	242000
中国人民财产保险公司宣城分公司	宣城市鳌峰西路16号	王学军	0563-3030596	242000
中国人寿保险宣城分公司	宣城市鳌峰西路16号	张意农	0563-3030518	242000
中国太平洋财产保险宣城分公司	宣城市鳌峰西路9号	丁子平	0563-3013266	242000
中国太平洋人寿保险宣城中心支公司	宣城市叠嶂中路银府大厦	程 杰	0563-2829999	242000
中国平安财产保险宣城中心支公司	宣城市宣湖路35号	张进军	0563-3013819	242000
中国平安人寿保险宣城中心支公司	宣城市鳌峰东路27号	罗 谡	0563-2716168	242000
中国大地财产保险宣城中心支公司	宣城市陵西路211号	郭 健	0563-5209900	242000
泰康人寿保险宣城中心支公司	宣城市梅西路107号	陶国胜	0563-2110301	242000
安邦财产保险宣城营销部	宣城市状元北路52号	茆恒忠	0563-2719911	242000
渤海财产保险宣城中心支公司	宣城市梅溪路156号	尚殿龙	0563-3021178	242000

10. 六安市主要金融机构

机 构 名 称	地 址	负责人	电 话	邮 编
中国人民银行六安市中心支行	六安市人民东路41号	赵永红	0564-3316633	237006
中国银监会六安监管分局	六安市解放南路79号	胡宏琦	0564-3227688	237000
安徽省农村信用联社六安办事处	六安市皖西路32号	黄世平	0564-3362039	237006
中国农业发展银行六安市分行	六安市大别山路85号	史少宁	0564-3219875	237000
中国工商银行股份有限公司六安分行	六安市解放南路79号	杨 林	0564-3228199	237000
中国农业银行股份有限公司六安分行	六安市皋城路89号	袁立诚	0564-3312603	237006
中国银行股份有限公司六安分行	六安市人民路84号	李敏祥	0564-3315542	237006
中国建设银行股份有限公司六安市分行	六安市大别山路13号	丁玉兵	0564-3327788	237000
中国邮政储蓄银行股份有限公司六安分行	六安市解放南路66号	黄 健	0564-3210666	237001
徽商银行六安分行	六安市梅山中路59号	王 鸣	0564-3339689	237005
交通银行六安分行	六安市解放中路	杨 杰	0564-3233533	237000
中国人民财产保险股份有限公司六安市分公司	六安市球拍路财保大楼	张绍春	0564-3339131	237000
中国太平洋财产保险股份有限公司六安中心支公司	六安市梅山南路总工会大楼	陈焰强	0564-3378601	237001

（续表）

机 构 名 称	地 址	负责人	电 话	邮 编
安邦财产保险股份有限公司六安中心支公司	六安市龙河路滨河小区	郑建国	0564-3318172	237000
中国大地财产保险股份有限公司六安中心支公司	六安市平桥路口安丰大厦302室	宁洪波	0564-5380011	237000
华安财产保险股份有限公司六安中心支公司	六安市徽商国贸小区10幢1层1楼	刘国禹	0564-3335198	237000
天安保险股份有限公司六安中心支公司	六安市梅山中路欧美亚商厦	陈洪飞	0564-3339910	237000
都邦财产保险股份有限公司六安中心支公司	六安市解放中路明珠高层天井苑2单元15楼	郑成武	0564-3225151	237000
中国人寿财产保险股份有限公司六安中心支公司	六安市解放中路明珠广场丽景苑4单元12楼	苏 浩	0564-3220880	237000
渤海财产保险股份有限公司六安中心支公司	六安市开发区东城路8号	李从海	0564-3632316	237000
太平保险有限公司六安中心支公司	六安市梅山北路老年活动中心商办楼4楼	张旭东	0564-3335322	237000
中国平安财产保险股份有限公司六安中心支公司	六安市皖西大道皋城大厦	王 鸿	0564-3358530	237006
国元农业财险公司六安中心支公司	六安市公积金管理中心4楼	游家荣	0564-3376158	237000
中国人寿保险股份有限公司六安分公司	六安市人民东路61号	鲍 强	0564-3317741	237006
中国太平洋人寿保险股份有限公司六安中心支公司	六安市人民东路30号	周学军	0564-3339286	237000
泰康人寿保险股份有限公司六安中心支公司	六安市皖西东路140号	司守峰	0564-3311539	237006
太平人寿保险有限公司六安中心支公司	六安市梅山北路23号老干部活动中心3楼	王伟伟	0564-3319906	237000
中国平安人寿保险股份有限公司六安中心支公司	六安市皖西路168号皖西路小学门面前楼4楼	汪赛玉	0564-3286670	237000
民生人寿保险股份有限公司六安中心支公司	六安市解放路79号天成精品城6号楼3楼	周 拯	0564-3212511	237000
幸福人寿保险股份有限公司六安中心支公司	六安市梅山北路老年活动中心4楼	柏文浩	0564-5338877	237000
合众人寿保险股份有限公司六安中心支公司	六安市明珠广场粮食局7楼	汪 敏	0564-5389977	237000
生命人寿保险股份有限公司六安中心支公司	六安市磨子潭路舒怡花园11号楼7楼	张建国	0564-3217530	237000
人民人寿保险股份有限公司六安中心支公司	六安市球拍路财保大楼8楼	袁传双	0564-3339493	237000
华安证券有限责任公司六安梅山路证券营业部	六安市梅山中路	江 坤	0564-3313924	237000
国元证券公司有限责任公司六安人民路营业部	六安市人民路88号	刘 峰	0564-3321248	237000

11. 黄山市主要金融机构

机 构 名 称	地 址	负责人	电 话	邮 编
中国人民银行黄山市中心支行	黄山市长干东路118号	王 林	0559-2314388	254000
中国银监会黄山监管分局	黄山市滨江西路23号	刘 星	0559-2583098	245000
中国农业发展银行黄山市分行	黄山市屯光大道1号	吴庆前	0559-2357738	254000
中国工商银行黄山市分行	黄山市黄山中路59号	张业生	0559-2514270	254000
中国农业银行黄山市分行	黄山市前园北路25—27号	吴合陵	0559-2358901	254000
中国银行黄山市分行	黄山市黄山中路1号	马中华	0559-2538969	254000
中国建设银行黄山市分行	黄山市前园南路2号	方华平	0559-2516139	254000
中国邮储银行黄山分行	黄山市前园南路108号	陆世隆	0559-2315762	254000
徽商银行黄山分行	黄山市黄山西路39号	吴宝生	0559-2520176	254000

（续表）

机构名称	地址	负责人	电话	邮编
中国人民财产保险黄山市分公司	黄山市新园东路2号	曾庆松	0559-2320916	254000
中国人寿保险黄山分公司	黄山市滨江东路9号	许　可	0559-2542276	254000
中国平安财产保险黄山中心支公司	黄山市黄山西路39号	周晓雨	0559-2529983	254000
中国平安人寿保险黄山中心支公司	黄山西路39号	黄晓兰	0559-2515096	254000
渤海财产保险黄山中心支公司	黄山市滨江路86—88号	王　鹏	0559-2322658	254000
中国太平洋人寿保险黄山中心支公司	黄山市天都大道市总工会大楼8楼	叶　龙	0559-2150816	254000
国元农业保险黄山中心支公司	黄山市新园东路198号财政局5楼	汪　深	0559-2330333	254000
中国人民健康保险黄山营销服务部	黄山市黄山东路89号	黄　忠	0559-5205656	254000
泰康人寿保险黄山中心支公司	黄山市北海路58号	汪振济	0559-2345979	254000
安邦保险黄山营销服务部	黄山市黄山东路101号	程志平	0559-2530118	254000
天安保险黄山中心支公司	黄山市黄山东路139号	汪莉宾	0559-2356325	254000
中国太平洋财产保险黄山中心支公司	黄山市天都大道市总工会大楼12楼	段经勇	0559-2518555	254000
中国大地财产保险安徽分公司黄山营销服务部	黄山市北海路58号	许正保	0559-5299708	254000
华安财产保险黄山中心支公司	黄山市安东路85号	王永奎	0559-2310950	254000
华安证券黄山前南新村证券营业部	黄山市前南新村18号	何雄辉	0559-2317668	254000
国元证券黄山新安北路证券营业部	黄山市新安北路23号	江从波	0559-2541090	254000
中国银河证券黄山新园东路证券营业部	黄山市新园东路198号财政局1楼	陆文斌	0559-2550909	245000

附　　录

一、2010年长三角金融大事记

上 海 市

1月4日 中国人民银行上海总部、南京分行、杭州中心支行、合肥中心支行将联合推出长三角地区500家优质企业，作为首批商业承兑汇票重点推广企业，予以政策扶持。目前，中国人民银行上海总部已完成上海市首批150家重点推广企业的选定工作。上海市150家首批入选企业是人民银行上海总部按照“优中选优”的原则，从上海市中外资银行报送的近800家备选企业中选定的。其中主要包括三类企业：一是全国500强、上市公司以及其他实力雄厚、资信情况良好的大型企业；二是符合国家产业政策和信贷扶持政策、信用状况较好、财务稳健的优质中小企业；三是有规模优势、行业优势、产品优势和管理规范、自律性强的现代化龙头企业。绝大部分入选企业最近两个年度的信用评级结果在A级以上。获得商业承兑汇票重点推广企业选定资格的企业，其承兑或持有的商业承兑汇票可在苏、浙、皖、沪三省一市范围内的各商业银行优先办理贴现，四地人民银行也将根据相关规定为重点推广企业承兑或持有的商业承兑汇票优先办理再贴现。

1月12日 东亚银行(中国)数据中心落户上海市金融信息服务产业基地，东亚银行成为首家在内地自主建造大型数据中心的外资银行。该数据中心全面整合了东亚中国信息科技系统和数据平台，提高防范业务操作风险和客户风险的控制力，增强东亚(中国)在内地的核心优势竞争力。东亚(中国)数据中心的设计建造结合了境内外先进的标准和业界最佳实践，包括UPS间、主机房、网络机房、总控中心等多个功能区域，部分功能区域达到了国际行业领先的Tier-4标准。

上海市银行同业公会发布《上海市银行业客户投诉处理公约》(以下简称《公约》)，要求银行必须实事求是、快捷处理客户投诉，切实维护客户的合法权益，提供365天24小时电话投诉受理服务。对于一些规模较小的银行，目前无条件做到24小时电话受理投诉的，《公约》要求在非工作时间设置录音电话，以确保投诉渠道的有效畅通。《公约》对处理投诉的时限也做了明确规定：对于客户投诉能当场处理的，给予当场处理答复，无法当场处理答复的，应在接到投诉之日起5个工作日内向客户做出确认告知。

1月15日 江苏银行在沪首家支行——江苏银行上海普陀支行于普陀区长城大厦隆重开业。作为上海分行的第一家支行，普陀支行也是江苏银行在省外设立的首家支行，标志着江苏银行跨省发展的步伐进一步加快。

1月18日 2010年上海市银行卡同业年会隆重举行，上海市政协主席冯国勤出席年会并发表讲话，充分肯定了银行卡产业在促进上海经济发展、方便上海市民生活、提升上海城市形象、创建上海国际金融中心方面的突出作用。

资金清算中心支付清算系统上线运行成功，首期提供网络支付和通存通兑资金清算业务，首批17家行上线，系统运行情况良好。

1月19日 渣打银行(中国)有限公司宣布已经获得监管机构批准取得中国内地银行间债券市场做市商资格，成为具备此资质为数不多的外资金融机构之一。

上海市金融服务办公室与香港特别行政区政府财经事务及库务局在香港签署《关于加强沪港金融合作的备忘录》(以下简称《备忘录》)。双方将鼓励和支持金融机构互设，支持两地商业银行、保险公司、证券公司、基金管理公司、私募股权基金等互设分支机构和拓展业务，为两地有合作意向的机构在资本、技术、研发、业务等方面的交流合作提供支持和便利。《备忘录》还明确鼓励两地政府部门、金融市场组织、金融机构、行业协会等加强金融人才培训和交流方面的合作，支持在香港的金融人才培训机构和资质认证机构来上海发展，开展紧缺和高端金融人才培训项目，为两地金融人才交流提供更多便利。上海市副市长屠光绍，香港特区政府财政司司长曾俊华等出席签约仪式。

1月21日 世博会历史上首个自愿减排平台——上海环境能源交易所世博自愿减排平台开通试运营。2月4日，世博万科馆自愿减排项目在上海环境能源交易所正式挂牌。世博期间，联合国馆、中国民营企业联合馆、英国馆、黑龙江馆、广东馆等场馆先后通过该平台实现了自愿减排，相关工作获得了国际社会和国家发改委的高度肯定。

1月28日 国内首家由商业银行控股的银行系保险公司——交银康联人寿保险有限公司在上海挂牌，注册资本2亿元，交通银行和外方股东澳大利亚康联集团分别持股51%和49%。

2月1日 上海保监局召开2010年上海保险情况通报会。会议传达了全保会和监管工作会议精神，回顾总结2009年上海保险业发展情况，深入分析当前发展形势，通报2010年上海保监局监管重点和工作思路。一是以实施科学监管、依法监管、有效监管为重点,更加注重防范市场风险;二是以客户需求导向为重点,不断调整产品结构;三是以增强服务意识、公开意识、责任意识和监督意识为重点,逐步提高保险服务质量和保护保险消费者利益;四是全行业要全力配合世博会的召开,继续服从服务于上海"两个中心"建设和社会经济发展。上海市金融办、上海保监局、保险同业公会(学会)、相关保险公司、部分保险中介机构和新闻媒体约200余人参加会议。

2月3日 上海银监局召开中资银行业金融机构负责人会议。会议回顾了2009年上海经济及银行业运行情况,分析今年面临的主要挑战,并就上海银行业2010年创新发展提出要求。上海市副市长屠光绍参加了会议并讲话。

2月4日 浙江泰隆商业银行上海分行开业。泰隆银行总部位于浙江台州。截至目前,该行累计向小企业发放贷款29万多笔、1 300多亿元,共扶持8万多家小企业,直接间接创造了50多万个就业岗位,帮助30多万名失地农民、外来务工人员、下岗工人实现了劳动致富。

2月5日 光大银行上海分行与广汇汽车服务股份有限公司签署百亿战略合作协议。王兰凤行长与广汇集团董事局主席、广汇汽车服务股份有限公司董事长孙广信分别在战略合作协议上签字。

2月6日 上海期货交易所举办"维护市场稳定、强化风险管理——2010年春节长假风险警示视频会议"。

此次会议主会场设在上海,另在全国其他26个城市设立了视频分会场,有167家期货公司、25家自营会员共计380人参加会议,参会人数和教育覆盖面创历年之最。

2月20日 交行上海市分行私人银行中心作为交行首批试运行中心之一开始运行,凡具有200万美元可投资金融资产的客户都具备开户资格。

2月23日 民生银行上海分行与上海大宗钢铁电子交易中心有限公司签署了战略合作协议,此次签约将有力推动中国民生银行的公司银行服务与上海大宗钢铁电子交易服务的相互结合。

2月24日 为进一步深化细化推动上海"两个中心"建设,上海市金融办和上海保监局共同拟定了上海保险业三年创新规划。上海保险业未来三年的创新规划主要内容包括支持保险资金开展投资商业银行等金融机构试点,支持保险资金投资与保险产业密切相关的医疗、养老等机构,支持保险机构投资者积极参与资本市场、货币市场、外汇市场等金融工具市场和产品的投资交易等,具体涉及的创新产品及试点多达五十多项。

2月25日 由上海证监局主办,中国金融期货交易所、上海期货交易所、上海市期货同业公会和上海市证券同业公会协办的"2010·走进期货——上海期货业投资者教育系列活动"在上海正式启动。

2月26日 上海陆家嘴金融城首次发布白领"幸福指数"。据这份金融城人才生态环境调研白皮书显示,就职于陆家嘴金融贸易区的金融白领对工作、生活环境普遍感觉"基本幸福"。在百分制的评分体系中,被调查者对于自己的幸福指数平均打分为80.8分。本次调查由陆家嘴人才金港、陆家嘴金融城HR俱乐部联合发布。调查围绕社会环境、企业环境和个体环境三方面,调查对象来自陆家嘴金融贸易区内200余家金融企业,共回收有效问卷752份。

3月3日 中国光大银行上海分行阳光财富中心正式在上海揭幕开业。该中心是中国光大银行上海分行专门为高端客户提供专业化、个性化、高质量、深层次的综合理财服务的内设服务机构,其以一对一、面对面、团队协作为服务方式,以专业化团队为支撑,以服务引领理财,实现银行和客户的共赢。

3月3日 建设银行上海市分行为朗盛化学(上海)有限公司实现了集团内首笔美元资金归集、透支支付和美元委托贷款归还交易。这标志着建设银行系统内首笔包含账户透支功能在内的外汇现金管理业务正式上线运行,同时分行也成为外管颁布外汇现金管理新政策后办理该业务的首家银行。

3月8日 中国工商银行上海市分行与闵行区政府共同举办上海闵行中小企业集合票据发行仪式,并签署"闵行区经济结构调整金融创新实验基地合作协议"。上海闵行中小企业集合票据是上海地区首单成功发行的中小企业集合票据,标志着工行上海分行支持中小企业融资取得创新突破。

3月10日 上海世博会事务协调局日前与中国人保财险上海分公司签署中国2010年上海世博会综合责任保险单,总保费收入达1.76亿元,创该公司历史单张保单保费收入之最。

3月13日 邮储银行上海分行和中国银联上海分公司联合举办了"庆世博 游崇明 刷卡更轻松"暨崇明县受理市场共建活动。通过组织刷卡抽奖、收单业务竞赛、ATM机具布放等活动,力争将崇明打造成为"银行卡受理示范区域"。

3月15日 上海保险业服务世博动员大会在保监局召开,上海市各保险公司和部分中介机构约200人参加了会议。

3月16日 由上海浦东新区人民政府和苏黎世金融服务集团合作筹建的苏黎世国际航运与金融研究发展中心(以下简称"苏黎世航运金融研究中心")正式落成。该中心由浦东新区人民政府批准,由苏黎世金融服务集团发起并出资2 000万元人民币设立。这是苏黎世金融服务集团与中国政府合作的首个航运与金融研究中心。

3月17日 中国人民银行副行长苏宁率工作组实地检查世博金融服务准备工作情况。包括ATM、POS机具布放及使用,外币兑换、银行卡受理、账户及银行网点服务、核心系统安全情况等,并调研了世博期间金融服务需求。

3月19日 华夏银行中小企业信贷部上海分部正式揭牌。此举亦是以"中小企业金融服务商"为经营理念的华夏银行定位中小企业客户群,以专营机构和专业管理提高服务水准,加大经营和管理体制改革,加快产品和服务创新,加强系统和品牌建设的一项重要举措。上海市金融服务办公室马弘副主任出席了揭牌仪式。

3月23日 上海农商银行与杨浦区人民政府、上海创业投资有限公司、上海市再担保有限公司正式发起设立杨浦投贷联盟。其运作模式为：对于已经引进股权投资的科技型和现代服务业中小企业，上海农商银行在符合法规、政策前提下，按投资额的一定比例配比贷款，开展投贷联动。与此同时，上海农商银行借助股权投资机构经营的理念，拓宽客户来源，在已经发放贷款的科技型和现代服务业中小企业中，筛选具有股权融资需求的客户，优先推荐给联盟内的投资机构，支持政府重点扶持产业、有技术或商业模式创新、市场发展空间大、具有优秀管理团队的科技型和现代服务业中小企业，开展贷投联动。

3月24日 上海世博会金融服务工作现场会议和誓师大会在沪召开。中国人民银行会同银监会、证监会、保监会、国家外汇管理局、上海市人民政府，成立了"上海世博会金融服务领导小组"，统一指导和协调检查世博金融服务工作，并建立了各司其职、各负其责、紧密配合的世博金融服务工作机制。

3月28日 上海市、江苏省、浙江省人民政府与中国人民银行在上海共同召开"推进长江三角洲地区金融协调发展工作第三次联席会议"，总结联席会议第二次会议召开以来的工作进展情况，研究部署下一阶段工作重点。沪、苏、浙人民政府和中国人民银行签署了"共同推进长三角地区金融服务一体化发展合作备忘录"。

3月31日 上海金融法制研究会成立十五周年，编辑出版了《十五年历程》图片和文集《金融法制——研究与实践十五年》，回顾了建会以来的大事和取得的成果。

3月 友利银行（中国）有限公司上海分行正式对外发行上海旅游借记卡。该卡除具有一般借记卡的功能和服务外，在多家著名旅游景点购买门票可以享受5折优惠，同时在上海地区涵盖"食、住、行、游、购、娱、闲"的200多家上海旅游卡加盟商户消费，持卡人可享有低至8折的特惠服务。

3月 韩亚银行上海分行推出企业贷款电子结算产品。服务对象为企业客户，主要为大型优质客户及其相应的上下游中小企业客户。企业贷款电子结算业务细分为4个子产品：购买贷款电子结算、批量购买贷款电子结算、销售贷款电子结算和应收账款融资电子结算。

4月2日 为保障世博安全支付，营造良好的世博金融服务环境，上海市"严厉打击银行卡犯罪集中行动"正式启动 上海市公安局、中国人民银行上海分行、中国银联上海分公司等有关负责人参加了启动仪式。

4月6日 世博金融服务领导小组办公室会议暨工作推进会在人民银行上海总部召开。会议学习了中央关于切实做好上海世博会期间有关工作的要求，就深入贯彻落实《关于加强2010年上海世博会金融服务工作的指导意见》进行了研究和部署。会议提出建立上海世博会金融服务领导小组办公室的工作机制，进一步做好跨行业的沟通协调。

4月8日 股指期货启动仪式在上海举行。国务院副总理王岐山发来贺词，上海市委书记俞正声和中国证监会主席尚福林共同启动了股指期货。

4月8日 上海市人民政府台湾事务办公室和上海银行共同签署了《支持台资企业发展金融合作协议》，启动第三轮合作。根据协议，上海银行将在今后2年内再次为上海地区台资企业意向性提供总额不低于等值人民币100亿元的授信支持，并与上海市台办共同探索、创新服务，合力为台商在沪展业助力。

4月9日 "迎世博，上海银旅合作签约暨上海旅游卡全球宣传推广活动"启动仪式在上海环球金融中心举行。仪式上宣布由中国人民银行上海总部、上海市旅游局、上海市金融服务办公室主办，中国银联承办，联合境内外30多家金融机构及沪上著名景点共同参与的"上海旅游卡半价门票游景点全球宣传推广活动"正式开始。

4月16日 股指期货上市仪式在中国金融期货交易所举行。中国证监会副主席桂敏杰致辞并为沪深300股指期货交易鸣锣开市。上海市副市长屠光绍致辞，并与中国证监会副主席姚刚共同为沪深300股指期货合约揭牌。

4月20日 北京银行上海分行于三山会馆携手上海卿辉文化传播有限公司举行2010年上海世博会"昆宴"——牡丹亭开演暨北京银行文化创意项目贷款签约新闻发布会，该笔贷款为分行首笔文化创意贷款，支持企业世博期间世博场馆出演昆曲牡丹亭。

4月21日 由中财期货与香港时富金融共同发起的"中财时富金融期货研究中心"正式在上海成立，这也是国内首家全球金融期货研究中心 研究中心下面分设在上海中财期货总部的"上海中心"和时富金融总部的"香港中心"。"中心"将本土金融与境外金融机构的优势互补，旨在为国内大额投资者提供权威有效的股指期货信息支持。

4月22日 上海市反洗钱工作联席会议第五次工作会议在央行上海总部召开。会议通报世博会反恐安保工作有关精神，总结回顾2009年上海反洗钱、反恐融资工作，研究部署世博会反恐融资工作任务。联席会议23个成员单位的负责人参加会议。

4月23日 上海市"保险理赔员（车损定损）"（五级）国家职业资格鉴定试点考试在上海大同学院举行。这是上海保监局、市金融工会、市保险同业公会合作推进的金融保险行业统一鉴定标准考试，也是金融系统推进迎世博行动的一个重要举措。

4月26日 交通银行在上海率先启动新台币和人民币双向兑换业务试点，在沪台胞及赴台大陆居民在全上海109家交行网点，包括世博园区内的3家网点均可办理新台币和人民币双向兑换业务。此举将为世博期间到上海观光的台湾游客提供便利。

4月26日 中国金融学会主办、台北金融研究发展基金会合办的"2010两岸金融上海交流会"在上海国际会议中心举行。中国人民银行副行长苏宁、上海市副市长屠光绍致辞。会议重点讨论两岸金融监管合作谅解备忘录签署以后，两岸金融机构进一步加强务实合作等问题。

4月26日　中国银联携手交通银行在上海推出首张“芯片版”银联标准预付卡——太平洋世博非接触芯片预付卡。该卡面向海内外人士发行，主要满足境内外游客在世博会期间的快速小额支付需求。

4月28日　上海市老年基金会、上海市老年学会与上海银行隆重推出上海市“科技助老”行动之“百万老人刷卡无障碍计划”世博行动启动仪式。旨在积极响应上海市精神文明建设委员会开展城市文明志愿者服务行动的号召，弘扬上海市“科技助老”百万老人刷卡无障碍计划导银志愿者“奉献、友爱、互助、进步”的志愿精神。启动仪式上，近200位“示范导银志愿者”举行了集体宣誓仪式。

5月4日　中国人民银行上海总部印发《2010年上海市信贷投向指引》，旨在落实适度宽松的货币政策和有保有压的信贷政策，加强和改进宏观调控。《指引》明确了2010年上海市信贷工作的总体要求，即围绕转变发展方式和调整经济结构，围绕适度宽松的货币政策和有保有控的信贷政策，加强窗口指导和政策协调，努力实现“总量适度、节奏平稳、结构优化、风险防范”，支持上海经济又好又快发展。

5月6日　为有效防范和打击银行卡违法犯罪，确保为上海世博会提供良好的银行卡支付环境。中国人民银行上海总部牵头沪苏浙皖四地联合整治银行卡违法犯罪活动办公室成员单位以及中国银联，开展了“长三角”地区银行卡重大突发事件应急演练。同时，这也标志着世博期间“长三角”地区银行卡风险联合防范机制正式启动。

5月11日　上海浦东国际金融学会举行换届大会暨学会年会。经选举表决，中国人民银行上海市分行原行长、上海财经大学金融学院名誉院长、教授龚浩成担任新一届会长。

5月12日　南京银行上海分行与中国出口信用保险上海分公司举行全面合作签约仪式，通过此次签约，将进一步推动双方在未来开展更为广阔的金融业务合作，为上海中小出口企业发展提供更加完善的金融服务。

5月17日　为贯彻落实国家宏观调控要求，支持实体经济发展和结构调整，防范重点领域信贷风险，上海银监局召开专题会议。会议要求加大监管力度，指导在沪银行业机构严格控制全年信贷增量，注重信贷质量，支持上海经济平稳较快发展。同时按照年初制定的计划，扎实推进政府融资平台的解包还原工作，并严格落实国家房地产政策要求，切实防范房地产等重点领域的贷款风险。

5月18日　北京银行上海分行成立中小企业服务中心。该行与上海市浦东新区中小企业推进服务中心、中国投资担保有限公司上海分公司、上海小额贷款公司协会以及周宁商会等合作单位分别签署合作协议，并与上海市张江高科技园区热力有限公司、上海极视文化传播有限公司和上海市亚晨科技有限公司三家中小企业签署了合作协议。

5月18日　原荷兰银行(中国)有限公司获中国银行业监督管理委员会批准，正式更名为苏格兰皇家银行(中国)有限公司。

5月19日　北京银行与中国东方航空股份有限公司《全面战略合作协议》于上海西郊宾馆签署。根据协议内容，北京银行将在未来向东航提供总额为200亿元人民币的意向性授信额度，全面支持东航推进传统业务转型升级、加快拓展延伸服务。

5月20日　三菱东京日联银行(中国)有限公司在全国银行间债券市场发行人民币10亿元(约合1.465亿美元)的债券，是获批发行的首支外资银行境内债券。新世纪资信评估公司为本期债券的评级机构。

5月20日　国内首创的上海农村商业银行首批7家“金融便利店”陆续在徐汇、浦东、长宁、普陀、闵行街头开业。在周一到周五营业是下午4时至晚间9时，在夏季最晚营业至晚间10时。“金融便利店”可以办理的金融业务，包括柜面现金服务、个人贷款和理财服务、电子银行服务、小企业金融服务、信用卡等7类银行业务，直接对接社区居民与周边中小企业的日常金融需求。

5月21日　2010年度上海市票据业务联席会议在杭州举行。人行上海总部有关部门通报了2010年一季度上海票据市场经营，长三角商业承兑汇票推广以及上海地区电子汇票系统业务运行及第二批上线工作进展情况，为金融同业机构搭建项目合作和业务交流，监管机构与商业银行建立政策传导和信息沟通，上海地区票据市场健康有序发展提供了平台和舞台。

5月28日　上海期货交易所在沪举行第七届上海衍生品市场论坛，上海市副市长屠光绍、中国证监会主席助理姜洋，中国证监会前主席周正庆、周道炯，前副主席范福春出席论坛并致词；首任主席刘鸿儒出席论坛。上海期货交易所总经理杨迈军主持论坛开幕式。

5月31日　中国银联与上海东方传媒集团有限公司(以下简称“SMG”)在沪签署战略合作协议，双方将共同探索基于数字电视、IP电视、手机电视、互联网电视和电视购物平台等广电行业多终端平台的在线支付解决方案，联手打造新型支付模式，满足用户支付需求，引导消费升级，并促进消费增长。

6月4日　中国人民银行上海总部组织召开2010年上海市银行卡工作联席会议第二次会议。会议旨在总结和巩固上海世博会开幕以来银行卡支付环境建设工作的经验和成果，提出要进一步强化银行卡安全管理和风险防范工作，确保世博期间银行卡支付环境安全、顺畅。

6月6日　上海世博会金融服务领导小组办公室决定，在顺利完成上海金融系统“迎世博600天行动计划”的基础上，在上海市金融系统组织开展以“保平安、促运行、重服务、创一流”为主题的世博运行金融服务立功竞赛活动(以下简称“竞赛”)。竞赛主要内容包括金融窗口服务、银行卡支付环境建设、客户投诉管理和处置、金融服务安全保障四方面。上海世博会金融服务领导小组办公室委托上海市金融工委、上海市金融服务办公室牵头组织竞赛活动，中国人民银行上海总部金融服务一部配合牵头单位做好辅助工作。

6月7日 上海金融法制研究会与中共上海市委党校经济学研究所、上海市立法所共同举办了“国际金融中心软环境建设”研讨会。上海市人大法制委主任张凌委员、中共上海市委党校副校长王国平到会致辞。来自香港特别行政区的金融学专家、上海市金融界的理论和实务工作者，有关科研院所、相关政府机构以及新闻单位120余人出席。

6月9日 中国银联在上海举办2010年国际业务研讨会，来自美国、加拿大、英国、澳大利亚、新西兰、日本、韩国、新加坡、阿联酋、埃及等多个国家和地区的银联境外合作机构专家应邀参会。

6月16日 中国人民银行上海总部在上海浦东举办第三次“信用记录关爱日”征信知识宣传活动，活动的宣传主题是“读懂我的信用报告，维护好自己的信用权益”。

6月18日 作为全国首批、上海首家消费金融公司，中银消费金融有限公司在浦东成立。作为上海地区的第一家消费金融公司，中银消费金融公司试点期间经营范围集中于上海。中银消费金融公司将推出名为“新易贷”的消费金融贷款，凡在本市拥有固定工作的居民均可申请该项贷款。“新易贷”将分为“销售终端贷款”和“一般用途贷款”两种使用方式，前者由公司通过特约商户向客户发放消费贷款，后者则是向符合条件的客户直接发放的消费贷款。两种贷款的起用门槛分别暂定为1 000元和5 000元。

6月19日 交通银行携手中国联通和中国银联推出了以手机SIM卡实现银行支付功能的太平洋联通联名IC借记卡，这是国内发行的首张SWP SIM卡。

6月25日 上海期货交易所在沪举行“张江中心”启用仪式，中国证监会主席尚福林、上海市政协主席冯国勤出席启用仪式并为“张江中心”启用揭牌，上海市副市长沈晓明出席仪式并致辞，中国证监会主席助理吴利军出席仪式。上海期货交易所总经理杨迈军主持仪式。

6月26日 以“危机之后的经济结构调整与金融变革”为主题，由上海市政府、中国人民银行、中国银监会、中国证监会、中国保监会共同主办的2010陆家嘴论坛在浦东开幕。上海市委书记俞正声出席开幕式及论坛全体大会，并致辞。论坛共同主席、中国证监会主席尚福林主持开幕式并作主旨演讲。中国银监会主席刘明康、中国保监会主席吴定富、中国人民银行副行长易纲作主旨演讲。上海市领导刘云耕、冯国勤、屠光绍、丁薛祥、徐麟等出席。本次论坛针对“两岸三地金融合作”、“PE、VC的发展环境”、“省市政府在管理地方金融中的作用”、“低碳革命与绿色金融的未来”等12大主题进行演讲讨论。

6月27日 上海市举行“2010上海综合保税区融资租赁项目启动仪式”，标志着上海成为金融租赁公司在境内保税地区设立项目公司(SPV)开展融资租赁业务又一试点城市之一。

6月28日 上海金融发展投资基金首期募集工作宣告超额完成，最终确定15家机构为基金投资人，首期基金募集规模已超110亿元，成为国内最大的人民币私募股权基金。该基金将以金融业为主要投资方向。上海金融发展投资基金投资人包括大型专业投资机构、国有企业、金融机构、上市公司和知名民营企业等。

6月 中国工商银行上海市分行托管的国内首支文化产业基金——华人文化产业基金首笔托管资金完成划转，产业基金托管业务正式启动。

6月 中银国际证券任联合保荐人和牵头主承销商完成中国银行400亿元A股可转换公司债券发行项目，为中国资本市场有史以来最大规模再融资项目。

7月1日 “上海银行业送金融服务进园区暨银行青年进企业助发展活动”自2010年4月13日启动以来，到6月30日，上海31家中资商业银行共组织进园区服务小企业1 313次，投入工作人员约2 000人次，签约企业916户，实际放贷金额58.1亿元，新签授信额50.9亿元。

7月8日 “新华——道琼斯国际金融中心发展指数(简称IFCD INDEX)”在上海陆家嘴国际会议中心首度亮相，该指数由新华社旗下中经社控股公司联手芝加哥商业交易所集团指数服务公司(道琼斯指数公司)共同推出。该指数报告通过综合66项客观指标和调查问卷，对全球45个国际金融中心城市发展能力进行综合评价。其中，世界排名前十位的国际金融中心分别是纽约、伦敦、东京、香港、巴黎、新加坡、法兰克福、上海、华盛顿和悉尼。

7月15日 上海市窗口服务行业“迎世博银行卡刷卡无障碍立功竞赛活动”暨第四届“银联杯”全国商业服务业收银员职业技能竞赛上海赛区决赛成功举行。

7月16日 上海市银行同业公会委托第三方机构开展的世博期间本市20家银行客服热线服务质量监测工作正式启动，监测内容涵盖菜单设计、接通能力、回答时效、服务规范等多个方面。经当月检测，本市20家商业银行的平均电话接通率达98.5%，一次接通率达96.5%，其中16家银行的接通率达100%。系统接通后提供服务所用时间均在5秒以内，一声铃响接听率达96%。回答时效方面即时回答率达87%，延时回答率11.5%，其他客户会得到约定方式回答。

7月19日 上海市市长韩正为“上海股权托管交易中心”揭牌，上海建设服务于长三角地区的场外交易市场(OTC)正式启动。

7月20日 沪港金融合作第一次工作会议在沪召开。上海市金融服务办、中国人民银行上海总部、上海银监局、证监局、保监局及上证所相关负责人参加会议并就沪港金融领域的合作情况进行交流。

7月21日 中国人民银行上海总部召开上海市金融形势分析会。会议分析了2010年上半年上海金融形势，并对下半年金融工作提出政策建议。中国人民银行副行长马德伦主持会议并讲话，上海市副市长屠光绍出席并讲话。

7月21日 上海银监局召开2010年年中工作会议。上海银监局下半年将指导在沪银行业机构做好信贷投放节奏和结构调整工作。严控融资平台新增贷款,严控房地产信贷风险,鼓励探索低碳金融,加强小企业金融服务。在加强国际金融中心建设方面,下半年将继续加强对筹建和申请筹建机构的准入辅导,引导和支持银行业机构加大对低碳金融的探索,鼓励辖内信托公司积极探索房地产信托投资、PE、航运信托、购并过桥融资信托等业务创新,鼓励和支持融资租赁公司探索在保税区内设立SPV机构。

7月21日 中国信达资产管理股份有限公司与上海银行股份有限公司在沪举行《战略合作框架协议》签字仪式。陈维中副总裁与上海银行股份有限公司宁黎明董事长出席并致辞,上海银行股份有限公司瞿秋平行长出席。上海地区业务总监、上海市分公司总经理贾洪浩与上海银行股份有限公司张伟国副行长代表各自公司在协议上签字。信达公司总部有关部门、上海市分公司以及部分平台公司的负责人和上海银行相关部门负责人参加了签字仪式。

7月23日 全国首个供投资者公开查询的"证券营销人员(经纪人)信息平台"正式向社会开放。该平台为证券经纪业的联网征信平台,今后有劣迹的经纪人均将被该系统记录在案。该平台由上海市证券同业公会组织开发。

7月29日 上海市大型居住社区土地储备项目银团贷款合作协议签约仪式在上海世博洲际酒店举行,上海市土地储备中心与银团7家贷款行签署了《上海市大型居住社区土地储备项目银团贷款合作协议》,国家开发银行上海市分行及工行为银团牵头行。上海市副市长沈骏、市政府副秘书长尹弘及各委办领导出席了签约仪式。首席审计官兼分行党委书记陈继忠出席仪式,并代表银团发言。该协议明确了银团对上海市大型居住社区土地储备项目的支持意向。

7月 东方汇理银行(中国)有限公司大宗商品融资部成立,与新加坡和香港共同成为亚洲地区该项业务的三大支柱。

8月2日 上海市新闻出版(版权)局与交通银行股份有限公司上海市分行签订合作备忘录,宣布建立战略合作关系。双方将本着优势互补、利益共享、风险共担的原则,逐步开展版权融资、现金管理及供应链金融网络合作。根据合作备忘录,交通银行股份有限公司上海市分行给予意向性授信总额度100亿元用于支持上海市新闻出版及版权产业的发展。

8月5日 华夏银行在上海举办了电子商业汇票——"票e达"品牌发布会,演绎了世博"低碳、绿色"主题。总行党委委员、首席信息官恽铭庆、人行上海总部金融服务一部林兆荣副主任、总行电子银行部总经理刘琇臣、分行夏小华行长、王毓副行长出席了会议。

8月6日 由上海市期货同业公会组织,光大期货、东证期货、国泰君安期货、海通期货等9家期货公司发起的上海地区期货业"重自律、创品牌、树新风"企业文化建设活动正式启动,并得到了上海地区各期货公司的积极响应。

8月10日 中国人民银行上海总部召开2010年年中工作电视电话会议,传达贯彻中国人民银行分支行行长座谈会精神,研究部署上海总部及辖区下半年工作任务。会议传达了中国人民银行分支行行长座谈会精神。要求上海总部及辖区把思想认识统一到中央决策部署上来,认真落实执行好总行制定的货币政策。坚持把处理好经济平稳较快发展、调整经济结构和管理好通胀预期的关系作为宏观调控的核心,继续实施适度宽松的货币政策,保持政策的连续性和稳定性,提高调控的针对性和灵活性。

8月12日 邮储银行上海分行开办分割式独立产权商铺抵押业务。"分割式独立产权商铺"作为抵押物是对该行个人商务贷款担保物要素的扩充,通过这种模式将逐步由散户营销转向由市场管理方作为平台批量进行客户推荐,解决该行目前因客户分散、零星而面临风险大、成本高的问题。

8月16日 上海市首批经济适用房个人贷款业务正式推出,建设银行上海市分行成为沪上第一家办理经济适用房贷款的银行。为支持上海首批购买经济适用房市民改善居住条件,分行进驻选房现场设点,对经济适用房的贷款政策逐一进行宣传和解答,获得现场购房市民的好评。当天共有6名购房者与建设银行签订个人经济适用住房贷款合同,实现安居梦想。

8月16日 上海银行同业公会出台《上海市银行业存款业务自律公约》(以下简称《公约》),禁止在沪银行业金融机构开展高息揽储。《公约》从8月16日起正式实行。《存款自律公约》约定,会员单位应严格按照有关规定开展存款业务,不得采取存款"贴水"、高套利率档次、套用人民币同业间利率、提前支取享受原利率、虚增存款计息积数及其他擅自或变相提高存款利率等不正当手段吸收存款。银行也禁止向存款人或关系人支付正常利息以外的任何名义的吸储费、协储费、咨询费、手续费等不正当费用。

8月21日 中国人民银行上海总部和上海市金融办牵头召开上海世博会金融服务领导小组办公室第三次工作会议暨上海世博会金融服务推进会。此次会议是迎世博百日金融服务推进大会,会议总结了世博运行百日以来的金融服务工作,并对下阶段工作进行了动员部署。

8月23日 为加强内幕交易行为监管,上交所召开监管工作专题会,研究贯彻证监会关于打击内幕交易行为的部署,要求把打击内幕交易行为作为市场一线监管工作的重中之重,采取七项措施加强内幕交易行为的监管。

8月24日 香港银行学会与上海陆家嘴人才金港签署战略合作协议。该学会成为继香港证券专业学会之后又一个与陆家嘴人才金港共建的香港合作机构,也是第11家陆家嘴人才金港合作的共建机构。

8月25日 中国工商银行上海市分行首家客户体验中心盛大揭幕,该客户体验中心是总行旗下第一家集财富中心、留学贷款中心和客户体验中心为一体的超大规模旗舰店。

8月31日 国家开发银行上海市分行与宝钢集团在北京签

署了《开发性金融合作协议》，合作金额为100亿美元或等值人民币，陈元董事长、宝钢集团徐乐江董事长出席签约仪式，郑之杰副行长与宝钢集团周竹平副总经理代表双方签署协议。根据协议，双方的战略合作将以规划合作为基础，稳步推进在海外资源收购项目、境外投资建设项目、境内产业整合兼并项目等方面的合作。

9月1日 渣打中国宣布发行一款专门为青少年定制的借记卡——"天骄少年"借记卡。这是外资银行首次发行针对青少年的借记卡。"天骄少年"借记卡为"天骄少年账户"的升级服务，为10—17岁的青少年量身定做，是渣打银行强调"家庭共享"理念的重要体现。除了提供借记卡储蓄、提款、消费的基本功能外，更融入了运动时尚等特色。

9月2日 2010中国金融品牌论坛在上海举办。本届论坛由中国金融品牌论坛组委会主办，招商银行、康泰人寿、中央电视台、腾讯网和中央市场研究(CTR)联合主办。

9月9日 中国工商银行上海市分行在徐汇淮海中路支行隆重举办全国首家贵金属客户专属服务区启用仪式暨新产品发布会。首次通过设置实物展示、交易体验、VIP贵宾和现金服务四大专区，开展贵金属业务专区金融服务。

9月15日 大连银行上海分行正式开业，这是东北地区城商行在上海设立的首家分支机构，大连银行也成为国内屈指可数的几家同时在北京和上海设立分支机构的城商行之一。

9月18日 "2010第四届中国银行家高峰论坛"召开，300多名金融监管高管、中外银行家、专家学者出席。本次论坛关注金融危机渐退之际，全球银行业的新体系及中国银行业的发展路径，主要议题包括"2011:全球银行业展望"、"全球银行业的新模式:金融危机的教训"、"全球金融改革与合作"、"中国的选择:分业经营VS混业经营"等金融业热点问题。全国人大常委会委员、财经委员会副主任委员吴晓灵，上海市政协副主席、中欧国际工商学院执行院长朱晓明等出席论坛。

9月24日 中国工商银行全国首家贵金属旗舰店开业仪式暨新产品发布会在上海举行。会上集中推出了工行年内新推出的实物类、交易类、理财类、融资类四大类共30款新产品。

9月25日 全国银行间市场贷款转让交易启动仪式在上海举行，上海市委书记俞正声，中国人民银行行长周小川共同启动了全国银行间市场贷款转让交易系统，上海市市长韩正、副市长屠光绍出席启动仪式。启动仪式上，中国工商银行、中国农业银行等21家银行业金融机构签署了《贷款转让交易主协议》。此次启动的全国银行间市场贷款转让交易系统是依托全国银行间同业拆借中心的专线网络，为市场成员提供贷款转让的报价、成交确认和信息披露等服务。

9月28日 建设银行上海市分行成功中标上海清算所清算业务结算银行，成为该公司清算业务唯一结算银行。结算资金范围包括但不限于与清算业务有关的交易清算款项、保证金、费用、清算基金、违约金等。

9月28日 上海市金融学会成立30周年暨《上海金融》创刊30周年座谈会在中国人民银行上海总部举行。30年来，上海金融学会共吸收新会员851人，近10年来吸收新会员390人。目前学会共设立有10个专业研究部，推选了54个理事作为召集人，负责学术研究活动。其学术刊物《上海金融》连续多次入选中文核心期刊、中文社会科学引文索引来源期刊，并获评中国人民银行优秀期刊和华东地区优秀期刊。创刊于2001年的《上海金融年鉴》，全面、系统、准确、真实地反映上海金融业改革、开放和发展的成绩，也是一部具有权威性的大型资料性工具书，发挥存史、资政、宣传、教育的功能。会上还举行了上海市金融学会编的《世博金融之旅》首发式。该书为国内首部世博金融图书。

9月30日 中国银行贵金属业务中心在上海成立。中国银行是国内首家获准开办个人黄金投资业务的商业银行。

9月 汇添富医药基金成立，成为国内首只主动型行业基金，该基金每月净管理费收入的5%，将捐赠至上海汇添富公益基金会，用于医疗卫生方面的公益救助。

10月8日 上海闵行上银村镇银行发起人会议在上海银行大厦召开。会议决定，上海银行作为主发起人，与上海市闵行资产投资经营有限公司、上海市莘庄工业区经济技术发展有限公司、上海莘闵轻轨实业有限公司、上海市闵行区供销合作总社、上海九星(控股)集团有限公司、上海枫芸实业有限公司共同出资，发起设立上海闵行上银村镇银行股份有限公司。当日，上海闵行上银村镇银行发起人签约仪式举行。

10月17日 主题为"绿色金融创新与产业绿色转型"的第七届中国国际金融论坛在上海召开。

10月18日 国际货币基金组织在上海召开了"宏观审慎政策:亚洲视角"高级研讨会。国际货币基金组织总裁卡恩、第一副总裁利普斯基、总裁特别顾问朱民和中国人民银行行长周小川、副行长易纲出席了会议。会议分析了宏观审慎政策框架的制度安排，讨论了可用于降低系统性风险和顺周期性的宏观审慎政策工具的组成，从国别经验角度反思了应对资本流动的宏观审慎政策，并探讨了中央银行在宏观审慎政策框架中的作用。

10月19日 上海市档案馆与复旦大学中国金融史研究中心宣布展开合作，共同开展整理与研究近代上海金融档案史料的工作。双方合作的"近代上海金融档案史料整理与研究"课题正式开题，并将编辑出版《近代上海金融变迁档案史料选编》系列。

10月21日 宝山区金融业联合会、上海钢铁金融产业园在宝莲城商务广场揭牌成立。宝山区委、区政府、市金融办领导共同为金融业联合会及钢铁金融产业园揭牌。宝山区金融业联合会是上海市第二家区级金融业联合会，目前有48家企业会员单位，其中理事单位26家，交通银行宝山支行为首届理事长单位。同时，为进一步增强宝莲城产业集聚能力，宝山区金融办与友谊路街道共同创建上海钢铁金融产业园，形成与钢铁现代服务业集聚区互为补充、错位发展的钢铁金融服务业格局，重点集聚吸引金融机构和金融服务类企业。

10月26日 上海长宁区人民政府与交通银行上海市分行签

署了全面合作备忘录，旨在进一步扩大双方的合作领域，提高金融合作层次。

10月29日　中信银行上海分行成功筹组东风日产汽车金融公司人民币14.5亿元银团贷款。此次银团由该行与渣打银行联合牵头，开创了与外资银行联合筹组银团的新模式。

10月31日　世博会完美落幕，中国银联携手产业各方兑现了“聚焦世博、服务世博、建功世博”的庄严承诺，提供了优质、安全、高效的银行卡支付服务，业务发展再上新台阶，跨行交易稳步增长，上海地区实现银行卡跨行清算交易4.04亿笔、金额5 126亿元，刷卡消费(剔除房产等大宗消费)占社会消费品零售总额的比例超过52%；世博园区累计发生跨行清算交易376万笔，清算金额16.6亿元。

11月3日　上海市金融服务办公室与英国耿西金融岛在上海正式签署交流与合作谅解备忘录，拟开展包括高层定期对话，金融、法律及相关领域的研讨，金融教育与培训，两地金融及相关企业向国际资本市场发展等多项合作。

11月8日　上汽财务公司获批开办衍生产品交易业务(仅限于作为衍生产品的交易商开办远期结售汇和远期外汇买卖业务)，成为全国第一家取得此项经营资格的非银行金融机构。

11月8日　上海清算所发布《关于信用风险缓释凭证登记结算业务规则的公告》，正式面向市场提供信用风险缓释凭证的登记、托管和结算服务。同日，上海清算所发布《关于持有人账户、信用风险缓释凭证登记、交易结算操作指南的公告》，明确有关账户开立、凭证登记、清算结算的具体操作细节。

11月9日　上海金融系统世博工作总结表彰大会召开。对上海银行业青年“精彩世博”活动领导小组评出的“精彩世博”优秀主题活动以及上海银行业青年“精彩世博”活动优秀组织集体和优秀组织个人进行了表彰。

11月10日　上海市金融学会在中国人民银行上海总部举办“世博金融与上海国际金融中心建设”专题论坛。

11月10—11日　上海市金融学会在上海市银行博物馆举办“金融服务世博，世博促进金融”专题展览。展示了上海金融管理机关、金融营运机构、金融科研院校服务世博、创建上海国际金融中心的成果。

11月12日　总行级持牌运营的上海银行小企业金融服务中心开业仪式在上海香格里拉大酒店举行。上海市副市长屠光绍出席仪式并为中心揭牌。开业仪式上，上海银行与中国投资担保有限公司、上海市再担保有限公司、中投保上海分公司分别签署协议，携手共同做大做强小企业金融服务。其中，上海银行与中担保公司签订3年300亿元的战略合作协议，在全国范围内开展中小企业融资担保在内的全方位的业务合作；与上海市再担保在中小企业融资担保、信用担保机构的再担保及其他各类创新型业务上达成3年200亿元规模的战略合作；与中投保上海分公司在进一步提高对科技型中小企业融资服务达成合作意向，并签订科技金融合作协议。

11月12日　上海市金融学会举办首届青年金融论坛，激发青年对金融前沿问题的关注和研究热情，为上海乃至全国经济和金融业的改革和发展献计献策。

11月18日　上海农商银行与阿里巴巴在杭州签署全面战略合作协议，至此，上海农商银行完成与国内三大网络支付商(阿里巴巴、腾讯、快钱)全面战略合作协议的签署，携手打造电子化、网络化金融平台，向中小企业、城市社区居民和“三农”客户群体提供便捷、安全、高效的金融服务。战略合作范围覆盖了中小企业和“三农”金融服务、联名信用卡、借记卡、电子支付、网络营销以及资金结算等多个业务领域。

11月19日　中国人民银行上海分行、市教委、工商银行上海分行、农业银行上海分行共同在东华大学举办“2010年上海市信用知识进高校”主题宣传活动，现场向上海所有的67所高校赠送《谁动了我的信用》——大学生信用与相关金融知识实用读本。

11月19日　安信信托研发完成的“安信·阳光1号”关爱系列准公益类慈善个人信托产品正式亮相第八届上海理财博览会，并举办了以“理财、生财、护财、传财”为主题的专题讲座。

11月18—19日　由上海市金融学会《上海金融》杂志和士研商务咨询有限公司联合举办的“第三届亚太财富管理与私人银行会议　2010”在上海万豪虹桥大酒店召开。本次会议的主题是：分享、合作、成长。重点讨论当前金融环境下私人财富管理市场的发展机遇与趋势、多元化财富管理与可持续性投资以及中国和全球私人银行业发展的经验等。

11月25日　南京银行上海分行与上海领庆创业投资管理有限公司、上海孚科狮化工科技有限公司、上海华魏光纤传感技术有限公司等数十家科技型企业在沪签署了全面战略合作协议，提供总额为5亿元的综合授信支持。根据协议约定，南京银行上海分行将为科技型中小企业量身定做一系列的金融服务方案，与科技型中小企业共同分享创新产业发展带来的成果。

11月25日　上海市浦东新区人民政府与中国工商银行上海市分行全面战略合作签约。今后工行将全力支持浦东新区的经济社会发展以及重大项目建设，并提供总额达100亿元人民币的资金支持。此次工行为浦东新区人民政府提供的授信资金，将主要用于支持后世博时期的各项发展规划建设，包括构筑南北地区一体化的基础设施体系建设，支持浦东金融中心、航运中心和贸易中心等核心区域建设，以及其他重大基础设施建设项目。

11月26日　由中国人民银行上海总部、中共上海市金融工作委员会、上海银监局、证监局、保监局5家单位联合主办的“金融系统反腐倡廉建设展”上海巡展开幕。

11月27日　由上海市金融服务办公室和上海市法学会共同主办，以“国际金融中心建设与金融消费者保护”为主题的2010年上海金融法治论坛在沪举行。中国法学会副会长李清林、上海市副市长屠光绍等领导出席论坛并致辞。与会人员围绕“银行卡消费卡纷争的法律对策”、“投资理财与保险的法律新问题”等议题开展深入交流。

11月28日 以"多一份金融了解,多一份财富保障"为主题的"2010年上海银行业公众教育服务日活动"启动仪式在上海市杨浦区五角场万达广场举行。

11月30日 "2010上海航运交易论坛"在沪举行,中国第一家专业从事船舶保险公估的公司——上海船舶保险公估有限责任公司揭牌。该公司由上海航运交易所全资设立,上海航运交易所原有从事船舶交易和评估的职能部门也将一并转入新公司。

12月1日 中国银联上海分公司与中国人民银行上海分行、上海市公安局经侦总队、上海市银行同业公会举办了银行卡安全用卡大型宣传活动,本市主要发卡银行共同参与了此次活动。

11月30日—12月2日 由北外滩航运服务集聚区建设发展办公室、上海市金融学会、士研商务咨询有限公司联合主办的"第二届航运金融服务国际会议 2010"在上海北外滩浦华大酒店举行,探讨"航运金融衍生出的新型法律问题"、"多变经济环境下航运业的前景展望"、"航运业各细分市场的需求及对应的多元化服务"、"提升航运金融服务软实力"、"航运金融服务新模式的创新与应用"等课题。

12月5日 国家开发银行上海市分行、温州银行上海分行和上海市工商联温州商会举行隆重的战略合作签约仪式,就支持中小企业发展和满足温商融资需求达成一揽子合作意向。

12月6日 北京银行上海分行与上海唐人电影制作有限公司银企合作协议签约仪式暨电视剧《步步惊心》启动发布会在上海四季酒店举行。根据协议内容,上海分行将以版权质押的方式向唐人影视提供总额为1亿元人民币意向性授信额度,全面支持重点项目影视拍摄制作,这是上海分行为影视企业发放的最大金额影视制作贷款。

12月8日 "走向国际2010上海航运金融发展"高峰论坛在上海浦东举行。本次论坛由上海市浦东新区金融服务局、上海陆家嘴金融贸易区管委会、苏黎世金融服务集团主办,浦东国际金融研究交流中心以及苏黎世国际航运金融研究发展中心承办。

12月10日 中国人民银行上海分行会同上海市公安局、银联上海分公司组织召开了2010年上海市联合整治银行卡违法犯罪活动工作总结大会。

12月17日 华宝兴业基金发布公告,公司原股东法国兴业资产管理有限公司将其持有的本公司49%股权全部转让给领先资产管理有限公司(Lyxor Asset Management S. A.),公司注册资本保持不变。

12月17日 上海市金融学会召开2010年学术年会。会上,市金融学会理事会提名中国人民银行上海总部调查统计研究部主任余文建为副会长候选人,常务副会长、中国人民银行上海总部党委委员郑杨作2010年学会工作报告,秘书长李安定宣布市金融学会"2010年重点课题"获奖名单。年会学术报告会由市金融学会会长、中国人民银行上海总部副主任张新主持。中国金融学会会长、中国人民银行行长周小川应邀出席年会并作学术报告,重点阐述了逆周期金融宏观审慎管理制度框架问题。来自上海各高校研究机构和金融系统300多位学者专家出席了学术报告会。

12月18日 新华社上海分社与浙商银行上海分行签订书面合作协议暨合作备忘录。根据协议,双方将在金融信息服务、智库服务、品牌推广、文化传媒产业等方面开展合作。

12月20日 经中国人民银行备案同意,上海清算所于21日发布《关于超短期融资券登记结算业务规则的公告》,正式面向市场提供超短期融资券的登记、托管和结算服务。同日,上海清算所发布《关于超短期融资券发行登记、交易结算等业务操作指南的公告》,明确有关发行、登记、清算结算的具体操作细节。

12月22日 中国建设银行在上海设立的首家村镇银行—上海浦东建信村镇银行隆重开业。上海市金融工委、上海市浦东新区、浦东新区金融服务局、上海银监局、中国人民银行上海总部、建设银行总行和上海市分行等有关部门领导出席了开业仪式。上海浦东建信村镇银行注册资本金1.5亿元人民币,建行持股60%。

12月24日 上海期货交易所举行期货保税交割业务启动仪式。海关总署副署长孙毅彪,上海市副市长屠光绍,中国证监会主席助理姜洋,上海市浦东新区区委书记徐麟,共同启动期货保税交割业务。

12月25日 中国工商银行上海分行在七浦路市场正式推出首家"工银商友俱乐部",为市场内商户搭建一个信息共享、商贸交流、传播知识和实现价值的平台。

12月30日 太平洋产险航运保险事业营运中心在上海正式揭牌。作为中国保监会批准试点设立的首批总部专属经营机构,太平洋产险航运保险事业营运中心将根据总公司的授权,在全国范围内经营船舶、货运、海上能源、码头财产、海事责任等全系列航运保险业务。

江 苏 省

1月16日 中国人民银行泰州市中心支行组织泰州辖内银行业金融机构走上街头、车站,走进商场、市场,走入学校、医院,开展"反假货币知识进百家店"现场宣传咨询活动,这标志着泰州市2010年"让市民用上放心钱"主题活动拉开帷幕。

1月16日 兴业银行南通分行开业。华夏银行南通分行和民生银行南通分行分别于2月26日和8月28日开业。

1月28日 无锡产权交易所试营业揭牌。仪式由市政府钮素芬副秘书长主持,市委赵旻副书记、市政府王国中副市长共同为无锡产权交易所揭牌。试运行当天,无锡产权交易所推出了首批25个重点金融服务产品,为解决中小企业融资难问题发挥重要作用。

2月4日 无锡市召开2010年度银企(保)授信签约大会。大会由市政府谈学明副市长主持,市委副书记赵旻出席会议并作重要讲话。会上，全市22家金融机构与3 099家(次)的企业签订1 811.34亿元授信合作协议，与208家(次)的担保机构签订516.4亿元担保合作协议，与上年授信签约活动相比，银企授信家数和金额分别增长41.12%、7.28%，银保签约家数和金额分别增长26.83%、49.14%，银企授信、银保签约单位数量和合作金额再创历史新高。

2月6日　中国人民银行扬州市中心支行牵头举办了人民币流通满意工程启动仪式。扬州市副市长张爱军出席会议并讲话，市金融办、市委宣传部、公安局、检察院、法院等部门负责人，市各银行业机构领导以及工作人员等参加了启动仪式。

2月6日　镇江市政府金融办、中国人民银行镇江中支、经贸委、银监局共同主办的“镇江市人民币流通满意工程”举行隆重启动仪式。

4月18日　南京银行入驻扬州，成立南京银行扬州分行。

4月23日　中国人民银行泰州市中心支行召开金融业发展“十二五”专项规划编制工作会议。

4月25日　南通银行业举行“迎世博盛会，展金融风采”大型广场宣传咨询活动。

4月29日　中国保监会苏州监管分局正式挂牌。这是保监会批准设立的全国首家地级市保险业监管机构。

5月10日　江苏省首单“外币资金池”业务在无锡华润正式上线。从此，该公司及其各附属子公司的外币资金全部进入外币“蓄水池”统一结算，实现资金效益最大化。据测算，仅此一项每年就可节约700多万元财务成本。

4月26日　南通市金融学会第七次会员代表大会召开。大会将学会第六届期间优秀研究成果集结成册——《融海撷珠Ⅱ》。

5月27日　全国首批纸币兑换硬币自助设备落户中国银行南通分行。作为全国首批纸币兑换自助设备投放试点行及全国地市级城市首家试点，硬币兑换机的落户标志着南通在着力优化人民币流通环境，创新人民币流通手段，全面提升世博金融服务中率先迈出创新步伐。

6月8日　句容茅山村镇银行隆重开业，这是镇江市设立的第一家村镇银行。句容茅山村镇银行由江阴农村商业银行发起，江阴、句容两地14家企业共同出资组建，注册资金1.25亿元，是一家为句容市农民、农业和农村经济发展提供金融服务的银行业金融机构。

6月29日　镇江市委市政府召开2010年镇江市“服务转型、助推升级”政银企座谈会。

6月　常州市首例以上市公司股权为标的的并购贷款正式发放。并购贷款申请人为常州高新技术产业开发区发展(集团)总公司，并购目标为黑牡丹(集团)股份有限公司股东所持有的股权，以实现对黑牡丹的进一步绝对控股。经过尽职调查，中信银行常州分行认为此次并购贷款结构属于《商业银行并购贷款风险管理指引》规定的境内并购方企业通过受让现有股权方式以实现实际控制已设立并持续经营的目标企业的交易行为，同时此次并购交易双方信用状况良好，并购方与目标企业之间具有较高的战略相关度，并购双方可通过并购有效实现协同效应，遂同意向常州高新技术产业开发区发展(集团)总公司发放并购贷款4亿元，期限为5年，基准利率下浮10%。此次并购贷款的发放，创新了常州地区贷款模式，拓宽了企业融资渠道，受到社会的广泛关注。

7月2日　中国人民银行扬州市中心支行牵头在江都召开了“大学生村官创业贷款券首发仪式”。中国人民银行南京分行李文森副行长、扬州市委副书记洪锦华、扬州市(县)两级人民银行、组织部、各涉农金融机构的负责同志以及大学生村官代表共120多人参加了首发仪式。首发仪式上，共向10名大学生村官发放了37万元“大学生村官创业贷款券”。这是金融支持大学生创业的一项新的举措，得到了大学生村官、农村金融机构的大力欢迎。

7月8日　中国人民银行镇江中心支行组织召开了担保机构信用评级结果发布暨银保合作签约推荐会。

7月9日　江苏银行无锡分行与无锡产业发展集团有限公司成功启动了江苏银行成立以来的第一个银企直连项目。银企直连系统主要通过专线或公网，使企业的财务系统与江苏银行综合业务系统实现对接，银企直连项目上线后，企业无需登录网上银行，利用自身财务系统就可以自主实现对其银行账户包括分(子)公司银行账户的查询、转账、资金归集、信息下载。

7月19日　南洋商业银行无锡分行在无锡新区开业，这也是该行继北京、上海、广州等地后在江苏省内的首家一级分行。

7月19日　中国人民银行泰州市中心支行召开担保机构信用评级结果发布会暨银保合作签约推进会。

7月21日　中国人民银行扬州市中心支行联合扬州团市委在仪征市共同举办了“农村信用体系建设推进会暨农村青年信用示范户创建及融资扶持试点工作”启动仪式。人民银行南京分行李铀副行长、扬州市委常委张爱军副市长，人民银行扬州市中心支行仲彬行长，扬州团市委张震宇书记、仪征市委邵卫副市长，及人民银行南京分行征信处、团委领导，仪征团市委、人民银行仪征市支行、仪征市各银行业金融机构负责同志及各乡镇(办)负责同志、团委书记、农民代表近150人出席了本次启动仪式。

7月26日　扬州市召开“扬州市创新型经济金融助推计划工作会议暨全市金融产品与服务推介洽谈会”。会上，12家金融机构与97家企业达成合作意向101.7亿元，10家金融机构与24家担保机构达成合作意向96.0亿元。

7月28日　中国人民银行泰州中心支行和泰州市总工会联合举办了“工商银行杯”泰州市首届银行业机构点钞识假技能竞赛。来自全市15家银行业金融机构45名选手参加了比赛，中国人民银行南京分行工会办主任许德馨、泰州市总工会副主席杨世民，中国人民银行泰州市中心支行行长贾拓、工会主任张国建以及各银行业金融机构分管行领导、现金出纳部门负责人观摩了比赛。

8月19日　农业银行、交通银行、中信银行等7家银行与无锡文广新局签署三项投融资合作协议，“银政合作”综合授信达

100亿元，共完成20个项目签约。

8月26日 中国建设银行南通分行2.9亿元“新农村建设贷款”项目在江苏省建行系统内率先通过审批，该日首笔5 000万元投放到位。

9月8日 南通市金融学会荣获“全国大中城市社科联先进学会”称号。9月8—10日，来自全国22个省(自治区)、125个大中城市社科联及381个学会(协会、研究会)代表600人齐聚吉林省延边朝鲜族自治州召开会议。大会对南通市金融学会立足地方金融运行实际、主动适应宏观经济金融的新要求、致力于创新开展各项学术研讨活动给予肯定，授予“全国大中城市社科联先进学会”称号。南通市金融学会交流材料“活跃学会平台，促进地区金融改革与发展”被收录在《中国城市社会科学社会团体发展研究》(延边人民出版社出版)。

9月16日 中国人民银行镇江市中心支行携手镇江团市委在丹阳召开了“农民创业暨农村青年信用示范户创建工作推进会”。

9月28日 江苏东吴农村商业银行成功改制为苏州银行股份有限公司挂牌开业，并从2011年起进入商业银行序列，开辟了苏州地方金融发展的新篇章。

9月28日 江苏省信用再担保公司无锡分公司正式开业。国家工信部中小企业司、省金融办、省中小企业局有关方面领导、无锡市政府副市长谈学明为分公司开业剪彩。

9月 招商银行泰州分行在泰州辖内挂牌成立。

10月22日 镇江市召开了全市应收账款质押融资工作推进会。中国人民银行镇江市中心支行通报了全市推进应收账款质押融资取得的成果，大港股份等5家大企业代表联合发布了“履行社会责任，支持中小企业发展”倡议书，5家商业银行与10家中小企业现场就应收账款质押融资业务进行了签约，同时还举行了镇江市应收账款质押融资系列推进活动暨应收账款信息管理系统启动仪式。

10月26日 无锡市首批6个知识产权质押融资项目正式签约，共获得4 020万元的融资授信额度，知识产权质押融资的破题得到了省委常委、无锡市委书记杨卫泽以及中国人民银行南京分行、省知识产权局领导的充分肯定。

10月26日 扬州市成立第二家村镇银行，即江都吉银村镇银行。

10月29日 南通首家具有独立法人资格的农村商业银行——江苏南通农村商业银行股份有限公司开业。南通农村商业银行是在原南通市市郊农村信用合作联社和通州市农村信用合作联社股份制改造的基础上，优化股权结构而成立的一家专注于“三农”和中小企业融资服务的新兴银行。新成立的南通农村商业银行由南通国有资产控股有限公司、中南控股集团有限公司、中天科技集团有限公司等企业股东、民营企业家自然人股东和农商行职工股东组成，注册资本10亿元，下辖88个支行、1个营业部，服务网点覆盖崇川、港闸、通州以及南通经济技术开发区，现有员工1 100余人。

11月14日 亚太国际金融论坛在南通举行，众多专家学者齐聚南通，就“全球经济复苏和中国沿海经济”发展进行了深入探讨。

2010亚太国际金融论坛由亚太国际金融组委会主办，上海现代城市与区域发展规划研究院、南通日报、江海晚报、南通华腾置业有限公司等单位联合主办。中国经济贸易促进委员会会长曾培淦致开幕词。中国著名经济学家、中国社会科学院原常务副院长王洛林就当前宏观经济走势等问题作了精彩演讲。论坛就“全球经济复苏：脆弱还是可持续”、“世界经济复苏背景下中国经济发展和江苏沿海开发带来机遇、区域性企业融资上市的时机与路径选择”、“商业地产与旅游地产在新的大环境下如何适应新的市场秩序和生存法则”三个论题，进行了主题研讨。

11月26日 泰州市召开金融支持“双轮驱动”融资签约仪式暨直接融资推进会。

11月27日 依托土地股份合作社、社区股份合作社和物业股份合作社建立的苏州湖桥集团成立，全村4 000多村民成为公司股东，农民财产性收入大大增加，苏州农村金融再创新模式。

12月15日 兴业银行南通分行成功办理南通首单短期融资券业务。该日，由兴业银行南通分行作为主承销商的南通天生港发电有限公司4亿元的短期融资券业务，正式拿到了交易商协会的注册通知书，南通天生港发电有限公司成为南通市首家通过短期融资券业务获得直接融资的企业。

12月15日 昆山农村商业银行入驻扬州，成立昆山农村商业银行广陵支行。

12月28日 由苏州创投集团和国开金融有限责任公司发起，社保基金、中国人寿、中国再保险公司共同参与的国内首支国家级人民币母基金——总规模达600亿元的国创母基金在苏州设立。

12月 常州市办理了全省第一笔出口项下跨境人民币贸易结算业务。

2010年常州市，辖内共有8家商业银行累计为15家企业办理进出口贸易项下跨境贸易人民币结算业务32笔，结算金额5.98亿元，其中收入5笔，28.17万元；付款26笔，4.52亿元；开证1笔，1.45亿元。

浙 江 省

1月9日至11日 国际货币基金组织/世界银行访问团来宁波进行金融部门评估规划(FSAP)技术访问，访问团在宁波期间开展了七场会谈，就相关议题先后分别与中国人民银行宁波市中心支行、宁波银监局、宁波银行、4家中小企业、2家小额贷款公司、1家城投公司以及中国人民银行温州市中心支行进行了直接的交流。

1月　浙江南浔农村商业银行股份有限公司在浙江省湖州市南浔区正式成立，成为浙江省首家农村商业银行。

3月2日至3日　为总结交流宁波等城市金融IC卡试点经验，研究推进我国金融IC卡应用的发展策略和具体措施，探索金融IC卡在公共领域的应用途径，中国人民银行在甬召开宁波金融IC卡试点工作座谈会。会议期间，与会代表还到实地调研考察宁波金融IC卡在公交车、医院、加油站、高速公路缴费站等公共领域的应用情况。

3月31日至4月1日　浙江省调查统计、金融研究、征信管理工作会议在嘉兴召开。会上，刘仁伍行长作了题为《关于浙江经济金融发展转型的若干问题》的专题报告，报告传达了中央经济工作会议和中国人民银行工作会议精神，深入分析和探究了关于浙江经济发展转型、金融如何支持浙江经济发展转型、关于浙江金融发展转型等重大课题。郑南源副行长作了题为《强基础、求创新、树品牌，努力实现三专业工作新突破》的工作报告，报告充分肯定了2009年三个专业工作成绩，分析了当前面临的复杂严峻的宏观形势，部署了2010年主要工作任务。

3月　实施"世博"支付环境建设，浙江省三甲医院、部分高速公路、杭州火车站、汽车站及知名景区等已可使用银行卡，主要城市繁华地段ATM机均可受理外卡，浙江支付环境进一步改善。

3月　中国人民银行湖州市中心支行出台《湖州市中小企业信贷政策执行效果评估暂行办法》，将支持中小企业发展作为对金融机构考核的重要内容。

4月28日至29日　中俄总理定期会晤委员会金融合作分委会第十一次会议在杭州举行。分委会中方主席、中国人民银行副行长马德伦和分委会俄方主席、俄罗斯联邦中央银行副行长梅尔尼科夫共同主持了会议。来自两国中央银行、外交部、商务部、银行监管部门、政策性银行、商业银行及其他金融机构的代表共111人出席了会议。杭州中心支行刘仁伍行长全程参加会议，李虹副行长牵头做好相关会务工作。会议期间，中俄双方相互通报了宏观经济形势，深入探讨了信用担保、互设机构、贸易本币结算、保险业合作以及银行卡等领域合作中存在的问题、解决途径及未来的合作方向，并签署了《中俄总理定期会晤委员会金融合作分委会第十一次会议纪要》，为未来两国进一步加强金融合作打下了坚实基础。会议结束后，马德伦副行长对杭州中心支行的会议保障和服务工作给予了充分肯定和高度赞扬。

4月　浙江安吉交银村镇银行开业。

5月13日　中国人民银行嘉兴市中心支行与嘉兴经济技术开发区管委会联合组织召开嘉兴国际商务区银政对接座谈会。

6月8日　由中国人民银行台州市中心支行组织举办台州市区"百强成长型中小企业"银企合作签约会，实现"信贷对接百强、银企携手一家"，促成全市14家市级银行与139家百强中小企业签约贷款授信36.5亿元。

6月13日　为迎接全国第三个"信用记录关爱日"，中国人民银行嘉兴市中心支行组织全市15家金融机构举办以"珍爱信用记录，读懂信用报告"为主题的大型宣传活动。

6月23日　绍兴市成为跨境贸易人民币结算试点地区，至当年末全市共发生跨境贸易人民结算业务199笔，金额15.9亿。

6月　6.6亿元诸暨市2010年度中小企业集合票据在银行间债券市场发行，开创了浙江中小企业直接融资的新模式。

6月　台州市跨境贸易人民币结算工作推进会议召开，跨境贸易人民币结算工作正式启动。至12月末，全市共办理跨境贸易人民币结算业务69笔、金额5.39亿元，其中出口业务2笔，金额12万元。

7月6日　浙江省金融学会第七届会员代表大会暨"网络时代金融支持浙江经济发展转型"在杭州西子宾馆隆重举行，浙江省人民政府副秘书长俞仲达、中国金融学会副会长李民、省社科联副主席何一峰到会并作重要讲话，省内主要金融机构的领导、高校的专家学者和省内地市金融学会代表出席了会议。本次会议分为两个阶段，第一阶段顺利完成会员代表大会的各项议程，审议通过第七届理事会理事、常务理事候选人名单，修改了学会章程，选举产生新的会长、副会长、秘书长并聘请了副秘书长。第二阶段为"网络时代金融支持浙江经济发展转型"论坛，邀请中国社会科学院余永定教授作了题为《欧洲主权债务危机对国际经济金融的影响》的学术报告。本次论坛围绕在网络化、信息化大背景下面临的新形势、新问题，深入探讨了我国特别是浙江金融支持经济发展转型的路径和策略。论坛共征集论文54篇，经有关专家评选录用26篇。

7月7日　中国人民银行嘉兴市中心支行在嘉兴市博雅酒店成功举办了嘉兴市跨境贸易人民币结算试点启动仪式，会议特别邀请了人行杭州中支郑南源副行长和中行浙江省分行季震环副行长出席。嘉兴市政府、各县(市、区)、经济开发区、港区分管领导、人行嘉兴中支(外汇管理局)、市外经贸、财政、国税、海关、银监分局、发改、经贸等市级有关部门领导以及各金融机构、部分外贸企业负责人等130余位会议代表参加了启动仪式。

中国人民银行嘉兴市中支王中佳行长首先致辞并介绍了工作开展情况和相关政策规定。蒋仁欢副市长和郑南源行长等领导触亮了代表试点工作正式启动的光球，并同时与中国银行办理跨境人民币汇款业务的分会场进行了现场连线，正式启动了嘉兴市的跨境贸易人民币结算业务。

启动仪式当天，嘉兴市中国银行、工商银行、中信银行共办理跨境贸易人民币进口业务16笔，其中信用证7笔，电汇9笔，共计金额5 179.02万元。

7月15日　中国人民银行嘉兴市中心支行与市合作交流办联合召开长三角合作专题组、杭州都市经济圈专业委员会、浙东经济合作区专业组嘉兴市成员单位联席会议。

7月　浙江省跨境贸易人民币结算业务试点正式启动，全年有6 709家出口企业列入试点。

8月30日　宁波保险业被保险人利益保护工作服务总站暨消保委服务联络站(简称"两站")授牌仪式在市联谊宾馆隆重举

行。市金融办、市工商局、宁波保监局等单位领导出席授牌仪式，市消保委、市保险行业协会、各市级保险机构主要负责人共150余人参加了授牌仪式。此举标志着宁波保险业已初步形成比较完整的保护被保险人利益工作网络，保护被保险人利益工作得到了显著加强。

8月 全国农村信用体系建设工作现场交流会在浙江丽水召开，农村信用体系建设的"浙江模式"得到全国认可，浙江农村金融发展取得阶段成效。

9月27日 中国人民银行嘉兴市中心支行召开嘉兴市小企业本外币一站式服务活动，大型商业银行与合作金融机构签订了银银合作协议，各商业银行与小企业签订了一站式金融服务协议。

9月28日 中国人民银行宁波市中心支行组织召开宁波金融IC卡(市民卡)推进工作会议，中国人民银行宁波市中心支行宋汉光行长、谢伟江副行长以及辖内各银行业金融机构、宁波银联和第三方专业化服务机构主要负责人参加了会议。本次会议确保了商业银行和银联机构将金融IC卡工作放在金融创新的重要位置，同心协力，全力投入，共同推进金融IC卡试点工程跨越新台阶。

9月30日 绍兴市为年销售额10亿元以上的87家重点企业建立了信用信息库，信息库内容包括经会计事务所审计的重点企业资产负债表和利润表，重点企业法定代表人涉赌、涉毒及突然失踪、死亡信息，法定代表人本人及亲属移民等信息。该信息库的建成，有利于加强企业风险预警，维护区域经济金融稳定。

9月 邮储银行湖州市分行小企业贷款启动。

10月8日 宁波市首家卫星城市国库——余姚市泗门镇金库在泗门镇政府举行隆重的授牌仪式，正式成立运行。中国人民银行宁波市中心支行谢伟江副行长及国库处、余姚市支行有关负责人，宁波市金融办、市发改委、市财税局、市国税局等部门负责同志，以及余姚市政府、泗门镇政府有关部门负责人共100多人参加了此次仪式。余姚市泗门镇金库的建立运行，对于完善和落实卫星城市的财政体制，支持地方经济的发展具有十分重要的意义。

10月26日 中国进出口银行宁波分行成立，宁波市银监局凌敢局长出席开业庆典。

10月29日 宁波市金融学会举办金融支持农村经济发展研讨会。本次研讨会的主题是"加快农村金融改革步伐，加快推进农村金融制度创新、产品创新和服务创新"。研讨会由学会秘书长孙景德主持。宁波市社科联副主席林崇建、学会处副处长郭春瑞等领导应邀出席会议。入选论文代表、学会各副秘书长50余人参加研讨会。

10月30日 中国银行、中国电信和中国银联在宁波联合举行仪式，正式向公众发行集手机SIM卡与金融IC卡于一体的手机金融IC卡(市民卡)——天翼长城卡。此卡是在电信手机UIM卡中加载了符合人民银行PBOC2.0金融标准的"电子钱包"账户，相当于在手机终端上建起一个移动通讯与电子钱包交易的综合平台，插入此卡的手机终端，在享受普通电信手机通讯服务的同时，还可在宁波市所有可受理普通金融IC卡的非接触式受理终端上畅通消费。

10月 浙商银行湖州分行开业。

11月10日 嘉兴市金融学会举办2010年年会暨"进一步深化金融支持城乡统筹发展"研讨会。

11月23日 宁波市首家证券公司分公司——中信金通证券宁波分公司在宁波南苑饭店会议厅隆重举行开业庆典，宁波市证监局吕逸君局长、机构处王章明处长、宁波金融办李群副主任和海曙区当地政府以及宁波各大银行分行的行长应邀参加了此次庆典活动。

11月 浙江省委十二届八次全体(扩大)会议召开，审议通过《中共浙江省委关于制定浙江省国民经济和社会发展第十二个五年规划的建议》，确定"十二五"浙江经济社会发展总体目标、要求和任务，并提出建设中小企业金融服务中心和民间财富管理中心。

浙商基金管理有限公司正式成立，成为首家总部设在浙江的公墓基金管理有限公司。

12月23日 光大证券宁波分公司正式成立，宁波市证监局吕逸君局长、陆意琴副局长出席开业典礼。

12月28日 中国人民银行嘉兴市中心支行举办"品质生活与卡同行"银行卡刷卡有奖活动，推广非现金结算。

12月 杭州联合银行安吉支行开业。

2010年为积极促进民营企业"走出去"和借力国外资本市场"引进来"，提升资源配置效率，中国人民银行绍兴市中心支行实施深入摸排发掘培育一批、个性服务跟踪辅导一批、破解难题重点帮扶一批的"三个一批"工程，着力推进民营企业跨境资本运作，成效明显，得到了地方党委和政府的充分肯定，并先后荣获全省涉外经济保驾护航业务竞赛优胜单位和"金点子"劳动竞赛先进集体。

安 徽 省

1月8日 交通银行铜陵分行举行开业庆典。交通银行铜陵分行正式成立并对外营业。

1月8日 光大银行芜湖分行开业，这是光大银行在安徽设立的首家二级分行。

1月 滁州市以"扩大信贷量促项目建设，增强驱动力助跨越发展"为主题，举办了"2010年滁州市银企合作(项目对接)活动"，对接并实际履约资金52.4亿元。

2月1日 铜陵市开通网络金融超市，设立固定金融超市窗口，担保公司和小额贷款公司参与协办金融超市活动，全天候为中小企业、个体工商户提供融资服务。

2月4日 人行六安中支、六安市金融办联合举办"县域新增存款主要投放当地经验总结暨推进会”。

3月 六安市金融学会召开了“六安市金融学会第五届会员代表大会”。

4月21日 建行滁州分行被确定为美国银行小企业贷后管理战略协助型项目试点行，美国银行专家一行实地了解小企业信贷业务流程。

4月28日 宣城市首场中小企业金融服务日暨“小企业金融超市”进县市区活动在广德县正式启动。4月—12月宣城市共举办活动8场，各金融机构共与500家小企业签约合同，洽谈项目502个，对接金额达75.28亿元。

4月29日 中国人民银行安庆市中心支行启动安庆市“中小企业金融服务年”和“‘三农’金融支持推进年”活动。

4月30日 铜陵市金融学会在中国人民银行铜陵市中心支行召开金融学会第八次会员代表大会，来自铜陵银监分局、农业发展银行铜陵分行、国有商业银行铜陵市分行、徽商银行铜陵分行、铜都农村合作银行、中国人寿、平保财险、平保寿险、太平洋保险铜陵分公司等单位共100余位代表参加了会议。人行合肥中支党委副书记、副行长陶诚，人行合肥中支金融研究处处长徐金伟，铜陵市人民政府副市长郭新等领导出席了会议。

会议选举产生了铜陵市金融学会第八届理事会组成人员，通报表彰了学会2009年度优秀论文获奖者。人民银行铜陵市中心支行行长权俊良作为新当选的会长在会上作了第八届理事会工作报告。

5月15日 铜陵市政府与驻皖金融机构皖江城市带承接产业转移政银合作协议签约仪式举行。

5月10日 由安徽省政府主办的2010年皖江城市带承接产业转移示范区建设银企对接会在芜举行。皖江城市带十市联手搭建银企对接平台，银政企深度对接，17家金融机构与36家承接产业转移企业签约金额达280亿元。

5月18日 兴业银行芜湖分行正式开业。这是兴业银行合肥分行在安徽省设立的首家异地分行。

5月18日 九江银行合肥分行和肥西石嘴山村镇银行分别开业。九江银行合肥分行是九江银行设立的第一家省外分行，也是全国140多家城市商业银行中第一家在合肥设立的分支机构；肥西石嘴山村镇银行由宁夏回族自治区石嘴山银行股份有限公司与自然人共同发起设立，注册资本2 000万元，是安徽省首家跨省设立的村镇银行。

5月 中国人民银行宣城市中心支行与宣城市委组织部、宣城市邮储银行联合下发《关于鼓励和支持大学生“村官”自主创业及开展大学生“村官”、选派干部“带贷款下乡进村”活动的意见》。

6月9日 中国建设银行合肥生产基地暨安徽分行综合业务楼项目开工奠基典礼在滨湖新区合肥国际金融后台服务基地隆重举行，成为继中国工商银行之后又一家在滨湖新区开工建设后台中心的国有商业银行，是目前入驻滨湖新区的建设规模最大的金融机构，也是首家入驻滨湖新区的商业银行省级分行。项目总投资约10亿元，包括中国建设银行总行呼叫中心、电子银行业务中心、跨区域档案库房、交流中心等，基地内的最高建筑——安徽省分行综合业务楼共36层约150米。基地建成后将成为滨湖新区新的地标式建筑。

6月12日 宣城市“推动金融服务创新 促进农村经济发展”经验交流会在人行宣城中心支行召开。人行合肥中支陶诚副行长、宣城市政府陆马山副市长到会。南京分行、合肥中支有关处室，宣城市政府相关部门，宣城市各金融机构、有关企业共110余人参加了会议。

6月18日 江苏无锡江阴农村商业银行在当涂县设立支行。

6月19日 宣城市首届外汇从业人员外汇知识竞赛在宣城市圆满举行。这次竞赛活动由国家外汇管理局宣城市中心支局主办，是宣城市金融部门“创新金融服务，促进经济发展”系列劳动竞赛活动之一。竞赛共决出个人前6名和团体一、二、三等奖各1名，组织奖3名。

6月21日 芜湖市首家村镇银行——繁昌建信村镇银行揭牌，这是中国建设银行在安徽省投资成立的第一家村镇银行。

7月16日 中国工商银行电子银行中心(合肥)在政务文化新区正式开业。

7月20日 安徽铜陵铜源村镇银行正式成立。

7月22日 下午，京东方TFT-LCD六代线项目银团贷款合同签字仪式在合肥隆重举行，京东方科技集团股份有限公司与由国家开发银行牵头，中国民生银行、徽商银行和中国建设银行共同组成的银团签署了总额75亿元人民币的贷款合同，资金全部用于京东方TFT-LCD六代线项目的建设和运营。

7月28日 宣城市首家地方性股份制商业银行宣城皖南农村商业银行挂牌成立。

7月 六安市正兴村镇银行、裕安盛平村镇银行正式挂牌成立，标志着六安市地方法人金融体系进一步丰富，农村金融服务进一步增强。

7月 人行六安市中支主办鄂豫皖三省六县(市)支行“红色央行文化”成果交流会。

8月8日 巢湖市第一家村镇银行——无为徽银村镇银行正式开业，人行合肥中支副行长陶诚应邀出席开业典礼，无为徽银村镇银行以“立足无为、服务地方”为经营理念，有力助推了辖内农村金融改革，增加了区域金融活力。

8月16日 华夏银行合肥分行正式开业，成为其在全国的第30家一级分行，也是继中信、光大、招商、兴业、浦发和民生银行之后，又一家落户合肥市的全国性股份制商业银行。

8月18日 江苏江阴农村商业银行股份有限公司天长支行正式开业。

8月20日 安庆市望江县承接产业转移中小企业信用体系省级试验区建设启动仪式隆重举行。

9月17日 国家外汇管理局安庆市中心支局召开全市涉汇主体分类监管暨“诚信兴商宣传月”推进大会，与全市20家企业签订出口收汇自动核销责任书。

9月17日 滁州市以“加强政银企合作，支持园区经济发展”为主题，举办了“2010年市直中小企业银企合作促进活动”。

9月29日 铜陵市首届银行卡产业联合宣传暨刷卡无障碍活动正式启动。

10月12日 滁州市以“促进涉外企业资金融通，加强外汇外贸政策指导”为主题，举办了“2010年滁州市进出口企业政策培训及银企对接活动”。

10月20日 中国邮政储蓄银行后台服务基地项目在合肥市政务中心举行签约仪式。该项目位于滨湖新区，占地约214亩，总投资约10亿元，包括灾备中心、客服中心、研发中心、培训及后勤服务中心、动力中心、票据处理中心和会计稽核中心等。

10月21日 中国农业银行客户服务中心(合肥)建设用地签约仪式在合肥举行。该项目总投资15.36亿元，建筑面积17.5万平方米，包括业务楼、呼叫中心和档案馆等，预计三年后建成。

10月22日 宣城市首家村镇银行绩溪农银村镇银行开业，它是中国农业银行作为主发起人在全国设立的第四家村镇银行，安徽省第一家由国有大型控股商业银行发起设立的村镇银行。

11月8日 铜陵有色金属集团财务有限公司开业典礼举行，铜陵首家财务公司正式成立。

11月8日 巢湖市首家农村商业银行——无为农村商业银行股份有限公司开业运营。人行合肥中心支行陶诚副行长出席开业仪式。

11月18日 由芜湖市信用建设领导小组主办、中国人民银行芜湖市中心支行承办的“芜湖市中小企业信用体系试验区建设启动大会”召开。

11月27日 由人行芜湖市中心支行联合芜湖市广播电视台共同创办的《财经芜湖》栏目，在安徽省南陵县大浦新农村建设生态示范区举行开播仪式，这在安徽省地市级城市中尚属首家，标志着人行芜湖市中心支行在金融文化建设方面又向前迈出了一大步。

11月30日 由合肥市人民政府主办、市金融办与安徽中环投资集团承办的2010合肥市私募基金高峰论坛暨中环产业投资基金启动仪式在翡翠湖迎宾馆隆重举行，该基金是合肥首支私募基金。

11月30日 人民网、《金融时报》等媒体报道中国人民银行安庆市中心支行构建“银环联动机制”推进“绿色信贷”的经验与做法。

11月 人行六安中支与辖内霍山县人民政府联合举办了霍山县中小企业信用体系试验区建设推进会暨“1+10”全面战略合作协议签署仪式。霍山县人民政府与10家市级金融机构负责人签署了全面战略合作协议，10家金融机构承诺在“十二五”期间向霍山县投放188亿元信贷资金支持该县经济发展。

12月8日 芜湖市商业承兑汇票再贴现业务正式启动。芜湖市招商银行等4家银行成为首批试点行，奇瑞汽车、楚江集团等94家企业被确定为试点企业。当日现场签批商业承兑汇票再贴现近0.3亿元，4家试点银行申请合作意向达4.43亿元。

12月16日 池州市宏基创业发展投资基金、皖江九州产业转移发展基金签约仪式在池州市举行，实现了该市直接融资的新突破。

12月16日 交通银行巢湖分行正式开业。

12月17日 交通银行滁州分行正式成立。

12月28日 安徽肥东湖星村镇银行股份有限公司正式创立，该行是由湖州银行作为主发起人，联合其他6家企业法人和自然人组建的新型农村金融机构，注册资金1亿元人民币。至此，合肥市所辖三县均已成立村镇银行。

二、2010年上海市贷款企业资信A级汇编

序号	企 业 名 称	2008年	2009年	2010年	评估机构
1	上海世博土地控股有限公司	AAA	AAA	AAA	中誉
2	上海贝尔股份有限公司	AAA	AAA	AAA	中誉
3	上海赛科石油化工有限责任公司	AAA	AAA	AAA	中誉
4	上海三菱电梯有限公司	—	AAA	AAA	中诚信
5	上海汽车集团股份有限公司	AAA	—	AAA	中诚信
6	上海外高桥造船有限公司	AAA	AAA	AAA	中诚信
7	联合汽车电子有限公司	AAA	AAA	AAA	中诚信
8	上海航天技术研究院	AAA	AAA	AAA	华杰
9	宝山钢铁股份有限公司	AAA	AAA	AAA	远东
10	宝钢集团有限公司	AAA	AAA	AAA	远东
11	上海国际港务(集团)股份有限公司	AAA	—	AAA	新世纪
12	申能股份有限公司	—	—	AAA	中诚信
13	上海市电力公司	—	AAA	AAA	新世纪
14	中化国际(控股)股份有限公司	AAA	AAA	AAA	中诚信
15	上海医药集团股份有限公司	AA	AA	AAA	联合
16	中交上海航道局有限公司	—	AAA	AAA	新世纪
17	中船第九设计研究院工程有限公司	AAA	AAA	AAA	联合
18	上海交通大学	AAA	AAA	AAA	中诚信
19	复旦大学	AAA	AAA	AAA	远东
20	东华大学	AAA—	AAA—	AAA	联合
21	上海外国语大学	—	AAA	AAA	华杰
22	上海财经大学	AAA—	AAA	AAA	华杰
23	上海久事公司	AAA	AAA	AAA	新世纪
24	上海市申江两岸开发建设投资(集团)有限公司	AAA	AAA	AAA	新世纪
25	上海同盛投资(集团)有限公司	AAA	AAA	AAA	新世纪
26	上海建工(集团)总公司	AAA	AAA	AAA	新世纪
27	申能(集团)有限公司	AAA	AAA	AAA	新世纪
28	上海国际集团有限公司	AAA—	AAA	AAA	新世纪
29	上海上实(集团)有限公司	AAA	AAA	AAA	新世纪
30	上海市城乡建设和交通委员会	—	AAA	AAA	中誉
31	大华(集团)有限公司	AAA—	AAA—	AAA—	远东
32	上海地产(集团)有限公司	AAA—	AAA—	AAA—	新世纪
33	上海陆家嘴(集团)有限公司	AAA—	AAA—	AAA—	大公

（续表）

序号	企业名称	2008年	2009年	2010年	评估机构
34	中交第三航务工程勘察设计院有限公司	—	AAA−	AAA−	远东
35	中海发展股份有限公司	AAA	AAA−	AAA−	华杰
36	上海卡博特化工有限公司	AAA−	AAA−	AAA−	中诚信
37	上海机场(集团)有限公司	AAA−	AAA−	AAA−	远东
38	上海铁路局	AAA	AAA−	AAA−	新世纪
39	上海国际机场股份有限公司	AAA−	AAA−	AAA−	大公
40	华东电网有限公司	AAA−	AAA−	AAA−	远东
41	中国电信股份有限公司上海分公司	AAA−	AAA−	AAA−	中诚信
42	国药控股股份有限公司	A+	AA	AAA−	中诚信
43	上海医药(集团)有限公司	AA+	AAA−	AAA−	联合
44	中交第三航务工程局有限公司	AAA−	AAA−	AAA−	华杰
45	复旦大学附属中山医院	AAA−	AAA−	AAA−	中诚信
46	上海市第一人民医院	AA+	AAA−	AAA−	新世纪
47	华东理工大学	AAA−	AAA−	AAA−	新世纪
48	华东师范大学	AAA−	AAA−	AAA−	中誉
49	上海大学	AA+	AA+	AAA−	中誉
50	上海国有资产经营有限公司	AAA	AAA−	AAA−	新世纪
51	上海市城市建设投资开发总公司	AAA−	AAA−	AAA−	新世纪
52	上海长江隧桥建设发展有限公司	AAA−	AAA−	AAA−	中誉
53	上海药明康德新药开发有限公司	—	AAA−	AAA−	新世纪
54	锦江国际(集团)有限公司	AAA−	AAA−	AAA−	联合
55	文汇新民联合报业集团	—	AAA−	AAA−	华杰
56	上海兴邦房地产有限公司	AA−	AA+	AA+	联合
57	上海实业发展股份有限公司	AA+	AA+	AA+	远东
58	上海市浦东新区房地产(集团)有限公司	A+	—	AA+	联合
59	上海金力泰化工股份有限公司	AA+	AA+	AA+	中诚信
60	上海中信国健药业股份有限公司	A+	AA	AA+	联合
61	贺德克液压技术(上海)有限公司	—	AA	AA+	中诚信
62	上海大众动力总成有限公司	A+	A+	AA+	中诚信
63	大众汽车变速器(上海)有限公司	AA	AA−	AA+	中诚信
64	上海雷诺尔电气有限公司	AA	AA	AA+	远东
65	上海电气集团股份有限公司	AA+	AA+	AA+	远东
66	上海电气集团上海电机厂有限公司	—	AA+	AA+	远东
67	上海汉钟精机股份有限公司	AA+	—	AA+	鹏元上海
68	上海熊猫线缆股份有限公司	AA	AA	AA+	中誉
69	上海东升焊接集团有限公司	AA	AA+	AA+	中誉
70	立邦涂料(中国)有限公司	AA+	AA+	AA+	中诚信
71	延锋伟世通汽车饰件系统有限公司	AA+	AA+	AA+	中诚信
72	上海世纪出版股份有限公司	AA	AA−	AA+	远东
73	上海家化(集团)有限公司	A+	AA	AA+	新世纪
74	上海现代制药股份有限公司	—	AA−	AA+	大公

（续表）

序号	企 业 名 称	2008年	2009年	2010年	评估机构
75	上海大屯能源股份有限公司	A+	AA−	AA+	新世纪
76	上海化学工业区中法水务发展有限公司	AA	AA	AA+	中誉
77	东方有线网络有限公司	AAA−	AAA−	AA+	新世纪
78	百联集团有限公司	AA	AA+	AA+	联合
79	上海百联集团股份有限公司	AA−	AA+	AA+	联合
80	上海徐家汇商城(集团)有限公司	AA	AA+	AA+	中誉
81	上海市糖业烟酒(集团)有限公司	AA+	AA+	AA+	远东
82	中国科学院上海生命科学研究院	AA+	AA+	AA+	远东
83	上海第二工业大学	AA+	AA+	AA+	远东
84	华东政法大学	AA+	AA+	AA+	远东
85	上海长海医院	—	AA+	AA+	华杰
86	上海国盛(集团)有限公司	—	AA+	AA+	大公
87	上海新兴技术开发区联合发展有限公司	AA+	AA+	AA+	中诚信
88	上海漕河泾开发区高科技园发展有限公司	AA+	AA+	AA+	中诚信
89	上海化学工业区发展有限公司	AA−	AA	AA+	远东
90	上海张江高科技园区开发股份有限公司	AA+	AA+	AA+	新世纪
91	远东国际租赁有限公司	A+	AA	AA+	中诚信
92	万达信息股份有限公司	AA	AA	AA+	中诚信
93	上海现代建筑设计(集团)有限公司	AA+	AA+	AA+	中诚信
94	光明食品(集团)有限公司	AA	AA+	AA+	远东
95	上海瑞金大厦有限公司	BBB−	BBB+	AA	中诚信
96	上海嘉汇达房地产开发经营有限公司	AA−	AA	AA	联合
97	上海梅龙镇广场有限公司	A+	AA−	AA	大公
98	上海恒大建材市场管理股份有限公司	—	A	AA	大公
99	上海荣广商务中心有限公司	AA	AA−	AA	万隆
100	上海和联房产开发有限公司	AA−	AA	AA	中诚信
101	上海房地产经营(集团)有限公司	A+	AA	AA	联合
102	上海复祥房地产有限公司	—	BBB+	AA	华杰
103	上海城投置地(集团)有限公司	AA	AA	AA	大公
104	上海新国际博览中心有限公司	AA−	A+	AA	远东
105	国际商业机器(中国)有限公司	—	AAA−	AA	远东
106	上海新华传媒股份有限公司	AA−	AA	AA	新世纪
107	上海核工程研究设计院	—	—	AA	大公
108	上海深水港船务有限公司	—	AA−	AA	大公
109	快板电子科技(上海)有限公司	—	—	AA	中诚信
110	上海新时达电气股份有限公司	A+	AA	AA	中诚信
111	上海绿新包装材料科技股份有限公司	—	AA	AA	远东
112	上海海拉电子有限公司	AA	A+	AA	新世纪
113	中达电通股份有限公司	A+	AA−	AA	华杰
114	德尔福派克电气系统有限公司	A+	A	AA	华杰
115	盛趣信息技术(上海)有限公司	A	—	AA	大公

（续表）

序号	企 业 名 称	2008年	2009年	2010年	评估机构
116	上海金亭汽车线束有限公司	A+	AA-	AA	大公
117	上海通用电气广电有限公司	—	—	AA	中誉
118	上海华峰超纤材料股份有限公司	—	—	AA	中诚信
119	上海森松化工成套装备有限公司	A	A	AA	中诚信
120	上海化学工业区工业气体有限公司	A+	A+	AA	中诚信
121	上海焦化有限公司	AA	AA	AA	中诚信
122	上海巴斯夫聚氨酯有限公司	AA	AA	AA	远东
123	上海奇想青晨化工科技股份有限公司	—	—	AA	远东
124	上海海利生物药品有限公司	—	—	AA	新世纪
125	庄信万丰(上海)化工有限公司	AA-	AA	AA	大公
126	上海高桥巴斯夫分散体有限公司	BBB+	A+	AA	大公
127	圣莱科特化工(上海)有限公司	BB+	AA-	AA	大公
128	璐彩特国际(中国)化工有限公司	AAA-	AAA-	AA	中誉
129	大陆泰密克汽车系统(上海)有限公司	—	—	AA	中诚信
130	上海苏尔寿工程机械制造有限公司	—	A+	AA	中诚信
131	延锋百利得(上海)汽车安全系统有限公司	A+	A+	AA	中诚信
132	上海烟草机械有限责任公司	AA	AA	AA	中诚信
133	上海三电贝洱汽车空调有限公司	AA	AA	AA	中诚信
134	申雅密封件有限公司	AA	AA	AA	中诚信
135	上海三电汽车空调有限公司	AA	AA	AA	中诚信
136	上海小糸车灯有限公司	AA-	AA	AA	中诚信
137	上海皮尔博格有色零部件有限公司	AA-	AA	AA	中诚信
138	上海汉虹精密机械有限公司	AA-	AA-	AA	中诚信
139	上海拖拉机内燃机有限公司	AA-	AA-	AA	中诚信
140	维蒙特工业(中国)有限公司	AA	—	AA	远东
141	上海贤达罗兰压力容器制造有限公司	—	A	AA	远东
142	上海克莱德贝尔格曼机械有限公司	—	A+	AA	远东
143	上海电气电站设备有限公司	—	AA	AA	远东
144	上海浦东电线电缆(集团)有限公司	—	AA	AA	远东
145	凯斯工程机械(上海)有限公司	—	—	AA	远东
146	上海凯泉泵业(集团)有限公司	AA-	AA	AA	新世纪
147	上海锐奇工具股份有限公司	—	A+	AA	新世纪
148	上海泰胜风能装备股份有限公司	—	AA	AA	新世纪
149	上海岱美汽车内饰件股份有限公司	—	AA-	AA	新世纪
150	福耀集团(上海)汽车玻璃有限公司	A+	AA-	AA	万隆
151	上海双桦汽车零部件股份有限公司	AA	AA-	AA	万隆
152	上海瑞尔实业有限公司	AA-	AA	AA	万隆
153	斯派莎克工程(中国)有限公司	—	—	AA	华杰
154	上海飞和实业集团有限公司	—	—	AA	华杰
155	沪东重机有限公司	—	—	AA	华杰
156	华荣集团有限公司	A+	AA	AA	华杰

（续表）

序号	企 业 名 称	2008年	2009年	2010年	评估机构
157	上海博泽电机有限公司	—	—	AA	大公
158	伊顿流体动力(上海)有限公司	—	—	AA	大公
159	萨克斯汽车零部件系统(上海)有限公司	—	A+	AA	中誉
160	上海耐莱斯·詹姆斯伯雷阀门有限公司	A	AA	AA	中誉
161	上海蒂森克虏伯汇众汽车零部件有限公司	—	—	AA	中誉
162	上海新朋金属制品有限公司	AA−	AA−	AA	中诚信
163	上海普利特复合材料股份有限公司	AA	AA	AA	中诚信
164	尼普洛(上海)有限公司	—	—	AA	中诚信
165	上海大道包装隔热材料有限公司	AA	AA	AA	远东
166	上海嘉麟杰纺织品股份有限公司	A+	A+	AA	新世纪
167	康那香企业(上海)有限公司	AA	AA	AA	新世纪
168	上海双立人亨克斯有限公司	AA−	AA	AA	新世纪
169	大众交通(集团)股份有限公司	AA	AA	AA	新世纪
170	上海北海船务股份有限公司	AA−	A+	AA	大公
171	交通部上海打捞局	AA−	AA	AA	大公
172	上海电力股份有限公司	AA	AA	AA	远东
173	上海迪信电子通信技术有限公司	AA	AA	AA	中诚信
174	埃克森美孚化工商务(上海)有限公司	—	—	AA	中诚信
175	巴斯夫(中国)有限公司	A+	A+	AA	远东
176	中国石化销售有限公司华东分公司	AA	AA	AA	远东
177	宝钢资源有限公司	AA	AA	AA	新世纪
178	上海浦东国际机场航空油料有限责任公司	AA−	A+	AA	大公
179	上海隧道工程股份有限公司	A+	AA	AA	中诚信
180	上海宝冶集团有限公司	A+	AA	AA	新世纪
181	中港疏浚股份有限公司	AA	AA−	AA	新世纪
182	上海城建(集团)公司	AA−	AA+	AA	新世纪
183	上海中医药大学附属岳阳中西医结合医院	AA	AA	AA	中诚信
184	上海商学院	A+	AA−	AA	远东
185	上海体育学院	A+	AA+	AA	远东
186	上海师范大学	AA	AA	AA	远东
187	上海交通大学医学院	AA	AA	AA	远东
188	上海金融学院	AA	AA	AA	远东
189	上海文化广播影视集团	AA+	AA+	AA	远东
190	上海应用技术学院	—	AA	AA	远东
191	上海宝山城乡建设投资经营有限公司	AA	AA	AA	新世纪
192	上海浦东发展(集团)有限公司	AA	AA	AA	联合
193	上海虹桥经济技术开发区联合发展有限公司	AA	AA	AA	中诚信
194	上海盛融投资有限公司	AAA−	AA	AA	远东
195	上海国际集团资产管理有限公司	A+	AA	AA	新世纪
196	上海大众公用事业(集团)股份有限公司	A+	AA−	AA	新世纪
197	通用汽车(中国)投资有限公司	—	AA−	AA	新世纪

（续表）

序号	企 业 名 称	2008年	2009年	2010年	评估机构
198	上海国际汽车城(集团)有限公司	—	—	AA	联合
199	上海联和投资有限公司	A	—	AA	联合
200	中信基建投资有限公司	A+	AA	AA	联合
201	阿特拉斯·科普柯(中国)投资有限公司	AA−	—	AA	联合
202	资生堂(中国)投资有限公司	A+	A+	AA	大公
203	秦森(集团)有限公司	—	—	AA	中誉
204	上海闵行联合发展有限公司	AA	AA	AA	中诚信
205	上海金桥出口加工区开发股份有限公司	AA−	AA	AA	中诚信
206	上海西郊国际农产品交易有限公司	—	AA	AA	中诚信
207	上海申虹投资发展有限公司	BBB+	AA	AA	新世纪
208	上海虹桥枢纽交通中心建设发展有限公司	—	AA	AA	新世纪
209	上海青草沙投资建设发展有限公司	—	AA	AA	新世纪
210	上海开创远洋渔业有限公司	—	AA−	AA	中诚信
211	上海微创软件有限公司	A	AA	AA	中诚信
212	杉杉投资控股有限公司	AA−	AA−	AA	新世纪
213	上海东方明珠(集团)股份有限公司	AA+	—	AA	华杰
214	上海申通地铁资产经营管理有限公司	A	—	AA	中诚信
215	上海新天地广场有限公司	A	AA−	AA−	中诚信
216	上海兴启房地产有限公司	A	AA−	AA−	中诚信
217	上海柏兴房地产有限公司	A	AA−	AA−	中诚信
218	上海纪兴房地产有限公司	A	AA−	AA−	中诚信
219	上海九海利盟房地产有限公司	AA−	—	AA−	中诚信
220	上海金光外滩置地有限公司	A	A+	AA−	远东
221	上海四季同仁房产开发有限公司	AA−	AA−	AA−	万隆
222	新上海国际大厦有限公司	A+	AA−	AA−	华杰
223	上海金丰投资股份有限公司	A+	A	AA−	新世纪
224	中华企业股份有限公司	AA	AA	AA−	新世纪
225	上海万业企业股份有限公司	AA	AA−	AA−	新世纪
226	上海古北(集团)有限公司	AA	AA−	AA−	万隆
227	上海嘉宝实业(集团)股份有限公司	AA−	AA−	AA−	华杰
228	上海建工房产有限公司	AA	AA−	AA−	中誉
229	太平置业(上海)有限公司	—	—	AA−	华杰
230	上海浦东新区香格里拉酒店有限公司	AA	—	AA−	中诚信
231	中国金茂(集团)有限公司	AA+	A+	AA−	中诚信
232	上海商城	AA	AA	AA−	大公
233	中航国际租赁有限公司	A−	A	AA−	中诚信
234	上海中和软件有限公司	AA	AA	AA−	远东
235	上海盛东国际集装箱码头有限公司	AA−	AA−	AA−	新世纪
236	上港集团物流有限公司	—	AA−	AA−	新世纪
237	百岁新联物流(上海)有限公司	—	BBB+	AA−	新世纪
238	上海凯虹科技电子有限公司	—	—	AA−	远东

（续表）

序号	企 业 名 称	2008年	2009年	2010年	评估机构
239	环旭电子股份有限公司	A	AA−	AA−	新世纪
240	上海贺利氏电测骑士有限公司	BBB	A+	AA−	中誉
241	上海华讯网络系统股份有限公司	AA−	AA−	AA−	中誉
242	中国石化上海石油化工股份有限公司	AA	A	AA−	中誉
243	华东理工大学华昌聚合物有限公司	A	A	AA−	中誉
244	奎克化学(中国)有限公司	—	—	AA−	中诚信
245	中涂化工(上海)有限公司	A	A	AA−	中诚信
246	上海华谊丙烯酸有限公司	BBB+	—	AA−	中诚信
247	巴斯夫催化剂(上海)有限公司	BBB	BBB+	AA−	远东
248	英威达纤维(上海)有限公司	AA−	A	AA−	新世纪
249	中国石油化工股份有限公司化工销售华东分公司	AA	AA−	AA−	华杰
250	中国石油化工股份有限公司上海高桥分公司	AA−	AA−	AA−	大公
251	德谦(上海)化学有限公司	A+	A+	AA−	大公
252	上海天纳克排气系统有限公司	—	AA−	AA−	中诚信
253	上海贝洱热系统有限公司	A	A	AA−	中诚信
254	上海三电冷机有限公司	A	A−	AA−	中诚信
255	上海宝世威石油钢管制造有限公司	A	AA−	AA−	中诚信
256	上海摩恩电气股份有限公司	A+	AA−	AA−	中诚信
257	上海特波电机有限公司	AA	AA	AA−	中诚信
258	上海新晃空调设备股份有限公司	AA−	AA−	AA−	中诚信
259	上海海得控制系统股份有限公司	AA−	AA−	AA−	中诚信
260	江南造船(集团)有限责任公司	AA	A	AA−	远东
261	上海电气(集团)总公司	AA−	AA−	AA−	远东
262	上海工业自动化仪表研究院	A+	—	AA−	远东
263	上海金盾消防安全设备有限公司	—	—	AA−	远东
264	上海屹丰模具制造有限公司	A+	A	AA−	新世纪
265	上海大众液压技术有限公司	AA	AA−	AA−	新世纪
266	上海连成(集团)有限公司	AA−	A+	AA−	新世纪
267	上海中科电气(集团)有限公司	AA−	AA−	AA−	新世纪
268	上海霍富汽车锁具有限公司	—	A	AA−	联合
269	萨帕铝热传输(上海)有限公司	—	—	AA−	华杰
270	沪东中华造船(集团)有限公司	AA	A	AA−	华杰
271	上海上泵(集团)有限公司	AA−	A+	AA−	大公
272	上海加冷松芝汽车空调股份有限公司	AA	AA	AA−	中誉
273	上海英格索兰压缩机有限公司	—	—	AA−	中誉
274	上海西电高压开关有限公司	—	A	AA−	中誉
275	上海加铝复合板有限公司	BB	A−	AA−	中诚信
276	上海天合汽车安全系统有限公司	—	A	AA−	中诚信
277	延锋伟世通金桥汽车饰件系统有限公司	AA+	—	AA−	中诚信
278	上海罗氏制药有限公司	—	—	AA−	中诚信
279	上海正伟印刷有限公司	—	—	AA−	中诚信

（续表）

序号	企 业 名 称	2008年	2009年	2010年	评估机构
280	上海荣臣博士蛙(集团)有限公司	A	A+	AA−	中诚信
281	上海五丰上食食品有限公司	A−	AA−	AA−	中诚信
282	上海嘉乐股份有限公司	A	AA−	AA−	远东
283	上海紫泉包装有限公司	A−	A	AA−	远东
284	上海复旦复华药业有限公司	A+	A−	AA−	远东
285	上海日立家用电器有限公司	BBB	BB	AA−	远东
286	上海金发科技发展有限公司	A+	AA−	AA−	新世纪
287	上海德尔格医疗器械有限公司	—	AA−	AA−	联合
288	上海和黄药业有限公司	A	AA−	AA−	联合
289	老凤祥股份有限公司	AA−	—	AA−	华杰
290	上海复星医药(集团)股份有限公司	AA−	AA	AA−	大公
291	上海凯宝药业股份有限公司	—	AA−	AA−	中誉
292	上海红双喜股份有限公司	A+	A+	AA−	中誉
293	上海新格有色金属有限公司	A	BBB	AA−	华杰
294	上海申通地铁集团有限公司	AA−	AA−	AA−	中诚信
295	上海强生控股股份有限公司	AA	AA−	AA−	新世纪
296	上海浦远船舶有限公司	AA−	AA	AA−	大公
297	华能国际电力股份有限公司上海石洞口第二电厂	—	A	AA−	新世纪
298	上海新奥九环车用能源股份有限公司	—	A	AA−	大公
299	爱马仕(上海)商贸有限公司	—	A−	AA−	中诚信
300	永乐(中国)电器销售有限公司	AA−	AA−	AA−	中诚信
301	上海豫园旅游商城股份有限公司	A+	AA−	AA−	大公
302	上海和凌汽车服务有限公司	A	AA	AA−	中誉
303	尼虹光电贸易(上海)有限公司	—	—	AA−	中诚信
304	日立建机(上海)有限公司	A	A+	AA−	中诚信
305	上海伊藤忠商事有限公司	AA−	AA−	AA−	中诚信
306	上海新宇钟表集团有限公司	AA−	A+	AA−	远东
307	上海宏龙空调电器有限公司	AA−	A−	AA−	新世纪
308	上海神华煤炭运销有限公司	—	AA	AA−	新世纪
309	上海建浦进出口有限责任公司	AA−	AA−	AA−	联合
310	派克汉尼汾流体传动产品(上海)有限公司	—	—	AA−	中誉
311	上海郑隆汽车销售有限公司	BB+	BBB	AA−	中誉
312	蝶理(中国)商业有限公司	A	A	AA−	中誉
313	上海德新投资管理有限公司	—	—	AA−	中誉
314	衣念(上海)时装贸易有限公司	—	A−	AA−	中誉
315	上海市水利工程集团有限公司	A	AA−	AA−	新世纪
316	中国建筑第八工程局有限公司	A−	A−	AA−	新世纪
317	中国石化集团上海工程有限公司	—	AA−	AA−	新世纪
318	上海延华智能科技有限公司	—	A+	AA−	华杰
319	上海工程技术大学	AA+	AA−	AA−	远东
320	复旦大学附属妇产科医院	AA+	AA+	AA−	远东

（续表）

序号	企　业　名　称	2008年	2009年	2010年	评估机构
321	复旦大学附属儿科医院	AA－	AA	AA－	新世纪
322	上海电机学院	AA－	AA－	AA－	新世纪
323	上海立信会计学院	AA－	AA－	AA－	新世纪
324	上海美国学校	AA－	AA－	AA－	华杰
325	上海海事大学	AA＋	AA	AA－	中誉
326	上海市浦东土地发展(控股)公司	—	AA－	AA－	联合
327	上海金桥(集团)有限公司	—	—	AA－	中诚信
328	上海盛瀚投资有限公司	AA	AA－	AA－	大公
329	上海大盛资产有限公司	AA	A	AA－	大公
330	上海交运股份有限公司	A＋	—	AA－	中诚信
331	中国建材国际工程有限公司	AA－	AA	AA－	中诚信
332	上海恒大(集团)有限公司	A－	A	AA－	远东
333	上海新华发行集团有限公司	—	AA－	AA－	大公
334	上海信达立人投资管理有限公司	—	BB	A＋	中誉
335	上海新茂房地产开发有限公司	A	A＋	A＋	中诚信
336	上海帝泰发展有限公司	BBB－	A－	A＋	中诚信
337	上海华庆房地产开发有限公司	A	A＋	A＋	远东
338	上海星峡置业有限公司	A	AA－	A＋	远东
339	上海永达置业发展有限公司	A－	BBB	A＋	新世纪
340	上海益民商业股份有限公司	A－	A＋	A＋	新世纪
341	上海新慈厚房地产有限公司	A	A＋	A＋	新世纪
342	裕廊腾飞置业(上海)有限公司	A	A＋	A＋	鹏元上海
343	新资房地产开发(上海)有限公司	A＋	A	A＋	联合
344	上海陆家嘴商务广场有限公司	A－	A＋	A＋	联合
345	上海新世界淮海物业发展有限公司	A	A	A＋	华杰
346	上海锦绣华城房地产开发有限公司	A	A	A＋	远东
347	上海安盛房产开发有限公司	A－	A－	A＋	远东
348	上海颐华房地产有限公司	A－	A＋	A＋	远东
349	农工商房地产(集团)股份有限公司	BBB	BBB＋	A＋	远东
350	上海城开(集团)有限公司	—	A	A＋	远东
351	上海山鑫置业有限公司	—	A－	A＋	远东
352	上海欣源置业发展(集团)有限公司	—	BBB	A＋	远东
353	上海张江微电子港有限公司	A＋	A－	A＋	新世纪
354	和记黄埔地产(上海)古北有限公司	A－	AA	A＋	华杰
355	经纬置地有限公司	AA－	—	A＋	华杰
356	上海电子商城有限公司	BBB	BBB	A＋	华杰
357	上海南郊中华园房地产开发有限公司	BB	BB＋	A＋	中誉
358	上海华宁置业有限公司	BBB－	A－	A＋	中誉
359	上海东苑房地产开发(集团)有限公司	BBB＋	BBB＋	A＋	中誉
360	上海银佳房地产有限公司	CCC－	BB＋	A＋	中誉
361	和记黄埔地产(上海)陆家嘴有限公司	—	A＋	A＋	中诚信

（续表）

序号	企 业 名 称	2008年	2009年	2010年	评估机构
362	上海浦发澳丽房地产有限公司	—	—	A+	联合
363	上海上房置换股份有限公司	—	—	A+	万隆
364	上海东方典当有限公司	—	—	A+	联合
365	中国上海外轮代理有限公司	—	A+	A+	大公
366	上海经贸山九储运有限公司	BBB+	A	A+	中诚信
367	上海孚宝港务有限公司	A	A	A+	远东
368	上海现代物流投资发展有限公司	A	A+	A+	联合
369	中远集装箱运输有限公司	AA	AA−	A+	大公
370	上海嘉顿储运有限公司	—	—	A+	大公
371	上海东方远航物流有限公司	A+	AA	A+	中誉
372	上海京瓷电子有限公司	AA−	A+	A+	中诚信
373	上海惠普有限公司	AA	A+	A+	远东
374	上海美维电子有限公司	AA	A+	A+	远东
375	中发电气股份有限公司	AA−	A+	A+	远东
376	上海沪工汽车电器有限公司	—	A+	A+	远东
377	上海旭福电子有限公司	A−	—	A+	新世纪
378	上海大唐移动通信设备有限公司	A+	A+	A+	新世纪
379	上海日精仪器有限公司	AA−	A−	A+	新世纪
380	联芯科技有限公司	—	—	A+	新世纪
381	上海汇益控制系统股份有限公司	—	—	A+	联合
382	上海大亚信息产业有限公司	—	—	A+	联合
383	上海长丰智能卡有限公司	A+	A+	A+	联合
384	上海大亚科技有限公司	A	—	A+	华杰
385	上海飞乐音响股份有限公司	A+	A+	A+	大公
386	上纬(上海)精细化工有限公司	—	—	A+	中诚信
387	上海明治橡胶制品公司	—	—	A+	中诚信
388	上海大赛璐塑料工业有限公司	A	A+	A+	中诚信
389	上海涂料有限公司	A−	A	A+	中诚信
390	上海国际油漆有限公司	A+	A+	A+	中诚信
391	上海汇得树脂有限公司	—	—	A+	远东
392	巴斯夫上海涂料有限公司	A	A+	A+	新世纪
393	上海石化比欧西气体有限责任公司	A	A+	A+	新世纪
394	中国石油化工股份有限公司上海沥青销售分公司	—	—	A+	华杰
395	兴农药业(上海)有限公司	—	—	A+	华杰
396	上海泰伦针织制品有限公司	—	A+	A+	华杰
397	圣戈班高功能塑料(上海)有限公司	BBB+	A−	A+	华杰
398	上海福斯润滑油(中国)有限公司	—	BBB−	A+	大公
399	上海英硕聚合物材料有限公司	—	—	A+	中誉
400	长飞光纤光缆(上海)有限公司	—	—	A+	中诚信
401	住友电工(上海)电子线制品有限公司	—	—	A+	中诚信
402	达耐时工业(上海)有限公司	A	BBB+	A+	中诚信

（续表）

序号	企 业 名 称	2008年	2009年	2010年	评估机构
403	上海明芳汽车零件有限公司	A−	A−	A+	中诚信
404	上海中炼线材有限公司	A+	A	A+	中诚信
405	上海柘中建设股份有限公司	A+	A+	A+	中诚信
406	龙工(上海)桥箱有限公司	A+	A+	A+	中诚信
407	上海欧菲滤清器有限公司	AA	A	A+	中诚信
408	上海交运汽车动力系统有限公司	BBB	BBB	A+	中诚信
409	上海爱登堡电梯有限公司	BBB	BBB+	A+	中诚信
410	上海松尾钢结构有限公司	BBB−	—	A+	中诚信
411	登福机械(上海)有限公司	BBB+	A	A+	中诚信
412	上海科泰电源股份有限公司	BBB+	A+	A+	中诚信
413	上海马勒滤清系统有限责任公司	BBB+	BBB−	A+	中诚信
414	上海汽车空调配件有限公司	A	A	A+	远东
415	上海基立机电设备有限公司	A+	A+	A+	远东
416	上海机动车辆汽车配件有限公司	A+	—	A+	远东
417	上海飞机制造有限公司	BB	A−	A+	远东
418	上海宝钢阿赛洛激光拼焊有限公司	BB+	BB	A+	远东
419	上海快鹿电线电缆有限公司	BBB−	A	A+	远东
420	上海宝临电器成套制造有限公司	—	A	A+	远东
421	上海蓝滨石化设备有限责任公司	—	A	A+	远东
422	上海法维莱交通车辆设备有限公司	—	BBB+	A+	远东
423	上海凯波特种电缆料厂有限公司	—	—	A+	远东
424	上海嘉成轨道交通安全保障系统有限公司	—	—	A+	远东
425	上海南大集团有限公司	A	A	A+	新世纪
426	上海科世达-华阳汽车电器有限公司	A	A	A+	新世纪
427	上海广电电气(集团)股份有限公司	A	A	A+	新世纪
428	上海华普国润汽车有限公司	A	A−	A+	新世纪
429	上海佳力士机械有限公司	A	AA	A+	新世纪
430	上海春日机械工业有限公司	A+	A−	A+	新世纪
431	正泰电气股份有限公司	BBB	A−	A+	新世纪
432	上海屹丰汽车模具制造有限公司	BBB	BBB	A+	新世纪
433	上海科德轧辊表面处理有限公司	—	A+	A+	新世纪
434	上海飞洲电气股份有限公司	—	—	A+	新世纪
435	上海华明高压电气开关制造有限公司	—	—	A+	新世纪
436	上海港工美亚钢管制造有限公司	—	—	A+	新世纪
437	上海海隆石油钻具有限公司	—	A+	A+	鹏元上海
438	上海胜华电缆厂有限公司	A+	A+	A+	联合
439	上海鸿得利重工股份有限公司	—	A−	A+	华杰
440	中海工业有限公司	A	A	A+	华杰
441	上海东方泵业(集团)有限公司	BBB+	A	A+	华杰
442	上海一达机械有限公司	A+	—	A+	大公
443	上海恩耀机电有限公司	A	A+	A+	大公

（续表）

序号	企 业 名 称	2008年	2009年	2010年	评估机构
444	上海东汇集团有限公司	AA—	—	A+	大公
445	费斯托(中国)有限公司	—	—	A+	大公
446	上海华太数控技术有限公司	—	—	A+	中誉
447	上海瑞纽机械装备制造有限公司	—	—	A+	中誉
448	上海公元建材发展有限公司	BBB	A—	A+	中诚信
449	上海富盛浙工建材有限公司	BBB+	BBB+	A+	中誉
450	上海中集冷藏箱有限公司	A+	A+	A+	新世纪
451	上海欣旺壁纸有限公司	—	—	A+	中诚信
452	上海安诺其纺织化工股份有限公司	—	—	A+	中诚信
453	上海克莉丝汀食品有限公司	—	A+	A+	中诚信
454	安硕文教用品(上海)有限公司	—	BBB—	A+	中诚信
455	箭牌糖类(上海)有限公司	A	A	A+	中诚信
456	上海紫江企业集团股份有限公司	A	A	A+	远东
457	上海紫江(集团)有限公司	A	A	A+	远东
458	上海东龙服饰有限公司	A—	A—	A+	远东
459	上海超日太阳能科技股份有限公司	—	A	A+	远东
460	上海东方希望动物营养食品有限公司	—	A—	A+	远东
461	上海亚澳医用保健品有限公司	—	A—	A+	远东
462	上海佳田药用包装有限公司	—	—	A+	远东
463	上海好成食品发展有限公司	A	A+	A+	新世纪
464	芬美意香料(中国)有限公司	A—	A—	A+	新世纪
465	上海百诺食品有限公司	A+	A+	A+	新世纪
466	通用电气照明有限公司	BBB	A—	A+	新世纪
467	上海华潮丽恒电器有限公司	—	A	A+	新世纪
468	上海华明电力设备制造有限公司	A+	A+	A+	万隆
469	上海欧卡纺织品特种整理有限公司	—	A+	A+	华杰
470	上海信谊药厂有限公司	—	—	A+	大公
471	浩澳皮革(上海)有限公司	—	—	A+	中誉
472	上海杰隆生物制品股份有限公司	—	—	A+	中誉
473	上海浦东金环医疗用品有限公司	—	—	A+	中誉
474	上海第一生化药业有限公司	A+	A	A+	联合
475	上海飞轮有色新材料股份有限公司	A—	A—	A+	中誉
476	上海亚德林有色金属有限公司	BBB+	A—	A+	中誉
477	上海奉贤大众汽车客运有限公司	A+	A+	A+	新世纪
478	上海浦东新区杨高公共交通有限公司	A—	—	A+	华杰
479	上海青浦工业园区热电有限公司	A	BBB—	A+	远东
480	上海闸电燃气轮机发电有限公司	AA—	A+	A+	新世纪
481	上海吴泾发电有限责任公司	AA	BBB+	A+	华杰
482	上海徐家汇商城股份有限公司	AA—	A+	A+	远东
483	上海东昌汽车服务有限公司	A	A	A+	新世纪
484	上海新世界股份有限公司	A	A+	A+	新世纪

（续表）

序号	企业名称	2008年	2009年	2010年	评估机构
485	达芬奇贸易(上海)有限公司	A+	—	A+	鹏元上海
486	上海长江口商城股份有限公司	A	A	A+	华杰
487	先锋电子(中国)投资有限公司	A	—	A+	中诚信
488	松下电器机电(中国)有限公司	A	A	A+	中诚信
489	松下电器机电(中国)有限公司上海外高桥保税物流园区分公司	A	A	A+	中诚信
490	上海大润发有限公司	A	A	A+	中诚信
491	宝矿国际贸易有限公司	A−	A	A+	中诚信
492	上海怡康化工材料有限公司	A−	A−	A+	中诚信
493	三井物产(上海)贸易有限公司	A+	A	A+	中诚信
494	上海华东电器(集团)有限公司	A+	AA−	A+	中诚信
495	上海国药外高桥医药有限公司	BB+	BBB−	A+	中诚信
496	上海华长贸易有限公司	BBB	A	A+	中诚信
497	上海华冶钢铁集团有限公司	A	A+	A+	远东
498	上海金象铝业有限公司	A+	A+	A+	远东
499	上海裕清企业发展有限公司	A+	A+	A+	远东
500	上海中煤华东有限公司	—	A+	A+	远东
501	上海宝钢商贸有限公司	A	A−	A+	新世纪
502	上海嘉荣贸易有限公司	A−	A+	A+	新世纪
503	中轻物产股份有限公司	A+	A	A+	新世纪
504	上海千昊化工有限公司	BB+	BBB	A+	万隆
505	上海畅汇实业发展有限公司	—	—	A+	万隆
506	上海众泰实业发展有限公司	BBB+	A−	A+	鹏元上海
507	上海宝钢钢材贸易有限公司	—	A	A+	联合
508	上海物资贸易股份有限公司	BBB+	A	A+	联合
509	上海东索贸易有限公司	BBB	A+	A+	华杰
510	上海中浪(集团)有限公司	—	—	A+	中誉
511	上海晋能实业有限公司	—	BBB−	A+	中誉
512	上海大不同天山茶城有限公司	A	A+	A+	中誉
513	上海市第二建筑有限公司	—	—	A+	中诚信
514	上海智富建设工程有限公司	A	A	A+	远东
515	上海名华工程建筑有限公司	AA+	—	A+	远东
516	上海泛华工程有限公司	BBB+	A−	A+	新世纪
517	东亚联合控股(集团)有限公司	A+	A+	A+	鹏元上海
518	上海市建设工程有限公司	A−	A	A+	联合
519	上海三航奔腾建设工程有限公司	A+	A+	A+	大公
520	上海电力学院	A+	A+	A+	远东
521	上海海洋大学	AA	AA−	A+	远东
522	上海音乐学院	AA	—	A+	远东
523	复旦大学附属金山医院	—	BBB+	A+	远东
524	上海市浦东新区土地资源储备中心	B	BBB−	A+	新世纪

（续表）

序号	企业名称	2008年	2009年	2010年	评估机构
525	上海市浦东新区南汇中心医院	—	A—	A+	新世纪
526	上海市浦东新区公利医院	—	A+	A+	新世纪
527	上海市住宅建设发展中心	A+	A+	A+	大公
528	上海复兴隧道建设发展有限公司	A+	A+	A+	远东
529	上海市滩涂造地有限公司	AA—	A+	A+	远东
530	上海国际汽车城新安亭联合发展有限公司	A—	A+	A+	联合
531	上海嘉定公路建设发展有限公司	—	AA	A+	华杰
532	上海华虹(集团)有限公司	A	A+	A+	新世纪
533	拜耳(中国)有限公司	A—	—	A+	新世纪
534	上海复星高科技(集团)有限公司	AA	AA	A+	新世纪
535	中信华东(集团)有限公司	A—	A	A+	联合
536	上海市信息投资股份有限公司	—	—	A+	大公
537	恒源祥(集团)有限公司	A+	A	A+	中誉
538	上海浦航石油有限公司	—	A+	A+	新世纪
539	上海南汇发展(集团)有限公司	—	—	A+	新世纪
540	上海东方汇文国际文化服务贸易有限公司	—	—	A+	中诚信
541	上海博天信息科技有限公司	—	—	A+	中诚信
542	上海化学工业区公共管廊有限公司	A	A	A+	中诚信
543	东方希望集团有限公司	A+	A—	A+	远东
544	上海檀溪集团有限公司	A+	A—	A+	远东
545	西上海(集团)有限公司	BBB+	A+	A+	远东
546	上海宏康医院有限公司	—	—	A+	新世纪
547	富春控股集团有限公司	BBB+	BBB+	A+	中誉
548	上海中山医疗科技发展公司	A	A	A+	中誉
549	索尼(中国)有限公司上海分公司	—	BBB+	A+	中誉
550	上海铭源数康生物芯片有限公司	BBB	A	A	鹏元上海
551	上海隆源资产经营有限公司	BBB	BB	A	中誉
552	上海恒域置业有限公司	—	—	A	中誉
553	上海东樱房地产有限公司	A	A	A	中诚信
554	上海多福房地产发展有限公司	A—	A—	A	中诚信
555	上海金山市场有限公司	A—	A—	A	远东
556	嘉麒房地产开发(上海)有限公司	A+	A	A	远东
557	上海力宝复兴房地产有限公司	A+	A	A	远东
558	上海九百城市广场有限公司	BBB—	BBB	A	新世纪
559	上海永龙房地产有限公司	—	—	A	新世纪
560	上海金顺房地产有限公司	—	A+	A	鹏元上海
561	上海世界贸易商城有限公司	A—	A	A	华杰
562	上海好世置业有限公司	—	BBB	A	中诚信
563	上海盛源房地产(集团)有限公司	B	BBB+	A	远东
564	上海万源房地产开发有限公司	BB—	BB	A	远东
565	上海富地建设发展有限公司	BB—	BBB	A	远东

（续表）

序号	企 业 名 称	2008 年	2009 年	2010 年	评估机构
566	上海世纪长江产业发展有限公司	—	—	A	远东
567	上海陆家嘴金融贸易区开发股份有限公司	—	—	A	远东
568	上海顾村房地产开发(集团)有限公司	A	A	A	新世纪
569	三林万业(上海)企业集团有限公司	A—	A	A	新世纪
570	上海振龙房地产开发有限公司	A—	A—	A	新世纪
571	上海佘山国际高尔夫俱乐部有限公司	A—	A—	A	新世纪
572	上海欣博房地产有限公司	B—	BB—	A	新世纪
573	上海颐和置业有限公司	B+	BB	A	新世纪
574	上海九韵置业有限公司	BB—	BB	A	新世纪
575	上海新景房地产开发有限公司	BBB	A—	A	新世纪
576	上海万业企业宝山新城建设开发有限公司	BBB—	A—	A	新世纪
577	上海东上海联合置业有限公司	—	A	A	新世纪
578	上海顺驰方城置业有限公司	—	—	A	联合
579	上海雅汇房产开发有限公司	BBB+	BBB	A	联合
580	上海新浩隆房地产开发有限公司	—	A—	A	华杰
581	坚实置地(上海)有限公司	—	—	A	华杰
582	上海中星(集团)有限公司	A+	A+	A	中誉
583	上海绿地商业(集团)有限公司	A+	A—	A	中誉
584	金大元集团(上海)有限公司	A—	A—	A	中誉
585	上海中融置业集团有限公司	A—	BBB	A	中誉
586	上海上实湖滨新城发展有限公司	—	BBB	A	中誉
587	上海鹏欣(集团)有限公司	BBB	BBB	A	中誉
588	上海珠江投资有限公司	BB	BBB	A	中誉
589	上海东方金融广场企业发展有限公司	A+	A	A	中诚信
590	上海地产南站有限公司	BBB	BBB	A	新世纪
591	上海世纪静安房地产开发有限公司	—	—	A	新世纪
592	上海瑞博置业有限公司	—	—	A	新世纪
593	上海亚通和谐投资发展有限公司	—	—	A	大公
594	上海小南国餐饮有限公司	—	—	A	中诚信
595	静安希尔顿饭店(上海)	A+	A+	A	中诚信
596	上海绍兴饭店管理有限公司	A	—	A	新世纪
597	上海雨花石餐饮经营管理有限公司	—	—	A	鹏元上海
598	上海电气租赁有限公司	BBB—	A	A	远东
599	上海市教育发展有限公司	BBB—	BBB	A	远东
600	上海浦东科技金融服务有限公司	—	—	A	远东
601	上海鑫顺典当有限责任公司	BBB+	BBB+	A	新世纪
602	医学之星(上海)租赁有限公司	A	A	A	华杰
603	华亚微电子(上海)有限公司	—	—	A	大公
604	上海高信国际物流有限公司	A+	A+	A	中诚信
605	优特埃国际物流(中国)有限公司	AA—	AA—	A	中诚信
606	上海畅联国际物流有限公司	BBB+	A	A	新世纪

（续表）

序号	企 业 名 称	2008年	2009年	2010年	评估机构
607	上海天盛仓储有限公司	—	A—	A	新世纪
608	上海交运日红国际物流有限公司	—	—	A	大公
609	上海申和热磁电子有限公司	A	A—	A	中诚信
610	第一电子工业(上海)有限公司	BB	BBB+	A	中诚信
611	日腾电脑配件(上海)有限公司	BBB+	A—	A	中诚信
612	上海中发电气(集团)股份有限公司	A—	A+	A	远东
613	上海中发开关有限公司	A+	A—	A	远东
614	上海冠华不锈钢制品股份有限公司	BBB+	A+	A	远东
615	上海新进半导体制造有限公司	A	A	A	远东
616	上海永固电力器材有限公司	—	—	A	远东
617	芯发威达电子(上海)有限公司	—	—	A	新世纪
618	上海三思科技发展有限公司	—	—	A	新世纪
619	上海中发电力自动化有限公司	—	—	A	联合
620	上海金陵股份有限公司	A	A	A	华杰
621	中国电子科技集团公司第三十二研究所	BBB	A+	A	华杰
622	上海浦江缆索股份有限公司	BBB	A—	A	大公
623	上海杉德金卡信息系统科技有限公司	—	—	A	大公
624	上海航天电子有限公司	—	—	A	大公
625	上海合晶硅材料有限公司	—	A	A	大公
626	展讯通信(上海)有限公司	—	—	A	大公
627	上海安费诺永亿通讯电子有限公司	A	—	A	中誉
628	上海台界化工有限公司	—	—	A	中誉
629	上海金昌工程塑料有限公司	—	—	A	中誉
630	上海锦湖日丽塑料有限公司	A—	A—	A	中誉
631	上海韩盛化工涂料有限公司	—	A	A	中誉
632	上海东洋炭素有限公司	—	—	A	中诚信
633	上海申星化工有限公司	BBB	BBB+	A	中诚信
634	上海富臣化工有限公司	BBB+	A—	A	中诚信
635	上海三乐高分子材料有限公司	A	A—	A	远东
636	上海斯瑞聚合体科技有限公司	—	A—	A	新世纪
637	上海东升新材料有限公司	—	—	A	新世纪
638	上海试四赫维化工有限公司	—	—	A	华杰
639	佳通轮胎(中国)投资有限公司	A+	A—	A	华杰
640	上海图博可特石油管道涂层有限公司	BBB+	A	A	华杰
641	上海尔华杰机电装备制造有限公司	—	—	A	中诚信
642	上海上缆藤仓电缆有限公司	—	A	A	中诚信
643	上海太阳机械有限公司	—	A—	A	中诚信
644	第星油压工程机械(上海)有限公司	—	A+	A	中诚信
645	上海索菲玛汽车滤清器有限公司	A	A—	A	中诚信
646	上海赛科利汽车模具技术应用有限公司	A—	A	A	中诚信
647	上海延康汽车零部件有限公司	A—	A—	A	中诚信

（续表）

序号	企业名称	2008年	2009年	2010年	评估机构
648	上海名辰模塑科技有限公司	A－	A－	A	中诚信
649	龙工(上海)机械制造有限公司	A＋	A	A	中诚信
650	上海安川电动机器有限公司	A＋	A＋	A	中诚信
651	恒天凯马股份有限公司	B	BBB－	A	中诚信
652	上海圣德曼铸造有限公司	B－	B－	A	中诚信
653	三菱电机上海机电电梯有限公司	BBB	BBB	A	中诚信
654	上海汇众汽车制造有限公司	BBB＋	BBB＋	A	中诚信
655	申佳船厂	A－	A	A	远东
656	上海电器股份有限公司人民电器厂	AA－	A	A	远东
657	上海日野发动机有限公司	B－	BBB－	A	远东
658	进达(上海)精密模具有限公司	BB	BBB	A	远东
659	上海新业锅炉高科技有限公司	—	A	A	远东
660	上海第一机床厂有限公司	—	A－	A	远东
661	上海保隆汽车科技股份有限公司	A	A	A	新世纪
662	上海华中实业(集团)有限公司	A－	A	A	新世纪
663	上海人民低压电器有限公司	—	A	A	新世纪
664	上海人民电力设备股份有限公司	—	A＋	A	新世纪
665	上海清河机械有限公司	—	—	A	新世纪
666	上海艾郎风电科技发展有限公司	—	—	A	新世纪
667	上海尖点精密工具有限公司	AA－	A	A	万隆
668	上海高桥橡套电缆有限公司	—	—	A	鹏元上海
669	德尔福(上海)动力推进系统有限公司	AA	A	A	联合
670	上海斯米克机电设备有限公司	—	—	A	华杰
671	上海昊德电气有限公司	—	—	A	华杰
672	上海施耐德日盛机械(集团)有限公司	—	—	A	华杰
673	上海恒锦动力科技有限公司	—	A	A	华杰
674	上海汽车齿轮一厂	—	A－	A	华杰
675	上海飞众汽车配件有限公司	A	A－	A	华杰
676	上海宝临电气集团有限公司	A＋	A＋	A	华杰
677	上海振华重工(集团)股份有限公司	AA	AA－	A	华杰
678	延锋伟世通汽车电子有限公司	—	AA	A	大公
679	上海南华兰陵电气有限公司	—	—	A	中誉
680	上海江南长兴造船有限责任公司	A	A	A	中誉
681	东陶华东有限公司	BBB	BBB＋	A	中诚信
682	上海洪铺钢结构工程有限公司	—	—	A	远东
683	上海东方雨虹防水技术有限责任公司	—	—	A	远东
684	夏特装饰材料(上海)有限公司	BB	BBB	A	新世纪
685	上海建丰商品混凝土有限公司	BBB＋	A	A	新世纪
686	上海中技桩业股份有限公司	—	AA	A	新世纪
687	上海捷东水泥制品有限公司	—	—	A	中誉
688	上海吴泰建设发展有限公司	BBB	—	A	中誉

（续表）

序号	企 业 名 称	2008年	2009年	2010年	评估机构
689	基胜工业(上海)有限公司	—	A—	A	中诚信
690	上海美亚金桥能源有限公司	A	A	A	中诚信
691	上海特殊陶业有限公司	A—	A+	A	中诚信
692	上海玻璃钢研究院有限公司	A	A+	A	远东
693	上海爱使股份有限公司	A	A+	A	联合
694	金安国纪科技股份有限公司	A—	A—	A	中誉
695	上海安兴汇东纸业有限公司	—	A	A	中诚信
696	川岛织物(上海)有限公司	BBB—	BBB—	A	中诚信
697	上海当纳利印刷有限公司	BBB+	A—	A	中诚信
698	巨圆纸业(上海)有限公司	A	A	A	远东
699	上海丰科生物科技股份有限公司	A	A—	A	远东
700	上海张铁军珠宝集团有限公司	A	AA—	A	远东
701	上海康德莱企业发展集团有限公司	AA	A	A	远东
702	上海威尔泰工业自动化股份有限公司	AA—	A	A	远东
703	上海紫江彩印包装有限公司	BB	BB	A	远东
704	上海紫丹印务有限公司	BB+	A—	A	远东
705	上海紫泉标签有限公司	BBB	A	A	远东
706	上海热浪实业有限公司	BBB—	BBB+	A	远东
707	上海紫日包装有限公司	BBB+	A—	A	远东
708	上海金丝猴食品有限公司	BBB+	A—	A	远东
709	上海泰士星日用制品有限公司	—	BBB—	A	远东
710	上海双鸽实业有限公司	A	BBB	A	新世纪
711	上海康耐特光学股份有限公司	A—	A	A	新世纪
712	上海姚记扑克股份有限公司	A—	A	A	新世纪
713	上海奔腾企业(集团)有限公司	BBB—	A—	A	新世纪
714	上海迪赛诺化学制药有限公司	BBB+	BBB—	A	新世纪
715	上海威虹模塑制造有限公司	—	A+	A	新世纪
716	上海荣港工贸发展有限公司	—	—	A	联合
717	上海新亚药业有限公司	BBB	BBB+	A	联合
718	大山合集团有限公司	BBB—	A+	A	联合
719	上海永裕塑胶有限公司	BBB+	A	A	联合
720	鹰革沃特华汽车皮革(中国)有限公司	BBB+	BBB	A	联合
721	上海亚明灯泡厂有限公司	A	A	A	华杰
722	上海川崎食品有限公司	A+	A	A	华杰
723	上海电器陶瓷厂有限公司	—	—	A	中誉
724	上海益而益电器制造有限公司	—	BBB	A	中誉
725	上海超人电气有限公司	BBB+	A	A	中誉
726	上海海博出租汽车有限公司	A	A	A	远东
727	上海吉祥航空有限公司	A	A—	A	远东
728	上海海博股份有限公司	AA	A—	A	远东
729	上海南站长途客运有限公司	A	A	A	新世纪

（续表）

序号	企 业 名 称	2008年	2009年	2010年	评估机构
730	上海巴士出租汽车有限公司	A	A	A	华杰
731	上海申通地铁股份有限公司	AA	—	A	大公
732	上海长宁巴士出租汽车有限公司	BBB+	A	A	中誉
733	上海水务资产经营发展有限公司	A+	A	A	中诚信
734	上海浦东新区煤气公司	A	A	A	远东
735	上海天然气管网有限公司	A	A	A	新世纪
736	上海漕泾热电有限责任公司	A−	BBB+	A	新世纪
737	华能上海燃机发电有限责任公司	—	A	A	中誉
738	上海永达汽车经营服务有限公司	—	BBB+	A	中诚信
739	上海宝诚汽车销售服务有限公司	A	A	A	新世纪
740	上海永达汽车浦西销售服务有限公司	A	BBB−	A	新世纪
741	上海永达(集团)股份有限公司	A−	A−	A	新世纪
742	上海永达汽车浦东销售服务有限公司	AA−	AA−	A	新世纪
743	上海太平洋金沙汽车销售服务有限公司	BBB+	—	A	万隆
744	上海九海百盛广场有限公司	—	A	A	鹏元上海
745	华联集团吉买盛购物中心有限公司	A	A	A	联合
746	上海友谊南方商城有限公司	A−	A	A	联合
747	上海奥特莱斯品牌直销广场有限公司	BB	BBB	A	联合
748	上海老凤祥银楼有限公司	A−	A−	A	大公
749	上海城隍珠宝有限公司	—	—	A	大公
750	科耐欧贸易(上海)有限公司	—	—	A	中诚信
751	上海润欣科技有限公司	—	—	A	中诚信
752	丹佛斯(上海)自动控制有限公司	—	—	A	中诚信
753	上海海螺建材国际贸易有限公司	—	—	A	中诚信
754	沃尔沃汽车销售(上海)有限公司	—	—	A	中诚信
755	杜邦贸易(上海)有限公司	—	BBB	A	中诚信
756	双日(上海)有限公司	A	A	A	中诚信
757	三菱商事(上海)有限公司	A	A	A	中诚信
758	上海龙宇燃油股份有限公司	A	A+	A	中诚信
759	上海浦顺进出口有限公司	A−	BBB+	A	中诚信
760	上海稻田产业贸易有限公司	BB	BBB−	A	中诚信
761	三井塑料贸易(上海)有限公司	BB+	BBB	A	中诚信
762	松下电工(中国)有限公司上海分公司	BBB	A−	A	中诚信
763	松下电器(中国)有限公司上海分公司	BBB+	BBB+	A	中诚信
764	上海约宁实业发展有限公司	A	A	A	远东
765	欧爱企业发展(上海)有限公司	A	A+	A	远东
766	上海云峰石油有限公司	A	BBB	A	远东
767	上海欧爱电子商务有限公司	A+	A−	A	远东
768	上海云峰集团物流实业有限公司	BB	—	A	远东
769	均瑶集团上海乳品有限公司	BBB+	BBB	A	远东
770	上海电投管道工程有限公司	—	A	A	远东

（续表）

序号	企 业 名 称	2008年	2009年	2010年	评估机构
771	上海军利航空服务有限公司	—	—	A	远东
772	上海中油浦东石油销售有限公司	A	AA—	A	新世纪
773	上海浦东宏惠实业公司	BBB+	BBB+	A	新世纪
774	上海闵熙钢铁发展有限公司	BBB+	BBB+	A	新世纪
775	德马格起重机械贸易(上海)有限公司	—	BB	A	新世纪
776	基腾新能源科技(上海)有限公司	—	—	A	新世纪
777	上海兆阳金属新材料有限公司	—	—	A	鹏元上海
778	明朗国际贸易(上海)有限公司	BBB	A—	A	鹏元上海
779	海格曼商贸(上海)有限公司	—	B	A	联合
780	上海燃料有限公司	BBB	A—	A	联合
781	上海医药工业有限公司	BBB	BBB+	A	联合
782	上海苏创国际贸易有限公司	A	A	A	华杰
783	上海和氏璧化工有限公司	A	A	A	大公
784	上海美特斯邦威服饰股份有限公司	A—	AA—	A	大公
785	上海市东电力物资有限公司	—	—	A	大公
786	上海盾安金属材料有限公司	—	—	A	大公
787	上海元亿国际贸易有限公司	—	—	A	中誉
788	西本新干线股份有限公司	BBB—	AA—	A	中誉
789	宇旭时装(上海)有限公司	—	—	A	中誉
790	上海上汽大众汽车销售有限公司	—	—	A	中誉
791	上海宁金钢铁有限公司	BBB+	AA	A	中誉
792	上海闽雅国际贸易有限公司	—	BB+	A	中誉
793	阿特拉斯·科普柯(上海)贸易有限公司	A—	BBB	A	中誉
794	上海新世纪绿化建设有限公司	A—	A—	A	远东
795	上海云峰建设有限公司	—	—	A	远东
796	上海兄弟园艺风景工程有限公司	—	—	A	远东
797	上海嘉实(集团)有限公司	A	A	A	新世纪
798	上海港务工程公司	A	A—	A	新世纪
799	上海鼎立工程建设有限公司	A—	A—	A	新世纪
800	上海汇成建设发展有限公司	BBB	BBB—	A	新世纪
801	中冶天工上海十三冶建设有限公司	BBB+	A	A	新世纪
802	红阳建设集团有限公司	—	A	A	新世纪
803	华亮建设集团股份有限公司	—	A—	A	新世纪
804	国核工程有限公司	—	—	A	新世纪
805	上海美特幕墙有限公司	A—	A—	A	万隆
806	上海森信建设工程有限公司	—	—	A	万隆
807	上海昂泰兰捷尔信息科技股份有限公司	—	—	A	万隆
808	上海江南建设工程总承包有限责任公司	—	—	A	鹏元上海
809	上海政通建设发展有限公司	BBB+	BBB+	A	鹏元上海
810	上海浦高地基基础工程有限公司	—	—	A	华杰
811	上海市建设机电安装有限公司	—	—	A	大公

（续表）

序号	企　业　名　称	2008年	2009年	2010年	评估机构
812	上海市浦东新区粮食署	A	A	A	中诚信
813	上海市杨浦区中心医院	A－	A－	A	中诚信
814	上海工会管理职业学院	—	—	A	远东
815	上海市土地储备中心	A	A	A	新世纪
816	上海市松江区中心医院	A	A	A	新世纪
817	上海空间推进研究所	—	—	A	华杰
818	上海科学技术职业学院	—	—	A	华杰
819	上海市静安区卫生局	A－	A	A	华杰
820	上海邦德职业技术学院	BBB＋	BBB＋	A	华杰
821	上海理工大学	BBB	BBB＋	A	大公
822	上海嘉定区妇幼保健院	—	—	A	中誉
823	上海黄浦置地(集团)有限公司	—	—	A	万隆
824	上海临港芦潮港经济发展有限公司	A	A	A	联合
825	上海临港书院经济发展有限公司	A	A	A	联合
826	上海路桥发展有限公司	BBB	A	A	联合
827	上海杨浦城市建设投资(集团)有限公司	—	A－	A	中誉
828	长江经济联合发展(集团)股份有限公司	A	A	A	中诚信
829	上海汽车工业开发发展公司	A	A	A	中诚信
830	上海市漕河泾新兴技术开发区发展总公司	AA－	—	A	中诚信
831	上海远洋渔业有限公司	BBB	A	A	中诚信
832	上海工业投资(集团)有限公司	A	A	A	远东
833	上海交通大学教育(集团)有限公司	A－	A－	A	远东
834	上海东昌投资发展有限公司	A＋	A	A	新世纪
835	上海基础设施建设发展有限公司	—	—	A	新世纪
836	东航金戎控股有限责任公司	—	—	A	联合
837	上海浦程房地产发展有限公司	—	—	A	联合
838	中信国安通信有限公司	—	A＋	A	联合
839	上海临港经济发展集团投资管理有限公司	A－	A	A	联合
840	复地(集团)股份有限公司	A＋	A＋	A	华杰
841	上海达安企业股份有限公司	A－	BBB－	A	大公
842	上海复星产业投资有限公司	A－	A－	A	大公
843	福信集团有限公司	A	A＋	A	中誉
844	上海世茂股份有限公司	A＋	A＋	A	中誉
845	上海闵联临港联合发展有限公司	A	A	A	中诚信
846	上海金桥出口加工区联合发展有限公司	A	A	A	中诚信
847	上海张江(集团)有限公司	A＋	A	A	远东
848	上海紫竹科学园区发展有限公司	BBB－	A－	A	远东
849	上海中发环保科技有限公司	—	—	A	远东
850	上海松江新城建设发展有限公司	A－	A＋	A	新世纪
851	上海张江集成电路产业区开发有限公司	BBB	A	A	新世纪
852	上海复旦科技园股份有限公司	BBB＋	A－	A	新世纪

（续表）

序号	企业名称	2008年	2009年	2010年	评估机构
853	上海漕河泾开发区新经济园发展有限公司	A—	A—	A	联合
854	上海临港经济发展(集团)有限公司	BBB—	A	A	联合
855	上海液化天然气有限责任公司	A	A	A	中诚信
856	沪杭铁路客运专线股份有限公司	—	—	A	新世纪
857	上海世博演艺中心有限公司	—	—	A	中誉
858	上海世博会事务协调局	—	—	A	中诚信
859	上海印纪广告有限公司	A	A	A	中诚信
860	上海交大教育服务产业投资管理(集团)有限公司	A	A	A	中诚信
861	上海云峰(集团)有限公司	A	A	A	远东
862	中国高科集团股份有限公司	A	BBB—	A	远东
863	上海金明投资集团有限公司	A—	A—	A	新世纪
864	上海致达科技集团有限公司	BBB+	—	A	华杰
865	上海祥符园林绿化有限公司	—	A—	A	大公
866	上海中区地产有限公司	A	A+	A—	中誉
867	上海浙大网新德维创业投资有限公司	BBB—	A	A—	中誉
868	上海桥梓湾置业有限公司	B	BB+	A—	中誉
869	上海临港普洛斯国际物流发展有限公司	—	—	A—	中诚信
870	上海联洋集团有限公司	BBB	BBB+	A—	中诚信
871	上海优络盟实业有限公司	BBB—	BBB	A—	远东
872	上海汤臣外高桥开发有限公司	A	A—	A—	远东
873	上海阳光大酒店有限公司	B+	B+	A—	远东
874	上海大业房地产开发有限公司	A—	—	A—	中诚信
875	上海保利建锦房地产有限公司	BB	BBB	A—	中诚信
876	上海新黄浦置业股份有限公司	A—	A	A—	远东
877	旭辉集团股份有限公司	—	—	A—	远东
878	上海申新(集团)有限公司	—	BBB+	A—	远东
879	上海三友房地产有限公司	—	BBB+	A—	远东
880	上海徐房(集团)有限公司	A—	A	A—	新世纪
881	上海锦秋房地产有限公司	A+	A—	A—	新世纪
882	上海信达银泰置业有限公司	—	—	A—	新世纪
883	上海西郊庄园资产经营管理有限公司	—	A—	A—	新世纪
884	上海通达房地产有限公司	B—	BB	A—	新世纪
885	上海新梅房地产开发有限公司	BBB—	A—	A—	华杰
886	上海宝地杨浦房地产开发有限公司	A—	A+	A—	大公
887	上海新长宁(集团)有限公司	A—	A—	A—	中誉
888	上海中房置业股份有限公司	BBB	BBB	A—	中誉
889	上海外高桥保税区开发股份有限公司	BB+	A—	A—	中誉
890	上海中环投资开发(集团)有限公司	—	BBB+	A—	中誉
891	上海明泉企业(集团)有限公司	A—	BB	A—	中誉
892	上海刚泰置业有限公司	A	BBB+	A—	中誉
893	上海证大五道口房地产开发有限公司	BBB	A—	A—	中誉

（续表）

序号	企 业 名 称	2008 年	2009 年	2010 年	评估机构
894	上海新天地置业发展有限责任公司	BBB	BBB	A−	远东
895	上海盘谷房地产有限公司	—	—	A−	新世纪
896	上海亨盛置业有限公司	—	—	A−	联合
897	上海万都国际大酒店有限公司	—	—	A−	华杰
898	上海万都国际大厦有限公司	—	A−	A−	华杰
899	上海会德丰广场发展有限公司	A−	A−	A−	华杰
900	上海城投永业置业发展有限公司	BBB−	BBB	A−	大公
901	上海虹祺房地产有限公司	BB	BB	A−	大公
902	上海金虹桥国际置业有限公司	—	—	A−	中誉
903	上海锦江饭店有限公司	A+	A−	A−	联合
904	上海大众空港宾馆有限公司	B+	—	A−	中誉
905	安吉汽车租赁有限公司	A−	A−	A−	中诚信
906	上海永达汽车租赁有限公司	A−	BBB+	A−	新世纪
907	上海中冶职工医院	—	—	A−	万隆
908	上海浦发工程建设管理有限公司	—	—	A−	联合
909	上海同策房产咨询股份有限公司	—	—	A−	大公
910	上海舒乐巴士汽车租赁有限公司	BBB+	BBB+	A−	中誉
911	上海印迹广告有限公司	A−	BBB+	A−	中誉
912	中航国际物流有限公司	—	—	A−	中诚信
913	东方国际物流(集团)有限公司	BBB+	A−	A−	中诚信
914	上海申丝企业发展有限公司	A−	A+	A−	远东
915	大新华物流有限公司	—	BBB−	A−	新世纪
916	中海集装箱运输股份有限公司	AAA−	AA	A−	华杰
917	上海仪电控股(集团)公司	BBB+	BBB+	A−	新世纪
918	上海比亚迪有限公司	—	A−	A−	新世纪
919	方正科技集团股份有限公司	AA−	—	A−	万隆
920	上海南亚覆铜箔板有限公司	A+	A+	A−	华杰
921	上海蓝宝光电材料有限公司	BBB	BBB	A−	华杰
922	上海银晨智能识别科技有限公司	BBB+	A+	A−	中誉
923	上海泾星化工有限公司	—	—	A−	中诚信
924	保力马科技(上海)有限公司	A	A−	A−	中诚信
925	上海三爱富新材料股份有限公司	A−	BBB−	A−	中诚信
926	罗地亚聚酰胺(上海)有限公司	BB−	BB−	A−	中诚信
927	上海联恒异氰酸酯有限公司	BBB	A−	A−	中诚信
928	双钱集团股份有限公司	BBB	BBB+	A−	中诚信
929	上海长光企业发展有限公司	—	—	A−	远东
930	亚化科技(上海)有限公司	A	A−	A−	新世纪
931	上海哈威新材料技术股份有限公司	BBB	BBB	A−	新世纪
932	上海东昊油品有限公司	—	—	A−	新世纪
933	上海杰事杰新材料(集团)股份有限公司	—	—	A−	大公
934	上海美钻设备成套有限公司	—	—	A−	中诚信

（续表）

序号	企 业 名 称	2008年	2009年	2010年	评估机构
935	美诺精密压铸(上海)有限公司	A	A	A－	中诚信
936	上海ABB变压器有限公司	A	A＋	A－	中诚信
937	上海东洋电装有限公司	A	BBB	A－	中诚信
938	上海中国弹簧制造有限公司	A－	A－	A－	中诚信
939	上海南汇立达铸造有限公司	A＋	A	A－	中诚信
940	上海顶锋金属制品有限公司	A＋	A－	A－	中诚信
941	上海西门子高压开关有限公司	A＋	A＋	A－	中诚信
942	上海飞奥燃气设备有限公司	A＋	A＋	A－	中诚信
943	上海川也电机有限公司	BBB	A－	A－	中诚信
944	上海森松压力容器有限公司	BBB	A＋	A－	中诚信
945	上海恩梯恩精密机电有限公司	BBB	BBB＋	A－	中诚信
946	上海申沃客车有限公司	BBB＋	BBB	A－	中诚信
947	上海日红钢板加工有限公司	BBB＋	BBB＋	A－	中诚信
948	上海中欧汽车电器有限公司	A－	BB＋	A－	远东
949	上海海立(集团)股份有限公司	A－	BBB	A－	远东
950	马瑞利动力系统(上海)有限公司	B＋	B	A－	远东
951	上海瑞气气体设备有限公司	—	BBB－	A－	远东
952	上海上塑控股(集团)有限公司	—	BBB＋	A－	远东
953	上海华建开关有限公司	A	A	A－	新世纪
954	上海瑞华(集团)有限公司	A－	A－	A－	新世纪
955	上海创力矿山设备有限公司	—	A	A－	新世纪
956	上海中天铝线有限公司	—	A＋	A－	新世纪
957	伯曼机械制造(上海)有限公司	—	—	A－	新世纪
958	上海聚龙水泵有限公司	—	—	A－	新世纪
959	上海沪日智能电器有限公司	—	—	A－	新世纪
960	上海金旅汽车配件有限公司	BB－	BB－	A－	鹏元上海
961	上海上力叉车有限公司	—	—	A－	华杰
962	上海祥明仪表机箱有限公司	—	—	A－	华杰
963	上海震雄电线电缆有限公司	A	A	A－	华杰
964	上海华润大东船务工程有限公司	A－	A	A－	华杰
965	上海日立电器有限公司	BBB＋	A－	A－	华杰
966	上海沃施园艺股份有限公司	—	—	A－	中誉
967	上海裕生特种线材有限公司	A－	A－	A－	中誉
968	开利泵业(集团)有限公司	A	BBB－	A－	中誉
969	上海兆民金属制品有限公司	A－	A－	A－	中誉
970	上海古鳌电子机械有限公司	—	—	A－	中誉
971	美联钢结构建筑系统(上海)有限公司	A－	A－	A－	中诚信
972	上海太阳膜结构有限公司	A－	BBB	A－	中诚信
973	上海森林特种钢门有限公司	BBB＋	A－	A－	中诚信
974	上海欣世纪幕墙工程有限公司	—	—	A－	远东
975	上海建筑材料(集团)总公司	A	A－	A－	新世纪

（续表）

序号	企 业 名 称	2008年	2009年	2010年	评估机构
976	上海耀华玻璃钢有限公司	BBB—	BB	A—	新世纪
977	上海誉丰实业有限公司	BBB+	A—	A—	新世纪
978	上海建工材料工程有限公司	—	A—	A—	新世纪
979	上海江南船舶管业有限公司	A+	A	A—	联合
980	上海红虹木业有限公司	—	A+	A—	中誉
981	上海奥托立夫汽车安全系统有限公司	—	BBB	A—	中诚信
982	奥托立夫(中国)汽车方向盘有限公司	B+	B+	A—	中诚信
983	上海贺利氏工业技术材料有限公司	BBB+	BBB—	A—	中诚信
984	上海斯米克焊材有限公司	BBB+	A	A—	远东
985	上海宝翼制罐有限公司	A—	—	A—	新世纪
986	上海林春万向轮制造有限公司	—	A—	A—	新世纪
987	上海永发金属钢管有限公司	—	A+	A—	新世纪
988	上海英济电子塑胶有限公司	—	A—	A—	中诚信
989	金光纸业(中国)投资有限公司	A—	A—	A—	中诚信
990	衣恋时装(上海)有限公司	A+	—	A—	中诚信
991	上海嘉里食品工业有限公司	A+	AA—	A—	中诚信
992	上海天坛助剂有限公司	BBB	BBB	A—	中诚信
993	上海宝钢包装有限公司	BBB	BBB+	A—	中诚信
994	上海艺友金属制品有限公司	BBB+	A—	A—	中诚信
995	上海迪赛诺维生素有限公司	A	A	A—	远东
996	上海紫泉饮料工业有限公司	BBB+	A	A—	远东
997	上海老凤祥有限公司	BBB+	A—	A—	远东
998	上海博格工业用布有限公司	—	—	A—	远东
999	上海复旦张江生物医药股份有限公司	—	—	A—	远东
1000	天喔食品(集团)有限公司(更名)	A	BBB	A—	新世纪
1001	上海中豪纸品加工有限公司	A—	BBB+	A—	新世纪
1002	上海红富士家纺有限公司	BBB—	BBB+	A—	新世纪
1003	上海鑫雅新实业发展有限公司	—	—	A—	新世纪
1004	上海欧祺亚羊绒服饰有限公司	A	A—	A—	鹏元上海
1005	中路股份有限公司	A—	A—	A—	鹏元上海
1006	上海交大昂立股份有限公司	A—	BB+	A—	鹏元上海
1007	上海元盛食品有限公司	A+	A—	A—	鹏元上海
1008	上海进锡包装印刷有限公司	—	A—	A—	联合
1009	上海清美绿色食品有限公司	A—	A—	A—	联合
1010	空调国际(上海)有限公司	A+	A—	A—	中誉
1011	好丽友食品(上海)有限公司	BBB+	BBB	A—	中誉
1012	舒驰容器(上海)有限公司	BBB+	A	A—	中誉
1013	双力集团有限公司	BBB—	BB	A—	远东
1014	力赛佳管道支架技术(上海)有限公司	—	—	A—	新世纪
1015	上海康成铜材有限公司	—	BBB	A—	中誉
1016	上海轨道交通浦东线发展有限公司	A—	A—	A—	中诚信

（续表）

序号	企 业 名 称	2008年	2009年	2010年	评估机构
1017	上海浦东新区金高公共交通有限公司	A—	A	A—	新世纪
1018	春秋航空有限公司	A+	BBB	A—	新世纪
1019	上海天宸客运有限公司	—	—	A—	大公
1020	上海市自来水市南有限公司	A—	A—	A—	中诚信
1021	上海外高桥第三发电有限责任公司	A—	BBB—	A—	中诚信
1022	上海市松江自来水公司	—	A	A—	远东
1023	上海大众燃气有限公司	—	—	A—	大公
1024	上海市自来水闵行有限公司	—	A—	A—	大公
1025	上海永达风度汽车销售服务有限公司	—	—	A—	中诚信
1026	利邦(上海)服装贸易有限公司	BBB	—	A—	中诚信
1027	上海均瑶(集团)有限公司	A—	A—	A—	远东
1028	上海世贸汽车贸易有限公司	BBB+	A—	A—	新世纪
1029	上海虹桥百盛商贸有限公司	BBB	BBB—	A—	鹏元上海
1030	万宝龙商业(中国)有限公司	BBB—	BBB—	A—	华杰
1031	上海赛福化工发展有限公司	—	—	A—	中诚信
1032	上海医药集团信谊洋浦有限公司	—	—	A—	中诚信
1033	美钻石油钻采系统(上海)有限公司	—	—	A—	中诚信
1034	上海申能燃料有限公司	—	A—	A—	中诚信
1035	威健国际贸易(上海)有限公司	—	BB	A—	中诚信
1036	上海三凯进出口有限公司	A	A	A—	中诚信
1037	上海北大方正科技电脑系统有限公司	A	A	A—	中诚信
1038	万向资源有限公司	A	A+	A—	中诚信
1039	上海伊人商务有限公司	A	AA—	A—	中诚信
1040	上海良友(集团)有限公司	A—	A—	A—	中诚信
1041	上海九州通医药有限公司	A+	BBB—	A—	中诚信
1042	普利司通(中国)投资有限公司	BB	BBB	A—	中诚信
1043	美达王(上海)有限公司	BB—	BB—	A—	中诚信
1044	上海五金矿产发展有限公司	BBB	A—	A—	中诚信
1045	夏普电子(上海)有限公司	BBB	BBB	A—	中诚信
1046	沃尔沃配件(上海)有限公司	BBB+	A—	A—	中诚信
1047	上海强劲钢铁发展有限公司	A	A—	A—	远东
1048	上海怡达科技投资有限责任公司	A—	A—	A—	远东
1049	上海诚信进出口有限公司	A—	—	A—	远东
1050	上海紫江国际贸易有限公司	BBB—	BBB—	A—	远东
1051	宜家(中国)投资有限公司	—	BBB+	A—	远东
1052	上海新世辉金属有限公司	—	—	A—	远东
1053	人本集团上海轴承有限公司	A+	A—	A—	新世纪
1054	上海钧瑞金属实业有限公司	BBB	BBB+	A—	新世纪
1055	上海凯琳实业有限公司	BBB—	A	A—	新世纪
1056	上海旺奥物资有限公司	—	A—	A—	新世纪
1057	上海沪巨联实业股份有限公司	BB	—	A—	万隆

（续表）

序号	企业名称	2008年	2009年	2010年	评估机构
1058	上海贯众实业发展有限公司	—	—	A—	鹏元上海
1059	上海霄龙钢板有限公司	—	—	A—	鹏元上海
1060	上海沪宝企业发展有限公司	—	—	A—	鹏元上海
1061	中建材集团进出口上海公司	—	—	A—	联合
1062	上海亚一黄金珠宝销售有限公司	A—	A—	A—	联合
1063	上海晋能国际贸易有限公司	AA—	A—	A—	联合
1064	优美科金属国际贸易(上海)有限公司	BB—	BB+	A—	联合
1065	上海恩斯凯轴承有限公司	BBB	BBB	A—	联合
1066	上海外高桥医药分销中心有限公司	BBB—	A—	A—	联合
1067	上海科胜钢铁有限公司	—	—	A—	华杰
1068	上海翔雄贸易有限公司	—	—	A—	华杰
1069	上海傲闽实业有限公司	—	—	A—	华杰
1070	上海恒琛企业发展有限公司	—	A	A—	华杰
1071	上海永盛发展有限公司	A+	A+	A—	华杰
1072	宏碁电脑(上海)有限公司	A	BBB—	A—	大公
1073	三星(中国)投资有限公司上海分公司	A—	BBB—	A—	大公
1074	上海宝钢工贸有限公司	—	—	A—	大公
1075	上海盟旺经贸有限公司	—	—	A—	大公
1076	上海鹭坤金属材料有限公司	—	BBB+	A—	大公
1077	上海艾格服饰有限公司	B+	B	A—	大公
1078	上海凌港贸易有限公司	—	BBB+	A—	大公
1079	长远(上海)国际贸易有限公司	—	BBB+	A—	大公
1080	上海鹭翔海陆燃料有限公司	—	—	A—	大公
1081	上海信联实业有限公司	BBB+	—	A—	中誉
1082	阿赛洛国际贸易(上海)有限公司	—	—	A—	中誉
1083	科勒(中国)投资有限公司	BBB—	BBB—	A—	中誉
1084	上海新宙工贸有限公司	—	BB+	A—	中誉
1085	上海泰华石油化工有限公司	—	A—	A—	中誉
1086	上海万鼎硅钢销售有限公司	—	—	A—	中誉
1087	上海潭建钢铁实业有限公司	BB	A—	A—	中誉
1088	上海商景实业有限公司	—	—	A—	中誉
1089	上海宏马金属材料有限公司	—	BBB+	A—	中誉
1090	上海荷丹物资有限公司	—	—	A—	中誉
1091	理察森电子贸易(上海)有限公司	—	—	A—	中誉
1092	上海神浩物资有限公司	—	BBB	A—	华杰
1093	上海金山市政建设(集团)有限公司	A	A+	A—	新世纪
1094	中建八局基础设施建设有限公司	A—	A—	A—	新世纪
1095	上海南辰建筑工程有限公司	A—	A—	A—	新世纪
1096	上海舜元建设(集团)有限公司	BBB+	A	A—	新世纪
1097	中国核工业第五建设有限公司	BBB+	A—	A—	新世纪
1098	上海叠加建设发展有限公司	—	A—	A—	新世纪

（续表）

序号	企 业 名 称	2008年	2009年	2010年	评估机构
1099	上海明凯市政工程有限责任公司	—	BBB	A—	新世纪
1100	上海六合建设工程有限公司	—	BBB—	A—	新世纪
1101	中国铁路通信信号上海工程集团有限公司	—	—	A—	新世纪
1102	上海星宇建筑工程有限公司	—	—	A—	新世纪
1103	上海申伸强建设有限公司	—	—	A—	新世纪
1104	上海方天工程建设有限公司	—	—	A—	新世纪
1105	上海政法学院	A	A—	A—	远东
1106	上海交通大学医学院附属第三人民医院	—	A—	A—	远东
1107	上海中医药大学附属龙华医院	—	A—	A—	新世纪
1108	中国科学院上海应用物理研究所	—	—	A—	华杰
1109	上海市胸科医院	A	A+	A—	中誉
1110	上海市精神卫生中心	A—	A—	A—	中誉
1111	上海公路建设总公司	A—	A—	A—	远东
1112	上海卢浦大桥投资发展有限公司	A—	A—	A—	远东
1113	上海奉贤南桥新城建设发展有限公司	BBB	BBB	A—	远东
1114	上海申渝公路建设发展有限公司	—	—	A—	远东
1115	上海松江方松建设投资有限公司	A—	A—	A—	新世纪
1116	上海大众市政发展有限公司	A—	A—	A—	新世纪
1117	上海松江城镇建设投资开发有限公司	A—	A—	A—	新世纪
1118	上海鼎迅实业有限公司	BBB	BBB+	A—	新世纪
1119	上海市松江区建设投资开发总公司	BBB+	A—	A—	新世纪
1120	上海临港泥城经济发展有限公司	A—	A—	A—	联合
1121	上海翔殷路隧道建设发展有限公司	A—	A—	A—	华杰
1122	上海闵行城市建设投资开发有限公司	A	A	A—	大公
1123	上海市奉贤道路建设投资有限公司	—	—	A—	大公
1124	上海浦东滨江开发建设投资有限公司	—	A	A—	大公
1125	上海青浦投资有限公司	A—	A—	A—	中誉
1126	上海环境实业有限公司	A+	A—	A—	中誉
1127	上海大众联合发展有限公司	—	A—	A—	中诚信
1128	上海外经贸投资(集团)有限公司	A	A	A—	中诚信
1129	上海海外公司	A—	A	A—	中诚信
1130	马勒技术投资(中国)有限公司	BB—	—	A—	中诚信
1131	新时代国际运输服务有限公司上海分公司	BBB—	A—	A—	中诚信
1132	上海海外联合投资股份有限公司	A—	A—	A—	远东
1133	上海大华企业发展有限公司	—	—	A—	远东
1134	上海市商业投资(集团)有限公司	A	A—	A—	新世纪
1135	宝钢金属有限公司	A—	—	A—	新世纪
1136	上海强生集团有限公司	A+	A—	A—	新世纪
1137	上海市上投房地产有限公司	BB	BBB—	A—	新世纪
1138	上海凯润房地产有限公司	BBB—	B+	A—	新世纪
1139	中金投资(集团)有限公司	—	A—	A—	新世纪

（续表）

序号	企 业 名 称	2008年	2009年	2010年	评估机构
1140	上海化学工业区投资实业有限公司	—	BBB+	A-	联合
1141	上海浦东路桥建设股份有限公司	A	A	A-	联合
1142	上海浦东国有资产投资管理有限公司	A-	A-	A-	联合
1143	上海晟地集团有限公司	A	—	A-	华杰
1144	上海宝隆(集团)有限公司	A	A-	A-	华杰
1145	上海盛源发展有限公司	BB	BBB-	A-	大公
1146	上海交通投资(集团)有限公司	A-	A-	A-	大公
1147	上海新世界(集团)有限公司	A-	A-	A-	中誉
1148	上海外高桥(集团)有限公司	A-	A	A-	中誉
1149	上海电气临港重型机械装备有限公司	A	A	A-	联合
1150	上海临港保税港经济发展有限公司	A	A-	A-	联合
1151	上海临港国际物流发展有限公司	A	A-	A-	联合
1152	上海外高桥物流中心有限公司	A+	A	A-	中誉
1153	上海市外高桥保税区新发展有限公司	BBB	BBB-	A-	中誉
1154	上海白龙港污水处理有限公司	—	BBB	A-	中诚信
1155	上海新发展大酒店有限公司	—	—	A-	远东
1156	上海海湾国家森林公园有限公司	A-	A-	A-	新世纪
1157	华能上海石洞口发电有限责任公司	—	A-	A-	新世纪
1158	上海南汇轨道交通投资有限公司	—	—	A-	新世纪
1159	上海恒嘉美联发展有限公司	BBB	BBB	A-	远东
1160	宝钢发展有限公司	—	BBB	A-	远东
1161	上海淮海商业(集团)有限公司	A	A-	A-	万隆
1162	汤臣高尔夫(上海)有限公司	—	—	A-	鹏元上海
1163	全华网络有限公司	—	—	A-	联合
1164	上海复旦复华科技股份有限公司	A	A	A-	华杰
1165	上海同济科技实业股份有限公司	BBB-	BB-	A-	大公
1166	长江计算机(集团)公司	A-	A-	A-	中誉

三、2010 年度上海金融创新奖

为贯彻落实国务院《关于推进上海加快发展现代服务业和先进制造业建设国际金融中心和国际航运中心的意见》中“制定并完善促进金融创新的政策”要求，上海市金融服务办公室、市财政局和市公务员局根据《上海市推进国际金融中心建设条例》和《上海市集聚金融资源加强金融服务促进金融业发展的若干规定》，依照报经上海市政府同意的《关于金融创新奖评审和管理实施办法》，于 2010 年 10 月至 12 月组织实施了 2010 年度上海金融创新奖评审工作。经专家评审、社会公示和评审工作领导小组审定，“沪深 300 股票指数期货”等 37 个项目获得 2010 年度上海金融创新成果奖各级别奖项；“推进上海跨境人民币业务试点/外汇管理改革创新与国际贸易结算中心外汇管理试点”等 4 个项目获得 2010 年度上海金融创新推进奖，“积极参与《上海市推进国际金融中心建设条例》研究”项目获得 2010 年度上海金融创新推进奖提名奖。具体奖励名单如下：

一、2010 年度上海金融创新成果奖

一等奖(共 5 个)：

1. 沪深 300 股票指数期货(中国金融期货交易所股份有限公司)
2. 黄金交易所黄金夜市(上海黄金交易所)
3. 交通银行新一代手机银行(交通银行股份有限公司)
4. 国泰君安证券 E. T. 卫士身份认证平台(国泰君安证券股份有限公司)
5. 引入“工程质量潜在缺陷损失保险”积极创新工程风险管理(中国太平洋财产保险股份有限公司上海分公司)

二等奖(共 9 个)：

1. 全国银行间市场贷款转让交易平台(中国外汇交易中心)
2. 新一代交易系统(上海证券交易所)
3. 上期有色金属指数研究(上海期货交易所)
4. 跨境贸易人民币结算(中国银行股份有限公司上海市分行)
5. 上海信托“红宝石”系列跨市场配置信托(上海国际信托有限公司)
6. “银元宝”园区合作模式(上海浦东发展银行股份有限公司中小企业业务经营中心)
7. 期货全面结算系统(国泰君安期货有限公司)
8. 沪深 300 指数期货现货跨市场交易国际化标准平台建设项目(光大证券股份有限公司)
9. 农民专业合作社小额贷款保险项目(安信农业保险股份有限公司)

三等奖(共 15 个)：

1. 银联手机支付(中国银联股份有限公司)
2. 投资者证券质押登记业务电子化(中国证券登记结算有限责任公司上海分公司)
3. 飞机保税租赁(招银金融租赁有限公司)
4. 上海闵行中小企业 2010 年度第一期集合票据(中国工商银行股份有限公司上海市分行)

5. 世博会 POS 间直联混用(交通银行股份有限公司上海市分行)

6. 智付通,金融创新给力加盟连锁(中国民生银行股份有限公司上海分行)

7. 代理上海黄金交易所全系列贵金属产品交易系统项目(兴业银行股份有限公司资金营运中心)

8. 两地通网上银行项目[东亚银行(中国)有限公司]

9. 农行上海市分行柜面业务流程优化(中国农业银行股份有限公司上海市分行)

10. 中国建设银行"龙卡分期付"业务(中国建设银行股份有限公司信用卡中心)

11. 海通基金投资综合服务平台(海通证券股份有限公司)

12. 光大期货有限公司 IB 业务模式创新(光大期货有限公司)

13. 华安上证 180ETF 系列金融营销创新项目(华安基金管理有限公司)

14. 长江金色系列(集合型)企业年金计划(长江养老保险股份有限公司)

15. 南水北调工程债权投资计划(太平资产管理有限公司)

提名奖(共 3 个):

1. 银医直联(上海银行股份有限公司)

2. 绿色信贷综合服务方案(上海浦东发展银行)

3. 上投摩根"E 起来"电子商务平台创新(上投摩根基金管理有限公司)

二、2010 年度上海金融创新推进奖

推进奖(共 4 个):

1. 推进上海跨境人民币业务试点/外汇管理改革创新与国际贸易结算中心外汇管理试点[中国人民银行上海分行(国家外汇管理局上海市分局)]

2. 推进在上海建设全国性的信托登记服务体系(中国银行业监督管理委员会上海监管局)

3. 积极推进上海辖区证券公司开展融资融券业务(中国证券监督管理委员会上海监管局)

4. 上海市机动车辆保险联合信息平台及上海市机动车辆保险理赔信息服务系统(中国保险监督管理委员会上海监管局)

提名奖(共 1 个):

1. 积极参与《上海市推进国际金融中心建设条例》研究(上海市立法研究所)

(上海市金融办)

索　　引

S

T

W

图书在版编目（CIP）数据

上海金融年鉴. 2011/《上海金融年鉴》编辑部编.
上海：上海人民出版社，2011
ISBN 978-7-208-10430-3

Ⅰ. ①上… Ⅱ. ①上… Ⅲ. ①金融事业一上海市一2011一年鉴 Ⅳ. ①F832.751-54

中国版本图书馆CIP数据核字(2011)第242525号

责任编辑 顾兆敏
封面装帧 陈 楠

上海金融年鉴
(2011)
《上海金融年鉴》编辑部 编
世纪出版集团
上海人民出版社出版
(200001 上海福建中路193号 www.ewen.cc)
世纪出版集团发行中心发行
上海中华印刷有限公司印刷
开本 889×1194 1/16 印张 44.25 插页 38 字数 1,321,000
2011年12月第1版 2011年12月第1次印刷
ISBN 978-7-208-10430-3/F·2077
定价 260.00元

中银国际证券
追求卓越 共拓未来
AURORA

恒丰银行

EVERGROWING BANK

恒丰银行是在1987年成立的烟台住房储蓄银行基础上经增资扩股、更名改制而来的全国性股份制商业银行，全称为恒丰银行股份有限公司，英文简称为Evergrowing Bank Co, ltd.，总部设在中国烟台。已在烟台、青岛、济南、南京、杭州、成都、重庆、福州、昆明、西安等地共设有110个分支机构，是 “中国500强企业”。

恒丰银行董事长　姜喜运

至2010年年末，全行资产规模2741亿元，各项存款1804亿元，各项贷款1201亿元，不良资产率仅为0.62%。重要监控指标中的流动性比率（69.13%）、存贷款比例（66.59%）、成本收入比（30.8%）等三项指标在全国性股份制银行中排名第一，其他指标优良率均名列前

地 址：山东省烟台市芝罘区南大街248号
邮 编：264001
电 话：（0535）2118015
传 真：（0535）6207878
网 址：www.egbank.com.cn

先后获得“中国最具社会影响力品牌企业”、“中国优秀企业”、“中国维护消费者权益诚信服务满意单位”、“全国青年文明号”、“全国巾帼文明岗”、“中国金融企业慈善榜•银行业突出贡献奖”、“山东省文明单位”、“山东省服务业先进单位”、“山东省诚信纳税企业”等近100项地市级以上荣誉称号。

恒久发展 丰裕社会

烟台分行

青岛分行

济南分行

南京分行

杭州分行

恒丰银行二〇一〇年度荣誉榜

- “2010年全球1000家大银行排名第391位”
  （英国《银行家》杂志排名）
- “中国银行业文明规范服务千佳示范单位”
  （中国银行业协会颁发）
- “中国企业联合会和中国企业家协会常务理事单位”
  （中国企业联合会和中国企业家协会联合颁发）
- “《山东金融年鉴》（2010年卷）一等奖”
  （中国人民银行济南分行颁发）
- “中国银联银行卡工作先进单位”
  （中国银联山东分公司颁发）
- “山东省60家金融机构反洗钱工作B级机构”
  （中国人民银行济南分行颁发）
- “贷款新规十佳培训推广机构”
  （山东省银行业协会颁发）
- “2010年度山东省纳税百强企业”
  （山东省政府颁发）
- “大爱无疆”
  （央视及青海玉树州委州政府感谢恒丰银行600万元捐助）
- “2010山东企业100强”
  （山东省企业联合会、山东省企业家协会和山东省工业经济联合会联合颁发）

恒丰银行机构名录

董事长、党委书记：	姜喜运
监事长、党委副书记：	矫　毅
党委副书记：	王　波
董事、副行长、党委委员：	栾永泰
	宋恒继
董事、纪委书记、党委委员：	潘力军
副监事长、工会主席、党委委员：	周美乐

成都分行

重庆分行

福州分行

昆明分行

西安分行

南京银行 上海分行
BANK OF NANJING Shanghai Branch
好伙伴 大未来
Good partner, Great future
24小时服务热线: 40088-96400
网上银行: www.njcb.com.cn
分行营业部: 卢湾区徐家汇路518号 理财热线: 24198880
徐汇支行: 徐汇区南丹路80号 理财热线: 61950628
淮海支行: 卢湾区西藏南路228号 理财热线: 61970808
普陀支行: 普陀区长寿路59号 理财热线: 60566958
浦东支行: 浦东新区世纪大道787号 理财热线: 68878908
杨浦支行: 杨浦区国顺东路260号 理财热线: 61855917
长宁支行: 长宁区延安西路1358号 理财热线: 61970958

jCh furniture

金长海家具

上海金长海家具商汇是一家在杨浦区专业经营家具近二十年的老店，总营业面积超过五千平方米。曾连续被上海家具协会和商业联合会评为“示范店”、“放心店”，在杨浦区享有盛誉。

金长海五角场店，位于上海市级商业副中心五角场商圈内的黄兴路。北临万达广场、东方商厦、百联又一城等重点商业设施，南靠大润发超市、百安居建材、苏宁电器、国美电器等多家卖场。商场所处的商厦设施齐全，购物环境一流。商场位于三楼，营业面积2500平方米，经营品种包括：红木家具、办公家具、实木家具、板式家具、沙发床垫等系列产品。

金长海家具五角场店欢迎新老顾客的光临，我们将竭诚为您提供优质的产品和热情的服务。

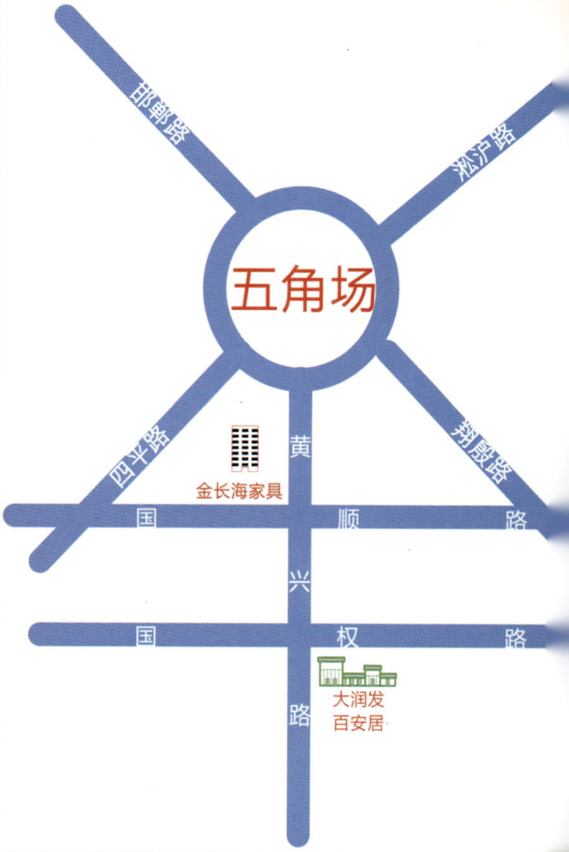

五角场店：杨浦区黄兴路1831号三楼 T:6147788

交通：8、60、80、90、147、538、713、819、842
大桥三线国顺路站/大润发免费班车可达

中国金融认证中心

【权威背景】

中国金融认证中心（China Financial Certification Authority，简称CFCA）是经中国人民银行和国家信息安全管理机构批准成立的国家级权威的安全认证机构，重要的国家金融信息安全基础设施之一。在《中华人民共和国电子签名法》颁布后，CFCA成为首批获得电子认证服务许可的电子认证服务机构。

【雄厚实力】

作为国家级权威的电子认证服务机构、国家金融信息安全基础设施、金融行业唯一第三方安全认证机构，CFCA的数字证书等安全产品已在网上银行、银企直联、企业资金管理、企业供应链管理、网上招投标、网上申报、网上税务、网上公积金、电子商业汇票、政府机构信息系统等电子银行、电子商务、电子政务领域获得了广泛应用。同时，为确保产品服务的高质量，CFCA创建了高水准的基础设施条件。遵循国内外相关技术标准及国家有关部门的相关管理规定，CFCA系统运行机房基础设施建设已达到业内国内领先水平。此外，CFCA的“国家金融安全认证系统”也进一步推动了国家网络信任体系的安全构建。

【创新发展】

自2000年挂牌成立以来，历经十多年的发展，CFCA基于电子认证以信息安全为核心的产品和服务体系日益健全。目前已形成了数字证书、安全客户端、安全服务器端等五个系列的信息安全产品以及电子银行安全评估、技术安全测评、网站安全检测等五项信息安全服务。在此基础上，根据市场的新需求，公司创新推出了交易监控及反欺诈系统、手机证书安全应用以及预植证书等新业务，并受到了市场客户的欢迎。截至2011年上半年，全国已有约190 家商业银行纳入了CFCA的安全认证体系。

【行业共赢】

作为领先的信息安全服务提供商，CFCA在实现自身发展的同时，也力求促成相关行业的共同进步。从2004年年底开始，CFCA牵头联合各商业银行发起了全国范围大型电子银行公益活动——“放心安全用网银联合宣传年”。2011年，中国电子银行网（www.cebnet.com.cn）作为活动官网也已成功上线。而中国人民银行支付结算司、中国人民银行科技司以及公安部网络安全保卫局作为支持单位，将全程支持2011年网银联合宣传年各项活动。

CFCA **权威的网络信任体系构建专家　领先的信息安全服务提供商**

专业产品　一流服务　权威品牌

中国石化财务有限责任公司

上海分公司

一、上海分公司概况

中国石化财务有限责任公司上海分公司是中国石化财务有限责任公司下属分支机构，属非银行金融机构，1992年经中国人民银行和中国银监会批准成立，注册营运资金1亿元。

上海分公司根据上海银监局的核准和总部的授权，以为石化集团成员企业提供结算服务和融资支持为宗旨，为上海、浙江、福建三地中石化集团持股20%以上的各石化企业提供金融服务。共有开户企业113家，业务涵盖石油化工行业上、中、下游各类企业。

二、2010年生产经营情况

2010年，举世瞩目的世博会在上海召开，上海分公司充分发扬“实事求是、精益求精、勇于奉献”的世博会精神，一方面围绕“创建一流财务公司”和深入开展“比学赶帮超”活动的工作目标，树立“严细管理学炼化，精神作风学油田，优质服务学银行，开拓市场学销售，努力创建一流财务公司”的奋斗目标；同时克服人员少，接待任务繁重的困难，圆满完成了富有历史意义的世博各项接待任务。

2010年，上海分公司资金流量高达35611亿元；累计实现营业收入18618万元；累计实现利润15230万元；全年累计发放贷款83.57亿元，日均贷款48.26亿元；累计办理票据贴现46.17亿元，日均存款21.43亿元。以上各项指标在2011年均实现历史突破，排在九家分公司之首，创造了上海分公司业务发展的一个新高峰。

中国石化财务公司上海分公司将继续以“立足石化、服务主业，从服务中求效益、求发展”为己任，落实科学发展观，充分利用信息技术手段，推行现代管理模式，提高自身核心竞争力，形成立足上海辐射浙江、福建的业务网络，按照中国石化财务公司的统一部署，牢固树立大局和服务意识、风险防范和管理意识，以提升服务能力为中心，以强化管理为基础，以提高员工素质为突破口，开拓创新，积极进取，以百倍的努力和优质的服务来拓展各项业务，为中国石化资金全面集中管理做出不懈努力，为早日实现一流财务公司这一宏伟目标做出努力，为上海市的经济发展作出应有的贡献。

地址：上海市浦东新区张杨路500号时代广场25楼　邮编：200122

电话：021-58367770（总机）　传真：021-58367202

上海金融学院
SHANGHAI FINANCE UNIVERSITY

上海金融学院是一所具有近六十年办学历史、以培养金融与经济管理人才为主的公办行业性普通本科高校。原是中国人民银行总行领导的部属学校，以培养国际金融专业人才见长，被誉为“未来金融家的摇篮”。

2000年学校转由上海市政府和中国人民银行共建，以上海市政府管理为主；2003年升本建院，更名为上海金融学院，重点转向发展本科教育。学校地处改革开放前沿与上海金融中心建设核心区的浦东新区。

学校隆重召开2010年教学改革研讨会

学校以金融学科专业为核心，以经济管理类学科专业为重点，兼有法、文、理、工类学科专业，形成多学科专业交叉支撑、协调发展的格局，重点培养现代金融与经济管理急需的应用型人才。学校设有国际金融学院、保险学院等8个专业学院和应用数学系等4个教学系（部），覆盖25个全日制本科专业和10多个金融特色与国际化的本科专业方向，以及中外合作和艺术设计等4个富有特色的专科专业。学校另设有继续教育学院与国际交流学院两个专门学院，重点拓展金融、会计等成人学历教育与金融理财规划师等职业资格培训，以及中外合作办学项目管理与留学生教育。学校还设有专职的金融研究基地国际金融研究院，以及金融服务、保险精算、区域经济、城市财政、金融会计、金融信息、金融伦理、金融法学等一批二级学院组织的研究所，着重围绕上海“四个中心”尤其是国际金融中心建设开展学术研究与决策咨询。

校领导亲切慰问我校世博志愿者

学校连年吸引优秀生源，目前面向全国25个省（市）和港澳台地区招生，同时招收外国留学生。现有全日制本专科在校生8000余人，留学生300多人，成人教育本专科生近3000人，每年还为银行、保险、投资等行业培训金融理财等各类管理干部近万人。学校毕业生受到金融界与经济管理部门的广泛欢迎，近年本科毕业生就业率均在98%以上，中外合作项目就业率几乎达到100%。学校文体活动丰富，击剑体育特色项目久负盛名，是上海市击剑专业运动队体教结合改革试点学校。

新华社上海分社与我校签署战略合作框架协议

学校突出“高水平、应用型、国际化”的师资队伍建设目标，全校现有教职员工600多人，专职教师450余人，其中具有副高以上专业技术职称180余人，近三分之一教师具有博士学位，四分之一具有企业、银行等实务工作经历，四分之一具有国外培训与留学经历。

学校坚持走国际化办学之路，先后与丹麦、美国、加拿大、英国、法国、澳大利亚、芬兰、瑞士、日本、越南、香港、台湾等国外与境外10多所高校及研究机构建立了合作关系，实施了“课程对接、学分互认”为基础的合作机制。现有中外合作交流项目5个，中外合作办学项目2个，中外合作办学在校生600多人。

第十九届矩阵与统计国际学术会议在我校召开

升本建院以来，学校秉承“办学理念先行、发展规划先行、师资队伍先行”的指导思想和“学科兴校、质量立校、人才强校、文化弘校”的办学思路，根据社会需求与学校特点，逐步确立了教学型优质本科院校的中长期办学定位目标和错位竞争的跨越式发展道路，实施“行业性、国际化、信息化、精致化”的发展战略，坚持“立诚明德，经世致用”的校训，按照“本科为本、教学为本、质量为本、特色为本”的办学理念，注重探索“应用型、复合型、创新型、国际化”人才培养模式,加强实践实验教学与国际化教学，着力培养具有现代金融知识与投资理财能力，兼有数学统计、信息技术、外语应用与人文素质的复合交叉型金融与经济管理人才。

学校重视传承与凝炼金融行业办学特色、应用型金融人才培养特色与国际化办学特色。近年来，尤其注重发挥行业优势与区位优势，坚持国际合作、行业合作与区域合作办学，大力推进“产学合作”、“银校合作”与“产学研合作”，积极响应与主动适应上海国际金融中心建设与经济、贸易、航运中心建设的需要，在重点培养大批优秀金融经济管理人才的同时，大力加强学科建设与科研创新，努力为地方经济金融与社会发展提供决策研究、咨询服务与智力支持。

《上海金融年鉴》历届“长三角金融”——组稿会议合影

2006年3月9日
桐乡会议

中国人民银行嘉兴市中心支行
调查统计科荣获“优秀组织奖”

2007年3月21日
绍兴会议

中国人民银行绍兴市中心支行
调查统计科荣获“优秀组织奖”

2008年3月27日
溧阳会议

中国人民银行常州市中心支行
调查统计科荣获“优秀组织奖”

2009年5月22日

合肥会议

中国人民银行合肥中心支行

金融研究处荣获“优秀组织奖

2010年5月25日

太仓会议

中国人民银行苏州市中心支行

调查统计科荣获“优秀组织奖”

2011年4月21日

马鞍山会议

中国人民银行马鞍山市中心支

调查统计科荣获“优秀组织奖

汤钟尧、徐明昌、陈达忠同志

在《上海金融年鉴》宣传工作中表现突出，荣获“优秀发行工作者”称号